中国科学院教材建设专家委员会规划教材
全国高等医药院校规划教材

案例版™

供临床、预防、基础、口腔、麻醉、影像、药学、检验、护理、法医等专业使用

生物化学

第2版

主　编　周克元　罗德生
副主编　刘新光　肖建英　田余祥
　　　　严世荣　王桂兰　王晓华
编　者　（以姓氏笔画为序）

王玉明（成都医学院）
王　杰（沈阳医学院）
王桂兰（滨州医学院）
田余祥（大连医科大学）
严世荣（郧阳医学院）
肖建英（辽宁医学院）
库热西·玉努斯（新疆医科大学）
张志珍（广东医学院）
欧　芹（佳木斯大学）
周克元（广东医学院）
蔡望伟（海南医学院）
王西明（华中科技大学同济医学院）
王桂云（牡丹江医学院）
王晓华（广州医学院）
刘新光（广东医学院）
李恩民（汕头大学医学院）
何凤田（第三军医大学）
沈　勤（南通大学医学院）
陈　瑜（福建医科大学）
罗德生（咸宁学院）
喻　红（武汉大学医学院）
裴秀英（宁夏医科大学）

科学出版社
北　京

郑　重　声　明

为顺应教育部教学改革潮流和改进现有的教学模式,适应目前高等医学院校的教育现状,提高医学教学质量,培养具有创新精神和创新能力的医学人才,科学出版社在充分调研的基础上,引进国外先进的教学模式,独创案例与教学内容相结合的编写形式,组织编写了国内首套引领医学教育发展趋势的案例版教材。案例教学在医学教育中,是培养高素质、创新型和实用型医学人才的有效途径。

案例版教材版权所有,其内容和引用案例的编写模式受法律保护,一切抄袭、模仿和盗版等侵权行为及不正当竞争行为,将被追究法律责任。

图书在版编目(CIP)数据

生物化学:案例版/周克元,罗德生主编.—2版.—北京:科学出版社,2010

(中国科学院教材建设专家委员会规划教材 · 全国高等医药院校规划教材)

ISBN 978-7-03-029971-0

Ⅰ. 生…　Ⅱ. ①周…　②罗…　Ⅲ. 生物化学-医学院校-教材　Ⅳ. Q5

中国版本图书馆 CIP 数据核字(2011)第 005194 号

责任编辑:周万灏 / 责任校对:朱光兰

责任印制:赵　博 / 封面设计:黄　超

科学出版社 出版

北京东黄城根北街 16 号

邮政编码:100717

http://www.sciencep.com

新科印刷有限公司 印刷

科学出版社发行　各地新华书店经销

*

2007 年 6 月第　一　版　　开本:850×1168 1/16

2010 年 12 月第　二　版　　印张:26 1/2

2021 年 1 月第二十三次印刷　　字数:797 000

定价:79.80 元

(如有印装质量问题,我社负责调换)

前　　言

为深化课程体系与教学方法改革，加大教材建设与改革力度，提高高等医学教育教学质量，科学出版社于2006年组织国内各医学院校专家、教授出版了一套创新性医学本科案例版教材。案例版《生物化学》是这套教材的组成部分，本教材以五年制医学本科生为主要对象，以临床医学专业为主，兼顾预防医学、基础医学、口腔医学、麻醉学、影像学、医学检验学、护理学、药学、法医学等专业需求。本教材涵盖的内容可以满足教育部制定的医学本科生教学要求、医学生毕业后执业医师考试和硕士研究生入学考试的需求。

2006年，刘新光、罗德生教授主编了案例版《生物化学》第1版，本教材出版以来广泛在多所医学院校连续使用了4年。为了进一步完善本教材的内容，体现学科的最新发展趋势，2010年科学出版社在原编写人员的基础上扩大了编写队伍，组织来自全国20所医学院校的22位教学工作第一线的教授针对本教材进行了再版。

本次再版在保持第1版的基本框架、结构与主要内容基础上，更换了部分章节中的临床案例。同时，根据目前的研究进展，更新了生物氧化中两条呼吸链ATP的生成数，因此更新了生物氧化、糖和脂类代谢章相应ATP的计算内容。我们对部分章节内容、名称进行了增删和调整。如分子生物学常用技术章中增加了蛋白质-核酸相互作用研究技术一节等。

本教材在书末增加了附录，详细列出了本书各章节相关诺贝尔奖获奖人、获奖时间及获奖内容。由此向学生说明，生物化学与分子生物学在现代分子医学的发展中发挥了其前沿学科、带头学科的作用，可大大提高医学生学习生物化学的兴趣和创新思维的培养。

本版教材参考了部分国内外相关教材，特别是刘新光、罗德生教授生编的案例版《生物化学》第1版和查锡良教授主编的《生物化学》(第7版)。在召开教材编委会和定稿会过程中我们得到了科学出版社、广东医学院和大连医科大学的大力支持，在此一并表示衷心感谢。

由于生物化学发展迅速，内容涉及广泛，加之我们水平有限，书中难免存在不足之处或错误，敬请各位教师、同行和同学们在使用过程中给予批评指正，以便再次修订。

周克元　罗德生

2010年11月

目　录

前言
第1章　绪论 ········· 1
第1节　生物化学发展简介 ········· 1
第2节　当代生物化学研究的主要内容 ········· 2
第3节　生物化学与医学 ········· 3
第4节　本书的主要内容 ········· 3
第2章　蛋白质结构与功能 ········· 5
第1节　蛋白质的分子组成 ········· 5
第2节　蛋白质的分子结构 ········· 10
第3节　蛋白质结构与功能的关系 ········· 16
第4节　蛋白质的理化性质及其分离纯化 ········· 21
第3章　核酸的结构与功能 ········· 29
第1节　核酸的化学组成及一级结构 ········· 29
第2节　DNA的空间结构与功能 ········· 32
第3节　RNA的结构与功能 ········· 36
第4节　核酸的理化性质、变性和复性及其应用 ········· 40
第5节　核酸的分离与纯化 ········· 42
第4章　酶 ········· 45
第1节　概述 ········· 45
第2节　酶的分子结构与功能 ········· 46
第3节　酶促反应的特点与机制 ········· 48
第4节　酶促反应动力学 ········· 50
第5节　酶的调节 ········· 58
第6节　酶与医学的关系 ········· 63
第5章　维生素与微量元素 ········· 68
第1节　维生素 ········· 68
第2节　微量元素 ········· 79
第6章　生物氧化 ········· 83
第1节　生成ATP的氧化体系 ········· 83
第2节　其他氧化体系 ········· 95
第7章　糖代谢 ········· 99
第1节　概述 ········· 99
第2节　糖的无氧分解 ········· 100
第3节　糖的有氧氧化 ········· 103
第4节　磷酸戊糖途径 ········· 108
第5节　糖异生 ········· 111
第6节　糖原的合成与分解 ········· 114
第7节　血糖及其调节 ········· 118
第8章　脂类代谢 ········· 122
第1节　脂类的生理功能 ········· 122
第2节　脂类的消化和吸收 ········· 123
第3节　不饱和脂酸的命名及分类 ········· 124
第4节　三酰甘油代谢 ········· 125
第5节　磷脂的代谢 ········· 143
第6节　胆固醇的代谢 ········· 149
第7节　血浆脂蛋白代谢 ········· 153
第9章　氨基酸代谢 ········· 163
第1节　蛋白质的营养作用 ········· 163
第2节　蛋白质的消化、吸收与腐败 ········· 164
第3节　氨基酸的一般代谢 ········· 167
第4节　氨的代谢 ········· 172
第5节　个别氨基酸的代谢 ········· 177
第10章　核苷酸代谢 ········· 186
第1节　核酸的酶促降解 ········· 186
第2节　嘌呤核苷酸代谢 ········· 186
第3节　嘧啶核苷酸代谢 ········· 192
第11章　物质代谢的联系与调节 ········· 197
第1节　物质代谢的特点 ········· 197
第2节　物质代谢的相互联系 ········· 198
第3节　某些组织、器官的代谢特点 ········· 203
第4节　代谢调节 ········· 203
第12章　DNA的生物合成 ········· 210
第1节　复制的基本规律 ········· 210
第2节　DNA复制的酶学和拓扑学变化 ········· 212
第3节　DNA生物合成过程 ········· 217
第4节　反转录和其他复制方式 ········· 222
第5节　DNA损伤(突变)与修复 ········· 224
第13章　RNA的生物合成 ········· 230
第1节　RNA合成的模板和酶 ········· 230
第2节　原核生物RNA的合成过程 ········· 233
第3节　真核生物RNA的合成过程 ········· 235
第4节　真核生物RNA前体的加工 ········· 239

第 14 章　蛋白质的生物合成 …… 247
第 1 节　蛋白质生物合成体系 …… 247
第 2 节　蛋白质生物合成过程 …… 250
第 3 节　翻译后加工及蛋白质输送 …… 257
第 4 节　蛋白质生物合成的干扰和抑制 … 264
第 15 章　基因表达调控 …… 269
第 1 节　概述 …… 269
第 2 节　基因表达调控的基本原理 …… 271
第 3 节　原核基因表达调控 …… 274
第 4 节　真核基因表达调控 …… 279
第 16 章　细胞信号转导 …… 295
第 1 节　信息物质 …… 295
第 2 节　受体 …… 296
第 3 节　信息的转导途径 …… 302
第 4 节　信息转导途径的交互联系 …… 313
第 5 节　信号转导异常与疾病的关系 …… 314
第 17 章　癌基因与抑癌基因 …… 317
第 1 节　癌基因 …… 317
第 2 节　抑癌基因 …… 323
第 18 章　血液生物化学 …… 328
第 1 节　血浆蛋白 …… 328
第 2 节　血液凝固 …… 332
第 3 节　血细胞代谢 …… 335
第 19 章　肝的生物化学 …… 342
第 1 节　肝在代谢中的作用 …… 342
第 2 节　肝的生物转化作用 …… 343
第 3 节　胆汁和胆汁酸盐 …… 347
第 4 节　胆色素代谢与黄疸 …… 349
第 20 章　重组 DNA 技术 …… 356
第 1 节　重组 DNA 技术的基本过程 …… 356
第 2 节　重组 DNA 技术中常用工具酶 …… 357
第 3 节　重组 DNA 技术中常用载体 …… 360
第 4 节　目的基因的获得和体外重组 …… 364
第 5 节　重组 DNA 分子的导入和筛选与鉴定 …… 367
第 6 节　外源基因的表达 …… 369
第 7 节　重组 DNA 技术的应用 …… 371
第 21 章　分子生物学常用技术 …… 373
第 1 节　分子印迹与杂交技术 …… 373
第 2 节　PCR 技术 …… 376
第 3 节　转基因技术与基因剔除技术 …… 378
第 4 节　生物芯片技术 …… 381
第 5 节　蛋白质相互作用研究技术 …… 382
第 6 节　蛋白质-核酸相互作用研究技术 …… 383
第 22 章　基因诊断与基因治疗 …… 385
第 1 节　基因诊断 …… 385
第 2 节　基因治疗 …… 392
第 23 章　基因组学与蛋白质组学 …… 396
第 1 节　基因组学 …… 396
第 2 节　蛋白质组学 …… 398
第 3 节　基因组学与蛋白质组学研究在医学中的应用 …… 400

主要参考资料 …… 404
附录　与生物化学知识有关的诺贝尔奖一览表 …… 405
索引 …… 409

第1章 绪 论

生物化学(Biochemistry)即生命的化学(life chemistry)。它是研究活细胞和生物体内的各种化学分子及其化学反应的一门科学。其任务是研究生物体内物质的化学组成、分子结构与功能、物质代谢与调节和基因信息传递与调控及其与生理功能的关系。其目的是从分子水平和化学变化的深度揭示生命奥秘,探讨生命现象的本质,并把这些基础理论、基本原理与方法应用于有关学科领域和生产实践,从而为控制生物并改造生物,征服自然并改造自然,保障人类健康和提高人类生存质量服务。

第1节 生物化学发展简介

生物化学的发展,在欧洲约在200年前开始,并逐渐发展,一直到1903年才引进“生物化学”这个名称而成为一门独立的学科。但在我国,其发展历史悠久,可追溯到远古(公元前21世纪),所以生物化学是一门既古老又年轻的学科。

近代生物化学发展人为划分为三个阶段:初期、蓬勃发展期和分子生物学时期。

第一阶段生物化学初期(或萌芽时期):从18世纪中叶至20世纪初。在这长达一个多世纪中,一些化学家、生理化学家主要工作是研究生物体的化学组成,客观描述组成生物体的物质含量、分布、结构、性质与功能,故又称为叙述生物化学阶段。期间对生物化学发展所做出的重要贡献有:对三大供能营养素(糖、脂、蛋白质或氨基酸)的性质进行了较为系统的研究;证实了肽链中肽键的作用;人工合成简单多肽化合物并可被消化酶水解;淀粉酶、蛋白水解酶的发现;提出了酶催化作用特异性的“锁钥”学说;无细胞提取物中的“可溶性催化剂”的作用证实;核酸的发现并确定了嘌呤和嘧啶环的结构等。实际上,在这一时期,不少的科学家已经在进行物质代谢方面的研究,并有所发现,也取得很多成果。其中,例如18世纪末至19世纪20年代证明动物呼吸过程中氧被消耗的同时,呼出CO_2并释放出热量,认为这是食物在体内“燃烧”的结果,是生物氧化及能量代谢研究的开端。并在19世纪40年代提出了新陈代谢的概念,认为体内的物质是处于合成与分解的化学变化过程。

第二阶段生物化学蓬勃发展时期:从20世纪初期开始,生物化学进入这一时期。这一时期,除了在营养、内分泌及酶学等方面有许多重大发现与进展,如研究了人体对蛋白质的需要及需要量,并发现了营养必需氨基酸、营养必需脂酸、多种维生素及一些不可或缺的微量元素;发现了多种激素并能进行纯化与合成;制备出多种酶的结晶等外,更主要的进展是利用化学分析及放射性核素示踪技术对体内主要物质代谢,尤其是物质的分解代谢途径如脂酸β-氧化、糖酵解、鸟氨酸循环及三羧酸循环等过程均已基本弄清楚。因此,又称此阶段为动态生物化学阶段。

第三阶段分子生物学时期:20世纪50年代以来,生物化学的发展进入了一个新的高潮——分子生物学崛起,即分子生物学时期。所以,分子生物学也被视为生物化学的发展与延续。科学家们采用现代的先进技术与方法,更深入地研究物质代谢途径,尤其是对错综复杂的“中间代谢”网络途径的研究,重点是研究物质代谢的调节与合成代谢。焦点是研究蛋白质与核酸之类生物大分子的结构与功能、代谢与调节(调控),并取得了举世瞩目的成果。特别是以1953年沃森(Watson)和克里克(Crick)提出的DNA双螺旋结构模型作为现代分子生物学诞生的里程碑,开创了分子遗传学基本理论建立和发展的黄金时代。在此基础上建立了遗传信息传递的中心法则并得到补充与完善;遗传密码的破译揭示mRNA碱基序列与多肽链中氨基酸序列的关系。

20世纪70年代,以重组DNA技术的出现作为新的里程碑,标志着人类深入认识生命本质并能主动改造生命的新时代开始。通过基因工程技术,相继获得了许多基因工程产品,大大推动了医药工业和农业的发展,并且产生了巨大的社会效益和经济效益。转基因动植物和基因剔除(gene knockout)动物模型的成功建立以及基因诊断与基因治疗等都是重组DNA技术在各个领

笔记栏

域中的应用,这些都能足以说明重组DNA技术对人类生产、生活和健康的影响是巨大的。

基因工程的迅速发展与应用得益于许多分子生物学新技术的不断涌现。包括核酸的化学合成从手工发展至全自动合成,以及聚合酶链式反应(polymerase chain reaction, PCR)的特定核酸序列扩增技术的发明和全自动核酸序列测定仪等。核酶(ribozyme)的发现是人们对生物催化剂认识的补充,也丰富了核酸的生物学功能。

1985年提出,1990年正式启动计划耗资30亿美元,用15年完成的人类基因组计划(human genome project,HGP)是生命科学领域有史以来全球性最庞大的研究计划,它与"曼哈顿"原子弹计划、"阿波罗"登月计划并称自然科学史上的"三大计划"。通过包括中国在内的6个成员国16个实验室1110余名生物科学家、计算机专家和有关技术人员的不懈努力,提前5年于2000年6月完成第一个基因草图的绘制,并于次年2月由HGP和Cerela基因组学公司共同公布了人类基因组"工作框架图"。2003年4月14日,HGP隆重宣布:人类基因组序列图绘制成功,HGP的所有目标基本部实现,但在1号染色体上依然还存在一些漏洞和不精确的地方。2006年5月18日,英美科学家宣布完成了人类1号染色体的基因测序图,这表明人类最大和最后一个染色体的测序工作已经完成,历时16年的人类基因组计划终于画上了句号。基因组序列图首次在分子层面上为人类提供了一份生命"说明书",它不仅奠定了人类认识自我的基石,推动了生命与医学科学的革命性进展,而且为全人类的健康带来了福音。

随着人类基因组计划和十余种模式生物的基因组全序列测定的完成,生命科学随之开始了一个新的纪元——后基因组时代(post genome era)。基因组计划的重心已逐渐由结构基因组学研究转移到功能基因组学、蛋白质组学、蛋白质空间结构的分析与预测、基因表达产物的功能分析以及细胞信号转导机制等的研究。后基因组研究将对各种疾病的发生机制做出最终的解释,也将在各个层次和水平上为疾病的诊断和治疗提供新的线索。

我国在生物化学发展中的作用和地位:公元前21世纪,我们的祖先已能用曲作"媒"(即酶)催化谷物中淀粉转化为酒。此后,公元前12世纪以前,我国人民已能利用麦、谷、豆等原料制饴(麦芽糖)、醋和酱。这些足以表明我国上古时期已有酶学的萌芽。在营养方面,《黄帝内经·素问》的"藏气法时论"篇记载有"五谷为养,五畜为益,五果为助,五菜为充",将食物分为四大类,并以"养"、"益"、"助"、"充"表明在营养上的价值,这在近代营养学中也是配制完全膳食的一个好原则。在医药方面,我国古代医学对某些营养缺乏病的治疗也有所认识。主要因饮食中缺碘所致的如地方性甲状腺肿古称"瘿病",可用含碘丰富的海带、海藻、紫菜等海产品防治。夜盲症古称"雀目",是一种维生素A缺乏的病症。唐代孙思邈(公元581~682年)首先用含维生素A较丰富的猪肝治疗。我国早期的眼科专著《龙木论》记载用苍术、地肤子、细辛、决明子等含维生素A原的植物治疗雀目。更不用说明代李时珍(公元1522~1596年)撰著《本草纲目》这一巨著,它不仅集药物之大成、对生物化学的发展也不无贡献。

20世纪20年代以来,我国生物化学家吴宪等在营养学、临床生物化学、蛋白质变性学说和免疫化学的抗原-抗体分析及免疫反应机制等方面的研究都有重大发现。新中国成立后,我国的生物化学迅速发展。1965年,我国在世界上首先人工合成有生物活性的结晶牛胰岛素,1971年又完成了用X-线衍射法测定牛胰岛素分子的空间结构,分辨率达0.18nm。1981年又采用有机合成和酶促相结合的方法成功合成了酵母丙氨酰tRNA。近年来,我国的基因工程、蛋白质工程、新基因的克隆与功能、疾病相关基因的定位克隆及其功能研究均取得了重要的成果。我国已有人干扰素、人白细胞介素2、人集落刺激因子、重组人乙型肝炎疫苗等多种基因工程药物和疫苗进入生产或临床试用。我国在1994年用导入人凝血因子Ⅸ基因的方法成功治疗了乙型血友病的患者。在我国用做基因诊断的试剂盒已有百余种,基因诊断和基因治疗还在发展之中。值得指出的是,我国于1999年9月跻身人类基因组计划,负责测定的区域位于人类3号染色体短臂上,该区域的遗传大小约占人类整个基因组的1%。虽然参与时间较晚,但是我国科学家提前于2000年4月底绘制完成"中国卷",赢得了国际科学家的高度评价。

第2节 当代生物化学研究的主要内容

生物化学研究的内容十分广泛,当代生物化学的研究主要集中在以下几个方面:

1. 生物分子的结构与功能 组成生物体的

笔记栏

生物分子复杂多样,有无机物和有机物等。有机物中包括有机小分子和生物大分子。通常将蛋白质、核酸等所有生物大分子的结构与功能、代谢与调节(调控)等的研究,称为分子生物学。因此,分子生物学实际上是生物化学的重要组成部分。研究这些生物大分子的结构与功能、空间结构及其与功能的关系、分子之间的相互识别与相互作用是当代生物化学与分子生物学研究的热点和焦点之一。

2. 物质代谢及其调节 物质代谢的正常进行是正常生命活动的必要条件。体内物质与外界环境中的物质不断进行交换的过程,即新陈代谢,它是生命体的基本特征之一,新陈代谢的正常进行是维持内环境相对恒定的保证。新陈代谢十分活跃,以 60 岁计算,推测人的一生中与外界环境进行交换的水、糖类、蛋白质及脂类分别为 60 000kg、10 000kg、1600kg 和 1000kg。此外,其他小分子物质和无机盐类也在不断交换之中。体内的物质代谢几乎都是由一系列酶催化的反应所组成的代谢途径所完成。正常情况下,体内千变万化的化学反应及错综复杂的代谢途径能按照一定的规律有条不紊地进行,是因为机体内存在一整套精细、完善的调节机制。物质代谢紊乱或调节失控则可引起疾病。因此,深入探讨物质代谢有序性调节的分子机制及其涉及的细胞信号转导机制与网络正是近代生物化学研究的重要课题。

3. 基因信息传递及其调控 基因是 DNA 分子中编码活性产物的一段碱基序列(或功能片段)。基因信息传递涉及遗传、变异、生长、发育与分化等诸多生命过程,也与遗传性疾病,恶性肿瘤,有遗传倾向疾病(如高血压病、糖尿病、溃疡病等),代谢异常性疾病,免疫缺陷性疾病等的发病机制有关。因此,基因及基因信息传递的研究在生命科学特别是医学中的作用越来越显示出重要意义,因而疾病基因组学应运而生。随着人类基因组计划的完成和后基因组计划的启动,DNA 重组、转基因、新基因克隆、基因诊断与基因治疗等大力开展,必将大大推动基因分子生物学及基因疾病学的研究进程。

第 3 节 生物化学与医学

生物化学是一门重要的基础医学必修课程,研究的是正常人体的生物化学以及疾病过程中的生物化学相关问题,与医学的发展密切相关,并已形成临床生物化学一门学科。生物化学与分子生物学的理论和技术已渗入基础医学和临床医学的各个领域,促进了现代医学的突飞猛进,一大群交叉学科或分支学科已经或正在形成,有的已经初步形成体系。如分子病理学、分子药理学、分子遗传学、分子微生物学、分子免疫学、神经分子生物学、细胞分子生物学、发育分子生物学、衰老分子生物学、分子流行病学、肿瘤分子生物学……

生物化学与分子生物学的发展推动现代各分支医学的各个学科迅速发展的同时,现代医学各学科尤其是临床医学又不断地向生物化学和分子生物学提出问题和挑战。随着近代医学的发展,越来越多地将生物化学的理论和技术,应用于疾病的预防、诊断、治疗和预后判断。从分子水平探讨各种疾病的发生发展机制,也已成为现代医学研究的共同目标。近年来,人们在一些重大疾病的发病机制研究方面都是采用生物化学与分子生物学的手段在分子水平上取得突破的。PCR、基因芯片和蛋白质芯片等技术已应用于临床疾病的诊断,基因治疗手段也已应用于临床,这给临床医学的诊断和治疗带来了全新的理念。随着基因工程、蛋白质工程、酶工程及细胞工程等共同构成的生物技术工程和胚胎工程等的发展,人类在各种传染病、恶性肿瘤、心脑血管疾病、免疫性疾病、神经系统疾病、计划生育和抗衰老等方面一定会获得更为有效的治疗手段。

因此对于医学生来讲,学习和掌握生物化学知识,既可以理解生命现象的本质与人体生命过程中的分子机制,也可为进一步学习基础医学其他课程和临床医学奠定扎实的生物化学基础。

第 4 节 本书的主要内容

全书共 23 章,分成六大部分。第一部分是生物大分子的结构与功能,包括教材的第 2 章~第 4 章。前两章要从化学组成、分子结构、主要理化性质及生物学功能等方面比较性学习。重点掌握它们的组成、结构特点、重要功能及主要理化性质与应用。酶是具有高效、特异催化作用的一类特殊蛋白质,体内的一切化学反应几乎都是由酶催化的。因此,在学习物质代谢与调节的有关章节前必须学好该章内容。由于结合酶中的辅助因子主要是一些维生素及其衍生物或某些微量元素,学习"酶"章时应结合第 5 章的有关内容。第二部分是物质代谢及其调节,包括教材的第 6 章~第 11 章,是生物化学的最重要部分。机体的一切生命活动都需要能量,能量由

笔记栏

糖、脂肪及蛋白质三大供能营养素氧化分解产生,以糖氧化供能为主,主要是通过线粒体氧化体系经氧化磷酸化方式生成。核苷酸是核酸的基本组成单位,体内的核苷酸是通过从头合成和补救合成两种方式生成。体内的各种物质混为一体,其代谢十分活跃、极为复杂,且各组织、器官的代谢又各具特点,并能相互联系、相互协调、有序进行。学习这部分内容时,要对糖、脂类、蛋白质及核苷酸的主要生理功能及消化吸收的特点进行归纳比较,重点掌握各类物质的合成与分解代谢途径的主要过程、关键酶反应及其生理意义;物质代谢的主要特点、各物质代谢间的联系和物质代谢的三级水平调节。第三部分是基因信息的传递,包括 DNA、RNA 和蛋白质的生物合成及基因表达调控。前 3 章主要讨论遗传学中心法则的三个环节,同时还讨论了逆转录、DNA 损伤与修复、RNA 转录后的加工和翻译后加工及蛋白质输送等方面的内容。基因经转录生成 RNA 或经转录与翻译生成蛋白质的过程即为基因表达。基因表达涉及的酶类、蛋白质因子较多,因而其调控则为多水平、多环节、多因素参与的复杂过程。第四部分是专题内容,包括细胞信号转导、癌基因与抑癌基因。机体的一切生命活动与内环境的稳定均与细胞信号转导有关,而参与信号转导的信息物质、受体种类和转导途径较多,而且各途径间存在着密切的相互交互联系,形成了一个复杂的网络系统。癌基因促进细胞生长和增殖、阻止细胞的终末分化;抑癌基因则抑制细胞增殖、促进细胞分化,两者在细胞内产生的效应相互拮抗、相互协调,共同精确地调控细胞的生长、增殖与分化。肿瘤的发生与这两类基因中的一种或两者的共同变化有关。第五部分是临床生物化学的内容,包括血液及肝的生物化学。第 18 章主要讨论血浆蛋白质的性质与功能,重点是讨论红细胞的代谢特点,尤其是血红素的生物合成与调节。第 19 章在复述肝在物质代谢中的作用之后,主要讨论肝的生物转化作用、胆汁与胆汁酸和胆色素代谢与黄疸。第六部分是以分子生物学为主的内容,包括本教材的第 20 章~第 23 章。重组 DNA 技术的重点是掌握该技术的基本过程(目的基因的获得、载体分子的选择与改造、目的基因与载体的连接、重组 DNA 分子的导入和筛选与鉴定、目的基因的表达)及其涉及的一些重要的工具酶。常用分子生物学技术原理及其应用的重点是掌握各种常用分子生物学技术的有关名词概念、基本原理及其应用。基因诊断与基因治疗的重点是掌握基因诊断与基因治疗的概念、常用的技术方法、常见的基因异常及其检测、基因诊断的应用、基因治疗的策略和基本程序。“基因组学与蛋白质组学”一章,首先要知道 HGP 的目标、意义、研究内容和我国对这一研究所做出的巨大贡献;重点是基因组学、蛋白质组学的有关概念、研究内容及其在医学中的应用。前面三部分共 15 章内容是生物化学的基础知识,第四~第六部分共 8 章内容各院校可根据具体情况选择,有些章节可以供学生自学或作为专题讲座。

值得一提的是,本书作为医学案例教材,本书在每章中都安排了 1~2 个病例,利用该章的生物化学知识阐明其发病机制或药物治疗的作用机制,在生物化学教材中将生物化学知识直接与临床联系起来,这是一种新的尝试。

(周克元　罗德生)

笔记栏

第2章 蛋白质结构与功能

蛋白质(protein)是生命的物质基础,是生物体中含量最丰富、功能最复杂的一类大分子物质,在所有的生命过程中起重要作用。蛋白质几乎存在于所有的器官和组织,约占人体固体成分的45%,分布广泛,是生物体的基本组成之一。生物体结构越复杂,其蛋白质种类和功能也越繁多。一个真核细胞可有数千种蛋白质,从很小的肽到相对分子质量达数百万的巨型聚合物,这些蛋白质包括各种酶、抗体、多肽类激素、转运蛋白、收缩蛋白等,各有其特殊的结构和功能。它们不仅作为细胞和组织的结构如胶原蛋白、角蛋白,而且参与生物体的几乎所有生理生化过程,如物质代谢、血液凝固、机体防御、肌肉收缩、细胞信号转导、个体生长发育等重要的生命过程;一些蛋白质还具有调节作用,如多肽激素与生长因子有调节机体功能的作用;蛋白质分解后的氨基酸也可供给机体能量。有些蛋白质的功能相当特异,如南极水域中生长的某些鱼类,血液中含有抗冻蛋白,可保护血液不被冻凝,使生物体得以在低温下生存。

蛋白质是由DNA编码的氨基酸组成的,如果说核酸是生物遗传信息的储存者和传递者,蛋白质则是生命信息的体现者和功能执行者。一些新的研究结果不断给蛋白质的功能增添新的色彩。1982年,Prusiner发现一类具有传染性的蛋白质颗粒,称为朊病毒(prion)。Prusiner因此而获得1997年诺贝尔生理/医学奖。实际上朊蛋白(prion protein)是人体内一种正常无致病性的短链蛋白质,一旦朊蛋白折叠方式发生改变就可形成可致病性蛋白质,引发致命的、传染的海绵状病毒性脑病,如疯牛病。

第1节 蛋白质的分子组成

组成蛋白质分子的主要元素有碳(50%~55%)、氢(6%~8%)、氧(19%~24%)、氮(13%~19%)和硫(0~4%);有些蛋白质还含有少量的磷或金属元素铁、铜、锌、锰、钴、钼等,个别蛋白质还含有碘。各种蛋白质的含氮量很接近,平均为16%。动植物组织中的含氮化合物主要以蛋白质为主,因此测定生物样品中的含氮量就可按下列公式推出样品中蛋白质的大致含量。

每克样品中含氮克数×6.25×100=
100g样品中蛋白质的含量(g%)

知识拓展

三聚氰胺(Melamine, $C_3H_6N_6$),俗称密胺、蛋白精,是一种三嗪类含氮杂环有机化合物,IUPAC命名为"1,3,5-三嗪-2,4,6-三氨基",常被用做化工原料。三聚氰胺性状为纯白色单斜晶体,几乎无味,微溶于水,可溶于甲醇、甲醛、乙酸、热乙二醇、甘油、吡啶等,对身体有害。食品工业中常用凯氏定氮法测定食品中的氮,从而推算食品中蛋白质的含量。由于三聚氰胺分子中含有6个非蛋白氮,当三聚氰胺被掺入食品时,待测样品可被测得较高的氮含量,从而推算出较高的蛋白质含量。三聚氰胺进入人体后,发生取代反应(水解),生成三聚氰酸,三聚氰酸和三聚氰胺形成大的网状结构,导致结石。2008年我国发生的"三鹿奶粉中毒事件"就是利用上述原理,用非蛋白氮冒充蛋白氮,以增加奶粉中蛋白质的被测含量,造成大量婴幼儿发生肾结石。

一、氨 基 酸

蛋白质的基本组成单位是氨基酸(amino acid)。蛋白质受酸、碱或蛋白酶的作用而水解成为游离的氨基酸。自然界中存在的氨基酸大约有300余种,但组成人体蛋白质的氨基酸只有20种。除甘氨酸外,均为*L*-α-氨基酸。脯氨酸为*L*-α-亚氨基酸。

(一) 氨基酸的一般结构

尽管组成蛋白质的氨基酸有20种,但其化学结构具有共同的特点(图2-1)。

笔记栏

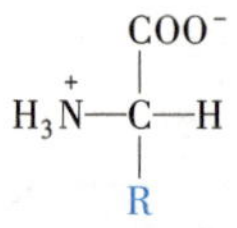

图 2-1 *L*-α-氨基酸结构通式

R 基代表 20 种不同的化学基团中的一种，通式中的 C 为 α-碳原子

α-碳原子上除连接一个羧基，还有一个氨基，故称为 α-氨基酸。此外还有一个侧链（R 基团）。不同的氨基酸其侧链各异。除甘氨酸外，α-碳原子均为不对称碳原子，因此具有 L 型和 D 型两种旋光异构体（图 2-2）。自然界中已发现的 D 型氨基酸大多存在于某些细菌产生的肽类抗生素及细菌细胞壁的多肽中，个别植物的生物碱中也有一些 D 型氨基酸。细胞能够特异性的合成 L 型的氨基酸是因为酶的活性位点是不对称的，从而催化立体异构特异性产物。

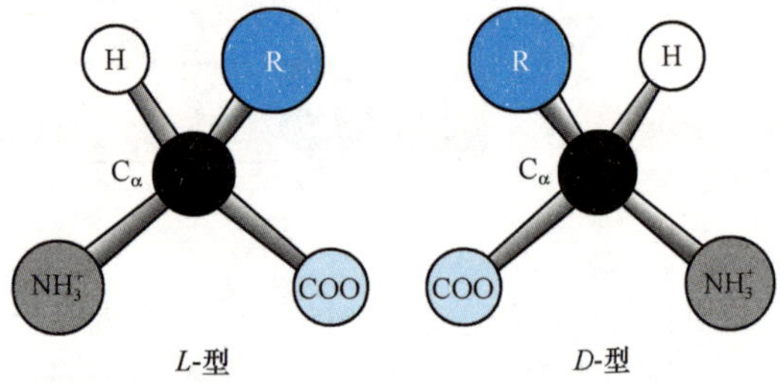

图 2-2 *L*-氨基酸和 *D*-氨基酸

（二）氨基酸的分类

组成蛋白质的 20 种氨基酸根据其侧链 R 基团结构和理化性质不同，分为五类（表 2-1）：

表 2-1 氨基酸的分类

中文名	英文名	缩写		pK_a			pI
		三字符	一字符	pK_1（—COOH）	pK_2（$—NH_3^+$）	pK_R（R 基）	
非极性氨基酸							
丙氨酸	alanine	Ala	A	2.34	9.69		6.01
亮氨酸	leucine	Leu	L	2.36	9.60		5.98
异亮氨酸	isoleucine	Ile	I	2.36	9.68		6.02
缬氨酸	valine	Val	V	2.32	9.62		5.97
甲硫氨酸	methionine	Met	M	2.28	9.21		5.74
脯氨酸	proline	Pro	P	1.99	10.96		6.48
甘氨酸	glycine	Gly	G	2.34	9.60		5.97
不带电荷的极性氨基酸							
丝氨酸	serine	Ser	S	2.21	9.15	13.6	5.68
苏氨酸	threonine	Thr	T	2.11	9.62	13.6	5.87
半胱氨酸	cysteine	Cys	C	1.96	10.28	8.18	5.07
天冬酰胺	asparagine	Asn	N	2.02	8.80		5.41
谷氨酰胺	glutamine	Gln	Q	2.17	9.13		5.65
芳香族氨基酸							
苯丙氨酸	phenylalanine	Phe	F	1.83	9.13		5.48
酪氨酸	tyrosine	Tyr	Y	2.20	9.11	10.07	5.66
色氨酸	tryptophan	Trp	W	2.38	9.39		5.89
带正电荷的碱性氨基酸							
赖氨酸	lysine	Lys	K	2.18	8.95	10.53	9.74
组氨酸	histidine	His	H	1.82	9.17	6.00	7.59
精氨酸	arginine	Arg	R	2.17	9.04	12.48	10.76
带负电荷的酸性氨基酸							
天冬氨酸	aspartic acid	Asp	D	1.88	9.60	3.65	2.77
谷氨酸	glutamic acid	Glu	E	2.19	9.67	4.25	3.22

笔 记 栏

1. 非极性氨基酸 包括四种带有脂肪烃侧链的氨基酸（丙氨酸、亮氨酸、异亮氨酸和缬氨酸）；一种含硫氨基酸（甲硫氨酸）和一种亚氨基酸（脯氨酸）。甘氨酸也属于此类。这类氨基酸在水中的溶解度较小（图 2-3）。

2. 不带电荷的极性氨基酸 这类氨基酸由于含有具有一定极性的 R 基团，在水中的溶解度较非极性氨基酸大。包括两种具有羟基的氨基酸（丝氨酸和苏氨酸）；两种具有酰胺基的氨基酸（谷氨酰胺和天冬酰胺）和一种含巯基的氨基酸（半胱氨酸）（图 2-4）。

3. 芳香族氨基酸 这些氨基酸包括苯丙氨酸、酪氨酸和色氨酸。苯丙氨酸中的苯基疏水性较强，从 R 基团性质分类来说苯丙氨酸还可属于非极性氨基酸。酪氨酸中的酚基和色氨酸中吲哚基在一定条件下可解离（图 2-5）。

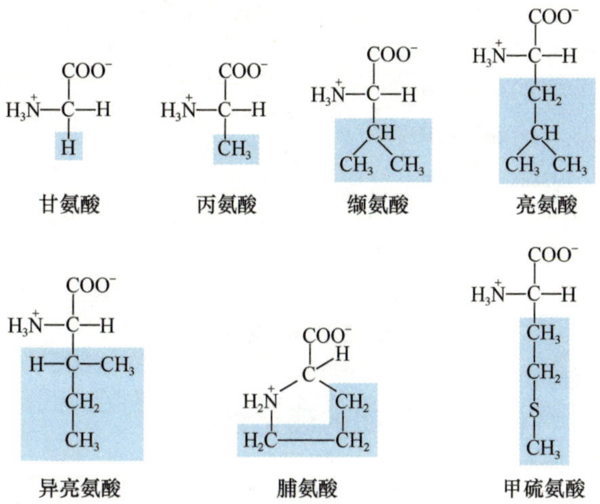

图 2-3 非极性氨基酸

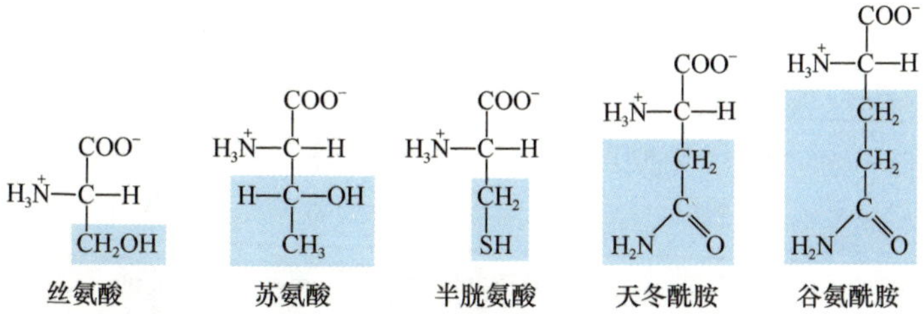

图 2-4 不带电荷的极性氨基酸

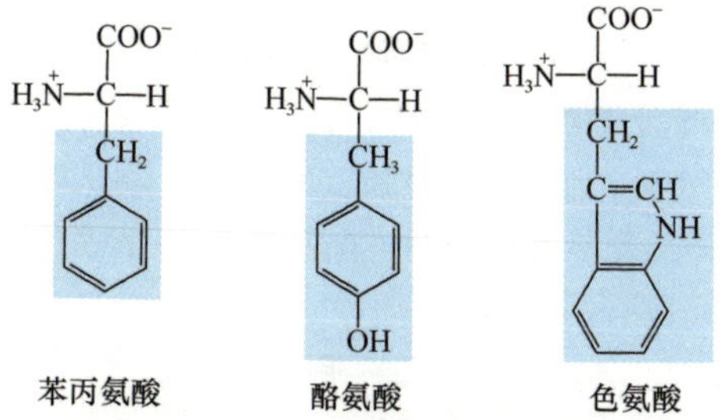

图 2-5 芳香族氨基酸

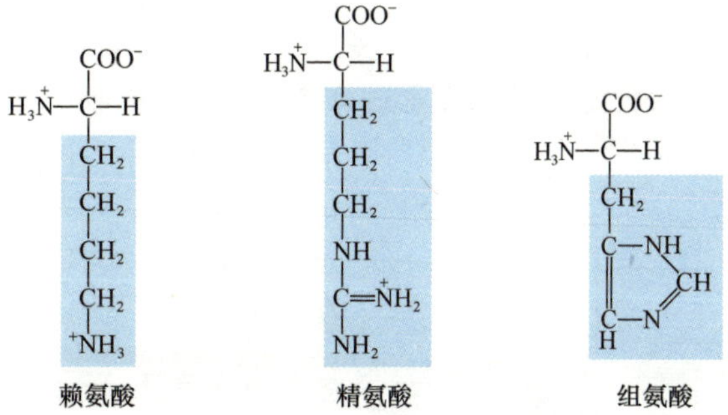

图 2-6 带正电荷的碱性氨基酸

4. 带正电荷的碱性氨基酸 生理条件下这类氨基酸带正电荷，包括侧链含 ε-氨基的赖氨酸；R 基团含有一个带正电荷胍基的精氨酸和含有弱碱性咪唑基的组氨酸，是一类碱性氨基酸（图 2-6）。

5. 带负电荷的酸性氨基酸 天冬氨酸和谷氨酸都含有两个羧基，在生理条件下带负电荷，为酸性氨基酸（图 2-7）。

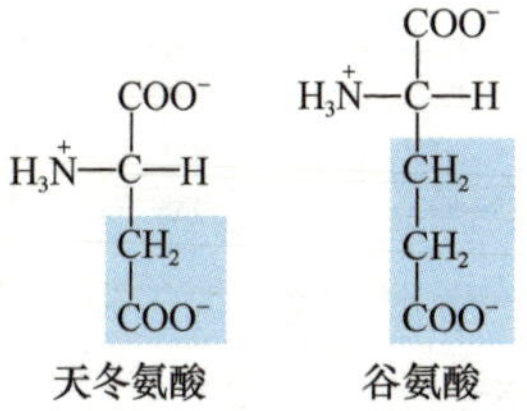

图 2-7 带负电荷的酸性氨基酸

20 种氨基酸中脯氨酸和半胱氨酸结构较为特殊。脯氨酸为亚氨基酸，但其亚氨基仍能与另一氨基酸的羧基形成肽键。脯氨酸在蛋白质加工时可被修饰成羟脯氨酸。此外，2 个半胱氨酸通过脱氢后以二硫键相结合，形成胱氨酸（图 2-8）。蛋白质的半胱氨酸多以胱氨酸形式存在，二硫键在稳定蛋白质空间结构中起重要作用。

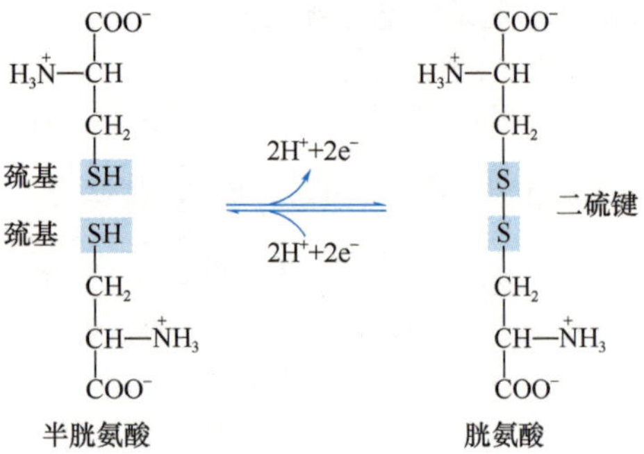

图 2-8　二硫键的形成

(三) 氨基酸的理化性质

1. 两性解离及等电点　所有的氨基酸都含有碱性的α-氨基(或亚氨基)和酸性的α-羧基,可在酸性溶液中与质子(H^+)结合成带有正电荷的阳离子($—NH_3^+$),也可在碱性溶液中失去质子变成带负电荷的阴离子($—COO^-$)。因此氨基酸是一种两性电解质,具有两性解离的特性。氨基酸在溶液中的解离方式取决于其所处溶液的酸碱度。在某一 pH 的溶液中,氨基酸解离成阳离子和阴离子的趋势及程度相同,成为兼性离子,净电荷为零,呈电中性。此时溶液的 pH 称为该氨基酸的等电点(isoelectric point, pI)。

氨基酸的 pI 是由α-羧基和α-氨基的解离常数的负对数 pK_1 和 pK_2 决定的。pI 的计算方法为:$pI=1/2(pK_1+pK_2)$。如甘氨酸的 $pK_{—COOH}=2.34$,$pK_{—NH_2}=9.60$,故 $pI=1/2(2.34+9.60)=5.97$。大多数氨基酸的 R 基团为非极性或虽为极性却不可解离。如果一个氨基酸中有三个可解离基团,其等电点由α-羧基、α-氨基和 R 基团的解离状态共同确定。表 2-1 列出了蛋白质中各氨基酸的等电点,同时给出了各氨基酸的α-羧基和α-氨基的 pK_a 值。

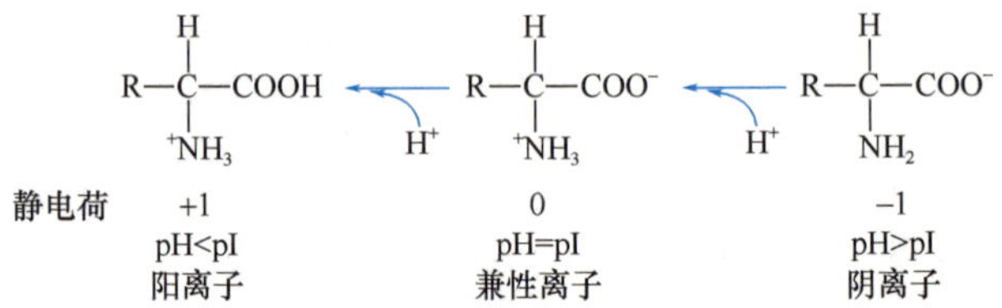

2. 紫外吸收性质　色氨酸、酪氨酸和苯丙氨酸由于含有共轭双键,在 280nm 附近有最大吸收峰(图 2-9)。由于多数蛋白质含酪氨酸和色氨酸残基,故测定蛋白质在 280nm 光吸收值,是定量分析溶液中蛋白质含量的快速简便方法。

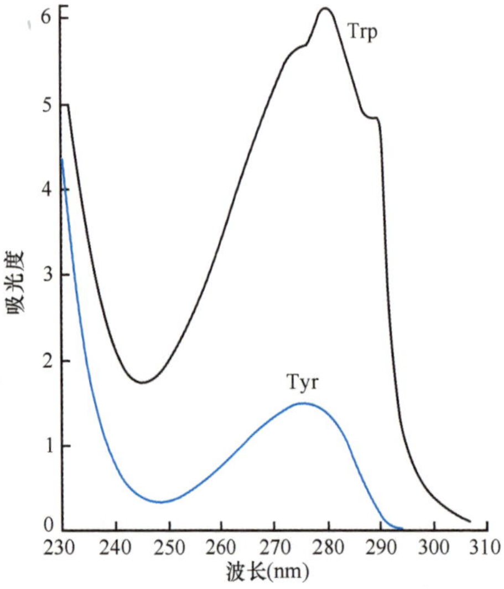

图 2-9　芳香族氨基酸的紫外吸收

3. 茚三酮反应　氨基酸与茚三酮(ninhydrin)的水合物共同加热,氨基酸被氧化分解,茚三酮水合物则被还原。在弱酸性溶液中,茚三酮的还原产物与氨基酸分解产生的氨及另一分子茚三酮缩合成为蓝紫色化合物,其最大吸收峰在波长 570nm 处。蓝紫色化合物颜色的深浅与氨基酸分解产生的氨成正比,据此可进行氨基酸定量分析。脯氨酸、羟脯氨酸与茚三酮试剂反应呈黄色,天冬酰胺与茚三酮反应产物呈棕色。

二、肽

(一) 肽与肽键

氨基酸可相互结合成肽(peptide)。两分子氨基酸可借一分子的氨基与另一分子的羧基脱去一分子水,缩合成为最简单的肽,即二肽(dipeptide)(图 2-10)。

在这两个氨基酸之间所产生的酰胺键(—CO—NH—)称为肽键(peptide bond)。二肽同样能借肽键与另一分子氨基酸缩合成三肽。如此进行下去,依次生成四肽、五肽……多个氨基酸可连成多肽(polypeptide)。肽链分子中的氨基酸相互衔接,形成长链,称为多肽链(polypeptide chain)。多肽链中α-碳原子和肽键的若干重复结构称为主链(backbone),而各氨基酸残基的侧链基团为多肽链的侧链(side chain)。多

笔 记 栏

肽链两端有自由氨基和羧基，分别称为氨基末端(amino terminal)或 N 端和羧基末端(carboxyl terminal)或 C 端。肽链中的氨基酸分子因脱水缩合而残缺，故被称为氨基酸残基(residue)。多肽的命名从 N 端开始指向 C 端。如由丝氨酸、甘氨酸、酪氨酸、丙氨酸和亮氨酸组成的五肽应称为丝氨酰-甘氨酰-酪氨酰-丙氨酰-亮氨酸(图 2-11)。

20 世纪 30 年代末，Pauling 和 Corey 应用 X 线衍射技术研究肽结晶中各原子间键长与键角时发现，肽键中的 C—N 具有部分双键的性质，其键长(0.132nm)介于单键(0.149nm)和双键(0.127nm)之间，不能自由旋转。因此，组成肽键的 4 个原子(C、O、N、H)和与之相邻的 2 个 α 碳原子($C_{\alpha1}$、$C_{\alpha2}$)均位于同一酰胺平面内，构成肽单元(peptide unit)(图 2-12)。肽单元中 C_α 分别与 N 和羰基 C 相连的键都是典型的单键，可以自由旋转，C_α 与羰基 C 的键旋转角度以 φ 表示，C_α 与 N 的键角以 Ψ 表示。正是由于肽单元上 C_α 原子所连的两个单键的自由旋转角度，决定了两个相邻的肽单元平面的相对空间位置。

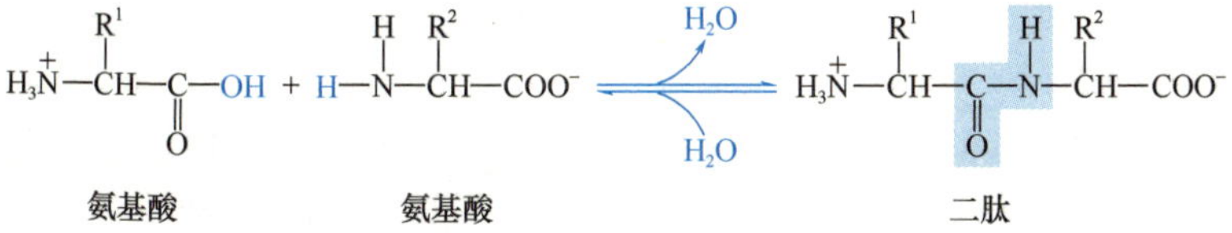

图 2-10　肽与肽键

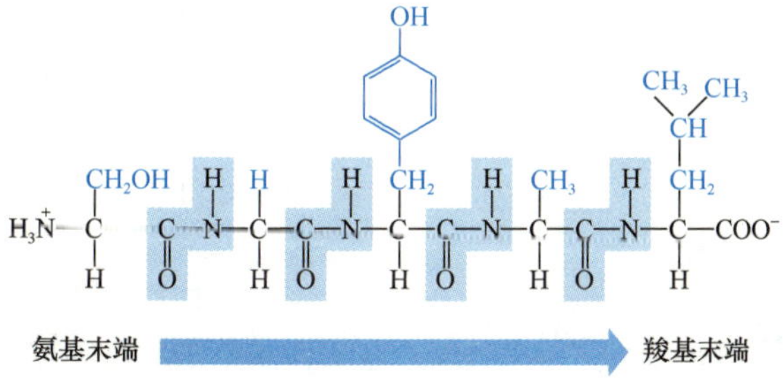

图 2-11　丝氨酰甘氨酰酪氨酰丙氨酰亮氨酸(Ser—Gly—Tyr—Ala—Leu)

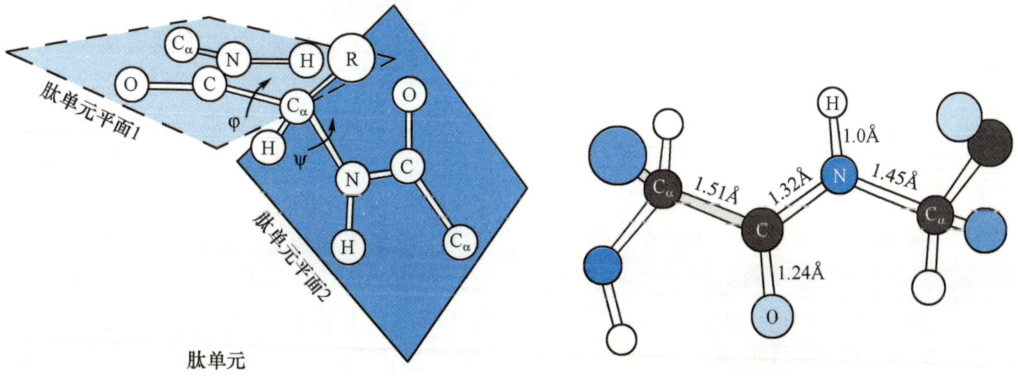

图 2-12　肽单元和肽键中的键长

绝大多数肽单元中 $C_{\alpha1}$ 和 $C_{\alpha2}$ 在平面所处的位置为反式(trans)，即在连接它们的肽键的相反方向。蛋白质中遇到脯氨酸时会形成顺式(cis)肽单元。由于顺式肽单元能量高，故不如反式肽单元稳定。

(二)天然存在的活性肽

人体内存在许多具有重要生物功能的肽，称为生物活性肽，有的仅三肽，有的为寡肽或多肽，在代谢调节、神经传导等方面起着重要的作用，如谷胱甘肽、多肽类激素、神经肽及多肽类抗生素等。随着生物技术的发展，许多化学合成或重组 DNA 技术制备的肽类药物和疫苗已在疾病预防和治疗方面取得了成效。

1. 谷胱甘肽　谷胱甘肽(glutathione，GSH)是由谷氨酸、半胱氨酸和甘氨酸组成的三肽(图 2-13A)。第一个肽键是由谷氨酸的 γ-羧基与半胱氨酸的 α-氨基脱水缩合而成，称 γ-谷氨酰半胱氨酰甘氨酸。分子中半胱氨酸的巯基是谷胱甘肽的主要功能基团。GSH 的巯基具有还原性，可作为体内重要的还原剂，保护体内蛋白质或酶分子中巯基免遭氧化，使蛋白质或酶处在活性状态。H_2O_2是细胞内产生的重要氧化剂，可氧化蛋白质中的巯基而破坏其功能。在谷胱甘肽过氧化物酶作用下，GSH可还原细胞内产生的H_2O_2，使其变成H_2O，失去氧化性。同时，GSH被氧化成氧化型谷胱甘肽(GSSG)；GSSG在谷胱甘肽还原酶的作用下，再生成GSH(图2-13B)。此外，GSH的巯基还有噬核特性，能与外源的噬电子毒物如致癌剂或药物等结合，从而阻断这些化合物与DNA、RNA或蛋白质结合，以保护机体免遭毒物损害。

2. 多肽类激素及神经肽 体内有许多激素属寡肽或多肽，如缩宫素(催产素)(9肽)、加压素(9肽)、促肾上腺皮质激素(39肽)、促甲状腺素释放激素(3肽)。它们各有其重要的生理功能。如促甲状腺素释放激素(TRH)是一个特殊结构的三肽(图2-13)，其N-末端的谷氨酸环化成为焦谷氨酸(pyroglutamic acid)，C-末端的脯氨酸残基酰胺化成为脯氨酰胺。它由下丘脑分泌，可促进腺垂体分泌促甲状腺素。

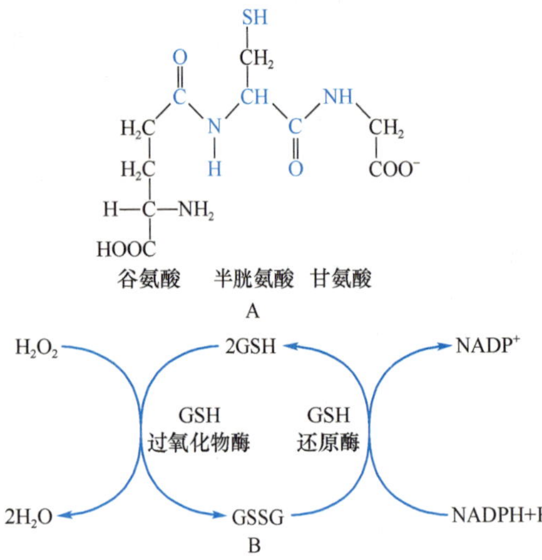

图2-13 谷胱甘肽(A)和GSH与GSSG间的转换(B)

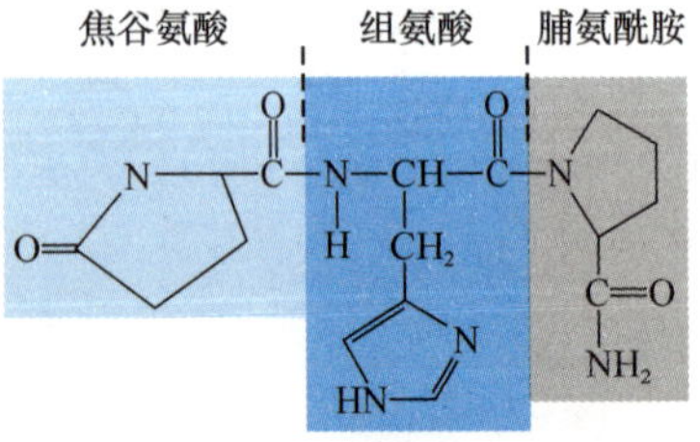

图2-14 促甲状腺素释放激素(TRH)

与神经传导等有关的神经肽如P物质(10肽)、脑啡肽(5肽)、强啡肽(17肽)等，在神经传导中起信号传导作用。它们在生物体内发挥神经递质和神经调质的作用，是中枢神经系统调控机体功能的一类重要化学物质。

3. 抗生素肽 抗生素肽是一类能抑制或杀死细菌的多肽，如短杆菌肽A、短杆菌素S、缬氨霉素(valinomycin)和博来霉素(blewycin)等。除天然活性多肽，20世纪70年代中期以后，通过重组DNA技术获得的多肽类药物、肽类疫苗等越来越多，应用也越来越广泛。

第2节 蛋白质的分子结构

蛋白质分子是由多个氨基酸通过共价键(主要是肽键和二硫键)相连聚合而成的有序的线性大分子。在每种蛋白质中氨基酸按照一定的数目和组成进行排列，并进一步折叠成特定的空间结构。前者我们称之为蛋白质的一级结构(primary structure)，也叫初级结构或基本结构(primary structure)；后者被称为蛋白质的三维结构(three dimensional structure)，也叫高级结构或空间结构，包括蛋白质的二、三、四级结构。通常从四个水平来描述蛋白质分子的结构，由一条多肽链形成的蛋白质只有一、二、三级结构，而由两条或两条以上肽链形成的蛋白质才有四级结构(图2-15)。蛋白质的一级结构中20种氨基酸的排列顺序的多样性反映了蛋白质结构的独特性；而蛋白质的特定的空间排布赋予了蛋白质特有的性质和生理功能。

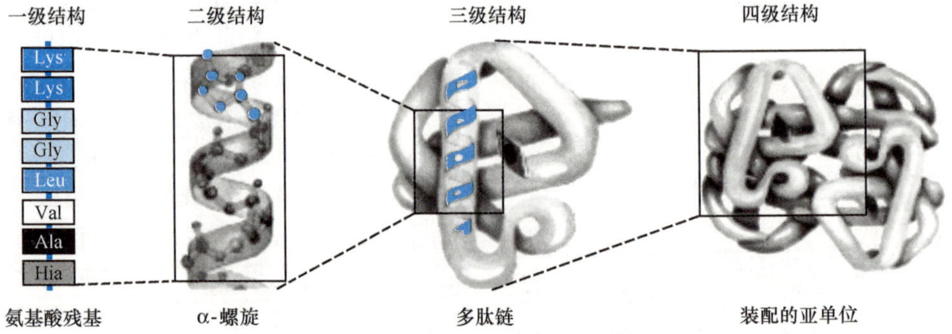

图2-15 蛋白质的结构层次

笔记栏

一、蛋白质的一级结构

蛋白质中氨基酸数目及排列顺序及共价连接称蛋白质的一级结构。氨基酸排列顺序从N-末端至C-末端；一级结构中主要化学键是肽键。此外，蛋白质分子中还含有二硫键，是由两个半胱氨酸巯基(—SH)脱氢氧化而成(图2-8)。

牛胰岛素的一级结构是由英国化学家Sanger于1953年测定完成的。这是第一个被测定一级结构的蛋白质分子。牛胰岛素有A和B二条多肽链，A链有21个氨基酸残基，B链有30个，相对分子质量为5733。A链B链通过两个链间二硫键相连。A链的第6位和第11位半胱氨酸的巯基脱氢形成一个链内二硫键(图2-16)。

蛋白质的一级结构是其特异性空间结构和生物学活性的基础。体内蛋白质种类繁多，各种蛋白质之间的差别是由其氨基酸残基组成、数目以及氨基酸残基在蛋白质多肽链中的排列顺序决定的。不同的蛋白质其一级结构不同。氨基酸的排列顺序决定其空间结构和性质，一级结构的改变往往会导致疾病的发生。因此测定蛋白质的一级结构是非常必要的。随着蛋白质结构研究的深入，人们已认识到蛋白质一级结构并不是决定蛋白质空间构象的唯一因素。

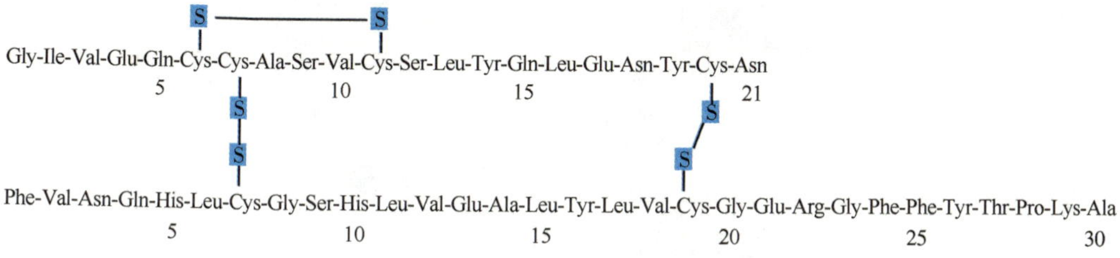

图2-16 牛胰岛素的一级结构

二、蛋白质的二级结构

蛋白质的二级结构(secondary structure)是指蛋白质分子中多肽链骨架中原子的局部空间排列，不涉及氨基酸残基侧链的构象(conformation)。蛋白质的二级结构主要包括α-螺旋、β-折叠、β-转角和无规卷曲。

(一) α-螺旋

α-螺旋(α-helix)是存在于各种天然蛋白质中的一种特定的螺旋状肽链立体结构，是蛋白质中最常见、最典型、含量最丰富的二级结构元件。Pauling和Corey(图2-17)在Astbury对α-角蛋白(α-keratin)进行的X线衍射分析启发下，于1951年首先提出了α-螺旋的结构模型，后来Pauling又提出了另一种多肽主链规律性的构象——β-折叠。它们是蛋白质二级结构的主要形式。Astbury衍射图中看到每隔5.15~5.2Å有一个重复单位，故推测蛋白质分子中有重复性结构，结合这一信息以及他们对肽键的数据分析，Pauling和Corey认为这种重复性结构是由肽单元之间形成规律性的氢键而盘绕形成的螺旋状结构，他们称之为α-螺旋(图2-18A)。这一发现为蛋白质空间结构的研究打下了基础。Pauling早在1931年就提出了杂化轨道理论和共振论，1936年他用X线晶体衍射研究蛋白质结构，并在1951年确定了蛋白质的α-螺旋二级结构。他因阐明化学结构的本性，解释了复杂的分子结构而获得1954年的诺贝尔化学奖。Pauling不仅是一个成绩显赫的化学家，同时也是著名的社会活动家，他为世界和平事业做出了巨大的贡献，并获得1962年的诺贝尔和平奖。

Linus Pauling 1901~1994　Robert Corey 1897~1971

图2-17 Linus Pauling(左)和Robert Corey(右)肖像

α-螺旋的结构特点如下：

(1) 多个肽平面通过α-碳原子旋转，相互之间紧密盘曲成稳固的右手螺旋。主链呈螺旋上升，每隔3.6个氨基酸残基上升一圈，相当于0.54nm，每个氨基酸残基向上平移0.15nm。这与X线衍射图符合。

(2) 相邻两圈螺旋之间借肽键中C=O和

笔 记 栏

NH 形成许多链内氢键，即每一个氨基酸残基中的 NH 和前面相隔三个残基的 C ═O 之间形成氢键（图 2-18B）。肽链中的全部肽键都可形成氢键，这是稳定 α-螺旋的主要因素。氢键的方向与螺旋长轴基本平行。

（3）肽链中氨基酸侧链 R 分布在螺旋外侧，其形状、大小及电荷影响 α-螺旋的形成。酸性或碱性氨基酸集中的区域，由于同性电荷相斥，不利于 α-螺旋形成；较大的 R 基（如苯丙氨酸、色氨酸、异亮氨酸）集中的区域，也妨碍 α-螺旋形成；脯氨酸因其 α-碳原子位于五元环上，不易扭转，加之它是亚氨基酸，不易形成氢键，故不易形成上述 α-螺旋；甘氨酸的 R 基为 H，空间占位很小，也会影响该处螺旋的稳定。

肌红蛋白和血红蛋白分子中有许多肽链段落呈 α-螺旋结构。毛发的角蛋白、肌肉的肌球蛋白以及血凝块中的纤维蛋白，它们的多肽链几乎全长都卷曲成 α-螺旋。数条 α-螺旋状的多肽链尚可缠绕起来，形成缆索，增强其机械强度和伸缩性（图 2-18C）。

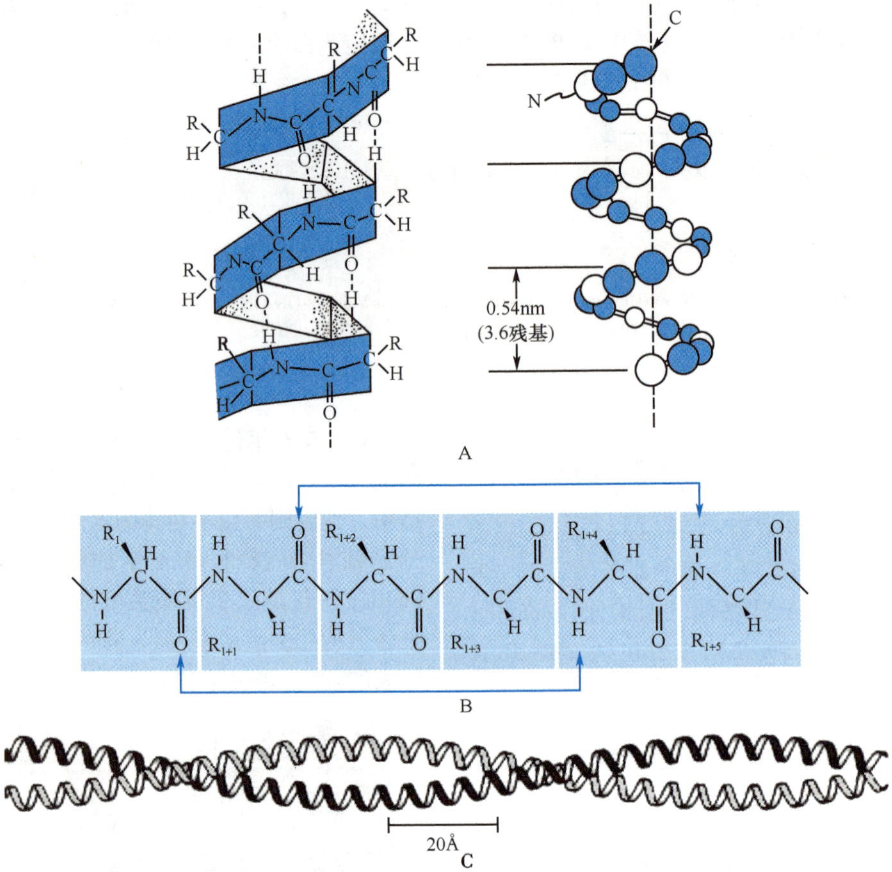

图 2-18　α-螺旋（A）、α-螺旋中的氢键（B）及角蛋白中的 α-螺旋（C）

（二）β-折叠

β-折叠（β-pleated sheet）也叫 β-片层（β-sheet），是蛋白质中常见的二级结构，是由伸展的多肽链组成的。折叠片的构象是通过一个肽键的羰基氧和位于同一个肽链的另一个亚氨基氢之间形成的氢键维持的。氢键几乎都垂直于伸展的肽链（图 2-19）。β-折叠结构特点是：

（1）多肽链充分伸展，肽链平面之间折叠成锯齿状，相邻肽键平面间呈 110°角。氨基酸残基的 R 侧链伸出在锯齿的上方或下方。

（2）依靠两条肽链或一条肽链内的两段肽链间的 C ═O 与 NH 形成氢键，使构象稳定。

（3）两段肽链可以是平行的，也可以是反平行的。即前者两条链从“N 端”到“C 端”是同方向的，后者是反方向的。平行的 β-折叠结构中，两个残基的间距为 0. 65nm；反平行的 β-折叠结构间距则为 0. 70nm。β-折叠结构的形式十分多样，正、反平行能相互交替。β-折叠一般与结构蛋白的空间结构有关。但在有些球状蛋白的空间结构中也存在。如天然丝蛋白中就同时具有 β-折叠和 α-螺旋，溶菌酶、羧肽酶等球状蛋白中也都存在 β-折叠结构。

笔记栏

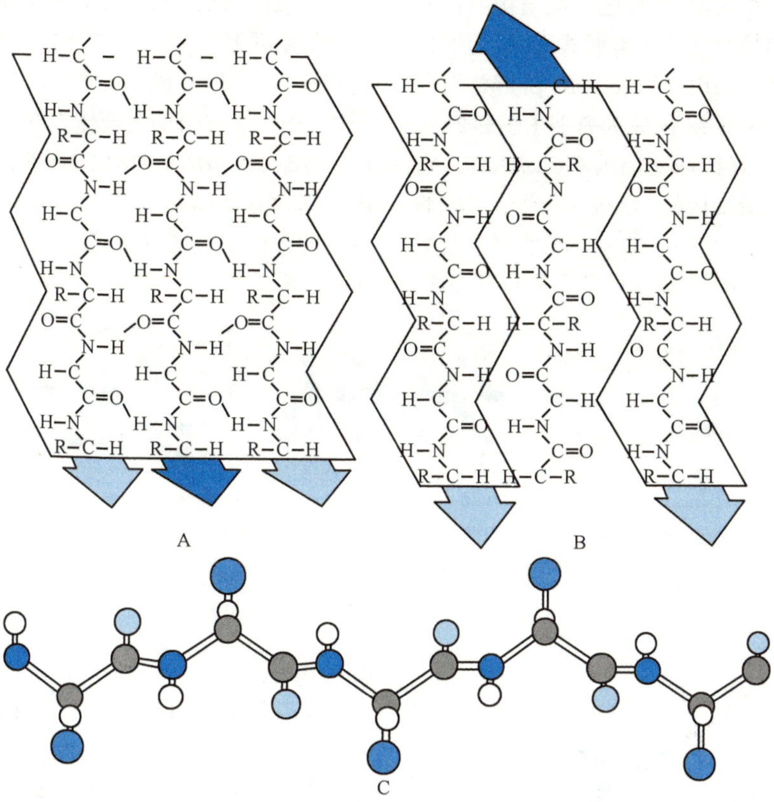

图 2-19 β-折叠

A. 平行折叠;B. 反平行折叠;C. 侧视

(三) β-转角

蛋白质分子中,肽链经常会出现180°的回折,在这种回折处的构象就是β-转角(β-turn)。β-转角中,第一个氨基酸残基的C═O与第四个氨基酸残基的NH形成氢键,从而使结构稳定(图2-20)。β-转角结构中第二个氨基酸残基往往为脯氨酸,甘氨酸、天冬氨酸、天冬酰胺和色氨酸也在β-转角中常见。β-转角常发生在球状蛋白质分子的表面,这与蛋白质的生物学功能相关。

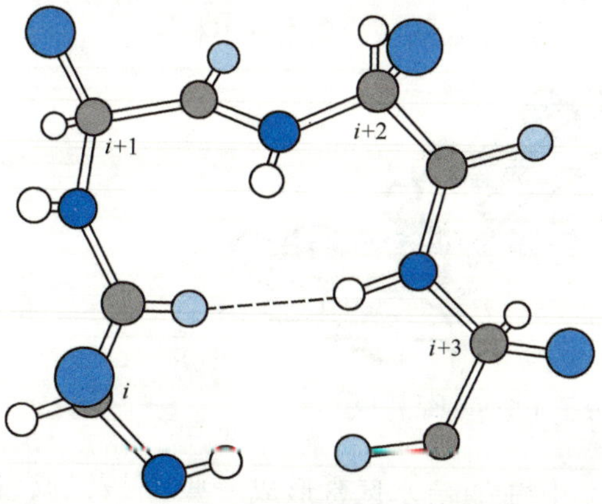

图 2-20 β-转角

(四) 有序非重复结构

大部分蛋白质,尤其是球状蛋白质,通常包含几种有规律的二级结构,如上面提到的α-螺旋和β-折叠,但蛋白质多肽链中还包含一些难以确定规律的部分肽链构象,称为无规卷曲(random coil)。但这种无法确定规律的(irregular)二级结构并不等同于蛋白质变性后的无规律的(disordered)非折叠状态,而是一种有序的结构,通常是一些环(loop)或者转角(trun),一般含3~15或16个氨基酸残基。其特点不同于α-螺旋和β-折叠,是非重复的结构,故称为有序非重复结构(ordered, nonrepetitive structures)。这种结构的作用通常是连接α-螺旋或β-折叠,形成简单的模体,如螺旋-环-螺旋。许多环或转角含有功能氨基酸残基,是金属离子结合的部位。

(五) 超二级结构

超二级结构(supersecondary structure),是指在多肽链内顺序上相互邻近的二级结构常常在空间折叠中靠近,彼此相互作用,形成规则的二级结构聚集体。是蛋白质构象中二级结构与三

笔 记 栏

级结构之间的一个层次，故称超二级结构。目前发现的超二级结构有三种基本形式：α-螺旋组合（αα）；β-折叠组合（βββ）和α-螺旋β-折叠组合（βαβ），其中以βαβ组合最为常见（图2-21）。模体（motif）是具有特殊功能的超二级结构，它们可直接作为三级结构的“建筑块”或结构域的组成单位。锌指结构（zinc finger）就是一个典型的模体，它由一个α-螺旋和两个反平行的β-折叠三个肽段构成（图2-22），模体的N端有一对半胱氨酸残基，C端有一对组氨酸残基，这四个残基在空间上形成一个洞穴，恰好容纳一个Zn^{2+}。由于Zn^{2+}可稳定模体中的α-螺旋结构，保证α-螺旋嵌在DNA大沟中，因此，一些转录调节因子都含有锌指结构，能与DNA或RNA结合。常见的模体还有亮氨酸拉链。

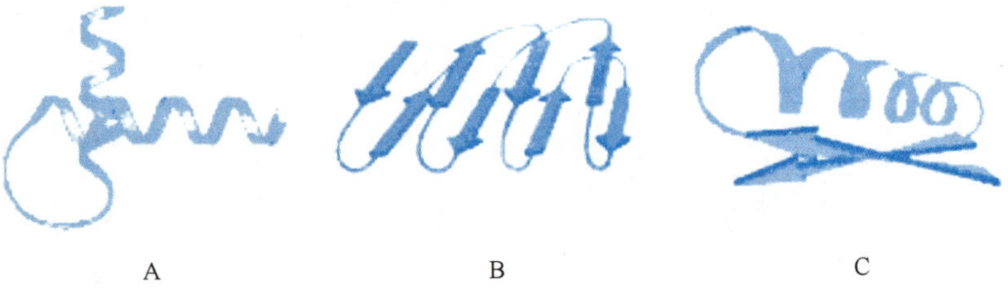

图2-21 蛋白质的超二级结构

A. α-螺旋组合（αα）；B. β-折叠组合（βββ）；C. α-螺旋β-折叠组合（βαβ）

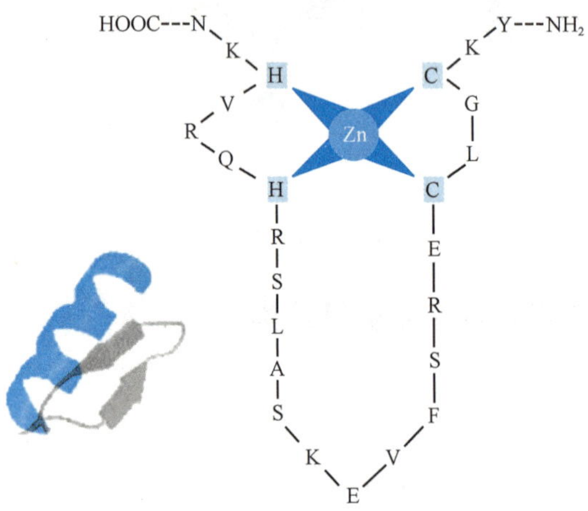

图2-22 模体（示锌指结构）

三、蛋白质的三级结构

具有二级结构的蛋白质的一条多肽链再进一步盘曲或折叠形成的具有一定规律的三维空间结构，这种在一条多肽链中所有原子在三维空间的整体排布称蛋白质三级结构（tertiary structure）。蛋白质三级结构不仅包括蛋白质分子主链的构象，还包括分子中各个侧链所形成的一定的构象。侧链构象主要是形成结构域。

结构域（domain）是蛋白质构象中特定的空间区域。在较大的蛋白质分子中，由于多肽链上相邻的超二级结构紧密联系，形成两个或多个稳定球形结构单位。一般每个结构域约由100~200个氨基酸残基组成，各有独特的空间结构，并承担不同的生物学功能。如细胞表面蛋白CD4分子包含4个结构相似的结构域（图2-23）。一个蛋白质分子中的几个结构域有的相同，有的不同；而不同蛋白质分子之间肽链中的各结构域也可以相同。如乳酸脱氢酶、3-磷酸甘油醛脱氢酶、苹果酸脱氢酶等均属以NAD^+为辅酶的脱氢酶类，它们各自由2个不同的结构域组成，但它们与NAD^+结合的结构域构象则基本相同。

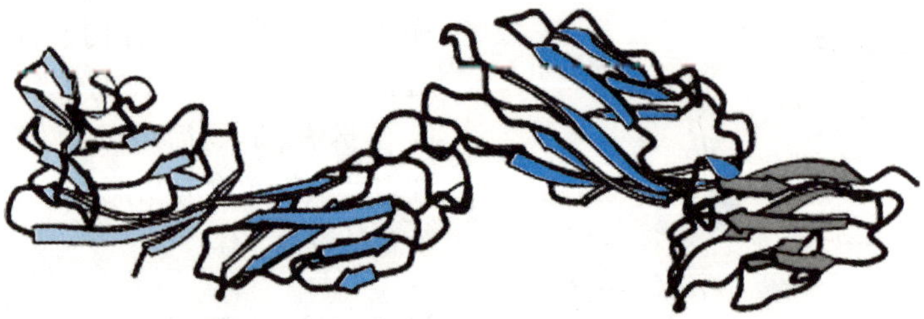

图2-23 细胞表面蛋白CD4分子4个相似结构域

对球状蛋白质来说，氨基酸残基形成疏水区和亲水区。亲水区多在蛋白质分子表面，由很多亲水侧链组成。疏水区多在分子内部，由疏水侧链集中构成，疏水区常形成一些“洞穴”或“口袋”，某些辅基就镶嵌其中，成为活性部位。如肌红蛋白（myoglobin，Mb）是由153个氨基酸残

笔记栏

基组成的单链蛋白质，含有一个血红素辅基，能够与氧进行可逆的氧合和脱氧反应。X 线衍射测定其空间结构显示，多肽链中 α-螺旋占 75%，形成 A～H 8 个螺旋区，两个螺旋区之间有一段无规卷曲，脯氨酸位于拐角处（图 2-24）。由于侧链 R 基团的相互作用，多肽链缠绕形成一个紧密的球状结构。亲水的 R 基团大部分分布在球状分子的表面；疏水的 R 基团位于分子内部，形成一个疏水的“口袋”。血红素位于“口袋”中。

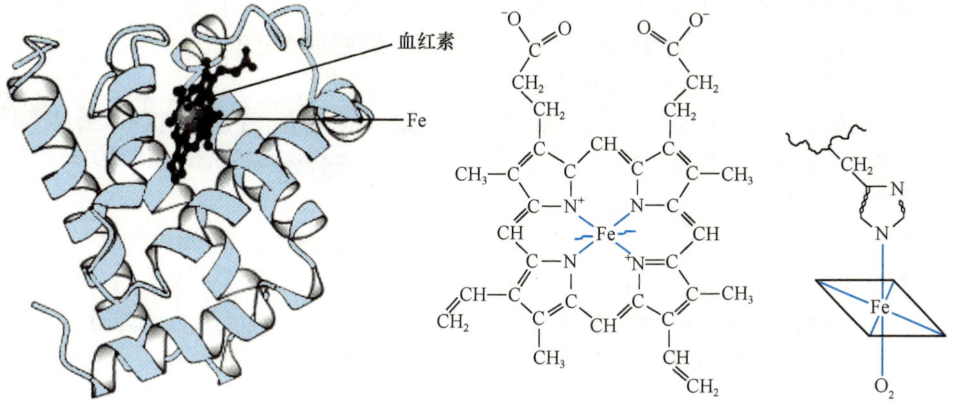

图 2-24　肌红蛋白三级结构（示血红素与肽链的关系）

蛋白质三级结构的稳定主要靠次级键，包括氢键、疏水作用、盐键以及范德华力（Van der Waals 力）等，其中疏水作用是最主要的稳定力量（图 2-25）。疏水作用是蛋白质分子中疏水基团之间的结合力。酸性和碱性氨基酸的 R 基团可以带电荷，正负电荷互相吸引形成盐键。与氢原子共用电子对形成的键为氢键。这些次级键可存在于一级结构序号相隔很远的氨基酸残基的 R 基团之间。次级键都是非共价键，易受环境中 pH、温度、离子强度等的影响，有变动的可能性。二硫键不属于次级键，但在某些肽链中能使远隔的两个肽段联系在一起，这对于蛋白质三级结构的稳定起着重要作用。一些具备三级结构的蛋白质，如血浆清蛋白、球蛋白、肌红蛋白等属于球状蛋白，球状蛋白的疏水基多聚集在分子的内部，而亲水基则多分布在分子表面，因而球状蛋白质是亲水的。更重要的是，多肽链经过如此盘曲后，可形成某些发挥生物学功能的特定区域，如酶的活性中心等。

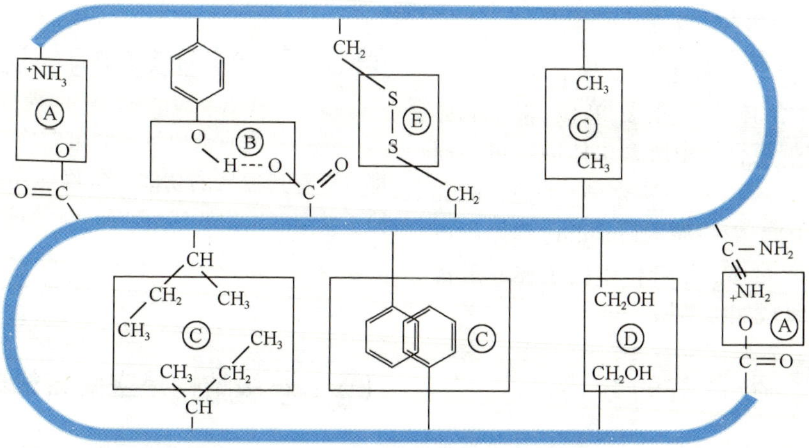

图 2-25　维持蛋白质分子构象的各种化学键

A. 盐键；B. 氢键；C. 疏水作用；D. 范德华力；E. 二硫键

四、蛋白质的四级结构

由一条肽链形成的蛋白质只有一级、二级和三级结构。在体内有许多蛋白质分子含有二条或多条肽链，每一条多肽链都有其完整的三级结构，称为蛋白质的亚基（subunit），亚基与亚基之间呈特定的三维空间排布，并以非共价键相连接。这种蛋白质分子中各个亚基的空间排布及亚基接触部位的布局和相互作用，称为蛋白质的四级结构（quarternary structure）。在四级结构

笔记栏

中，亚基之间不含共价键，各亚基之间的结合力主要是疏水作用，氢键和盐键也参与维持四级结构。亚基间次级键的结合比二、三级结构疏松，因此在一定的条件下，四级结构的蛋白质中的亚基可相互分离，而亚基本身构象仍可不变。一种蛋白质中，亚基结构可以相同，也可不同。如谷氨酸脱氢酶是由6个相同的亚基构成的；天冬氨酸氨甲酰基转移酶由6个调节亚基与6个催化亚基组成；血红蛋白由两个α-亚基和两个β-亚基组成。含有四级结构的蛋白质，单独的亚基一般没有生物学功能，只有完整的四级结构才具有生物学功能。如血红蛋白A的两个α-亚基和两个β-亚基都能与氧结合，起运输氧的功能。4个亚基通过8个盐键相连形成四聚体。亚基中的血红素辅基是结合氧的功能部位（图2-26）。实验证明，血红蛋白的任何一个亚基单独存在时都不能起到运输氧的作用。

图2-26　蛋白质的四级结构——血红蛋白结构示意图

某些蛋白质分子可进一步聚合成聚合体（polymer）。聚合体中的重复单位称为单体（monomer），根据聚合体中所含单体的数量不同而分为二聚体、三聚体……寡聚体（oligomer）和多聚体（polymer）。如胰岛素（insulin）在体内可形成二聚体及六聚体。聚合体中的单体一般都具备完整的三级或四级结构。

五、蛋白质的分类

蛋白质分子种类繁多，功能多样，分类方法也不统一。为了研究方便，一般都按蛋白质或多肽的分子组成、性质、结构或功能等基本原则进行分类。

（一）根据蛋白质的分子组成进行分类

根据蛋白质分子组成可将蛋白质分为单纯蛋白质（simple protein）和结合蛋白质（conjugated protein）。单纯蛋白质只由氨基酸组成，其水解产物只有氨基酸，不含其他化合物。结合蛋白质则由单纯蛋白质和非蛋白成分结合而成。非蛋白部分称为结合蛋白质的辅基（prosthetic group）。常见的辅基有色素化合物、糖类、脂类、磷酸、硫酸、金属离子及核酸等。

（二）根据蛋白质形状和空间构象进行分类

根据分子形状和空间构象的不同，可将蛋白质分为纤维状蛋白质（fibrous protein）和球状蛋白质（globular protein）。蛋白质分子长轴与短轴之比大于10的为纤维蛋白质，如胶原蛋白、弹性蛋白、角蛋白等。长轴和短轴之比小于10的为球状蛋白质，如免疫球蛋白、肌红蛋白、血红蛋白等。纤维蛋白一般都不溶于水，延展的分子具有韧性，主要功能是为单个细胞和整个有机体提供机械支撑。球状蛋白质的水溶性较好，其在水溶液中分子的形状接近球形，空间结构比纤维蛋白更复杂，生物体内的功能蛋白质多属于这一类。

（三）根据蛋白质功能进行分类

根据蛋白质的功能可将蛋白质分为酶蛋白、调节蛋白、运输蛋白、结构蛋白等。也可根据蛋白质的分布进行分类，如膜蛋白、核蛋白等。

第3节　蛋白质结构与功能的关系

生物体内有数以万计的蛋白质，每一种蛋白质都执行着其独特的功能。生物体功能的复杂性有赖于其空间结构的复杂性和其一级结构的独特性。

一、蛋白质一级结构与功能的关系

（一）一级结构是空间结构的基础

20世纪60年代，Anfinsen在研究牛胰核糖核酸酶A（RNase A）的变性和复性时发现，蛋白质的功能与其三级结构密切相关。而特定的三级结构是以蛋白质的一级结构即氨基酸的排列顺序为基础的。

RNase A是由124个氨基酸残基组成的一条多肽链，分子中8个半胱氨酸残基的巯基形成4对二硫键，多肽链进一步折叠成为具有特定空

笔记栏

间结构的三级结构(图 2-27)。

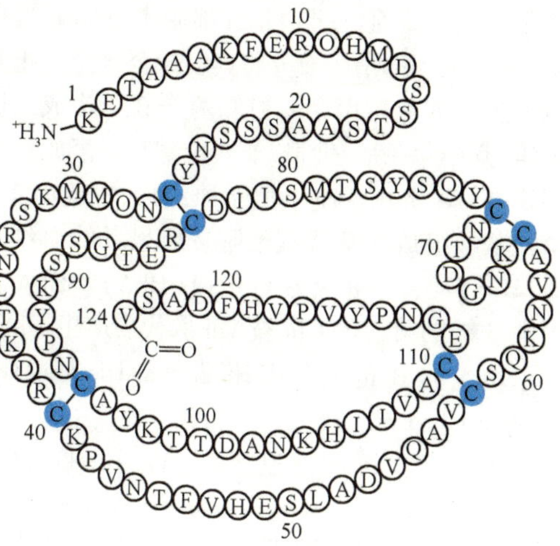

图 2-27　RNase A 的一级结构

在天然 RNase A 溶液中加入适量变性剂尿素和还原剂 β-巯基乙醇,分别破坏次级键和二硫键,使蛋白质空间结构被破坏,酶即变性失去活性。由于肽键未受影响,故蛋白质的一级结构仍存在。将尿素和 β-巯基乙醇经透析除去,酶活性及其他一系列性质均可恢复到与天然酶一样。若不除去尿素,只是将还原状态 RNase A 的 8 个巯基全部重新氧化成二硫键,产物的酶活性仅有 1%。这是因为重新氧化生成的二硫键位置与天然酶不同,是随机的。从理论上推算,二硫键被还原成巯基后若要再形成 4 对二硫键,有 105 种配对方式,唯有与天然酶完全相同的配对方式才能呈现酶活性。除去变性剂,并向溶液中加入痕量的 β-巯基乙醇,产物又逐渐恢复了天然酶的活性(图 2-28)。β-巯基乙醇可将随机结合的二硫键打开,在无变性剂的溶液中,二硫键位置的选择则是由肽链中氨基酸的排列顺序决定的。牛胰 RNase A 的变性、复性及其酶活性变化充分说明,蛋白质一级结构是空间结构形成的基础。而只有具备了特定的空间结构的蛋白质才具有生物学活性。人工合成牛胰岛素并获得具有生物学活性的胰岛素晶体是又一个一级结构决定空间结构的有力证据。这是我国科学家完成的具有世界领先水平的科研成果。

蛋白质的空间结构除一级结构和溶液环境为决定因素外,大多数蛋白质的正确折叠还需要一类称为分子伴侣(chaperon)的蛋白质参与。分子伴侣广泛地存在于从细菌到人的细胞中。它通过提供一个保护环境从而加速蛋白质折叠成天然构象,在新生肽链的折叠和穿膜进入细胞器的转位过程中起关键作用。有些分子伴侣可结合在多肽链上,从而防止多肽链的降解或侧链的非特异聚集;有的则可诱导肽链正确折叠。热激蛋白(heat shock protein,HSP)是很重要的一个分子伴侣家族,将在第 14 章第 3 节中详述。

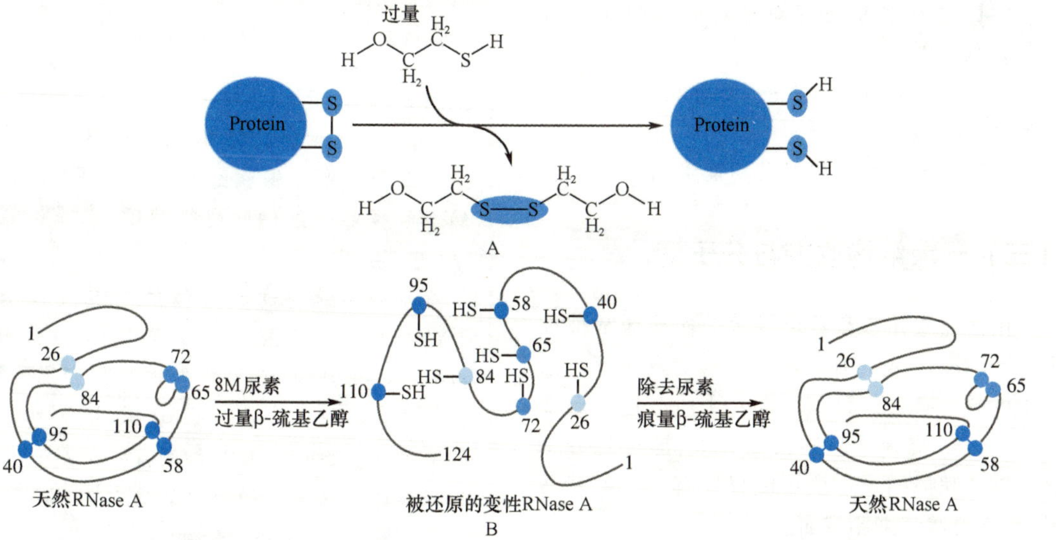

图 2-28　β-巯基乙醇还原二硫键(A)和牛胰 RNase A 一级结构与空间结构的关系(B)

(二)一级结构是功能的基础

大量研究数据表明,相似的一级结构具有相似的功能;不同的一级结构具有不同的功能。例如,不同种属来源的胰岛素,其一级结构都是由 A、B 两条多肽链组成,氨基酸序列相差甚微,二硫键的分布也相同。各种来源的胰岛素氨基酸序列的高度同源性决定了它们功能的相同性,即都具有调节血糖的功能。

对蛋白质一级结构的比较可以反映分子的进化。如广泛存在于生物界的细胞色素 *c*(cytochrome *c*),物种间亲缘关系越近,则细胞色素 *c*

笔记栏

的一级结构越相似，其空间结构和功能就越相似。如人类和黑猩猩的细胞色素 *c* 一级结构完全相同，与猕猴相差 1 个氨基酸，与面包酵母却相差 51 个氨基酸。蛋白质一级结构的改变，尤其是参与功能活性部位的残基或处于特定构象关键部位的残基的改变，往往会影响蛋白质的功能。有时仅仅是一个氨基酸残基的异常也可能导致蛋白质功能的异常。镰状红细胞贫血就是一个典型的例子。

案例 2-1

患者，女性，16 岁。因发热、间歇性上下肢关节疼痛 3 个月余就诊。体格检查：体温 38.5℃，贫血貌，轻度黄疸，肝、脾略肿大。实验室检查：血红蛋白 80g/L，血细胞比容 9.5%，红细胞总数 3×10^{14}/L，白细胞总数 6×10^{9}/L，白细胞分类正常。网织红细胞计数 0.12；血清铁 21μmol/L，次亚硫酸氢钠试验阳性；Hb 电泳产生一条带，所带正电荷较正常 HbA 多，与 HbS 同一部位。红细胞形态：镰型。患者呈现明显的贫血症状（红细胞缺乏）、严重感染及重要器官损伤。

诊断：镰状红细胞贫血。

问题讨论

1. 镰状红细胞贫血患者的细胞学特征是什么？

2. HbS 与 HbA 的一级结构有什么区别？

3. HbS 结构变化对其功能有何影响？

（三）一级结构改变与分子病

由蛋白质异常和缺乏导致的疾病通常被称为"分子病"。人类有很多种疾病的发生都与蛋白质的异常有关。目前已知几乎所有遗传病都与正常蛋白质分子结构改变有关，即都是分子病。这些缺损的蛋白质可能仅仅有一个氨基酸异常，如镰状红细胞贫血。

1904 年，芝加哥内科医师 Herrick 首先发现一个患有严重贫血的黑人大学生的红细胞是镰形。1945 年，Pauling 等人应用电泳技术发现镰状红细胞贫血是细胞中含有异常的血红蛋白 HbS 所引起，并提出"分子病"的概念。本病主要见于非洲及美洲黑人，我国曾有报道，但其亲代系非洲黑人。

镰状红细胞贫血是一种遗传性贫血症，属隐性遗传。镰状红细胞贫血的症状是由血红蛋白异常引起的。血红蛋白是红细胞中主要的蛋白质，负责从肺部携带氧并将其运送至全身。正常血红蛋白 A 是由两条 α 链和两条 β 链构成的四聚体，其中每条肽链都以非共价键与一个血红素相连接。α 链由 141 个氨基酸组成，β 链由 146 个氨基酸组成。镰状红细胞贫血患者的血红蛋白（HbS）代替了正常血红蛋白（HbA）。HbA 分子中 β 链的第六位 Glu 被 Val 取代后产生 HbS。

HbA 的 β 链的氨基末端：Val-His-Leu-Thr-Pro-Glu-Glu-Lys

HbS 的 β 链的氨基末端：Val-His-Leu-Thr-Pro-Val-Glu-Lys

氨基酸突变的根本原因是编码多肽链的基因的碱基序列的改变。在此例中，HbA 分子中的 β 链 mRNA 结构中的第六位 Glu 密码子 GAG 被 GUG 取代而变成 Val。当 HbS 中疏水性氨基酸缬氨酸取代了带负电的极性亲水的谷氨酸后，蛋白质分子的疏水性增加，血红蛋白的溶解度下降。这种疏水作用导致脱氧 HbS 之间在低氧分压下发生聚合作用，分子间发生黏合形成线状巨大分子而沉淀。红细胞内 HbS 浓度较高时（纯合子状态），对氧亲和力显著降低，加速氧的释放。患者虽能耐受严重缺氧，但在脱氧情况下，HbS 分子间相互作用，成为溶解度很低的螺旋形多聚体，使红细胞扭曲成镰刀型细胞（镰变）（图 2-29）。镰状红细胞贫血的分子机制总结如图 2-30。

案例 2-1　分析讨论

通常，红细胞为圆形且富有弹性容易穿过血管。但在镰状红细胞贫血中，异常的血红蛋白使红细胞变得僵硬，在显微镜下，看上去为"C"形镰刀状。这种僵硬的镰状红细胞不能通过毛细血管，加上血红蛋白的凝胶化使血液的黏滞度增大，堵塞微血管，从而切断微血管对附近部位的供血，引起局部组织器官缺血缺氧，产生脾肿大、胸腹疼痛（又叫做"镰形细胞痛性危象"）等临床表现。镰状红细胞比正常红细胞更容易衰老死亡，从而导致贫血。

患者出生后 3～4 个月即有黄疸、贫血及肝脾大，发育较差。由镰刀状细胞阻塞微循环而引起的脏器功能障碍可表现为腹痛、气急、肾区痛和血尿。患者常因再生障碍性贫血危象、贫血加重，并发感染而死亡。体外重亚硫酸钠镰变试验可见大量镰刀状红细胞，有助诊断。

笔记栏

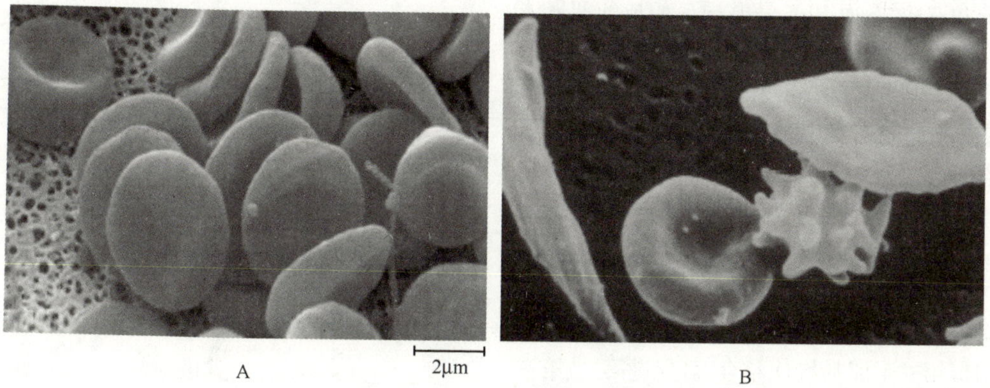

图 2-29　正常红细胞和镰状红细胞

A. 正常红细胞；B. 镰状红细胞

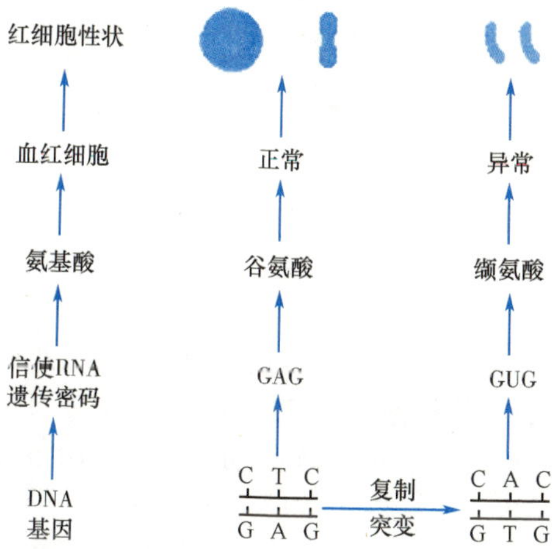

图 2-30　镰状红细胞贫血的分子机制示意图

本病无特殊治疗，宜预防感染和防止缺氧。溶血发作时可予供氧、补液和输血等支持疗法。对镰状红细胞贫血的患儿来讲，接受常规预防接种是很重要的。唯一能够使患者痊愈的治疗方法是为病人移植健康的干细胞。美国科学家最新的研究成果为镰状红细胞贫血病患者提供了一种新的基因疗法。这项研究是由美国纽约斯隆-凯特林纪念癌症中心进行的。他们从患者身上提取干细胞，用“小干扰核糖核酸”(siRNA)封闭缺陷基因，同时用健康的基因将其替换，再把修复的干细胞重新移植到患者体内。

HbS 杂合子者，由于红细胞内 HbS 浓度较低，除在缺氧情况下，一般不发生贫血。临床无症状或偶有血尿、脾梗死等表现。

二、蛋白质空间结构与功能的关系

(一) 蛋白质的功能依赖于特定的空间结构

蛋白质的功能不仅与一级结构有关，更重要的依赖于蛋白质的空间结构。没有适当的空间结构，蛋白质就不能发挥它的生物学功能。我们在前面提到的牛胰 RNase A 变性时，其一级结构没有改变，但其空间结构完全被破坏，导致其酶活性的丧失。当除去变性剂后，只有恢复到天然构象状态，其活性才可恢复。说明空间结构在蛋白质生物学功能中的重要性。酶原的激活或各种蛋白质前体的加工和激活证明，蛋白质只有具备适当的空间结构形式才能执行其功能。在第 4 章中将了解到，许多消化道中的蛋白水解酶以及血液中的凝血酶等，新合成出来时都以无活性的前体形式存在，前体经特异的蛋白水解酶作用切去几个氨基酸残基，才能表现其活性。如胰蛋白酶原的激活就是在肠激酶的作用下切去 N 端的 6 个氨基酸残基，蛋白质才折叠形成酶的活性中心。

(二) 血红蛋白的空间结构变化与结合氧

蛋白质多种多样的功能与各种蛋白质特定的空间结构密切相关。其构象发生改变，功能活性也随之改变。以肌红蛋白(Mb)和血红蛋白(hemoglobin, Hb)为例阐述蛋白质空间结构与功能的关系。

Mb 与 Hb 都是含有血红素辅基的蛋白质。携带氧的是血红素中的 Fe^{2+}，后者有 6 个配位键，其中四个与吡咯环 N 配位结合，一个与蛋白质的组氨酸残基结合，另一个即可与氧结合。而血红素与蛋白质的稳定结合主要靠以下两种作用：一是血红素分子中的两个丙酸侧链与肽链中氨基酸侧链相连，另一作用即是肽链中的组氨酸残基与血红素中 Fe^{2+}配位结合。Mb 只有一条肽链，只结合一个血红素，故只携带 1 分子氧，其氧解离曲

笔记栏

线为直角双曲线，而 HbA 是由 $\alpha_2\beta_2$ 组成的四聚体（图 2-25）。在由四个亚基组成的四级结构中，每个亚基的三级结构与 Mb 相似，中间有一个疏水“口袋”，亚铁血红素位于“口袋”中间，血红素上 Fe^{2+} 能够与氧进行可逆结合。Hb 亚基间有许多氢键及 8 对盐键，使 4 个亚基紧密结合在一起（图 2-31）。形成亲水的球状蛋白，球状 Hb 中间形成个“中心空穴”。Hb 共可结合 4 分子氧（图 2-32），其氧解离曲线为“S”形曲线，从曲线的形状特征可知，Hb 第一个亚基与 O_2 结合，可促进第二、第三个亚基与 O_2 的结合，前三个亚基与 O_2 结合，又大大促进第四个亚基与 O_2 结合。这种一个亚基与其配体结合后，能影响蛋白质分子中另一亚基与配体结合能力的效应，称为协同效应（cooperative effect）。O_2 与 Hb 之间是促进作用，称为正协同效应。之所以会有这种效应，是因为未结合 O_2 时，Hb 结构紧密，此时 Hb 与 O_2 亲和力小，随着 O_2 的结合，其亚基之间盐键断裂，空间结构变得松弛，此种状态 Hb 与 O_2 亲和力即增加。这种一个氧分子与 Hb 亚基结合后引起亚基构象变化的效应称为变构效应或别构效应（allosteric effect）。变构效应是 20 世纪 70 年代中期以后发展起来的生物调节理论的重要基础，很多调节蛋白、代谢酶都属于别构蛋白或别构酶。别构酶与它们的作用物结合均呈特征性“S”型曲线。有关此效应会在后面“酶”一章中详细解释。肌红蛋白只有一条肽链，不存在协同效应。

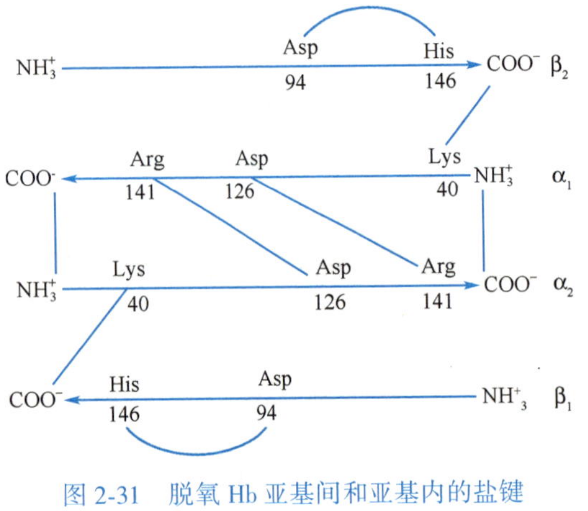

图 2-31 脱氧 Hb 亚基间和亚基内的盐键

Mb 是只有三级结构的单链蛋白质。它与 Hb 的空间结构不同，功能也不相同；Hb 的功能是在肺和肌肉组织间运输氧，而 Mb 则主要储存氧。图 2-33 显示 Mb 比 Hb 对氧的亲和力大。Mb 和氧结合达 50% 饱和度时的氧分压（PO_2）为 0.15~0.30kPa；而 Hb 与氧结合达 50% 时的 PO_2 为 3.5kPa；动脉血和肺部的 PO_2 为 13kPa，Hb 和

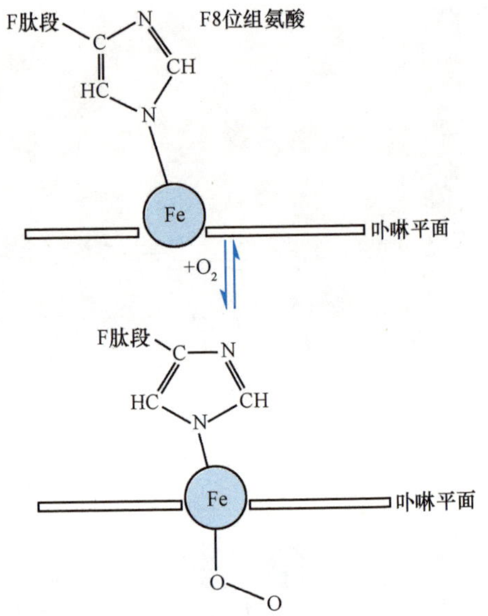

图 2-32 血红素与氧结合

Mb 结合氧都能达到 95% 的饱和度。但在肌肉组织中，休息时毛细血管内 PO_2 大约为 5kPa，肌肉工作时因消耗 O_2，PO_2 仅 1.5kPa。尽管 Hb 在肌肉休息时的氧饱和度能达到 75%，但肌肉活动时，Hb 的氧饱和度仅达 10%，因此，它可以有效地释放 O_2，供肌肉活动需要；在同样 PO_2（1.5kPa）的条件下，Mb 在肌肉活动时仍保持 80% 的氧饱和度，不释放 O_2 而储存 O_2。由此可见，Hb 与 Mb 在空间结构上的不同，决定了它们在体内发挥不同的生理功能。

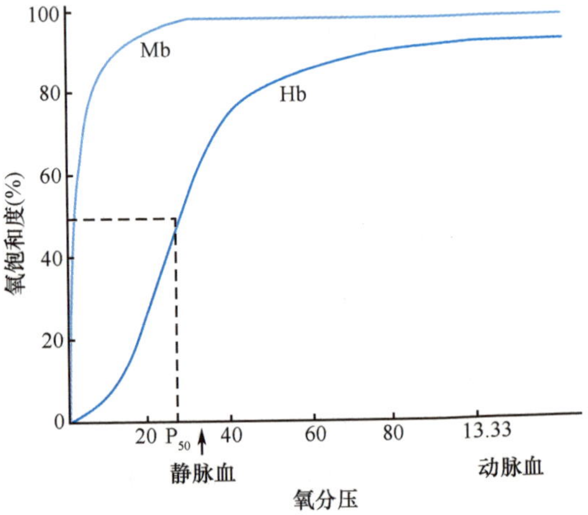

图 2-33 Mb 与 Hb 的氧解离曲线

按 1mmHg=0.1333kPa 改横坐标数据

（三）蛋白质空间结构改变与疾病

案例 2-2

患者，男性，42 岁。因进行性痴呆、间

笔记栏

歇性肌阵挛发作半年入院。体格检查：反应迟钝，言语较少，理解力差，计算力下降；腱反射亢进，肌力3级，水平眼震，闭目难立征阳性。实验室检查：脑脊液（CSF）蛋白0.6g/L；脑电图示弥漫性异常；头颅磁共振（MRI）提示：脑萎缩。入院后经氯硝西泮（氯硝安定）、巴氯芬治疗，肌阵挛有所减轻，但痴呆症状无明显好转，且语言障碍加剧，1个月后患者出现昏迷，半年后死亡。经家属同意对死者进行尸检，行脑组织切片后，发现空泡、淀粉样斑块，胶质细胞增生，神经细胞丢失；免疫组织化学染色检查 PrP^{sc} 阳性，确诊为克-雅病（Creutzfeld-Jakob disease，CJD）。

问题讨论

1. 克-雅病是由什么原因引起的？
2. 朊蛋白变构以后有什么特征？
3. 朊蛋白的变化对其功能有什么影响？

蛋白质的合成、加工、成熟是一个非常复杂的过程，其中多肽链的正确折叠对其正确构象的形成和功能发挥至关重要。因蛋白质折叠错误或折叠不能导致构象异常变化引起的疾病，称为蛋白质构象病（protein conformational diseases）。朊病毒病就是蛋白质构象病中的一种。

"朊病毒"（prion）最早是由美国加州大学 Prusiner 等提出的，Prusiner 因这一发现而获得1997年度的诺贝尔生理/医学奖。它是一组至今不能查到任何核酸、对各种理化作用具有很强抵抗力、传染性极强的蛋白质颗粒。朊病毒蛋白（prion protein，PrP）是一类高度保守的糖蛋白，有两种构象：细胞型（正常型 PrP^{c}）和瘙痒型（致病型 PrP^{sc}）。正常型朊蛋白（PrP^{c}）广泛表达于脊椎动物细胞表面，二级结构中仅存在 α-螺旋，它可能与神经系统功能维持、淋巴细胞信号转导及核酸代谢等有关。致病型朊病毒（PrP^{sc}）有多个 β-折叠存在，是 PrP^{c} 的构象异构体，两者之间没有共价键差异。PrP^{sc} 可胁迫 PrP^{c} 转化为 PrP^{sc}，实现自我复制，并产生病理效应；基因突变可导致细胞型 PrP^{c} 中的 α-螺旋结构不稳定，至一定量时产生自发性转化，β-折叠增加，最终变为 PrP^{sc} 型；初始的和新生的 PrP^{sc} 继续攻击另外两个 PrP^{c}，这种类似多米诺效应使 PrP^{sc} 积累，直至致病。PrP^{sc} 可引起一系列致死性神经变性疾病。这种与朊病毒蛋白构象相关的疾病统称为朊病毒病。

已发现的人类朊病毒病有库鲁病（Kuru disease）、脑软化病（GSS）、纹状体脊髓变性病或克-雅病（Creutzfeldt-Jakob disease，CJD）、新变异型 CJD（new variant CJD，nvCJD）或称人类疯牛病和致死性家族性失眠症（fatal familial insomnia，FFI）。动物的朊病毒病有牛海绵状脑病或称疯牛病（bovine spongiform encephalopathy，BSE）、羊瘙痒症（scrapie，SC）等。这些疾病都是由朊病毒蛋白引起的人和动物神经退行性病变。临床症状都局限于人和动物的中枢神经系统而致病。典型的共同症状是痴呆、丧失协调性以及神经系统障碍。病理研究表明，随着朊病毒的侵入、复制，在神经元树突和细胞本身，尤其是小脑星状细胞和树枝状细胞内发生进行性空泡化，星状细胞胶质增生，灰质中出现海绵状病变。此类疾病有遗传性、传染性和偶发性形式。以潜伏期长，病程缓慢，进行性脑功能紊乱，无缓解康复，终至死亡为特征。

第4节 蛋白质的理化性质及其分离纯化

蛋白质既是由氨基酸组成，其理化性质必定有一部分与氨基酸相同或相关，例如，两性电离及等电点、紫外吸收性质、呈色反应等；蛋白质又是由许多氨基酸组成的高分子化合物，也必定有一部分化学性质与氨基酸不同，从而表现出单个氨基酸分子所未有的性质，例如，高相对分子质量、胶体性质、沉淀、变性和凝固等。认识蛋白质在溶液中的性质，对于蛋白质的分离、纯化以及结构与功能的研究等都极为重要。本节在介绍蛋白质有关理化性质时结合讨论蛋白质分离、纯化的几种基本方法。

一、蛋白质的理化性质

（一）两性解离及等电点

蛋白质由氨基酸组成，其分子末端有自由的 α-NH_3^+ 和 α-COO^-，蛋白质分子中氨基酸残基侧链也含有可解离的基团：赖氨酸的 ε-NH_3^+、精氨酸的胍基、组氨酸的咪唑基、谷氨酸的 γ-COO^- 和天冬氨酸的 β-COO^- 等。这些基团在一定 pH 溶液条件下可以结合与释放 H^+，解离成带正电荷和负电荷的基团，这就是蛋白质两性解离的基础。在某一 pH 溶液中，蛋白质解离成正、负离

笔记栏

子的趋势相等，即成为兼性离子，净电荷为零，此时溶液的 pH 称为蛋白质的等电点。当蛋白质溶液的 pH 大于等电点时，该蛋白质解离成阴离子，带负电荷；反之则带正电荷。

各种蛋白质的等电点不同，但大多数接近于 pH 5.0。所以在人体组织体液 pH 7.4 环境下，大多数蛋白质解离成阴离子。少数蛋白质含碱性氨基酸较多，因而其分子中含有较多自由氨基，故其等电点偏于碱性，称碱性蛋白质。如鱼精蛋白和细胞色素 *c* 等。也有少数蛋白质含酸性氨基酸较多，其分子也因之含有较多的羧基，故其等电点偏于酸性，此类蛋白质称为酸性蛋白质，如丝蛋白和胃蛋白酶等。

在等电点时，蛋白质兼性离子带有相等的正、负电荷，成为中性微粒，故不稳定而易于沉淀。

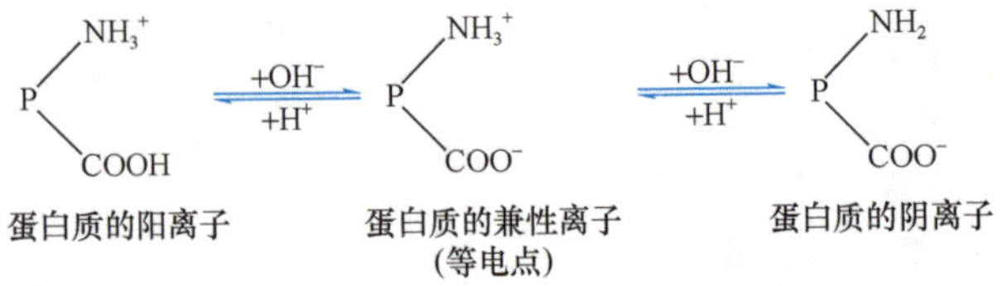

(二) 蛋白质的胶体性质

蛋白质是相对分子质量较高的有机化合物，介于 1 万到百万之间，其分子直径为 1～100nm，属胶体颗粒。因此，蛋白质溶液是胶体溶液，具有胶体溶液的性质。蛋白质是亲水胶体。球状蛋白质分子的亲水基团位于分子的表面，与水结合。每克蛋白质结合的水可高达 0.3～0.5g，形成包绕分子表面的水化膜（hydration shell）。蛋白质分子之间相同电荷的相斥作用和水化膜的相互隔离作用是维持蛋白质胶粒在水中稳定性的两大因素。若去掉这两个稳定因素，蛋白质就极易从溶液中沉淀（图 2-34）。

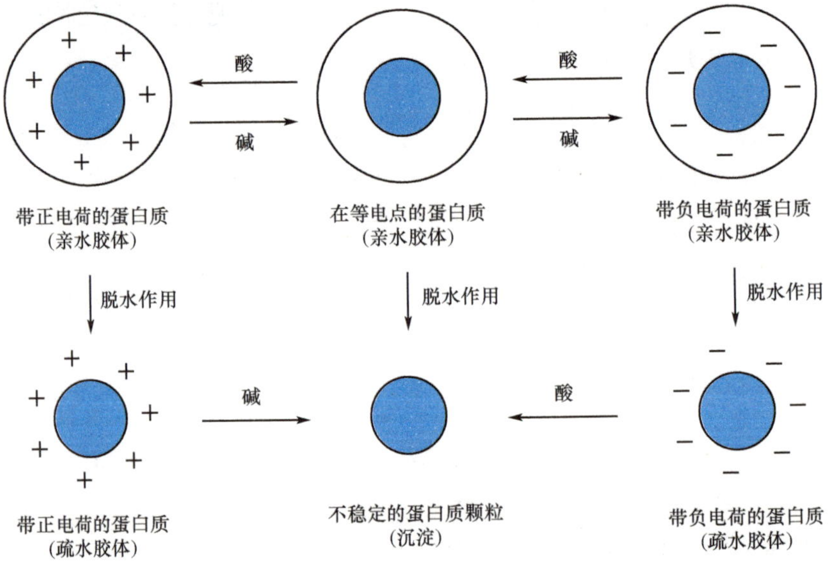

图 2-34　蛋白质的胶体性质

(三) 蛋白质的变性与沉淀

1. 蛋白质的变性　在某些理化因素的作用下，蛋白质中维系其空间结构的次级键（甚至二硫键）断裂，使其空间结构遭受破坏，造成其理化性质的改变和生物活性的丧失。这种现象称为蛋白质的变性（denaturation）。变性蛋白质仅是其天然构象的紊乱，一级结构不被破坏。

引起蛋白质变性的物理因素有加热、紫外线照射、超声波和剧烈振荡；化学因素有强酸、强碱、有机溶剂和重金属盐等。

球状蛋白质变性后的明显改变是溶解度降低，主要是因为变性蛋白质疏水基团外露，丧失水化膜，由亲水胶体变成疏水胶体。本来在等电点时能溶于水的蛋白质经过变性就不再溶于原来的水溶液。

变性蛋白质空间结构的破坏造成分子的不对称性增大，在溶液中的黏度增大；变性蛋白质分子中各原子和基团的正常排布发生变化，造成其吸收光谱改变，并丧失其生物活性；变性蛋白

笔记栏

质由于其盘曲肽链的伸展，肽键外露，易被蛋白酶水解。

变性蛋白质的一级结构未被破坏，有些蛋白质在发生轻微变性后，可因去除变性因素而恢复活性。这种现象称为复性（renaturation）。前面提到的牛胰 RNase A 在 8mol/L 尿素和还原剂 β-巯基乙醇存在时，牛胰 RNase A 分子中的非共价键和二硫键断裂，其有规律的三级结构遭到破坏，发生变性，丧失其生物活性。如果用透析的方法去除尿素和保留痕量 β-巯基乙醇，则多肽链又可再次形成非共价键和二硫键，逐步恢复其特定的三级结构，并恢复其生物活性。这也说明，蛋白质的空间结构对其一级结构的依赖性。实际上，大多数蛋白质在变性后，其空间结构遭到严重破坏而不能复性。

2. 蛋白质沉淀 蛋白质从溶液中析出的现象称为蛋白质沉淀。已知蛋白质在水溶液中稳定的两大因素是水化膜和电荷。若除去蛋白质的水化膜并中和其电荷，蛋白质便发生沉淀。使蛋白质沉淀的方法很多。向蛋白质溶液中加入大量中性盐可夺取蛋白质的水化膜并中和电荷，使蛋白质从溶液中析出。乙醇、正丁醇、丙酮等有机溶剂可降低溶液的介电常数，夺取蛋白质的水化膜，均可使蛋白质沉淀。生物碱试剂（苦味酸、鞣酸等）、三氯醋酸、磺基水杨酸酸根离子可与带正电荷的蛋白质结合，使蛋白质沉淀并变性。汞、铅、铜、银等重金属离子可与带负电的蛋白质结合，使蛋白质变性、沉淀。临床上常用口服大量蛋白质（如牛奶）和催吐剂抢救误服重金属而中毒的病人。高浓度中性盐和有机溶剂沉淀法常用于蛋白质的分离和纯化。

3. 蛋白质的凝固 蛋白质被强酸或强碱变性后，仍能溶于强酸或强碱溶液中。若将此强酸或强碱溶液的 pH 调至等电点，则变性蛋白质立即结成絮状的不溶解物。这种现象称为变性蛋白质的结絮作用（flocculation）。结絮作用所生成的絮状物仍能再溶于强酸或强碱中。如再加热，则絮状物变为比较坚固的凝块；此凝块不易再溶于强酸或强碱中。这种现象称为蛋白质的凝固作用（protein coagulation）。鸡蛋煮熟后本来流动的蛋清变成了固体状；豆浆中加少量氯化镁即可变成豆腐，都是蛋白质凝固的典型例子。蛋白质的变性与凝固常常是相继发生的，蛋白质变性后结构松散，长肽链状似乱麻，或互相缠绕、相互穿插、凝成一团、结成一块，不能恢复其原来的结构，即是凝固。可以说凝固是蛋白质变性后进一步发展的一种结构。

变性的蛋白质不一定沉淀，沉淀的蛋白质不一定变性，但变性蛋白质容易沉淀，凝固的蛋白质均已变性，而且不再溶解。

了解变性理论有重要的实际意义：一方面注意低温保存生物活性蛋白质，避免其变性失活；另一方面可利用变性因素消毒杀菌。

（四）蛋白质的光谱吸收与呈色反应

1. 蛋白质的光谱吸收 蛋白质侧链上的某些基团对一定波长的光有其特征性的吸收峰。色氨酸残基和酪氨酸残基含有共轭双键，使蛋白质在波长 280nm 紫外光下有最大吸收峰，在此波长范围内，蛋白质溶液的光吸收值（A_{280}）与其含量呈正比关系。因此，280nm 处吸光度的测定常用于蛋白质的定量。

2. 蛋白质的呈色反应 蛋白质分子中的肽键和许多侧链基团均可与一些特定的试剂发生呈色反应。这些呈色反应常用于蛋白质的定性与定量。

双缩脲反应（biuret test）的原理是在碱性溶液中，Cu^{2+} 可与蛋白质分子中肽键形成紫红色络合物。蛋白质和多肽中均有两个以上肽键，与双缩脲有一定联系，故它们都具有这一呈色反应。因氨基酸无此反应，故此法还可用于检测蛋白质的水解程度。水解越完全则颜色越浅。双缩脲反应对蛋白质的检出量为 1~20mg。

酚试剂呈色反应是最为常用的蛋白质定量方法（Lowry 法）。此法除蛋白质分子中肽键与碱性铜发生双缩脲反应外，蛋白质分子中的色氨酸与酪氨酸残基还将试剂中的磷钨酸和磷钼酸盐还原生成蓝色化合物（钼蓝）。酚试剂法很灵敏，可检测 5μg 的蛋白质。

考马斯亮蓝 G-250 与蛋白质通过范德华力结合后颜色由红色转变成蓝色，最大光吸收由 465nm 变成 595nm，通过测定 595nm 处光吸收的增加量可知与其结合蛋白质的量。此法干扰物少，是定量测定微量蛋白质浓度的快速、灵敏的方法。

二、蛋白质的分离和纯化

破碎组织和细胞，将蛋白质溶解于溶液中的过程称为蛋白质的提取。将溶液中的蛋白质相互分离而取得单一蛋白质组分的过程称为蛋白质的纯化。蛋白质的各种理化性质和生物学性质是提取与纯化的依据。目前尚无单一的方法

笔记栏

可纯化出所有的蛋白质,每一蛋白质的纯化过程是许多方法综合应用的系列过程。

(一) 改变蛋白质的溶解度

通过改变蛋白质的溶解度沉淀蛋白质的常用方法有盐析和有机溶剂沉淀。此外,还有调节 pH 和改变温度等方法。

盐析(salting out)是用高浓度的中性盐将蛋白质从溶液中析出的方法。常用的中性盐有硫酸铵、硫酸钠和氯化钠等。高浓度的中性盐可以夺取蛋白质周围的水化膜,破坏蛋白质在水溶液中的稳定性。对不同的蛋白质进行盐析时,需要采用不同的盐浓度和不同的 pH。盐析时的 pH 多选择在蛋白质的等电点附近。例如,在 pH 7.0 附近时,血清清蛋白溶于半饱和硫酸铵中,球蛋白沉淀下来;当硫酸铵达到饱和浓度时,清蛋白也沉淀出来。

与水互溶的有机溶剂(丙酮、正丁醇、乙醇和甲醇等)可以显著降低溶液的介电常数,使蛋白质分子之间相互吸引而沉淀。有机溶剂沉淀蛋白质应在低温下进行,低温不仅降低蛋白质的溶解度,而且还可以减少蛋白质变性的机会。

(二) 根据蛋白质分子大小不同的分离方法

各种蛋白质分子具有不同的相对分子质量和形状,可采用离心、超滤和凝胶过滤等技术将其分离。

1. 离心 离心(centrifugation)分离是利用机械的快速旋转所产生的离心力,将不同密度的物质分离开来的方法。按应用实际,离心机可分为制备型离心机(preparative scale centrifuge)和分析型离心机(analytical centrifuge)。

制备型离心用于大量样品的分离。例如,差速离心(differential centrifugation)是对含两种以上大小不同的待分离物质的混合液,以不同离心速率分步骤离心沉淀,使之相互分离的离心方法。

分析型超速离心可用来测定蛋白质的相对分子质量。

超速离心机可产生比地心吸引力(g)大 60 万倍以上的离心力(即 600 000g)。此离心力超过蛋白质分子的扩散力,所以蛋白质分子可以在此力场中下沉。下沉的速度与蛋白质相对分子质量的大小、分子的形状、密度以及溶剂的密度有关。超速离心(ultracentrifugation)的最大转数可达 60 000~80 000r/min。

目前超速离心法是分离和分析生物高分子普遍使用的有效方法。应用沉降平衡技术测定蛋白质等生物大分子的相对分子质量,其结果既精确,又可不解聚多聚蛋白而保留其活性。相比之下,SDS-聚丙烯酰胺凝胶电泳是在蛋白质变性情况下,只能提供蛋白质变性后的估计相对分子质量。

2. 透析与超滤 利用具有半透膜性质的透析袋将大分子的蛋白质与小分子化合物分离的方法称为透析(dialysis)。半透膜的特点是只允许小分子通过,而大分子物质不能通过,如各种生物膜及人工制造的火棉胶、玻璃纸、塑料薄膜等,可用来做成透析袋,把含有杂质的蛋白质溶液放于袋内,将袋置于流动的水或缓冲液中,小分子杂质从袋中透出,大分子蛋白质留于袋内,使蛋白质得以纯化。透析法常用于除去以盐析法纯化的蛋白质而带有的大量中性盐,以及以密度梯度离心法纯化蛋白质混入的氯化铯、蔗糖等小分子物质。

超滤法是利用超滤膜在一定压力下使大分子蛋白质滞留,而小分子物质和溶剂滤过。可选择不同孔径的超滤膜以截留不同相对分子质量的蛋白质。此法的优点是在选择的相对分子质量范围内进行分离,没有相态变化,有利于防止变性。这种方法既可以纯化蛋白质,又可达到浓缩蛋白质溶液的目的。

3. 凝胶过滤层析 凝胶过滤层析(gel filtration chromatography)是按照天然蛋白质相对分子质量大小进行分离的技术,又称为分子筛层析或排阻层析。在层析柱内填充惰性的微孔胶粒(如交联葡聚糖),将蛋白质溶液加入柱上部后,小分子物质通过胶粒的微孔进入胶粒,向下流动的路径加长,移动缓慢;大分子物质不能或很难进入胶粒内部,通过胶粒间的空隙向下流动,其流动的路径短,移动速率较快,从而达到按不同相对分子质量将溶液中各组分分开的目的。

从图 2-35 中可以看出,天然相对分子质量大小不同的蛋白质分子可以通过凝胶层析分开。在一定条件下,被分离的蛋白质的相对分子质量的对数与其洗脱体积成比例,所以可事先利用天然相对分子质量已知的一组蛋白质做成一个标准曲线,然后利用同样的柱子进行未知蛋白质的层析,获得未知蛋白的洗脱体积,就可利用标准曲线求出未知蛋白质的天然相对分子质量。

笔记栏

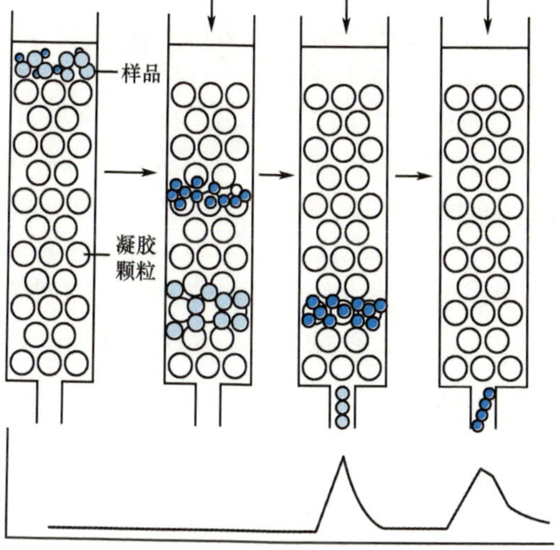

图 2-35　凝胶过滤分离蛋白质

(三) 根据蛋白质电荷性质的分离方法

可以根据各种蛋白质在一定的 pH 环境下所带电荷种类与数量不同的特点，分离不同蛋白质。常用的方法有离子交换层析、电泳和等电聚焦。

1. 离子交换层析　离子交换层析(ion exchange chromatography)是利用蛋白质两性解离特性和等电点作为分离依据的一种方法。这种方法应用广泛，是蛋白质分离纯化的重要手段之一。离子交换层析的填充料是带有正(负)电荷的交联葡聚糖、纤维素或树脂等。根据层析柱内填充物(交换剂)的电荷性质不同，离子交换层析可分为阴离子交换层析和阳离子交换层析。阴离子交换层析的交换剂本身带正电荷，而阳离子交换层析的交换剂带负电荷。

以阴离子交换剂弱碱型二乙基氨乙基纤维素(DEAE 纤维素)为例，在 pH 7.0 时带有稳定的正电荷，可与蛋白质的阴离子结合。当被分离的蛋白质溶液流经离子交换剂柱时，带有相反电荷的蛋白质可因离子交换而吸附于柱上，随后又可被带同样性质电荷的离子所置换而被洗脱。由于蛋白质的 pI 不同，在某一 pH 时所带电荷多少不同，与离子交换剂结合的紧密程度也不同，所以用一系列 pH 递增或递减的缓冲液洗脱或者提高洗脱液的离子强度，可以降低蛋白质与离子交换剂的亲和力，将不同的蛋白质逐步由柱上洗脱下来(图 2-36)。

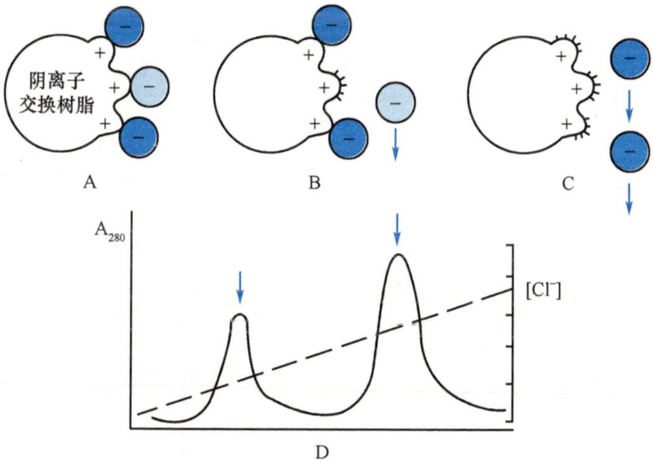

图 2-36　离子交换层析分离蛋白质

A. 样品全部交换并吸附到树脂上；B. 负电荷较少的分子用较稀的 Cl-或其他负离子溶液洗脱；C. 电荷多的分子随 Cl^- 浓度增加依次洗脱；D. 洗脱图 A_{280} 表示为 280nm 的吸光度

2. 电泳　带电颗粒在电场中移动的现象称为电泳(electrophoresis)。电泳技术已成为分离蛋白质及其他带电颗粒的一种重要技术。带电颗粒在电场中泳动的速度主要决定于所带电荷的性质、数目、颗粒的大小和形状等因素。蛋白质在低于或高于其等电点的 pH 缓冲溶液中分别带正电荷或负电荷，在电场中向阴极或阳极迁移。根据蛋白质分子大小和所带电荷的不同，可以通过电泳将其分离。根据支持物的不同，电泳有薄膜电泳、凝胶电泳等。

最常用的凝胶电泳有琼脂糖电泳(agarose electrophoresis)和聚丙烯酰胺凝胶电泳(polyacrylamide gel electrophoresis，PAGE)等。在 PAGE 基础上发展得到的 SDS-PAGE 是实验室常用的测定蛋白质相对分子质量的简便方法。SDS(十二烷基硫酸钠)是一种阴离子洗涤剂，它能破坏

笔记栏

活性蛋白质中的非共价键从而使蛋白质变性，从而使欲分离的蛋白质分解为亚基，由于 SDS 是负电性很强的物质，它可使所有的亚基均带上大致相等的负电荷。这样，在具有分子筛作用的 PAGE 中，各种蛋白质的泳动速率仅仅取决于其分子大小。这种电泳称为 SDS-PAGE（图 2-37）。由于聚丙烯酰胺凝胶具有筛分的能力，所以较小的多肽链比较大的多肽链移动快。大多数肽链的迁移率和它们相应的相对分子质量的对数成直线比例关系，若以已知相对分子质量的一组蛋白质做标准曲线，在同样条件下做未知样品，就可推算出未知蛋白质的相对分子质量（图 2-37C）。电泳后，用蛋白质显色剂显色，可以清楚地看到已分离的各条蛋白质区带。

3. 等电聚焦 等电聚焦电泳（isoelectric focusing electrophoresis，IFE）是一种电泳的改进技术，实际上是利用聚丙烯酰胺凝胶内的缓冲液在电场作用下在凝胶内沿电场方向制造的一个 pH 梯度。pH 梯度的形成依赖于一组相对分子质量低的脂肪族多氨基、多羧基化合物的混合物，它们等电点各不相同，该混合物称为两性电解质（ampholytes）。

等电聚焦是在具有 pH 梯度的电场中进行的电泳，蛋白质按其 pI 不同予以分离。各种蛋白质均有其特定的 pI，在 pH 呈梯度的电场中，按其 pI 不同，带有不同的电荷，于是向与其带电相反的电极方向泳动。这样，在电泳时某一蛋白质迁移到电场中 pH 等于其 pI 的位置时，该蛋白质便因电中性而停止泳动。这样，各种蛋白质按其 pI 不同得以分离（图 2-38）。

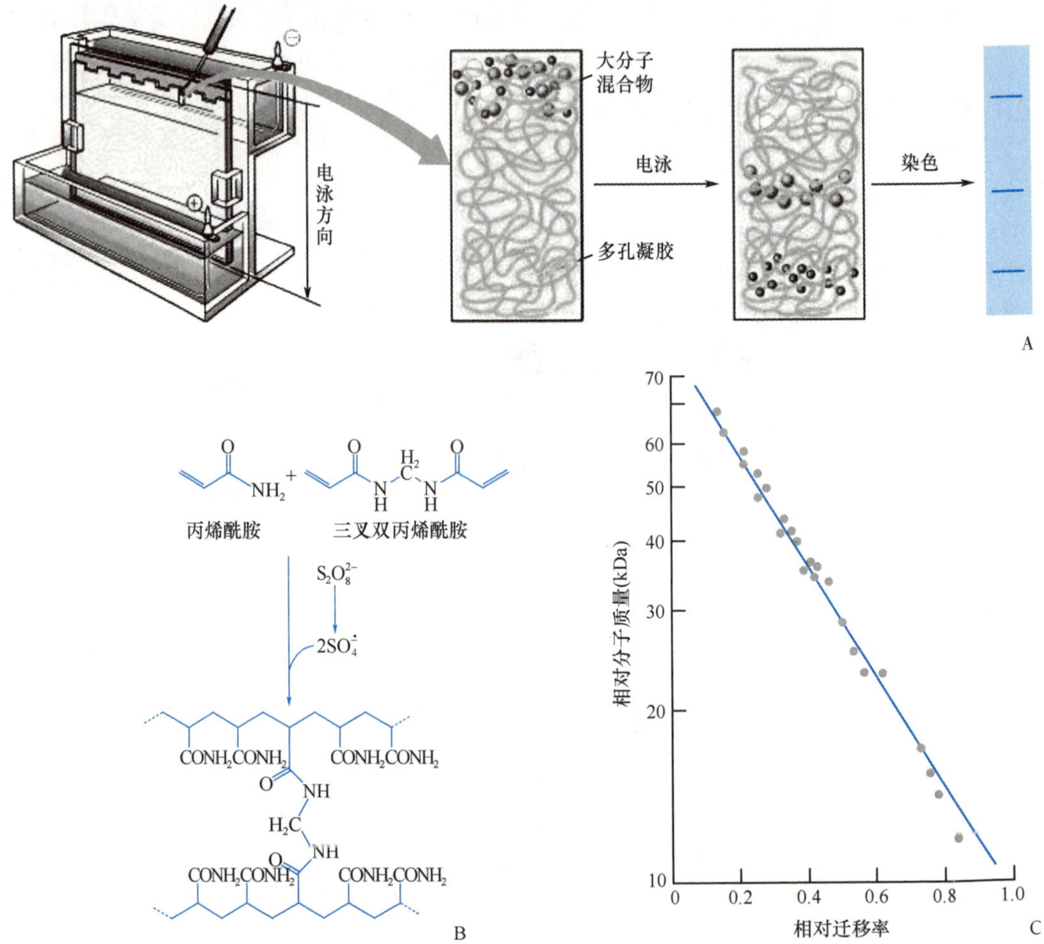

图 2-37 蛋白质 SDS-PAGE

A. SDS-PAGE 凝胶电泳；B. 聚丙烯酰胺凝胶的聚合；C. SDS-PAGE 测定蛋白质相对分子质量

4. 双向电泳 双向电泳（two dimensional electrophoresis，2-DE）是利用不同蛋白质所带电荷和质量的差异，用两种方法、分两步进行的蛋白质电泳。第一步是以聚丙烯酰胺凝胶为支持物，在玻璃管中进行 IFE，使蛋白质按其不同的等电点进行分离。第二步是将 IFE 的胶条取出，横放在另一平板上，进行 SDS-PAGE。第二次电泳的方向与 IFE 垂直，使已按 IFE 分离的蛋白质再进行一次按其不同质量再分离。双相电泳后的凝胶经染色，蛋白质呈现二维分布图，水平方

笔 记 栏

向反映出蛋白在 pI 上的差异，垂直方向反映出它们在相对分子质量上的差异。所以双向电泳可以将相对分子质量相同而等电点不同的蛋白质以及等电点相同而相对分子质量不同的蛋白质分开(图 2-39)。

2-DE 的分辨率很高，可将大肠埃希菌提取液分离出 1400 多个蛋白点，每个点基本上代表一种蛋白质。2-DE 是研究蛋白质组不可缺少的工具。

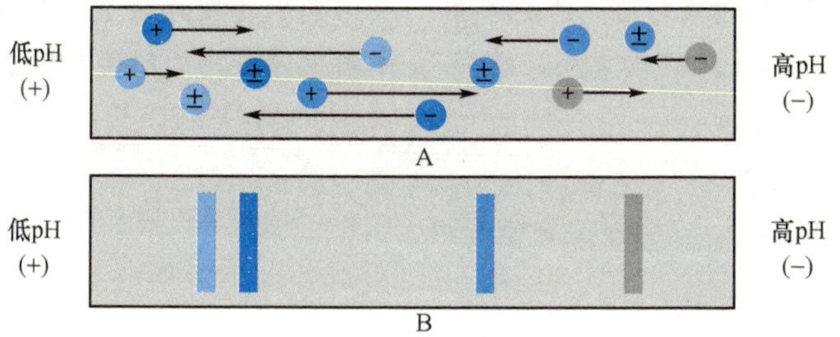

图 2-38　等电聚焦

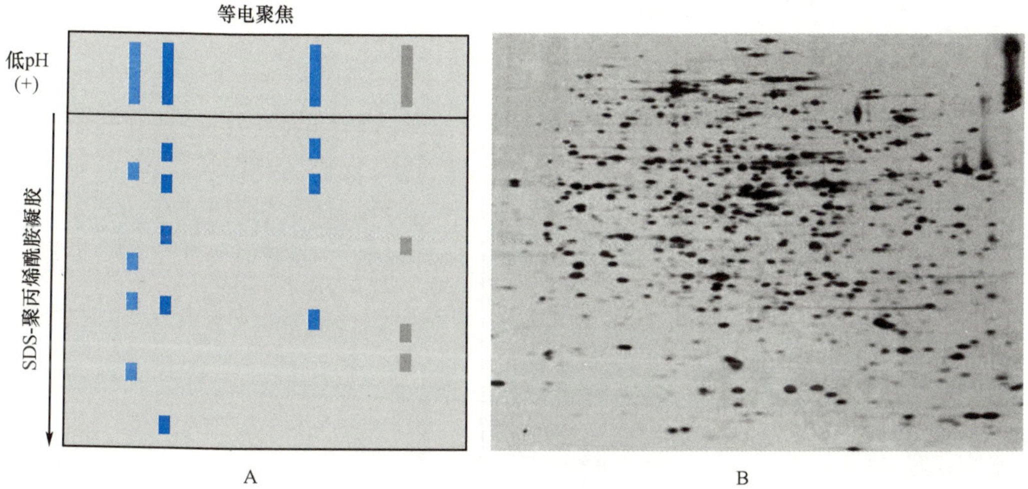

图 2-39　蛋白质双向电泳

A. 双向电泳示意图；B. 双向电泳分离结果

小　结

蛋白质是重要的生物大分子。它在人体内含量丰富，种类繁多。每种蛋白质都有其特定的结构和生物学功能。蛋白质由 20 种 *L*-α-氨基酸组成。这 20 种氨基酸包括非极性氨基酸、不带电荷的极性氨基酸、芳香族氨基酸、带正电荷的碱性氨基酸和带负电荷的酸性氨基酸五类。氨基酸为两性电解质，其 α-氨基和 α-羧基均可解离。在溶液 pH 等于 pI 时，氨基酸呈兼性离子，静电荷为 0。氨基酸可通过肽键相连成肽，谷胱甘肽、促甲状腺素释放激素和神经肽是体内重要的生物活性肽。

蛋白质的结构可分为四个层次。蛋白质的一级结构是指蛋白质分子中氨基酸残基的排列顺序，包括二硫键的位置。形成肽键的四个原子和与其相连的两个 α-碳原子处于同一平面，构成肽单元。蛋白质的二级结构是指蛋白质主链局部的空间结构，不涉及氨基酸残基侧链构象。主要有 α-螺旋、β-折叠、β-转角和无规卷曲。二级结构的稳定主要由氢键维持。相邻的两个或三个具有二级结构的肽段形成一个特殊的空间结构，称为模体。蛋白质的三级结构是指多肽链主链和侧链全部原子的空间排布位置。三级结构的形成和稳定主要靠次级键。一些蛋白质的三级结构中可见一个或数个球状或纤维状的区域，执行特定的生物学功能，称为结构域。四级结构是指蛋白质亚基之间的空间排布及亚基接触部位的布局和相互作用。蛋白质的二、三、四级结构又称为蛋白质的空间结构。仅由一条多肽链组成的蛋白质没有四级结构；由两条以上的多肽链形成的蛋白质必须形成四级结构才具有生物学活性。根据蛋白质的形状、组成等可对蛋白质进行分类。蛋白质的一级结构决定其特定

笔记栏

的空间结构,从而决定了其功能。体内蛋白质的种类成千上万,功能也千差万别。一级结构相似的蛋白质,其空间结构和功能也相近。若蛋白质的一级结构发生改变则功能受到影响,由此引起的疾病称为分子病。蛋白质在合成、加工和成熟过程中的正确折叠对其正确构象和功能的发挥至关重要,错误的折叠可导致蛋白质构象病。蛋白质空间结构的变化可导致蛋白质功能的改变。血红蛋白与氧结合的协同效应是一个典型的例子。

分离纯化蛋白质是研究蛋白质结构和功能的先决条件。通常利用蛋白质的理化性质而采用不同的物理方法分离纯化蛋白质。常用的技术有电泳、层析、超速离心等方法。

(裴秀英)

笔记栏

第3章 核酸的结构与功能

核酸(nucleic acid)是一类含磷的生物大分子化合物,它决定生物体遗传特征,担负着生命信息的贮存和传递。依据核酸的化学组成不同,可分为核糖核酸(ribonucleic acid,RNA)和脱氧核糖核酸(deoxyribonucleic acid,DNA)。无论动物、植物还是微生物细胞中都含有DNA和RNA,它们约占细胞干重的5%~15%。人类DNA分子含有约30亿个碱基对,而RNA分子比DNA小得多,一般由数十至数千个单核苷酸相连而成。在真核,核酸常与蛋白质结合形成核蛋白。核酸不仅是基本的遗传物质,而且在蛋白质的生物合成上也占重要位置。因而在生长、遗传、变异等一系列重大生命现象中起决定性的作用。

第1节 核酸的化学组成及一级结构

核酸分子的元素组成为C、H、O、N和P,其中P的含量较为恒定,约占9%~10%,可用于核酸含量测定。核酸是由多个核苷酸通过3′,5′-磷酸二酯键连接而形成的多聚物,因此核酸又称多聚核苷酸(polynucleotide)。核酸完全水解可释放出等摩尔量的含氮碱基、戊糖(脱氧戊糖)和磷酸,三种成分以共价键依次连接而成(图3-1)。

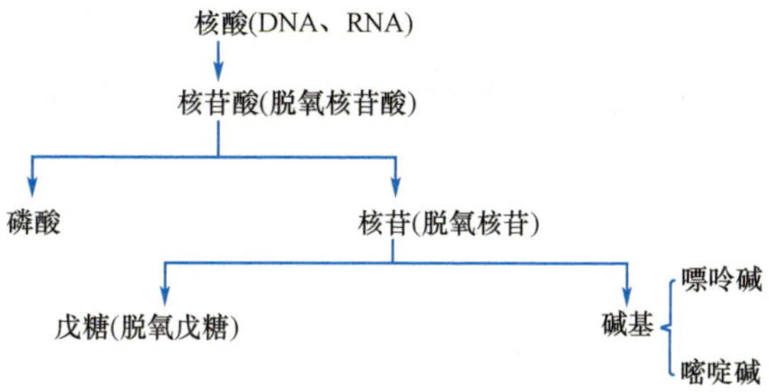

图3-1 核酸组成

一、核苷酸

组成DNA的基本单位是四种脱氧核苷酸(deoxynucleotide),而组成RNA的基本单位是四种核苷酸(nucleotide)。

(一)碱基

核酸中的碱基为含氮杂环化合物,分为嘌呤(purine)和嘧啶(pyrimidine)两类(图3-2)。

常见的嘌呤碱包括腺嘌呤(adenine,A)和鸟嘌呤(guanine,G),为DNA、RNA共有成分。常见的嘧啶碱包括胞嘧啶(cytosine,C)、尿嘧啶(uracil,U)和胸腺嘧啶(thymine, T),其中C存在于DNA和RNA分子中,而U仅存在于RNA分子中,T仅存在于DNA分子中。

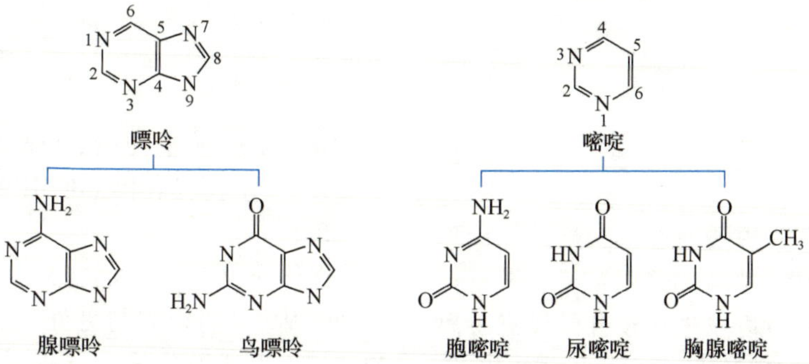

图3-2 基本碱基化学结构

核酸中除了这五种基本的碱基外,还有一些含量甚少的碱基,称为稀有碱基(rare base),其种类繁多,大多数是碱基甲基化的衍生物。tRNA中可含有高达10%的稀有碱基。部分稀有碱基的种类见表3-1。

笔记栏

表 3-1 核酸中部分稀有碱基

	DNA		RNA	
嘌呤	m^7G	7-甲基鸟嘌呤	N^6,N^6-$2m^6A$	N^6,N^6-二甲基腺嘌呤
	N^6-m^6A	N^6-甲基腺嘌呤	N^6-m^6A	N^6-甲基腺嘌呤
			m^7G	7-甲基鸟嘌呤
嘧啶	m^5C	5-甲基胞嘧啶	DHU	二氢尿嘧啶
	hm^5C	5-羟甲基胞嘧啶	T	胸腺嘧啶

(二) 戊糖

参与组成核酸分子骨架的戊糖(又称核糖)有两种,即 β-*D*-核糖与 β-*D*-2′脱氧核糖(图 3-3)。为了有别于碱基分子中的碳原子标号,核糖的碳原子编号都加“′”,标为 C-1′、C-2′……RNA 所含的戊糖是 β-*D*-核糖,DNA 所含的戊糖是 β-*D*-2′脱氧核糖。两者相比,RNA 所含核糖 C-2′有 1 个羟基,致使整个分子较 DNA 更易产生自发水解,性质不如 DNA 分子稳定。

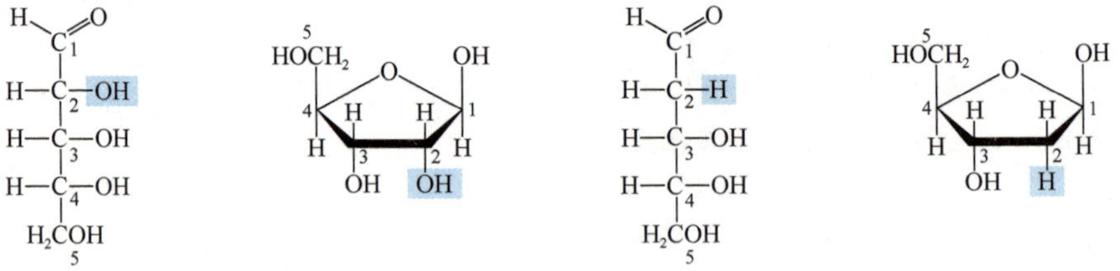

图 3-3 β-*D*-核糖和 β-*D*-2′脱氧核糖的化学结构

(三) 核苷

核苷(nucleoside)是由核糖和碱基通过糖苷键(glycosidic bond)连接而成,即嘌呤碱的第 9 位氮原子(N-9)或嘧啶碱的第 1 位氮原子(N-1)与核糖或脱氧核糖的 C-1′脱水缩合相连(图 3-4),称为 N-糖苷键。由核糖与碱基形成的核苷称为核糖核苷,简称核苷;由脱氧核糖与碱基形成的核苷称为脱氧核糖核苷,简称脱氧核苷(deoxynucleoside)。核苷的命名是在其前面加上相应碱基的名称,例如腺嘌呤核苷(简称腺苷)、胸腺嘧啶脱氧核苷(简称脱氧胸苷)等。另外核酸中还含有少数稀有碱基构成的核苷,例如,tRNA 中的假尿嘧啶核苷 (Ψ),它的核糖 C-1′连接在尿嘧啶的 C-5,而不是通常的 *N*-1。部分核苷的结构如下(图 3-4)。

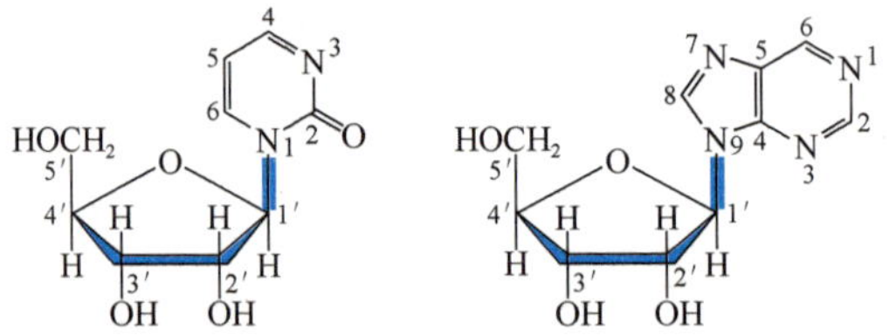

图 3-4 核苷

(四) 核苷酸

核苷酸由核苷和磷酸通过磷酸酯键连接形成,即核苷的磷酸酯。整个分子的酸性就源自这一磷酸基团。酯化可以发生在核苷的任意游离羟基上,核糖核苷的糖基上有 3 个自由羟基,故能分别形成 2′、3′或 5′-核苷酸;脱氧核糖核苷的糖基上只有两个自由羟基,所以只能形成 3′或 5′-脱氧核苷酸,生物体内游离存在的多是 5′-核苷酸。常见的核苷酸(NMP)有腺苷酸(AMP,称为腺苷一磷酸或一磷酸腺苷)、鸟苷酸(GMP)、胞苷酸(CMP)和尿苷酸(UMP)。脱氧核苷酸(dNMP)有脱氧腺苷酸(dAMP)、脱氧鸟苷酸(dGMP)、脱氧胞苷酸(dCMP)和脱氧胸苷酸(dTMP)。

在体内,核苷一磷酸(5′-NMP,N 代表任意一种碱基)上的磷酸与另外一分子磷酸以磷酸酯键相连形成游离核苷二磷酸(NDP),后者再和一分子磷酸以磷酸酯键相连则形成核苷三磷酸(NTP),从接近核糖的位置开始,三个磷酸基团分别以 α、β、γ 标记。例如常见的三磷酸腺苷(ATP),它作为能量的通用载体在生物体的能量转换中起核心作用,UTP、GTP 和 CTP 则在某些专门的生化反应中起传递能量的作用。另外,各

笔记栏

种三磷酸核苷及脱氧三磷酸核苷是合成 RNA 与 DNA 的原料。

核苷酸还可环化形成 3′, 5′-环腺苷酸(cAMP)或 3′, 5′-环鸟苷酸(cGMP)等形式,这些分子常在生物体的信息传递中起重要作用。另外核苷酸亦是某些重要辅酶的组成成分,例如辅酶 A 含 3′-磷酸腺苷酸,辅酶Ⅰ含有 AMP,辅酶Ⅱ含 2′-磷酸腺苷酸等。图 3-5 为不同类型核苷酸的化学结构式。

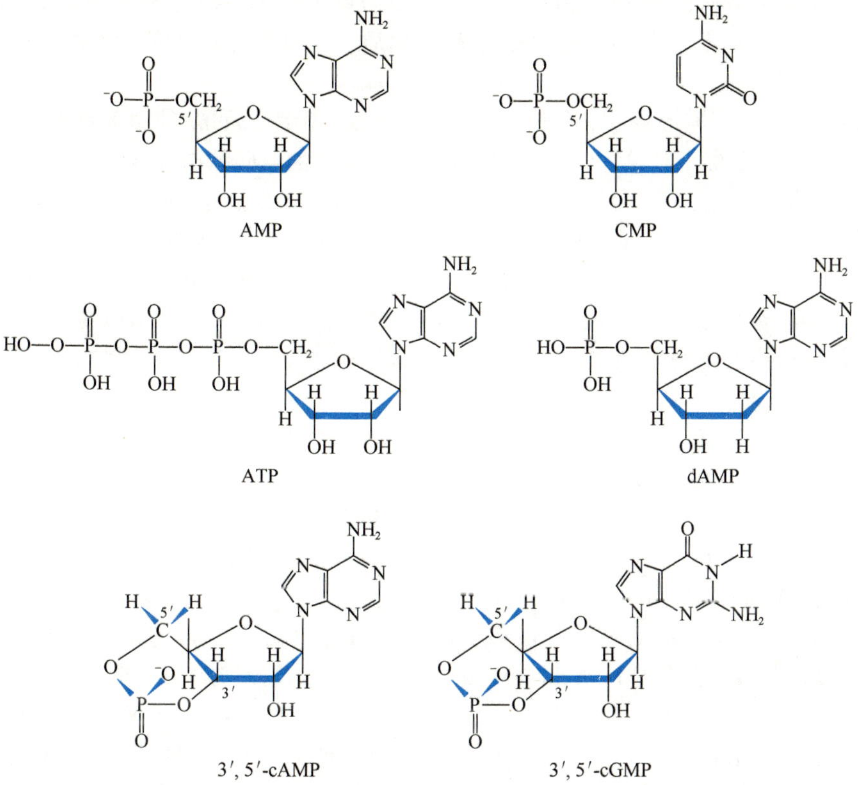

图 3-5　不同类型核苷酸的化学结构式

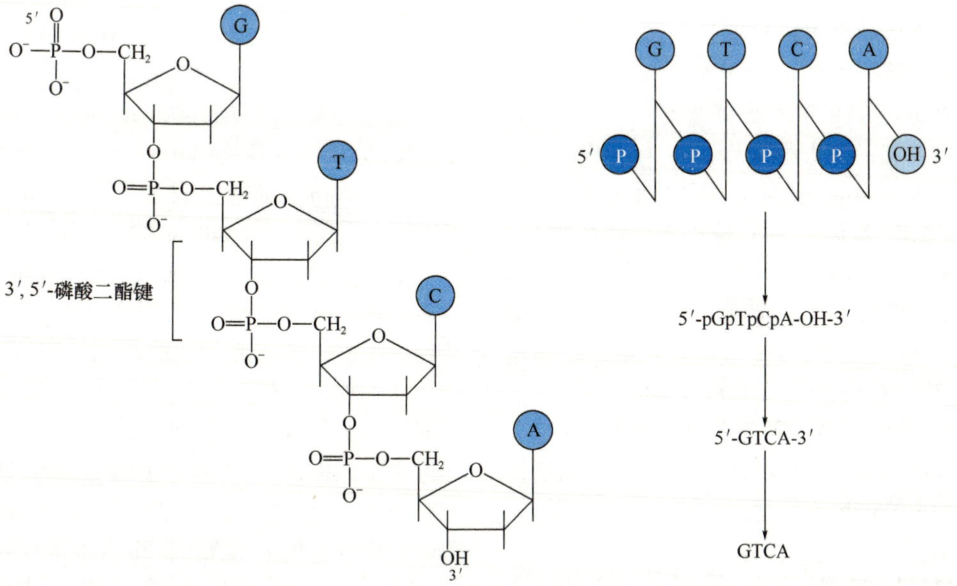

图 3-6　核酸一级结构及其书写方式

笔 记 栏

二、核酸的一级结构

核酸是由数量众多的核苷酸通过 3′, 5′-磷酸二酯键连接而成的且无分支结构的生物大分子。它的一级结构是指核苷酸的排列顺序,由于四种核苷酸间的差异主要是碱基不同,因此也称为碱基序列。脱氧核糖分子中 3′和 5′有两个自由羟基,相邻的两个核苷酸形成 3′,5′-磷酸二酯键连接,核糖分子中虽然有 2′、3′和 5′三个自由羟基,但是相连的两个核苷酸还是以 3′, 5′-磷酸二酯键连接。线性多聚核苷酸链有两个游离的末端,分别称为 5′末端(磷酸基)和 3′末端(羟基)。可见,多聚核苷酸链是有方向性。

多聚核苷酸结构的书写采用自左至右按碱基顺序排列的方式,通常左侧端标为 5′-末端,右侧为 3′-末端,或更简化仅写出自左至右的碱基顺序,核苷酸连接的方向性及书写方式从繁到简如图 3-6 所示。

核酸分子的大小常用碱基数目(用于单链 DNA 和 RNA)或碱基对数目(base pair,bp,用于双链 DNA 和 RNA)表示。小的核酸片段(<50 bp)常被称为寡核苷酸。自然界 DNA 和 RNA 的长度在几十至几万个碱基之间,碱基排列顺序的不同表示携带的遗传信息不同。

第 2 节　DNA 的空间结构与功能

从发现核酸到揭示核酸的组成和结构及其与遗传的关系,历经了大半个世纪。1865 年,Mendel 在进行了 8 年的豌豆杂交实验中提出:决定生物性状的是“遗传因子”。1909 年,丹麦生物学家 Johannsen 根据希腊文“给予生命”之义,最先提出“基因”一词,替代遗传因子概念。此时的基因仍然是一个抽象的概念,而无具体的结构形态。随后经过果蝇杂交实验,证实决定生物性状的基因与生物体中特定的染色体结构相关。1953 年,DNA 双螺旋结构被阐明,自此人们才开始对基因、染色体及遗传物质 DNA 等有了真正意义的理解,并逐步揭示了它们在控制遗传性状中的重要作用与机制。

一、DNA 双螺旋结构的研究背景

早在 20 世纪 20 年代,人们已经知道基因位于染色体上,很多科学家都急于想搞清染色体上基因的化学本质。但由于蛋白质是生物体功能的执行者,而且由 20 种氨基酸组成,其复杂性和多样性似乎远比核酸要高,所以大多数科学家认为蛋白质是遗传物质,而不是 DNA。直到 1944 年 Avery 等利用从致病肺炎球菌中提取的 DNA 使另一种非致病性肺炎球菌的遗传性状改变而成为致病菌,证实了遗传物质是 DNA 而不是蛋白质。人们才逐渐将核酸化学的研究和细胞的功能联系起来。

1951 年,Pauling 利用 X 线晶体衍射技术对 α 角蛋白的空间结构进行分析,成功地发现了蛋白质的 α 螺旋结构,并且从那时起,Pauling 也开始了 DNA 分子结构的分析工作。α 螺旋结构理论首次用分子形成螺旋这种方式解释生物大分子的空间结构。α 螺旋结构的提出对于 DNA 二级结构的发现也起了很重要的启发作用,以后许多科学家在研究 DNA 空间结构时,都会考虑 DNA 分子是否同样存在一个类似的螺旋结构。同年 11 月,Wilkins 和 Franklin 利用 X 线衍射技术获得了高质量的 DNA 分子结构照片。分析结果表明 DNA 是螺旋状分子,并且以双链的形式存在。

1952 年,Chargaff 等采用层析和紫外吸收光谱分析等技术发现了 DNA 碱基的组成规律(Chargaff 定律):①腺嘌呤和胸腺嘧啶的摩尔数相等(即 A=T),鸟嘌呤和胞嘧啶的摩尔数也相等(即 G=C);②来自不同种属的 DNA 的 4 种碱基组成不同;③同一种属不同组织的 DNA 样品具有相同的碱基组成,即碱基组成没有组织和器官的特异性。这一定律揭示了 DNA 分子碱基之间存在 A 与 T,G 与 C 的互补配对关系。

综合前人的研究成果,Watson 和 Crick 提出了 DNA 分子的双螺旋结构模型,并于 1953 年 4 月在英国 *Nature* 杂志上发表。同一期的 *Nature* 杂志上,还发表了 Franklin 的高质量的 DNA X 射线衍射图谱,以及 Wilkins 的 DNA X 射线衍射分析数据。这两篇研究报告,为 DNA 的双螺旋结构模型提供了重要的实验依据。DNA 双螺旋结构的发现为遗传物质提供了一个合理的、可能的复制和遗传机制的解释,为破译生物的遗传密码提供了依据,将生物大分子的结构与功能的研究结合在一起,是“分子生物学”新学科诞生的重要里程碑。Watson、Crick 和 Wilkins 因此分享了 1962 年的诺贝尔生理/医学奖。1989 年,美国科学家用“扫描隧道显微镜”直接观察到了脱氧核糖核酸的双螺旋结构。1990 年,我国青年科学家白春礼用自己研制的“扫描隧道显微镜”首次观察到人们尚未认知的三链状脱氧核糖核

笔记栏

酸，为生命信息研究又辟新途。

二、DNA 的二级结构—双螺旋结构模型

（一）DNA 双螺旋结构提出的依据

Watson 与 Crick 提出 DNA 双螺旋结构模型主要依据：①已知核酸化学结构和核苷酸键长与键角的数据。②Chargaff 规则为 DNA 二级结构模型的建立提供了一个有力的证据。细胞中的 DNA 分子几乎都是由双链分子构成，对其组成成分的结晶学和物理化学研究表明，A 与 T，C 与 G 可形成配对关系。③对 DNA 纤维进行 X 光衍射分析获得的精确结果。

DNA 双螺旋模型的建立不仅揭示了 DNA 的二级结构，也开创了生命科学研究的新时期。

（二）DNA 双螺旋结构的特点

（1）DNA 分子由两条脱氧多聚核苷酸链围绕同一中心轴盘曲而构成右手螺旋结构（图 3-7），两条链在空间的走向呈反向平行，一条链是 5′→3′的方向，另一条是 3′→5′的方向。这是由核苷酸连接过程中严格的方向性和碱基结构对氢键形成的限制共同决定的。

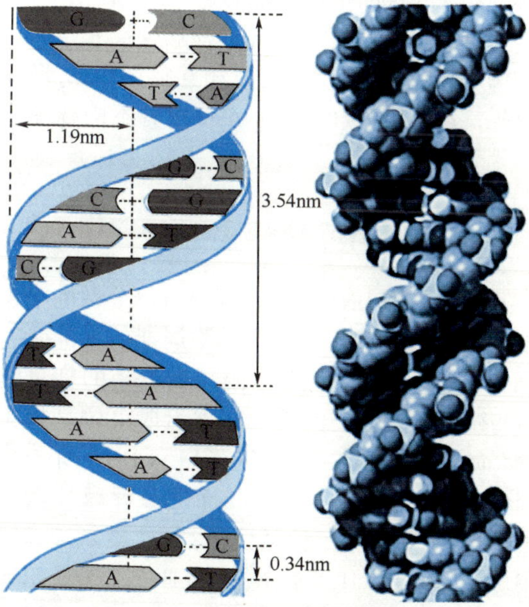

图 3-7 DNA 双螺旋结构

（2）DNA 链的骨架由交替出现的亲水脱氧核糖基和磷酸基构成，位于双螺旋的外侧，碱基配对位于双螺旋的内侧。

（3）两条脱氧多聚核苷酸链以碱基之间形成氢键配对而相连，即 A 与 T 形成两个氢键，G 与 C 形成三个氢键（图 3-8）。这种碱基相互配对关系称为互补碱基对，DNA 分子中的两条链则称为互补链。

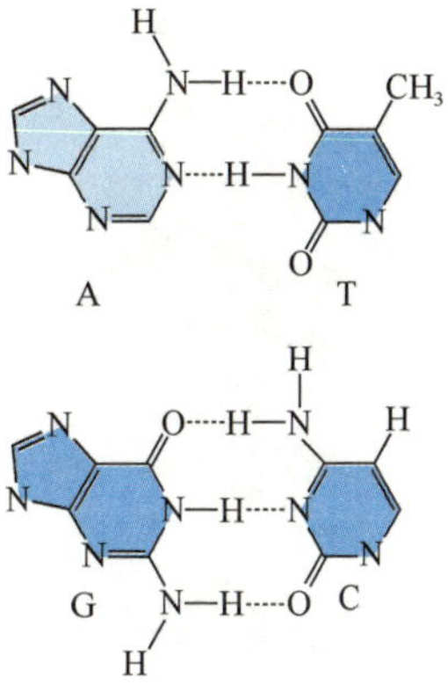

图 3-8 DNA 分子中碱基配对模式

（4）碱基对平面与螺旋轴几乎垂直，每两个相邻碱基对平面之间的距离为 0. 34nm，每个螺旋结构含有 10. 4 个碱基对，螺距为 3. 54nm，双螺旋结构的直径为 2. 37nm。DNA 两股链之间的螺旋形成凹槽，一条浅的叫小沟（minor groove），一条深的叫大沟（major groove）。大沟是蛋白质识别 DNA 的碱基序列发生相互作用的基础。

（5）DNA 双螺旋结构的稳定主要由互补碱基对之间的氢键和碱基堆积力共同维持。碱基堆积力主要指疏水作用力，即同一条链中相邻碱基之间的非特异性作用力。疏水作用是不溶于水或难溶于水的分子，在水中具有相互靠近、成串地结合在一起的趋势，致使 DNA 分子层层堆积，分子内部形成疏水核心，这对维持 DNA 结构的稳定非常有利。因此，纵向则靠碱基平面间的疏水性堆积力维持，而横向稳定则依靠两条链互补碱基间的氢键维系。

（三）DNA 双螺旋结构的多样性

Waston-Crick 提出的右手双螺旋结构模型称为 B 型 DNA，是基于与细胞内相似的温度环境中进行 X 射线衍射所得的分析结果。它是 DNA 分子在水性环境中和生理条件下最稳定和最普遍的构象形式。但这种结构并不是一成不变的，当改变溶液的离子强度或相对湿度时，DNA 结构会呈现不同的螺旋异构体。例如降低环境的相对湿度，B 型 DNA 将会发生一个可逆性构象改变，将其称为 A 型 DNA。尽管两型都

笔记栏

为右手螺旋，但A型DNA较粗，每两个相邻碱基对平面之间的距离为0.26 nm，比B型DNA的短了许多，然而每圈螺旋结构却含有11个碱基对，双螺旋结构的直径为2.55 nm，而且比B型DNA的刚性强。

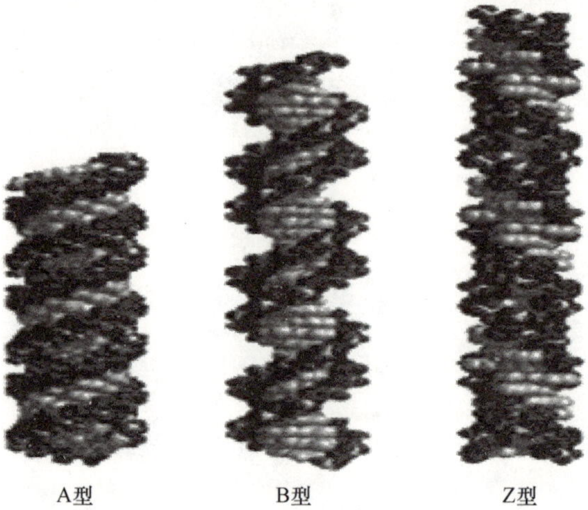

图3-9 不同类型DNA双螺旋结构模型

1979年，美国学者A. Rich等在研究了荷兰学者提供的CGCGCG结晶结构后，提出了Z型DNA结构模型，如图3-9所示。Z型为左手螺旋，每一螺旋含12个碱基对，每两个相邻碱基对平面之间的距离为0.37nm，直径是1.8 nm。且有证据表明在细胞中有短的Z型DNA片段。Z型DNA可增强某些基因的转录，还有助于负超螺旋结构的打开，一些特异的调节蛋白可与之结合，因此Z型DNA可能与基因的调控有关。

三、DNA的超螺旋结构及其在染色质中的组装

DNA是高分子的化合物，其长度十分可观。因此，DNA在细胞内形成双螺旋结构基础上还要进一步盘旋和高度压缩，形成致密的结构组装在细胞核内。

（一）DNA超螺旋结构

DNA在双螺旋结构基础上通过扭曲、折叠所形成的特定三维构象称为三级结构，它具有多种形式，其中以超螺旋(supercoil)最常见。两端开放的DNA双螺旋分子在溶液中以处于能量最低的状态存在，此为松弛态DNA(relaxed DNA)。但如果DNA分子的两端是固定的，或者是环状分子，当双螺旋缠绕过分或缠绕不足时，双螺旋由旋转产生的额外张力就会使DNA分子发生扭曲，以抵消张力，这种扭曲称为超螺旋(supercoil)(图3-10)。如果盘旋方向与右手螺旋方向相同，会造成DNA双螺旋分子旋转过度，此种超螺旋结构为正超螺旋(superhelix)，反之则为负超螺旋(negative superhelix)。负超螺旋在蛋白质同DNA结合时可能起到促进作用。在正常生理条件下，自然界的闭合双链DNA主要以负超螺旋形式存在。

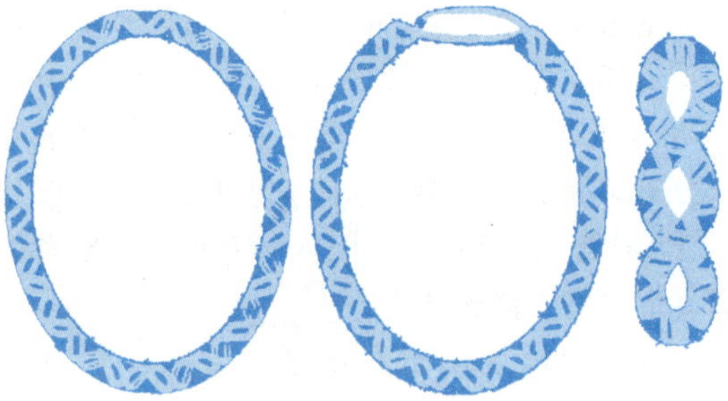

图3-10 环状和超螺旋DNA示意图

（二）原核生物DNA的环状超螺旋结构

绝大部分原核生物DNA都是共价闭环双螺旋分子(图3-10)，如大肠埃希菌的DNA是4639kb，它在细胞内紧密缠绕形成致密的小体，称为拟核(nucleoid)。拟核结构中DNA约占80%，其余是结合的碱性蛋白质和少量RNA。在细菌基因组中，超螺旋可以相互独立存在，形成超螺旋区，各区域间的DNA可以有不同程度的超螺旋结构。

（三）真核生物DNA在核内的组装

真核细胞DNA与蛋白质结合以分散的染色质(chromatin)形式存在于细胞周期的大部分时间里，在细胞分裂期则形成高度致密的染色体(chromosome)。染色质的基本组成单位是核小体(nucleosome)，由5种组蛋白和DNA所构成(图3-11)。组蛋白(histones)是一种碱性蛋白质，其特点是富含二种碱性氨基酸(赖氨酸和精氨酸)。组蛋白H_2A、H_2B、H_3和H_4各2分子组成一个八聚体构成核心组蛋白，DNA(146bp)以左手螺旋紧紧缠绕其上盘绕1.8圈形成核心颗粒(core particle)。核心颗粒之间再由DNA(约60bp)和组蛋白H_1构成的连接区连接起来，彼此靠拢，在电子显微镜下观察犹如一串念珠

笔记栏

(beads-on-a-string)。

核小体链可进一步盘绕成 30nm 的染色质纤丝(chromatin fiber),每圈 6 个核小体。组蛋白 H_1 是维系这种高级结构的重要成分。纤丝并不是染色质的最终结构,在细胞分裂的中期,纤丝就像一个大的晕圈一样环绕在中心纤维蛋白质周围,此即称为辐射状结构。30nm 纤丝是染色质第二级组织,它使 DNA 压缩大约 100 倍。真核生物染色体还存在更高层次的结构,使 DNA 进一步被压缩。图 3-12 所示为一种目前比较能接受的组装模型:由染色质纤丝组成突环,再由突环形成玫瑰花结形状的结构,进而组装成螺旋圈,由螺旋圈再组装成染色单体(chromatid)。简言之,染色体是由 DNA 和蛋白质以及少量 RNA 构成的不同层次缠绕线和螺线管结构。很可能不同物种的染色体,或是同一物种不同状态下的染色体,或是同一染色体的不同区域,其高级结构均有所不同。

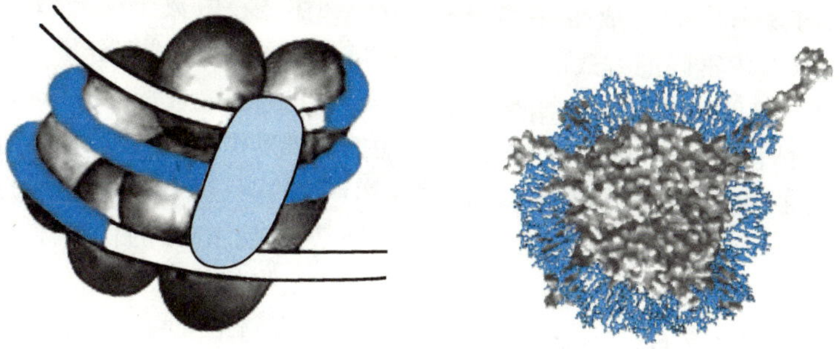

图 3-11　核小体的结构示意图

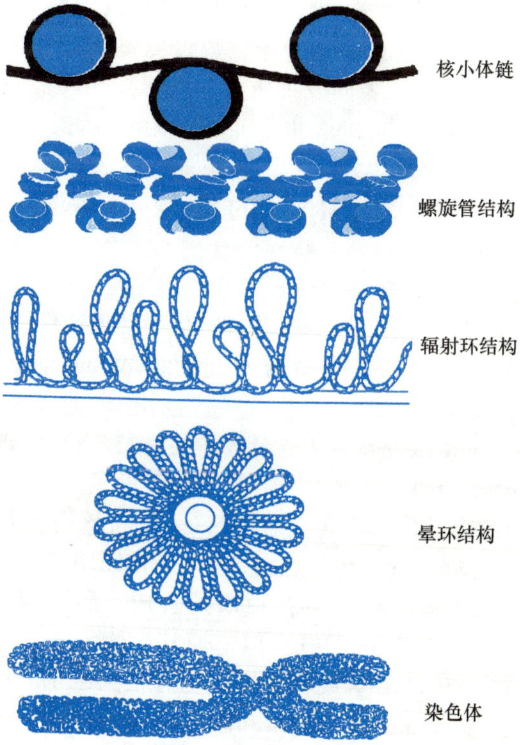

图 3-12　真核生物染色体 DNA 组装不同层次的结构示意图

四、DNA 的功能

DNA 的基本功能是以基因的形式携带遗传信息,并作为复制和转录的模板。它是生命遗传的物质基础,也是个体生命活动的信息基础。

细胞学的证据早就提示 DNA 可能是遗传物质。DNA 分布在细胞核内,是染色体的主要成分,而染色体已知是基因的载体。细胞内 DNA 含量十分稳定,而且与染色体数目平行。一些可作用于 DNA 的物理化学因素均可引起遗传性状的改变。但直接证明 DNA 是遗传物质的证据则来自肺炎球菌转化实验和噬菌体的感染实验。

1944 年,Avery 利用致病肺炎球菌中提取的 DNA 使另一种非致病性的肺炎球菌的遗传性状发生改变而成为致病菌,于是得出结论:抽提自致病菌株的 DNA 带有使无致病菌株转化的可遗传信息。当时不是所有的人都接受这一结论,因为 DNA 样品中有微量残留的蛋白质,它是否可能携带遗传信息?很快这种可能性被排除,实验发现,把 DNA 样品用蛋白酶处理不破坏 DNA 的转化活性,但是使用脱氧核糖核酸酶(DNase)处理,则可使 DNA 失去转化活性。由此证实了 DNA 是遗传的物质基础。1952 年,Hershey 和 Chase 各自独立的实验提供了 DNA 是遗传物质的另一个证据。方法是把 T_2 噬菌体分别用 ^{35}S 和 ^{32}P 标记,再分别去感染大肠埃希菌。结果显示,用 ^{35}S 标记的噬菌体感染时,大肠埃希菌细胞内几乎没有放射性;用 ^{32}P 标记的噬菌体感染时,大肠埃希菌细胞内有放射性。由此看来,T_2 噬菌体注入大肠埃希菌体内的是含 ^{32}P 的 DNA 起作用,而不是含 ^{35}S 的蛋白质外壳起作用。DNA 结构的阐明使得它作为遗传信息载体的作用更加

笔记栏

确定无疑。

从遗传学角度讲，基因(gene)就是指在染色体上占有一定位置的遗传基本单位或单元，含有编码一种RNA，大多数情况是编码一种多肽的信息单位；从分子生物学角度讲，基因是负载特定遗传信息的DNA片段，其结构包括DNA编码序列、非编码调节序列和内含子组成的DNA区域。其中DNA编码序列的核苷酸排列顺序决定了基因的功能，作为细胞内RNA合成的模板，部分RNA又为细胞内蛋白质的合成带去指令。DNA的核苷酸序列以遗传密码的方式决定不同蛋白质的氨基酸顺序，仅仅利用四种碱基的不同排列，即可以对生物体的所有遗传信息进行编码，经过复制遗传给子代，通过转录和翻译保证支持生命活动的各种RNA和蛋白质在细胞内有序合成。

基因组(genome)是指来自一个遗传体系的一整套遗传信息。对所有原核细胞(如细菌)和噬菌体而言，它们的基因组就是单个的环状染色体所含的全部基因；对真核生物而言，基因组就是指一个生物体的染色体所包含的全部DNA，通常又称为染色体基因组，是真核生物主要的遗传物质基础。此外，真核细胞还有线粒体或叶绿体，分别含有线粒体DNA或叶绿体DNA，属核外遗传物质。一般来讲，进化程度越高的生物体其DNA分子越大、越复杂。最简单生物的基因组仅含几千个碱基对，人类的基因组则有3.0×10^9个碱基对，使可编码的信息量大大增加。人类基因组的全部碱基序列测定工作已经完成，为人们逐步探索基因功能的研究奠定了坚实的基础。

DNA的结构特点是具有高度的复杂性和稳定性，可以满足遗传多样性和稳定性的需要。不过DNA分子又绝非一成不变，它可以发生各种重组和突变，为自然选择提供机会。尽管DNA结构与功能的研究成果已经为当今社会带来了巨大变化，但是DNA分子如何在进化过程中成为生命的主宰？地球上或其他星球是否有非核酸的生命形式？这些生命起源和生命本质问题目前尚未解决。

DNA作为高性能的信息储存装置，在理解它在生命中作用的同时，人们已经试图利用DNA的结构特点完成生命活动以外的工作。例如，DNA分子计算机已经可以利用DNA分子完成简单的数学计算和逻辑推理，其前景也是各个领域所关注的问题。

笔记栏

第3节 RNA的结构与功能

RNA的基本结构也是以3′,5′-磷酸二酯键连接而成的多聚核苷酸链。组成RNA分子的基本单位是四种核苷酸：AMP、GMP、CMP和UMP。除此之外，在有些RNA分子中尚含有少量的稀有碱基和稀有核苷。成熟的RNA主要存在于细胞质中，少量位于细胞核中。RNA分子一般比DNA小得多，由数十个至数千个核苷酸组成。RNA通常是单链线型分子，但可自身回折在碱基互补区(A与U配对，C与G配对)形成局部短的双螺旋结构，而非互补区则膨出成环。RNA与DNA的明显差异是核糖环的C-2′位含有游离的羟基，它使RNA的化学性质不如DNA稳定，能产生更多的修饰组分，使RNA主链构象因羟基(或修饰基团)的立体效应而呈现出复杂、多样的折叠结构，这是RNA能执行多种生物功能的结构基础。

RNA的种类、大小、结构都比DNA多样化，DNA遗传信息表达为蛋白质的氨基酸排列顺序，RNA在两者间发挥重要作用。按照功能不同和结构特点，RNA主要可分为以下三大类。

一、信使RNA的结构与功能

DNA决定蛋白质合成的作用是通过这类特殊的RNA来实现，这种作用很像一种信使作用，因此，这类RNA被命名为信使RNA(messenger RNA，mRNA)。

mRNA是细胞内含量较少的一类RNA，仅占细胞总RNA的3%～5%，但其种类最多。mRNA的功能是作为遗传信息的传递者，将核内DNA的碱基顺序(遗传信息)按碱基互补原则抄录并转送至核糖体，指导蛋白质的合成。尽管细胞中，mRNA有相同功能，但是原核生物和真核生物的mRNA在合成和结构上仍有很大区别。原核生物中mRNA的转录和翻译在细胞内同一个空间进行，而且这两个过程紧密偶联同时发生。真核细胞中mRNA以大的前体形式在细胞核内合成，经加工成熟后再运送到细胞质内，它的合成和表达是在细胞的不同空间内完成。相应于一个多肽链的DNA序列及其起始翻译信号和终止信号称为顺反子，编码单个多肽的mRNA是单顺反子(monocistron)，真核生物mRNA都属单顺反子；编码几个不同多肽链的mRNA分子是多顺反子(polycistron)，原核生物mRNA属此类。

真核细胞的成熟 mRNA 在一级结构上与原核细胞相比具有以下特点：

1. 5′-末端具有共同的帽子结构 在 mRNA 生物合成过程中，当初始转录物长达 20~30 个核苷酸时，转录产物 5′-端加上一个甲基化鸟苷酸（图 3-13）与末端起始核苷酸以 5′,5′-焦磷酸键连接，形成 m^7G-5′ppp5′-N-3′帽子结构，同时原始转录产物的第一、二个核苷酸残基的 C-2′通常也被甲基化。

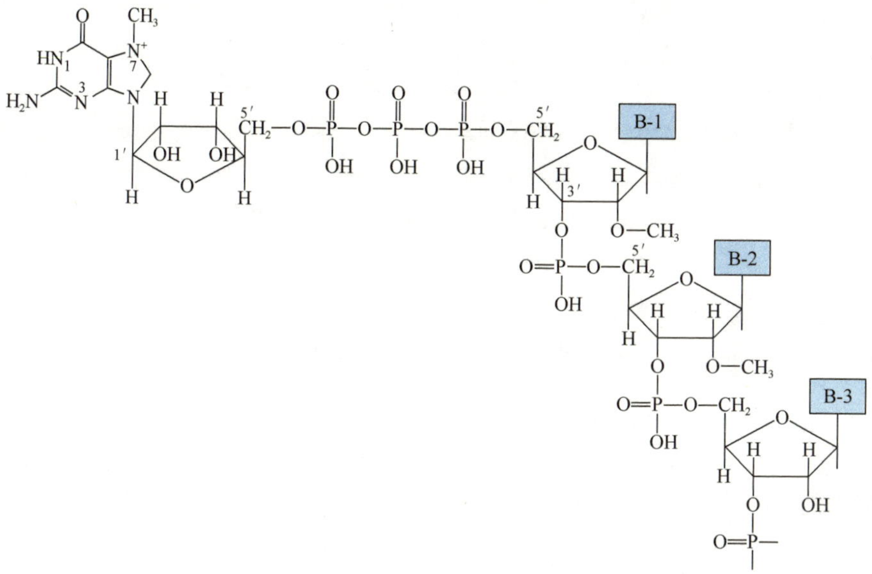

图 3-13 真核生物 mRNA 的帽子结构

mRNA 帽子结构可与一类称为帽结合蛋白（cap binding proteins，CBPs）的分子结合。这种结合复合物对于 mRNA 从细胞核向细胞质的转运、与核糖体结合、与翻译起始因子结合以及 mRNA 稳定性的维持等方面均有重要作用。

2. 3′-末端具有多聚腺苷酸尾巴结构 在真核生物 mRNA 的 3′末端，大多数有一段由 80~250 个腺苷酸连接而成的多聚腺苷酸结构，称为多聚 A 尾（poly A）。poly A 结构也是在 mRNA 转录完成以后额外加入的，催化这一反应的酶为 poly A 转移酶。Poly A 在细胞内与 poly A 结合蛋白（poly A-binding protein，PABP）相结合而存在。目前认为，这种 3′-末端多聚 A 尾巴结构和 5′帽子结构共同负责 mRNA 从核内向胞质的转位、mRNA 的稳定性维系以及翻译起始的调控。

生物体各种 mRNA 链的长短差别很大，主要是由转录的模板 DNA 区段的大小及转录后的剪接方式所决定。mRNA 分子的长短决定了它要翻译出的蛋白质的分子大小。

mRNA 的功能是转录核内 DNA 遗传信息的碱基排列顺序，并携带至细胞质，指导蛋白质合成中的氨基酸排列顺序。mRNA 分子从 5′-末端的 AUG 开始，每相邻 3 个核苷酸为一组，决定多肽链上一个氨基酸，称为三联体密码（triplet code）或密码子（codon）。一条完整的 mRNA 包括 5′-非翻译区（5′-untranslated region，5′-UTR）、编码区和 3′-非翻译区（3′-untranslated region，3′-UTR）。编码区包括起始密码子、编码其他氨基酸的密码子和终止密码子（图 3-14）。

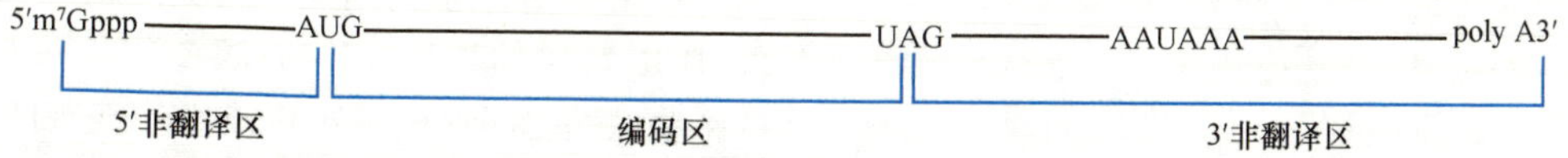

图 3-14 mRNA 基本结构示意图

二、转运 RNA 的结构与功能

转运 RNA（transfer RNA，tRNA）约占总 RNA 的 15%，是细胞内相对分子质量最小的 RNA，目前已完成一级结构测定的 tRNA 有 100 多种，由 70~90 个核苷酸组成。细胞内 tRNA 的种类很多，每一种氨基酸都有其相应的一种或几种 tRNA。所有 tRNA 均有以下类似的结构特点：

1. tRNA 分子含有较多的稀有碱基 稀有

笔记栏

碱基是指除 A、G、C、U 以外的一些碱基，包括双氢尿嘧啶（DHU）、甲基化的嘌呤（^{m}G、^{m}A）和假尿苷（Ψ）等。一般来讲，嘧啶核苷以杂环上 N-1 与糖环的 C-1′连成糖苷键，而假尿嘧啶核苷则是以杂环上的 C-5 与糖环的 C-1′相连而成。各种稀有碱基均是 tRNA 转录后加工产生的。tRNA 中的稀有碱基约占所有碱基的 10%，部分稀有碱基结构见图 3-15。

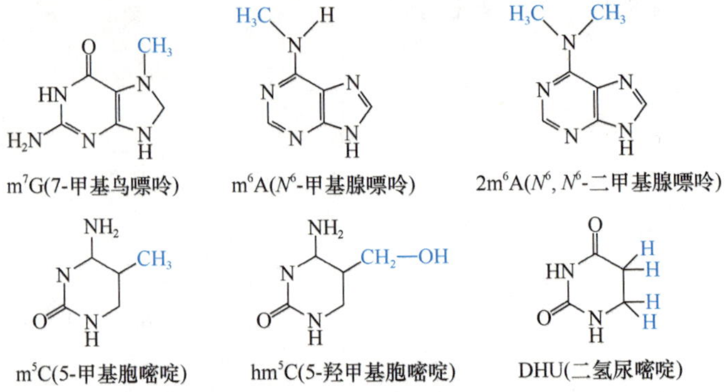

图 3-15　部分稀有碱基结构

2. tRNA 二级结构呈三叶草形　组成 tRNA 的几十个核苷酸中存在着一些能局部互补配对的区域，形成局部的双链，呈茎状，中间不能配对的部分则膨出形成环，称为茎环结构。使得 tRNA 整个分子的形状类似于三叶草形（cloverleaf pattern）。它包括二氢尿嘧啶环、反密码环、额外环、TΨC 环和氨基酸臂 5 部分组成（图 3-16）。

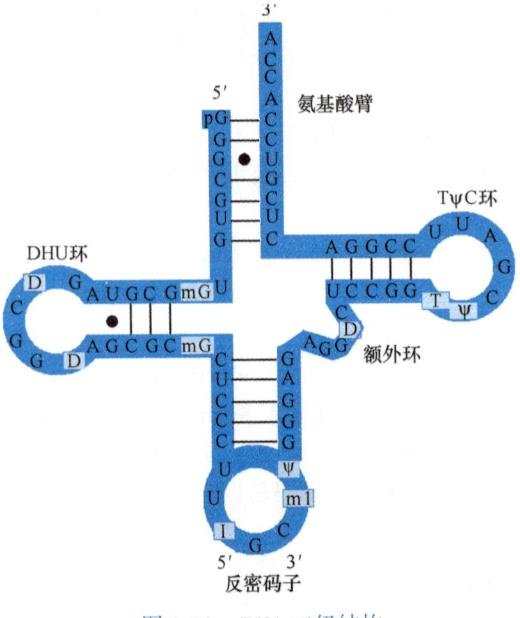

图 3-16　tRNA 二级结构

（1）二氢尿嘧啶环（dihydrouracil loop，DHU）：它是 5′-端起第一个环由 8～12 个核苷酸组成，含有二氢尿嘧啶，故得名。另由 3～4 对碱基组成的双螺旋区（也称二氢尿嘧啶臂）与 tRNA 分子的其余部分相连。

（2）反密码环（anticodon loop）：由 7 个核苷酸组成。环中部的 3 个碱基可以与 mRNA 的密码子形成碱基互补配对，构成反密码子。次黄嘌呤核苷酸（缩写 I）常出现于反密码子中。反密码环通过由 5 对碱基组成的双螺旋区（反密码臂）与 tRNA 分子的其余部分相连。

（3）额外环（extra loop）：由 3～8 个核苷酸组成，不同 tRNA 的此环大小是高度可变的，故又称可变环，是 tRNA 分类的重要指标。

（4）TΨC 环：由 7 个核苷酸组成，靠近 3′-端的环结构，含有胸嘧啶核苷酸（T）及假尿嘧啶核苷酸（Ψ），故由此而得名。除个别 tRNA 外，几乎所有 tRNA 都含有 TΨC 环。此环与核糖体的大亚基起作用，与自身三级结构折叠有关。

（5）氨基酸臂（amino acid arm）：由 5′-端和 3′-端 7 对碱基组成，富含鸟嘌呤，所有 tRNA 的 3′-末端均为 CCA，是活化氨基酸的结合部位，又称氨基酸接纳臂。

3. tRNA 的三级结构呈倒 L 形　tRNA 折叠形成的三级结构呈倒 L 形（图 3-17），由氨基酸臂与 TΨC 臂形成一个连续的双螺旋区，构成字母 L 下面的一横。而 DHU 臂与它相垂直，DHU 臂与反密码臂及反密码环共同构成字母 L 的一竖。反密码臂经额外环与 DHU 臂相连接。此外，DHU 环中的某些碱基与 TΨC 环及额外环中的某些碱基之间形成额外的碱基对，它们是维持 tRNA 三级结构的重要因素。

tRNA 在蛋白质生物合成过程中具有转运氨基酸和识别密码子的作用，它的名称也是由此而来的。不仅如此，它还在蛋白质生物合成的起始过程、DNA 逆转录合成及其他代谢调节过程中也起重要作用。

笔 记 栏

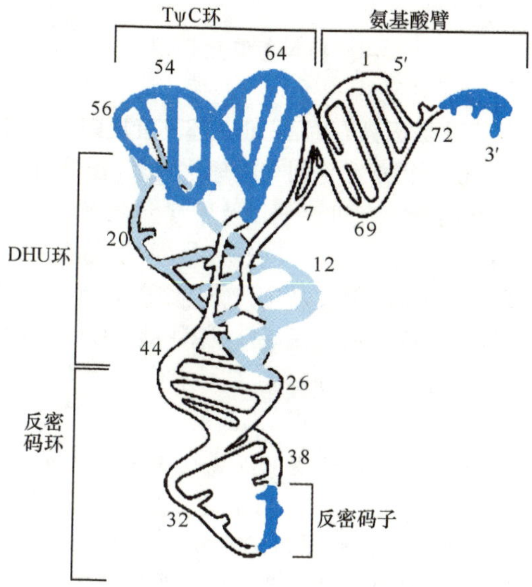

图 3-17　tRNA 的三级结构

三、核糖体 RNA 的结构与功能

核糖体 RNA(ribosomal RNA,rRNA)是细胞内含量最多的 RNA,约占总 RNA 的 80% 以上。rRNA 与核糖体蛋白(ribosomal protein)共同构成核糖体或称为核蛋白体(ribosome)。核糖体均由易于解聚的大、小两个亚基组成。

原核生物有三种 rRNA,大小分别为 5S、16S、23S(S 是大分子物质在超速离心沉降中的一个物理学单位,可间接反映相对分子质量的大小)。其中 16S rRNA 和 20 余种蛋白质构成核糖体的小亚基(30S);大亚基(50S)则由 5S 和 23S rRNA 共同与 30 余种蛋白质结合构成。

真核生物有四种 rRNA,大小分别为 5S、5.8S、18S、28S。其中由 18S rRNA 和 30 余种蛋白质构成核糖体小亚基(40S);大亚基(60S)则由 5S、5.8S、28S 三种 rRNA 和近 50 种蛋白质结合构成(表 3-2)。

表 3-2　核糖体的组成

原核生物(以大肠埃希菌为例)			真核生物(以小鼠肝为例)	
小亚基	30S		40S	
rRNA	16S	1542 个核苷酸	18S	1874 个核苷酸
蛋白质	21 种	占总量的 40%	33 种	占总量的 50%
大亚基	50S		60S	
rRNA	23S	2940 个核苷酸	28S	4718 个核苷酸
	5S	120 个核苷酸	5.8S	160 个核苷酸
			5S	120 个核苷酸
蛋白质	36 种	占总量的 30%	49 种	占总量的 35%

各种 rRNA 的碱基顺序均已测定,并据此推测出了二级结构和空间结构。数种原核生物 16S rRNA 的二级结构颇为相似,形似 30S 小亚基。真核生物 18S rRNA 的二级结构呈花状,形似 40S 小亚基(图 3-18),其中多个茎环结构为核糖体蛋白的结合和组装提供了结构基础。

rRNA 的主要功能是与多种蛋白结合构成核糖体,为多肽链合成所需要的 mRNA、tRNA 以及多种蛋白因子提供相互结合的位点和相互作用的空间环境,在蛋白质生物合成中起着“装配机”的作用。

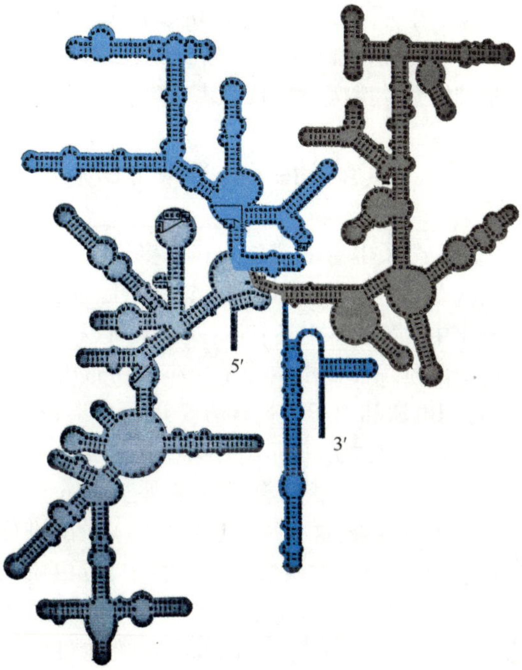

图 3-18　核糖体小亚基 rRNA 二级结构

四、其他小分子 RNA 及 RNA 组学

除 mRNA、tRNA、rRNA 三种外,细胞的不同部位还存在着许多其他种类的小分子 RNA,这些小 RNA 被统称为非 mRNA 小 RNA(small non-messenger RNA,snmRNAs)。有关 snmRNAs 的研究近年来受到广泛重视,并由此产生了 RNA 组学(RNomics)的概念。RNA 组学研究细胞中 snmRNAs 的种类、结构和功能。研究同一生物体内不同种类的细胞、同一细胞在不同时间、不同状态下 snmRNAs 的表达所具有的时间和空间特异性。

snmRNAs 主要包括小分子核内 RNA(small nuclear RNA,snRNA),参与 mRNA 前体的剪接

笔记栏

过程；核仁小 RNA（small nucleolar RNA, snoRNA），参与 rRNA 中核苷酸残基的修饰；小干扰 RNA（small interfering RNA, siRNA），参与转录后调控；催化性小 RNA（small catalytic RNA），参与特殊 RNA 剪切。对于这种在 RNA 合成后的剪接修饰中起重要作用，具有催化活性的小 RNA 亦被称为核酶。总而言之，小分子 RNA 研究的不断深入将为我们揭示更多生命的奥秘。

第 4 节　核酸的理化性质、变性和复性及其应用

核酸作为高分子化合物，其化学结构决定着一些特殊的理化性质，这些理化性质已被广泛用做基础研究及疾病诊断的工具。

一、核酸的一般理化性质

核酸分子中有末端磷酸和许多连接核苷的磷酸残基，为多元酸，具有较强的酸性。同时核酸分子中含氮碱基上还有碱性基团，所以核酸为两性电解质。各种核酸分子大小及所带电荷不同，可用电泳和离子交换等方法进行分离提取、鉴定。由于核酸分子所含的嘌呤和嘧啶分子中都有共轭双键，使核酸分子在紫外 260nm 波长处有最大吸收峰，这一特点常被用来对核酸进行定性、定量分析。在核酸提取过程中，蛋白质是最常见的杂质（蛋白质最大吸收峰 280nm），故常用 A_{260}/A_{280} 比值判断提取的核酸纯度。纯 DNA 的 A_{260}/A_{280} 比值应大于 1.8，纯 RNA 应达到 2.0。紫外吸收值还可作为核酸变性、复性的指标。

在碱性溶液中，RNA 能在室温下被水解，DNA 则较稳定，此特性可用来测定 RNA 的碱基组成，也可利用此特性除去 DNA 中混杂的 RNA，从而纯化 DNA。DNA 是线性高分子，黏度极大，在机械力作用下易断裂，因此提取 DNA 过程中应注意不能过度用力，比如剧烈震荡、吹打等。RNA 分子小且短，其溶液的黏滞度较 DNA 溶液低。表示核酸分子大小的方式有多种，主要有：①相对分子质量道尔顿（Da）；②碱基数或碱基对数，碱基数适用于单股链核酸，碱基对数 bp 适用于双股链核酸；③链长（μm）；④沉降系数（S）。它们的关系是，一个 bp 相当的核苷酸，其相对分子质量平均为 660Da；1 μm 长的 DNA 双螺旋相当于 3000bp 或 2×10^6Da。

笔记栏

二、DNA 的变性

大多数天然存在的 DNA 都具有规则的双螺旋结构。当 DNA 受到某些理化因素（温度、pH、乙醇和丙酮等有机溶剂以及尿素、离子强度等）作用时，DNA 双链互补碱基对之间的氢键和相邻碱基之间的堆积力受到破坏，DNA 分子被解开成单链，逐步形成无规则线团构象的过程称为 DNA 变性（denaturation），变性并不涉及核苷酸间共价键（磷酸二酯键）的断裂。

将 DNA 的稀盐溶液加热到 80～100℃时，双螺旋结构即发生解体，两条链分开，形成无规线团。一系列理化性质也随之发生改变，如 260nm 区紫外吸光度值升高，此现象称为增色效应（hyperchromic effect）。这是因为双螺旋内侧的碱基发色基团因变性而暴露所引起。此外，变性核酸的溶液黏度下降、沉降速度增加、双折射现象消失等。因此，利用这些性质可以追踪变性过程。

可以引起核酸变性的因素很多，如尿素就是聚丙烯酰胺凝胶电泳法分离 DNA 片段或测定 DNA 序列时常用的变性剂。由酸碱度改变而引起的称酸碱变性。由温度升高而引起的称热变性，DNA 热变性的特点是爆发式，变性作用发生在一个很窄的温度范围内，类似金属熔解，有一个相变的过程。若以温度对 DNA 溶液的紫外吸光率作图，即可绘制典型的 DNA 变性曲线，呈 S 型（图 3-19）。

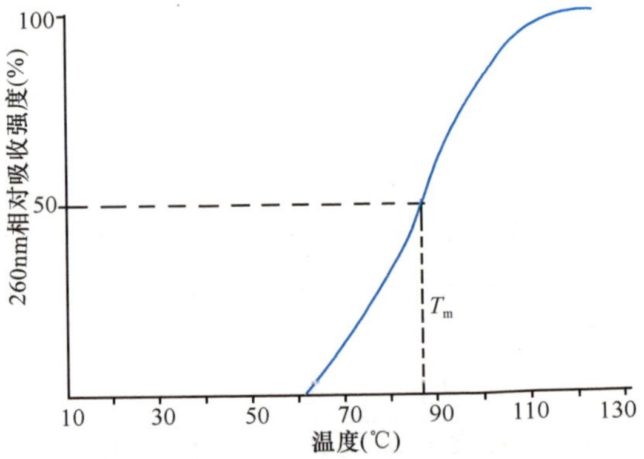

图 3-19　DNA 的溶解曲线

S 型曲线下方平坦段，表示 DNA 的氢键未被破坏，待加热到某一温度时，次级键突然断开，DNA 迅速解链，同时伴随紫外吸光率急剧上升，此后因没有双链可以解离而出现上方平坦段。通常将加热变性使 DNA 分子的双螺旋结构破坏一半时的温度称为该 DNA 的熔点或熔解温度（melting temperature），用 T_m 表示，它在 S 型曲线

上相当于吸光率增加的中点处所对应的横坐标。不同来源 DNA 间的 T_m 存在差异，在溶剂相同的前提下，T_m 值大小与下列因素有关：

1. DNA 的均一性 是指 DNA 分子中碱基组成的均一性，人工合成的只含有一种碱基对的多核苷酸片段，如多聚腺嘌呤-胸腺嘧啶脱氧核苷酸，简称 poly(A—T)，合成的与天然 DNA 比较，其 T_m 值范围较窄。因前者在变性时氢链的断裂几乎同时进行，使得变性温度更趋于一致，熔解过程发生在一个较小的温度范围之内。其次考虑待测样品 DNA 的组成是否均一，如样品中只含有一种病毒 DNA，其 T_m 值范围较窄，若混杂有其他来源的 DNA，则 T_m 值范围较宽。其原因显然也与 DNA 的碱基组成有关。总之，DNA 的均一性较高，那么 DNA 链各部分的氢键断裂所需能量较接近，T_m 值范围较窄，反之亦然。由此可见 T_m 值可作为衡量 DNA 样品均一性的指标。

2. G—C 碱基对含量 在溶剂固定的前提下，T_m 值的高低取决于 DNA 分子中(G—C)的含量。(G—C)含量越高，T_m 值越高。因为 G—C 碱基对具有 3 对氢键，而 A—T 碱基对只有 2 对氢键。DNA 中(G—C)含量越高显然结构更趋于稳定，要破坏 G—C 间氢键需比 A—T 氢键付出更多的能量。因此，测定 T_m 值，可以推算出 DNA 碱基的百分组成。T_m 与(G—C)含量(X)百分数的这种关系可用以下经验公式表示(DNA 溶于 0. 2mol/L NaCl 中)：

$$X\%(G+C) = (T_m - 69.3) \times 2.44$$

也可以利用此公式从 DNA 的 G—C 含量来计算出 T_m 值。

3. 介质中的离子强度 一般说在离子强度较低的介质中，DNA 的 T_m 值较低，而且熔解温度的范围较宽。而在较高的离子强度时，DNA 的 T_m 值较高，且熔解过程发生在一个较小的温度范围之内。所以 DNA 制品不应保存在极稀的电解质溶液之中，一般在含盐缓冲溶液中保存较为稳定。

三、DNA 的复性与分子杂交

变性的 DNA 去除变性因素后在适当条件下，两条互补链可重新结合恢复天然的双螺旋构象，这一现象称为复性(renaturation)。DNA 复性后，许多理化性质又得到恢复。复性时需要考虑下列条件：①有足够的盐浓度以消除磷酸基的静电排斥力，常用的 NaCl 为 0. 15～0. 50 mol/L。②有足够高的温度以破坏无规则的链内氢键，但又不能太高，否则配对碱基之间的氢键又难以形成。一般使用的温度比 T_m 低 20～25℃。

热变性的 DNA 经缓慢冷却后即可复性(图 3-20)，这一过程亦称为退火(annealing)。DNA 片断越大，复性越慢。而且，只有温度缓慢下降才可使其重新配对复性。如加热后，将其迅速冷却至 4℃以下，则几乎不能发生复性。这一特性常被用来保持 DNA 的变性状态。实验还证明，两种浓度相同但来源不同的 DNA，复性时间的长短与基因组的大小有关。另外，DNA 具有的重复序列较多，复性速度加快。因此，可以用复性动力学方法测定基因组的大小和重复序列的拷贝数。

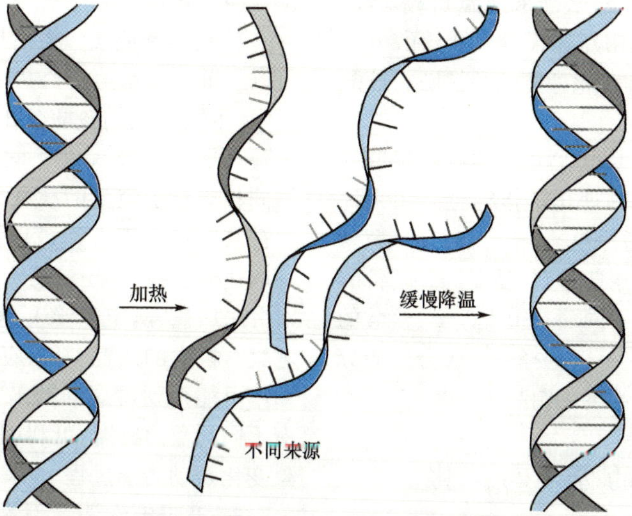

图 3-20 DNA 变性与复性

如果将不同来源的 DNA 单链分子或 RNA 分子放在同一溶液中，只要两种单链分子之间存在着一定程度的碱基配对关系，在适宜的条件(温度及离子强度等)下，就可以使不同的分子间形成杂化双链。这种杂化双链可以在不同的 DNA 与 DNA 之间形成，也可以在 DNA 和 RNA 分子间或者 RNA 与 RNA 分子间形成，这种现象称为核酸分子杂交(hybridization)。杂交的本质就是在一定条件下使互补核酸链形成氢键实现复性。

核酸分子杂交作为一项基本技术，已应用于核酸结构与功能研究的各个方面。如 Southern 印迹法可检测 DNA，Northern 印迹法可检测 RNA。目前，在医学上已用于多种遗传病的基因诊断(gene diagnosis)、恶性肿瘤的基因分析、传染病病原体的检测等领域中，最新发展起来的基因芯片等现代检测手段的最基本原理也是核酸分子杂交，其成果大大促进了现代医学的进步和发展。有关核酸分子杂交和基因芯片技术详述参见第 21 章。

第 5 节　核酸的分离与纯化

一、核酸分离与纯化的一般原则

我们所看到的活细胞是一个十分复杂的实体，能产生成千上万种大分子，并含有一个从几百万到几十亿碱基对的基因组。研究核酸的首要任务就是从细胞混合物中分离和纯化核酸，以及将基因组切割成可处理的片段以便于特定 DNA 序列的操作和分析。核酸制备中特别需要注意的是防止核酸的降解和变性，要尽量保持其在生物体内的天然状态，必须采用温和的条件，防止过酸、过碱、避免剧烈搅拌等以防核酸分子变性，尤其重要的是抑制核酸酶的活性防止核酸被降解。

天然核酸都具有生物活性，这是检验提取纯化质量的重要指标。物理化学指标也常用来评定核酸的品质，这些指标包括：相对分子质量、紫外吸收、沉降系数、电泳迁移率、黏度等。制备的方法因所用生物材料不同而有很大差异，核酸的提取没有统一的方法，一般选择一种较合适的分离纯化程序以获得高纯度的制品。

二、核酸的分离与纯化

1. 酚抽提法

(1) 酚抽提法提取 DNA：真核生物中的染色体 DNA 与碱性蛋白结合成核蛋白(DNP)形式存在于核内。DNP 溶于水和浓盐溶液(如 1mol/L NaCl 溶液)，但不溶于生理盐溶液(0.14mol/L NaCl 溶液)。利用这一性质，可将细胞破碎后用浓盐溶液提取，然后用水稀释至 0.14 mol/L 盐溶液，使 DNP 沉淀出来。苯酚是很强的蛋白质变性剂，用水饱和的苯酚与 DNP 样品一起振荡，DNA 溶于上层水相，不溶性的和变性蛋白质残留物位于中间界面及酚相，冷冻离心。反复多次除净蛋白质。水相中 DNA 在有适当浓度的盐和乙醇存在时可沉淀、析出，得到纯的 DNA。

为了得到大分子 DNA，避免核酸酶和机械振荡对 DNA 的降解，在细胞悬液中直接加入 2 倍体积含 1% 十二烷基硫酸钠(SDS)缓冲溶液，并加入终浓度达 100mg/L 的广谱蛋白酶(如蛋白酶 K)，在 55℃ 保温 4 小时，使细胞蛋白质全部降解，然后用苯酚抽提，除净蛋白酶和蛋白质的部分降解产物。DNA 制品中的少量 RNA 可用纯的 RNase 分解除去。

(2) 酚抽提法提取 RNA：RNA 不如 DNA 稳定，而且 RNase 又无处不在，因此 RNA 的分离更为困难。制备 RNA 通常需要：①所有用于制备 RNA 的玻璃器皿都要经过高温焙烤，塑料用具经过高压灭菌，不能高压灭菌的用具要用 0.1% 焦碳酸二乙酯处理。②在破碎细胞的同时加入强变性剂使 RNase 失活。③在 RNA 的反应体系内加入 RNase 的抑制剂(如 RNasin)。制备 RNA 通常采用酸性胍盐/苯酚/氯仿抽提。异硫氰酸胍是极强的蛋白质变性剂，它几乎可使所有蛋白质都变性。然后用苯酚和氯仿多次除净蛋白质。

2. 超速离心法　溶液中的核酸在引力场中可以下沉。在超速离心机造成的极大的离心力场中，不同质量的核酸分子沉降速率不同；利用沉降和平衡原理，采用不同密度梯度的介质可将不同相对分子质量的核酸分子分离。常用的有蔗糖密度梯度离心和氯化铯密度梯度离心。应用超速离心技术，还可测定核酸的沉降常数和相对分子质量，测定 DNA 的相对分子质量时，由于它具有极大的黏度，所以应采用极稀的溶液。否则不可能得到可靠的结果。核酸的不同构象具有不同的浮力密度，可利用此技术研究核酸的构象变化及动力学过程。

3. 凝胶电泳法　因为核酸是两性分子，通常显电负性，不同核酸相对分子质量大小不一，构象不同，故可采用电泳方法分离核酸。凝胶电

笔记栏

泳是当前核酸研究中最常用的方法。常用的凝胶电泳介质有琼脂糖和聚丙烯酰胺凝胶。可以在水平或垂直的电泳槽中进行。凝胶电泳兼有分子筛和电泳双重效果，所以分离效率很好，它还有简单、快速、灵敏、成本低等许多优点。还有一种技术称为脉冲电场凝胶电泳，适用于分离大分子 DNA。

4. 层析分离法

（1）亲和层析法分离特异核酸：原理是利用被分离核酸与生物分子（配体）具有特殊亲和力，能可逆地结合和解离。配体是亲和层析的关键，其一端能与固相载体凝胶共价连接，另一端与被分离的核酸分子形成可逆的、专一的非共价结合，在适当条件下可以洗脱下来。常用亲和层析介质有 oligo-dT 琼脂糖（寡聚胸腺嘧啶核苷酸偶联到琼脂糖上），用于分离含 poly A 的 mRNA。

（2）凝胶过滤层析又称分子筛过滤：分子筛凝胶有很多种。当溶液通过分子筛凝胶层析柱时，大于凝胶孔径的分子不能进入凝胶孔内，即被凝胶排阻。早期曾较多地用于核酸分离，近代多用于标记寡核苷酸探针的纯化等。

三、核酸含量测定与纯度鉴定

核酸含量测定常用紫外分光光度法、定磷法、定糖法等。紫外分光光度法测定如上所述。磷的测定最常用的是钼蓝比色法，先用浓硫酸或过氯酸将有机磷水解成无机磷。在酸性条件下磷酸与钼酸作用生成磷钼酸，还原剂将此还原成钼蓝，在其最大吸收峰 660nm 处比色，据此可以计算出核酸含量。

定糖也常用比色法，RNA 与盐酸共热时核糖转变为糠醛，它与甲基苯二酚反应呈鲜绿色，反应需要三氯化铁作催化剂，最大吸收峰在 670nm 处。DNA 在酸性溶液中与二苯胺共热，其脱氧核糖参与反应生成蓝色化合物，最大吸收峰在 595nm 处。

细胞或组织中核酸含量的测定需要先对生物材料做一定的处理，以便除去酸溶性含磷化合物和脂溶性含磷化合物及蛋白质，定量提取出核酸的成分再测定。

现在已经有许多高精密的分析仪器可用于细胞内生物分子，包括核酸和核苷酸的分析测定。例如高效液相色谱仪、毛细管电泳仪等。新的芯片技术可以将细胞内微量成分直接在芯片上分离和检测。

电泳分离也常用于测定核酸的大小和检查核酸的纯度。

四、核酸序列分析

直至 20 世纪 70 年代之前，测定一个五核苷酸或十核苷酸的 DNA 顺序也是困难和费力的。1975 年，Sanger 提出了一种新的策略。他设法获得一系列多核苷酸片段，使其末端固定为一种核苷酸，然后通过测定片段的长度来推测核苷酸的序列。随后核酸序列测定技术的发明依赖于这一原理及对核酸化学和 DNA 代谢基础知识的研究，还得益于能把仅相差一个核苷酸残基的 DNA 链分开的电泳技术。根据专一性水解方法不同，目前主要有酶法和化学法两类。

1. DNA 的酶法测序 酶法测序最早是 Sanger 设计的 DNA 快速测序法称为“加减法”，后又发展为双脱氧终止法。

“加减法”主要利用了复制酶同时具有聚合和外切两种酶活性。当 4 种脱氧核苷酸提供充足时，该酶以待测单链 DNA 为模板，进行正常复制；当 4 种脱氧核苷酸缺少其中一种时（“减法”原理），复制酶显示出外切酶活性，由此留下在这一位点之前的部分；当 4 种核苷酸只有 1 种而无其余 3 种时（“加法”原理），正在复制的 DNA 均以这一种核苷酸结尾。这样，可以设计两套各 4 组的反应体系，如“加法”的 A 体系以 A 结尾，“减法”的 A 体系以 A 之前的核苷酸结尾，将各组样品都进行含变性剂（8mol/L 尿素）的聚丙烯酰胺凝胶电泳，从放射自显影的图谱上可以推测出 DNA 的核苷酸序列。

在“加减法”之后，Sanger 对测序技术又做了重要改进，提出了“双脱氧链终止法”。其反应体系也包含单链模板、引物、4 种 dNTP 和 DNA 聚合酶。共分 4 组，每组按一定比例加入一种 2′，3′双脱氧核苷三磷酸，它能随机掺入合成的 DNA 链，一旦掺入 DNA 合成即终止。于是各种不同大小片段的末端核苷酸必定为该种核苷酸。经变性胶电泳，可从自显影图谱上直接读出 DNA 序列。

2. DNA 的化学法测序 化学法测序由 Maxam 和 Gilbert 于 1970 年发明，其基本原理是用特异的化学试剂对 4 种核苷酸残基之间 3′，5′磷酸二酯键进行切割。G 反应用硫酸二甲酯。G+A 反应用甲酸。T+G 反应用肼和哌啶。C 反应用 NaCl+肼+哌啶。G+A 反应结果除去 G 反应即得 A 反应。T+C 反应结果除去 C 反应即得到 T 反应。用 4 组不同的特异反应，就可以使末

笔记栏

端标记的DNA分子切成不同长度的片段，其末端都是该特异的碱基。经变性胶电泳和放射自显影得到测序图谱。

酶和化学测序方法共同的步骤是放射性标记聚丙烯酰胺凝胶电泳和放射自显影。放射性标记一般在待测DNA的5′端，常采用$\alpha^{32}P$、^{35}S和^{33}P标记，近几年又采用非放射性标记，如dioxetane(商品名Lumigen)等。

由Gilbert发明的化学降解法和Sanger发明的是酶学双脱氧链终止法，于1980年获得诺贝尔化学奖，这是Sanger因发明蛋白质中氨基酸序列测定方法获得1959年诺贝尔化学奖后的第2次获奖。

DNA序列分析已实现自动化，全自动DNA测序仪的问世大大提高了测序速度，也是人类基因组计划得以提前完成的重要基础。DNA自动测序是一种改进的Sanger法。它把每次用于聚合反应的底物用不同颜色的荧光标记物标记，反应在毛细管中进行，通过激光检测。该方法能在几个小时之内分析几千个核苷酸顺序。

小　结

核酸是以核苷酸为基本单位组成的线性多聚生物信息大分子，分为DNA和RNA两大类。3′,5′-磷酸二酯键是基本结构键。核苷酸由碱基、戊糖(脱氧戊糖)和磷酸组成。DNA分子中的碱基成分为A、G、C和T四种，戊糖是β-*D*-2′脱氧核糖；而RNA分子中的碱基成分则为A、G、C和U四种，戊糖为β-*D*-核糖。

DNA的一级结构是指脱氧核苷酸的排列顺序。其二级结构是右手双螺旋结构，由两条反向平行的脱氧多聚核苷酸链组成。双螺旋结构的稳定靠氢键和碱基堆积的疏水键维持。碱基之间形成氢键配对，即A与T形成两个氢键，G与C形成三个氢键。DNA在形成双链螺旋式结构的基础上还将进一步折叠成为超螺旋结构，并且在蛋白质的参与下以核小体为基本单位形成染色体。DNA的基本功能是以基因的形式携带遗传信息，并作为基因复制和转录的模板。

RNA主要分为三大类。①mRNA的功能是作为遗传信息的传递者，将核内DNA的碱基顺序(遗传信息)按碱基互补原则抄录并转送至核糖体，指导蛋白质的合成。真核生物成熟mRNA的结构特点是5′-末端含有特殊的“帽子”结构，3′-末端具有多聚腺苷酸尾巴结构，中间是多肽链编码序列。②tRNA的功能是在蛋白质生物合成过程中作为各种氨基酸的运载体和识别密码子的作用。tRNA二级结构呈三叶草形，含有较多的稀有碱基。③rRNA的功能是与多种蛋白构成核糖体，为多肽链合成所需要的mRNA、tRNA以及多种蛋白因子提供了相互结合的位点和相互作用的空间环境。在蛋白质生物合成中起着“装配机”的作用。

核酸具有多种重要理化性质。核酸分子在紫外260 nm波长处有最大吸收峰，这一特点常被用来对核酸进行定性、定量分析。核酸在酸、碱或加热情况下可发生变性，即空间结构破坏；通常将加热变性使DNA的双螺旋结构破坏一半时的温度称为该DNA的熔点或熔解温度，用T_m表示。变性的核酸可以复性。利用核酸变性、复性原理发明的核酸分子杂交，这一项分子生物学技术，已应用于核酸结构与功能研究的各个方面。

利用核酸的物理化学特点，采用酚抽提法、超速离心法、凝胶电泳法、层析法分离等方法对核酸进行分离与纯化。常用紫外分光光度法、定磷法、定糖法等测定核酸的含量。用酶法和化学法等对核酸进行序列分析。

(王晓华)

笔记栏

第4章 酶

生物体维持生命必须不断进行新陈代谢。生物体内新陈代谢是由千万种化学分子与化学反应组成,这些化学反应若在体外进行通常需要在高温、高压、强酸、强碱等剧烈条件下才能发生甚至有些反应根本不能进行。而在生物体内,这些反应可在极温和的条件下高效、有序地进行,究其原因就是因为生物体内存在一种高效、特异的生物催化剂(biocatalyst)——酶(enzyme)。

第1节 概 述

一、酶的概念

我们在生活中常常接触到酶。例如:吃馒头时多嚼一会儿,就会感到甜味。这是因为我们口腔里有唾液淀粉酶,能把馒头中的淀粉水解成麦芽糖和糊精。医生常用多酶片给病人治疗消化不良,因为多酶片中含有的蛋白酶能将蛋白质水解成氨基酸;淀粉酶能将淀粉水解成寡糖;脂肪酶能将脂肪水解成脂酸和甘油。那么,酶是什么?酶是由活细胞产生的,具有高效催化能力,高度专一性的生物催化剂。大多数酶的化学本质为蛋白质,少数RNA和DNA也有催化作用。

在生物化学中,通常把由酶催化进行的反应称为酶促反应(enzymatic reaction)。在酶的催化下,发生化学变化的物质称为底物(substrate),反应后生成的物质称为产物(product)。在一个包含一系列反应的代谢途径中,催化反应速率最慢,决定整个代谢途径总速率和反应方向的酶称为限速酶或关键酶(rate-limiting enzyme / key enzyme)。

酶学知识得益于发酵,远在4000年前,古希腊人利用糖发酵成醇。Enzyme的词根zyme是希腊文中"发酵"或"酵母"的意思。我国民间利用发酵原理制作豆酱、酿酒、制醋等已有几千年历史。19世纪初,人们已经知道生物体内存在能催化化学反应的热不稳定物质。1850年,Paster证明"发酵"是酵母细胞生命活动的结果。1897年,德国科学家Büchner首次成功地用无细胞酵母提取液,实现了生醇发酵,将蔗糖转变成乙醇,证明酶的催化反应也可以在无细胞条件下进行。1926年,美国科学家Sumner第一次从刀豆中提纯得到脲酶结晶,并证明脲酶的化学本质是蛋白质。以后陆续发现的2000余种酶,均被证明其化学本质是蛋白质。酶的化学本质是蛋白质的概念一直延续到20世纪80年代初。

1982年,Cech从四膜虫rRNA前体加工的研究中首次发现rRNA前体本身具有自身催化作用,并提出了核酶的概念,RNA具有催化作用这一成果于1989年获得诺贝尔化学奖。

迄今为止,人们已发现生物体内的两类酶:一类是以蛋白质为本质的酶,是机体内催化各种代谢反应最主要的生物催化剂;另一类为核酶(ribozyme),是具有催化作用的核糖核酸(RNA),其作用的底物是核酸。

20世纪80年代以后,采用新技术合成、改造的生物催化剂,如抗体酶、模拟酶、人工酶等相继问世。1995年,Szostak研究室报道了具有DNA连接酶活性的DNA片段,命名为脱氧核酶(deoxyribozyme)。非蛋白质本质的具有催化作用的酶是对酶概念的补充。随着科学的发展,还可能出现各种新的、具有催化作用的生物分子。尽管如此,生物体内绝大多数化学反应仍是由本质为蛋白质的天然酶催化,所以传统的天然酶,仍然是各种生物催化剂中最主要的生物催化剂。这一章我们主要讨论以蛋白质为本质的酶。

二、酶的分类与命名

(一)酶的分类

按照酶催化反应的性质,将酶分为六大类,排序如下:

1. 氧化还原酶类(oxidoreductases) 催化底物进行氧化还原反应的酶类。例如:乳酸脱氢酶、细胞色素氧化酶、过氧化氢酶等。

2. 转移酶类(transferases) 催化底物之间进行某些基团的转移或交换的酶类。例如:氨基转移酶、甲基转移酶、已糖激酶、磷酸化酶等。

3. 水解酶类(hydrolases) 催化底物发生水

笔记栏

解反应的酶类。例如：淀粉酶、蛋白酶、脂肪酶等。

4. 裂解酶类（或裂合酶类）（lyases） 催化从底物移去一个基团而形成双键的反应，或其逆反应。例如：醛缩酶、碳酸酐酶等。

5. 异构酶类（isomerases） 催化各种同分异构体间相互转变的酶类。例如：磷酸丙糖异构酶、磷酸己糖异构酶等。

6. 合成酶类（或连接酶类）（synthetases/ligases） 催化两分子底物合成一分子化合物，同时耦联有 ATP 的磷酸酯键断裂的酶类称为合成酶（synthetase），如谷氨酰胺合成酶、谷胱甘肽合成酶等。如果在合成过程中不伴有 ATP 的磷酸酯键断裂则催化该合成反应的酶称合酶（synthase），如糖原合酶。

（二）酶的命名

1. 酶的习惯命名 习惯命名法多由发现者确定，根据所催化的底物、反应的性质以及酶的来源而定。在底物的英文名词上加上尾缀-ase，作为酶的名称。如分解脂肪的酶，称脂肪酶（lipase）；水解蔗糖的酶，称蔗糖酶（sucrase）。有些酶则是依据其所催化反应的类型或方式命名，例如，将氨基从一个化合物转移到另一个化合物上去的酶称为转氨酶（transaminase）；催化脱氢反应的酶称为脱氢酶（dehydrogenase）。还有些酶是根据上述两项原则综合命名的，如将丙氨酸上的氨基转移到 α-酮戊二酸上去的酶，称丙氨酸氨基转移酶（alanine transaminase）。习惯命名法常出现混乱，有的名称（如心肌黄酶、触酶等）完全不能说明酶促反应的本质。

2. 酶的系统命名 为了克服习惯名称的弊端，国际酶学委员会以酶的分类为依据，于 1961 年提出系统命名法。系统命名法规定每一酶均有一个系统名称（systematic name），它标明酶的所有底物与反应性质。底物名称之间以"："分隔。由于许多酶促反应是双底物或多底物反应，且许多底物的化学名称太长，这使许多酶的系统名称过长或过于复杂。为了应用方便，国际酶学委员会又从每种酶的数个习惯名称中选定一个简便实用的推荐名称（recommended name），举例列于表 4-1。

表 4-1 酶的分类与命名举例

编号	推荐名称	系统名称	催化的反应
EC1. 1. 1. 1	乙醇脱氢酶	乙醇：NAD^+ 氧化还原酶	乙醇+NAD^+→乙醛 + NADH + H^+
EC2. 6. 1. 2	丙氨酸氨基转移酶	Glu：丙酮酸转氨酶	Glu + 丙酮酸→Ala +α-酮戊二酸
EC3. 1. 1. 7	乙酰胆碱酯酶	乙酰胆碱水解酶	乙酰胆碱 + H_2O →胆碱 + 乙酸
EC4. 2. 1. 2	延胡索酸酶	延胡索酸水化酶	延胡索酸 + H_2O → 琥珀酸
EC5. 3. 1. 1	磷酸丙糖异构酶	磷酸丙糖异构酶	3-磷酸甘油醛→磷酸二羟丙酮
EC6. 3. 1. 1	天冬酰胺合成酶	天冬氨酸：NH_3：ATP 合成酶	Asp + ATP + NH_3→Asn + ADP+ Pi

第 2 节 酶的分子结构与功能

酶和一般蛋白质一样，具有一级、二级、三级乃至四级结构。一般来说，仅具有一条多肽链的酶称为单体酶（monomeric enzyme）；由多个相同或不同的亚基以非共价键连接组成的酶称为寡聚酶（oligomeric enzyme）；由几种不同功能的酶彼此相互聚合形成多酶复合体，称为多酶体系（multienzyme system）；有些多酶体系在生物进化的过程中由于基因的融合，多种不同催化功能存在于一条多肽链中，这类酶称为串联酶（tandem enzyme）或多功能酶（multifunctional enzyme）。

一、酶的分子组成

按照酶的分子组成，可将酶分为单纯酶（simple enzyme）和结合酶（conjugated enzyme）两类。单纯酶是仅由氨基酸残基构成，不含其他的非蛋白质部分。如脲酶、一些消化蛋白酶、淀粉酶、脂酶和核糖核酸酶等均属此类。结合酶是由蛋白质和非蛋白质部分组成。体内大多数酶属于结合酶。结合酶中的蛋白质部分称为酶蛋白（apoenzyme），非蛋白质部分称为辅助因子（cofactor），辅助因子包括金属离子和小分子有机化合物。酶蛋白决定反应的特异性，辅助因子决定反应的类型与性质，与电子、原子或某些化学基团的传递或连接有关。酶蛋白与辅助因子结合

笔 记 栏

形成的复合物称为全酶(holoenzyme),只有全酶才具有催化作用。

金属离子作为酶的辅助因子最常见的有:K^+、Na^+、Mg^{2+}、Cu^{2+}(Cu^+)、Zn^{2+}、Fe^{2+}(Fe^{3+})、Mo^{2+}等,约2/3的酶都含有或需要金属离子作为辅助因子。按照金属离子与酶蛋白结合的紧密程度分为:①金属酶(metalloenzyme):这类酶中的金属离子与酶蛋白结合紧密,在提取过程中通常不会丢失,如羧肽酶(含Zn^{2+}),黄嘌呤氧化酶(含Mo^{2+})等。②金属激活酶(metal-activated enzyme):金属离子为酶活性所必需,但与酶蛋白结合疏松,如己糖激酶的作用需要Mg^{2+}参与、丙酮酸激酶的作用需要Mg^{2+}和Mn^{2+}等的参与。金属离子在酶促反应中的主要作用有:①作为催化基团参与催化反应,传递电子;②在酶与底物间起桥梁作用,维持酶分子的构象;③中和阴离子,降低反应的静电斥力等。

小分子有机化合物作为辅助因子参与酶的催化过程,主要起运载体的作用,传递质子、电子和一些基团。这类辅助因子分子结构中主要含有维生素或维生素B族衍生物(表4-2),还有含铁卟啉的辅助因子,例如:细胞色素P450。

表 4-2 辅酶的种类及其作用

辅酶	缩写	转移基团	所含的维生素
尼克酰胺腺嘌呤二核苷酸(辅酶Ⅰ)	NAD^+	氢原子	尼克酰胺
尼克酰胺腺嘌呤二核苷酸磷酸(辅酶Ⅱ)	$NADP^+$	氢原子	尼克酰胺
黄素单核苷酸	FMN	氢原子	B_2
黄素腺嘌呤二核苷酸	FAD	氢原子	B_2
焦磷酸硫胺素	TPP	醛基	B_1
辅酶A	CoA	酰基	泛酸
硫辛酸		酰基	硫辛酸
磷酸吡哆醛		氨基	B_6
生物素		CO_2	生物素
钴胺素辅酶类		烷基	维生素B_{12}
四氢叶酸	FH_4	一碳单位	叶酸

根据辅助因子与酶蛋白结合的牢固程度不同,将辅助因子中与酶蛋白共价结合,在反应中不能离开酶蛋白,并且不能通过透析或超滤等方法将其去除的,称为辅基(prosthetic group),如FAD、FMN、生物素等。与酶蛋白以非共价键疏松结合的辅助因子称为辅酶(coenzyme),在酶促反应中接受质子或基团后离开酶蛋白,参加另一酶促反应。通常一种酶蛋白只能与一种辅酶结合,组成一个酶,作用一种底物,向着一个方向进行化学反应。而一种辅酶,则可以与若干种酶蛋白结合,组成为若干个酶,催化若干种底物发生同一类型的化学反应。如乳酸脱氢酶的酶蛋白,只能与NAD^+结合,组成乳酸脱氢酶,使底物乳酸发生脱氢反应。但可以与NAD^+结合的酶蛋白则有很多种,如乳酸脱氢酶、苹果酸脱氢酶(malate dehydrogenase,MDH)及磷酸甘油脱氢酶(glycerophosphate dehydrogenase,GDH)中都含NAD^+,能分别催化乳酸、苹果酸及磷酸甘油发生脱氢反应。由此也可看出,酶蛋白决定了反应底物的种类,即决定该酶的专一性,而辅酶(基)决定底物的反应类型。

二、酶的活性中心

酶是生物大分子,其分子体积比底物分子体积要大得多。在反应过程中酶与底物接触结合时,只限于酶分子的少数基团或较小的部位。酶分子中直接与底物结合,并催化底物发生化学反应的部位,称为酶的活性中心(active center)。在酶分子的氨基酸残基侧链上含有许多不同的化学基团。一般将与酶活性有关的化学基团称作酶的必需基团(essential group)。有些必需基团虽然在一级结构上可能相距很远,但在空间结构上彼此靠近,集中在一起形成具有一定空间结构的区域,该区域与底物相结合并将底物转化为产物,这一区域就称为酶的活性中心或活性部位(active site)。对于结合酶来说,辅酶或辅基上的一部分结构往往是活性中心的组成成分。

构成酶活性中心的必需基团可分为两类:①结合基团(binding group)直接与底物和辅酶结合,形成酶-底物复合物(E-S complex),决定酶的专一性;②催化基团(catalytic group)催化底物敏感键发生化学变化,并将其转变为产物,决定酶的催化能力。常见的必需基团有组氨酸的咪唑基、丝氨酸的羟基、半胱氨酸的巯基,以及谷氨酸的γ-羧基。活性中心内有的必需基团同时具有结合和催化两方面功能。还有些必需基团不参与酶活性中心组成,但却为维持酶活性中心应有的空间构象所必需,这些基团称为酶活性中心外的必需基团(图4-1A)。

酶的活性中心是酶分子多肽链折叠成形如裂隙或凹陷的三维结构区域,常常深入到酶分子的内部,多为氨基酸残基的疏水基团组成的疏水环境,形成疏水“口袋”。这种疏水环境有利于底物与酶形成复合物。(图4-1B)。

笔记栏

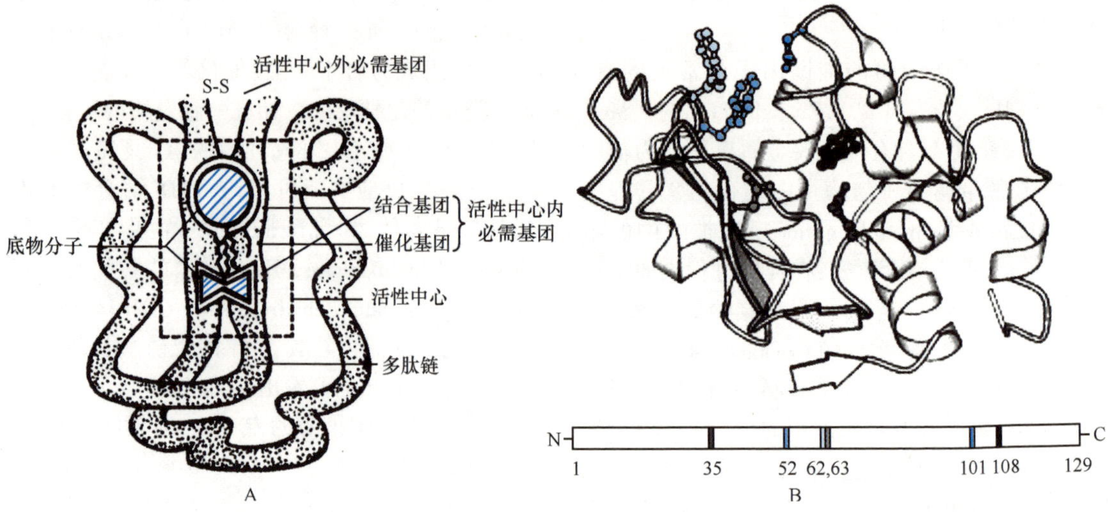

图 4-1

A. 酶活性中心示意图；B. 溶菌酶的活性中心

第 3 节　酶促反应的特点与机制

酶是一类生物催化剂，与一般催化剂一样，在化学反应前后都没有质和量的变化，只能催化热力学上允许进行的反应；只能加速可逆反应的进程，而不改变反应的平衡点，即不改变反应的平衡常数。但酶是蛋白质，它又具有一般催化剂所没有的生物大分子的特性，它所催化的反应具有特殊的性质和反应机制。

一、酶促反应的特点

(一) 酶促反应具有极高的催化效率

酶的催化效率通常比非催化反应高 $10^8 \sim 10^{20}$ 倍，比一般催化剂高 $10^7 \sim 10^{13}$ 倍。例如，脲酶催化尿素的水解速度是 H^+ 催化作用的 7×10^{12} 倍；α-胰乳蛋白酶对苯酰胺的水解速度是 H^+ 的 6×10^6 倍，而且不需要较高的反应温度。与一般催化剂一样，酶加速反应的作用也是通过降低反应所需的活化能（activation energy）而实现的。在任何一种热力学允许的反应体系中，在反应的任一瞬间，只有那些能量较高，达到或超过一定水平的过渡态（transition state）分子或活化（态）分子才有可能进行化学反应。分子从初态达到活化态所需要的能量称为活化能。活化能的高低决定反应体系活化分子的多少，活化能愈低，能达到活化态的分子就愈多，反应速率就愈快。酶通过其特有的作用机制，比一般催化剂更有效地降低反应的活化能，使底物只需较少的能量便可进入活化状态，因此具有极高的催化效率（图 4-2）。

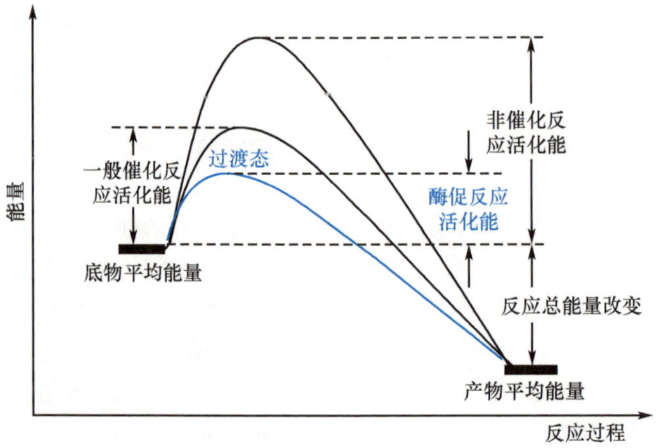

图 4-2　酶与一般化学催化剂降低反应活化能示意图

笔记栏

（二）酶促反应具有高度的特异性

一般催化剂对作用物（底物）的结构要求不严格，一种催化剂常可催化多种作用物发生同一类型的多种化学反应。但酶对其所催化的底物具有较严格的选择性，一种酶仅作用于一种或一类化合物，或一定的化学键，催化一定的化学反应并产生一定的产物。如淀粉酶只能水解淀粉，而不能水解蛋白质和脂肪；蛋白酶只能水解蛋白质，而且通常只能水解由特定氨基酸构成的肽键，这就是酶的特异性或专一性（specificity），酶促反应具有高度的特异性。根据酶对其底物结构选择的严格程度不同，酶的特异性可大致分为以下三类：

1. 绝对特异性 有的酶只能作用于一种特定结构的作用物，进行一种专一的反应，生成一种特定结构的产物。这种特异性称为绝对特异性（absolute specificity）。例如，脲酶只能催化尿素水解为 CO_2 和 NH_3，而对尿素的各种衍生物，如尿素的甲基取代物或氯取代物均不起作用；琥珀酸脱氢酶只催化琥珀酸与延胡索酸之间的氧化还原反应。

2. 相对特异性 有些酶对底物的要求不十分严格，可作用于结构类同的一类化合物或一种化学键，这种不太严格的选择性称为相对特异性（relative specificity）。可分为：①键特异性（bond specificity），只对底物中某些化学键有选择性的催化作用，对此化学键两侧连接的基团并无严格要求。如酯酶（esterase）作用于底物中的酯键，使底物在酯键处发生水解反应，而对酯键两侧的酸和醇的种类均无特殊要求。又如，磷酸酶对一般的磷酸酯都有水解作用，而不论是甘油磷酸酯、葡萄糖磷酸酯或酚磷酸酯。②基团特异性（group specificity），基团特异性与键特异性相比，酶对底物的选择较为严格。酶作用底物时，除了要求底物有一定的化学键，还对键两侧的基团有特定要求，例如，不同的消化蛋白酶对其所作用的蛋白质种类无严格要求，但对其作用的肽键两侧的氨基酸残基种类有一定的要求，如胰蛋白酶仅作用于由碱性氨基酸（Lys 或 Arg）的羧基所形成的肽键。

3. 立体异构特异性（stereospecificity） 是指酶对底物的光学异构体或几何异构体有特异的选择性，一种酶仅作用于底物的一种立体异构体。例如，L乳酸脱氢酶只作用于 L-乳酸脱氢而不作用于 D-乳酸；体内合成蛋白质的氨基酸均为 L 型，所以体内参与氨基酸代谢的酶绝大多数均只能作用于 L 型氨基酸，而不能作用于 D 型氨基酸；延胡索酸酶只催化反-丁烯二酸（延胡索酸）而不催化顺-丁烯二酸（马来酸）的加水作用产生苹果酸；琥珀酸脱氢酶只能催化琥珀酸脱氢生成反-丁烯二酸等。

（三）酶促反应的可调节性

酶促反应受多种因素的调控，以适应机体对不断变化的内外环境和生命活动的需要。酶的调控方式多种多样，十分严密，十分精细，这是一般催化剂所不具有的特征。酶的可调节性包括：①对酶含量的调节（慢调节），通过对酶合成的诱导与阻遏以及对酶降解量的调节，实现对酶活性的长效调节作用。②对酶活性的调节（快速调节），通过酶原的激活，使酶在合适的环境被激活和发挥作用；通过变构酶的变构抑制或变构激活调节代谢途径中关键酶的活性；以及酶共价修饰的级联调节。③酶与代谢物在细胞内的区域化分布、进化过程中基因分化形成的各种同工酶、多酶体系和多功能酶的形成等，使各组织器官或各亚细胞结构具有各自的代谢特点。

二、酶促反应的机制

酶在催化反应的过程中首先与底物结合形成中间复合物，并通过有效降低反应的活化能的方式实现其高效催化作用。

（一）酶-底物复合物的形成与诱导契合假说

酶在发挥其作用之前，需与底物密切结合。这种结合不是锁与钥匙的机械关系，而是在酶与底物相互接近时，其结构相互诱导、相互变形、相互适应，进而相互结合的过程。这就是酶-底物结合的诱导契合假说（induced-fit hypothesis）。也就是说，酶分子的构象与底物的结构原来并不完全吻合；只有当二者接近时，结构上才相互诱导适应，酶与底物的结构均发生变形，才能更密切地多点结合。同时，酶在底物的诱导下，其活性中心进一步形成，并与底物受催化攻击的部位密切靠近，形成酶-底物复合物（图 4-3）。这种相互诱导变形，使底物转化为不稳定的过渡态（transition state），易受酶催化攻击。过渡态的形成和活化能的降低是反应进行的关键，任何有助

笔记栏

于过渡态的形成与稳定的因素都有利于酶行使其高效催化作用。

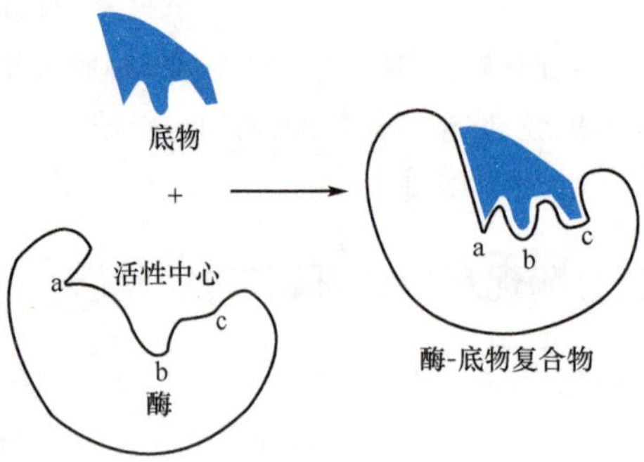

图 4-3　酶-底物复合物的形成与诱导契合假说示意图

（二）邻近效应与定向排列

在两个以上底物参加的反应中，底物之间必须以正确的方向发生碰撞，才有可能形成具有所需取向的过渡态分子。酶将反应中所需的底物和辅助因子，按特定顺序和空间定向结合于酶的活性中心，使它们相互接近并形成有利于反应的正确定向关系，提高底物分子发生碰撞的几率。这种邻近效应（proximity effect）和定向排列（orientation arrange），实际上是将分子间的反应变成类似于分子内的反应，从而提高反应速率（图 4-4）。

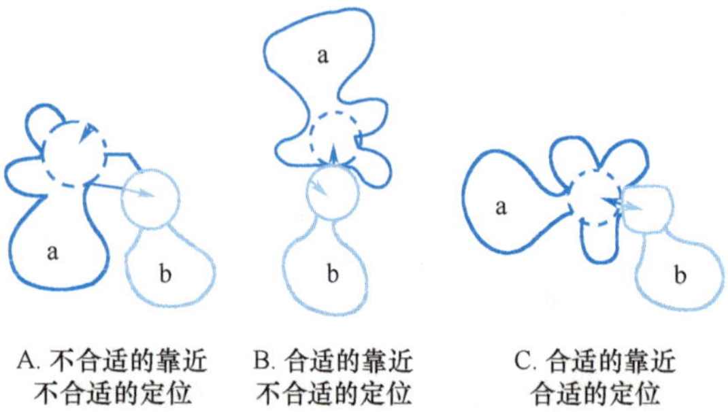

图 4-4　邻近效应与定向排列

a、b 分别为两个相互作用的底物

（三）表面效应（surface effect）

酶的活性中心多为氨基酸残基的疏水基团在酶分子内部组成的疏水环境，形成疏水"口袋"。酶促反应在疏水环境中进行，使底物分子脱溶剂化（desolvation），排除水分子对酶和底物功能基团的干扰性吸引或排斥，防止在底物与酶之间形成水化膜，有利于酶与底物的密切接触和结合，并相互作用，这种现象称表面效应。

笔记栏

（四）多元催化（multielement catalysis）

1. 共价催化（covalent catalysis）　很多酶在催化反应过程中，催化基团与底物形成瞬间共价键而将底物激活，形成的特殊共价结构中间体很容易进一步被水解形成产物和游离酶。

2. 酸碱催化（acid-base catalysis）　一般催化剂进行催化反应时，通常只限于一种解离状态。酶是两性电解质，所含的多种功能基团具有不同的解离常数，酶活性中心的有些基团可以作为质子供体（酸催化），有些基团可作为质子受体（碱催化）。即使同种基团在同一酶分子中处于不同的微环境，解离常数也有差异。因此，同一种酶常常兼有酸、碱双重催化作用。酶蛋白可以起广义酸碱催化作用的功能基团有氨基、羧基、巯基、酚羟基及咪唑基等。酸碱催化作用是生物化学常见的催化机制。

3. 亲核催化（nucleophilic catalysis）　酶分子活性中心的一些基团如羟基和巯基，分别带有多电子的原子如 O 和 S，可以提供电子给相对带正电（亲电子）的过渡态底物，加速产物的生成，起亲核催化作用。辅酶或辅基的协同作用可极大地提高酶的催化效率。

许多酶促反应通常是上述多种催化机制综合作用的结果。

第 4 节　酶促反应动力学

酶促反应动力学（kinetics of enzyme-catalyzed reaction）是研究酶促反应的速率及其影响因素的科学。这些影响因素包括酶浓度、底物浓度、pH、温度、抑制剂、激活剂等。在探讨各种因素对酶促反应速率的影响时，通常是测定反应的初速率来代表酶促反应速率，即初始底物浓度被消耗 5% 以内的速率。采用反应的初速率可以避免反应进行过程中，底物浓度消耗或反应产物堆积等因素对反应速率的影响。

一、底物浓度对酶促反应速率的影响

酶促反应中，在其他因素不变的情况下，底物浓度的变化对反应速率影响作图呈矩形双曲线（rectangular hyperbola）（图 4-5）。在底物浓度（[S]）较低，酶量恒定的情况下，酶促反应的速率主要取决于底物的浓度。当底物初始浓度很低时，游离的酶多，故随着[S]增高，酶与底物结合产生的中间复合物(ES)量也随之增高，反应速率随底物浓度的增加而急骤上升，反应速率 V 随[S]增高而呈直线上升关系。随着底物浓度的进一步增高，反应速率不再呈正比例增加，反应速率增加的幅度逐渐下降。如果继续加大底物浓度，反应速率将不再增加而达到极限最大值，表现为零级反应，此时的速率称最大反应速率(V_{max})。此时，反应体系中所有酶的活性中心均被底物饱和，形成中间复合物(ES)。所有的酶均有此饱和现象，只是达到饱和时所需的底物浓度不同而已。

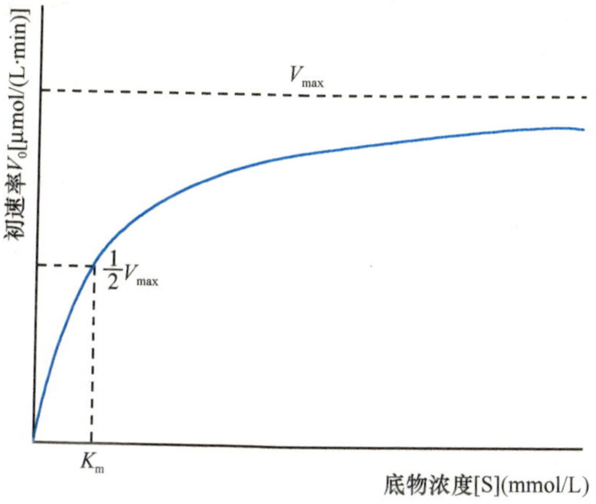

图 4-5　底物浓度对酶促反应速率的影响

(一)中间产物学说与米-曼氏方程

1903 年，Henri 提出中间产物学说，解释酶促反应中底物浓度和反应速率的关系。酶(E)首先与底物(S)结合形成酶-底物复合物(中间产物 ES)，此复合物再分解为产物(P)和游离的酶。

$$E+S \underset{k_2}{\overset{k_1}{\rightleftharpoons}} ES \xrightarrow{k_3} E+P$$

酶 底物　　中间产物　　　产物

式中 k_1、k_2 和 k_3 分别为各向反应的速率常数。

1913 年，Michaelis 和 Menten 继承和发展了中间产物学说，提出酶促动力学的基本原理，并以数学方程式表明底物浓度与酶促反应速率的定量关系，即著名的米-曼氏方程式，简称米氏方程式(Michaelis equation)：

$$V=\frac{V_{max}[S]}{K_m+[S]}$$

式中[S]为底物浓度，K_m 为米氏常数(Michaelis constant)，V 是在不同[S]时的反应速率，V_{max} 为最大反应速率(maximum velocity)。当底物浓度很低([S]≪K_m)时，$V=V_{max}/K_m[S]$，反应速率与底物浓度呈正比。当底物浓度很高([S]≫K_m)时，$V \cong V_{max}$，反应速率达最大速率，再增加底物浓度也不再影响反应速率。

米氏方程式的建立是基于这样的假设：

(1) 在反应的初始阶段，底物浓度远远大于酶浓度，底物浓度[S]的变化可忽略不计。

(2) 测定的反应速率为初速率，产物生成量很小，所以 P+E → ES 的反应可以忽略不计。

(3) 游离的酶与底物形成 ES 的速率极快(E+S→ES)，而 ES 形成产物的速率极慢，即 k_1、$k_2 \gg k_3$，ES 分解成产物 P 对于[ES]浓度的动态平衡没有影响，可不予考虑。

反应中游离酶的浓度为总酶浓度减去结合到中间产物中的酶的浓度，即[游离酶]=[E]-[ES]

根据质量作用定律，ES 生成的速率为：$d[ES]/dt=k_1([E]-[ES])[S]$

ES 的分解速率为：$-d[ES]/dt=k_2[ES]+k_3[ES]$

当反应处于稳态时，ES 的生成速率=ES 的分解速率，即

$$k_1([E]-[ES])[S]=k_2[ES]+k_3[ES] \quad (1)$$

经整理：

$$\frac{([E]-[ES])[S]}{[ES]}=\frac{k_2+k_3}{k_1} \quad (2)$$

令 $\frac{k_2+k_3}{k_1}=K_m$，K_m 即为米氏常数，

则　$[E][S]-[ES][S]=K_m[ES]$

$$[ES]=\frac{[E][S]}{K_m+[S]} \quad (3)$$

由于反应速率取决于单位时间内产物 P 的生成量，所以 $V=k_3[ES]$

将式(3)代入得：

$$V=\frac{k_3[E][S]}{K_m+[S]} \quad (4)$$

当底物浓度很高，所有的酶与底物生成中间产物(即[E]=[ES]时)，反应达最大速率。即

$$V_{max}=k_3[ES]=k_3[E] \quad (5)$$

将式(5)代入式(4)，即得米氏方程式：

$$V=\frac{V_{max}[S]}{K_m+[S]}$$

(二) K_m 值和 V_{max} 的意义

(1) K_m 值的推导及意义：当反应速率为最大速率的一半时($V=1/2\ V_{max}$)，米氏方程式可写成：

$$\frac{V_{max}}{2}=\frac{V_{max}+[S]}{K_m+[S]}$$

笔记栏

整理得：$K_m=[S]$

由此可见，K_m值的物理意义是酶促反应速率为最大速率一半时的底物浓度。K_m值的单位与底物浓度的单位一致，为 mol/L 或 mmol/L。

（2）$K_m=(k_2+k_3)/k_1$，从某种意义上讲，K_m是ES 分解速率（k_2+k_3）与形成速率（k_1）的比值，当$k_2 \gg k_3$时，ES 解离成 E 和 S 的速率远超过分解成 E 和产物 P 的速率，此时，k_3可忽略不计，K_m近似于 ES 的解离常数 $K_s=k_2/k_1$，即 $K_m \approx K_s$，此时的K_m值可以近似地表示酶对底物亲和力的大小，K_m值愈小，酶与底物的亲和力愈大。这表示不需要很高的底物浓度便可容易地达到最大反应速率。但 k_3值并非在所有酶促反应中都远小于 k_2，所以K_s值和 K_m值的含义不同，不能互相代替使用。

（3）K_m是酶的特征性常数之一，一般只与酶的结构、底物和反应环境有关，与酶的浓度无关。不同的酶 K_m值不同。各种酶的 K_m值大致在 $10^{-6} \sim 10^{-2}$ mol/L 之间。对于同一底物，不同的酶有不同的 K_m值；多底物反应的酶对不同底物的 K_m值也各不相同，其中 K_m最小的相应底物称该酶的最适底物或天然底物。

（4）V_{max}是酶被底物完全饱和时的反应速率。在酶浓度一定，且$[S] \gg [E]$时，酶对特定底物的最大反应速率 V_{max}也是一个常数。此时，由式(5)可知，$V_{max}=k_3[E]$。V_{max}与[E]呈直线关系，即V_{max}与酶浓度呈正比，增加底物浓度不会影响V_{max}，而直线的斜率是 k_3，k_3表示当酶被底物饱和时，每单位时间内、每个酶分子所能转化底物的分子数，k_3称为转换数（turnover number），也称为催化常数（catalytic constant，Kcat），它相当于一旦底物-酶中间物形成后，酶将底物转化为产物的效率，Kcat 值愈大表示酶的催化效率愈高。

（三）K_m值和 V_{max}值的测定

米氏方程是一个双曲线函数，其图形为渐近线，很难准确地测得 K_m值和 V_{max}值。通常将该方程转化成各种线性方程，由曲线作图改为直线作图，便可容易地用图解法准确求得 K_m值和 V_{max}值。

（1）双倒数作图法（double reciprocal plot）又称为林-贝（Lineweaver-Burk）作图法。将米氏方程式等号两边取倒数，所得到的双倒数方程式称为林-贝方程式：

$$\frac{1}{V}=\frac{K_m}{V_{max}}\cdot\frac{1}{[S]}+\frac{1}{V_{max}}$$

以 $1/V$ 对 $1/[S]$作图(图 4-6)，得一直线图，其纵轴上的截距为 $1/V_{max}$，横轴上的截距为$-1/K_m$。

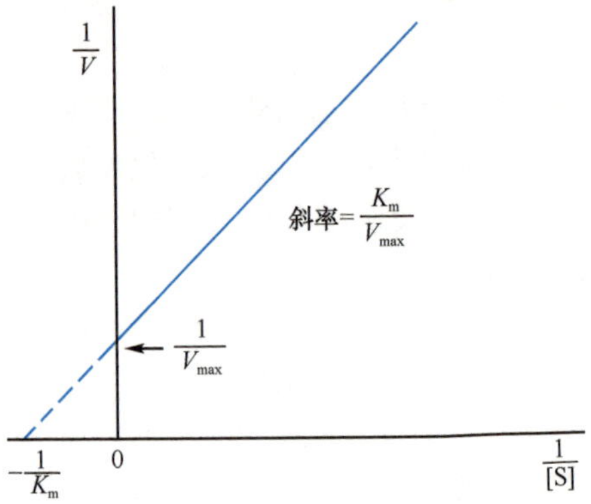

图 4-6　双倒数作图法

（2）Hanes 作图法：该作图法也是从米氏方程式衍化而来的，其方程式为

$$\frac{[S]}{V}=\frac{K_m}{V_{max}}+\frac{1}{V_{max}}[S]$$

以$[S]/V$对[S]作图（图 4-7），横轴截距为$-K_m$，直线的斜率为 $1/V_{max}$。

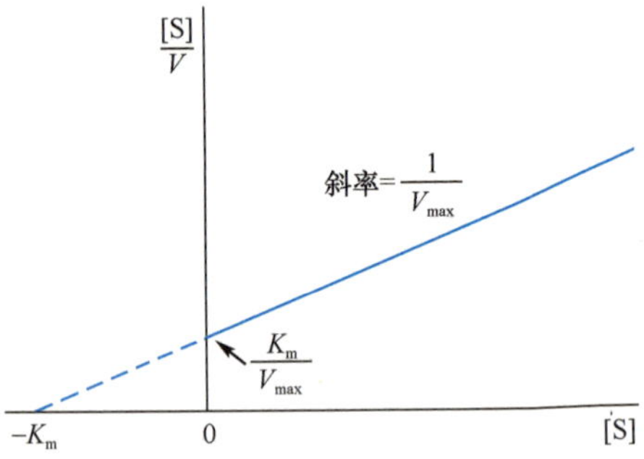

图 4-7　Hanes 作图法

二、酶浓度对酶促反应速率的影响

在酶促反应系统中，当$[S] \gg [E]$时，酶被底物饱和，反应速率达到最大。从式(4)可知，此时式中 K_m可以忽略不计，其关系式可简化为式(5)：$V=k_3[E]$。反应速率与酶的浓度变化呈正比关系（图 4-8）。

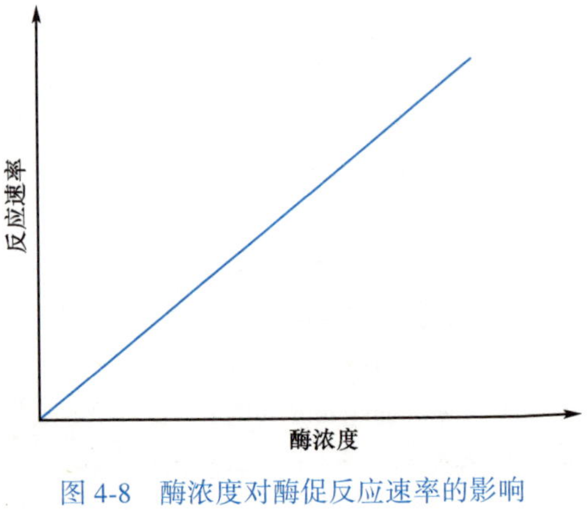

图 4-8　酶浓度对酶促反应速率的影响

笔记栏

日常生活中有很多酶浓度影响酶促反应速率的例子。例如,饭前不宜大量饮水,洗较脏的衣服时,要多加点含酶的洗衣粉等。

三、温度对酶促反应速率的影响

酶是生物催化剂,是一种特殊的蛋白质,对温度的变化极为敏感。温度对酶促反应速率具有双重影响:①提高温度,加快酶促反应速率。②提高温度的同时增加酶蛋白变性失活的机会,降低酶的催化作用。温度升高到60℃以上时,大多数酶开始变性;80℃时,多数酶的变性已不可逆。综合两种因素作用的结果,将酶促反应速率最快时的环境温度称为酶促反应的最适温度(optimum temperature)(图4-9)。反应体系的温度低于最适温度时,温度每升高10℃,反应速率可增加1~2倍,温度加快反应速率起主导作用。温度高于最适温度时,因酶趋于变性而失活,反应速率降低。温血动物体内的酶,最适温度为35~40℃;植物酶最适温度为40~50℃;一种来源于栖热水生菌(thermus aquaticus)体内提取的耐热DNA聚合酶(*Taq* DNA polymerase)的最适温度则达70~80℃,此酶可耐受近100℃的高温。

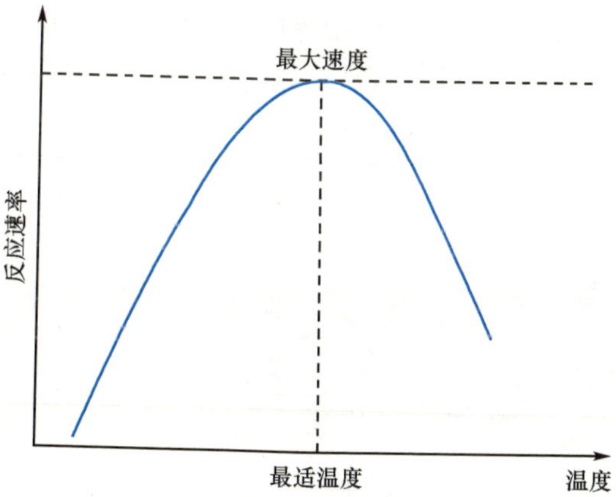

图4-9　温度对酶促反应速率的影响

酶的最适温度不是酶的特征性常数,它与反应进行的时间有关。酶可以在短时间内耐受较高的温度。相反,延长反应时间,最适温度便降低。低温使酶活性降低,但低温一般不会破坏酶使酶失去活性。当温度回升后,酶活性也恢复。临床上利用酶的这种性质,采用低温麻醉以减慢组织细胞代谢速率,提高机体对氧和营养物质缺乏的耐受性。实验室利用低温保存菌种、酶制剂;生化实验中测定酶活性时,需要严格控制反应液的温度等都基于这一原理。

Mc Quiston于1950年提出麻醉期内,进行降温可以减低组织的需氧量。Lewis和Taufic两人于1953年首次报告在低温麻醉下施行心脏无血手术成功。Swan报道了16个病人在低温麻醉下,中断心血循环进行心内手术。

四、pH对酶促反应速率的影响

在不使酶变性的pH条件下,反应的起始速率对pH作图,大多数情况下可得到一个钟型曲线(图4-10)。从曲线可以看出,在某一pH下,反应速率可达到最大,这一pH称为酶的最适pH(optimum pH)。最适pH不是酶的特征常数,会受到酶的浓度、底物以及缓冲液的种类等因素的影响。虽然不同酶的最适pH各不相同,但除少数(如胃蛋白酶的最适pH约为1.8,肝精氨酸酶最适pH为9.8)外,动物体内多数酶的最适pH接近中性。

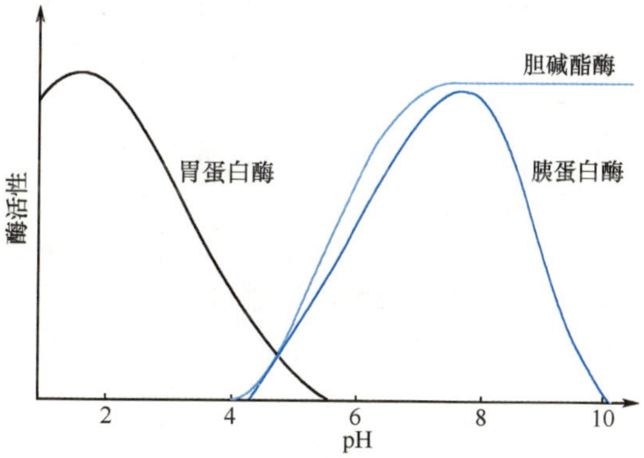

图4-10　pH变化与酶促反应速率的关系

酶分子中尤其是酶活性中心的许多极性基团,在不同的pH条件下解离状态不同,所带电荷的种类和数量不同。酶活性中心的某些必需基团往往仅在某一解离状态时才最容易同底物结合,或具有最大的催化作用。许多具有可解离基团的底物与辅酶(如ATP、NAD^+、辅酶A、氨基酸等)荷电状态也受pH改变的影响,从而影响它们对酶的亲和力。此外,pH还可影响酶活性中心的空间构象,从而影响酶的活性。

五、抑制剂对酶促反应速率的影响

案例4-1

患者,女性,45岁,因与家人争吵自服

笔记栏

美曲膦酯(敌百虫)约 100ml。服毒后自觉头晕、恶心,并伴有呕吐,呕吐物有刺鼻农药味。服药后家属即发现,立即到当地医院就诊,洗胃 10000ml 后,予阿托品 5ml 静推,解磷定 2g 肌内注射后,病情无好转。渐出现神志不清,呼之不应,刺激反应差,于凌晨服药后 5 小时转入某医院。经辅助检查诊断为有机磷中毒,立即予以催吐洗胃,硫酸镁导泻,阿托品、解磷定静脉注射,反复给药补液、利尿等对症支持治疗。

问题讨论

1. 有机磷中毒的生化机制是什么?

2. 有机磷化合物对酶的抑制作用属于哪种类型?有何特点?

3. 解磷定解毒的生化机制是什么?

4. 催吐洗胃,硫酸镁导泻,阿托品、解磷定静脉注射,反复给药补液、利尿等对症治疗的根据是什么?

有机磷农药(有机磷酸酯类农药)如美曲膦酯、敌敌畏等能特异地与胆碱酯酶(choline esterase)活性中心丝氨酸残基的羟基共价结合,在体内形成磷酰化胆碱酯酶,使胆碱酯酶活性受到抑制。正常机体在神经兴奋时,神经末梢释放乙酰胆碱,乙酰胆碱发挥作用后,被胆碱酯酶水解为乙酸和胆碱。若胆碱酯酶被抑制,神经末梢分泌的乙酰胆碱不能被及时分解而积聚在突触间隙,使胆碱能神经过度兴奋,引起迷走神经的毒性兴奋状态,出现呕吐、抽搐、神志不清等症状,最终导致死亡,故这类物质又称神经毒剂。

临床上用解磷定和氯解磷定治疗有机磷农药中毒。解磷定(pyridine didoxime methyliodide, PAM)和氯磷定为肟类复能剂,可解除有机磷化合物对羟基酶的抑制作用。阿托品能清除或减轻中枢神经系统症状,改善呼吸中枢抑制。上述病例显示有机磷化合物抑制胆碱酯酶活性。

凡能使酶的催化活性下降而不引起酶蛋白变性的物质统称为酶的抑制剂(inhibitor, I)。抑制剂多与酶的活性中心内、外必需基团相结合,从而抑制酶的催化活性。除去抑制剂后酶的活性得以恢复。根据抑制剂与酶结合的紧密程度不同,酶的抑制作用分为不可逆性抑制与可逆性抑制两类。

(一) 不可逆性抑制作用

有些抑制剂能与酶活性中心上的必需基团以共价键相结合,使酶失活,抑制剂不能用透析、超滤等方法予以去除。这种抑制作用称为不可逆性抑制作用(irreversible inhibition),这种抑制剂为不可逆抑制剂。

上述病例有机磷中毒的生化机制是有机磷作为不可逆抑制剂与胆碱酯酶活性中心的羟基结合而失活。可用下式表示:

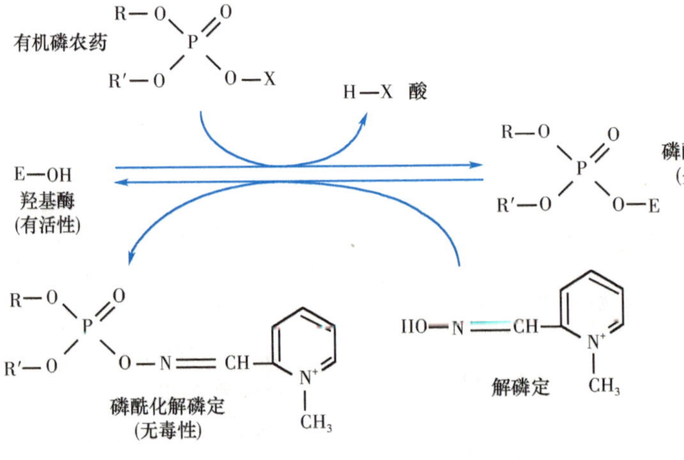

解磷定解除有机磷化合物对羟基酶的抑制作用的机制如图 4-11 所示:

低浓度的重金属离子,如 Pb^{2+}、Hg^{2+}、Ag^{+},以及含有 As^{3+} 等的化合物可与酶分子活性中心的巯基结合,使酶失活。化学毒气路易士气(Lewisite)是一种含砷的化合物,它能抑制体内的巯基酶而使人畜中毒。

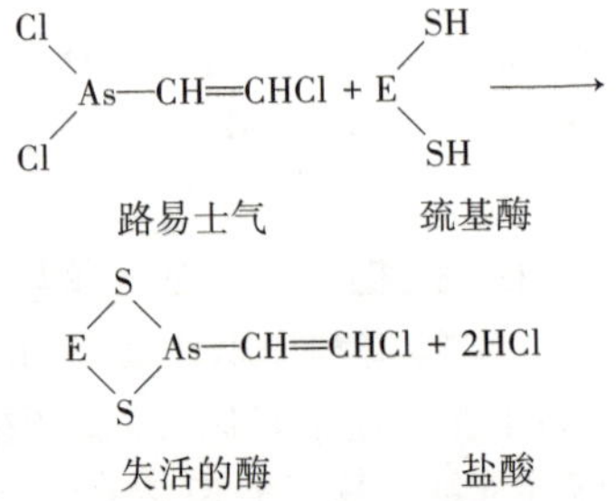

笔记栏

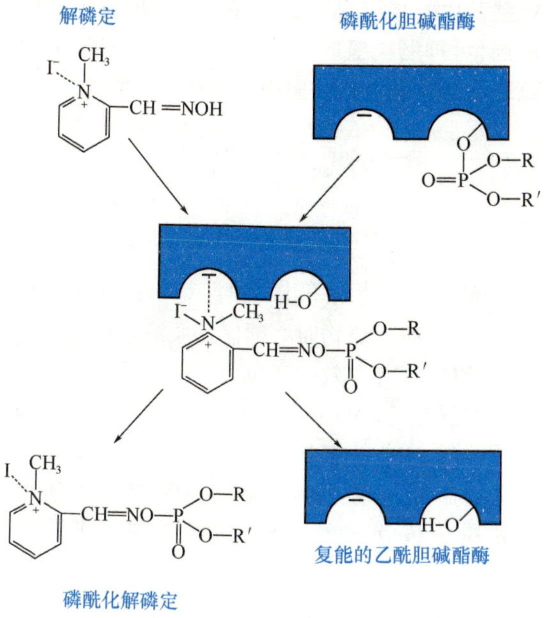

图 4-11　解磷定解除有机磷抑制作用的机制

重金属盐引起的巯基酶中毒可用二巯丙醇(British anti-Lewisite, BAL)解毒。BAL 含有 2 个—SH,在体内达到一定浓度后,可与毒剂结合,使酶恢复活性。由于重金属抑制剂结合酶的巯基不局限在活性中心的必需基团,因此这一类抑制剂又称为非专一性抑制剂。

抑制剂对酶的抑制作用有一定的选择性,一种抑制剂只能引起一种酶或某一类酶的活性降低或丧失。蛋白质变性剂均可使酶蛋白变性而使酶活性丧失,但变性剂对酶的作用没有选择性。

(二) 可逆性抑制作用

有些酶抑制剂是以非共价键方式与酶或(和)酶-底物复合物可逆性结合,使酶活性降低或消失,这种抑制作用可通过简单的透析或超滤的方法解除,这种抑制作用称为可逆性抑制作用(reversible inhibition)。引起可逆性抑制作用的抑制剂称为可逆性抑制剂。

常见的可逆性抑制作用可分为以下三种类型:

1. 竞争性抑制作用　竞争性抑制剂(I)与酶的底物结构相似,可与底物竞争酶的活性中心,阻碍酶与底物结合成中间复合物,而生成抑制剂-酶复合物(EI),使反应速率下降。这种抑制作用称为竞争性抑制作用(competitive inhibition)。竞争性抑制剂与酶的结合是可逆的,其抑制程度取决于抑制剂和底物的相对浓度以及二者对酶的相对亲和力,增加底物的浓度,可降低甚至解除抑制剂的抑制作用。竞争性抑制作用的机制和特点表示如下(图 4-12):

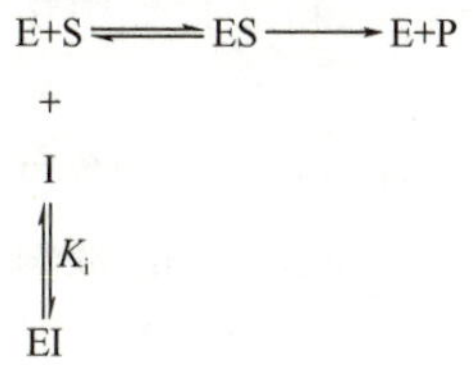

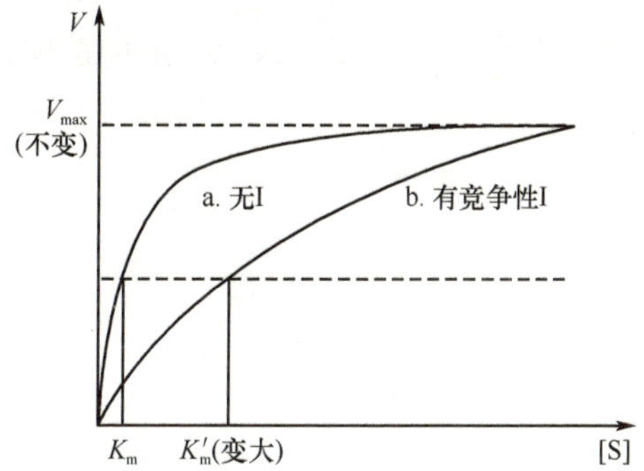

图 4-12　竞争性抑制作用机制

K_i称为抑制常数,即酶-抑制剂复合物(EI)的解离常数。按米氏方程式的推导方法可导出竞争性抑制剂、底物和反应速率之间的动力学关系式:

$$V=\frac{V_{max}[S]}{K_m\left(1+\frac{[I]}{K_i}\right)+[S]}$$

其双倒数方程式为:

$$\frac{1}{V}=\frac{K_m}{V_{max}}\left(1+\frac{[I]}{K_i}\right)\frac{1}{[S]}+\frac{1}{V_{max}}$$

以 $1/V$ 对 $1/[S]$ 作图,可得其动力学曲线(图 4-13)。

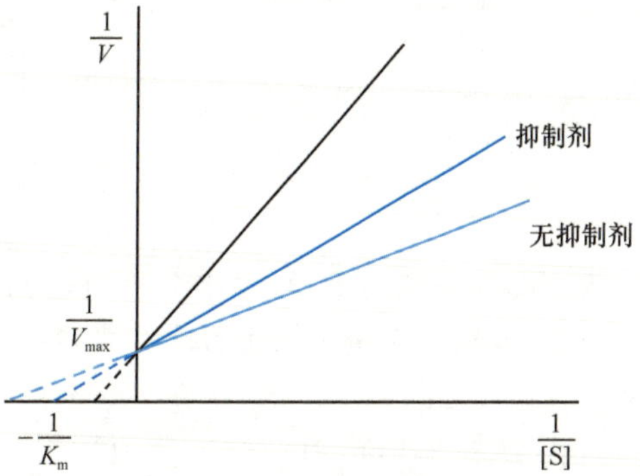

图 4-13　竞争性抑制的特征性曲线

竞争性抑制作用的特点为:①竞争性抑制剂往往是酶的底物类似物或反应产物。②抑制剂与酶的结合部位与底物与酶的结合部位相同。③抑制剂浓度越大,则抑制作用越大;但增加底

笔记栏

物浓度可使抑制程度减小。④动力学参数：K_m值增大，V_{max}值不变。

竞争性抑制作用的典型实例是丙二酸对琥珀酸脱氢酶的竞争性抑制和磺胺类药物对二氢叶酸合成酶的竞争性抑制。

丙二酸与琥珀酸结构相似，可竞争性结合琥珀酸脱氢酶的活性中心，而且琥珀酸脱氢酶对丙二酸的亲和力远大于酶对琥珀酸的亲和力。当丙二酸的浓度仅为琥珀酸浓度的 1/50 时，酶的活性便被抑制 50%。若增大琥珀酸的浓度，可削弱这种抑制作用。

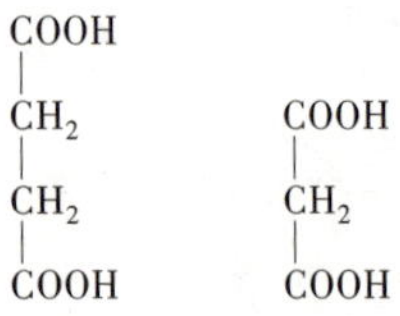

琥珀酸　　丙二酸

磺胺类药物就是根据竞争性抑制作用的原理设计的。对磺胺类药物敏感的细菌在生长繁殖时，不能直接利用环境中的叶酸，必须在细菌体内二氢叶酸合成酶（dihydrofolic acid synthetase）的催化下，以对氨基苯甲酸（para-aminobenzoic acid，PABA）为底物合成二氢叶酸。而二氢叶酸是核苷酸合成过程中的辅酶之一——四氢叶酸的前体。磺胺类药物的化学结构与对氨基苯甲酸相似，是二氢叶酸合成酶的竞争性抑制剂，可抑制二氢叶酸的合成，进而造成细菌的核苷酸与核酸合成受阻而影响其生长繁殖。

PABA对氨基苯甲酸　　磺胺药

人类能直接利用食物中的叶酸，核酸的合成不受磺胺类药物的干扰。根据竞争性抑制的特点，服用磺胺类药物时必须保持血液中药物的高浓度，以发挥其有效的竞争性抑菌作用。

甲氨蝶呤（MTX）、5-氟尿嘧啶（5-FU）、6-巯基嘌呤（6-MP）等都属抗代谢药物，都是酶的竞争性抑制剂，分别通过抑制四氢叶酸、脱氧胸苷酸和嘌呤核苷酸的合成，而抑制肿瘤细胞的生长。

2. 非竞争性抑制作用　非竞争性抑制剂与酶活性中心外的必需基团结合，底物与抑制剂之间无竞争关系，抑制剂既可以与游离酶结合，也可以与 ES 复合物结合。抑制剂与酶的结合不影响底物与酶的结合，酶和底物的结合也不影响酶与抑制剂的结合。但酶-底物-抑制剂三元复合物（ESI）不能进一步释放出产物，从而使酶的催化活性降低，这种抑制作用称为非竞争性抑制作用（non-competitive inhibition）（图 4-14）。

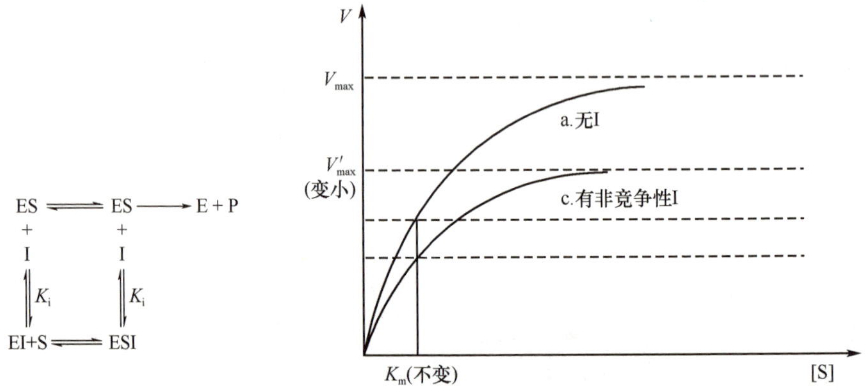

图 4-14　非竞争性抑制的作用机制

按米氏方程式的推导，得出非竞争性抑制剂、底物浓度和反应速率之间的动力学关系，其双倒数方程式是：

$$\frac{1}{V}=\frac{K_m}{V_{max}}\left(1+\frac{[I]}{K_i}\right)\frac{1}{[S]}+\frac{1}{V_{max}}\left(1+\frac{[I]}{K_i}\right)$$

以 $1/V$ 对 $1/[S]$ 作图，可得其动力学曲线（图 4-15）。

非竞争性抑制作用的特点为：①底物和抑制剂分别独立地与酶的不同部位相结合；②抑制剂对酶与底物的结合无影响，故底物浓度的改变对抑制程度无影响；③动力学参数：K_m值不变，V_{max}值降低。显然，非竞争性抑制作用不能通过增加底物浓度的办法来消除抑制作用。

3. 反竞争性抑制作用　此类抑制剂与上述两种抑制作用不同，抑制剂不与酶结合，仅与酶和底物形成的中间产物（ES）结合，使中间产物 ES 的生成量下降，酶分子转换为非活性形式 ESI 三元复合物。这样，既减少从中间产物转化为产物的量，也同时减少从中间产物解离出游离酶和底物的量。这种抑制作用称为反竞争性抑制作

笔 记 栏

用(uncompetitive inhibition),其抑制作用的反应式及机制如下(图 4-17):

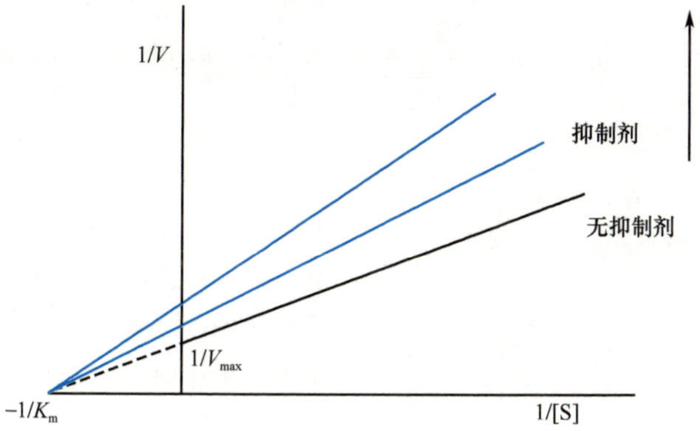

图 4-15　非竞争性抑制的特征性曲线

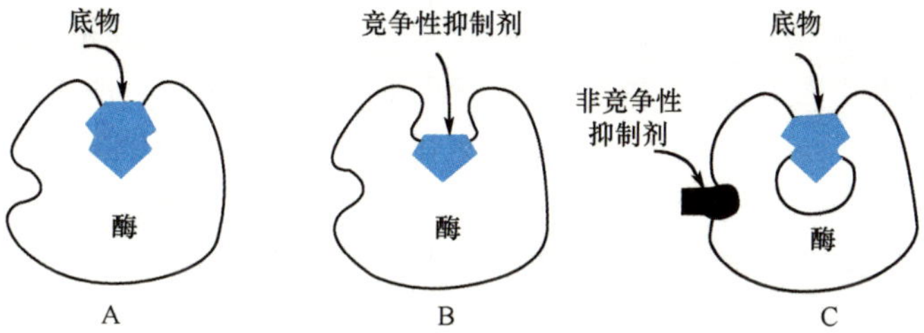

图 4-16　竞争性抑制与非竞争性抑制的作用机制比较

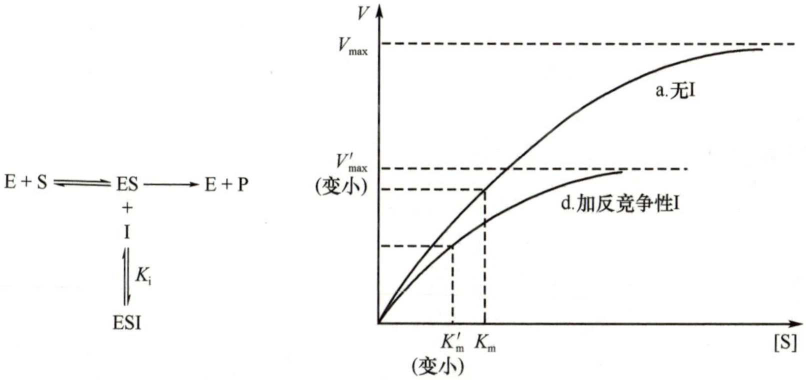

图 4-17　反竞争性抑制的作用机制

按米氏方程式的推导,得出反竞争性抑制剂、底物浓度和反应速率之间的动力学关系,其双倒数方程式是:

$$\frac{1}{V}=\frac{K_m}{V_{max}}\cdot\frac{1}{[S]}+\frac{1}{V_{max}}\left(1+\frac{[I]}{K_i}\right)$$

从反竞争性抑制作用的双倒数作图得其动力学曲线(图 4-18)。

反竞争性抑制作用的特点:①反竞争性抑制剂只与底物-酶复合物结合不与游离酶结合,并且是可逆结合;②动力学参数:K_m 值和 V_{max} 值都降低,但 V_{max}/K_m 比值不变,这是由于 ES 和 ESI 形成的平衡倾向于结合 I 的复合物的形成。还有一个重要特点:增加底物浓度反而有利于 I 与 ES 的结合而促进抑制作用,这一点也是为何称之为"反竞争"性抑制的原因。

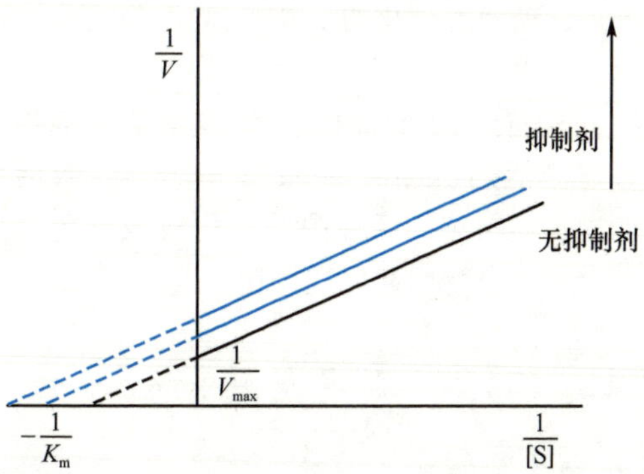

图 4-18　反竞争性抑制的特征性曲线

将三种可逆性抑制作用总结如下(图 4-19,表 4-3):

笔记栏

表 4-3　各种可逆性抑制作用特点的比较

作用特征	无抑制剂	竞争性抑制	非竞争性抑制	反竞争性抑制
I 与酶结合		E	E 或 ES	ES
动力学参数的变化				
表观 K_m	K_m	增大	不变	降低
表观 V_{max}	V_{max}	不变	降低	降低
双倒数作图变化				
斜率	K_m/V_{max}	增大	增大	不变
纵轴截距	$1/V_{max}$	不变	增大	增大
横轴截距	$-1/K_m$	减小	不变	增大

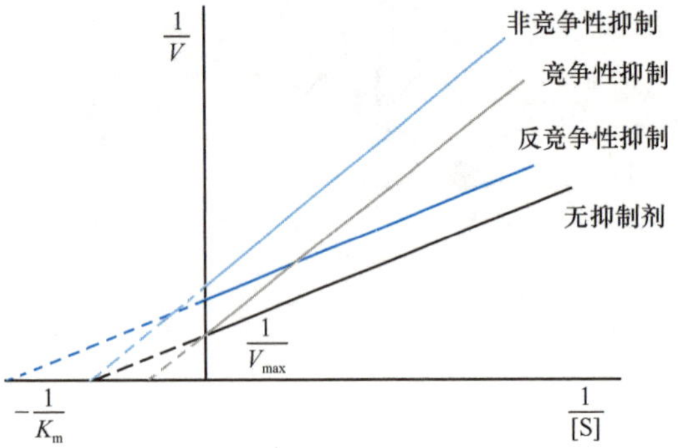

图 4-19　三种可逆性抑制作用比较

六、激活剂对酶促反应速率的影响

使酶从无活性变为有活性或使酶活性增加的物质称为酶的激活剂(activator)。酶的激活剂大多为金属离子，如 Mg^{2+}、K^+、Mn^{2+} 等；少数为阴离子，如 Cl^- 是淀粉酶的最强激活剂。

大多数金属离子激活剂对酶促反应是不可缺少的，这类激活剂称为必需激活剂(essential activator)。例如，Mg^{2+} 是多种激酶和合成酶的激活剂。己糖激酶催化的反应中，Mg^{2+} 与底物 ATP 结合生成 Mg^{2+}-ATP 参加反应。有些激活剂不存在时，酶仍有一定的催化活性，这类激活剂称为非必需激活剂(non-essential activator)。激活剂可能通过参与酶的活性中心的构成或与酶及底物结合成复合物而起促进作用。

七、酶活性测定与酶活性单位

在生物组织中，酶蛋白多与其他蛋白质共存，很难直接测定其蛋白质的含量。因此，要了解组织提取液、体液或纯化的酶液中酶的存在与酶量的多少，需要通过对酶活性的测定。酶的活性是指酶催化反应的能力。酶的活性单位是衡量酶活力大小的尺度，它反映在规定条件下(影响酶促反应速度的各种因素，如底物的种类和浓度，反应体系的 pH、温度、缓冲液的种类和浓度、辅助因子、激活剂或抑制剂等均需恒定)，酶促反应在单位时间(s、min 或 h)内生成一定量(mg、μg、μmol 等)的产物或消耗一定量的底物所需的酶量。为统一标准，1976 年国际生化学会(IUB)酶学委员会规定：在特定条件下，每分钟催化 1μmol 底物转化为产物所需的酶量为一个国际单位(IU)。1979 年该学会又推荐以催量单位(katal)表示酶的活性。1 催量(1kat)是指在特定条件下，每秒催化 1mol 底物转化成产物所需的酶量。$1IU = 16.67 \times 10^{-9}$ kat。

酶的比活力(specific activity)是每单位(一般是 mg)蛋白质中的酶活力，如 μmol/(min · mg 蛋白)等。比活力是表示酶纯度的较好指标。比较不同酶制剂中的酶活性时，也应用比活力为单位进行比较。

第 5 节　酶的调节

体内各种代谢途径错综复杂而有条不紊是因为机体存在着精细的调控系统。机体对代谢途径的调节主要是对代谢途径中关键酶活性的调节以及对酶含量的调节。此外，在长期进化过程中，各组织细胞形成了独特的代谢特征。

一、酶活性的调节

酶活性的调节是代谢途径速率调节的最直接、最有效的方式。下列几种方式是常见的酶活性调节的主要方式。

(一) 酶原与酶原的激活

案例 4-2

患者，男性，28 岁；主诉：因中上腹痛伴恶心呕吐 5 天收住入院。病史：患者 5 天前出现中上腹痛，为持续性隐痛，尚能忍受，偶有腰背部痛，伴呕吐 2 次，呕吐物为胃内容物，3 天前于当地医院就诊，查尿淀粉酶 748U/L，白细胞计数：13.6×10^9/L，N：0.762. 给予“氯唑西林针、奈替米星针、山莨菪碱针”治疗，但病情未见明显好转，转院诊治，拟“急性胰腺炎”收住入院。治疗过程：治疗予左旋氧氟沙星、甲硝唑、氨曲

笔记栏

南抗炎，"奥曲肽"抑制胰液分泌，"卫可安"制酸，"雪乐通"活血及营养支持治疗。治疗后患者体温下降、腹痛缓解，进食半流质后未诉不适。

问题讨论

1. 胰腺产生哪些消化酶？这些酶以何种形式分泌、储存和运输？

2. 急性胰腺炎的主要生化机制是什么？

引起急性胰腺炎的病因很多。在病理情况下，因各种原因导致胰管阻塞，胰腺腺泡仍可持续分泌胰液，可引起胰管内压升高，破坏了胰管系统本身的黏液屏障，HCO_3^- 便发生逆向弥散，使导管上皮受到损害。当导管内压力超过3.29kPa时，可导致胰腺腺泡和小胰管破裂，大量含有各种胰酶的胰液进入胰腺实质，胰分泌性蛋白酶抑制物（PSTI）被削弱，酶原被激活成蛋白酶，胰实质发生自身消化作用。其中以胰蛋白酶作用为最强，因为少量胰蛋白酶被激活后，它可以激活大量其他胰酶包括其本身，因而可引起胰腺组织的水肿、炎性细胞浸润、充血、出血及坏死。

机体内有些酶在细胞内合成或初分泌时，以酶的无活性前体形式存在。这种无活性酶的前体称为酶原（zymogen 或 proenzyme）。由无活性酶原转变成有活性酶的过程称为酶原的激活。酶原的激活一般通过某些蛋白酶的作用，水解一个或几个特定的肽键，致使蛋白质构象发生改变，其实质是酶活性中心的形成或暴露的过程。酶原的激活是不可逆的。

消化道中的酶如胃蛋白酶、胰蛋白酶、胰凝乳蛋白酶、羧基肽酶、弹性蛋白酶等及血液中凝血与纤维蛋白溶解系统中的酶类通常都以酶原的形式存在，在一定条件下水解掉1个或几个短肽，转变成相应的酶。如胰蛋白酶原进入小肠后，在 Ca^{2+} 存在下受肠激酶的激活，第6位赖氨酸残基与第7位异亮氨酸残基之间的肽键被切断，水解掉一个六肽，分子的构象发生改变，形成酶的活性中心，从而成为有催化活性的胰蛋白酶（图4-20）。

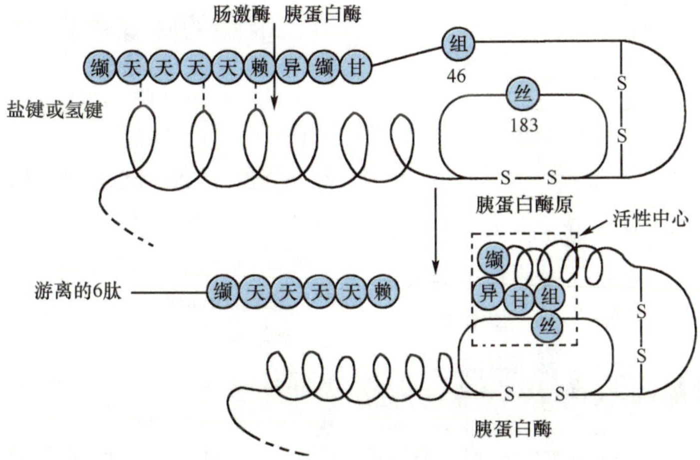

图4-20 胰蛋白酶原激活示意图

酶原的激活具有重要的生理意义。一方面可以保护细胞本身的蛋白质不受蛋白酶的水解而破坏；另一方面保证了合成的酶在特定的部位和环境中发挥生理作用。此外，酶原还可以视为酶的储存形式。如凝血和纤维蛋白溶解酶类以酶原形式在血液循环中运输，一旦需要便会不失时机地转变为有活性的酶，发挥其对机体的保护作用。急性胰腺炎的主要病理学变化是由于胰腺内的酶，特别是蛋白水解酶的过早活化引起的组织自溶。

酶原的激活具有级联放大作用。这对于酶在其作用部位快速有效地发挥作用具有很重要的意义。

（二）变构酶与变构调节

变构酶也称为别构酶，其酶分子活性中心外的某一部位可以与体内一些代谢物可逆地结合，使酶发生变构而改变其催化活性。这种调节酶活性的方式称为变构调节（allosteric regulation）。受变构调节的酶称变构酶（allosteric enzyme）。引起变构效应的代谢物称变构效应剂（allosteric effector）。有时底物本身就是变构效应剂。变构效应剂引起酶活性的增强或减弱，分别称变构激活作用或变构抑制作用。

变构酶常为含有偶数亚基的寡聚酶，酶分子中

笔记栏

包括含有催化部位的催化亚基和含有调节部位的调节亚基。催化部位和调节部位有的在同一亚基内,也有的不在同一亚基内。多亚基变构酶与血红蛋白一样,存在协同效应,包括正协同效应和负协同效应。如果效应剂与酶的一个亚基结合引起的变构效应使相邻亚基也发生变构,并增加对此效应剂的亲和力,此协同效应为正协同效应。如果相邻亚基的变构降低对此效应剂的亲和力,则此效应为负协同效应。如果效应剂是底物本身,以变构酶反应速率对底物浓度作图,其动力学曲线为S形曲线(图4-21),与血红蛋白的氧解离曲线类似。可见,变构酶不遵守米氏动力学原则。这种S形曲线体现为,当底物浓度发生较小变化时,变构酶可以极大程度地控制反应速率,这是变构酶可以灵活调节反应速率的原因。

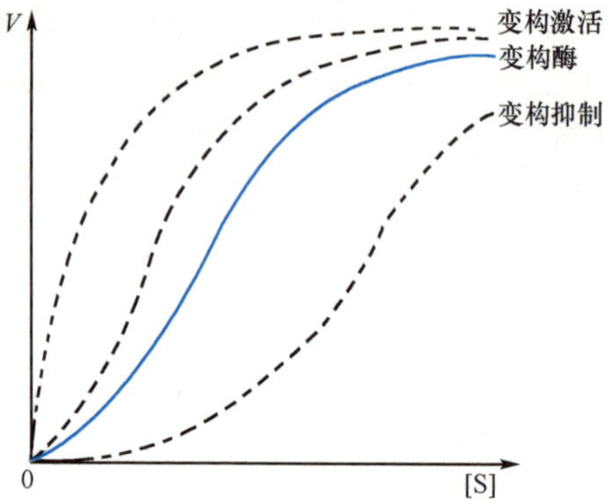

图4-21　变构酶的S形曲线

血红蛋白与氧的结合过程就是蛋白变构调节现象。体内一些代谢物对代谢途径中的关键酶起反馈调节,变构抑制是最常见的变构调节。

(三) 酶的共价修饰调节

酶的共价修饰调节是通过某些化学基团与酶的共价结合与分离而实现。某些酶蛋白肽链上的侧链基团在另一酶的催化下可与某种化学基团发生共价结合或解离,从而改变酶的活性,这种调节酶活性的方式称为酶的共价修饰(covalent modification)或化学修饰(chemical modification)。在共价修饰过程中,酶发生无活性(或低活性)与有活性(或高活性)两种形式的互变。这种互变是由两种酶催化的两个不可逆反应,它们又都受激素的调控。酶的共价修饰形式包括磷酸化与去磷酸化、乙酰化与去乙酰化、甲基化与去甲基化、腺苷化与去腺苷化以及—SH与—S—S—的互变等,其中以磷酸化修饰最为常见。酶的共价修饰属于体内酶活性快速调节的另一种重要方式。

二、酶含量的调节

(一) 酶蛋白合成的诱导与阻遏调节

酶蛋白合成量的调节是对酶蛋白的基因表达的调节。影响酶蛋白生物合成的因素有底物、产物、激素、药物等。能促进酶蛋白的基因表达,增加酶蛋白生物合成的物质为诱导剂(inducer),引起酶蛋白生物合成量增加的作用称为诱导作用(induction);相反,抑制酶蛋白的基因表达,减少酶蛋白生物合成的物质称为阻遏剂(corepressor)。阻遏剂可促进阻遏蛋白的活化,使基因表达抑制,减少酶蛋白的产生量,这种作用称阻遏作用(repression)。由于酶的生物合成经过转录、转录后加工、翻译和翻译后加工过程,所以这种调节效应出现较迟。然而,一旦酶被诱导合成后,即使去除诱导因素,酶的活性仍然存在。可见,酶的诱导与阻遏作用对代谢的调节属于缓慢而长效的调节。

(二) 酶的降解调节

酶是机体细胞的组成成分,也需要不断自我更新。酶蛋白的降解与一般蛋白质的降解途径相同。酶蛋白的降解也是细胞内对酶含量调控的一种方式。细胞内的酶均具有最稳定的分子构象。当酶蛋白构象受到破坏,即可被细胞内的蛋白水解酶所识别而降解成氨基酸。酶的降解受许多因素影响,酶的N-末端被置换、磷酸化、突变、被氧化、酶发生变性等因素均可能成为酶被降解的标记,易受蛋白水解酶的攻击。细胞内酶的降解速度也与机体的营养和激素的调节有关。细胞内存在两种降解蛋白质的途径:①溶酶体蛋白酶降解途径(不依赖ATP的降解途径);②非溶酶体蛋白酶降解途径(依赖ATP和泛素的降解途径)。在肝细胞中,前一种途径约占40%,后者占60%。有关内容详见氨基酸代谢一章。

三、同　工　酶

同工酶(isoenzyme)指催化相同的化学反应,但酶蛋白的分子结构、理化性质、免疫学性质不同的一组酶。同工酶是生物长期进化过程中基因分化的产物。同工酶的多肽链是由不同基因或等位基因编码,或由同一基因转录生成的不同mRNA所翻译的不同多肽链组成的蛋白质。

笔记栏

同工酶存在于同一种属或同一个体的不同组织或同一细胞的不同亚细胞结构中。同工酶使不同的组织、器官和不同的亚细胞结构具有不同的代谢特征。临床上利用同工酶谱的变化进行疾病的辅助诊断。

案例 4-3

患者，男性，29 岁，建筑工人。工地劳动时突发胸痛，疼痛程度中等，仍坚持工作一天后，疼痛更明显，特别在呼吸时感到剧痛，并有紧缩感横绕前胸壁。医院就诊查：心电、胸透检查阴性，血浆乳酸脱氢酶升高 400IU/L，并持续升高到住院第 4 天。其他检查项目均正常。诊断结果：肌肉损伤。

问题讨论

1. 乳酸脱氢酶催化什么反应？

2. 为什么肌肉损伤后血浆乳酸脱氢酶会升高？

3. 正常血清中 LD 同工酶有多少种？在所有疾病中 LD 的各种同工酶是否同样地成比例升高？为什么？

乳酸脱氢酶(lactate dehydrogenase，LD)是最早发现的同工酶，是由 H 型(心肌型)及 M 型(骨骼肌型)两种亚基组成的四聚体蛋白，这两种亚基以不同的比例组成五种不同的 LD 同工酶：LD_1 (H_4)、LD_2 (H_3M)、LD_3 (H_2M_2)、LD_4(HM_3)、LD_5(M_4)。此外，在动物睾丸及精子中还发现另一种基因编码的 X 亚基组成的四聚体 C_4(LD-X)同工酶。LD 同工酶在不同组织中的含量与分布比例不同，各器官组织都有其各自特定的分布酶谱。对同一底物的脱氢表现出不同的 K_m 值。由于 5 种 LD 同工酶分子结构的差异，它们在电泳中泳动速度亦不同(图 4-22)。

LD 同工酶有组织特异性，LD_1 在心肌中表达量较高，而 LD_5 在肝、骨骼肌中相对含量高。LD 同工酶相对含量的改变在一定程度上反映了某脏器的功能状况。若某一组织发生病变，则会引起血清 LD 同工酶谱的变化，这些变化是组织损伤的指标，被用于临床诊断。例如血清中 LD_1 相对于 LD_2 升高是心肌炎或心脏受损的标志(图 4-23)。

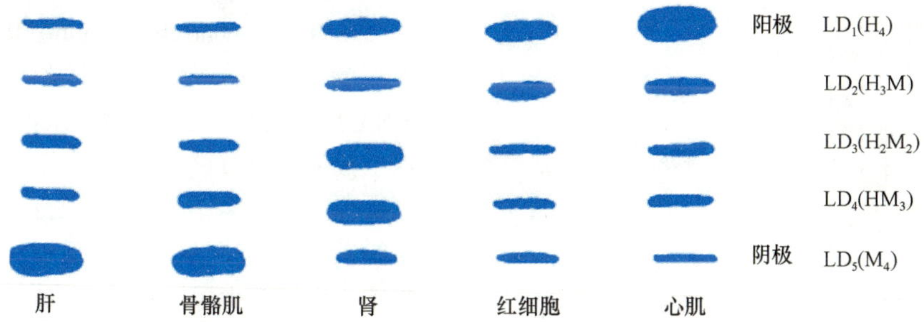

图 4-22 LD 同工酶在某些组织中的含量

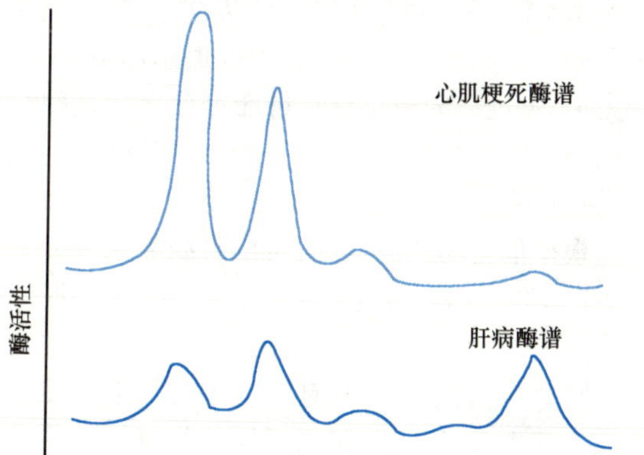

图 4-23 心肌梗死和肝病病人血清 LD 同工酶谱的变化

肌酸激酶(creatine kinase，CK)是二聚体酶，其亚基有 M 型(肌型)和 B 型(脑型)两种。脑中含 CK_1 (BB 型)；骨骼肌中含 CK_3 (MM 型)；CK_2(MB 型)仅见于心肌。血清 CK_2 活性的测定对于早期诊断心肌梗死有一定意义。

同工酶广泛存在于生物界。其生理及临床意义在于：①在代谢调节上起着重要的作用；②同工酶的存在能满足某些组织或某一发育阶段代谢转换的特殊需要，提供了对不同组织和不同发育阶段代谢转换的独特调节方式，用于解释发育过程中特有的代谢特征；③同工酶谱的改变有助于对疾病的诊断；④同工酶可以作为遗传标志，已广泛用于遗传分析的研究，农业上同工酶分析法已用于优势杂交组织的预测。

四、核酶、脱氧核酶与核酸酶

（一）核酶(ribozyme)

核酶一词用于描述具有催化活性的RNA，即化学本质是核糖核酸(RNA)，却具有酶的催化功能。核酶的作用底物可以是不同的分子，有些作用底物就是同一RNA分子中的某些部位。核酶的功能很多，有的能够切割RNA，有的能够切割DNA，有些还具有RNA连接酶、磷酸酶等活性。与蛋白质酶相比，核酶的催化效率较低，是一种较为原始的催化酶。核酶也称为催化性RNA(catalytic RNA)。Cech和Altman因发现RNA的催化性质而获得1989年的诺贝尔化学奖。核酶的结构如下图(图4-24)。

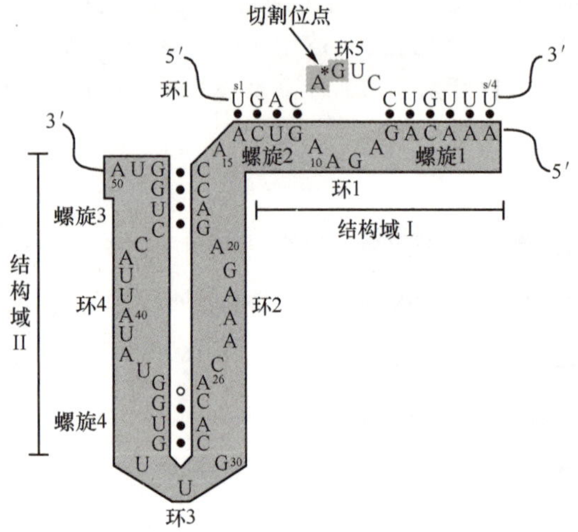

图4-24　核酶的结构

核酶的发现，在理论上和实际应用上有着重大的意义：①核酶的发现扩充了原有的酶学知识，现在认为酶在本质上主要是蛋白质，也可以是核酸类物质；②在生命起源理论上，能较好地解释自然界中先有核酸，还是先有蛋白质的问题，对于生命起源和生命进化的研究有着重要的启示；③在实践上，由于核酶有内切酶的活性，切割位点高度特异，因此，可以用来切割特定的基因转录产物。为基因功能研究、病毒感染和肿瘤的治疗提供了一个可行的途径和非常有希望的前景。

核酶的临床治疗比较适用于一些病毒感染性疾病，如艾滋病和肝炎等。一些病毒如免疫缺陷病毒(HIV)突变率很高，用免疫方法比较困难。但有一些区域像启动子、剪接信号区或包装信号区的序列较为保守，针对该序列的靶向核酶(targeting ribozyme)可以扩大抗病毒亚型的作用，减少突变体的逃避。在乙型肝炎的治疗上，已设计了针对HBV前RNA和编码HBV表面抗原、聚合酶以及X蛋白质mRNA的发夹型核酶，这些核酶由载体带入肝细胞后可抑制乙肝病毒达83%。此外核酶的研究应用也涉及丙型肝炎病毒、流感病毒、小鼠肝炎病毒、烟草斑纹病毒和人乳头瘤病毒等。不仅仅是病毒感染性疾病，只要是RNA表达异常均可考虑用核酶打靶，如肿瘤。例如，用抗bcl-2 mRNA核酶治疗前列腺癌，可能成为一种基因治疗的非常有效的途径。

（二）脱氧核酶(deoxyribozyme)

脱氧核酶是利用体外分子进化技术合成的一种具有催化功能的单链DNA片段，具有高效的催化活性和结构识别能力。

1994年，Gerald等报道了一个人工合成的35bp的多聚脱氧核糖核苷酸能够催化特定的核糖核苷酸或脱氧核糖核苷酸形成的磷酸二酯键，并将这一具有催化活性的DNA称为脱氧核酶或DNA酶(DNA enzyme，DE)。

1995年，Cuenoud等在Nature报道了一个具有连接酶活性的DNA，能够催化与它互补的两个DNA片段之间形成的磷酸二酯键。迄今已经发现了数十种脱氧核酶。

尽管到目前为止，还未发现自然界中存在天然的脱氧核酶，但脱氧核酶的发现仍然使人类对于酶的认识又产生了一次重大飞跃，是继核酶发现后又一次对生物催化剂知识的补充。这将有助于了解有关生命的一个最基本问题，即生命如何由RNA世界演化为今天的以DNA和蛋白质为基础的细胞形式。这项发现也揭示出RNA转变为DNA过程的演化路径可能也存在于其他与核酸相似的物质中，有助于了解生命基础结构及其进化过程。

根据催化功能的不同，可以将脱氧核酶分为5大类：切割RNA的脱氧核酶、切割DNA的脱氧核酶、具有激酶活力的脱氧核酶、具有连接酶功能的脱氧核酶、催化卟啉环金属螯合反应的脱氧核酶。其中以对RNA切割活性的脱氧核酶更引人注意，不仅能催化RNA特定部位的切割反应，而且能从mRNA水平对基因进行灭活，从而调控蛋白的表达。

对于脱氧核酶的研究有望成为基因功能研究、核酸突变分析、治疗肿瘤、对抗病毒及肿瘤等疾病的新型基因治疗药物的新型核酸工具酶。

笔记栏

由于 DNA 分子较 RNA 稳定，而且合成成本低，因此在未来的治疗药物发展中可能具有更广泛的前景。目前尚未发现天然存在的催化性 DNA。

（三）核酸酶

催化核酸中磷酸二酯键水解的酶统称为核酸酶。与上述核酶和脱氧核酶不同，这类酶是以蛋白质为本质的酶。在细胞内存在多种不同的核酸酶。按其作用的底物不同，可将核酸酶分为 DNA 酶（DNase）和 RNA 酶（RNase）。

根据酶作用的部位，核酸酶又可分为核酸外切酶和核酸内切酶。

（1）核酸外切酶能从 DNA 或 RNA 链的一端逐个水解下单核苷酸，核酸外切酶从 3′端开始逐个水解核苷酸，称为 3′→5′外切酶，例如：蛇毒磷酸二酯酶即是一种 3′→5′外切酶，水解产物为 5′核苷酸。核酸外切酶从 5′端开始逐个水解核苷酸，称为 5′→3′外切酶，例如：牛脾磷酸二酯酶即是一种 5′→3′外切酶，水解产物为 3′核苷酸。

（2）核酸内切酶催化水解多核苷酸内部的磷酸二酯键。有些核酸内切酶仅水解 5′磷酸二酯键，把磷酸基团留在 3′位置上，称为 5′-内切酶；而有些仅水解 3′-磷酸二酯键，把磷酸基团留在 5′位置上，称为 3′-内切酶（图 4-25）。还有一些核酸内切酶对磷酸酯键一侧的碱基有专一要求，例如胰脏核糖核酸酶（RNaseA）即是一种高度专一性核酸内切酶，它作用于嘧啶核苷酸的 C′-3 上的磷酸根和相邻核苷酸的 C′-5 之间的键，产物为 3′嘧啶单核苷酸或以 3′嘧啶核苷酸结尾的低聚核苷酸（图 4-26）。

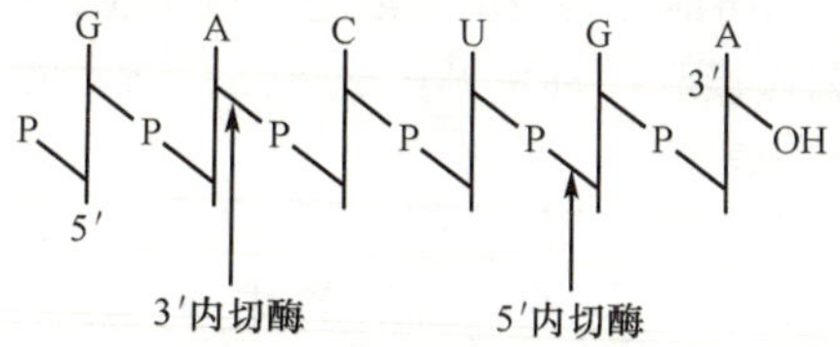

图 4-25　核酸内切酶的水解位置

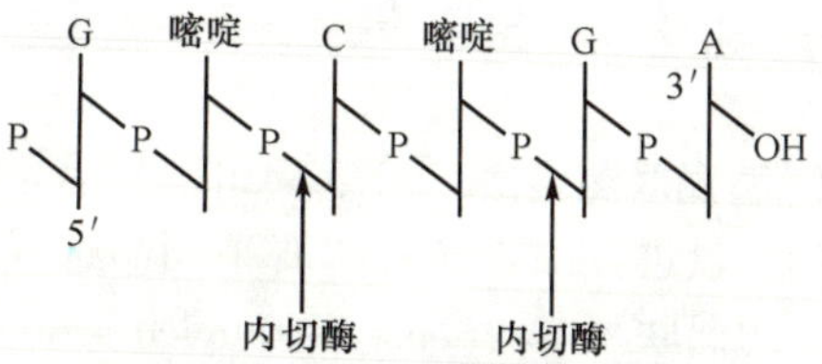

图 4-26　胰脏核酸内切酶的水解位置

还有一类核酸酶因具有严格的序列依赖性被称为限制性核酸内切酶，其在基因工程中被广泛应用（详见基因工程一章）。

第 6 节　酶与医学的关系

一、酶与疾病的关系

（一）酶与疾病的发生

酶是体内重要的功能蛋白。酶的催化作用是机体实现物质代谢、生长和生命活动的重要环节。酶的异常或活性受到抑制会直接或间接导致疾病的发生。据分子流行病学、分子遗传学结合生物信息学统计，在胚胎发育过程中，因酶或其编码基因异常引起的发育缺陷约占全部出生缺陷的 27%～30% 以上；出生后至老年，因酶异常所引起的疾病占全部发病的 20%～45% 以上。现已发现 140 多种先天性代谢缺陷中，多由于基因突变不能合成某种特殊的酶所致。如酪氨酸酶缺乏引起白化病；缺乏苯丙氨酸羟化酶，会使苯丙氨酸及其脱氨基产物苯丙酮酸在体内堆积，高浓度的苯丙氨酸可抑制 5-羟色胺（一种神经递质）的生成，导致精神幼稚化；积聚的苯丙酮酸经肾排出，表现为苯丙酮尿症。

许多疾病也可引起酶的异常，这种异常又使病情加重。如急性胰腺炎时，由于胰腺合成的蛋白水解酶原在胰腺中被激活，导致胰腺组织的严重破坏。许多炎症对组织的破坏和损伤作用，是由于巨噬细胞或白细胞释放蛋白水解酶所致。

激素代谢障碍或维生素缺乏可引起某些酶的异常。如维生素 K 缺乏时，凝血因子Ⅱ、Ⅶ、Ⅸ、Ⅹ的前体不能在肝内进一步羧化生成成熟的凝血因子，病人表现出因这些凝血因子的异常所致的临床表征。

（二）酶与疾病的诊断

1. 疾病与酶活性的异常　许多组织器官的疾病常表现为血液中一些酶活性的异常。正常情况下，在组织细胞中发挥催化作用的酶在血清中含量甚微。只有在组织器官受损造成细胞破坏或细胞膜通透性改变时，胞内某些酶会大量释放入血；细胞内酶的合成或诱导增强，或酶的清除受阻也会引起血中酶活性的增高；细胞的增殖加快或转换率增高时，其特异的标志酶也可释放入血。

2. 酶活性的检测　临床上通过检测血清中某些酶的活性来协助诊断某些疾病。当前临床

笔记栏

上酶的检测占临床化学检验工作总量的20%，可见酶活性的检测在临床诊断中的重要意义，尤其是同工酶在疾病的鉴别和诊断上具有的重要作用。目前临床多采用全自动生物化学分析仪测定血清中各种酶的活性。

几种疾病时血清酶活性的改变列在表4-4中。

表4-4 几种疾病时血清酶活性的改变

血清酶	酶活性的改变						
	病毒性肝炎	胆管阻塞	肌营养障碍	急性心肌梗死	急性胰腺炎	肿瘤转移到	
						肝	骨
胆碱酯酶	↓↓	-或↓				↓↓	-
丙氨酸转氨酶	↑↑↑	↑	-或↑	-或↑	↑	↑	-
天冬氨酸转氨酶	↑↑↑	↑	↑	↑↑		↑↑	-
碱性磷酸酶	↑	↑↑↑	-	-	-	↑↑	↑↑↑
酸性磷酸酶	-	-	-	-	-	-	-或↑
LD	↑	↑	↑↑	↑↑	-	↑↑↑	-或↑
CK	-	-	↑↑↑	↑↑	-	-	-
脂酶	-	-	-	-	↑↑↑	-	-
淀粉酶	-	-	-	-	↑↑↑	-	-
γ-谷氨酰转移酶	↑	↑↑↑	-	-	-	↑↑	-

（三）酶与疾病的治疗

1. 酶作为药物用于临床治疗 酶是生物大分子，难以透过细胞膜。因此，酶作为药物直接应用相对较少。常见应用于消化系统、循环系统的疾病，例如，因消化腺分泌不足所致的消化不良，可补充胃蛋白酶、胰蛋白酶、胰脂肪酶及胰淀粉酶等帮助消化；链激酶、尿激酶、纤溶酶等用于防治血栓的形成；天冬酰胺酶用于治疗白血病；外科扩创、化脓伤口净化、浆膜粘连的防治和一些炎症治疗可用胰蛋白酶、胰凝乳蛋白酶、溶菌酶、木瓜蛋白酶、菠萝蛋白酶等酶制剂。

2. 酶作为药物的靶点 用酶的抑制剂治疗细菌感染和癌症。酶的抑制剂能抑制细菌重要代谢途径中的酶活性，达到杀菌或抑菌目的。如前所述的磺胺类药物，可竞争性抑制细菌中的二氢叶酸合成酶，使细菌的核酸代谢障碍而抑制其生长、繁殖。氯霉素因抑制某些细菌的转肽酶活性，而抑制其蛋白质的生物合成。肿瘤细胞有其独特的代谢方式，若能阻断相应酶的活性，就可达到遏制肿瘤生长的目的。例如，甲氨蝶呤可抑制肿瘤细胞的二氢叶酸还原酶，使肿瘤细胞的核酸代谢受阻而抑制其生长繁殖。其他如氟尿嘧啶、6-巯基嘌呤等，都是核苷酸代谢途径中相关酶的竞争性抑制剂。

通过合适的载体导入某种缺陷基因或通过反义核酸技术及RNAi封闭某些异常的基因的表达，以达到治疗某一疾病的目的将是未来基因治疗的目标。病毒导向酶的药物前体治疗（virus directed enzyme prodrug therapy，VDEPT），即用逆转录病毒载体将外源基因转移到细胞内。该基因编码一种酶，此酶可将一种无害的药物前体转变为细胞毒素复合物。带有这一基因的病毒载体只在特殊组织或肿瘤细胞中表达而不在正常细胞中表达。例如，胞嘧啶脱氨酶（cytosine deaminase）可将无害的氟胞嘧啶（fluorocytosine，FC）转变为细胞毒素氟尿嘧啶（fluorouracil，FU）。此病毒可感染正常细胞和癌细胞，但将该酶基因连接到一种“分子开关”后，则只能在肿瘤细胞中表达。

二、酶在医学研究中的应用

（一）酶法分析用于临床检验和科学研究

1. 酶偶联测定法 对生物组织样品中特殊物质的含量进行测定通常需要采用高选择性的方法。酶偶联测定法（enzyme coupled assays）是利用酶作为分析试剂，对一些酶的活性、底物浓度、激活剂、抑制剂等进行定量分析的一种方法。该方法方便、迅速、灵敏、准确，被广泛应用于临

笔记栏

床检验和科研领域。其原理是利用一些酶（指示酶）的底物或产物可直接简便地检测到，将该酶偶联到待测的酶促反应体系中，将本来不易直接测定的反应转化成可直接检测的反应。例如，很多脱氢酶需要 NAD^+ 或 $NADP^+$ 作为辅酶催化反应，氧化型 NAD^+ 或 $NADP^+$ 在 340nm 处几乎无吸收峰，而还原型 NADH 或 NADPH 在此处有强吸收峰。利用此特点，将脱氢酶反应与待测酶促反应相偶联，以测定待测酶的活性。例如：丙氨酸转氨酶（ALT）的活性可利用乳酸脱氢酶（LD）作为指示酶，在 340nm 波长处监测 NADH 的消耗速度，以计算丙氨酸转氨酶的活性（图 4-27）：

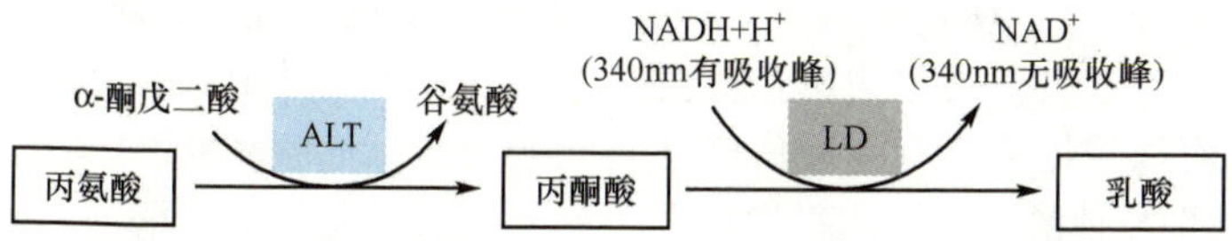

图 4-27　酶偶联法测定丙氨酸转氨酶活性原理

2. 酶标记测定法　该测定法是利用酶作为标记物，对无催化活性的蛋白质进行检测的一种方法。酶可以替代放射性核素与某些物质结合，使该物质被酶标记，通过对酶活性的测定判断被其定量结合的物质的存在和含量。例如，临床应用广泛的酶联免疫测定法（enzyme-linked immunosorbent assay，ELISA）。将某蛋白质（抗原）的抗体共价连接于“报告酶”（reporter enzyme）上，形成酶-抗体复合物。抗原与酶-抗体复合物定量结合形成三元复合物，此三元复合物中的酶活性便表示抗原的含量。常用的“报告酶”有辣根过氧化物酶、碱性磷酸酶等。这些酶的产物易通过荧光或吸光度的改变测得。

3. 工具酶　利用酶具有高度特异性的特点，将酶作为工具，在分子水平上对某些生物大分子进行定向分割与连接。最典型的例子是基因工程中应用的各种限制性内切酶、连接酶、*Taq* DNA 聚合酶等。

（二）酶分子工程学

酶分子工程学主要是利用物理、化学、分子生物学方法对酶分子进行改造，包括对酶分子中的功能基团的化学修饰、酶的固定化、抗体酶、模拟酶等，以适应医药业、工业、农业等的需要。酶工程是把酶学基本原理与化学工程技术及重组技术有机结合而形成的新型应用技术。

1. 固定化酶（immobilized enzyme）　固定化酶是将水溶性酶经物理或化学方法处理后，成为不溶于水但仍具有酶活性的一种酶的衍生物。在催化反应中它以固相状态作用于底物，并保持酶的高度特异性和高催化效率。

酶的催化反应依赖于它的活性部位的完整性，因此在固定某一酶时必须选择适当条件，使其活性部位的基团不受影响，并避免高温、强酸及强碱等条件，不使蛋白质变性。酶的固定化方法的分类见图 4-28。

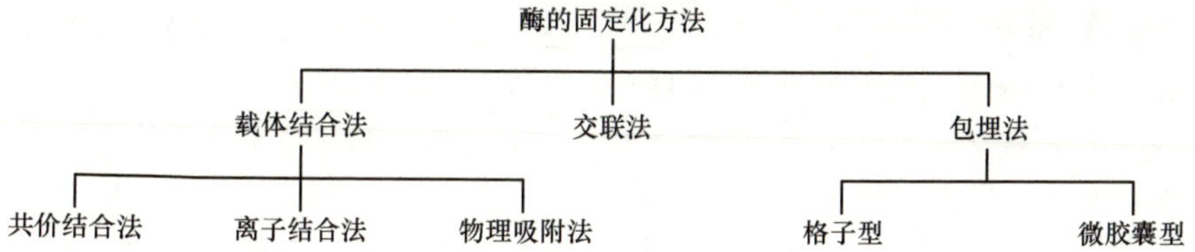

图 4-28　酶的固定化方法分类图

固定化酶的优点在于它有类似离子交换树脂和亲和层析样的优点，其机械性强，可以用装柱的方式作用于流动相中的底物，使反应管道化、连续化和自动化。反应后可与产物自然分开，利于产物回收。其稳定性较好，可以反复长期应用，利于储存，用途很广。如慢性肾功能衰竭患者，含氮废物如尿素不能从肾中滤出，需要进行人工透析以清除血中的含氮废物。若在透析管上含有固定化的脲酶，则流经透析管的血液易于把尿素清除，这是因为尿素经脲酶作用后生成的氨和 CO_2 透过透析管的速度，远比尿素的透过速度快。再如，临床检验中常用酶作为工具，以分析血液中的某些可受该酶作用的物质含量。若将葡萄糖氧化酶固定在玻璃电极上，可测定血中葡萄糖的含量，称为酶电极。将不同的酶固定在不同的酶电极上，可分别测定许多不同的物质。

2. 抗体酶（abzyme）　又称为催化性抗体

笔 记 栏

(catalytic antibody),是一类具有催化活性的抗体,兼有抗体和酶的特点。这类酶在免疫球蛋白的易变区具有某种酶的属性,如催化性、底物特异性、pH依赖性以及可被抑制剂抑制性等。

所谓抗体酶是基于底物与酶的活性中心结合时底物发生形状改变,形成过渡态,将底物的过渡态类似物作为抗原,注入动物体内,产生抗体。该抗体在结构上与过渡态类似物相互适应并可相互结合。因而该抗体便具有能催化该过渡态反应的酶活性,即抗体酶。当抗体酶与底物结合时,就可使底物转变为过渡态,进而发生催化反应。

制备抗体酶的技术比蛋白质工程甚至比生产酶制剂简单,可大量生产。因此,可通过抗体酶的途径来制备自然界不存在的新酶种,生成目前尚不易获得的各种酶类。抗体酶可用于临床疾病的治疗,一个长远的目标是希望获得能抗肿瘤和细菌的抗体酶,现在已有报道用特异的抗体酶,治疗小鼠的红斑狼疮的动物实验。

3. 化学修饰酶 用化学方法对酶分子进行改造,即在体外,在酶的侧链基团上接上或去掉一些化学基团,从而改变酶的物理化学性质,最终达到改变酶催化性质的目的。但大多数酶经修饰后,理化及生物学性质会发生改变,因此应根据具体情况选定修饰方法,同时应注意采取一些保护性措施来尽量维持酶的稳定性及得率。主要方法有:

(1) 酶功能基团修饰:通过对酶功能基团的化学修饰提高酶的稳定性和活性。例如将α-胰凝乳蛋白酶表面的氨基修饰成亲水性更强的—$NHCH_2COOH$,可使酶抗不可逆热失活的稳定性在60℃时提高1000倍。

(2) 交联反应:用某些双功能试剂能使酶分子间或分子内发生交联反应而改变酶的活性或稳定性。例如将人α-半乳糖苷酶A经交联反应修饰后,其酶活性比天然酶稳定,对热变性与蛋白质水解的稳定性也明显增加。若将两种大小、电荷和生物功能不同的药用酶交联在一起,则有可能在体内,将这两种酶同时输送到同一部位,提高药效。

(3) 大分子修饰:可溶性高分子化合物如肝素、葡聚糖、聚乙二醇等可修饰酶蛋白侧链,提高酶的稳定性,改变酶的一些重要性质。如α-淀粉酶与葡聚糖结合后热稳定性显著增加,在65℃结合酶的半寿期为63分钟,而天然酶的半寿期只有2.5分钟。

笔记栏

4. 模拟酶 通过有机化学合成的方法合成一些非蛋白质、非核酸的生物催化剂,这些生物催化剂的结构比蛋白质酶的结构简单得多,可以模拟酶对底物的结合和催化过程,既可以达到酶催化的高效率,又可克服酶的不稳定性,这样的生物催化剂称模拟酶(mimic enzyme)。

如利用环糊精已成功地模拟了谷胱甘肽过氧化物酶、胰凝乳蛋白酶、核糖核酸酶、转氨酶、碳酸酐酶等。其中对胰凝乳蛋白酶的模拟,其活性已接近天然胰凝乳蛋白酶。

模拟酶具有天然酶的高效、特异催化作用,由于是小分子稳定的化合物,应用方便,具有酶所没有的优越性。同时,模拟酶还克服了天然酶提取纯化的复杂性、耗材多、产量低、不稳定性、生物大分子在应用上的抗原性等许多不便,在工农业生产、医疗服务、新药开发等领域具有广阔的开发应用前景。

小　结

酶是由活细胞合成的,对其特异底物具有高效催化作用的生物催化剂。多数酶的化学本质为蛋白质,少数为核酸。酶分为六大类,分别是氧化还原酶类、转移酶类、水解酶类、裂合酶类、异构酶类和合成酶类。酶的名称包括系统名和推荐名。按酶的分子组成分为单纯酶和结合酶。单纯酶是仅由氨基酸残基组成的蛋白质,结合酶是由蛋白质和非蛋白质辅助因子组成的。酶的辅助因子包括金属离子和小分子有机化合物。辅助因子中与酶蛋白共价结合的称辅基,与酶蛋白非共价结合的称为辅酶。它们参与酶的活性中心的组成,并且决定反应的类型和性质。

酶分子中一些必需基团在一级结构上相距甚远而在空间结构上相互靠近,组成具有特定空间结构的区域,能与底物特异性结合并将底物转变为产物,这一区域称为酶的活性中心。酶促反应具有高效性、特异性和可调性。酶在催化过程中通过诱导契合与底物形成酶-底物中间复合物,并使底物处于过渡态,通过邻近效应、定向排列、多元催化及表面效应等机制使酶发挥高效催化作用。

酶促反应动力学是研究影响酶促反应速率的各种因素,包括底物浓度、酶浓度、温度、pH、激活剂和抑制剂等。底物浓度对酶促反应速率的影响规律为矩形双曲线,可用米氏方程式来表示:$V=\frac{V_{max}[S]}{K_m+[S]}$

K_m为米氏常数,是酶的特征性常数,其意义是酶促反应速率达到最大反应速率一半时的底物浓度。通过米氏方程式的双倒数作图可求得 V_{max} 和 K_m。酶促反应在最适温度、最适 pH 时活性最高。酶的抑制作用包括不可逆抑制和可逆抑制作用。二者的区别在于抑制剂与酶结合的方式，前者以共价键结合，而后者以非共价键结合。可逆性抑制有三种类型：竞争性抑制作用的抑制剂与底物结构相似而与底物竞争酶的活性中心，其特点是抑制作用取决于抑制剂和底物与酶的相对亲和力与浓度。竞争性抑制作用不改变 V_{max} 而增大 K_m；非竞争性抑制作用抑制剂与酶活性中心以外的部位结合，抑制剂与底物不存在竞争作用，使 V_{max} 减小，K_m 值不变。反竞争性抑制剂只与酶-底物复合物结合，V_{max} 和 K_m 都降低。

酶活性单位是衡量酶催化活力的尺度，以单位时间内底物的消耗或产物的生成量来表示。在规定条件下，每分钟催化 1μmol 底物转化为产物所需的酶量为 1IU。

酶活性和酶含量的调节是机体代谢调节的主要方式。酶活性的调节主要包括酶原的激活、变构调节和共价修饰调节，均属快速调节。酶含量的调节是通过酶生物合成的诱导与阻遏以及对酶降解的调节，属慢调节。同工酶是指催化相同的化学反应而分子结构、理化性质乃至免疫学性质均不相同的一组酶。同工酶谱的改变可用于临床辅助诊断。核酶是指具有催化功能的 RNA，脱氧核酶是指具催化功能的单链 DNA。

酶与医学的关系十分密切。许多疾病的发生、发展与酶的异常或酶受到抑制有关。血清酶的测定可作为疾病的辅助诊断。许多药物可通过抑制体内某些酶以达到治疗目的。抗体酶、固定化酶和模拟酶等具有广阔的应用前景。

（沈　勤）

笔记栏

第5章 维生素与微量元素

1911年，波兰化学家Funk发现糙米中能够防治脚气病的物质(维生素B_1)是一种胺，因此他提议将这种化合物称为vitamine，意为"vital amine"，其中文意思"致命的胺"，强调其重要性。然而，许多其他的维生素并不含有"胺"结构，但由于Funk的叫法已被广泛采用，所以仅仅将vitamine的最后一个"e"去掉，变为"vitamin"音译为"维他命"即维生素。

微量元素是指人体中每人每日的需要量在100mg以下的元素。现已确定的人体必需的微量元素有铁、碘、铜、锌、锰、硒、氟、钼、钴、铬等。它们虽然所需量甚微，但生理作用却十分重要。

第1节 维生素

一、概述

(一) 维生素的概念

维生素(vitamin)是维持机体正常生理功能所必需的营养素，是在人体内不能合成或合成量甚少，必须由食物供给的一类小分子有机化合物。维生素每天的需要量很少，仅以微克或毫克计算。它们既不参与机体组织的构成，也不氧化供能，然而在调节人体正常的物质代谢及维持人体正常生理功能等方面发挥着极其重要的作用。

(二) 维生素的命名与分类

1. 维生素的命名 维生素有三种命名系统：①按发现先后顺序，以拉丁字母命名，如在"维生素"之后加上A、B、C、D等字母。有些维生素混合存在，便在字母右下注以1、2、3等数字加以区别，如A_1和A_2、B_1和B_2、D_2和D_3等。目前，有些维生素名称不连续，是由于当初发现，后来被证明不是维生素，或有的维生素被重复命名。②按化学结构特点命名，如视黄醇、核黄素、吡哆醛等。③根据其生理功能和治疗作用命名，如维生素A(抗干眼病维生素)、抗佝偻病维生素、抗坏血酸等。

2. 维生素的分类 维生素的种类繁多，自然界存在的常见重要维生素大约有十几种，化学结构差异很大。通常按其溶解性质的不同，可将维生素分为脂溶性维生素和水溶性维生素两大类。脂溶性维生素包括A、D、E、K。水溶性维生素分为维生素B族和维生素C。B族维生素包括B_1、B_2、PP、B_6、泛酸、生物素、叶酸、B_{12}等。

(三) 维生素缺乏病的原因

维生素缺乏往往不是单纯一种，而是多种维生素缺乏，如维生素B族常是几种同时缺乏。造成维生素缺乏的常见原因有：

1. 维生素摄入量不足 主要见于某些原因造成食物供给的维生素严重不足。如膳食结构不合理或严重偏食或长期食欲不振或吞咽困难；食物烹调方法不当；食物运输、加工、储藏不当造成的维生素大量破坏或丢失。

2. 吸收障碍 老人因牙齿的咀嚼功能降低或肝、胆、胃肠道等消化系统疾病患者，对维生素的消化、吸收与利用存在障碍；膳食中脂肪过少，纤维素过多，也会减少脂溶性维生素的吸收。

3. 维生素需要量增加而补充相对不足 孕妇、乳母、儿童、重体力劳动者、特殊工种工人及慢性消耗性疾病患者对维生素需要量相对增高，如仍按常规量供给即可引起维生素不足或产生维生素缺乏病。

4. 其他 长期服用广谱抗生素会抑制肠道细菌的生长，从而造成由肠道细菌合成的某些维生素(如维生素K、维生素PP、维生素B_6等)的缺乏；日光照射不足，可引起维生素D_3缺乏。

二、脂溶性维生素

脂溶性维生素是疏水性化合物，包括维生素A、D、E、K，它们不溶于水而溶于脂肪及有机溶剂(如乙醚、氯仿等)。在食物中它们通常与脂类共同存在，在肠道与脂类物质一同被吸收。脂溶性维生素在体内有一定量的储存，主要储存在肝脏中，食用过量可引起中毒。

笔记栏

(一) 维生素 A

1. 化学本质与性质 维生素 A 是一类含有 β-白芷酮环和两分子异戊二烯构成的多烯化合物。天然的维生素 A 有两种形式，即 A_1(视黄醇)和 A_2(3-脱氢视黄醇)，维生素 A_2 生物活性约为维生素 A_1 的 40%。视黄醇在体内可氧化成视黄醛，然后可进一步氧化成视黄酸。视黄醇、视黄醛和视黄酸是维生素 A 的活性形式。A_1 主要存在于哺乳动物和咸水鱼的肝中，A_2 主要存在于淡水鱼的肝中。

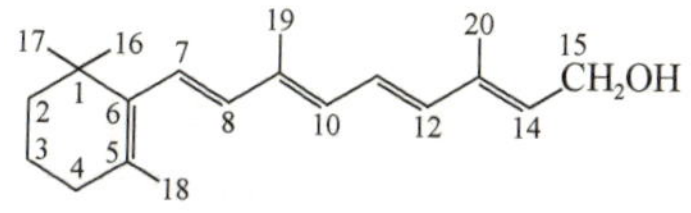

维生素A_1(全反型)

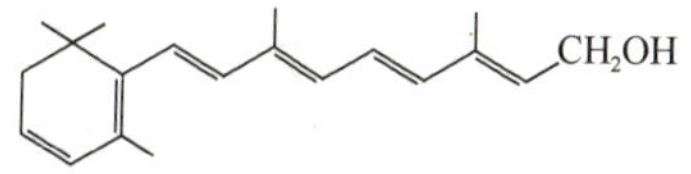

维生素A_2(全反型)

植物中不存在维生素 A，但含有多种胡萝卜素，称维生素 A 原，包括 α、β、γ 等多种，其中以 β-胡萝卜素最重要。胡萝卜素本身并无生理活性，但在人和动物小肠黏膜胡萝卜素加双氧酶作用下，β-胡萝卜素可生成两分子视黄醇(图 5-1)。β-胡萝卜素的吸收率远低于维生素 A，仅为摄入量的 1/3，而吸收后在体内可转变为维生素 A 的转换率为 1/2。视黄醇在小肠黏膜上皮细胞吸收后重新酯化并主要参与生成乳糜微粒。乳糜微粒中视黄醇酯被肝细胞和其他组织摄取，视黄醇酯在肝细胞中又水解出游离的视黄醇。一部分视黄醇与视黄醇结合蛋白(retinol binding protein，RBP)结合并分泌入血。在血液中，绝大部分 RBP 再与运甲腺蛋白(transthyretin，TTR)相结合。在靶组织，视黄醇与细胞表面特异受体结合并被摄取利用。在细胞内，视黄醇与视黄醇结合蛋白结合。肝细胞内多余视黄醇则进入星形细胞，以视黄醇酯的形式储存，其储量高达 100mg，占体内视黄醇总量 50%～80%。由于维生素 A 是含共轭双键的醇类化合物，故易被氧化，尤其是在光照和加热时更易被氧化破坏。

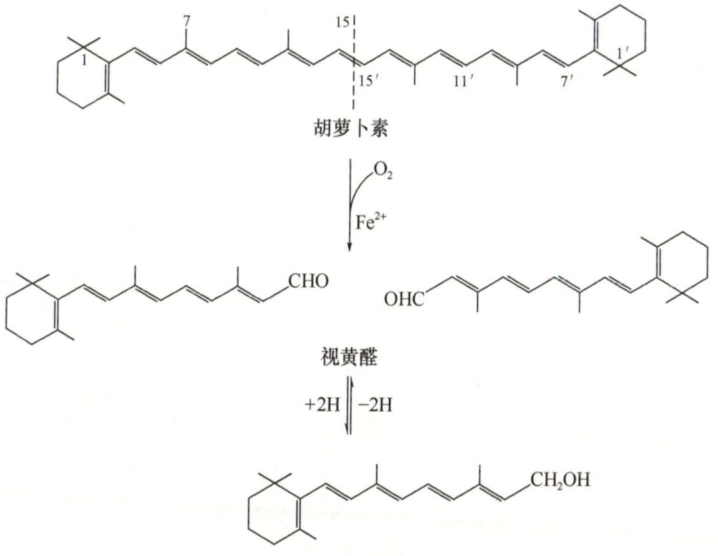

图 5-1 胡萝卜素的氧化及视黄醛与视黄醇的互变

2. 生化作用及缺乏病

案例 5-1

患儿，女性，4 岁 3 个月，因眼部不适数月，从亮处到暗处时视物不清半月余来诊。患儿数月来不明原因经常眨眼，诉眼痒感不适，常用手揉擦，眼泪少。曾用过多种眼药水点眼无效。近半月以来，上述症状加重，并且出现从亮处到暗处时视物不清，常跌倒，有时怕光。该患儿系第 1 胎第 1 产，足月顺产。出生后母乳喂养，6 个月改为牛奶、稀饭、面条喂养，未添加其他辅食。2 岁后以大米食为主，平素偏食，吃菜少，尤其不喜荤食。经常患“腹泻”、“感冒”等。体格检查：体温 36.6℃、呼吸 25 次/分、脉搏 103 次/分、血压未测、消瘦，体重 14kg。全身皮肤干燥，双下肢触之有粗糙感。眼部检查，在球结膜处可见毕脱(Bitots)斑，角膜干燥，视力正常。暗适应检查：暗适应延长。指甲脆、易断。

初步诊断：夜盲症。

问题讨论

1. 夜盲症的发病机制如何？

2. 患儿为何出现皮肤干燥、双下肢触之有粗糙感？

3. 患儿腹泻、感冒与维生素 A 有何关系？

4. 实验室还需要做哪些必要检查？

（1）维生素 A 参与构成视网膜内感光物质：人视网膜中有对弱光或暗光敏感的杆状细胞，杆状细胞的视紫红质感受弱光或暗光。缺乏维生素 A 时，杆状细胞内的视紫红质合成减少，暗适应降低，严重时会发生夜盲症。

夜盲症的发病在于缺乏维生素 A 时，视紫红质的合成与再生障碍，而视紫红质是杆状细胞感受弱光的物质基础。当视紫红质感光时视紫红质中的 11-顺视黄醛转化为全反型视黄醛而与视蛋白分离。这一光异构变化，同时可引起杆状细胞膜的 Ca^{2+} 通道开放，Ca^{2+} 迅速内流而激发神经冲动，经传导到大脑后产生视觉。视网膜内产生的全反视黄醛，小部分可经异构酶缓慢地重新异构化为11-顺视黄醛，大部分则被还原为全反视黄醇，后者经血流运至肝脏转变为 11-顺视黄醇，然后再随血循环返回视网膜氧化成 11-顺视黄醛，在暗处再与视蛋白重新合成视紫红质，构成视紫红质的暗视觉循环（图 5-2）。由于种种原因，光化学反应过程会引起维生素 A 的损失。如果不及时地补充维生素 A，以维持杆状细胞内的视紫红质的合成，就会导致暗光视觉异常，从而出现夜盲症。

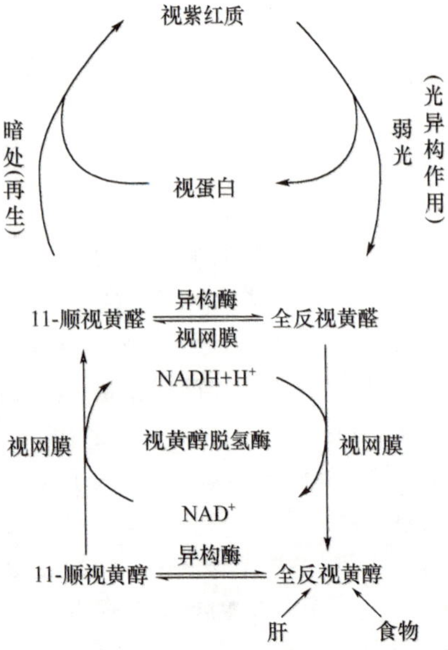

图 5-2　视紫红质的视循环

案例 5-1　分析讨论

患儿 6 个月断奶后，人工喂养，牛奶、稀饭、面条和普食，且有偏食、没有补充维生素 A，加上经常腹泻。维生素 A 来源不足和丢失，导致维生素 A 的缺乏，出现夜盲症，从亮处到暗处时视物不清。

（2）维生素 A 参与细胞膜糖蛋白的合成以维持皮肤黏膜层的完整性：视黄醇与 ATP 反应后生成的磷酸视黄醇是细胞膜上的单糖基载体，在糖基转移酶作用下生成的中间体，参与糖蛋白的糖基化反应，从而合成糖蛋白。维生素 A 可视为调节糖蛋白合成的一种辅因子，对上皮细胞的细胞膜起稳定作用，从而维持上皮细胞的形态完整和功能健全。当维生素 A 缺乏时，可引起严重的上皮角化，表现为皮肤粗糙、毛囊丘疹等。在眼部会出现眼结膜黏液分泌细胞的丢失和角化，或者糖蛋白分泌减少，导致角膜干燥，泪液分泌减少，泪腺萎缩，称为干眼病（xerophthalmia），故维生素 A 又称抗干眼病维生素。缺乏维生素 A 还可因眼部上皮组织发育不健全，容易受到微生物袭击而感染疾病，儿童、老人还易引起呼吸道炎症。

案例 5-1　分析讨论

患儿结膜近角膜边缘处干燥起褶皱，出现毕脱斑，皮肤干燥，四肢，双下肢触之有粗糙感等，正是由于维生素 A 缺乏，细胞膜糖蛋白合成障碍，而导致上皮组织的干燥、增生和角化。

（3）促进生长、发育和维持生殖功能：维生素 A 的这一功能可能与视黄酸参与类固醇激素的合成有关。此外，维生素 A 对细胞的分化和组织更新有一定影响。当维生素 A 缺乏时，使 3β-羟类固醇转变为 3-酮类固醇的酶活性下降，导致肾上腺皮质、性腺及胎盘中类固醇激素合成减少，影响生长、发育与繁殖。

（4）维生素 A 的防癌与抗氧化作用：视黄酸通过细胞膜糖蛋白的甘露糖基化，从而增强细胞粘连，对上皮细胞的正常分化、细胞粘连与识别起重要作用。流行病学调查表明，维生素 A 的摄入与癌症的发生呈负相关。动物实验也发现，摄入维生素 A 可减轻致癌物质的作用。β-胡萝卜素是天然的抗氧化剂，在氧分压较低的条件下，能直接消除自由基，而自由基是引起肿瘤和许多疾病以及衰老的重要因素。

（5）维持和促进免疫功能：机体的免疫功能

是与免疫细胞的抗体和某些细胞因子的产生有关的。维生素A维持和促进免疫功能的作用是通过其在细胞核内的视黄酸受体实现的。视黄酸受体可以形成异二聚体或同二聚体与视黄酸反应元件结合，从而调控靶细胞相应基因的表达，以促进免疫细胞产生抗体能力以及T淋巴细胞产生某些细胞因子，促进细胞免疫功能。

案例 5-1 分析讨论

患儿经常腹泻和感冒，提示患儿免疫功能低下。因为缺乏维生素A时，免疫细胞内视黄酸受体的表达相应下降，视黄酸受体视黄酸反应元件结合减少，从而引起免疫细胞的抗体产生能力下降和淋巴细胞产生的细胞因子减少。免疫功能下降引起患儿腹泻，腹泻又造成维生素A的丢失，从而导致免疫功能进一步降低，使得腹泻迁延不愈。

正常成人维生素A每日生理需要量仅为1mg。若维生素A的摄入量超过视黄醇结合蛋白的结合能力，游离的维生素A可造成组织损伤。一次服用200mg或长期每日服用40mg维生素A可引起中毒。其症状主要有恶心、呕吐、头痛、共济失调等中枢神经系统表现；肝细胞损伤、高脂血症表现；长骨增厚、高钙血症、软组织钙化等钙稳态失调表现以及皮肤干燥、脱屑和脱发等皮肤表现。

案例 5-1 分析讨论

实验检查：除做暗适应检查外，还可做血浆维生素A测定，尿液脱落细胞检查等。患儿的血浆维生素A含量为186μg/L（参考值：300～500μg/L），尿液脱落细胞数为5个/mm^3（正常者<3个/mm^3）。

（二）维生素D

1. 化学本质及性质 维生素D是类固醇衍生物，其种类很多，以维生素D_2和D_3为主，维生素D_2又称麦角钙化醇，维生素D_3又称胆钙化醇。D_2与D_3对人类有相同的生理功能，但在体内代谢中起作用的主要是1,25-$(OH)_2D_3$。

植物油和酵母中的麦角固醇人体不能吸收，经紫外线照射后转变为能吸收的维生素D_2，所以麦角固醇又称为维生素D_2原。人体从食物中摄入或体内合成的胆固醇经转变为7-脱氢胆固醇储存于皮下，在紫外线照射后转变为维生素D_3，所以7-脱氢胆固醇称为维生素D_3原（图5-3）。维生素D_3主要存在于动物性食物（如肝、肾、蛋黄、鱼肝油等）中。

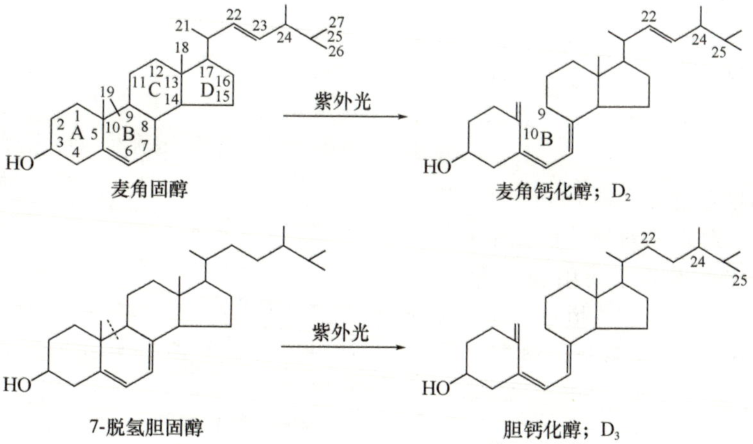

图5-3 维生素D_2和维生素D_3的形成

维生素D_3在肝经25-羟化酶的作用转变为25羟维生素D_3——25-(OH)-D_3，经过血液循环到肾小管上皮细胞在1-α-羟化酶的作用下生成维生素D_3的活性形式：1,25-二羟维生素D_3——1,25-$(OH)_2D_3$，见图5-4。维生素D_2和D_3为白色晶体，其化学性质比较稳定，在酸性和碱性溶液中稳定、耐热、耐氧，不易被破坏，通常的烹调加工不会引起维生素D_3的损失。

2. 生化作用及缺乏病 维生素D_3的活性型1,25-$(OH)_2D_3$，由于其作用方式与类固醇激素相似，有人将1,25-$(OH)_2D_3$视为一种由肾产生的激素。

（1）调节血钙水平：1,25-$(OH)_2D_3$的主要作用是促进小肠黏膜对钙、磷的吸收及肾小管对钙、磷的重吸收，维持血浆中钙、磷浓度的正常水平，促进成骨和破骨细胞的形成，促使骨骼的重

笔记栏

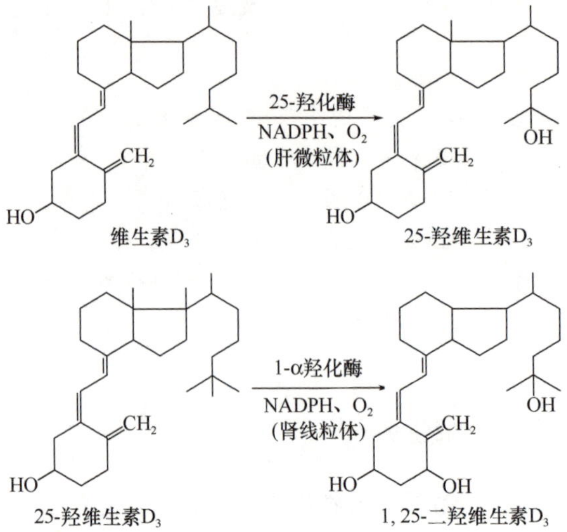

图 5-4 维生素 D_3的羟化

建,有利于新骨钙盐沉着。当维生素 D_3缺乏时,儿童可发生佝偻病,因此,维生素 D 又称抗佝偻病维生素。佝偻病实质为钙化不良,结果形成软而易弯的骨,出现鸡胸、串珠肋及 X 形腿等;成人易引起软骨病,使骨脱骨盐而易骨折。此外,1,25-$(OH)_2D_3$还能与靶细胞特异的核受体结合,调节相关基因如钙结合蛋白基因、骨钙蛋白基因等的表达,或者通过信号转导系统使钙通道开放,来调节钙、磷代谢。

(2) 影响细胞分化:大量研究表明:1,25-$(OH)_2D_3$具有调节皮肤、大肠、前列腺、乳腺等许多组织细胞分化的作用。1,25-$(OH)_2D_3$还能促进胰岛 β 细胞合成和分泌胰岛素,有抗糖尿病的功能。对某些肿瘤细胞也具有抑制增殖和促进分化的作用。

维生素 D 的推荐量为每日 10μg。经常晒太阳是人体获得维生素 D_3的最廉价而又最有效的方法。过量摄入维生素 D 也可引起中毒,在食用维生素 D 强化食品时,应该慎重。维生素 D 中毒,主要表现为高钙血症、高钙尿症、高血压以及软组织钙化。

(三) 维生素 E

1. 化学本质及性质 维生素 E 又称生育酚,是含苯骈二氢吡喃结构的衍生物,包括生育酚和生育三烯酚,每类又分 α、β、γ、δ 4 种生育酚,其中 α-生育酚的生理活性最高,分布最广。维生素 E 主要在植物油、油性种子、麦胚油和蔬菜中。在体内,维生素 E 主要存在于细胞膜、血浆脂蛋白和脂库中。

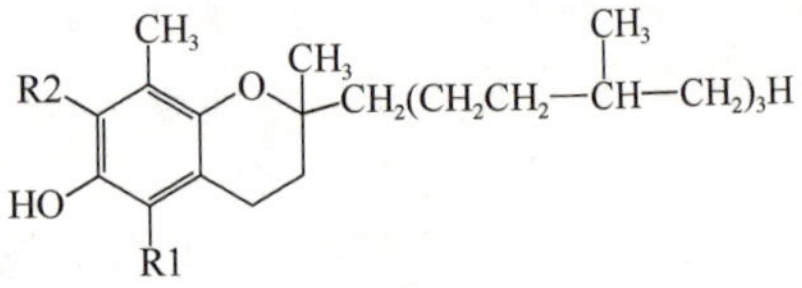

生育酚

维生素 E 在无氧条件下对热稳定,对氧敏感,一般烹调维生素 E 损失不大,在空气中维生素 E 易被氧化。

2. 生化作用及缺乏病

(1) 抗氧化作用:维生素 E 本身极易被氧化,作为脂溶性抗氧化剂和自由基清除剂,主要避免生物膜上脂质过氧化物的产生,保护细胞免受自由基的损害,维持生物膜结构与功能。维生素 E 能捕捉过氧化脂质自由基,生成生育酚自由基,进而被维生素 C 和谷胱甘肽还原生成生育醌,消除自由基引起的毒性损害。因此,维生素 E 在预防衰老中的作用受到重视。

(2) 调节基因表达:维生素 E 对细胞信号转导和基因表达具有调节作用。维生素 E 上调或下调与生育酚的摄取和降解的相关基因、脂类摄取和动脉硬化相关基因、表达某些细胞外基质蛋白基因、细胞黏附和炎症等相关基因以及细胞信号系统和细胞周期调节的相关基因等的表达。因此,维生素 E 具有抗炎、维持正常免疫功能、抑制细胞增殖及预防和治疗动脉粥样硬化等作用。

(3) 与生殖功能有关:动物实验表明:动物缺乏维生素 E 时其生殖器官受损而不育。雌鼠缺乏时,胚胎及胎盘萎缩而被吸收,引起流产。雄鼠缺乏时,可出现睾丸萎缩及上皮变性,孕育异常。临床上常用维生素 E 治疗先兆流产和习惯性流产,但尚未发现人类因缺乏维生素 E 而引起的不孕症。

(4) 促进血红素生成:维生素 E 能提高血红素合成的关键酶——δ-氨基-γ-酮戊酸合酶(ALA 合酶)和 ALA 脱水酶的活性,促进血红素的合成。

维生素 E 的推荐量为每日 8~10mg,维生素 E 不易缺乏,在严重的脂类吸收障碍和肝严重损伤时可出现缺乏症。维生素 E 缺乏表现为红细胞数量减少,脆性增加等溶血性贫血症。人类尚未发现维生素 E 中毒症。

(四) 维生素 K

1. 化学本质及性质 维生素 K 是 2-甲基-1,4 奈醌的衍生物,天然的维生素 K 有 K_1及 K_2两种。K_1从深绿叶蔬菜和植物油中获得,K_2由肠

笔记栏

道细菌合成。临床上常用的 K_3 及 K_4 是人工合成的。

维生素 K 的吸收主要在小肠，随乳糜微粒代谢，经淋巴吸收入血，在血液中由 β-脂蛋白转运至肝储存，体内维生素 K 的储存量有限。脂类吸收障碍引发的首个脂溶性维生素缺乏便是维生素 K 缺乏。

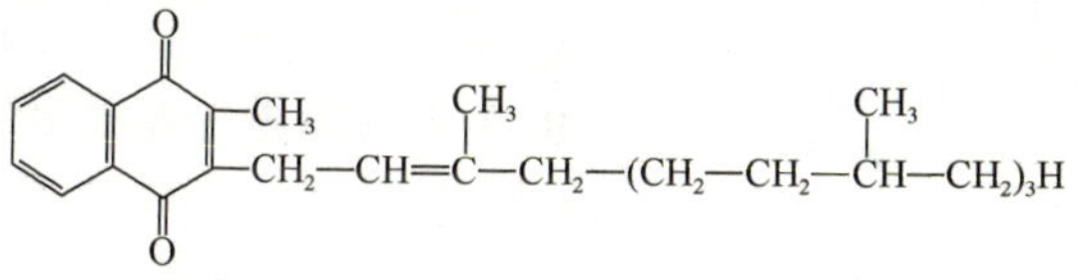

K_1

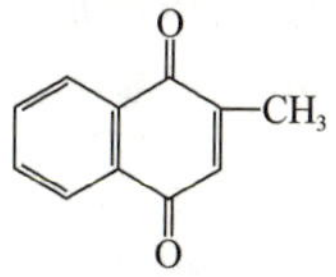

K_3

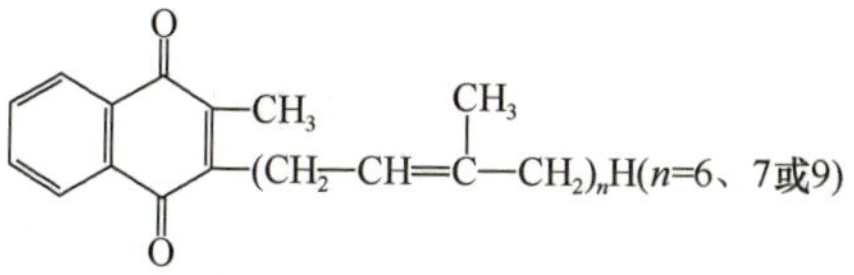

K_2

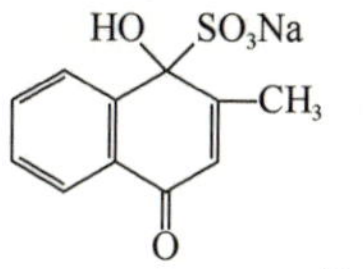

K_4

K_1 和 K_2 为脂溶性，对热稳定，易受光线和碱的破坏。人工合成的 K_3 和 K_4 溶于水，可口服或注射，其活性高于 K_1 及 K_2。

2. 生化作用及缺乏病 维生素 K 与凝血有关，故又称为凝血维生素。维生素 K 的主要功能是促进活性凝血因子（Ⅱ、Ⅶ、Ⅸ、Ⅹ）的合成。这些凝血因子在肝脏初合成时是无活性的前体，这些前体从无活性向活性的转变需要其分子中 4~6 个谷氨酸残基（Glu）经羧化变为 γ-羧基谷氨酸（Gla）。Gla 具有很强的螯合 Ca^{2+} 的能力，因而使其转变为活性型。催化这一反应的 γ-羧化酶的辅助因子为维生素 K。

维生素 K 的成人推荐量为每日 100μg，一般不易缺乏。当缺乏时，患者可出现出血症状，但对胆道、胰腺疾患、脂肪泻或长期服用抗生素药物的患者及术前病人应补充维生素 K，起预防作用。维生素 K 不能通过胎盘，新生儿肠道内又无细菌，故可能发生维生素 K 缺乏。

三、水溶性维生素

水溶性维生素包括 B 族维生素和维生素 C，除 B_{12} 外，在体内很少储存，一般不发生中毒现象。正因为水溶性维生素在体内的储存很少，体内过剩的水溶性维生素随尿排出体外，所以必须经常从食物中摄取。水溶性维生素的作用比较单一，它们主要构成酶的辅助因子直接影响某些酶的催化作用。

（一）维生素 B_1

1. 化学本质及性质 维生素 B_1 分子由含硫的噻唑环和含氨基的嘧啶环两部分组成，又称硫胺素（thiamine），维生素 B_1 在体内经硫胺素焦磷酸化酶作用转变成其活性形式焦磷酸硫胺素（thiamine pyrophosphate，TPP）。

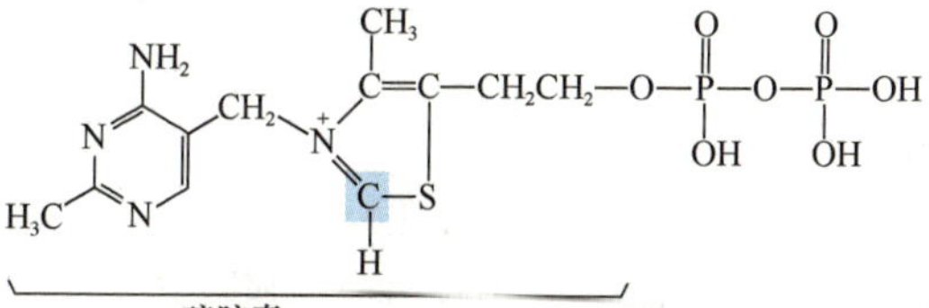

硫胺素

焦磷酸硫胺素(TPP)

维生素 B_1 在酸性环境中稳定，一般烹饪温度下破坏较少。维生素 B_1 在植物中分布广泛，谷类、豆类的种皮中含量丰富，精白米和精白面粉中维生素 B_1 含量较低，酵母中含量则较丰富，因其在中性或碱性环境中易破坏，在烹调食物中不宜加碱。维生素 B_1 极易溶于水，故淘米时不宜多洗，以免损失维生素 B_1。

2. 生化作用及缺乏病 TPP 是 α-酮酸氧化脱羧酶多酶复合物的辅酶，在体内供能代谢中具有重要地位。TPP 噻唑环上硫和氮原子之间的碳十分活跃，易释放 H^+，成为负碳离子。负碳离子与 α-酮酸的羧基结合，使之发生脱羧。维生素 B_1 缺乏时，α-酮酸氧化脱羧障碍，使氧化过程受阻，影响能量的产生，底物丙酮酸和乳酸在血中堆积，导致末梢神经炎和其他神经肌肉变性病变，即脚气病。故维生素 B_1 被称为抗神经炎或脚气病的维生素，严重者可发生浮肿及心力衰竭；TPP 可作为转酮醇酶的辅酶参与磷酸戊糖途径。

维生素 B_1 还可影响神经传导。乙酰胆碱的合成原料乙酰辅酶 A 主要来自丙酮酸的氧化脱羧，维生素 B_1 不足，乙酰辅酶 A 生成不足，乙酰胆碱合成减少。同时，维生素 B_1 还能抑制胆碱酯酶的活性，后者催化乙酰胆碱水解生成乙酸和胆碱。缺乏维生素 B_1，乙酰胆碱合成减少、分解

笔记栏

加强，主要表现为消化液分泌减少，胃肠蠕动变慢，消化不良，食欲不振等。

维生素 B_1 正常成人推荐量每日为 1.0～1.5mg。由于发热、外伤、妊娠或哺乳、糖类摄入量增加或代谢率增强，应增加维生素 B_1 的供给。咖啡和茶中成分可破坏维生素 B_1，但常量饮用影响不大。

（二）维生素 B_2

1. 化学本质及性质 维生素 B_2 是核醇与 7,8-二甲基异咯嗪的缩合物，呈黄色，有荧光色素，故又称核黄素。在体内的活性形式是黄素单核苷酸（flavin mononucleotide, FMN）和黄素腺嘌呤二核苷酸（flavin adenine dinucleotide, FAD）。维生素 B_2 在小肠黏膜黄素激酶的催化下生成 FMN，FMN 进一步在焦磷酸化酶作用下生成 FAD。

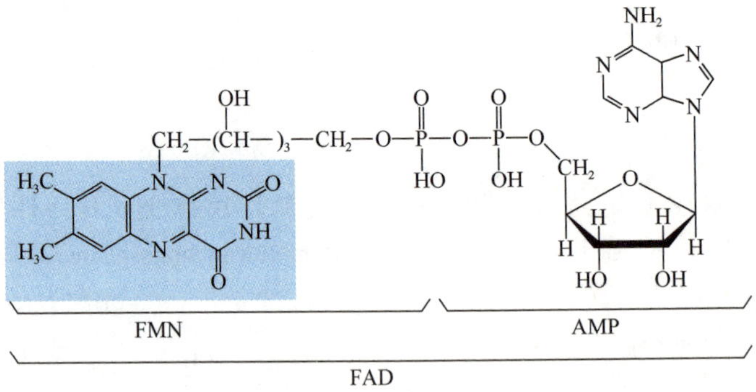

维生素 B_2 分布很广，在肝、奶、大豆和肉类中含量丰富。维生素 B_2 在第 1 位和第 10 位间有两个活泼的双键，此 2 个氮原子可反复接受或释放氢，因而具有可逆氧化还原性。维生素 B_2 在酸性和中性溶液中对热稳定，在碱性溶液中易被破坏。游离核苷酸对光敏感，核黄素溶于水中呈黄绿色荧光，依此可作为定性定量分析依据。

2. 生化作用及缺乏病 FMN 和 FAD 结构中，异咯嗪环上第 1 位和第 10 位氮原子可反复加氢和脱氢，分别作为各种黄素酶（氧化还原酶）的辅基，起传递氢的作用。维生素 B_2 广泛参与体内的各种氧化还原反应，能促进糖、脂肪和蛋白质的代谢。它对维持皮肤、黏膜和视觉的正常功能均有一定的作用。维生素 B_2 缺乏时，常引起口角炎、舌炎、唇炎、阴囊炎、眼睑炎等症。

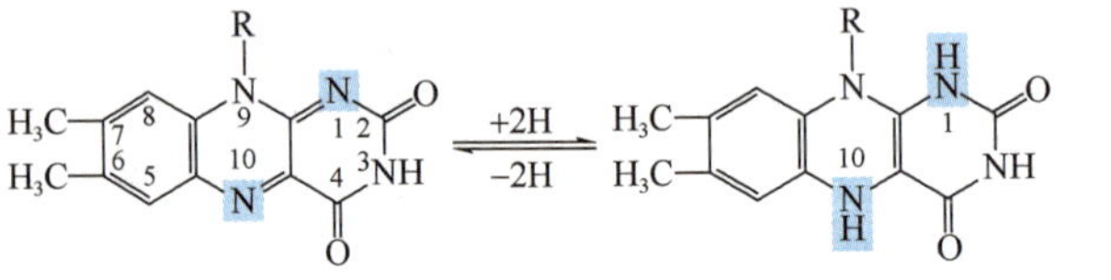

氧化型FMN或FAD　　还原型FMN或FAD

成人维生素 B_2 每日推荐量为 1.2～1.5mg。用光照疗法治疗新生儿黄疸时，在破坏皮肤胆红素的同时，核黄素也可同时遭到破坏，引起新生儿维生素 B_2 缺乏症。

（三）维生素 PP

1. 化学本质及性质 维生素 PP 是吡啶的衍生物，包括尼克酸（又称烟酸，nicotinic acid）和尼克酰胺（又称烟酰胺，nicotinamide）两种，二者在体内可互相转化，并在胃肠道被迅速吸收。维生素 PP 广泛存在于自然界，以酵母、花生、谷类、豆类、肉类和动物肝中含量丰富。在体内可由色氨酸转变而来，其转变率为 1/60。维生素 PP 性质稳定，不易被酸、碱和加热破坏。

维生素 PP 在体内转变为尼克酰胺腺嘌呤二核苷酸（nicotinamide adenine dinucleotide, NAD^+）和尼克酰胺腺嘌呤二核苷酸磷酸（nicotinamide adenine dinucleotide phosphate, $NADP^+$），后二者是维生素 PP 的活性形式。

2. 生化作用及缺乏病 NAD^+ 和 $NADP^+$ 是体内多种不需氧脱氢酶的辅酶，分子中尼克酰胺部分有可逆地加氢与脱氢特性，在酶促反应中起传递氢体的作用。

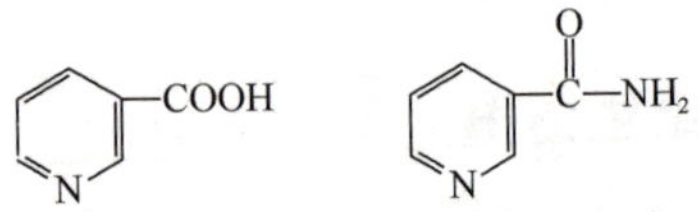

烟酸　　烟酰胺

维生素 PP 缺乏可表现为皮炎、腹泻及痴呆，

笔记栏

称为癞皮病(或糙皮病)。皮炎常呈对称性出现在皮肤暴露部位,故维生素 PP 又称抗癞皮病维生素。近年来的研究发现,维生素 PP 可抑制脂肪动员,使肝中 VLDL 的合成下降,从而降低血浆三酰甘油的含量。

维生素 PP 的成人推荐量为每天 15~20mg。抗结核药异烟肼与维生素 PP 结构相似,两者具有拮抗作用,故使用异烟肼抗结核治疗时,应注意补充维生素 PP。

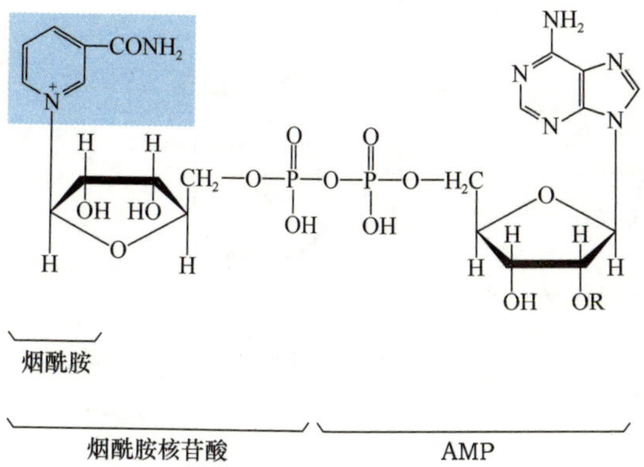

NAD⁺的结构

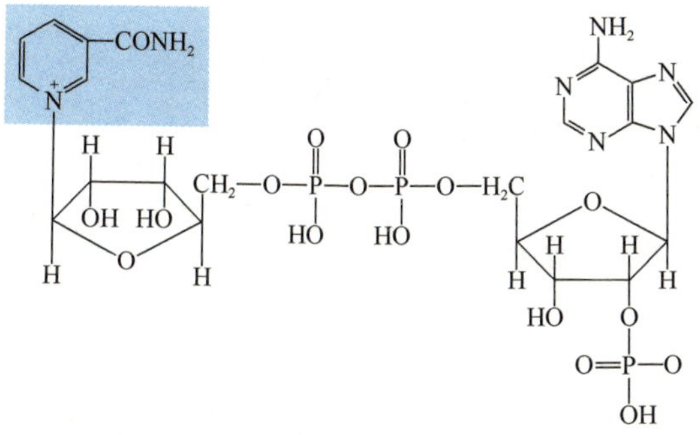

NADP⁺的结构

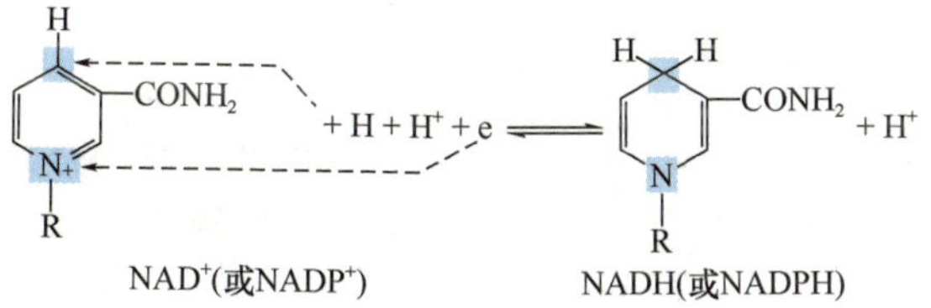

(四) 维生素 B_6

1. 化学本质及性质 维生素 B_6 是吡啶的衍生物,包括吡哆醇、吡哆醛、吡哆胺。维生素 B_6 吸收后,在肝内经磷酸化作用,可生成相应的磷酸吡哆醛与磷酸吡哆胺,它们是维生素 B_6 的活性形式。维生素 B_6 存在于种子、谷类、肝、肉类及绿叶蔬菜中。

维生素 B_6 在酸中较稳定,但易于被碱破坏,中性溶液中易被光破坏,高温下可迅速被破坏。

2. 生化作用及缺乏病 磷酸吡哆醛是氨基酸转氨酶和脱羧酶的辅酶,起传递氨基和脱羧基作用。由于磷酸吡哆醛是血红素合成的关键酶 δ-氨基-γ-酮戊酸(ALA)合酶的辅酶,故它与低色素小细胞性贫血有关。

维生素 B_6 每天推荐量为 1.5~1.8mg。尚未发现维生素 B_6 缺乏病,但异烟肼能与磷酸吡哆醛结合,故长期服用异烟肼时,易造成维生素 B_6 缺乏,应补充维生素 B_6。临床上常用维生素 B_6 治疗婴儿惊厥和妊娠呕吐,其机制是因为磷酸吡哆醛是谷氨酸脱羧酶的辅酶,该酶催化谷氨酸脱羧而生成 γ-氨基丁酸,后者是中枢神经系统抑制性递质。过量服用维生素 B_6 可引起中毒,表现为周围感觉神经病。

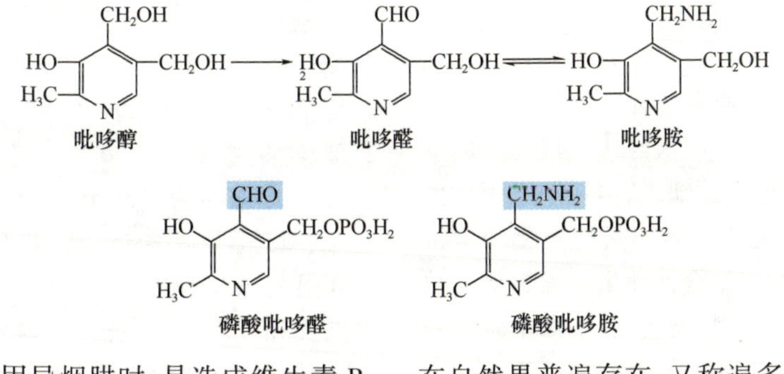

(五) 泛酸

1. 化学本质及性质 泛酸(pantothenic acid)在自然界普遍存在,又称遍多酸,经磷酸化并与巯乙胺结合生成 4-磷酸泛酰巯乙胺,后者参与组成辅酶 A(CoA)和酰基载体蛋白(acyl carrier protein,ACP),CoA 和 ACP 是泛酸在体内的活性形式。泛酸在中性溶液中对热稳定,对氧化剂和还原剂也极稳定,但易被酸、碱破坏。

2. 生化作用及缺乏病 辅酶 A 在物质代谢中起转移酰基的作用,是酰基转移酶的辅酶,广泛参与糖类、脂类和蛋白质代谢及肝的生物转化作用,如丙酮酸氧化脱羧生成乙酰 CoA。人类尚未发现泛酸缺乏病。

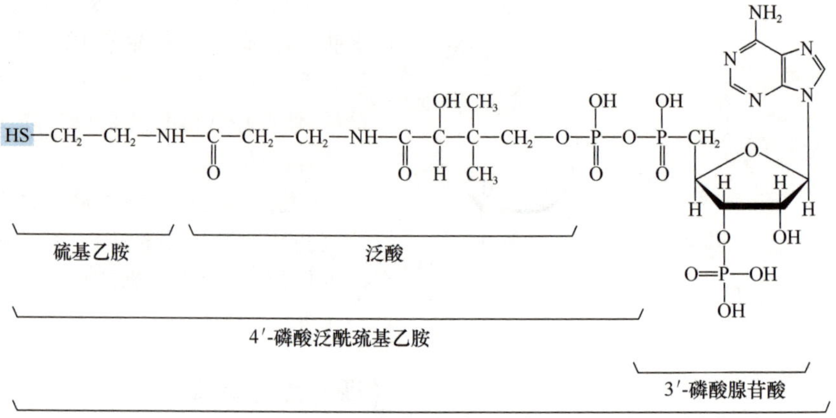

（六）生物素

1. 化学本质及性质 生物素（biotin）是由噻吩和尿素相结合的骈环且有戊酸侧链的双环化合物，生物素在动植界分布广泛，如肝、肾、蛋黄、酵母、蔬菜、谷类含量丰富。肠道细菌也能合成生物素，故很少出现缺乏病。生物素为无色针状晶体，耐酸不耐碱，氧化剂及高温均可导致其失活。

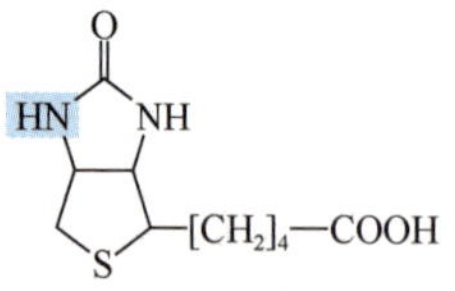

生物素

2. 生化作用及缺乏病 生物素是体内羧化酶的辅酶，参与 CO_2 的固定过程。如丙酮酸羧化酶的辅酶是生物素，使丙酮酸经羧化反应生成草酰乙酸。生物素一般不致缺乏，但长期服用抗生素药物患者需要补充生物素。新鲜鸡蛋中含抗生物素蛋白，与生物素结合而使生物素失活不被吸收。加热可破坏抗生物素蛋白，不再阻碍生物素的吸收。生物素缺乏表现为疲乏、恶心、呕吐、食欲不振及皮炎。

（七）叶酸

1. 化学本质及性质 叶酸（folic acid）由 *L*-谷氨酸、对氨基苯甲酸（PABA）和 2-氨基-4-羟基-6-甲基蝶呤啶组成。叶酸因在绿叶中含量丰富而得名，肝、酵母、水果中含量也丰富，肠道细菌也可合成，故一般不易患缺乏症。叶酸为黄色晶体，微溶于水，易溶于乙醇，在醇溶液中不稳定、易被光破坏。

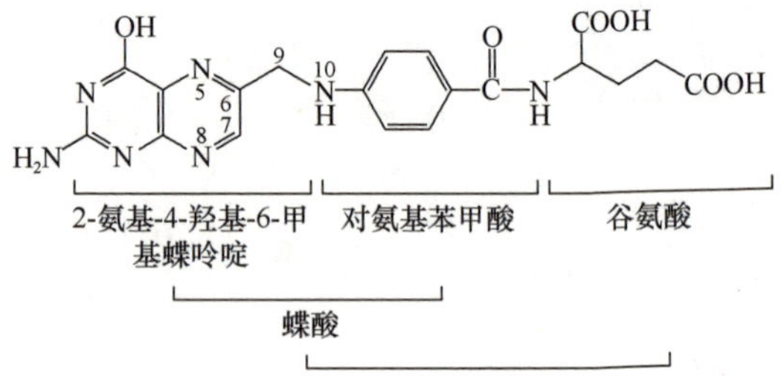

叶酸分子的 5,6,7,8 位可被加氢还原成四氢叶酸（FH_4），FH_4 是叶酸的活性形式。

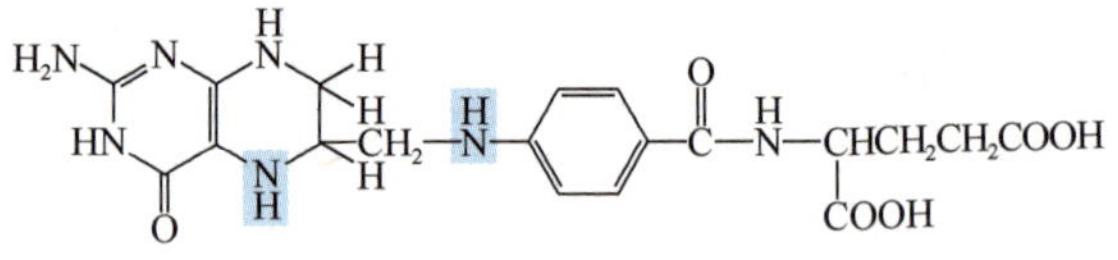

四氢叶酸

2. 生化作用及缺乏病

> **案例 5-2**
>
> 患儿，女性，14 岁，因乏力数月，近 20 天腹胀、腹泻前来就诊。患儿数月来不明原因面色苍白，乏力，耐力下降，头昏，头晕，心悸，食欲不振，恶心，腹胀，腹泻。曾用过助消化和治疗腹泻的药物无效。近 20 天上述症状加重，并且出现视力下降、黑矇症等症状。该患儿是一初中学生，住校，偏食，喜欢吃零食、小食品等，很少吃新鲜水果、蔬菜及肉类食品，经常感冒。体格检查：体温 36.5℃，呼吸 24 次/分，脉搏 93 次/分，血压 8.7/14.7kPa，消瘦，体重 37kg。血象检查：呈大细胞性贫血，MCV、MCH 均增高。网织红细胞计数稍低。血化验血清叶酸低于 6.8nmol/L，红细胞叶酸低于 227nmol/L。
>
> 初步诊断：巨幼红细胞性贫血。

笔记栏

问题讨论

1. 巨幼红细胞性贫血的原因？

2. 患儿为何面色苍白、乏力、耐力下降、头昏、头晕、心悸？

3. 患儿为何有消化道的症状？

4. 实验室还需要做哪些必要的检查？

FH_4是一碳单位转移酶的辅酶，传递一碳单位，参与氨基酸代谢和核苷酸代谢。在胸腺嘧啶核苷酸和嘌呤核苷酸合成时，FH_4提供一碳单位，故在核酸合成中至关重要。若叶酸缺乏，一碳单位的转移受阻，核苷酸代谢障碍，使 DNA 合成受抑制，红细胞的发育和成熟受影响，骨髓幼红细胞 DNA 合成减少，细胞分裂速度降低，体积增大，核内染色质疏松，造成巨幼红细胞性贫血。

案例 5-2　分析讨论

患儿面色苍白、乏力、耐力下降、头昏、头晕、心悸等，正是由于叶酸缺乏 DNA，合成障碍，DNA 复制延缓。而 RNA 合成所受影响不大，细胞内 RNA/DNA 比值增大，造成细胞体积增大，胞核发育滞后与胞浆，形成巨幼变，发生巨幼红细胞性贫血所致。

DNA 合成障碍也累及黏膜上皮组织，影响口腔和胃肠道功能。叶酸缺乏还可引起 DNA 低甲基化，增加某些癌症（如结肠、直肠癌）的危险性。

案例 5-2　分析讨论

患儿食欲不振、恶心、腹胀、腹泻，正是由于累及了黏膜上皮组织的分裂引起的。

孕妇及哺乳期妇女需适量补充叶酸。口服避孕药或抗惊厥药能干扰叶酸的吸收及代谢，长期服用此类药物时应补充叶酸，成人每日推荐量为 200μg。

案例 5-2　分析讨论

实验检查：除血象检查、血清叶酸和红细胞叶酸含量测定外，还可做骨髓象检查及血清维生素 B_{12}含量测定，以进一步确诊是叶酸缺乏引起巨幼红细胞性贫血，排除 B_{12}缺乏引起的巨幼红细胞性贫血。骨髓象检查：增生活跃。红系增生显著、巨幼变；粒系也有巨幼变，成熟粒细胞分叶；巨核细胞体积增大，分叶过多。骨髓铁染色增多。血清 B_{12}含量为 5.8nmol/L（低于参考值）。

（八）维生素 B_{12}

1. 化学本质及性质　维生素 B_{12}含有金属元素钴，又称钴胺素，是唯一含金属元素的维生素。B_{12}在体内有多种存在形式，如甲基钴胺素、5′-脱氧腺苷钴胺素、氰钴胺素和羟钴胺素等，前两种是维生素 B_{12}在体内的活性形式，也是在血液中的主要存在形式。维生素 B_{12}广泛存在于动物食物中，肠道细菌也可合成。维生素 B_{12}必须与胃黏膜细胞分泌的内因子结合在回肠被吸收。肝中富含维生素 B_{12}，可供数年之需。维生素 B_{12}为粉红色结晶，它的水溶液在 pH 4.5～5.0 弱酸环境下稳定，在强酸、碱环境下极易分解。日光、氧化剂及还原剂均易破坏维生素 B_{12}。

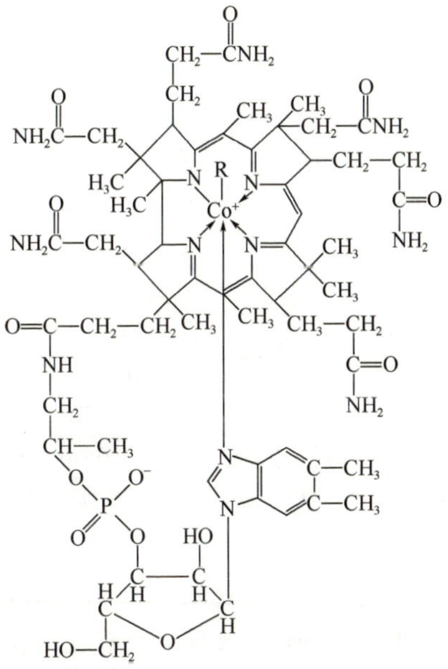

氰钴铵素(维生素B_{12})	R=—CN
羟钴胺素	R=—OH
甲钴铵素	R=—CH_3
5′-脱氧腺苷钴铵素	R=—5′-脱氧腺苷

维生素B_{12}

2. 生化作用及缺乏病　维生素 B_{12}是甲硫氨酸合成酶的辅酶，参与同型半胱氨酸甲基化生成甲硫氨酸的反应。维生素 B_{12}缺乏时，一方面，甲基转移受阻，同型半胱氨酸在体内堆积造成同型半胱氨酸尿症，增加动脉硬化、血栓生成和高血压的危险性。另一方面，使 FH_4不能再生，组织中游离的 FH_4含量减少，造成核酸合成障碍，产生巨幼红细胞性贫血。

5′-脱氧腺苷钴胺素是 *L*-甲基丙二酰 CoA 变位酶的辅酶，催化琥珀酰 4-磷酸泛酰巯乙胺 CoA 的生成。维生素 B_{12}缺乏时，*L*-甲基丙二酰 CoA 堆积，后者与丙二酰 CoA 结构相似，影响脂酸的正常合成，导致神经疾患的发生。

正常膳食者很少发生维生素 B_{12} 缺乏症，但偶见于有严重吸收障碍疾患的病人及长期素食者。

（九）维生素 C

1. 化学本质及性质 维生素 C 又称抗坏血酸，是一种含己糖内酯的弱酸，其烯醇羟基的氢容易游离，因此产生酸性及还原性。维生素 C 可发生自身氧化还原反应，与脱氢抗坏血酸之间互相转变，这种性质可用于维生素 C 的定量测定。还原型坏血酸是维生素 C 在体内的主要存在形式。维生素 C 广泛存在于新鲜蔬菜和水果中，植物中含有抗坏血酸氧化酶能将维生素 C 氧化为灭活的二酮古洛糖酸，所以蔬菜水果储存久后其维生素 C 会大量减少。干种子不含有维生素 C，经发芽后即可合成，故豆芽等是维生素 C 的重要来源。维生素 C 为无色片状结晶，味酸，维生素 C 耐酸不耐碱，对热不稳定，烹调不当可引起维生素 C 大量流失。

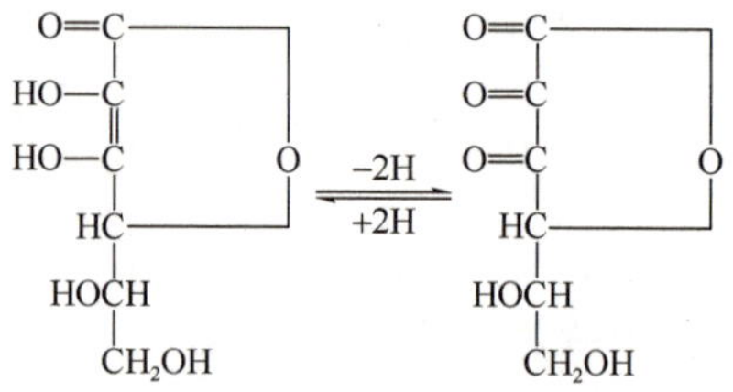

L-抗坏血酸　　　　脱氢抗坏血酸

2. 生化作用及缺乏病

（1）参与体内氧化还原反应：维生素 C 能使氧化型谷胱甘肽还原成还原型谷胱甘肽，使巯基酶分子中的巯基保持还原状态；维生素 C 还可作为抗氧化剂清除自由基，有保护 DNA、蛋白质和膜结构免遭损伤的重要作用；维生素 C 能使叶酸转变为有活性的四氢叶酸。所以维生素 C 有保护细胞和抗衰老作用。

（2）参与体内的羟化反应：维生素 C 是体内许多羟化酶的辅酶，参与多种羟化反应。

1）维生素 C 是胶原脯氨酸羟化酶及赖氨酸羟化酶的辅酶：维生素 C 促进胶原中脯氨酸和赖氨酸残基羟化生成羟脯氨酸和羟赖氨酸，羟脯氨酸和羟赖氨酸是维持胶原蛋白空间结构的关键成分，而胶原又是骨、毛细血管和结缔组织的重要组成部分。当维生素 C 缺乏时，胶原蛋白不足使细胞间隙增大，伤口不易愈合，毛细血管通透性和脆性增加，易破裂出血，骨骼脆弱易折断，牙齿易松动等，严重时可引起内脏出血，即坏血病。

2）维生素 C 促进胆固醇转变为胆汁酸：胆固醇经羟化反应转变成胆汁酸，维生素 C 是其限速酶——7α-羟化酶的辅酶。故维生素 C 有降低血中胆固醇的作用。

（3）其他作用：临床上维生素 C 具有良好的抗癌效果，这可能与维生素 C 所具有的阻断致癌物亚硝酸胺的生成、促进透明质酸酶抑制物合成、防止癌扩散、减轻抗癌药的副作用等功能有关。维生素 C 还可促进免疫球蛋白的合成与稳定，增强机体抵抗力。

维生素 C 对人体是很重要的，但长期大量使用可引起中毒。据报道，过量维生素 C 可引起疲乏、呕吐、荨麻疹、腹痛、尿路结石等。

体内重要维生素的来源、功能及缺乏病见表 5-1。

表 5-1 各种维生素的来源、功能和缺乏病

维生素	活性形式	来源	主要生理作用	缺乏症
维生素 A	视黄醇 视黄醛 视黄酸	肝、蛋黄、鱼肝油、乳汁、绿叶蔬菜、胡萝卜、玉米	（1）合成视紫红质，与视觉有关 （2）维持上皮组织结构完整 （3）促进生长发育 （4）抗氧化作用和防癌作用 （5）维持和促进免疫功能	夜盲症 干眼病 皮肤干燥
维生素 D	1,25-$(OH)_2$-D_3	鱼肝油、肝、蛋黄、牛奶	（1）促进钙、磷的吸收 （2）影响细胞分化	儿童：佝偻病 成人：软骨病
维生素 E	生育酚	植物油	（1）与生殖功能有关 （2）抗氧化作用	人类未发现缺乏病
维生素 K	2-甲基 1,4-萘醌	肝、绿色蔬菜、肠道细菌合成	促进肝脏合成凝血因子Ⅱ、Ⅶ、Ⅸ、Ⅹ	皮下出血及胃肠道出血

笔记栏

续表

维生素	活性形式	来源	主要生理作用	缺乏症
维生素 B_1	TPP	酵母、蛋、瘦肉、谷类外皮及胚芽	(1) α-酮酸氧化脱羧酶辅酶 (2) 抑制胆碱酯酶活性 (3) 转酮醇酶的辅酶	脚气病、末梢神经炎
维生素 B_2	FMN、FAD	酵母、蛋黄、绿叶蔬菜肉、酵母、谷类、花生、	各种黄素酶的辅基,起传递氢的作用	舌炎、唇炎、口角炎、阴囊炎
维生素 PP	NAD^+、$NADP^+$	胚芽、肝	多种不需氧脱氢酶的辅酶,起传递氢的作用	癞皮病
维生素 B_6	磷酸吡哆醛 磷酸吡哆胺	酵母、蛋黄、肝、谷类	(1) 氨基酸脱羧酶和转氨酶的辅酶 (2) ALA 合酶的辅酶	人类未发现缺乏病
泛酸	CoA、CAP	动植物组织	(1) 构成辅酶 A 的成分,参与体内酰基的转移 (2) 构成 ACP 的成分,参与脂酸合成	人类未发现缺乏病
生物素	生物素辅基	动植物组织、肠道细菌合成	羧化酶的辅酶,参 CO_2 的固定	人类未发现缺乏病
叶酸	四氢叶酸	肝、酵母、绿叶蔬菜、肠道细菌合成	参与一碳单位的转移,与蛋白质、核酸合成、红细胞、白细胞成熟有关	巨幼红细胞性贫血
维生素 B_{12}	甲钴胺素、5'-脱氧腺苷钴胺素	肝、肉、肠道细菌合成	(1) 促进甲基的转移 (2) 促进 DNA 合成 (3) 促进红细胞成熟	巨幼红细胞性贫血
维生素 C	抗坏血酸	新鲜水果、蔬菜,特别是番茄、橘子、鲜枣等	(1) 参与体内的氧化还原反应 (2) 参与羟化反应	坏血病

第2节 微量元素

一、铁

(一) 铁在人体内的含量、分布和需要量

在微量元素中铁是体内含量最多的一种,正常成人体内含铁 3~5g,平均 4.5g,而女性略低,与月经失血丢失铁、怀孕期及哺乳期铁的消耗量增加有关。体内铁的 75% 左右存在于铁卟啉化合物中,主要有血红蛋白、肌红蛋白、细胞色素、过氧化氢酶和过氧化物酶等;约 25% 存在于非铁卟啉化合物(如含铁的黄素蛋白、铁硫蛋白、运铁蛋白等)中。铁的需要量个体差异很大,成年男性和绝经期妇女每日需铁量约 1mg,经期妇女每日约需 2mg,妊娠期妇女每日需要量增至 3.6mg,青少年的需铁量也高于成年男性。

(二) 铁的代谢

1. 铁的吸收 铁的吸收部位主要在十二指肠和空肠上段。无机铁以 Fe^{2+} 形式吸收,Fe^{3+} 很难吸收,络合物铁的吸收大于无机铁。凡能将 Fe^{3+} 还原为 Fe^{2+} 的物质及能与铁离子络合的物质均有利于铁的吸收,因此影响铁吸收的因素主要为食物的性质和胃肠道的状态。食物中的还原物质如维生素 C、半胱氨酸、葡萄糖和果糖等及胃液中的盐酸,在肠道内使 Fe^{3+} 还原为 Fe^{2+},促进铁的吸收;食物中的柠檬酸、苹果酸等有机酸及蛋白质消化产物氨基酸均可与铁形成络合物而增加了铁的吸收;消化道功能紊乱如萎缩性胃炎、腹泻时,铁的吸收均减少;食物中的鞣酸和多酚及碱性药物可降低铁的溶解度,抑制铁的吸收。

铁的吸收是小肠上皮细胞的主动代谢过程。Fe^{2+} 首先与肠黏膜细胞刷状缘的特定受体结合而被细胞摄取,吸收入肠黏膜细胞的铁有两条去路:一是与黏膜细胞内铁的载体脱铁蛋白结合成铁蛋白,储存于细胞内;二是以 Fe^{2+} 的形式通过细胞膜转送入血液运往全身。

2. 铁的运输和储存 从小肠黏膜细胞吸收入血的 Fe^{2+} 在血浆铜蓝蛋白即血清亚铁氧化酶催化下氧化成 Fe^{3+},然后与运铁蛋白结合。运铁蛋白是一种结合三价铁的血浆糖蛋白,由两条多

笔记栏

肽链构成,每条多肽链有一个铁的结合位点。运铁蛋白结合的铁除来自肠黏膜细胞吸收外,还可来自网状内皮系统和肝、脾等组织。一般人体血浆内含铁 3 mg,大部分结合在运铁蛋白内。每天运送的铁约 27 mg,其主要去向是运至肝、脾等器官储存,或为其他组织利用。

机体内的铁以铁蛋白和含铁血黄素形式储存。铁蛋白是铁储存的主要形式,绝大部分分布在肝、脾、骨髓、骨骼肌和肠黏膜中。铁在铁蛋白中以 Fe^{2+} 的形式存在,在出血或其他需要铁的情况下,储存铁可以释放,参与造血或其他含铁化合物的合成。含铁血黄素是多种形式的凝集铁蛋白,不溶于水,在体内的分布与铁蛋白大致相同,但不如铁蛋白中的铁易被动员和利用。

3. 铁的排泄 正常情况下,铁的吸收与排泄保持动态平衡,每日排出铁约 0.5~1 mg。人体大部分铁随粪便排出,粪便中铁的来源除食物外,还有来自脱落的含铁胃肠道上皮细胞、红细胞排出的铁。

(三)铁的生理功能

铁是血红蛋白和肌红蛋白的组成成分,参与 O_2 和 CO_2 的运输,也是细胞色素体系、铁硫蛋白、过氧化物酶、过氧化氢酶的组成成分,在生物氧化中起重要作用。体内缺铁或铁代谢障碍时可导致缺铁性贫血。因红细胞更新时由血红蛋白释放出来的铁可反复利用,故营养性缺铁尚不多见。产生缺铁的主要原因为:①需铁量增加而摄取或吸收量不足;②反复多次失血(如上消化道出血、月经过多等)或长期少量出血(如钩虫病);③严重的慢性腹泻或胃酸缺乏等。

二、碘

(一)人体内碘的含量、分布和需要量

正常成人体内含碘量为 20~50mg,其中 30% 集中在甲状腺内,供给合成甲状腺素,其余分布在其他组织内。人体内碘含量受环境、食物和摄入量的影响。

按国际上推荐的标准,成人每日需要碘 100~300μg,儿童则按每日每千克体重 1μg 计算,在地方性甲状腺肿流行地区,应额外补充碘。

(二)吸收、运输和利用

碘的吸收部位主要在小肠,胃可少量吸收。碘在吸收前必须先还原为碘化物。通常成人每天从食物中摄取 200 μg 左右的碘。

摄入的碘化物在消化道转变为 I^- 后,迅速由肠上皮细胞吸收入血,在血浆内 I^- 与蛋白质结合,约有 70%~80% 被甲状腺滤泡上皮细胞摄取和浓聚。这种由低浓度向高浓度转运碘的机制,是依靠 Na^+/ K^+-ATP 酶的主动转运过程。腺细胞膜上有被称为"碘泵"的特殊载体,对 I^- 的亲和力强。

摄入甲状腺的碘化物或 I^- 在过氧化物酶催化下氧化成"活性碘"(I_2),然后在碘化酶催化下,使甲状腺素结合球蛋白(TBG)分子中的酪氨酸残基碘化,生成一碘酪氨酸(T_1)和二碘酪氨酸(T_2),2 分子 T_2 缩合形成甲状腺素(T_4),1 分子 T_2 和 1 分子 T_1 缩合成三碘甲腺原氨酸(T_3)。T_3 的活性比 T_4 强 3~5 倍。

(三)碘的储存、释放和排泄

TBG 是一种糖蛋白,由 4 个亚基组成,共含 120 个酪氨酸残基。其中约 20% 酪氨酸残基被碘化,主要为 T_1 和 T_2,一般只合成 2~4 分子 T_4 或少量 T_3,已碘化的 TBG 经细胞分泌作用排入腺泡腔中储存。

促甲状腺素(TSH)刺激腺细胞经胞饮作用从腺泡腔中摄取 TBG,在细胞内形成小囊泡,囊泡中的 TBG 由溶酶体的蛋白酶水解,产生 T_1、T_2、T_4 和少量 T_3。T_3 和 T_4 释放入血,运往全身利用,T_1 和 T_2 由腺细胞内脱碘酶催化脱碘,脱下的 I^- 再用于合成甲状腺素。

碘主要以碘化物的形式通过肾排出,约占总排泄量的 85%,随粪、汗排出量较少。吸收量和排泄量保持动态平衡。

(四)碘的生理功能

碘在人体内的主要作用是参与甲状腺素的合成。因适量的甲状腺素有促进蛋白质合成、加速机体生长发育、调节能量的转换利用和稳定中枢神经系统的结构和功能等重要作用,故碘对人体极为重要。碘缺乏病在我国发病率甚高,地区性缺碘或食物中干扰碘代谢的成分是发生缺碘症的主要原因。人体中度缺碘会引起地方性甲状腺肿,严重缺碘会导致发育停滞、痴呆,如胎儿期缺碘可致呆小病。若摄入碘过量又可致高碘性甲状腺肿,表现为甲状腺功能亢进及一些中毒症状。

笔记栏

三、锌

（一）人体内锌的含量、分布和需要量

成人体内含锌量约2~3g。锌广泛分布于所有组织，以视网膜、胰岛及前列腺等组织中含锌量最高。头发含锌量约为125~250μg/g，发锌可作为含锌总量是否正常的重要指标之一。

锌的需要量因人的性别、年龄、生长发育等情况而异。正常成人需锌量为15~20mg/d，经期妇女为25mg/d，孕妇或哺乳期妇女为30~40mg/d，儿童为5~10mg/d。

（二）锌的吸收、运输、利用和储存

锌主要在小肠吸收，吸收率为20%~30%。食品中以肝、鱼、蛋、瘦肉等动物性食品中含锌丰富，植物性食品含锌量少而且难以吸收和利用，因为植酸、纤维素等能与锌形成螯合物而阻碍锌的吸收。锌的吸收必须有金属结合蛋白类物质作为载体。从小肠吸收的锌入血后与清蛋白或运铁蛋白结合而运输到全身各组织利用，大都参与各种含锌酶的合成。人体中的锌约25%~30%储存在皮肤和骨骼内。

（三）锌的生理功能

锌在体内与80多种酶的活性有关，如碳酸酐酶、DNA聚合酶、RNA聚合酶、乳酸脱氢酶、谷氨酸脱氢酶、超氧化物歧化酶等，许多蛋白质如反式作用因子、类固醇激素及甲状腺素的受体的DNA结合区，都有锌参与形成的锌指结构，在转录调控中起着重要的作用。由此不难理解，锌的缺乏必然会引起机体代谢紊乱，导致体内多方面的机能障碍。尤其是儿童，缺锌可引起生长不良及生殖器官发育受损、伤口愈合迟缓等。缺锌还可影响皮肤健康，出现皮肤粗糙和干燥。此外，唾液中的味觉素是一种含锌的多肽，缺锌可引起味觉的敏感性减退。

四、铜

铜在成人体内含量约为80~110mg，肌肉中约占50%，10%存在于肝。肝中铜的含量可反映体内的营养及平衡状况。按国际上推荐的标准，成人每日每千克体重约需铜0.5~2.0mg，婴儿和儿童每日每千克体重约需铜0.5~1.0mg，孕妇和成长期的青少年可略有增加。铜主要在十二指肠吸收，铜的吸收受血浆铜蓝蛋白的调控，主要以复合物的形式被吸收，只有极少部分是以离子形式被吸收。吸收入血后与清蛋白结合运至肝，被肝细胞迅速摄取，一部分铜储存在肝细胞中，大部分则用于合成血浆铜蓝蛋白再进入血浆。体内的铜主要由肝经胆汁排出，少量经尿排出。铜是体内多种酶的辅基，如细胞色素氧化酶等，铜离子在将电子传递给氧的过程中是不可缺少的。此外单胺氧化酶、超氧化物歧化酶等也都是含铜的酶。铜蓝蛋白可催化Fe^{2+}氧化成Fe^{3+}，在血浆中转化为运铁蛋白。铜缺乏时，会影响一些酶的活性，如细胞色素氧化酶活性下降可导致能量代谢障碍，可表现为一些神经症状。ALA合酶也是含铜酶，铜缺乏也可导致血红蛋白合成障碍，引起贫血。

五、锰

正常人体含锰约12~20mg，主要分布在脑、骨骼、肝、肾等组织细胞内。成人每日需锰约2.5~5mg，儿童则按每日每千克体重0.3μg计算。锰主要从小肠吸收，入血后大部分与血浆中β_1球蛋白结合而运输。锰主要经胆道由粪便排出，极少量随尿排出。锰主要为多种酶的组成成分及活性剂，如RNA聚合酶、超氧化物歧化酶等。它不仅参加糖和脂类代谢，还在蛋白质、DNA和RNA的合成中起作用。缺锰时生长发育会受到影响。工业生产上引起的锰中毒也有报道，且无治疗良方，应加以预防。

六、硒

人体含硒总量为14~21mg，广泛分布于除脂肪以外的所有组织中，一般以硒蛋白或含硒酶的形式存在。成人每日需要量为30~50μg。硒在十二指肠吸收，入血后大部分与α及β球蛋白结合，小部分与血浆极低密度脂蛋白结合而运输、转运至各组织利用。硒大部分随粪便排出，小部分由肾、皮肤和肺排泄。硒是谷胱甘肽过氧化物酶活性中心的组成成分，故有抗氧化作用，可保护细胞膜及蛋白质的巯基，并能加强维生素E的抗氧化功能；硒还参加辅酶A与辅酶Q的合成，促进α-酮酸脱氢酶系的活性；硒还能拮抗和减低汞、镉、铊、砷等元素的毒性作用。目前认为大骨节病及克山病可能与缺硒有关；硒过多也

笔记栏

会引起中毒症状。

七、氟

成人体内含氟约2~6g,分布于骨、牙、指甲、毛发及神经肌肉中。氟的生理需要量每日为0.5~1.0mg,氟主要从胃肠和呼吸道吸收,入血后与球蛋白结合,小部分以氟化物形式运输。80%的氟随尿排出。氟与骨、牙的形成及钙磷代谢密切相关,它参与羟磷灰石结晶的形成,增强骨的硬度和牙齿的抗磨、抗酸腐蚀能力。缺氟易患龋齿病,并可致骨质疏松,易发生骨折。氟过多也可引起多方面的代谢障碍,导致骨骼变形、生长缓慢和体重下降;严重氟中毒会导致死亡。

八、钴

正常人体含钴1.1~1.5mg。钴是维生素B_{12}的组成成分,从食物中摄入的钴必须在肠内经细菌合成维生素B_{12}后才能被吸收,吸收部位主要为十二指肠及回肠末段,钴主要从尿中排出。钴的作用主要体现在维生素B_{12}的作用中,维生素B_{12}的缺乏可致巨幼红细胞性贫血。由于人体排钴能力强,很少有钴蓄积的现象发生。

九、钼

正常成人体内含钼约9mg,WHO推荐的需求量为每日每千克体重2μg。钼是黄嘌呤氧化酶、醛氧化酶、亚硝酸盐还原酶、亚硫酸氧化酶等的重要组分,故钼通过上述酶发挥作用。人体钼中毒很罕见。

十、铬

成人体内含铬约6 mg,每日需求量约75μg。体内铬大多以Cr^{3+}的形式存在,但无机铬离子几乎没有生物学活性,Cr^{3+}必须通过形成葡萄糖耐量因子(glucose tolerance factor,GTF)或其他有机铬化物,才能发挥生理功能,并且易被人体吸收和利用。GTF是Cr^{3+}与烟酸及氨基酸形成的复合物,能调节胰岛素与其膜受体上的巯基形成二硫键,提高胰岛素的生物学效应,维持机体正常的糖代谢和脂类代谢。

小　结

维生素是维持机体正常生理功能所必需的营养素,在体内不能合成或合成量很少,必须由食物供给的一类小分子的有机化合物。许多维生素参与辅酶的组成,在调节人体正常的物质代谢及维持人体正常生理功能等方面都是必不可少的。根据其溶解性质不同而分为脂溶性维生素和水溶性维生素两大类。脂溶性维生素在体内有一定量的储存,食用过量可引起中毒。人体对于水溶性维生素的需求量较少,在体液中过剩的部分超过肾阈值时通常由尿排出,一般不会发生中毒现象,应不断从食物中摄取。

脂溶性维生素有维生素A、D、E、K,均不溶于水,可伴随脂类物质的吸收而吸收。维生素A以视黄醛的形式与视蛋白结合成视紫红质,感受弱光;维生素A对维持上皮组织的健康也起着重要作用。维生素D_3活性形式为1,25-$(OH)_2D_3$,可调节钙磷代谢。维生素E是体内最重要的抗氧化剂,具有抗氧化和维持生殖机能作用。维生素K则与血液凝固有关。水溶性维生素包括B族维生素和维生素C。B族维生素多构成酶的辅酶,参与体内物质代谢。硫胺素在体内转变成TPP,是α-酮酸氧化脱羧酶及转酮醇酶的辅酶;维生素B_2参与FMN和FAD的组成,作为黄素酶的辅基;维生素PP参与NAD^+和$NADP^+$的组成,为多种脱氢酶的辅酶;泛酸存在于CoA和ACP中,参与转运酰基的作用;磷酸吡哆醛含有维生素B_6,是氨基酸转氨酶和脱羧酶的辅酶;生物素是多种羧化酶的辅酶,起CO_2的固定作用;维生素B_{12}和叶酸在核酸和蛋白质合成中起重要作用。维生素C具有还原性,并参与羟化反应。

人体所需的无机盐还有铁、碘、铜、锌、锰、硒、氟、钼、钴、铬等微量元素,虽然所需甚微,但生理作用却十分重要。铁是血红蛋白和肌红蛋白的组成成分,参与O_2和CO_2的运输,也是细胞色素体系、铁硫蛋白、过氧化物酶、过氧化氢酶的组成成分,在生物氧化中起重要作用。碘主要参与甲状腺素的合成。铜、锌、锰、硒、钼等都参与一些酶的组成:如碳酸酐酶、DNA聚合酶、RNA聚合酶、乳酸脱氢酶、谷氨酸脱氢酶、超氧化物歧化酶等含有锌;细胞色素氧化酶、铜蓝蛋白等含有铜;RNA聚合酶、超氧化物歧化酶等含有锰;谷胱甘肽过氧化物酶含有硒;黄嘌呤氧化酶、醛氧化酶等含有钼。钴是维生素B_{12}的组成成分。氟参与羟磷灰石结晶的形成,增强骨的硬度和牙的抗磨、抗酸腐蚀能力。铬必须通过形成GTF才能发挥作用。

(王桂云)

笔记栏

第6章 生物氧化

物质在生物体内进行的氧化分解称为生物氧化(biological oxidation),主要是糖、脂肪、蛋白质等在体内分解时逐步释放能量,最终生成二氧化碳和水的过程。生物氧化在细胞的线粒体内及线粒体外均可进行,但氧化过程不同。线粒体内的氧化伴有 ATP 的生成,而在线粒体外如内质网、过氧化物酶体、微粒体等的氧化是不伴有 ATP 生成的,主要和代谢物或药物、毒物的生物转化有关。细胞在进行生物氧化时,主要表现为摄取 O_2,并释出 CO_2,故又称生物氧化为细胞呼吸或组织呼吸。

生物氧化中物质的氧化方式有加氧、脱氢、失电子,遵循氧化还原反应的一般规律。物质在体内外氧化时所消耗的氧、最终产物(CO_2、H_2O)和释放的能量均相同,但生物氧化又具有与体外氧化明显不同的特点,生物氧化是在细胞内温和的环境中(体温,pH 接近中性),在一系列酶的催化下逐步进行的,因此物质中的能量得以逐步释放,有利于机体捕获能量,提高 ATP 生成的效率。生物氧化过程中进行广泛的加水脱氢反应使物质能间接获得氧,并增加脱氢的机会;生物氧化中生成的水是由脱下的氢与氧结合产生的,CO_2由有机酸脱羧产生。体外氧化(燃烧)产生的 CO_2、H_2O 由物质中的碳和氢直接与氧结合生成,能量是突然释放的。本章将主要介绍线粒体内的氧化,即糖、脂肪、蛋白质等氧化分解最终生成 CO_2和水及逐步释放能量以氧化磷酸化的方式生成 ATP 的过程。

第1节 生成 ATP 的氧化体系

一、氧化呼吸链

线粒体的生物氧化有赖于多种酶和辅酶的作用,代谢物脱下的成对氢原子(2H)通过多种酶和辅酶所催化的连锁反应逐步传递,最终与氧结合生成水。由于此过程与细胞呼吸有关,所以将这一含多种氧化还原组分的传递链称为氧化呼吸链(oxidative respiratory chain)。在氧化呼吸链中,酶和辅酶按一定顺序排列在线粒体内膜上,其中传递氢的酶或辅酶称之为递氢体,传递电子的酶或辅酶称之为电子传递体。不论递氢体还是电子传递体都起传递电子的作用($2H \rightleftharpoons 2H^+ + 2e$),所以氧化呼吸链又称电子传递链(electron transfer chain)。

(一) 氧化呼吸链的组成

现已发现组成氧化呼吸链的成分有多种,主要可分为以下五大类。

1. 烟酰胺腺嘌呤二核苷酸(NAD^+)或称辅酶Ⅰ(CoⅠ) NAD^+是多种不需氧脱氢酶的辅酶,是连接代谢物与呼吸链的重要环节。分子中除含烟酰胺(维生素 PP)外,还含有核糖、磷酸及一分子腺苷酸(AMP),其结构如图 6-1。

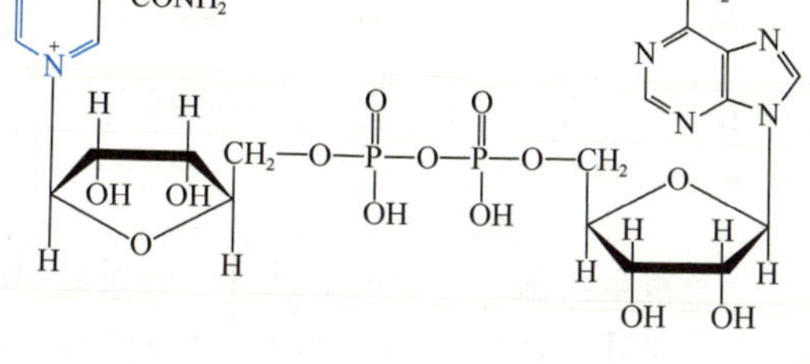

NAD^+的结构

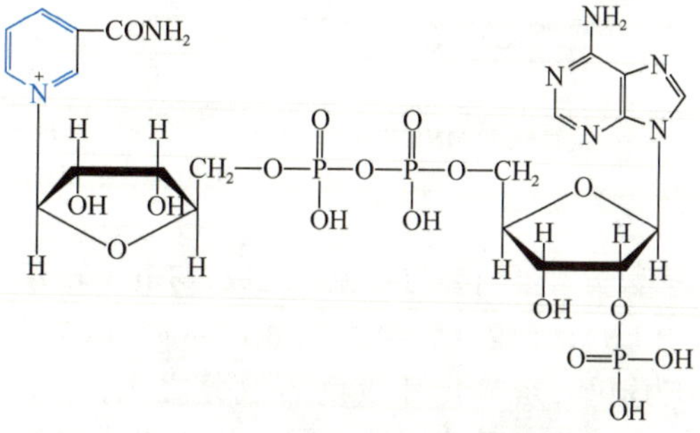

$NADP^+$的结构

图 6-1 NAD^+和 $NADP^+$的结构

NAD^+的主要功能是接受从代谢物上脱下的 2H($2H^+ + 2e$)。在生理 pH 条件下,烟酰胺中的吡

笔记栏

啶氮为五价氮，它能可逆地接受电子而成为三价氮，与氮对位的碳也较活泼，能可逆地加氢还原，故可将 NAD^+ 视为递氢体。反应时，NAD^+ 中的烟酰胺部分可接受一个氢原子及一个电子，尚有一个质子（H^+）留在介质中（图 6-2）。

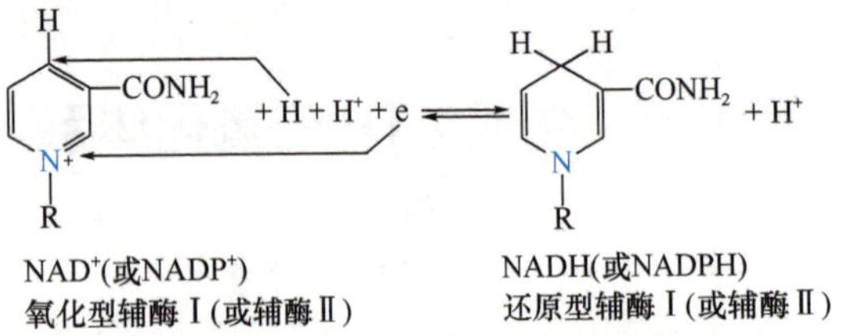

图 6-2　NAD^+ 或 $NADP^+$ 的作用机制

此外，亦有不少脱氢酶的辅酶为烟酰胺腺嘌呤二核苷酸磷酸（$NADP^+$），又称辅酶Ⅱ（CoⅡ），它与 NAD^+ 不同之处是在腺苷酸部分中核糖的 2′位碳上羟基的氢被磷酸基取代而成（图 6-1）。当此类酶催化代谢物脱氢后，其辅酶 $NADP^+$ 接受氢而被还原生成 $NADPH+H^+$，再经吡啶核苷酸转氢酶（pyridine nucleotide transhydrogenase）作用将氢转移给 NAD^+，然后再经呼吸链传递。但 $NADPH+H^+$ 一般是为合成代谢或羟化反应提供氢。

2. 黄素蛋白（flavoproteins，FP）　黄素蛋白种类很多，其辅基有两种，一种为黄素单核苷酸（FMN），另一种为黄素腺嘌呤二核苷酸（FAD）。两者均含核黄素（维生素 B_2），此外 FMN 尚含一分子 5′-磷酸核糖，而 FAD 则比 FMN 多含一分子腺苷酸（AMP），其结构如图 6-3 所示。

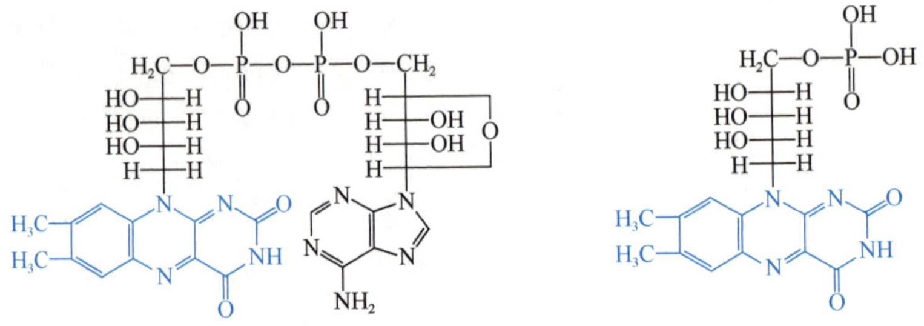

图 6-3　FAD 和 FMN 的结构

黄素蛋白是以 FMN 或 FAD 为辅基的不需氧脱氢酶。催化代谢物脱下的氢，由辅基 FMN 或 FAD 的异咯嗪环上的第 1 位和第 10 位的氮原子接受，从而转变成还原态的 $FMNH_2$ 或 $FADH_2$。FMN 或 FAD 分子中的异咯嗪环部分在可逆的氧化还原反应中显示 3 种分子状态，氧化型 FMN（或 FAD）可接受 1 个质子和 1 个电子形成不稳定的 FMNH·（或 FADH·），再接受 1 个质子和 1 个电子转变为还原型 $FMNH_2$（$FADH_2$），氧化时反应逐步逆行，因此属于单、双电子传递体（图 6-4）。

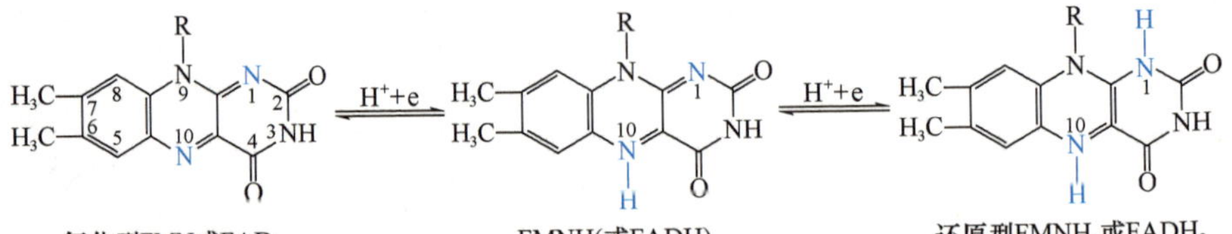

图 6-4　FAD 和 FMN 的作用机制

多数黄素蛋白参与呼吸链组成，与电子转移有关，如 NADH 脱氢酶（NADH dehydrogenase）以 FMN 为辅基，是氧化呼吸链的组分之一，介于 NADH 与其他电子传递体之间。其他如琥珀酸脱氢酶（succinate dehydrogenase）、线粒体内的甘油磷酸脱氢酶（glycerol phosphate dehydrogenase）、脂酰 CoA 脱氢酶的辅基亦为 FAD，它们可直接从作用底物转移氢进入呼吸链传递。

黄素蛋白除有一个黄素核苷酸辅基外，还有几个非血红素铁原子（nonheme iron atoms），这些铁原子都和蛋白质中半胱氨酸残基的硫原子相结合，这种组合称为铁硫簇（iron-sulfur cluster，Fe-S）。铁硫簇内铁原子的价态变化（$Fe^{2+} \rightleftharpoons Fe^{3+}$）可将氢从 NADH 脱氢酶的 $FMNH_2$ 脱下，再传给泛醌。NADH 脱氢酶复合物（酶、辅基即 FMN 和铁硫簇）称为 NADH-泛醌还原酶。

笔记栏

3. 铁硫蛋白(iron-sulfur protein，Fe-S) 铁硫蛋白又称铁硫中心或铁硫簇，是存在于线粒体内膜上的一种与电子传递有关的蛋白质，其特点是分子中含铁原子和硫原子，铁与无机硫原子和蛋白质多肽链上半胱氨酸残基的硫相结合。铁硫蛋白在线粒体内膜上往往和其他递氢体或递电子体(黄素蛋白或细胞色素 *b*)结合成复合物而存在。根据所含铁原子和硫原子的数目不同，分为单个铁原子与半胱氨酸的巯基硫相连、2Fe-2S、4Fe-4S 等类型(图 6-5)。

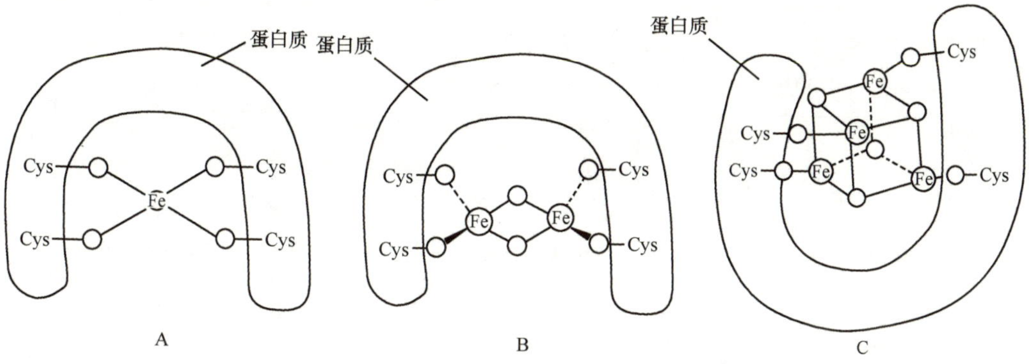

图 6-5 铁硫蛋白结构

A. 单个铁与半胱氨酸的巯基硫相连；B. 2Fe-2S；C. 4Fe-4S；(O)代表 S 原子

氧化状态时，铁硫蛋白中的铁原子是三价，当铁硫蛋白还原后，其中的三价铁转变成二价铁。一般认为，在两个铁原子中，只有一个被还原，因此，铁硫蛋白可能是一种单电子传递体。

4. 泛醌(ubiquinone，UQ 或 Q) 泛醌又称辅酶 Q(CoQ)，是一种脂溶性的苯醌类化合物，广泛存在于生物界。其分子结构中带有一很长的侧链，是由多个异戊二烯(isoprene)单位构成，不同来源的泛醌其异戊二烯单位的数目不同，在哺乳动物组织中最多见的泛醌的侧链由 10 个异戊二烯单位组成。

泛醌因侧链的疏水作用，它能在线粒体内膜中迅速扩散，是线粒体内膜上较小的流动电子载体(mobile electron carriers)。这种在线粒体内膜上的均一流动性使其在黄素蛋白和细胞色素类之间作为一种活跃的电子载体起作用，从而在呼吸链中处于中心地位。它不仅接受 NADH-泛醌还原酶脱下的氢和电子，还接受线粒体其他黄素酶类脱下的氢和电子，如琥珀酸-泛醌还原酶、脂酰-CoA 脱氢酶等。泛醌的醌型结构可以结合 2 个电子和 2 个质子而被还原为氢醌型，故它是一种双递氢体(即双电子传递体)。先接受一个电子和一个质子还原成半醌，再接受一个电子和一个质子还原成二氢泛醌，后者又可脱去电子和质子而被重新氧化为泛醌(图 6-6)。

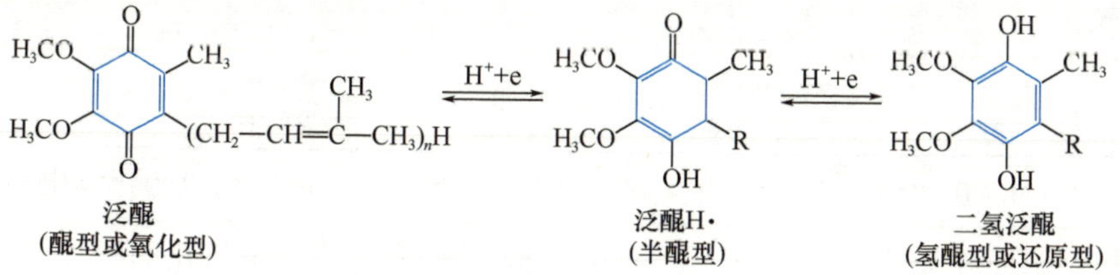

图 6-6 泛醌的结构和递氢反应

5. 细胞色素类(cytochromes，Cyt) 细胞色素是位于线粒体内膜的含铁电子传递体。其辅基为铁卟啉，铁原子处于卟啉的结构中心，构成血红素(heme)。细胞色素类是呼吸链中将电子从泛醌传递到氧的专一酶类。根据它们不同的吸收光谱分为三大类，即细胞色素类 *a*、*b*、*c*。每一类中又因其最大吸收峰的微小差别再分为几种亚类，如细胞色素 *a* 又分为 *a*、a_3。细胞色素 *c* 又有 *c* 与 c_1 之别。线粒体的电子传递链至少含有五种细胞色素，即 Cyt *b*、*c*、c_1、*a*、a_3。各种细胞色素的主要差别在于铁卟啉辅基的侧链以及铁卟啉与蛋白质部分的连接方式。Cyt *b*、*c* 的铁卟啉都是铁原卟啉Ⅸ，与血红素相同，但 Cyt *c* 中卟啉环上的乙烯侧链与蛋白质部分的半胱氨酸残基相连接。Cyt *a* 的卟啉环中有一个甲基被甲酰基取代，一个乙烯基侧链被多聚异戊烯长链取代(图 6-7)。

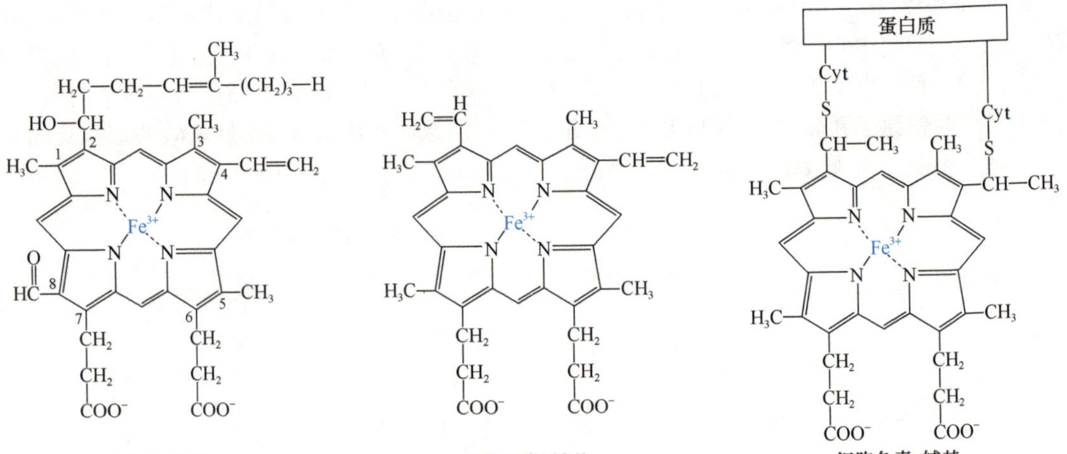

细胞色素a辅基　　细胞色素b辅基　　细胞色素c辅基

图 6-7　细胞色素辅基

细胞色素主要是通过辅基铁卟啉中 $Fe^{3+} \rightleftharpoons Fe^{2+}$ 的互变起传递电子的作用，因此是单电子传递体。Cyt *b* 接受从泛醌传来的电子，并将其传递给 Cyt c_1，c_1 又将接受的电子传送给 Cyt *c*。电子在从泛醌到 Cyt *c* 的传递过程中还有一铁硫蛋白起中间作用。Cyt *a* 与 a_3 是最后的一个载体，很难分开，二者以复合物形式存在，又称细胞色素氧化酶（cytochrome oxidase）。Cyt *a*、a_3 还含有两个必需的铜原子。Cyt *a* 从 Cyt *c* 接受电子后，传递给 a_3，由还原型 Cyt a_3 将电子直接传递给氧分子。在 *a* 和 a_3 间传递电子的是两个铜原子，铜在氧化-还原反应中也发生价态变化（$Cu^{+} \rightleftharpoons Cu^{2+}$）。

（二）呼吸链组分的排列顺序

呼吸链组分的排列顺序是根据下列实验和原则确定的：

（1）根据测定呼吸链各组分的标准氧化还原电位（$E^{0'}$）（表 6-1）确定其顺序。因为电子流动趋向从氧化-还原电位低向氧化-还原电位高的方向流动。氧化-还原电位的数值愈低，即负值越大，则该物质失去电子的倾向越大，越易成为还原剂而处于呼吸链的前面。呼吸链中 $NAD^+/NADH$ 的 $E^{0'}$ 最小，而 O_2/H_2O 的 $E^{0'}$ 最大，表明电子的传递方向是从 NAD^+ 经 Q、Cyt 到氧。

表 6-1　呼吸链中各氧化还原对的标准氧化还原电位

氧化还原对	$E^{0'}$（V）	氧化还原对	$E^{0'}$（V）
$NAD^+/NADH+H^+$	−0.32	Cyt c_1 Fe^{3+}/Fe^{2+}	0.22
$FMN/FMNH_2$	−0.30	Cyt *c* Fe^{3+}/Fe^{2+}	0.25
$FAD/FADH_2$	−0.06	Cyt *a* Fe^{3+}/Fe^{2+}	0.29
$Q_{10}/Q_{10}H_2$	0.06	Cyt a_3 Fe^{3+}/Fe^{2+}	0.35
Cyt *b* Fe^{3+}/Fe^{2+}	0.08	$1/2O_2/H_2O$	0.82

注：$E^{0'}$ 值为 pH 7.0，25℃，1mol/L 底物浓度条件下，和标准氢电极构成的化学电池的测定值。

（2）选择性阻断呼吸链确定其顺序。利用呼吸链特异的抑制剂阻断某一组分的电子传递，在体外将呼吸链拆开和重组，鉴定呼吸链的组成与排列。在阻断部位以前的组分处于还原状态，后面组分处于氧化状态。由于呼吸链每个组分的氧化和还原状态吸收光谱不相同，故可根据吸收光谱的改变进行检测，推断出呼吸链各组分的排列顺序。

（3）利用呼吸链各组分特有的吸收光谱，以离体线粒体无氧时处于还原状态作为对照，缓慢给氧，观察各组分被氧化的顺序。测定表明：在呼吸链的 NAD^+ 一端，电子传递体的还原性最强；而在靠近氧一端，电子传递体（Cyt aa_3）几乎全部处于氧化状态。在呼吸链中间的电子传递体，按照从底物到氧的方向，氧化程度逐渐升高，这说明电子是沿着底物到氧的方向传递的。

（4）在体外将呼吸链进行拆开和重组，鉴定它们的组成与排列。用胆酸、脱氧胆酸等反复处理线粒体内膜，可将呼吸链分离得到四种仍具有传递电子功能的酶复合体（complex）（表 6-2）。

笔记栏

表 6-2 人线粒体呼吸链复合体

复合体	酶名称	多肽链数	辅基
复合体Ⅰ	NADH-泛醌还原酶	39	FMN, Fe-S
复合体Ⅱ	琥珀酸-泛醌还原酶	4	FAD, Fe-S
复合体Ⅲ	泛醌-细胞色素 *c* 还原酶	11	铁卟啉, Fe-S
复合体Ⅳ	细胞色素 *c* 氧化酶	13	铁卟啉, Cu

复合体Ⅰ,又称 NADH-泛醌还原酶,含有以 FMN 为辅基的黄素蛋白和以铁硫簇为辅基的铁硫蛋白。整个复合体Ⅰ嵌在线粒体内膜上,呈"L"形(图 6-8)。其 NADH 结合面朝向线粒体基质,这样就能与基质内经脱氢酶催化产生的 $NADH+H^+$ 相互作用。NADH 脱下的氢经 FMN、铁硫蛋白传递后,再传到泛醌,与此同时,伴有质子从线粒体基质转移至线粒体外(膜间隙)。每次传递一对电子的同时偶联将 4 个 H^+ 从内膜基质侧泵到内膜胞质侧,复合体Ⅰ有质子泵功能。

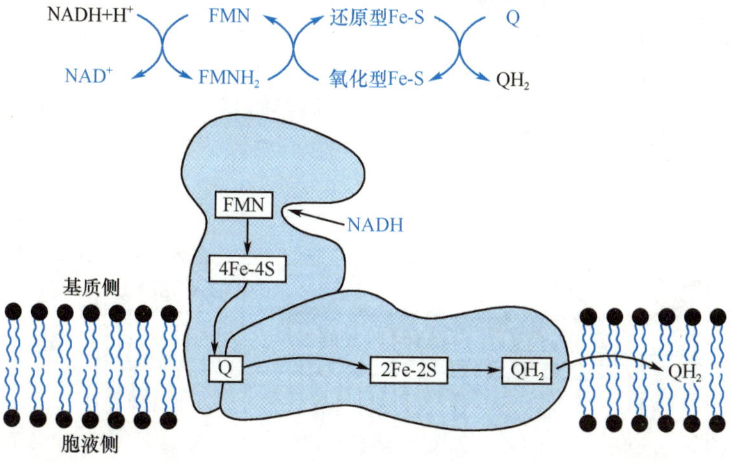

图 6-8 复合体Ⅰ结构及电子传递示意图

复合体Ⅱ,又称琥珀酸-泛醌还原酶,含有以 FAD 为辅基的黄素蛋白、铁硫蛋白和 Cyt b_{560}。其功能是将氢从琥珀酸传给 FAD,然后经铁硫蛋白传递到泛醌(图 6-9)。泛醌接受复合体Ⅰ或Ⅱ的氢后将 H^+ 释放入线粒体基质中,将电子传递给复合体Ⅲ。该过程传递电子释放的自由能极小,不足以将 H^+ 泵出线粒体内膜,因此复合体Ⅱ没有质子泵的功能。

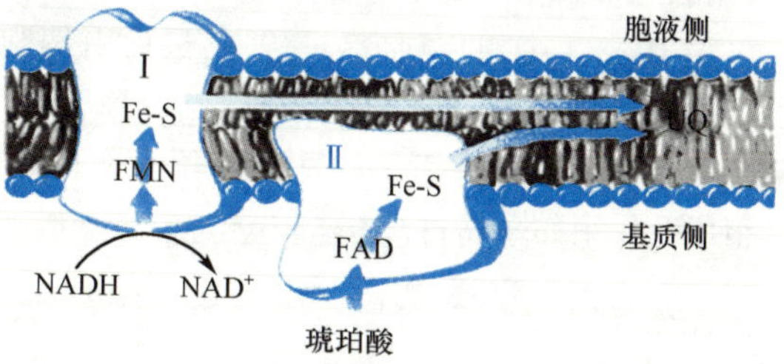

图 6-9 复合体Ⅱ结构及电子传递示意图

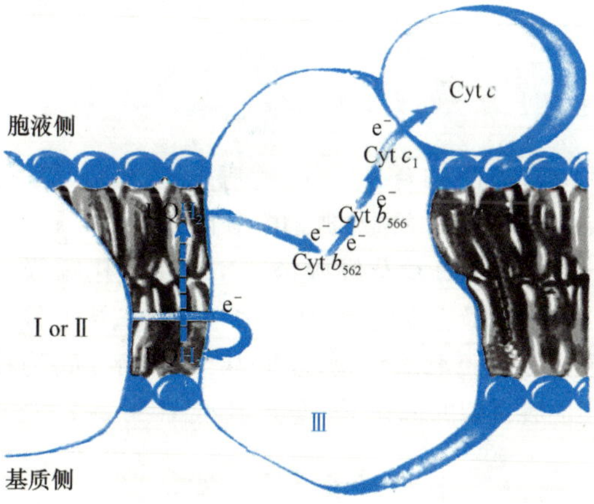

图 6-10 复合体Ⅲ结构及电子传递示意图

复合体Ⅲ,又称泛醌-细胞色素 *c* 还原酶,含有 Cyt b_{562}, b_{566}、Cyt c_1、铁硫蛋白及其他多种蛋白质。这些蛋白质不对称分布在线粒体内膜上,其中 Cyt *b* 横跨线粒体内膜,Cyt c_1 和铁硫蛋白位于内膜偏外侧部。这里是由双电子载体泛醌向单电子载体(细胞色素体系)传递的转换部位,即二氢泛醌被氧化成泛醌,而 Cyt *c* 被还原(图 6-10)。与此同时,质子从线粒体内膜转移至内膜外,每次传递一对电子的同时偶联将 4 个 H^+ 从内膜基质侧泵到内膜胞质侧。因此复合体Ⅲ具有质子泵的作用。

Cyt *c* 不包含在上述复合体中,是氧化呼吸链唯一水溶性球状蛋白,与线粒体内膜外表面疏松结合。Cyt *c* 可将从 Cyt c_1 获得的电子传递到复合体Ⅳ。

复合体Ⅳ,又称细胞色素 *c* 氧化酶,包括 Cyt *a* 及 Cyt a_3,由于两者结合紧密,很难分离,故称之为 Cyt aa_3。Cyt aa_3 中含有 2 个铁卟啉辅基和 2 个铜原子(图 6-11)。铜原子可进行 $Cu^+ \rightleftharpoons$

笔记栏

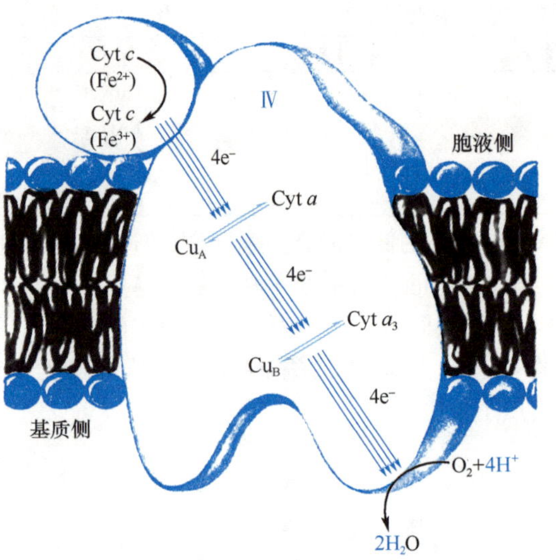

图 6-11 复合体Ⅳ结构及电子传递示意图

$Cu^{2+}+e$ 反应传递电子。电子从 Cyt c 通过复合体Ⅳ到氧，使 O_2 还原与 H^+ 生成 H_2O，同时引起质子从线粒体基质向膜间隙移动，每次传递一对电子的同时偶联将 2 个 H^+ 从内膜基质侧泵到内膜胞质侧，故复合体Ⅳ也有质子泵的功能。

代谢物氧化后脱下的氢通过上述四个复合体的传递顺序为：从复合体Ⅰ或复合体Ⅱ开始，经泛醌到复合体Ⅲ，再经 Cyt c 到复合体Ⅳ，然后复合体Ⅳ从还原型细胞色素 c 转移电子到氧。活化了的氧与质子（活化了的氢）结合成水。电子通过复合体转移的同时伴有质子从线粒体基质流向膜间隙，从而产生质子跨膜梯度储存能量，形成跨膜电位，促使 ATP 的生成（图 6-12）。

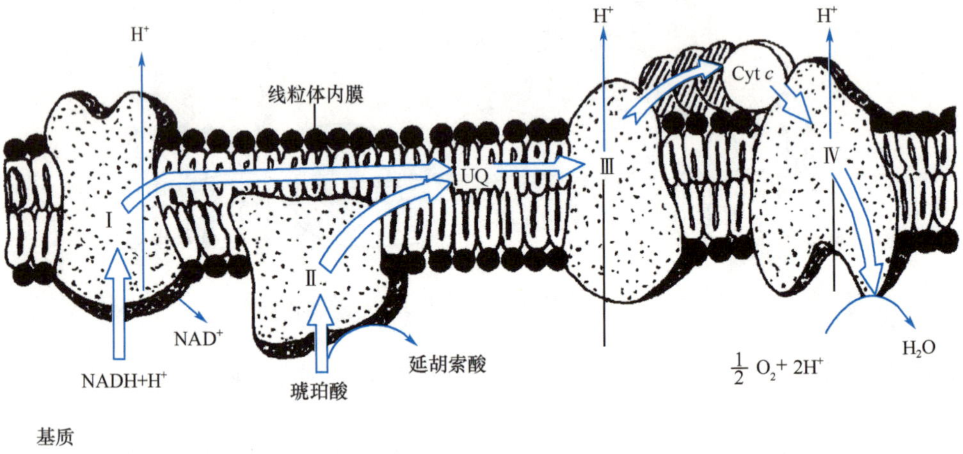

图 6-12 呼吸链四个复合体传递顺序示意图

（三）主要的呼吸链

目前已知线粒体内的呼吸链有两条，即 NADH 氧化呼吸链和琥珀酸氧化呼吸链。

1. NADH 氧化呼吸链 NADH 氧化呼吸链是细胞内最主要的呼吸链，因为生物氧化过程中绝大多数脱氢酶都是以 NAD^+ 为辅酶。底物在相应脱氢酶的催化下，脱下 $2H(2H^+ + 2e)$，交给 NAD^+ 生成 $NADH+H^+$；在 NADH 脱氢酶作用下，经 FMN 传递给泛醌而生成二氢泛醌；二氢泛醌中的 2H 解离成 $2H^+$ 和 2e，其中 $2H^+$ 游离于介质中，而 2e 则首先由 Cyt b 接受，沿着 Cytb→$Cytc_1$→Cytc→Cyt aa_3→O_2 的顺序逐步传递，最后由细胞色素氧化酶（Cyt aa_3）将 2 个电子传给氧原子，使氧生成 O^{2-}，O^{2-} 即与介质中的 $2H^+$ 结合生成 H_2O。其组成及作用如图 6-13 所示：

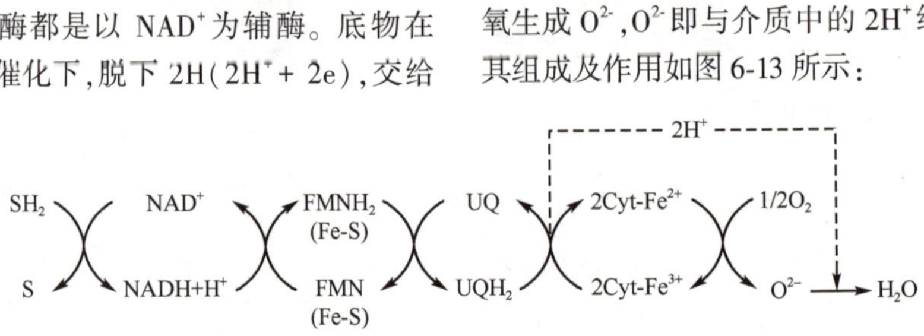

图 6-13 NADH 氧化呼吸链的组成及作用

2. 琥珀酸氧化呼吸链（又称 $FADH_2$ 氧化呼吸链） 琥珀酸在琥珀酸脱氢酶催化下脱下 2H 使 FAD 还原生成 $FADH_2$，后者把氢传递给泛醌，形成二氢泛醌，再往下的传递及最后水的生成过程与 NADH 氧化呼吸链相同。α-磷酸甘油脱氢酶及脂酰 CoA 脱氢酶催化代谢物脱下的氢也由

笔记栏

FAD 接受通过此呼吸链被氧化，故琥珀酸、α-磷酸甘油和脂酰 CoA 等脱下的氢循琥珀酸氧化呼吸链传递。其组成及作用如图 6-14：

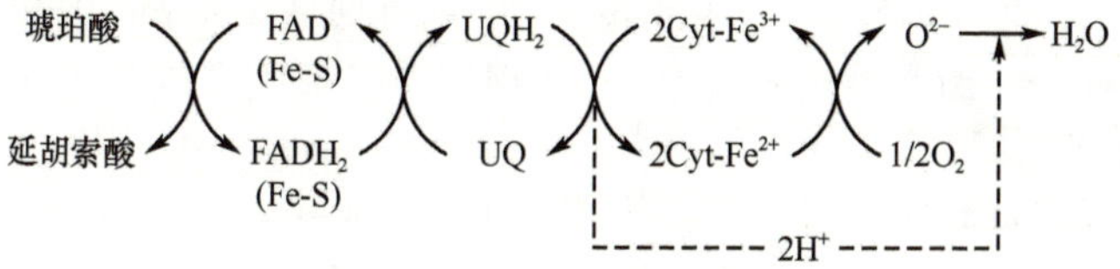

图 6-14　琥珀酸氧化呼吸链的组成及作用

二、氧化磷酸化

在有机体能量代谢中，ATP 是体内主要的高能化合物。细胞内的 ATP 有两种生成方式。一种是氧化磷酸化（oxidative phosphorylation），即代谢物氧化脱氢经呼吸链传递给氧生成水的同时，释放能量使 ADP 磷酸化生成为 ATP，由于是代谢物的氧化反应与 ADP 磷酸化反应偶联发生，故称为氧化磷酸化，又称偶联磷酸化（图 6-15）。

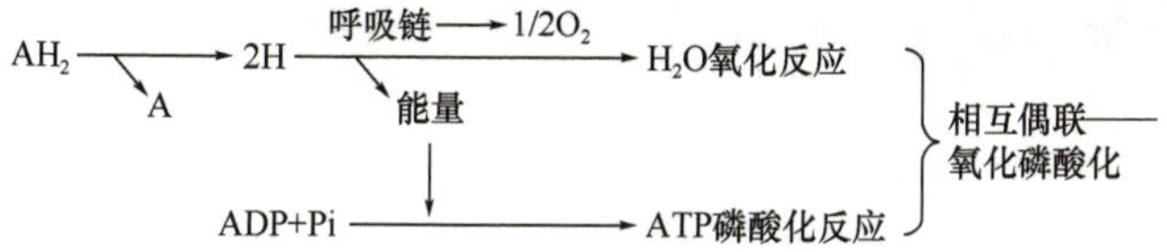

图 6-15　氧化磷酸化

氧化磷酸化是人体内生成 ATP 的主要方式，在糖、脂等氧化分解代谢过程中除少数反应外，几乎全通过氧化磷酸化生成 ATP。另一种生成 ATP 的方式是底物水平磷酸化，即直接将代谢物分子中的能量转移至 ADP（或 GDP）生成 ATP（或 GTP）的过程，通过底物水平磷酸化生成的 ATP 在体内占比例很小，这里重点介绍线粒体内 ATP 的生成，即氧化磷酸化。

（一）氧化磷酸化的偶联部位

根据下述实验结果可大致确定氧化磷酸化的偶联部位，即 ATP 产生的部位。

1. P/O 比值的测定　P/O 比值是指物质氧化时，每消耗 1 摩尔氧原子所需消耗的无机磷的摩尔数。通过测定离体线粒体内几种物质氧化时的 P/O 比值，可以大体推测出偶联部位及 ATP 的生成数。在氧化磷酸化过程中，无机磷酸是用于 ADP 磷酸化生成 ATP 的，所以消耗无机磷的摩尔数可反映 ATP 的生成数（表 6-3）。已知 β-羟丁酸的氧化是通过 NADH 进入呼吸链，2H 经 FMN、UQ、Cyt b、c_1、c，最后由 Cyt aa_3 传到氧生成水，测得其 P/O 比值接近于 3，即 NADH 氧化呼吸链存在 3 个 ATP 生成部位。而琥珀酸氧化时，测得 P/O 比值接近 2，亦即琥珀酸氧化呼吸链存在 2 个 ATP 生成部位。后者与前者不同在于琥珀酸氧化直接经黄素蛋白（辅基为 FAD）进入 UQ，因此表明，在 NADH 至 UQ 之间存在一个偶联部位。此外，测得抗坏血酸氧化 P/O 比值接近 1，还原型 Cyt c 氧化时 P/O 比值也接近 1。此两者的不同在于抗坏血酸是通过 Cyt c 进入呼吸链被氧化的，而还原型 Cyt c 则只经 Cyt aa_3 而氧化的，如此表明，在 Cyt aa_3 到氧之间存在一偶联部位。从琥珀酸、抗坏血酸及还原型 Cyt c 的氧化可以表明在 UQ 至 Cyt c 间存在另一偶联部位。

实际上根据近年的实验和电化学计算，合成 1 个分子 ATP 需要消耗 4 个 H^+ 的跨膜势能，即经氧化呼吸链平均每泵出 4 个 H^+ 才能生成 1 分子可被机体利用的 ATP。NADH 氧化呼吸链每传递 2 个电子与氧结合成水，共泵出 10 个 H^+，P/O 应为 2.5，琥珀酸氧化呼吸链共泵出 $6H^+$/T，P/O 应为 1.5。也就是说，一对电子经过 NADH 氧化呼吸链传递平均可生成 2.5 个 ATP，而经过琥珀酸氧化呼吸链传递平均可生成 1.5 个 ATP。

表 6-3　线粒体离体实验测得的一些底物的 P/O 比值

底物	呼吸链的组成	P/O 比值
β-羟丁酸	NAD^+ → 复合体Ⅰ → CoQ → 复合体Ⅲ → Cyt c → 复合体Ⅳ → O_2	2.4～2.8
琥珀酸	复合体Ⅱ → CoQ → 复合体Ⅲ → Cyt c → 复合体Ⅳ → O_2	1.7
抗坏血酸	Cyt c → 复合体Ⅳ → O_2	0.88
细胞色素 c	复合体Ⅳ → O_2	0.61～0.68

笔记栏

2. 自由能变化 从NAD^+到UQ段测得的电位差约0.36V，从UQ到Cyt *c* 的电位差为0.21V，而Cyt aa_3到分子氧为0.55V。在电子传递过程中，自由能变化（$\Delta G^{0'}$）与电位变化（$\Delta E^{0'}$）之间存在以下关系：

$$\Delta G^{0'} = -nF\Delta E^{0'}$$

n=传递电子数；*F* 为法拉第常数[96.5kJ/(mol·V)]

通过计算，它们相应的$\Delta G^{0'}$分别约为69.5 kJ/mol、40.5 kJ/mol、102.3 kJ/mol，而生成1mol ATP所需能量约30.5 kJ/mol，以上三处提供了足够合成ATP所需的能量，说明在复合体Ⅰ、Ⅲ、Ⅳ内各存在一个ATP的偶联部位。

（二）氧化磷酸化偶联机制

1. 化学渗透假说 化学渗透假说（chemiosmotic hypothesis）是20世纪60年代初由1978年获诺贝尔化学奖的Mitchell提出的。其基本要点是电子经呼吸链传递释放的能量，可将H^+从线粒体内膜的基质侧泵到膜间隙，线粒体内膜不允许质子自由回流，因此产生质子电化学梯度储存能量。当质子顺梯度经ATP合酶F_0回流时，质子跨膜梯度中所蕴涵的能量便被用于ADP和Pi生成ATP，于是跨膜的电化学梯度亦随之消失。

实验证明，递氢体和电子传递体在线粒体内膜上交替排列，复合体Ⅰ、Ⅲ、Ⅳ如同线粒体内膜上的3个质子泵，均能将H^+从线粒体基质泵出到膜间隙。首先由NADH提供的一个H^+和2e，加上线粒体基质内的1个H^+使复合体Ⅰ中的FMN还原成$FMNH_2$，$FMNH_2$向膜间隙泵出$2H^+$，产生的2e使铁硫簇（Fe-S）还原。然后，铁硫簇放出2e重新被氧化，将2e和基质内的$2H^+$传递给泛醌，使泛醌还原成二氢泛醌（UQH_2）。泛醌是脂溶性小分子，易于在膜脂质内流动，移动至内膜间隙侧时泵出$2H^+$，而将2e传给复合体Ⅲ的Cyt *b*，Cyt *b* 是跨膜蛋白。还原型的Cyt *b* 将2e传至基质侧的另一分子泛醌、泛醌接受2e并从基质侧获取$2H^+$又还原成UQH_2。UQH_2又将$2H^+$泵到膜间隙，产生的2e传给复合体Ⅲ的Fe-S、Cyt c_1，再通过Cyt *c* 到达复合体Ⅳ的Cyt aa_3，最后到氧，O^{2-}再与基质侧$2H^+$结合成水（图6-16）。

2. ATP合酶 ATP是由位于线粒体内膜上的ATP合酶（ATP synthase）催化生成的。ATP合酶是生物体能量代谢的关键酶，由亲水性的F_1和疏水性的F_0两部分组成。F_1在线粒体内膜的基质侧形成颗粒状突起。它主要由5种亚基组成，分别是$\alpha_3\beta_3\gamma\delta\varepsilon$，其功能是催化生成ATP；催化部位在β亚基中，但β亚基必须与α亚基结合才有活性。F_0镶嵌在线粒体内膜中，它由$a_1b_2c_{9\sim12}$亚基组成。c亚基形成环状结构，a亚基位于环外侧，与c亚基之间形成质子通道。F_1与F_0之间，其中心部位由γε亚基相连，外侧由b_2

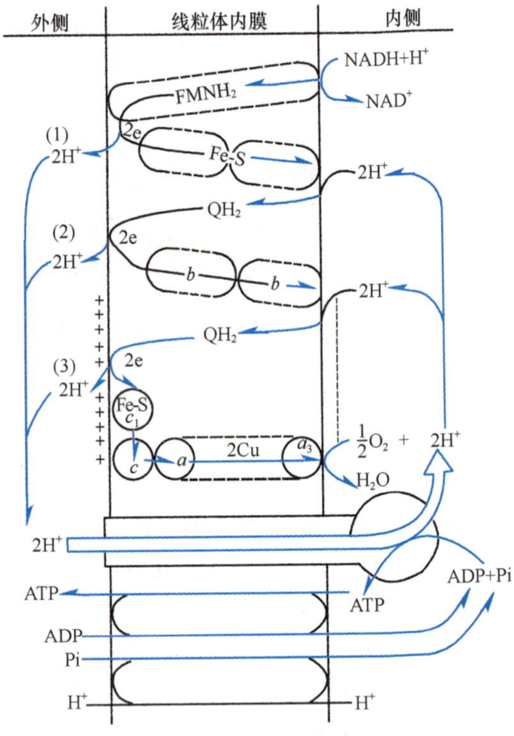

图6-16 化学渗透假说示意图

和δ亚基相连。F_1中的$\alpha_3\beta_3$亚基间隔排列形成六聚体，部分γ亚基插入六聚体中央。由于3个β亚基与γ亚基插入部分的不同部位相互作用，使每个β亚基形成不同的构象（图6-17）。

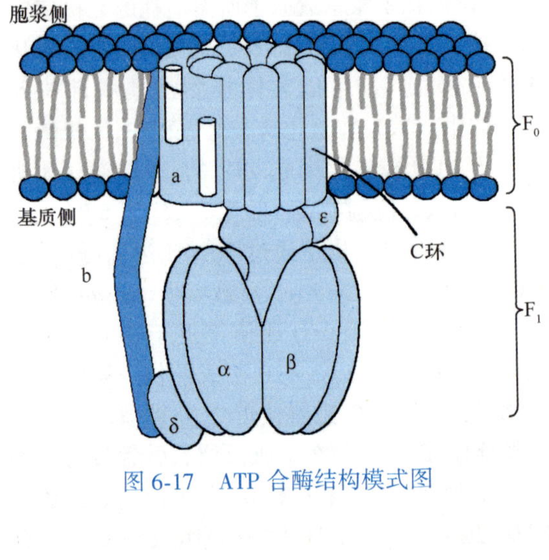

图6-17 ATP合酶结构模式图

当H^+顺浓度梯度经F_0中a亚基和c亚基之间回流时，γ亚基发生旋转，3个β亚基的构象发生改变，以三种独立的状态存在：紧密状态T，与ATP紧密连接；松弛状态L，可与ADP及无机磷酸连接；开放状态O，释放出ATP。一旦ADP和Pi结合到L状态上，由质子传递引起的构象变化将L状态转换为T状态，生成ATP。同时，相邻的T状态转换为O状态，使生成的ATP释出。第三个β亚基又将O状态转换为L状态，使ADP结合上来，以便进行下一轮的ATP合成（图6-18）。

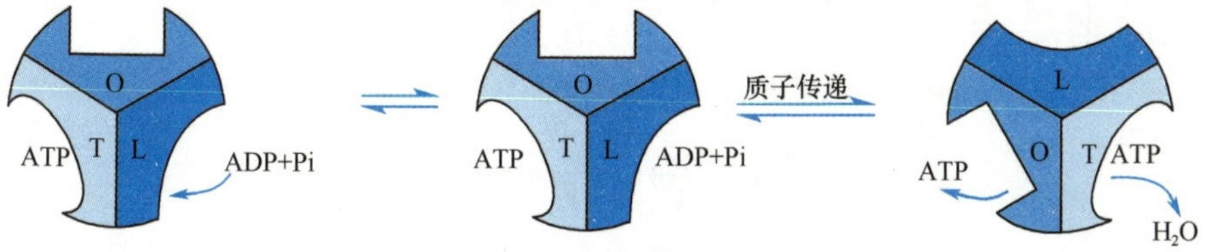

图6-18 ATP合酶的各状态

ATP的合成在T状态下进行并从O状态下释出。电化学梯度的能量使T状态转换为O状态。L状态可结合ADP

三、影响氧化磷酸化的因素

案例6-1

患者，女性，53岁，因神志不清约1小时入院。患者于约1小时前被人发现平卧于床上，不省人事。其房内用煤炉取暖，炉盖未封，室内煤炭气味较浓烈，疑为煤气中毒，开窗通风后未见明显好转，为诊治急来我院。患者自发病以来未进饮食，大小便未见明显异常。

体格检查：T37.6℃，P94次/分，R22次/分，Bp16/13.3kPa（120/100）mmHg。浅昏迷状态，查体不合作。口唇黏膜呈樱桃红色，其余皮肤黏膜未见明显异常。全身浅表淋巴结，未触及肿大。双眼睑无浮肿，巩膜无黄染，双瞳孔等大同圆，直径约3mm，对光反应灵敏。耳鼻外形正，无异常分泌物。咽无充血。颈部无抵抗感，气管居中。双肺呼吸音粗，未闻及干湿啰音。心率P 94次/分，律齐，未闻及杂音。腹平软，无压痛及反跳痛，肝脾肋下未及，移动性浊音阴性。肛门、外生殖器未见异常。脊柱四肢无畸形，活动自如。生理反射存在，病理反射未引出。

辅助检查：

1. 碳氧血红蛋白（HbCO）测定：HbCO>50%。

2. 动脉血气分析：动脉血氧分压（PaO_2）、氧饱和度（$SatO_2$）、动脉血二氧化碳分压（$PaCO_2$）下降，碱丢失（BE负值增大）。

3. 血常规：WBC 1.02×10^{10}/L，N 80.6%；RBC 4.25×10^{12}/L；Hb 148g/L。

4. 血生化：Na^+ 144.6mmol/L；K^+ 4.39mmol/L；Cl^- 110.9mmol/L；Ca^{2+} 2.38mmol/L；BUN 4.81mmol/L；无机磷1.4mmol/L。

5. 心肌酶：AST 116.2U/L；LD 477.2U/L；HBDH 317.3U/L；CK 7470.4U/L；CK-MB 351.5U/L。

6. 脑电图示广泛异常改变。

问题讨论

煤气中毒的生化机制？

（一）抑制剂

氧化磷酸化为机体提供各种生命活动所需ATP，抑制氧化磷酸化会对机体造成严重后果。氧化磷酸化的抑制剂有三类。

1. 呼吸链抑制剂 这类抑制剂能阻断呼吸链中某些部位的电子传递。如鱼藤酮（rotenone）、粉蝶霉素A（piericidin A）及异戊巴比妥（amobarbital）等，它们与复合体Ⅰ中的铁硫蛋白结合，从而阻断电子传递。抗霉素A（antimycin A）、二巯丙醇（dimercaptopropanol，BAL）抑制复合体Ⅲ中Cyt *b*与Cyt c_1间的电子传递。CO、CN^-、N_3^-及H_2S抑制细胞色素c氧化酶，使电子不能传给氧，上述案例中的煤气（即CO）中毒机制即在于此。目前发生的城市火灾事故中，由于装饰材料中的N和C经高温可形成HCN，因此，伤员除因燃烧不完全造成CO中毒外，还存在CN^-中毒。此类抑制剂可使细胞内呼吸停止，与此相关的细胞生命活动停止，导致人迅速死亡（图6-19）。

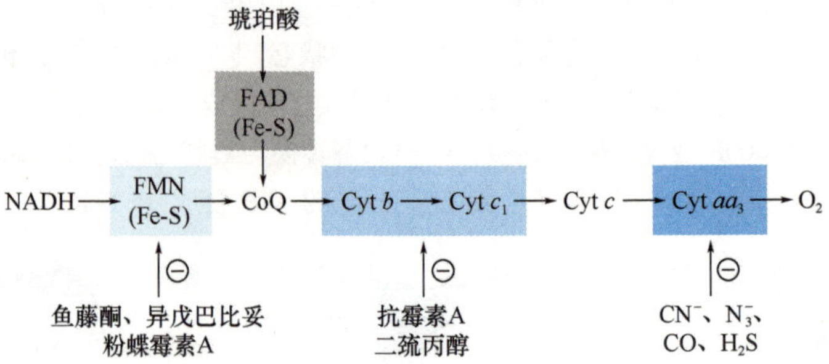

图 6-19　呼吸链抑制剂的作用部位

2. 解偶联剂(uncoupler)　解偶联剂 可使氧化与磷酸化偶联过程脱离。其基本作用机制是使呼吸链传递电子过程中泵出的H^+不经 ATP 合酶的F_0质子通道回流,而通过线粒体内膜中其他途径返回线粒体基质,从而破坏内膜两侧的质子电化学梯度,使 ATP 的生成受到抑制,而电化学梯度储存的能量以热能形式释放。如脂溶性物质二硝基苯酚(dinitrophenol,DNP),在线粒体内膜中可自由移动,进入基质侧时释出H^+,返回胞浆侧时结合H^+,从而破坏了电化学梯度。解偶联剂只破坏电子传递发生的磷酸化,不影响对氧的需要。新生儿体内存在含有大量线粒体的棕色脂肪组织,该组织线粒体内膜中存在的解偶联蛋白(uncoupling protein)为内源性解偶联剂,它是由 2 个 32kDa 亚基组成的二聚体,在内膜上形成质子通道,H^+可经此通道返回线粒体基质中,同时释放热能,因此棕色脂肪组织是产热御寒组织,新生儿可通过这种机制产热,维持体温。新生儿硬肿症就是因为缺乏棕色脂肪组织,不能维持正常体温而使皮下脂肪凝固引起的。

3. 氧化磷酸化抑制剂　此类抑制剂对电子传递及 ADP 磷酸化均有抑制作用。例如,寡霉素(oligomycin)可以阻止质子从F_0质子通道回流,抑制 ATP 生成。这时由于线粒体内膜两侧质子电化学梯度增高影响呼吸链质子泵的功能,继而抑制电子传递。

(二) ADP 的调节作用

正常机体氧化磷酸化的速率主要受 ADP 的调节。当机体利用 ATP 增多,ADP 浓度增高,转运入线粒体后使氧化磷酸化速度加快;反之 ADP 不足,使氧化磷酸化速率减慢。这种调节作用可使 ATP 的生成速度适应机体需要。离体线粒体实验证明,ADP 具有关键的调节作用。当线粒体仅加入底物时,耗氧量变化不大,而加入 ADP 时,耗氧量显著增加,直至 ADP 转变成 ATP,其浓度降低时为止;这时再加入 ADP 又可促进氧化磷酸化。因此,ADP 或 ADP/ATP 比率是调节氧化磷酸化的重要因素。

(三) 甲状腺激素

甲状腺激素是调节氧化磷酸化的重要激素。目前认为甲状腺激素可诱导细胞膜上Na^+,K^+-ATP 酶的生成,使 ATP 加速分解为 ADP 和 Pi,ADP 增多促进氧化磷酸化。甲状腺激素(T_3)还可使解偶联蛋白基因表达增加,因而引起耗氧和产热均增加。所以甲状腺功能亢进症患者基础代谢率增高,产热增加,喜冷怕热,易出汗。

四、ATP

(一) ATP 与高能磷酸化合物

糖、脂肪等物质在细胞内分解氧化过程中释放的能量,有相当一部分以化学能的形式储存在某些特殊类型的有机磷酸酯或硫酯类化合物中。通常在代谢过程中出现的有机磷酸化合物有两类,一类化合物的磷酸酯键比较稳定,水解时释放能量 9~16kJ/mol,一般将其称为低能磷酸化合物或低能化合物;另一类有机磷酸化合物大多为酸酐类,如 ATP、ADP、磷酸肌酸、1,3-二磷酸甘油酸、磷酸烯醇式丙酮酸和乙酰磷酸等,这些化合物的磷酸酯键非常不稳定,水解时,释放的能量为 30~60kJ/mol。一般将化合物水解时释出的自由能大于 20kJ/mol 者称为高能化合物,包括高能磷酸化合物和高能硫酯化合物,而其所含的磷酸键称为高能磷酸键(energy-rich phosphate bond),以~P 表示。所含的硫酯键称为高能硫酯键。实际"高能磷酸键"的名称是不恰当的,高能磷酸键水解时释放的能量是整个高能磷酸化合物分子释放的能量,并不存在键能特别高的化学键。但因用高能磷酸键来解释生化反应较为方便,所以仍被采用。代谢过程中也产生一些高能硫酯化合物,如乙酰 CoA、琥珀酰 CoA 等。几种常见的高能化合物及其水解时能量的释放情况见表 6-4。

笔 记 栏

表 6-4　几种常见的高能化合物

通式	举例	释放能量(pH 7.0，25℃) kJ/mol (kcal/mol)
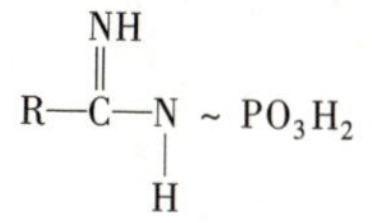	磷酸肌酸	-43.9(-10.5)
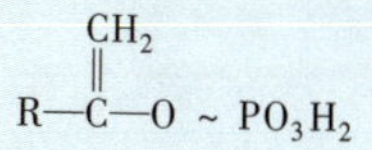	磷酸烯醇式丙酮酸	-61.9(-14.8)
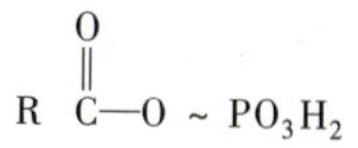	乙酰磷酸	-41.8(-10.1)
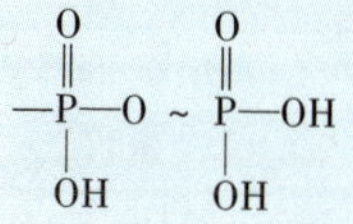	ATP，GTP，UTP，CTP	-30.5(-7.3)
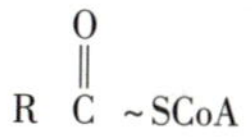	乙酰 CoA	-31.4(-7.5)

（二）ATP 的转换储存和利用

虽然人类一切生理功能所需的能量，主要来自糖、脂类等物质的分解代谢，但都必须转化成 ATP 的形式被利用，所以 ATP 是机体所需能量的直接供给者。ATP 为高能化合物，其分解时可以释放能量，这一放能反应可以与体内各种需要能量做功的吸能反应相配合，从而完成各种生理活动。

1. 参与糖、脂类及蛋白质的生物合成过程 ATP 可用于糖、脂类及蛋白质的生物合成过程。糖原合成除直接消耗 ATP 外，还需要 UTP 参加；磷脂合成需要 CTP；蛋白质合成需要 GTP。这些三磷酸核苷均是高能磷酸化合物，它们的生成和补充都要赖于 ATP。各种一磷酸核苷在核苷单磷酸激酶催化下生成二磷酸核苷，后者经核苷二磷酸激酶催化可生成相应的三磷酸核苷。

$$ATP+UDP \longrightarrow ADP+UTP$$

$$ATP+CDP \longrightarrow ADP+CTP$$

$$ATP+GDP \longrightarrow ADP+GTP$$

另外，当体内 ATP 消耗过多(例如肌肉剧烈收缩)时，ADP 累积，在腺苷酸激酶(adenylate kinase)催化下由 ADP 转变成 ATP 被利用。此反应是可逆的，当 ATP 需要量降低时，AMP 从 ATP 中获得～P 生成 ADP。

$$ADP+ADP \rightleftharpoons ATP+AMP$$

2. 磷酸肌酸是肌肉中能量的储存形式 肌酸在肌酸激酶(creatine kinase，CK)的催化下，由 ATP 提供～P 生成磷酸肌酸，作为肌肉和脑中能量的一种储存形式。当体内 ATP 不足时，磷酸肌酸将～P 转移给 ADP，生成 ATP，再为生理活动提供能量。

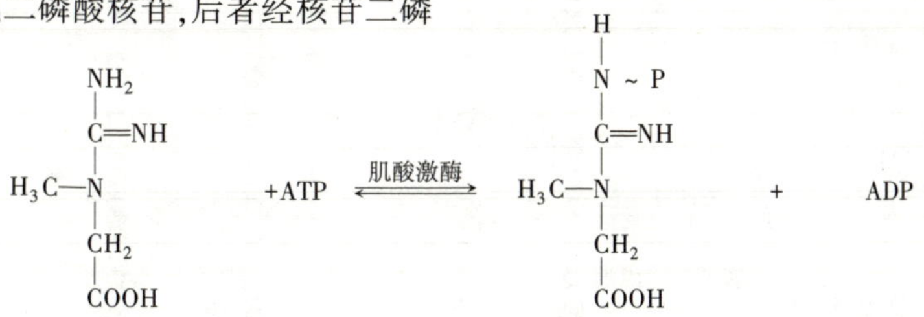

肌酸　　　　磷酸肌酸

生物体内能量的储存和利用都以 ATP 为中心(图 6-20)。

五、通过线粒体内膜的物质转运

线粒体基质与胞浆之间有线粒体内、外膜相隔，线粒体外膜中存在线粒体孔蛋白(mitochondrial porin)，大多数小分子化合物和离子可以自由通过进入膜间腔，而内膜对各种物质的通过有严格的选择性。线粒体对物质通过的选择性主要依赖于内膜中不同的转运蛋白(transporter)对各种物质进行转运，以保证生物氧化的顺利进行(表 6-5)。

笔 记 栏

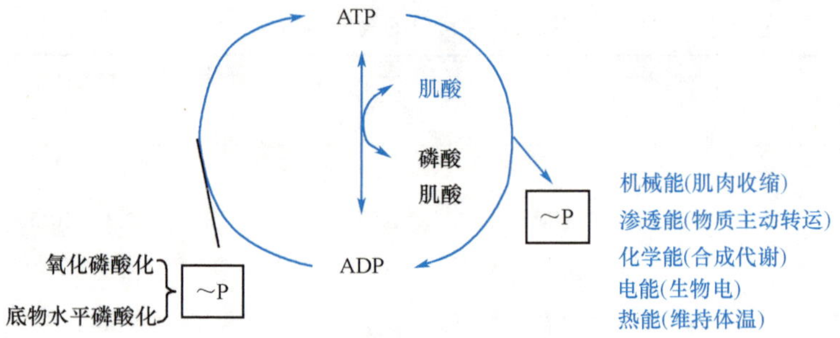

图 6-20　ATP 的生成和利用

表 6-5　线粒体内膜的主要转运蛋白

转运蛋白	功能		
	胞浆		线粒体基质
α-酮戊二酸转运蛋白	苹果酸	⇄	α-酮戊二酸
酸性氨基酸转运蛋白	谷氨酸	⇄	天冬氨酸
腺苷酸转运蛋白	ADP	⇄	ATP
磷酸盐转运蛋白	$H_2PO_4^-H^+$	⇄	$H_2PO_4^-H^+$
丙酮酸转运蛋白	丙酮酸	⇄	OH^-
三羧酸转运蛋白	苹果酸	⇄	柠檬酸
碱性氨基酸转运蛋白	鸟氨酸	⇄	瓜氨酸
肉碱转运蛋白	脂酰肉碱	⇄	肉碱

(一) 胞浆中 NADH 的氧化

线粒体内生成的 NADH 可直接进入呼吸链参与氧化磷酸化过程,但有些物质的脱氢反应在胞液中进行,例如,3-磷酸甘油醛和乳酸脱氢时,脱氢酶的辅酶也是 NAD^+。NAD^+接受电子和质子形成的 NADH 不能自由透过线粒体内膜,因此线粒体外 NADH 所携带的氢必须通过某种转运机制才能进入线粒体,然后再经呼吸链进行氧化磷酸化过程。这种转运机制主要有 α-磷酸甘油穿梭(α-glycerophosphate shuttle)和苹果酸-天冬氨酸穿梭(malate-asparate shuttle)。

1. α-磷酸甘油穿梭　如图 6-21 所示,线粒体外的 NADH 在胞浆中磷酸甘油脱氢酶催化下,使磷酸二羟丙酮还原成 α-磷酸甘油,后者通过线粒体外膜,再经位于线粒体内膜近胞浆侧的磷酸甘油脱氢酶催化下氧化生成磷酸二羟丙酮和 $FADH_2$。磷酸二羟丙酮可穿出线粒体外膜至胞浆,继续进行穿梭,而 $FADH_2$则进入琥珀酸氧化呼吸链进行氧化磷酸化,生成 1.5 分子 ATP。α-磷酸甘油穿梭主要存在于脑和骨骼肌中。因此,在这些组织糖分解过程中 3-磷酸甘油醛脱氢产生的 $NADH+H^+$要通过 α-磷酸甘油穿梭进入线粒体,故 1 分子葡萄糖彻底氧化可生成 30 分子 ATP。

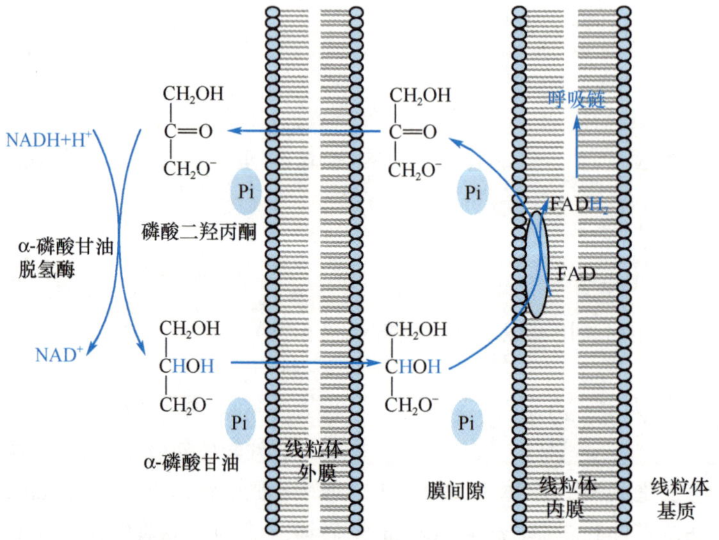

图 6-21　α-磷酸甘油穿梭

笔记栏

2. 苹果酸-天冬氨酸穿梭 苹果酸-天冬氨酸穿梭又称苹果酸穿梭，如图 6-22 所示，胞浆中生成的 NADH 在苹果酸脱氢酶的作用下，使草酰乙酸还原成苹果酸，后者通过线粒体内膜上的

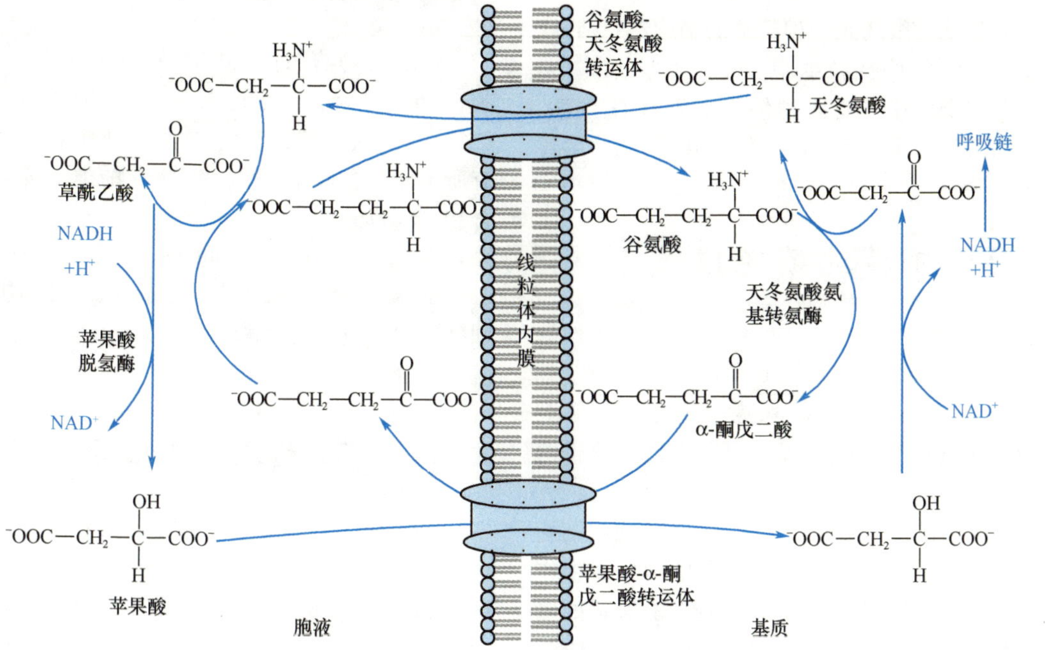

图 6-22 苹果酸-天冬氨酸穿梭

苹果酸-α-酮戊二酸转运体进入线粒体，又在线粒体内苹果酸脱氢酶的作用下重新生成草酰乙酸和 NADH。NADH 进入 NADH 氧化呼吸链进行氧化磷酸化，生成 2.5 分子 ATP。线粒体内生成的草酰乙酸经天冬氨酸氨基转移酶的作用生成天冬氨酸，后者经谷氨酸天冬氨酸转运体运出线粒体再转变成草酰乙酸，继续进行穿梭。苹果酸-天冬氨酸穿梭主要存在于肝和心肌组织中。因此，在这些组织糖分解过程中 3-磷酸甘油醛脱氢产生的 NADH+H^+要通过苹果酸-天冬氨酸穿梭进入线粒体，故 1 分子葡萄糖彻底氧化可生成 32 分子 ATP。

（二）ATP 与 ADP 的转运

ATP、ADP 和 Pi 都不能自由通过线粒体内膜，必须依赖载体转运。ATP、ADP 由腺苷酸载体（adenine nucleotide transporter）转运，腺苷酸载体又称腺苷酸转运蛋白。它是由 2 个 3.0 kDa 亚基组成的二聚体，ADP 与 ATP 经该转运蛋白反向转运。此时，胞质中的 $H_2PO_4^-$经磷酸盐转运蛋白与 H^+同向转运到线粒体内（图 6-23）。转运的速率受胞质和线粒体内 ADP、ATP 水平的影响。当胞浆内游离 ADP 水平升高时，ADP 进入线粒体内，而 ATP 则自线粒体转运至胞浆，结果线粒体基质内 ADP/ATP 比率升高，促进氧化磷酸化。

心肌和骨骼肌等耗能多的组织线粒体膜间隙中存在一种肌酸激酶同工酶，它催化经腺苷酸转运蛋白运到膜间隙中的 ATP 与肌酸之间～P 转移，生成的磷酸肌酸经线粒体外膜中的孔蛋白进入胞浆中。进入胞浆中的磷酸肌酸在细胞需能部位由相应的肌酸激酶同工酶催化，将～P 转移给 ADP 生成 ATP，供细胞利用。

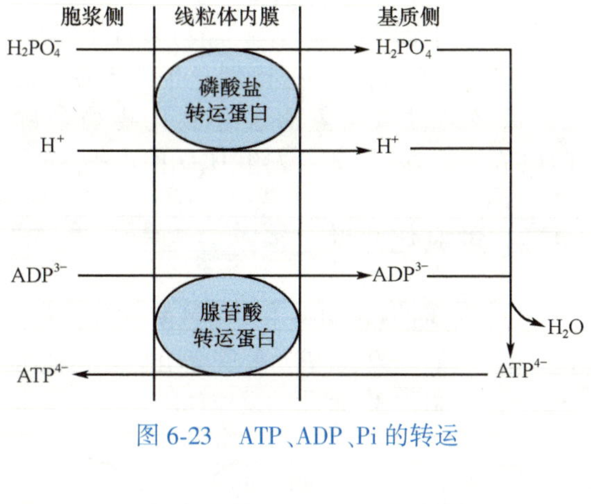

图 6-23 ATP、ADP、Pi 的转运

第 2 节 其他氧化体系

除线粒体外，细胞的微粒体和过氧化物酶体也是生物氧化的场所。其中存在一些不同于线粒体的氧化酶类，组成特殊的氧化体系，其特点是在氧化过程中不伴有偶联磷酸化，不生成 ATP。

笔 记 栏

一、过氧化物酶体中的酶类

过氧化物酶体是一种特殊的细胞器,存在于动物的肝、肾、中性粒细胞和小肠黏膜细胞中。过氧化物酶体中含有多种催化生成 H_2O_2 的酶,也含有分解 H_2O_2 的酶,可氧化氨基酸、脂肪酸等多种底物。

(一) 体内过氧化氢的生成

过氧化物酶体(peroxisome)内含有多种氧化酶,可以催化 H_2O_2 以及超氧离子的生成。如氨基酸氧化酶、胺氧化酶、黄嘌呤氧化酶等,它们都属黄素蛋白酶。能直接作用于底物而获得两个氢原子,然后将氢交给氧生成 H_2O_2。

微粒体的 NAD(P)H 氧化酶、脱氢酶和细胞色素 P 450还原酶,正常情况下在中间代谢中作为电子载体,但在氧应激条件下或没有合适的电子受体时,这些还原型黄素蛋白能与 O_2 反应生成 H_2O_2。

细胞内产生的超氧阴离子都能通过歧化反应生成 H_2O_2。此反应受过渡金属离子或超氧化物歧化酶催化,氧自由基的损伤作用也往往是由歧化反应生成的 H_2O_2 所介导。

生理量的 H_2O_2 对机体有一定生理功能。例如,在粒细胞和吞噬细胞中,H_2O_2 可氧化杀死入侵的细菌;甲状腺细胞中产生的 H_2O_2 可使 $2I^-$ 氧化成 I_2,进而使酪氨酸碘化生成甲状腺激素。

过多的 H_2O_2 可以氧化巯基酶和具有活性巯基的蛋白质,使之丧失生理活性。但体内有催化效率极高的过氧化氢酶及过氧化物酶消除 H_2O_2,在正常情况下不会发生 H_2O_2 的蓄积。

(二) 过氧化氢酶

过氧化氢酶(catalase)又称触酶,广泛分布于血液、骨髓、黏膜、肾脏及肝脏等组织。其辅酶分子含 4 个血红素,催化的反应如下:

$$2H_2O_2 \longrightarrow 2H_2O + O_2$$

(三) 过氧化物酶

过氧化物酶(peroxidase)分布在乳汁、白细胞、血小板等体液或细胞中。该酶的辅基也是血红素,与酶蛋白结合疏松,这和其他血红素蛋白有所不同。它催化 H_2O_2 直接氧化酚类或胺类化合物,反应如下:

$$R+H_2O_2 \longrightarrow RO+H_2O \text{ 或 } RH_2+H_2O_2 \longrightarrow R+2H_2O$$

临床上判断粪便中有无隐血时,就是利用白细胞中含有过氧化物酶的活性,将联苯胺氧化成蓝色化合物。

二、超氧物歧化酶

呼吸链电子传递过程中及体内其他物质氧化时可产生超氧离子,超氧离子可进一步生成 H_2O_2 和羟自由基(·OH),统称反应氧族。其化学性质活泼,可使磷脂分子中不饱和脂酸氧化生成过氧化脂质,损伤生物膜;过氧化脂质与蛋白质结合形成的复合物,积累成棕褐色的色素颗粒,称为脂褐素,与组织老化有关。

超氧物歧化酶(superoxide dismutase,SOD)可催化一分子超氧离子氧化生成 O_2,另一分子超氧离子还原生成 H_2O_2:

$$2O_2^- + 2H^+ \xrightarrow{SOD} H_2O_2 + O_2$$

在真核细胞胞浆中,该酶以 Cu^{2+}、Zn^{2+} 为辅基,称为 CuZn-SOD;线粒体内以 Mn^{2+} 为辅基,称 Mn-SOD。生成的 H_2O_2 可被活性极强的过氧化氢酶分解。SOD 是人体防御内、外环境中超氧离子损伤的重要酶。

此外,在红细胞及其他一些组织中存在着谷胱甘肽过氧化物酶(glutathione peroxidase),此酶含硒(selenium),它利用还原型谷胱甘肽(GSH)使 H_2O_2 或过氧化脂质等(ROOH)还原生成水或醇类(RO),从而保护生物膜脂质及血红蛋白等免受氧化。

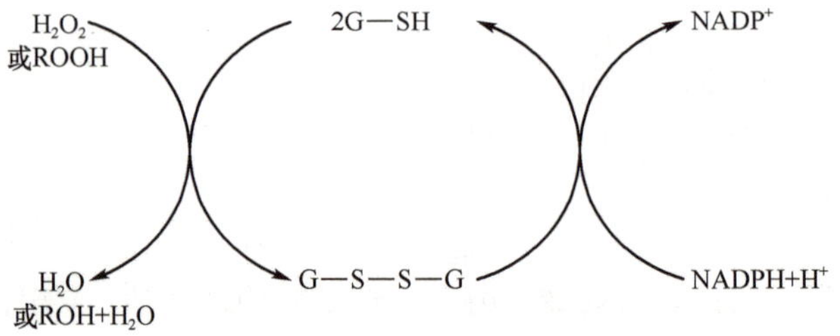

笔记栏

三、微粒体中的酶类

(一) 加单氧酶

微粒体内有一种重要的氧化酶体系，它的功能是催化给有关底物分子加上一个氧原子使其羟化(加氧氧化)，所以这个氧化酶体系又称加单氧酶(monooxygenase)或称羟化酶(hydroxylase)。由于此酶催化氧分子中一个氧原子加到底物分子上，而另一个氧原子被氢(来自 $NADPH+H^+$)还原成 H_2O，因此又称此酶为混合功能氧化酶(mixed-function oxidase，MFO)。

$$RH + NADPH+H^+ + O_2 \longrightarrow ROH + NADP^+ + H_2O$$

参与该酶催化的电子传递系统比较复杂，其整个反应途径如图 6-24 所示。

上述反应需要细胞色素 P 450(Cytochrome P 450，Cyt P 450)参与。Cyt P 450属于 Cyt *b* 类，与CO结合后在波长 450nm 处出现最大吸收峰。首先，氧化型细胞色素 P 450结合底物(A-H)形成 P 450-Fe^{3+}-A-H 复合物，继而在 NADPH-Cyt P 450-Fe^{3+}还原酶催化下，由 NADPH 供给电子，经FAD、$2Fe_2S_3^{2+}$传递，接受一个电子被还原成 P 450-Fe^{2+}-A-H，加入 O 并再接受一个电子使氧分子活化，结果底物被羟化(AOH)并释出，而另一个氧原子接受 e 还原成氧离子，并与介质中 $2H^+$ 结合成水。如此可周而复始进行底物加氧反应的循环。

细胞色素 P 450在生物中广泛分布，哺乳类动物 Cyt P 450分属 10 个基因家族。人 Cyt P 450有100 多种同工酶，对被羟化的底物各有其特异性。

加单氧酶在肝和肾上腺的微粒体中含量最多，参与类固醇激素、胆汁酸及胆色素等的生成，此外，该酶系统对脂溶性药物、毒物等生物转化以促进其排出也起重要作用。

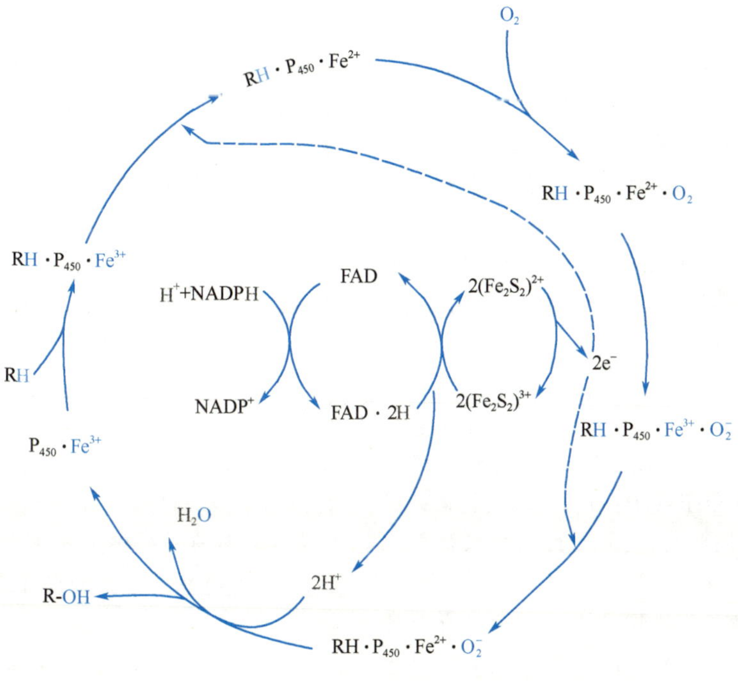

图 6-24 加单氧酶的反应过程

(二) 加双氧酶

加双氧酶(dioxygenase)催化氧分子中的两个氧原子加到底物中带双键的 2 个碳原子上。如色氨酸吡咯酶催化的反应(图 6-25)：

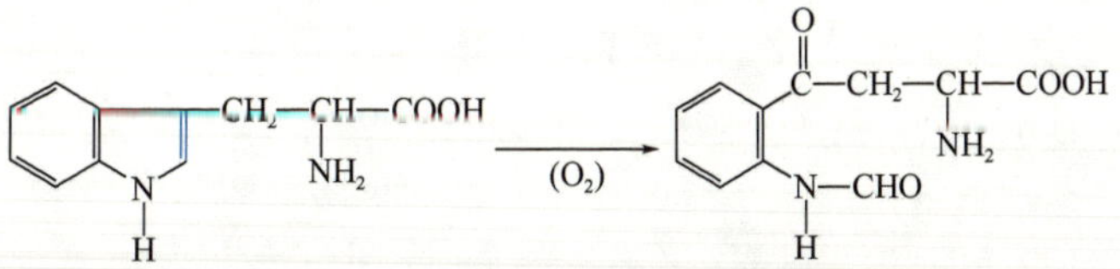

图 6-25 加双氧酸的反应过程

笔记栏

小　结

物质在生物体内进行的氧化作用称为生物氧化。主要指营养物质在生物体内氧化分解，逐步释放能量，最终生成CO_2和H_2O的过程。由于消耗O_2，产生CO_2，与细胞呼吸有关，所以又称为细胞呼吸。

组成呼吸链的成分大多数镶嵌在线粒体内膜中，用超声或去垢剂处理线粒体内膜，可分离得到4个有电子传递功能的复合体：Ⅰ、Ⅱ、Ⅲ、Ⅳ。复合体Ⅰ又称NADH一泛醌还原酶，可将电子从NADH传递给泛醌；复合体Ⅱ又称琥珀酸一泛醌还原酶，可将电子从琥珀酸传递给泛醌；复合体Ⅲ又称泛醌一细胞色素*c*还原酶，能把电子从泛醌传递给Cyt *c*；复合体Ⅳ又称细胞色素*c*氧化酶，能把电子从Cyt *c*传递给氧。以上四种复合体按一定顺序排列组成两条呼吸链，分别是NADH氧化呼吸链和琥珀酸氧化呼吸链。

呼吸链电子传递过程中释放的能量，大约有40%可使ADP磷酸化生成ATP，此过程称为氧化磷酸化。物质氧化时，每消耗1摩尔氧原子所消耗无机磷的摩尔数，称P/O比值。在电子传递过程中同时伴有电位改变，在标准状态下，以$\Delta E^{0\prime}$表示电位变化，以$\Delta G^{0\prime}$表示自由能改变，两者之间的关系符合以下公式：$\Delta G^{0\prime}=-nF\Delta E^{0\prime}$。通过测定不同底物经呼吸链氧化的P/O比值或通过呼吸链各组分之间电位差与自由能变化之间的关系计算所得的结果表明，在NADH氧化呼吸链中，存在3个偶联部位，物质经该呼吸链氧化可生成2.5分子ATP；而在琥珀酸氧化呼吸链中，存在2个偶联部位，物质经该呼吸链氧化可生成1.5分子ATP。

对于氧化磷酸化的作用机制，目前化学渗透假说是较为普遍公认的学说。该学说认为，电子经呼吸链传递释放的能量，可将质子从线粒体基质侧泵到内膜外侧，产生质子电化学梯度而积蓄能量，当质子梯度达到一定程度时，经ATP合酶F_0质子通道回流，产生的能量由F_1催化ADP磷酸化生成ATP。

氧化磷酸化作用可受到多种因素的影响。能阻断呼吸链中某一部位的电子传递，使电子不能传递给氧的一类物质称为呼吸链抑制剂，例如：鱼藤酮、抗霉素A、氰化物、叠氮化物和CO等。能解除氧化与磷酸化正常偶联的物质，称解偶联剂，如2,4-二硝基酚(DNP)，其作用是破坏质子浓度梯度而影响ATP的生成。对电子传递和磷酸化均有抑制作用的称为氧化磷酸化抑制剂，如寡霉素。

除氧化磷酸化外，体内还有一种生成ATP的方式，称为底物水平磷酸化，即代谢物分子氧化过程中生成高能磷酸直接转移给ADP生成ATP。

由于线粒体内膜对物质的通透具有严格的选择性，在线粒体外生成的NADH不能直接进入线粒体经呼吸链氧化，需要借助穿梭系统才能使2H进入线粒体内。即α-磷酸甘油穿梭和苹果酸-天冬氨酸穿梭系统。

体内有许多高能化合物，以含高能磷酸键的物质尤为重要，这类物质水解时释放的能量较多；现在认为，这是整个分子释放的能量，并不存在键能特别高的化学键。ATP是多种生理活动能量的直接提供者，体内能量的生成、转化、储存和利用，都以ATP为中心。

生物体内，除线粒体的氧化体系外，在微粒体、过氧化物酶体以及细胞其他部位还存在其他氧化体系，参与呼吸链以外的生物氧化过程，其特点是不伴有磷酸化生成ATP，主要与体内代谢物、药物和毒物的生物转化有关。

（王桂兰　谢书阳）

笔记栏

第7章 糖代谢

糖是自然界一大类有机化合物，其化学本质是多羟基醛或多羟基酮以及它们的衍生物或多聚物。糖的基本结构式是$(CH_2O)_n$，故也称之为碳水化合物。糖广泛分布于几乎所有的生物体内，其中以植物中含量最多，约占85%~95%。食物中的糖主要来自植物，其中能被利用的主要为淀粉(starch)。纤维素、杂多糖、戊多糖等由于人体内缺乏相应的水解酶则不能被利用。淀粉被消化分解成基本组成单位葡萄糖(glucose)，以主动吸收的方式吸收进入血液。葡萄糖在糖代谢中居于主要地位，其多聚体——糖原(glycogen)是机体内糖的主要储存形式。糖是人体能量的主要来源之一，人体每日摄入的糖比蛋白质、脂肪多，占到食物总量的50%以上，以葡萄糖为主供给机体各种组织能量。本章主要讨论糖在体内的分解代谢、糖异生作用、糖原代谢、血糖及糖代谢调节等问题，并介绍糖代谢异常的相关疾病。

第1节 概 述

一、糖的生理功能

糖类是人类食物中的重要成分，其消化产物被吸收后经血液运送到全身可被分解利用或合成糖原储存。糖类的生理功能有：①作为体内主要的供能物质，1mol 葡萄糖在体内完全氧化可释放2840kJ(679kcal)的能量。糖类所供给的能量是人体生命活动主要的能量来源(约占机体所需总能量的50%~70%)。②糖是人体组织结构的重要成分。糖与蛋白质结合形成糖蛋白(glycoprotein)构成结缔组织、软骨和骨基质；与脂类结合形成的糖脂(glycolipid)是神经组织和细胞膜的组成成分；血浆蛋白、抗体和某些酶及激素中也含有糖。③核糖与脱氧核糖是体内合成核苷酸的原料。④糖类可提供体内合成脂类和某些氨基酸的碳骨架。

二、糖的消化吸收

人类食物中的糖类主要有植物淀粉和动物糖原以及少量麦芽糖、蔗糖、乳糖、葡萄糖、果糖等，食物中还含有大量纤维素。除单糖外，二糖和多糖都必须经过消化道中水解酶类协同作用分解为单糖后才能被吸收利用。纤维素是由β-*D*-葡萄糖通过β-1,4-糖苷键连接而成的长链大分子。纤维素酶能特异地水解β-1,4-糖苷键，从而将纤维素水解成葡萄糖。人和动物的消化系统中不能分泌纤维素酶，因此不能直接利用纤维素作为食物。反刍动物(牛、羊等)的消化道中含有某些微生物，这些微生物能分泌纤维素酶，因此反刍动物能利用纤维素做食物，而人不能利用纤维素做食物，但纤维素促进机体肠蠕动，可防止便秘。食物淀粉的消化始于口腔，完成于小肠。

唾液中含有唾液淀粉酶(α-淀粉酶)，可催化淀粉分子内部的α-1,4-糖苷键水解。该酶作用发挥的程度与食物在口腔中被咀嚼的程度和停留的时间有关。由于食物在口腔中停留时间一般都不长，胃中又缺乏水解糖类的酶，故食物淀粉的消化主要在小肠中进行。肠液中有来自胰腺分泌的胰淀粉酶，可使淀粉分子内部的α-1,4-糖苷键水解，生成麦芽糖、麦芽三糖(约占65%)以及含有分支的异麦芽糖(葡萄糖α-1,6葡萄糖)和α-极限糊精(占35%)，后者是由4~9个葡萄糖残基构成的有支链的寡糖。二糖及寡糖的进一步消化在肠黏膜细胞内进行。α-葡萄糖苷酶(包括麦芽糖酶)水解麦芽糖及麦芽三糖，α-极限糊精酶(包括异麦芽糖酶)则能水解α-1,4-糖苷键和α-1,6-糖苷键，将α-糊精和异麦芽糖水解为葡萄糖。此外，肠黏膜细胞内还含有β-葡萄糖苷酶类(包括蔗糖酶和乳糖酶)，可水解蔗糖和乳糖。

食物淀粉经过上述消化过程后生成的单糖在小肠上部经肠黏膜细胞吸收入血。单糖的吸收方式有下列几种：

(1) 单纯扩散吸收：指既不耗能也无需载体参与的吸收。实验证明，各种单糖的吸收速度不同，若以葡萄糖的吸收速率为100计，则各种单糖的吸收速度为：*D*-半乳糖(110)>*D*-葡萄糖(100)>*D*-果糖(43)>*D*-甘露糖(19)>*L*-木酮糖(15)>*L*-阿拉伯糖(9)。此种差别说明除了单纯扩散吸收外，还有其他吸收方式。

笔记栏

(2) 主动吸收:指耗能、有载体蛋白参与的逆浓度梯度吸收的方式。小肠黏膜有一种专一性的载体蛋白,与单糖之间的亲和力和糖浓度有关,而且对单糖分子结构有一定的选择性,只能与吡喃型单糖的第2位碳原子上有羟基和第5位碳原子上有游离羟甲基的单糖结合。因此,这可能是半乳糖和葡萄糖的吸收速度特别快的原因。糖的主动吸收多伴有 Na^+ 吸收的同向协同转运过程,Na^+ 为顺浓度梯度吸收,但需依赖钠泵并消耗 ATP 以维持该浓度梯度。

(3) 易化扩散吸收:此种吸收不消耗 ATP,也无 Na^+ 伴随,吸收速度介于上述两种方式之间,在小肠细胞微绒毛的一种特异载体蛋白协助下加速扩散平衡。果糖的吸收属此种方式。

由小肠上皮细胞吸收的单糖,扩散入血,循门静脉至肝,再输送到全身各组织器官加以利用。

三、糖代谢的概况

糖代谢主要是指葡萄糖在体内的一系列复杂的化学反应,它包括糖的分解代谢与糖的合成代谢。所有的代谢反应都在细胞内进行,因此吸收入血液中的葡萄糖首先要进入细胞,这一过程依赖一类葡萄糖转运体(glucose transporter, GLUT)而实现。目前已经发现的5种葡萄糖转运体(GLUT 1~5),分别在不同组织细胞中起作用。

体内绝大多数组织细胞都能有效地进行糖的分解代谢,但各组织器官中糖分解代谢的途径不完全相同,糖在体内分解代谢的主要途径有4条:①糖的无氧分解(糖酵解);②糖的有氧氧化;③磷酸戊糖途径;④糖醛酸途径。不同途径能够发挥不同的生理作用。代谢方式在很大程度上还受氧供状况的影响:氧充足时糖进行有氧氧化分解成 CO_2 和 H_2O;在缺氧情况下糖则进行糖酵解生成乳酸。

糖的合成代谢包括糖原合成和糖异生。葡萄糖经合成代谢聚合成糖原,储存在肝或肌组织。有些非糖物质如乳酸、丙氨酸等经糖异生途径转变成葡萄糖或糖原。以下介绍糖的主要代谢途径、生理意义及其调控机制。

第2节　糖的无氧分解

一、糖酵解的反应过程

笔记栏

糖的无氧分解(anaerobic degradation)是指在无氧情况下,机体细胞液中的葡萄糖分解生成乳酸和少量 ATP 的过程。由于 Embden、Meyerhof 和 Parnas 等人对该途径的研究贡献较大,故又称为 EMP 途径。这一过程与酵母菌使糖生醇发酵的过程相似,因而又称为糖酵解(glycolysis)。糖酵解反应的起始物,可以是游离状态的葡萄糖,也可以是糖原分子分解生成的葡萄糖单位。以葡萄糖为起始物时,需经12步反应;以糖原起始时,则需经13步反应。糖酵解整个反应过程可人为地分成两个阶段。

(一)葡萄糖分解成丙酮酸的过程

(1) 葡萄糖磷酸化生成6-磷酸葡萄糖(glucose-6-phosphate, G-6-P):葡萄糖在细胞内的第一步反应是磷酸化,将 ATP 的磷酸基团转移到葡萄糖,反应基本上不可逆,生成的6-磷酸葡萄糖即不能自由通过细胞膜而逸出细胞。催化此步反应的酶是己糖激酶(hexokinase, HK),体内已发现4种己糖激酶的同工酶,分别为Ⅰ~Ⅳ,其中Ⅳ型通常称为葡萄糖激酶(glucokinase, GK),只存在于肝脏和胰腺β细胞中,它对葡萄糖的亲和力较低(K_m 值为 10~20mmol/L;而Ⅰ~Ⅲ型 HK 对葡萄糖的 K_m 值为 0.01mmol/L)。当血糖浓度升高时,GK 的活性增高,肝脏可不断地将葡萄糖变为6-磷酸葡萄糖而缓解血糖浓度的升高;血糖浓度降低时,GK 活性降低,从而避免肝脏从血液中摄取过多的葡萄糖。因此,GK 在调节葡萄糖的磷酸化及维持血糖水平方面起着重要的生理作用。

此步反应有两方面的意义:①糖磷酸化后形成相对较活泼的产物,容易参与代谢反应,这也是生物化学代谢反应过程的普遍规律,反应途径的第一步往往需进行活化。②磷酸化后的糖含有带负电荷的磷酸基团而不能透过细胞质膜,因此是细胞的一种保糖机制。该步反应是耗能反应,消耗1分子 ATP,$\Delta G^{0'}=-16.7$kJ/mol,反应不可逆。这是糖酵解过程中第一个限速步骤。

若糖原分子中的葡萄糖基进行糖酵解时,则其必须先在磷酸化酶的作用下生成1-磷酸葡萄糖,然后在磷酸葡萄糖变位酶(phosphoglucose mutase)催化下转变为6-磷酸葡萄糖,即多经历一步反应。

(2) 6-磷酸葡萄糖异构化转变为6-磷酸果糖(fructose-6-phosphate, F-6-P):这是由磷酸己糖异构酶(phosphohexose isomerase)所催化的己醛糖和己酮糖之间的异构化反应,$\Delta G^{0'}=$

−1.7kJ/mol，是需要 Mg^{2+} 的可逆反应。

（3）6-磷酸果糖再磷酸化生成1,6-二磷酸果糖（fructose-1，6-diphosphate，F-1，6-DP 或 FDP）：这步磷酸化反应由 ATP 提供能量和磷酸基团，需 Mg^{2+} 参加，经6-磷酸果糖激酶-1（6-phosphofructokinase-1，PFK-1）催化，$\Delta G^{0'}$ = −14.2kJ/mol，反应不可逆，是糖酵解的第二个限速步骤。体内还有6-磷酸果糖激酶-2（PFK-2），催化6-磷酸果糖 C_2 位磷酸化，生成2,6-二磷酸果糖（F-2,6-DP），它是 PFK-1 最强的变构激活剂，是果糖二磷酸酶-1的变构抑制剂，在糖酵解的调控上有重要作用。

（4）1,6-二磷酸果糖裂解成两分子磷酸丙糖：醛缩酶（aldolase）可催化1,6-二磷酸果糖裂解为磷酸二羟丙酮和3-磷酸甘油醛两个磷酸丙糖分子。此步反应可逆，其逆反应是一个醛缩反应，故催化此反应的酶称为醛缩酶或醇醛缩合酶。

（5）磷酸二羟丙酮转变为磷酸二羟丙酮：磷酸二羟丙酮和3-磷酸甘油醛互为同分异构体，可在磷酸丙糖异构酶（phosphotriose isomerase）的催化下互相转变。当反应达到平衡时，反应体系中磷酸二羟丙酮占96%，3-磷酸甘油醛占4%。但由于3-磷酸甘油醛不断地进入糖酵解后续的反应，故磷酸二羟丙酮不断地转变成3-磷酸甘油醛，其结果相当于1分子1,6-二磷酸果糖生成2分子3-磷酸甘油醛。

（6）3-磷酸甘油醛氧化为1,3-二磷酸甘油酸：在 NAD^+ 及 H_3PO_4 存在下，3-磷酸甘油醛脱氢酶（glyceraldehydes-3-phosphate dehydrogenase）催化3-磷酸甘油醛的醛基氧化为羧基以及羧基的磷酸化，脱氢氧化时释出的能量可保存于羧酸与磷酸构成的混合酸酐内，生成含有一个高能磷酸键的1,3-二磷酸甘油酸。3-磷酸甘油醛脱氢酶是一含巯基的酶，碘乙酸可强烈抑制此酶活性。

（7）1,3-二磷酸甘油酸生成3-磷酸甘油酸：在 Mg^{2+} 存在下，3-磷酸甘油酸激酶（3-phosphoglycerate kinase）催化1,3-二磷酸甘油酸将其分子内的高能磷酸基转移给 ADP，生成3-磷酸甘油酸和 ATP。这步反应是糖酵解途径中第一次生成 ATP 的反应，此种 ADP 或其他核苷二磷酸的磷酸化作用与底物的脱氢作用直接相偶联生成 ATP 的反应过程称为底物水平磷酸化。

（8）3-磷酸甘油酸转变为2-磷酸甘油酸：磷酸甘油酸变位酶（phosphoglycerate mutase）催化磷酸基从3-磷酸甘油酸的 C_3 位转移到 C_2，反应是可逆的，同时需要 Mg^{2+} 参与。

（9）2-磷酸甘油酸脱水生成磷酸烯醇式丙酮酸（phosphoenolpyruvate，PEP）：此反应由烯醇化酶（enolase）催化，需 Mg^{2+} 或 Mn^{2+} 参加。2-磷酸甘油酸在脱水过程中分子内部能量的重新分布，集中于 C_2 位的磷酸酯键上生成具有高能键的磷酸烯醇式丙酮酸，反应可逆。氟化物能与 Mg^{2+} 形成络合物而抑制烯醇化酶的活性，从而抑制糖酵解。红细胞的糖酵解将导致血浆葡萄糖测定结果偏低，因此常用氟化钠为抗凝剂以抑制红细胞的糖酵解。

（10）磷酸烯醇式丙酮酸转变为烯醇式丙酮酸：该步反应由丙酮酸激酶（pyruvate kinase，PK）催化，需要 Mg^{2+} 及 K^+ 激活。磷酸烯醇式丙酮酸的高能磷酸键转给 ADP 而生成 ATP 和烯醇式丙酮酸。这是糖酵解途径中第二次底物水平磷酸化生成 ATP 的反应。PEP 释放的能量除使 ADP 磷酸化生成 ATP 外，还有大量的自由能以热能的形式释放，故在生理条件下此步反应是不可逆的，这是糖酵解途径中第三个限速步骤。

（11）烯醇式丙酮酸自发转变为丙酮酸：烯醇式丙酮酸化学性质不稳定，生成后可经分子重排而自动转变为丙酮酸。

（二）丙酮酸还原为乳酸

乳酸脱氢酶催化丙酮酸还原为乳酸。乳酸脱氢酶的辅酶是 NAD^+ 或 $NADH+H^+$。糖酵解途径中3-磷酸甘油醛脱氢时，氢原子由 NAD^+ 接受而生成 $NADH+H^+$。在缺氧情况下，这对氢原子用以使丙酮酸还原生成乳酸，同时 $NADH+H^+$ 则重新转变为 NAD^+，从而使得 $NADH+H^+$ 有去路，糖酵解得以不断进行；当供氧充足时，胞浆中生成的 $NADH+H^+$ 则可通过 α 磷酸甘油穿梭或苹果酸-天冬氨酸穿梭进入线粒体，其携带的氢经电子传递链（呼吸链）最终传递给氧，生成水和 ATP（详见第6章）。糖酵解的全部反应过程见图7-1。

糖酵解的最终产物是乳酸和少量能量。此途径的所有酶均分布于胞液中，其中己糖激酶、磷酸果糖激酶-1和丙酮酸激酶是糖酵解的关键酶。每摩尔葡萄糖通过无氧分解可净生2molATP（表7-1）；若从糖原开始，每摩尔葡萄糖单位则可净生3mol ATP。

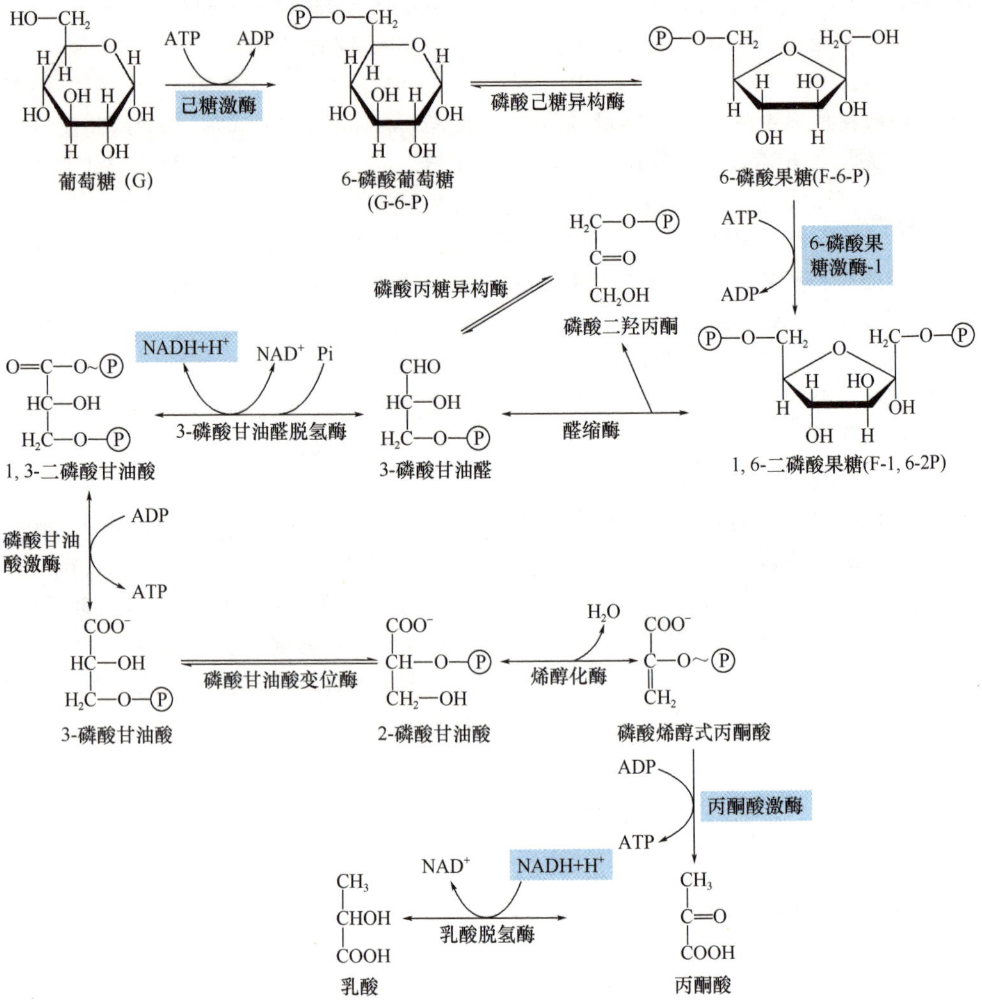

图 7-1　糖酵解代谢途径

表 7-1　糖酵解过程中 ATP 的生成

每摩尔葡萄糖经过下列反应	生成 ATP(mol)
葡萄糖→G-6-P	-1
F-6-P→F-1,6-DP	-1
2×1,3-二磷酸甘油酸→2×3-磷酸甘油酸	2×1
2×磷酸烯醇式丙酮酸→2×烯醇式丙酮酸	2×1
净生成	2

二、糖酵解的调节

糖酵解过程中多数反应是可逆的。这些可逆反应的速率、方向由底物和产物浓度决定，催化反应的酶活性变化不能决定反应的方向。但是在酵解途径中有 3 个反应基本上是不可逆的，分别由 6-磷酸果糖激酶-1、丙酮酸激酶和己糖激酶（葡萄糖激酶）催化，是糖酵解途径流量的 3 个调节点，分别受变构效应和激素的调节。

（一）6-磷酸果糖激酶-1

6-磷酸果糖激酶-1 被认为是糖酵解途径流量最重要的调节点。该酶是四聚体，受多种变构效应剂的影响。ATP 是该酶的底物，因此需要一定的量才能使糖酵解进行，但 ATP 又是该酶的变构抑制剂，即细胞内 ATP 丰富能量足够时糖酵解减弱。柠檬酸是 6-磷酸果糖激酶-1 的另一个变构抑制剂。而 AMP、ADP、1,6-二磷酸果糖和 2,6-二磷酸果糖是 6-磷酸果糖激酶-1 的变构激活剂，AMP 可以与 ATP 竞争变构结合部位，抵消 ATP 的抑制作用。2,6-二磷酸果糖是 6-磷酸果糖激酶-1 最强的变构激活剂，与 AMP 一起消除 ATP、柠檬酸的抑制作用。

（二）丙酮酸激酶

丙酮酸激酶是糖酵解第二个重要的调节点。

笔记栏

1,6-二磷酸果糖是丙酮酸激酶的变构激活剂，ATP 则有抑制作用。在肝内丙氨酸也有变构抑制作用。丙酮酸激酶还受共价修饰方式调节。依赖 cAMP 的蛋白激酶和依赖 Ca^{2+}、钙调蛋白的蛋白激酶均可使其磷酸化而失活。胰高血糖素可以通过 cAMP 抑制丙酮酸激酶活性。

（三）葡萄糖激酶或己糖激酶

葡萄糖激酶调节作用不及前两者重要。己糖激酶受其反应产物6-磷酸葡萄糖的反馈抑制，葡萄糖激酶分子内没有6-磷酸葡萄糖的变构部位，故不受6-磷酸葡萄糖的影响。长链脂酰 CoA 对其有变构抑制作用，这对饥饿时减少肝和其他组织摄取葡萄糖有一定意义。胰岛素可诱导葡萄糖激酶基因的转录，促进酶的合成。

三、糖酵解的生理意义

糖酵解最重要的生理意义在于为机体迅速提供能量，对肌肉组织尤为重要。肌肉组织中 ATP 含量甚微，仅为 5～7μmol/g 新鲜组织，肌肉收缩几秒钟就可全部耗尽。此时即使不缺氧，葡萄糖进行有氧氧化的过程比糖酵解长得多，不能及时满足生理需要，而通过糖酵解则可迅速获得 ATP。

在人体内成熟红细胞缺乏线粒体，其生命活动所需的能量完全依靠糖酵解供应。少数组织如视网膜、肾髓质、皮肤、睾丸等，即便在有氧条件下，也主要依靠糖酵解供能。此外，神经、白细胞、骨髓等代谢极为活跃，即使不缺氧，也常由糖酵解提供部分能量。

糖酵解是在特殊情况下机体应激供能的有效方式。一般情况下，人体主要靠糖的有氧氧化供能，但当机体缺氧或因剧烈运动肌肉因供血相对不足时，则主要依靠糖酵解供能。在一些病理情况下（如严重贫血、大量失血、呼吸障碍、循环衰竭等），因供氧不足而使糖酵解加强，甚至可因糖酵解过度致使体内乳酸堆积过多而发生乳酸性酸中毒。

第3节　糖的有氧氧化

葡萄糖在有氧条件下彻底氧化分解生成 CO_2 和 H_2O，并释放大量能量的反应过程，称为糖的有氧氧化（aerobic oxidation）。有氧氧化是糖在体内氧化供能的主要方式，体内大多数组织细胞都能进行糖的有氧氧化而获得能量。

一、有氧氧化的反应过程

糖的有氧氧化与无氧分解具有一段共同的途径，即葡萄糖转变为丙酮酸。在无氧分解时，丙酮酸在胞液中接受 $NADH+H^+$ 的 2H 还原为乳酸。而在有氧氧化时，丙酮酸则进入线粒体氧化脱羧，转变为乙酰 CoA，继而进入三羧酸循环彻底氧化。糖的有氧氧化可概括如图 7-2。

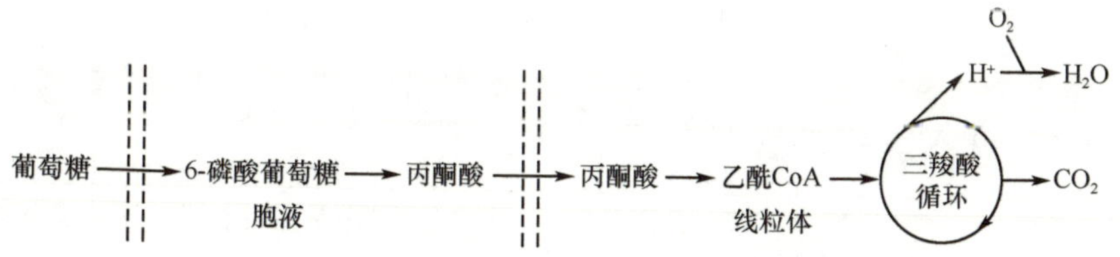

图 7-2　葡萄糖有氧氧化概况

（一）丙酮酸生成

同糖酵解途径。

（二）丙酮酸氧化脱羧生成乙酰 CoA

胞液中生成的丙酮酸，经线粒体内膜上丙酮酸载体转运到线粒体内，在丙酮酸脱氢酶复合体（pyruvate dehydrogenase complex）催化下，氧化脱羧生成乙酰 CoA，其总反应为：

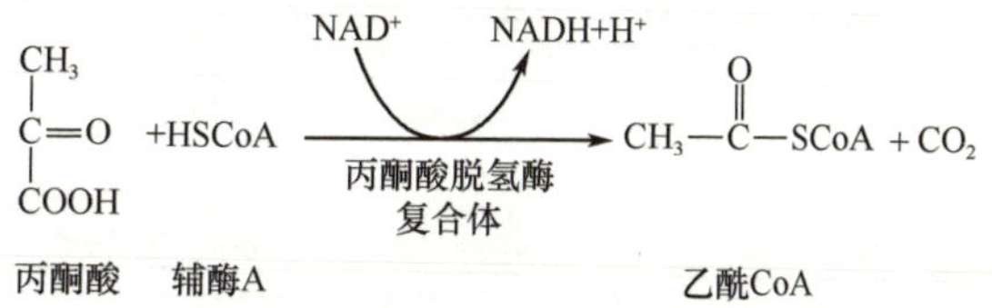

丙酮酸脱氢酶复合体由 3 种酶和 6 种辅助因子组成：丙酮酸脱氢酶［E_1，辅酶为硫胺素焦磷酸酯（TPP），并需 Mg^{2+} 参与反应］、二氢硫辛酰胺转乙酰酶（E_2，辅酶是硫辛酸和 HSCoA）、二氢硫辛酰胺脱氢酶（E_3，辅基为 FAD，并需线粒体基质中的 NAD^+ 参加反应）。三种酶按一定比

笔记栏

例组合成多酶复合体，不同生物体中组合比例有所不同。在哺乳动物细胞中，酶复合体由 60 个二氢硫辛酰胺转乙酰酶组成核心，周围排列着 12 个丙酮酸脱氢酶和 6 个二氢硫辛酰胺脱氢酶，形成一个紧密的连锁反应机构，其催化效率极高。

丙酮酸氧化脱羧过程由下列 5 步反应组成，如图 7-3 所示。

（1）丙酮酸脱羧并形成羟乙基-TPP：丙酮酸在 Mg^{2+} 存在下首先与丙酮酸脱氢酶（E_1）上的辅酶 TPP 结合，脱去羧基产生 CO_2，并形成羟乙基-TPP。

（2）羟乙基-TPP 形成乙酰硫辛酰胺：羟乙基-TPP 的羟乙基被氧化成乙酰基并与硫辛酰胺结合形成乙酰硫辛酰胺。

（3）乙酰硫辛酰胺生成二氢硫辛酰胺：乙酰硫辛酰胺上的乙酰基转移给辅酶 A 生成乙酰辅酶 A 后，硫辛酰胺接受氧化过程中的 2 个电子转变为还原型的二氢硫辛酰胺。

（4）还原型的二氢硫辛酰胺脱氢传递给 FAD，生成 $FADH_2$ 和硫辛酰胺。

（5）在二氢硫辛酰胺脱氢酶催化下，$FADH_2$ 上 H 转移给 NAD^+，形成 $NADH+H^+$。

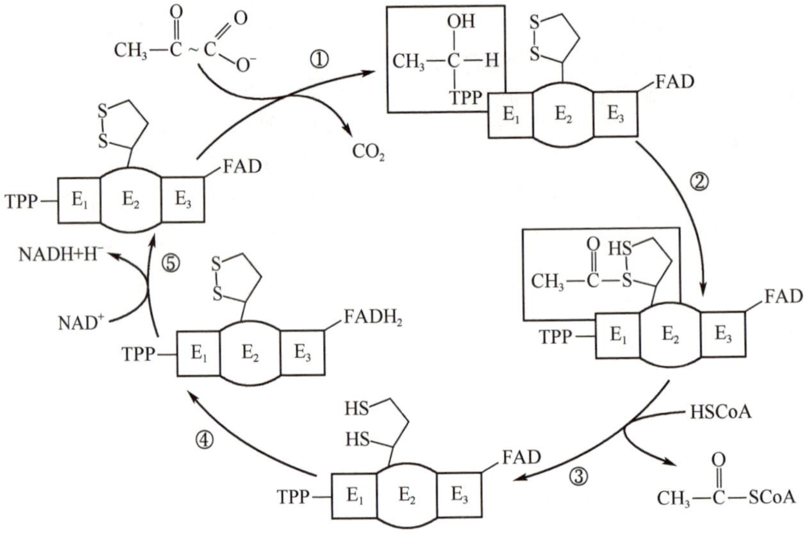

图 7-3 丙酮酸氧化脱羧过程

上述反应中，除了由丙酮酸脱羧酶所催化的反应不可逆外，其他均为可逆反应。因此，整个酶复合体催化的反应不可逆。丙酮酸脱羧酶是该酶复合体的关键酶。

（三）乙酰 CoA 进入三羧酸循环彻底氧化

从乙酰 CoA 与草酰乙酸缩合成含 3 个羧基的柠檬酸开始，经过一连串的代谢反应，使 1 分子乙酰基彻底氧化，再生成草酰乙酸而形成一个循环，称为三羧酸循环（tricarboxylic acid cycle，TAC），又称柠檬酸循环（citrate cycle）。它是由 Krebs 于 1937 年正式提出的，故又称 Krebs 循环，他由此获得 1953 年的诺贝尔生理/医学奖。其详细过程共有 8 步反应。

（1）柠檬酸的形成：由柠檬酸合酶（citrate synthase）催化乙酰 CoA 与草酰乙酸缩合为柠檬酸。乙酰 CoA 失去乙酰基转变为 HSCoA 后，又可参与丙酮酸的氧化脱羧反应。

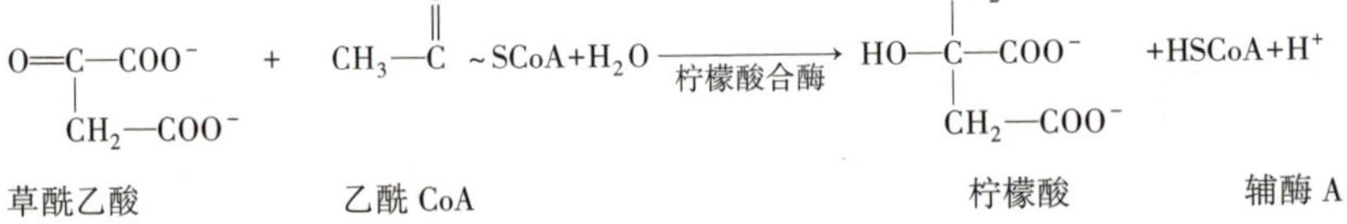

柠檬酸合酶是三羧酸循环中的第一个关键酶，它催化乙酰 CoA 的硫酯键加水分解释放出能量促进缩合反应。由于释放出较多的自由能（$\Delta G^{0'}$ 为 -31.4kJ/mol），故反应不可逆。而且柠檬酸合酶对草酰乙酸的亲和力很强，所以即使线粒体内草酰乙酸的浓度很低，反应也能迅速进行。

（2）柠檬酸异构化生成异柠檬酸：在顺乌头酸酶（cis-aconitase）催化下，柠檬酸先脱水生成顺乌头酸，再加水变成异柠檬酸，原来在 C_3 上的羟基转到 C_2 上。当反应平衡时，柠檬酸约占 90%，顺乌头酸占 4%，异柠檬酸占 6%。反应中的中间产物顺乌头酸仅与酶结合在一起以复合物的形式存在。由于异柠檬酸不断参加后续反应，故整个反应仍趋向于异柠檬酸的生成方向。

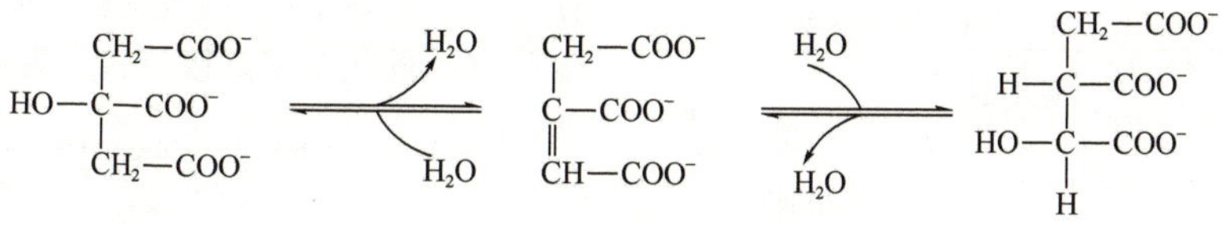

柠檬酸　　顺乌头酸　　异柠檬酸

（3）异柠檬酸氧化脱羧生成α-酮戊二酸：在异柠檬酸脱氢酶（isocitrate dehydrogenase）催化下异柠檬酸脱氢生成NADH+H$^+$和不稳定的中间产物草酰琥珀酸，后者与酶结合则脱羧形成α-酮戊二酸和CO_2，在生理条件下是不可逆反应，是循环中的第一次氧化脱羧。

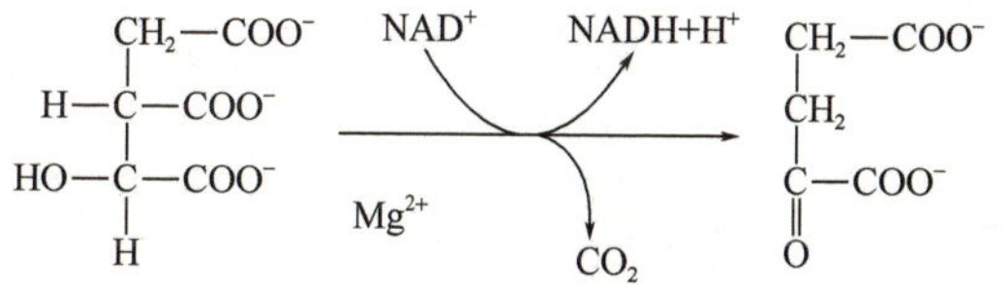

异柠檬酸　　异柠檬酸脱氢酶　　α-酮戊二酸

细胞内存在着两种异柠檬酸脱氢酶：一种以NAD$^+$为辅酶（仅存在于线粒体基质中）；另一种以NADP$^+$为辅酶（大多存在于胞液中，线粒体内也有少量）。需NAD$^+$的异柠檬酸脱氢酶是三羧酸循环的第二个关键酶，因其催化的反应速度最慢，故它也是三羧酸循环的限速酶。该酶活性受ADP变构激活，而ATP和NADH是其变构抑制剂。

（4）α-酮戊二酸氧化脱羧生成琥珀酰CoA：催化α-酮戊二酸氧化脱羧的酶是α-酮戊二酸脱氢酶复合体（α-ketoglutarate dehydrogenase complex），该酶复合体的作用机制与丙酮酸脱氢酶复合体相似，也包括3种酶（α-酮戊二酸脱羧酶、二氢硫辛酸琥珀酰基转移酶和二氢硫辛酸脱氢酶）和6种辅助因子（TPP、HSCoA、硫辛酸、FAD、NAD$^+$及Mg^{2+}），也是不可逆反应。α-酮戊二酸脱氢酶复合体是三羧酸循环中第三个关键酶。

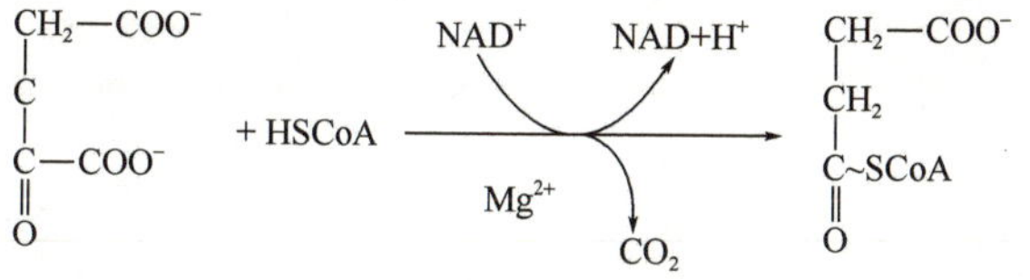

α-酮戊二酸　　α-酮戊二酸脱氢酶复合体　　琥珀酰CoA

（5）琥珀酰CoA转变为琥珀酸：在GDP、无机磷酸和Mg^{2+}参与下，琥珀酰CoA合成酶（succinyl CoA synthetase）催化琥珀酰CoA转变为琥珀酸。反应过程中高能硫酯键的能量转移给GDP而生成GTP。后者在二磷酸核苷激酶催化下，将高能磷酸键转移给ADP生成ATP。这是三羧酸循环中唯一以底物水平磷酸化方式生成ATP的反应。

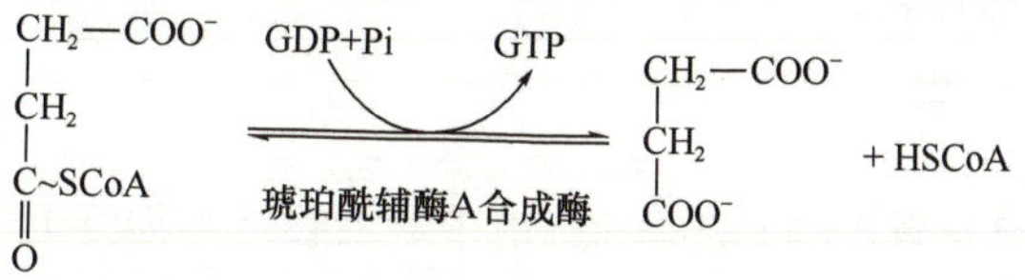

琥珀酰CoA　　琥珀酸

（6）琥珀酸氧化脱氢生成延胡索酸：在琥珀酸脱氢酶（succinate dehydrogenase）催化下，琥珀酸脱氢氧化为延胡索酸。脱下的2H转给FAD，使之还原为$FADH_2$，再经过琥珀酸氧化呼吸链氧化生成H_2O。

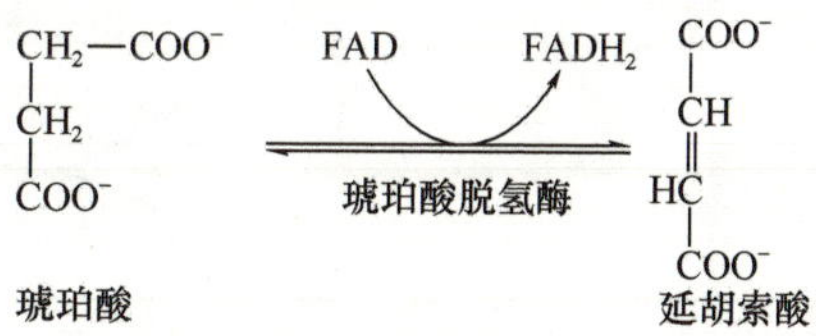

琥珀酸　　延胡索酸

琥珀酸脱氢酶是三羧酸循环中唯一存在于线粒体内膜上的酶。从心肌线粒体内膜分离的此酶由两个亚基组成，大亚基结合FAD并具有底物结合位点；小亚基与铁硫蛋白结合。该酶具有立体异构特异性，仅催化琥珀酸氧化生成反丁烯二酸（延胡索酸）而不生成顺丁烯二酸（马来酸），后者对机体有毒性。

（7）延胡索酸被水化生成苹果酸：延胡索酸在延胡索酸酶（fumarase）催化下，加水生成苹果酸。延胡索酸酶具有立体异构特异性，催化延胡索酸分子上加水时，H$^+$和OH$^-$以反式加成，因此

只形成 *L*-型苹果酸。

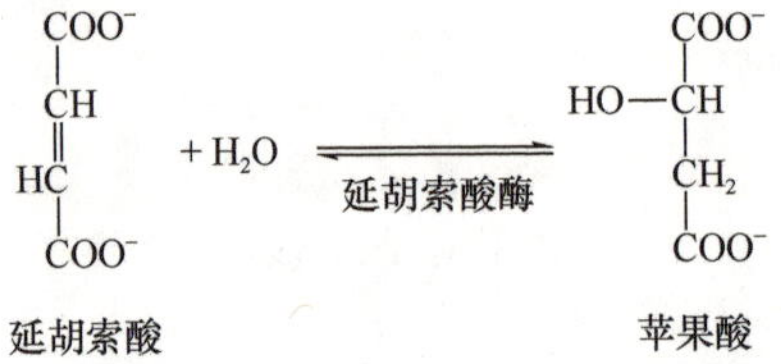

（8）苹果酸脱氢生成草酰乙酸：在苹果酸脱氢酶（L-malate dehydrogenase）的催化下，苹果酸脱氢生成草酰乙酸和 NADH+H$^+$，草酰乙酸又可进入第二次三羧酸循环。在离体标准热力学条件下，反应有利于苹果酸的生成，但在生理条件下草酰乙酸不断被高度放能的柠檬酸合成反应所消耗，使草酰乙酸在细胞中浓度极低，因此有利于苹果酸脱氢酶催化苹果酸脱氢转变为草酰乙酸。

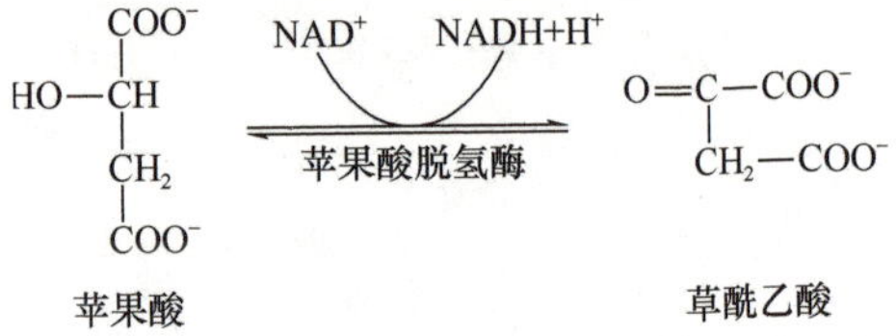

三羧酸循环的反应过程归纳如图 7-4 所示。

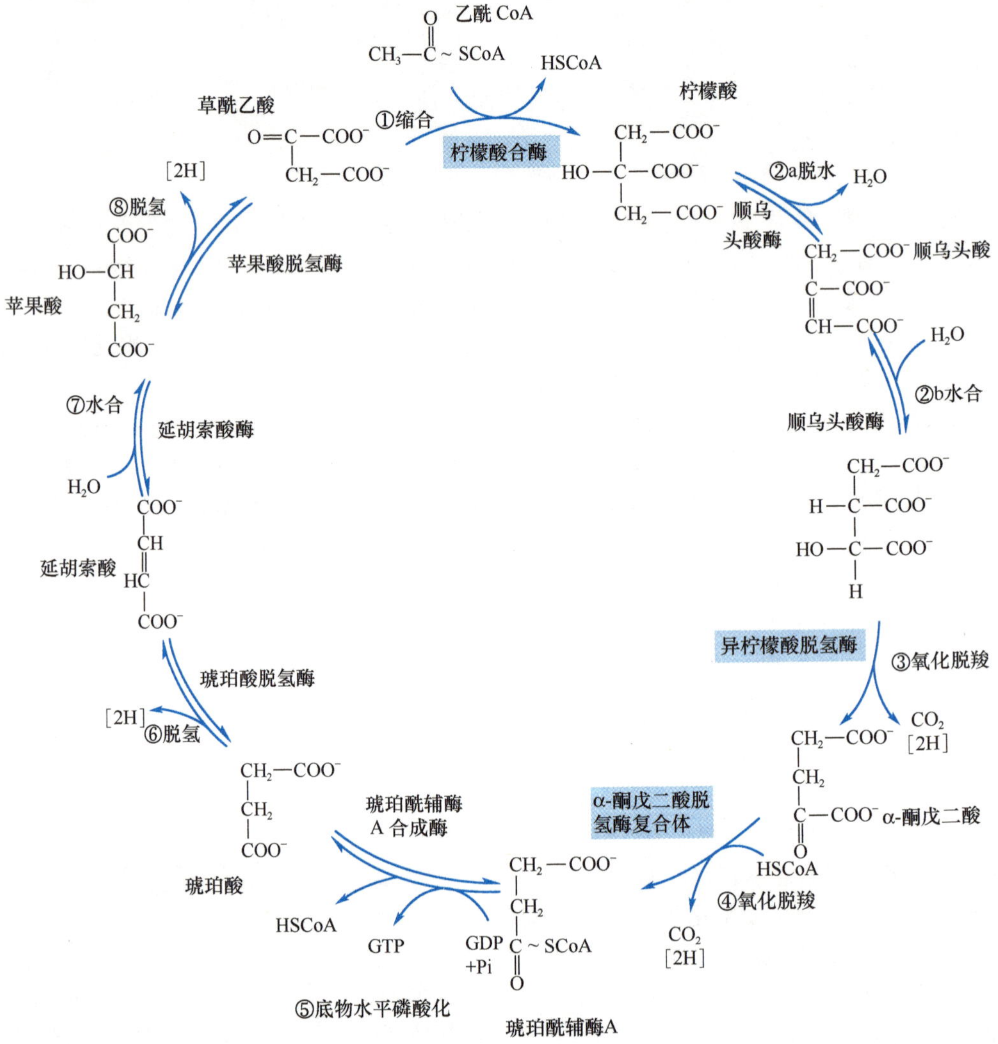

图 7-4　三羧酸循环

三羧酸循环是生物体内的一个极其重要的代谢途径，现将其主要特点总结如下：

（1）三羧酸循环是在细胞的线粒体内进行的一系列连续酶促反应。从乙酰 CoA 与草酰乙酸缩合为柠檬酸开始，到草酰乙酸的再生，构成一轮循环过程。在该循环中，从量来说一个二碳化合物被氧化为 2 分子 CO_2。但用^{14}C 标记乙酰 CoA 的研究表明，第一轮循环中并无^{14}C 出现于 CO_2 中，说明 CO_2 的碳原子系来自草酰乙酸而不是来自乙酰 CoA。而且由于琥珀酸是对称分子，乙酰 CoA 的 2 个碳原子都做标记时，可使草酰乙酸的 4 个碳原子均带有^{14}C。第二轮循环时，才有^{14}C 出现在 CO_2 中，每轮三羧酸循环的净结果是氧化了 1 分子乙酰 CoA。

（2）每轮循环有 2 次脱羧反应可生成 2 分子 CO_2。每轮循环有 4 次脱氢反应，然而在此循

笔记栏

环中并没有看到有生成 H_2O 和 ATP 的反应，实际上脱下的氢是在线粒体内经不同的氧化呼吸链途径生成 H_2O 和 ATP 的。其中，琥珀酸脱下的2H由 FAD 接受，其余 3 次脱氢均由 NAD^+ 接受。每分子 $FADH_2$ 经琥珀酸氧化呼吸链的氧化磷酸化则生成 1.5 分子 ATP，而每分子 NADH+H^+ 经 NADH 氧化呼吸链氧化磷酸化可产生 2.5 分子 ATP(具体生成过程，详见第 6 章)。因此，1 分子乙酰 CoA 进入三羧酸循环氧化分解，经脱氢氧化及经电子传递链氧化磷酸化可产生 9 分子 ATP，再加上琥珀酰 CoA 底物水平磷酸化产生的 1 分子 ATP，总共可生成 10 分子 ATP。

(3) 三羧酸循环中由柠檬酸合酶、异柠檬酸脱氢酶和 α-酮戊二酸脱氢酶复合体三个关键酶所催化的反应是不可逆反应，故三羧酸循环不可逆。其中异柠檬酸脱氢酶是主要的限速酶。

(4) 体内凡是能转变为乙酰 CoA 的物质，都能进入三羧酸循环而被彻底氧化。

(5) 三羧酸循环的中间代谢物，理论上讲可重复利用而不被消耗，但实际上循环中的某些成分经常由于参与体内各种相应的合成途径而被移去，所以必须不断通过各种途径加以补充，这种作用称为“添补反应”(anaplerotic reaction)。例如：草酰乙酸-天冬氨酸；草酰乙酸-丙酮酸-丙氨酸；α-酮戊二酸-谷氨酸等。其中以草酰乙酸的补充最重要，因为它是三羧酸循环的关键物质。草酰乙酸主要由丙酮酸的羧化反应进行补充，因此糖的供应及代谢情况直接影响着乙酰 CoA 进入三羧酸循环的速度。通过“添补反应”不仅可使三羧酸循环中的某些中间代谢物不断得到补充和更新，从而保证三羧酸循环的正常运转；而且也可与多种物质代谢过程彼此联系起来。

二、有氧氧化生成的 ATP

(1) 糖有氧氧化是机体获取能量的主要途径。每摩尔葡萄糖经有氧氧化彻底分解可净生成 30mol 或 32mol ATP(见表 7-2)；若从糖原开始进行糖的有氧氧化，则每摩尔葡萄糖单位可净生成 31mol 或 33mol ATP。因此维持体内糖有氧氧化的正常进行对维持正常生命活动具有极其重要的意义。

糖有氧氧化的总反应式为：

葡萄糖 + 30ADP + 30Pi + $6O_2$ ⟶ 30ATP + $6CO_2$+$36H_2O$

表 7-2　葡萄糖有氧氧化生成的 ATP

阶段	反应	辅酶	生成 ATP 数
第一阶段	葡萄糖→6-磷酸葡萄糖		-1
	6-磷酸葡萄糖→1,6-二磷酸果糖		-1
	2×3-磷酸甘油醛→2×1,3-二磷酸甘油酸	NAD^+	2×1.5*(或 2×2.5*)
	2×1,3-二磷酸甘油酸→2×3-磷酸甘油酸		2×1
	2×磷酸烯醇式丙酮酸→2×丙酮酸		2×1
第二阶段	2×丙酮酸→2×乙酰辅酶 A	NAD^+	2×2.5
第三阶段	2×异柠檬酸→2×α-酮戊二酸	NAD^+	2×2.5
	2×α-酮戊二酸→2×琥珀酰辅酶 A	NAD^+	2×2.5
	2×琥珀酰辅酶 A→2×琥珀酸		2×1
	2×琥珀酸→2×延胡索酸	FAD^+	2×1.5
	2×苹果酸→2×草酰乙酸	NAD^+	2×2.5
净生成			30(或 32)

* 胞液中的 NADH+H^+ 的还原当量可进入线粒体内氧化，根据它是通过 α-磷酸甘油穿梭还是苹果酸-天冬氨酸穿梭则所生成的 ATP 数是不同的(详见第 6 章 生物氧化中有关胞液中 NADH 的氧化)

(2) 糖有氧氧化是体内三大营养物质代谢的总枢纽。体内凡可转变为糖有氧氧化途径中间代谢物的物质，最终都能进入三羧酸循环而被氧化为 CO_2、H_2O 并生成 ATP。

需要强调的是，三羧酸循环中的中间代谢物通过本循环代谢，均可生成草酰乙酸，但不能认为后者可通过两轮三羧酸循环就可彻底氧化成 CO_2 和 H_2O，而应该是草酰乙酸转运出三羧酸循

笔 记 栏

环生成三碳的磷酸烯醇式丙酮酸，后者生成丙酮酸，丙酮酸再转变成二碳的乙酰 CoA 后再次进入三羧酸循环方可彻底氧化。

三羧酸循环不仅是体内糖分解代谢的重要途径，也是脂肪、蛋白质彻底氧化供能的共同通路。例如，蛋白质分解后生成的丙氨酸、谷氨酸、天冬氨酸可以转变为相应的丙酮酸、α-酮戊二酸和草酰乙酸；脂酸氧化分解产生的乙酰 CoA，都可进入三羧酸循环被彻底氧化。不仅如此，三羧酸循环还是体内三大营养物质互相转变的重要枢纽。

(3) 糖有氧氧化途径与体内糖的其他代谢途径(如糖酵解、磷酸戊糖途径及其他己糖的代谢等)有着密切的联系。

三、有氧氧化的调节

在有氧氧化的三个阶段中，糖酵解途径的调节前面已述，这里主要叙述丙酮酸脱氢酶复合体的调节及三羧酸循环的调节。

(一) 丙酮酸脱氢酶复合体的调节

丙酮酸脱氢酶复合体可以通过变构效应和共价修饰两种方式影响其酶活性来进行快速调节。丙酮酸脱氢酶复合体的反应产物乙酰 CoA 及 $NADH+H^+$ 对酶有反馈抑制作用，当乙酰 CoA/HSCoA 比例升高时，酶活性被抑制。$NADH/NAD^+$ 比例升高也有同样的作用。这两种情况见于饥饿、大量脂酸被动员利用时。所以这时糖的有氧氧化被抑制，大多数组织器官利用脂酸作为能量来源以确保脑等对葡萄糖的需要。ATP 对丙酮酸脱氢酶复合体有抑制作用，AMP 则能激活之。丙酮酸脱氢酶复合体可被丙酮酸脱氢酶激酶磷酸化。当其丝氨酸被磷酸化后，酶蛋白变构而失去活性，丙酮酸脱氢酶磷酸酶则使其去磷酸而恢复活性。乙酰 CoA 和 $NADH+H^+$ 除对酶有直接抑制作用外，还可间接通过增强丙酮酸脱氢酶激酶的活性而使其失活。胰岛素可促进丙酮酸脱氢酶的去磷酸化作用，使其从无活性向有活性转变。

(二) 三羧酸循环的速率和流量的调控

在三羧酸循环中有三个不可逆反应，分别由柠檬酸合酶、异柠檬酸脱氢酶和 α-酮戊二酸脱氢酶复合体催化。其中异柠檬酸脱氢酶和 α-酮戊二酸脱氢酶复合体被认为是主要的调节点，两者在 $NADH/NAD^+$、ATP/ADP 比率高时被反馈抑制。ADP 还是异柠檬酸脱氢酶的变构激活剂。另外，当线粒体内 Ca^{2+} 浓度升高时，Ca^{2+} 不仅可与异柠檬酸脱氢酶和 α-酮戊二酸脱氢酶结合，降低其对底物的 K_m 而使酶激活；也可激活丙酮酸脱氢酶复合体，从而促进三羧酸循环和有氧氧化的进行。

四、巴斯德效应

法国科学家巴斯德(Pasteur)发现酵母菌在无氧条件下能使糖生醇发酵。若将其移至有氧环境时，生醇发酵则被抑制。糖有氧氧化抑制糖酵解的作用称为巴斯德效应(Pasteur effect)。动物肌肉组织中也存在此种效应。研究发现，无氧条件下除丙酮酸不能进入三羧酸循环彻底氧化而还原为乳酸外，通过糖酵解途径消耗的葡萄糖量约为有氧时的 7 倍。至于丙酮酸在细胞内的代谢去向，由于 $NADH+H^+$ 可进入线粒体内氧化，于是丙酮酸就进行有氧氧化而不生成乳酸，因此有氧氧化可抑制糖酵解。缺氧时进入糖酵解途径分解的葡萄糖增加是由于此时氧化磷酸化受阻，ADP 与无机磷酸不能合成 ATP，致使 ADP/ATP 比值升高而激活糖酵解途径关键酶磷酸果糖激酶-1 及丙酮酸激酶的结果。

第 4 节　磷酸戊糖途径

体内除糖酵解和糖的有氧氧化为糖分解代谢的主要途径外，在肝脏、脂肪组织、泌乳期乳腺、肾上腺皮质、睾丸、红细胞及中性粒细胞等尚有磷酸戊糖途径(phosphopentose pathway)，也称为己糖单磷酸旁路(hexose monophosphate shunt, HMS)。磷酸戊糖途径以 6-磷酸葡萄糖为起始物，直接氧化脱羧生成磷酸戊糖，再经异构反应及中间代谢物分子之间的转酮醇基、转醛醇基反应，最终生成 6-磷酸果糖和 3-磷酸甘油醛。该途径的主要特点是能生成磷酸核糖、CO_2 和 $NADPH+H^+$，但不能直接生成 ATP。

一、磷酸戊糖途径的反应过程

案例 7-1

患儿，男性，2 岁，因面色苍白伴血尿 2 天入院。2 天前患儿食新鲜蚕豆后，次日出现发热、恶心、呕吐，排浓茶色尿，面色苍白渐

笔记栏

渐加重。追问病史，其母曾有类似病史。体检：体温 38℃，脉搏 148 次/分，呼吸 38 次/分，血压 10.67/8kPa，呼吸急促，神清，萎靡，面色苍白，皮肤及巩膜黄染。睑结膜及口唇苍白，咽不红，心、肺无异常，肝肿大，脾无触及，双肾区无叩击痛，神经系统无异常。实验室检查：RBC 1.98×10^{12}/L，Hb 53g/L，血清总胆红素 85.5μmol/L，结合胆红素 13.7μmol/L，未结合胆红素 71.8μmol/L，肾功能正常。尿蛋白(++)，潜血(+)，尿胆红素(-)，尿胆素原(+)，尿镜下未见红细胞。

问题讨论

1. 该病初步诊断是什么？还需进行何种检测项目可以确诊？

2. 该病的发病机制如何？

（一）脱氢氧化（6-磷酸葡萄糖→5-磷酸核酮糖）

六碳的6-磷酸葡萄糖由6-磷酸葡萄糖脱氢酶（glucose-6-phosphate dehydrogenase，G-6-PD）催化生成6-磷酸葡萄糖酸内酯，再在内酯酶（lactonase）作用下加水生成6-磷酸葡萄糖酸，后者在6-磷酸葡萄糖酸脱氢酶（6-phosphogluconate dehydrogenase）催化下，经过氧化脱羧反应而生成五碳的5-磷酸核酮糖。上述两个脱氢酶的辅酶均为 $NADP^+$，两次脱氢反应脱下的2H均由 $NADP^+$接受而生成 $NADPH+H^+$。6-磷酸葡萄糖脱氢酶是该途径的限速酶，它对 $NADP^+$有高度特异性，对 NAD^+的 K_m 值为 $NADP^+$的1000倍。上述反应是不可逆的。

（二）异构化反应

5-磷酸核酮糖在磷酸戊糖异构酶（phosphopentose isomerase）催化下异构为5-磷酸核糖；而由磷酸戊糖差向异构酶（phosphopentose epimerase）催化下则转变为5-磷酸木酮糖。

（三）基团转移

共有2种特殊的酶分别催化二碳和三碳基团的转移作用。首先，在转酮醇酶（transketolase）催化下，将5-磷酸木酮糖分子中的酮醇基（二碳单位）转移至5-磷酸核糖的醛基碳原子上，从而生成七碳的7-磷酸景天庚酮糖和三碳的3-磷酸甘油醛。7-磷酸景天庚酮糖又在转醛醇酶（transaldolase）催化下将醛醇基（三碳单位）转移至3-磷酸甘油醛的醛基碳原子上，生成六碳的6-磷酸果糖和四碳的4-磷酸赤藓糖。4-磷酸赤藓糖进一步与另一分子5-磷酸木酮糖进行转酮醇基反应，生成6-磷酸果糖和3-磷酸甘油醛。

上述脱氢氧化、异构反应和基团转移反应，可以看成3分子6-磷酸葡萄糖经过磷酸戊糖途径生成3分子 CO_2、6分子 $NADPH+H^+$、2分子6-磷酸果糖和1分子3-磷酸甘油醛，总反应式为：

3×6-磷酸葡萄糖+6$NADP^+$→2×6-磷酸果糖+3-磷酸甘油醛+6NADPH+6H^++3CO_2

磷酸戊糖途径的全部反应见图7-5。

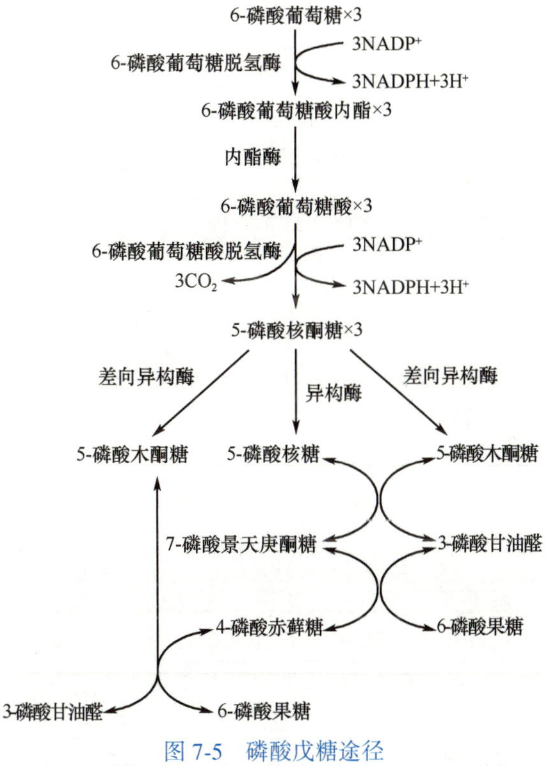

图7-5　磷酸戊糖途径

二、磷酸戊糖途径的调节

6-磷酸葡萄糖脱氢酶是磷酸戊糖途径的第一个酶，又是限速酶，其活性决定6-磷酸葡萄糖进入此途径的流量。因此磷酸戊糖途径的调节点主要是6-磷酸葡萄糖脱氢酶，该酶的快速调节主要受 $NADPH/NADP^+$比值的影响。

笔记栏

（一）高糖饮食的影响

早已发现高糖饮食时肝中6-磷酸葡萄糖脱氢酶含量明显增多(可增加10倍)，以提供脂酸合成所需的NADPH+H^+。

（二）NADPH+H^+的影响

NADPH+H^+对6-磷酸葡萄糖脱氢酶有明显的抑制作用。当NADPH/$NADP^+$大于10时，其抑制作用可达90%。相反，比例降低时激活。因此，磷酸戊糖途径的流量取决于对NADPH+H^+的需求。

（三）组织细胞对NADPH+H^+和5-磷酸核糖相对需要量的调节

若细胞对NADPH+H^+的需要量多于对5-磷酸核糖的需要量时，则过多的磷酸戊糖可经该途径的基团移换阶段变为磷酸己糖进行代谢；若5-磷酸核糖需要量增加时，6-磷酸果糖可以转变为5-磷酸核糖以供机体之需。

（四）该途径的中间代谢物的影响

7-磷酸景天庚酮糖、4-磷酸赤藓糖和6-磷酸葡萄糖酸是磷酸葡萄糖异构酶的抑制剂，而1,6-二磷酸果糖又是6-磷酸葡萄糖脱氢酶的抑制剂，所以磷酸戊糖途径与糖有氧氧化和糖酵解途径之间也存在着互相制约的关系。

案例7-1　分析讨论

蚕豆病是由于G-6-PD缺乏者进食新鲜蚕豆或接触蚕豆花粉或服用抗疟或磺胺药物等引起的急性溶血性贫血。临床表现以贫血、黄疸、血红蛋白尿(浓茶色或酱油样)为主。本病常起病突然，自然转归一般呈良性经过。本病以3岁以下小儿多见，也有成年人发病者，男性显著多于女性。

本病儿为2岁男孩，有服蚕豆病史，发病迅速，出现贫血、黄疸和血红蛋白尿。实验室检查符合溶血性贫血的改变(RBC和Hb下降；未结合胆红素明显升高，结合胆红素不高；尿胆素原明显升高，尿胆红素阴性)，基本可诊断。

如需进一步确诊，还需做高铁蛋红蛋白还原试验、荧光斑点试验和红细胞G-6-PD活性检测。如属蚕豆病则可因G-6-PD缺乏，NADPH生成不足，出现高铁蛋红蛋白还原率降低。

荧光斑点试验是利用G-6-PD能使NADP还原为NADPH，后者在紫外线照射下会发生荧光。在G-6-PD活性正常时10分钟内出现荧光，G-6-PD中度缺乏者10~30分钟内出现荧光，严重缺乏者为30分钟内不出现荧光。

红细胞G-6-PD活性则可直接检测，蚕豆病患者G-6-PD活性下降或缺乏，该指标可作为蚕豆病的确诊依据之一。

三、磷酸戊糖途径的生理意义

磷酸戊糖途径的主要意义是产生5-磷酸核糖和NADPH+H^+。

（一）磷酸核糖是体内合成核苷酸和核酸的必要原料

体内的核糖并不完全依靠从食物中摄取，主要是从该途径生成。葡萄糖既可经6-磷酸葡萄糖脱氢、脱羧的氧化反应生成磷酸核糖，也可通过糖酵解途径的中间代谢物3-磷酸甘油醛和6-磷酸果糖通过前述的基团转移反应而生成磷酸核糖。通过此条代谢途径，还能将体内戊糖和己糖的代谢互相联系起来。人类主要通过氧化反应生成核糖。

（二）NADPH+H^+具有多方面重要生理功能

(1) NADPH+H^+是体内多种重要生理活性物质合成代谢过程中的供氢体，例如脂酸、胆固醇、类固醇激素等合成所需的氢原子均由NADPH+H^+提供。

(2) NADPH+H^+是体内谷胱甘肽还原酶的辅酶，对于维持还原型谷胱甘肽(GSH)的正常含量起重要作用。

谷胱甘肽还原酶可催化细胞中氧化型谷胱甘肽(GSSG)还原为还原型谷胱甘肽：

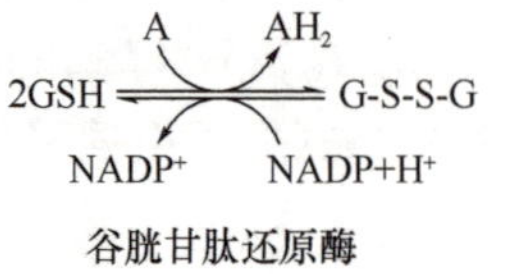

笔记栏

GSH具有抗氧化作用，它在谷胱甘肽过氧化物酶的催化下，可清除脂过氧化物（LOOH）和H_2O_2（详见第6章），保护血红蛋白、酶和膜蛋白上的巯基免受过氧化物的氧化作用，故可维持这些蛋白质的还原型巯基，这对于保护红细胞的正常功能和寿命具有重要意义。

案例7-1 分析讨论

某些具有氧化作用的外源性物质（如蚕豆、抗疟药、磺胺药等），可使机体产生较多的H_2O_2。正常人由于G-6-PD活性正常，服用蚕豆或药物时，可使磷酸戊糖途径增强，生成较多$NADPH+H^+$而导致GSH增加，这样可及时清除对红细胞有破坏作用的H_2O_2，不会出现溶血。

但遗传性G-6-PD缺乏者，其磷酸戊糖途径不能正常进行，$NADPH+H^+$缺乏或不足，致GSH生成量减少，由于平时机体产生的H_2O_2等物质并不多，因此不会发病，与正常人无异。但当服用蚕豆或药物时，机体中的GSH不能及时清除产生的H_2O_2，后者可破坏患者红细胞膜而发生溶血，从而诱发急性溶血性贫血。

（3）$NADPH+H^+$参与肝脏的生物转化作用。肝细胞内质网含有以$NADPH+H^+$为供氢体的加单氧酶系，该酶系与体内多种类固醇化合物的代谢和药物、毒物的生物转化作用有关（详见第19章）。

（4）$NADPH+H^+$可参与体内中性粒细胞和巨噬细胞在吞噬细菌后产生超氧阴离子自由基（O_2^-），故与这些细胞杀菌作用有关（见第6章）。

第5节 糖异生

正常成人每小时可由肝释出葡萄糖210mg/kg体重，如没有补充10多小时肝糖原即被耗尽，血糖来源断绝。但在禁食甚至长期饥饿下机体仍能保持血糖处于参考值范围，除了周围组织减少对葡萄糖的利用外，主要还是依赖肝将氨基酸、乳酸等转变为葡萄糖来补充血糖。由非糖化合物（如乳酸、甘油、丙酮酸、生糖氨基酸等）转变为葡萄糖或糖原的过程称为糖异生（gluconeogenesis）。机体内进行糖异生补充血糖的主要器官是肝，肾在正常情况下糖异生能力只有肝的1/10，长期饥饿时肾糖异生能力则可以大为增强。

一、糖异生途径

糖异生途径基本上是糖酵解的逆过程。但葡萄糖经酵解途径分解为丙酮酸时，$\Delta G^{0'}$为−502kJ/mol（−120kcal/mol）。显然，从热力学角度看由丙酮酸转变为葡萄糖不可能全部循糖酵解逆行。糖异生反应过程的顺利进行与多方面因素有关。

（一）糖异生途径中“能障”的克服

糖酵解途径中多数反应可逆，但由己糖激酶、磷酸果糖激酶-1和丙酮酸激酶-1三个关键酶所催化的三个反应过程都有相当大的能量变化：己糖激酶（包括葡萄糖激酶）及磷酸果糖激酶-1所催化的反应均需消耗ATP；而丙酮酸激酶所催化的反应则是使磷酸烯醇式丙酮酸转移分子内的能量和磷酸基团结合而生成ATP，这些反应逆行时就需要吸收相等量的能量，因此构成“能障”（energy barrier）难以逆行。在糖异生途径中，这种“能障”必须借助于另外的酶促反应加以克服。己糖激酶（或葡萄糖激酶）和磷酸果糖激酶-1所催化的两个反应的逆过程，分别由葡萄糖-6-磷酸酶（glucose-6-phosphatase）和果糖二磷酸酶-1（fructose bisphosphatase-1）催化，以另外一种反应绕过各自的“能障”。此种由不同的酶催化两个单向反应使两种底物互变的循环称为底物循环（substrate cycle），见图7-6。

丙酮酸激酶所催化的不可逆反应，则由丙酮酸羧化酶和磷酸烯醇式丙酮酸羧激酶催化的两步反应所构成的丙酮酸羧化支路（pyruvate carboxylation shunt），绕过磷酸烯醇式丙酮酸变为丙酮酸这一“能障”反应。丙酮酸羧化支路是耗能的循环反应，它是许多物质在体内进行糖异生的必由之路（图7-7）。

上述参与克服“能障”的4个酶是糖异生途径的关键酶，分别简述如下：

（1）葡萄糖-6-磷酸酶：它可催化多种磷酸酯加水分解，主要存在于肝、肾中，其活性中心含有巯基。

（2）果糖二磷酸酶-1（fructose bisphosphatase-1）又称为果糖1，6-二磷酸酶（fructose 1，6-bisphosphatase）：它在Mg^{2+}或Mn^{2+}存在下水解1，6-二磷酸果糖。哺乳动物肝、肾中此酶活性较强而肌肉中活性极低。果糖二磷酸酶有果糖

笔记栏

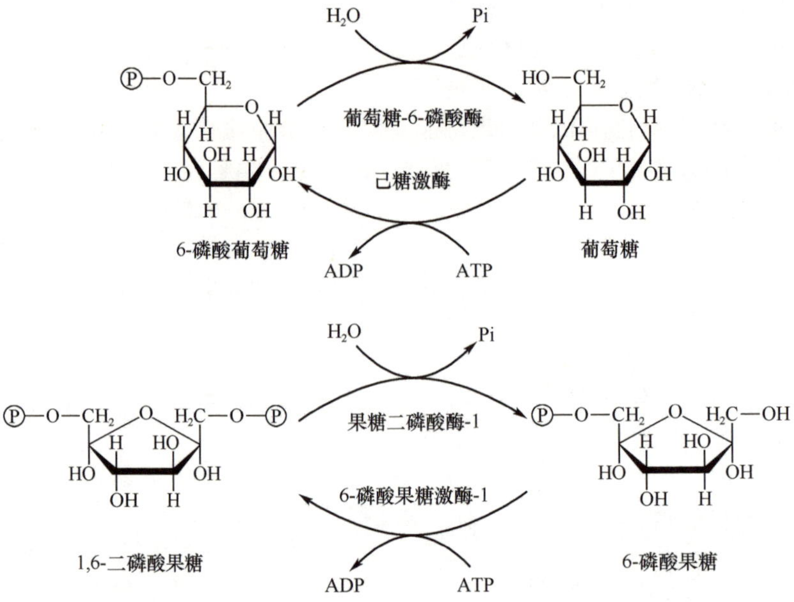

图 7-6　底物循环

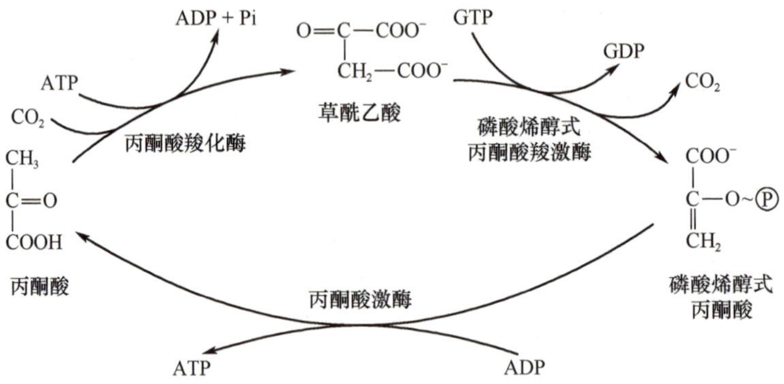

图 7-7　丙酮酸羧化支路

二磷酸酶-1 和果糖二磷酸酶-2,前者水解 1,6-二磷酸果糖,后者水解 2,6-二磷酸果糖。

(3) 丙酮酸羧化酶(pyruvate carboxylase):它存在于细胞的线粒体内而不存在于胞液中,在 CO_2和 ATP 参与下可使丙酮酸羧化成草酰乙酸,这是体内草酰乙酸的重要来源之一,该酶的辅酶是生物素。

(4) 磷酸烯醇式丙酮酸羧激酶(phosphoenolpyruvate carboxykinase, PEPCK):在 GTP 参与下,可催化草酰乙酸转变为磷酸烯醇式丙酮酸。此酶在不同动物的细胞中分布不同,以肝为例,胞液/线粒体分布的比值在兔、鸡、鸽为 0/100,小鼠为 100/0,大鼠为 90/10;人则为 67/33。可见这一羧化反应在人肝细胞液和线粒体内均可进行,但胞液中,此酶的活性约为线粒体中的 2 倍。饥饿时此酶活性升高,有利于糖异生的进行。

(二)糖异生过程中"膜障"的克服

线粒体内膜对各种物质的透过有严格的选择性。几乎所有离子和不带电荷的小分子化合物都不能自由透过。例如,糖异生途径中的关键物质——草酰乙酸不能自由透过线粒体内膜,致使这些物质在线粒体与胞液之间的交换受阻而构成"膜障"。线粒体内膜两侧物质的通过依赖于内膜上的特殊蛋白质参与,这种特殊的蛋白质多数是载体,重要的载体有腺苷酸载体、谷氨酸/天冬氨酸载体和二羧酸载体等。这些载体还能起协同作用,构成"穿梭系统"(shuttle system)而克服膜障完成转运,例如草酰乙酸就是依赖于苹果酸-天冬氨酸穿梭系统完成线粒体内膜两侧转运的(图 7-8)。此外,糖异生途径各限速酶的细胞定位不同,也使丙酮酸羧化支路的反应步骤更加复杂。

笔记栏

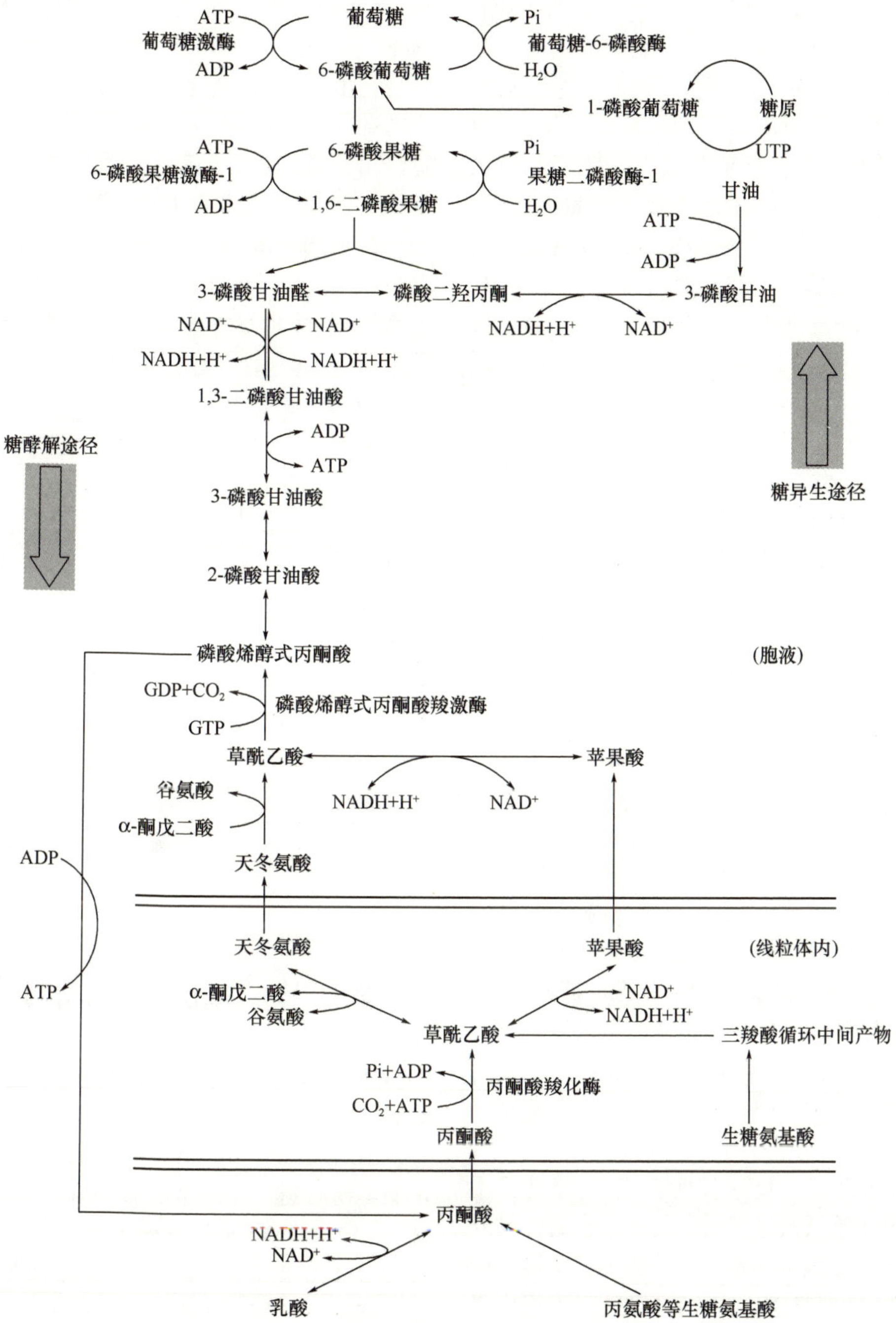

图 7-8 糖异生途径

二、糖异生的调节

糖酵解途径与糖异生途径是方向相反的两条代谢途径(图 7-8)。要进行有效的糖异生,即从丙酮酸生成葡萄糖的过程,就必须抑制糖酵解途径,以防止葡萄糖重新分解为丙酮酸,反之亦然。因此,一般对糖异生关键酶起激活作用的变构效应剂,对糖酵解途径的关键酶就是变构抑制剂;而糖异生途径关键酶的变构抑制剂,就是糖酵解关键酶的变构激活剂。例如,ATP、柠檬酸和乙酰 CoA 可激活果糖二磷酸酶-1 或(和)丙酮酸羧化酶,同时抑制磷酸果糖激酶-1 或丙酮酸激酶,乙酰 CoA 能激活丙酮酸羧化酶;柠檬酸抑制磷酸果糖激酶-1。故 ATP、乙酰 CoA 和柠檬酸促进糖异生,抑制糖酵解。2,6-二磷酸果糖和 AMP 可变构抑制果糖二磷酸酶-1,而激活磷酸果糖激酶-1,故能抑制糖异生作用,促进糖酵解。

三、糖异生的生理意义

1. 保持血糖浓度恒定 糖异生作用最重要

笔 记 栏

的生理意义是在空腹或饥饿状态下保持血糖浓度的相对恒定，即使禁食数周，血糖浓度仍可维持3.9mmol/L（70mg/dl）左右，这对于保证某些主要依靠葡萄糖供能的组织细胞（如大脑、红细胞等）的正常功能具有重要意义。处于安静状态的正常成人每天体内葡萄糖的消耗量为：大脑约125g，肌肉约50g，血细胞约50g。仅这几种组织的耗糖量就多达225g，而肝糖原不过只有150g左右，若只靠肝糖原维持血糖浓度，最多只可维持12小时，因此必须通过糖异生获得葡萄糖，以维持血糖浓度的恒定，这对于必须依靠血糖作为能源的脑及红细胞具有重要意义。

2. 有利于体内乳酸的利用 见乳酸循环。

3. 补充肝糖原 糖异生是肝补充或恢复糖原的重要途径，这在饥饿后进食更为重要。肝灌注和肝细胞培养实验表明：只有当葡萄糖浓度达12mmol/L以上时，才观察到肝细胞摄取葡萄糖。这么高的浓度在体内是很难达到的，即使在消化吸收的时期，门静脉内葡萄糖浓度也只达8mmol/L。这主要是葡萄糖激酶的K_m太高导致肝摄取葡萄糖能力降低。当在灌注液中加入一些可异生成糖原的甘油、谷氨酸、丙酮酸、乳酸，则肝糖原迅速增加。放射性核素示踪研究表明摄入的葡萄糖相当一部分先分解成丙酮酸、乳酸等三碳化合物，然后再异生成糖原。这既解释了肝摄取葡萄糖的能力低但仍可以合成糖原，又可解释为什么进食2~3小时内肝仍要保持较高的糖异生活性。合成糖原的这条途径称为三碳途径，也有学者称之为间接途径。相应的葡萄糖经UDPG合成糖原的过程称为直接途径。

4. 调节酸碱平衡 长期饥饿时，肾糖异生增强，有利于维持酸碱平衡。长期禁食后肾糖异生作用增强，原因可能是饥饿造成的代谢性酸中毒造成的。此时体液pH降低，促进肾小管中磷酸烯醇式丙酮酸羧激酶的合成，从而使糖异生作用增强。另外，当肾中α-酮戊二酸因异生成糖而减少时，可促进谷氨酰胺脱氨生成谷氨酸，肾小管细胞将NH_3分泌入管腔中，与原尿中H^+结合，降低原尿中H^+的浓度，有利于排氢保钠作用的进行，对于防止酸中毒有重要作用。

四、乳酸循环

在缺氧情况下（如剧烈运动、呼吸或循环衰竭等），肌肉中糖酵解增强生成大量乳酸，通过细胞膜弥散入血并运送至肝，通过糖异生作用合成肝糖原或葡萄糖，葡萄糖再释入血液被肌肉摄取，如此构成一个循环，称为乳酸循环（lactate cycle），也称为Cori循环（图7-9）。乳酸循环的形成是由于肝和肌组织中酶的特点所致。肝内含有葡萄糖-6-磷酸酶，因而可水解6-磷酸葡萄糖释出葡萄糖而进行糖异生；而肌肉除了糖异生活性低外，没有葡萄糖-6-磷酸酶的存在，因此肌肉中生成的乳酸，既不能异生成糖，更不能释出葡萄糖。该循环的生理意义在于可对体内乳酸的再利用，防止发生乳酸中毒；促进肝糖原的不断更新。乳酸循环是耗能的过程，2分子乳酸异生成葡萄糖需消耗6分子ATP。

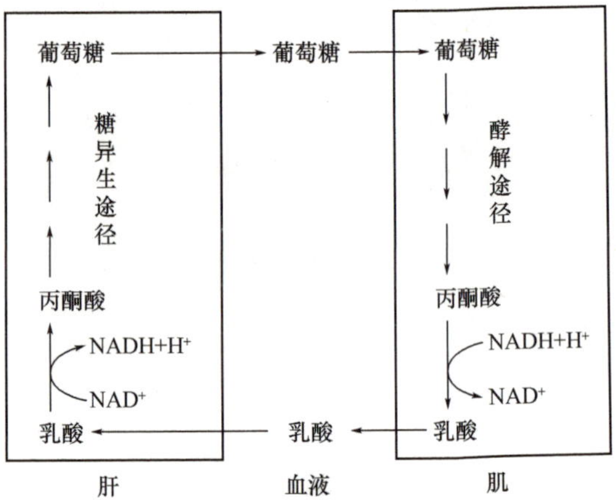

图7-9 乳酸循环

第6节 糖原的合成与分解

糖原（glycogen）是以葡萄糖为基本单位聚合而成的多分支多糖，其结构与支链淀粉相似。在糖原分子中，相邻的葡萄糖残基之间以α-1,4-糖苷键（占糖基连接键的93%）相连形成7~12个葡萄糖单位构成的直链，两直链间又以α-1,6-糖苷键（占7%）相连而形成分支。整个糖原分子呈树枝状，其相对分子质量在100万~1000万之间。每个糖原分子只有一个末端葡萄糖残基保留有半缩醛羟基而具有还原性，称为还原性末端；其他的末端葡萄糖残基都没有半缩醛羟基，因而不具还原性，故称为非还原性末端。糖原在体内的合成与分解反应均从非还原端开始。

人体摄入的糖类大部分转变成脂肪（三酰甘油）储存于脂肪组织内，只有一小部分以糖原形式储存。糖原主要存在于肝和肌肉中，但肝糖原和肌糖原生理功能有很大不同。肌糖原主要供肌收缩的急需；肝糖原则是血糖的重要来源。

笔记栏

一、糖原的合成代谢

葡萄糖（还有少量果糖和半乳糖）在肝脏、肌肉等组织中可以合成糖原。由单糖合成糖原的过程称为糖原合成（glycogenesis）。此过程具有储存葡萄糖和调节血糖浓度的作用。

由葡萄糖合成糖原的反应过程包括：

（一）葡萄糖磷酸化生成6-磷酸葡萄糖

糖原合成时，进入肝或肌肉中的葡萄糖首先在己糖激酶（肝内为葡萄糖激酶）的作用下磷酸化生成6-磷酸葡萄糖。此步反应与糖酵解的起始反应相同。

（二）6-磷酸葡萄糖转变为1-磷酸葡萄糖

6-磷酸葡萄糖在磷酸葡萄糖变位酶催化下，磷酸基从6位移至1位而转变为1-磷酸葡萄糖，反应可逆。葡萄糖合入糖原分子时要形成α-1，4-糖苷键，故磷酸基从6位移至1位是为葡萄糖与糖原分子连接做准备。

（三）尿苷二磷酸葡萄糖（UDPG）的生成

1-磷酸葡萄糖与UTP反应，由二磷酸尿苷葡萄糖焦磷酸化酶（UDPG焦磷酸化酶）催化生成UDPG和焦磷酸：

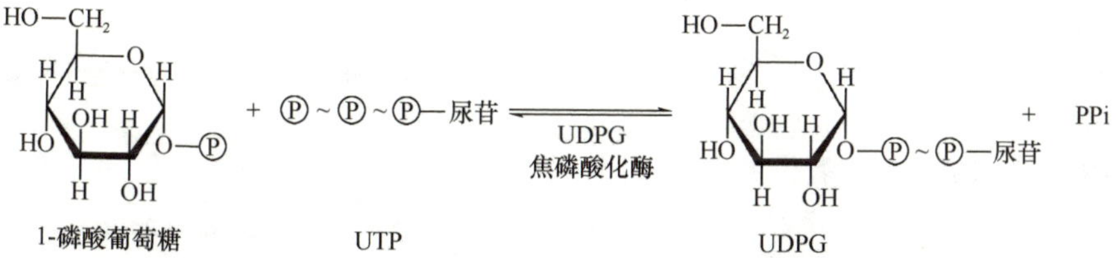

由于焦磷酸迅速被焦磷酸酶水解为2分子无机磷酸（Pi），使反应向合成糖原方向进行。UDPG可看做体内的“活性葡萄糖”，在体内充当葡萄糖供体。

（四）UDPG中的葡萄糖连接到糖原引物上

游离状态的葡萄糖不能作为UDPG中葡萄糖基的受体，因此糖原合成过程中必须有糖原引物（primer）存在。所谓糖原引物是指原来存在于细胞内的较小的糖原分子。在糖原合酶（glycogen synthase）催化下，UDPG与糖原引物反应，将UDPG中的葡萄糖基以α-1，4糖苷键连接到糖原引物的非还原端，从而生成比原来多一分子葡萄糖的糖原。

$$\text{UDPG}+(\text{葡萄糖})_n \xrightarrow[\text{糖原合酶}]{} (\text{葡萄糖})_{n+1}+\text{UDP}$$

上述反应反复进行，可使糖原的糖链不断延长。糖原合酶是糖原合成的限速酶。

（五）分支酶催化糖原不断形成新分支链

糖原合酶的作用只能使糖链不断延长，而不能形成新分支。当糖链长度达到12～18个葡萄糖基时，分支酶（branching enzyme）将约6～7个葡萄糖基组成的一段糖链转移到邻近的糖链上，以α-1，6-糖苷键相连而形成新分支。新的分支点与邻近的分支点的距离至少有4个葡萄糖基。分支的不断形成不仅可增加糖原的水溶性，更重要的是可增加非还原端的数目，有利于糖原的合成及分解代谢。分支酶的作用见图7-10。

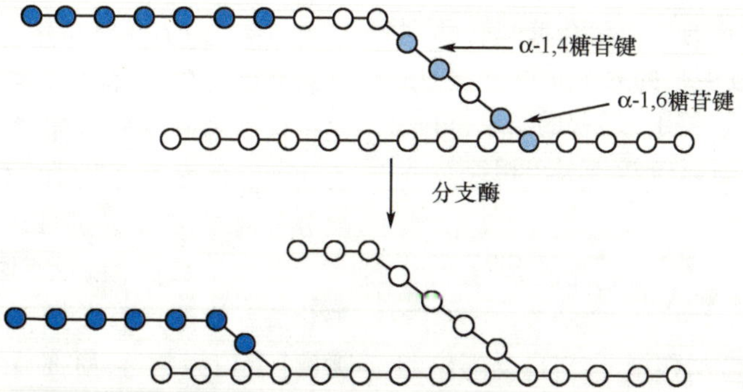

图7-10　分支酶的作用

从葡萄糖合成糖原是耗能的过程。葡萄糖磷酸化时消耗1分子ATP，UDPG的生成再消耗1分子UTP（UDP+ATP→UTP+ADP）。因此，糖原合成时每增加1个葡萄糖基需消耗2分子ATP。

二、糖原的分解代谢

糖原分解（glycogenolysis）是指糖原分解为葡萄糖的过程。尽管体内多数组织中都有一定量的糖原储存，但只有肝脏才能进行糖原分解。因此，糖原分解习惯上是指肝糖原分解为葡萄糖，其反应步骤如下：

（一）糖原磷酸解为1-磷酸葡萄糖

1. 磷酸化酶（phosphorylase） 催化糖原非还原端的葡萄糖基磷酸化。该反应不消耗ATP，反应所需的磷酸基团由无机磷酸提供，生成1-磷酸葡萄糖。此反应自由能变动较小，故反应可逆。但由于胞液中无机磷酸盐的浓度约为1-磷酸葡萄糖的100倍，所以实际上反应只能向糖原分解的方向进行。磷酸化酶是糖原分解过程的限速酶，其辅酶是磷酸吡哆醛。

2. 1-磷酸葡萄糖转变为6-磷酸葡萄糖 催化这个反应的是磷酸葡萄糖变位酶。

3. 6-磷酸葡萄糖水解为葡萄糖 体内肝和肾中含有葡萄糖-6-磷酸酶，而肌肉中缺乏此酶。因此，肝糖原可直接分解为葡萄糖，肌糖原却不能直接转变为葡萄糖。

$$\text{6-磷酸葡萄糖}+H_2O \xrightarrow[\text{葡萄糖-6-磷酸酶}]{} \text{葡萄糖}+Pi$$

（二）转移

当糖原分支上的糖链被磷酸化分解到剩下4个葡萄糖基时，由于位阻效应，磷酸化酶不能继续发挥其作用。此时由α-1,4-转寡糖基酶催化糖原分支上近末端侧的3个葡萄糖基转移到主链的非还原端，形成更长的α-1,4-糖苷链，以便磷酸化酶发挥其催化作用。转移的结果，可使支链剩下的最后一个葡萄糖基与主链相连接的α-1,6-糖苷键暴露出来。

（三）脱支

在α-1,6-葡萄糖苷酶作用下，将已暴露出的分支点处的α-1,6-糖苷键水解，生成游离的葡萄糖，糖原分子脱去分支（图7-11）。

目前认为α-1,4-转寡糖基酶及α-1,6-葡萄糖苷酶是同一酶的两种活性，合称脱支酶（debranching enzyme）。在磷酸化酶和脱支酶的协调反复作用下，糖原可迅速地磷酸解和水解。通常所得产物1-磷酸葡萄糖与游离葡萄糖之比为12∶1。

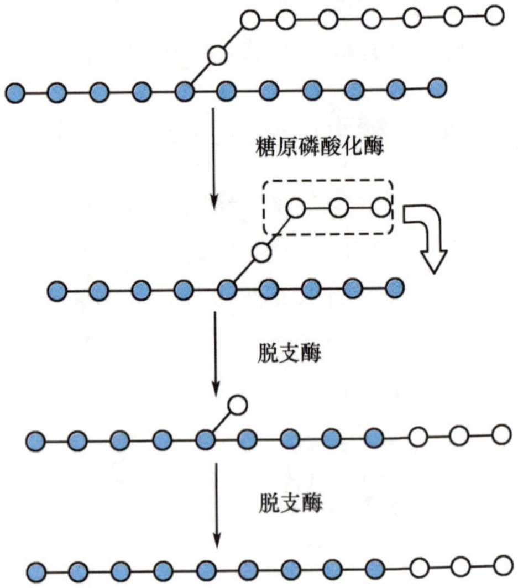

图7-11 糖原磷酸化酶和脱支酶的作用

三、糖原合成与分解的调节

糖原的合成与分解不是简单的可逆反应而是通过两条途径分别进行的，这样有利于进行精细的调节。糖原合成和糖原分解途径的限速酶分别是糖原合酶和磷酸化酶，这两种酶的快速调节有变构调节和化学修饰调节两种方式。

（一）共价修饰调节

1. 磷酸化酶 该酶有两种构象即紧密型（T型）和松弛型（R型）。两种构象的主要区别在于T型磷酸化酶的14位丝氨酸残基位于酶分子表面，当此丝氨酸残基被磷酸化时，活性很低的磷酸化酶（称为磷酸化酶b）转变为活性很强的磷酸型磷酸化酶（称为磷酸化酶a）。另一方面，磷蛋白磷酸酶-1则可使磷酸化酶a去磷酸而失去活性。R型磷酸化酶的14位丝氨酸残基埋在酶分子内部，故不能进行共价修饰。

磷酸化酶b激酶也有两种形式：去磷酸的磷酸化酶b激酶没有活性。在依赖cAMP的蛋白激酶（蛋白激酶A，简称A激酶）催化下可转变为磷酸型的活性磷酸化酶b激酶。其去磷酸同样由磷蛋白磷酸酶-1催化。

笔记栏

2. 糖原合酶 糖原合酶分为 a、b 两种形式，糖原合酶 a 有活性，磷酸化变成糖原合酶 b 后即失去活性。催化糖原合酶磷酸化的也主要是依赖 cAMP 的蛋白激酶。

磷酸型磷酸化酶、糖原合酶以及磷酸化酶激酶的去磷酸均由磷蛋白磷酸酶-1 催化。磷蛋白磷酸酶-1 的活性也受到精细的调节。细胞内有一种蛋白质，称为磷蛋白磷酸酶抑制剂，当它与磷蛋白磷酸酶-1 结合时可抑制磷蛋白磷酸酶-1 的活性。磷蛋白磷酸酶抑制剂分子内的苏氨酸残基可以磷酸化，此磷酸化过程由依赖 cAMP 的蛋白激酶催化，只有磷酸化的磷蛋白磷酸酶抑制剂具有抑制作用。因此，依赖 cAMP 的蛋白激酶活性升高时，不仅可促进磷酸化酶 b 磷酸化生成磷酸化酶 a，又可通过磷蛋白磷酸酶抑制物的激活而抑制磷蛋白磷酸酶-1 对磷酸化酶 a 的去磷酸作用，使磷酸化酶激活并保持其活性（图 7-12）。

需要强调的是，由于糖原合成与分解是两条方向相反的反应途径，对两条途径中的酶进行磷酸化与去磷酸化共价修饰的最终结果一定是要么使糖原分解增强而糖原合成减弱；要么是糖原合成增强而糖原分解减弱，而不可能对两条途径同时增强或抑制。如磷酸化可使催化糖原分解的有关酶活性增强，而对催化糖原合成的有关酶活性则抑制。总的结果是糖原分解增强，糖原合成抑制，从而升高血糖。

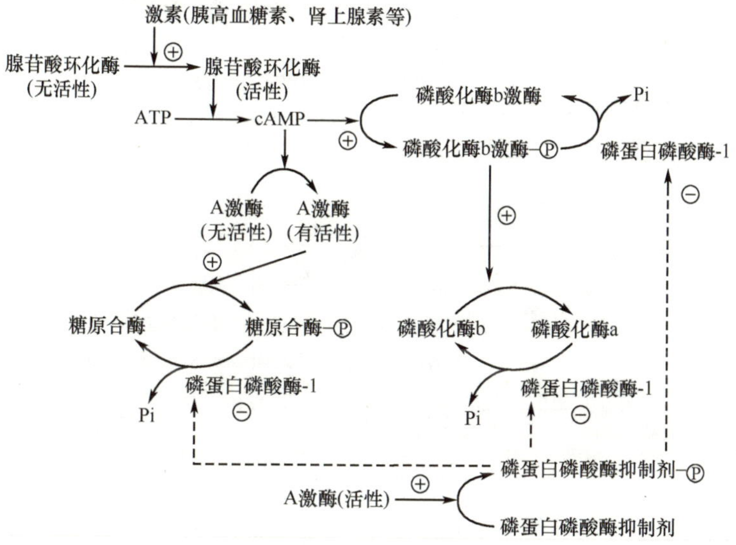

图 7-12 糖原合成、分解的共价修饰调节

（二）变构调节

磷酸化酶和糖原合酶也可受变构效应剂的变构调节。如 AMP 是磷酸化酶的变构激活剂，而葡萄糖和 ATP 则为磷酸化酶的变构抑制剂；6-磷酸葡萄糖是糖原合酶的变构激活剂。因此在葡萄糖充足时，可促进糖原合成，抑制糖原分解。

四、糖原累积症

糖原累积症（glycogen storage disease）是一类遗传性代谢病，特点是体内某些组织器官中有大量糖原堆积。引起糖原累积症的原因是由于某些催化糖原分解的酶缺陷所致。根据缺陷的酶在糖原代谢中的作用，受累的器官不同，糖原的结构亦有差异，对健康或生命的影响程度也不同。受累的器官主要是肝，其次是心和肌肉。糖原累积症通常可以分为多型（表 7-3），最常见为Ⅰ型。Ⅰ型是由于肝或肾中缺乏葡萄糖-6-磷酸酶，致使不能动用糖原维持血糖浓度，可引起低血糖、乳酸血症、酮症、高脂血症等。Ⅱ型糖原累积症则是由于溶酶体中缺乏 α-1,4-葡萄糖苷酶和 α-1,6-葡萄糖苷酶，使糖原蓄积在各组织的溶酶体内，引起心力衰竭而死亡。

表 7-3 糖原累积症分型

型别	缺陷的酶	受累的组织器官	糖原结构
Ⅰ	葡萄糖-6-磷酸酶	肝、肾	正常
Ⅱ	α-葡萄糖苷酶	所有组织	正常
Ⅲ	脱支酶	肝、肌肉	分支多
Ⅳ	分支酶	肝、脾	分支少

笔 记 栏

续表

型别	缺陷的酶	受累的组织器官	糖原结构
Ⅴ	肌糖原磷酸化酶	肌肉	正常
Ⅵ	肝糖原磷酸化酶	肝	正常
Ⅶ	磷酸果糖激酶1	肌肉、红细胞	正常
Ⅷ	磷酸化酶激酶	肝	正常

第7节　血糖及其调节

血液中的单糖（主要是葡萄糖）称为血糖（blood sugar），是糖在体内的运输形式。正常人在安静空腹状态下，血糖浓度相对恒定，空腹血糖（fasting plasma glucose，FPG）维持在3.9～6.0mmol/L。正常人24小时内血糖浓度有所波动，饭后或大量摄入糖后血糖浓度升高，约2小时后可恢复正常水平；饥饿时血糖浓度逐渐降低。正常人短期内不进食，血糖浓度经体内调节也能维持在正常水平，这对保证人体各组织器官特别是脑利用葡萄糖供能发挥正常功能极为重要。

一、血糖的来源和去路

血糖来源有三：①食物中的糖类经消化吸收入血，这是血糖的主要来源；②储存的肝糖原分解为葡萄糖入血，这是空腹时血糖的直接来源；③饥饿状态下由非糖物质在肝、肾中通过糖异生作用转变为葡萄糖以补充血糖。

血糖的去路有：①葡萄糖在各组织细胞中氧化分解供能，这是血糖的主要去路；②在肝脏、肌肉、肾脏等组织中合成糖原储存；③转变为非糖物质如脂肪、多种有机酸和非必需氨基酸等；④转变为其他糖类及其衍生物，如核糖、脱氧核糖、氨基糖、唾液酸、葡萄糖醛酸等；⑤血糖浓度若高于8.9mmol/L（160mg/dl），超过肾小管重吸收葡萄糖的能力（称为肾糖阈）时，尿中可出现葡萄糖（称为尿糖）。

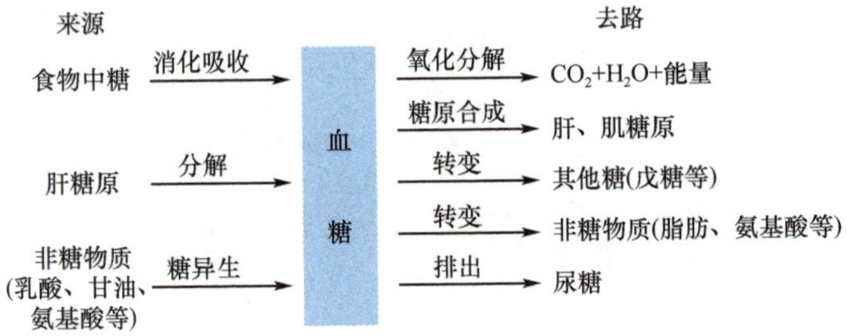

图7-13　血糖的来源和去路

二、血糖水平的调节

体内糖代谢包括几条相关代谢途径。其中每途径都由一系列连续进行的酶促反应按一定顺序组合而成。生理情况下，各途径不仅以一定速度有规律进行，且各条途径相互联系、相互制约，从而维持体内糖代谢的动态平衡。

饱食状态和饥饿状态进入血流的葡萄糖量差别甚大，但血糖浓度并不悬殊太多；临床上口服葡萄糖耐量试验（oral glucose tolerance test，OGTT）时，正常人口服葡萄糖75g后30～60分钟血糖浓度达高峰，其峰值一般不超过9.0mmol/L，在90～120分钟时回到正常水平。如FPG为3.0～6.0mmol/L，OGTT 2h血糖<7.7mmol/L则为正常糖耐量；如FPG为6.1～6.9mmol/L和OGTT 2h血糖7.8～11.0mmol/L为糖耐量减低（impaired glucose tolerance，IGT）；FPG为5.6～6.9mmol/L，OGTT 2h血糖<7.7mmol/L，为空腹血糖调节受损（impaired fasting plasma glucose，IFG）。糖尿病患者的OGTT 2h血糖≥11.1mmol/L。

血糖浓度之所以能维持在相对恒定范围内，是由于体内具有高效率的调节血糖浓度的机制，能有效调节血糖来源和去路，使之处于动态平衡状态（图7-13）。血糖浓度的相对恒定实际上是体内各组织器官中糖酵解、糖有氧氧化、糖原合成和分解及糖异生作用等各条糖代谢途径相互协同的结果。肝脏是调节血糖浓度的主要器官。此外，高等动物体内还有激素，对于协调体内各器官、各种营养物质的代谢起重要的作用。

（一）肝脏的调节作用

肝脏对血糖浓度的变化极为敏感，进食后血糖浓度升高，由肠道吸收入血的葡萄糖，经门静脉进入肝，促进肝细胞合成糖原，故不致有过多的葡萄糖进入体循环；饥饿时血糖浓度偏低，肝脏可通过肝糖原分解和糖异生两个过程将葡萄

笔记栏

糖释放入血液，以补充血糖。除肝脏外，肌肉等外周组织摄取和利用葡萄糖的速度对血糖浓度也有一定影响。

（二）激素对血糖浓度的调节作用

体内激素对血糖浓度以及糖代谢有重要调节作用，其中最重要的是胰岛素和胰高血糖素；肾上腺素主要是在机体应激状态下发挥作用；肾上腺皮质激素、生长素等都可影响血糖水平，但在生理性调节中仅居次要地位。

1. 胰岛素（insulin） 它是体内唯一的降低血糖的激素，也是唯一可同时促进体内糖原、脂肪、蛋白质合成的激素。胰岛素由胰岛B细胞合成，储存于B细胞中的是由84个氨基酸残基构成的单条多肽链，称为胰岛素原。在分泌前由蛋白酶切除一段长33个氨基酸残基的C肽，余下部分即为胰岛素，由A、B两条链借二硫键连接而成。

胰岛素的分泌受血糖浓度的控制，血糖浓度升高立即引起胰岛素分泌，血糖浓度降低，胰岛素分泌即减少。胰岛素降血糖是多方面作用的结果：①胰岛素促进肌肉、脂肪组织等的细胞膜载体将葡萄糖转运入细胞内；②胰岛素通过增强磷酸二酯酶的活性而降低细胞内cAMP水平，从而使糖原合酶活性增强而磷酸化酶活性降低，加速糖原合成、抑制糖原分解；③胰岛素通过激活丙酮酸脱氢酶复合体，加速丙酮酸氧化为乙酰CoA，从而加快糖的有氧氧化；④胰岛素可抑制肝内糖异生作用，其机制是抑制磷酸烯醇式丙酮酸羧激酶的合成并可促进氨基酸进入肌肉组织用以合成蛋白质，减少肝脏中糖异生的原料；⑤胰岛素可抑制脂肪组织中激素敏感性脂肪酶，后者决定脂肪动员的速率。脂肪大量动员生成大量脂酸运送到肝、肌肉、心肌可抑制它们氧化葡萄糖。因此，胰岛素通过减少脂肪动员，可促进上述组织利用葡萄糖。

2. 胰高血糖素（glucagon） 它由胰岛的A细胞分泌，在A细胞内先合成分子较大的前体，分泌时再从前体分解出由29个氨基酸残基组成的胰高血糖素。血糖浓度降低或血中氨基酸升高可刺激胰高血糖素分泌。胰高血糖素调节血糖的机制是：①胰高血糖素可通过肝细胞膜受体激活依赖cAMP的蛋白激酶，从而抑制糖原合酶和激活磷酸化酶，在10分钟左右即可使肝糖原分解，血糖浓度升高。②胰高血糖素能抑制肝中的磷酸果糖激酶-2，使2，6-二磷酸果糖生成减少；激活果糖二磷酸酶-2，促进2，6-二磷酸果糖水解，结果降低了细胞内2，6-二磷酸果糖水平，后者是6-磷酸果糖激酶-1的最强变构激活剂，又是果糖二磷酸酶-1的抑制剂，因而抑制糖酵解，促进糖异生。③胰高血糖素可诱导肝中磷酸烯醇式丙酮酸羧激酶的合成；抑制丙酮酸激酶，促进糖异生作用。④胰高血糖素可促进肝细胞增加摄取氨基酸，为糖异生作用提供原料。⑤胰高血糖素可激活脂肪组织中激素敏感性脂肪酶而加速脂肪动员，脂酸可抑制周围组织摄取葡萄糖从而间接地升高血糖浓度。

3. 糖皮质激素 肾上腺皮质所分泌的皮质醇（cortisol）等对体内糖、氨基酸和脂类代谢的作用较强，对水和无机盐代谢的影响很弱，故称为糖皮质激素或糖皮质类固醇。糖皮质激素可引起血糖升高，肝糖原增加。其作用机制有两方面：①促进肌肉组织中蛋白质分解生成氨基酸转移到肝进行糖异生。此时糖异生途径的关键酶磷酸烯醇式丙酮酸羧激酶的合成常增强。②抑制丙酮酸脱氢酶复合体的活性，使肝外组织摄取和利用葡萄糖减少，间接使血糖浓度升高。

4. 肾上腺素（adrenalin） 它是强有力的升高血糖的激素。肾上腺素升高血糖的机制是：①肾上腺素可通过提高cAMP浓度，激活蛋白激酶，后者再激活磷酸化酶而加速糖原分解。肝脏中肝糖原直接分解为血糖，而肌肉中肌糖原则分解为乳酸，乳酸则经乳酸循环而间接地升高血糖浓度。②肾上腺素与肝细胞膜受体结合，通过依赖cAMP的蛋白激酶系统的作用，抑制磷酸果糖激酶-1活性并增强果糖二磷酸酶-1活性，因此可抑制糖酵解而增强糖异生作用。肾上腺素调节血糖的水平主要在应激状态下发挥作用。

从上述激素对血糖水平的调节作用可以看出，血糖水平的相对恒定，不仅是体内糖、脂肪、氨基酸代谢协调的结果，也是肝脏、肌肉、脂肪组织等各器官代谢协调的结果。

三、血糖水平异常

案例 7-2

患者，男性，59岁，已婚，厨师。于4个月前开始自觉口渴、多饮，每日饮水量达2暖瓶（约4000ml）。多尿，每日10余次，每次尿量均较多。不伴尿急、尿痛及血尿，昼

笔 记 栏

夜尿量无明显差异。无明显多食,日进主食约300g,无饥饿感。当时未注意,未检查治疗;近1个月来上述症状明显加重,并出现严重乏力、消瘦,体重较前减轻约10kg,不能从事正常工作,故前来就诊。

体格检查:体温36.2℃,脉搏89次/分,呼吸20次/分,血压16/10.7kPa。一般状态可,神志清楚,消瘦体质,自动体位。皮肤弹性佳。双眼球无突出及凹陷。甲状腺未触及。双肺呼吸音清,未听到干湿性啰音。心率89次/分,律齐,未听到病理性杂音。腹软,无压痛,肝脾未触及,移动性浊音阴性。双肾区无叩击痛。双下肢无水肿。

实验室检查:尿常规:糖(+),酮体(-),蛋白(-),隐血(-),尿比重1.020。尿沉渣镜检白细胞(WBC)2~3个/HP。空腹血糖7.0mmol/L。

问题讨论

1. 初步考虑该患者为何种疾病?其诊断依据是什么?

2. 为了确诊还应进一步做哪些检查?预计结果如何?

3. 糖尿病典型症状的机制是什么。

(一)高血糖

空腹血糖浓度高于7.2mmol/L(130mg/dl)时称为高血糖(hyperglycemia)。高血糖由多种原因引起。其中生理性高血糖与糖尿是指在生理情况下,如情绪激动时交感神经兴奋或一次性大量摄入葡萄糖等均可使血糖浓度暂时性升高,当血糖浓度超过肾糖阈(90mmol/L)时则可出现糖尿,分别称为情感性和饮食性糖尿。病理性高血糖和糖尿则常见于内分泌功能紊乱,其中以糖尿病最多见。

案例7-2 分析讨论

糖尿病是由胰岛素绝对或相对缺乏或胰岛素抵抗所致的一组糖、脂肪和蛋白质代谢紊乱综合征,其中以高血糖为特征,根据其病因目前主要分1型、2型、其他特异型糖尿病和妊娠期糖尿病。其典型的症状为"三多一少",即多饮、多尿、多食、体重减少。但许多轻症或2型糖尿病患者早期常无明显症状,而在普查、健康检查或其他疾病而偶然发现,不少患者甚至以各种急性或慢性并发症而就诊。

1999年,WHO提出新的糖尿病诊断标准,得到中华医学会糖尿病学会认同。确诊糖尿病标准为:①具有典型症状,FPG≥7.0 mmol/L(126mg/dl)或任意时间血糖≥11.1 mmol/L(200mg/dl)或OGTT 2h血糖≥11.1 mmol/L。②没有典型症状,仅FPG≥7.0 mmol/L(126mg/dl)任意时间血糖≥11.1 mmol/L(200mg/dl)或OGTT 2h血糖≥11.1 mmol/L,应再重复一次,仍达以上值者,可确诊为糖尿病。

本病例初步诊断为糖尿病,诊断依据是:①具有糖尿病"三多一少"典型症状;②空腹血糖7.0mmol/L,血糖轻度升高,尿糖(+)。由于该患者空腹血糖刚好处于WHO的诊断标准临界值,为确定诊断还需做OGTT。预计该患在OGTT中2小时血糖可达到或者超过11.1mmol/L。多尿是因血糖升高,经肾小球滤出的葡萄糖不能完全被肾小管重吸收,形成渗透性利尿。尿糖越高,尿量越多,日尿量可达5 000~10 000ml。多饮是由于多尿,水分丢失过多,发生在细胞内脱水而加重高血糖,使血浆渗透压明显升高,刺激口渴中枢,导致口渴而多饮。多饮进一步加重多尿。多食机制目前不十分清楚,多数倾向是葡萄糖利用率降低所致。糖尿病患者尽管食欲和食量正常,甚至增加,但体重却下降,主要是由于机体不能充分利用葡萄糖,致脂肪和蛋白质分解加强,消耗过多,呈负氮平衡,体重下降,乃至出现消瘦。

(二)低血糖

空腹血糖浓度低于2.8mmol/L(50mg/dl)时为低血糖(hypoglycemia)。血糖是大脑能量的主要来源,脑细胞对血糖浓度降低尤为敏感。低血糖是一种常见症状,表现为脑昏迷(低血糖性昏迷),重者甚至死亡。引起低血糖的原因有:①糖摄入不足或吸收不良;②组织细胞对糖的消耗量过多;③严重肝脏疾病;④临床治疗时使用胰岛素过量;⑤胰岛B细胞功能亢进,胰岛A细胞功能低下,肾上腺皮质机能低下等。

笔记栏

小　结

糖是自然界一大类有机化合物。其主要生物学功能是在机体代谢中提供能源和碳源，也是组织和细胞的重要组成成分。

食物中可被消化的糖主要是淀粉，它经过消化道中一系列酶的消化作用，最终生成葡萄糖，在小肠被吸收。葡萄糖的吸收是依赖特定载体转运的、主动耗能的过程。

糖代谢主要指葡萄糖在体内的复杂代谢过程，包括分解代谢和合成代谢。其分解代谢途径主要有糖酵解、糖的有氧氧化及磷酸戊糖途径等。糖代谢是三大营养素（糖、脂肪和蛋白质）代谢的基础，学习时必须掌握好。糖的合成代谢有糖异生和糖原合成。

糖酵解在缺氧情况下，葡萄糖生成乳酸和少量ATP的反应过程。其代谢反应可分为两个阶段：第一阶段是由葡萄糖分解为丙酮酸的反应过程，又称为酵解途径。在此阶段中，由己糖转变为磷酸丙糖的反应过程需消耗ATP；而由3-磷酸甘油醛转变为丙酮酸的反应过程则生成ATP。第二阶段为丙酮酸在乳酸脱氢酶催化下加氢还原为乳酸，无需提供氧。糖酵解在胞液中进行。调节糖酵解的关键酶是己糖激酶或葡萄糖激酶、6-磷酸果糖激酶-1和丙酮酸激酶。糖酵解的生理意义在于为机体迅速提供能量，1mol葡萄糖经糖酵解可净生成2mol ATP。

糖的有氧氧化指葡萄糖在有氧条件下彻底氧化生成H_2O、CO_2和ATP的过程，1mol葡萄糖经有氧氧化可净生成30或32molATP，是糖氧化供能主要方式。其反应过程分三个阶段：第一阶段为葡萄糖经酵解途径分解为丙酮酸，在胞液中完成；第二阶段为丙酮酸进入线粒体在丙酮酸脱氢酶复合体催化下氧化脱羧生成乙酰CoA、$NADH+H^+$和CO_2；第三阶段为乙酰CoA进入三羧酸循环和进行氧化磷酸化，生成CO_2、H_2O和ATP。三羧酸循环是以草酰乙酸和乙酰CoA缩合生成柠檬酸开始，经脱氢脱羧等一系列反应又生成草酰乙酸的循环过程。此循环中由三个关键酶（柠檬酸合酶、异柠檬酸脱氧酶和α-酮戊二酸脱氢酶复合体）催化的反应是不可逆的。三羧酸循环的生理意义在于它是三大营养素最终的共同代谢通路；也是三大营养素相互转变的联系枢纽；还为其他合成代谢提供前体物质。每轮三羧酸循环净结果是消耗了1分子乙酰CoA，生成2分子CO_2、3分子$NADH+H^+$、1分子$FADH_2$及进行了1次底物水平磷酸化。$NADH+H^+$和$FADH_2$分别经NADH氧化呼吸链和琥珀酸氧化呼吸链产生2.5个和1.5个ATP（与第6章联系在一起记忆）。故1分子乙酰CoA经三羧酸循环完全氧化共生成10分子ATP。调节糖有氧氧化的关键酶包括己糖激酶或葡萄糖激酶、6-磷酸果糖激酶-1、丙酮酸激酶、丙酮酸脱氢酶复合体、柠檬酸合酶、异柠檬酸脱氢酶、α-酮戊二酸脱氢酶复合体。

葡萄糖经磷酸戊糖途径代谢产生磷酸核糖和NADPH。前者是合成核苷酸的重要原料。后者作为供氢体参与多种代谢反应。磷酸戊糖途径在胞液中进行，其关键酶为6-磷酸葡萄糖脱氢酶，缺乏时可诱发溶血性贫血。

糖原是体内糖的储存形式。肝和肌肉是储存糖原的主要组织。肝糖原的合成途径有直接途径（由葡萄糖经UDPG合成糖原）和间接途径（由三碳化合物经糖异生合成糖原）。肝糖原分解习惯上是指肝糖原分解成为葡萄糖，这是血糖的重要来源。肌糖原的合成是由葡萄糖经UDPG合成的；由于肌组织中缺乏葡萄糖-6-磷酸酶，肌糖原不能分解成葡萄糖，只能进行糖酵解或有氧氧化。糖原合成与分解的关键酶分别为糖原合酶及磷酸化酶，二者均受到共价修饰和变构调节，这两种酶活性的变化决定糖原代谢途径的方向和速率。

糖异生是指由乳酸、甘油和生糖氨基酸等非糖化合物转变为葡萄糖或糖原的过程。进行糖异生的主要器官是肝，其次为肾。糖异生途径与酵解途径的多数反应是共有的可逆反应，但酵解途径中3个关键酶所催化的反应是不可逆的，在糖异生途径中需由丙酮酸羧化酶、磷酸烯醇式丙酮酸羧激酶、果糖二磷酸酶-1和葡萄糖-6-磷酸酶催化。酵解途径与糖异生途径是方向相反的两条代谢途径，通过3个底物循环进行有效地协调。糖异生的生理意义在于维持血糖浓度的相对恒定；补充肝糖原；长期饥饿时，肾糖异生增强有利于维持酸碱平衡。

血糖指血中的葡萄糖，正常水平恒定，FPG维持在3.9～6.0mmol/L，这是血糖的来源和去路保持平衡的结果。血糖水平主要受多种激素调控。胰岛素具有降低血糖的作用，是唯一降低血糖的激素；而胰高血糖素、肾上腺素、糖皮质激素可升高血糖。当人体糖代谢障碍时可引起血糖水平紊乱，常见临床症状有高血糖及低血糖。糖尿病是最常见的糖代谢紊乱疾病。

（周克元）

笔记栏

第8章 脂类代谢

脂类(lipids)是一类不溶于水而易溶于乙醚、氯仿、丙酮等有机溶剂并能被机体利用的有机化合物,包括脂肪和类脂。脂肪(fat)即三酰甘油(triacylglycerol)或称甘油三酯(triglyceride,TG),是由一分子丙三醇(即甘油)和三分子脂酸通过羧酸酯键生成的化合物。脂肪酸(fatty acid,FA)简称脂酸,是脂肪烃的羧酸,一端含有一个疏水性烃链基团,另一端含有一个亲水性羧基。类脂(adipoid)包括磷脂(phospholipids,PL)、糖脂(glycolipids)、胆固醇(cholesterol)及胆固醇酯(cholesterolester,CE)。磷脂和糖脂组成中除含有不同的醇类、脂酸外,还分别特征性地含有磷酸和糖基。

第1节 脂类的生理功能

机体内的脂类物质种类多、分布广,具有多种重要生理功能,主要表现在以下几方面。

一、储能与供能

三酰甘油是体内含量最多的脂类物质,约占体重的10%~20%,主要生理功能是储能与供能。1g三酰甘油氧化分解可以释放能量38.9kJ(9.3kcal),比氧化等量糖或蛋白质高出一倍多。三酰甘油是一种高还原性疏水物质,储存1g三酰甘油仅占1.2ml的体积;而亲水性糖原在机体内以高度水合形式储存,储存1g糖原需占用4.8ml的体积,相同体积的三酰甘油彻底氧化所释放的能量是糖原的6倍。可见,三酰甘油是体内能量最有效的储存形式。进食后,机体将能量以三酰甘油的形式储存于脂肪组织中;在饥饿或禁食等特殊情况下,脂肪被动员产生能量,以满足机体对能量的需求。人体活动所需能量的20%~30%由三酰甘油氧化分解提供。

二、维持生物膜的结构完整与功能正常

生物膜(biological membrane)是细胞膜结构的总称,包括质膜和细胞内膜(即各种细胞器膜),由脂质、蛋白质和糖类等主要通过非共价键方式结合构成。类脂约占生物膜重量的一半,是维持生物膜正常结构与功能必不可少的重要成分。磷脂分子逐个相依地整齐排列,极性的亲水头部朝向膜的内侧或外侧,非极性的疏水尾部插入膜的中间,从而构成了生物膜骨架的主要结构——脂质双层(lipid bilayer),成为极性物质进出细胞的通透性屏障。它既维持了细胞内环境的相对稳定,同时又为各种特殊功能的膜蛋白提供了适宜的疏水性环境。构成磷脂分子的脂烃链长度和饱和度的不同,影响磷脂分子的相对位置,从而影响膜的流动性;各种磷脂头部基团的大小、形状、电荷的不同则与磷脂-蛋白质间的相互作用有关。胆固醇分子散布于磷脂分子之间,其极性头部与磷脂分子的极性头部紧紧相依,板面状甾环结构则使与之相邻的磷脂烃链的活动性下降,由此影响膜的流动性,对膜的稳定性发挥重要作用。糖脂属于亲水性脂质分子,其极性头部由1个或数个糖基组成,非极性尾部为两条烃链。在所有细胞中,糖脂均位于膜的非胞液面,糖基暴露在膜外。糖脂的功能与细胞同外部环境的相互作用有关,其具体功能因糖脂种类不同而异。

三、保护内脏与维持体温

内脏周围的脂肪组织具有软垫作用,能够缓冲外界的机械撞击,对内脏具有保护功能。脂肪不易导热,分布于皮下的脂肪可以防止热量的过多散失,对维持体温的恒定具有重要作用。

四、参与细胞信息传递

细胞膜上的磷脂酰肌醇4,5-二磷酸(phosphatidylinositol 4,5-biphosphate,PIP_2),可以被特异性磷脂酶C水解生成肌醇三磷酸(inositol triphosphate,IP_3)和二酰甘油,两者均为细胞内的第二信使。二酰甘油在磷脂酰丝氨酸和Ca^{2+}的协同作用下可以激活蛋白激酶C,启动蛋白激酶C信号系统;IP_3能使胞内的Ca^{2+}浓度升高,启动Ca^{2+}信号系统。

笔记栏

五、转变成多种重要的生理活性物质

脂类分子特别是磷脂分子中含有多不饱和脂酸，如亚油酸（18∶2，$\Delta^{9,12}$）、亚麻酸（18∶3，$\Delta^{9,12,15}$）和花生四烯酸（20∶4，$\Delta^{5,8,11,14}$），都是人体的必需脂酸。其中花生四烯酸是前列腺素、血栓素及白三烯等生理活性物质的前体，具有多种重要生理功能。胆固醇在体内可转变成胆汁酸盐、维生素 D_3、性激素、肾上腺皮质激素等生理活性物质，参与机体的代谢调节。

第2节 脂类的消化和吸收

膳食中的脂类物质以三酰甘油为主，约占90%，此外还有少量磷脂及胆固醇等。正常成人每天膳食中约含胆固醇300~500mg，主要来自动物内脏、蛋黄、奶油及肉类。食物中的胆固醇多为游离胆固醇，10%~15%为胆固醇酯。脂类不溶于水，消化吸收时需要胆汁酸盐帮助乳化分散以及多种消化酶协同作用。成人口腔中没有消化脂类的酶；胃中有少量脂肪酶，但胃液pH偏酸，脂肪酶活性受到抑制；肠中含有来自胰液的多种脂酶及来自胆汁的胆汁酸盐，所以小肠是脂类消化吸收的主要部位。脂类物质消化吸收的具体过程如下（图8-1）。

脂类物质进入小肠后，刺激肠促胰液肽（secretin）、肠促胰酶素（pancreozymin）和胆囊收缩素（cholecystokinin）的分泌。前两者促进胰酶原分泌，后者引起胆囊收缩，促进胆汁分泌。胆汁酸盐是双性分子，与进入肠腔的三酰甘油、胆固醇等脂类物质混合，通过肠蠕动，将不溶于水的脂类分散成细小的水包油的乳化微团（micelles），大大提高了脂类物质的溶解度，并增加了脂质与消化酶的接触面积，有利于脂肪和类脂的消化吸收。胆汁酸是维持胆固醇吸收的主要因素，胆汁酸缺乏时，明显降低胆固醇的吸收。食物中的纤维素、果胶、植物固醇及某些药物如考来烯胺（消胆胺）等，通过在消化道中与胆汁酸结合促使其从粪便排出，发挥减少胆固醇的吸收、降低血中胆固醇的作用。

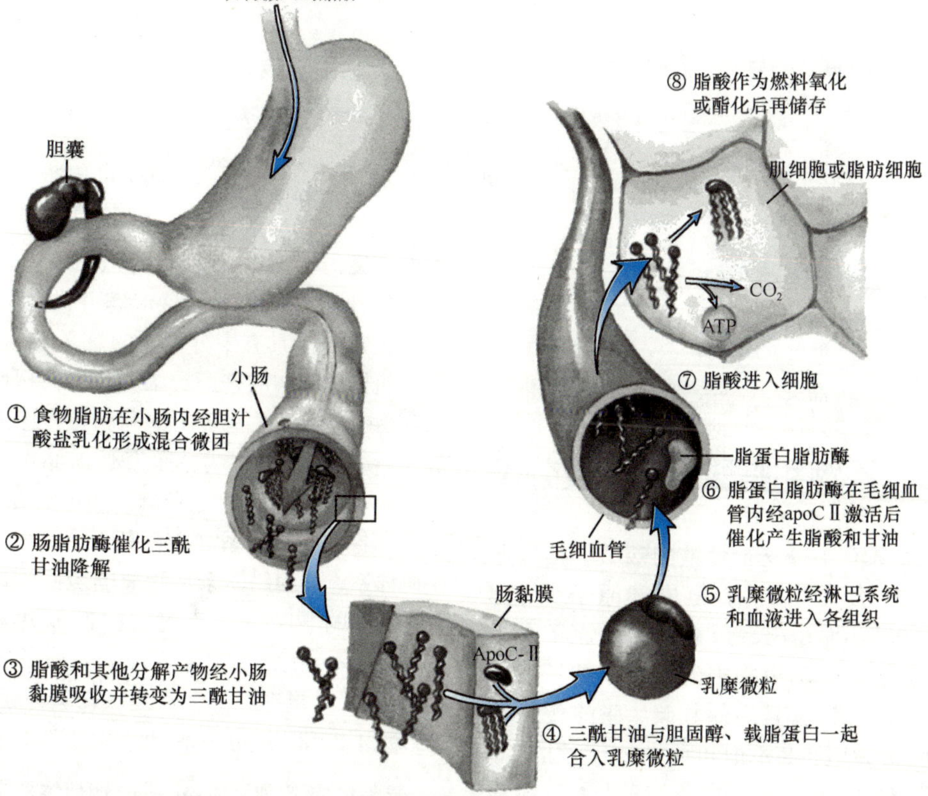

图8-1 脂类物质的消化与吸收

胰腺分泌入十二指肠的脂类消化酶类有：胰脂酶（pancreatic lipase）、磷脂酶 A_2、胆固醇酯酶及辅脂酶（colipase）。胰脂酶特异性催化三酰甘油的1位与3位酯键水解，生成1分子2-单酰甘油和2分子脂酸。胰脂酶必须吸附在乳化微团水油界面上，才能水解微团内的三酰甘油，其发挥作用的必需辅助因子是辅脂酶。辅脂酶相对分子质量约10 000Da，以酶原形式随胰液分泌进入十二指

笔记栏

肠后，在胰脂酶的作用下从N端切下一个五肽而被激活。辅脂酶本身不具脂肪酶活性，但激活的辅脂酶具有与胰脂酶及三酰甘油结合的结构域，分别通过氢键与胰脂酶结合，通过疏水键与三酰甘油结合，在胰脂酶与三酰甘油之间起桥梁作用。在小肠内，胰脂酶的作用依赖于胆汁酸盐的存在，但又受胆汁酸盐的抑制，因为脂质乳化后其表面张力升高，反而使胰脂酶不能与微团内的三酰甘油接触；同时在水油界面胰脂酶易于变性失活。辅脂酶能同时与胰脂酶和三酰甘油结合，使胰脂酶充分发挥水解三酰甘油的作用。磷脂酶催化磷脂酯键水解，生成脂酸及溶血磷脂。胆固醇酯酶催化胆固醇酯水解，生成游离脂酸与胆固醇。

$$\text{食物中的脂类}\xrightarrow{\text{乳化}}\text{微团}\xrightarrow{\text{消化酶}}\text{产物}$$

$$\text{三酰甘油}+H_2O\xrightarrow[\text{辅脂酶}]{\text{胰脂酶}}\text{2-单酰甘油}+2\ \text{脂酸}$$

$$\text{磷脂}+H_2O\xrightarrow{\text{磷脂酶 A}}\text{溶血磷脂}+\text{脂酸}$$

$$\text{胆固醇酯}+H_2O\xrightarrow{\text{胆固醇酯酶}}\text{胆固醇}+\text{脂酸}$$

2-单酰甘油、溶血磷脂、胆固醇及脂酸等消化产物进一步与胆汁酸盐乳化成体积更小、极性更大的混合微团(mixed micelles)，在十二指肠下段及空肠上段，经被动扩散透过小肠黏膜细胞表面的水屏障进入小肠黏膜细胞内。甘油、短链(2~4C)及中链(6~10C)脂酸易被肠黏膜吸收，并直接进入门静脉。一部分未被消化的由短链及中链脂酸构成的三酰甘油，被胆汁酸盐乳化后也可被吸收。其吸收后在肠黏膜细胞内脂肪酶的作用下水解为脂酸和甘油，通过门静脉进入血循环。长链脂酸(12~26C)、2-单酰甘油及其他脂类消化产物在脂酰CoA合成酶(fatty acyl CoA synthetase)和脂酰CoA转移酶(acyl-CoA transferase)催化下，消耗ATP生成新的三酰甘油、磷脂及胆固醇酯，它们再与细胞内粗面内质网合成的载脂蛋白(apolipoprotein, apo)构成乳糜微粒(chylomicrons, CM)通过淋巴最终进入血液，被其他细胞所利用。

$$HSCoA + RCOOH \xrightarrow[\text{ATP}\ \ \rightarrow\ \ \text{AMP}\ \ \text{PPi}]{\text{脂酰CoA合成酶}} RCO{\sim}SCoA$$

$$\text{溶血磷脂}\xrightarrow[R_2CO\sim SCoA\ \ \rightarrow\ \ HSCoA]{\text{脂酰CoA转移酶}}\text{磷脂}$$

$$\text{胆固醇}\xrightarrow[R_2CO\sim SCoA\ \ \rightarrow\ \ HSCoA]{\text{脂酰CoA转移酶}}\text{胆固醇酯}$$

第3节　不饱和脂酸的命名及分类

脂酸是具有不分支长烃链的羧酸。按碳原子数目多少，分为短链(碳链中碳原子少于4个)、中链(6~10C)及长链(碳链中碳原子多于12个)脂酸。高等动植物中的脂酸碳链长度一般在14~26碳之间，且为偶数碳。脂酸按是否含有双键，分为饱和与不饱和脂酸。不饱和脂酸按含双键数目的多少，分为单不饱和及多不饱和脂酸。含有2个或2个以上双键的不饱和脂酸称为多不饱和脂酸(polyunsaturated fatty acid)。各种脂酸碳链长短、饱和度以及双键位置的不同导致其某些理化性质及生物学功能性质各异。例如，随着碳链长度的增加熔点逐渐增加，随着不饱和度的增加熔点逐渐下降，这对于细胞膜脂质在各种环境温度下保持流态并由此维持细胞膜的正常功能具有十分重要的意义。

机体内脂酸的来源有二：一是自身合成；二是从食物中摄取。某些多不饱和脂酸在体内不能合成，必须从食物中摄取，称为必需脂酸(essential fatty acids)，包括亚油酸、亚麻酸和花生四烯酸。

不饱和脂酸的系统命名有Δ和ω(或n)两种编码体系。Δ编码体系从脂酸的羧基碳原子起计算碳原子的顺序，标示双键的位置；ω编码体系从脂酸的甲基碳原子起计算碳原子的顺序，标示双键的位置，并且根据第一个双键所在碳原子的位置，可以把不饱和脂酸分为不同的族(表8-1、表8-2)。

表8-1　不饱和脂酸ω(或n)编码体系及分族

族	母体脂酸
ω-7(n-7)	软油酸(16∶1,ω-7)
ω-9(n-9)	油酸(18∶1,ω-9)
ω-6(n-6)	亚油酸(18∶2,ω-6,9)
ω-3(n-3)	α-亚麻酸(18∶3,ω-3,6,9)

笔 记 栏

表 8-2 常见不饱和脂酸

习惯名	系统名	碳原子及双键数目	双键位置			分布
			Δ 系	n 系	族	
软油酸	十六碳一烯酸	16：1	9	7	ω-7	广泛
油酸	十八碳一烯酸	18：1	9	9	ω-9	广泛
亚油酸	十八碳二烯酸	18：2	9,12	6,9	ω-6	植物油
α-亚麻酸	十八碳三烯酸	18：3	9,12,15	3,6,9	ω-3	植物油
γ-亚麻酸	十八碳三烯酸	18：3	6,9,12	6,9,12	ω-6	植物油
花生四烯酸	二十碳四烯酸	20：4	5,8,11,14	6,9,12,15	ω-6	植物油
timnodonic	二十碳五烯酸(EPA)	20：5	5,8,11,14,17	3,6,9,12,15	ω-3	鱼油
clupanodonic	廿二碳五烯酸(DPA)	22：5	7,10,13,16,19	3,6,9,12,15	ω-3	鱼油,脑
cervonic	廿二碳六烯酸(DHA)	22：6	4,7,10,13,16,19	3,6,9,12,15,18	ω-3	鱼油

哺乳动物体内的多不饱和脂酸由相应的母体脂酸衍生而来，如 γ-亚麻酸（18：3，ω-6，9，12）和花生四烯酸（20：4，ω-6，9，12，15）可由亚油酸（18：2，ω-6，9）转变而来。ω-3、ω-6 及 ω-9 三族多不饱和脂酸在体内彼此不能互相转化。动物只能合成 ω-9 及 ω-7 系多不饱和脂酸，如油酸（18：1，ω-9）和软油酸（16：1，ω-7）；不能合成 ω-6 及ω-3系多不饱和脂酸，如亚油酸和 α-亚麻酸（18：3，ω-3，6，9）。这是因为在哺乳动物体内缺乏 ω-6 及 ω-3 脂酸去饱和酶系，不能在脂酸的 ω-6 及ω-3碳原子处引入双键。

第 4 节 三酰甘油代谢

三酰甘油是机体储存能量的重要形式，也是含量最多的脂类物质。人体内的三酰甘油处于不断自我更新的转变中。脂肪组织和肝脏内的脂肪有较高的更新率，其次为小肠黏膜和肌组织，皮肤和神经组织中的脂肪更新率较低。

一、三酰甘油的分解代谢

三酰甘油在体内氧化与分解为机体提供生命活动所需的能量。三酰甘油分解代谢的过程包括以下步骤：

（一）脂肪动员

储存在脂肪组织中的三酰甘油在脂肪酶作用下逐步分解成甘油和游离脂酸（free fatty acid，FFA），并释放入血供其他组织利用的过程，称为脂肪动员（fat mobilization）。

三酰甘油脂肪酶是脂肪动员的限速酶，因其活性受多种激素的调控，故又称为激素敏感性脂肪酶（hormone sensitive lipase，HSL）。不同激素对 HSL 的影响不同，其中能提高 HSL 活性、促进脂肪动员的激素，称为脂解激素（lipolytic hormone）；能降低 HSL 活性、抑制脂肪动员的激素，称为抗脂解激素（antilipolytic hormone）。脂解激素包括胰高血糖素、肾上腺素和去甲肾上腺素等，它们可与脂肪细胞膜上的受体结合，激活腺苷酸环化酶（denyl cyclase，AC），促进细胞内 cAMP 的合成，进而激活 cAMP 依赖蛋白激酶（cAMP-dependent protien kinase），使 HSL 磷酸化而活化，促进三酰甘油水解生成二酰甘油和脂酸（图 8-2）。而胰岛素能抑制腺苷酸环化酶，增强磷酸二酯酶活性，减少 cAMP 生成，抑制蛋白激酶，从而使 HSL 去磷酸化而失活，抑制脂肪动员，故称为之为抗脂解激素。机体对脂肪动员的调控通过激素对三酰甘油脂肪酶的作用来实现。当禁食、饥饿或处于兴奋状态时，肾上腺素、胰高血糖素等分泌增加，脂解作用加强；进食后胰岛素分泌增加，脂解作用降低。

脂肪动员生成的甘油可在血液中游离运输，主要被运输到肝脏经甘油激酶催化生成 3-磷酸甘油，进入糖酵解途径氧化分解或异生成糖（图 8-3）。肾、肠等组织细胞中含有甘油激酶，可以利用甘油；脂肪组织和骨骼肌缺乏甘油激酶，不能利用甘油。

笔记栏

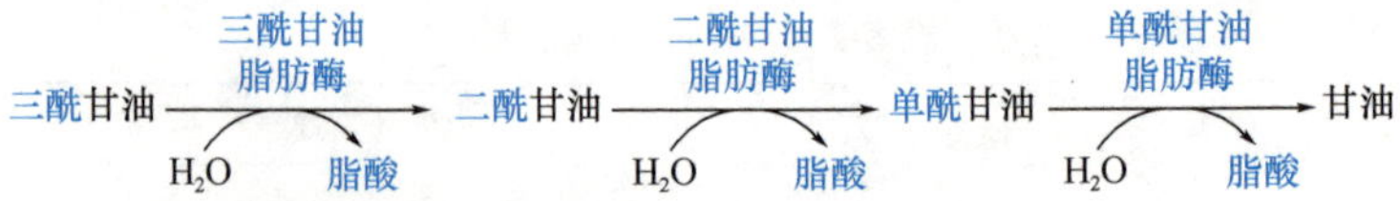

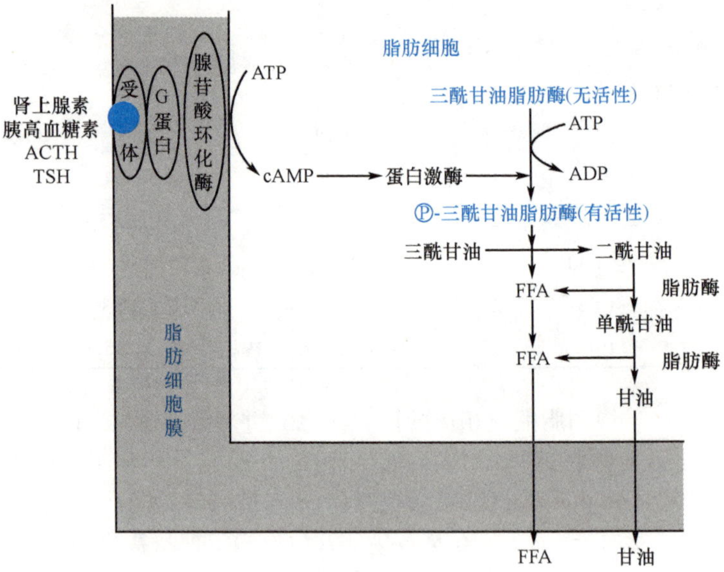

图 8-2 激素对脂肪动员的调节作用

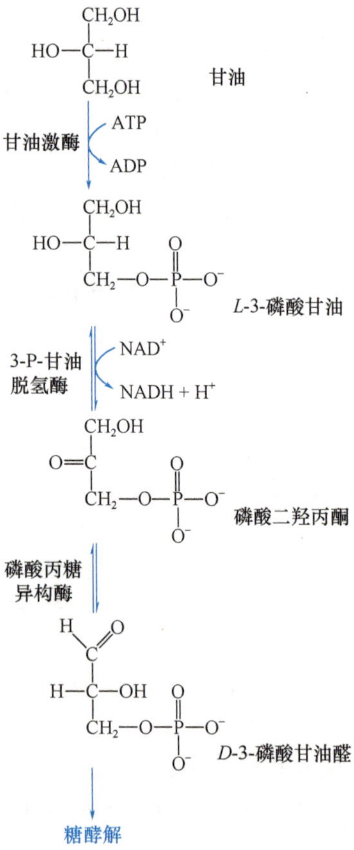

图 8-3 甘油的利用

脂酸释放入血，与清蛋白结合形成脂酸-清蛋白，随血液循环运输至心、肝、骨骼肌等各组织利用，但脑、神经组织及红细胞等不能直接利用脂酸。

笔 记 栏

（二）脂酸的 β-氧化

在供氧充足的条件下，脂酸在体内分解成 CO_2 和 H_2O，并产生大量能量，因其氧化首先发生在 β-碳原子上，故叫 β-氧化（β-oxidation）。除脑组织和成熟红细胞外，大多数组织都能氧化分解脂酸，其中以肝及肌肉组织最为活跃。

脂酸的 β-氧化大致可以划分为活化-转移-氧化三个阶段。

1. 脂酸的活化 脂酸在胞液中由脂酰辅酶 A 合成酶催化，活化形成脂酰 CoA（acyl-CoA）。这是一个耗能的过程。

$$\text{HSCoA} + \text{RCOOH} \xrightarrow[\text{ATP}\quad\text{AMP}+\text{PPi}]{\text{脂酰CoA合成酶}} \text{RCO}\sim\text{SCoA}$$

活化生成的脂酰 CoA 极性增强，易溶于水；分子中含高能硫酯键，代谢活性增强；与酶的亲和力提高，反应速度加快。同时，反应生成的焦磷酸在细胞内迅速被焦磷酸酶（pyrophosphatase）水解成 2 分子无机磷酸，阻止了逆向反应的进行。因此，活化 1 分子脂酸实际上消耗了 1 分子 ATP 中的两个高能磷酸键，相当于消耗了 2 分子 ATP。

2. 脂酰 CoA 进入线粒体 脂酸的活化在胞液中进行，而脂酸 β-氧化酶系分布在线粒体基质中，因此必须将活化的脂酰 CoA 转运到线粒体中才能进行 β-氧化。但长链脂酰 CoA 不能自由通过线粒体内膜，需要载体肉毒碱（carnitine）或称肉碱的帮助才能进入线粒体基质进行代谢。脂酰CoA穿越线粒体内膜的具体机制为：①长链脂酰CoA透过线粒体外膜进入内、外膜间的基质，在线粒体内膜外侧的肉碱脂酰转移酶Ⅰ（carnitine acyl transferase-Ⅰ，CAT-Ⅰ）催化下，脂酰CoA脱去HSCoA将脂酰基转移至肉碱的3-羟基上生成脂酰肉碱；②脂酰肉碱经线粒体内膜上肉碱-脂酰肉碱转位酶（carnitine-fatty acyl carnitine transposase）的转运作用，进入线粒体基质；③脂酰肉碱在肉碱脂酰转移酶Ⅱ（CAT-Ⅱ）的催化下，与HSCoA进行脂酰基的交换，释放出肉碱生成脂酰CoA，在线粒体基质中作为β-氧化酶系的底物（图8-4）。

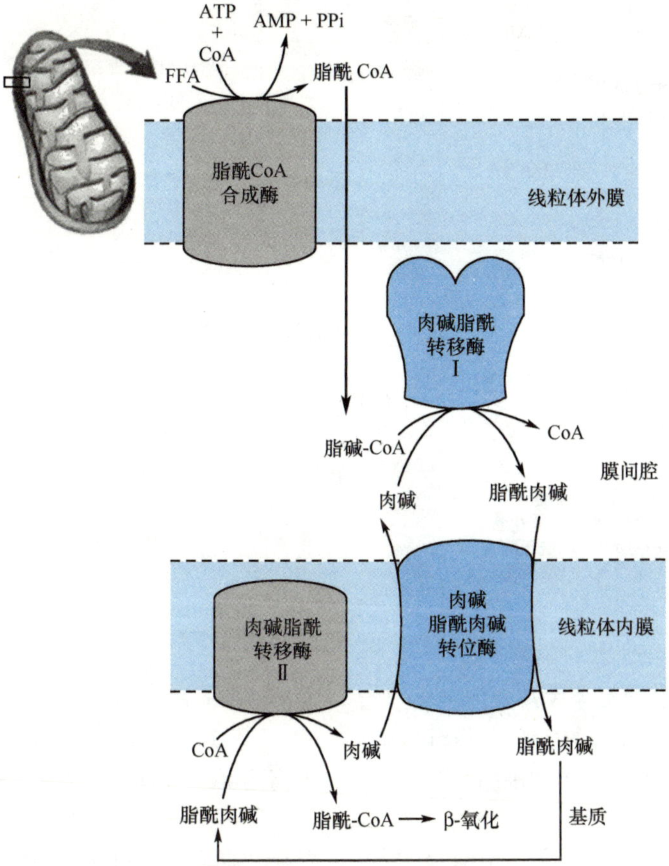

图8-4　肉碱转移脂酰辅酶A进入线粒体的机制

肉碱脂酰转移酶Ⅰ和Ⅱ是同工酶，酶Ⅰ是限速酶，其催化的反应是脂酰CoA进入线粒体的关键反应，也是脂酸β-氧化的主要限速步骤。酶Ⅰ受丙二酰CoA抑制，酶Ⅱ受胰岛素抑制。胰岛素还通过诱导乙酰CoA羧化酶的合成使丙二酰CoA浓度增加，进而抑制酶Ⅰ。可见，胰岛素对脂酸的氧化具有直接和间接的双重抑制作用。饥饿或禁食时胰岛素分泌减少，肉碱脂酰转移酶的活性增高，长链脂酸进入线粒体氧化加快，为机体提供能量供应。

3. 脂酰CoA的β-氧化　1904年，Knoop设计了一个极富创造性的实验：用不被机体分解的苯基标记脂酸的ω甲基，以带标记的脂酸饲喂犬，按时检测尿中代谢产物。结果发现，不论脂酸碳链长短，若饲喂带标记的奇数碳脂酸，尿液代谢物中均有苯甲酸；若饲喂带标记的偶数碳脂酸，尿液代谢物中均有苯乙酸。据此，Knoop认为：脂酸在体内的氧化分解首先是从羧基端β-碳原子开始的，碳链依次断裂，每次断下一个2碳单位，即乙酰CoA，这就是著名的β-氧化学说。后来，经酶学和同位素示踪技术证明：脂酰CoA在线粒体基质中经脂酸β-氧化多酶复合体的催化，首先从羧基端β-碳原子开始氧化，经过脱氢、加水、再脱氢、硫解四步连续反应，每循环一次生成1分子乙酰CoA和1分子少两个碳原子的新的脂酰CoA。

（1）脱氢（dehydrogenation）：脂酰CoA在脂酰CoA脱氢酶催化下，在脂酰CoA的α-和β-碳原子上各脱去1个氢原子，生成反式Δ^2-烯脂酰CoA。脱下的2个氢由辅基FAD接受，生成$FADH_2$。

（2）加水（hydration）：在Δ^2-烯脂酰CoA水化酶（hydratase）催化下，反式Δ^2-烯脂酰CoA加

笔记栏

1 分子 H_2O 生成 *L*-(+)-β-羟脂酰 CoA。

(3) 再脱氢:在 β-羟脂酰 CoA 脱氢酶催化下,*L*-(+)-β-羟脂酰 CoA 脱氢生成 β-酮脂酰 CoA,脱下的 2 个氢由 NAD^+接受生成 $NADH+H^+$。

(4) 硫解(thiolysis):在 β-酮脂酰 CoA 硫解酶催化下,β-酮脂酰 CoA 在 α-和 β-碳原子之间断链,加上 1 分子辅酶 A 生成乙酰 CoA 和 1 分子少两个碳原子的脂酰 CoA。后者再次经脱氢-加水-再脱氢-硫解四步反应反复进行 β-氧化,最终将脂酰 CoA 全部氧化分解成乙酰 CoA(图 8-5)。

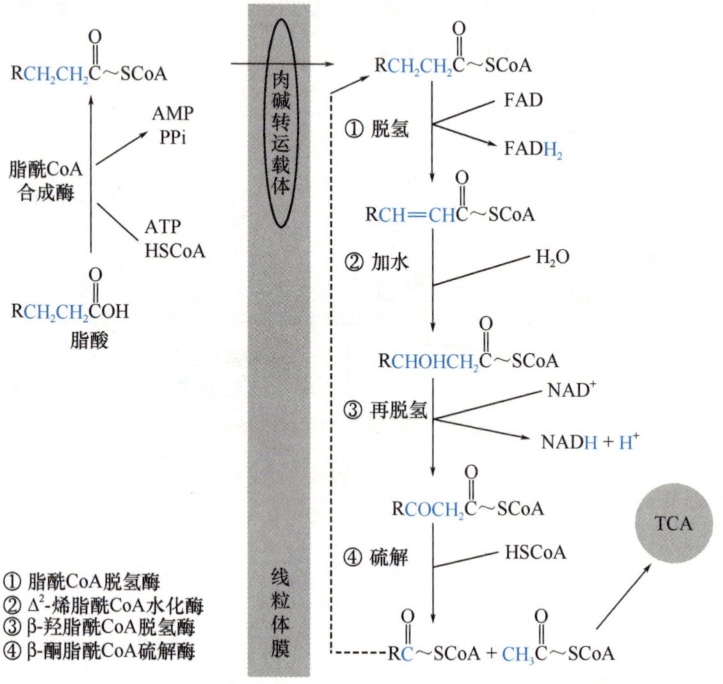

图 8-5 脂酸 β-氧化

4. 脂酸 β-氧化的能量生成及生理意义 脂酸 β-氧化是体内脂酸分解的主要途径,可为机体提供大量能量。现以十八碳的硬脂酸为例,说明其能量的生成。1 分子硬脂酸需进行 8 次 β-氧化,生成 8 分子 $FADH_2$、8 分子 $NADH+H^+$ 及 9 分子乙酰 CoA,总反应式如下:

$$CH_3(CH_2)_{16}COSCoA + 8HSCoA + 8FAD + 8NAD^+ + 8H_2O \longrightarrow 9CH_3COSCoA + 8FADH_2 + 8NADH + 8H^+$$

硬脂酸的 β-氧化产物经三羧酸循环及呼吸链彻底氧化,8 分子 $FADH_2$ 生成 8×1.5 ATP=12ATP,8 分子 $NADH+H^+$生成 8×2.5 ATP=20ATP,9 分子乙酰 CoA 生成 9×10 ATP=90 ATP。因此,1 分子硬脂酸彻底氧化成 CO_2 和 H_2O,总共可以生成 12+20+90=122ATP。由于活化 1 分子硬脂酸需要消耗 2 个高能磷酸键,所以 1 分子硬脂酸完全氧化可净生成 120 分子 ATP 或 120mol ×30.56 kJ/mol=3678kJ。与葡萄糖氧化相比,1 分子葡萄糖彻底氧化生成 32 分子 ATP,3 分子葡萄糖所含碳原子数与 1 分子硬脂酸相等,前者可产生 96 分子 ATP,后者产生 122 分子 ATP。可见,在碳原子数相同的情况下,脂酸氧化能够为机体提供更多的能量。研究显示,脂酸氧化释放的能量约有 40% 被机体用于合成其他化合物,其余 60% 以热能形式释放用于维持体温,热效率高达 40%,说明人体能有效地利用脂酸能源。

笔 记 栏

脂酸 β-氧化生成的乙酰 CoA 除了进入三羧酸循环彻底氧化供能,还可以转变为酮体供机体利用,或作为胆固醇和类固醇化合物等的合成原料。此外,脂酸 β-氧化也是脂酸的改造过程。人体所需脂酸碳链的长短不同,通过 β-氧化可将长链脂酸改造成中短链脂酸,供机体所用。

(三) 脂酸的特殊氧化形式

1. 奇数碳脂酸的氧化 人体内和膳食中含有少量奇数碳原子的脂酸,经过连续多次 β-氧化后,除生成乙酰 CoA 外还生成 1 分子丙酰 CoA。胆汁酸生成过程中亦产生丙酰 CoA。丙酰 CoA 的氧化与乙酰 CoA 的氧化不同,首先经过丙酰 CoA 羧化酶(propionyl-CoA carboxylase)催化生成甲基丙二酰 CoA,然后在甲基丙二酰 CoA 变位酶(methylmalonyl-CoA mutase)的作用下经过分子内重排转变成琥珀酰 CoA,后者或进入三羧酸循环氧化分解或经草酰乙酸异生成糖(图 8-6)。

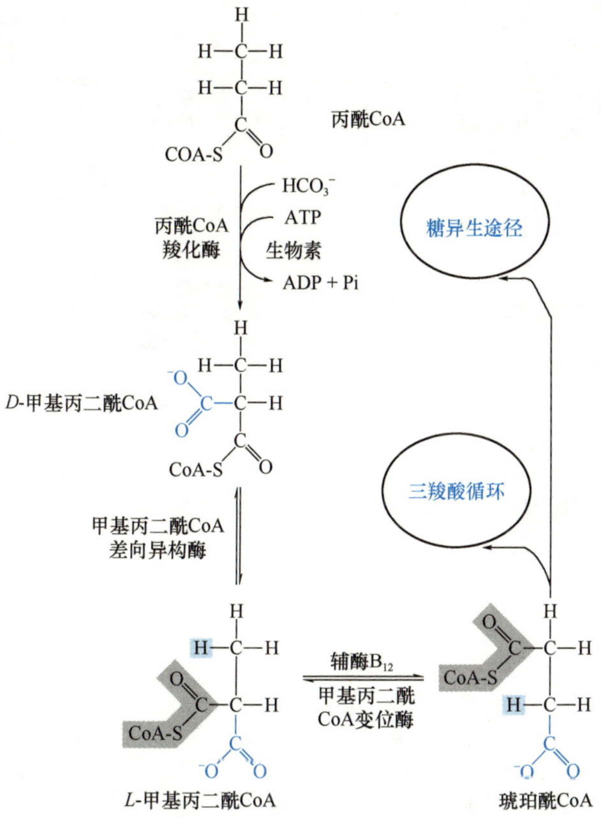

图 8-6　丙酰 CoA 的氧化

催化氧化的甲基丙二酰 CoA 变位酶以 5′-脱氧腺苷 B_{12}（5′-dAB_{12}）为辅酶。因此，维生素 B_{12} 缺乏或 5′-dAB_{12} 合成障碍均影响该酶活性，造成甲基丙二酰 CoA 堆积。后者脱去辅酶 A 生成甲基丙二酸，使血中甲基丙二酸含量增高，引起甲基丙二酸血症（methylmalonic acidemia）。同时，随尿液排出体外的甲基丙二酸也随之升高，若 24 小时排出量大于 4mg 则导致甲基丙二酸尿症（methylmalonic aciduria）。此外，甲基丙二酸的增高还能引起丙酰 CoA 浓度增高，合成较多的异常脂酸（十五碳、十七碳和十九碳脂酸）掺入神经髓鞘脂类中，引起神经髓鞘脱落、神经变性等亚急性变性症。

2. 不饱和脂酸的氧化　人体内约有 1/2 以上的脂酸是不饱和脂酸，食物中也含有不饱和脂酸。天然不饱和脂酸的双键均为顺式构型，而脂酸 β-氧化酶系只能氧化反式不饱和脂酸。因此，不饱和脂酸在线粒体中的氧化需要特异性烯脂酰 CoA 顺反异构酶（cis-trans isomerase）帮助，将顺式烯脂酰 CoA 转变成反式构型的烯脂酰 CoA。其余氧化过程与 β-氧化过程相同（图 8-7）。

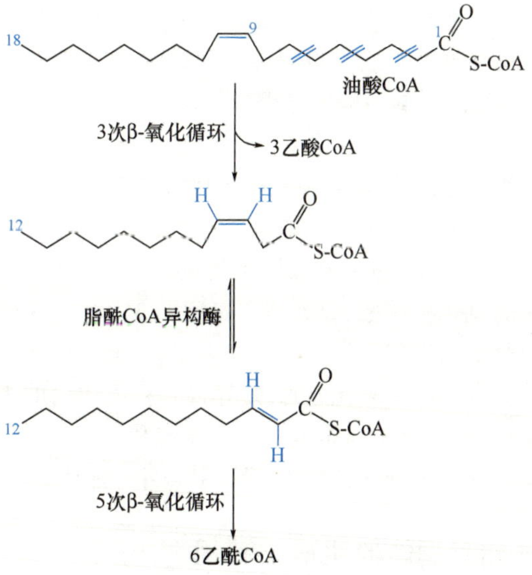

图 8-7　不饱和脂酸的氧化

3. ω-氧化　脂酸的 ω-氧化是在肝微粒体中进行，由加单氧酶（monooxygenase）或称混合功能氧化酶（mixed function oxidase）催化，主要是对一些中短链脂酸先进行加工改造，然后再转入线粒体中进行 β-氧化。

具体过程是：中短链脂酸在混合功能氧化酶催化下，首先在 ω-碳原子羟化生成 ω-羟脂酸，然后经脱氢酶作用依次生成 ω-醛脂酸和 α，ω-二羧酸，并进入线粒体，分别从 α-端和 ω-端或同时从两侧进行 β-氧化，最后生成琥珀酰 CoA（图 8-8）。

笔 记 栏

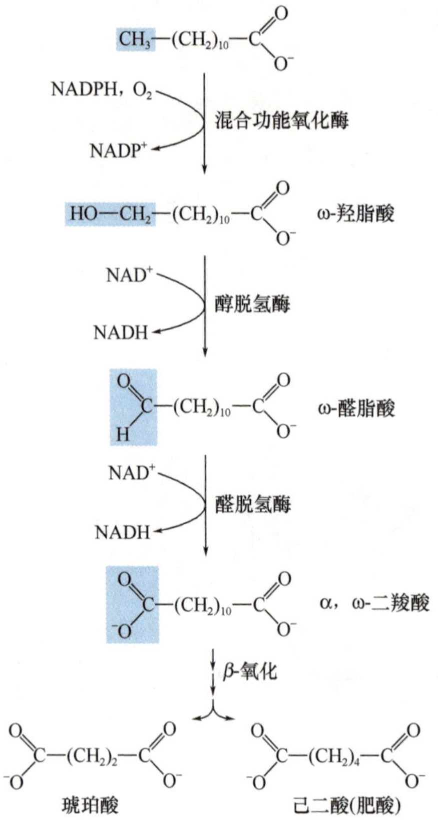

图 8-8　脂酸的 ω-氧化

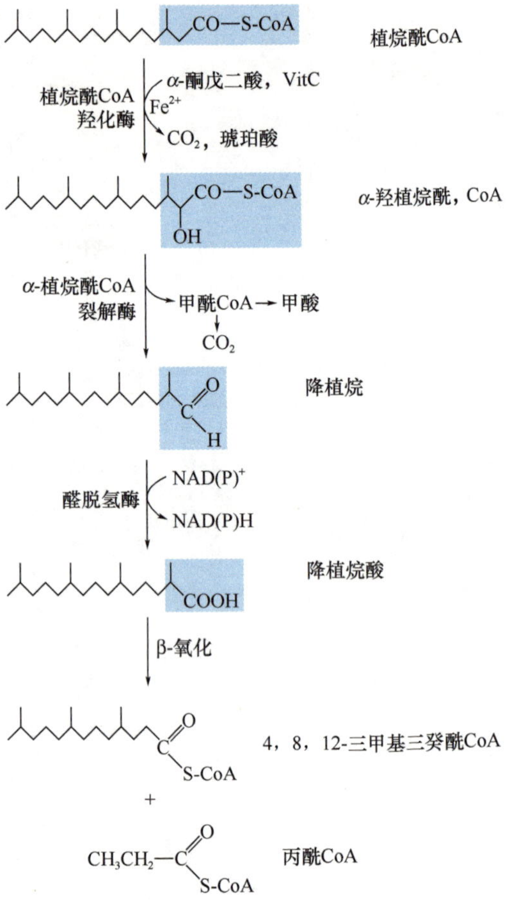

图 8-9　脂酸的 α-氧化

4. α-氧化　脂酸的 α-氧化指脂酸在微粒体中由加单氧酶或脱羧酶催化生成 α-羟脂酸或少一个碳原子的脂酸的过程（图 8-9）。长链脂酸在 O_2 和 Fe^{2+} 存在的情况下，以维生素 C 或四氢叶酸为供氢体，经加单氧酶催化生成 α-羟脂酸。α-羟脂酸既可作为脑苷脂和硫脂的重要成分，又可继续氧化脱羧生成奇数碳原子脂酸。α-氧化障碍者不能氧化植烷酸（phytanic acid）即 3，7，11，15-四甲基十六烷酸。牛奶和动物脂肪中均含有此成分。若存在 α-氧化障碍，则导致其在人体内的大量堆积，引起 Refsum 病。由于 α-氧化主要在脑组织内发生，因而 α-氧化障碍多引起神经症状。

（四）酮体的生成与利用

酮体（acetone bodies）是乙酰乙酸（acetoacetic acid）、β-羟丁酸（β-hydroxybutyric acid）及丙酮（acetone）三种物质的总称，它们是脂酸在肝脏进行正常分解代谢所产生的特殊中间产物。其中，乙酰乙酸约占 70%，β-羟丁酸约占 30%，丙酮仅少量。在骨骼肌、心肌等肝外组织，脂酸 β-氧化产生的乙酰 CoA 主要进入三羧酸循环彻底氧化功能；而在肝脏，乙酰 CoA 还会转变为酮体。这是因为肝细胞中分布着活性较高的酮体合成酶系，而脂酸在肝线粒体进行 β-氧化时又有大量乙酰 CoA 产生，由此一些乙酰 CoA 便可以在酮体合成酶系的催化下转变成酮体。同时，肝细胞缺乏酮体利用酶系，因此肝中生成的酮体必须出肝细胞膜进入血液循环，运往肝外组织利用。这就形成了“肝内生酮、肝外用酮”的酮体代谢特点。

案例 8-1

患者，男性，42 岁，因“烦渴、多饮、消瘦 12 年，咳嗽 3 天，伴意识模糊 1 天”为主诉入院。患者既往曾有糖尿病病史 12 年，院外一直予以胰岛素治疗，血糖具体控制情况不详。患者 3 天前受凉后出现咳嗽，未给予治疗。1 天前出现意识障碍，呼之不应，可简单表示“想饮水”等动作，家属发现患者呼吸急促，并有“烂苹果味”，无大便失禁、呕吐、抽搐、肢体偏瘫。体格检查：重度脱水貌，浅昏迷，呼气带有烂苹果味。体温 36.8℃，脉搏 108 次/分，血压 9.2/5.7kPa（69/43mmHg），呼吸 21 次/分。双侧瞳孔等大、等圆。双肺呼吸音粗，右肺可闻及湿啰音。

笔 记 栏

辅助检查：血糖 45.72mmol/L（空腹血糖参考值为 3.0～6.0mmol/L），β-羟丁酸 11.2mmol/L（参考值<0.25mmol/L），乙酰乙酸 4.6mmol/L（参考值 0.01～0.18mmol/L），二氧化碳结合力 16.5mmol/L（参考值24～28μmol/L），血肌酐 355.42μmol/L（参考值 40～97μmol/L），尿素氮 28.1mmol/L（参考值 1.7～8.3mmol/L），K^+ 5.65mmol/L（参考值 3.5～5.5mmol/L），Cl^- 91.2mmol/L（参考值 96～111 mmol/L）。血白细胞 16.22×10^9/L［参考值（4～10）$\times10^9$/L］，中性粒细胞 0.97。动脉血气分析：pH 7.096（参考值 7.35～7.45），CO_2 分压 4.4kPa（33.1mmHg，参考值 5.3kPa/40mmHg），O_2 分压 5.7kPa（43mmHg，参考值 7.5 kPa /60 mmHg），碱剩余-18.7 mmol/L（参考值±3 mmol/L），HCO_3^- 10.2mmol/L（参考值 24mmol/L）。尿淀粉酶正常。尿常规：尿酮体（+++），尿糖（++++）。

初步诊断：糖尿病酮症酸中毒，糖尿病高渗性昏迷，1 型糖尿病，肺部感染。

问题讨论

1. 如何诊断酮症酸中毒？
2. 酮症酸中毒发生的生化机制是怎样的？
3. 联系酮症酸中毒的发生机制，拟订治疗方案。

1. 酮体的生成 酮体的生物合成以脂酸 β-氧化生成的乙酰 CoA 为原料，在乙酰乙酰 CoA 硫解酶、β-羟-β-甲基戊二酰 CoA 合酶（β-hydroxy-β-methyl glutaryl-CoA synthase，HMG-CoA synthase）与裂解酶的催化下，以 $NADH+H^+$ 为供氢体，经过下面三步反应生成。

（1）乙酰乙酰 CoA 的生成：2 分子乙酰 CoA 在乙酰乙酰 CoA 硫解酶的催化下，缩合生成 1 分子乙酰乙酰 CoA，释放出 1 分子 HSCoA。

（2）HMG-CoA 的生成：乙酰乙酰 CoA 在关键酶 HMG-CoA 合酶催化下，再与 1 分子乙酰 CoA 缩合生成 HMG-CoA，释放出 1 分子 HSCoA。

（3）酮体的生成：在 HMG-CoA 裂解酶（HMG-CoA catenase）催化下，HMG-CoA 分解成 1 分子乙酰乙酸和 1 分子乙酰 CoA；乙酰乙酸在 β-羟丁酸脱氢酶（β-hydroxybutyrate dehydrogenase）催化下，加氢还原生成 β-羟丁酸，该酶的活性取决于线粒体中［$NADH+H^+$］/［NAD^+］的比值；少量乙酰乙酸或自发脱羧或在酶催化下脱羧生成丙酮（图 8-10）。

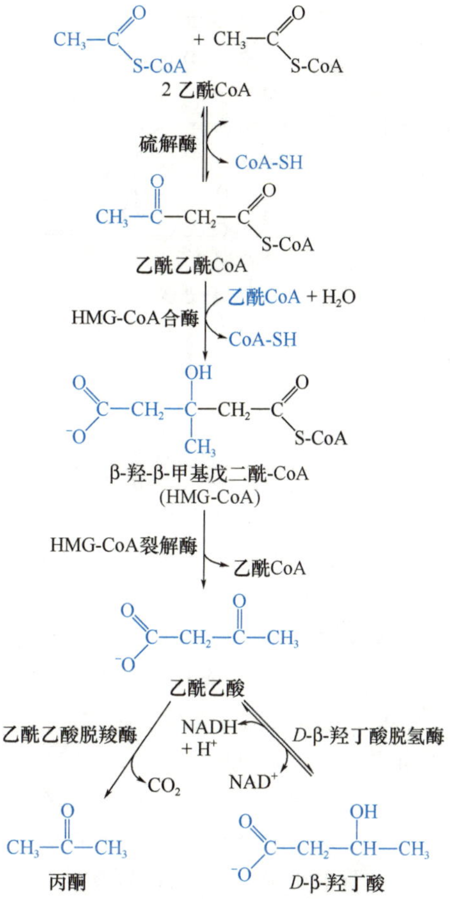

图 8-10 酮体的生成

2. 酮体的利用 酮体利用的酶类主要有琥珀酰 CoA 转硫酶（succinyl CoA thiophorase）、乙酰乙酸硫解酶（acetoacetic acid thiolase）、乙酰乙酸硫激酶（acetoacetic acid thiokinase）及 β-羟丁酸脱氢酶等。在脑、心、肾和骨骼肌等肝外组织细胞线粒体中，分解利用酮体的酶类活性很强，能够将酮体氧化分解成 H_2O 和 CO_2，同时释放大量能量供这些组织利用，而肝脏较为缺乏这些酶。因此，肝外组织是利用酮体最主要的场所。

（1）乙酰乙酸的活化：乙酰乙酸的活化有两条途径（图 8-11）：①在 ATP 和 HSCoA 参与下，乙酰乙酸经乙酰乙酸硫激酶催化，直接活化生成乙酰乙酰 CoA；②在琥珀酰 CoA 转硫酶的作用下，乙酰乙酸与琥珀酰 CoA 进行高能硫酯键的交换，生成乙酰乙酰 CoA 和琥珀酸。催化乙酰乙酸活化的两个酶都分布于脑、心、肾和骨骼肌等肝外组织细胞的线粒体中。

（2）乙酰 CoA 的生成：乙酰乙酰 CoA 在硫解酶的催化下，生成 2 分子乙酰 CoA，然后进入三羧酸循环彻底氧化（图 8-11）。

笔记栏

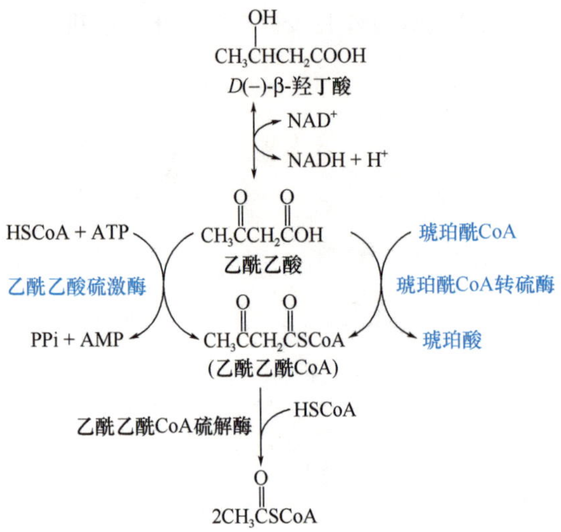

图 8-11　酮体的利用

（3）丙酮的呼出：丙酮生成量少、挥发性强，主要通过肺部的呼吸作用排出体外。部分丙酮也可在多种酶催化下转变成丙酮酸或乳酸，或异生成糖或彻底氧化。

肝细胞中没有琥珀酰 CoA 转硫酶和乙酰乙酸硫激酶，所以肝细胞不能利用酮体。肝外组织利用酮体的量与动脉血中酮体的浓度成正比，血中酮体浓度达 7mmol/L 时，肝外组织的利用能力达到饱和。因为人体肾酮阈为 7mmol/L，当血中酮体浓度超过此值，酮体经肾小球的滤过量就会超过肾小管的重吸收能力，出现酮尿症（ketonuria）。脑组织利用酮体的能力与血糖水平有关，只有血糖水平降低时才利用酮体。

案例 8-1　分析讨论

患者血液 β-羟丁酸（11.2mmol/L）和乙酰乙酸（4.6mmol/L）均远大于参考值；呼吸具有丙酮独特的“烂苹果”味，说明有大量的丙酮通过呼吸排出体外。这表明患者体内酮体的产生已超过体内各组织所能利用的限度和排出的速度，在体内积聚，产生酮血症。酮体中的 β-羟丁酸和乙酰乙酸都是有机酸，血酮增高使血中有机酸浓度增高；同时大量有机酸从肾脏排出时，除很少量呈游离状态或被肾小管泌[H^+]中和排出外，大部分与体内碱基结合成盐而排出，造成体内碱储备大量丢失而致代谢性酸中毒，即酮症酸中毒。患者动脉血气分析 pH 7.096，CO_2 分压 4.4kPa，O_2 分压 5.7kPa，碱剩余 −18.7mmol/L，HCO_3^- 10.2mmol/L，血二氧化碳结合力 16.5mmol/L，呈现代谢性酸中毒的特征。由此可以诊断其“酮症酸中毒”。

3. 酮体生成的意义　酮体分子小、溶于水，易于运输、便于利用，能够透过血-脑屏障、毛细血管壁及线粒体内膜，是肝脏向肌肉、脑组织等肝外组织输出脂肪性优质能源的一种形式。在生理条件下，肝脏的酮体合成能力往往低于肝外组织的用酮能力，血液中的酮体水平很低，常维持在 0.03～0.5mmol/L。血液中酮体含量升高常见于饥饿、妊娠中毒症、糖尿病，以及过多摄入高脂低糖膳食者。在饥饿或糖供不足时，脂肪动员加强，所产生的脂酸转变为乙酰 CoA 氧化供能，以减少葡萄糖和蛋白质的消耗，维持血糖浓度的恒定。但脂酸不能透过血-脑屏障，故脑组织不能直接利用脂酸。肝脏可以将脂酸分解转化成酮体，以替代葡萄糖能源为脑组织提供能量保障，确保大脑功能正常。

严重糖尿病等糖代谢异常情况下，葡萄糖得不到有效利用，脂肪动员而来的脂酸被转化成大量酮体。若肝脏生成酮体的能力超过肝外组织对酮体的利用能力，就会引起血液酮体含量升高、血液 pH 下降，严重时可导致酮症酸中毒。

案例 8-1　分析讨论

患者患有糖尿病，胰岛素严重缺乏同时伴有感染，糖利用障碍，机体脂肪动员加强，酮体生成增多，当超过体内利用和排出的限度时，血中酮体就在体内积聚起来。同时，酮体的利用需转变成乙酰 CoA 后与糖代谢的产物草酰乙酸结合形成柠檬酸，然后进入三羧酸循环。糖尿病患者糖代谢障碍，无充足的糖代谢产物草酰乙酸，酮体的消除亦受到障碍。当患者酮体来源过多和利用分解受阻时，酮体便蓄积，体内产生酮血症，进而诱发酮症酸中毒。

4. 酮体生成的调节　酮体的生成与糖代谢的关系极为密切。在饱食及糖的利用充分的情况下，酮体生成减少；反之亦然。具机制主要包括以下几方面：

（1）饱食和饥饿时激素的调节：①饱食状况下，胰岛素分泌增强。胰岛素是一个增加血糖去路，促进糖原、脂肪、蛋白质合成的激素，可通过对这些代谢途径中关键酶的含量和活性的调节（诸如增加丙酮酸脱氢酶、糖原合酶、软脂酸和三酰甘油合成酶系的活性，抑制激素敏感性脂肪酶等的活性），使机体代谢以糖分解供能、糖原和脂肪合成为主，脂肪动员受抑制，血中游离脂酸浓度降低，肉碱脂酰转移酶Ⅰ活性减弱，肝内

β-氧化减弱，故酮体生成减少（图 8-12）。②饥饿状况下，胰岛素分泌下降，胰高血糖素分泌增加，作用正好与上述过程相反。机体以脂酸氧化分解供能为主，脂肪动员增强，血中游离脂酸浓度升高，肉碱脂酰转移酶Ⅰ活性增强，肝内β-氧化增强，故酮体生成增多（图 8-12）。

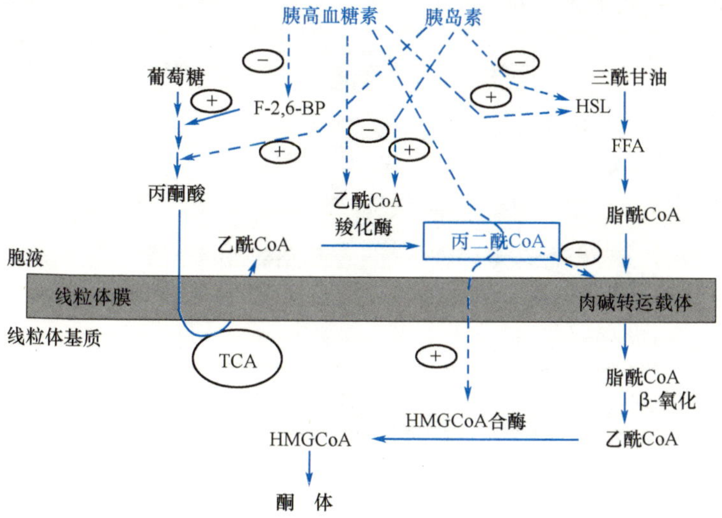

图 8-12　酮体生成的调节

（2）丙二酰 CoA 对生酮作用的调节：糖代谢旺盛时，产生的乙酰 CoA 和柠檬酸通过别构激活乙酰 CoA 羧化酶，促进丙二酰 CoA 的生物合成。丙二酰 CoA 竞争性抑制肉碱脂酰转移酶Ⅰ，阻止长链脂酰 CoA 进入线粒体进行β-氧化，故酮体生成减少（图 8-12）。

（3）糖代谢旺盛时，3-磷酸甘油及 ATP 生成充足，进入肝细胞的脂酸主要用于酯化生成三酰甘油及磷脂（见本节“三酰甘油的合成代谢”和第 5 节“磷脂的合成代谢”），而不是进行β-氧化。

案例 8-1　分析讨论

对于糖尿病酮症酸中毒的治疗主要包括：①补液、纠正酸中毒和水电解质紊乱。②胰岛素治疗，从而有效降低和控制血糖，调节糖脂代谢。③去除感染等疾病诱因。④对症治疗。

二、三酰甘油的合成代谢

（一）脂酸的合成

人体内的脂酸根据来源不同，分为外源性脂酸和内源性脂酸。外源性脂酸来源于食物，可被机体加工改造后加以利用。内源性脂酸由机体自身合成，主要利用糖代谢的中间产物乙酰 CoA 转变为脂酸，进而用于合成三酰甘油储存能量。机体的多种组织如肝、肾、脑、肺、乳腺、小肠及脂肪组织等均能合成脂酸，但肝脏是最主要的合成场所。脂酸的合成体系包括胞液体系、内质网体系和线粒体体系，胞液体系中合成的脂酸以 16 碳的软脂酸（palmitic acid）为主，然后将其运至内质网或线粒体中进行碳链的加长。

1. 软脂酸的生成　软脂酸的合成是以乙酰 CoA 和由乙酰 CoA 生成的丙二酰 CoA（malonyl-CoA）为反应物，在脂酸的合成酶体系（fatty acid synthetases）作用下，重复循环反应，每循环一次碳链延长两个碳原子，最终生成 16C 软脂酸的过程。

（1）脂酸合成原料：乙酰 CoA 是脂酸合成的主要原料，凡是在代谢中能够产生乙酰 CoA 的物质均可作为脂酸合成的物质来源，但其主要来自糖的分解代谢。脂酸合成酶系分布于细胞液中，脂酸合成的全过程在胞液进行。而乙酰 CoA 全部在线粒体内生成，乙酰 CoA 不能自由透过线粒体膜进入胞液，参与脂酸的合成，因此需要一个穿梭系统将线粒体中的乙酰 CoA 转运至细胞液。这一过程由柠檬酸-丙酮酸循环（citrate-pyruvate cycle）来完成。具体穿梭机制如下：①在线粒体内生成的乙酰 CoA，首先与草酰乙酸在柠檬酸合酶催化下，缩合生成柠檬酸；②柠檬酸经线粒体内膜上的柠檬酸载体协助进入细胞液，在柠檬酸裂解酶催化下裂解成乙酰 CoA 及草酰乙酸；③乙酰 CoA 在细胞液中用于脂酸的生物合成，草酰乙酸在苹果酸脱氢酶的作用下生成苹果酸，苹果酸又可在苹果酸酶作用下生成丙

笔 记 栏

酮酸;④苹果酸和丙酮酸分别经苹果酸载体和丙酮酸载体转运返回线粒体,重新转变成草酰乙酸,以补充合成柠檬酸时草酰乙酸的消耗。柠檬酸-丙酮酸循环每运转一次,消耗 2 分子 ATP,将 1 分子乙酰 CoA 从线粒体中带入胞液,并为机体提供 1 分子 NADPH+H^+,以补充合成反应的需要(图 8-13)。

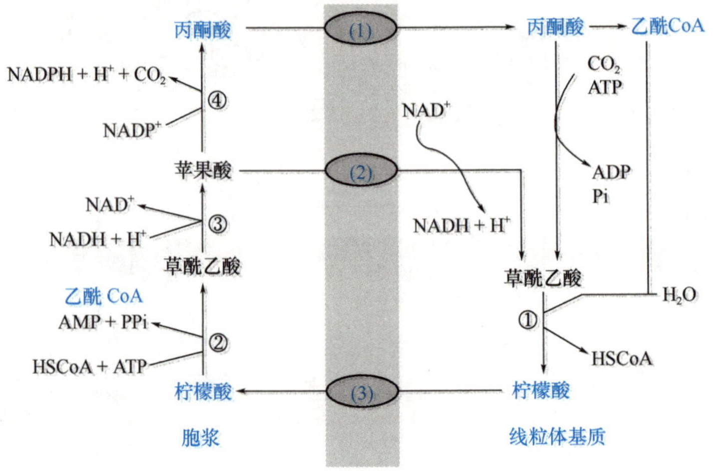

图 8-13 柠檬酸-丙酮酸循环

(1) 丙酮酸载体;(2) 苹果酸载体;(3) 柠檬酸载体;①柠檬酸合成酶;②柠檬酸裂解酶;③苹果酸脱氢酶;④苹果酸酶

脂酸的生物合成除需要原料乙酰 CoA 外,还需要 ATP、NADPH+H^+、HCO_3^-及 Mn^{2+}。

(2) 参与脂酸合成的酶及反应过程:

1) 丙二酰 CoA 的生成:乙酰 CoA 羧化酶(acetyl CoA carboxylase)催化该反应,是脂酸生物合成的关键酶。该酶分布于细胞液中,以生物素为辅基,Mn^{2+}为激活剂。乙酰 CoA 羧化酶催化乙酰 CoA 转变成丙二酰 CoA。反应过程包括两步:首先,在 ATP、生物素及 Mn^{2+}存在情况下,将 CO_2 固定在酶分子的辅基生物素分子上;然后,酶分子将携带在生物素分子上的羧基转移给乙酰 CoA 生成丙二酰 CoA。反应如下:

$$\text{酶-生物素} + HCO_3^- \xrightleftharpoons[\text{ADP+Pi}]{\text{ATP}} \text{酶-生物素}-CO_2$$

$$\text{酶-生物素}-CO_2 + \text{乙酰CoA} \longrightarrow \text{酶-生物素} + \text{丙二酰CoA}$$

$$\text{乙酰CoA} \xrightarrow[CO_2\text{、生物素、ATP}]{\text{乙酰CoA羧化酶}} \text{丙二酰CoA}$$

乙酰 CoA 羧化酶受到变构调节和化学修饰调节(图 8-14)。真核生物中乙酰 CoA 羧化酶有两种形式,一种是无活性单体,相对分子质量约为 40 000Da;另一种是有活性的多聚体,通常由 10~20 个单体组成,相对分子质量约为600 000~800 000Da。柠檬酸、异柠檬酸可使该酶由无活性的单体聚合成有活性的多聚体,长链脂酰 CoA 则可使其解聚而失活,此为该酶的变构调节。同时,乙酰 CoA 羧化酶还受到化学修饰调节:胰高血糖素及肾上腺素可激活一种 cAMP 依赖性蛋白激酶使乙酰 CoA 羧化酶磷酸化而失活;而胰岛素则可通过激活蛋白磷酸酶使磷酸化的乙酰 CoA 羧化酶去磷酸化而恢复活性。此外,长期摄入高糖低脂膳食能诱导乙酰 CoA 羧化酶的生物合成,促进脂酸合成;长期摄入高脂低糖膳食则抑制酶的生物合成,降低脂酸的生成。

2) 脂酸合成:该反应由脂酸合成酶系催化。不同进化程度的生物,脂酸合成酶系的组成和结构不同。①在大肠埃希菌中,脂酸合成酶系是一个由 7 种不同功能的酶,与酰基载体蛋白(acyl carrier protein,ACP)聚合形成的多酶复合体,脂酸合成的各步反应均在酶的辅基上进行。②在酵母中,脂酸合成酶系由两条不同功能的肽链构成,一条肽链具有 ACP 功能和两种酶活性,另一条肽链具有四种酶活性,两条肽链聚合成一个异二聚体,6 个异二聚体组合成一个相对分子质量为 2.4×10^6 的大复合体。③哺乳动物的脂酸合成酶是一种多功能酶,由 2 条相同肽链首尾相连形成二聚体。每个亚基含有 7 个不同催化功能的结构域和 1 个相当于 ACP 的结构域,当两个亚基结合形成二聚体时酶才具有活性,当二聚体解聚成 2 个独立的亚基时酶则失去催化功能(图 8-15A)。

笔记栏

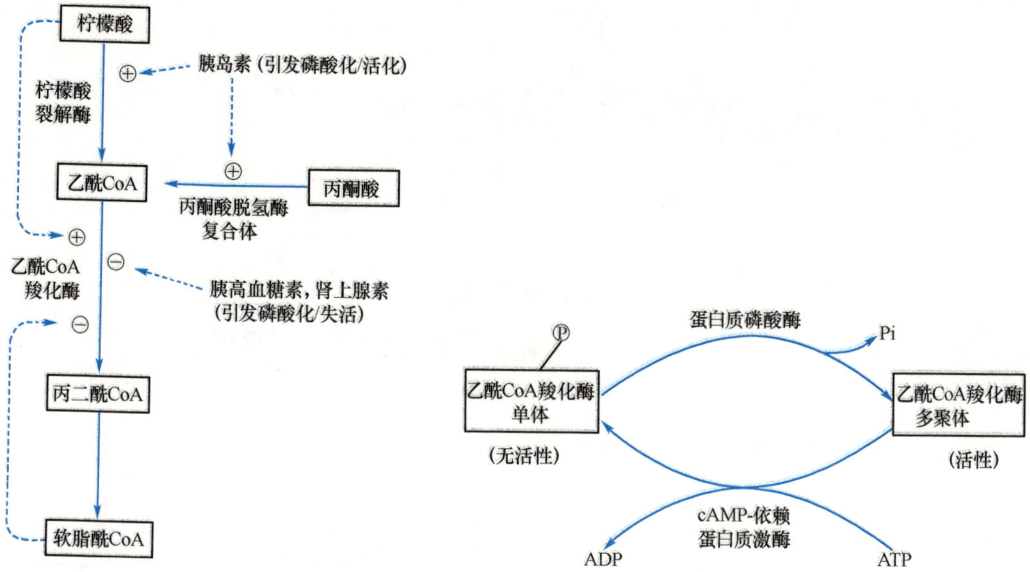

图 8-14 乙酰 CoA 羧化酶活性调节示意图

无论高等生物或低等生物，脂酸合成酶系中的 ACP 均以 4′-磷酸泛酰氨基乙硫醇（4′-phosphopantetheine）为辅基，辅基的 4′-磷酸与 ACP 的丝氨酸残基通过酯键相连接；辅基的末端巯基为脂酰基携带基团，可与脂酰基结合形成硫酯键（图 8-15B）。酶系中的 β-酮脂酰合酶分子中含有半胱氨酸残基，其半胱氨酸残基中的巯基也能携带脂酰基。

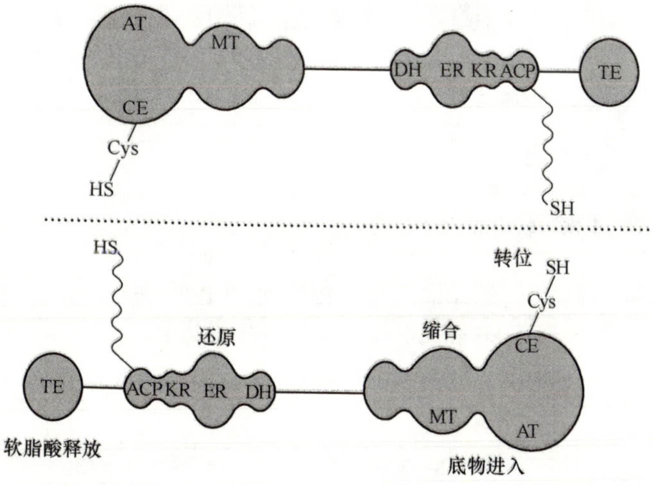

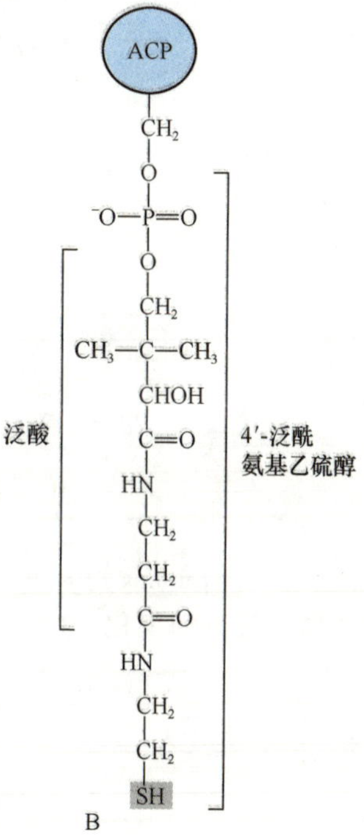

图 8-15 哺乳动物脂酸合成酶二聚体和酰基载体蛋白 ACP 的结构

A. 哺乳动物脂酸合成酶二聚体；B. 酰基载体蛋白 ACP 的结构

AT，乙酰基转移酶；MT，丙二酰基转移酶；CE，β-酮脂酰合酶；KR，β-酮脂酰还原酶；DH，β-羟脂酰脱水酶；ER，烯脂酰还原酶；TE，硫酯酶

软脂酸的合成实际上是一个重复循环的过程，由 1 分子乙酰 CoA 与 7 分子丙二酰 CoA 经过合成的启动，丙二酰 CoA 的装载，接下来就是“缩合-加氢-脱水-再加氢”的重复循环过程，每循环一次碳链延长两个碳原子，经过 7 次循环，最后硫解生成 1 分子十六碳的软脂酸（图 8-16）。

笔记栏

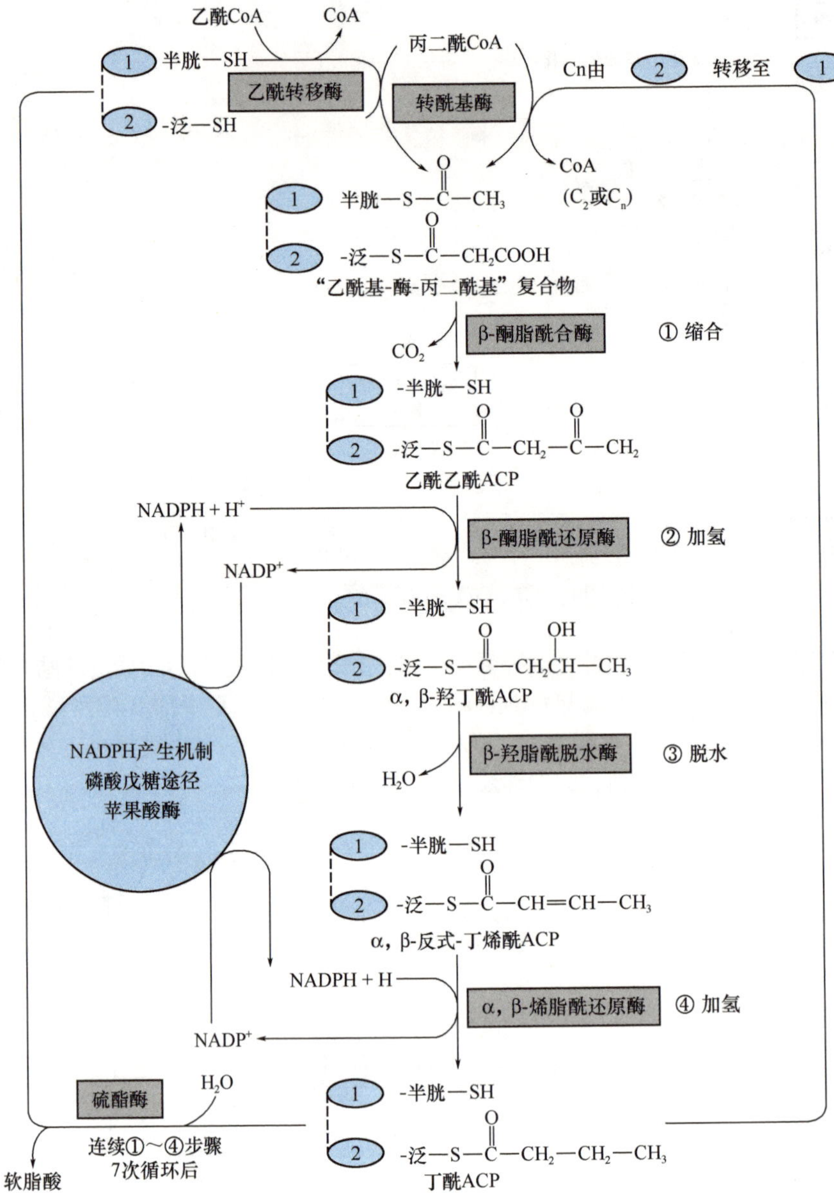

图 8-16　软脂酸的合成

(1) 启动(priming):软脂酸的合成启动过程由乙酰基转移酶催化,分两步进行:首先乙酰CoA的乙酰基转移到ACP的巯基上,然后再转移到酶分子的半胱氨酸巯基上。

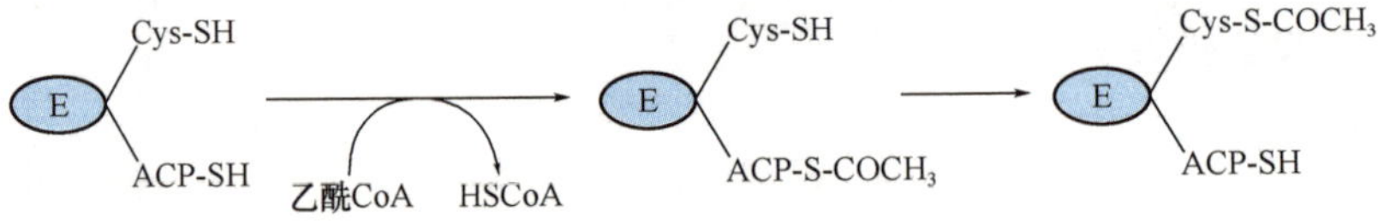

(2) 装载(loading):在丙二酰基转移酶的催化下,丙二酰基被装载到乙酰基转移酶的ACP巯基上,形成“乙酰基-酶-丙二酰基”三元复合物。

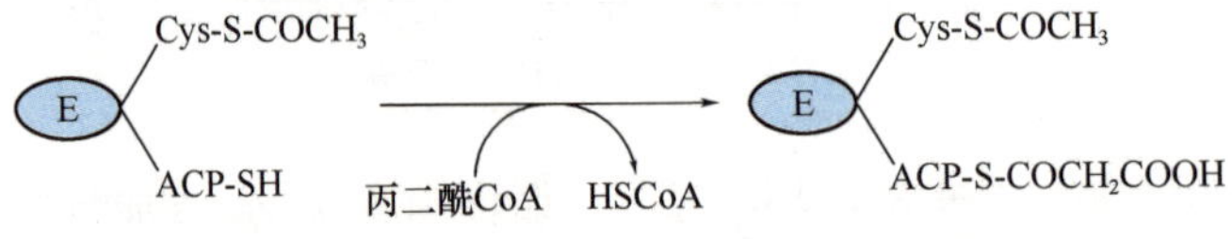

(3) 缩合(condensation):在β-酮脂酰合酶的催化下,外周巯基上的乙酰基转移到丙二酰基的第二个碳原子上并脱去羧基,连接在ACP巯基上。丙二酰基ACP与乙酰基发生脱羧缩合生

笔 记 栏

成乙酰 ACP。

(4) 加氢(hydrogenation):在 β-酮脂酰还原酶的催化下,以 $NADPH+H^+$ 为供氢体,乙酰 ACP 被加氢还原生成 α,β-羟丁酰 ACP。

(5) 脱水(dehydration):在 β-羟脂酰脱水酶的催化下,α,β-羟丁酰 ACP 分子中 β 位的羟基与 α 位的氢脱水,生成 α,β-反式-丁烯酰 ACP。

(6) 再加氢(re-hydrogenation):在 Δ^2-烯脂酰还原酶的催化下,α,β-丁烯酰 ACP 加氢还原生成丁酰 ACP。如此,经过上述酰基转移、缩合、还原、脱水、再还原等步骤,生成丁酰 ACP,脂酰基由 2 个碳原子增加到 4 个碳原子,完成了脂酸合成的第一轮循环。丁酰基又在脂酰转移酶催化下,从 ACP 的中心巯基转移到外周巯基上,ACP 上的中心巯基再与新的丙二酰基结合,继续第二轮循环,再增加 2 个碳原子。经 7 次循环之后,消耗 1 分子乙酰 CoA、7 分子丙二酰 CoA、7 分子 ATP 和 14 分子 $NADPH+H^+$,生成 16 碳的软脂酰 CP。

(7) 硫解(thiolysis):在长链脂酰硫酯酶的催化下,软脂酰 ACP 的硫酯键水解断裂,将软脂酸从酶复合体中释放出来。软脂酸的具体合成过程见图 8-17。

总反应式如下:

$$CH_3COSCoA + 7HOOCCH_2COSCoA + 14NADPH + 14H^+ \longrightarrow CH_3(CH_2)_{14}COOH + 7CO_2 + 6H_2O + 8HSCoA + 14NADP^+$$

虽然与脂酸 β-氧化相似,软脂酸的合成也是一个重复循环、每次循环改变 2 个碳链长度的过程,但是脂酸合成过程不是脂酸 β-氧化的逆过程,两者在组织与细胞定位、转移载体、酰基载体、限速酶、供氢体与受氢体、底物与产物以及激活剂与抑制剂等方面均不相同(表 8-3)。

表 8-3 脂酸合成与分解比较

比较类别	合成	分解
反应最活跃时期	高糖膳食后	饥饿
刺激激素	胰岛素/胰高血糖素比值↑	胰岛素/胰高血糖素比值↓
主要组织定位	肝脏为主	肌肉、肝脏
亚细胞定位	胞液	线粒体为主
酰基转运机制	柠檬酸循环(线粒体到胞液)	肉碱穿梭(胞液到线粒体)
酰基载体	酰基载体蛋白区,HSCoA	HSCoA
氧化还原辅因子	$NADPH+H^+$	NAD^+,FAD
底物/产物	乙酰 CoA/脂酰 CoA	脂酰 CoA/乙酰 CoA
关键酶	乙酰 CoA 羧化酶	肉碱酰基转移酶 I
激活剂	柠檬酸、异柠檬酸、胰岛素、高糖低脂膳食	饥饿、高脂低糖膳食
抑制剂	长链脂酰 CoA、胰高血糖素、肾上腺素、高脂低糖膳食	丙二酰 CoA、胰岛素、饱食

2. 软脂酸加工改造 人体组织细胞正常结构与生理功能的维持,需要碳链长短不等、饱和度不同的多种脂酸。除必需脂酸依赖食物供应外,人体所需其他脂酸均可自身合成。它们均以软脂酸为母体,分别在线粒体、内质网等不同亚细胞结构中进行碳链长短和饱和度的加工改造。

(1) 碳链长度加工改造:脂酸生物合成的胞液系统只能合成十六碳软脂酸,碳链的延长可在滑面内质网或线粒体中由脂酸延长酶体系催化完成。两个碳链延长体系在二碳单位供体、脂酰基载体及碳链延长过程等诸方面各不相同。

1) 内质网碳链延长系统:内质网碳链延长酶系以软脂酸为母体、丙二酰 CoA 为二碳单位供体、HSCoA 为酰基载体、$NADPH+H^+$ 为供氢体,经过脱羧缩合-加氢还原-脱水成烯-再加氢还原等步骤,使软脂酸的碳链延长,其过程与胞液中脂酸合成过程基本相同。除脑组织外,内质网碳链延长系统一般以合成 18C 的硬脂酸为主。脑组织因含有其他酶,可将碳链最多延长至 24 碳,以供脑中脂类代谢需要。

2) 线粒体碳链延长系统:软脂酸在线粒体中,以乙酰 CoA 为二碳单位供体、$NADPH+H^+$ 为供氢体,经过与乙酰 CoA 缩合-加氢-脱水-再加氢等步骤,使软脂酸的碳链逐步延长,其过程类似于脂酸 β-氧化的逆反应,仅烯脂酰 CoA 还原酶的辅酶

笔记栏

为 NADPH+H⁺与 β-氧化过程不同。线粒体碳链延长系统一般可将脂酸碳链延长至 24 或 26 碳，但仍以 18C 的硬脂酸最多(表 8-4)。

3）脂酸碳链的缩短：脂酸碳链的缩短在线粒体由 β-氧化酶系催化完成，每经过一次 β-氧化循环就可以减少两个碳原子。

表 8-4 内质网与线粒体碳链延长系统比较

碳链加长酶系	二碳单位供体	酰基载体	基本过程	碳链加长限度
内质网酶系	丙二酰 CoA	HSCoA	类似软脂酸合成	24 碳酸，以 18C 酸为主
线粒体酶系	乙酰 CoA	—	类似 β-氧化逆过程，需烯脂酰 CoA 还原酶及 $NADPH+H^+$	26 碳酸，以 18C 酸为主

（2）饱和度的加工改造：人和动物组织中的不饱和脂酸主要有软油酸（16：1，Δ^9）、油酸（18：1，Δ^9）、亚油酸（18：2，$\Delta^{9,12}$）、亚麻酸（18：3，$\Delta^{9,12,15}$）及花生四烯酸（20：4，$\Delta^{5,8,11,14}$）等。最普通的单不饱和脂酸是软油酸和油酸，它们分别由软脂酸和硬脂酸活化后经 Δ^9 去饱和酶（desaturase）催化脱氢而成。去饱和酶分布于滑面内质网，属混合功能氧化酶。人和动物体内质网上镶嵌有 Δ^4、Δ^5、Δ^8 及 Δ^9 去饱和酶，缺乏 Δ^9 以上的去饱和酶。因而，自身不能合成亚油酸（linoleate）、亚麻酸（linolenate）及花生四烯酸（arachidonate）等多不饱和脂酸。植物组织中含有 Δ^{10}、Δ^{12}、Δ^{15} 去饱和酶，能够合成上述多不饱和脂酸。脂酸的去饱和过程是一个脱氢过程，需要有线粒体外电子传递系统参与，电子传递系统包括黄素蛋白（细胞色素 b_5 还原酶）和细胞色素 b_5。（图 8-17）。

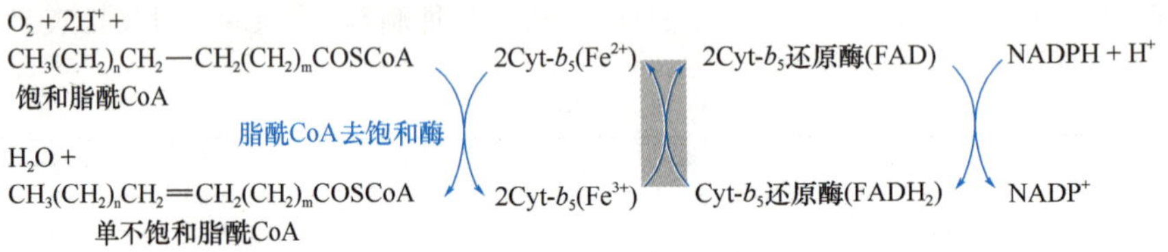

图 8-17 动物组织脂酸去饱和作用的电子传递过程

（二）3-磷酸甘油的生成

人体合成三酰甘油还需要 3-磷酸甘油，其来源有两方面：

1. 从糖代谢生成 糖分解代谢产生的磷酸二羟丙酮在胞液中 3-磷酸甘油脱氢酶催化下，还原为 3-磷酸甘油。此反应普遍存在于人体内各组织，是 3-磷酸甘油的主要来源。

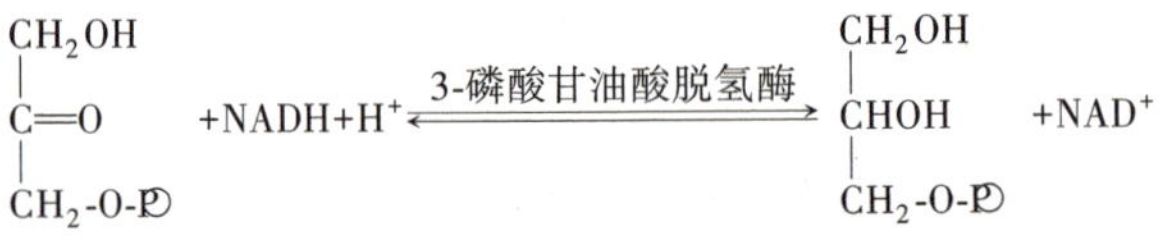

2. 细胞内甘油再利用 肝、肾、哺乳期乳腺及小肠黏膜富含甘油激酶，在该酶催化下，可将甘油活化形成 3-磷酸甘油。

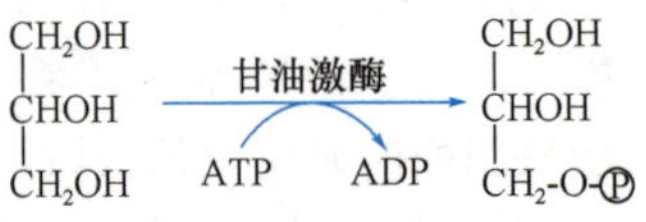

（三）三酰甘油合成

1. 代谢概况 人体大部分组织都可以合成三酰甘油，但主要合成场所是肝脏、脂肪组织和小肠。肝脏主要以糖代谢中间产物为原料，通过二酰甘油途径（diacylglycerol pathway）合成三酰甘油。肝脏的合成能力最强，但不能储存三酰甘油，合成的三酰甘油主要与载脂蛋白以及磷脂、胆固醇等组装成极低密度脂蛋白（VLDL），由肝细胞分泌入血，经血液循环向肝外组织输出。若磷脂合成不足或载脂蛋白合成障碍，或者三酰甘油合成量超过了肝脏的外运能力，多余的三酰甘油就会在肝细胞中聚集，导致脂肪肝（hepar adiposum）的形成。

脂肪组织既能合成三酰甘油，又能储存三酰甘油，既可利用葡萄糖为原料经二酰甘油途径合成三酰甘油，也可利用乳糜微粒（CM）和 VLDL 运输来的脂酸为原料经单酰甘油途径合成三酰甘油。与肝脏不同，脂肪细胞合成的三酰甘油可就地储存。当机体需要能量时，储存在脂肪细胞中的三酰甘油被动员分解为甘油和脂酸，通过血液循环运输到肝、心、肌肉等组织利用。

小肠主要以外源性脂类物质部分降解产物为

笔记栏

原料通过单酰甘油途径合成三酰甘油，除少部分就地储存外，绝大多数以乳糜微粒形式分泌入血，经血液循环向肝脏及脂肪组织输送。饱食情况下，小肠黏膜细胞也能利用糖、甘油和脂酸等为原料，经二酰甘油途径合成三酰甘油参与 VLDL 构成。三酰甘油在体内代谢概况见图 8-18。

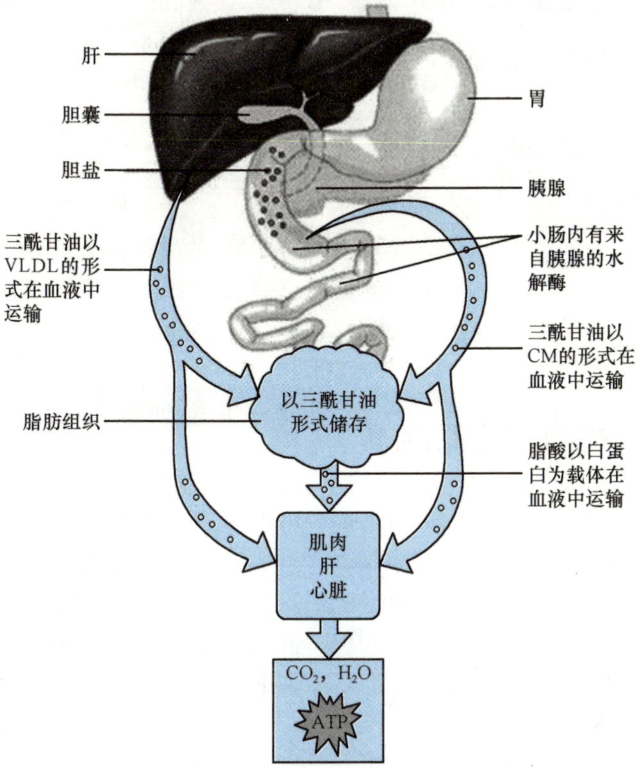

图 8-18　三酰甘油在体内的代谢概况示意图

2. 合成过程　在三酰甘油合成过程中需脂酰 CoA 合成酶（acyl-CoA synthetase）和脂酰 CoA 转移酶，分别催化脂酸活化和脂酰基转移。

（1）单酰甘油途径：该途径的主要特点是，①以单酰甘油为起始物，与 2 分子脂酰 CoA 在脂酰 CoA 转移酶的催化下生成三酰甘油；②该途径是小肠黏膜细胞利用食物脂类物质的消化降解产物为原料合成三酰甘油的主要途径（见第 2 节“脂类的消化和吸收”）。

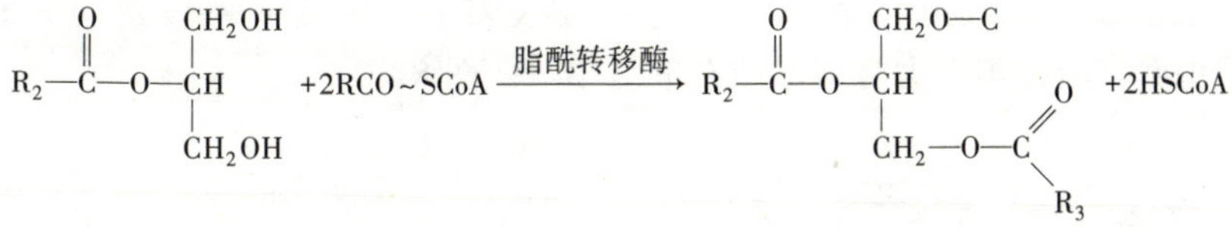

单酰甘油　　　三酰甘油

（2）二酰甘油途径：又称磷脂酸途径（phosphatidic acid pathway），其主要特点是：在脂酰 CoA 转移酶催化下，3-磷酸甘油与 2 分子脂酰 CoA 反应生成甘油酯类的共同前体磷脂酸（phosphatidic acid，PA）。后者在磷脂酸磷酸酶（phosphatidic acid phosphatase）的作用下，水解脱去磷酸生成 1，2-二酰甘油，再在脂酰 CoA 转移酶催化下，加上 1 分子脂酰基生成三酰甘油。

肝、肾等细胞还能利用游离甘油，经甘油激酶（glycerol kinase）催化生成 3-磷酸甘油用于三酰甘油的合成。脂肪组织缺乏甘油激酶，不能利用游离甘油合成三酰甘油（图 8-19）。

三酰甘油所含的三个脂酸可相同或不同，可以为饱和脂酸或不饱和脂酸。含三个不同脂酰基的三酰甘油在 C1 位上多为饱和脂酰基，C2 位上多为不饱和脂酰基，C3 位上饱和或不饱和脂酰基均有可能。人体三酰甘油中有 50% 脂酸为不饱和脂酸，膳食中脂酸的组成在一定程度上影响体内脂类物质组成。实验证明，动物长期摄入多量亚油酸时，体脂中亚油酸含量也随之增加。

三酰甘油的合成速度受多种激素的影响：胰岛素促进糖转变为脂肪，胰高血糖素、肾上腺皮质激素等则抑制三酰甘油的生物合成。

笔记栏

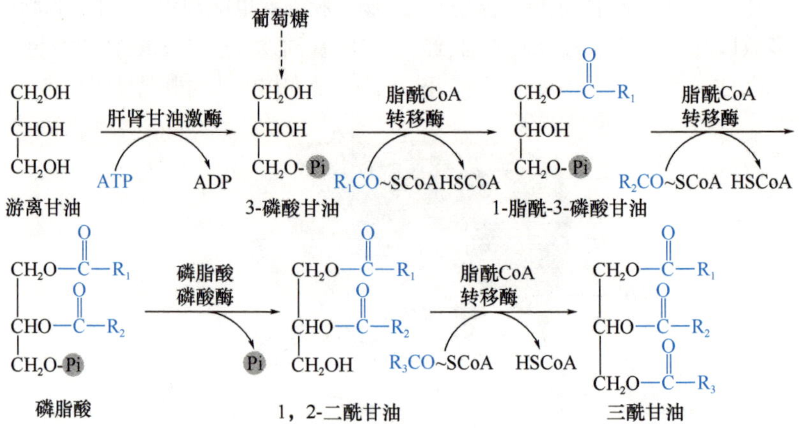

图 8-19　二酰甘油途径合成三酰甘油

三、多不饱和脂酸的重要衍生物

哺乳动物体内有几种来源于花生四烯酸的廿碳多烯脂酸衍生物，前列腺素（prostaglandin，PG）、血栓素（thromboxane，TX）和白三烯（leukotrienes，LT）。它们对细胞代谢具有重要调节作用，并且与炎症、免疫、过敏反应和心血管疾病等多种疾病的病理过程有关。

（一）前列腺素

前列腺素（PG）为一类二十碳多不饱和脂酸衍生物，由花生四烯酸经环加氧酶途径（cycloxygenase pathway）产生，以前列腺烷酸（prostanoic acid，PA）为基本骨架，含有一个五元环、两条侧链（R_1，R_2）及多个不饱和双键，其基本结构如下：

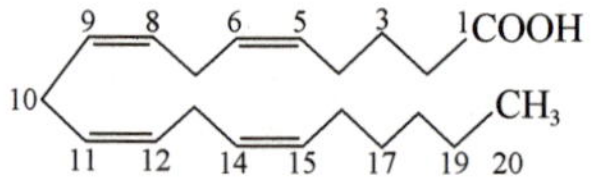
花生四烯酸
(20:4，$\Delta^{5,8,11,14}$)

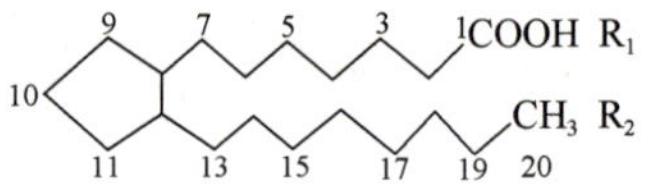
前列腺酸

根据五碳环上取代基团和双键位置不同，可将前列腺素分为 9 型，分别命名为 PGA、PGB、PGC、PGD、PGE、PGF、PGG、PGH、PGI。根据 R_1、R_2 两条侧链上双键数目多少，PG 又被分为 1、2、3 类，并将阿拉伯数字标在英文大写字母的右下角表示。前列腺素 F 第 9 位碳原子上的羟基有两种立体构型。羟基位于五碳环平面之下为 α-型，用虚线连接；位于平面之上为 β-型，用实线表示。天然前列腺素均为 α-型，不存在 β-型（图 8-20）。

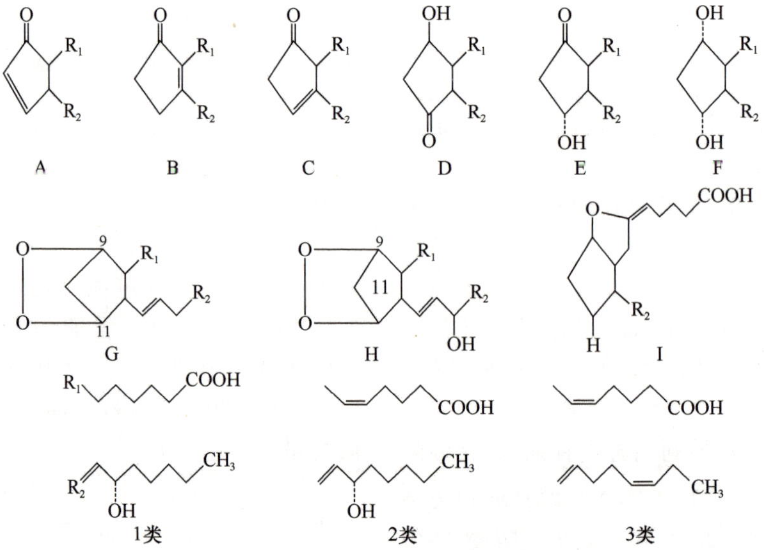

笔记栏

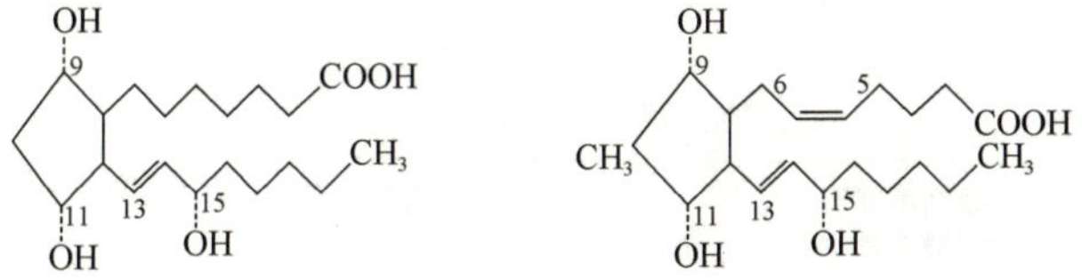

PGF$_1$ α　　PGF$_2$ α

图 8-20　前列腺素分类及结构

PG在细胞内含量极低，但生理功能很强。PGE_2能诱发炎症，促进局部血管扩张，毛细血管通透性增加，引起红、肿、痛、热等症状。PGE_2、PGA_2能舒张动脉平滑肌，具有降血压作用。PGE_2及PGI_2抑制胃酸分泌，促进胃肠平滑肌蠕动。卵泡产生的PGE_2及$PGF_{2\alpha}$在排卵过程中具有重要功能，$PGF_{2\alpha}$能促进卵巢平滑肌收缩引起排卵，子宫释放的$PGF_{2\alpha}$能溶解黄体，分娩时子宫内膜释出的$PGF_{2\alpha}$能加强子宫收缩，促进分娩。

（二）血栓素

血小板产生的血栓素A_2（TXA_2）是二十碳多不饱和脂肪酸衍生物，与前列腺素不同的是五碳环被一环醚结构的六元环取代。在血小板中含血栓素合酶（thromboxane synthase），催化PGE_2形成血栓素六元噁烷环，从而形成TXA_2。

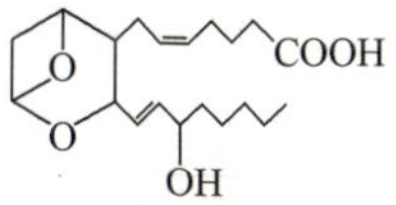

血栓素A_2

血小板产生的TXA_2与PGE_2的功能类似，能促进血小板聚集、血管收缩，促进凝血及血栓形成。血管内皮细胞释放的PGI_2具有很强的舒血管及抗血小板聚集作用，抑制凝血及血栓形成，刚好与TXA_2的作用相反。因此，TXA_2与PGI_2的相互平衡与协调是调节小血管收缩与血小板黏聚的重要条件，并且与心脑血管疾病具有密切联系。

（三）白三烯

白三烯（LT）同样是一类二十碳多不饱和脂酸衍生物，由花生四烯酸经线性脂加氧酶途径（linear lipoxygenase pathway）产生，有三个双键的三烯及四个双键的四烯，主要在白细胞内合成。

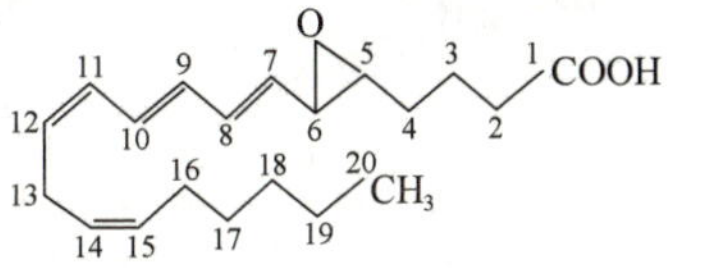

白三烯A_4(LTA_4)

研究证明，LTC_4、LTD_4及LTE_4是过敏反应的慢反应物质（slow reacting substance of anaphylaxis，SRS-A），能使冠状动脉及支气管平滑肌收缩，作用缓慢而持久，较组胺及$PGF_{2\alpha}$强100～1000倍。在变应性炎性反应中，LT作为嗜酸粒细胞的趋化因子（chemotatic factor），能引起组织中嗜酸粒细胞浸润增多，导致组织病理学改变；调节肿瘤坏死因子-α（tumor necrosis factor-α，TNF-α）、IL-6和黏附分子（adhesion molecule）等细胞因子的产量；上调巨噬细胞和平滑肌细胞组胺受体的表达水平，放大机体对组胺的反应。LT还能调节白细胞的功能，促进白细胞游走、凝集、附着及趋化作用，刺激腺苷酸环化酶，诱发多核白细胞脱颗粒，使溶酶体释放水解酶类，促进炎症及过敏反应的发展。

（四）二十碳多不饱和脂酸衍生物的合成途径

PG、TX、LT等二十碳多不饱和脂酸衍生物合成的具体过程较为复杂，它们都由一个共同的母体花生四烯酸衍生而来。合成过程分为两条途径。环加氧酶途径与线性脂加氧酶途径。环加氧酶途径的生成产物有PG与TX，线性脂加氧酶途径的产物为LT（图8-21、图8-22）。

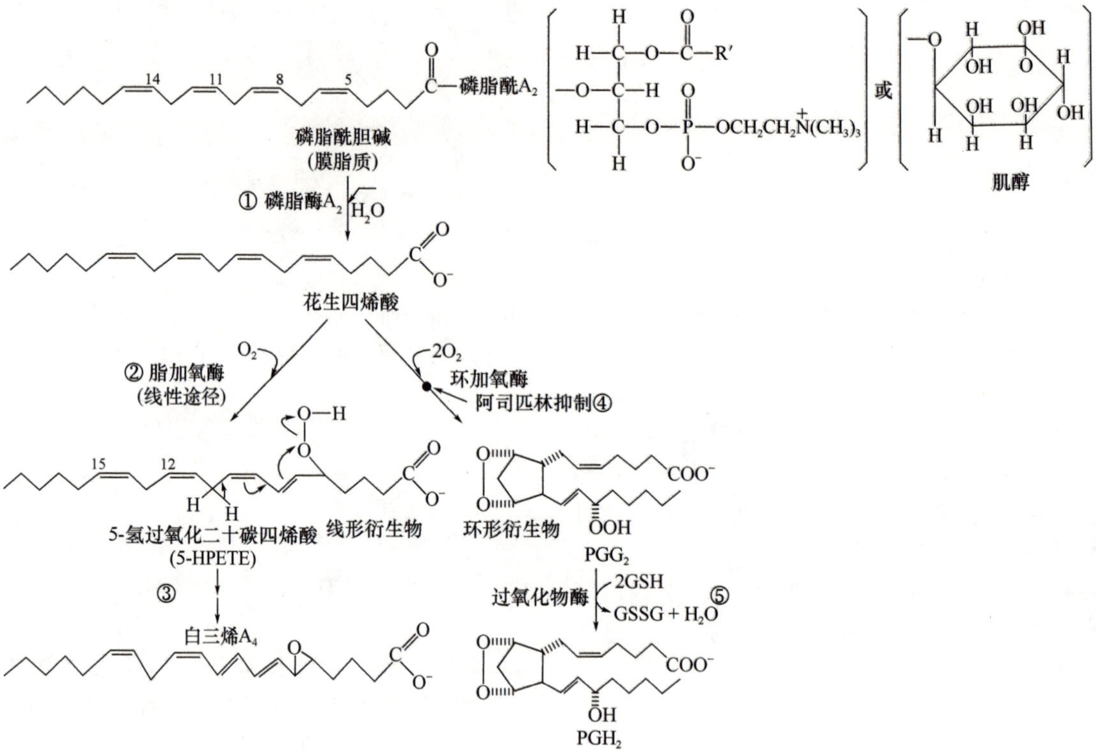

图 8-21　二十碳多不饱和脂肪酸衍生物的线性与环形合成途径

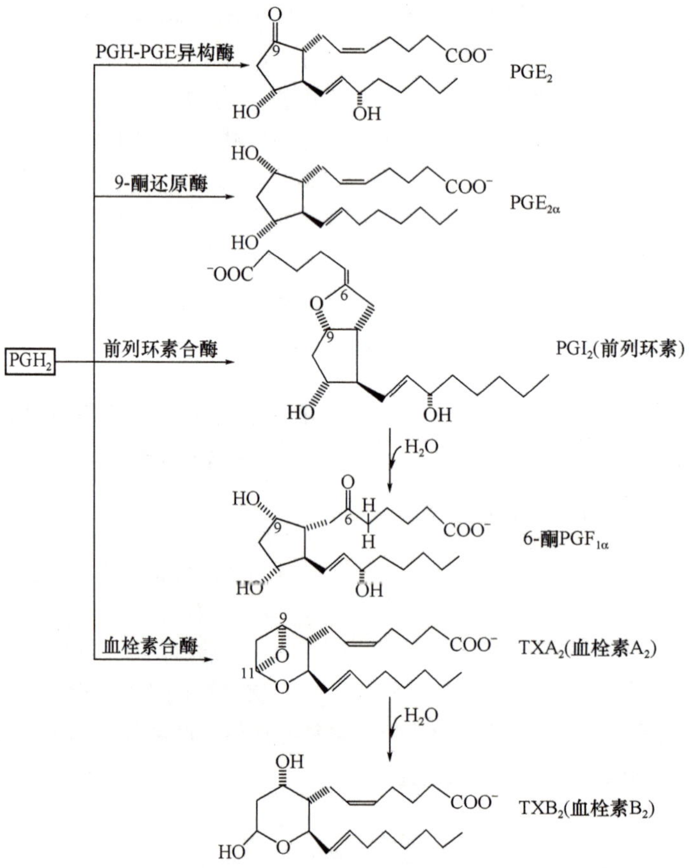

图 8-22　PGH_2 转变成其他二十碳多不饱和脂肪酸衍生物

第5节 磷脂的代谢

磷脂(phospholipids,PL)是指一类含有磷酸的脂类,机体中主要有两大类磷脂:甘油磷脂和鞘磷脂。含有甘油的磷脂称为甘油磷脂(glycerophospholipids),含有神经鞘氨醇的磷脂称为鞘磷脂(sphingomyelin)。

一、甘油磷脂的代谢

(一)甘油磷脂的结构、分类及生理功能

甘油磷脂种类繁多,是机体含量最丰富的一类磷脂,由1分子甘油、2分子脂酸、1分子磷酸及1分子X取代基团组成,都是具有亲水头部和疏水尾部的双亲分子。通常在甘油 C_1 位上多为饱和脂酸,C_2 位上多为不饱和脂酸,基本化学结构如下:

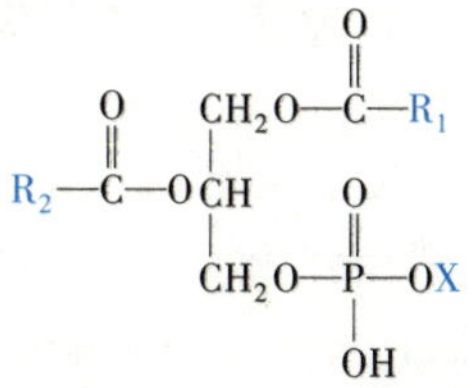

在甘油磷脂分子中,由于X取代基团不同,可将其分为许多种类。每一类磷脂又因所酯化的脂酸的不同而分为若干种,重要的甘油磷脂见表8-5。

表8-5 机体中几类重要的甘油磷脂

X-OH	X取代基	甘油磷脂的名称
水	—H	磷脂酸
胆碱	$—CH_2CH_2N^+(CH_3)_3$	磷脂酰胆碱(卵磷脂)
乙醇胺	$—CH_2CH_2NH_3^+$	磷脂酰乙醇胺(脑磷脂)
丝氨酸	$—CH_2CHNH_2COOH$	磷脂酰丝氨酸
甘油	$—CH_2CHOHCH_2OH$	磷脂酰甘油
磷脂酰甘油	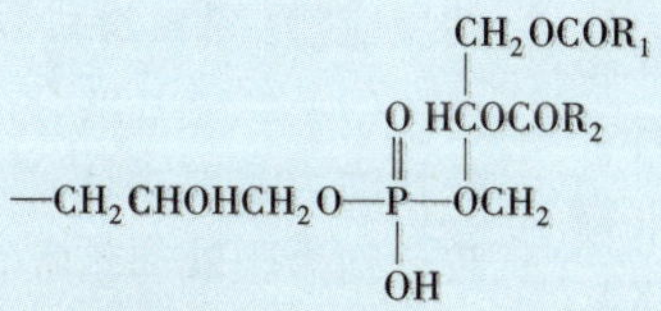	二磷脂酰甘油(心磷脂)
肌醇	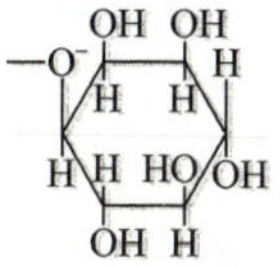	磷脂酰肌醇

当X取代基团为H时,即为最简单的甘油磷脂——磷脂酸(PA);X为胆碱(bilineurine)时,即为磷脂酰胆碱(phosphatidyl choline,PC),又名卵磷脂(lecithin);X为乙醇胺(cholamine)时,即为磷脂酰乙醇胺(phosphatidyl ethanolamine,PE),又名脑磷脂(cephalin);当甘油 C_1 位或 C_2 位上的脂酰基被水解脱落,即为溶血磷脂(lysophospholipids)。1分子甘油的 C_1-OH和 C_3-OH分别与1分子磷脂酸的磷酸羟基脱水,则生成心磷脂(cardiolipin)。除上表所列的6种主要磷脂以外,在甘油磷脂分子中甘油第1位的脂酰基被长链醇取代形成醚,如缩醛磷脂(plasmalogen)及血小板活化因子(platelet activating factor,PAF),它们也属于甘油磷脂。结构式如下:

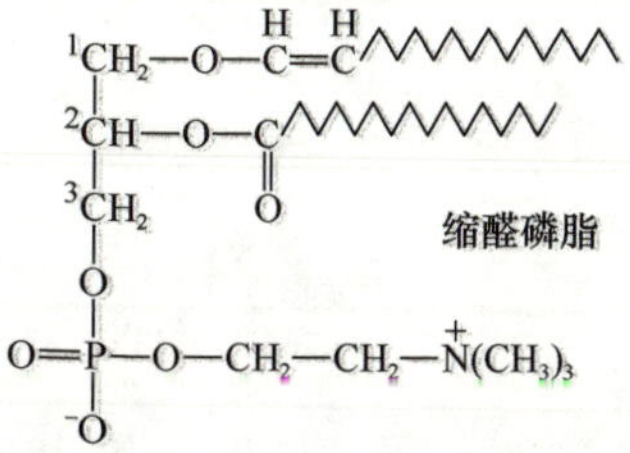

缩醛磷脂

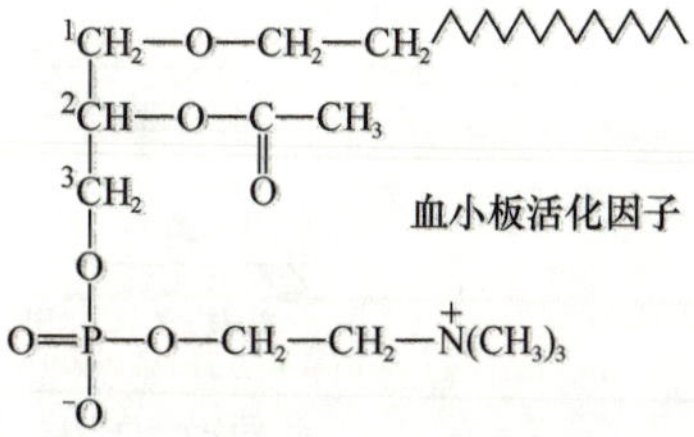

血小板活化因子

甘油磷脂 C_1 和 C_2 位上的长链脂酰基是两个疏水的非极性尾,C_3 位上的磷酸含氮碱或羟基是亲水的极性头部。这样的结构特点使磷脂在水和非极性溶剂中都有很大的溶解度,能同时与极性或非极性物质结合,最适于作为水溶性蛋白质和非极性脂类之间的结构桥梁。

笔记栏

因而磷脂是生物膜系统如细胞膜、核膜、线粒体膜及血浆脂蛋白的重要结构成分，对维持细胞和细胞器的正常形态与功能起着重要作用。细胞膜上还分布着许多脂类依赖性酶类，如NADH-细胞色素还原酶、琥珀酸-细胞色素 *c* 还原酶、Na^+,K^+-ATP 酶等，这些酶类的活性也与磷脂关系密切。

不同的磷脂还有一些特殊的功能，如神经组织含有大量磷脂，它们与神经兴奋有关。研究证明，神经膜上三磷酸磷脂酰肌醇和二磷酸磷脂酰肌醇的相互转变，能改变膜的通透性，完成离子的能动输送，使神经兴奋。磷脂酰肌醇及其衍生物还参与细胞膜对蛋白质的识别和细胞信号传导：一磷酸磷脂酰肌醇与去甲肾上腺素的受体有很强的结合力，对去甲肾上腺素的激素信息传递具有一定的影响；三磷酸肌醇(IP3)和二酰甘油(DAG)是胞内重要的信使分子。心磷脂是线粒体内膜和细菌膜的重要成分，而且是唯一具有抗原性的磷脂分子。二软脂酰胆碱(C_1、C_2 位上均为饱和的软脂酰基，C_3 位上是磷酸胆碱)是肺表面活性物质的重要成分，能保持肺泡表面张力，防止气体呼出时肺泡塌陷，早产儿由于这种磷脂的合成和分泌缺陷而患呼吸困难综合征。血小板激活因子也是一种特殊的磷脂酰胆碱，具有极强的生物活性，能激活血小板，促进血小板聚集及 TXA_2 合成，刺激 5-羟基色胺释放，在血栓形成及炎症与过敏反应中起重要作用。磷脂还是血浆脂蛋白的重要组成成分，具有稳定血浆脂蛋白、帮助脂类物质运输的功能。此外甘油磷脂分子上 C_2 位的脂酰基多为不饱和必需脂酸，因而存在于膜结构中的甘油磷脂还是必需脂酸储库。

（二）甘油磷脂的生物合成

1. 合成部位 全身各组织细胞内质网都分布有磷脂合成酶系，均能合成甘油磷脂，但以肝、肾、肠等组织最活跃，肝脏的合成能力最强。

2. 合成原料 甘油磷脂的生物合成以甘油、脂酸、磷酸盐、丝氨酸、肌醇胆碱等为原料。甘油和脂酸主要来自糖代谢；甘油磷脂 C_2 位上多为不饱和脂酸，且主要是必需脂酸，需由食物提供。丝氨酸和肌醇主要由食物提供。胆碱和乙醇胺可从食物摄取，也可由丝氨酸在体内转变生成。丝氨酸脱羧后生成乙醇胺，乙醇胺从 *S*-腺苷甲硫氨酸(*S*-adenosyl methionine, SAM)获得 3 个甲基即合成胆碱。甘油磷脂的合成还需 ATP 供能，CTP 作为合成 CDP-乙醇胺、CDP-胆碱及 CDP-二酰甘油等活化中间物的载体(图 8-23)。

3. 合成过程 甘油磷脂的生物合成有两条途径，一条是二酰甘油合成途径，另一条是 CDP-二酰甘油合成途径，磷脂酸是两条途径共同的起始反应物(图 8-24)。

(1) 二酰甘油合成途径：这条合成途径以二酰甘油为重要中间产物，CDP-胆碱与 CDP-乙醇胺分别为胆碱和乙醇胺供体，卵磷脂和脑磷脂为主要产物。这两类磷脂在体内含量最多，占组织及血液中磷脂的 75% 以上。合成过程是：磷脂酸经磷脂酸磷酸酶水解生成 1,2-二酰甘油，作为 CDP-胆碱或 CDP-乙醇胺的受体参与磷脂的合成(图 8-25)。

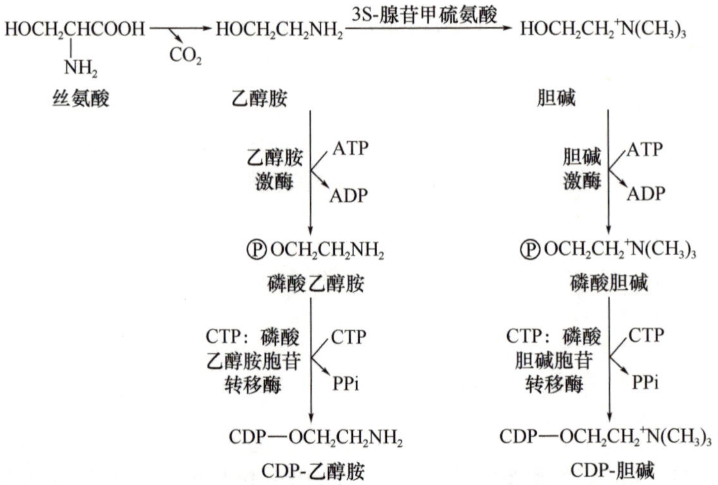

笔记栏

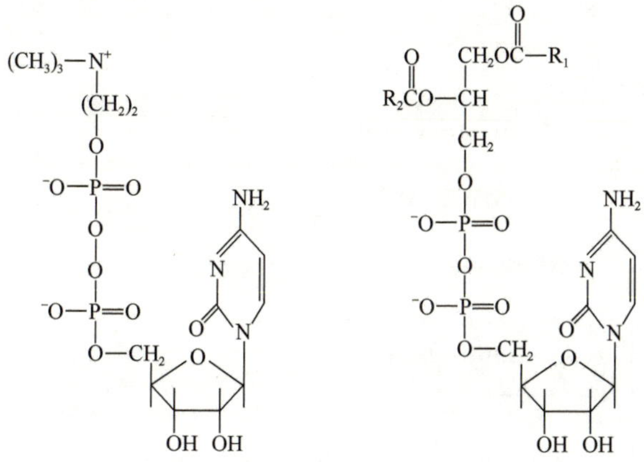

图 8-23　CDP-活化中间产物

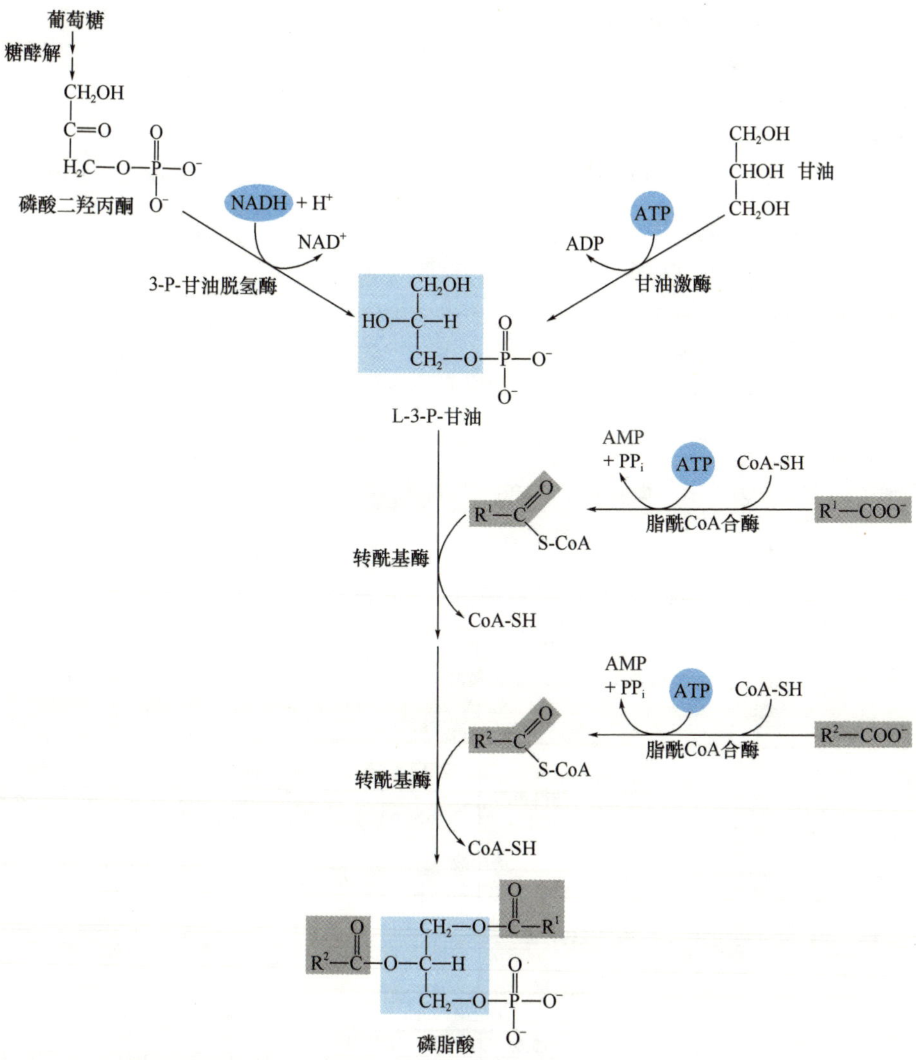

图 8-24　磷脂酸合成

（2）CDP-二酰甘油合成途径：这条合成途径以 CDP-二酰甘油为重要中间产物，磷脂酰肌醇、磷脂酰丝氨酸及心磷脂（二磷脂酰甘油）为主要产物。在合成过程中，磷脂酸不必被磷酸酶水解，本身即为合成这类磷脂的前体；丝氨酸、肌醇及磷脂酰甘油等也不必先与 CDP 结合，而是在相应合成酶催化下，直接与 CDP-二酰甘油反应生成磷脂酰丝氨酸（phosphatidyl serine，PS）、磷脂酰肌醇（phosphatidyl inositol，PI）及二磷脂酰甘油（diphosphatidyl glycerol）（图 8-26）。

笔 记 栏

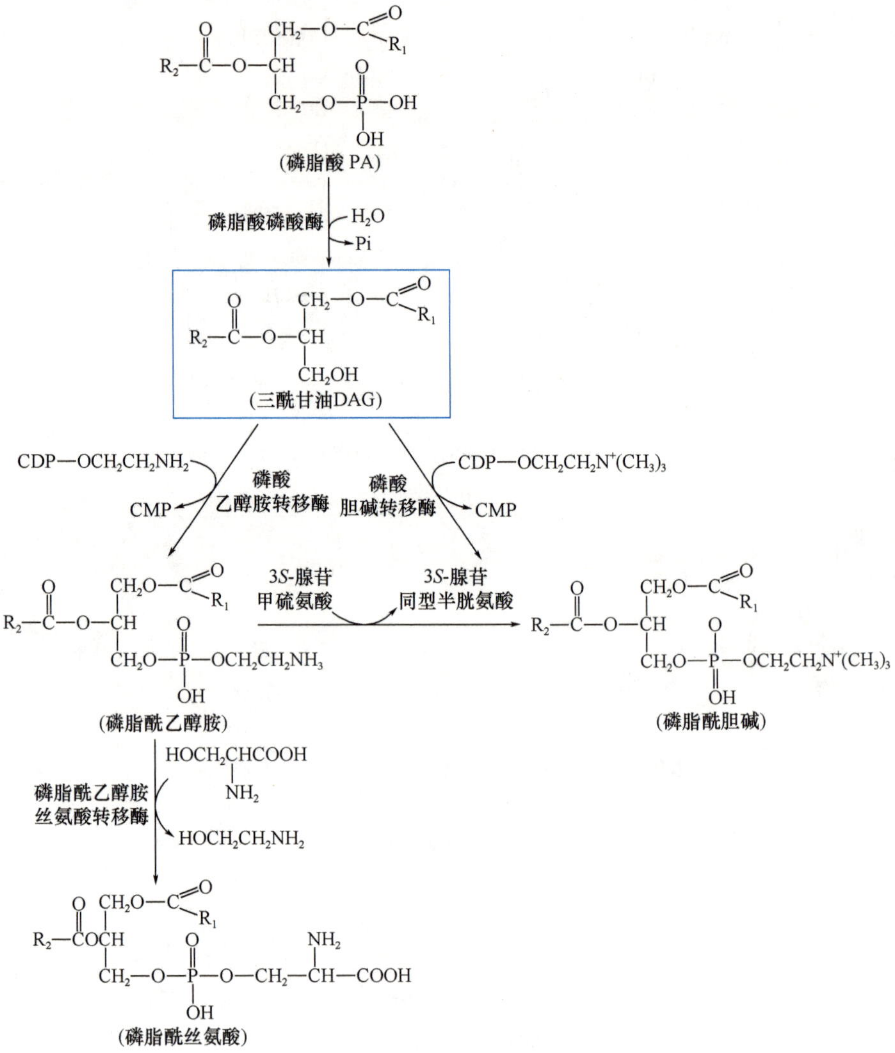

图 8-25　脑磷脂与卵磷脂的生物合成及相互转化

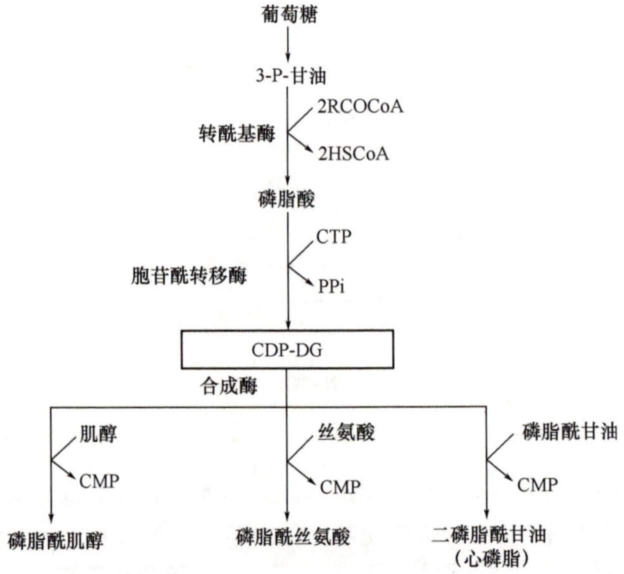

图 8-26　磷脂酰丝氨酸、磷脂酰肌醇及心磷脂的生物合成

笔 记 栏

此外，在肝脏合成的磷脂酰乙醇胺也可由 *S*-腺苷甲硫氨酸提供甲基，在磷脂酰乙醇胺甲基转移酶作用下生成磷脂酰胆碱，通过这种方式合成的卵磷脂约占肝脏合成总量的 10%～15%。磷脂酰丝氨酸可由磷脂酰乙醇胺羧化或乙醇胺与丝氨酸交换生成（图 8-27）。二软脂酰胆碱 1，2 位均为软脂酰基，在Ⅱ型肺泡上皮细胞合成。

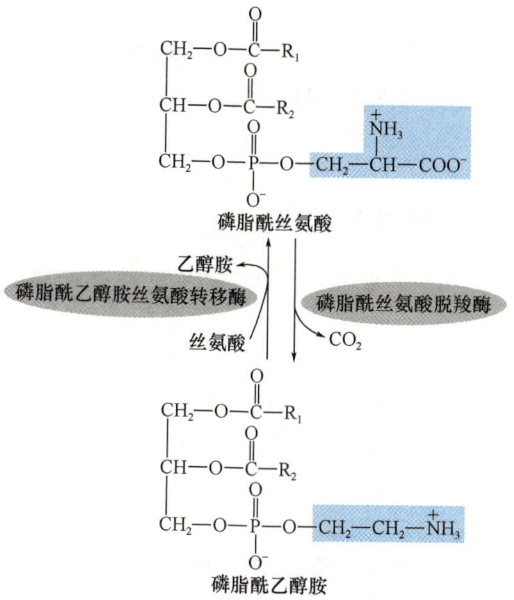

图 8-27　磷脂酰丝氨酸与磷脂酰乙醇胺的相互转化

胞液中存在一类相对分子质量在 16 000～30 000Da，能促进磷脂在细胞内膜之间进行交换的磷脂交换蛋白（phospholipid exchange proteins，PEP），它们催化不同种类的磷脂在膜之间进行交换。内质网合成的磷脂即可通过 PEP 转移至细胞内的不同生物膜上，促进磷脂的更新。

（三）甘油磷脂的分解

生物体内能够水解甘油磷脂的酶类称为磷脂酶（phospholipase），根据其水解酯键的特异部位不同分为磷脂酶 A_1、A_2、B、C 和 D 等几种主要类型（图 8-28）。

1. 磷脂酶 A_1　广泛分布于动物细胞溶酶体中，蛇毒及某些微生物中亦有。磷脂酶 A_1 特异性水解甘油磷脂分子中 C_1 位酯键，产物一般为饱和脂酸和溶血磷脂 2。

2. 磷脂酶 A_2　广泛分布于动物细胞膜及线粒体膜上，以 Ca^{2+} 为激活剂，特异性水解甘油磷脂分子中 C_2 位上的酯键，产物一般为多不饱和脂酸及溶血磷脂 1。

3. 磷脂酶 B_1　又称溶血磷脂酶 1，催化溶血磷脂 1 分子中 C_1 位上的酯键水解，产物为脂酸、甘油磷酸胆碱或甘油磷酸乙醇胺。

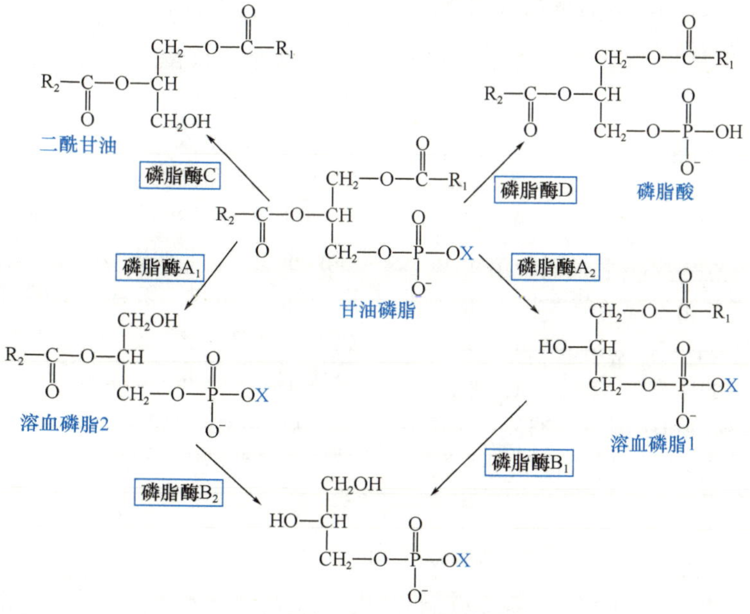

图 8-28　磷脂酶的作用

4. 磷脂酶 B_2　又称溶血磷脂酶 2，催化溶血磷脂 2 分子中 C_2 位上的酯键水解，产物与磷脂酶 B_1 的水解产物类似。

5. 磷脂酶 C　存在于细胞膜及某些细菌中，催化甘油磷脂分子中 C_3 位上的磷酸酯键水解，产物为磷酸胆碱或磷酸乙醇胺及二酰甘油。

6. 磷脂酶 D　主要分布于植物及动物脑组织细胞中，催化磷脂分子中磷酸与取代基团（如胆碱、乙醇胺等）间的酯键断裂，释放出取代基团。

笔记栏

磷脂酶 A_1 及 A_2 水解产生的溶血磷脂是一类很强的表面活性物质，能使细胞膜破坏，引起溶血或细胞坏死。人胰腺细胞含有大量磷脂酶 A_2 原，急性胰腺炎时，胰腺细胞中的磷脂酶 A_2 原被脱氧胆酸或胰蛋白酶激活，作用于细胞膜和线粒体膜上的磷脂酰胆碱，产生大量的溶血磷脂，引起胰腺细胞膜及线粒体膜结构溶解、破坏，而致胰腺出血坏死以及腹腔各脏器损害。磷脂酶 B 能水解溶血磷脂 C_1 或 C_2 位上的酯键，使其失去溶解细胞膜的作用。

二、鞘磷脂的代谢

鞘磷脂是包含磷酸基团的鞘脂。

（一）鞘脂的化学组成及结构

鞘脂（sphingolipid，SL）指含有鞘氨醇或二氢鞘氨醇的脂类。鞘氨醇（sphingosine）是脂肪族（16～20C）氨基二元醇，分子中含有一疏水性长链脂肪烃尾巴和 2 个羟基及 1 个氨基构成的极性头部。二氢鞘氨醇（dihydrosphingosine）与鞘氨醇相比，分子中没有双键。自然界中，以 18C 鞘氨醇最多，亦有 16、17、19 及 20C 鞘氨醇存在。鞘氨醇分子中有双键存在，故有顺反异构体，但天然结构均为反式构型。

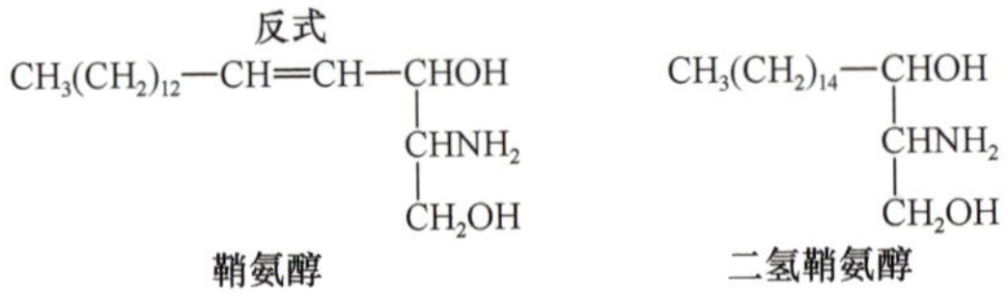

鞘脂的组成特点是：不含甘油而含鞘氨醇，一分子脂酸以酰胺键与鞘氨醇的氨基相连，鞘脂的末端羟基常为极性基团（X）如磷酸胆碱或糖基所取代。鞘脂分子中的脂酸，主要为 16C、18C、22C 或 24C 饱和或单不饱和脂酸，有的还含 α-羟基（图 8-29）。按照取代基团 X 的不同，可分为鞘磷脂和鞘糖脂两种。鞘磷脂含磷酸，末端羟基取代基团 X 为磷酸胆碱或磷酸乙醇胺；鞘糖脂（sphingoglycolipids）含糖，末端羟基取代基团 X 为单糖基或寡糖链，通过 β-糖苷键与其末端羟基相连。

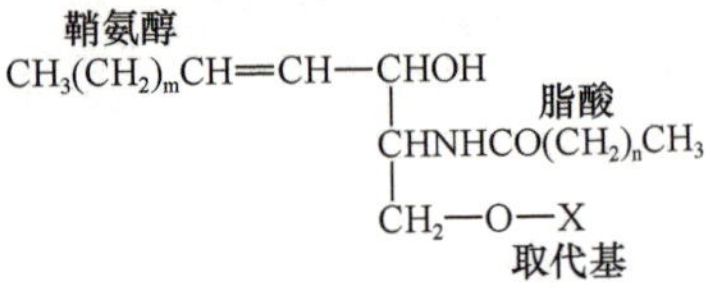

图 8-29　鞘脂的化学结构通式
m 多为 12；n 多在 12～22 之间

（二）鞘磷脂的合成

人体含量最多的鞘磷脂是神经鞘磷脂（sphingomyelin），由鞘氨醇、脂酸及磷酸胆碱构成。它是构成生物膜的重要磷脂，常与磷脂酰胆碱并存于细胞膜的外侧。在神经髓鞘中，脂类的 5% 为神经鞘磷脂；在人红细胞膜中，20%～30% 为神经鞘磷脂。

1. 合成部位　全身各组织细胞的内质网都含有鞘磷脂合成酶系，均可合成鞘磷脂，但以脑组织最为活跃。

2. 合成原料　软脂酰 CoA 和丝氨酸为合成鞘氨醇的基本原料，长链脂酸、CDP-胆碱为合成辅料，磷酸吡哆醛、NADPH+H^+、FAD 等为合成所需辅酶。

3. 合成过程　软脂酰 CoA 与丝氨酸在 3-酮二氢鞘氨醇合成酶和还原酶的催化下，先脱羧缩合、再加氢还原生成二氢鞘氨醇；后者在脂酰转移酶作用下，其氨基与脂酰 CoA 的脂酰基进行酰胺缩合，生成二氢神经酰胺；再在脱氢酶的催化下，生成神经酰胺（ceramide）；最后，在鞘磷脂合成酶（phosphosphingolipid synthetase）的催化下，由磷脂酰胆碱提供磷酸胆碱与神经酰胺合成神经鞘磷脂（图 8-30）。

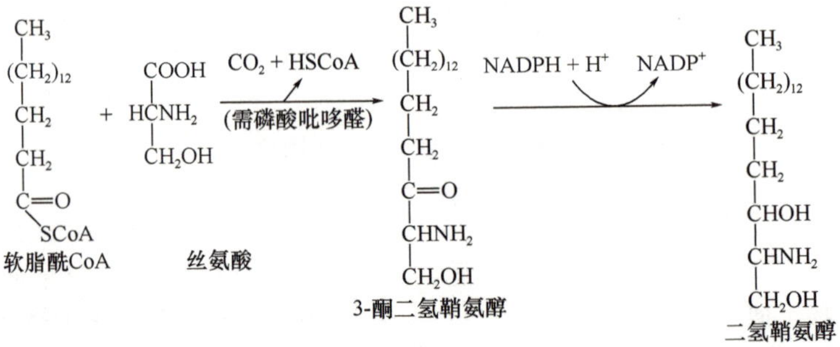

笔 记 栏

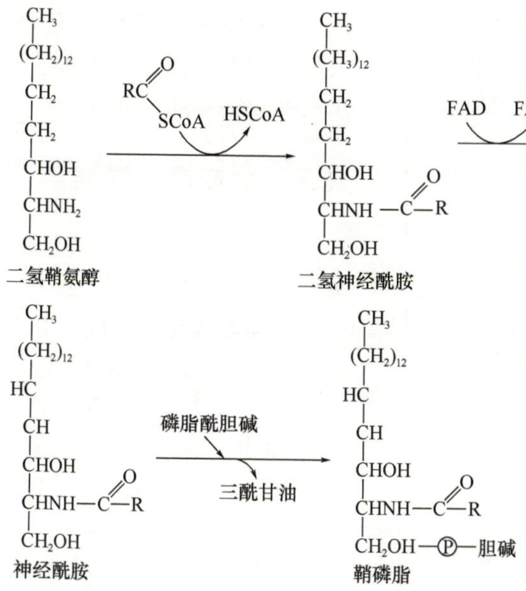

图 8-30　神经鞘磷脂的合成

（三）鞘磷脂的分解

在脑、肝、脾、肾等细胞的溶酶体中，含有鞘磷脂酶(sphingomyelinase)。属于磷脂酶 C 类，能水解神经酰胺与磷酸胆碱间的磷酸酯键，生成神经酰胺及磷酸胆碱。鞘磷脂酶先天缺乏者，因鞘磷脂不能降解而在细胞内沉积，可引起肝、脾肿大及痴呆等症状，称为 Nieman-Pick 病。

第 6 节　胆固醇的代谢

一、胆固醇的结构、分布和生理功能

胆固醇(cholesterol)是类固醇家族的重要成员，具有环戊烷多氢菲烃核结构，在 C_3 位含有 1 个羟基，因最早从动物胆石中分离而得名胆固醇。胆固醇及其衍生物不溶于水、易溶于有机溶剂，在人体内主要以游离胆固醇(free cholesterol, FC)及胆固醇酯(cholesteryl ester, CE)的形式存在，它们的结构式如下：

胆固醇广泛存在于全身各组织中，其中约 1/4 分布在脑及神经组织中，占脑组织总重量的 2% 左右。肝、肾、肠等内脏以及皮肤、脂肪组织亦含较多的胆固醇，每 100g 组织中约含 200～500mg，以肝为最多，肌肉较少，肾上腺、卵巢等组织胆固醇含量可高达 1%～5%，但总量很少。

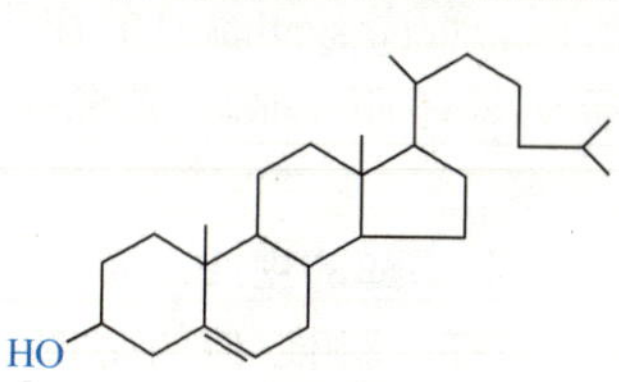

胆固醇

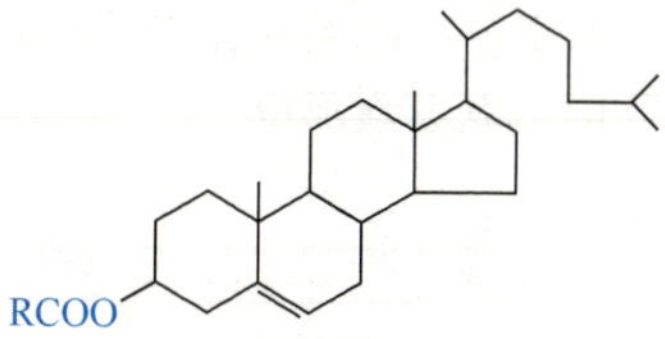

胆固醇酯

机体内的胆固醇具有多种重要生理功能，主要表现在以下四个方面：①构成细胞膜：胆固醇是构成细胞膜的重要组成成分，由于存在于膜上的游离胆固醇为两性分子，其 3 位羟基极性端指向膜的亲水界面，疏水的母核及侧链具有一定刚性深入膜双脂层，对维持生物膜的流动性和正常功能具有重要作用。②转变成胆汁酸盐：胆固醇可以在肝中转变成胆汁酸盐，帮助脂类物质的乳化、消化与吸收。③合成类固醇激素：胆固醇是合成皮质醇、醛固酮、睾酮、雌二醇以及维生素 D_3 等类固醇激素的前体物质，这些激素在调节机体内各种物质代谢，维持人体正常生理功能方面具有重要的作用。④调节脂蛋白代谢：胆固醇还参与脂蛋白组成，引起血浆脂蛋白关键酶活性的改变，调节血浆脂蛋白代谢(图 8-31)。当胆固醇代谢发生障碍，可引起血浆胆固醇增高，脑血管、冠状动脉及周围血管病变，导致动脉粥样硬化的产生。因此，探索和研究胆固醇代谢与这些疾病间的关系，已成为当今医学研究瞩目的重要问题。

笔记栏

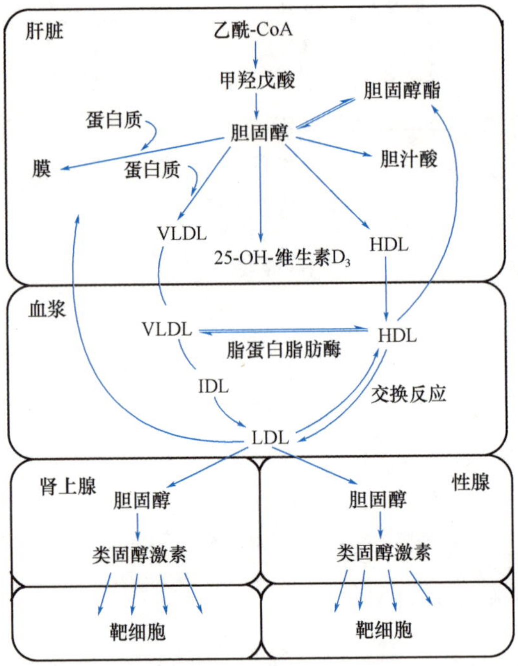

图 8-31 胆固醇的代谢概况

二、胆固醇的合成

人体内的胆固醇主要由机体自身合成，成人每天合成1～1.5g，仅少量从食物中摄取。

（一）合成部位

除成年动物脑组织及成熟红细胞外，几乎全身各种组织均能合成胆固醇。肝脏合成胆固醇的能力最强，合成量占体内胆固醇总量的70%～80%；小肠次之，合成量占总量的10%。肝合成的胆固醇一部分在肝内代谢和利用，一部分参与脂蛋白组成，随血液循环向肝外组织输出。胆固醇合成定位于细胞液及滑面内质网膜，因为胆固醇合成酶系分布在这两个亚细胞部位。

（二）合成原料

胆固醇的生物合成以乙酰 CoA 为直接原料，以 NADPH+H^+供氢、ATP 供能。乙酰 CoA 来自葡萄糖、脂酸及某些氨基酸在线粒体内的分解代谢，其中以葡萄糖为主。与脂酸合成类似，由于乙酰 CoA 不能通过线粒体内膜，需要经过柠檬酸-丙酮酸循环从线粒体内转移至细胞液，才能作为合成胆固醇的原料。每转运 1 分子乙酰 CoA，需要消耗 1 个 ATP。NADPH+H^+是胆固醇合成所需还原性氢的供体，主要来自磷酸戊糖途径。ATP 是胆固醇合成的能量保证，大多来自线粒体中糖的有氧氧化。每合成 1 分子胆固醇需 18 分子乙酰 CoA，36 分子 ATP 及 16 分子 NADPH+H^+。糖是合成胆固醇原料的主要来源，故高糖饮食的人也可能出现血浆胆固醇增高的现象。

笔记栏

（三）合成基本过程

胆固醇合成过程比较复杂，有近 30 步反应，整个过程可分为 3 个阶段。

1. 甲羟戊酸的生成 由乙酰 CoA 转变成甲羟戊酸(mevalonic acid，MVA)是胆固醇合成的第一个阶段，包含 3 步反应，全部反应都在胞液中进行，分别由乙酰乙酰 CoA 硫解酶、HMG-CoA 合酶及 HMG-CoA 还原酶三个酶催化，其中 HMG-CoA 还原酶(HMG-CoA reductase)为限速酶。首先两分子乙酰 CoA 在乙酰 CoA 硫解酶催化下，缩合成乙酰乙酰 CoA。然后在羟甲戊二酸单酰 CoA 合酶(HMG-CoA 合酶)催化下，再与 1 分子乙酰 CoA 缩合生成羟甲戊二酸单酰 CoA(HMGCoA)。以上反应与肝内生成酮体的前几步相同。最后，HMG-CoA 在内质网 HMG-CoA 还原酶作用下，消耗 2 分子 NADPH+H^+生成 MVA。

2. 鲨烯的生成 从 MVA 转变成鲨烯经过 7 步酶促反应，需要大量 ATP 供能、NADPH+H^+供氢。胞液中的 MVA(C_6)在一系列酶的催化下，经过两次磷酸化、一次脱羧及一次异构生成性质活泼的异戊烯焦磷酸(isopentenyl pyrophosphate，IPP，C_5)和二甲基丙烯焦磷酸(3，3-dimethylallyl pyrophosphate，DPP，C_5)。然后，1 分子二甲基丙烯焦磷酸(C_5)与 2 分子异戊烯焦磷酸(C_5)缩合生成焦磷酸法尼酯(farnesyl pyrophosphate，FPP，C_{15})。2 分子焦磷酸法尼酯(C_{15})在内质网鲨烯合酶(squalene synthase)的作用下，经再次缩合，最后加氢还原生成多烯烃——鲨烯(squalene，C_{30})。

3. 胆固醇的生成 鲨烯为 30 碳多烯烃，具有与固醇母核相近似的结构。鲨烯与胞液中的固醇载体蛋白(sterol carrier protein，SCP)结合进入内质网，经鲨烯单加氧酶(squalene monooxygenase)与环化酶(cyclase)的催化，先氧化后环化生成羊毛固醇(lanosterol)。后者再经氧化、脱羧、还原等约 20 步反应，脱去 3 个羧基生成 27C 的胆固醇。这一过程的阐明是基于德国 Lynen 教授和美国 Bloch 教授的工作。Lynen 在研究中成功分离出一种所谓的活化乙酸，发现它是人体内所有脂质(包括胆固醇和脂肪)的前体，也是很多代谢过程的共同物质。Bloch 则利用放射性核素技术证实了如何利用乙酸合成羊毛固醇，并转化成胆固醇；同时还发现了胆固醇是胆酸和一种雌激素的前体。他们因此而获得 1964 年诺贝尔生理/医学奖。

胆固醇的合成过程见图 8-32。

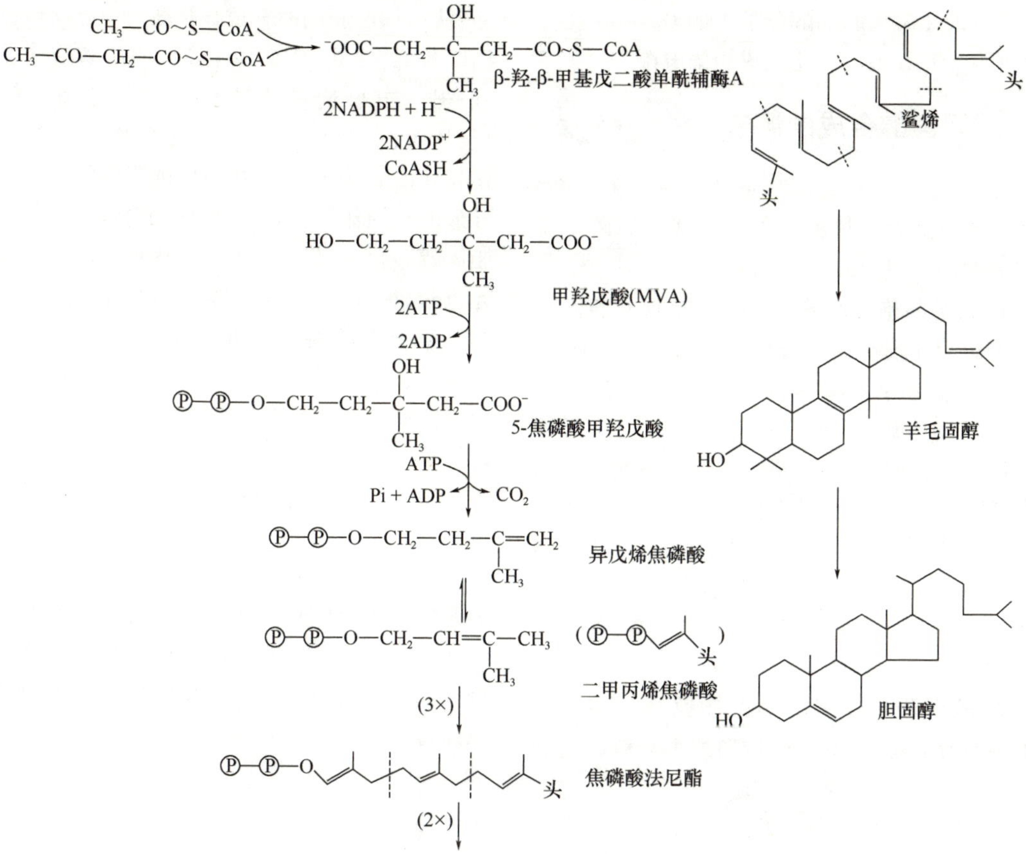

图 8-32 胆固醇的生成

(四) 胆固醇的酯化

血液中与细胞内的胆固醇均可以接受脂酰基生成胆固醇酯。催化胆固醇酯化的酶有两种：卵磷脂胆固醇脂酰转移酶(lecithin cholesterol acyl transferase, LCAT)与脂酰 CoA 胆固醇脂酰转移酶(acylcoenzyme A cholesterol acyltransferase, ACAT)，前者催化血液中的胆固醇酯化，后者催化细胞内的胆固醇酯化(图 8-33)。

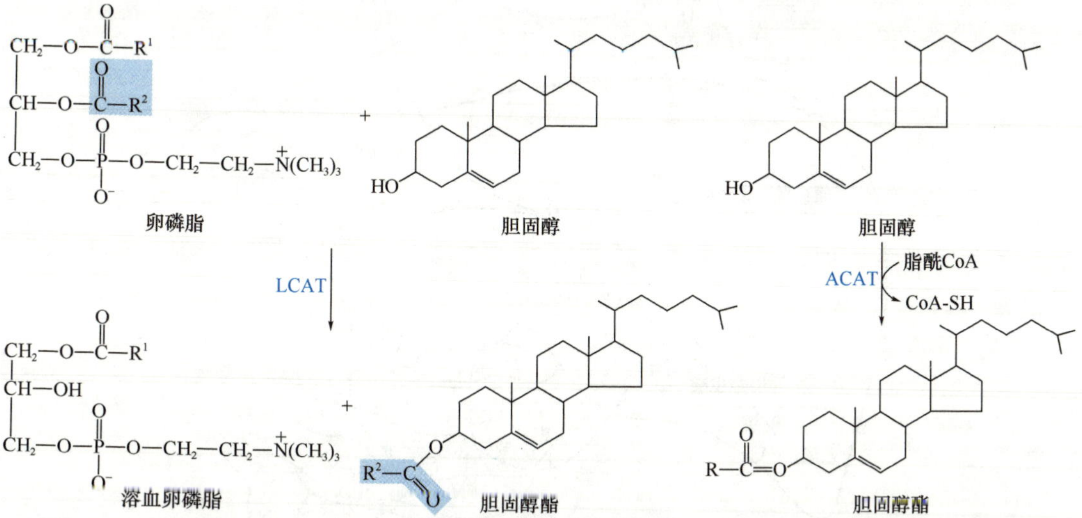

图 8-33 胆固醇的酯化反应

1. 血浆内胆固醇的酯化 LCAT 由肝细胞合成，常与高密度脂蛋白(HDL)结合在一起，在血液中发挥催化作用。它的主要功能是催化 HDL 中的卵磷脂 C_2 位上的不饱和脂酸转移到胆固醇的 C_3

位羟基上，生成胆固醇酯和溶血卵磷脂。

2. 细胞内胆固醇的酯化 在组织细胞内，ACAT可催化游离胆固醇分子中的C_3—OH接受脂酰CoA的脂酰基，酯化生成胆固醇酯。

（五）胆固醇合成的调节

HMG-CoA还原酶是胆固醇合成的限速酶，各种因素可通过对该酶活性及合成的影响来调节胆固醇的合成速率。

1. 饥饿与饱食调节 饥饿与禁食对胆固醇合成的影响体现在三个方面：①使HMG-CoA还原酶合成减少；②酶活性降低；③乙酰CoA、ATP、NADPH+H^+等合成所需原料不足，从而抑制胆固醇的合成。相反，摄入高糖及高饱和脂肪膳食，HMG-CoA还原酶活性增加，胆固醇合成也增加。此外，食物中的胆固醇及一些衍生物能够反馈抑制HMG-CoA还原酶的合成与活性，从而引起胆固醇的合成量下降，但小肠黏膜细胞中的胆固醇合成不受影响。

2. 激素调节 HMG-CoA还原酶在细胞液中有两种存在形式，无活性的磷酸型与有活性的脱磷酸型。胰高血糖素通过细胞内信使cAMP激活蛋白激酶，使HMG-CoA还原酶磷酸化失活，从而抑制胆固醇合成。胰岛素一方面通过激活磷酸酶，促进HMG-CoA还原酶脱磷酸恢复活性；另一方面通过诱导HMG-CoA还原酶的合成，从而促进胆固醇合成。甲状腺素通过促进HMG-CoA还原酶的合成与促进胆固醇转变为胆汁酸的双向作用，增加胆固醇的合成。由于促进胆固醇转化的作用强于前者，因此当甲状腺功能亢进时，患者血清胆固醇含量反而下降。

3. 昼夜节律 HMG-CoA还原酶具有昼夜节律性，午夜时酶活性最高，中午酶活性最低，由此使胆固醇合成具有周期节律性。

三、胆固醇的转化

人体内没有降解胆固醇母核——环戊烷多氢菲的酶类，使其不能彻底氧化分解为CO_2和H_2O，而是经氧化、还原转变成含环戊烷多氢菲母核的其他化合物，参与体内代谢调节，或直接或经转化后排出体外（图8-34）。

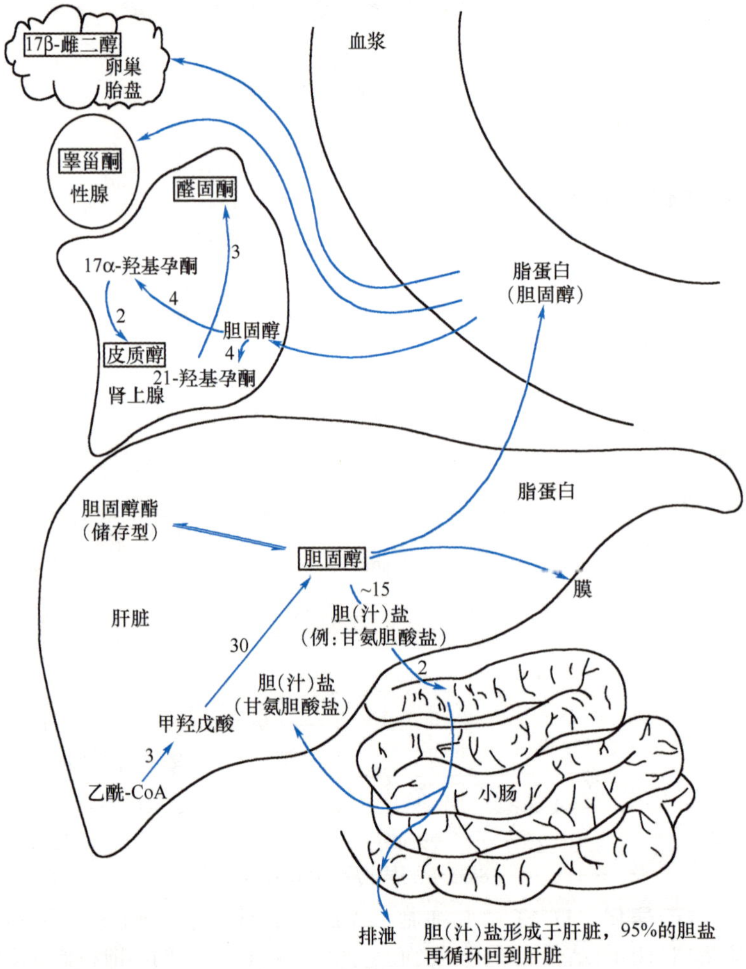

图8-34 胆固醇及其衍生物的形成

笔记栏

（一）胆固醇转化为胆汁酸

胆固醇的主要代谢去路是在肝中转化为胆汁酸(bile acid)，经肠道排出体外。正常成人每天约合成胆固醇1.0~1.5g，其中约0.4~0.6g在肝内转变为胆汁酸，随胆汁排入肠道。其具体转化过程见第19章。

（二）胆固醇转化为类固醇激素

胆固醇是体内合成肾上腺皮质激素、性激素的原料，这些激素在体内物质代谢中具有重要生理功能。

1. 肾上腺皮质激素 肾上腺皮质球状带细胞可以利用胆固醇为原料，在一系列酶的催化下，合成盐皮质激素醛固酮(aldosterone)，参与水盐代谢的调节。肾上腺皮质索状带细胞可以利用胆固醇为原料合成皮质醇(corticosteroid)和少量的皮质酮(corticosterone)，参与糖类、脂类及蛋白质代谢调节。

2. 性激素 性激素具有维持副性器官分化、发育及副性征的作用，对全身代谢也有重要影响。性腺可以利用胆固醇为原料合成性激素，睾丸间质细胞在特异酶系催化下能够合成睾酮(testosterone)，卵巢卵泡在卵子成熟前可以合成雌二醇(estradiol)，卵巢黄体及胎盘则可以合成孕酮(progesterone)。所有这些性激素的生物合成，均以胆固醇为合成原料。

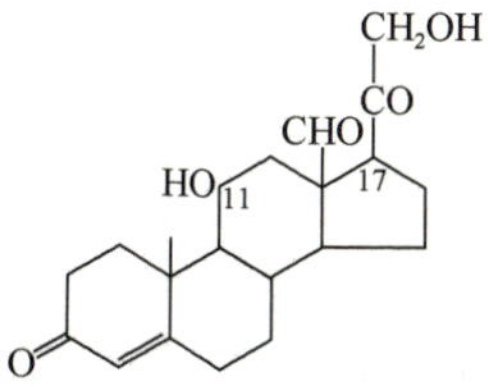

醛固酮

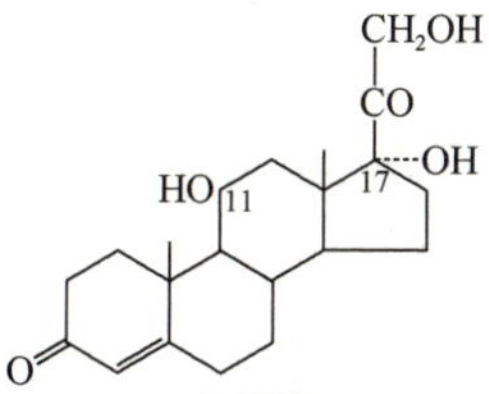

皮质醇

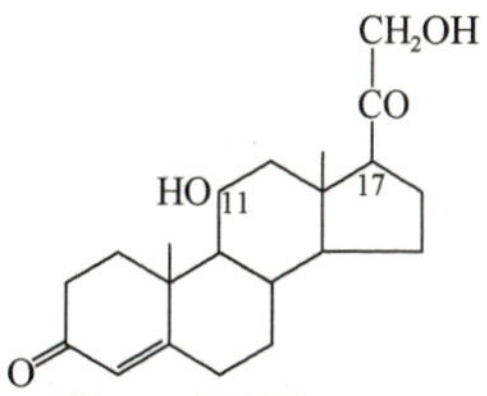

皮质酮

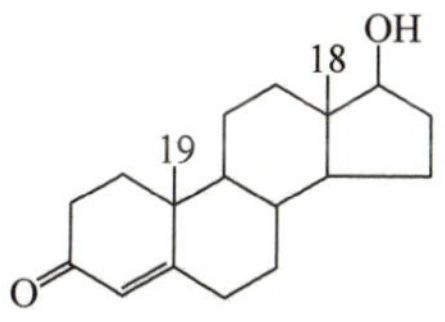

睾酮

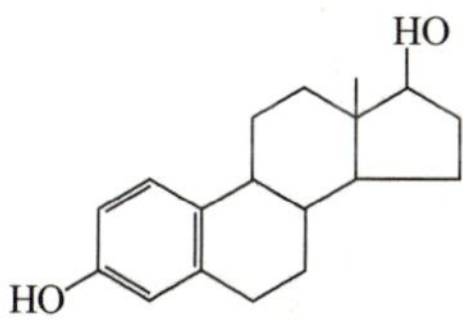

雌二醇

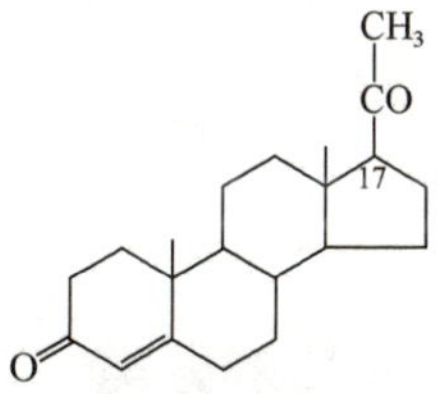

孕酮

（三）胆固醇转化为维生素D_3

维生素D_3(vitamin D_3, Vit-D_3)可以由食物供给，也可在体内合成。皮肤中的胆固醇经酶促氧化生成7-脱氢胆固醇，在紫外线照射下，形成维生素D_3。维生素D_3经肝细胞微粒体25-羟化酶催化生成25-羟维生素D_3，后者经血浆转运至肾，再经1位羟化形成具有生理活性的1.25-二羟维生素D3[1.25-$(OH)_2$-D_3]。活性D_3具有调节钙、磷代谢的作用(见第5章)。

第7节 血浆脂蛋白代谢

一、血　　脂

血浆中含有的脂类统称为血脂，包括三酰甘油、磷脂、胆固醇及其酯和非酯化脂酸(non-esterified fatty acid)，亦称游离脂酸(FFA)。游离脂酸在血浆中与清蛋白结合为复合物而运输。

血脂的主要来源有：①肠道中食物脂类的消化吸收；②由肝脏、脂肪细胞及其他组织合成后释放入血；③储存的三酰甘油动员入血。血脂的主要去路是：①进入脂肪组织储存；②氧化供能；③构成生物膜；④转变为其他物质。

血脂总量并不多，只占体内总脂的极少部分，但外源性和内源性脂类物质都需经过血液转运于各组织之间。因此血脂的含量常可以反映体内各组织器官的脂类代谢情况，对血脂的检测有利于对某些疾病的诊断。人群中血脂水平受年龄、性别、遗传以及代谢等因素的影响，因职业、生活方式、饮食习惯、劳动类型不同而异。因此，各地区正常人血脂参考值也不尽相同。空腹状态下个体血脂水平相对稳定，临床血脂检测常在进食后12小时左右抽取空腹血进行化验，这样才能可靠地反映血脂水平。正常人空腹血脂水平见表8-6。

笔记栏

表 8-6 正常成人空腹血脂的组成及含量

组成	血浆含量		空腹时主要来源
	mg/dl	mmol/L	
总脂	400~700(500)		
三酰甘油	10~150(100)	0.11~1.69(1.13)	肝
总胆固醇	100~250(200)	2.59~6.47(5.17)	肝
胆固醇酯	70~200(145)	1.18~5.17(3.75)	
游离胆固醇	40~70(55)	1.03~1.81(1.42)	
总磷脂	150~250(200)	48.44~80.73(64.58)	肝
卵磷脂	50~200(100)	16.1~42.0(22.6)	肝
神经磷脂	50~200(100)	4.8~13.0(6.4)	肝
脑磷脂	15~35(20)		肝
游离脂酸	5~20(15)		脂肪组织

注:括号内为均值

二、血浆脂蛋白的分类、组成及结构

脂类不溶或仅微溶于水,在水中应呈乳浊液,但正常人血浆脂类含量达500mg/dl,却仍清澈透明,说明血脂在血浆中不是以自由状态存在。事实上,血脂在血浆中与蛋白质结合形成血浆脂蛋白,呈颗粒状亲水复合体,是血脂在血浆中的存在及运输形式。

(一)血浆脂蛋白的分类

血液中的脂蛋白(lipoprotein)存在多种形式,其脂类和蛋白质的组成有很大差异。根据它们各自的特性采用不同的分类方法,可将它们进行多种分类,一般血浆脂蛋白采用电泳法和超速离心法进行分类。

电泳法利用脂蛋白在电场中迁移速度不同而予以分离。影响脂蛋白在电场中迁移速率的重要因素有电荷多少、分子大小、含脂类多少等。通常用琼脂糖电泳法可将血浆脂蛋白分为α-脂蛋白、前β-脂蛋白、β-脂蛋白以及在原点不移动的乳糜微粒。α-脂蛋白含蛋白质多,分子小,所以迁移最快。乳糜微粒中蛋白质含量很低,98%为不带电的脂类,所以在电场中基本不移动(图 8-35)。

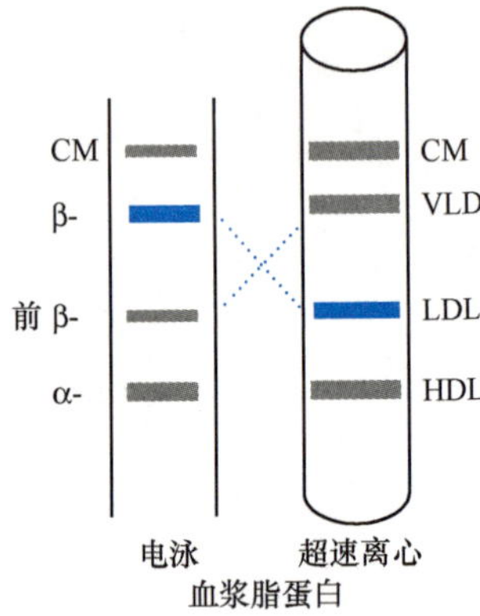

图 8-35 血浆脂蛋白电泳图谱

超速离心法是根据各种脂蛋白所含的脂类及蛋白质的质和量不同,而导致其密度大小差异对其进行分类。由于蛋白质的密度比脂类大,故脂蛋白中蛋白质含量越高,脂类含量越低,其密度越大;反之,其密度越小。将血浆放在一定密度的盐溶液中,进行超速离心,各种脂蛋白因其密度的不同而漂浮或沉降,可将脂蛋白分为四类,即乳糜微粒(chylomicron,CM)、极低密度脂蛋白(very low density lipoprotein,VLDL)、低密度脂蛋白(low density lipoprotein,LDL)和高密度脂蛋白(high density lipoprotein,HDL);分别相当于电泳分离中的乳糜微粒、前β-脂蛋白、β-脂蛋白和α-脂蛋白。四种脂蛋白的密度大小依次为:CM<VLDL<LDL<HDL。除上述几类脂蛋白以外,还有一种中间密度脂蛋白(intermediate density lipoprotein,IDL),其密度介于VLDL与LDL之间,IDL是VLDL代谢的中间产物。值得提出的是,每一类脂蛋白中根据其颗粒大小,密度不同还可分为亚组分,如VLDL1、VLDL2。LDL可分为A、B两个亚型,A型颗粒较大(>25.5nm),B型颗粒较小(<25.5nm)。HDL分子在代谢过程中的蛋白质与脂类成分发生变化,据此可将HDL再分为HDL_1、HDL_2与HDL_3。HDL_1是在高胆固醇膳食时才出现;正常人血浆中主要含HDL_2和HDL_3,前者密度较低,后者密度稍高。HDL_2为成熟的HDL,HDL_3为新生的HDL,

笔记栏

其分子中蛋白质成分多。

（二）血浆脂蛋白的组成

从表 8-7 中可以看出，血浆脂蛋白的主要组成是载脂蛋白（apoprotein，apo）及脂类（三酰甘油、磷脂、胆固醇及胆固醇酯）。但各类脂蛋白所包含的 apo 种类、数量均不相同，所含脂类的比例、数量也不相同。①CM 含三酰甘油最多（80%～95%），含蛋白质最少（1%），颗粒最大而密度最小（<0.95）。②VLDL 含三酰甘油仅次于 CM（达 50%～70%），含蛋白质多于 CM（达 10%），颗粒小于 CM 而密度大于 CM（达 1.006）。③LDL 是含胆固醇及胆固醇酯最多的脂蛋白，含量约达 50%；LDL 中蛋白质含量达 20%～25%，明显高于 CM 及 VLDL。④HDL 是含蛋白质最多的脂蛋白（50%），颗粒最小、密度最高（达 1.063～1.210）、电泳时迁移率大；在密度为 1.063 的 NaCl 溶液中超速离心时表现为沉降，分子中的脂类主要是胆固醇及磷脂，所含三酰甘油很少（仅 5%）。

表 8-7 血浆脂蛋白的分类、性质、组成及功能

分类	密度法 电泳法	乳糜微粒	极低密度脂蛋白 前β-脂蛋白	低密度脂蛋白 β-脂蛋白	高密度脂蛋白 α-脂蛋白
性质	密度	<0.95	0.95～1.006	1.006～1.063	1.063～1.210
	Sf 值	>400	20～400	0～20	沉降
	电泳位置	原点	α_2-球蛋白	β-球蛋白	α_1-球蛋白
	颗粒直径（mm）	80～500	25～80	20～25	7.5～10
组成（%）	蛋白质	0.5～2	5～10	20～25	50
	脂类	98～99	90～95	75～80	50
	三酰甘油	80～95	50～70	10	5
	磷脂	5～7	15	20	25
	胆固醇	1～4	15	45～50	20
	游离胆固醇	1～2	5～7	8	5
	酯化胆固醇	3	10～12	40～42	15～17
载脂蛋白组成（%）	apoA Ⅰ	7	<1	—	65～70
	apoA Ⅱ	5	—	—	20～25
	apoA Ⅳ	10	—	—	—
	apoB100	—	20～60	95	—
	apoB489	9	—	—	—
	apoC Ⅰ	11	3	—	6
	apoC Ⅱ	15	5	微量	1
	apoC $Ⅲ_{0-2}$	41	40	—	4
	apoE	微量	7～15	<5	2
	apoD	—	—	—	3
合成部位		小肠黏膜细胞	肝细胞	血浆	肝、肠、血浆
功能		转运外源性三酰甘油及胆固醇	转运内源性三酰甘油及胆固醇	转运内源性胆固醇	逆向转运胆固醇（从肝外组织至肝细胞）

（三）血浆脂蛋白的结构

各种血浆脂蛋白的基本结构相似，除新生的 HDL 为圆盘状外，脂蛋白一般为球状颗粒，具有极性（亲水）的表面和非极性（疏水）的核心。脂蛋白都是以疏水的三酰甘油和胆固醇酯构成核心；由具有双性 α-螺旋结构的载脂蛋白和双性磷脂分子及胆固醇组成表面极性单层结构（2nm 厚）。它们的疏水基团与核心相连，其亲水基团朝向外面，从而使脂蛋白分子既能够稳定，又增加了颗粒的亲水性，得以在血液中运输（图 8-36）。

笔记栏

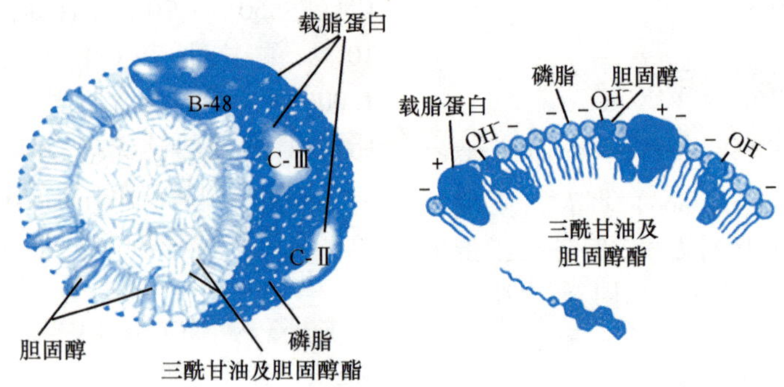

图 8-36 血浆脂蛋白的一般结构

三、载脂蛋白

脂蛋白中与脂类结合的蛋白质称为载脂蛋白，载脂蛋白在肝脏和小肠黏膜细胞中合成。目前已发现了 18 种载脂蛋白，结构与功能研究比较清楚的有 apoA、apoB、apoC、apoD 与 apoE 五类。每一类载脂蛋白又可分为不同的亚类，如 apoA 又分为 apoAⅠ、apoAⅡ和 apoAⅣ；apoB 分为 apoB100 和 apoB48；apoC 分为 apoCⅠ、apoCⅡ和 apoCⅢ。载脂蛋白在分子结构上具有一定特点，在 apo 的氨基酸排列顺序中，每间隔2~3 个氨基酸残基，通常出现一个带极性侧链的氨基酸残基。当这种多肽链形成 α-螺旋时，极性氨基酸残基集中在 α-螺旋一侧形成极性（亲水）侧面，非极性氨基酸残基集中在另一侧形成非极性（疏水）侧面，即形成所谓双性 α-螺旋结构（amphipathic α-helix），表现出两面性，分子的一侧极性较强可与水溶剂及磷脂或胆固醇极性区结合，构成脂蛋白的亲水面；分子的另一侧极性较低可与非极性的脂类结合，构成脂蛋白的疏水核心区。这种双性 α-螺旋结构在 apo 结合和转运脂类以及构成和稳定脂蛋白结构上起重要作用。不同的血浆脂蛋白中包含一种或多种载脂蛋白，但多以某一种为主，且各种载脂蛋白之间维持一定比例。如：①HDL 中主要含 apoAⅠ和 apoAⅡ；②LDL 中绝大部分 apo 是 B100，还含有少量的 apoE（<5%）；③VLDL 除含有 apoB100 外，还含有 apoCⅠ、CⅡ、CⅢ及 apoE；④CM 由多种载脂蛋白参与组成，但不含 apoB100 及 apoD（表 8-8）。

表 8-8 血浆脂蛋白的载脂蛋白

载脂蛋白	相对分子质量	氨基酸组成数	所在脂蛋白	合成部位	生理功能
ApoAⅠ	28 300	243	HDL	小肠、肝	LCAT 的激活剂
ApoAⅡ	17 000	154	HDL	小肠、肝	稳定 HDL 结构
ApoAⅣ	46 000	371	CM	小肠	辅助激活 LPL
ApoB100	512 723	4536	LDL，VLDL	肝	被 LDL 受体识别
ApoB48	240 000	2152	CM	小肠	促成 CM 生成
ApoCⅠ	6630	57	VLDL，HDL，CM	小肠	LCAT 的激活剂
ApoCⅡ	8840	79	VLDL，HDL，CM	肝	激活 LPL
ApoCⅢ	8760	79	VLDL	肝	抑制肝脏摄取 VLDL
ApoD	22 100	167	HDL	未确定	促进胆固醇酯的转移
ApoE	33 000	249	VLDL，CM，HDL	肝	被 CM 受体识别

载脂蛋白的主要功能是稳定血浆脂蛋白结构，作为脂类的运输载体；除此以外，有些载脂蛋白还可作为酶的激活剂：如 apoAⅠ可激活 LCAT，apoCⅡ可激活脂蛋白脂肪酶（lipoprotein lipase，LPL）；有些载脂蛋白还可作为细胞膜受体的配体，如 apoB48、apoE 参与肝细胞对 CM 的识别，apoB100 可被各种组织细胞表面 LDL 受体所识别等。

笔记栏

四、血浆脂蛋白代谢

（一）乳糜微粒

CM 是在小肠黏膜细胞中生成的，食物中的脂类在细胞滑面内质网上经再酯化后与粗面内质网上合成的载脂蛋白构成新生的(nascent)乳糜微粒(包括三酰甘油、胆固醇酯和磷脂以及apoB48),经高尔基复合体分泌到细胞外,进入淋巴循环最终进入血液。

新生CM入血后,接受来自HDL的apoC和apoE,同时失去部分apoA,被修饰成为成熟的乳糜微粒。成熟分子上的apoCⅡ可激活脂蛋白脂肪酶(LPL),催化CM中三酰甘油水解为甘油和脂酸。LPL存在于心、肌肉和脂肪组织的毛细血管内皮细胞外表面上。脂酸可被上述组织摄取利用,甘油可进入肝脏用于糖异生。通过LPL的作用,CM中的三酰甘油大部分被水解利用,同时apoA、apoC、胆固醇和磷脂转移到HDL上,CM逐渐变小,成为以含胆固醇酯为主的CM残余颗粒(remnant)。肝细胞膜上的apoE受体可识别CM残余颗粒,将其吞噬入肝细胞,与细胞溶酶体融合,载脂蛋白被水解为氨基酸,胆固醇酯分解为胆固醇和脂酸,进而被肝细胞利用或分解,完成最终代谢(图8-37)。正常人CM在血浆中的半寿期为5~15分钟,故空腹血中不含CM。

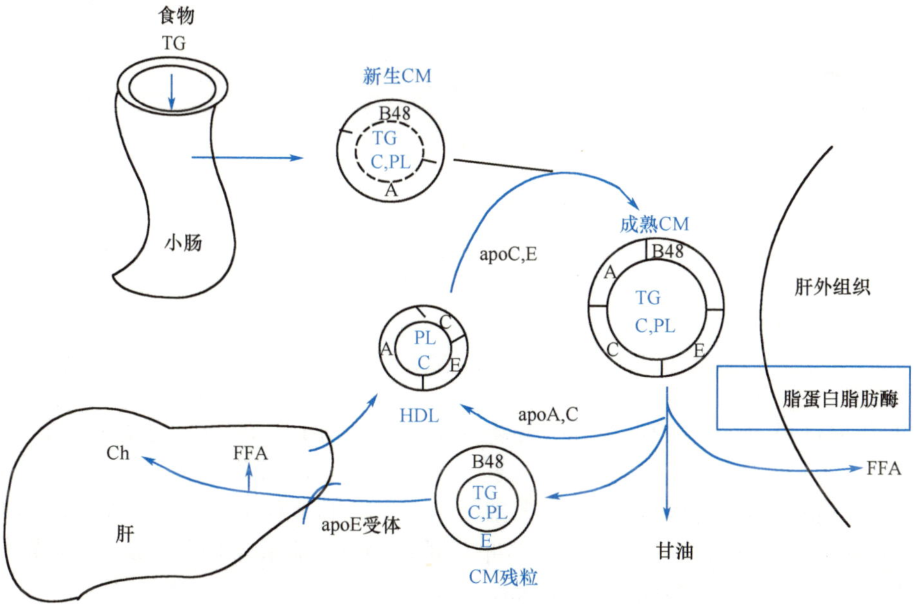

图8-37 乳糜微粒代谢示意图

由此可见,CM代谢的主要功能就是将外源性三酰甘油转运至心、肌肉和脂肪组织等肝外组织利用,同时将食物中外源性胆固醇转运至肝脏进行转化。

(二)极低密度脂蛋白

VLDL在肝脏内生成,主要成分是肝细胞利用糖和脂酸(来自脂肪动员或CM残余颗粒)自身合成的三酰甘油,与肝细胞合成的载脂蛋白apoB100、apoAⅠ和apoE等加上少量磷脂和胆固醇及胆固醇酯。小肠黏膜细胞也能生成少量VLDL。VLDL分泌入血后,接受来自HDL的apoC和apoE,由apoCⅡ激活LPL,催化三酰甘油水解,产物被肝外组织利用。同时VLDL与HDL之间进行物质交换,一方面将apoC和apoE等在两者之间转移;另一方面在胆固醇酯转移蛋白(cholesteryl ester transfer protein,CETP)协助下,将VLDL的磷脂、胆固醇等转移至HDL,将HDL的胆固醇酯转至VLDL,使VLDL逐渐转变为IDL。

IDL有两条去路:一是通过肝细胞膜上的apoE受体的介导被吞噬利用;二是进一步被水解生成LDL(图8-38)。VLDL在血浆中的半寿期为6~12小时。

由此可见,VLDL是体内转运内源性三酰甘油的主要方式。

(三)低密度脂蛋白

LDL由VLDL转变而来,LDL中主要脂类是胆固醇及胆固醇酯,载脂蛋白为apoB100。在肝及肝外组织细胞表面分布着apoB100受体或称LDL受体,它能与LDL进行特异性结合。美国科学家Brown与Goldstein两人在研究胆固醇的代谢调节过程中发现了细胞表面的LDL受体,并发现LDL

笔记栏

受体控制细胞对 LDL 的摄取,从而保持血液 LDL 浓度正常,防止胆固醇在动脉血管壁的沉积。这一研究成果是对胆固醇代谢调节研究的伟大贡献,Brown 与 Goldstein 因此共同获得 1985 年的诺贝尔生理/医学奖。这些研究为相关疾病(如冠心病)的预防和治疗提供了崭新的手段。

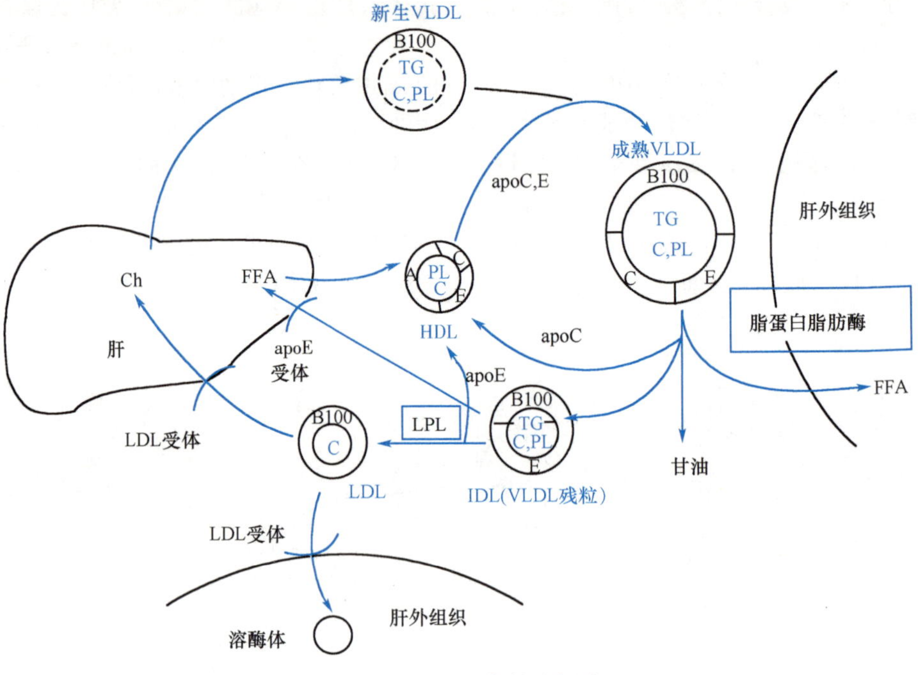

图 8-38　VLDL 代谢示意图

在 LDL 代谢过程中,通过 LDL 受体介导将 LDL 吞入细胞内并与溶酶体融合,胆固醇酯水解为游离胆固醇及脂酸。这种游离胆固醇除参与细胞生物膜的构成之外,还对细胞内胆固醇的代谢具有重要调节作用:①通过抑制 HMG-CoA 还原酶活性,减少细胞内胆固醇的合成;②激活 ACAT 使胆固醇生成胆固醇酯在胞内储存;③抑制 LDL 受体蛋白基因的转录,减少 LDL 受体蛋白的合成,降低细胞对 LDL 的摄取;④在肾上腺、卵巢等细胞中用以合成类固醇激素(图8-39)。除上述由受体介导的 LDL 代谢途径外,血浆中的 LDL 还可被单核-吞噬细胞系统中的巨噬细胞清除,经此途径代谢的 LDL 约占每日 LDL 降解总量的 1/3,此途径生成的胆固醇不具有上述调节作用。因此过量摄取 LDL 可导致吞噬细胞空泡化。LDL 在血浆中的半寿期为 2~4 天。

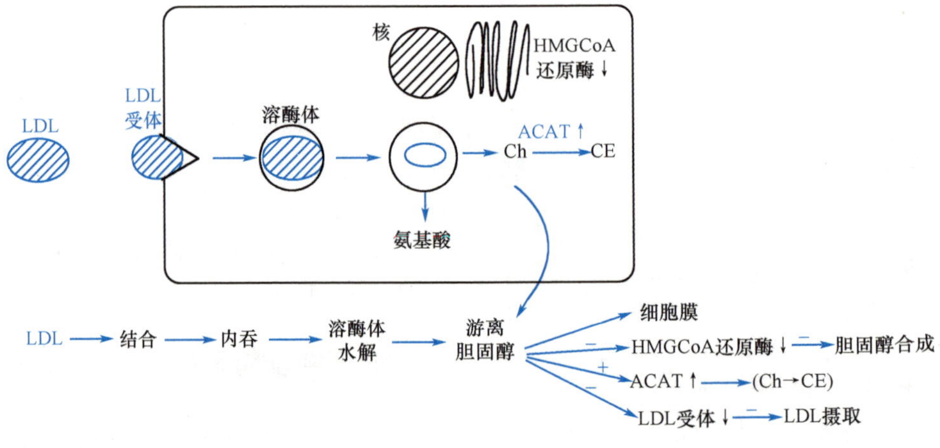

图 8-39　LDL 代谢示意图

由此可见,LDL 代谢的功能是将肝脏合成的内源性胆固醇运到肝外组织,保证组织细胞对胆固醇的需求。

笔 记 栏

(四) 高密度脂蛋白

HDL 在肝脏和小肠中生成。HDL 中的载脂蛋白含量很多,包括 apoA、apoC、apoD 和 apoE 等,脂类以磷脂为主。HDL 的主要功能是参与胆固醇的逆向转运(cholesterol reverse transport),即将肝外组织细胞中的胆固醇通过血循环转运到肝脏,在肝脏中转化为胆汁酸后排出体外。

胆固醇的逆向转运分为两个步骤:①胆固醇自肝外细胞包括动脉壁细胞、平滑肌细胞及巨噬细胞移出。近年来的研究证明,HDL 是胆固醇从细胞移出不可缺少的接受体。在肝细胞内,由磷脂、少量胆固醇及 apoA、apoC、apoE 组成新生 HDL。小肠黏膜细胞合成的新生 HDL 除脂质外仅含 apoA,入血后再获得 apoC、apoE。新生 HDL 呈盘状双脂层结构,几乎不含胆固醇,是外周细胞游离胆固醇的最好接受体。②HDL 所运载的胆固醇的酯化并转运胆固醇酯(CE)。由肝细胞分泌入血的 LCAT 催化卵磷脂 2 位脂酸(通常是亚油酸)转移到游离胆固醇使之生成 CE,卵磷脂则转变成溶血卵磷脂。apoA Ⅰ 是 LCAT 的激活剂。由于生成的 CE 可反馈抑制 LCAT 活性,因此 LCAT 催化的反应就成为血液胆固醇清除的限速步骤。

许多研究表明,血浆中 CETP 能迅速将 CE 由 HDL 转移至 VLDL,后者随即转变成 LDL。CE 的转移使 LCAT 活性恢复,从而保证胆固醇的酯化反应得以顺利进行。HDL 中的 apoD 也是一种转脂蛋白,具有将 CE 由 HDL 表面转移到 HDL 内核的作用。此外,血浆中还存在磷脂转运蛋白(phospholipid transport protein,PTP)。CETP 既可促进 CE 由 HDL 向 VLDL 和 LDL 转移,又可促进 TG 由 VLDL 转移至 HDL;而 PTP 只能促进磷脂由 HDL 向 VLDL 转移。由于 LCAT、CETP 及 apoD 的共同作用,使 HDL 表面 apoA Ⅰ 空出较多的胆固醇结合位点,使之不至于处于饱和状态,以便从细胞摄取更多的游离胆固醇。因此,HDL 能否不断地清除细胞流出的胆固醇,主要取决于 apoA Ⅰ 的数量和 apoA Ⅰ 上的有效结合位点的多少。

HDL 在血浆 LCAT、apoA Ⅰ、apoD 以及 CETP 和 PTP 的共同作用下,使 HDL 中的游离胆固醇不断被酯化,酯化的胆固醇有 80% 转移至 VLDL 和 LDL,20% 进入 HDL 内核。同时 HDL 表面的 apoE 和 apoC 也转移到 VLDL 和 CM 上,TG 又由 VLDL 和 CM 转移至 HDL,结果使 HDL 的脂双层圆盘状结构逐步膨胀为脂单层球状结构,即新生 HDL 转变为密度较高的成熟 HDL_3。HDL_3 在 LCAT 的作用下,胆固醇酯化继续增加,逐步转变为颗粒较大、密度较小的 HDL_2。HDL_1 仅在高胆固醇膳食诱导后才在血浆中出现。HDL 每发生一次转变,颗粒中 CE 的数目就会增加 40 倍左右。

胆固醇逆向转运的最终步骤发生在肝脏,肝细胞膜上除分布有 HDL 受体和 LDL 受体外,还存在着特异的 apoE 受体,经过受体介导将 HDL 吞入胞内代谢,最后将其排出体外(图 8-40)。HDL 在血浆的半寿期为 3~5 天。研究表明,血浆中胆固醇酯 90% 以上来自 HDL,其中约 70% 的胆固醇在胆固醇酯转运蛋白(CETP)作用下由 HDL 转移至 VLDL 及 LDL 后被清除,10% 则通过肝的 HDL 受体清除。

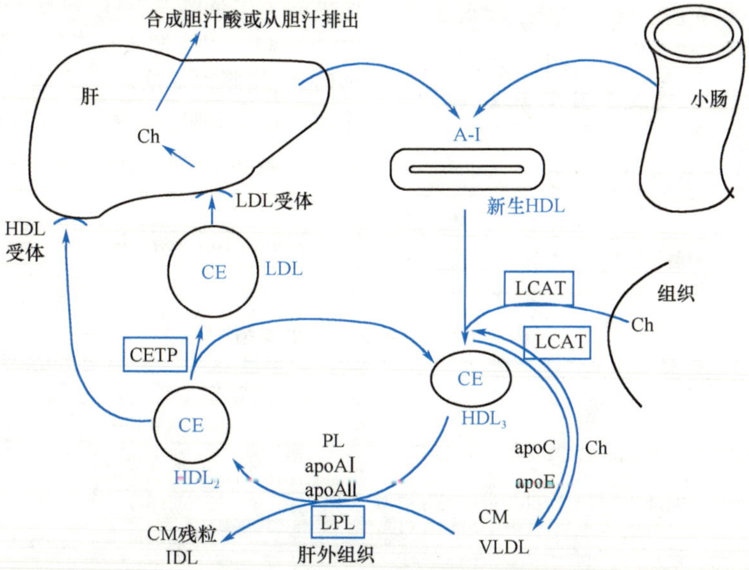

图 8-40 HDL 代谢示意图

综上所述，HDL在LCAT、apoAI及CETP等的作用下，从外周组织细胞表面摄取胆固醇，经过颗粒内胆固醇酯化和颗粒间脂质交换，最终将胆固醇从肝外组织转运到肝脏进行代谢。机体通过HDL逆向转运胆固醇的机制，将外周组织细胞膜中的胆固醇运到肝脏代谢并清除出体外，避免了胆固醇在局部组织细胞中的大量堆积，可以防止动脉粥样硬化。研究发现，血中HDL的浓度与冠状动脉粥样硬化呈负相关。

五、血浆脂蛋白代谢异常

脂蛋白代谢紊乱必然会使血浆某种脂蛋白水平升高或降低，最常见的是高脂蛋白血症（hyperlipoproteinemia）。由于高脂蛋白血症与动脉粥样硬化有密切关系，所以临床上受到普遍重视。

案例8-2

患者，男性，36岁，发现血压高6年，反复胸闷、气短1个月余入院。现病史：患者于6年前发现“血压高”，并出现胸闷，偶发于晚间睡眠时，坐起后缓解，血压24/18.7kPa（180/140mmHg），予以“福辛普利”降压治疗。此后患者坚持服用降压药，测血压最高为18.7/13.3kPa（140/100mmHg）。1个月前，患者开始出现活动后感胸闷、气短，休息后缓解，无黑朦、晕厥。既往史：2年前在当地医院发现“血脂高”。家族史：父亲已故，生前患有“冠心病”；母亲患有“高血压病、高血脂”。查体：体温36.8℃，血压20.7/13.3kPa（155/100mmHg），呼吸17次/分。眼睑米粒状黄色瘤。神清语明，口唇红润，颈静脉无怒张，双肺呼吸音清晰，未闻及干湿啰音及胸膜摩擦音；心界无扩大，心率75次/分，律齐，心音有力，A2>P2，各瓣膜听诊区未闻及杂音，无额外心音及心包摩擦音；腹部平坦，肝脾肋下未及；双下肢无水肿。

辅助检查及临床诊断：

生化检查：总胆固醇（TC）17.19mmol/L（参考值3.3~5.7mmol/L），低密度脂蛋白胆固醇（LDL-C）10.07mmol/L（参考值2.1~3.6mmol/L），高密度脂蛋白胆固醇（HDL-C）0.91mmol/L（参考值≥1.0mmol/L），三酰甘油（TG）3.33mmol/L（参考值0.45~1.70mmol/L）。肾功能、餐后2小时血糖、大便常规、尿常规均正常。心电图示：大致正常心电图。胸片示：心、肺未见确切异常。超声心动图示：左房增大；二尖瓣、三尖瓣轻度反流；左室舒张早期弛张功能降低；右室舒张早期弛张功能降低；室间隔基底部增厚。冠状动脉CTA示：右冠优势型，右冠近段及左冠前降支近段钙化，左冠前降支近段软斑，管腔狭窄。冠脉造影检查示：前降支近中段中重度狭窄；右冠脉近段轻度狭窄。临床初步诊断：冠心病，不稳定心绞痛，家族性高胆固醇血症。

问题讨论

1. 引起家族性高胆固醇血症的因素有哪些？

2. 如何从生化角度解释和诊断家族性高胆固醇血症？

3. 如何对家族性高胆固醇血症进行治疗？

（一）高脂血症的定义和分类

脂类代谢异常可引起血脂水平改变，若血脂浓度高于正常值上限即可称为高脂血症（hyperlipidemia）。由于血脂在血中以脂蛋白形式存在和转运，高脂血症实际上表现为高脂蛋白血症，主要表现为血浆中CM、VLDL、LDL、HDL等脂蛋白有一种或几种过高的现象。世界卫生组织（WHO）于1970年建议将高脂蛋白血症分为六型，其判断标准见表8-9。

表8-9 高脂蛋白血症的类型

分型	脂蛋白变化	血脂变化
Ⅰ	乳糜微粒增高	三酰甘油↑↑↑，胆固醇↑
Ⅱa	低密度脂蛋白增加	胆固醇↑↑
Ⅱb	低密度及极低密度脂蛋白同时增加	胆固醇↑↑，三酰甘油↑↑
Ⅲ	中密度脂蛋白增加（电泳出现宽β带）	胆固醇↑↑，三酰甘油↑↑
Ⅳ	极低密度脂蛋白增加	三酰甘油↑↑
Ⅴ	极低密度脂蛋白及乳糜微粒同时增加	三酰甘油↑↑↑，胆固醇↑

笔记栏

(二) 生化机制

高脂血症分为原发性和继发性两大类。原发性高脂血症(essential hyperlipidemia)属遗传性缺陷,常有家族史;继发性高脂血症是指继发于其他疾病(如糖尿病、肾病、甲状腺功能减退等)的高脂血症。从生化观点看,原发性脂蛋白代谢紊乱是在蛋白质水平上的缺陷,包括载脂蛋白、酶和受体缺陷。载脂蛋白缺陷最常见的是apoE 变异,可导致Ⅲ型高脂蛋白血症;酶缺陷是指与脂蛋白代谢有密切联系的 LCAT 和 LPL 缺陷,后者出现Ⅰ型高脂蛋白血症;受体缺陷最重要的为家族性高胆固醇血症(familial hypercholesterolemia),即Ⅱa 型高脂蛋白血症。Brown 和 Goldstein 对 LDL 受体进行了深入研究,证实 LDL 受体缺陷是家族性高胆固醇血症发病的重要原因。LDL 受体缺陷可经常染色体隐性遗传。LDL 受体基因至少存在 10 种突变型,可分为四类:①受体阴性突变;②受体前体加工缺陷型突变;③受体结合缺陷型突变;④受体内吞缺陷型突变。纯合子突变者细胞膜上 LDL 受体完全缺乏,引起 LDL 代谢异常,患者血浆总胆固醇可高达 15mmol/L 以上;杂合型突变者,细胞膜上 LDL 受体数目减半,同样可引起 LDL 代谢异常,患者血浆总胆固醇可高达 10mmol/L。

继发性高脂蛋白血症(secondary hyperlipoproteinaemia)比原发性高脂蛋白血症多见,成人约 3%~5%有继发性高脂蛋白血症。常见于糖尿病、肝胆疾病、肾病等。摄入过量糖、酗酒或长期服用某些药物,也可引起继发性高脂蛋白血症。

案例 8-2 分析讨论

患者血清 TC 17.19mmol/L、LDL-C 10.07mmol/L 大大高于参考值,HDL-C 0.91mmol/L 显著低于参考值。患者父母血脂代谢异常,对其父母进行血脂检测显示,父亲 TC 为 9.2mmol/L,TG 为 1.03 mmol/L,母亲 TC 为 10.0mmol/L,TG 为 0.51 mmol/L。推断其父母可能属于家族性高胆固醇血症杂合子类型,需做基因检测确诊。

(三) 临床联系

动脉粥样硬化主要是由于血浆中胆固醇含量过高,沉积于大、中动脉内膜上,形成粥样斑块,引起局部坏死,结缔组织增生,血管壁纤维化和钙化等病理改变,使血管管腔狭窄。冠状动脉若发生这种变化,常引起心肌缺血,称为冠心病(coronary heart disease),甚至发生心肌梗死。

血浆中 LDL 及 VLDL 增高的患者,冠心病的发病率显著升高。近年来的研究表明:HDL 的水平与冠心病的发病率呈负相关,因为 HDL 能将外周细胞过多的胆固醇转变为胆固醇酯,并将其转运到肝脏,转变成胆汁酸或促使其直接由胆道排出。因此 HDL 含量较高者,冠心病发病率较低;缺乏 HDL 的人,即使胆固醇含量不高也易发生动脉粥样硬化。总之,血浆 LDL 和 VLDL 含量的升高和 HDL 含量的降低是导致动脉粥样硬化的关键因素。降低 LDL 和 VLDL 的水平和提高 HDL 的水平是防治动脉粥样硬化、冠心病的基本原则。

案例 8-2 分析讨论

患者具有以下临床特点:① TC 17.19mmol/L、LDL-C 10.07mmol/L、HDL-C 0.91mmol/L;②眼睑黄色素瘤;③心绞痛的症状和冠状动脉造影结果阳性;④有家族性高胆固醇血症家史;⑤患者体检无异常,可排除继发性高脂蛋白血症可能。据此可得出诊断结论:患者属于家族性高胆固醇血症(Ⅱa 型高脂蛋白血症)。

目前对于本病的治疗尚无确切方法,可采用以下方法缓解病情:①禁食高胆固醇食物,控制高热、高糖膳食的摄入,增加膳食中蔬菜、水果、豆类、牛奶等的比例。②服用辛伐他汀、洛伐他汀等限制胆固醇合成的药物,减少胆固醇合成。③适当运动,增加骨骼肌和心肌细胞的耗能。

小 结

脂类化合物是生物体内一大类重要的有机化合物,它们共同的物理性质是不溶于水,但能溶解于非极性有机溶剂中。脂类是人体重要的营养素,包括脂肪(三酰甘油)和类脂两大类。脂肪的主要功能是储能和供能。类脂包括磷脂、糖脂、胆固醇及胆固醇酯等,类脂是生物膜的重要组分,参与细胞识别及信息传递,胆固醇等是体内多种生理活性物质的前体。

食物脂类的消化吸收主要在小肠上段,此过程需要胆汁酸盐参与。食物脂类经小肠中多种酶的共同作用逐步水解,产生的消化产物主要在空肠被吸收。被吸收的甘油、中短链脂酸经门脉

笔记栏

进入血循环;而被吸收的长链脂酸与单酰甘油在小肠黏膜细胞中再合成为三酰甘油,连同被吸收的磷脂、胆固醇及由小肠黏膜细胞合成的apo一起构成CM,经淋巴系统最终进入血循环。

脂酸是具有长碳氢链和一个羧基末端的有机化合物的总称,脂酸的碳氢链有饱和及不饱和之分。脂酸及由其衍生的脂质的性质与脂酸的链长及不饱和程度有密切关系。必需脂酸是指一类维持生命活动所必需的、体内不能合成、必须从外界摄取的脂酸。

三酰甘油是机体储存能量的主要形式。肝、脂肪组织及小肠是三酰甘油合成的主要场所,其中肝脏的合成能力最强。脂肪合成的直接原料是甘油(3-磷酸甘油)和脂酸(脂酰CoA)。机体利用来源于糖的乙酰CoA(碳源)及NADPH(氢源)先合成软脂酸(十六碳饱和酸),再转变为多种不同碳数的、不同饱和度的脂酸,但亚油酸、亚麻酸和花生四烯酸等多不饱和脂酸必须由食物提供,称为人体必需脂酸。花生四烯酸是体内前列腺素、白三烯及血栓素等生理活性物质的前体。

脂肪被脂肪酶水解为甘油和脂酸。甘油主要在肝脏被利用。脂酸则主要在肝、肌、心等组织以β-氧化的方式分解,此过程释放大量能量并以ATP的形式供机体利用。肝中脂酸经β-氧化生成的乙酰CoA还可用于合成酮体并运至肝外组织氧化利用。酮体是脂酸在肝内不完全氧化生成的中间产物,是肝向肝外组织输出能源的一种方式。血糖充足时糖是脑组织的主要能源,血糖供应不足时,脑组织逐渐加大氧化酮体供能。酮体过多生成可在血中积存,严重时可引起酮症酸中毒。

体内的磷脂主要是甘油磷脂。机体利用甘油、脂酸、磷酸盐、胆碱及乙醇胺等合成甘油磷脂。甘油磷脂在多种磷脂酶催化下发生水解、再进一步代谢。鞘磷脂不含甘油而含有鞘氨醇,鞘磷脂是生物膜的重要组分,并参与细胞识别及细胞信息传递过程。

胆固醇是膜结构重要组分。胆固醇除由食物供应外,主要由体内合成,肝脏是合成胆固醇的主要器官。体内合成胆固醇的主要原料是来源于葡萄糖分解的乙酰CoA及NADPH。胆固醇不能彻底氧化分解提供能量,但可转化生成胆汁酸、维生素D_3及类固醇激素等生理活性物质。胆固醇在肝脏转变成胆汁酸或直接排出。

血脂是血浆中各种脂类物质的总称。血脂不溶于水,在血浆中以血浆脂蛋白的形式存在和转运。血浆脂蛋白是血浆中脂类(三酰甘油、磷脂、胆固醇及其酯)与载脂蛋白结合生成的复合物。用电泳法可将血浆脂蛋白分为α、前β、β及CM四类;用超速离心法可分为HDL、LDL、VLDL及CM四类。CM主要功能是转运外源性三酰甘油及胆固醇;VLDL主要转运肝脏合成的内源性三酰甘油;LDL主要将肝脏合成的内源性胆固醇运输至肝外组织;HDL则主要参与胆固醇的逆向转运(从肝外至肝内)。体内脂类代谢的异常可导致高脂血症,而高脂血症与临床心血管疾病的发生关系密切。

(何凤田　陈　姗)

笔记栏

第9章 氨基酸代谢

已知蛋白质是所有活细胞的重要组成成分，它在体内由氨基酸构成，在水解时分解成氨基酸。氨基酸的重要性不仅在于它是蛋白质的组成单位，而且在于它在代谢中能以各种方式变化，并作为体内其他物质（如血红蛋白）的重要前体。除构成蛋白质的20种氨基酸之外，还有一些其他氨基酸，其中一部分是构成蛋白质的氨基酸的代谢物，一部分有特殊功能。由于蛋白质在体内首先分解成氨基酸，而后再进一步代谢，所以本章主要阐述氨基酸的分解代谢。

氨基酸在体内有重要作用：①参与蛋白质组成：20种编码氨基酸，通过肽键相连构成蛋白质分子的多肽链。②转化为体内重要的生理活性物质：氨基酸可在体内转变成一些具有重要生理功能的衍生物，如儿茶酚胺、γ-氨基丁酸、5-羟色胺等神经递质，均为体内生理活性物质，参与物质代谢与调节。体内氨基酸还参与合成嘌呤、嘧啶等含氮化合物。③氧化供能：氨基酸经脱氨基作用产生α-酮酸，再进一步分解释放能量。饥饿时，氨基酸还可通过糖异生作用转变成糖。

第1节 蛋白质的营养作用

体内的大多数蛋白质均不断地进行分解与合成。体内蛋白质的更新和氨基酸的分解均需要食物蛋白质来补充。为此，在讨论氨基酸代谢之前，先介绍蛋白质的营养作用及蛋白质的消化、吸收问题。

一、蛋白质营养的重要性

（一）维持细胞组织的生长、发育、更新和修复

参与构成各种细胞组织是蛋白质最重要的功能，蛋白质是细胞组织的主要成分，约占干重45%以上。食物中必须提供足够数量蛋白质，才能维持细胞组织生长、发育、更新和修复需要。

（二）参与体内多种重要生理活动

蛋白质是生命的物质基础。体内具有多种特殊功能的蛋白质，例如多肽激素、催化（酶）、免疫（抗原及抗体）、运动（肌肉）、物质转运（载体）、凝血（凝血系统）、某些调节蛋白等。肌肉的收缩、血液的凝固、物质的运输等都是由蛋白质实现的。高等动物的学习能力、记忆功能也与蛋白质有关。

（三）氧化供能

蛋白质降解产生氨基酸，通过分解作用可释放能量，供给机体需要，蛋白质分解产生的某些氨基酸可通过糖异生转变成糖，为机体提供能量。每克蛋白质在体内氧化分解产生17.19kJ（4.1kcal）能量。一般来说，成人每日约有18%的能量来自蛋白质。蛋白质氧化供能作用可由糖或脂替代。

因此，提供足够食物蛋白质对机体正常代谢和各种生命活动的进行是十分重要的。对于生长发育的儿童和康复期的病人，供给足量、优质的蛋白质尤为重要。

二、蛋白质的需要量和营养价值

氮平衡（nitrogen balance）是反映机体内蛋白质代谢概况的一项指标，实质上是指蛋白质的摄入量与排出量的对比关系。蛋白质在体内分解代谢所产生的含氮物质主要由尿、粪排出。测定尿与粪中的含氮量（排出氮）及摄入食物的含氮量（摄入氮）基本上可以反映人体内蛋白质代谢的状况。

（一）氮平衡

1. 氮总平衡 每日摄入氮=排出氮，反映正常成人的蛋白质代谢情况，即每日体内蛋白质合成的量与分解的量大致相当。

2. 氮正平衡 每日摄入氮>排出氮，体内蛋白质的合成多于分解，见于儿童、孕妇及恢复期

笔记栏

的病人。

3. 氮负平衡 每日摄入氮<排出氮,体内蛋白质的分解多于合成,见于蛋白质摄入量不足,如饥饿、消耗性疾病或长期营养不良。

(二) 生理需要量

氮平衡实验结果表明,正常成年人在食用不含蛋白质食物时,每日排氮量约 3.18g,即相当于分解了蛋白质约 20g。由于食物蛋白质与人体蛋白质组成的差异,经消化、吸收的氨基酸不可能全部被利用,故成人每日最低需要食入蛋白质 30~50g,才能保持人体总氮平衡。我国营养学会推荐成人每日蛋白质需要量为 80g。

(三) 蛋白质的营养价值

人体内蛋白质合成的原料主要来源于食物蛋白质的消化吸收,评定食物蛋白质的营养价值指标主要有三个:①蛋白质的含量:一种食物的蛋白质含量多少是评定其营养价值的重要前提。②蛋白质的消化率:蛋白质的消化率受人体和食物两方面多因素的影响。如大豆,整粒进食时蛋白质消化率为 60%,加工为豆腐时蛋白质消化率则为 90%。③蛋白质的利用率:也称蛋白质的生理价值或生物价,是指食物蛋白质消化吸收后在体内被利用的程度。蛋白质生理价值的高低,一方面取决于食物蛋白质中各种氨基酸的组成、数量和相互比例是否与人体蛋白质接近;另一方面取决于所含的营养必需氨基酸的种类多少和含量高低。由于动物性蛋白质所含有的必需氨基酸的种类和比例与人体需要相近,故营养价值较植物蛋白质为高。

1. 营养必需氨基酸 机体需要,但体内不能合成,必须通过食物供给的氨基酸,称为营养必需氨基酸(nutritionally essential amino acid)。成人所需的必需氨基酸有八种:缬氨酸(Val)、异亮氨酸(Ile)、亮氨酸(Leu)、苯丙氨酸(Phe)、甲硫氨酸(Met)、色氨酸(Trp)、苏氨酸(Thr)和赖氨酸(Lys)。其余 12 种氨基酸在体内可以合成,不一定需要由食物供应,这些氨基酸在营养学上称为非必需氨基酸(non-essential amino acid)。

2. 食物蛋白质的互补作用 将不同来源的蛋白质混合食用,其所含的必需氨基酸可以互相补充提高营养价值,则称为食物蛋白质的互补作用(complementation of diet protein)。谷类蛋白含赖氨酸较少而含色氨酸较多,豆类蛋白质含赖氨酸较多而含色氨酸较少,如将谷类和豆类蛋白混合食用,则可提高其营养价值。

笔记栏

第 2 节 蛋白质的消化、吸收与腐败

食物蛋白质在胃、小肠及肠黏膜细胞中经一系列酶促反应水解生成氨基酸及小分子肽的过程称为蛋白质的消化。

一、蛋白质的消化

食物蛋白质必须在消化道彻底消化成氨基酸,以消除蛋白质的种属特异性后才能被吸收进入血液。若消化不彻底则容易导致过敏、中毒。唾液中无蛋白酶,因此,食物蛋白质的消化从胃开始,主要在小肠中进行。

(一) 胃中的消化

胃液中的胃蛋白酶(pepsin),由胃黏膜主细胞合成并分泌,开始时是酶原的形式,即胃蛋白酶原(pepsinogen)。胃蛋白酶原的相对分子质量为 40kDa,在胃酸作用下,从其分子的 N 端水解掉 42 个氨基酸残基,从而激活成胃蛋白酶。已经激活的胃蛋白酶可以激活胃蛋白酶原,称自身激活作用(autocatalysis)。胃蛋白酶的最适 pH 为 1.5~2.5。胃蛋白酶对乳中的酪蛋白有凝乳作用,这对乳儿较为重要,因为乳液凝成乳块后在胃中停留时间延长,有利于蛋白质的充分消化。

(二) 小肠中的消化

小肠是蛋白质消化主要场所。食物蛋白质在胃中停留时间较短,消化很不完全。胃液中的蛋白质消化产物及未被消化的蛋白质进入肠道后,在胰液及肠黏膜细胞分泌的多种蛋白酶及肽酶的共同作用下,进一步水解成为氨基酸。

小肠中蛋白质的消化主要靠胰酶来完成,胰液中的蛋白酶基本上分为内肽酶(endopeptidase)与外肽酶(exopeptidase)两大类。其最适 pH 为 7.0 左右。内肽酶可以水解蛋白质肽链内部的一些肽键,如胰蛋白酶(trypsin)、糜蛋白酶(chymotrypsin)及弹性蛋白酶(elastase)等。这些酶对所水解的肽键羧基侧的氨基酸组成有一定的特异性,例如胰蛋白酶主要水解由赖氨酸和精氨酸等碱性氨基酸残基的羧基组成的肽键。外

肽酶有羧基肽酶 A(carboxypeptidase A)和羧基肽酶 B(carboxypeptidase B)两类,它们自肽链的羧基末端开始,每次水解掉一个氨基酸残基,对不同氨基酸组成的肽键也有一定专一性。蛋白质在胰酶的作用下,最终产物为氨基酸和一些寡肽(图 9-1)。

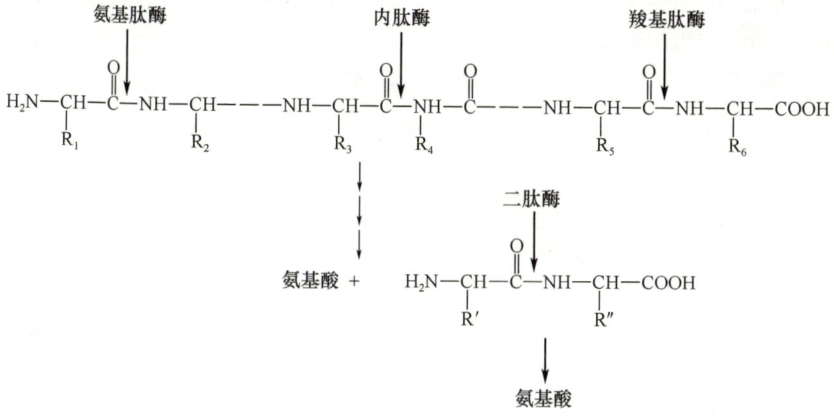

图 9-1　蛋白水解酶作用示意图

蛋白质经胃液和胰液中各种酶的水解,所得到的产物中仅有 1/3 为氨基酸,其余 2/3 为寡肽。小肠黏膜细胞的刷状缘及胞液中存在着一些寡肽酶(oligopeptidase),例如氨基肽酶(aminopeptidase)及二肽酶(dipeptidase)等。氨基肽酶从肽链的氨基末端逐个水解出氨基酸,最后生成二肽。二肽再经二肽酶水解,最终生成氨基酸(图 9-1)。可见,寡肽的水解主要在小肠黏膜细胞内进行。

蛋白水解酶对肽键作用的专一性不同,但通过它们的协同作用,蛋白质消化的效率很高。一般正常成人,食物蛋白质的 95% 可被完全水解。但是,一些纤维状蛋白质只能部分被水解。

由胰腺细胞分泌的各种蛋白酶,最初均以无活性的酶原形式存在,并分泌到十二指肠后通过肠激酶(enterokinase)迅速被激活成为有活性的蛋白水解酶(图 9-2)。且胰蛋白酶的自身激活作用较弱,同时胰液中还存在着胰蛋白酶抑制剂,由于胰液中各种蛋白水解酶最初均以酶原形式存在,可保护胰组织免受蛋白酶的自身消化作用。

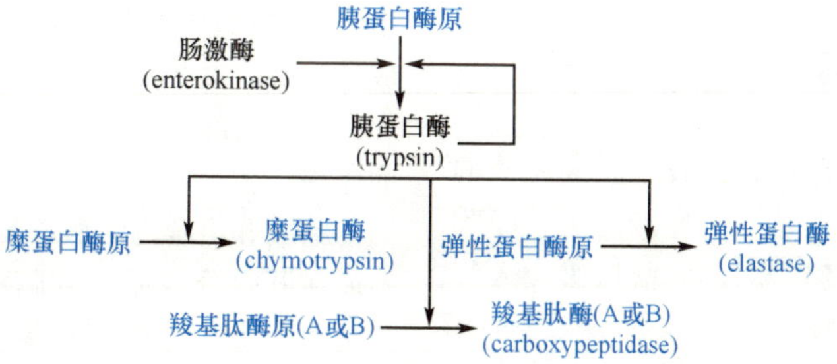

图 9-2　肠液中酶原的激活

二、氨基酸的吸收

氨基酸的吸收是一个需要载体的主动吸收过程,但吸收的详细机制,目前尚不完全清楚。主要有以下两种方式。

(一)氨基酸转运载体的吸收方式

肠黏膜细胞上有转运氨基酸的载体蛋白(carrier protein),与氨基酸、钠离子形成三联体,可将氨基酸转运进细胞。不同的氨基酸需要不同的转运载体,现已知人体内至少有七种氨基酸载体,这些转运蛋白(transporter)包括中性氨基酸转运蛋白、酸性氨基酸转运蛋白、碱性氨基酸转运蛋白、亚氨基酸转运蛋白、β-氨基酸转运蛋白、二肽转运蛋白及三肽转运蛋白。同一种载体转运的氨基酸在结构上有一定的相似性,当某些氨基酸共用同一种载体时,则它们在吸收过程中将彼此竞争。在所有载体中,中性氨基酸载体是主要的载体。

氨基酸通过转运蛋白的吸收过程不仅存在于小肠黏膜细胞,也存在于肾小管细胞和肌细胞等细胞膜上。

（二）γ-谷氨酰基循环吸收机制

氨基酸的吸收机制，除了载体转运吸收外，小肠黏膜细胞、肾小管细胞和脑组织吸收氨基酸还可通过 γ-谷氨酰基循环（γ-glutamyl cycle）吸收机制。此循环反应可看成两个阶段，一是谷胱甘肽对氨基酸的转运，二是谷胱甘肽的再合成，由此构成一个循环。其反应过程如图 9-3。催化上述反应的酶存在于小肠黏膜细胞、肾小管细胞和脑细胞。γ-谷氨酰基转移酶是关键酶，位于细胞膜上，其余的酶均在胞液中。

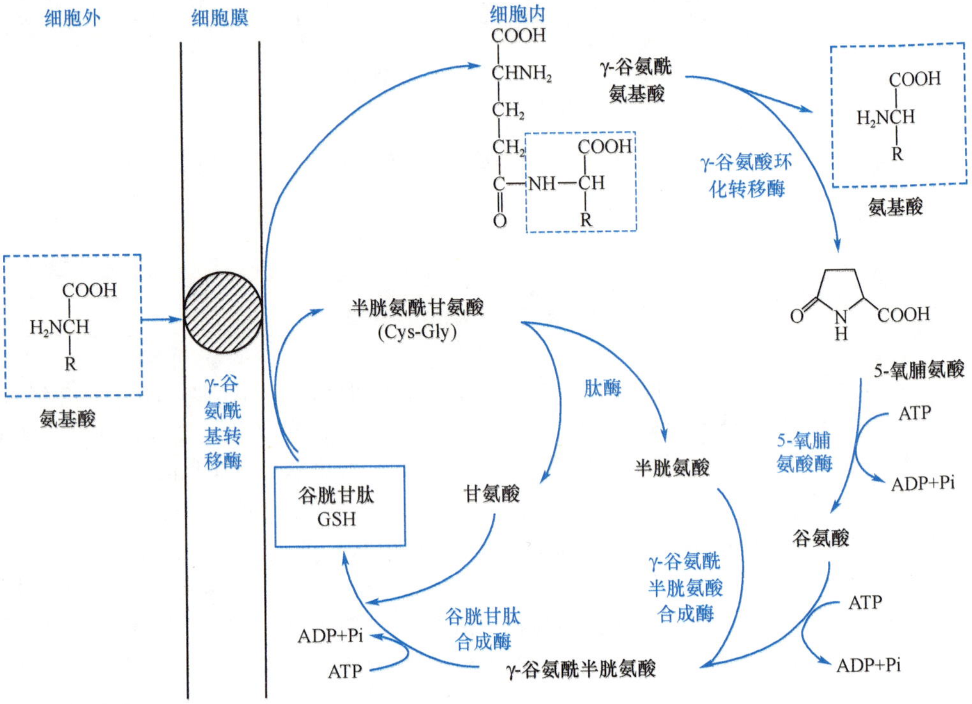

图 9-3　γ-谷氨酰基循环

（三）肽的吸收

肠黏膜细胞上还存在着吸收二肽或三肽的转运体系。肽的吸收也是一个耗能的主动吸收过程，吸收作用在小肠近端较强，故肽吸收入细胞甚至先于游离氨基酸。

三、蛋白质的腐败作用

肠道细菌对未被消化和吸收的蛋白质及其产物所起作用称蛋白质的腐败作用（putrefaction）。腐败作用的产物大多有害，如胺、氨、苯酚、吲哚及硫化氢等，也可产生少量脂酸及维生素。

（一）胺类的生成

肠道细菌的蛋白酶将蛋白质水解成氨基酸，再经氨基酸脱羧基作用，产生胺类（amines）。例如，赖氨酸脱羧基生成尸胺，组氨酸脱羧基生成组胺，色氨酸脱羧基生成色胺，酪氨酸脱羧基生成酪胺等。这些腐败产物大多有毒性，例如组胺和尸胺具有降低血压的作用，酪胺具有升高血压的作用。

酪胺和由苯丙氨酸脱羧基生成的苯乙胺，若不能在肝内分解而进入脑组织，则可分别经 β-羟化而形成 β-多巴胺和苯乙醇胺。它们的化学结构与儿茶酚胺类似，称为假神经递质。假神经递质增多，可取代正常神经递质儿茶酚胺，但它们不能传递神经冲动，可使大脑发生异常抑制，这可能是肝昏迷发生的原因之一。

（二）氨的生成

人体肠道中氨（ammonia）的来源主要有两个：一个是未被吸收的氨基酸在肠道细菌作用下脱氨基而生成；另一个是血液中的尿素渗入肠道黏膜，受肠道细菌尿素酶的水解而生成氨。这些氨均可被吸收入血液，在肝中合成尿素。降低肠道的 pH，可减少氨的吸收。

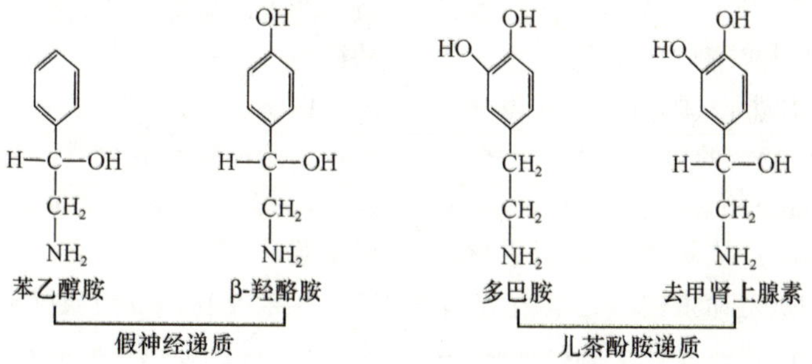

（三）其他有害物质的生成

除了胺类和氨以外，通过腐败作用还可产生其他有害物质，例如酪氨酸形成苯酚、色氨酸转变成吲哚及半胱氨酸形成硫化氢等。

正常情况下，上述有害物质大部分随粪便排出，只有小部分被吸收，经肝的代谢转变而解毒，故不会发生中毒现象。

第3节　氨基酸的一般代谢

食物蛋白质经消化而被吸收的氨基酸（外源性氨基酸）与体内组织蛋白质降解产生的氨基酸（内源性氨基酸）混在一起，分布于体内各处，参与代谢，称为氨基酸代谢库（metabolic pool）。氨基酸代谢库通常以游离氨基酸总量计算。血浆氨基酸是体内各组织之间氨基酸转运的主要形式。虽然正常人血浆氨基酸浓度并不高，但其更新却很迅速，平均半寿期约为15分钟，表明一些组织器官不断向血浆释放和摄取氨基酸。肌肉和肝在维持血浆氨基酸浓度的相对稳定中起着重要作用。体内氨基酸的主要功用是合成蛋白质和多肽。蛋白质降解所产生的氨基酸，大约70%～80%又被重新利用合成新的蛋白质。

此外，氨基酸也可以转变成其他含氮物质。正常人尿中排出的氨基酸极少。各种氨基酸具有共同的结构特点，故它们有共同的代谢途径，但不同的氨基酸由于结构的差异，也各有其个别的代谢方式。体内氨基酸代谢的概况见图9-4。

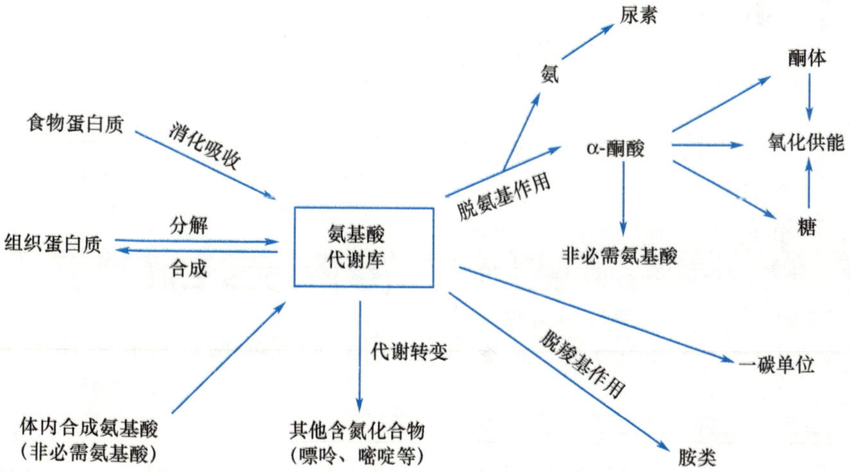

图9-4　氨基酸代谢概况

一、体内蛋白质的转换更新

体内的蛋白质处于不断合成与降解的动态平衡。成人体内的蛋白质每天约有1%～2%被降解，其中主要是肌肉蛋白质。体内蛋白质的降解是由一系列蛋白酶（protease）和肽酶（peptidase）完成的。蛋白质降解的速率用半寿期（half-life，$t_{1/2}$）表示，半寿期是指将其浓度减少到开始值的50%所需要的时间。肝中蛋白质的$t_{1/2}$短的低于30分钟，长的超过150小时，但肝中大部分蛋白质的$t_{1/2}$为1～8天。人血浆蛋白质的$t_{1/2}$约为10天，结缔组织中一些蛋白质的$t_{1/2}$可达180天以上，眼晶体蛋白质的$t_{1/2}$更长。体内许多关键酶的$t_{1/2}$都很短，例如胆固醇合成的关键酶HMG-CoA还原酶的$t_{1/2}$为0.5～2小时。

体内蛋白质的降解也是由相关的蛋白酶催化完成的。蛋白质在真核生物体内降解的两条

笔记栏

途径：①溶酶体的蛋白质降解（ATP-非依赖途径）：在溶酶体内，利用溶酶体中的组织蛋白酶（cathepsin）降解外源性蛋白、膜蛋白和长寿命蛋白。该途径为不依赖 ATP 的过程。②泛素介导的蛋白质降解（ubiquitin-mediated protein degradation）（ATP-依赖途径）：依赖 ATP 和泛素化的过程降解异常蛋白和短寿命蛋白。泛素由 76 个氨基酸组成，高度保守，普遍存在于真核细胞，故名泛素。共价结合泛素的蛋白质能被蛋白酶体识别和降解，这是细胞内短寿命蛋白和一些异常蛋白降解的普遍途径，泛素相当于蛋白质被摧毁的标签。26S 蛋白酶体（proteasome）是一个大型的蛋白酶，可将泛素化（ubiquitination）的蛋白质在蛋白酶体降解成短肽（图 9-5），产生一些约7～9 个氨基酸残基组成的肽链，肽链进一步水解生成氨基酸。

泛素控制的蛋白质降解具有重要的生理意义，它不仅能够清除错误的蛋白质，而且对细胞生长周期、DNA 复制及染色体结构都有重要的调控作用。

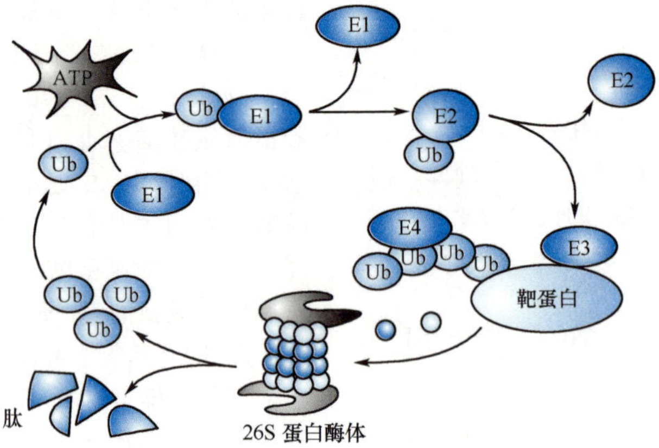

图 9-5　泛素介导的蛋白质降解过程

ub（ubiquitin，泛素）；E1（ubiquitin-activating enzyme，泛素激活酶），水解 ATP，激活泛素；E2（ubiquitin-conjugating enzyme，泛素结合酶），将 E1 上的高能硫酯键-泛素转移在 E2 分子上；E3（ubiquitin-ligase，泛素连接酶），E3 具有高度靶底物专一性，将 E2 上的高能硫酯键-泛素中泛素分子转移在专一性的靶分子（蛋白质）；E4（Poly-ubiquitin chain conjugation factor，多聚泛素链结合酶）。E4 催化下一个泛素连接在上一泛素，如此重复进行，串联泛素到一定数量后，形成 26S 蛋白酶小体，降解蛋白质。这是分解许多内源性蛋白的极重要的途径

知识拓展

瑞典皇家科学院 2004 年 10 月 6 日宣布，将 2004 年诺贝尔化学奖授予以色列科学家阿龙-西查诺瓦（Aaron Ciechanover）、阿弗拉姆-赫尔什科（Avram Hershko）和美国科学家伊尔温-罗斯（Irwin Rose），以表彰三位科学家发现泛素调节的蛋白质降解途径。三人因在蛋白质控制系统方面的重大发现而共同获得该奖项。这一工作是在 20 世纪 70 年代到 80 年代完成的。在这期间，他们联名发表了一系列论文，揭示了泛素介导的蛋白质降解机制，从而指明了蛋白质降解研究的方向。具体说，就是人类细胞对无用蛋白质的“废物处理”过程。

二、氨基酸的脱氨基作用

氨基酸的一般分解代谢包括脱氨基作用和脱羧基作用，但最主要反应是脱氨基作用。体内大多数组织都能进行氨基酸的脱氨基作用。氨基酸可以通过多种方式脱去氨基，例如转氨基、氧化脱氨基、联合脱氨基及非氧化脱氨基等，其中，以联合脱氨基作用为最重要。

（一）转氨基作用

1. 转氨基作用与转氨酶　转氨基作用（transamination）是在转氨基作用的酶统称转氨酶（transaminase）或氨基转移酶（aminotransferase）的催化下，可逆地把 α-氨基酸的氨基转移给 α-酮酸，结果是氨基酸脱去氨基生成相应的 α-酮酸，而原来的 α-酮酸则转变成另一种氨基酸。体内各组织细胞中都有转氨酶，而且存在着多种转氨酶，在体内分布广泛。但不同氨基酸与 α-酮酸之间的转氨基作用只能由专一的转氨酶催化。

转氨基作用的平衡常数接近 1.0，反应是完全

可逆的。因此，转氨基作用既是氨基酸的分解代谢过程，也是体内某些氨基酸合成的重要途径。除赖氨酸、苏氨酸、脯氨酸及羟脯氨酸外，大多数氨基酸都能进行转氨基作用。除 α-氨基外，氨基酸侧链末端的氨基也可通过转氨基作用而脱去，如鸟氨酸的 δ-氨基可通过转氨基作用而脱去。

在各种转氨酶中，以 *L*-谷氨酸和 α-酮酸的转氨酶最为重要。例如丙氨酸氨基转移酶（alanine transaminase，ALT）［曾称谷丙转氨酶（glutamic pyruvic transaminase，GPT）］和天冬氨酸氨基转移酶（aspartate transaminase，AST）［曾称谷草转氨酶（glutamic oxaloacetic transaminase，GOT）］在体内广泛存在，但各组织中的含量不同（表 9-1）。

表 9-1　正常成人各组织中 ALT 及 AST 活性

（单位/克湿组织）

组织	AST	ALT	组织	AST	ALT
心	156 000	7100	胰腺	28 000	2000
肝	142 000	44 000	脾	14 000	1200
骨骼肌	99 000	4800	肺	10 000	700
肾	91 000	19 000	血清	20	16

$$\text{丙氨酸} + \alpha\text{-酮戊二酸} \xleftrightarrow{\text{ALT}} \text{谷氨酸} + \text{丙酮酸}$$

$$\text{天冬氨酸} + \alpha\text{-酮戊二酸} \xleftrightarrow{\text{AST}} \text{谷氨酸} + \text{草酰乙酸}$$

正常情况下上述转氨酶主要存在于细胞内，而血清中的活性很低；各组织器官中以心和肝的活性为最高。当某种原因使细胞膜通透性增高或细胞破坏时，则转氨酶可以释放入血，造成血清中转氨酶活性明显升高。例如，急性肝炎患者血清 ALT 活性显著升高；心肌梗死患者血清中 AST 明显上升。临床上可以此作为疾病诊断和预后的辅助指标之一。

2. 转氨基作用机制　转氨酶的辅酶都是维生素 B_6 的磷酸酯，即磷酸吡哆醛，它结合于转氨酶活性中心赖氨酸的 ε-氨基上。转氨基过程中，磷酸吡哆醛先从氨基酸接受氨基转变成磷酸吡哆胺，同时氨基酸则转变成 α-酮酸。磷酸吡哆胺进一步将氨基转移给另一种 α-酮酸而生成相应氨基酸，同时磷酸吡哆胺又转变回磷酸吡哆醛。在转氨酶催化下，磷酸吡哆醛与磷酸吡哆胺的这种相互转变起着传递氨基的作用，反应如下：

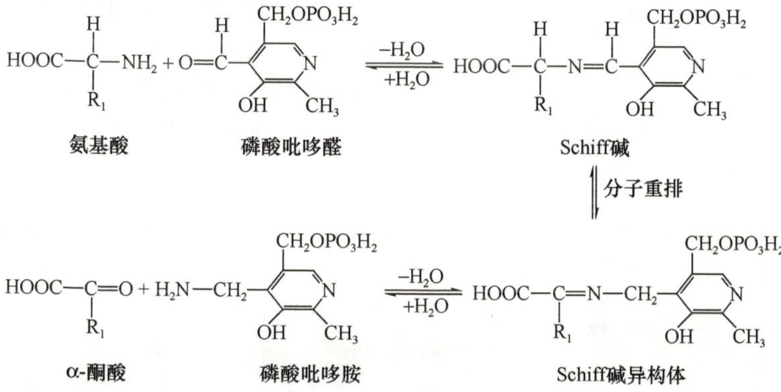

（二）氧化脱氨基作用

催化氨基酸氧化脱氨基作用（oxidative deamination）的酶有两类：氨基酸氧化酶和 *L*-谷氨酸脱氢酶（*L*-glutamate dehydrogenase）。

1. 氨基酸氧化酶　氨基酸氧化酶在体内分布不广，活性不高，对脱氨作用并不重要。但在肝肾组织中还存在一种 *L*-氨基酸氧化酶，属黄酶类，其辅基是 FMN 或 FAD。这些能够自动氧化的黄素蛋白将氨基酸氧化成 α-亚氨基酸，接着再加水分解成相应的 α-酮酸，并释放铵离子，分子氧再直接氧化还原型黄素蛋白形成过氧化氢（H_2O_2），H_2O_2 被过氧化氢酶裂解成氧和 H_2O，过氧化氢酶存在于大多数组织中，尤其是肝。

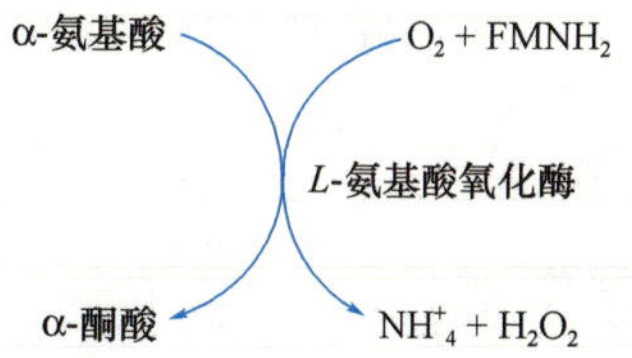

2. *L*-谷氨酸脱氢酶　*L*-谷氨酸脱氢酶广泛分布于肝、肾、脑等组织中，活性较强，是一种不需氧脱氢酶。但骨骼肌和心肌中活性较弱。转氨基作用使许多氨基酸的氨基被浓集在 α-酮戊二酸上生成 *L*-谷氨酸，*L*-谷氨酸脱氢酶催化 *L*-谷氨酸氧化脱氨生成 α-酮戊二酸，辅酶是 NAD^+ 或 $NADP^+$。*L*-谷氨酸脱氢酶是唯一既能利用 NAD^+ 又能利用 $NADP^+$ 接受还原当量的酶。

笔记栏

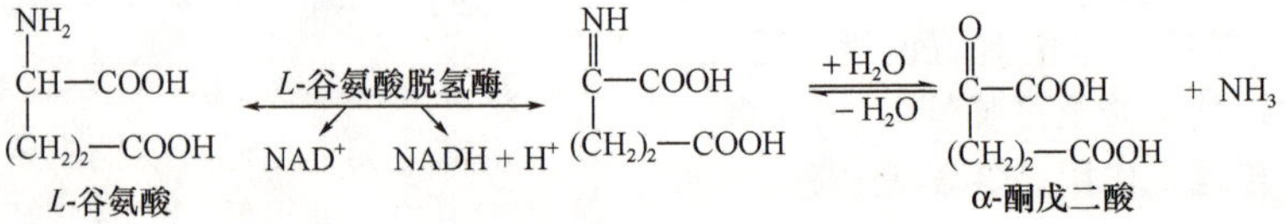

L-谷氨酸脱氢酶是一种变构酶，由6个相同的亚基聚合而成，每个亚基的相对分子质量为56 000。已知GTP和ATP是此酶的变构抑制剂，而GDP和ADP是变构激活剂。因此，当体内GTP和ATP不足时，谷氨酸加速氧化脱氨，这对于氨基酸氧化供能起着重要的调节作用。

（三）联合脱氨基作用

1. 转氨基作用与谷氨酸的氧化脱氨基作用偶联 转氨酶与*L*-谷氨酸脱氢酶协同作用，即转氨基作用与谷氨酸的氧化脱氨基作用偶联进行，就可达到把氨基酸转变成NH_3及相应α-酮酸的目的。转氨基作用与谷氨酸脱氨作用的结合被称为转氨脱氨作用（transdeamination），又称联合脱氨基作用。此类联合脱氨基作用主要在肝、肾等组织中进行。

其过程是：氨基酸首先与α-酮戊二酸在转氨酶作用下生成α-酮酸和谷氨酸，然后谷氨酸再经*L*-谷氨酸脱氢酶作用，脱去氨基而生成α-酮戊二酸，后者再继续参加转氨基作用（图9-6）。联合脱氨基作用的全过程是可逆的，因此这一过程也是体内合成非必需氨基酸的主要途径。

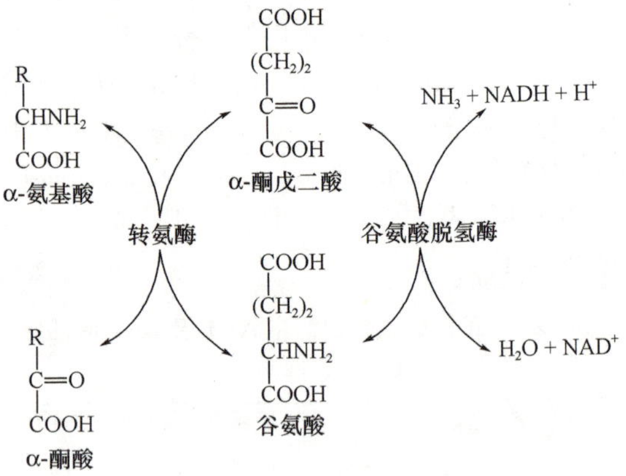

图9-6 联合脱氨基作用

2. 嘌呤核苷酸循环 由于骨骼肌和心肌中*L*-谷氨酸脱氢酶的活性弱，难于进行以上方式的联合脱氨基过程。肌肉中存在着另一种氨基酸脱氨基反应，即通过嘌呤核苷酸循环（purine nucleotide cycle）脱去氨基（图9-7）。

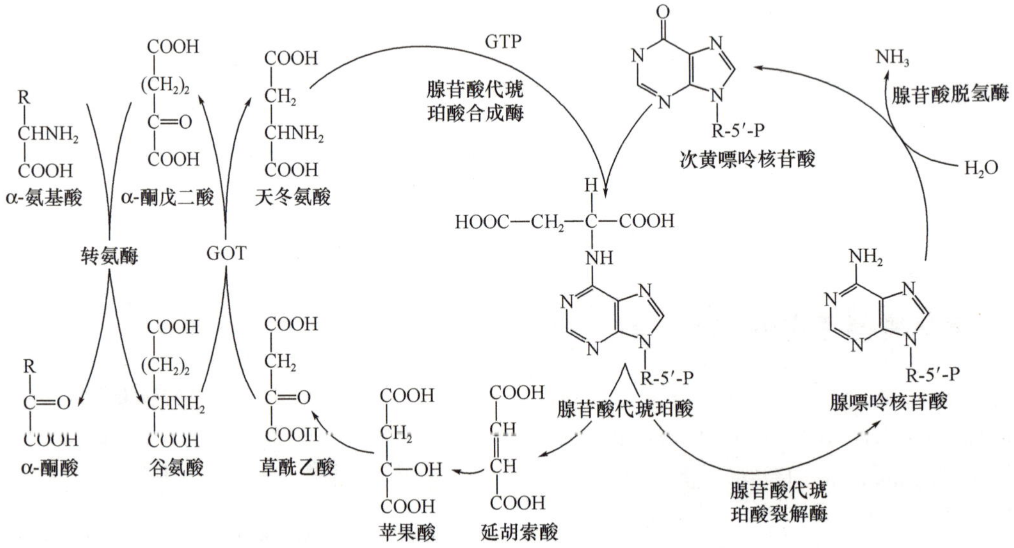

图9-7 嘌呤核苷酸循环

在嘌呤核苷酸循环过程中，氨基酸首先通过连续的转氨基作用将氨基转移给草酰乙酸，生成天冬氨酸；天冬氨酸与次黄嘌呤核苷酸（IMP）反应生成腺苷酸代琥珀酸，后者经过裂解，释放出延胡索酸并生成腺嘌呤核苷酸（AMP）。AMP在腺苷酸脱氨酶（此酶在肌组织中活性较强）催化下脱去氨基，最终完成氨基酸的脱氨基作用。IMP可以再参加循环。由此可见，嘌呤核苷酸循环实际上也可以看成是另一种形式的联合脱氨基作用。

笔记栏

（四）非氧化脱氨基作用

1. 脱水脱氨基 丝氨酸在脱水酶催化下，先脱去水，再水解为丙酮酸和氨。

2. 脱硫化氢脱氨基 半胱氨酸经脱硫化氢酶作用，先脱下 H_2S，然后水解生成丙酮酸和氨。

3. 直接脱氨基 天冬氨酸在天冬氨酸酶催化下，生成延胡索酸和氨。

三、α-酮酸的代谢

氨基酸脱氨基后生成的 α-酮酸（α-keto acid）可以进一步代谢，主要有生成非必需氨基酸、转变成糖或脂类以及氧化供能三方面的代谢途径。

（一）经氨基化生成非必需氨基酸

人体内的一些非必需氨基酸一般通过相应的 α-酮酸经氨基化而生成。例如，丙酮酸、草酰乙酸、α-酮戊二酸经氨基化可分别转变成丙氨酸、天冬氨酸、谷氨酸。过程如前，不再赘述。

（二）转变成糖及脂类

在体内 α-酮酸可以转变成糖和脂类化合物。实验发现，用各种不同的氨基酸饲养人工造成糖尿病的犬时，大多数氨基酸可使尿中排出的葡萄糖增加，少数几种则可使葡萄糖及酮体排出同时增加，而亮氨酸和赖氨酸只能使酮体排出量增加。由此，将在体内可以转变成糖的氨基酸称为生糖氨基酸（glucogenic amino acid）；能转变成酮体者称为生酮氨基酸（ketogenic amino acid）；二者兼有者称为生糖兼生酮氨基酸（glucogenic and ketogenic amino acid）（表 9-2）。在体内，α-酮酸可以转变成糖及脂类。

表 9-2 氨基酸生糖及生酮性质的分类

类别	氨基酸
生糖氨基酸	甘氨酸、丝氨酸、缬氨酸、组氨酸、精氨酸、半胱氨酸、脯氨酸、丙氨酸、谷氨酸、谷氨酰胺、天冬氨酸、天冬酰胺、甲硫氨酸
生酮氨基酸	亮氨酸、赖氨酸
生糖兼生酮氨基酸	异亮氨酸、苯丙氨酸、酪氨酸、苏氨酸、色氨酸

用放射性核素标记氨基酸的实验证明，各种氨基酸脱氨基后产生的 α-酮酸结构差异很大，其代谢途径也不尽相同。这些转变过程的中间产物不外乎是乙酰辅酶 A（二碳化合物）、丙酮酸（三碳化合物）以及三羧酸循环的中间物，例如琥珀酸单酰辅酶 A、延胡索酸、草酰乙酸（四碳化合物）及 β-酮戊二酸（五碳化合物）等。以丙氨酸为例，丙氨酸脱去氨基生成丙酮酸，丙酮酸可以转变成葡萄糖，因此丙氨酸是生糖氨基酸；又如亮氨酸经过一系列代谢转变生成乙酰辅酰 A 或乙酰乙酰辅酶 A，它们可以进一步转变成酮体或脂肪，所以亮氨酸是生酮氨基酸；再如，苯丙氨酸与酪氨酸经代谢转变既可生成延胡索酸，又可生成乙酰乙酸，所以这两种氨基酸是生糖兼生酮氨基酸。

综上可见，氨基酸的代谢与糖和脂肪的代谢密切相关。氨基酸可转变成糖与脂肪；糖也可以转变成脂肪和一些非必需氨基酸的碳架部分（图 9-8）。

（三）氧化供能

α-酮酸在体内可先转变成丙酮酸、乙酰辅酶 A 或三羧酸循环的中间产物，经过三羧酸循环与

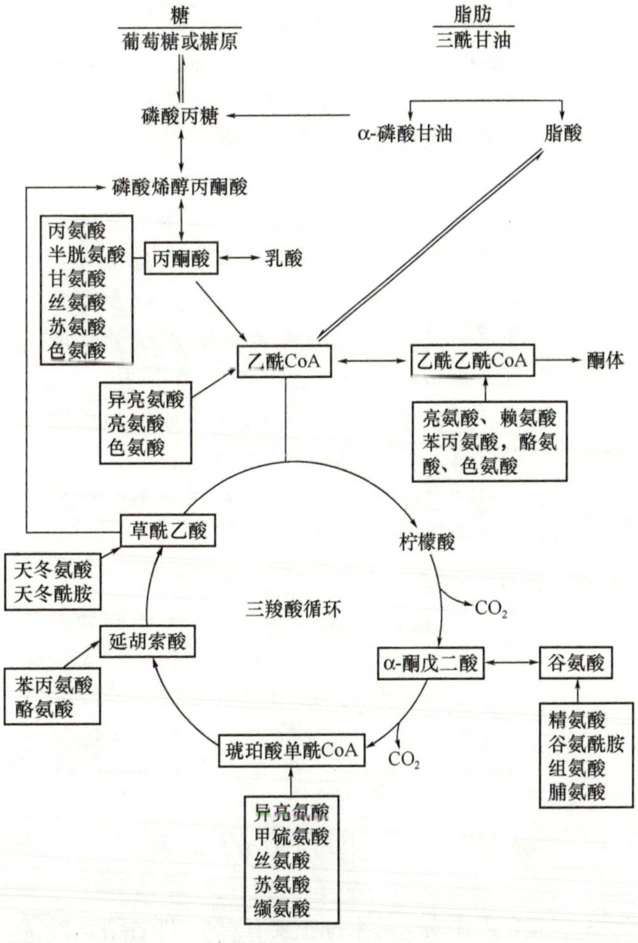

图 9-8 氨基酸、糖与脂肪代谢关系

生物氧化体系彻底氧化成CO_2和H_2O，同时释放能量，供生理活动的需要。可见，氨基酸也是一类能源物质，但此作用可被糖和脂肪代替。三羧酸循环是物质代谢的总枢纽，通过它可使糖、脂肪及氨基酸完全氧化，也可使其彼此相互转变，构成一个完整的代谢体系（图9-8）。

第4节 氨的代谢

氨具有毒性，尤其脑组织对氨的毒性作用特别敏感。机体内代谢产生的氨以及消化道吸收来的氨进入血液，形成血氨。体内的氨主要在肝合成尿素而解毒。因此，一般来说，除门静脉血液外，体内血液中氨的浓度很低。正常人血浆中氨的浓度一般不超过47～65μmol/L（1mg/L）。严重肝病患者尿素合成功能降低，血氨增高，引起脑功能紊乱，常与肝性脑病的发病有关。

案例9-1

患者，女性，47岁，农民。因反复发作性昏迷半年，今发病7小时入院。患者于某年6月12日凌晨5时出现意识丧失，来院看病。体检：中度昏迷，稍偏瘦，皮肤偏黑，肝未触及，无瘫痪征，心电监测无异常，头颅CT检查无异常。立即使用甘露醇250ml静脉滴注及输液，3小时后清醒。醒后检查其记忆力、判断力、计算力等均正常。追问病史，患者来自血吸虫病疫区，3年前因脾脏肿大行脾切除；每次发病前均有进食高蛋白食物史但未引起重视，本次发病前在亲戚家中进食鸡蛋2个、烤鸭约300g及少量猪肉等。肝功能检查结果：血氨150μmol/L，血清清蛋白38.2g/L，球蛋白27.4g/L，A/G比值1.4∶1，总胆红素15.2μmol/L，ALT 135U/L，AST 45U/L。B超检查示血吸虫性肝纤维化。

问题讨论

1. 患者进食高蛋白食物与肝性脑病发病的关系如何？
2. 该病的发病机制是什么？
3. 从生化角度探讨对肝昏迷治疗的原则。

一、体内氨的来源

人体内氨的来源主要有三个，即各组织器官中氨基酸及胺分解产生的氨、肠道吸收的氨以及肾小管上皮细胞分泌的氨。

1. 氨基酸脱氨基作用产生的氨 它是体内氨的主要来源，胺类的分解也可以产生氨。其反应如下：

$$RCH_2NH_2 \xrightarrow{\text{胺氧化酶}} RCHO + NH_3$$

2. 肠道来源的氨 主要有两个来源，蛋白质和氨基酸在肠道细菌作用下产生氨，和肠道尿素经细菌尿素酶水解也产生氨。肠道产氨量较多，每天约4g，并能吸收入血。

在肠道，NH_3比NH_4^+更易于穿过细胞膜而被吸收；在碱性环境中，NH_4^+倾向于转变成NH_3。当肠道pH偏碱时，氨的吸收加强。临床上对高血氨病人采用弱酸性透析液做结肠透析，禁止用碱性肥皂水灌肠，就是为了减少肠道氨的吸收。

3. 肾脏来源的氨 肾小管上皮细胞中的谷氨酰胺在谷氨酰胺酶的催化下水解成谷氨酸和NH_3，这部分氨分泌到肾小管腔中主要与尿中的H^+结合成NH_4^+，以铵盐的形式由尿排出体外，这对调节机体的酸碱平衡起着重要作用。酸性尿有利于肾小管细胞中的氨扩散入尿，但碱性尿则可妨碍肾小管细胞中的NH_3分泌，此时氨易被重吸收入血，引起血氨升高。因此，临床上对肝硬化而产生腹水的病人，为减少肾小管对氨的重吸收，不宜使用碱性利尿药（如双氢克尿塞），以免血氨升高。

二、氨的转运

氨是有毒物质，各组织中产生的氨如何以无毒的方式经血液运输到肝合成尿素或运输到肾以铵盐的形式排出？现已知，氨在血液中主要是以丙氨酸及谷氨酰胺两种形式转运。

（一）丙氨酸-葡萄糖循环

肌肉中的氨基酸经转氨基作用将氨基转给丙酮酸生成丙氨酸；丙氨酸经血液运到肝。在肝中，丙氨酸通过联合脱氨基作用，释放出氨，用于合成尿素。转氨基后生成的丙酮酸可经糖异生途径生成葡萄糖。葡萄糖由血液输送到肌组织，沿糖分解途径转变成丙酮酸，后者再接受氨基而生成丙氨酸。丙氨酸和葡萄糖反复地在肌肉和肝之间进行氨的转运，故将这一途径称为丙氨酸-葡萄糖循环（alanine-glucose cycle）。通过这个循环，既可使肌肉中的氨以无毒的丙氨酸形式运输到肝，同时，肝又为肌肉提供了生成丙酮酸的葡萄糖（图9-9）。

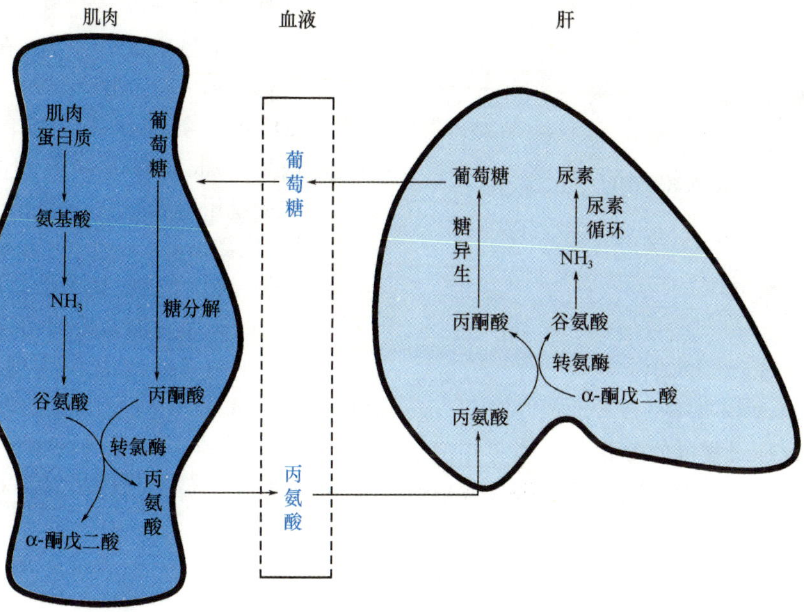

图 9-9 丙氨酸-葡萄糖循环

(二) 谷氨酰胺的运氨作用

谷氨酰胺是氨的另一种转运形式，它主要从脑、肌肉等组织向肝或肾转运氨。脑组织中产生的氨可转变为谷氨酰胺并以谷氨酰胺的形式运到脑外。因此，合成谷氨酰胺是脑组织中解氨毒的主要方式。氨与谷氨酸在谷氨酰胺合成酶(glutamine synthetase)的催化下生成谷氨酰胺，并由血液输送到肝或肾，再经谷氨酰胺酶(glutaminase)水解成谷氨酸及氨。谷氨酰胺的合成与分解是由不同酶催化的不可逆反应，其合成需要 ATP 参与，并消耗能量。临床上对氨中毒病人可服用或输入谷氨酸盐，以降低氨的浓度。

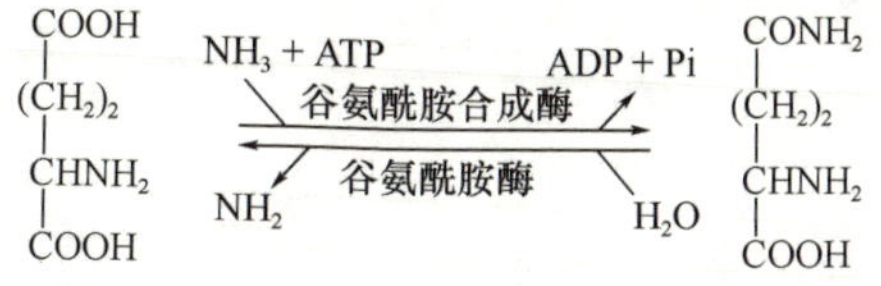

L-谷氨酸　　谷氨酰胺

谷氨酰胺既是氨的解毒产物，也是氨的储存及运输形式。谷氨酰胺在肾脏分解生成氨与谷氨酸，氨与原尿中 H^+ 结合形成铵盐随尿排出，这也有利于调节酸碱平衡。

三、氨的去路

(一) 合成尿素

氨在体内的主要去路是在肝合成尿素，然后由肾排出。正常人尿素占排氮总量的 80% ~ 90%，肝是合成尿素的最主要器官，肾及脑等其他组织虽然也能合成尿素，但合成量甚微。

早在 1932 年，德国学者 Krebs 和 Henseleit 首次提出了鸟氨酸循环(ornithine cycle)学说，又称尿素循环(urea cycle)或 Krebs-Henseleit 循环。鸟氨酸循环学说的实验根据是：将大鼠肝的薄切片放在有氧条件下加铵盐保温数小时后，铵盐的含量减少，而同时尿素增多。另外，在切片中，分别加入不同化合物，并观察它们对尿素生成的影响。发现鸟氨酸、瓜氨酸或精氨酸能够大大加速尿素的合成。根据以上三种氨基酸的结构推断，它们彼此相关，即鸟氨酸可能是瓜氨酸的前体，而瓜氨酸又是精氨酸的前体。进一步实验发现，当大量鸟氨酸与肝切片及 NH_4^+ 一起保温时，的确有瓜氨酸的积聚。基于这些事实，Krebs 和 Henseleit 提出了一个循环机制，即：鸟氨酸先与氨及 CO_2 结合生成瓜氨酸；然后瓜氨酸再接受 1 分子氨生成精氨酸；接着精氨酸又被水解产生尿素和新的鸟氨酸。此鸟氨酸又参与第二轮循环(图 9-10)。由此可见，在这个循环过程中，鸟氨酸所起的作用与三羧酸循环中草酰乙酸所起的作用类似。后来有人用放射性核素标记的 $^{15}NH_4Cl$ 或含 ^{15}N 的氨基酸饲养犬，发现随尿排出的尿素含有 ^{15}N，但鸟氨酸中不含 ^{15}N；用含 ^{14}C 标记的 $NaH^{14}CO_3$ 饲养犬，随尿排出的尿素也含有 ^{14}C。由此进一步证实了尿素可由氨及 CO_2 合成。

这是第一条被发现的循环代谢途径，比 Krebs 发现三羧酸循环还早 5 年。Krebs 一生两个循环途径的提出为生物化学的发展做出了重要贡献。

笔 记 栏

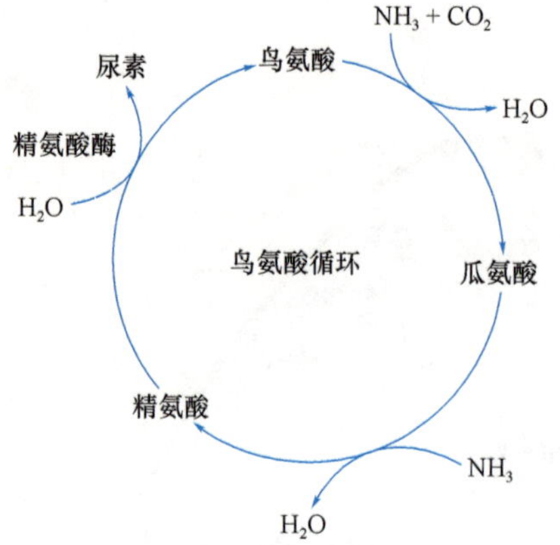

图 9-10 尿素生成的鸟氨酸循环简图

其详细反应过程可分为五步：①氨基甲酰磷酸的合成；②瓜氨酸的合成；③精氨酸代琥珀酸生成；④精氨酸的合成；⑤精氨酸水解生成尿素。

1. 氨基甲酰磷酸的合成 在 ATP、Mg^{2+} 及 *N*-乙酰谷氨酸（*N*-acetylglutamate，AGA）存在时，氨与 CO_2 可在氨基甲酰磷酸合成酶 Ⅰ（carbamoyl phosphate synthetase Ⅰ，CPS-Ⅰ）的催化下，合成氨基甲酰磷酸。

此反应需消耗 2 分子 ATP，属不可逆反应。CPS-Ⅰ是一种变构酶，AGA 是此酶的变构激活剂。AGA 的作用可能是使酶的构象改变，暴露了酶分子中的某些巯基，从而增加了酶与 ATP 的亲和力。CPS-Ⅰ和 AGA 都存在于肝细胞线粒体中。氨基甲酰磷酸是高能化合物，性质活泼，在酶的催化下易与鸟氨酸反应生成瓜氨酸。

$$CO_2+NH_3+H_2O+2ATP \xrightarrow[N\text{-乙酰谷氨酸},Mg^{2}]{\text{氨基甲酰磷酸合成酶 I}} H_2N-\overset{\overset{\displaystyle O}{\|}}{C}-O\sim PO_3^{2-}+2ADP+Pi$$

氨基甲酰磷酸

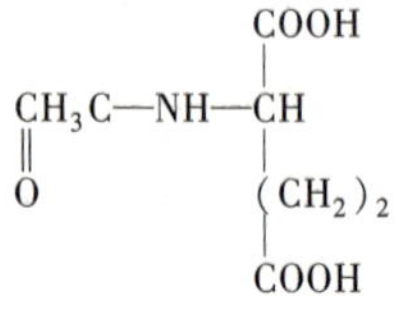

N-乙酰谷氨酸（AGA）

2. 瓜氨酸的合成 在鸟氨酸氨基甲酰转移酶（ornithine carbamoyl transferase，OCT）催化下，氨基甲酰磷酸与鸟氨酸缩合生成瓜氨酸。鸟氨酸氨基甲酰转移酶也存在于肝细胞的线粒体中，并通常与氨基甲酰磷酸合成酶Ⅰ结合成酶的复合体。此反应也不可逆。

3. 精氨酸代琥珀酸生成 瓜氨酸在线粒体合成后，即被转运到线粒体外，在胞液中经精氨酸代琥珀酸合成酶（argininosuccinate synthetase）催化，与天冬氨酸反应生成精氨酸代琥珀酸，此反应由 ATP 供能。天冬氨酸提供了尿素分子的第二个氮原子。

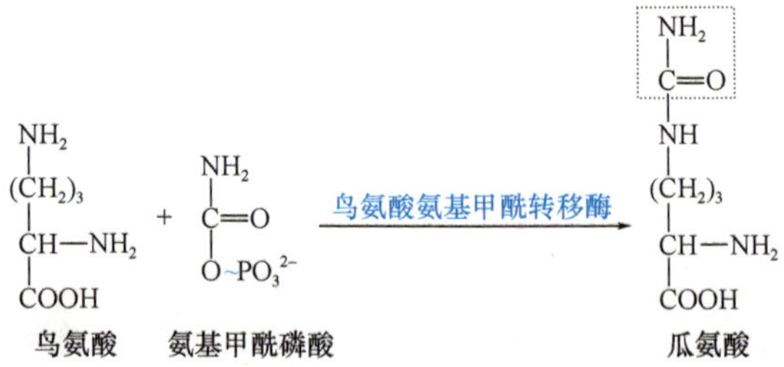

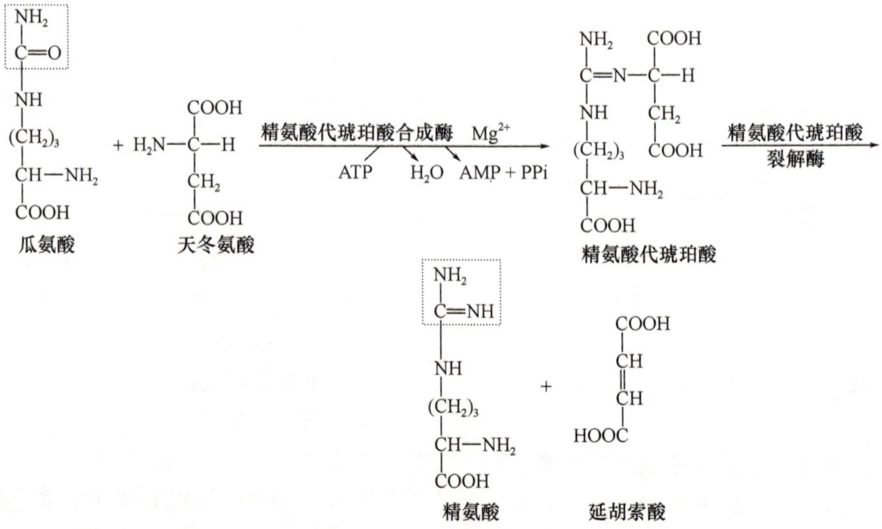

笔 记 栏

4. 精氨酸代琥珀酸裂解成精氨酸与延胡索酸 精氨酸代琥珀酸在精氨酸代琥珀酸裂解酶的催化下，裂解成精氨酸与延胡索酸。反应产物精氨酸分子中保留了来自游离 NH_3 和天冬氨酸分子的氮。

上述反应裂解生成的延胡索酸可经三羧酸循环的中间步骤转变成草酰乙酸，后者与谷氨酸进行转氨基反应，又可重新生成天冬氨酸，而谷氨酸的氨基可来自体内的多种氨基酸。由此可见，体内多种氨基酸的氨基可通过天冬氨酸的形式参与尿素的合成。

5. 精氨酸水解生成尿素 在精氨酸酶的作用，精氨酸被水解生成尿素和鸟氨酸，此反应在胞液中进行。鸟氨酸通过线粒体内膜上载体的转运再进入线粒体，并参与瓜氨酸合成。如此反复，完成尿素循环。

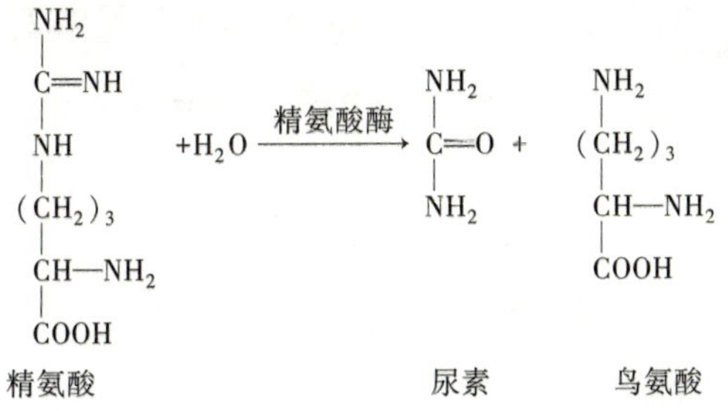

尿素作为代谢终产物通过肾脏排出体外，综上所述，可将尿素合成的总反应归结为图 9-10：

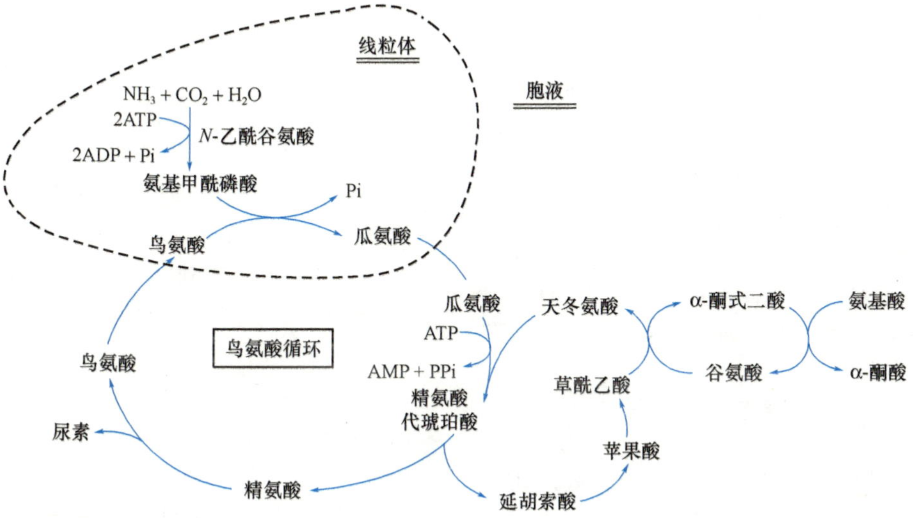

图 9-11 尿素生成的步骤和细胞定位

从图 9-11 可见，合成尿素的两个氮原子，一个来自氨基酸脱氨基生成的氨、另一个则由天冬氨酸提供，而天冬氨酸又可由多种氨基酸通过转氨基反应而生成。因此，尿素分子的两个氮原子都是直接或间接来源于氨基酸。另外尿素的生成是耗能的过程，每合成 1 分子尿素需消耗 3 分子 ATP（消耗 4 个高能磷酸键）。

尿素作为代谢终产物排出体外。综上所述，尿素合成的总反应为：

$$2NH_3+CO_2+3ATP+3H_2O \longrightarrow \begin{array}{c} NH_2 \\ | \\ C{=}O \\ | \\ NH_2 \end{array} + 2ADP + AMP + 4Pi$$

正常情况下，机体通过合适的速度合成尿素，以保证及时、充分地解除氨毒。尿素合成的速度可受多种因素的调节。

（1）食物蛋白质的影响：高蛋白质膳食时尿素的合成速度加快，排出的含氮物中尿素约占 90%；反之，低蛋白质膳食时尿素合成速度减慢，尿素排出量可低于含氮排泄量的 60%。

（2）CPS-Ⅰ的调节：氨基甲酰磷酸的生成是尿素合成的一个重要步骤。AGA 是 CPS-Ⅰ的变构激活剂，由乙酰辅酶 A 和谷氨酸通过 AGA 合成酶催化而生成。精氨酸是 AGA 合成酶的激活剂，精氨酸浓度增高时，尿素生成量增加。

（3）尿素合成酶系的调节：参与尿素合成的酶系中每种酶的相对活性相差很大，其中精氨酸代琥珀酸合成酶的活性最低，是尿素合成的限速酶，可调节尿素的合成速度。

（二）鸟氨酸循环的一氧化氮（NO）支路

精氨酸除在精氨酸酶作用下，水解为尿素和鸟氨酸外，还可通过一氧化氮合酶（nitric oxide

笔 记 栏

synthase，NOS）作用，使精氨酸越过上述通路直接氧化为瓜氨酸，并产生一氧化氮（NO），从而使天冬氨酸携带的氨基最终不形成尿素，而是被氧化为NO，称之为“鸟氨酸循环的NO支路”（图9-12）。

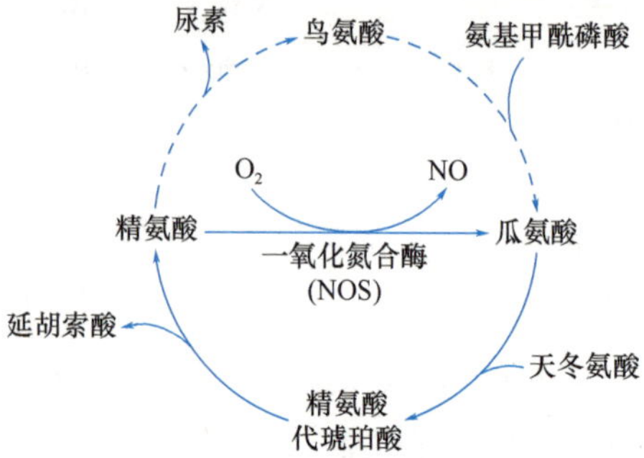

图9-12　NO的生成

NO支路处理氨的数量有限，远不如生成尿素大循环那样多，生成的NO也不是代谢终产物，而是生物体内一种新型的信息分子和效应分子，兼有细胞间信息传递和神经递质的作用，参与体内众多的病理生理过程，如神经传导、血压调控、平滑肌舒张、血液凝固等。NO是至今在体内发现的第一个气体性信息分子，1992年被美国 *Science* 杂志评选为明星分子。

（三）合成非必需氨基酸

氨还可以通过还原性加氨的方式固定在α-酮戊二酸上而生成谷氨酸；谷氨酸的氨基又可以通过转氨基作用，转移给其他α-酮酸，生成相应的氨基酸，从而合成某些非必需氨基酸。

（四）生成谷氨酰胺

氨还可与谷氨酸反应生成谷氨酰胺，在肾小管上皮细胞通过谷氨酰胺酶的作用水解成氨和谷氨酸，谷氨酸被肾小管上皮细胞重吸收而进一步利用。

（五）肾脏泌氨

谷氨酰胺酶的作用使谷氨酰胺水解成的氨，由肾小管上皮细胞分泌，随尿排出。氨的来源及去路总结如下（图9-13）：

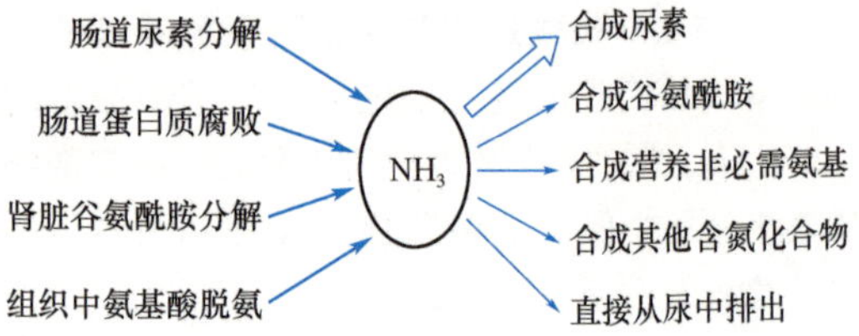

图9-13　氨的来源及去路

（六）高血氨症和氨中毒

正常情况下，血氨的来源与去路保持动态平衡，血氨浓度处于较低水平。而氨在肝中合成尿素是维持这种平衡的关键。当某种原因，例如肝功能严重受损时或尿素合成的鸟氨酸循环中某些酶的遗传性缺陷，都可导致尿素合成发生障碍，使血氨浓度升高，称为高血氨症（hyperammonemia）。高血氨症引起脑功能障碍称为肝性脑病或肝昏迷。常见的临床症状有呕吐、厌食、间歇性共济失调、嗜睡甚至昏迷等。高血氨毒性作用的机制尚不完全清楚。一般认为：氨进入脑组织，可与脑中的α-酮戊二酸结合生成谷氨酸，氨还可与脑中的谷氨酸进一步结合生成谷氨酰胺。这两步反应需分别消耗NADH+H^+和ATP，并使脑细胞中的α-酮戊二酸减少，导致三羧酸循环和氧化磷酸化减弱，从而使脑组织中ATP生成减少，引起大脑功能障碍，此乃肝性脑病发生的氨中毒学说的基础。另一种可能性是谷氨酸、谷氨酰胺增多，渗透压增大引起脑水肿。

另外，血氨浓度过高对三羧酸循环的直接影响，主要是影响α-酮戊二酸脱氢酶系（三羧酸循环的关键酶之一）的活性，该酶使α-酮戊二酸氧化脱羧生成琥珀酰辅酶A，后者进一步生成琥珀酸的反应受到影响。此外，血氨浓度过高还可直接影响丙酮酸脱氢酶系的活性，使丙酮酸不能正常进行氧化脱羧生成乙酰辅酶A，进入三羧酸循环彻底氧化。因此，血氨浓度过高使三羧酸循环受到影响，使ATP生成减少而使大脑的能量供应不足，出现肝性脑病。还有可能是假神经递质导致肝性脑病：肠道内未被消化的蛋白质或未被吸收的氨基酸经肠道细菌的腐败作用能使酪氨酸脱羧基生成酪胺、苯丙氨酸脱羧基生成苯乙胺，若有肝功能障碍则不能在肝内分解而进入脑组织，可分别经过β-羟化而生成β-多巴胺（octopamine）和苯乙醇胺。它们的化学结构与儿茶酚胺类似，称为假神经递质。由于肝功能障碍使假神经递质增多，可取代正常神经递质儿茶酚胺，但假神经递质不能传递神经冲动，可使大脑发生异常抑制而出现肝性脑病。

案例9-1　分析讨论

本病例临床特征为：①中年女性，农民。②生活在血吸虫病疫区，有脾肿大及脾

笔记栏

切除史。③已出现发作性昏迷6次，每次持续数小时，发病前进高蛋白食物。④B超示血吸虫性肝纤维化，肝功能检查示肝细胞有损害。故诊断为：血吸虫性肝纤维化并发肝性脑病。肝性脑病发病机制：虽然非常复杂，但根据本病例特点来看，仍支持氨中毒学说。患者每次发病都有较明确诱因，即比平时进食更多的蛋白质食物，超过肝脏对氨的解毒功能，使氨进入脑组织，导致大脑功能受损，临床上称肝性脑病，也称肝昏迷，其发病机制一般用氨中毒学说解释，由此也说明了患者肝功能处于代偿与非代偿的边缘状态，氮负荷明显降低。故患者进食高蛋白食物是导致肝性脑病发生的直接原因。限制蛋白质摄入量是控制该病发生的一个重要方面。对发作性昏迷患者进行诊治时，若病史不明确或有关资料较少难以确诊时，则应考虑肝性脑病的可能。肝性脑病临床表现是：严重肝病引起的以代谢紊乱为基础的中枢神经系统综合征，临床上以意识障碍和昏迷为主要表现，实验室检查包括肝功能和血氨。肝性脑病防治原则：限制蛋白质摄入量、降低血氨浓度和防止氨进入脑组织是治疗本病的关键。临床上常采取服用酸性利尿剂、酸性盐水灌肠、静脉滴注或口服谷氨酸盐、精氨酸等降血氨药物等措施，其目的就是降低患者血氨浓度。另外，服用一些保肝药物也是非常必要的。

第5节　个别氨基酸的代谢

氨基酸的分解代谢，除了脱氨基作用之外，某些氨基酸还有特殊的代谢途径，通过这些

代谢途径可以生成具有重要生理意义的生物活性物质。本节首先介绍某些氨基酸的另一些代谢方式，例如氨基酸的脱羧基作用和一碳单位的代谢，然后介绍含硫氨基酸、芳香族氨基酸及支链氨基酸的代谢。

一、氨基酸的脱羧基作用

体内部分氨基酸也可进行脱羧基作用（decarboxylation）生成相应的胺，催化这些反应的是氨基酸脱羧酶（decarboxyase）。氨基酸脱羧酶的辅酶是磷酸吡哆醛。

（一）γ-氨基丁酸

谷氨酸脱羧基生成γ-氨基丁酸（γ-aminobutyric acid，GABA），催化此反应的酶是谷氨酸脱羧酶，此酶在脑、肾组织中活性很高，所以脑中GABA的含量较多。GABA是中枢抑制性神经递质，对中枢神经有抑制作用。临床上对妊娠呕吐和小儿搐搦患者常用维生素B_6治疗，加强氨基酸脱羧酶的活性，增加GABA生成，以抑制神经过度兴奋。

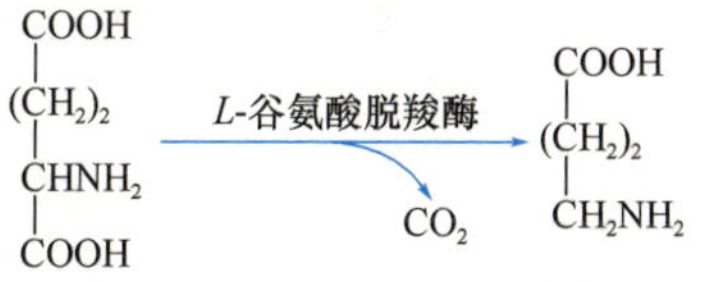

谷氨酸　　γ-氨基丁酸

（二）组胺

组氨酸脱羧基生成组胺（histamine），反应由组氨酸脱羧酶催化。组胺在体内分布广泛，乳腺、肺、肝、肌及胃黏膜中含量较高，主要存在于肥大细胞中。

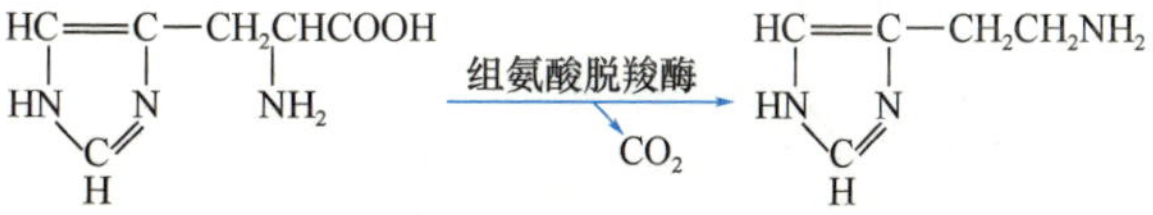

L-组氨酸　　组胺

组胺是一种强烈的血管扩张剂，并能增加毛细血管的通透性。组胺可使平滑肌收缩，引起支气管痉挛导致哮喘。组胺还能促进胃黏膜细胞分泌胃蛋白酶原及胃酸。创伤性休克或炎症病变部位可有组胺的释放。

（三）牛磺酸（taurine）

半胱氨酸首先氧化成磺酸丙氨酸，再脱去羧基生成牛磺酸。牛磺酸是结合胆汁酸的结合剂。人体内牛磺酸主要来自食物，主要由肾脏排泄。

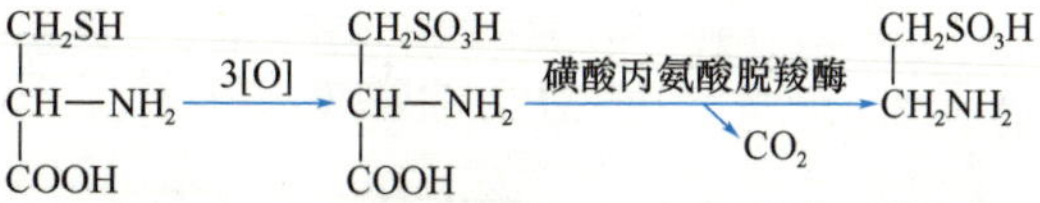

L-半胱氨酸　　磺酸丙氨酸　　牛磺酸

近年研究发现，牛磺酸具有广泛的生物学功能，脑组织中有较多的牛磺酸，它是一种中枢神经抑制性神经递质，调节着中枢神经系统的兴奋性；维持正常的视觉和视网膜结构；抗心律失常、

笔记栏

降血压和保护心肌的作用；维持血液、免疫和生殖系统正常功能所必需的物质；促进婴幼儿的生长发育，被认为是婴幼儿的必需营养素。其细胞保护作用表现为维持细胞内外渗透压平衡、直接稳膜作用、调节细胞钙稳态、清除自由基及抗脂质过氧化损伤等。

（四）5-羟色胺

在色氨酸羟化酶的作用下，色氨酸先羟化生成5-羟色氨酸，然后经脱羧酶作用生成5-羟色胺（5-hydroxytryptamine，5-HT）。

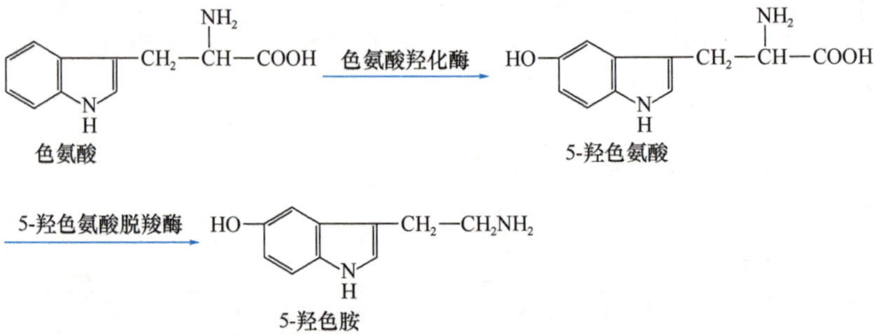

在脑内，5-羟色胺是一种神经递质，主要具有抑制作用。现已知中枢神经系统有5-羟色胺能神经元。在外周组织，5-羟色胺有很强的收缩血管作用，但能扩张骨骼肌血管。5-羟色胺广泛分布于体内各组织，除神经组织外，还存在于胃肠、血小板及乳腺细胞中。

经单胺氧化酶作用，5-羟色胺可以生成5-羟色醛，进一步氧化而成5-羟吲哚乙酸。类癌患者尿中5-羟吲哚乙酸排出量明显升高。

（五）多胺

某些氨基酸经脱羧基作用可以产生多胺（polyamines）。例如，鸟氨酸脱羧酶催化鸟氨酸脱羧生成腐胺；*S*-腺苷甲硫氨酸脱羧酶催化*S*-腺苷甲硫氨酸脱羧产生*S*-腺苷-3-甲基硫基丙胺，在丙胺转移酶作用下，*S*-腺苷-3-甲基硫基丙胺分子中丙胺基被转移到腐胺分子上形成精脒（spermidine）；在精脒分子上再加上一个丙胺基即可生成精胺（spermine）。反应如下：

精脒与精胺称谓多胺，是调节细胞生长的重要物质。凡生长旺盛的组织，如胚胎、再生肝、生长激素作用的细胞及癌瘤组织等，多胺的含量都较高，作为多胺合成限速酶的鸟氨酸脱羧酶（orinithine decarboxylase，ODC）活性均较强。多胺促进细胞增殖的机制可能与稳定核酸和细胞结构，促进核酸和蛋白质的合成有关。临床上常把测定癌瘤病人血或尿中多胺的含量作为观察病情的一个重要指标。

$$L\text{-鸟氨酸} \xrightarrow[-CO_2]{\text{鸟氨酸脱羧酶}} H_2N\text{-}(CH_2)_4\text{-}NH_2\text{(腐胺)}$$

$$S\text{-腺苷甲硫氨酸(SAM)} \xrightarrow[-CO_2]{\text{SAM 脱羧酶}} \text{腺苷-}\overset{\displaystyle CH_3}{\overset{|}{S}}\text{-}(CH_2)_3\text{-}NH_2\text{(脱羧基 SAM)}$$

$$\text{腐胺+脱羧基 SAM} \xrightarrow[\text{-腺苷-S-}CH_3]{\text{丙胺转移酶}} H_2N\text{-}(CH_2)_4\text{-}NH\text{-}(CH_2)_3\text{-}NH_2\text{(精脒)}$$

$$\text{精脒+脱羧基 SAM} \xrightarrow[\text{-腺苷-S-}CH_3]{\text{丙胺转移酶}} H_2N\text{-}(CH_2)_3\text{-}NH\text{-}(CH_2)_4\text{-}NH\text{-}(CH_2)_3\text{-}NH_2\text{(精胺)}$$

二、一碳单位的代谢

（一）一碳单位（one carbon unit）

某些氨基酸在分解代谢过程中产生的含有一个碳原子的有机基团称为一碳单位，主要包括甲基（—CH_3，methyl）、甲烯基（亚甲基，—CH_2—，methylene）、甲炔基（次甲基，—CH═，methenyl）、甲酰基（—CHO，formyl）及亚胺甲基（—CH═NH，formimino）等五种。但 CO_2 不属于一碳单位。

（二）一碳单位与四氢叶酸

一碳单位不能游离存在，一碳单位是与四氢叶酸结合而进行转运并参与代谢的，因此，四氢叶酸（FH_4）是一碳单位的运载体和代谢的辅酶。一般来说，一碳单位通常结合在 FH_4 分子的 N^5、N^{10} 位上。在哺乳类动物的体内，四氢叶酸可由叶酸经二氢叶酸还原酶的催化，通过两步还原反应而生成。四氢叶酸的化学结构以及其生成反应如下：

笔记栏

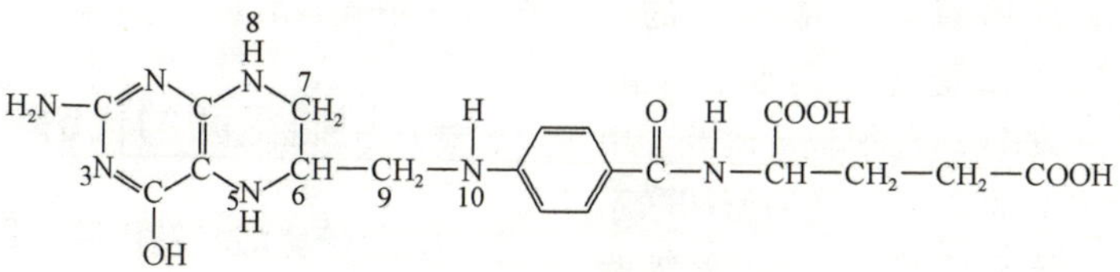

5,6,7,8-四氢叶酸(FH_4)

（三）一碳单位与氨基酸代谢

能产生一碳单位的氨基酸主要有丝氨酸、甘氨酸、组氨酸及色氨酸。

（四）一碳单位的相互转变

在适当条件下，一碳单位之间可以通过氧化还原反应而彼此转变（图 9-14）。但在这些反应中，N^5-甲基四氢叶酸的生成反应基本是不可逆的。

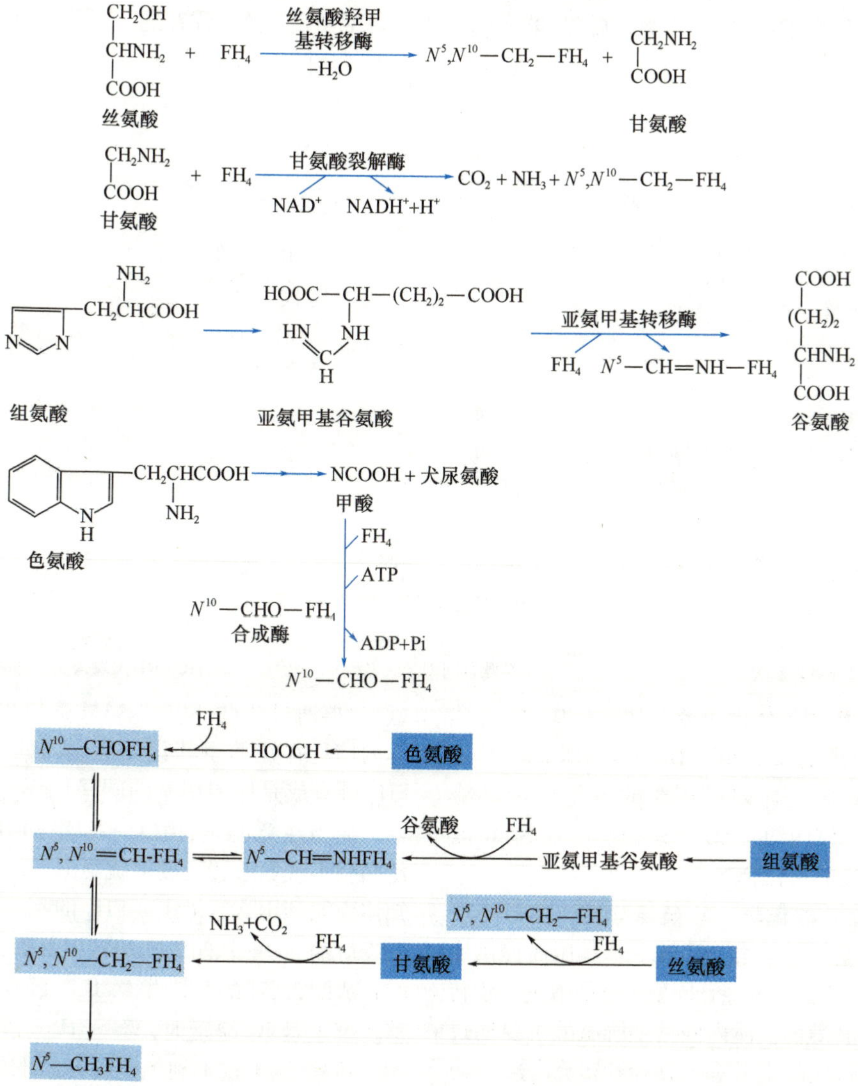

图 9-14　一碳单位的代谢

（五）一碳单位的生理作用

一碳单位的生理作用主要是作为合成嘌呤及嘧啶的原料，故在核酸生物合成中占有重要地位。一碳单位是合成核苷酸进而合成 DNA 和 RNA 的原料。例如，$N^{10}—CHO—FH_4$ 与 $N^5, N^{10}=CH—FH_4$ 分别提供嘌呤合成时 C_2 与 C_8 的来源；$N^5, N^{10}—CH_2—FH_4$ 提供胸苷酸（dTMP）合

笔记栏

成时甲基的来源（见第10章）。一碳单位的生成和转移障碍，使核酸合成受阻，妨碍细胞增殖，造成某些病理情况，例如巨幼红细胞贫血等。由此可见，一碳单位将氨基酸与核酸代谢密切联系起来。磺胺药及某些抗恶性肿瘤药（甲氨蝶呤等）也正是分别通过干扰细菌及恶性肿瘤细胞的叶酸、四氢叶酸合成，进一步影响一碳单位代谢与核酸合成而发挥其药理作用。

三、含硫氨基酸的代谢

体内的含硫氨基酸有三种，甲硫氨酸（Met）、半胱氨酸（Cys）和胱氨酸，其中甲硫氨酸是必需氨基酸。这三种氨基酸的代谢是相互联系的，甲硫氨酸又被称为蛋氨酸可以转变为半胱氨酸和胱氨酸，半胱氨酸和胱氨酸也可以互变，但后两者不能转变为甲硫氨酸。

（一）甲硫氨酸的代谢

1. 甲硫氨酸与转甲基作用 甲硫氨酸分子中含有*S*-甲基，通过转甲基作用可以生成多种含甲基的重要生理活性物质，如肌酸、肾上腺素、肉毒碱等。但是，甲硫氨酸在转甲基之前，必须先与ATP作用，生成*S*-腺苷甲硫氨酸（SAM）。此反应由甲硫氨酸腺苷转移酶催化。SAM中的甲基称为活性甲基，SAM称为活性甲硫氨酸。活性甲硫氨酸在甲基转移酶（methyl transferase）的作用下，可将甲基转移至另一种物质，使其甲基化（methylation），而活性甲硫氨酸即变成*S*-腺苷同型半胱氨酸，后者进一步脱去腺苷，生成同型半胱氨酸（homocysteine）。

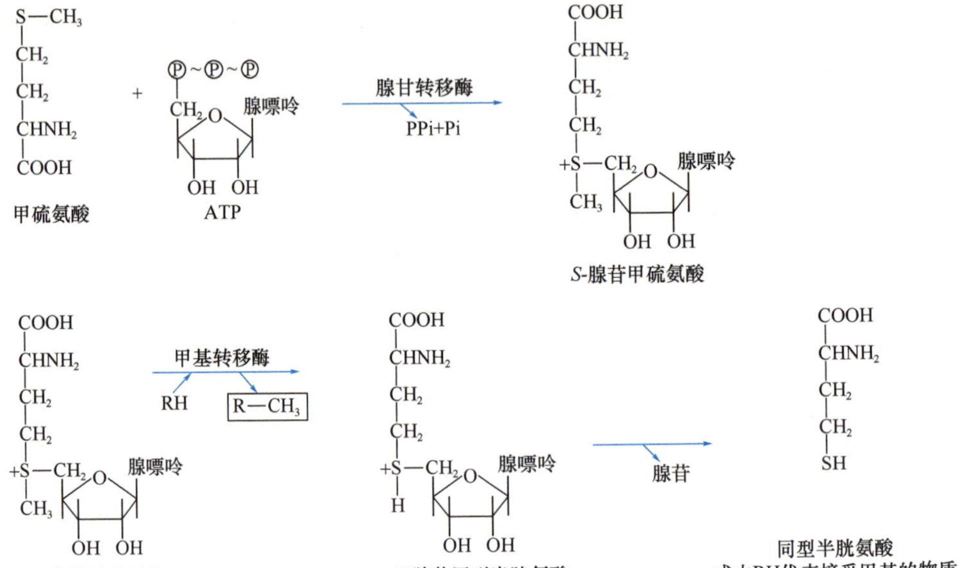

式中RH代表接受甲基的物质

甲基化作用是体内重要的代谢反应之一，具有广泛的生理意义（包括DNA与RNA的甲基化），而SAM则是体内最重要的甲基直接供给体。据统计，体内约有50多种物质需要SAM提供甲基，生成甲基化合物。

2. 甲硫氨酸循环 甲硫氨酸在体内最主要的分解代谢途径是通过上述转甲基作用而提供甲基，与此同时产生的*S*-腺苷同型半胱氨酸进一步转变成同型半胱氨酸。体内同型半胱氨酸主要通过两条途径进行代谢，即甲基化途径和转硫途径。

（1）甲基化途径：约50%的同型半胱氨酸经此途径重新合成甲硫氨酸。同型半胱氨酸可以接受N^5-甲基四氢叶酸提供的甲基，重新生成甲硫氨酸，形成一个循环过程，即称为甲硫氨酸循环（methionine cycle）（图9-15）。这个循环的生理意义是由$N^5—CH_3—FH_4$供给甲基合成甲硫氨酸，再通过此循环中的SAM提供甲基，以进行体内广泛存在的甲基化反应。因此，$N^5—CH_3—FH_4$可看成是体内甲基的间接供体。

应当注意的是，由$N^5—CH_3—FH_4$提供甲基使同型半胱氨酸转变成甲硫氨酸的反应是目前已知体内能利用$N^5—CH_3—FH_4$的唯一反应。催化此反应的N^5-甲基四氢叶酸转甲基酶，又称甲硫氨酸合成酶，其辅酶是维生素B_{12}，它参与甲基的转移。维生素B_{12}缺乏时，$N^5—CH_3—FH_4$上的甲基不能转移，这不仅不利于甲硫氨酸的生成，同时也影响四氢叶酸的再生，使组织中游离的四氢叶酸含量减少，导致核酸合成障碍，影响细胞分裂。可见，维生素B_{12}不足时可以引起巨幼红细胞性贫血；同时同型半胱氨酸在血中浓度升高，可能是动脉粥样硬化和冠心病的独立危险因子。研究发现同型半胱氨酸作用机制包括刺激心血管细胞增殖等多

笔记栏

种作用，引起更为广泛的医学问题。如果由于遗传缺陷造成甲硫氨酸代谢障碍，引起体内同型半胱氨酸含量高达几百 nmol/L，患儿往往由于严重的心血管疾病而早死。

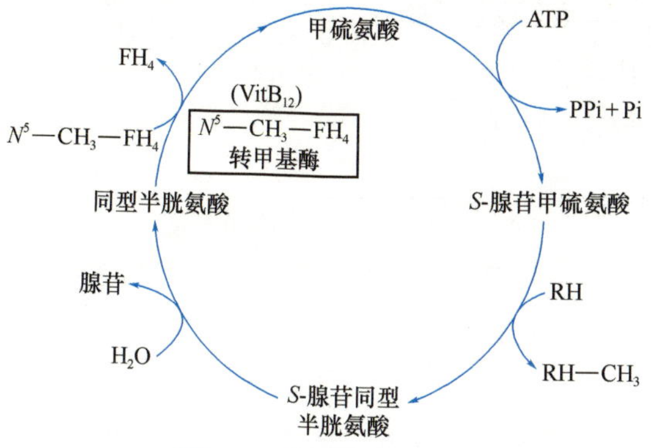

图 9-15　甲硫氨酸循环

（2）转硫途径：另约 50% 的同型半胱氨酸经转硫途径不可逆生成半胱氨酸和 α-酮丁酸，此过程需维生素 B_6 依赖的胱硫醚 β-合成酶的催化。因此，科学家们试图用转硫途径等多种手段降低血中同型半胱氨酸浓度，达到预防心血管疾病等的作用。

3. 甲硫氨酸为肌酸合成提供甲基　肌酸（creatine）和磷酸肌酸（creatine phosphate）是能量储存与利用的重要化合物。肌酸以甘氨酸为骨架，由精氨酸提供脒基，*S*-腺苷甲硫氨酸提供甲基而合成，肝是合成肌酸的主要器官。在肌酸激酶（creatine kinase，CK）催化下，肌酸接受 ATP 的高能磷酸基形成磷酸肌酸。磷酸肌酸在心肌、骨骼肌及脑组织中含量丰富。

肌酸和磷酸肌酸的终末代谢产物是肌酸酐（creatinine）。肌酸酐主要在肌肉中通过磷酸肌酸的非酶促反应生成。肌酸、磷酸肌酸和肌酸酐的代谢见图 9-16。肌酸酐随尿排出，正常人，每日尿中肌酸酐的排出量恒定。当肾功能障碍时，肌酸酐排出受阻，血中浓度升高。血中肌酸酐的测定有助于肾功能不全的诊断。

肌酸激酶由 M 亚基（肌型）与 B 亚基（脑型）两种亚基组成，有 MM 型、MB 型及 BB 型三种同工酶。它们在体内各组织中的分布不同，MM 型主要在骨骼肌（muscle），MB 型主要在心肌，BB 型主要在脑（brain）。心肌梗死时，血中 MB 型肌酸激酶活性增高，可作为辅助诊断的指标之一。

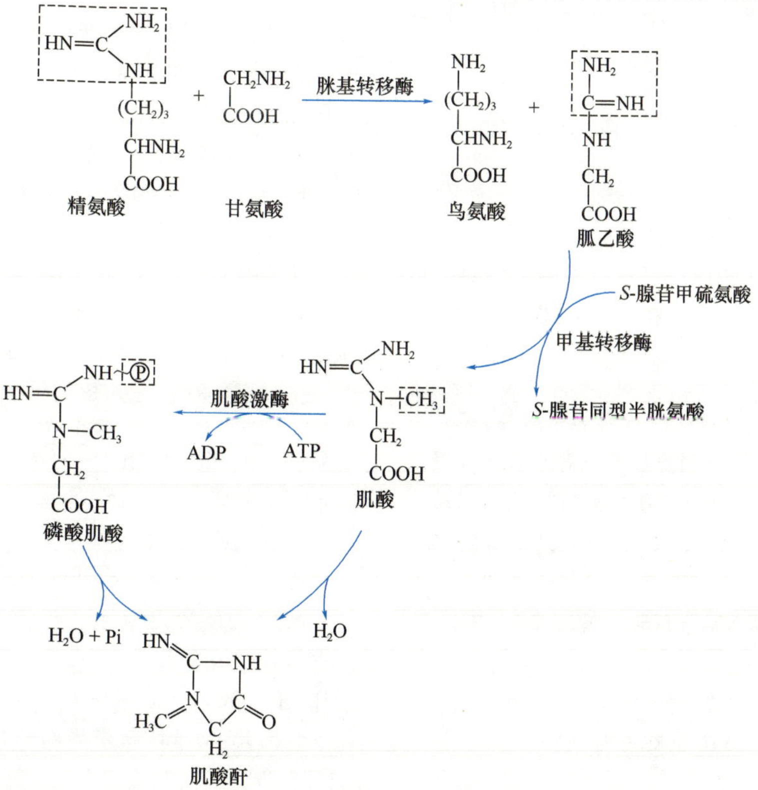

图 9-16　肌酸代谢

（二）半胱氨酸的代谢

1. 半胱氨酸与胱氨酸互变　半胱氨酸含有巯基，可形成二硫键而生成胱氨酸。

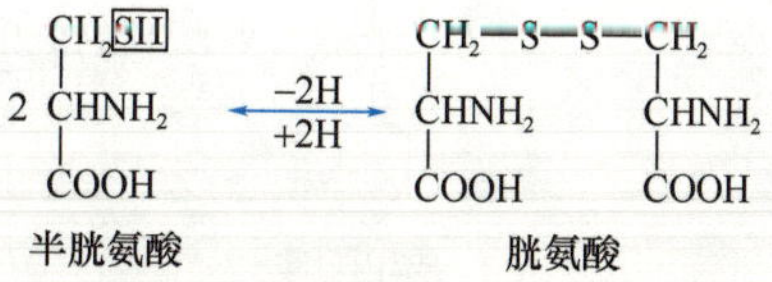

蛋白质中两个半胱氨酸残基之间形成的二硫键对维持蛋白质的结构具有重要作用。体内

许多重要酶的活性均与其分子中半胱氨酸残基上巯基的存在直接有关，故有巯基酶之称。有些毒物，如芥子气、重金属盐等，能与酶分子的巯基结合而抑制酶活性，从而发挥其毒性作用。

2. 硫酸根的代谢 半胱氨酸是体内硫酸根的主要来源，体内的硫酸根一部分以无机盐形式随尿排出，另一部分则经ATP活化成活性硫酸根，即3′-腺苷-5′-磷酸硫酸（3′-phospho-adenosine-5′-phospho-sulfate，PAPS）。通过PAPS使一些物质形成硫酸酯。

$$ATP + SO_4^{2-} \xrightarrow{-PPi} \underset{\text{腺苷-5′-磷酸硫酸}}{AMP—SO_3^-} \xrightarrow{+ATP} \underset{\text{PAPS}}{3—PO_3H_2—AMP—SO_3^-} + ADP$$

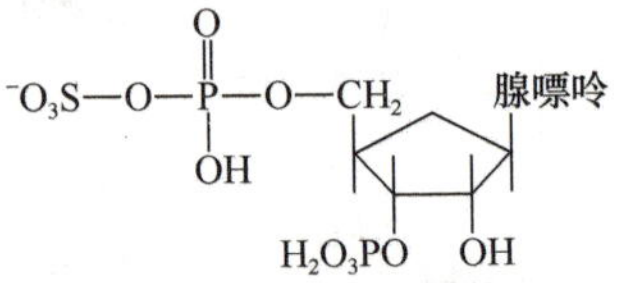

PAPS的结构

PAPS化学性质活泼，在肝生物转化中可提供硫酸根使某些物质生成硫酸酯。例如，类固醇激素可形成硫酸酯而被灭活，一些外源性酚类化合物也可以形成硫酸酯而排出体外。此外，PAPS还可参与硫酸角质素及硫酸软骨素等分子中硫酸化氨基糖的合成。

3. 生成谷胱甘肽 半胱氨酸、谷氨酸和甘氨酸可组成谷胱甘肽，为体内重要生物活性肽。体内存在的还原型谷胱甘肽能保护酶分子上的巯基，也具有解毒和抗氧化等重要生理作用，能保护酶和蛋白质的巯基不被氧化。

四、芳香族氨基酸的代谢

芳香族氨基酸包括苯丙氨酸、酪氨酸和色氨酸。其中苯丙氨酸、色氨酸是必需氨基酸。苯丙氨酸在结构上与酪氨酸相似，且体内苯丙氨酸可转变成酪氨酸，所以合并在一起叙述。

案例 9-2

患儿，男性，7岁。就诊时其母代述：患儿出生时未见异常，一周岁后发现有生长发育迟缓，随着年龄的增大，智力发育明显低于同龄人，生长迟缓、多动，毛发浅淡色，身上有特殊的发霉样气味。尿液三氯化铁试验立即呈现绿色反应，二硝基苯肼试验呈黄色沉淀。

问题讨论

1. 该病初步诊断是什么？
2. 该病的防治原则有哪些？

（一）苯丙氨酸和酪氨酸的代谢

1. 生成酪氨酸 正常情况下，苯丙氨酸的主要代谢是经羟化作用生成酪氨酸。催化此反应的酶是苯丙氨酸羟化酶（phenylalanine hydroxylase，PHA）。苯丙氨酸羟化酶是一种加单氧酶，其辅酶是四氢生物蝶呤，催化的反应不可逆，因而酪氨酸不能转变为苯丙氨酸。

2. 生成苯丙酮酸与苯丙酮酸尿症 正常情况下苯丙氨酸代谢的主要途径是转变成酪氨酸。苯丙氨酸除能转变为酪氨酸外，少量可经转氨基作用生成苯丙酮酸。当苯丙氨酸羟化酶先天性缺乏时，苯丙氨酸不能正常地转变成酪氨酸，体内的苯丙氨酸蓄积，此时苯丙氨酸可经转氨基作用生成苯丙酮酸增加，尿中出现大量苯丙酮酸等代谢产物，称为苯丙酮尿症（phenyl ketonuria，PKU）。苯丙酮酸的堆积对中枢神经系统有毒性，使脑发育障碍，患儿智力低下。

案例 9-2 分析讨论

实验室检查显示：尿液三氯化铁试验立即呈现绿色反应（阳性），二硝基苯肼试验呈黄色沉淀（阳性）。此两项都是检查尿液中苯丙酮酸含量的指标。表明患儿王某尿液中苯丙酮酸含量很高，身上又有特殊的发霉样（苯乙酸）气味，这些都是苯丙酮尿症的特点。因此，初步诊断为苯丙酮尿症。

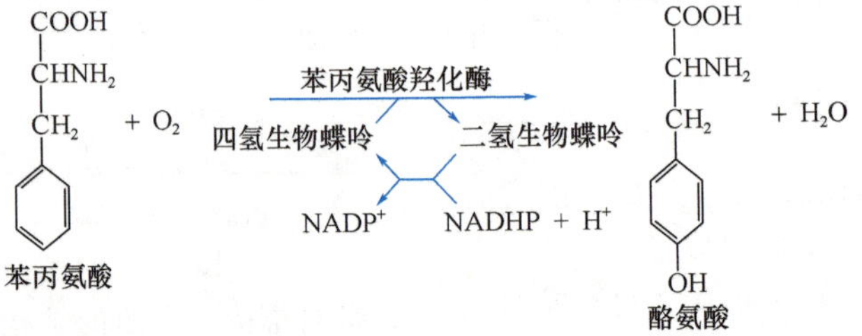

笔记栏

苯丙酮酸可进一步转变成苯乙酸等衍生物。

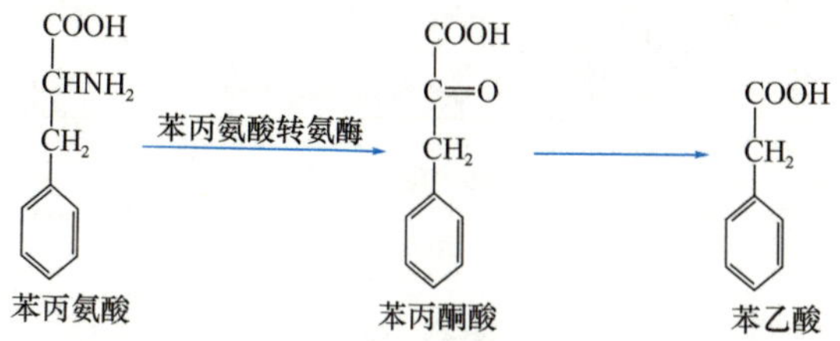

苯丙酮尿症为常染色体隐性遗传病，智力低下为本病最突出的表现。按酶缺陷的不同可分为经典型和四氢生物蝶呤（BH_4）缺乏型两种，大多数为经典型。经典型PKU是由于患儿肝细胞缺乏苯丙氨酸-4-羟化酶（基因位于12q22-24.1）所致。BH_4缺乏型PKU是由于缺乏鸟苷三磷酸环化水合酶（基因位于14q22.1-q22.2）、二氢蝶呤还原酶（DHPR）等所致。苯丙酮酸的堆积对中枢神经系统有毒性，故患儿的智力发育障碍。

本病为少数可治的遗传性代谢病之一，对此种患儿的治疗原则是早期发现，并适当控制膳食中的苯丙氨酸含量。我国有些地方正在开展新生儿的PKU筛查，旨在及时发现所有可疑的PKU婴儿，做出早期诊断，以使得到及时的治疗。

案例 9-2　分析讨论

患儿在出生后3个月内就需用低苯丙氨酸膳食（如低苯丙氨酸的奶粉）治疗，控制血中苯丙氨酸浓度，可改善症状，防止痴呆发生。这种治疗至少要坚持到10岁，甚至终生。在停止饮食治疗前需做负荷试验，即进苯丙氨酸含量正常的普通饮食，观察血中苯丙氨酸浓度和脑电图是否保持正常。若是，则可停止饮食治疗。饮食治疗中，给予低苯丙氨酸及高酪氨酸膳食最为合理。因苯丙氨酸是必需氨基酸，酪氨酸可由苯丙氨酸转变而成，当限制苯丙氨酸后，则相当于酪氨酸成了必需氨基酸。女性患病若幼时治疗恰当，可正常生长发育；但到妊娠时，则应使用低苯丙氨酸膳食，以免因再发高苯丙氨酸血症而影响胎儿正常发育。

本患儿错过了最好的治疗时机。PKU的理想根治方法应当是基因治疗。

3. 儿茶酚胺的合成　酪氨酸经酪氨酸羟化酶作用，生成3,4-二羟苯丙氨酸（dopa，多巴）。与苯丙氨酸羟化酶相似，此酶也是以四氢生物蝶呤为辅酶的加单氧酶。在多巴脱羧酶的作用，多巴转变成多巴胺（dopamine）。多巴胺是脑中的一种神经递质，帕金森病（Parkinson disease）患者多巴胺生成减少。在肾上腺髓质中，多巴胺侧链的β-碳原子可再被羟化，生成去甲肾上腺素（norepinephrine），后者经*N*-甲基转移酶催化，由*S*-腺苷甲硫氨酸提供甲基，转变成肾上腺素（epinephrine）。多巴胺、去甲肾上腺素、肾上腺素统称为儿茶酚胺（catecholamine），即含邻苯二酚的胺类。酪氨酸羟化酶是儿茶酚胺合成的限速酶，受终产物的反馈调节。

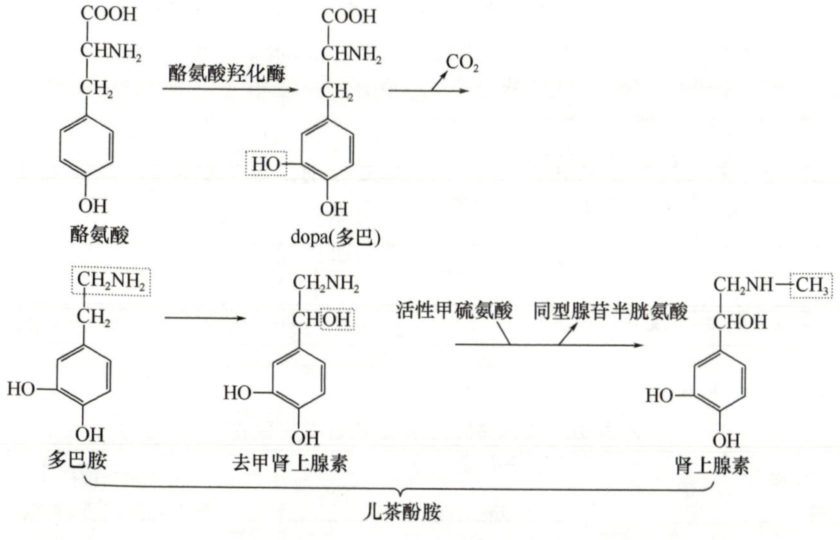

4. 黑色素的合成与白化病　酪氨酸代谢的另一条途径是合成黑色素（melanin）。在酪氨酸酶的催化下，黑色素细胞中的酪氨酸经羟化生成多巴，后者经氧化、脱羧等反应转变成吲哚-5,6-醌。黑色素即是吲哚醌的聚合物。人体缺乏酪氨酸酶，黑色素合成障碍，导致皮肤、毛发等发白，称为白化病（albinism）。患者对阳光敏感，易患皮肤癌。

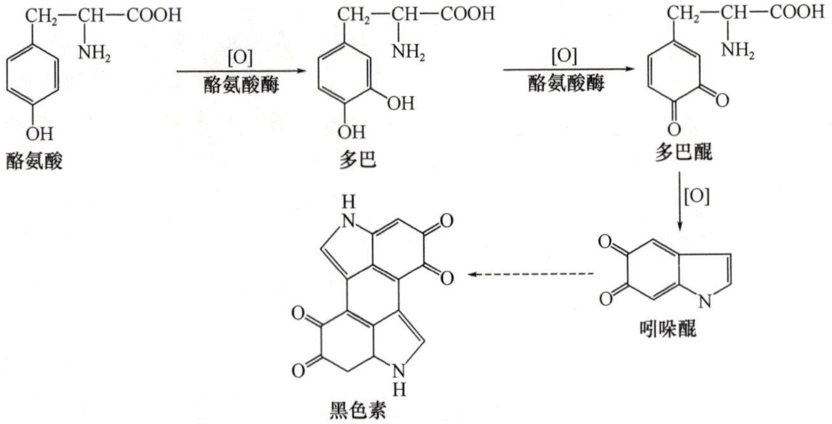

除上述代谢途径外，酪氨酸还可在酪氨酸转氨酶的催化下，生成对羟苯丙酮酸，后者经尿黑酸等中间产物进一步转变成延胡索酸和乙酰乙酸，二者分别参与糖和脂酸代谢。因此，苯丙氨酸和酪氨酸是生糖兼生酮氨基酸。

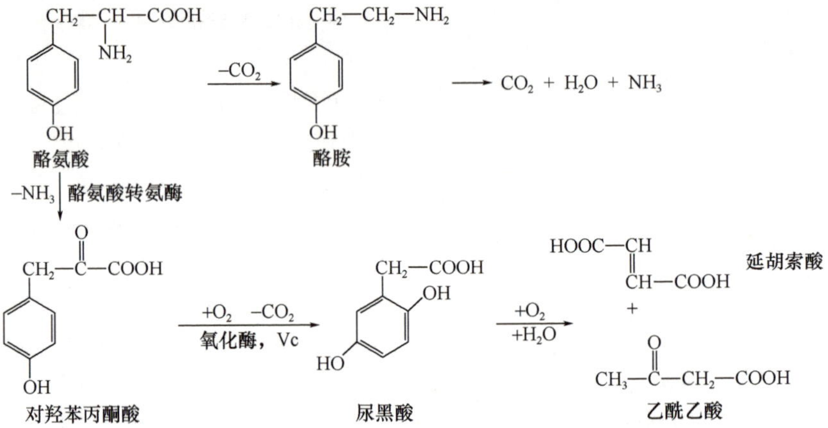

（二）色氨酸的代谢

色氨酸除生成5-羟色胺外，本身还可分解代谢。在肝中，色氨酸通过色氨酸加氧酶（又称吡咯酶）的作用，生成一碳单位。色氨酸分解可产生丙酮酸与乙酰乙酰辅酶A，所以色氨酸是一种生糖兼生酮氨基酸。此外，色氨酸分解还可产生尼克酸，这是体内合成维生素的特例，但其合成量甚少，不能满足机体的需要。

五、支链氨基酸的代谢

支链氨基酸包括亮氨酸（Leu）、异亮氨酸（Ile）和缬氨酸（Val）三种，它们都是必需氨基酸。这三种氨基酸分解代谢的开始阶段基本相同，先经转氨基作用，生成各自相应的α-酮酸，然后分别进行代谢，经过若干步骤，亮氨酸产生乙酰辅酶A及乙酰乙酰辅酶A；异亮氨酸产生乙酰辅酶A及琥珀酸单酰辅酶A；缬氨酸分解产生琥珀酸单酰辅酶A。因此，这三种氨基酸分别是生酮氨基酸、生糖兼生酮氨基酸及生糖氨基酸。支链氨基酸的分解代谢主要在骨骼肌中进行。

氨基酸作为组成蛋白质的基本原料，是其主要作用，它们还可以转变成其他多种含氮的生理活性物质，见表9-3。

表9-3 氨基酸衍生的重要含氮化合物

化合物	生理作用	氨基酸前体
嘌呤碱	含氮碱、核酸成分	天冬氨酸、谷氨酰胺、甘氨酸
嘧啶碱	含氮碱、核酸成分	天冬氨酸、谷氨酰胺
卟啉化合物	血红素、细胞色素	甘氨酸
肌酸、磷酸肌酸	能量储存	甘氨酸、精氨酸、甲硫氨酸
尼克酸	维生素	色氨酸
儿茶酚胺	神经递质、激素	苯丙氨酸、酪氨酸

笔记栏

续表

化合物	生理功用	氨基酸前体
甲状腺素	激素	酪氨酸
黑色素	皮肤色素	苯丙氨酸、酪氨酸
5-羟色胺	血管收缩剂、神经递质	色氨酸
组胺	血管舒张剂	组氨酸
γ-氨基丁酸	神经递质	谷氨酸
精胺、精脒	细胞增殖促进剂	鸟氨酸、精氨酸、甲硫氨酸

小结

蛋白质基本组成单位是氨基酸，其重要功能之一就是合成蛋白质。体内氨基酸来源主要由食物蛋白质消化吸收、组织蛋白质分解及体内某些过程合成的氨基酸。体内氨基酸去路主要是合成蛋白质，还可转变成有特殊生理活性的含氮化合物及氧化分解释放能量。人体需要但体内又不能自身合成的，必须靠食物供给的氨基酸称营养必需氨基酸，共有8种营养必需氨基酸。

食物蛋白质的消化主要在小肠进行，由各种蛋白水解酶协同完成。水解生成的氨基酸通过载体蛋白和γ-谷氨酰基循环吸收。未被消化的蛋白质和未被吸收的氨基酸在大肠下部发生腐败作用。不同的蛋白质由于所含氨基酸的种类和含量不同，其营养价值也不同。

人体内蛋白质的降解有两条：一条是非依赖ATP的溶酶体蛋白水解酶降解途径；另一条是胞浆内的依赖ATP和泛素的蛋白酶体降解途径。后者被评为2004年度的诺贝尔化学奖的获奖成果。外源性与内源性的氨基酸共同构成“氨基酸代谢库”，参与体内代谢。

氨基酸的一般分解代谢包括脱氨基作用和脱羧基作用，主要是脱氨基作用。脱氨基作用方式主要有转氨基作用、氧化脱氨基及联合脱氨基等，以联合脱氨基最为重要。在转氨酶的作用下，α-氨基酸的氨基转移至α-酮戊二酸，生成*L*-谷氨酸。在*L*-谷氨酸脱氢酶的催化下，*L*-谷氨酸进行氧化脱氨基作用，生成氨和α-酮戊二酸。此途径是体内大多数氨基酸脱氨基的主要方式。由于该过程可逆，因此也是体内合成营养非必需氨基酸的重要途径。在骨骼肌等组织，氨基酸主要通过嘌呤核苷酸循环脱去氨基。人体内有ALT(GPT)和AST(GOT)两种重要的转氨酶。氨基酸脱氨基后生成氨及相应的α-酮酸，这是氨基酸的主要分解途径。

氨对中枢神经系统有毒。血液中的氨主要以谷氨酰胺和丙氨酸两种形式运输。血氨来源有氨基酸脱氨基作用、胺类物质分解；肠道吸收的氨；肾小管分泌的氨。血氨的去路除在肾脏以铵盐形式排出和参与合成非必需氨基酸等外，主要是在肝脏合成尿素，合成机制是鸟氨酸循环，精氨酸代琥珀酸合成酶是尿素合成的限速酶。肝功能严重损伤时，可产生高氨血症及肝性脑病。体内少部分氨在肾以铵盐形式随尿排出。

α-酮酸的代谢去路主要是部分生成非必需氨基酸，其余有些可转变成丙酮酸和三羧酸循环的中间产物而生成糖，有些可转变成乙酰CoA而生成脂类以及氧化分解供能。由此可见，在体内，氨基酸与糖及脂肪代谢有着广泛的联系。

脱羧基作用是一些氨基酸脱羧基作用生成的胺类物质和CO_2，有些胺类在体内具有重要生理功能，如谷氨酸脱羧基生成的γ-氨基丁酸是一种抑制性神经递质，半胱氨酸氧化脱羧基生成牛磺酸。催化氨基酸脱羧的酶为氨基酸脱羧酶，其辅酶为磷酸吡哆醛。

一碳单位是指含有一个碳原子的基团，例如甲基、甲烯基、甲炔基、甲酰基及亚氨甲基等。产生一碳单位的氨基酸主要有甘氨酸、丝氨酸、组氨酸和色氨酸。一碳单位的载体为四氢叶酸，一碳单位主要参与嘌呤、嘧啶及肾上腺素的合成等，是联系氨基酸与核酸代谢的枢纽。若叶酸、维生素B_{12}缺乏可致巨幼红细胞贫血。

体内含硫氨基酸主要有甲硫氨酸和半胱氨酸。通过甲硫氨酸循环，甲硫氨酸与ATP作用生成*S*-腺苷甲硫氨酸(SAM)，提供活性甲基，是体内甲基的直接供体。此外，还可参与肌酸等代谢。半胱氨酸与胱氨酸可以相互转变，半胱氨酸可转变成牛磺酸，后者是结合胆汁酸的组成成分。许多重要酶的活性与酶蛋白分子中半胱氨酸的自由巯基有关。半胱氨酸可参与活性硫酸(PAPS)生成。

苯丙氨酸和酪氨酸是两种重要的芳香氨基酸。苯丙氨酸经羟化酶作用生成酪氨酸，后者参与儿茶酚胺、黑色素等代谢。白化病是由于酪氨酸酶缺乏引起，苯丙酮酸尿症主要是因苯丙氨酸羟化酶缺乏所致。

（王西明）

笔记栏

第10章　核苷酸代谢

核酸存在于所有的生命个体中，其基本组成单位是核苷酸（nucleotides）。在人体内核苷酸分布十分广泛，具有多种生物学功能：①核苷酸是构成核酸的基本单位，这是其最主要功能；②在物质代谢中还作为能量载体（能量的储存、转移和利用），如三磷酸核苷酸，尤其是ATP，是细胞的主要能量形式；③参与代谢和生理调节，许多代谢过程受到体内ATP、ADP或AMP水平的调节，cAMP（或cGMP）则是多种细胞膜激素受体的调节作用的第二信使；④组成辅酶的结构成分参加代谢调控，如腺苷酸可作为NAD^+、$NADP^+$、FMN、FAD及HSCoA等的组成成分。人体内的核苷酸主要是利用葡萄糖和氨基酸等作为原料由机体细胞自身合成，另有一部分核苷酸由食物中的核酸降解而来。核苷酸的主要去路是合成核酸，核酸的衍生物以及参与构成辅酶；同时核苷酸经常被降解为碱基和核苷或进一步分解成终产物排出体外，核苷酸降解的中间产物碱基和核苷又能够被再利用来重新合成建核苷酸。因而体内的核苷酸处于降解（degradation）和再利用（salvage）的动态平衡之中。

由于人体内的核苷酸主要由机体自身合成，因而与氨基酸不同，核苷酸不是营养的必需物质。本章首先简单介绍核酸的酶促降解，然后分嘌呤核苷酸和嘧啶核苷酸两类着重介绍其合成和分解的过程。

第1节　核酸的酶促降解

高等生物细胞内基因组中的DNA与组蛋白结合构成核蛋白，这是食物中核酸存在的主要形式。食物进入到胃中，受胃酸的作用，核蛋白分解成蛋白质和核酸（包括RNA和DNA）。核酸进入小肠后由胰液中的核酸酶水解成为单核苷酸，肠液中的核苷酸酶又可催化单核苷酸水解成为核苷和磷酸。核苷再经过核苷磷酸化酶的催化生成含氮碱基（嘌呤或嘧啶）和磷酸戊糖。磷酸戊糖受磷酸酶催化降解成戊糖和磷酸（图10-1）。所有的降解产物均可被吸收，磷酸和戊糖可再被利用，碱基除小部分可再被利用外，大部分均被分解而排出体外。

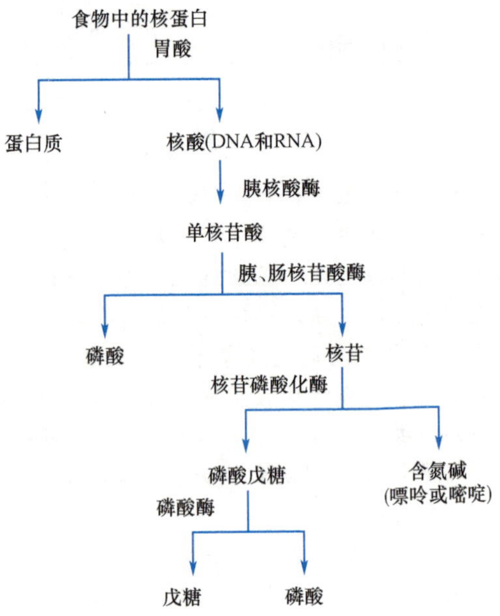

图10-1　核酸的酶促降解

核酸的酶促分解产物均可以在小肠上部被吸收，由门静脉进入肝脏，未能完全降解的核苷酸及核苷也能够被直接吸收，然后再进行分解或直接用于核酸的生物合成。

第2节　嘌呤核苷酸代谢

一、嘌呤核苷酸的合成代谢

体内嘌呤核苷酸的合成可分为从头合成和补救合成两条途径。利用氨基酸、一碳单位、二氧化碳和磷酸核糖等简单物质为原料，经过一系列酶促反应合成嘌呤核苷酸的途径称为从头合成途径（*de novo* synthesis）。用体内游离的嘌呤或嘌呤核苷为原料经过比较简单的反应合成核苷酸的过程称为补救途径（salvage pathway）。从头合成途径是嘌呤核苷酸合成的主要途径，主要在肝组织中进行，在脑、骨髓等部位则是采用补救合成途径。

（一）嘌呤核苷酸的从头合成

几乎所有生物体（某些细菌除外）都能合成嘌呤碱。早在1948年，Buchanan等采用放射性

笔记栏

核素标记不同化合物喂养鸽子，并测定排出的尿酸中标记原子的位置，证实合成嘌呤的前身物为：氨基酸（甘氨酸、天冬氨酸、和谷氨酰胺）、CO_2 和一碳单位（N^{10}-甲酰-FH_4）等（图 10-2）。

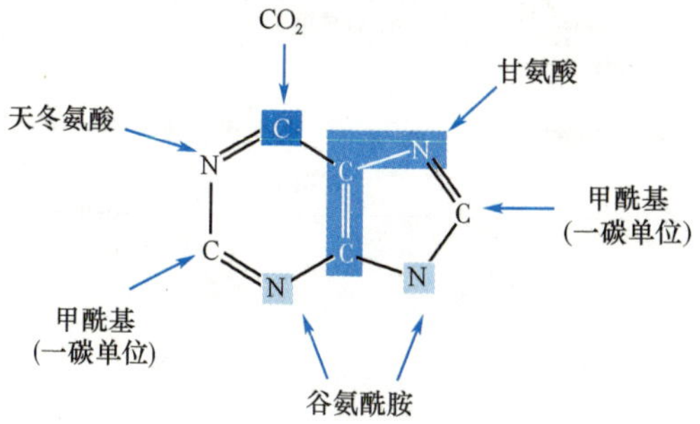

图 10-2　嘌呤环合成的原料来源

随后，由 Buchanan 和 Greenberg 等进一步弄清了嘌呤核苷酸的合成过程。结果发现，体内嘌呤核苷酸的合成并非先合成嘌呤碱基，然后再与核糖及磷酸结合，而是在磷酸核糖的基础上逐步合成嘌呤核苷酸。嘌呤核苷酸的从头合成主要在胞液中进行，可分为三个阶段：首先是 5-磷酸核糖的活化，再分 10 步反应合成次黄嘌呤核苷酸（inosine monophosphate，IMP），然后通过不同途径分别生成腺嘌呤核苷酸（adenosine monophosphate，AMP）和鸟嘌呤核苷酸（guanosine monophosphate，GMP）。下面分步介绍嘌呤核苷酸的合成过程及其调节。

1. 5-磷酸核糖的活化　嘌呤核苷酸合成的起始物为 α-*D*-核糖-5-磷酸，是磷酸戊糖途径的代谢产物。嘌呤核苷酸生物合成的第一步反应是由磷酸核糖焦磷酸激酶（phosphoribosyl pyrophosphokinase）催化，由 ATP 提供焦磷酸基团转移到 5-磷酸核糖 C-1 位上，生成 5-磷酸核糖-α-焦磷酸（5-phosphorlbosyl-α-pyrophosphate，PRPP）（图 10-3）。PRPP 同时也是嘧啶核苷酸及组氨酸、色氨酸合成的前体，参与多种生物合成过程。因此，磷酸核糖焦磷酸激酶是多种生物合成的重要酶，该酶是一种变构酶，受多种代谢产物的变构调节。该调控点能同时影响两类核苷酸的合成。

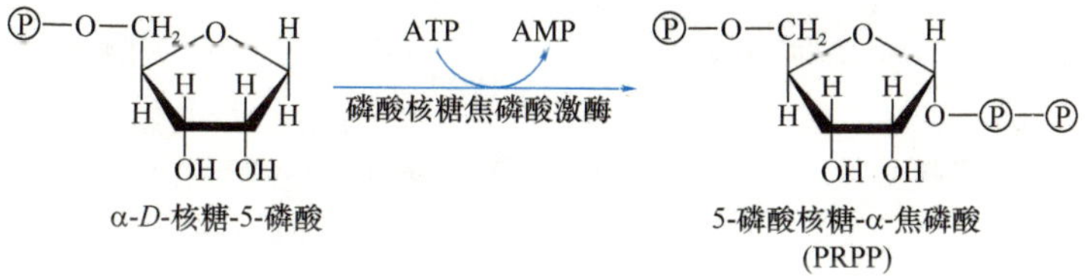

图 10-3　5-磷酸核糖的活化

2. 次黄嘌呤核苷酸（IMP）的合成　在 PRPP 的基础上，经过 10 步反应合成次黄嘌呤核苷酸（图 10-4）。①获得嘌呤的 N-9 原子：由谷氨酰胺-PRPP-酰胺转移酶（glutamine-PRPP amidotransferase）催化，谷氨酰胺提供酰胺基取代 PRPP 的焦磷酸基团，形成 β-5-磷酸核糖胺（β-5-phosphoribosylamine，PRA），PRA 极不稳定，半寿期为 30 秒。此步反应由焦磷酸的水解供能，是嘌呤合成的限速步骤。酰胺转移酶为限速酶，受嘌呤核苷酸的反馈抑制。②获得嘌呤 C-4、C-5 和 N-7 原子：甘氨酸与 PRA 加合生成甘氨酰胺核苷酸（glycinamide ribonucleotide，GAR），该反应由甘氨酰胺核苷酸合成酶（GAR synthetase）催化，由 ATP 水解供能。此步反应为可逆反应，是合成过程中唯一可同时获得多个原子的反应。③获得嘌呤 C-8 原子：GAR 的自由 α-氨基甲酰化生成甲酰甘氨酰胺核苷酸（formylglycinamide ribonucleotide，FGAR）。由 N^{10}-甲酰-FH_4 提供甲酰基。催化此反应的酶为 GAR 甲酰转移酶（GAR transformylase）。④获得嘌呤的 N-3 原子：第二个谷氨酰胺的酰胺基转移到正在生成的嘌呤环上，生成甲酰甘氨咪核苷酸（formylglycinamidine ribonucleotide，FGAM）。此反应由 FGAR 酰胺转移酶催化并由 ATP 水解生成 ADP +Pi 供能。⑤嘌呤咪唑环的形成：FGAM 经过耗能的分子内重排，环化生成 5-氨基咪唑核苷酸（5-aminoimidazole ribonucleotide，AIR）。⑥获得嘌呤 C-6 原子：C-6 原子由 CO_2 提供，由 AIR 羧化酶（AIR carboxylase）催化生成 5-氨基咪唑-4-羧酸核苷酸（carboxyamino-imidazole ribonucleotide，CAIR）。⑦获得 N-1 原子：由天冬氨酸与 AIR 缩合，生成 *N*-琥珀酰-5-氨基咪唑-4-酰胺核苷酸（*N*-succinyl-5-aminoimidazole-4-carboxamide ribonucleotide，SAICAR）。此反应与②步相似，由 ATP 水解供能。⑧去除延胡索酸：在 SAICAR 裂解酶催化下 SAICAR 脱去延胡索酸生成 5-氨基咪唑-4-氨甲酰核苷酸（5-aminoimidazole-4-carboxamide ribonucleotide，AICAR）。⑦、⑧两步反应与尿素循环中精氨酸生成鸟氨酸的反应相似。⑨获得 C-2：嘌呤环的最后一个 C 原子由 N^{10}-甲酰-FH_4 提供，由 AICAR 甲酰转移酶催化 AICAR 甲酰化生成 5-甲酰胺基咪唑-4-

笔记栏

氨甲酰核苷酸(5-formylaminoimidazole-4-carboxamide ribonucleotide, FAICAR)。⑩环化生成 IMP:FAICAR 脱水环化生成 IMP。与反应⑤相反,此环化反应无需 ATP 供能。

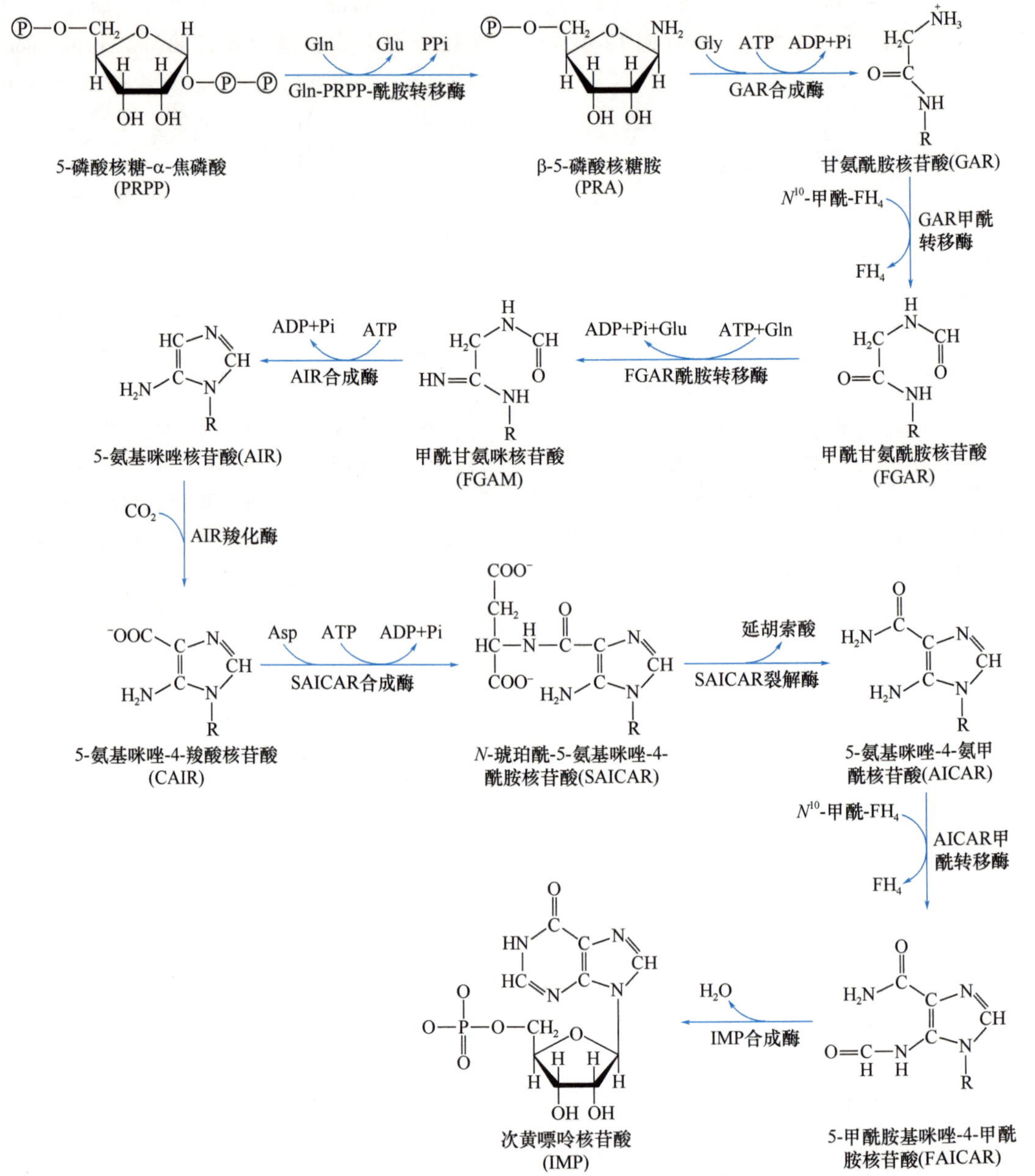

图 10-4 次黄嘌呤核苷酸的合成

3. AMP 和 GMP 的合成 上述反应生成的 IMP 并不堆积在细胞内,而是迅速转变为 AMP 和 GMP。AMP 与 IMP 的差别仅是 6 位酮基被氨基取代,由 IMP 生成 AMP 包括两步反应:①天冬氨酸的氨基与 IMP 相连生成腺苷酸代琥珀酸(adenylosuccinate),由腺苷酸代琥珀酸合成酶催化,GTP 水解供能;②在腺苷酸代琥珀酸裂解酶作用下脱去延胡索酸生成 AMP。GMP 的生成也由二步反应完成:①由 IMP 脱氢酶催化,以 NAD^+为受氢体,IMP 被氧化生成黄嘌呤核苷酸(xanthosine monophosphate, XMP);②谷氨酰胺提供酰胺基取代 XMP 中 C-2 上的氧生成 GMP,此反应由 GMP 合成酶催化,由 ATP 水解供能(图 10-5)。

AMP 和 GMP 均以 IMP 为中间体,在体内两者可以相互转化以保持彼此的平衡。IMP 可以转变成 AMP、XMP 及 GMP,而 AMP 在腺苷酸脱氨酶的作用下可直接转变成 IMP。此外,GMP 在鸟苷酸还原酶作用下,以 NADPH 为供氢体,还原脱氨基也可生成 IMP。

笔记栏

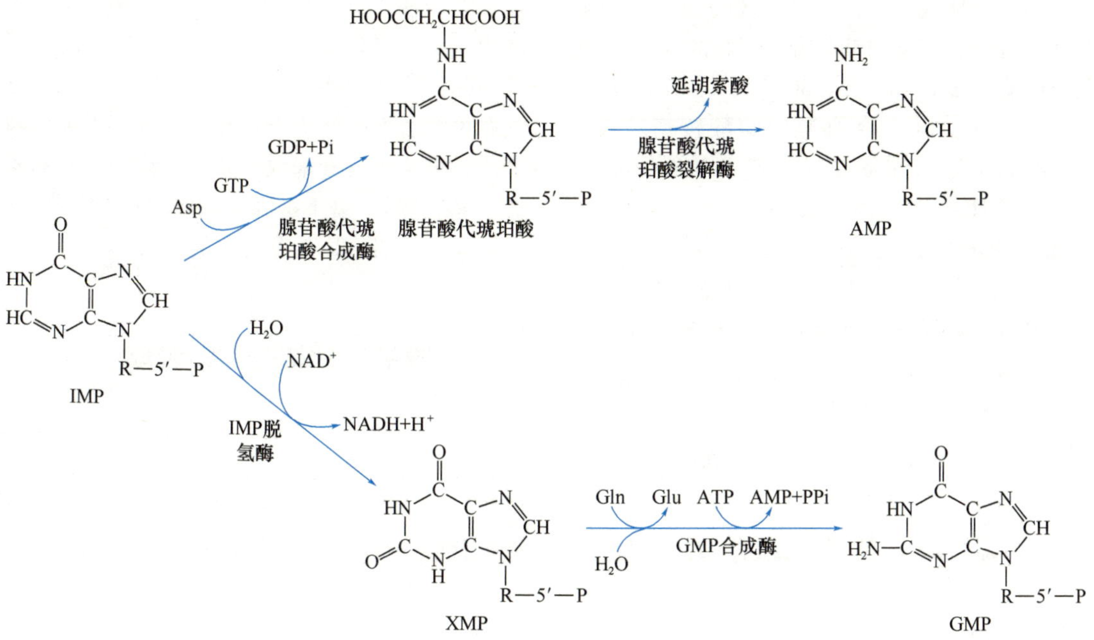

图 10-5　由 IMP 合成 AMP 和 GMP

要参与核酸的合成，一磷酸核苷必须先转变为二磷酸核苷，再进一步转变为三磷酸核苷。AMP 和 GMP 在激酶的作用下经过两步磷酸化反应分别生成 ATP 和 GTP。

$$\text{AMP+ATP} \xrightleftharpoons{\text{腺苷酸激酶}} \text{2ADP}$$

$$\text{GMP+ATP} \xrightleftharpoons{\text{鸟苷酸激酶}} \text{GDP+ADP}$$

$$\text{GDP+ATP} \xrightleftharpoons{\text{鸟苷酸激酶}} \text{GTP+ADP}$$

4. 嘌呤核苷酸从头合成的调节　从头合成是体内嘌呤核苷酸的主要来源，此过程要消耗氨基酸及大量 ATP。机体对合成速度有着精细的调节，一方面满足机体合成核酸的需要；另一方面又不会大量过剩以节省营养物及能量。在大多数细胞中，嘌呤核苷酸从头合成的调节主要通过产物的负反馈来实现（图 10-6），分别调节 IMP、ATP 和 GTP 的合成，使嘌呤核苷酸的总量相对稳定，而且使 ATP 和 GTP 的水平保持相对平衡。IMP 途径的调节主要在合成的前两步反应，即催化 PRPP 和 PRA 的生成。磷酸核糖焦磷酸激酶受 ADP 和 GDP 的反馈抑制。磷酸核糖酰胺转移酶受到 ADP、AMP 及 GDP、GMP 的反馈抑制。ADP 和 AMP 结合酶的一个抑制位点，而 GDP 和 GMP 结合另一抑制位点。因此，IMP 的生成速率受腺嘌呤和鸟嘌呤核苷酸的独立和协同调节。此外，PRPP 可变构激活磷酸核糖酰胺转移酶。

第二水平的调节作用于 IMP 向 AMP 和 GMP 转变过程。GMP 反馈抑制 IMP 向 XMP 转变，AMP 则反馈抑制 IMP 转变为腺苷酸代琥珀酸，从而防止生成过多 AMP 和 GMP。此外，腺嘌呤和鸟嘌呤的合成是平衡的，GTP 加速 IMP 向 AMP 转变，而 ATP 则可促进 GMP 的生成，这样使腺嘌呤和鸟嘌呤核苷酸的水平保持相对平衡，以满足核酸合成的需要。

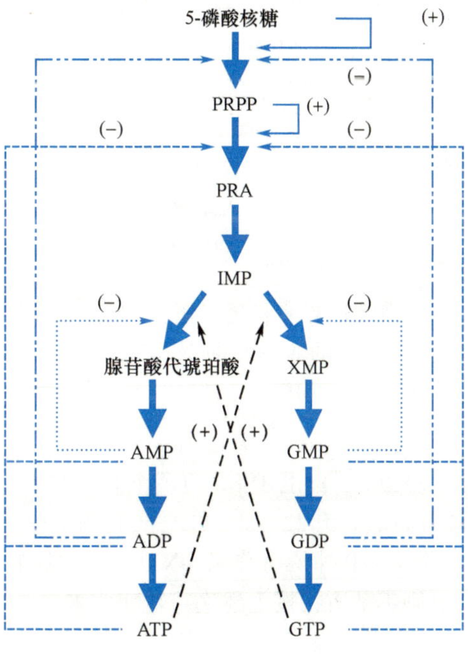

图 10-6　嘌呤核苷酸从头合成的调节

（二）嘌呤核苷酸的补救合成

骨髓、脑、脾脏等组织不能进行上述途径，必须依靠红细胞从肝脏运输而来的嘌呤碱或嘌呤核苷再合成嘌呤核苷酸称为补救合成途径。补救合成途径比较简单，消耗的能量也少。有两种酶参与嘌呤核苷酸的补救合成：腺嘌呤磷酸核糖转移酶（adenine phosphoribosyl transferase，APRT）和次黄腺嘌呤-鸟嘌呤磷酸核糖转移酶（hypoxanthine-guanine phosphoribosyl transferase，HGPRT），HGPRT的活性较APRT活性高。正常情况下HGPRT可使90%左右的嘌呤碱再利用重新合成核苷酸，而APRT催化的再利用反应很弱。补救合成途径存在以下两种途径，以第一条较为重要。

（1）嘌呤碱与PRPP直接合成嘌呤核苷酸。

$$\text{次黄嘌呤}+\text{PRPP}\xrightarrow{\text{HGPRT}}\text{次黄嘌呤核苷酸}+\text{PPi}$$

$$\text{鸟嘌呤}+\text{PRPP}\xrightarrow{\text{HGPRT}}\text{鸟嘌呤核苷酸}+\text{PPi}$$

$$\text{腺嘌呤}+\text{PRPP}\xrightarrow{\text{APRT}}\text{腺嘌呤核苷酸}+\text{PPi}$$

（2）腺嘌呤在核苷磷酸化酶催化下与1-磷酸核糖作用生成腺苷，再经腺苷激酶作用生成腺苷酸。

$$\text{腺嘌呤}+\text{1-磷酸核糖}\xrightarrow{\text{核苷磷酸化酶}}\text{腺苷}+\text{Pi}$$

$$\text{腺苷}+\text{ATP}\xrightarrow{\text{腺苷激酶}}\text{腺苷酸}+\text{ADP}$$

嘌呤核苷酸补救合成途径的生理意义在于减少从头合成时能量和原料（某些氨基酸）的消耗；同时，体内某些组织器官，例如脑、骨髓等缺乏有关的酶不能从头合成嘌呤核苷酸只能补救合成。对这些器官来说补救合成途径具有重要的意义。例如，由于基因缺陷而导致HGPRT完全缺失的患儿，表现为自毁容貌征或称Lesch-Nyhan综合征，这是一种遗传代谢病。

（三）脱氧核糖核苷酸的合成

脱氧核糖核苷酸是否也是需要通过以上从头合成途径来合成呢？它们是如何合成的呢？实验证明，嘌呤脱氧核糖核苷酸和嘧啶脱氧核糖核苷酸中所含的脱氧核糖并非先行合成后，再结合到脱氧核苷酸分子上的，而是在相应的二磷酸核苷（NDP，N代表A、G、U、C等碱基）水平上直接还原得到的，即以氢取代核糖分子中C-2的OH生成的，这种还原反应是由核糖核苷酸还原酶（ribonucleotide reductase）催化。总反应如下：

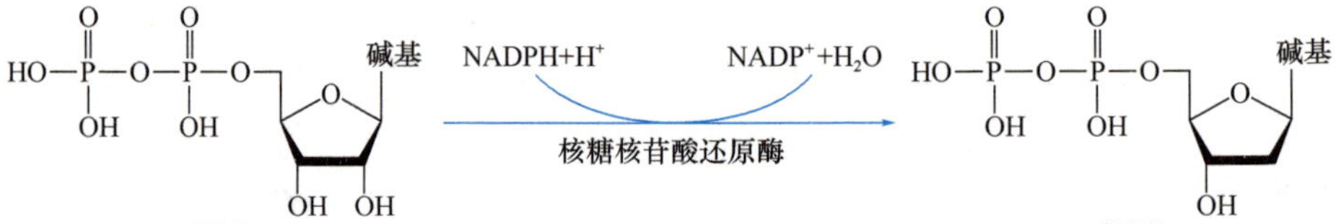

NDP　　dNDP

因此，嘌呤核苷酸和嘧啶核苷酸均通过以上反应转变为相应的脱氧核糖核苷酸（如dADP、dGDP、dUDP和dCDP）。

$$\text{dNDP}+\text{ATP}\xrightarrow{\text{激酶}}\text{dNTP}+\text{ADP}$$

经过激酶的作用，dNDP再磷酸化生成相应的三磷酸脱氧核苷酸（如dATP、dGTP、dUTP和dCTP），除dUTP外均可作为DNA合成的原料，但dTTP则不能直接按上述途径转变而来。

二、嘌呤核苷酸的分解代谢

嘌呤核苷酸可以在核苷酸酶的催化下，脱去磷酸成为嘌呤核苷，嘌呤核苷在嘌呤核苷磷酸化酶（purine nucleotide phosphorylase，PNP）的催化下转变为嘌呤及1-磷酸核糖。嘌呤核苷及嘌呤既可以进入补救合成途径又可经水解、脱氨及氧化作用生成尿酸（图10-7），随尿排出体外。哺乳动物中，腺苷和脱氧腺苷不能由PNP分解，而是在核苷和核苷酸水平上分别由腺苷脱氨酶（adenosine deaminase，ADA）和腺苷酸脱氨酸（AMP deaminase）催化脱氨生成次黄嘌呤核苷或次黄嘌呤核苷酸。它们再在磷酸化酶的作用下脱去戊糖水解成次黄嘌呤，并在黄嘌呤氧化酶（xanthine oxidase）的催化下逐步氧化为黄嘌呤和尿酸。GMP生成鸟嘌呤，后者再转变成黄嘌呤，最后氧化为尿酸。体内嘌呤核苷酸的分解代谢主要在肝脏、小肠及肾脏中进行，在这些脏器中黄嘌呤氧化酶的活性较强。

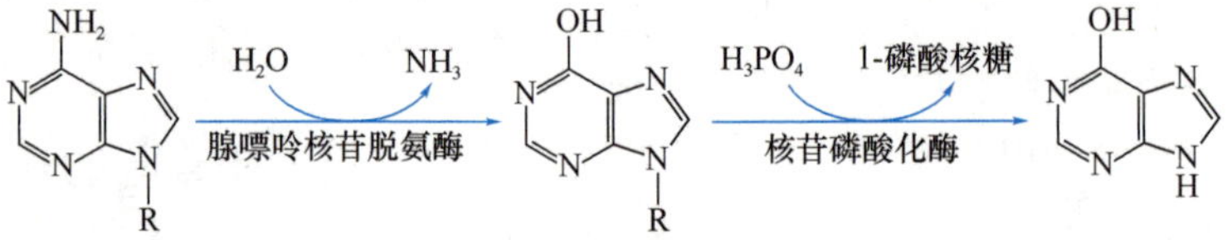

腺嘌呤核苷　　次黄嘌呤核苷　　次黄嘌呤

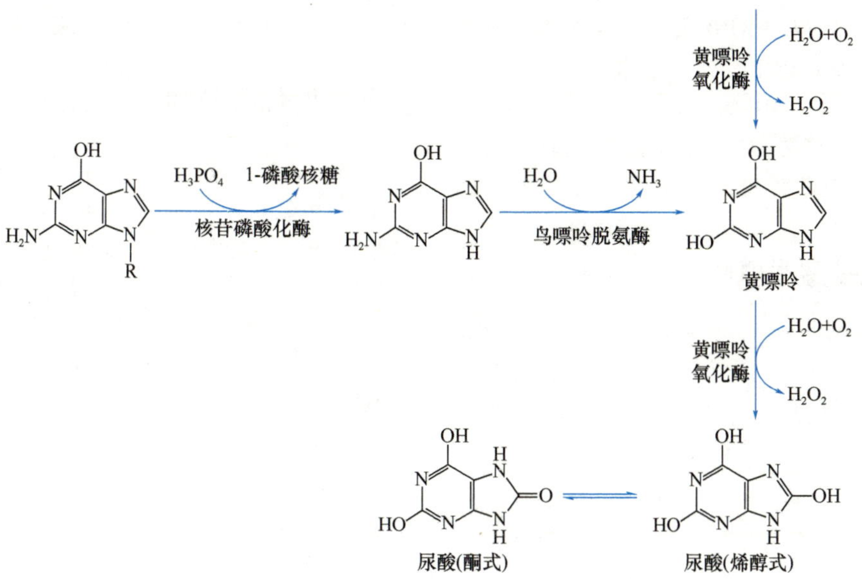

图 10-7　嘌呤核苷酸的分解代谢

三、嘌呤核苷酸的代谢异常及抗代谢物

案例 10-1

患者，男性，40 岁，两年来因全身关节疼痛伴低热反复就诊，均被诊断为“风湿性关节炎”。经抗风湿和激素后，疼痛现象稍有好转。两个月前，因疼痛加重，经抗风湿治疗不明显前来就诊。查体：体温 37.5℃，双足第一跖趾关节红肿，压痛，双踝关节肿胀，左侧较明显，局部皮肤有脱屑和瘙痒现象，双侧耳郭触及绿豆大的结节数个，白细胞 9.5×10^9/L，血沉 67mm/h。

问题讨论

1. 该患者的可能诊断是什么？需做什么检查进一步确诊？
2. 抗痛风药的作用机制？

（一）痛风症及嘌呤类似物

正常生理情况下，嘌呤合成与分解处于相对平衡状态，所以尿酸的生成与排泄也较恒定。正常人血浆中尿酸含量约 120～360μmmol/L（2～6mg/dl）。男性平均为 270μmol/L（4.5mg/dl），女性平均为 210μmmol/L（3.5mg/dl）左右。主要以尿酸及其钠盐的形式存在，尿酸及其钠盐均难溶于水。当体内核酸大量分解（白血病、恶性肿瘤等）或食入高嘌呤食物或肾疾病尿酸排泄障碍时，血中尿酸（盐）水平升高，当浓度超过 480μmol/L（8mg/dl）时，尿酸盐将过饱合而形成结晶，沉积于关节、软组织、软骨及肾脏等处，而导致关节炎、尿路结石及肾疾患，引起疼痛及功能障碍，称为痛风症（gout）。痛风症多见于成年男性，其发病机制尚未阐明，可能与嘌呤核苷酸代谢酶的先天性缺陷有关。

该患者的可能诊断是痛风。因该患者有反复发作的关节炎，累及双足第一跖趾关节、双踝关节，肩和髋关节未累及，双侧耳郭（即软骨）触及绿豆大的结节数个（即痛风石）。本病的诊断要点有：反复发作的关节炎、痛风石、间质性肾病和尿酸性肾结石。典型的首次发作于夜间发生，常累及单个关节，也可能反复发作，累及多个关节，影响第一跖趾关节、足弓、踝、膝、腕、肘，而髋和肩等大关节较少受累。

如需进一步确诊，需检查血尿酸含量，经检查该患者血尿酸 570μmol/L（男性参考值 149～416μmol/L），表明是升高的。此外局部 X 线摄片：两足第一跖趾关节、双踝关节均符合痛风样改变。因此基本上可以确诊。

临床上常用别嘌呤醇（allopurinol）治疗痛风症。别嘌呤醇与次黄嘌呤结构类似，只是分子中 N-8 与 C-7 互换了位置，故可抑制黄嘌呤氧化

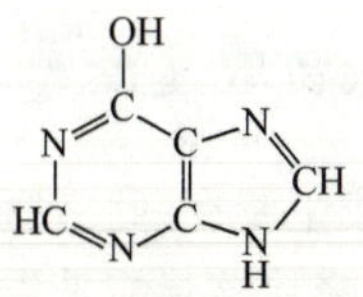

次黄嘌呤

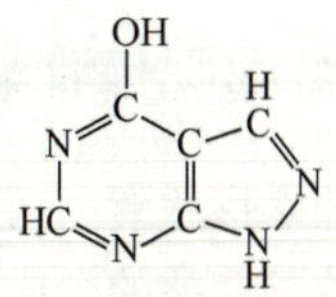

别嘌呤醇

酶，从而抑制尿酸的生成。同时，别嘌呤在体内经代谢转变，与 PRPP 反应生成别嘌呤核苷酸，不仅消耗了 PRPP，使其含量下降，而且别嘌呤核苷酸与 IMP 结构类似能反馈抑制 PRPP 酰胺转移酶，阻断嘌呤核苷酸的从头合成。这两方面的作用均可使嘌呤核苷酸的合成减少。

（二）氨基酸类似物

氨基酸类似物有氮杂丝氨酸（azaserine）及 6-重氮-5-氧正亮氨酸（6-diazo-5-oxonorleucine）等。它们的化学结构与谷氨酰胺相似，在嘌呤核苷酸合成中抑制 PRPP 酰胺转移酶和 *N*-甲酰甘氨咪核苷酸合成酶，从而抑制嘌呤核苷酸的合成。

（三）叶酸类似物

常见的叶酸类似物有氨蝶呤（aminopterine，APT）及甲氨蝶呤（methotrexate，MTX）。它们能竞争性抑制二氢叶酸还原酶，使叶酸不能还原成二氢叶酸及四氢叶酸。因此，嘌呤分子中来自一碳单位的 C_2 和 C_8 均得不到供应，从而抑制嘌呤核苷酸的合成。MTX 在临床上用于白血病等恶性肿瘤的治疗。

$H_2NCOCH_2CH_2CHNH_2COOH$	谷氨酰胺
$N^+NCH_2COOCH_2CHNH_2COOH$	氮杂丝氨酸（重氮乙酰丝氨酸）
$N^+NCH_2COCH_2CH_2CHNH_2COOH$	6-重氮 5-氧正亮氨酸

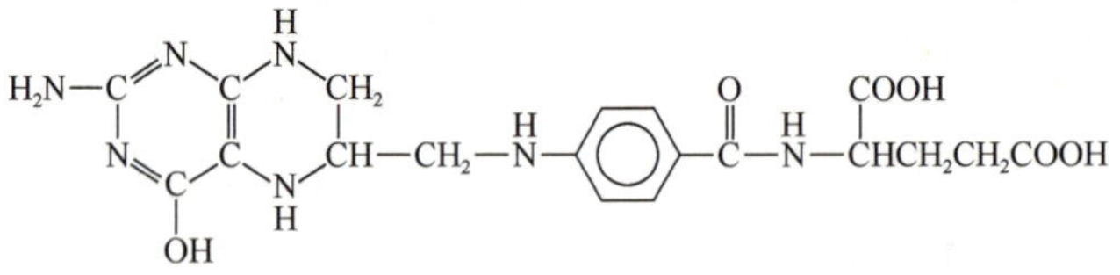
四氢叶酸

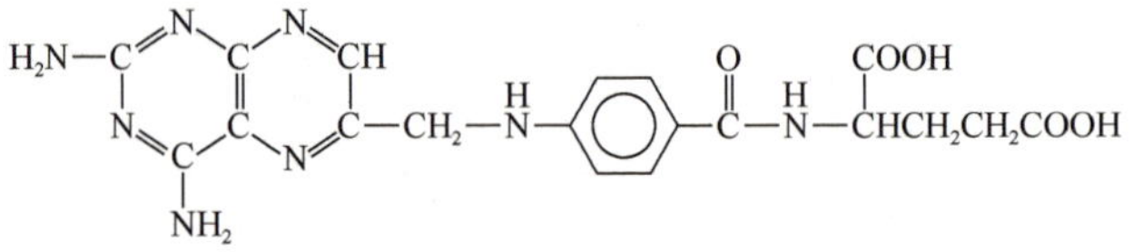
氨蝶呤

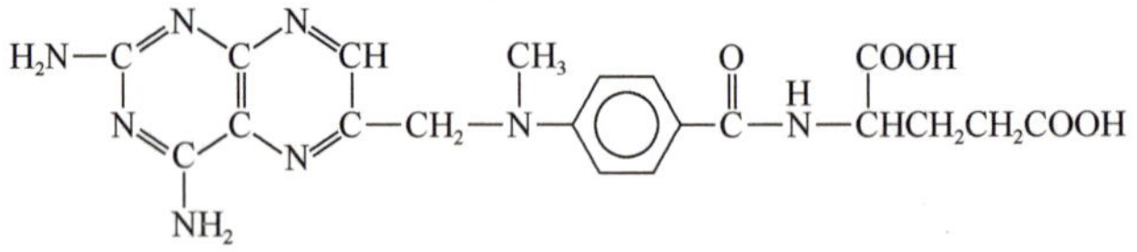
甲氨蝶呤

第 3 节　嘧啶核苷酸代谢

一、嘧啶核苷酸的合成代谢

与嘌呤核苷酸合成相比，嘧啶核苷酸合成也有两条途径：从头合成和补救合成。嘧啶核苷酸的从头合成较简单，放射性核素示踪实验证明构成嘧啶环的 N_1、C-4、C-5 及 C-6 均由天冬氨酸提供，C-2 和 N-3 来源于氨基甲酰磷酸（图 10-8）。

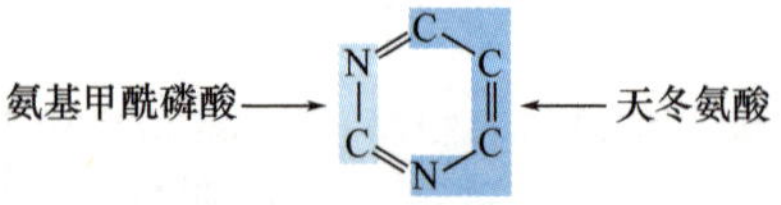

图 10-8　嘧啶环合成的原料来源

（一）嘧啶核苷酸从头合成途径

嘧啶核苷酸的从头合成主要在肝脏进行，但与嘌呤核苷酸的合成不同，嘧啶核苷酸是先合成嘧啶环，然后再与磷酸核糖连接生成核苷酸。合成嘧啶核苷酸的原料比较简单分别来自氨基甲酰磷酸和天冬氨酸（图 10-9）。

1. 尿嘧啶核苷酸的从头合成　从头合成途径可分为以下 6 步反应：①嘧啶合成的第一步是谷氨酰胺和 CO_2 合成氨基甲酰磷酸，催化反应的氨基甲酰磷酸合成酶 Ⅱ（carbamoyl phosphate synthetase Ⅱ，CPS Ⅱ）位于肝细胞的胞液中。它与尿素合成途径的氨基甲酰磷酸合成酶 Ⅰ 不同，后者位于肝细胞线粒体中，其底物为 CO_2 和氨。②氨基甲酰磷酸转氨甲酰基给天冬氨酸，缩合生成氨甲酰天冬氨酸，催化此反应的酶是天冬氨酸氨基甲酰转移酶（aspartate transcarbamoylase，ATCase）。此反应为嘧啶合成的限速步骤，受产物的反馈抑制，由氨基甲酰磷酸水解供能，不消耗 ATP。③氨甲酰天冬氨酸在二氢乳清酸酶催化下脱水环化生成具有嘧啶环的二氢乳清酸。④二氢乳清酸脱氢酶催化二氢乳清酸脱氢生成乳清酸

(orotic acid)。此酶需 FMN 和非血红素 Fe^{2+}，位于线粒体内膜的外侧面，由醌类(quinones)提供氧化能力，嘧啶合成中的其余 5 种酶均存在于胞液中。⑤由乳清酸磷酸核糖转移酶催化 PRPP 中的磷酸核糖转移给乳清酸而生成乳清酸核苷酸(OMP)，由 PRPP 水解供能。⑥乳清酸核苷酸脱羧酶催化 OMP 脱羧生成尿苷酸(uridine monophosphate, UMP)(图 10-9)。

Jones 等研究表明，在动物体内催化上述嘧啶合成的前三个酶，即 CPS-Ⅱ、天冬氨酸氨基甲酰转移酶和二氢乳清酸酶，位于相对分子质量为 210kDa 的同一多肽链上，是一个多功能酶，因此更有利于以均匀的速度参与嘧啶核苷酸的合成。与此相类似，反应⑤和⑥的酶(乳清酸磷酸核糖转移酶和 OMP 脱羧酶)也位于同一条多肽链上。这些多功能酶的中间产物并不释放到介质中，而在连续的酶间移动，这种多功能酶的分布方式有利于它们以均匀的速度参与嘧啶核苷酸的合成，也便于调节。

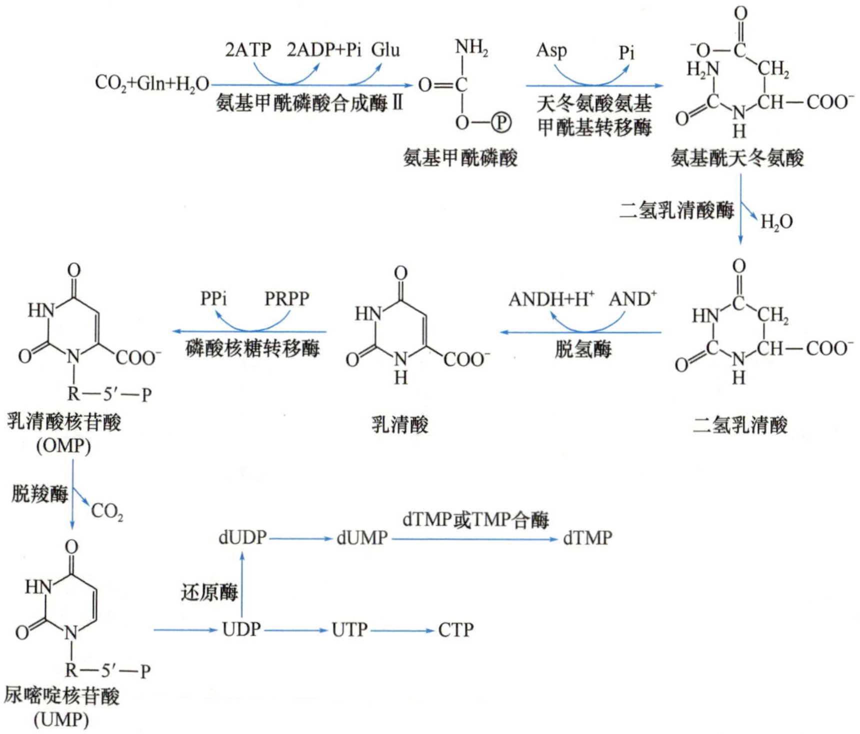

图 10-9　嘧啶核苷酸的合成代谢

2. 胞嘧啶核苷酸的生成　胞嘧啶核苷酸合成不是由 UMP 直接转变而来而是从三磷酸的 UTP 进行氨基化而完成的，即 UMP 先经一磷酸尿苷激酶和二磷酸尿苷激酶催化转变成 UTP，由 ATP 提供磷酸基团，然后在三磷酸胞苷合成酶催化下由谷氨酰胺提供氨基而生成 CTP。

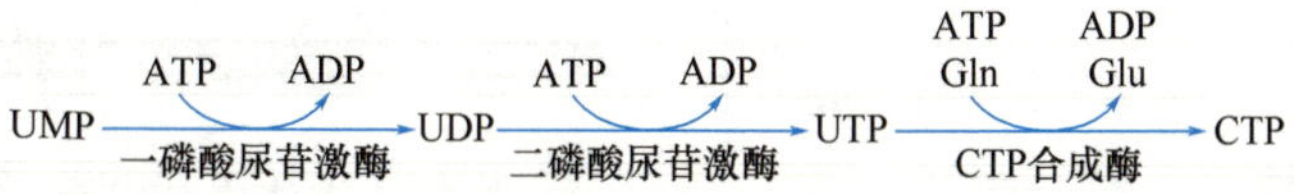

3. 脱氧胸腺嘧啶核苷酸的合成　与其他脱氧核苷酸不同的是，只有脱氧胸腺嘧啶核苷酸(deoxythymidine monophosphate, dTMP)的合成过程特殊，它不能由相应的核糖核苷酸转变而来，而是由脱氧尿嘧啶核苷酸(dUMP)经甲基化而生成。反应由脱氧胸腺嘧啶核苷酸合酶(dTMP 合酶)催化，甲基供体是 N^5,N^{10}-甲烯-FH_4，当它提供甲基之后则生成二氢叶酸，二氢叶酸再经二氢叶酸还原酶催化生成四氢叶酸，再次参加一碳基团转移。

dUMP 则来自两个途径：①dUDP 水解；②dCMP脱氨，以后一途径为主(图 10-10)。

dTMP 可继续由激酶作用而逐步生成 dTDP 和 dTTP。

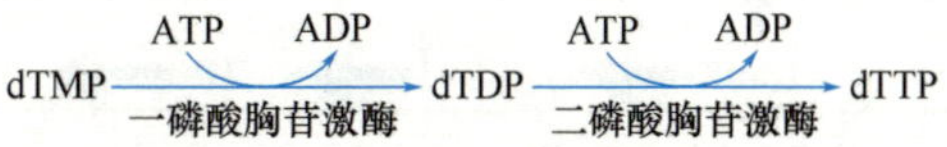

综上所述，嘌呤与嘧啶核苷酸的合成过程总结如图 10-11。

4. 从头合成的调节　嘧啶核苷酸从头合成的调节是由合成产物对 3 个关键酶的负反馈调

笔记栏

节来实现的(图 10-12)。一是 UMP 对氨基甲酰磷酸合成酶Ⅱ的抑制作用;二是 CTP 和 UMP 对天冬氨酸转氨基甲酰酶的抑制作用;三是各种嘧啶核苷酸和嘌呤核苷酸对磷酸核糖焦磷酸激酶的抑制作用;此外 UMP 对 OMP 脱羧酶也有反馈作用,OMP 的生成还受 PRPP 的影响。

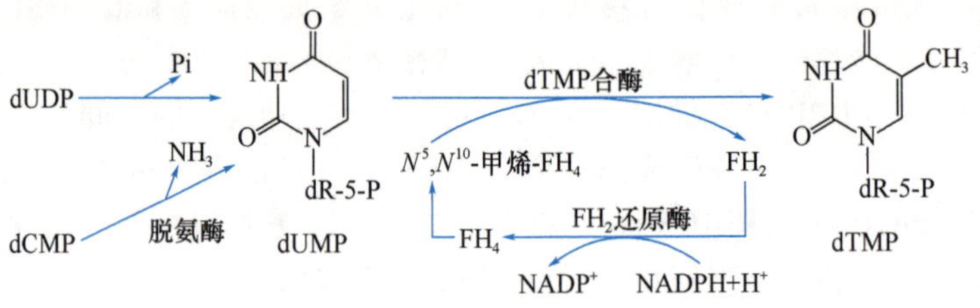

图 10-10 脱氧胸腺嘧啶核苷酸的合成

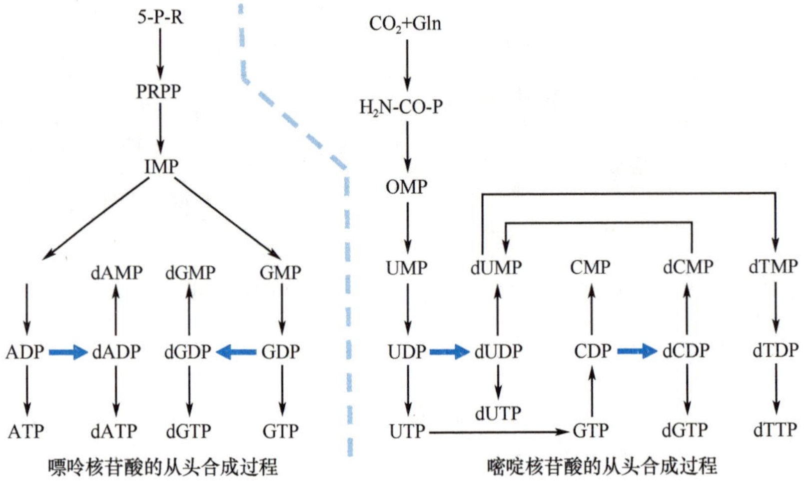

图 10-11 嘌呤和嘧啶核苷酸的从头合成过程总结

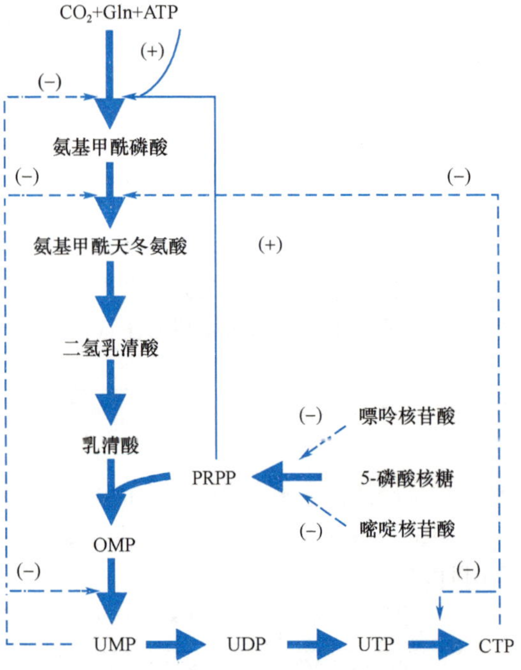

图 10-12 嘧啶核苷酸从头合成的调节

嘌呤核苷酸与嘧啶核苷酸的合成速度往往有平行的变化,放射性核素参入实验表明,嘌呤与嘧啶的合成有着协调控制关系,按摩尔计算两者合成的速度通常是平衡的。这是由于两类核苷酸同时对磷酸核糖焦磷酸激酶进行调节,同时影响两类核苷酸的合成速度所致。在细菌中,天冬氨酸氨基甲酰转移酶(ATCase)是嘧啶核苷酸从头合成的主要调节酶。在大肠埃希菌中,ATCase受 ATP 的变构激活,而 CTP 为其变构抑制剂。而在许多细菌中,UTP 是 ATCase 的主要变构抑制剂。在动物细胞中,ATCase 不是调节酶,嘧啶核苷酸合成主要由 CPS-Ⅱ调控。UDP 和 UTP 抑制其活性,而 ATP 和 PRPP 为其激活剂。

(二)嘧啶核苷酸补救合成途径

外源性或体内核苷酸降解的嘧啶碱在嘧啶磷酸核糖转移酶的催化下生成嘧啶核苷酸,该酶能够利用尿嘧啶、胸腺嘧啶和乳清酸作为底物,但不能利用胞嘧啶。

$$\text{嘧啶}+\text{PRPP} \xrightarrow{\text{嘧啶磷酸核糖转移酶}} \text{嘧啶核苷酸}+\text{PPi}$$

$$\text{嘧啶核苷}+\text{ATP} \xrightarrow{\text{核苷激酶}} \text{嘧啶核苷酸}+\text{ADP}$$

各种嘧啶核苷可以在相应的核苷激酶的催化下,与 ATP 作用生成嘧啶核苷酸和 ADP。如脱氧胸苷可通过胸苷激酶(thymidine kinase,TK)作用生成 dTMP,此酶在正常肝中活性很低,再生肝中升高，恶性肿瘤中明显升高并与恶性程度有关。

二、嘧啶核苷酸的分解代谢

嘧啶核苷酸的分解代谢途径与嘌呤核苷酸相似，首先通过核苷酸酶及核苷磷酸化酶的作用，分别除去磷酸和核糖，产生的嘧啶碱在肝脏中再进一步分解。

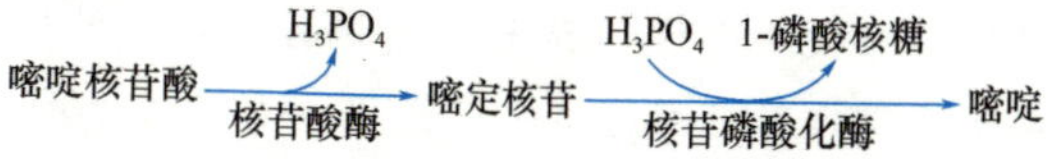

分解代谢过程中有脱氨基、氧化、还原及脱羧基等反应。胞嘧啶脱氨基转变为尿嘧啶。尿嘧啶和胸腺嘧啶先在二氢嘧啶脱氢酶的催化下，由 $NADPH+H^+$ 供氢，分别还原为二氢尿嘧啶和二氢胸腺嘧啶。二氢嘧啶酶催化嘧啶环水解，分别生成 β-丙氨酸（β-alanine）和 β-氨基异丁酸（β-aminosiobutyrate），两者经转氨基作用脱去氨基后，即汇入有机酸代谢途径（图 10-13）。β-丙氨酸和 β-氨基异丁酸可继续分解参与三羧酸循环而被彻底氧化，部分 β-氨基异丁酸亦可随尿排出体外。

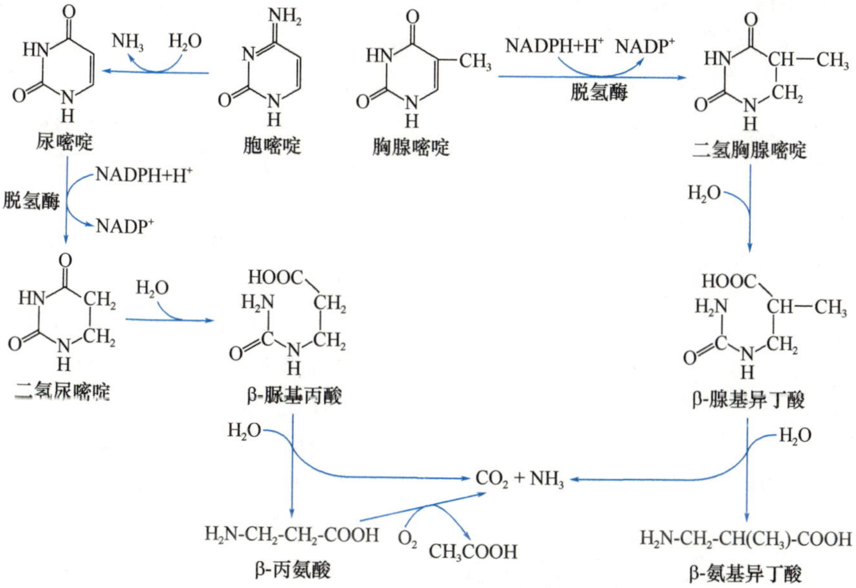

图 10-13 嘧啶核苷酸的分解代谢

食入含 DNA 丰富的食物，经放射线治疗或化学治疗的癌症病人以及白血病患者，尿中 β-氨基异丁酸排出量增多，这是由于细胞及核酸破坏，嘧啶核苷酸分解增加所致。嘧啶核苷酸分解代谢与嘌呤核苷酸分解代谢最大的不同是嘧啶环的裂解，最后生成 β-氨基酸。与嘌呤碱的分解产物不同，嘧啶碱的降解产物易溶于水。

三、嘧啶核苷酸的代谢异常及抗代谢物

（一）乳清酸尿症（orotic aciduria）

嘧啶核苷酸代谢异常的疾病较少见，乳清酸尿症就是一种嘧啶核苷酸从头合成途径酶缺乏的原发性遗传病。此病有两种类型：一种是缺乏乳清酸磷酸核糖转移酶和乳清酸核苷酸脱羧酶，以致乳清酸代谢障碍，尿中排出多量乳清酸，患者发育不良，出现严重的巨成红细胞性贫血。另一类型只缺乏乳清酸核苷酸脱羧酶，尿中主要出现乳清酸核苷酸，也有一定量的乳清酸出现。两类患儿均易发生感染，临床用尿苷治疗。尿苷经磷酸化可生成 UMP、UTP，进而反馈抑制乳清酸的合成以达到治疗的目的。

（二）嘧啶类似物

嘧啶类似物主要有氟尿嘧啶（5-fluorouracil，5-FU）。它的结构与胸腺嘧啶相似。5-FU 本身并无生物学活性，必须在体内转变成一磷酸脱氧核糖氟尿嘧啶核苷（FdUMP）和三磷酸氟尿嘧啶核苷（FUTP）后，才能发挥作用。FdUMP 与 dUMP 结构类似，是胸苷酸合酶的抑制剂，可阻断 dTMP 的合成；FUTP 可以 FUMP 的形式参入 RNA 分子中，异常核苷酸的参入则破坏了 RNA 的结构与功能。

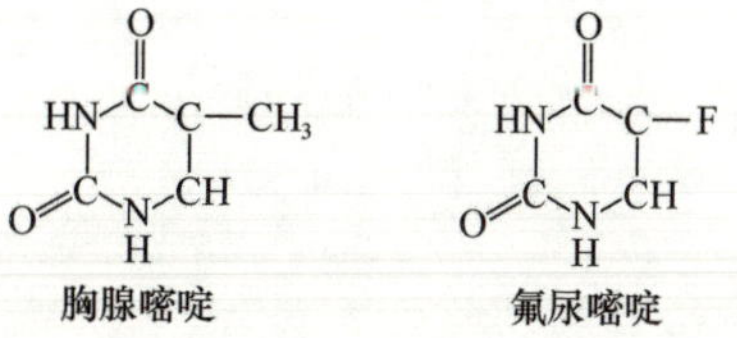

笔记栏

(三) 嘧啶核苷酸类似物

阿糖胞苷和环胞苷是改变了核糖结构的嘧啶核苷类似物。临床上作为重要的抗癌药物应用,阿糖胞苷能抑制 CDP 还原成 dCDP,也能影响 DNA 的合成。

(四) 氨基酸类似物

氨基酸类似物已在嘌呤抗代谢物中介绍。由于氮杂丝氨酸结构和谷氨酰胺相似,在嘧啶核苷酸的合成中能抑制氨基甲酰磷酸合成酶Ⅱ和 CTP 合成酶,从而干扰嘧啶核苷酸的合成代谢。

(五) 叶酸类似物

叶酸类似物已在嘌呤抗代谢物中介绍。胸苷酸合成酶可使四氢叶酸氧化成二氢叶酸。氨蝶呤和氨甲蝶呤抑制二氢叶酸还原酶,则阻断了二氢叶酸向四氢叶酸的转变(再循环),从而抑制胸苷酸的合成,进而影响 DNA 的合成,抑制细胞的增殖。

小　　结

核苷酸具有多种重要的生理功能,其中最主要的功能就是作为生物合成核酸分子的原料。此外,核苷酸还参与能量代谢、代谢调节等过程。体内的核苷酸主要由机体细胞自身合成。食物来源的嘌呤和嘧啶极少被机体所利用。

体内嘌呤核苷酸生物合成有两条途径:从头合成和补救合成。从头合成的原料是磷酸核糖、氨基酸、一碳单位及 CO_2 等简单物质,在 PRPP 基础上经一系列酶促反应,逐步形成嘌呤环。首先生成 IMP,然后再分别转变成 AMP 和 GMP。从头合成过程受精确反馈调节。补救合成实际上是对现成嘌呤或嘌呤核苷的重新利用,虽合成含量极少,但也有重要生理意义。HGPRT 完全缺失可引起 Lesch-Nyhan 综合征。

体内嘧啶核苷酸的生物合成也有两条途径:从头合成和补救合成。机体从头合成嘧啶核苷酸与合成嘌呤核苷酸的过程有所不同,是机体先合成嘧啶环,再磷酸核糖化而生成核苷酸。嘧啶核苷酸的从头合成同样受反馈调控。现成的嘧啶或嘧啶核苷可通过补救途径合成嘧啶核苷酸。

体内的脱氧核糖核苷酸是由各自相应的核糖核苷酸在二磷酸水平上还原而成的。核糖核苷酸还原酶催化此反应。四氢叶酸携带的一碳单位是合成胸苷酸过程中甲基的必要来源。

在嘌呤核苷酸和嘧啶核苷酸的合成代谢中,无论是通过从头合成途径还是补救合成途径,最终均是先合成核苷一磷酸,然后通过相应的激酶生成相应的核苷二磷酸和核苷三磷酸,4 种核糖核苷三磷酸(ATP、GTP、CTP、UTP)和 4 种脱氧核糖核苷三磷酸(dATP、dGTP、dCTP、dTTP)分别作为合成 RNA 和 DNA 的原料。

根据嘌呤和嘧啶核苷酸的合成过程,可以设计多种抗代谢物,包括嘌呤、嘧啶类似物,叶酸类似物,氨基酸类似物等。这些抗代谢物在抗肿瘤治疗中发挥重要作用。

嘌呤在人体内分解代谢的终产物是尿酸,黄嘌呤氧化酶是这个代谢过程的重要酶。痛风症主要是由于嘌呤代谢异常,尿酸生成过多而引起的,利用别嘌呤醇可以治疗痛风症。嘧啶分解后产生的β-氨基酸可随尿排出或进一步分解。

(刘新光)

笔记栏

第11章 物质代谢的联系与调节

物质代谢是生物体的一个重要的基本特征，也是机体一切生命活动的能量源泉。生物体的生存与健康有赖于机体经常不断地与外界进行物质交换。体内各种物质的代谢之间也有着广泛的联系。物质代谢和代谢间的联系是在体内完善、精密而又复杂的调节机制作用下进行的。如果物质代谢失调，就会产生疾病；一旦物质代谢停止，生命亦随之终止。

第1节 物质代谢的特点

(一) 整体性

人体从外界摄取的食物是含有糖类、脂类、蛋白质、核酸、水、无机盐、微量元素及维生素等成分的混合物。故食物中这些成分经消化吸收到体内后的代谢就不可能彼此孤立各自为政，而是同时进行的，且各种物质代谢之间和各条代谢途径之间彼此互相联系，或相互转变，或相互依存，或相互制约，从而构成统一整体。例如进食后，摄取到体内的葡萄糖增加。此时，糖原合成加强，而糖原分解抑制；同时，糖的分解代谢加强。一方面，释放能量增多，以保证糖原、脂肪、磷脂、胆固醇、蛋白质等物质合成的能量需要；另一方面，糖分解代谢的一些中间产物，经过各自不同的代谢转变成脂肪、胆固醇、磷脂及非必需氨基酸等。在由糖转变成脂类、非必需氨基酸的同时，脂肪动员和蛋白质的分解就受到抑制。

(二) 物质代谢偶联能量代谢

广义的物质代谢是指物质的消化吸收、中间代谢及排泄。狭义的物质代谢通常指物质的中间代谢，包括合成代谢(anabolism)与分解代谢(catabolism)两个方面。

物质合成伴有能量吸收，即同化作用；物质分解伴有能量释放，即异化作用。同化作用与异化作用即为新陈代谢(metabolism)(图11-1)。

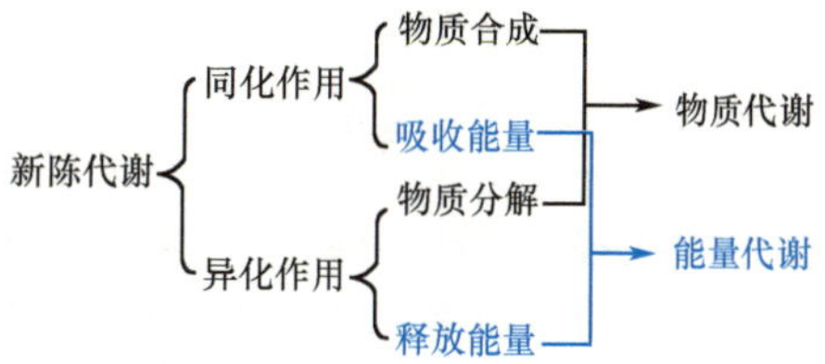

图11-1 新陈代谢的定义图

(1) 同化作用(assimilation)：指生物体把从外界环境中获取的营养物质转变成自身的组成物质，并且储存能量的变化过程。

(2) 异化作用(dissimilation)：指生物体能够把自身一部分物质加以分解，释放其中的能量，且把分解的终产物排出体外的变化过程。

同化作用以合成代谢为主，也有分解代谢，如核苷酸合成需要糖的磷酸戊糖途径提供5-磷酸核糖，需要氨基酸分解提供一碳单位。异化作用以分解代谢为主，也有合成代谢，如氨基酸分解产生的 NH_3 和 CO_2，在肝细胞中合成尿素。

由此可见，体内的物质代谢与能量代谢偶联进行。例如进食后，能量来源超过能量利用，此时，脂肪合成增加以便能量储存。脂肪是机体最好的能量储存形式，而饥饿时的脂肪动员，脂酸分解，释放出能量供机体生命活动所需要。

(三) 代谢途径的多样性

体内的物质代谢通常是以由许多酶促反应组成的代谢途径进行。代谢途径有多种：

1. 直线途径 一般指从起始物到终产物的整个反应过程中无代谢支路。如DNA生物合成、RNA生物合成及蛋白质生物合成等。

2. 分支途径 是指代谢物可通过某个共同中间物进行代谢分途，产生2种或更多种产物。例如在胞液中，由葡萄糖代谢产生的丙酮酸无氧时还原为乳酸；有氧时进入线粒体内转变成乙酰CoA后进入三羧酸循环彻底氧化，生成 H_2O 和 CO_2 并释放出能量；可经转氨基作用生成丙氨酸；还可羧化成草酰乙酸。草酰乙酸又是另一个中间产物，它也有代谢分途，如经过一定代谢异生为糖；经转氨基作用转变成天冬氨酸等(图11-2)。

笔记栏

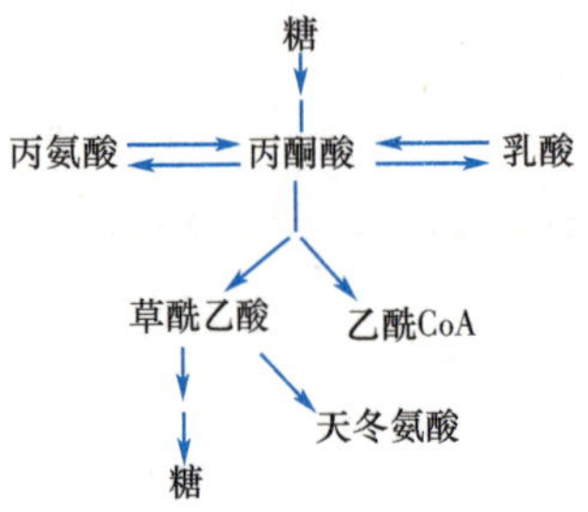

图 11-2 丙酮酸代谢分支反应示意图

3. 循环途径 循环中的中间产物可反复生成，反复利用，使生物体能经济高效地进行代谢变化，而且循环反应可以从任一中间物起始或终止，可大大提高代谢变化的灵活性。例如三羧酸循环、鸟氨酸循环等。

（四）代谢调节

体内的各种物质代谢，千变万化，错综复杂。但由于机体存在着一套精细、完善而又复杂的调节机制，从而保证体内各种物质代谢有条不紊，使各种物质代谢的强度、方向和速度能适应内外环境的不断变化，保持机体内环境的相对恒定及动态平衡，保证机体各项生命活动的正常进行，这也是身体健康的保证。

（五）物质代谢的组织特异性

由于各组织、器官分化不同，所含酶类的种类和含量各有差异，形成各组织、器官具有不同的代谢特点即代谢具有组织特异性。如酮体在肝内生成而在肝外组织被利用；又如肝既能进行糖原合成，也能进行糖原分解，还能进行糖异生作用，是维持血糖水平恒定的重要器官；再如支链氨基酸主要在肌肉组织中分解，而芳香族氨基酸主要在肝中降解等。这种物质代谢的组织特异性，对理解有关疾病的生化机制十分重要。

（六）各种代谢物均具有共同的代谢池

体内的各种代谢物，无论是从外界摄入的还是从体内产生的，混合在一起，共同构成了物质代谢池，分布于全身各处进行代谢。例如，来自食物蛋白质消化吸收的氨基酸、体内蛋白质（主要是组织蛋白质）降解产生的氨基酸和机体自身合成的非必需氨基酸混合在一起，分布于体内各处，共同构成氨基酸代谢池（或代谢库）。

（七）ATP 是机体能量储存与利用的共同形式

一切生命活动需要能量。能量的直接利用形式是 ATP。体内糖、脂肪、蛋白质分解氧化释放的部分能量，通过氧化磷酸化（主要）和底物水平磷酸化生成 ATP 使能量以高能磷酸键形式储存于 ATP。需要时，ATP 水解释放出能量，供各种生命活动的需要。例如各种生物合成、肌肉收缩、物质的主动转运、生物电，乃至体温的维持等。此外，在肌组织，ATP 可将其高能磷酸键转移给肌酸，以磷酸肌酸形式储存能量；需要时，将其能量转移给 ADP 生成 ATP 再被利用。

（八）NADPH 为某些物质合成提供还原当量

体内的氧化反应，主要是脱氢反应，且以不需氧脱氢酶催化的氧化反应为主，特别是以 NAD^+为辅酶的脱氢反应，生成的 $NADH+H^+$通过 NADH 氧化呼吸链氧化，生成水并产生 ATP。以 $NADP^+$为辅酶的脱氢酶有 6-磷酸葡萄糖脱氢酶、6-磷酸葡萄糖酸脱氢酶及胞液中的异柠檬酸脱氢酶、苹果酸酶等，它们催化底物脱氢生成的 $NADPH+H^+$可为合成脂酸、胆固醇、脱氧核苷酸等化合物提供还原当量。

第 2 节 物质代谢的相互联系

一、在能量上的相互联系

生物体的能量来自糖、脂肪、蛋白质三大营养素在体内的分解氧化。通常情况下，人体摄取的食物中糖类含量最多，人体所需要能量的 50% ~70% 由糖提供，糖是体内的“燃烧材料”；其次是脂肪，脂肪是生物体的“储能材料”，储量大，因脂肪含水少，便于储存，当能量摄取超过利用时，多余能量主要以脂肪形式加以储存；蛋白质分解氧化提供的能量可占总能量的 18%，但机体尽可能节省蛋白质的消耗，因为蛋白质是机体的“建筑材料”，其主要功用是维持组织细胞的生长、更新、修补和执行各种生命活动，而蛋白质的氧化供能可由糖、脂肪所代替。

三大营养素的氧化供能，可分为三个阶段。首先，糖原、脂肪、蛋白质分解产生各自的基本组成单位(成分)；然后，这些基本单位按各自不同的分解途径分解生成共同的中间产物——乙酰CoA；最后，乙酰CoA进入三羧酸循环和氧化磷酸化彻底氧化(图11-3)。

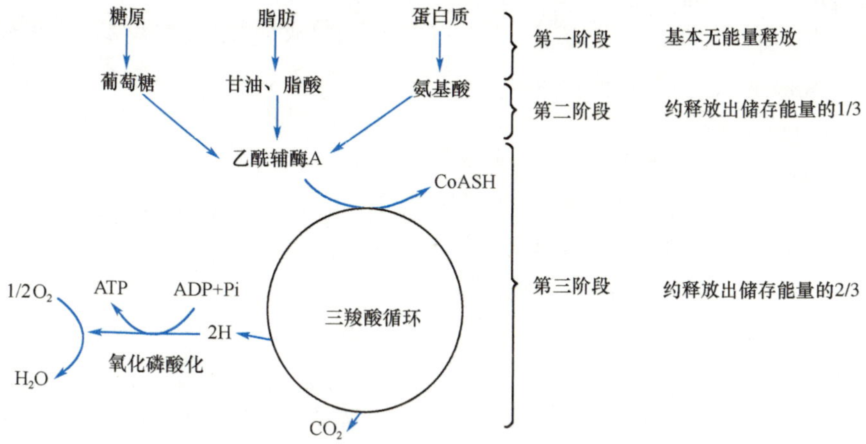

图11-3　糖、脂肪、蛋白质氧化分解的三个阶段

由此可见，三大营养素最终都要通过三羧酸循环和氧化磷酸化的共同通路才能彻底氧化。因此，从供能角度看，三大营养素可以互相代替，并相互制约。当任一营养素的分解氧化占优势时，就会抑制和节省其他供能物质的降解。例如脂肪动员加强，ATP生成增多，ATP/ADP比值增高时，可变构抑制糖分解代谢的最主要限速酶——6-磷酸果糖激酶-1的活性，从而抑制糖的分解。相反，若ATP生成减少，ATP/ADP比值降低时，6-磷酸果糖激酶-1活性被变构激活，从而加速糖的分解。又如，饥饿初期，由于血糖水平降低，胰岛素分泌减少，胰高血糖素分泌增加。这两种激素分泌的平衡改变，导致脂肪动员、蛋白质分解，而抑制糖的氧化，促进糖的异生，以维持血糖浓度相对恒定。但若长期饥饿，机体通过代谢调节，各组织包括脑的代谢发生相应变化，使脂肪动员进一步加强，肾皮质的糖异生作用也加强，而蛋白质分解减少，负氮平衡有所改善。

二、糖、脂、蛋白质及核苷酸代谢之间的相互联系

如前所述，体内的物质代谢是一个整体。各种物质代谢不仅在同时进行，而且通过它们的共同中间代谢物和共同通路而相互沟通，彼此联系。当一种物质代谢障碍时可引起其他物质代谢的紊乱。

(一) 糖代谢与脂代谢的相互联系

(1) 糖可转变为脂肪，脂肪是机体能量储存的主要形式。当人体摄取糖量超过机体能量消耗时，除糖原合成增强外，主要转变为脂肪。此时，一方面糖分解产生的磷酸二羟丙酮可以转变为α-磷酸甘油；另一方面，糖代谢产生的乙酰CoA在乙酰CoA羧化酶(该酶被柠檬酸、ATP变构激活)的催化下生成丙二酰CoA，再由NADPH+H^+提供还原当量、ATP提供能量合成脂酸，并活化成脂酰CoA，进而与α-磷酸甘油在脂酰CoA转移酶催化下合成脂肪而储存于脂肪组织中，这正是摄取高糖膳食使人肥胖的原因。

(2) 脂肪中甘油部分可转变为糖，而脂酸不能转变为糖。脂肪中的甘油可在肝、肾、肠等组织中被甘油激酶催化生成α-磷酸甘油，再转变成磷酸二羟丙酮，然后转变为糖。由于丙酮酸转变为乙酰CoA的反应不可逆，故脂酸经β-氧化生成的乙酰CoA不能逆转生成丙酮酸，因而脂酸不能转变为糖。又由于甘油占脂肪组成比例较少，故脂肪转变为糖较少。

(3) 糖可以转变为胆固醇，也能为磷脂合成提供原料。胆固醇合成的原料乙酰CoA和NADPH+H^+，完全可以由糖代谢产生。当进食高糖膳食后，血糖升高时，胰岛素分泌增加，糖的分解加强，为合成胆固醇提供更多的乙酰CoA

和 NADPH+H^+，这正是高糖膳食后，不仅脂肪合成增加，而且胆固醇合成也增加的原因。甘油磷脂的合成需要甘油、脂酸，鞘磷脂的合成也需要脂酸。甘油和脂酸可由糖代谢转变。所以，糖能为磷脂合成提供原料。

（4）胆固醇不能转变为糖，磷酸甘油磷脂中的甘油部分可以转变成糖。

（5）糖代谢正常进行是脂肪分解代谢顺利进行的前提。因为脂酸氧化的产物乙酰 CoA 必须与草酰乙酸缩合成柠檬酸后进入三羧酸循环，才能被彻底氧化，而草酰乙酸主要靠糖代谢产生的丙酮酸羧化生成。糖代谢障碍时，引起脂肪大量动员，脂酸 β-氧化加强，生成的大量乙酰 CoA 不能进入三羧酸循环而在肝细胞线粒体转变成酮体。生成的酮体也因糖代谢障碍不能被利用，造成血酮体升高（高酮血症），甚至尿中有酮体排出，即酮尿症。

案例 11-1

患者，女性，14 岁，因昏迷到当地儿童医院就诊。患者身体一贯健康，食欲好。但约在 2 周前有中度发热，咽喉疼痛，食欲下降，全身感觉不适。入院前几天感觉无原因口渴、夜尿次数增多，未引起重视。入院当天开始呕吐、嗜睡，最后昏迷而送医院急诊。体检：发现患者脱水，皮肤冰凉，深叹息呼吸，呼出气体有水果味。血压 11.2/8kPa（84/60mmHg），体温 37.2℃，脉搏 105 次/分，呼吸 26 次/分，昏迷。实验室检查：血糖 35mmol/L（3.6～6.11mmol/L）；β-羟丁酸 13.0mmol/L（<0.25mmol/L）；乙酰乙酸 5mmol/L（0.01～0.18mmol/L）；二氧化碳结合力 5mmol/L（24～28mmol/L）；尿素氮 12mmol/L（2.9～8.9mmol/L）；动脉血 H^+ 89nmol/L（44.7～45.5nmol/L）；pH 7.05（7.35～7.45）；K^+ 5.8mmol/L（3.5～5mmol/L）；肌酐 160 μmol/L（60～132μmol/L）。尿标本：糖++++，酮体++++。

诊断：重度 1 型糖尿病伴酮症酸中毒。

治疗：静脉内注射加胰岛素盐溶液。

结果：经胰岛素治疗，病情很快得到控制，实验室检查的生化指标基本恢复至参考值范围。

问题讨论

1. 医生诊断患者是 1 型糖尿病的依据是什么？

2. 从生化角度解释胰岛素缺乏与酮症酸中毒。

3. 糖尿病与高血钾的关系是什么？

糖尿病（diabetes mellitus，DM）是由于胰岛素分泌不足，和（或）周围组织细胞对胰岛素敏感性降低而引起的以高血糖为主要特征，伴有脂肪、蛋白质代谢紊乱的内分泌代谢性疾病。DM 有 1 型（B 细胞破坏，导致胰岛素分泌绝对缺乏）、2 型（胰岛素抵抗为主，伴胰岛素相对不足，或胰岛素缺乏为主，伴胰岛素抵抗）之分。此外还有特殊型（如 B 细胞功能遗传缺陷）及妊娠糖尿病。1 型糖尿病病人临床特点主要有：年龄多小于 40 岁，起病急，三多一少（多食、多饮、多尿，体重下降）明显，消瘦，血浆胰岛素水平低下，酮症倾向明显，对胰岛素有依赖性等。1 型和 2 型糖尿病病人临床特点比较见表 11-1。

表 11-1　1 型、2 型糖尿病病人临床特点

	1 型	2 型
年龄	多<40 岁	>40 岁
起病	急	缓
三多一少症状	明显	不明显
体型	瘦	肥胖或正常
血浆胰岛素水平	水平低	稍低、正常或高
C 肽水平	空腹及餐后低下	稍低、正常或高
血浆胰岛自身抗体	多(+)	多(-)
酮体倾向	明显	少
血糖控制	依赖胰岛素	不依赖胰岛素

案例 11-1　分析讨论

根据患者 14 岁，是 1 型 DM 多发年龄段；起病急；有三多症状（发病 2 周前饮食好，口渴则多饮，夜尿次数多），因昏迷未测体重；酮症非常明显（呼气有水果味，血乙酰乙酸、β-羟丁酸水平均异常升高）；血糖显著升高，尿糖强阳性；胰岛素治疗有效等，1 型糖尿病不难诊断。

笔记栏

胰岛素是调节糖、脂、蛋白质等物质代谢的一种非常重要的激素,是体内唯一的降低血糖的激素,也是唯一可同时促进体内糖原、脂肪和蛋白质合成的激素(具体作用机制见第7章糖代谢)。当机体缺乏胰岛素时,葡萄糖进入组织(如肌、脂肪等)的量减少,在细胞内的分解氧化也降低,葡萄糖氧化供能障碍,丙酮酸生成减少,羧化成草酰乙酸的量自然减少。结果一方面脂酸氧化生成的乙酰CoA不能顺利进入三羧酸循环,另一方面生成的酮体被利用也发生障碍,导致酮体进一步增高。

案例11-1 分析讨论

患者呼出的气体水果味,提示丙酮增多,血乙酰乙酸5mmol/L,β-羟丁酸盐13.0mmol/L,尿酮体++++,是严重酮症表现。胰岛素能促进糖原及蛋白质合成。它们的合成需要K^+的参与,每合成1g糖原和1g蛋白质分别需要0.15mmol K^+和0.45mmol K^+进入细胞内;相反,糖原与蛋白质分解时释放出的K^+量与合成时需要的K^+量相当。胰岛素缺乏时,糖原与蛋白质合成减少而分解增加,导致血钾增高。此外,由于酮体增多,造成酮症酸中毒,细胞外液H^+浓度增加,此时,H^+则进入细胞内液与K^+相互交换;肾小管细胞的这种H^+-K^+交换,使K^+排出减少,进一步增加血钾浓度,这就是酸中毒导致高血钾的原因。

(二)糖代谢与氨基酸代谢的相互关系

1. 糖可以转变为非必需氨基酸 糖经过一系列化学反应生成丙酮酸或三羧酸循环中的任何一个中间代谢物,就可以经还原氨基化生成相应的氨基酸(如α-酮戊二酸还原氨基化生成谷氨酸),或经转氨基作用生成相应的氨基酸,如丙酮酸和谷氨酸在丙氨酸氨基转移酶(ALT)催化下生成丙氨酸和α-酮戊二酸。但糖不能转变成必需氨基酸,必需氨基酸只能从食物中摄取。所以糖不能替代食物蛋白质的维持组织细胞生长、更新与修补的重要作用。

2. 除亮氨酸和赖氨酸外,其他18种编码氨基酸均能不同程度地转变为糖 亮氨酸和赖氨酸分解代谢的中间产物是乙酰CoA和(或)乙酰乙酰CoA,故它们只能转变为酮体而不能转变为糖。其他氨基酸经脱氨基作用或特殊代谢,都能转变为丙酮酸或三羧酸循环中的中间产物,故都可作为糖异生原料异生为糖。

(三)脂类代谢与氨基酸代谢的相互联系

(1)一般来说,脂肪很少能转变为氨基酸。正如脂肪很少能转变为糖一样,仅脂肪中的甘油可以转变为非必需氨基酸碳架,用以合成非必需氨基酸,脂酸不能转变为任何氨基酸。所以脂肪也不能替代食物蛋白质。

(2)亮氨酸和赖氨酸可以代谢转变为脂酸,但不能转变为甘油。因此,它们不能转变为脂肪。其他18种氨基酸都可以转变为糖,自然也就可以转变成脂肪。

(3)所有氨基酸的分解代谢都可以为胆固醇合成提供乙酰CoA,参与促进胆固醇合成。

(4)丝氨酸参与磷脂酰丝氨酸的合成;丝氨酸可为脑磷脂合成提供胆胺;而且胆胺由*S*-腺苷甲硫氨酸提供甲基生成胆碱,进而参与卵磷脂合成。

(四)核苷酸与氨基酸代谢的相互联系

嘌呤的合成需要谷氨酰胺、甘氨酸、天冬氨酸和某些氨基酸分解代谢产生的一碳单位;尿嘧啶和胞嘧啶的合成需要谷氨酰胺和天冬氨酸,胸腺嘧啶的合成除需天冬氨酸和谷氨酰胺外,还需一碳单位。

此外,所有核苷酸的合成都需要磷酸戊糖途径提供的5-磷酸核糖。除脱氧胸苷酸外,脱氧核苷酸的合成需$NADPH+H^+$提供还原当量。

糖、脂、氨基酸及核苷酸代谢途径间的相互关系见图11-4。

笔记栏

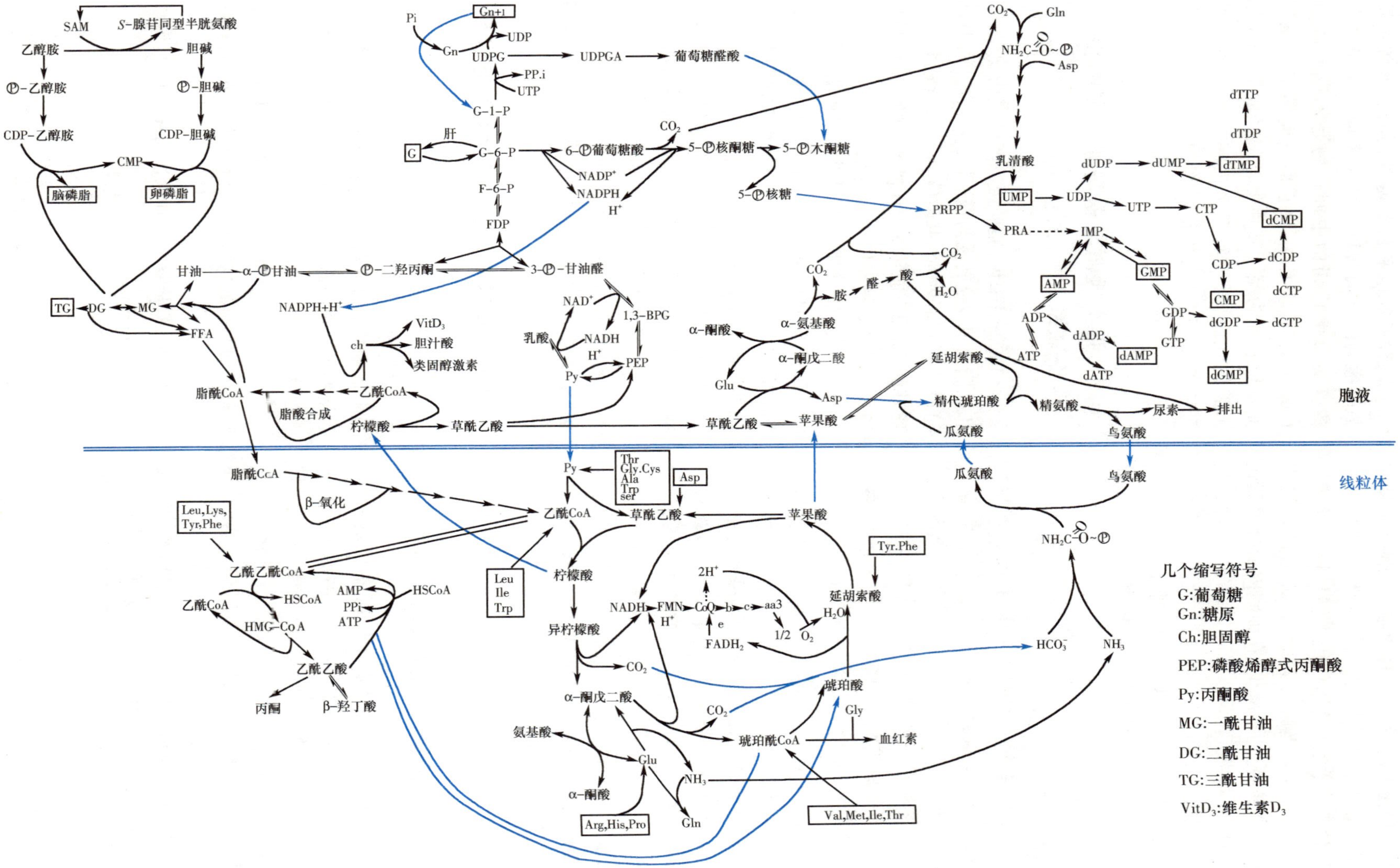

图11-4 糖、脂类、氨基酸、核苷酸代谢途径间的相互联系

第3节 某些组织、器官的代谢特点

机体各组织、器官的物质代谢都不尽完全相同，是因为个体在生长发育过程中，各组织、器官的细胞分化不同，形成不同的形态结构，特别是细胞内酶系的种类、组成和含量的差异。因而代谢各具特色，但它们并非彼此孤立各自为政，它们的代谢物、代谢中间物及终产物，通过血液循环及神经-体液调节互相联系，构成统一整体。

1. 肝 肝是人体中代谢最活跃也是最具特色的器官，耗氧量也大，占全身耗氧量的20%。它不仅在糖、脂、蛋白质、水、无机盐及维生素等营养素的代谢中，而且在胆汁酸代谢及非营养物质（包括激素和胆色素）的代谢中均具有独特而重要的作用。所以，它是机体物质代谢的枢纽、人体的“中心生化工厂”。例如，肝通过糖原合成、糖原分解和糖异生作用，以维持血糖浓度的相对恒定。肝与肌肉相比，由于肝细胞中的己糖激酶为葡萄糖激酶，该酶对葡萄糖的亲和力低，K_m 值为10～20mmol/L，故肝糖原的合成不是直接利用葡萄糖，而是经过三碳途径（或间接途径）合成，而肌糖原的合成是直接途径。肝糖原可以直接分解生成葡萄糖，肌糖原只能进行糖酵解，不能直接转变为葡萄糖。因肌肉细胞中缺乏葡萄糖-6-磷酸酶，该酶只存在于肝和肾皮质。又如酮体的代谢，肝细胞线粒体中有较强的合成酮体的酶类，但缺乏利用酮体的酶类，故有“肝内生酮肝外用”之说。肝的脂肪、胆固醇、磷脂合成非常活跃，但合成之后很快以VLDL形式释放入血，不能在肝脏储存，否则，脂类在肝中大量储存会造成脂肪肝。胆汁酸的生成、尿素的合成、激素的灭活等都是肝特有的功能。

2. 心 心的功能是泵出血液，通过血液沟通全身的物质代谢，所以，心肌对能量供应是敏感的。由于心肌细胞富含线粒体，三羧酸循环与氧化磷酸化酶类、脂蛋白脂酶丰富，且心肌细胞中的乳酸脱氢酶为LD_1，故心肌细胞的能量来自酮体、乳酸、脂酸及葡萄糖等，并以有氧化途径为主。

3. 脑 脑是人体的神经中枢，能量需求和耗氧量大，耗氧量占全身耗氧的20%～25%。通常情况下，脑的能量来自葡萄糖的有氧氧化，脑组织无糖原储存，葡萄糖由血糖供应。所以血糖恒定对脑十分重要。饥饿时，血糖降低，脑组织利用酮体氧化供能加强，节省葡萄糖。

4. 肌 肌细胞富含脂蛋白脂酶和呼吸链，所以，通常以脂酸氧化供能为主，也能利用酮体。剧烈运动时则以糖的无氧酵解为主，以提供能量的急需。肌细胞能直接利用葡萄糖合成糖原，但肌糖原不能直接分解为葡萄糖。

5. 红细胞 成熟红细胞无线粒体，能量全靠葡萄糖的酵解途径产生，而且是经2,3-二磷酸甘油酸支路进行酵解。该途径产生的2,3-二磷酸甘油酸，能调节血红蛋白携氧功能，每天消耗30g葡萄糖。

6. 脂肪组织 脂肪组织是合成及储存脂肪的重要组织（脂库）。当摄取的糖量超过机体的消耗时，大量的糖可在脂肪细胞内转变为脂肪以便能量储存。需要时（如饥饿），脂肪进行动员，释放出脂酸和甘油供全身各组织利用。脂肪细胞因缺乏甘油激酶而不能代谢甘油。

7. 肾 肾（皮质）是肝外唯一能进行糖异生和生成酮体的器官。肾皮质不仅能生成酮体，还能利用酮体，这点又不同于肝脏。肾的糖异生作用在长期饥饿时加强，几乎与肝糖异生能力相当，故它对维持空腹血糖恒定尤为重要。肾髓质因无线粒体，能量靠糖酵解提供。

第4节 代谢调节

体内的物质代谢是由许多连续且相关的代谢途径所组成（如糖的分解代谢），而每条代谢途径又是由一系列酶促反应所组成。正常情况下，体内千变万化的物质代谢和错综复杂的代谢途径所构成的代谢网络能有条不紊地进行，并且物质代谢的强度、方向和速度能适应内外环境的不断变化，以保持机体内环境的相对恒定和动态平衡，就是因为体内存在着完善、精细、复杂的调节机制。

代谢调节普遍存在于生物界，是生物进化过程中逐步形成的一种适应能力。生物进化程度愈高其代谢调节愈精细愈复杂。单细胞的生物因直接与外界环境接触，所以主要通过细胞内代谢物浓度的变化，对酶的活性和（或）含量进行调节。这种调节称为原始（基础）调节或细胞水平代谢调节。从单细胞生物进化至高等生物，在细胞水平调节的基础上，又出现了激素水平的调节。这种调节通过内分泌细胞或内分泌器官分泌的激素来影响细胞水平的调节，所以更为精细而复杂。高等动物不仅有完整的内分泌系统，而且还有功能十分复杂的神经系统。在中枢系统的控制下，或通过神经纤维及神经递质对靶细胞直接发生影响，或通过某些激素的分泌来调节某些细胞的代谢与功能，并通过各种激素的互相协

笔记栏

调对机体代谢进行综合调节，这种调节称为整体水平的代谢调节。细胞水平代谢调节、激素水平代谢调节及整体水平代谢调节统称为三级水平代谢调节。在这些水平代谢调节中，细胞水平代谢调节是基础，激素水平和整体水平的调节最终是通过细胞水平的代谢调节实现的。所以，本节的重点是细胞水平的代谢调节。三级水平的代谢调节见图 11-5。

- 代谢调节
  - 细胞水平代谢调节
    - 酶活性调节（酶结构改变）
      - 变构调节
      - 化学修饰调节
      - 快速调节（数秒、数分钟出现调节效应）
    - 酶含量调节
      - 酶蛋白合成
        - 诱导合成
        - 阻遏合成
        - 迟缓调节（数小时或数天出现调节效应）
      - 酶蛋白降解
  - 激素水平代谢调节
  - 整体水平代谢调节

图 11-5　物质代谢的三级水平调节

一、细胞水平的代谢调节

（一）细胞内酶的隔离分布

体内的物质代谢几乎都是在细胞内进行，而且是由一系列酶促反应组成的代谢途径完成。组成每条代谢途径的酶类在细胞内都有一定区域或亚细胞分布（表 11-2）。酶系在细胞内隔离分布的意义在于使相关联而又不同的代谢途径间既有联系又不互相干扰，保证各条代谢途径按各自方向顺利进行。例如，脂酸合成酶系定位胞液，而脂酸 β-氧化酶类分布于线粒体。脂酸合成原料（底物）之一——乙酰 CoA 正好是脂酸 β-氧化的产物，如果两条途径共处同一区域，则会造成乙酰 CoA 的无意义循环。

表 11-2　某些代谢途径（酶体系）在细胞内的分布

代谢途径	酶分布
糖酵解	胞液
有氧氧化	胞液和线粒体
磷酸戊糖途径	胞液
糖原合成	胞液
糖原分解	胞液
糖异生	线粒体和（或）胞液
三羧酸循环	线粒体
氧化磷酸化	线粒体
脂酸活化与β-氧化	胞液和线粒体
酮体生成与利用	线粒体
胆固醇合成	胞液和内质网
磷脂合成	内质网
尿素合成	线粒体和胞液
血红素合成	线粒体和胞液
核酸合成	细胞核
蛋白质合成	内质网、胞液

某一代谢途径的化学反应速度与方向是由该途径中的一个或几个具有调节作用的关键酶（key enzyme）或调节酶（regulatory enzyme）的活性所决定的。关键酶或调节酶具有如下特点：①这类酶催化的反应速度最慢，其活性大小决定整个代谢途径的总速度，故又称为限速酶（limting velocity enzyme）；②这类酶催化单向反应或非平衡反应，因此其活性还决定整个代谢途径的方向；③这类酶通常处于代谢途径的起始部位或分支处；④这类酶活性除受底物控制外，还受多种代谢物或效应剂的调节。因此对关键酶活性的调节是细胞代谢调节的一种重要方式。表 11-3 列举某些代谢途径的关键酶。

表 11-3　某些代谢途径的关键酶

代谢途径	关键酶（调节酶、限速酶）
糖酵解	己糖激酶　磷酸果糖激酶-1　丙酮酸激酶
糖有氧氧化	己糖激酶　磷酸果糖激酶-1　丙酮酸激酶 丙酮酸脱氢酶复合体 柠檬酸合酶　异柠檬酸脱氢酶　α-酮戊二酸脱氢酶复合体
磷酸戊糖途径	6-磷酸葡萄糖脱氢酶

笔 记 栏

续表

代谢途径	关键酶(调节酶、限速酶)
糖原合成	糖原合酶
糖原分解	糖原磷酸化酶
糖异生*	丙酮酸羧化酶　磷酸烯醇式丙酮酸羧激酶　果糖 1,6-二磷酸酶-1　葡萄糖-6-磷酸酶或糖原合酶
脂肪动员	激素敏感性三酰甘油脂肪酶
脂酸 β-氧化	肉碱脂酰转移酶 I
脂酸合成	乙酰 CoA 羧化酶
胆固醇合成	HMG-CoA 还原酶
胆汁酸生成	7α-羟化酶
血红素合成	δ-氨基-γ-酮基戊酸(ALA)合酶

* 糖异生的关键酶视糖异生的原料和产物不同而有所不同。如甘油为原料异生为葡萄糖的关键酶为果糖 1,6-二磷酸酶-1、葡萄糖-6-磷酸酶。如果乳酸为原料异生为糖原时的关键酶为丙酮酸羧化酶、磷酸烯醇式丙酮酸羧激酶、果糖 1,6-二磷酸酶-1、糖原合酶

代谢调节主要是对关键酶的活性或含量进行调节。通过改变原有酶结构从而改变酶活性的调节,属快速调节,包括变构调节和化学修饰调节。通过改变酶含量的调节为迟缓调节,包括酶蛋白的合成和降解。

(二) 变构调节

1. 变构调节的概念　变构调节或别位调节(allosteric regulation)是指小分子化合物与酶蛋白分子活性中心外的某一部位(调节部位或调节亚基)特异的非共价键的结合,引起酶分子构象变化,从而改变酶活性的调节。受变构调节(或具有变构调节性质)的酶称变构酶或别构酶(allosteric enzyme)。变构效应剂是使酶发生变构效应(或能引起变构调节作用)的物质。通过变构调节,使酶的活性增加的效应剂称为变构激活剂。通过变构调节,使酶活性降低的效应剂称为变构抑制剂。变构效应剂可以是酶的底物,也可以是酶的产物或酶体系的终产物,或其他代谢物。它们在细胞内浓度的改变能灵敏地反应代谢途径的强度和能量供需情况,并通过变构调节,从而调节代谢强度、速度、方向以及能量的供需平衡。表 11-4 列举一些代谢途径中的变构酶及其效应剂。

表 11-4　一些代谢途径中的变构酶及其效应剂

代谢途径	变构酶	变构激活剂	变构抑制剂
糖酵解	己糖激酶		G-6-P
	葡萄糖激酶(肝)		长链脂酰 CoA
	6-磷酸果糖激酶-1	AMP,ADP,1,6-双磷酸果糖,2,6-双磷酸果糖	ATP,柠檬酸
	丙酮酸激酶	AMP,1,6-双磷酸果糖	ATP,丙氨酸(肝)
三羧酸循环	柠檬酸合酶	AMP	ATP,长链脂酰 CoA
	异柠檬酸脱氢酶	AMP,ADP	ATP
糖原分解	磷酸化酶	AMP,Pi,G-1-P	ATP,G-6-P
糖异生	丙酮酸羧化酶	乙酰 CoA,ATP	AMP
	果糖 1,6-二磷酸酶-1	ATP	AMP,2,6-双磷酸果糖
脂酸合成	乙酰 CoA 羧化酶	柠檬酸,异柠檬酸	长链脂酰 CoA,ATP
氨基酸脱氨基作用	*L*-谷氨酸脱氢酶	ADP,GDP	ATP,GTP
嘌呤核苷酸合成	PRPP 酰胺转移酶	PRPP	IMP,AMP,GMP

2. 变构调节的机制　变构酶通常是由两个或两个以上相同或不相同亚基所组成并具有一定构象的四级结构的酶。酶分子中有与底物结合后起催化作用的催化亚基;有与变构效应剂结合后起调节作用的调节亚基。有的亚基上既有与底物结合的部位,也有与效应剂结合的部位。变构效应剂是通过非共价键与调节亚基或调节部位结合,引起酶的构象变化(如变为疏松或紧密),从而影响酶与底物的结合,使酶的活性受到抑制或激活。变构效应剂引起酶分子构象的改变,有的表现为亚基的聚合(如 1,6 双磷酸果糖,特别是 2,6-双磷酸果糖对磷酸果糖激酶-1 的变构激活)或解聚(如 ATP 对磷酸果糖激酶-1 的变构抑制)。有的表现为原聚体与多聚体的聚合与解聚,而引起酶活性发生相应改变。如柠檬酸、异柠檬酸可使乙酰 CoA 羧化酶由无活性

的原聚体(由4种不同亚基构成)聚合成有活性的多聚体(变构激活),而 ATP-Mg^{2+} 可使多聚体解聚成原聚体而使酶变构抑制。

3. 变构调节的生理意义 变构调节是细胞水平代谢调节中一种较常见的快速调节,其生理意义在于:①代谢途径的终产物作为变构抑制剂反馈抑制该途径的起始反应的酶,从而既可使代谢产物的生成不致过多,也避免原材料的不必要的浪费。如长链脂酰 CoA 可反馈抑制乙酰 CoA 羧化酶,从而抑制脂酸的合成,也避免乙酰 CoA 的消耗。②通过变构调节,使能量得以有效储存。例如正常情况下,当血糖升高,G-6-P 增多时,G-6-P 变构抑制磷酸化酶使糖原分解减少,同时又激活糖原合酶,使过多的葡萄糖转变为糖原,从而使能量得以有效储存。③通过变构调节维持代谢物的动态平衡。如 ATP 既可变构抑制 6-磷酸果糖激酶-1,又可变构激活丙酮酸羧化酶、果糖 1,6 双磷酸酶-1,从而在抑制糖分解代谢的同时又促进糖异生作用,这对维持血糖浓度恒定极为重要。④通过变构调节使不同代谢途径相互协调。如乙酰 CoA 既可抑制丙酮酸脱氢酶复合体,又可激活丙酮酸羧化酶,从而协调糖的分解代谢与合成代谢。再如血糖升高时,柠檬酸生成增多。柠檬酸既可变构抑制 6-磷酸果糖激酶-1,又可变构激活乙酰 CoA 羧化酶,使大量乙酰 CoA 用以合成脂酸,进而合成脂肪。

(三) 化学修饰调节

1. 化学修饰定义 酶蛋白分子上的某些氨基酸残基上的功能基团在不同酶催化下发生可逆的共价修饰,从而引起酶活性变化的一种调节称为酶的化学修饰(chemical modification)。

2. 化学修饰的方式 化学修饰方式有磷酸化与脱磷酸,乙酰化与脱乙酰,甲基化与脱甲基,腺苷化与脱腺苷及—SH 与—S—S—互变等,其中以磷酸化与脱磷酸为最常见最重要的化学修饰。美国 Fisher 和 Krebs 正因为发现蛋白质的可磷酸化是一种生物调节机制而共同获得 1992 年诺贝尔生理/医学奖。酶蛋白分子中丝氨酸(Ser)、苏氨酸(Thr)及酪氨酸(Tyr)的羟基是磷酸化修饰的位点,可被一类蛋白激酶(protein kinase)催化磷酸化,磷酸基供体是 ATP,脱磷酸是磷蛋白磷酸酶(phosphoprotein phosphatase)催化的水解反应(图 11-6)。磷酸化后可以使酶激活,也可以使酶抑制,同样脱磷酸可以是激活,也可以是抑制(表 11-5)。

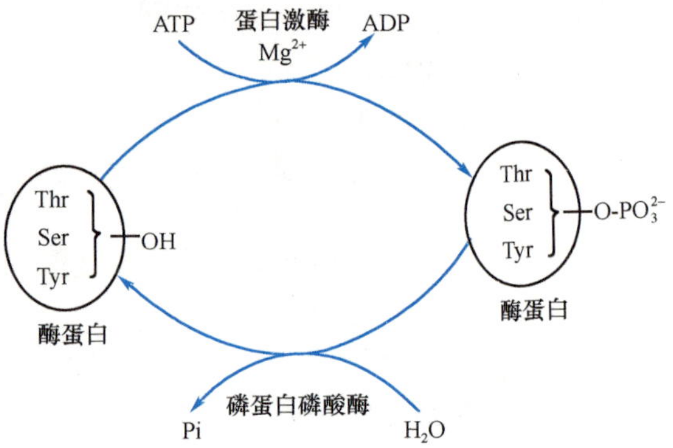

图 11-6 酶的磷酸化与脱磷酸

表 11-5 磷酸化/脱磷酸后酶活性变化

激活(磷酸化)/抑制(脱磷酸)	抑制(磷酸化)/激活(脱磷酸)
糖原磷酸化酶	糖原合酶
磷酸化酶 b 激酶	磷酸果糖激酶-2
果糖双磷酸酶-2	丙酮酸脱氢酶复合体
HMG-CoA 还原酶激酶	HMG-CoA 还原酶
激素敏感性三酰甘油脂肪酶	乙酰 CoA 羧化酶

3. 化学修饰特点

(1) 绝大多数化学修饰的酶都具有无活性(或低活性)与有活性(或高活性)两种形式,它们之间的互变由两种不同的酶催化,催化互变反应的酶又受其他因素如激素的调节。

(2) 化学修饰的调节效率比变构调节高,因为化学修饰是酶促反应,而酶促反应具有高度催化效率,而且磷酸化修饰具有级联放大效应。

(3) 磷酸化与脱磷酸是最常见的化学修饰方式。磷酸化修饰仅需以 ATP 供给磷酸基团,其耗能远少于合成酶蛋白,且作用迅速,又有级联放大效应,因此是体内调节酶活性经济而有效的方式。

(4) 细胞内同一关键酶同受化学修饰与变构调节的双重调节,两种调节方式的相互协作、相辅相成,更增强了调节因子的作用。例如肌肉磷酸化酶 b 无活性,可被 AMP 变构激活成活性较低的磷酸化酶 b,后者更易受有活性的磷酸化酶 b 激酶催化磷酸化,形成活性更强的磷酸化酶 a,且不易受磷蛋白磷酸酶催化脱磷酸,从而增强了磷酸化酶 a 的稳定性。只有当 ATP 或 G-6-P 增多,使有活性的磷酸化酶 a 变构转变为无活性的磷酸化酶 a,才能被磷蛋白磷酸酶催化脱磷酸回到无活性的磷酸化酶 b(图 11-7)。

笔记栏

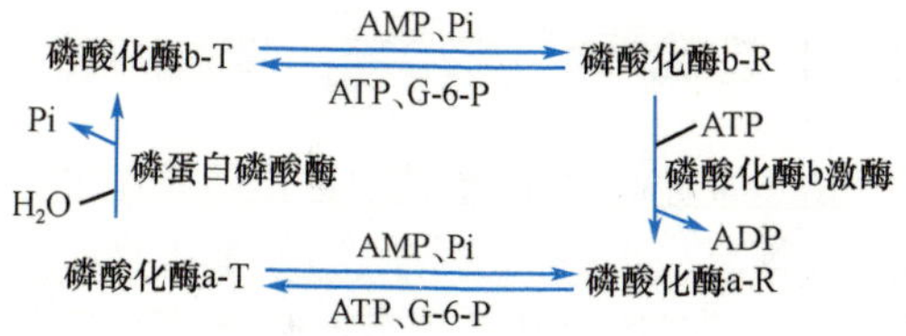

图 11-7　磷酸化酶的变构调节与磷酸化修饰的关系
T. 紧密型构象(无活性);R. 疏松型构象(活性)

(四) 酶量的调节

酶量的调节是在不同环境因素(如营养摄取)和生理状况(如激素分泌)下,某些酶的合成或降解速率发生适应性变化,引起细胞内酶量发生相应增减,借此调节体内的物质代谢。

酶蛋白合成的诱导与阻遏:凡能促进酶蛋白合成的化合物称为酶的诱导剂(inducer),反之,减少酶蛋白合成的化合物称为酶的阻遏剂(repressor)。酶蛋白在诱导剂作用下,合成速度加速,这样的酶称为诱导酶。诱导剂诱发酶蛋白合成的作用称为诱导作用(induction)。一旦酶被诱导合成之后,由于酶量增加,此时即使除去诱导剂,仍可保持酶活性和调节效应,直到酶蛋白降解。通常酶作用的底物、激素或药物可作为酶的诱导剂。底物的诱导作用,普遍存在于生物界,例如在动物饲料中增加蛋白质含量后,肝细胞内的精氨酸酶活性显著增高,尿素合成明显增多。在动物尤其是人体内,激素的诱导作用非常重要(表 11-6)。药物可诱导肝细胞微粒体中加单氧酶或其他一些药物代谢酶的合成,加速肝的生物转化作用,从而使药物失活而产生耐药性,这对临床有一定指导意义。通常代谢产物可作为酶的辅阻遏剂阻遏酶蛋白的合成,例如色氨酸是色氨酸操纵子表达的 5 种酶合成的产物,它可作为辅阻遏剂与色氨酸操纵子的调节蛋白结合变构后结合到该操纵子的操纵序列上,从而使该操纵子的基因关闭,使参与色氨酸合成的 5 种酶的合成受到抑制。又如 HMG-CoA 还原酶是胆固醇合成的关键酶,肝中该酶的合成可被产物胆固醇阻遏。再如 ALA 合酶是血红素合成的限速酶,它除受血红素的反馈抑制外,血红素还可阻遏该酶合成,使血红素合成减少。

表 11-6　激素对大鼠肝中某些酶的诱导与阻遏

酶	酶活性		诱导剂	阻遏剂
	糖餐	饥饿或糖尿病		
糖酵解和磷酸戊糖途径酶类				
葡萄糖激酶	↑	↓	胰	
磷酸果糖激酶-1	↑	↓	胰	
丙酮酸激酶	↑	↓	胰	
6-磷酸葡萄糖脱氢酶	↑	↓	胰	
6-磷酸葡萄糖酸脱氢酶	↑	↓	胰	
糖原合成和糖异生酶类				
糖原合酶	↑	↓	胰	
丙酮酸羧化酶	↓	↑	皮、高、肾	胰
磷酸烯醇式丙酮酸羧激酶	↓	↑	皮	胰
果糖 1,6-双磷酸酶	↓	↑	皮、高、肾	胰
葡萄糖磷酸酶	↓	↑	皮、高、肾	胰
脂酸合成与胆固醇合成酶类				
苹果酸酶	↑	↓	胰	
柠檬酸裂解酶	↑	↓	胰	
乙酰 CoA 羧化酶	↑	↓	胰	
脂酸合成酶	↑	↓	胰	
HMG-CoA 还原酶	↑	↓	胰、甲	高、皮

注:胰表示胰岛素;皮表示糖皮质激素;高表示胰高血糖素;肾表示肾上腺素;甲表示甲状腺素

笔记栏

二、激素水平的代谢调节

激素(hormone)水平的调节是生物进化至高等生物才出现的更复杂的调节方式。激素作用的一个重要特点是具有高度的组织特异性和效应特异性。激素发挥作用,首先激素要与特定组织(靶组织)或细胞(靶细胞)膜上或胞内受体(receptor)发生特异识别与结合,然后将激素的信号传入细胞内(胞浆或核内),转化为一系列细胞内的化学反应,最终表现出激素的生物学效应。按激素受体在细胞的部位不同,将激素分为膜受体激素和胞内受体激素两大类。

1. 膜受体激素 膜受体是存在于细胞表面质膜上的跨膜糖蛋白,有几种类型。这类激素也很多。有蛋白质类,如胰岛素、生长激素等;肽类激素,如胰高血糖素、生长因子等;及儿茶酚胺类激素。由于受体类型、激素种类不同,这类激素的调节机制不尽相同,但共同的作用规律是:激素与相应受体特异识别相结合成激素-受体复合物,通过G蛋白介导影响某种酶活性变化而产生第二信使,再由第二信号将激素信号逐级传递放大,最终产生系列代谢及生理效应(见第16章第3节)。

2. 胞内受体激素 胞内受体存在于胞液或核内。固醇类激素、甲状腺素、1,25-$(OH)_2$-维生素D_3及视黄酸等疏水性激素,可透过细胞膜进入胞内,或直接进入细胞核与核内特异受体识别结合成激素——受体复合物;或是与胞液中的特异受体结合后进入核内,再与核内特异受体结合。在核内,两个激素受体复合物形成二聚体,并与DNA分子上的激素反应元件结合,促进(或抑制)相应基因的表达以调节细胞内蛋白质或酶的含量,从而实现激素对物质代谢的调节(见第16章第3节)。

三、整 体 调 节

人体所处的内环境总是不断地发生着变化,因而体内各代谢途径中的关键酶(或调节酶)活性、激素的分泌及神经系统的活动都会发生相应的变化,使各种物质代谢的强度、速度及方向与内外环境的变化相适应,从而保证机体的能量供求,维持机体的正常生理活动和内环境的相对恒定。现举饥饿和应激为例讨论物质代谢的整体调节。

笔 记 栏

(一) 饥饿

由于某种病理性(如消化道梗阻或昏迷)抑或特殊情况(如医疗上需禁食)不能进食时,如果未得到及时治疗或相应处理,必将引起体内的代谢在整体调节下发生一系列的变化。

1. 短期饥饿 饥饿的第1~2天,机体主要依靠肝糖原分解来维持血糖水平恒定。继之,血糖水平下降至一定程度后,引起胰高血糖素分泌增加和胰岛素分泌减少。这两种激素的增减可引起体内的代谢发生如下"三增强一减弱"为主要特征的变化。

(1) 蛋白质分解增强,氨基酸释放增多:释放的氨基酸中主要是转变成丙氨酸(约占输出总氨基酸的30%~40%)和谷氨酰胺,以便为糖异生提供原料。

(2) 糖异生作用增强:糖异生的原料主要来自蛋白质分解释放的氨基酸,其次是乳酸,还有少部分来自脂肪动员产生的甘油。生成葡萄糖约150g/d,其中80%由肝生成,余下在肾皮质中产生。

(3) 脂肪动员增强,酮体生成增多:脂肪动员释放出的脂酸经β-氧化后约25%的乙酰CoA在肝转变成酮体。饥饿初期,主要被心、肌、肾所利用。释放出的甘油可被肝异生为葡萄糖。

(4) 组织氧化葡萄糖减弱:由于胰岛素分泌减少,葡萄糖进入组织细胞减少,葡萄糖氧化的关键酶活性降低,加之,心、肌、肾摄取氧化脂酸和酮体增加,因而葡萄糖的氧化减弱。但饥饿初期,大脑仍以氧化葡萄糖为主。

因此,如果在饥饿初期,及时补充葡萄糖,不仅可以减少酮体生成,降低酸中毒发生,同时也可减少体内蛋白质的消耗(每输入100g葡萄糖约可节省50g蛋白质的消耗),避免造成负氮平衡。

2. 长期饥饿 长期饥饿时的代谢变化主要是:

(1) 组织蛋白质分解减少,负氮平衡有所改善。

(2) 肾皮质的糖异生作用明显增强,其能力几乎和肝相当。生成葡萄糖约40g/d,占这个时期糖异生总量的50%。由于蛋白质分解减少,糖异生原料主要是乳酸和丙酮酸。

(3) 脂肪动员进一步增强,肝的生酮量进一步增多,肾皮质也可产生一定量的酮体。

(4) 心、肌、肾皮质以直接氧化脂酸为主,节省酮体以供脑组织利用。此时,脑主要靠氧化酮体供能,占总耗氧量的60%。

(二)应激

应激(stress)是一些异乎寻常的刺激(如创伤、剧痛、冻伤、缺氧、中毒、感染以及剧烈情绪激动等)作用于机体后所作出的一系列反应的“应激状态”。应激状态伴有神经及体液的变化,包括交感神经兴奋引起肾上腺髓质和皮质激素分泌增多,血浆胰高血糖素及生长激素水平增高,胰岛素水平降低。这些激素水平的变化,引起一系列代谢改变。

1. 血糖升高 应激时,肾上腺素、去甲肾上腺素及胰高血糖素分泌增加,促进糖原分解而抑制糖原合成;同时,肾皮质激素、胰高血糖素又可加快糖异生作用,使血糖来源增加。此外,胰岛素水平降低,组织细胞摄取和利用葡萄糖减少,也可进一步升高血糖。

2. 脂肪动员加速 脂解激素(肾上腺素、胰高血糖素及糖皮质激素等)分泌增加而胰岛素的分泌减少,促进脂肪大量动员,血液中脂酸升高,可作为心、肌、肾等组织能量的主要来源;而且肝生酮作用增强,肝外组织利用酮体也增加,节省葡萄糖的利用。这也是血糖升高的另一原因。

3. 蛋白质分解加强 肾皮质激素分泌增加和胰岛素分泌减少均可引起蛋白质分解加强,氨基酸释出增多,血中氨基酸增多,一方面为糖异生提供原料;另一方面,氨基酸分解加强,尿素合成及尿氮排出增加,可出现负氮平衡。

小　结

混合食物中的各种营养素经消化吸收进入机体后,与体内产生的相应成分混合在一起,构成共同的代谢池,分布于全身各组织细胞内进行中间代谢,即合成代谢与分解代谢。通常,合成代谢伴有能量的吸收,分解代谢伴有能量的释放。能量来自于糖、脂肪、蛋白质的氧化分解,通常以糖为主,但三大营养素的氧化供能可以相互替代,相互制约。释放的能量,部分以ATP形式捕获,ATP是能量储存和利用的共同形式。在体内,所有物质的代谢并非彼此孤立各自为政,而是构成统一的整体。各种物质的代谢之间有着广泛和密切的联系,尤其是糖、脂肪、蛋白质及核苷酸之间,通过共同的中间代谢物和共同通路而相互联系、相互依存、相互制约。糖可以转变为脂肪、胆固醇、非必需氨基酸,并为磷脂及核苷酸合成提供原料;甘油和除亮氨酸、赖氨酸外的其余编码氨基酸都可转变为糖,当然也可以转变为脂肪,但脂酸在人体内不能转变为糖和氨基酸。脂酸、胆固醇、脱氧核苷酸等的合成均需要NADPH提供还原当量。物质代谢是由一系列相关酶促反应组成的各条代谢途径完成,代谢途径有直线途径、分支途径及循环途径等。尽管全身所有体细胞含有相同的遗传信息,但由于各组织器官的细胞分化不同,因而形成不同的形态结构,特别是细胞内酶的种类、组成及含量不同,因而代谢各具特点。如肝在各种物质(包括营养物质和非营养物质)代谢中均具有独特而重要的作用。体内物质代谢的强度、方向和速度能适应内外环境的不断变化,以保持机体内环境的相对恒定,是因为体内存在着完善、精细和复杂的调节机制。

代谢调节是生物进化过程中逐步形成的一种适应能力。人体内的代谢调节有三级水平,即细胞水平、激素水平和整体水平。细胞水平调节的基础是细胞内酶的隔离分布和代谢途径中存在着的关键酶(或限速酶或调节酶)。通过改变这些酶的活性或酶量实现对物质代谢的调节。前者是通过改变细胞内原有酶的结构从而改变酶活性的一种调节,属快速调节,包括变构调节和化学修饰。变构调节是由变构剂引起酶构象的改变。酶变构后可以是激活,也可以是抑制。化学修饰是酶催化酶分子上的某些基团的共价修饰,方式很多,最常见最重要的是磷酸化/脱磷酸的化学修饰。酶量调节是通过酶蛋白的合成与降解速度的改变,从而改变细胞内酶含量的一种调节,属迟缓调节。酶蛋白的合成调节有诱导和阻遏。激素水平的调节是激素通过与特异受体(有膜受体和胞内受体之分)结合后,通过不同的细胞信息转导作用,引起酶结构(活性)如磷酸化或酶含量(基因表达)改变而实现对物质代谢的调节。整体水平调节是通过神经体液途径,最终影响细胞水平变化的一种高等动物才具有的调节机制。饥饿、应激时的代谢变化及其机制能很好地解释整体水平调节。

(罗德生　刘汉才)

第12章 DNA的生物合成

细胞传代过程中,遗传物质 DNA 通过复制(replication),将遗传信息从亲代传递到子代,使子细胞拥有完全相同的遗传特征,因此 DNA 复制必须是完整的并以精确的方式进行,以保证物种的稳定性。DNA 在细胞中以高级结构的形式存在,复制过程却是以单链 DNA 为模板(template)进行脱氧核苷酸的酶促聚合反应,如何解旋解链?如何起止?怎样调控?复制的保真性是怎样实现的呢?现研究结果表明,DNA 复制是一个由多种酶催化,多种蛋白因子参与,并且受到精密调控的复杂过程。大肠埃希菌 *E. coli* 染色质的复制涉及约 30 种蛋白质,真核生物的 DNA 复制则更复杂。在细胞中还存在多种酶促修复系统,对复制中出现的错误及受损伤的 DNA 进行修复,使 DNA 损伤减少到最低限度。

某些情况下 RNA 也是遗传信息的基本携带者,如,RNA 病毒不仅能以 RNA 为模板进行自我复制,也可通过反转录(reverse transcription)方式将遗传信息传递给 DNA。

第1节 复制的基本规律

DNA 复制是指遗传物质的传代,以母链 DNA 为模板,按碱基配对原则合成两个完全相同的子链 DNA 分子的过程。其化学本质是酶促的生物细胞内单核苷酸的聚合。复制是以半保留复制(semi-conservative replication)的方式进行,且子链合成具有半不连续复制(semi-discontinuous replication)的特点。无论真核生物线性的染色体或原核生物环状的 DNA,都采用双向复制(bidirectional replication)的形式。

一、半保留复制

DNA 复制时,亲代 DNA 解开为两股单链,各自作为模板按碱基配对规律指导合成与模板互补的新链。在理论上,亲代 DNA 复制出两条新的子代双链,有三种可能(图 12-1):①全保留式(conservative):亲代 DNA 完全恢复原来双螺旋结构,并产生一个全新的子代 DNA 双螺旋;②半保留式(semi-conservative):即新老搭配,一条新合成的 DNA 链和一条模板链互补形成子代 DNA 双螺旋;③混合式(dispersive),即模板链片段和新链片段交替混杂在一起。

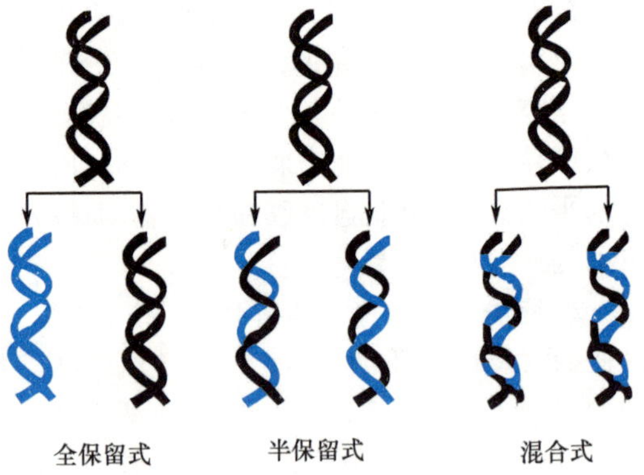

图 12-1 DNA 复制理论上有三种可能形式

DNA 复制究竟以何种方式进行?DNA 双螺旋模型的提出就预示了半保留复制的可能。1958 年,Messelson 和 Stahl 用实验证实了半保留复制(图 12-2),否定了其他两种复制形式的可能。

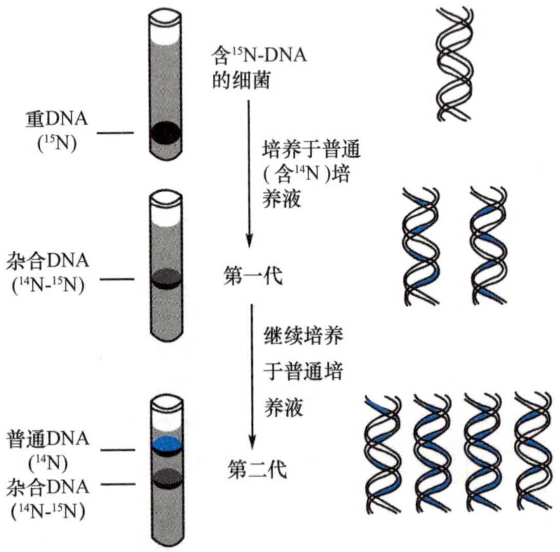

图 12-2 半保留复制的证据

实验中他们将大肠埃希菌放入$^{15}NH_4Cl$作为唯一氮源的培养基中生长,经过连续培养若干代,可使分离出的所有 DNA 分子都被^{15}N(重氮)所标记,因其密度较普通^{14}N-DNA 的密度大约高

笔 记 栏

1%，用氯化铯密度梯度离心法（density gradient centrifugation），^{15}N-DNA形成的致密带位于^{14}N-DNA形成的致密带下方。然后，将^{15}N标记的大肠埃希菌转移至普通培养基（$^{14}NH_4Cl$为氮源）中培养一代，提取的子一代DNA再做密度梯度离心，发现所有DNA集于均一致密带，介于^{15}N-DNA和^{14}N-DNA区带之间，提示形成的子一代DNA是^{14}N/^{15}N各一半的杂合分子，全保留式复制是不可能的。接着，他们将^{15}N标记的大肠埃希菌在普通培养基中培育出第二代DNA，分析发现其中一半为中间密度DNA，另一半为轻密度DNA，这一结果符合半保留复制的特点，排除了混合式DNA复制的可能性。随着大肠埃希菌在普通培养基中培养代数增加，轻密度DNA区带所占的比例越来越大，而中间密度区带逐渐被“稀释”掉，结果充分证明了DNA复制的方式和特点是半保留复制（图12-3）：即两股亲代DNA单链各自作为模板，合成碱基互补的新链，子代细胞的DNA，一股单链完整地来源于亲代，另一股单链则完全重新合成，两个子细胞的DNA都和亲代DNA的碱基序列一致，保留了亲代DNA全部的遗传信息，体现了遗传的保守性。

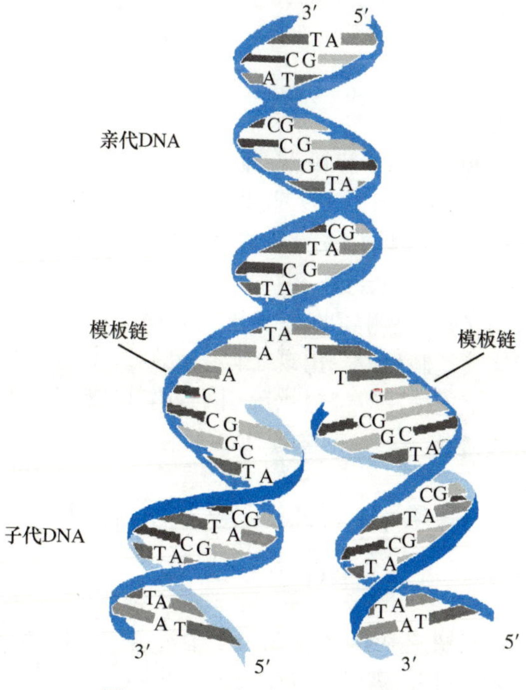

图12-3 DNA半保留复制模型

但遗传的保守性是相对的而不是绝对的，自然界还存在着普遍的变异现象，在物种稳定遗传的过程中，同一物种个体与个体之间仍有差别。例如，流感病毒易变异产生很多不同的亚型，不同亚型在感染方式、毒性方面有很大差异，人群对新亚型的免疫力低，在防御上有相当大的困难，因而流感曾多次导致世界性的流行。

二、双向复制

DNA复制从固定的复制起始点（origin，ori）开始，分别向两个方向进行解链、复制，称为双向复制。ori是指DNA复制起始时必需的一段特殊DNA序列。虽然大肠埃希菌、酵母和SV40病毒染色体的复制起点完全不同，但它们具有共同的特征：①由多个独特的短重复序列组成；②这些短重复序列被多亚基的复制起始因子所识别并结合；③一般富含AT，利于双螺旋DNA解旋解链产生单链DNA。

复制大多是双向的，即形成两个延伸方向相反的生长点或复制叉（replication fork）。1972年，利用^{3}H-thymine（胸腺嘧啶）掺入标记放射自显影技术，Prescott和Kuempel在电镜下观察到DNA复制区生长点呈Y字形或叉形，故称之为复制叉。

原核生物的染色质和质粒、真核生物的细胞器DNA都是环状双链分子，它们的复制都在一个固定起点开始，分别向两侧形成两个复制叉，称为单点双向复制（图12-4）。例如大肠埃希菌经放射性标记其DNA后，在电镜下观察到复制开始时呈现眼睛状的图形，因而称为复制眼。也有一些复制是单向的，只形成一个复制叉或生长点。通常复制是对称的，两条链同时进行复制；有些则是不对称的，一条链复制后再进行另一条链的复制，称为单点单向复制。少数环形DNA利用这种方式复制。真核生物基因组庞大而复杂，由多个染色体组成，全部染色体均需复制，每个染色体又有多个起始点，称为多点双向复制。即每个起始点产生两个移动方向相反的复制叉，复制完成时，复制叉相遇并汇合连接。习惯上把两个相邻起始点之间的距离称为一个复制子（replicon）（图12-5），它是独立完成复制的功能单位。

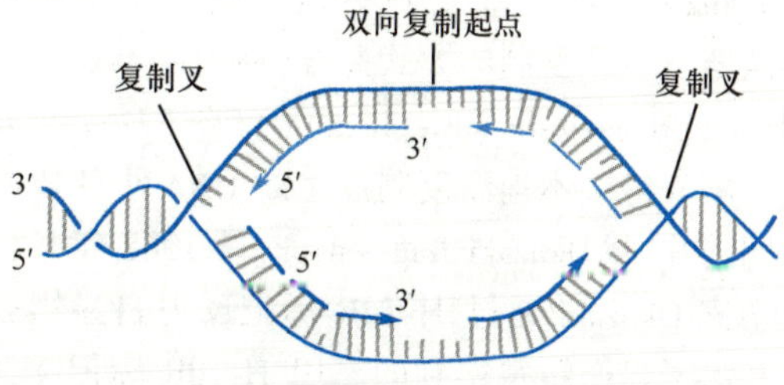

图12-4 原核生物DNA单点双向复制

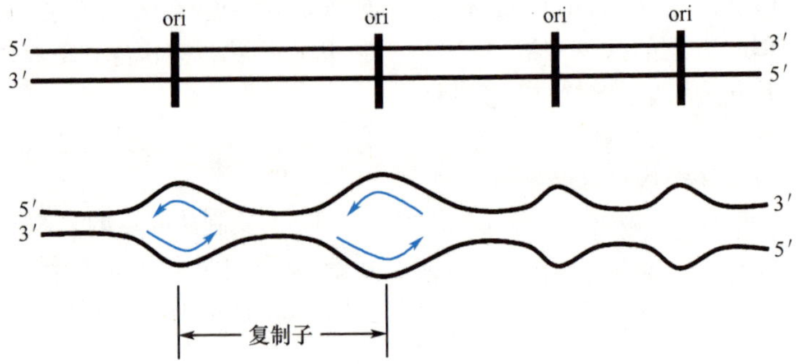

图 12-5　复制子

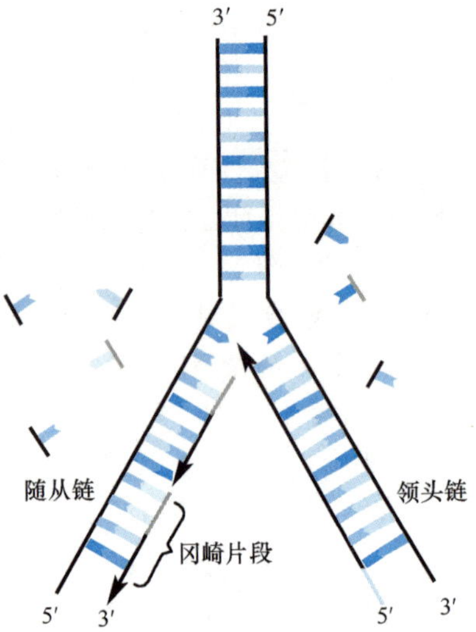

图 12-6　DNA 半不连续复制

利用放射自显影的方法测定,细菌 DNA 的复制叉移动速度大约 50kb/min。在营养丰富的培养基中,大肠埃希菌 *E. coli* 每 20 分钟即可分裂一次。真核生物染色体 DNA 的复制叉移动速度比原核生物慢得多,大约为 1000~3000bp/min,这是由于真核生物染色体具有复杂的高级结构,复制时需要解开核小体,复制后又需重新形成核小体。高等真核生物一般复制子长度是 100~200kb,低等真核生物要小一些,每一复制子约在 30~60 分钟内完成复制,但各复制子启动复制有先后,就整个细胞而言,通常完成染色体复制时间要用 6~8 小时。

三、复制的半不连续性

DNA 双螺旋的两股单链是反向平行,一条链的走向为 5′→3′,其互补链为 3′→5′,故在 DNA 复制解链形成的复制叉处,两条母链也是走向相反,但所有 DNA 聚合酶合成新链的方向都是 5′→3′,因此复制时,一条链的合成方向和复制叉前进方向相同,可以连续复制,这条新合成的链称为领头链(leading strand);另一条链的合成方向与复制叉前进方向相反,不能顺着解链方向连续延伸,必须待模板链解开至足够长度,然后从 5′→3′生成引物并复制子链,延长过程中,又要等待下一段有足够长度的模板,再生成引物而延长,这条不连续复制的链称为随从链(lagging strand)。故复制中领头链连续复制而随从链不连续复制的方式并存,称为半不连续复制(semi-discontinuous replication)(图 12-6)。

随从链中不连续复制产生的 DNA 小片段称为冈崎片段(Okazaki fragments),是 1968 年日本科学家 Okazaki 通过^{3}H-TdR 标记反射自显影技术和电子显微镜观察到的。用^{3}H-TdR 标记噬菌体 T_4感染大肠埃希菌,瞬时标记后通过碱性密度梯度离心分离 DNA,发现短时间内新合成的是较短的 DNA 片段,在细菌中片段长度约为 1000~2000 个核苷酸,相当于一个顺反子(cistron),即基因的大小;真核生物的片段长度为 100~200 个核苷酸,相当于一个核小体 DNA 的大小,随后检测到的是高分子 DNA。后人证实不连续复制片段只出现于同一复制叉上的一股链。不连续片段经过去除引物,填补空隙,再由 DNA 连接酶连成完整的 DNA 链。

第 2 节　DNA 复制的酶学和拓扑学变化

双螺旋 DNA 的复制是一个复杂的酶促核苷酸聚合过程,需要多种生物分子共同参与。如模板:指解开成单链的 DNA 母链;底物:四种脱氧核苷三磷酸即 dATP、dGTP、dCTP 和 dTTP,总称 dNTP(deoxynucleotide triphosphate);引物:提供 3′-OH 末端使 dNTP 可以依次聚合;多种酶:DNA 聚合酶、拓扑异构酶、解螺旋酶、引物酶、DNA 连接酶等;多种蛋白质因子等。

笔记栏

一、复制的化学反应

复制的基本化学反应是在酶催化下脱氧核苷酸通过3′,5′磷酸二酯键逐一聚合的过程(图12-7),反应方程式是:

$$(dNMP)_n + dNTP \rightarrow (dNMP)_{n+1} + PPi$$

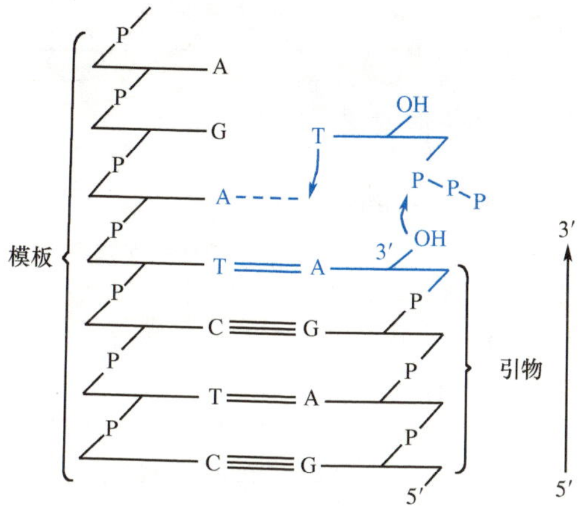

图12-7 DNA聚合的基本化学反应

dNMP和dNTP代表任意一个脱氧核苷酸残基和脱氧核苷三磷酸。

反应底物是高能的dNTP,在新生链核苷酸的3′-OH对下一个参入的dNTP的α-P发动的亲核进攻,促使dNTP底物的β-P和γ-P释放出来,产生焦磷酸(PPi),再由焦磷酸酯酶将焦磷酸快速水解成2个磷酸基团来提供反应所需的自由能,故DNA合成是个耦联反应,每延伸一个核苷酸实际上需要消耗2个高能磷酸键,反应是完全不可逆的。

二、DNA聚合酶

DNA聚合酶是指以DNA作为模板,催化底物dNTP合成DNA的一类酶,全称为依赖DNA的DNA聚合酶(DNA dependent DNA polymerase,DDDP,DNA-pol),所有的DNA-pol都有5′→3′聚合酶活性,这就决定了DNA的合成方向是从5′→3′末端。其次,DNA-pol不能聚合游离的两个核苷酸从头合成DNA新链,只能在一条核苷酸链的3′-OH末端加接一个核苷酸,即酶催化的聚合反应需要引物(primer),其是一段互补于模板链的寡聚核苷酸片段,所有细胞和多数病毒合成的是一段RNA引物。DNA-pol催化下,在引物暴露的3′-OH末端与新的核苷酸残基形成3′,5′-磷酸二酯键。

(一)原核生物DNA聚合酶

大肠埃希菌基因组编码三种DNA-pol,1958年Arthur Kornberg在研究*E. coli* DNA复制时首先发现了这种酶,当时命名为复制酶(replicase)。十年后才发现参与复制的其他种类DNA-pol,根据发现时间先后分别命名为DNA-polⅠ、DNA-polⅡ和DNA-pol Ⅲ,其中DNA-pol Ⅲ就是A. Kornberg的儿子Tom B. Kornberg发现的。

DNA-pol Ⅰ并不是细胞中主要的DNA复制酶。研究发现,其催化合成DNA的速度较慢,每分钟聚合600个核苷酸,而*E. coli* DNA复制叉的移动速度是它的20倍以上。其次,DNA-pol Ⅰ的复制连续性相当低,其聚合不到50个核苷酸就和模板解离。最重要的是,1969年Cairns分离得到一株DNA-pol Ⅰ基因缺陷株,它对DNA损伤试剂超乎寻常的敏感,但菌株能够存活,并从变异菌株中相继分离得到其他DNA聚合酶。说明DNA-pol Ⅰ在活细胞内的功能主要是对复制中的错误进行校读,对复制和修复中出现的空隙进行填补。另外,利用它独特的5′→3′外切酶活性(从5′→3′方向依次水解核苷酸的磷酸二酯键),专门用于除去DNA合成所需的引物(图12-8)。

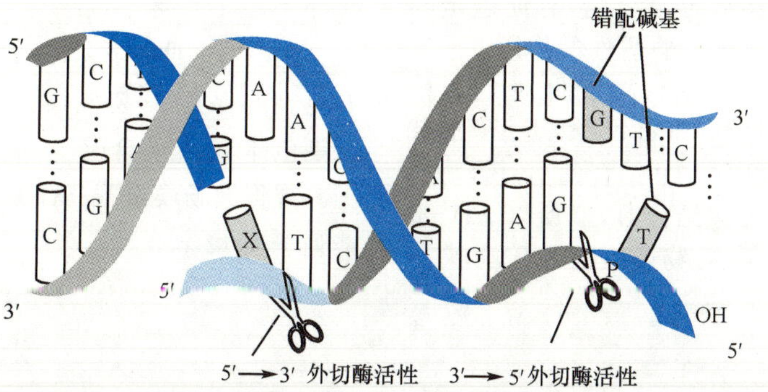

图12-8 DNA聚合酶的5′→3′外切酶活性和3′→5′外切酶活性

DNA-pol Ⅰ是有3个酶活性中心的单链多肽(109kDa),包括DNA聚合酶活性、5′→3′外切酶和3′→5′外切酶活性的结构域,其3′→5′外切酶活性可以使DNA-polⅠ切除复制中碱基错配的核苷酸,具有即时校读(proofread)功能(图12-8)。用枯草杆菌蛋白酶可将DNA-polⅠ水解断裂为两个片段,N端小片段有5′→3′外切酶活性,大的C末端片段(76kDa)具有DNA聚合酶活性和3′→5′外切酶的校对活性,故称之为大片段或Klenow片段(Klenow fragment),这是实验室合成DNA和进行分子生物学研究中常用的工具酶。

DNA-pol Ⅱ基因发生突变,细菌依然能存活,说明它可能是在DNA-pol Ⅰ和DNA-pol Ⅲ缺失情况下起作用。DNA-pol Ⅱ对模板的特异性不高,甚至能以损伤的DNA为模板催化核苷酸聚合。因此认为,它有可能参与DNA损伤后的应急修复功能。

研究表明,DNA-pol Ⅲ才是大肠埃希菌DNA复制延长中真正起催化作用的复制酶,其催化DNA的聚合作用非常迅速。DNA-pol Ⅲ是含有起码10个亚基组成的异源二聚体(图12-9)。

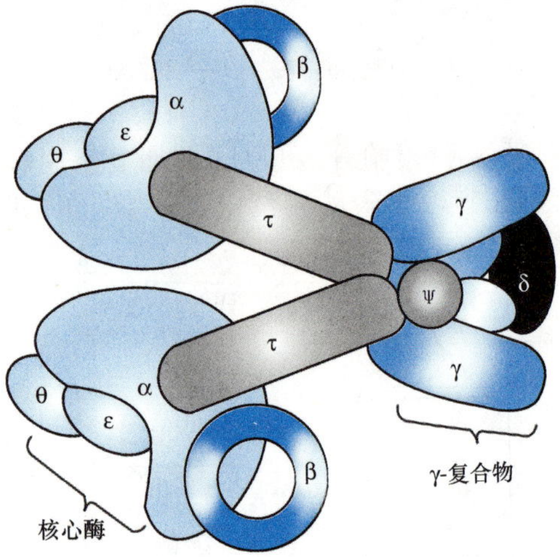

图12-9 DNA-pol Ⅲ异源二聚体的亚基结构

由α、ε、θ亚基组成核心酶,其中,α亚基的主要功能是合成DNA;ε亚基具有3′→5′外切酶活性(校正功能)。最近研究表明,ε亚基对子链延长的核苷酸具有特异的选择功能。α亚基可增强其活性;θ亚基可能起组装作用。β亚基二聚体形成一个环或夹可使核心酶夹住单链DNA模板并滑动,由此使复制的连续性增加到1×10^5个核苷酸以上。τ亚基具有促使核心酶二聚化的作用,这个柔性连接区可使复制叉处1个全酶分子的2个核心酶能够相对独立运动,分别负责合成领头链和随从链(图12-10)。

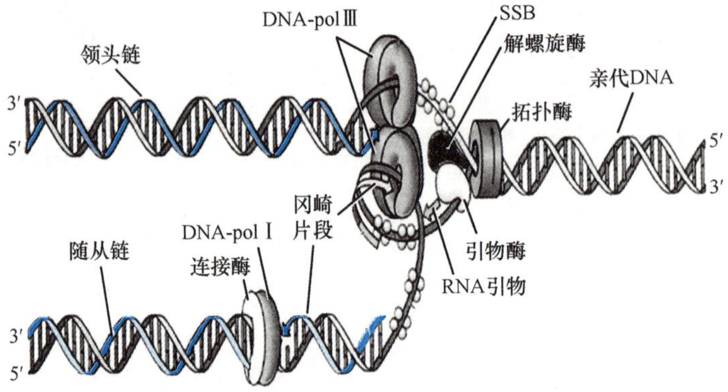

图12-10 DNA-polⅢ同时合成领头链和随从链

γ-亚基是一种依赖DNA的ATP酶,两个γ-亚基与另四个亚基构成γ-复合物,有促进全酶组装至模板上及增强核心酶活性的作用。γ-复合物能结合ATP并具有ATPase活性,使2个β-亚基形成的封闭环打开,再将这个"夹子"加载于双链DNA。因为只有ATP结合型γ-复合物才能结合DNA夹子并使之结合DNA,所以ATP水解后,ADP结合型γ-复合物迅速脱离DNA夹子和DNA,将封闭型的DNA夹子留在引物-模板连接处。

DNA-pol Ⅲ各亚基的功能相互协调,使其具有更高的保真性、协同性,全酶可以持续完成整个染色体DNA的合成。

现将大肠埃希菌三种DNA聚合酶性质与功能列于表12-1。

笔记栏

表 12-1 原核生物 DNA 聚合酶

	DNA-pol Ⅰ	DNA-pol Ⅱ	DNA-pol Ⅲ
5′→3′多聚酶活性	有	有	有
3′→5′外切酶活性	有	有	有
5′→3′外切酶活性	有	无	无
相对分子质量(kDa)	109	120	250
组成	单体	单体	多亚基复合物
分子数/细胞	400	?	20
聚合速度(核苷酸数/酶分子·分钟)	600	30	约 30 000
基因突变后的致死性	可能	不可能	可能
功能	切除引物、修复、填补空缺	修复?	复制

(二)真核生物 DNA 聚合酶

目前已发现真核生物细胞中至少含有 15 种 DNA 聚合酶,其中常见的 5 种 DNA-pol 分别命名为 DNA-pol α、β、γ、δ 和 ε,见表 12-2。各种酶都能按 5′→3′方向聚合 DNA 链。

表 12-2 真核生物 DNA 聚合酶

DNA 聚合酶	α	β	γ	δ	ε
相对分子质量(kDa)	>250	39~68	160~200	>170	256
细胞内定位	核	核	线粒体	核	核
5′→3′聚合活性	有	有	有	有	有
3′→5′外切活性	无	无	有	有	有
持续合成能力	中等	低	高	有 PCNA 时高	高
功能	起始引发引物酶活性	低保真性的复制	线粒体 DNA 复制	延长子链的主要酶,解旋酶活性	填补引物空缺,切除修复,重组

染色体复制由 DNA-pol α 和 δ 共同完成。DNA-pol α 由四种不同亚基组成,最大的亚基具有聚合酶活性,两个小亚基具有引物合成酶活性,它在合成一小段 RNA 链后还可聚合 4~5 个寡聚脱氧核糖核苷酸,无外切酶活性。DNA-pol δ 至少含 2 个亚基,有持续合成 DNA 链的能力,分别合成领头链和随从链,又具有 3′→5′外切酶活性(校正功能),DNA-pol δ 作用时需要增殖细胞核抗原(proliferation cell nuclear antigen, PCNA)的存在,PCNA 作用类似于大肠埃希菌 DNA-pol Ⅲ的 β-亚基,能形成环状夹子,显著增加聚合酶的持续合成能力。DNA-pol ε 的结构与 DNA-pol δ 相似,但不与 PCNA 结合,可能相当于细菌的 DNA-pol Ⅰ,它是一种修复酶,并存在于复制叉用以取代随从链冈崎片段的引物,RNA 引物被 RNase H 和 MF-1 核酸酶水解后,由 DNA-pol ε 填补缺口,完成 DNA 的修补合成。

DNA-pol β 是 5 个酶中分子最小的酶,其保真性低,主要功能是参与核内 DNA 的修复。DNA-pol γ 存在于线粒体中,参与线粒体 DNA 的复制。

三、复制保真性的酶学依据

复制除严格按照碱基配对规律进行外,还依赖于酶学的机制等来保证复制的保真性。

DNA 聚合酶对模板的依赖性,是子链与母链能准确配对,使遗传信息延续和传代的保证。碱基配对的关键在于氢键的形成。DNA 聚合酶具有监控进入的 dNTP 形成 A-T 或 C-G 配对的能力,只有在形成正确碱基对的情况下,DNA 聚合酶才能催化引物 3′-OH 和引入核苷三磷酸的 α-磷酸反应,形成 3′,5′磷酸二酯键。不正确的碱基配对因底物处于不利于催化的排列,使得核苷酸的添加效率显著降低。据此推想:复制中核苷酸之间生成磷酸二酯键，应在氢键准确配对之后发生。DNA 聚合酶靠其大分子结构协调氢键和磷酸二酯键的有序形成。

DNA 聚合酶催化过程中也可能产生碱基错配如碱基插入、缺失、替换而影响复制精确度，在细菌中的出错率可能达到 10^{-10}～10^{-8}，即约每添加 10^{10}个碱基对产生一个错误。当不正确核苷酸被添加到引物链时，因为错配 DNA 改变了 3′-OH 和引入核苷酸的几何构象，DNA 聚合酶的聚合能力降低，此时将增强 DNA 聚合酶 3′→5′核酸外切酶的活性（图 12-8），从引物链 3′端去除不正确碱基配对的核苷酸，同时利用 5′→3′聚合酶活性补回正确配对，并继续进行 DNA 合成，这种通过 DNA 聚合酶的外切酶活性实现的功能称为即时校读（proofread）。

DNA 聚合酶的即时校读功能只能把最近发生的错误去除掉，它的参与显著增加了 DNA 合成的精确度。DNA 聚合酶平均每添加 10^5个核苷酸就会插入 1 个不正确的核苷酸。即时校读功能将不正确配对碱基的发生概率降低到每添加 10^7个核苷酸出现 1 次，但错误概率仍比通常观察到的细胞内实际突变率（$1/10^{10}$）高很多。研究表明：细胞 DNA 修复系统和复制起始必须利用引物的机制，也是确保复制高度保真性的重要因素。

四、复制中的解链和 DNA 分子拓扑学变化

DNA 分子的碱基位于双螺旋内部，只有把 DNA 解成单链，它才能起模板作用，因此，DNA 复制涉及 DNA 双螺旋构象变化及解链过程。DNA 很长，且复制速度快，旋转达 100 次/秒，极易造成 DNA 分子盘绕过分的正超螺旋现象，复制解链时应沿同一轴反向旋转，使 DNA 分子盘绕松弛形成负超螺旋。

复制起始时，需多种酶和辅助的蛋白质因子参与，共同将螺旋或超螺旋解开，使 DNA 的两条链至少分开一部分，并维持 DNA 分子在一段时间内处于单链状态，才能使 DNA 复制酶系统“阅读”模板链的碱基顺序。

（一）解螺旋酶和单链 DNA 结合蛋白

解螺旋酶（helicase）又称为解链酶，其利用水解 ATP 提供能量打断氢键，使 DNA 的两条链分开（图 12-10）。解螺旋酶通常是为多聚体的结构，提供多个 DNA 结合位点，使其能在 DNA 上定向移动。*E. coli* DNA 复制起始的解螺旋酶 DnaB 就是一种典型的环形六聚体蛋白，它可能存在两种构象：一种形式与双链体 DNA 结合；另一种形式与单链 DNA 结合。两种构象的转化引发双链体的熔化，这同时需要 ATP 提供能量，即每解开一个碱基对需要水解一个 ATP。解螺旋酶以环形的蛋白质复合体环绕在复制叉单链-双链接头的一条单链上，解链沿着一定的方向运动，即 DNA 解螺旋酶都具有极性的特性，可以有 5′→3′或 3′→5′的极性，此方向性是根据结合的（或被解螺旋酶环绕的）DNA 链决定的。

经解螺旋酶作用产生的单链 DNA 因为碱基互补配对，有重新形成双链的倾向，且单链易被细胞内广泛的核酸酶降解，因此细胞内存在的单链 DNA 结合蛋白（single strand binding protein，SSB）可迅速地与单链 DNA 结合，起到维持、稳定 DNA 单链模板的作用。并且一个 SSB 与单链 DNA 的结合会促进另一个 SSB 与其紧邻的单链 DNA 的结合，这种协同结合（cooperative binding）大大提高了 SSB 与单链 DNA 之间的相互作用，一旦被多个 SSB 覆盖，单链 DNA 即处于伸直状态，有利于其作为模板进行 DNA 合成或 RNA 引物的合成。但复制反应之前，单链 DNA 上结合的 SSB 必须解离，因此随着复制叉的前移，SSB 是不断地结合、脱离，进行反复利用。

（二）引物酶

DNA 聚合酶的一个显著特征是不能从头催化游离的 dNTP 聚合，其合成 DNA 新链的反应只能是从核苷酸链自由的 3′-OH 末端添加新的 dNTP 并形成磷酸二酯键。所有细胞和多数病毒的 DNA 复制会首先利用模板合成一段短链 RNA 序列，被称为引物（见图 12-7），其长度约几个到几十个核苷酸不等，合成方向也是自 5′端至 3′端，从而为 DNA 聚合酶提供游离 3′-OH 端来延伸 DNA。领头链和随从链冈崎片段合成的起始都需要引物。引物的合成由引物酶（primase）催化，这是一种仅用于 DNA 复制所需引物合成的 RNA 聚合酶，不同于催化转录的 RNA 聚合酶。但真核细胞的引物酶是 DNA 聚合酶 α 的两个小亚基。有的噬菌体（如 G4）利用宿主引物酶合成引物，有的噬菌体（如 M13）则利用细菌 RNA 聚合酶合成引物。也存在特殊的引物形式，如逆转录病毒利用宿主细胞 tRNA 的 3′-OH 端作为反转录引物。线粒体 DNA 复制利用 RNA 聚合酶的转录产物 3′-OH 端作为引物。还有 ΦX174 噬菌体利用环形双

笔记栏

链DNA中一条链的切口处为DNA聚合酶提供游离3′-OH端。

（三）DNA拓扑异构酶

DNA拓扑异构酶（DNA topoisomerase），简称拓扑酶，主要作用是通过水解DNA分子中的某一个部位的磷酸二酯键使超螺旋释放，然后再催化形成磷酸二酯键，从而改变超螺旋状态。复制过程中，DNA每复制10 bp，复制叉前方的模板DNA双螺旋就要绕其长轴旋转一周，产生正超螺旋。如DNA双链不断裂，随着解链进行，复制叉前的双链DNA将变得更加正超螺旋化，复制也会因不断上升的压力而陷于停顿。为消除正超螺旋，复制叉前方DNA需借助拓扑酶迅速反旋转，以克服了解链过程中DNA打结、缠绕等现象。拓扑是指物体作弹性移位而保持原来的性质。拓扑酶是一种可逆的核酸酶，它既能水解DNA分子中的磷酸二酯键，又能将其重新连接，可快速消除DNA解链过程中所产生的正超螺旋累积，使复制叉能够顺利前进。

拓扑酶广泛存在于原核及真核生物，主要分Ⅰ型和Ⅱ型两种，最近还发现了拓扑酶Ⅲ。拓扑酶Ⅰ可切断DNA双螺旋的一条链，使断裂的DNA链以切口为中心旋转，适当时候又封闭切口，使DNA变为松弛状态。拓扑酶Ⅰ的催化反应不需ATP。拓扑酶Ⅱ可以同时共价结合于DNA的两条链，切断双链后，再利用ATP供能重新连接断端。在复制叉前进时，大肠埃希菌拓扑酶Ⅱ将前方产生的正超螺旋转变为负超螺旋。而真核生物拓扑酶Ⅰ和拓扑酶Ⅱ都能清除复制叉前方产生的正超螺旋。拓扑酶Ⅲ只消除负超螺旋，而且活性较弱。拓扑酶在复制全过程、DNA重组、修复和其他DNA的转变方面均起着重要的作用。喜树碱等抗肿瘤药物通过抑制拓扑酶Ⅰ或拓扑酶Ⅱ的活性，干扰细胞DNA的合成，从而抑制肿瘤细胞增殖。

五、DNA连接酶

DNA聚合酶只能从核苷酸链的3′-OH端催化链的延长反应，DNA复制中不连续合成的冈崎片段之间，要靠DNA连接酶（DNA ligase）接合。图12-11说明了每一个冈崎片段的RNA引物去除后，由DNA-pol Ⅰ将间隙填补成DNA，最后的缺口由DNA连接酶催化，在一个冈崎片段的3′-OH端和相邻的一个冈崎片段的5′-P端生成磷酸二酯键，从而把两段相邻的DNA片段连成完整的链。连接酶的催化作用需要消耗ATP。在细菌中，DNA连接酶需要NAD^+辅助因子作为能量来源，而在真核生物中，DNA连接酶直接利用ATP供能。实验证明：连接酶只能连接碱基互补基础上双链中的单链缺口，而对单独存在的DNA单链或RNA单链没有连接的作用。

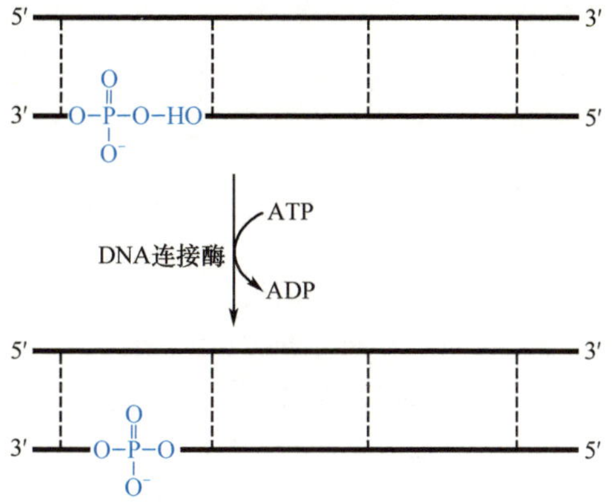

图12-11　DNA连接酶的作用

DNA连接酶不仅在复制中起最后接合缺口的作用，在DNA修复、重组、剪接中也起缝合缺口作用。如果DNA两股都有单链缺口，只要缺口前后的碱基互补，连接酶也可连接。它也是基因工程（DNA体外重组技术）的重要工具酶之一。

第3节　DNA生物合成过程

目前有关复制的基本知识主要来自*E. coli*的研究，由于原核生物基因组相对简单，传代也快，便于研究。而真核生物基因组庞大、复杂。复制是一个连续的过程，根据复制的特点，人为分成起始、延长和终止三个阶段进行阐述。

一、原核生物的DNA生物合成

（一）复制的起始

1. DNA复制起始点的辨认结合与解链　原核生物环状DNA的复制不是在基因组上任何部位可以开始的，其有一个固定的特定位点作为复制起始点。*E. coli*的复制起始点称为oriC，由245bp的保守序列和控制元件组成。碱基序列分析发现这段DNA上有3组13bp的串连重复序列和2对9bp反向重复序列（图12-12），上游的串连重复序列称为识别区；下游的反向重复序列碱基组成以A、T为主，称为富含AT区。因为A-T配对只由2个氢键维系，此部位易发生解链。

笔记栏

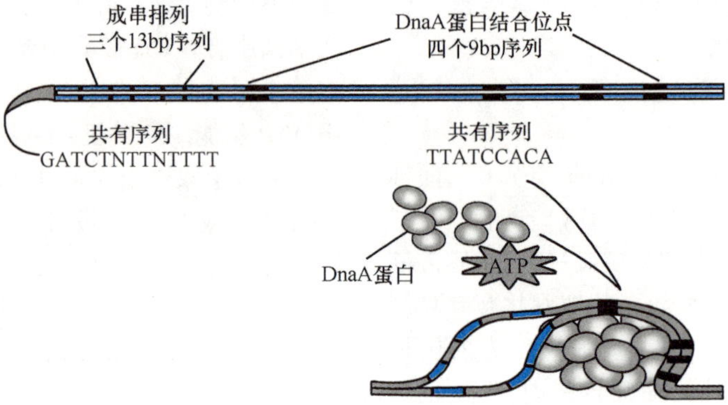

图 12-12 *E. coli* 的复制起始点 oriC

复制起始时，辨认 oriC 并解链主要需要 6 种蛋白因子：DnaA、DnaB、DnaC、HU 蛋白、拓扑酶和 SSB。DnaA 蛋白首先辨认并结合于 oriC 下游的富含 AT 区，大约 20~40 个 DnaA 蛋白正协同结合在此位点上，形成一个类似核小体的 DNA 蛋白质复合体结构。HU 蛋白是细胞的类组蛋白，可与 DNA 结合，促使双链 DNA 弯曲。接着，DnaA 作用于 oriC 上游富含 A-T 3 个 13bp 的串连重复序列，在 ATP 的存在下，3 个位点的 DNA 解链，成开放复合物。两个 DnaB 蛋白（解螺旋酶）六聚体在 DnaC 的协同下结合于解链区，沿解链方向移动并逐步置换 DnaA 蛋白，再进一步利用其解螺旋酶活性，使解链部分延长，这样起始形成了两个复制叉。

SSB 蛋白此时参与进来，结合于 DNA 单链区，起稳定单链 DNA、防止 DNA 复性的作用。每个复制叉大约有 60 个 SSB 四聚体正协同性结合在 DNA 单链上，但 SSB 蛋白不覆盖碱基，不影响单链 DNA 的模板功能，而且，SSB 蛋白稳定解旋后的单链 DNA 构象，有助于解旋。

2. 引发体的形成和引物 复制过程需要引物，在解链形成的 DnaB、DnaC 蛋白与 oriC 结合的复合体基础上，引物酶（DnaG）进入，每一个 DnaB 激活一个引物酶，起始领头链引物合成，或随从链上第一个冈崎片段的引物合成。此时形成含有 DnaB、DnaC、DnaG 和 DNA 的起始复制区域的复合结构称引发体。引发体的蛋白质组分在 DNA 链上移动，需由 ATP 供给能量。引物酶根据模板碱基序列，从 5′向 3′方向催化 NTP 的聚合，生成短链的 RNA 引物。合成的引物必留有 3′-OH 端，便可进入复制的延长过程。

解链是一种高速的反向旋转，其下游势必发生打结现象。此时，拓扑酶，可能主要是Ⅱ型酶作用，在将要打结或已打结处作切口，提供旋转活性使一条链环绕另一条旋转，消除解螺旋酶产生的拓扑张力，再通过连接的作用，实现 DNA 超螺旋的转型，即正超螺旋变为负超螺旋。复制的起始，要求 DNA 呈负超螺旋，这是因为 DnaA 只能与负超螺旋的 DNA 相结合。另外，负超螺旋比正超螺旋有更好的模板作用。

（二）复制的延长

DNA 复制起始解链后形成两个复制叉，可双向复制，进入领头链和随从链的延长阶段。

原核生物催化 DNA 链延长的酶是 DNA-pol Ⅲ，在引物的 3′-OH 端，以亲代 DNA 作模板按碱基互补原则不断加入 dNTPs，每次只加一个核苷酸，其 α-磷酸与引物或延长链上的 3′-OH 以磷酸二酯键相连，同时又为下一个核苷酸提供了 3′-OH，合成的新链按 5′→3′方向延长。DNA-pol Ⅲ以不对称二聚体形式分别催化领头链和随从链的延长。领头链的合成与复制叉的移动保持同步，合成一段约为 10~60 个核苷酸的 RNA 引物后，子链 DNA 可连续延长下去。而随从链的合成是分段进行的，需要不断合成 RNA 引物和冈崎片段。同一复制叉上，领头链的复制先于随从链，由于 DNA 的两条互补链方向相反，随从链绕成一个突环，使随从链与领头链的生长点都处在 DNA-pol Ⅲ核心酶的催化位点上（图 12-10）。

DNA 复制延长速度相当快，如 *E. coli* 在营养条件充足情况下，每 20 分钟可繁殖一代，按 *E. coli* 基因组的碱基数约 3000kb 推算，每秒钟可延长 2500bp。

（三）复制的终止

原核生物是单复制子复制，环状染色体从起始点形成两个复制叉，各自向前推移，最后在一个终止区相遇并停止复制。该区含有多个约 22bp 的终止子（terminator，ter），识别并结合 ter

笔记栏

序列的是 Tus 蛋白。Tus 蛋白具有反解旋酶活性,Tus-ter 复合物可抑制 DnaB 蛋白的解旋作用,从而阻止复制叉前进。Tus-ter 复合物只阻止一个方向的复制叉前移,一个复制叉形成 Tus-ter 复合物后停止前进,当对侧复制叉遇到这个停顿后也将停止复制。在多数情况下,两个复制叉前移的速度是相等的,当故起始点和终止点刚好将环状 DNA 分为两个半圆;某些生物两个方向复制是不等速的,一侧复制叉前进以便与先行受阻的复制叉汇合,起始点和终止点不一定把基因组 DNA 分为两个等份。

Tus 蛋白除了使复制叉停止运动以外,还可能造成复制体解体,解体后大约仍有 10~100bp 未被复制,这时通过修复方式填补空缺。

由于复制的半不连续性,在随从链上出现许多冈崎片段。每个冈崎片段上的引物是 RNA,要完成 DNA 复制,RNA 引物必须被除去,并用 DNA 取代(图 12-13)。

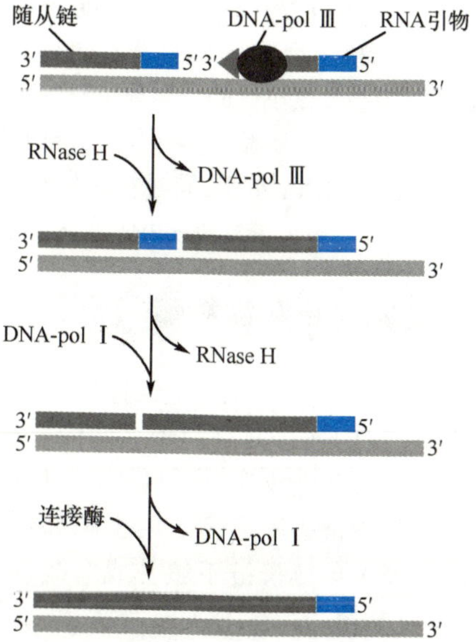

图 12-13　子链中 RNA 引物被取代

先由 RNA 酶 H(RNase H)识别并除去各条 RNA 引物的大部分,但不能水解与 DNA 末端直接连接的核苷酸,这是因为 RNase H 只能断裂 2 个核苷酸之间的键。最后一个由 DNA-polI的外切酶活性除去,并由 DNA-polI催化后复制片段的 3′-OH 延长以填补留下的空隙,直到最后的缺口由 DNA 连接酶将毗邻的 5′-磷酸基和 3′-OH 之间形成一个磷酸二酯键。这样所有冈崎片段的 RNA 引物都被替代并连接成完整的 DNA 子链。实际上此过程在子链延长中已陆续开始进行。领头链也有引物水解后的空隙,在环状 DNA 最后复制的 3′-OH 端继续延长,即可填补该空隙及连接,完成基因组 DNA 的复制过程。

二、真核生物的 DNA 生物合成

真核生物染色体 DNA 的复制过程与原核生物的基本相似,但存在多复制子、冈崎片段短、复制叉前进速度慢等特点,最重要的区别是参与复制的酶种类、数量更多更复杂。

真核生物 DNA 复制仅发生在细胞分裂的合成期(S 期),而且只复制一次。细胞完成一轮分裂所需要的过程称为细胞周期(cell cycle),典型的细胞周期分为 4 期(图 12-14)。在营养条件良好条件下培养细胞,历程约 24 小时。

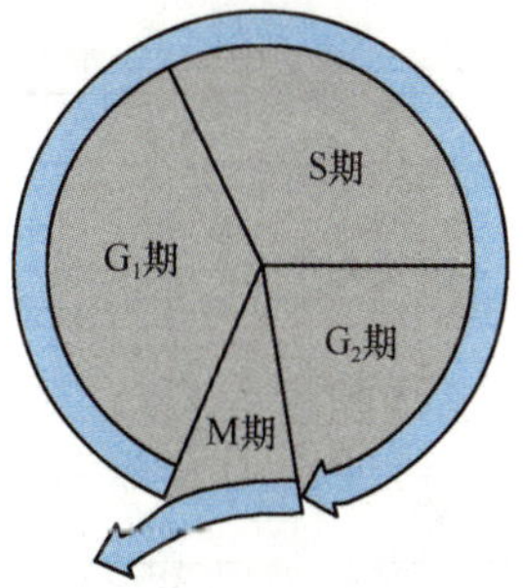

图 12-14　哺乳类动物细胞周期

(一)复制的起始

真核生物的染色体有上千个复制子,复制的起始点很多。复制子以分组方式激活而不是同步启动,说明复制有时序性。转录活性高的 DNA 在 S 期早期即开始复制,而高度重复序列如卫星 DNA,染色体中心体和两端的端粒都是 S 期的最后才复制的。

研究酵母的复制起点发现,复制起始点含 11bp 富含 AT 的核心序列:A(T)TTTATA(G) TTTA(T),称为自主复制序列(autonomously replication sequence,ARS)。将 ARS 克隆于原核生物的质粒载体上,可使质粒 DNA 在酵母细胞里进行复制。

复制的起始分两步进行,即 ARS 的选择和复制起点的激活。首先,在 G_1 期,由复制起点识别复合物(origin recognition complex,ORC)的 6 个蛋白质识别并结合 ARS,只在 G_1 期合成的不稳定蛋白 Cdc6 和 ORC 结合,并允许 MCM 2~7 蛋白在 DNA 周围形成环状复合体,此时由 ORC、Cdc6 和 MCM 蛋白组装形成前复制复合物(pre-replicative complex,pre-RC)。但复制起点 DNA 不会立即解旋或募集 DNA 聚合酶,因为 pre-RC 只能在 S 期细胞周期蛋白依赖性激酶(cyclin-dependent kinase,CDK)磷酸化激

笔 记 栏

活才起始复制。复制起始时，Cdc6 和 MCM 蛋白被替代，Cdc6 蛋白的快速降解可阻止复制的重新起始（图 12-15）。

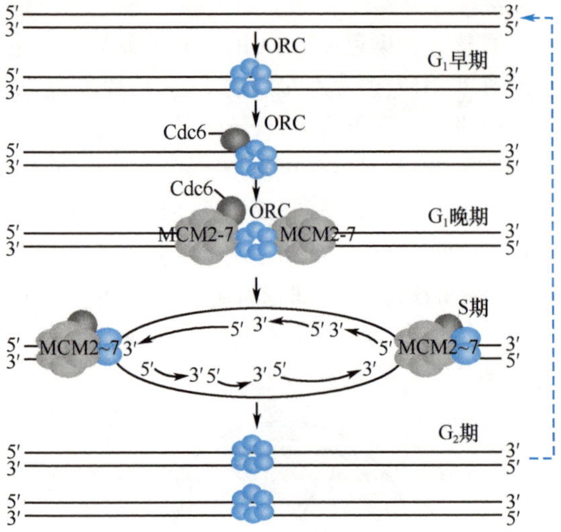

图 12-15　前复制复合物及复制叉的形成

复制的起始需要 DNA-pol α 和 δ 共同参与，前者有引物酶活性而后者有解螺旋酶活性（表 12-2）。此外还需拓扑酶和复制因子（replication factor，RF）如 RFA、RFC 等。与 *E. coli* 一样，复制起始也是打开复制叉，形成引发体和合成 RNA 引物，完成起始过程。增殖细胞核抗原（proliferation cell nuclear antigen，PCNA）在复制起始和延长中起关键作用。PCNA 为同源三聚体，可形成闭合环行、可滑动的 DNA 夹子，在 RFC 的作用下 PCNA 结合于引物-模板链处，并使 DNA-pol δ 获得持续合成的能力，因此 PCNA 可作为检测细胞增殖的重要指标。

真核细胞通过蛋白激酶磷酸化激活各种 RF 而调控细胞周期进入 S 期，相关的细胞周期蛋白（cyclin）和 CDK 相互交叉配伍作用，实现对 DNA 复制的多样化和精确的调节，进入 S 期。

（二）复制的延长

一旦复制起始，复制叉沿着 DNA 分子前进，两条与亲代多聚核苷酸互补的 DNA 新链也不断延伸合成。分别兼有解螺旋酶和引物酶活性 DNA-pol δ 和 DNA-pol α 均参与 DNA 合成。DNA-pol δ 延长 DNA 链的能力远比后者强，且对模板链的亲和力也较高。在起始点处，DNA-pol α 和起始复合物结合，合成一条长为 10 个碱基的 RNA 引物和紧随的由 20~30 个碱基组成的 DNA（或称为 iDNA），然后 DNA-pol δ 逐渐替代 DNA-pol α。DNA-polδ 的高度前进延伸能力可以连续地催化领头链的合成，它的前进能力来自于另外两种蛋白质 RF-C 和 PCNA 的相互作用。随从链引物也由 DNA-pol α 催化合成，然后由 PCNA 协同，DNA-pol δ 置换 DNA-pol α，继续合成到遇到前一个冈崎片段时脱落。DNA-pol α 不断引发下一新的引物合成，DNA-pol α 和 DNA-pol δ 也不断转换，PCNA 在全过程中也要多次发挥作用，这说明真核生物复制子内随从链的起始和延长交错进行。领头链的连续复制，亦是半个复制子的长度。

在大肠埃希菌中，冈崎片段长度约为 1000~2000 个核苷酸，每次基因组复制大约需要合成 4000 次引物。在真核生物中，冈崎片段比原核生物的短得多，长度大致相当于一个核小体的所含 DNA 的量（135bp）或若干倍数，因此引物合成的频率也相当高。真核生物基因组比原核生物大，DNA-pol 的催化速率远比原核生物慢，约是 50bp/s。但真核生物是多复制子复制，利用更多个复制起点便可以提高整体复制速度。

其次与原核生物 DNA 的显著不同是，真核生物复制过程中涉及核小体的分离与重新组装，其机制尚未完全明了。但实验证实，原有组蛋白大部分可重新组装至新 DNA 链上，同时在 S 期细胞大量同步合成组蛋白，满足于新的核小体重新装配。

（三）复制终止和端粒酶

真核生物染色体 DNA 是线性结构，复制子内部冈崎片段的连接及复制子之间的连接均可在线性 DNA 内部完成。但问题是染色体两端新链的 RNA 引物被去除后留下的空隙如何填补？如产生的 DNA 单链母链不填补成双链，就会被核内 DNase 酶解，这样 DNA 复制将造成子代染色体末端缩短（图 12-16）。确实某些低等生物中可出现少数特例，但显然多次复制后的染色体越来越短，将造成末端相邻的一些重要基因的丢失，破坏遗传信息的完整性。

事实上，染色体在正常生理状况下复制，是可以保持其应有长度的，20 世纪 30 年代，研究者发现染色体的末端可维持染色体的稳定性，故将这一真核生物染色体线性 DNA 分子末端的特殊结构命名为端粒（telomere）。形态学上，染色体末端膨大成粒状，这是因为 DNA 和它的结合蛋白紧密结合，像两顶帽子那样盖在染色体两端，故而得名。端粒可防止染色体间末端连接，并可补偿 DNA 5′末端去除 RNA 引物后造成的空缺，可见

笔 记 栏

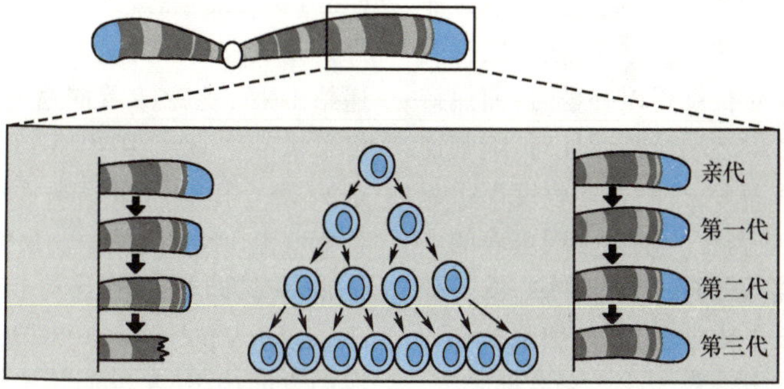

图 12-16 染色体末端复制问题

端粒对维持染色体的稳定性及 DNA 复制的完整性中有重要作用。端粒的共同结构是富含(TnGn)x的重复序列,重复的次数由几十到数千不等,并能反折成二级结构。水解引物后每个染色体的 3′末端比 5′末端长,伸出约12~16 个单核苷酸链,这一特殊结构可募集一种特殊的端粒酶(telomerase),从而解决染色体末端的复制问题。

1978 年,Elizabeth H. Blackburn 首先从四膜虫中发现了端粒的结构,两年后与遗传学家 Jack W. Szostak 共同确证了四膜虫的端粒具有保护染色体线性 DNA 的作用。直到 1984 年,Blackburn 实验室工作的 Carol W. Greider 终于找到了端粒酶,三位科学家因发现端粒和端粒酶保护染色体的机制而获 2009 年度诺贝尔生理/医学奖。现在明确,端粒酶是由 RNA 和蛋白质组成的一种核糖核蛋白(ribonucleoprotein,RNP),功能是合成染色体末端的端粒,其蛋白组分是识别并和结合端粒 3′末端序列,利用自身携带的 RNA 作模板,使端粒复制和延长的反转录酶。1997 年,人类端粒酶被克隆成功,其由三部分组成:端粒酶 RNA(human telomerase RNA,hTR)约 150 个核苷酸,富含 CA;人端粒酶协同蛋白 1(human telomerase associated protein 1,hTP1);端粒酶反转录酶(human telom-erase reverse transcriptase,hTRT)。与其他 DNA 聚合酶相似,端粒酶能够延伸其 DNA 底物的 3′端。与一般 DNA 聚合酶不同,端粒酶是以自己的 RNA 组分作为模板(这一 RNA 序列能与染色体的 3′ ssDNA 互补),染色体的 3′端 ssDNA 作引物,开始以反转录复制的方式,将端粒序列添加于染色体的 3′端。待 3′-OH 单链延长到一定长度后,可以反折成发夹结构,提供 3′-OH 端而利于复制延伸。延伸至足够长度后,端粒酶脱离母链,代之以 DNA 聚合酶催化完成末端双链的复制。端粒酶可能通过这一种称为爬行模型(inchworm model)的机制维持染色体的完整(图 12-17)。

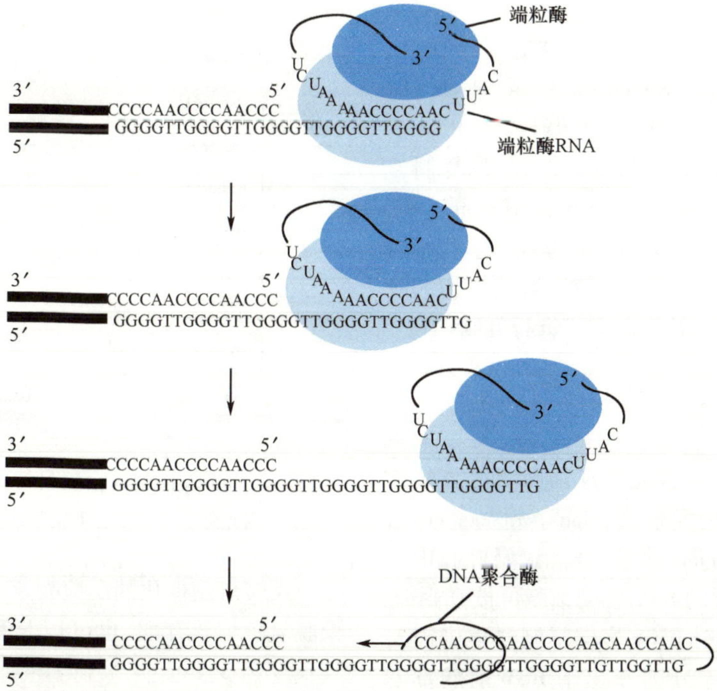

图 12-17 端粒酶催化作用的爬行模型

端粒与端粒酶在细胞的生长及肿瘤中有非常重要的意义。由于端粒酶的存在，使每次细胞分裂而逐渐缩短的端粒长度得以补偿，进而保持端粒稳定的长度。在缺乏端粒酶活性时，细胞连续分裂将使端粒不断缩短，短到一定程度即引起细胞生长停止、衰老或凋亡。研究发现培养的人成纤维细胞端粒随着分裂次数的增加，长度变短。生殖细胞端粒长于体细胞，成年细胞的端粒比胚胎细胞的短。如把端粒酶注入衰老细胞中，可弥补端粒的缺损，确实可以延长细胞分裂的寿命，使细胞年轻的周期延长。这至少说明细胞水平的老化可能与端粒酶活性的下降有关。

此外，研究也发现，基因突变、肿瘤形成时可产生端粒缺失、融合或缩短等现象。某些肿瘤细胞的端粒比正常同类细胞显著缩短。然而，主要的恶性肿瘤细胞中均发现具有高活性的端粒酶，因此不仅为病变组织的良恶性鉴别提供了一个良好的诊断指标，也设想端粒酶抑制剂有可能开发成为抗癌药物。

某些动物病毒和细菌含有线性染色体，它们利用一种引发蛋白，其氨基酸残基提供一个羟基，取代正常情况下由 RNA 引物提供的 3′-OH，延续合成 DNA，完成线性染色体末端的复制。

真核生物 DNA 复制与核小体装配同步进行，复制完成后随即组合成染色体并从 G_2 期过渡到 M 期。

第 4 节　反转录和其他复制方式

高等生物的遗传物质大多数是双链 DNA，某些病毒的基因组是 RNA 而非 DNA，其遗传信息流动方向是以病毒 RNA 为模板，由 RNA→DNA，与中心法则的转录过程逆向，故称复制方式是反转录或逆转录（reverse transcription）。实际上，反转录是一种特殊的复制方式。一些非染色体基因组，如原核生物的质粒、真核生物的线粒体 DNA，采用另种特殊的方式进行复制。

一、反转录酶和反转录

20 世纪初，Rous 首先发现鸡肉瘤可由病毒引起（后称 Rous 肉瘤病毒，Rous sarcoma virus，RSV）。1964 年，Temin 研究 RSV 致癌机制中发现，属于 RNA 病毒的 RSV 感染细胞可被 DNA 合成抑制剂遏制，说明 RNA 病毒复制过程中需要合成 DNA 中间体。于是提出了 RSV 前病毒的假设，即 RNA 病毒→合成 DNA 前病毒（provirus）→致细胞恶性转化（癌变）的 RNA 肿瘤病毒。其核心是认为遗传信息可以由 RNA 反向传递给 DNA，这意味着向遗传信息的中心法则提出了挑战。直至 1970 年，Temin 和 Baltimore 分别从 RSV 和鼠白血病病毒中发现了催化 RNA 合成双链 DNA 的酶——反转录酶（reverse transcriptase），即 RNA 指导的 DNA 聚合酶（RNA directed DNA polymerase，RDDP），证实了遗传信息流动方向由 RNA 反向传递给 DNA 的反转录方式，为此获得了 1975 年度诺贝尔生理/医学奖。

笔记栏

逆转录酶是一种多功能酶，它兼有 3 种酶的活性：RNA 或 DNA 指导的 DNA 聚合活性和 RNase 活性。含有逆转录酶的 RNA 病毒，称为反转录病毒。绝大多数反转录病毒进入宿主细胞不杀死细胞，而是在细胞内复制成双链 DNA 的前病毒。从单链 RNA 反转录到双链 DNA 可分为三步：①利用病毒 RNA 作模板，反转录酶发挥 RNA 指导的 DNA 聚合酶活性，催化 dNTP 聚合生成一条 DNA 互补链，形成 RNA-DNA 杂化双链；②反转录酶中的 RNase 活性，和细胞内 RNase H 一样，特异水解杂化双链的 RNA 链；③余下新合成的单链为模板，由反转录酶再催化合成第二条 DNA 互补链（complementary DNA，cDNA），继而产生双螺旋 DNA 分子（前病毒），其保留了 RNA 病毒全部遗传信息。利用病毒 RNA 末端的几百个核苷酸残基的长末端重复顺序（long terminal repeat，LTR），可促进反转录生成的前病毒双链 DNA 整合到宿主染色体上（图 12-18A）。

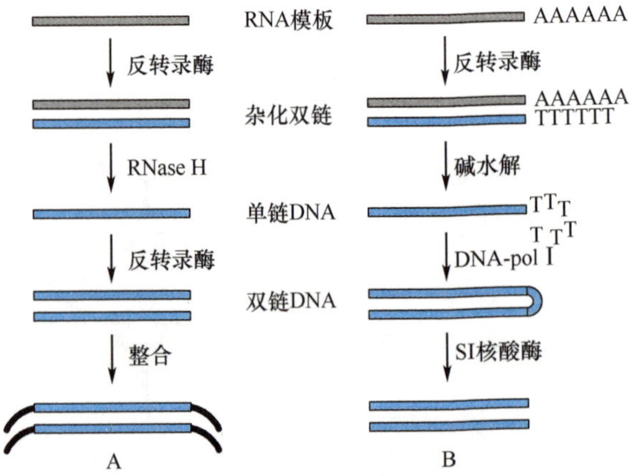

图 12-18　反转录酶催化 RNA 转变为双链 cDNA 的途径
A. 反转录病毒 RNA 细胞内复制；B.试管内合成 cDNA

反转录酶催化的反应要求有引物，可以是寡聚脱氧核糖核苷酸，也可以是寡聚核糖核苷酸，其长度至少要有 4 个核苷酸，具有游离 3′-OH 端，合成反应也按照 5′→3′延长的规律。有研究发现，病毒自身的 tRNA 可作为复制引物。此外还需要适当浓度的 2 价阳离子（Zn^{2+}和 Mg^{2+}等），这些性质都与 DNA 聚合酶相类似。但反转录酶没有 3′→5′外切酶活性，因此没有校对功能。一般每添加 20 000 个核苷酸残基会出现一个错误，具有相对较高的出错率，这似乎是绝大多数 RNA 病毒有很高的进化率，也可能是致病病毒较快地出现新病毒株的原因之一。

反转录病毒编码的整合酶是一种核酸内切酶，它识别 cDNA 两端的 LTR，可将 cDNA 随机整合或插入到宿主细胞基因组内，随宿主染色体 DNA 一起复制和表达。前病毒在宿主中转录生成的 RNA，一部分作为病毒的遗传物质，另一部分则作为 mRNA 翻译产生病毒特有的蛋白质，这些病毒蛋白和病毒 RNA 基因组可迅速组装成新的病毒颗粒，从而成为致病的原因。而刚进入细胞的病毒 RNA 是无翻译活性的，因此，反转录和整合所需的酶必须由病毒颗粒所携带。

二、反转录研究的意义

反转录酶和反转录现象，是分子生物学领域中的重大发现。反转录的发现扩展了中心法则，使人们对遗传信息的流向有了新的认识，也说明 RNA 可同时兼有遗传信息传代与表达的功能。

反转录病毒能够转导宿主的染色体 DNA 序列。前病毒 DNA 通过重组可以与宿主染色体 DNA 组合在一起。如果重组病毒携带了控制细胞生长分裂的原癌基因，使其异常高水平表达，或经突变失去了调节机制，就成为病毒致癌的原因。反转录病毒中癌基因的发现，有助于深入研究肿瘤的分子机制，并对肿瘤的防治提供重要线索和途径。

1983 年发现的人类获得性免疫缺陷病毒（human immunodeficience virus，HIV）也是一种反转录病毒，其作用不是引起肿瘤，而是杀死被感染的宿主细胞（主要是淋巴细胞），逐渐造成宿主机体免疫系统损伤，引起获得性免疫缺陷综合征（acquired immuno-deficiency syndrome，AIDS），即艾滋病。根据 HIV 的作用特点，设计研发抑制反转录酶的药物已用于临床治疗艾滋病，第一个有应用价值的药物是 AZT（3′叠氮-2′，3′双脱氧胸腺核苷），AZT 经 T 淋巴细胞吸收后转变为 AZT 三磷酸酯，HIV 反转录酶对 AZT 三磷酸酯有高亲和力，能把 AZT 加接到合成中的 DNA 链 3′端，从而竞争性抑制了酶对 dNTP 的结合。由于 AZT 没有 3′-OH，病毒 DNA 链的合成迅速终止。但是，HIV 中编码病毒外膜蛋白的 env 基因和基因组的其他部分以极快速度突变，且 HIV 中反转录酶在复制中出错率比其他已知反转录酶大 10 倍以上，因此有效的疫苗研制也是一项艰难复杂、亟待解决的难题。

利用反转录病毒的基因组易于整合到宿主基因组中的机制，转基因技术可采用反转录病毒作为载体，向真核生物转移基因，用于疾病的治疗。

反转录酶的发现对于遗传工程起了一定的作用，它已经成为基因工程中获取目的基因的一个重要工具酶。此法称为 cDNA 法（图 12-18B）。在哺乳动物真核细胞庞大的基因组 DNA（3×10^9bp）中选取某一目的基因，绝非易事。而在某些情况下，对 RNA 进行提取、纯化，较为可行。取得 RNA 后，可以通过反转录方式在试管内操作，用反转录酶催化 dNTPs 在 RNA 模板指引下的生成 RNA-DNA 杂化双链，用酶或碱水解除去 RNA，再以 DNA-pol Ⅰ的大片段，即 Klenow 片段催化合成 cDNA，此 cDNA 就是编码蛋白质的基因，进而用来深入研究。

三、滚环复制和 D 环复制

某些低等生物中存在一种单向复制的特殊方式——滚环复制（rolling circle replication）。例如噬菌体 ΦX174 是环状单链 DNA 分子，其入侵细胞后，在胞内的繁殖方式（复制型）为双链 DNA。首先由它自己编码的有核酸内切酶活性的 A 蛋白作用，在双链 DNA 复制起始点打开一个缺口，形成开环单链，以产生的游离 3′-OH 作为引物，保持闭环的对应单链为模板，一边滚动一边进行连续的复制合成新链。滚动的同时，外环 5′端逐渐离环向外伸出。合成一圈后，露出切口序列，A 蛋白即把母链和子链切断，外环母链再重新滚动一次，3′端沿母链延长，最后合成两个环状子链（图 12-19）。A 蛋白是一种较少见的体内顺式作用蛋白，它还应具有第二个活性中心，即单链 DNA 连接酶催化活性。A 蛋白仅仅结合和作用于表达它的 DNA 序列。

滚环复制是 M13 噬菌体在感染 *E. coli* 后 DNA 复制的方式。此外，爪蟾卵 rDNA 也利用滚环复制大量扩增，以满足卵发育阶段对 rRNA 的大量需求。线性 rDNA 通过滚环复制产生的多拷贝，既可以保持线性状态，也能够连接成闭合环形。经过若干次滚环复制，能迅速产生数以千计的 rDNA 拷贝。

笔记栏

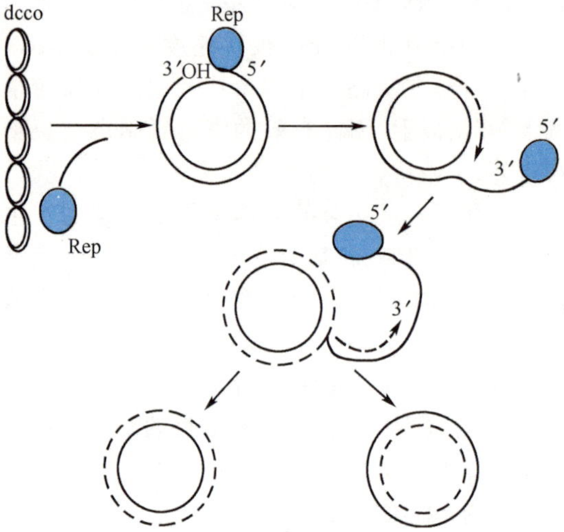

图 12-19　滚环复制示意图

线粒体 DNA(mitochondrial DNA, mtDNA)采用另一种单向复制的特殊方式，称为 D-环或取代环式(displacement loop)复制。复制时需合成引物。mtDNA 为双链，在特异的复制起点解开进行复制，但两条链的合成是高度不对称的，第一个引物以内环为模板延伸，待链复制到一定程度，暴露出另一链的第二个复制起点，再合成另一个反向引物，才以外环为模板开始进行反向的延伸。最后完成两个双链环状 DNA 的复制(图 12-20)。在电镜下可以看到呈 D-环形状。这表明复制起点是以一条链为模板起始合成 DNA 的一段序列，两条链的起点并不总在同一点上，当两条链的起点分开一定距离时就产生 D-环复制。叶绿体 DNA 的复制也采取 D-环的方式。

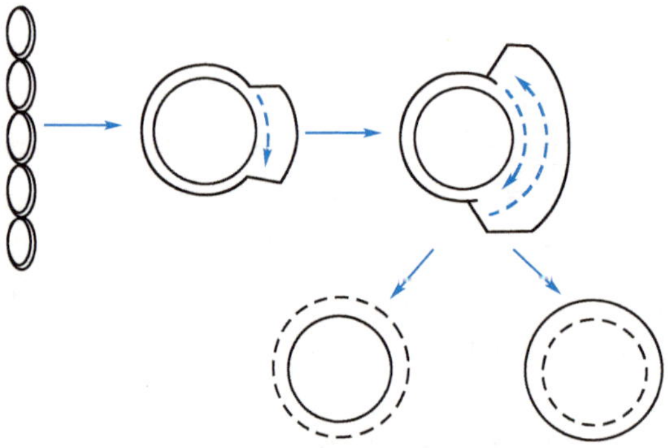

图 12-20　D-环复制示意图

第 5 节　DNA 损伤(突变)与修复

DNA 复制的保真性是生物遗传稳定性的基础。生物体的遗传信息并非一成不变，而是在内外环境因素的作用下发生着变化。基因组 DNA 在分子结构、序列的改变或表型功能的异常变化，称为 DNA 突变(mutation)，也称为 DNA 损伤(DNA damage)。遗传物质保持代代持续传递依赖于把突变概率维持在低水平上。但是，没有遗传物质的变异，也就不可能出现新物种，因此，生命和生物多样性依赖于突变与突变修复之间的良好平衡。

笔记栏

一、突变的意义

一般会认为基因突变是有害的，但突变在生物界的普遍存在也是有积极意义的。

从长远的生物史看，物种的进化过程是基因突变的不断发生、长期积累所造成的，没有突变就不可能有现今五彩缤纷的生物世界。研究基因突变的诱因则对于改造生命具有现实意义。

有的突变常发生在简并密码子上第三位碱基上，或非功能区段编码序列，这种突变可能没有可察觉的表型改变。从表观上看不出任何差异，但基因结构已发生改变，这可称为基因多态性，故可设计各种 DNA 多态性分析技术用于识别个体差异和种、株间差异，以及疾病预防及诊断。例如：法医学的个体识别、亲子鉴定，器官移植配型，个体对某些疾病的易患性分析等。

有些突变发生在对生命过程至关重要的基因上，可导致细胞乃至个体的死亡，人类常利用这些特性消灭有害的病原体。再者，某些突变会产生一些疾病包括遗传病、肿瘤及有遗传倾向的疾病。其中少数已知其遗传缺陷所在，如血友病是凝血因子基因的突变，镰状红细胞贫血是由于患者的血红蛋白分子中一个氨基酸的遗传密码发生了改变，白化病患者则是 DNA 分子上缺乏产生促黑色素生成的酪氨酸酶的基因所致。其余大多数尚在研究中。人类基因组计划(HGP)完成核苷酸的测序后，疾病相关基因的检出和研究是后基因组学的重要内容。

二、引发突变的因素

突变的两个重要来源是 DNA 复制的不准确性和遗传物质的化学损伤。前者属于自发突变，发生频率大约在 10^{-9} 左右。尽管 DNA 复制酶促系统有校读纠错功能，但仍会有些错误逃避校正。后者由外界因素导致的 DNA 突变，称诱变。DNA 当遭受天然和非天然化合物以及辐射的攻击时，可使其骨架断裂并改变其碱基的化学结构。这些导致诱变的常见因素有三大类：①物理因素：主要是指紫外线和各种辐射。紫外线可以使相邻嘧啶之间双链打开，发生共价结合，形成嘧啶二聚体，使 DNA 产生弯曲和扭结。电离辐射（如 X 射线、γ 射线等）不仅直接对 DNA 分子中原子产生电离效应，还可以通过水在电离时所形成的自由基起作用（间接效应），DNA 链可出现双链或单链断裂，甚至碱基破坏的情况。紫外线和电离辐射都是强的诱变剂。②化学因素：一些化学诱变剂大多数是致癌物。从化工原料、化工产品和副产品、工业排放物、农药、食品防腐剂或添加剂、汽车废气等检出的致突变化合物已有 6 万多种，而且还以每年上千新品种的速度增加。③生物诱变剂：如可移动遗传因子，即能在基因组中移动的 DNA 序列，例如病毒（如细菌噬菌体 Mu、反转录病毒），附加体质粒（如 F 因子）和转座遗传因子（如 P 因子、Ty 因子），由于它们插入或打断基因，而导致诱变的或可能带有基因调控元件来影响编码基因的表达，它们分散的拷贝便于异常重组。

三、突变的分子改变类型

化学或物理因素容易造成细胞 DNA 损伤，突变的 DNA 分子改变可分为错配（mismatch）、缺失（deletion）、插入（insertion）和重排（rearrangement）等几种类型。

1. 错配 自发突变和不少化学诱变都能引起 DNA 上某一碱基的置换，使得子代突变位置上核苷酸与模板 DNA 对应的核苷酸不配对，这种 DNA 分子上的碱基错配又称为点突变（point mutation）。点突变分为两类：①转换（transition）：即一个嘌呤被另一个嘌呤所取代，或者一个嘧啶被另一个嘧啶所取代的置换，是同型碱基间的改变。如 A→G 或 C→T 等。②颠换（transversion）：即一个嘌呤被另一个嘧啶所取代或一个嘧啶被另一个嘌呤所替代的置换，是异型碱基间的改变。如 A→C 或 C→A，G→T 或T→G 等。自然界的突变，转换多于颠换。点突变如发生在基因的编码区，可导致氨基酸组成的改变而影响蛋白质生物学功能。如果点突变发生在简并性密码子的第三位，可能不会导致氨基酸的改变。

2. 缺失和插入 异常复制可造成合成的多聚核苷酸中插入少量多余核苷酸或模板中部分核苷酸未被拷贝，插入与缺失若出现在编码区，可导致编码特异性蛋白的基因读码框发生移动（图 12-21），称为框移突变（frameshift mutation）。由于读码框三联体密码的阅读方式改变，造成蛋白质氨基酸排列顺序发生改变，其后果翻译出的蛋白质可能完全不同。并非所有编码区的插入和缺失都导致移码：三个或 3*n* 个核苷酸的插入或缺失，不一定引起框移突变。

3. 重排 DNA 分子内较大片段的交换，称为重组或重排。移位的 DNA 可以在新位点上颠倒方向反置（倒位），也可以在染色体之间发生交换重组。图 12-22 表示由于血红蛋白 β 链和 δ 链两种类型的基因重排而引起的地中海贫血。

四、DNA 损伤的修复

如果所有 DNA 损伤都不修复，则致死突变的积累和依赖于 DNA 完整性的一些关键过程被抑制（这些过程包括复制和转录），细胞将很快死亡。DNA 修复（DNA repairing）是对已改变的 DNA 分子进行补救措施，使其恢复原有的结构。生物在进化中建立和发展了众多的机制来修复 DNA 损伤，主要有：

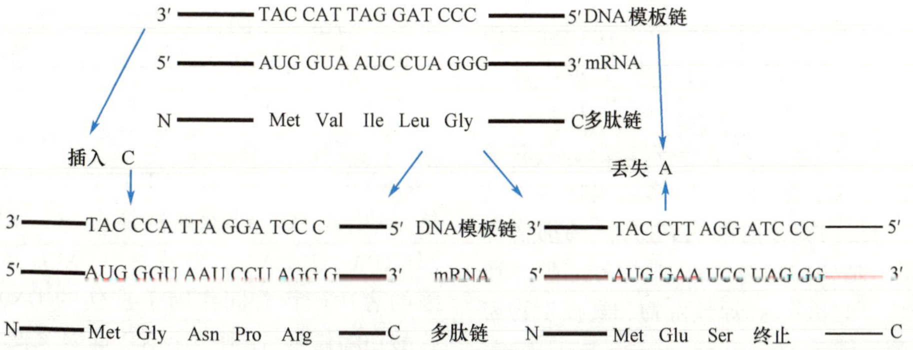

图 12-21 插入和缺失引起移码突变

笔记栏

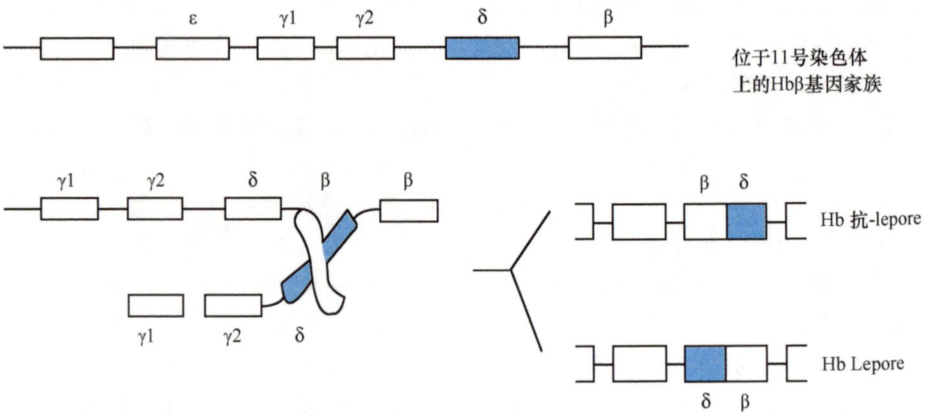

图 12-22　基因重排引起两种地中海贫血的基因型

（一）直接修复

1. 光修复（light repairing）　可见光（300～600 nm）能激活细胞内的光修复酶（photolyase），将 DNA 中因紫外线照射而形成的嘧啶二聚体分解为原来的非聚合状态。光修复酶中的辅助因子四氢叶酸和 $FADH_2$ 作为生色基团，前者吸收光子并将后者激活，生成的激发型 FADH 再将电子转移给嘧啶二聚体，使其还原。光修复作用是一种高度专一的直接修复方式。它只作用于紫外线引起的 DNA 嘧啶二聚体。光修复酶在生物界分布很广，从低等单细胞生物到鸟类都有，人体细胞中也有发现。

2. 断裂处直接修复　由电离辐射等引起 DNA 损伤断裂，断裂处两侧的 3′和 5′端保持完整，可进行直接修复，然而这类损伤往往存在末端碱基的修饰，因此断裂处两端连接前需先除去修饰。

（二）切除修复

所谓切除修复（excision repairing），即在一系列酶的作用下，将 DNA 分子中受损伤部分切除，同时以另一条完整的链为模板，合成出被切除部分的空隙，使 DNA 恢复正常结构的过程。这是细胞内最重要和有效的一种修复机制，对多种损伤均能起修复作用。切除修复包括两个过程：一是由细胞内特异的酶找到 DNA 的损伤部位，切除损伤结构的核酸链；二是填补空隙并连接。损伤部位的切除，在原核生物和真核生物需要不同的酶系统。

1.碱基切除修复（base excision repair，BER）　如果只有单个碱基突变，比如修复细胞 DNA 中碱基（如 C）自发脱氨基产生的异常碱基（如 U），则以 BER 方式进行修复。在该系统中，糖苷酶识别受损碱基并通过水解糖苷键切除，从而在 DNA 骨架上产生 1 个无嘌呤/嘧啶核苷酸（apurinic/ apyrimidinic acids）位点，即 AP 位点。然后，AP 内切酶在 AP 位点的 5′端切断磷酸二酯键，AP 外切酶再切割 AP 位点的 3′端，产生的缺口由 DNA-pol Ⅰ 填补，最后 DNA 连接酶连接（图 12-23A）。

2. 核苷酸切除修复（nucleotide excision repair，NER）　如果 DNA 损伤造成 DNA 螺旋结构较大变形，则需要以 NER 方式进行修复（图 12-23B）。大肠埃希菌的 NER 主要由 4 种蛋白质组成：UvrA、UvrB、UvrC 和 UvrD。2 个 UvrA 和 1 个 UvrB 分子组成复合物结合于 DNA，并消耗 ATP 沿着 DNA 运动，UvrA 能够发现损伤造成的 DNA 双螺旋结构变形，UvrB 使 DNA 变性，在损伤部位形成一个单链的凸起区。接着 UvrB 募集核酸内切酶 UvrC，在损伤部位的两侧切断 DNA 链。结果 12～13 个核苷酸片段在 UvrD 解螺旋酶帮助下被除去。最后，由 DNA-pol Ⅰ 和连接酶填补缺口。较高等细胞中 NER 的原理与大肠埃希菌中的基本相同，但是对损伤的检测、切除和修复系统更为复杂，涉及发现、切除和修复损伤的酶多达 25 个以上。

人类有一种隐性遗传病称为着色性干皮病（xeroderma pigmentosis，XP），发病机制与 DNA 修复缺陷相关。已发现机体有一套 XP 相关基因（XPA、XPB、XPC、XPD、XPF、XPG 等），XP 基因的表达产物共同作用于损伤的 DNA，进行核苷酸切除修复，任何一个 XP 基因突变造成细胞受损的 DNA 修复缺陷，都可引起 XP。

笔记栏

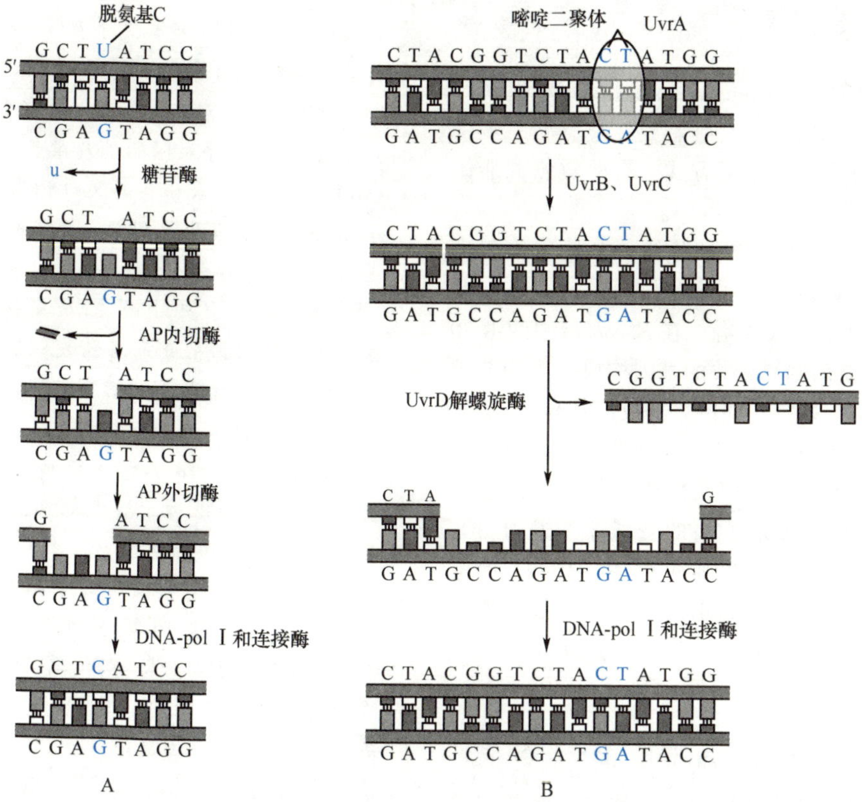

图 12-23　切除修复方式:碱基切除修复(A)和核苷酸切除修复(B)

切除修复用未受损的 DNA 链作为模板来合成另一条链上已受损的 DNA 片段。细胞如何修复 DNA 中双螺旋两条链都断裂的损伤？这是由双链断裂修复途径进行的,此途径从姊妹染色体中取回序列信息。

(三) 重组修复

重组修复(recombination repairing)是先复制后修复。对于双链 DNA 断裂损伤面较大又不能及时修复的 DNA 也可以进行复制,但是复制酶系在损伤部位无法通过碱基配对合成子代 DNA 链,它就跳过损伤部位,在下一个冈崎片段的起始位置或领头链的相应位置上重新启动合成,结果子代链在损伤相对应处留下缺口。这种遗传信息有缺损的子代 DNA 分子可通过重组方式加以修复。重组蛋白 RecA 的核酸酶活性将另一股正常母链上相应核苷酸序列片段移至子链缺口处,然后用再合成的序列来补上母链的空缺(图 12-24)。值得注意的是,这个过程并没有实际修复模板链起初的损伤。只是子链被修复了。当进行第二轮复制时,再次经过损伤部位时所产生的缺口还需同样的重组修复,直至损伤被切除修复所消除。随着复制的不断进行,若干代后,即使损伤始终未除去,损伤链所占比例越来越低,在后代细胞群中也被稀释掉而实际消除了损伤的影响。

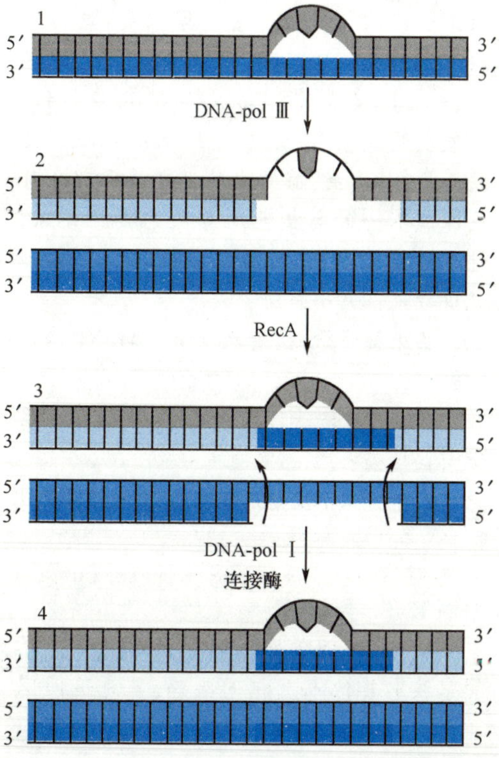

图 12-24　重组修复

(四) SOS 修复

SOS 修复(SOS repairing)是指 DNA 损伤严重,复制难以继续进行,细胞处在危急状态下诱发产生的一种应急修复方式。有些致癌剂能诱发 SOS 修复系统。

SOS 系统包括诱导切除修复和重组修复中某些关键酶和蛋白质的产生,即 uvr、rec 基因及产物,调节蛋白 Lex A 等。在 *E. coli* 菌中约由 20 个与 DNA 损伤修复有关的基因构成一个调节子的网络式调控系统。此网络的反应特异性低,此外,SOS 反应还能诱导产生缺乏校对功能的 DNA 聚合酶,它能在 DNA 损伤部位进行复制而避免了死亡,可是却带来了高的变异率。通过 SOS 修复,复制如能继续,细胞可存活,但 DNA 保留的错误较多,会引起长期广泛的突变,细胞癌变也可能与 SOS 反应有关。

案例 12-1

患儿,女性,1 岁 8 个月,出生后 20 天右下睑出现片状红斑,4 个月时颜面出现多数浮肿性红斑,起水疱,破溃,结痂。眼流泪,分泌物增多。5 个月时面部、肩部、前臂伸侧出现多数黑褐色斑点。患儿经常被其父母抱到户外晒太阳,以防得佝偻病。而面部及前臂皮肤暴露部分斑块扩大,近 10 天上述症状进行性加重。家族史:患儿家族其他人无相同疾病。体检:患儿体温、呼吸、一般情况尚可,发育与同龄儿童相仿,未发现明显的耳、眼及神经系统症状。皮肤干燥。面、肩、前臂皮肤日光暴露部分可见深浅不一的黑褐色斑片及色素脱失斑,伴毛细血管扩张,无萎缩性瘢痕。下唇可见少数米粒大小黑斑。

临床初步诊断:着色性干皮病(XP)?

问题讨论

1.如何确诊着色性干皮病,实验室还需做哪些检查?

2.着色性干皮病发病机制及治疗原则。

案例 12-1　分析讨论

XP 是一种常染色体隐性遗传病。尽管家族中其他人无相同疾病,首先追问家族史,得知患儿父母在上五代前有血缘关系。通过采集患儿及其父母亲和一些亲属血样共 10 份,检测着色性干皮病家系中 XPA、XPB、XPC、XPF、XPG 等基因是否突变。实验室通过 DNA 测序及限制性片段长度多态性(RFLP)分析,结果证实其父母皆为杂合子。患儿 XPA 基因发生了 C631→T631 的点突变。患儿被确诊为着色性干皮病。

患儿经常于户外晒太阳,皮肤日光暴露部分因紫外线照射而易诱发细胞内 DNA 链的嘧啶二聚体形成。但患儿因 XPA 基因突变导致其机体 DNA 切除修复系统缺陷,因而不能切除嘧啶二聚体造成的 DNA 损伤,故其皮肤和眼对于日光敏感,易发生色素沉着或脱失、萎缩甚至癌变。

XP 发生的分子机制源于碱基错配所致。患儿 XPA 基因第 5 外显子上发生 C631→T631 的碱基转换,使第 211 位氨基酸由精氨酸突变为终止密码子,导致 XPA 基因编码 XPA 蛋白提前终止,在 C 端缺失了 63 个氨基酸,从而丧失了 XPA 蛋白的功能。XPA 蛋白的功能参与 DNA 的切除修复,XPA 基因突变致使 XPA 蛋白功能缺陷时,直接导致细胞内 DNA 损伤的修复障碍,临床以光暴露部位色素增加和角化及癌变为特征。

目前对于 XP 的治疗尚无有效方法,主要对症方法缓解病情:如避免紫外线照射,避免肿瘤致病因子刺激,对皮肤癌变和眼疾可利用手术对症治疗;因核酸内切酶异常可采用 T4 内切酶治疗。

小　结

生物体内 DNA 的合成包括三种方式:DNA 指导的 DNA 合成(复制)和 RNA 指导的 DNA 合成(反转录)以及修复合成。

复制是遗传物质的代代相传。以母链 DNA 为模板,dNTP 为原料,按碱基配对原则,由 DNA-pol 催化生成磷酸二酯键,使 dNMP 聚合成 DNA 子链。DNA 复制的共同特点:半保留复制;生长点形成复制叉结构;多数为双向复制;半不连续复制;复制起点由多个短重复序列组成;不能从头合成,必须有引物,引物一般为 RNA;需要多种酶和蛋白质因子参与;复制的高保真性,体现在酶的校读和碱基选择功能上。

在原核生物复制过程中，多种特异因子和解螺旋酶在复制起点形成复合物，打开DNA双螺旋形成复制叉，由引物酶合成RNA引物，DNA-pol Ⅲ负责催化延伸DNA子链。合成链总是从5′→3′方向延伸，DNA双链走向相反，子链有领头链和随从链之分。复制完成前，RNA引物需除去，留下的空隙由DNA-pol Ⅰ催化dNTP的聚合而填补，再由DNA连接酶将冈崎片段连接起来。原核生物环状DNA是单复制子，起始点向终止点汇合而终止复制。

参与真核生物DNA复制的主要蛋白质类型和功能与原核有相似之处，但其复制更复杂，有若干特征。真核染色体有多个复制起点，复制发生于细胞周期的S期，细胞周期蛋白及其相应的激酶(CDK)参与复制的调节。复制的延长和核小体组蛋白的分离和重新组装有关。端粒酶的存在使染色体复制能维持应有的长度。

反转录是RNA病毒的复制形式。反转录酶具有3种酶促活性，它以病毒RNA为模板，逐步合成双链cDNA，最后以原病毒形式插入宿主染色体。反转录现象的发现，是对中心法则的重要发展和补充。拓宽了对RNA病毒致瘤、致病的研究。在基因工程研究上，还可用反转录酶制备cDNA。

噬菌体的滚环复制和线粒体的D环复制方式表明，双螺旋DNA的两条链不一定同时复制，两条链的复制起点可能处于不同位置。

DNA遗传信息的突变主要来自DNA复制误差和物理、化学因素损伤。前者通过错配修复系统进行修复；后者则需要借助DNA损伤修复系统：直接修复、切除修复、重组修复和SOS修复等。其中，切除修复最为普遍。

(喻　红)

笔记栏

第13章　RNA的生物合成

生物体在遗传信息传递过程中,以 DNA 为模板,在 RNA 聚合酶的催化下合成 RNA 的过程即称为转录(transcription)。细胞内各类 RNA 都是通过转录生成的。储存在 DNA 分子 中的遗传信息先传递给 RNA,然后再由其中的 mRNA 作为蛋白质合成的模板来决定蛋白质分子中的氨基酸序列。转录实际上就是把 DNA 的碱基序列(遗传信息)转抄成 RNA 的碱基序列,这样就把 DNA 和蛋白质这两种生物大分子从功能上衔接起来。经转录生成的各类 RNA(原核 mRNA 除外)还需加工才能成为具有生物学功能的 RNA 分子。

第1节　RNA 合成的模板和酶

转录与 DNA 复制有着相同或相似之处,但也有其特点与不同。表 13-1 列举了转录与 DNA 复制过程中的异同。

表 13-1　转录与 DNA 复制的异同点

	转录	复制
模板 DNA	双链 DNA 中只有一股链作为转录的模板(不对称转录)	双链 DNA 的两股链均作为复制的模板(半保留复制)
底物	NTPs	dNTPs
碱基配对	A-U、T-A、G-C	A-T、G-C
聚合酶	RNA 聚合酶(不需引物),缺乏校读功能	DNA 聚合酶(细胞内复制需 RNA 引物),有校读功能
产物链延长方向	5′→3′	5′→3′
产物	单链 RNA	子代双链 DNA

一、转录模板

为保留物种的全部遗传信息,整个基因组 DNA 均需复制。但转录不同,细胞会根据不同的发育时期、生存条件和生理需要,启动部分基因转录(表达)。例如,人类基因组编码蛋白质的基因约为 2 万~2.5 万个,也只有 2%~15% 的基因处于转录活性状态。在双链 DNA 中,能转录出 RNA 的 DNA 区段称为结构基因(structural gene)。在转录过程中,按碱基配对规律能指导 RNA 合成的那股 DNA 单链称为模板链(template strand),也称为 Watson 链;与模板链对应的不被转录的那股 DNA 单链则称为编码链(coding strand),也称为 Crick 链。转录是不对称的,它有两方面的含义:一是在一个 DNA 转录区段中,只有模板链被转录,而编码链不转录;二是在不同的 DNA 转录区段中,模板链并非总在同一股 DNA 链上。这种选择性的转录称为不对称转录(asymmetric transcription)(图 13-1)。

与编码链相比,转录生成的 RNA 链上的碱基除了 U 与 T 不同外,其余与编码链是一致的。模板链与编码链互补,也与 RNA 链互补。文献刊出的 DNA 序列,一般只写出编码链序列,因

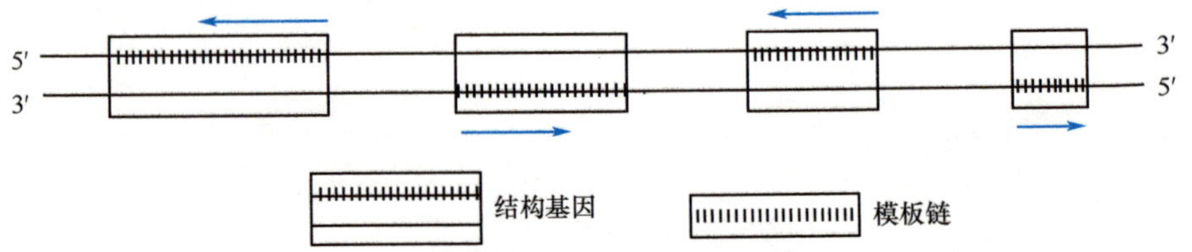

图 13-1　RNA 的不对称转录
箭头表示产物链延长的方向

笔记栏

为编码链的碱基序列才真正代表着一个编码蛋白质基因的信息,故编码链又称为有义链(sense strand),而与之互补的模板链又称为反义链(antisense strand)(图 13-2)。需要指出的是,有的书中将模板链称为有义链,将编码链称为反义链,这主要是对“有义”两字的理解角度不同造成的。

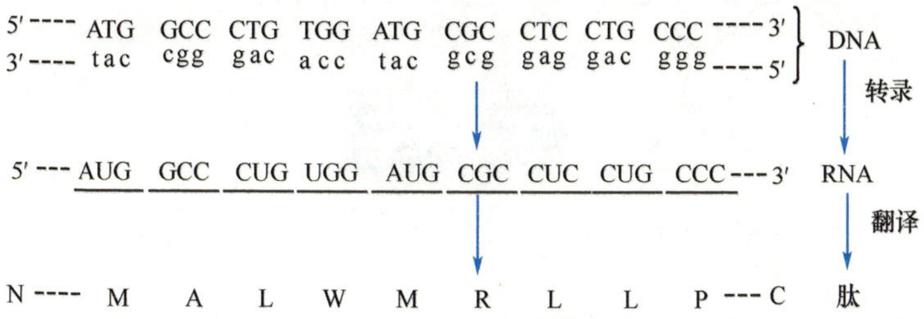

图 13-2 基因的遗传信息传递

DNA 链中,大写字母代表编码链,小写字母代表模板链

二、RNA 聚合酶

RNA 聚合酶(RNA polymerase, RNA-pol)是 DNA 依赖的 RNA 聚合酶(DNA- dependent RNA polymerase),亦称转录酶(transcriptase)。1959 年,Hurwitz 在大肠埃希菌的抽提液中发现了 RNA 聚合酶。该酶在模板链 DNA 碱基序列指导下,按碱基配对规律把四种核糖核苷三磷酸聚合成 RNA 链。RNA 聚合酶催化反应时需二价金属离子,如 Mn^{2+}、Zn^{2+}。与 DNA 聚合酶不同,RNA 聚合酶催化 RNA 合成时不需要引物,而且缺乏校读功能。

(一)原核生物 RNA 聚合酶

原核生物的 RNA 聚合酶是一种多聚体蛋白质。目前研究得比较清楚的是大肠埃希菌(*E. coli*)RNA 聚合酶。该酶含有两个 α 亚基、一个 β 亚基、一个 β′ 亚基、一个 ω 亚基和一个 σ 亚基(或称 σ 因子)。$\alpha_2\beta\beta'\omega\sigma$ 称为全酶(holoenzyme),相对分子质量为 450 000。$\alpha_2\beta\beta'\omega$ 称为核心酶(core enzyme)。大肠埃希菌 RNA 聚合酶各亚基的功能见表 13-2。

表 13-2 大肠埃希菌(*E.coli*)RNA 聚合酶各亚基的功能

亚基	相对分子质量	功能
α	36 512	与核心酶亚基的正确聚合有关,控制转录的速率。能与启动子结合
β	150 618	与转录全过程有关(催化)
β′	155 613	结合 DNA 模板,兼有解链功能
ω	11 000	功能尚不清楚
σ	70 263	辨认起始位点,促进酶与启动子结合

体外转录实验证明,核心酶能催化 NTPs 按模板链碱基序列的指导合成 RNA,但合成的 RNA 没有固定的起始位点。但含有 σ 因子的酶能在特定的起始位点上开始转录。可见 σ 因子具有辨认转录起始位点的作用。现已发现大肠埃希菌有多种 σ 因子,如 σ^{70}、σ^{54}、σ^{32}、σ^{28} 和 σ^{24} 等。σ^{70}(相对分子质量 70 000)辨认结合典型启动子位点,σ^{32}(相对分子质量为 32 000)识别与结合热激蛋白(heat shock protein, Hsp)基因转录的启动子。活细胞转录的起始需全酶,使得转录在特异的起始位点上进行(图 13-3)。转录启动后,σ 因子便与核心酶相脱离,转录延长阶段仅需核心酶来催化。

其他原核生物的 RNA 聚合酶在结构、组成、功能上均与 *E.coli* 的 RNA 聚合酶相似。原核生物 RNA 聚合酶的活性,可被某些抗生素特异性地抑制。例如,利福平(rifampicin)或利福霉素是常用的抗结核分支菌药物,它们能专一地与结核分支菌 RNA 聚合酶的 β 亚基结合并抑制其活性。若在转录开始后加入利福平,其仍能发挥对转录的抑制作用。

笔记栏

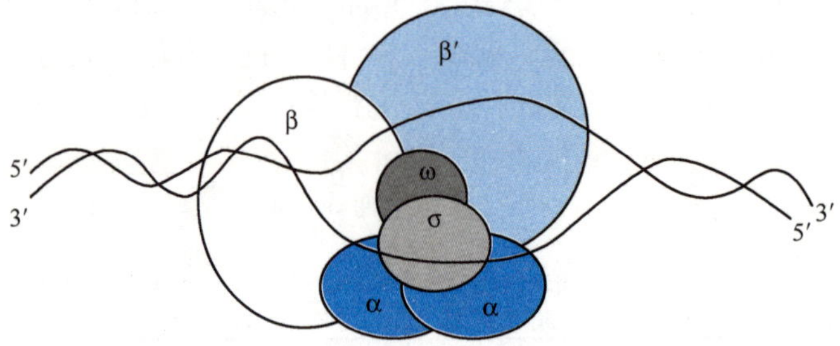

图 13-3 原核生物(*E.coli*)RNA 聚合酶($\alpha_2\beta\beta'\omega\sigma$)在转录起始区的结合

(二)真核生物 RNA 聚合酶

目前已发现真核生物中有 5 种 RNA 聚合酶,分别转录不同的基因,产生不同的转录产物(表 13-3)。α-鹅膏蕈碱(α-amanitin)是一种高等菌类(毒伞蕈)毒素(环八肽),对真核生物 RNA 聚合酶具有特异性抑制作用,但真核生物的各种 RNA 聚合酶对 α-鹅膏蕈碱的敏感性不同。

表 13-3 真核生物 RNA 聚合酶的种类与性质

种类	细胞内定位	转录产物	对鹅膏蕈碱的敏感性
RNA-pol Ⅰ	核仁	45SrRNA	耐受
RNA-pol Ⅱ	核质	hnRN A,某些 snRNA	极敏感
RNA-pol Ⅲ	核质	5S rRNA、tRNA、snRNA	中度敏感
RNA-pol Ⅳ	核质	siRNA	不详
RNA-pol mt	线粒体	线粒体 RNAs	敏感

RNA 聚合酶Ⅰ催化 rRNA 基因的转录,生成 rRNA 的前体 45S rRNA,经过加工形成成熟的 18S、28S 和 5.8S rRNA。RNA 聚合酶Ⅱ催化 mRNA 基因的转录,产生 mRNA 的前体不均一核 RNA (heterogeneous nuclear RNA,hnRNA),经加工成熟后的 mRNA 被转运到细胞质,成为蛋白质合成的模板。mRNA 是各种 RNA 中半寿期最短、最不稳定的 RNA 分子。因此,RNA 聚合酶Ⅱ是真核生物中最活跃的 RNA 聚合酶。RNA 聚合酶Ⅱ也合成一些参与 RNA 剪接的小核 RNA(small nuclear RNA, snRNA)。RNA 聚合酶Ⅲ催化 5S rRNA、tRNA 和 snRNA 基因的转录。

RNA 聚合酶Ⅰ、Ⅱ、Ⅲ都由多个亚基组成,相对分子质量达 500 000 或更多。它们都含有两个大亚基作为催化亚基(相对分子质量分别为 160 000~220 000 和 128 000~150 000)。这两个亚基在功能上与原核生物的 β′ 和 β 亚基相对应,结构上也与 β′和 β 亚基有一定的同源性。RNA 聚合酶最大亚基肽链的 C 末端氨基酸残基序列为(YSPTSPS)n 。不同生物种属的 n 值不同,一般在 20~60。该序列主要是由含羟基氨基酸组成的重复序列,称为羧基末端结构域(carboxyl terminal domain,CTD)。CTD 上的酪氨酸、丝氨酸和苏氨酸残基可被蛋白激酶作用发生磷酸化。RNA 聚合酶Ⅱ的大亚基 C 末端磷酸化在从转录起始过渡到延长时有重要作用。相对分子质量接近 50 000 的亚基则与原核生物的 α 亚基相似。三种 RNA 聚合酶还分别含有 10、7 和 11 个相对分子质量较小的亚基,其中有些为两种或三种酶所共有。

三、RNA 聚合酶与模板的辨认结合

原核生物通常是以操纵子(operon)作为转录和调控的一个基本单位。操纵子由若干个结构基因及其上游的调控序列构成。在调控序列中,供 RNA 聚合酶辨认结合的模板 DNA 区段称为启动子(promoter),它是控制转录的关键部位。

通过 RNA 聚合酶保护法可测定启动子的碱基序列。先把一段基因分离出来,然后与提纯的 RNA 聚合酶混合,再加入核酸外切酶作用一定时间后,总有一段 40~60bp 的 DNA 片段由于 RNA 聚合酶的结合而免于被降解。然后对这段受保护的 DNA 序列进行分析。利用该法对大肠埃希菌的乳糖、阿拉伯糖 C 和色氨酸操纵子等 100 多个启动子区序列的分析表明,不同基因的启动子在序列上具有保守性,也称为共有序列(consensus sequence)。通常以 DNA 模板链上转录产生 RNA 链 5′端的第一位核苷酸的碱基为+1,用负数表示上游(向左)的碱基序数,发现-35

笔记栏

和-10 区 A-T 配对比较集中。1975 年,Pribnow 首先发现-10 区的共有序列为 $T_{80}A_{95}T_{45}A_{60}A_{50}T_{96}$,因此称之为 Pribnow 盒(Pribnow box)或 TATA 盒。-35 区的共有序列为 $T_{82}T_{84}G_{78}A_{65}C_{54}A_{45}$(图 13-4)。

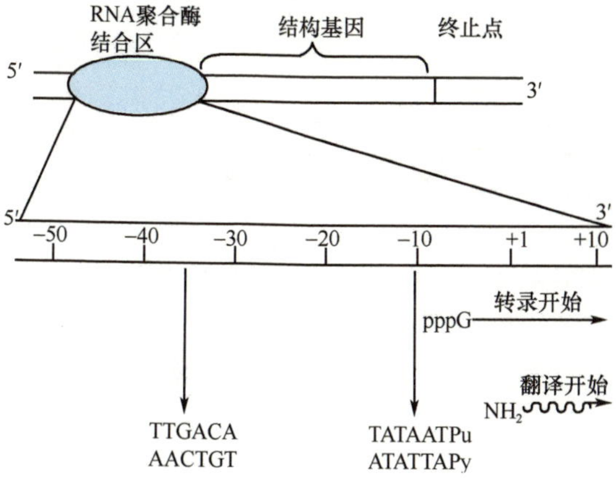

图 13-4 RNA 聚合酶保护法分析启动子序列

比较 RNA 聚合酶结合不同 DNA 区段测得的平衡常数,发现 RNA 聚合酶与-10 区的结合比-35 区相对牢固些。从很多实验结果得知,RNA 聚合酶的 σ 因子辨认结合-35 区,-10 区主要是供核心酶结合及解链的位点。

第 2 节 原核生物 RNA 的合成过程

原核生物 RNA 聚合酶能直接与模板 DNA 结合。RNA 聚合酶与启动子结合后,即可启动转录。转录过程可分为起始、延长和终止三个阶段。原核生物转录的起始过程需 RNA 聚合酶全酶,延长过程的核苷酸聚合反应仅需核心酶催化,终止过程包括依赖 ρ 因子的转录终止和非依赖 ρ 因子的转录终止两种机制。

一、转录起始

原核生物 RNA 聚合酶($\alpha_2\beta\beta'\omega\sigma$)结合到 DNA 的启动子上而启动转录。转录的起始先由 σ 因子辨认启动子的-35 区序列,并与其他亚基相互配合,促进 RNA 聚合酶结合到启动上,酶向下游移动,到达 TATA 盒,并跨入转录起始点,形成闭合启动子复合物(closed promoter complex),此时的 DNA 双链仍保持着完整的双螺旋结构。接着在启动子的-10 区局部解链,闭合启动子复合物转变成开放启动子复合物(open promoter complex),启动 RNA 链 5′端的头两个核苷酸聚合,产生第一个 3′,5′-磷酸二酯键,形成 RNA 聚合酶-DNA-pppG-pN-OH 转录起始复合物(图 13-5)。

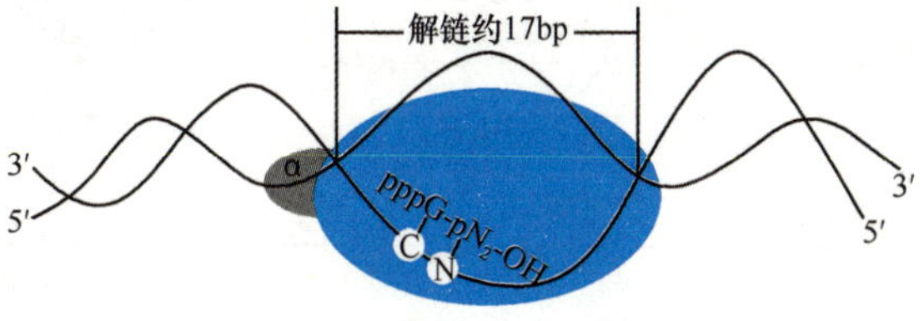

图 13-5 原核生物转录的起始

转录时无论是起始或延长阶段,DNA 双链解开的长度约为(17±1)bp,这比复制中的复制叉小得多。转录起始不需引物。转录产物 RNA 的 5′端第一位核苷酸通常是 GTP 或 ATP,以 GTP 多见。当第一个 3′,5′-磷酸二酯键产生后,形成四磷酸二核苷酸结构,即 5′-pppGpN-OH-3′。直至 RNA 转录完成并脱离模板,此 5′ 端结构仍然保留。

第一个 3′,5′-磷酸二酯键生成后,σ 因子便从转录起始复合物上脱落,核心酶连同四磷酸二核苷酸,继续结合在 DNA 模板上。核心酶则沿 DNA 链向前滑动,进入延长阶段。实验证明,σ 因子若不脱落,RNA 聚合酶则停留在起始位置,转录不能继续进行。脱落后的 σ 因子可与其他核心酶形成另一全酶而被再利用。

二、转录延长

转录起始后,σ 因子从转录起始复合物上的脱落,导致 RNA 聚合酶的构象随之发生改变,使核心酶沿着模板链的 3′→5′方向滑行。核心酶与 DNA 模板是非特异性的结合,且结合较为松弛,有利于酶向下游移动。核心酶向下游滑动时,双链 DNA 边解旋边解链,同时按照碱基配对规律,核心酶不断使 NTPs 在 5′-pppGpN-OH 的 3′端羟基上逐个聚合。

$$\text{pppGpN—OH}+(\text{NTP})n \xrightarrow[\text{RNA 聚合酶(核心酶)}]{\text{DNA 模板}} \text{pppGpN(pN)}n+n\text{PPi}$$

核心酶在 DNA 上覆盖的区段可达 40~60 bp,产物 RNA 链与模板链形成长约 8~9 bp 的 RNA/DNA 杂交双链。这种由核心酶 DNA RNA 形成的转录复合物称为转录空泡(transcription bubble)(图 13-6)。

笔记栏

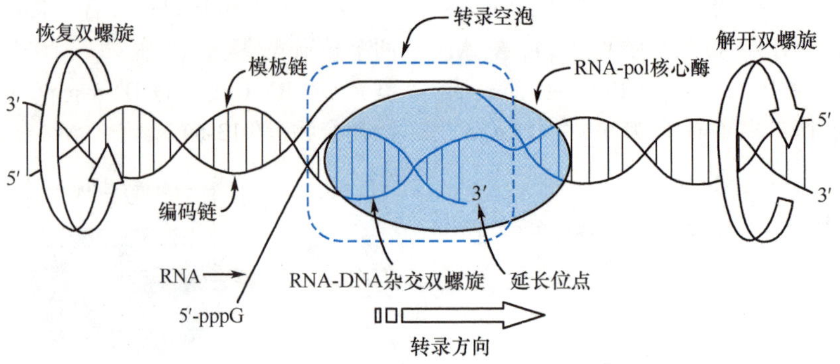

图 13-6 原核生物的转录空泡和转录过程

在转录空泡上，产物 3′ 端的一小段依附结合在模板链上，随着 RNA 链的不断延长，其 5′ 端脱离模板链向空泡外伸展。碱基配对的稳定性是 G≡C>A=T>A=U。RNA/DNA 杂交双螺旋(hybrid duplex)结构不及 DNA/DNA 双链稳定。因而转录产物 RNA 会自动与 DNA 模板链分离而伸出空泡之外，已转录完毕的局部两股 DNA 单链，也会自然恢复成原来的双链结构。在 37℃时，大肠埃希菌 RNA 聚合酶催化 RNA 链的延伸速度可达 40nt/s。

原核生物的转录过程与翻译过程是同步高效进行的。在电子显微镜下观察原核生物的转录过程，可见转录出现羽毛状现象(图 13-7)。这是由于在同一 DNA 模板上，有多个转录同时在进行，随着核心酶的前移，转录生成的 mRNA 链不断延长，转录尚未完成，翻译已开始进行。原核生物的转录过程呈羽毛状也说明原核 mRNA 的转录不需加工过程。

图 13-7 电子显微镜下原核生物的羽毛状转录现象

三、转录终止

当 RNA 聚合酶($\alpha_2\beta\beta'\omega$)滑行到操纵子的终止部位时，就在 DNA 模板上停顿下来不再前行，转录生成的 RNA 产物链从转录复合物上脱落下来，这就是转录终止。依据是否需要蛋白质因子的参与，原核生物转录终止分为依赖 ρ 因子的转录终止与非依赖 ρ 因子的转录终止两种机制。

(一) 依赖 ρ 因子的转录终止

大肠埃希菌只有很少的操纵子依赖 ρ 因子的转录终止。1969 年，Roberts 在研究 T_4 噬菌体感染的 *E.coli* 中发现了能控制转录终止的蛋白质，命名为 ρ 因子。在试管内做转录实验时，如果不加 ρ 因子，则 T_4 噬菌体 DNA 的转录产物比在细胞内转录出的要长，说明这种转录跨越了终止点而继续转录。加入 ρ 因子后，转录产物长于细胞内的现象便不再存在。ρ 因子是由 6 个相同亚基(相对分子质量为 46 000)组成的六聚体蛋白，并具有解螺旋酶(helicase)和 ATP 酶(ATPase)活性。研究发现，在依赖 ρ 因子终止的转录过程中，产物 RNA 的 3′端有较丰富的 C 或有规律地出现 C 碱基。ρ 因子终止转录的机制是它能与转录产物 RNA 结合，使得 ρ 因子和核心酶都可能发生构象变化，从而使核心酶停顿。ρ 因子的解螺旋酶活性使 RNA/DNA 杂交双链相分离，利用 ATP 释能使产物 RNA 从转录复合物中释放出来。

RNA 链上带条纹线处代表富含 C 的区段，ρ 因子结合 RNA(右)后，发挥其 A TP 酶及解螺旋酶活性。

(二) 非依赖 ρ 因子的转录终止

在非依赖 ρ 因子的转录终止时，转录终止区的序列有两个重要特征，即 DNA 模板上靠近终止区有富含 GC 的反向重复序列，以及其后出现的 6~8 个连续的 A。转录生成的 RNA 形成茎-环(stem loop)或称发夹(hairpin)形式的二级结

笔记栏

构。位于核心酶覆盖区域内的 RNA 的茎-环结构与酶的像化作用，可导致核心酶构象的变化，阻止转录继续向下游推进，这是非依赖 ρ 因子终止的普遍现象。同时，在 RNA 链的茎-环结构之后出现多个连续的 U，由于在所有的碱基配对中，以 Ru/dA 的配对最不稳定，因此 RNA 链上一串寡聚 U 也是使 RNA 链从模板上脱落的促进因素，有利于 RNA 链从 DNA 上脱落（图 13-9）。

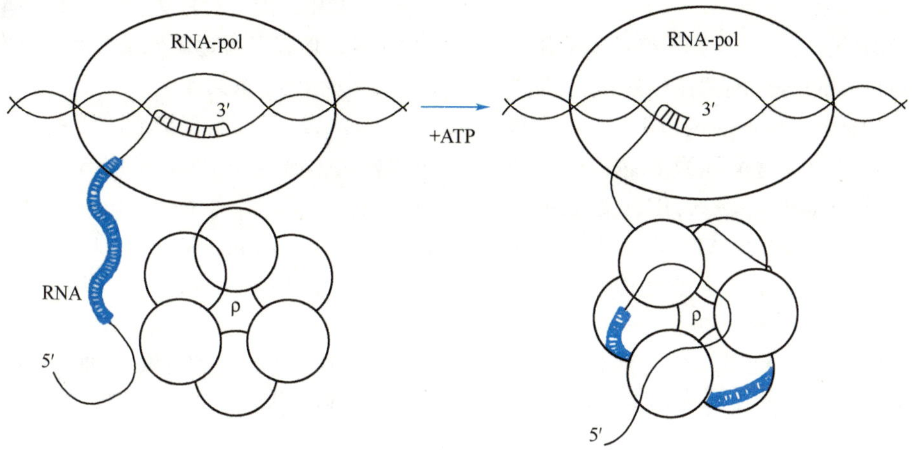

图 13-8　ρ 因子的作用原理

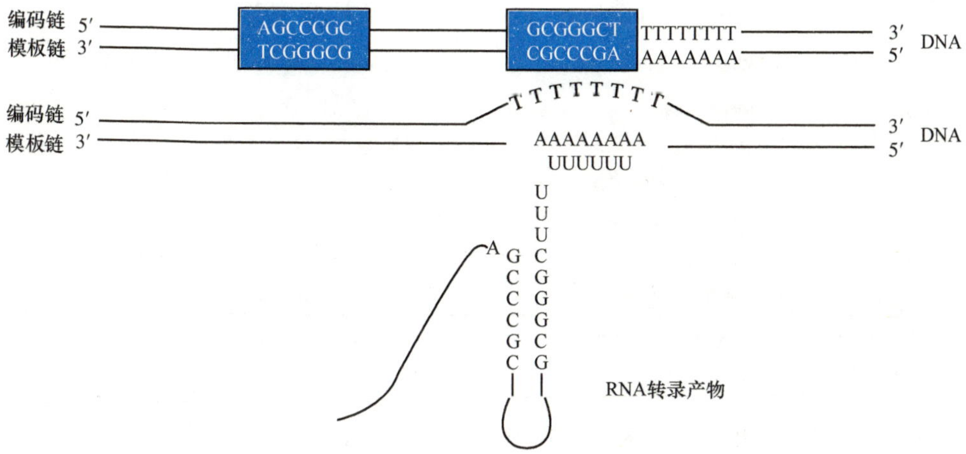

图 13-9　原核生物非依赖 ρ 因子的转录终止模式

第 3 节　真核生物 RNA 的合成过程

真核生物的转录与原核生物有许多相似之处，但真核生物的转录过程要比原核生物复杂得多，尤其是转录的起始阶段更复杂。与原核生物 RNA 聚合酶不同，真核生物 RNA 聚合酶不能直接与 DNA 模板启动子区结合，需有一些蛋白质因子直接或间接地结合到 DNA 模板上，并与 RNA 聚合酶相互作用形成转录复合体，转录才能启动。另外，真核生物与原核生物转录的终止过程也不相同。

一、mRNA 的合成

（一）转录起始

1.转录起始点的上游区段　真核生物的不同物种、不同细胞或不同基因，在转录起始点的上游可以有不同的与转录有关的序列。这些序列可统称为顺式作用元件（cis-acting element）。顺式作用元件可理解为在同一 DNA 分子上具有可影响或调控转录的各种区段（图 13-10）。

笔记栏

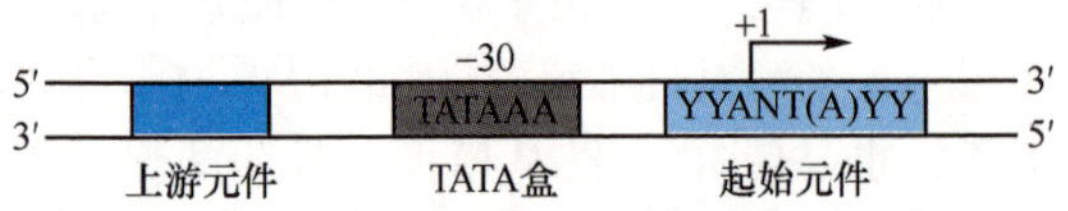

图 13-10　真核生物 RNA 聚合酶Ⅱ识别的启动子区序列

顺式作用元件包括启动子、启动子上游元件(upstream element)等近端调控序列,以及远离转录起始点的增强子(enhancer)序列等。真核生物-30 序列的 TATA 盒又称为 Hogness 盒,通常认为这是启动子的核心序列,RNA 聚合酶Ⅱ结合到这一区域。在靠近 TATA 盒的上游有一个 TFⅡB 识别元件。启动子上游元件多在-40~-110 处,比较常见的是 CAAT 盒和 GC 盒。在起始点周围通常还有一个起始元件(initiator element)。在某一基因上,上述元件不可能全部齐备,而是若干种相互搭配。例如 SV40 早期基因没有 TATA 盒,而有多个 GC 盒串联;胸苷激酶(thymidine kinase,TK)基因起始转录前区段依次为 OCT1(ATTTGCAT)-GC-CAAT-GC-TATA;组蛋白 H2B 基因上游序列为 CAAT-CAAT-OCT1-TATA 等。增强子可远离转录的起始点而调控基因转录(见第 15 章第 4 节)。

2.转录因子　能直接或间接辨认与结合转录起始点上游区段 DNA 或 RNA 聚合酶的蛋白质,统称为反式作用因子(trans-acting factor)。转录因子(transcriptional factor,TF)一般是指能直接或间接与 RNA 聚合酶结合的反式作用因子。转录因子有很多种类,相应于 RNA 聚合酶Ⅰ、Ⅱ和Ⅲ的 TF,分别称为 TFⅠ、TFⅡ和 TF Ⅲ。TFⅡ又可分为 TFⅡA、TFⅡB 等(表 13-4)。

表 13-4　真核生物转录因子Ⅱ(TFⅡ)的种类及其功能

转录因子	亚基组成和(或)相对分子质量	功能
TFⅡ A	12 000、19000、35000	稳定ⅡD-DNA 复合物
TFⅡ B	33000	促进 RNA pol Ⅱ 结合及作为其他因子结合的桥梁
TFⅡD	TBP* 38000	结合 TATA 盒
	T AF**	辅助 TBP 与 DNA 结合
TFⅡ E	57000(α),34000(β)	A TPase
TFⅡ F	30000,74000	解螺旋酶
TFⅡH	62000,89000	蛋白激酶活性,使 CTD*** 磷酸化
TFⅡJ	120000	促进 TFⅡD 的结合

* TBP:TATA binding protein(TATA 结合蛋白);** TAF:TBP associated factor(TBP 相关因子);*** CTD:carboxyl terminal domain(RNA 聚合酶Ⅱ大亚基羧基末端结构域)

从转录的过程来看,能与 RNA 聚合酶直接相互作用的转录因子称为通用转录因子(general transcription factor),如 TFⅡD。TFⅡD 由 TBP 和 8~10 个 TAF 组成的复合体。人类细胞中至少有 12 种不同的 TAF。不同的一些 TAF 与 TBP 的组合可与不同基因的启动子结合,这可以解释这些因子在各种启动子中的选择性活化作用,以及对特定启动子存在不同的亲和力。TBP 可结合 10 bp 的 DNA 区段,刚好覆盖 TATA 盒,而 TFⅡD 可覆盖 35 bp 或更长的区域。转录因子大多含有如锌指、螺旋-转角-螺旋等模体(motif),这些模体之间可以相互辨认结合,或与 RNA 聚合酶及 DNA 结合,组成 RNA 聚合酶-蛋白质-DNA 复合物而启动转录。氨基酸序列分析表明,某些 TF 或其亚基与原核生物的 σ 因子在序列上有不同程度的一致性。

此外,还有与启动上游元件如 GC 盒、CAAT 盒等结合的蛋白质,称为上游因子(upstream factor),如 Sp1 结合到 GC 盒上。上游因子可协助调节转录的效率。

3.转录前起始复合物　真核生物 RNA 聚合酶不能与模板 DNA 直接结合,而需依靠众多转录因子的帮助才能与 DNA 结合,这与原核生物 RNA 聚合酶靠 σ 因子辨认结合启动子而启动转录不同。在起始阶段,RNA 聚合酶Ⅱ在一系列 TFⅡ的参与下形成转录前起始复合物(pre-initiation complex,PIC)(图 13-11)。

首先是 TFⅡD 的 TBP 亚基结合到 TATA 盒上,而 TFⅡD 的另一亚基 TAF 在不同基因或不同状态转录时,与 TBP 产生不同搭配。然后在 TFⅡ A 和ⅡB 的促进和配合下,形成 TFⅡ D-ⅡA-ⅡB-DNA 复合体。TFⅡB 作为桥梁并提供结合表面,促使已与 TFⅡF 结合的 RNA 聚合酶Ⅱ进入启动子的核心区 TATA 盒。TFⅡF 由两个亚基组成,大亚基有解螺旋酶活性,小亚基与原核生物 σ 因子有高度同源性。RNA 聚合酶Ⅱ进

笔记栏

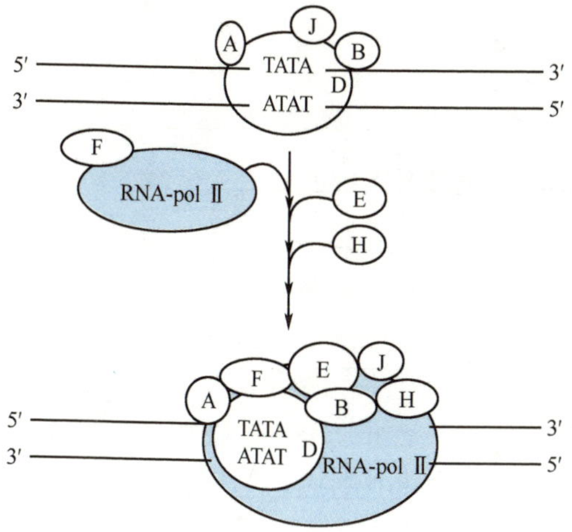

图 13-11 RNA-pol Ⅱ催化转录的前起始复合物的形成

入TATA盒后，靠接着进入的TPⅡE的ATPase活性协同解开局部的DNA双链。接着是TFⅡH的进入而完成PIC的装配。此时RNA聚合酶Ⅱ就可以催化第一个3′,5′-磷酸二酯键的生成。TFⅡH有蛋白激酶活性，可使RNA聚合酶Ⅱ的最大亚基的CTD磷酸化。CTD磷酸化的RNA聚合酶才能离开启动子区域向下游移动，进入转录的延长阶段。此后，大多数的TF就会脱离转录前起始复合物。

4.拼板理论 随着对不同基因转录特性的研究，现已发现有上百个转录因子。不同基因的转录需不同的转录因子组合。拼板理论(piecing theory)认为：一个真核生物基因的转录需要3~5个不同的转录因子，它们之间相互作用与结合，形成专一性的活性复合物，再与RNA聚合酶搭配而特异性地结合并转录相应的基因(如图13-11)。转录因子的相互辨认结合，恰似儿童玩具七巧板，搭配得当就能拼出多种不同的图形。此外，还有上游因子、可诱导因子及它们相应的反式作用因子也有相类似的作用规律。目前有不少实验都支持这一理论。

(二) 转录延长

真核生物的转录延长过程与原核生物大致相似，RNA聚合酶沿着DNA模板链的3′→5′方向移动，并按照模板DNA链上的碱基序列催化RNA链的延长。RNA链延伸的方向也是5′→3′。与原核生物不同的是真核生物基因组DNA在双螺旋结构的基础上，与多种组蛋白组成核小体结构。RNA聚合酶向前移动时会遇上核小体。转录过程中核小体会发生位移或解聚现象。体外(*in vitro*)转录实验表明，以含核小体结构的DNA片段作为模板进行转录，通过DNA酶水解法监测及DNA电泳区带观察，出现约200bp及其倍数的阶梯形DNA区带。据此认为，在转录过程中发生了核小体的移位(图13-12)。

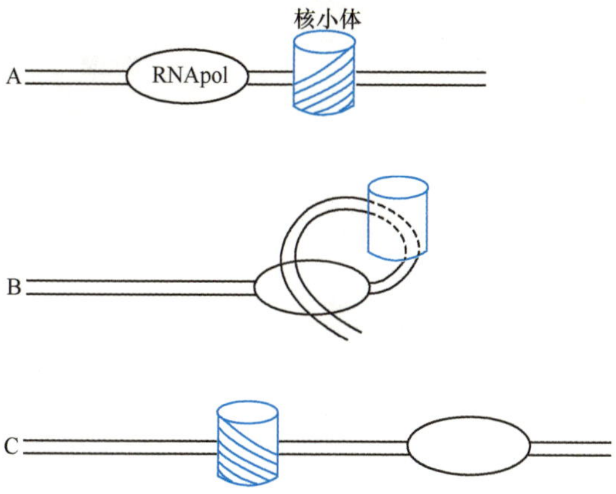

图 13-12 真核生物转录延长中的核小体移位

A. RNA-pol前移遇到核小体；B. 原来绕在组蛋白上的DNA解聚及弯曲；C. 一个区段转录完毕，核小体发生了移位

核小体组蛋白-DNA是依赖于组蛋白分子中碱性氨基酸残基提供的正电荷和DNA分子上的磷酸基提供的负电荷来维系。培养细胞的转录实验中观察到，组蛋白分子中的精氨酸残基发生了乙酰化，DNA分子中又产生AMP→ADP→聚ADP的现象。因此，降低了组蛋白的正电荷和DNA分子磷酸基的负电荷。由此推测，在转录过程中，核小体可能发生了解聚。

(三) 转录终止

真核生物的转录终止与转录产物的加工密切相关。真核生物RNA聚合酶Ⅱ转录产生hnRNA的过程中，直至出现多聚腺苷酸信号为止。这个信号序列常为AATAAA及其再下游的富含GT的序列。这些序列称为转录终止的修饰点序列。转录越过修饰点序列后，在hnRNA的3′端产生AAUAAA……GUGUGUG剪切信号序列。内切核酸酶识别此信号序列进行剪切，剪切点位于AAUAAA下游10~30核苷酸处，距GU序列约20~40核苷酸。修饰点序列下游产生的多余RNA片段很快被降解(图13-13)。成熟mRNA的5′端“帽子”结构和3′端的poly A尾是加工过程中产生的。

笔记栏

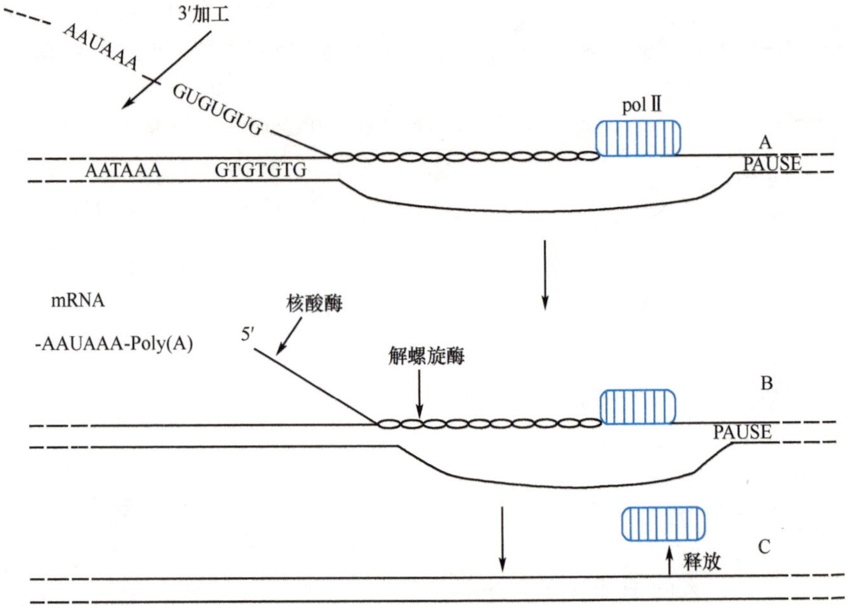

图 13-13　真核生物 RNA 聚合酶Ⅱ的转录终止及加尾修饰

真核生物转录的分子基础

美国科学家 Roger David Kornberg（罗杰·大卫·科恩伯格）于 1947 年生于美国密苏里州圣路易斯，1967 年毕业于哈佛大学，1972 年在斯坦福大学获得博士学位。曾在英国剑桥的医学研究理事会分子生物学实验室做博士后工作。他曾经任教于哈佛大学医学院，现于斯坦福大学任结构生物学教授。科恩伯格的杰出成就是以真核生物酵母为研究材料，在分子水平上揭示了 RNA 聚合酶Ⅱ及各种蛋白因子在转录过程的作用，为在转录水平上阐明真核基因的表达调控奠定了分子结构基础。2005 年他以“真核基因转录的结构基础”一文总结其整整 30 年的研究工作，首次揭示了真核生物转录过程的分子基础和机制。由此，科恩伯格独享了 2006 年度诺贝尔化学奖。

二、rRNA 的合成

rRNA 的合成是在 RNA 聚合酶Ⅰ的催化下进行的。rRNA 的合成过程与 mRNA 的合成相似。rRNA 基因是一些中度重复基因，属于丰富基因（redundant gene）族，真核生物细胞约有 50~1000 个相同的 rRNA 基因拷贝，它们串联排列在染色体上。每个拷贝作为一个转录单位被转录，转录片段的长度为 7~13kb。转录单位之间是不被转录的间隔顺序。不同种属或同一种属的不同个体，甚至同一个体细胞的不同 rRNA 转录单位之间，这种间隔顺序的长度往往差别很大。间隔顺序包含有 RNA 聚合酶Ⅰ和转录因子Ⅰ（TFⅠ）的结合序列。

rRNA 基因的启动子属于第一类启动子。人类 rRNA 基因的启动子由核心元件（core element）和上游控制元件（upstream control element，UCE）组成。核心元件包含转录所必需的起始点和富含 AT 的保守序列。上游控制元件开始于大约 -107bp 处，长约 50bp，具有增强转录效率的作用。RNA 聚合酶Ⅰ催化的转录需要两种 TFⅠ，分别称为上游结合因子（upstream binding factor，UBF）和选择性因子 1（selective factor 1，SL1）。SL1 含有 4 个亚基，一个是 TATA 盒结合蛋白（TBP），另 3 个是 TBP 相关因子（TAFs）。rRNA 合成时形成的转录前起始复合物比较简单。首先是 UBF 结合在 UCE 和核心元件的上游部分，导致模板 DNA 发生弯曲，使相距上百个核苷酸的 UCE 和核心元件靠拢，接着 SL1 募集 RNA 聚合酶Ⅰ并相继结合到 UBF-DNA 复合物上，完成起始前复合物的装配而启动转录（图 13-14）。

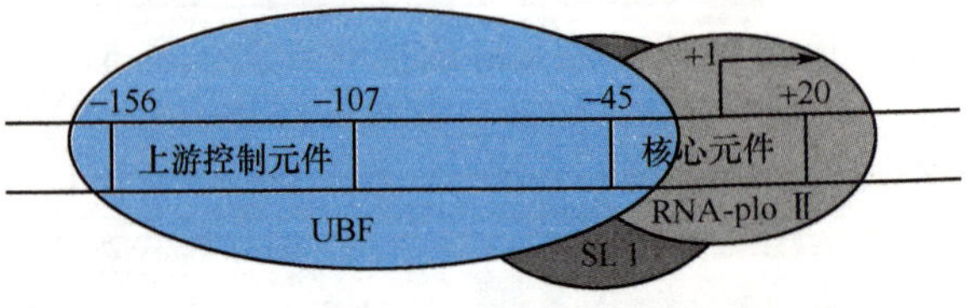

图 13-14　rRNA 基因转录前起始复合物的形成

笔记栏

三、tRNA 和 5S rRNA 的合成

RNA 聚合酶Ⅲ催化 tRNA 和 5S rRNA 的合成。tRNA 和 5S rRNA 基因的启动子属于第三类启动子，完全位于被转录的序列中，称为内启动子（internal promoter）。所有 tRNA 基因均有 A 盒和 B 盒两个内启动子元件。酿酒酵母的 RNA 聚合酶Ⅲ启动转录需 TFⅢ C 和 TFⅢ B 参与，后者起关键作用。tRNA 基因转录起始时，TFⅢ C 首先与 A 盒和 B 盒结合，并促进 TFⅢ B 结合于转录起始点上游约 30 bp 处，后者再促进 RNA 聚合酶Ⅲ结合在转录起始点处，形成转录前起始复合物而启动转录（图 13-15）。

图 13-15　tRNA 基因的内启动子及转录起始复合物的形成

5S rRNA 的内启动子称为 C 盒。5S rRNA 基因启动时，TFⅢ A 先与 C 盒结合，接着是 TFⅢ C 与 TFⅢ A 结合，然后是 TFⅢ B 与 TFⅢ C 结合，并促进 RNA 聚合酶Ⅲ结合在转录起始点处而启动转录。

第 4 节　真核生物 RNA 前体的加工

转录生成的尚不具有生物活性的 RNA 分子称初级转录产物（primary transcript），它们需一定程度的加工（processing）才具有生物学功能。在真核生物中，几乎所有初级转录产物都需一定程度的加工。真核生物初级转录产物的加工修饰主要在细胞核内进行。加工过程包括核苷酸的部分水解、剪接反应、链末端的“加帽”和“加尾”，及核苷酸的修饰等。原核生物转录产生的 mRNA 不需加工即能作为翻译的模板，而其 rRNA 和 tRNA 初级转录产物也需加工成熟。

一、mRNA 前体的加工

真核生物成熟 mRNA 的前体 hnRNA 需进行切除内含子和连接外显子的剪接（splicing）、5′端加帽和 3′端加尾的首尾修饰，以及核苷酸的甲基化等，才能成为成熟的 mRNA。

（一）hnRNA

编码真核生物多肽链的基因中，编码序列常被一些非编码序列所间隔。绝大多数真核生物核内 hnRNA 的相对分子质量往往比在胞浆内出现的成熟 mRNA 大几倍，甚至数十倍。20 世纪 70 年代，Roberts 和 Sharp 在研究腺病毒 Ad2 时，利用核酸分子杂交实验发现，hnRNA 和 DNA 模板链可以完全配对，但 mRNA 与模板链 DNA 杂交，出现部分的配对（双链区段）和中间不配对（单链区段）现象。Sharp 认为 hnRNA 中的非编码区片段被切除，而编码区片段被拼接起来。由此，他们提出断裂基因的概念：真核生物结构基因，由若干个编码区和非编码区互相间隔但又相互连接镶嵌而成，这些基因称为断裂基因（split gene）。Roberts 和 Sharp 因发现断裂基因而共同获得 1993 年度的诺贝尔生理/医学奖。

第一个被详细研究的断裂基因是鸡的卵清蛋白基因，其全长为 7.7 kb，8 个编码区被 7 个非编码区所间隔（图 13-16）。

通常把断裂基因中的编码序列称为外显子（exon），而把非编码序列称为内含子（intron）。真核生物基因在内含子和 的交界处有两个相当短的保守序列：5′端为 GT，3′端为 AG，此称为 GT-AG 规则。hnRNA 和相应的基因等长，外显子和内含子均被转录而出现在初级转录产物上。外显子被拼接后成为成熟 RNA 的核苷酸序列，内含子是隔断基因线性表达而在剪接过程中被除去的核苷酸序列。鸡卵清蛋白基因的 8 个外显子连接后编码 386 个氨基酸残基。

抗肌萎缩蛋白（distrophin）基因是人类最庞大的一个基因，全长为数百万个碱基对（10^6bp），含有 50 多个外显子和 50 多个内含子。该基因成熟的 mRNA 大约仅有 1 万个核苷酸。

绝大多数脊椎动物编码蛋白质的基因都含有内含子，只有为数不多的基因没有内含子，如组蛋白基因。某些低等真核生物编码蛋白质的基因也缺乏内含子，如酿酒酵母的许多基因。有些原核生物的基因也有内含子，如一些真菌（*eubacteria*）和古细菌（*archaebacteria*）的基因。内含子的长度可从 50～2×10^4bp。

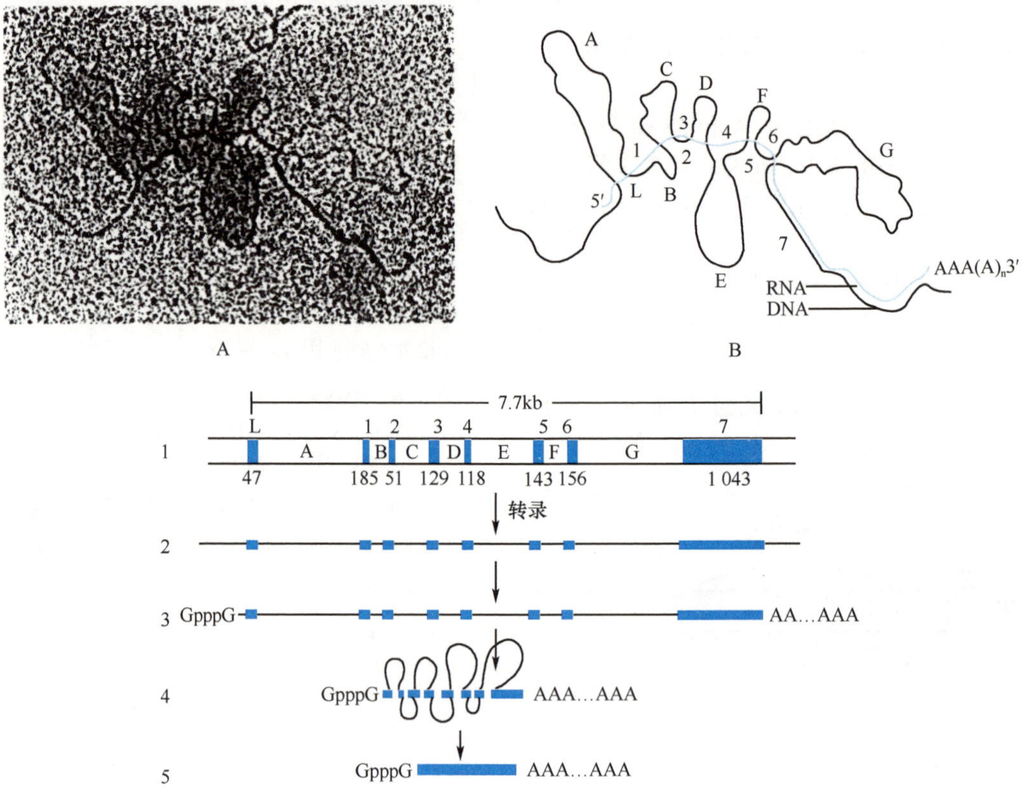

图 13-16 核酸分子杂交研究卵清蛋白断裂基因及其初级转录产物的加工

A. 成熟 mRNA 与基因模板 DNA 杂交的电镜图；B. 成熟 mRNA 与基因模板 DNA 杂交的模式图

1.卵清蛋白基因；2.初级转录产物 hnRNA；3.hnRNA 的首、尾修饰；4.剪接过程中套索 RNA 的形成；

5.胞浆中出现的 mRNA，套索已去除

根据基因的类型和剪接的方式，通常把内含子分为四类：Ⅰ类内含子主要存在于线粒体、叶绿体及某些低等真核生物的 rRNA 基因。Ⅱ类内含子也发现于线粒体、叶绿体。Ⅰ类和Ⅱ类内含子中，已发现有相当一部分具有自身剪接(self splicing)作用。Ⅲ类内含子见于大多数 mRNA 基因。Ⅳ类内含子存在于 tRNA 基因中。

内含子并不是“垃圾”。内含子是在进化中出现或消失的，内含子有利于物种的进化选择。目前已有证据表明，前体 mRNA 的内含子具有可移动和转座的功能，内含子很可能参与了 RNA 介导的细胞调节功能。此外内含子可调节真核生物 mRNA 的选择性剪接，而且还可产生有功能活性的 RNA。最近还发现在高等生物中，内含子还可形成发夹状的 microRNA，利用 RNAi 机制调节影响其他基因的活性。有些内含子还能为酶编码。例如，酵母的细胞色素 *b* 基因含有 3 个外显子和两个内含子，转录成 mRNA 后首先切除了内含子 1，形成未成熟的 mRNA。此 mRNA 被翻译产生 423 个氨基酸残基的一种蛋白，称为成熟酶(maturase)。此酶可将未成熟的 mRNA 中的内含子 2 切除，产生成熟的 mRNA，最终以此 mRNA 为模板翻译成细胞色素 *b*。另外，某些遗传性疾病的基因变异是发生在内含子而不在外显子。

(二) mRNA 剪接

去除初级转录产物上的内含子，把外显子连接起来使之称为成熟的 mRNA 的过程称剪接。剪接过程中内含子区段弯曲，使相邻的两个外显子互相靠近而利于剪接，称套索 RNA(lariat RNA)，这是最初提出的剪接模式。此后，还发现内含子近 3′端的嘌呤甲基化是形成套索必需的。从初级转录产物一级结构分析及 snRNA 特性的研究，目前对剪接已有了较深入的了解。大多数内含子序列的 5′端都以 GU 开始，称 5′端剪接部位或剪接供体，而以 3′端 AG-OH 结束，称 3′端剪接部位或剪接受体。5′-GU……AG-OH-3′称边界序列。位于 3′端剪接部位上游 20~40 个核苷酸处有分支点 A(branch point A)。剪接后，GU 或 AG 不一定被剪除。

剪接体是由小核核蛋白(small nuclear ribonucleoprotein，snRNP)和 hnRNA 组成的超大分子的

笔记栏

复合体。snRNA 和核内蛋白质组成 snRNP。snRNA 由 100~300 个核苷酸组成，分子中富含尿嘧啶核苷酸，因而以 U 作为分类命名。现已发现有 U1、U2、U4、U5 和 U6 等类别的 snRNA。

剪接体(spliceosome)是 hnRNA 剪接的场所。snRNP 与 hnRNA 结合后，使内含子形成套索并拉近上、下游外显子的距离。剪接体的装配需要上述 5 种 snRNA 和大约 50 种蛋白质，并需 ATP 提供能量。剪接体装配时，①U1 和 U2 snRNP 中的 snRNA 与内含子 5′端边界序列和 3′端边界序列分别互补，使 U1 和 U2 snRNP 结合到内含子两端。② U4 和 U6 snRNP 中的 snRNA 能碱基互补形成 U4/U6 snRNP 复合体，再加入 U5 snRNP，形成 U4/U5/U6 snRNP 复合体。该复合体与 U1 snRNP-hnRNA-U2 snRNP 装配成完整的无活性的剪接体。此时内含子发生弯曲成套索状，上、下游的外显子 E_1 和 E_2 靠近。③ 通过内部重排的结构调整，释放出 U1 和 U4 snRNP，U2 和 U6 snRNP 形成催化中心，活性剪接体形成，催化二次转酯反应完成切除内含子和连接外显子的剪接过程(图 13-17)。

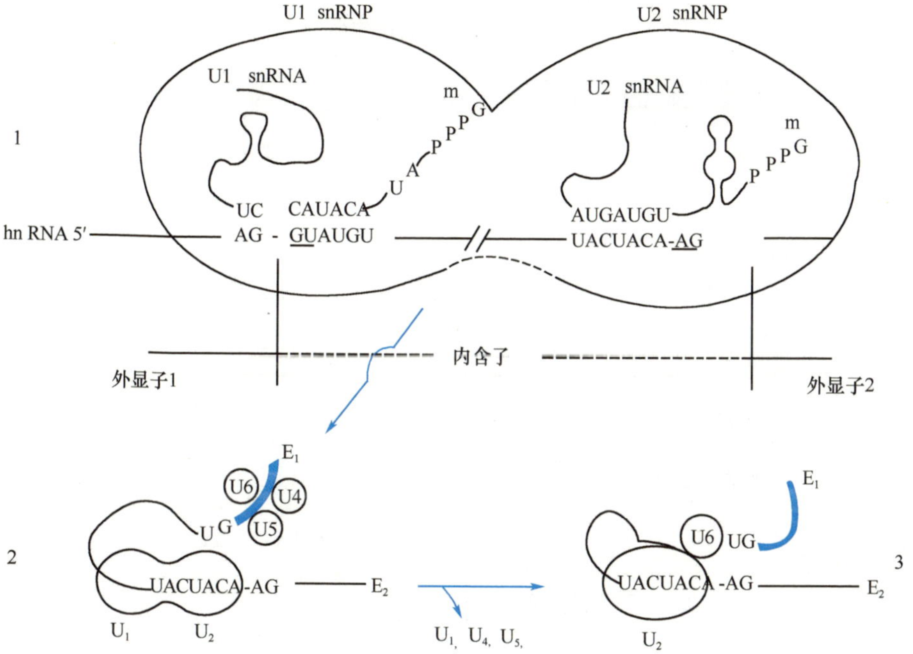

图 13-17 剪接体的装配和剪接过程

1.snRNA 与内含子边界序列结合；2.完整的无活性剪接体形成，内含子形成套索；3.活性剪接体形成

剪接过程需两次转酯反应。第一次转酯反应是由位于内含子分支点的腺嘌呤核苷酸的 2′-OH 亲核攻击连接外显子 E_1 与内含子之间的 3′,5′-磷酸二酯键，使 E_1 与内含子之间的键断裂，产生游离的 E_1 和套索状的内含子-外显子 E_2。此时，内含子 5′端的 G 与分支点的 A 以 2′,5′-磷酸二酯键相连。第二次转酯反应是 E_1 的 3′-OH 亲核攻击内含子和外显子 E_2 之间的磷酸二酯键，将内含子以套环形式切除，并把 E_1 和 E_2 连接在一起(图 13-18)。

(三) RNA 编辑

有些蛋白质产物的氨基酸序列并不完全与基因的编码序列相对应。研究发现，某些 mRNA 前体的核苷酸序列经过编辑过程发生了改变。所谓 RNA 编辑(RNA editing)是指在 mRNA 水平上，通过核苷酸的缺失，插入或替换而改变遗传信息的过程。例如，人类基因组上只有一个载脂蛋白 B(apoB)基因，转录后加工成熟的 mRNA 含 14 500 个核苷酸。在肝脏细胞内，该 mRNA 表达 513 000 的 apo B100，而在小肠黏膜细胞则表达 250 000 的 apo B48。这是因为在小肠黏膜细胞内，胞嘧啶核苷脱氨酶将 mRNA 中 2153 位编码谷氨酰胺(Glu)的遗传密码 CAA 转变为终止密码 UAA(图 13-19)。

类似的 RNA 编辑的例子还有脑细胞谷氨酸受体(Glu R)，该受体是一种重要的离子通道。Glu R mRNA 发生脱氨基使 A → G，导致一个关键位点上的密码子 CAG(Gln)变为 CGG(Arg)，含精氨酸的 Glu R 使 Ca^{2+} 不能通过此通道。由此不同功能的脑细胞就可以选择地产生不同的受体。

笔记栏

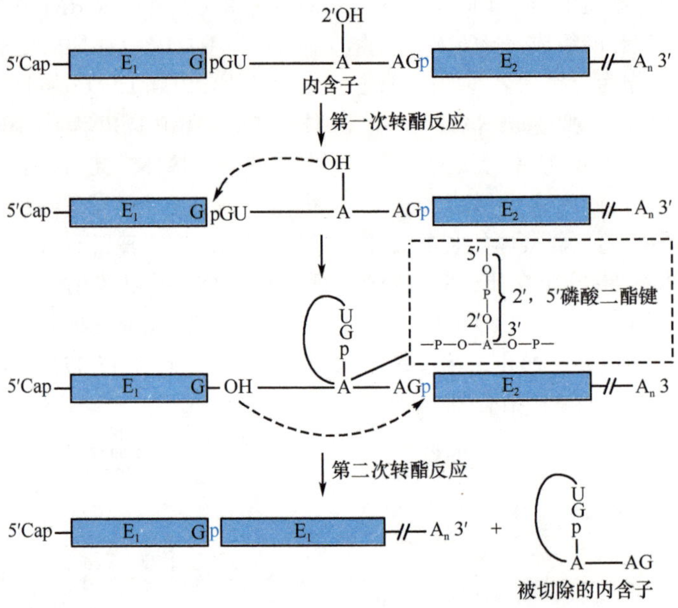

图 13-18　剪接过程的两次转酯反应机制

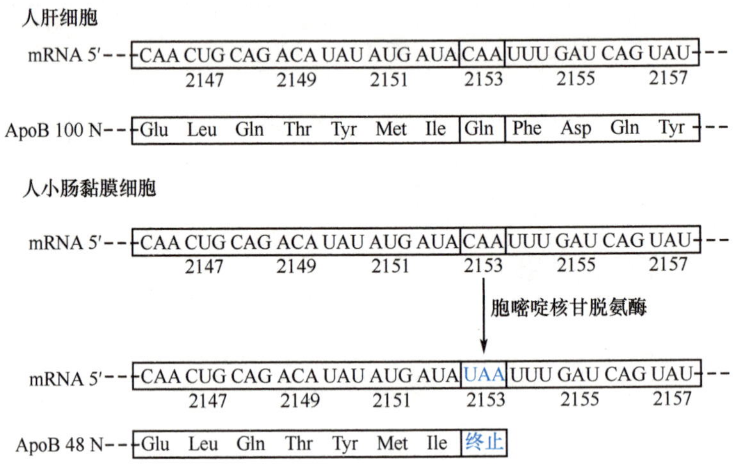

图 13-19　载脂蛋白 B mRNA 的编辑加工

通过 RNA 编辑，使得一个基因可以产生多种氨基酸序列不同、功能不同的蛋白质，RNA 编辑的结果不仅扩大了遗传信息，而且使生物能更好地适应生存环境。

（四）mRNA 首、尾的修饰

绝大部分真核细胞成熟 mRNA 的 5′端通常都有一个以 7-甲基鸟嘌呤-三磷酸核苷（m^7G-5′ppp5′-N-3′）作为起始结构的“帽子”结构，3′端有一段长约 80～250 个核苷酸的多聚腺苷酸（polyA）尾。5′端“帽子”结构和 3′端多聚腺苷酸尾是通过对 mRNA 前体的加工形成的。

“加帽”过程是在核内完成的，而且先于 hnRNA 链中段的剪接过程。当转录生成的 hnRNA 的长度达 25～30 个核苷酸时，在 hnRNA 的 5′端就形成 5′，5′-三磷酸双鸟苷结构。“加帽”过程需加帽酶（capping enzyme）和甲基转移酶（methyltransferase）来催化。“加帽”过程中，加帽酶与 RNA 聚合酶Ⅱ的 CDT 结合在一起。加帽酶由两个亚基组成。一个亚基具有磷酸酶活性，能水解 5′-pppG 的 γ-磷酸基，产生 5′-ppG；另一个亚基具有鸟苷酰转移酶活性，将 GTP 分子中的 GMP 部分转移到 5′-ppG 上，产生 5′，5′-三磷酸结构。鸟嘌呤-7-甲基转移酶将 *S*-腺苷甲硫氨酸中的甲基转移到鸟嘌呤的^{7}N 位（图 13-20）。

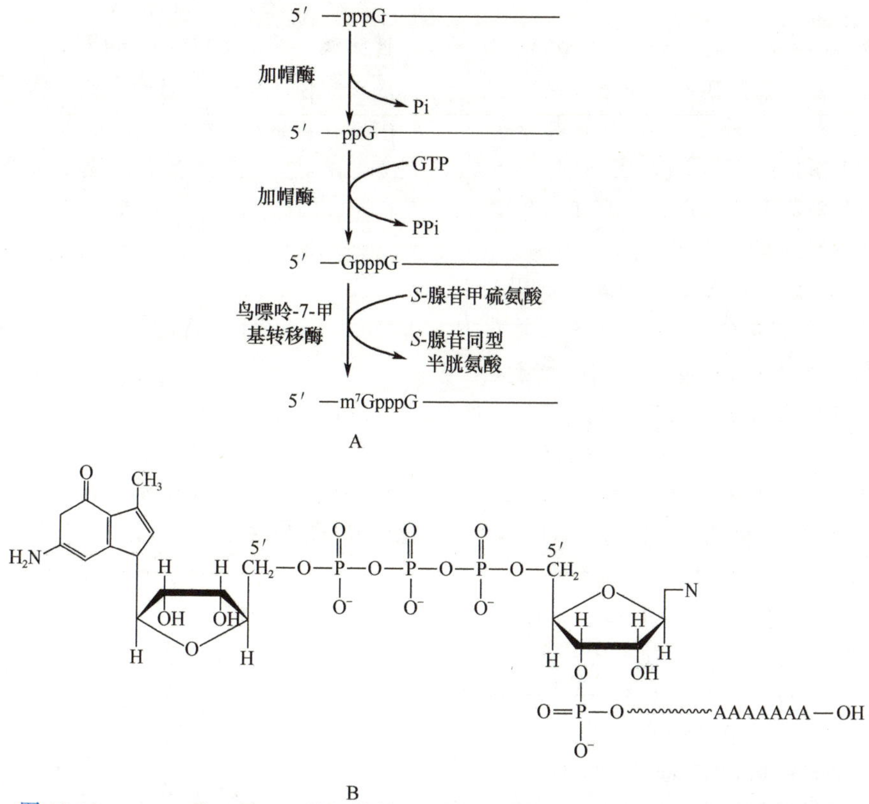

图 13-20 mRNA 的 5′端“0 型帽”结构的形成（A）及其 5′,5′-三磷酸双鸟苷结构（B）

mRNA 的“帽子”结构有 3 种类型：0 型、Ⅰ型和Ⅱ型“帽”。5′-m^7GpppN-即为“0 型帽”。在“0 型帽”的基础上，如果第一位核苷酸的 2′-OH 也甲基化，形成 5′-m^7GpppmN-，即为“Ⅰ型帽”；如果第一和第二位核苷酸的 2′-OH 均甲基化，产生 5′-m^7GpppNmNm-，即称为“Ⅱ型帽”。mRNA 的第一或第二位核苷酸 2′-OH 的甲基化由 2′-*O*-甲基转移酶催化。真核生物帽子结构的复杂程度与生物进化程度密切相关。5′-端“帽子”结构对于 mRNA 翻译起始是必要的，此结构为核糖体对 mRNA 的识别提供了信号，协助核糖体与 mRNA 结合，使翻译从起始密码 AUG 开始。“帽子”结构可增加 mRNA 的稳定性，保护 mRNA 免遭 5′→3′外切核酸酶的水解。

成熟 mRNA 的 3′端通常还有一段长约80~250 个多聚腺苷酸尾（poly A tail）。对大多数基因的研究都没有发现在基因的 3′端出现多聚 T 的相应序列，说明 poly A 的产生不依赖于 DNA 模板。在 mRNA 的尾部添加 poly A 的过程与转录终止同时进行，这一过程也在核内完成，且先于 hnRNA 中段的剪接。添加 poly A 之前，hnRNA 先由核酸内切酶在 AAUAAA 信号下游约 10~30 个核苷酸处的剪切断，然后由多聚腺苷酸聚合酶（poly A polymerase）催化逐个加入腺苷酸。多聚腺苷酸聚合酶催化的反应无需 DNA 模板。poly A 的有无与长短，是维持 mRNA 作为翻译模板的活性，以及增加 mRNA 本身稳定性的因素。随着 poly A 的缩短，翻译的活性下降。poly A 与 poly A 结合蛋白的结合有助于蛋白质的生物合成。

案例 13-1

患儿，女性，18 个月，因面色苍白，少动，精神状态不佳，患肺炎而就医。查体发现患儿头颅较普通孩子大，额头隆起，眼距宽，颧骨高，扁鼻梁，肝脾肿大等体征。实验室血常规检查：血红蛋白浓度为 53g/L，红细胞计数为 6.32×10^{12}/L，平均红细胞体积为 60.1FL，HbF 为 0.45。

初步诊断：重型 β 地中海贫血。

案例 13-1 分析讨论

地中海贫血（thelassemia）简称“地贫”，亦称海洋性贫血，此病最早发现于地中海地区，我国将此病称为珠蛋白生成障碍性贫血。地贫是由于常染色体遗传性缺陷，引起珠蛋白合成障碍，使一种或几种珠蛋白合成数量不足或完全缺乏，导致红细胞易被破坏的溶血性贫血。地中海贫血分 α

和β两种，每一种在临床上又有重型、中间型和轻型之分。人类β珠蛋白基因簇位于11p15.5，含有3个外显子和2个内含子（IVSⅠ和IVSⅡ）。IVSⅠ（130 bp）位于第31~32位密码子间，IVSⅡ（约850 bp）位于第104~105位密码子间。

β地中海贫血的发生多是由于基因点突变，少数为基因缺失，导致Hbβ链完全不能合成（β^0地贫）或部分合成（β^+地贫）。重型β地贫患者的基因型可为β^0/β^0、β^0/β^+和β^+/β^+。β地贫基因突变较多，迄今已发现的突变点达100多种，国内已发现28种。其中常见突变有6种：①β41-42（-TCTT），约占45%；②IVS-Ⅱ654（C→T），约占24%；③β17（A→T）；约占14%；④TATA盒-28（A→T），约占9%；⑤β71-72（+A），约占2%；⑥β26（G→A），约占2%。人类β珠蛋白基因缺陷类型包括：

（1）mRNA加工部位缺陷：这类突变是由于mRNA加帽部位和多聚腺苷酸化信号序列的突变，产生不稳定的mRNA，使β珠蛋白合成量减少，引起β^+地贫。如加帽部位发生A→C颠换，多聚腺苷酸化信号AATAAA→AACAAA。

（2）非编码区IVSⅠ和IVSⅡ突变：影响mRNA前体剪接等加工过程不能准确进行，产生异常的mRNA，导致β^0或β^+地贫。如IVSⅠ1（G→T）为RNA拼接处改变；IVSⅡ654（C→T）由于碱基置换形成一个新的裂解信号，影响到正常位点的剪接，产生异常的mRNA。另外一种是内含子中剪接位点上通用序列的同义突变，从而激活内含子或外显子中隐蔽裂解位点（cryptic splicing site，CSS）。如IVSⅠ5（G→C），可导致CSS的剪切识别序列（CCTATTGGT）的第7位碱基G→A，产生新的切点（CCTATTAG↓T）。

（3）影响转录突变：这类突变主要集中在起始点上游启动子的TATA盒，使转录效率下降，mRNA数量减少，产生β^+地贫。如TATA盒-29（A→G）、-28（A→G）。

（4）编码区无义突变、移码突变和起始密码子突变：这类突变生成的mRNA稳定性降低或形成无功能的mRNA，从而不能合成正常β珠蛋白，多数产生β^0地贫，少数为β^+地贫。如无义突变β17（A→T），移码突变β41-42（-TCTT缺失）或起始密码子突变（ATG→AGG）导致β^0地贫。

二、tRNA前体的加工

真核生物含有较多编码tRNA的基因，而且是多拷贝。真核细胞大约有40~50种不同的tRNA分子，它们的前体物是由RNA聚合酶Ⅲ催化生成（图13-21）。

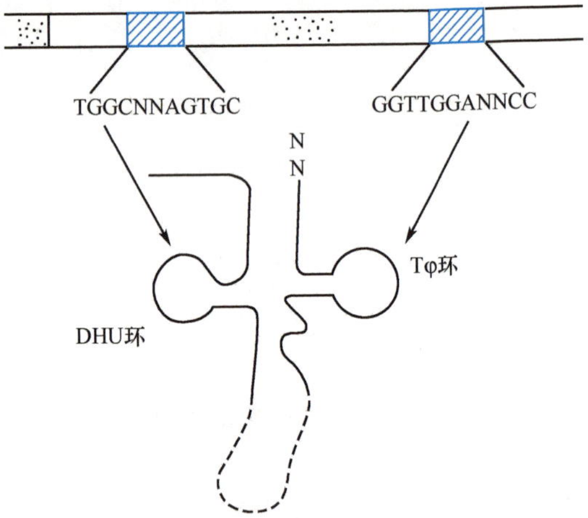

图13-21　RNA聚合酶Ⅲ转录的基因及其转录的初级产物

虚线是需要加工被剪除的部分。5′端虚线是前导序列，中间虚线是插入序列

tRNA前体的加工包括切除插入序列（相当于hnRNA的内含子）和连接相当于hnRNA的外显子部分。此外，还包括3′端添加-CCA和稀有碱基的生成（图13-22）。

以酵母$tRNA^{tyr}$前体的加工为例：①RNase P切除5′端16个核苷酸的前导序列；②RNase D切除3′端的两个UU，随之由tRNA核苷酸转移酶催化添加CCA-OH作为统一的末端；③通过剪接反应切除中部为14个核苷酸的插入序列；④稀有碱基的形成。例如，tRNA甲基转移酶催化嘌呤碱基的甲基化（A→^{m}A，G→^{m}G），DHU环上的U被还原为二氢尿嘧啶（DHU），Tφ环上的U转变为假尿嘧啶核苷（φ），反密码上的A脱氨转变为此黄嘌呤核苷（Ⅰ）等。

笔记栏

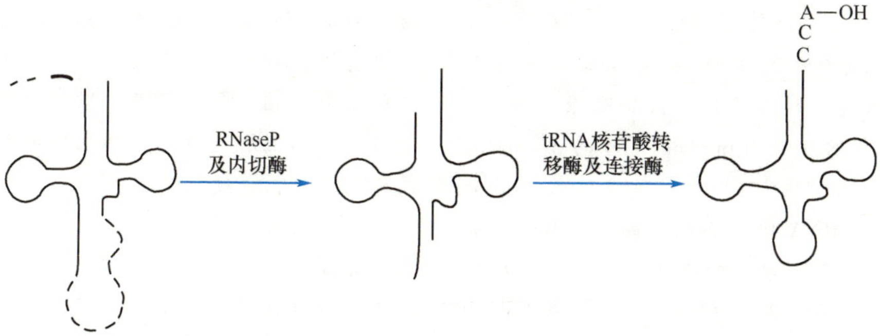

图 13-22　tRNA 前体的剪接和 3′端-CCA 的添加

三、rRNA 前体的加工

真核生物 18S、28S 和 5.8S rRNA 基因（rDNA）处于一个转录单位上，位于核仁组织区，它们的共同前体是编码约含 14 000 个核苷酸的 45S rRNA。45S rRNA 经剪切后，先产生 18S rRNA，余下的部分再剪切产生 5.8S 和 28S rRNA（图 13-23）。

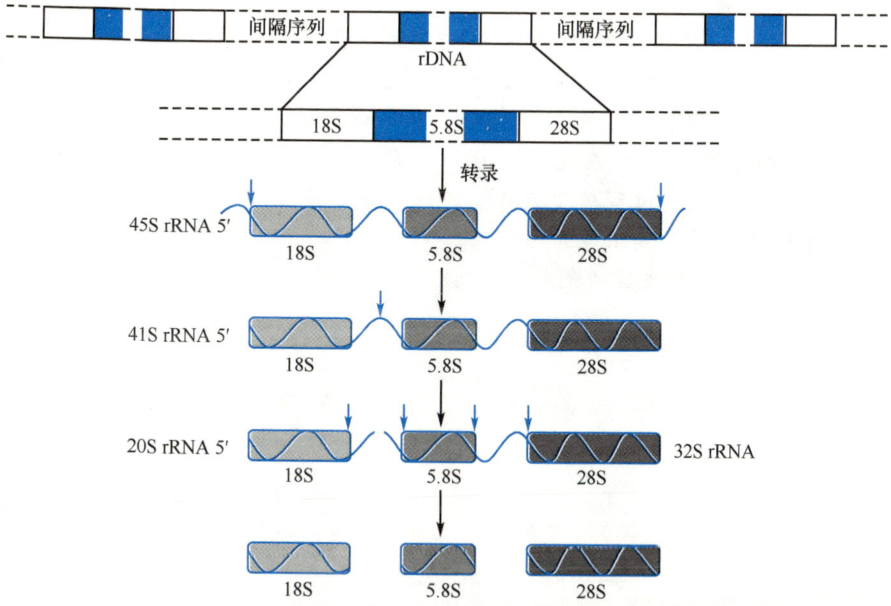

图 13-23　rRNA 前体的加工过程

rRNA 的成熟过程还包括核苷酸的甲基化修饰。剪切和甲基化反应均需小核仁 RNA 参与。在核仁组织区，合成后的 45S rRNA 很快就与核糖体蛋白和核仁蛋白组装形成 80S 前核糖核蛋白颗粒，并在核内加工形成一些中间核糖核蛋白颗粒，5.8S 和 28S rRNA 与成熟的 5S rRNA 成为核糖体大亚基的组分，18S rRNA 则成为核糖体小亚基的组分。

小　结

RNA 的生物合成过程也称为转录，是以双链 DNA 中的一条链为模板，由 RNA 聚合酶催化合成 RNA 的过程。转录是不对称的。能指导转录生成 RNA 的那条 DNA 链称为模板链，与之对应不被转录的那条 DNA 链称为编码链。RNA 链与编码链在碱基序列的差别仅是 U 替代了 T。RNA 聚合酶识别、结合并启动转录的 DNA 序列称为启动子，通常位于起始点的上游区。启动子区存在共有的一些特殊序列，如在原核生物启动子-35 区 TTGACA 序列和-10 区 TATAAT 序列。原核生物 RNA 聚合酶的 σ 亚基能辨认结合-35 区序列，-10 区序列易于解链。

原核生物（*E.coli*）转录的起始需 RNA 聚合酶全酶（α$_2$ββ′ωσ）结合在启动子区，并跨过转录的起始点，DNA 双链解开大约 17 bp，形成转录空泡。在起始点处，RNA pol 按模板链上核苷酸的序列的指导，催化头两个核苷酸形成第一个 3′,5′-磷酸二酯键，生成 RNA 聚合酶全酶-DNA-

笔记栏

pppGpN-OH 起始复合物。RNA 的第一个核苷酸最常见为鸟苷酸。转录启动后，σ 亚基便与核心酶相脱离，此时核心酶变构、松弛，并向模板链下游移动，转录进入延长阶段。按碱基互补关系，核心酶催化起始复合物 pppGpN-OH 的 3′-OH 逐个加入 NTP，使新生 RNA 链不断被延长。整个延长阶段只需 RNA 聚合酶核心酶（$\alpha_2\beta\beta'\omega$）来催化。新生 RNA 链合成的方向是 5′→3′。在延长阶段，RNA 链与 DNA 模板链保持着大约 8~9 bp 的 RNA/DNA 杂交双链。当核心酶移动到转录终止部位便停顿下来，此时进入转录终止阶段。原核生物转录的终止有两种机制：一是依赖 ρ 因子的转录终止，二是非依赖 ρ 因子的转录终止。ρ 因子终止转录的机制是与转录产物 RNA 结合，使得自身和 RNA 聚合酶都可发生构象变化，从而使 RNA 聚合酶停顿。ρ 因子的解螺旋酶的活性使 RNA/DNA 杂交双链解离，ρ 因子 ATPase 活性水解 ATP，使产物 RNA 从转录复合物中释放出来。非依赖 ρ 因子的转录终止是凭借模板 DNA 终止处的特殊序列，使转录生成的 RNA 链的 3′端形成茎-环结构，阻碍核心酶继续向下游移动，同时 RNA 链的 3′端出现的一串寡聚 U 也促进 RNA 链与 DNA 模板链的脱离。

真核生物 RNA 聚合酶Ⅰ、Ⅱ和Ⅲ的转录产物分别是 45S rRNA、hnRN A、tRNA 和 5S rRNA。真核生物的转录启动需要顺式作用元件与反式作用因子的相互复杂作用。顺式作用元件包括启动子及其上游元件。真核生物的转录延长过程与原核生物大致相似。

真核生物转录生成的初级转录产物需要经过一定程度的加工才具有生物学功能。hnRNA 的转录后加工主要包括 5′端“加帽”和 3′端加 polyA 的首尾修饰，切除内含子和连接外显子，以及核苷酸的甲基化。剪接过程发生在由 snRNA 与 snRNP 组装成的剪接体上。RNA 编辑是指在 mRNA 水平上，通过核苷酸的缺失，插入或替换而改变遗传信息的过程。通过 mRNA 编辑，使得一个基因可以产生多种氨基酸序列不同、功能不同的蛋白质。tRNA 的加工包括切除 5′末端及 3′端多余的核苷酸，切除插入序列及连接相当于外显子的序列，在 3′端添加 CCA-OH，以及稀有碱基的产生。rRNA 也需加工成熟，如初级转录产物 45S rRNA 经过剪接成为 5. 8S 、18S 和 28S 三种有功能的 rRNA 分子。

（田余祥）

笔记栏

第14章 蛋白质的生物合成

蛋白质生物合成(protein biosynthesis)是指DNA结构基因中储存的遗传信息,通过转录生成mRNA,再指导多肽链合成的过程。该过程的本质是将mRNA分子中A、G、C、U四种核苷酸序列编码的遗传信息转换成蛋白质一级结构中20种氨基酸的排列顺序。由于在mRNA中的核苷酸排列顺序和蛋白质中的氨基酸排列顺序是两种不同的分子语言,所以蛋白质的生物合成过程也称为翻译(translation)。翻译是包含起始、延长和终止三个阶段的连续过程。本章重点讨论与蛋白质合成有关的四个问题:①氨基酸是怎样被选择并参入到多肽链当中去的;②多肽链合成之后是如何修饰、折叠、加工成熟的;③合成加工好的蛋白质怎样被输送到其发挥作用的地方;④影响蛋白质生物合成的物质。

第1节 蛋白质生物合成体系

蛋白质的生物合成体系极其复杂:合成原料是氨基酸;mRNA是指导多肽链合成的模板;tRNA结合并运载各种氨基酸至mRNA模板上;rRNA和多种蛋白质构成的核糖体是合成多肽链的场所。除上述RNA外,还包括参与氨基酸活化及肽链合成起始、延长和终止阶段的多种蛋白质因子、其他蛋白质、酶类以及ATP、GTP等供能物质与必要的无机离子等。

一、mRNA是蛋白质合成的模板

mRNA分子含有从DNA转录出来的遗传信息,是蛋白质合成的模板。由于原核基因与真核基因结构不同,mRNA转录方式及产物也有所不同。在原核生物中,数个功能相关的结构基因常串联在一起,构成一个转录单位,转录生成的一段mRNA往往编码几种功能相关的蛋白质,称为多顺反子(polycistron),转录产物一般不需加工,即可成为翻译的模板。在真核生物中,结构基因的遗传信息是不连续的,mRNA转录产物需加工成熟才可作为翻译的模板。真核细胞一个mRNA只编码一种蛋白质,称为单顺反子(monocistron)。

mRNA包括5′-非翻译区、开放阅读框架区(open reading frame, ORF)和3′-非翻译区。在mRNA阅读框架内,每相邻3个核苷酸组成一个三联体的遗传密码(genetic code),编码一种氨基酸。由于mRNA分子上有A、G、C、U四种核苷酸,密码子含有3个核苷酸,所以四种核苷酸可组合成64(4^3)个三联体的遗传密码(表14-1)。在64个遗传密码子中,有三个密码子(UAA、UAG、UGA)不编码任何氨基酸,称为无意义密码子(nonsense codon),它们只作为肽链合成的终止信号,为终止密码子(termination codon);其余61个密码子编码蛋白质的20种氨基酸,称为有意义密码子(sense codon)。另外,AUG既编码甲硫氨酸,又可作为肽链合成的起始信号,称为起始密码子(initiation codon)。

1961年,Nirenberg成功地利用多聚尿嘧啶合成了苯丙氨酸肽链的第一个密码子;与此同时,Khorana将化学合成与酶促合成巧妙地结合起来,合成含有重复序列的多聚腺苷酸。至1966年所有密码子全部被破译(表14-1),因此Nirenberg和Khorana共享了1968年的诺贝尔生理/医学奖。

遗传密码具有如下特点:

(一)方向性

mRNA分子中遗传密码阅读方向是从5′→3′,也就是说起始密码子总是位于mRNA开放阅读框架的5′末端,而终止密码子在mRNA的3′末端,遗传信息在mRNA分子中的这种方向性(directionality)排列决定了多肽链合成的方向是从氨基端到羧基端。

笔记栏

表 14-1 通用遗传密码表

第一碱基(5′)	第二碱基 U	第二碱基 C	第二碱基 A	第二碱基 G	第三碱基(3′)
U	苯丙氨酸 UUU	丝氨酸 UCU	酪氨酸 UAU	半胱氨酸 UGU	U
	苯丙氨酸 UUC	丝氨酸 UCC	酪氨酸 UAC	半胱氨酸 UGC	C
	亮氨酸 UUA	丝氨酸 UCA	终止密码子 UAA	终止密码子 UGA	A
	亮氨酸 UUG	丝氨酸 UCG	终止密码子 UAG	色氨酸 UGG	G
C	亮氨酸 CUU	脯氨酸 CCU	组氨酸 CAU	精氨酸 CGU	U
	亮氨酸 CUC	脯氨酸 CCC	组氨酸 CAC	精氨酸 CGC	C
	亮氨酸 CUA	脯氨酸 CCA	谷氨酰胺 CAA	精氨酸 CGA	A
	亮氨酸 CUG	脯氨酸 CCG	谷氨酰胺 CAG	精氨酸 CGG	G
A	异亮氨酸 AUU	苏氨酸 ACU	天冬酰胺 AAU	丝氨酸 AGU	U
	异亮氨酸 AUC	苏氨酸 ACC	天冬酰胺 AAC	丝氨酸 AGC	C
	异亮氨酸 AUA	苏氨酸 ACA	赖氨酸 AAA	精氨酸 AGA	A
	甲硫氨酸 AUG	苏氨酸 ACG	赖氨酸 AAG	精氨酸 AGG	G
G	缬氨酸 GUU	丙氨酸 GCU	天冬氨酸 GAU	甘氨酸 GGU	U
	缬氨酸 GUC	丙氨酸 GCC	天冬氨酸 GAC	甘氨酸 GGC	C
	缬氨酸 GUA	丙氨酸 GCA	谷氨酸 GAA	甘氨酸 GGA	A
	缬氨酸 GUG	丙氨酸 GCG	谷氨酸 GAG	甘氨酸 GGG	G

(二)连续性

mRNA 分子中编码蛋白质氨基酸序列的各个三联体密码是连续性(commalessness)排列的,密码间无标点符号,没有间隔。翻译时从 5′端特定起始点开始,每三个碱基为一组向 3′方向连续阅读。如果 mRNA 阅读框架内插入或缺失一个或两个碱基,则可引起框移突变,使下游翻译出的氨基酸序列完全改变。

(三)简并性

已知 61 个密码子编码 20 种氨基酸,显然两者不是一对一的关系。从遗传密码表中显示,除甲硫氨酸和色氨酸只对应 1 个密码子外,其他氨基酸都有 2、3、4 或 6 个密码子为之编码,这称为遗传密码的简并性(degeneracy)。比较编码同一氨基酸的几个三联体密码可发现:mRNA 密码子的第一、二位碱基多相同,而第三位碱基可以不同,即密码子的特异性是由前两位碱基决定的。如甘氨酸的密码子是 GGU、GGC、GGA、GGG,缬氨酸的密码子是 GUU、GUC、GUA、GUG,所以这些密码第三位碱基的突变并不影响所翻译氨基酸的种类,这种突变类型称为同义突变(synonymous mutation)。但不同生物对同一氨基酸的几个密码子,可表现出某些密码优先选择使用的特性,即对密码子的“偏爱性”。

(四)摆动性

翻译过程中,氨基酸的正确加入依赖于 mRNA 的密码子与 tRNA 的反密码子之间的相互辨认结合。然而密码子与反密码子配对时,有时会出现不严格遵从常见的碱基配对规律的情况,称为摆动(wobble)配对。按照 5′→3′阅读规则,摆动配对常见于密码子的第三位碱基与反密码子的第一位碱基间,两者虽不严格互补,也能相互辨认。如 tRNA 反密码子的第一位出现稀有碱基次黄嘌呤(inosine, Ⅰ)时,可分别与密码子的第三位碱基 U、C、A 配对(表 14-2)。摆动配对的碱基间形成的是特异、低键能的氢键连接,有利于翻译时 tRNA 迅速与密码子分离,因此摆动配对使密码子与反密码子的相互识别具有灵活性。这可使一种 tRNA 能识别 mRNA 的 1~3 种简并性密码子,据估计最少 32 种 tRNA 才能满足对 61 种有意义密码子的识别。

表 14-2 密码子与反密码子配对的摆动现象

tRNA 反密码子第 1 位碱基	I	U	G	A	C
mRNA 密码子第 3 位碱基	U,C,A	A,G	U,C	U	G

笔记栏

（五）通用性（universality）

蛋白质生物合成的整套遗传密码，从原核生物、真核生物到人类都通用，即遗传密码无种属特异性。但近年研究发现，动物的线粒体和植物的叶绿体中有自己独立的密码系统，与通用密码子有一定差别。如在线粒体内，起始密码子可以是 AUG，也可以是 AUA 和 AUU，其中 AUA 还可破译为甲硫氨酸（在通用密码中为 Ile）；而 UGA 编码色氨酸，AGA、AGG 则为终止密码子（在通用密码中为 Arg）。

二、核糖体是蛋白质合成的场所

早在 1950 年，就有人将放射性同位素标记的氨基酸注射到小鼠体内，短时间后分离小鼠肝的不同细胞组分，进而检测各组分的放射性强度，发现核糖体的放射性强度最高，从而证明核糖体是蛋白质生物合成的场所。

核糖体也称核蛋白体。在原核细胞中，它可以游离形式存在，也可以与 mRNA 结合形成串珠状的多聚核糖体。真核细胞中的核糖体可游离存在，也可以与细胞内质网相结合形成粗面内质网。核糖体由大、小两个亚基组成，每个亚基都由多种核糖体蛋白（ribosomal protein，rp）和 rRNA 组成。大、小亚基所含蛋白质分别称为 rpl（ribosomal proteins in large subunit）和 rps（ribosomal proteins in small subunit），它们多是参与蛋白质生物合成过程的酶和蛋白质因子。rRNA 分子含有很多局部双螺旋结构区，可折叠生成复杂三维构象作为亚基结构骨架，使各种 rp 附着结合，装配成完整亚基。

2009 年的诺贝尔化学奖就是奖励“对核糖体结构和功能的研究”做出巨大贡献的三位科学家——英国剑桥大学科学家 Ramakrishnan、美国科学家 Steitz 及以色列的科学家 Yonath。他们都采用了 X 射线蛋白质晶体学技术，标识出了构成核糖体的成千上万个原子，不仅让我们知晓了核糖体的“外貌”，而且在原子层面上揭示了核糖体功能的机制。因此，2009 年诺贝尔化学奖奖励的是对生命一个核心过程的研究——核糖体将 DNA 信息“翻译”成生命。由于核糖体对于生命至关重要，所以它们也是新抗生素的一个主要靶标。三位科学家构筑了三维模型来显示不同的抗生素是如何抑制核糖体功能的，这些模型已被用于研发新的抗生素，直接帮助了挽救生命及减少人类的病痛。不同细胞核糖体的组分见表 14-3。

表 14-3　核糖体的组成

	原核生物			真核生物		
	核糖体	小亚基	大亚基	核糖体	小亚基	大亚基
S 值	70S	30S	50S	80S	40S	60S
rRNA		16S rRNA	23S rRNA 5S rRNA		18S rRNA	28S rRNA 5.8S RNA 5S rRNA
蛋白质	21 种		36 种		33 种	49 种

原核生物核糖体至少有六个功能部位：①容纳 mRNA 的部位；②结合氨基酰 tRNA 的氨基酰位（aminoacyl site，A 位）；③结合肽酰 tRNA 的肽酰位（peptidyl site，P 位）；④tRNA 排出位（exit site，E 位）；⑤肽基转移酶所在的部位；⑥转位酶位点。真核生物核糖体结构与原核生物相似，但组分更复杂。

三、tRNA 是蛋白质合成的搬运工具

核苷酸的碱基与氨基酸之间不具有特异的化学识别作用，那么在蛋白质合成过程中氨基酸是怎样来识别 mRNA 模板上的遗传密码，进而排列连接成特异的多肽链序列呢？研究证明，氨基酸与遗传密码之间的相互识别作用是通过另一类核酸分子——tRNA 而实现的，tRNA 是蛋白质合成过程中的接合体（adaptor）分子。tRNA 分子与蛋白质合成有关的位点至少有 4 个：①3′端的 CCA 氨基酸结合位点；②氨基酰 tRNA 合成酶识别位点；③核蛋白体识别位点；④密码子识别部位（即反密码子位点）。其中两个关键部位是氨基酸的结合位点和密码子的结合位点，这两点表明 tRNA 是既可携带特异的氨基酸、又可特异

地识别 mRNA 遗传密码的双重功能分子。这样，通过 tRNA 的接合作用使氨基酸能够按 mRNA 信息的指导“对号入座”，保证核酸到蛋白质遗传信息传递的准确性。tRNA 与氨基酸的结合由氨基酰-tRNA 合成酶(aminoacyl-tRNA synthetase)催化，此过程称为氨基酸的活化。原核细胞中约有 30~40 种不同的 tRNA 分子，而真核生物中有 50 种甚至更多，因此一种氨基酸可以和 2~6 种 tRNA 特异地结合。

(一) 氨基酸的活化与氨基酰-tRNA 合成酶

1.氨基酸活化 即指氨基酸的 α-羧基与特异 tRNA 的 3′末端 CCA-OH 结合形成氨基酰-tRNA 的过程，这一反应由氨基酰-tRNA 合成酶催化完成，并分两步进行。第一步是氨基酰-tRNA 合成酶识别它所催化的氨基酸及另一底物 ATP，并在酶的催化下，氨基酸的羧基与 AMP 上磷酸之间形成一个酯键，生成氨基酰- AMP-E 的中间复合物，同时释放出一分子 PPi。第二步是氨基酰-AMP-E 的中间复合物与 tRNA 作用生成氨基酰-tRNA，并重新释放出 AMP 和酶。

$$\text{氨基酸} + \text{ATP-E} \rightarrow \text{氨基酰-AMP-E} + \text{PPi}$$

$$\text{氨基酰-AMP-E} + \text{tRNA} \rightarrow \text{氨基酰-tRNA} + \text{AMP} + \text{E}$$

总反应式为：

$$\text{氨基酸} + \text{tRNA} + \text{ATP} \xrightarrow{\text{氨基酰-tRNA 合成酶}} \text{氨基酰-tRNA} + \text{AMP} + \text{PPi}$$

反应中氨基酸的 α-羧基与 tRNA 的 3′末端 CCA-OH 以酯键连接，形成氨基酰-tRNA。细胞中的焦磷酸酶不断分解反应生成的 PPi，促进反应持续向右进行，每活化 1 分子氨基酸需要消耗 2 个高能磷酸键。

2.氨基酰-tRNA 合成酶 氨基酸与 tRNA 分子的正确结合，是决定翻译准确性的关键步骤之一，氨基酰-tRNA 合成酶在其中起着主要作用。氨基酰-tRNA 合成酶存在于细胞质的无结构部分，对底物氨基酸和 tRNA 都有高度特异性。该酶通过分子中相分隔的活性部位既能识别特异的氨基酸，又能辨认携带该种氨基酸的特异 tRNA 分子；亦即在体内，每种氨基酰-tRNA 合成酶都能从 20 种氨基酸中选出与其对应的一种，同时选出与此氨基酸相对应的特异 tRNA，从而催化两者的相互结合。由于一种氨基酸可以和 2~6 种 tRNA 特异地结合，故把装载同一氨基酸的所有 tRNA 称为同工接受体(isoacceptor)。与同一氨基酸结合的所有同工接受体均被相同的氨基酰-tRNA 合成酶所催化，因此只需 20 种氨基酰-tRNA 合成酶就能催化氨基酸以酯键连接到各自特异的 tRNA 分子上，可见该酶对 tRNA 的选择性较对氨基酸的选择性稍低。

笔记栏

此外，氨基酰-tRNA 合成酶还具有校正活性(proofreading activity)，也称编辑活性(editing activity)，即酯酶的活性。它能把错配的氨基酸水解下来，再换上与反密码子相对应的氨基酸。综上原因，tRNA 与氨基酸装载反应的误差小于 10^{-4}。

氨基酰-tRNA 合成酶不耐热，其活性中心含有巯基，对破坏巯基的试剂甚为敏感，其作用需要 Mg^{2+}、Mn^{2+}。不同的酶分子量不完全相等，一般以 100kDa 左右为多。真核生物中的这类酶常以多聚体形式存在。

(二) 氨基酰-tRNA 的表示方法

如用三字母缩写代表氨基酸，各种氨基酸和对应的 tRNA 结合形成的氨基酰-tRNA 可以如下方法表示，如 Asp-$tRNA^{Asp}$、Ser-$tRNA^{Ser}$、Gly-$tRNA^{Gly}$等。

密码子 AUG 可编码甲硫氨酸(Met)，同时作为起始密码。在真核生物中与甲硫氨酸结合的 tRNA 至少有两种：在起始位点携带甲硫氨酸的 tRNA 称为起始 tRNA(initiator-tRNA)，简写为 $tRNAi^{Met}$；在肽链延长中携带甲硫氨酸的 tRNA 称为延长 tRNA(elongation-tRNA)，简写为 $tRNA^{Met}$。Met-$tRNAi^{Met}$和 Met-$tRNA^{Met}$可分别被起始或延长过程起催化作用的酶和因子所辨认。

原核生物的起始密码只能辨认甲酰化的甲硫氨酸，即 *N*-甲酰甲硫氨酸(*N*-formyl methionine，fMet)，因此起始位点的甲酰化甲硫氨酰 tRNA 表示为 fMet-$tRNAi^{fMet}$。*N*-甲酰甲硫氨酸中的甲酰基从 N^{10}-甲酰四氢叶酸转移到甲硫氨酸的 α-氨基上，由转甲酰基酶催化。

第 2 节 蛋白质生物合成过程

在翻译过程中，核糖体从开放阅读框架的 5′-AUG 开始向 3′端阅读 mRNA 上的三联体遗传密码，而多肽链的合成是从 N 端向 C 端，直至终止密码出现。终止密码前一位三联体，翻译出肽链的 C 端氨基酸。蛋白质生物合成是最复杂的生物化学过程之一，它需要上百种不同的蛋白质及数十种 RNA 分子的参与。为了便于叙述，人们常将整个翻译过程分为起始(initiation)、延长(elongation)和终止(termination)三个阶段。伴随着起始和延长，氨基酰-tRNA 不断地进行合成，此外，蛋白质合成后，还需要加工修饰。

一、翻译的起始

翻译的起始阶段是指 mRNA、起始氨基酰-tRNA 分别与核蛋白体结合而形成翻译起始复合物(translational initiation complex)的过程。参与这一过程的多种蛋白质因子称为起始因子(initiation factor，IF)。

(一) 翻译的起始因子

虽然原核生物与真核生物在蛋白质合成的起始上有差异，但有三点是共同的：①核糖体小亚基结合起始氨基酰-tRNA；②在 mRNA 上必须找到合适的起始密码子；③大亚基必须与已经形成复合物的小亚基、起始氨基酰-tRNA、mRNA 结合。研究表明，起始因子参与了上述三个过程。

原核生物有三种起始因子，即 IF-1、IF-2 和 IF-3。其中 IF-3 的功能是结合核糖体 30S 小亚基，使之与 50S 大亚基分开；IF-1 和 IF-2 的功能则是促进 fMet-tRNAi^{fMet}及 mRNA 与 30S 小亚基的结合。

真核生物比原核生物拥有更多的起始因子，目前已发现 12 种直接或间接为起始所需的因子，其中有一些因子含有多达 11 种不同的亚基，迄今只知道部分因子的功能。为了区别原核生物，真核起始因子被称为 eIF(eukaryotic initiation factor)。eIF 的功能主要包括：与 Met-tRNAi^{Met}组成复合体；与 5′端 mRNA 组成起始复合体；确保核糖体从 5′端扫描 mRNA 直到第一个 AUG；在起始位点探测 tRNA 起始子与 AUG 的结合；介导 60S 大亚基的加入等。原核生物与真核生物的翻译起始因子及其功能详见表 14-4。

表 14-4 翻译的重要起始因子及生物学功能

	起始因子	生物功能
原核生物	IF-1	占据 A 位防止结合其他氨基酰-tRNA，并阻止大小亚基的结合
	IF-2	是 GTP 连接蛋白，促进起始 fMet-tRNAi^{fMet}与 30S 小亚基结合
	IF-3	结合 30S 小亚基，使之与 50S 大亚基分开；提高 P 位对起始 tRNA 的特异性
真核生物	eIF-2	单体 GTP 结合蛋白，促进起始 Met-tRNAi^{Met}与 40S 小亚基结合
	eIF-2B	鸟苷酸交换因子(GEF)，将 eIF-2 上的 GDP 交换成 GTP
	eIF-3	最先与 40S 小亚基结合，促进大小亚基分离
	eIF-4A	eIF-4F 复合物成分，有解旋酶活性，有利于 mRNA 扫描
	eIF-4B	结合 mRNA，促进 mRNA 扫描定位起始 AUG
	eIF-4E	eIF-4F 复合物成分，结合 mRNA 的 5′端帽子结构
	eIF-4G	eIF-4F 复合物成分，连接 eIF-4E、eIF-3 和 PABP 等组分
	eIF-5	水解 GTP，促进各种起始因子从核糖体释放，进而结合大亚基
	eIF-6	促进无活性的 80S 核蛋白体解聚生成 40S 小亚基和 60S 大亚基

(二) 翻译的起始过程

翻译的起始过程就是在一系列起始因子的作用下形成翻译起始复合物，原核生物与真核生物的翻译起始过程相类似，但又有区别。

1.原核生物的翻译起始过程

(1) 核糖体大小亚基分离：蛋白质肽链合成连续进行，在肽链延长过程中，核糖体的大小亚基是聚合的，一条肽链合成终止实际上是下一轮翻译的起始。此时在 IF-3 和 IF-1 的作用下，IF-3、IF-1 与小亚基结合，促进大小亚基分离。

(2) mRNA 与核糖体小亚基定位结合：在原核细胞中，起始 AUG 可以在 mRNA 分子上的任何位置，并且一个 mRNA 可以有多个起始位点，为多个蛋白质编码。那么，原核细胞中的核糖体是如何识别 mRNA 分子内如此众多的 AUG 位点呢？Shine 和 Dalgarno 在 20 世纪 70 年代初期解答了这个问题。他们发现，在细菌的 mRNA 起始密码子 AUG 上游约 10 个碱基左右的位置，通常含有一段富含嘌呤碱基的六聚体序列(-AGGAGG-)，称为 Shine-Dalgarno 序列(SD 序列)；它与原核生物核糖体小亚基 16S rRNA 3′端富含嘧啶的短序列(-UCCUCC-)互补，从而使 mRNA 与小亚基结合。因此，mRNA 的 SD 序列又称为核糖体结合位点(ribosomal binding site，RBS)。此外，mRNA 上紧接 SD 序列之后的一小段核苷酸序列，又可被核糖体小亚基蛋白辨认结合(图 14-1)。原核生物就是通过上述核酸-核酸、核酸-蛋白质的相互作用把 mRNA 结合到核糖体的小亚基上，并在 AUG 处精确定位，形成复合体。此过程需要 IF-3 的帮助。

笔记栏

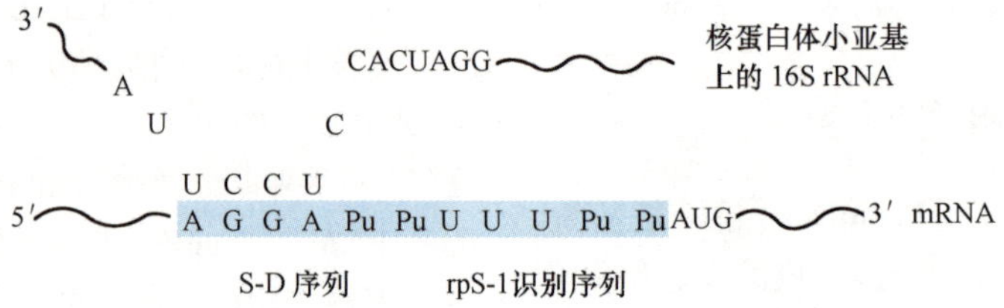

图 14-1 原核生物 mRNA 与核糖体小亚基的辨认结合

(3) 起始 fMet-tRNAi^{fMet} 的结合：fMet-tRNAi^{fMet} 与核糖体的结合受 IF-2 的控制。原核生物核糖体上有 3 个 tRNA 结合位点，氨基酰-tRNA 进入 A 位，肽酰-tRNA 进入 P 位，去氨基酰的 tRNA 通过 E 位排出，A 位和 P 位横跨核糖体的两个亚基，E 位主要是大亚基成分。IF-2 首先与 GTP 结合，再结合起始 fMet-tRNAi^{fMet}。在 IF-2 的帮助下，fMet-tRNAi^{fMet} 识别对应核糖体 P 位的 mRNA 起始密码子 AUG，并与之结合，这也促进 mRNA 的准确就位。起始时 IF-1 结合在 A 位，阻止氨基酰-tRNA 的进入，还可能阻止 30S 小亚基与 50S 大亚基的结合。

(4) 70S 起始复合物的形成：IF-2 有完整核糖体依赖的 GTP 酶活性。当上述结合了 mRNA、fMet-tRNAi^{fMet} 的小亚基再与 50S 大亚基结合生成完整核糖体时，IF-2 结合的 GTP 就被水解释能，促使 3 种 IF 释放，形成由完整核糖体、mRNA、起始氨基酰-tRNA 组成的 70S 翻译起始复合物（图 14-2）。此时，结合起始密码子 AUG 的 fMet-tRNAi^{fMet} 占据 P 位，而 A 位留空，并对应 mRNA 上 AUG 后的第二个三联体密码子，为肽链延长做准备。

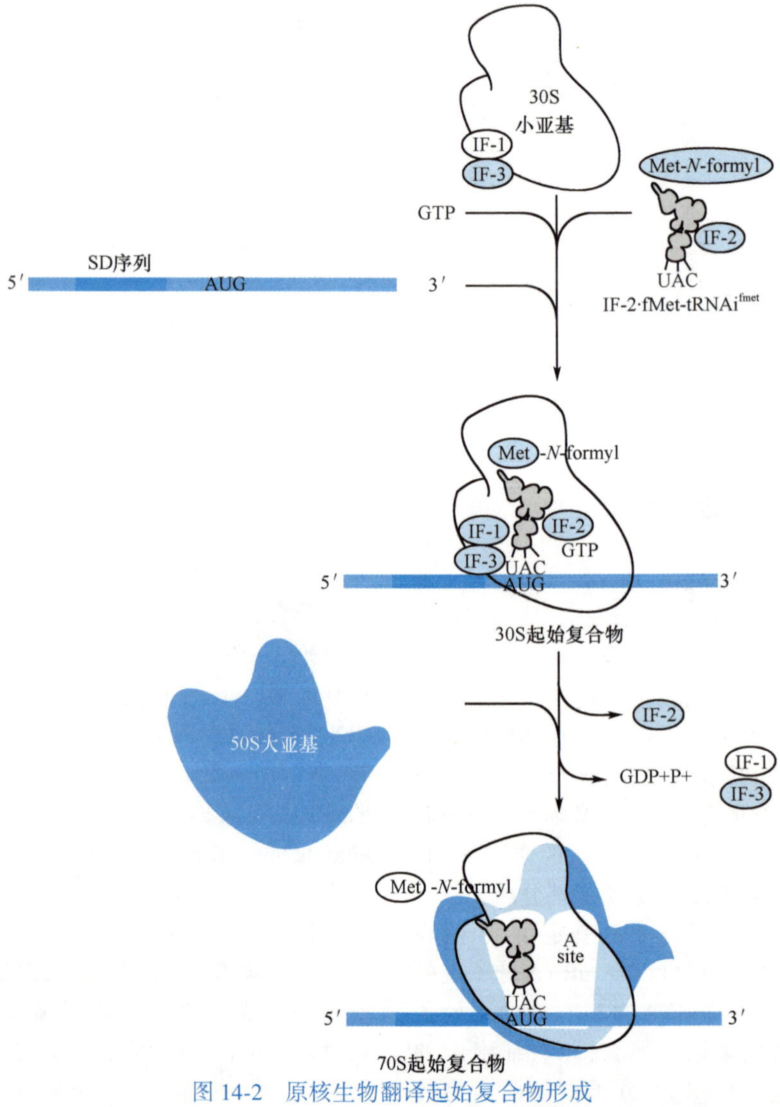

图 14-2 原核生物翻译起始复合物形成

2. 真核生物的翻译起始过程 真核生物的翻译起始过程与原核生物相似,但顺序不同,所需的成分也有区别。如核糖体为80S,起始因子(eIF)数目更多,起始甲硫氨酸不需甲酰化。在真核生物中,成熟的mRNA分子内部没有核糖体结合位点,但5′端有帽子,3′端有poly A尾结构。小亚基首先识别结合mRNA的5′端帽子,再移向起始点,并在那里与大亚基结合。具体过程如下:

(1) 核糖体大小亚基的分离:与原核生物一样,在前一轮翻译终止时,真核起始因子eIF-2B、eIF-3与核糖体小亚基结合,并在eIF-6的参与下,促进无活性的80S核糖体解聚生成40S小亚基和60S大亚基。

(2) 起始Met-tRNAi^{Met}的结合:与原核生物不同,真核细胞小亚基先与起始氨基酰-tRNA结合,再与mRNA结合。首先Met-tRNAi^{Met}与eIF-2、1分子GTP结合成为三元复合物,然后与游离状态的核糖体小亚基P位结合,形成43S的前起始复合物。此过程需要eIF-3、eIF-4C的帮助,其中eIF-3是一个很大的因子,由8~10个亚基组成,它是使40S小亚基保持游离状态所必需的。

(3) mRNA与核糖体小亚基的结合:上述43S的前起始复合物在帽子结合复合物(eIF-4F复合物)的帮助下,与mRNA的5′端结合。eIF-4F复合物包括eIF-4E、eIF-4A和eIF-4G等组分。其中eIF-4E(也称帽结合蛋白)结合mRNA 5′端帽子;eIF-4A具有解旋酶活性;eIF-4G为"脚手架"亚基,其作用是将复合体上的所有组分连接在一起。同时mRNA的3′端polyA尾与polyA结合蛋白(polyA binding protein,PABP)结合,PABP也结合于eIF-4G上。这样连接mRNA首尾的eIF-4E和PABP再通过eIF-4G和eIF-3与核糖体小亚基结合成复合物。

(4) 小亚基沿mRNA扫描查找起始点:在大多数真核mRNA中,5′端帽子与起始AUG距离较远,最多可达1000个碱基左右。因此小亚基需从mRNA的5′端向3′端移动,直到找到启动信号AUG。但仅凭三联体密码子AUG本身并不足以使核糖体移动停止,只有当其上下游具有合适的序列时,AUG才能作为起始密码子被正确识别。最适序列为GCC(A/G)CCAUGG,在AUG上游的第三个嘌呤(A或G)和紧跟其后的G是最为重要的。当小亚基扫描遇到起始AUG时,Met-tRNAi^{Met}的反密码子与之互补结合,最终小亚基与mRNA准确定位结合形成48S复合物(图14-3)。此过程需要水解ATP提供能量,eIF-4F复合物组分也与该过程有关,如具有解旋酶活性的eIF-4A能打开引导区的双链区以利于mRNA的扫描,eIF-4B也促进扫描过程。

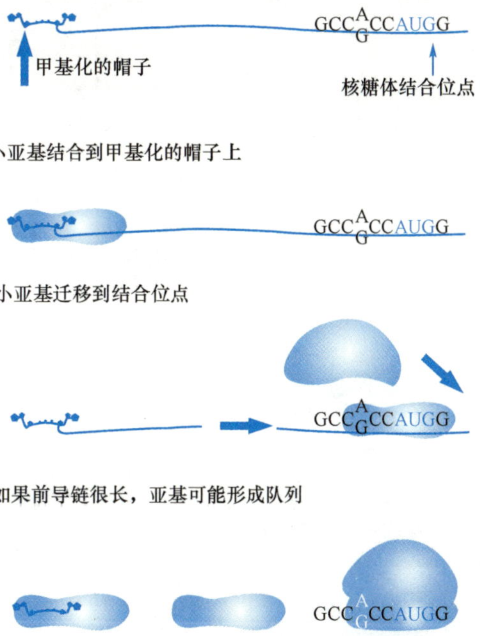

图14-3 真核生物小亚基沿mRNA扫描

(5) 80S起始复合物的形成:一旦48S复合物定位于起始密码子,便在eIF-5的作用下,迅速与60S大亚基结合形成80S翻译起始复合物(图14-4)。eIF-5是一种GTP酶,在水解GTP的同时,促使eIF-2、eIF-3等各种起始因子从核蛋白体上释放。

二、肽链的延长

肽链的延长是指在mRNA密码序列的指导下,由特异tRNA携带相应氨基酸运至核糖体的受位,使肽链依次从N端向C端逐渐延伸的过程。肽链延长需要GTP和蛋白质因子的参与。原核生物肽链延长需要的蛋白因子称为延长因子(elongation factor,EF),真核生物的延长因子称为eEF(eukaryotic elongation factor,eEF)。延长因子有两种,真核细胞为eEF-1和eEF-2,原核细胞则为EF-T与EF-G,其组成及功能见表14-5。

笔 记 栏

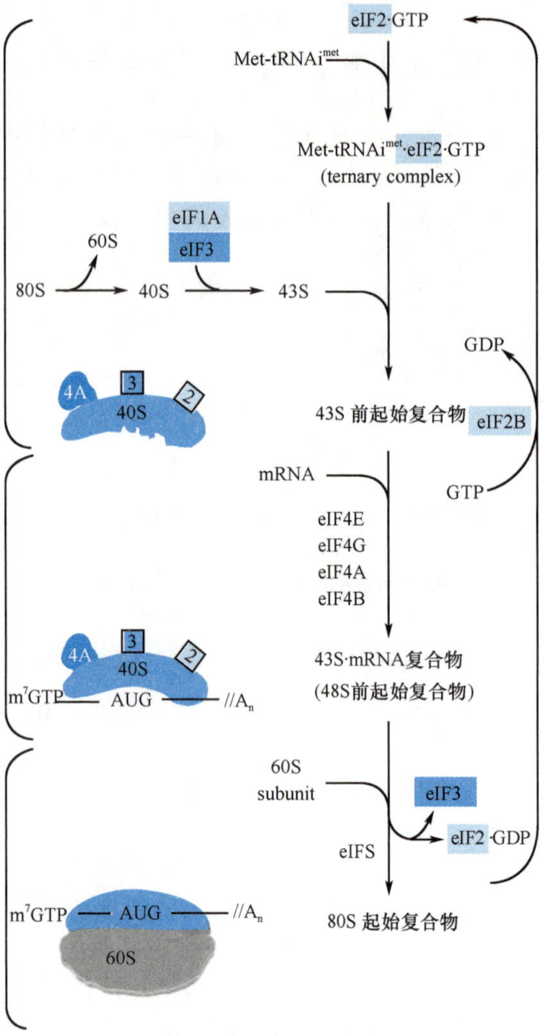

图 14-4　真核生物翻译起始复合物形成

由于肽链延长的过程是在核糖体上连续循环进行的,故称为核糖体循环(ribosomal cycle)。每次循环分三个阶段:进位(entrance)、成肽(peptide bond formation)和转位(translocation)。循环一次,肽链增加一个氨基酸残基,直至肽链合成终止。真核生物肽链延长过程和原核基本相似,只是反应体系和因子组成不同。

(一)进位

肽链合成起始后,核糖体 P 位已被起始氨基酰-tRNA 占据,但 A 位是留空的,并对应 AUG 后的第二个三联体密码子。进位就是与 mRNA 第二个密码子所对应的氨基酰-tRNA 进入核糖体的 A 位,又称注册(registration),这一过程在原核细胞需要延长因子 EF-T 的参与。

EF-T 由 EF-Tu 和 EF-Ts 两个亚基构成,其中 EF-Tu 为单体 G 蛋白,其活性受鸟苷酸状态的调节。当 EF-Tu 结合 GTP 时,便与 EF-Ts 分离,使 EF-Tu-GTP 处于活性状态;而当 GTP 水解为 GDP 时,EF-Tu-GDP 就失去活性。进位时,活性的 EF-Tu-GTP 与适当的氨基酰-tRNA 结合,并将其带入核糖体 A 位,使密码子与反密码子配对结合。同时,EF-Tu 的 GTP 酶发挥作用促使 GTP 水解,驱动 EF-Tu-GDP 从核糖体释出,既而 EF-Ts 与 EF-Tu 结合将 GDP 置换出去,并重新形成 EF-Tu-Ts 二聚体。由此可见,EF-Ts 实际上是 GTP 交换蛋白,可将 EF-Tu 上的 GDP 交换成 GTP,使 EF-Tu 进入新一轮循环,继续催化下一个氨基酰-tRNA 进位(图 14-5)。

在真核生物中,eEF-1α 因子负责将氨基酰-tRNA 带到核糖体 A 位,并同样需要 GTP 高能键的断裂。与原核细胞中的同源物(EF-Tu)类似,它在数量上也是充足的。GTP 水解后,活性的再生需要 eEF-1βγ 因子(与 EF-Ts 同源)的参与。

表 14-5　肽链合成的延长因子

原核 EF	eEF(EF 同源物)	生物功能
EF-Tu	eEF-1α	结合 GTP,携带氨基酰-tRNA 进入 A 位
EF-Ts	eEF-1βγ	GTP 交换蛋白,使 EF-Tu 上的 GDP 交换成 GTP
EF-G	eEF-2	单体 G 蛋白,具有 GTPase 活性,水解 GTP,发挥转位酶作用,促进肽酰-tRNA 由 A 位移至 P 位

(二)成肽

成肽就是肽基转移酶(peptidyl transferase)催化肽键形成的过程。进位后,核糖体的 A 位和 P 位各结合了一个氨基酰-tRNA,在肽基转移酶的催化下,P 位上起始 tRNA 所携带的甲硫氨酸的 α-羧基与 A 位上氨基酸的 α-氨基形成肽键,此过程为成肽反应,在 A 位上进行,无需能量供应(图 14-5)。多年来,人们一直以为肽基转移酶是核糖体的一种蛋白组分。但 1992 年,加州大学的 Noller 及其同事证实了分离 rRNA 的催化活性,后来的许多研究都表明肽基转移酶是

笔 记 栏

一种核酶。在原核生物中，肽基转移酶位于大亚基的 23S rRNA，在真核生物则位于大亚基的 28S rRNA，这一例子再次证明核酶的重要性。

（三）转位

第一个肽键形成以后，二肽酰-tRNA 占据核糖体 A 位，而卸载的 tRNA 仍在 P 位。转位即指核糖体向 mRNA 的 3′端移动一个密码子的距离，A 位上的二肽酰-tRNA 移至 P 位，A 位空出并对应下一个三联体密码。与此同时，在原核生物中，P 位的卸载 tRNA 进入 E 位，并由此排出；而真核细胞核糖体没有 E 位，转位时卸载的 tRNA 直接从 P 位释放。在原核生物，转位依赖于延长因子 EF-G 和 GTP。EF-G 有转位酶(translocase)活性，可结合并水解 1 分子 GTP，促进核糖体向 mRNA 的 3′端移动。真核生物与 EF-G 同源的是 eEF-2 因子，它们功能接近，都是依赖 GTP 水解的转位酶。

转位后，mRNA 分子上的第三个密码子进入 A 位，为下一个氨基酰-tRNA 进位做好准备。再进行第二轮循环，进位-成肽-转位，P 位将出现三肽酰-tRNA。A 位又空出，再进行第三轮循环，这样每循环一次，肽链将增加一个氨基酸残基。如此重复进位-成肽-转位的循环过程，核糖体依次沿 5′→3′方向阅读 mRNA 的遗传密码，肽链不断从 N 端向 C 端延长。需要注意的是每次成肽反应均是 P 位上肽酰-tRNA 所携带的肽酰上的 α-羧基与 A 位上氨基酰-tRNA 所携带的氨基酸的 α-氨基形成肽键，是多个氨基酸残基转到新进入的单个氨基酸残基上来延长肽键的，而不是新加入的单个氨基酸残基转到肽酰分子上(图 14-5)。

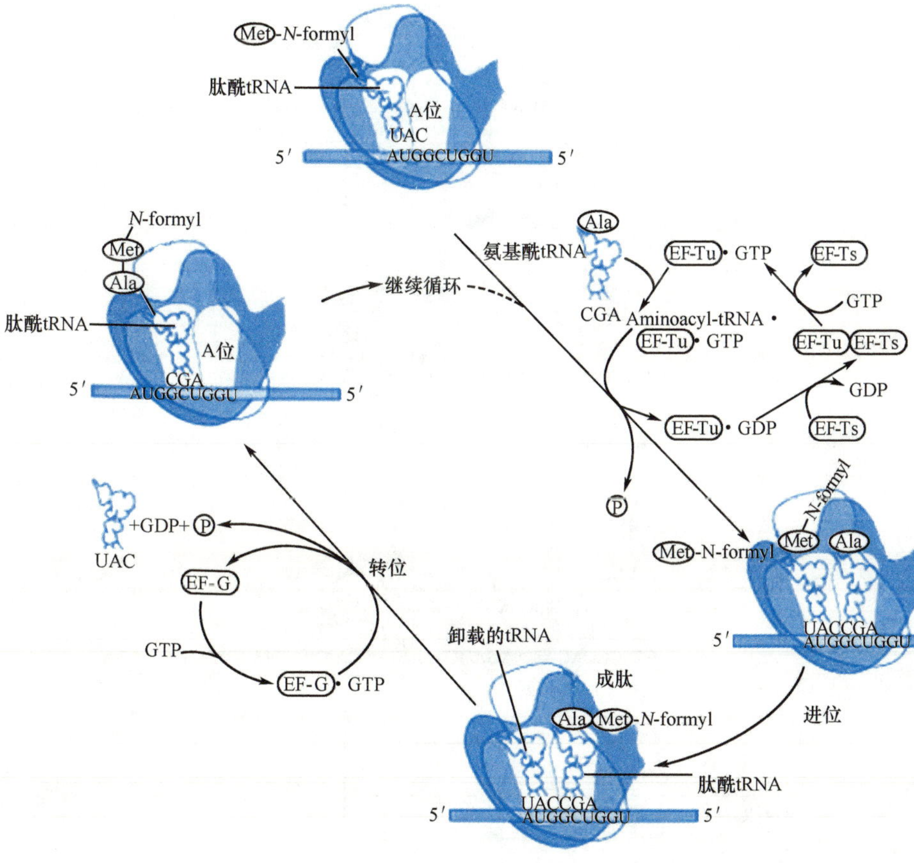

图 14-5 翻译的延长过程

在肽链延长连续循环时，核糖体空间构象也发生着周期性改变，转位时卸载的 tRNA 进入 E 位，可诱导核糖体构象变化有利于下一个氨基酰-tRNA 进入 A 位；而氨基酰-tRNA 的进位又诱导核糖体变构促使卸载 tRNA 从 E 位排出。

三、翻译的终止

翻译的终止涉及两个阶段：首先，终止反应本身需要识别终止密码，并从最后一个肽酰-tRNA 中释放肽链；其次，终止后反应需要释放 tRNA 和 mRNA，核糖体大、小亚基解离。因此，翻译终止的关键因素是终止密码子和识别终止密码子的组分。研究证实终止密码子不能被任何一种 tRNA 所识别，它们是被蛋白因子直接识别的。终止过程需要的蛋白质因子称为终止因子（termination factor），又称释放因子（release factor，RF）。

原核生物有三种 RF，即 RF-1、RF-2 和 RF-3。RF-1 能特异识别终止密码子 UAA、UAG；RF-2 可识别 UAA、UGA；RF-3 具有 GTP 酶活性，可结合并水解 1 分子 GTP，促进 RF-1 和 RF-2 与核糖体的结合。真核生物的释放因子称为 eRF（eukaryotic release factor，eRF），eRF 有两种，即 eRF-1 和 eRF-3。eRF-1 是一个能识别三种终止密码子的单体蛋白质，其序列与原核生物的释放因子没有同源性；eRF-3 与 RF-3 类似，也携带一个随后水解的 GTP，促进 eRF-1 与核糖体的结合。

原核生物翻译终止过程如下：肽链延长到 mRNA 的终止密码子进入核糖体 A 位时，释放因子 RF-1 或 RF-2 可在 RF-3-GTP 的帮助下识别结合终止密码子，并激活核糖体水解肽酰-tRNA 的酯键，把多肽链从 P 位肽酰-tRNA 上释放出来。继而促使 mRNA、卸载 tRNA 及 RF 从核糖体脱离，紧接着在 IF-3 和 IF-1 的作用下，核糖体大小亚基解离，开始新一轮核糖体循环（图 14-6）。真核生物翻译终止过程与原核生物相似，eRF-1 在 eRF-3 的帮助下识别三种终止密码子，激发终止反应。

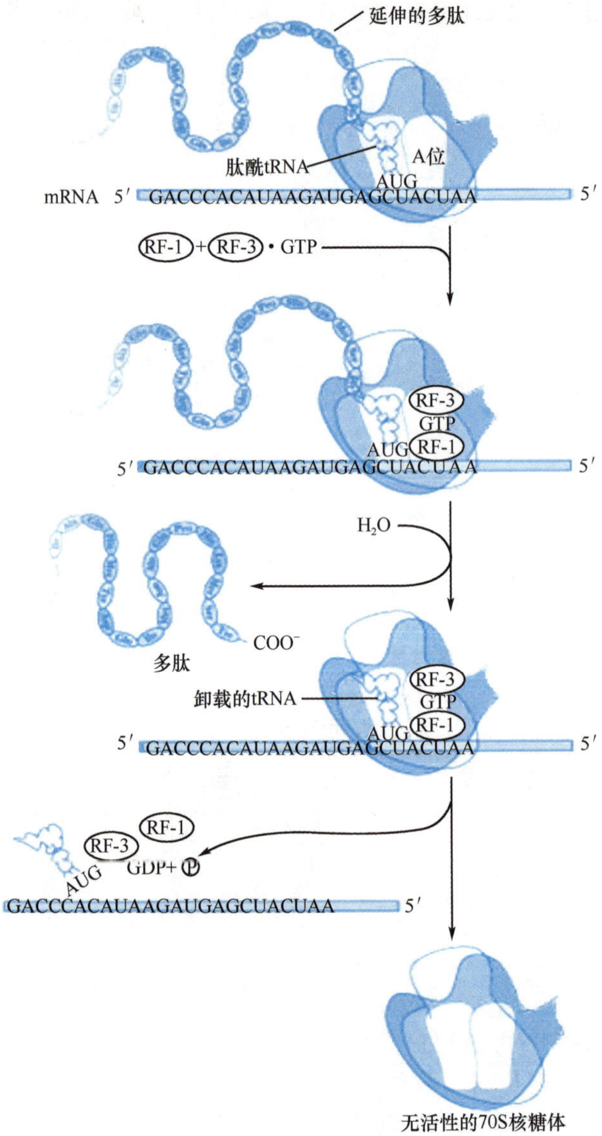

图 14-6 翻译的终止过程

以上叙述的是单个核糖体合成肽链的情况。实际上当用电镜观测正在被翻译的 mRNA 时，会发现沿着 mRNA 附着有许多核糖体。这种多个核糖体与 mRNA 的聚合物称为多聚核糖体(polyribosome 或 polysome)。当一个核糖体与 mRNA 结合并开始翻译，沿 mRNA 向 3′端移动一定距离(约 80 个核苷酸)后，第二个核糖体又在 mRNA 的翻译起始部位结合，以后第三个、第四个核糖体相继结合到 mRNA 的翻译起始位点。这样在一条 mRNA 上常结合有多个核糖体，呈串珠状排列，同时进行多条肽链的合成，大大增加了细胞内蛋白质的合成速率。原核生物 mRNA 转录后不需加工即可作为模板，转录和翻译偶联进行。因此在电子显微镜下看到，原核 DNA 分子上连接着长短不一正在转录的 mRNA 分子，每条 mRNA 再附着多个核糖体进行翻译，显示为羽毛状现象。与原核细胞不同，真核细胞的转录发生在核内，翻译发生在细胞质，因此只能观察到一个 mRNA 分子上附着有多个核糖体，为单个多聚核糖体(图 14-7)。

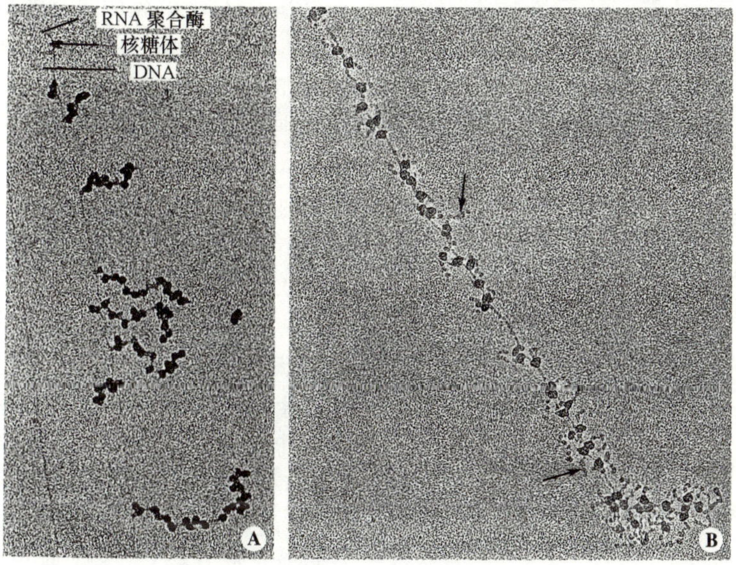

图 14-7　多聚核糖体

A. 原核生物；B. 真核生物

蛋白质生物合成是耗能过程。首先每分子氨基酸活化生成氨基酰-tRNA 消耗 2 个高能磷酸键；其次在肽链延长阶段，进位和转位各消耗 1 个高能磷酸键，因此肽链每增加 1 个肽键要消耗 4 个高能磷酸键。此外在翻译起始阶段，原核生物消耗 1 个 GTP，真核生物消耗 1 个 GTP 和 1 个 ATP，在翻译终止阶段消耗 1 个 GTP。因此假如合成 1 分子由 n 个氨基酸残基组成的蛋白质，需 1 次启动和 1 次终止，$n-1$ 次延长。因此原核生物翻译的高能磷酸键总消耗数为 $1+2n+2(n-1)+1=4n$ 个，真核生物翻译的高能磷酸键总消耗数为 $2+2n+2(n-1)+1=4n+1$ 个，说明蛋白质的合成是一个昂贵的过程。值得注意的是，GTP 的水解在翻译的全过程中(起始、延长和终止)具有重要的作用。实际上与 GTP 发生作用的翻译因子都属于 G 蛋白家族，包括 IF-2、EF-Tu、EF-G、RF-3 及真核同源物 eIF-2、eEF-1 α、eEF-2、eRF-3。它们都能结合并水解 GTP，且遵从类似的机制：与 GTP 结合有活性，与 GDP 结合则无活性。在翻译过程中，核糖体重复地进行着机械变化，这一过程正是由翻译因子与 GTP 的结合与水解释放能量来驱动的。随着 GTP 水解为 GDP，这些因子的构象将发生变化，继而与核糖体分离。除 GTP 外，在氨基酸的活化及 mRNA 的解旋等蛋白质的合成中还需要 ATP。据估计，在快速成长的细菌中，多至 90% 的 ATP 是用来合成蛋白质的。

第 3 节　翻译后加工及蛋白质输送

从核糖体释放出的新生多肽链一般不具备蛋白质生物活性，必须经过分子折叠及不同的加工修饰过程才转变为具有天然功能构象的成熟蛋白，该过程称为翻译后加工(post-translation processing)。主要包括多肽链折叠为天然的三维构象、肽链一级结构的修饰、肽链空间结构的修饰等。另外，在核糖体上合成的蛋白质还需要靶向输送到特定细胞部位，如线粒体、溶酶体、细

笔 记 栏

胞核等细胞器,有的分泌到细胞外,并在靶位点发挥各自的生物学功能。

一、新生肽链的折叠

蛋白质分子刚合成时是以一条具有特定氨基酸序列的多肽链形式出现的,而细胞内具有生物活性的蛋白质毫无例外都具有特定的三维空间结构,或称天然构象(native conformation),这也就是说核糖体上新合成的多肽链必须经历一个折叠(folding)过程才能成为具有天然空间构象的蛋白质。这种折叠过程的意义有两点:①如果肽链折叠错误的话,就无法形成具有特定生物学活性的蛋白分子;②至少在人体中,很多疾病如退行性神经系统疾病(老年性痴呆症、人纹状体脊髓变性病等)都被发现与蛋白质分子的不正确折叠而导致的蛋白质聚集有关。

1961年,Anfinsen利用纯化的核糖核酸酶进行体外变性/复性或者去折叠/重折叠(unfolding/refolding)实验证明,蛋白质折叠的信息全部储存于肽链自身的氨基酸序列中,即蛋白质的空间构象由一级结构所决定。Anfinsen因核糖核酸酶的研究,尤其是有关氨基酸序列和蛋白质空间构象关系方面的工作荣获了1972年的诺贝尔化学奖。从热力学角度来看,蛋白质多肽链折叠成天然空间构象是一种释放自由能的自发过程。目前已经清楚,蛋白质分子的折叠过程实际就是大量非共价键形成的过程,对于核糖核酸酶来讲,其折叠过程可在初始状态甚至变性之后都能自动完成,这种能力称为自我组装(self-assembly)。然而,细胞中大多数天然蛋白质折叠都不是自动完成的,而是需要其他酶和蛋白质的协助,主要包括如下几种大分子。

(一)分子伴侣(molecular chaperone)

分子伴侣是细胞中一类保守蛋白质,可识别肽链的非天然构象,促进各种功能域和整体蛋白质的正确折叠。分子伴侣的作用体现在两方面:①刚合成的蛋白质以未折叠的形式存在,其中的疏水性片段很容易相互作用而自发折叠,分子伴侣能有效地封闭蛋白质的疏水表面,防止错误折叠的发生。②对已经发生错误折叠的蛋白质,分子伴侣可以识别并帮助其恢复正确的折叠。分子伴侣的这一作用还表现在它能识别变性的蛋白质,避免或消除蛋白变性后因疏水基团暴露而发生的不可逆聚集,并且帮助其复性,或介导其降解。

细胞内的分子伴侣至少有两大家族:

1.热激蛋白70(heat shock protein,Hsp70)家族 热激蛋白也称为热休克蛋白,是通过热激作用诱导而发现的。在高温条件下,Hsp被诱导而表达增加,以尽量减少热变性对蛋白质的损害。Hsp70家族包括Hsp70、Hsp40和GrpE三种成员,广泛存在于各种生物。在大肠埃希菌中,Hsp70是由基因*danK*编码的,故称DnaK;Hsp40是由基因*danJ*编码的,故称DnaJ。人的Hsp70家族可存在于细胞质、内质网、线粒体、细胞核等部位,涉及多种细胞保护功能。

典型的Hsp70具有两个结构域:N端的结构域是ATP酶活性,C端结构域可与底物多肽结合。热激蛋白的作用是结合保护待折叠多肽片段,再释放该片段进行折叠,形成Hsp70和多肽片段依次结合、解离的循环。Hsp70等协同作用可与待折叠多肽片段的7~8个疏水残基结合,保持肽链成伸展状态,避免肽链内、肽链间疏水基团相互作用引起的错误折叠和聚集,再通过水解ATP释放此肽段,以利于肽链进行正确折叠。Hsp70的这种作用与另外两种蛋白质(Hsp40和GrpE)的调节有关。具体机制如下:Hsp40结合待折叠多肽片段,并将多肽导向Hsp70-ATP复合物,产生Hsp40-Hsp70-ATP-多肽复合物。Hsp70与Hsp40的相互作用立即激活了Hsp70的ATP酶活性,使ATP水解释放能量,产生稳定的Hsp40-Hsp70-ADP-多肽复合物。GrpE是核苷酸交换因子,与Hsp40作用后将ADP取代,使复合物变为不稳定而迅速解离,释出Hsp40、Hsp70和多肽链片段。接着ATP与Hsp70再结合,继续进行下一轮循环,所以蛋白质的折叠是经过多次结合与解离的循环过程完成的(图14-8)。

2.热激蛋白60(Hsp60)家族 许多蛋白质分子仅在Hsp70存在时不能完成其折叠过程,还需要Hsp60家族的辅助。Hsp60并非都是热激蛋白,故称为伴侣素或分子伴素(chaperonins)。Hsp60家族主要包括Hsp60和Hsp10两种蛋白,其在大肠埃希菌的同源物分别为GroEL和GroES。Hsp60家族的主要作用是为非自发性折叠蛋白质提供能折叠形成天然空间构象的微环境,据估计*E. coli*中约10%~20%蛋白质折叠需要这一家族辅助。

笔记栏

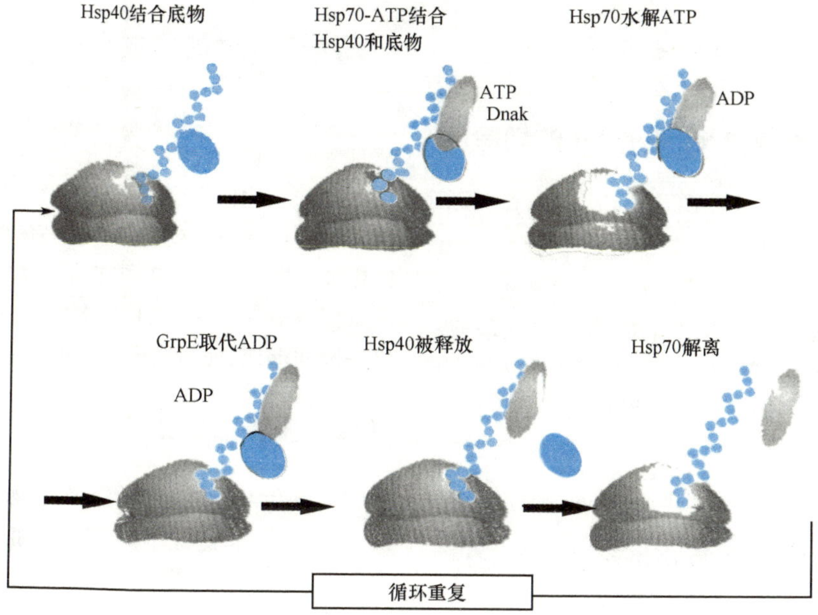

图 14-8　Hsp40-Hsp70-ATP-多肽复合物的循环

在大肠埃希菌内，GroEL 是由 14 个相同亚基组成的反向堆积在一起的两个七聚体环构成，每环中间形成桶状空腔，每个空腔能结合 1 分子底物蛋白。每个亚基都含有一个 ATP 或 ADP 的结合位点，实际上组成环的亚基就是 ATP 酶。GroES 为同亚基 7 聚体，可作为"盖子"瞬时封闭 GroEL 复合物的一端。封闭复合物空腔提供了能完成该肽链折叠的微环境。伴随 ATP 水解释能，GroEL 复合物构象周期性改变，引起 GroES"盖子"解离和折叠后肽链释放。重复以上过程，直到蛋白质全部折叠形成天然空间构象（图 14-9）。

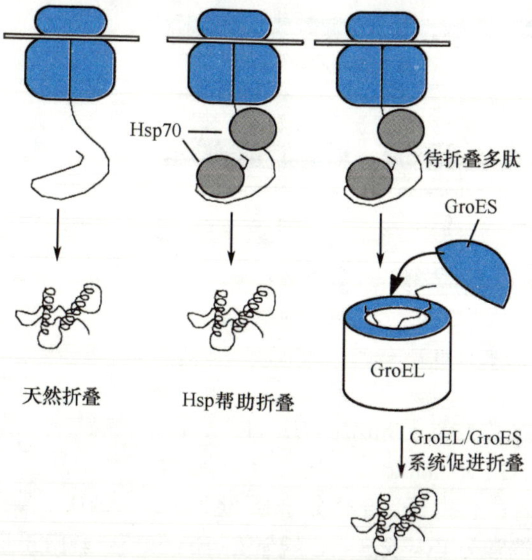

图 14-9　GroEL/GroES 系统促进蛋白质折叠过程

必须注意的是，分子伴侣并未加快折叠反应速度，与其说是促进蛋白质正确折叠，还不如说是防止蛋白质错误折叠或是消除不正确折叠，增加功能性蛋白质折叠产率。

（二）蛋白质二硫键异构酶（protein disulfide isomerase，PDI）

多肽链内或肽链之间二硫键的正确形成对稳定分泌蛋白、膜蛋白等的天然构象十分重要，这一过程主要在细胞内质网进行。多肽链的几个半胱氨酸间可能出现错配二硫键，影响蛋白质正确折叠。二硫键异构酶在内质网腔活性很高，可在较大区段肽链中催化错配二硫键断裂并形成正确二硫键连接，最终使蛋白质形成热力学最稳定的天然构象。

（三）肽-脯氨酰顺反异构酶（peptide prolyl cis-trans isomerase，PPI）

脯氨酸为亚氨基酸，多肽链中肽酰-脯氨酸间形成的肽键有顺反异构体，空间构象明显差别。天然蛋白质多肽链中肽酰-脯氨酸间肽键绝大部分是反式构型，仅 6% 为顺式构型。肽-脯氨酰顺反异构酶可促进上述顺反两种异构体之间的转换，在肽链合成需形成顺式构型时，可使多肽在各脯氨酸弯折处形成准确折叠。肽-脯氨酰顺反异构酶也是蛋白质三维空间构象形成的限速酶。

笔 记 栏

二、一级结构的修饰

（一）肽链 N 端 Met 或 fMet 的切除

在蛋白质合成过程中，真核生物 N 末端第一个氨基酸总是甲硫氨酸，原核生物则是 α-氨基甲酰化的甲硫氨酸。但人们发现天然蛋白质并不是以甲硫氨酸为 N 末端的第一位氨基酸。细胞内有脱甲酰基酶或氨基肽酶可以除去 *N*-甲酰基、N 端甲硫氨酸或 N 端一段序列。这一过程可在肽链合成中进行，不一定等肽链合成后发生。

（二）特定氨基酸的共价修饰

某些蛋白质肽链中存在共价修饰的氨基酸残基，是肽链合成后特异加工产生的，主要包括磷酸化、甲基化、乙酰化、羟基化、羧基化等，这些修饰对于维持蛋白质的正常生物学功能是必需的。如某些信号蛋白分子的丝氨酸、苏氨酸或酪氨酸残基被磷酸化修饰参与细胞信息传递过程；某些凝血因子中谷氨酸残基的 γ-羧基化，使凝血因子侧链产生负电基团结合 Ca^{2+}；组蛋白分子的精氨酸可进行乙酰化修饰，从而改变染色质的结构影响基因表达；胶原蛋白前体的赖氨酸、脯氨酸残基发生羟基化，对成熟胶原形成链间共价交联结构是必需的。

（三）二硫键的形成

mRNA 中没有胱氨酸的密码子，但许多蛋白质都含有二硫键，这是多肽链合成后通过两个半胱氨酸的氧化作用生成的，二硫键对于维系蛋白质的空间构象很重要。如核糖核酸酶合成后，肽链中 8 个半胱氨酸残基构成了 4 对二硫键，此 4 对二硫键对它的酶活性是必需的。二硫键也可以在链间形成，使蛋白质分子的亚单位聚合。

（四）多蛋白的加工

真核生物 mRNA 的翻译产物为单一多肽链，有时这一肽链经不同的切割加工，可产生一个以上功能不同的蛋白质或多肽，此类原始肽链称为多蛋白（polyprotein）。例如垂体前叶所合成的促黑激素与 ACTH 的共同前身物——鸦片促黑皮质素原（proopio-melano-cortin，POMC）是由 265 个氨基酸残基构成的多肽，经不同的水解加工，可生成至少 10 种不同的肽类激素，包括：ACTH（三十九肽）、α-促黑激素（α-MSH）、β-促黑激素（β-MSH）、γ-促黑激素（γ-MSH）、α-内啡肽（α-endorphin）、β-内啡肽（β-endorphin）、γ-内啡肽（γ-endophin）、β-脂酸释放激素（β-lipotropin，β-LT）、γ-脂酸释放激素（γ-lipotropin，γ-LT）、蛋氨酸脑啡肽等活性物质（图 14-10）。

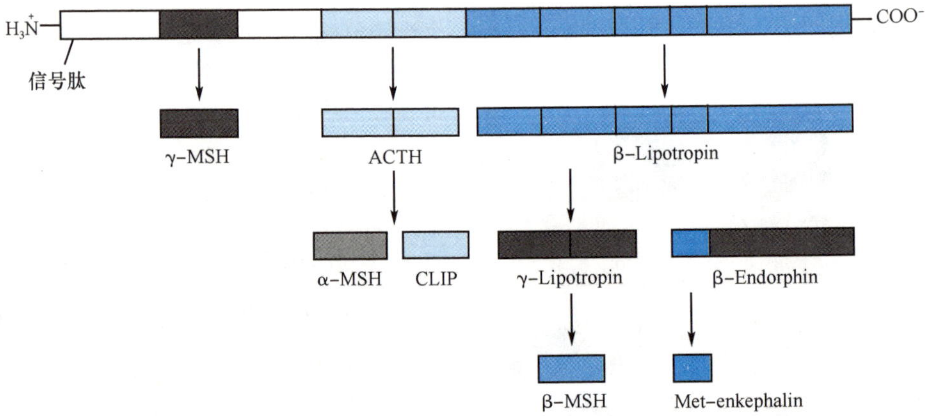

图 14-10　POMC 的水解加工

（五）蛋白质前体中不必要肽段的切除

无活性的酶原转变为有活性的酶，常需要去掉一部分肽链，如胰蛋白酶原酶解生成胰蛋白酶，分泌型蛋白质“信号肽”的切除。此外，发现某些新生蛋白质含有部分间隔顺序等待剪切，其意义类似于 hnRNA 中的内含子，此片段称为内蛋白子（intein）。目前已在酵母及细菌中发现多种内蛋白子，相对分子质量为 40～60kDa，其 N 端常为 Cys 或 Ser，C 端常是 His 和 Asn。内蛋白子可自我催化蛋白质前体的剪接，切下后的肽段称为游离内蛋白子。游离内蛋白子可对自身基因

笔记栏

起切割作用，造成该内蛋白子基因的转位，因此，游离的内蛋白子是一种双股 DNA 内切酶。

三、空间结构的修饰

多肽链合成后，除了正确折叠成天然空间构象之外，还需要经过某些其他的空间结构的修饰，才能成为有完整天然构象和全部生物功能的蛋白质。

（一）亚基聚合

具有四级结构的蛋白质由两条以上的肽链通过非共价聚合，形成寡聚体（oligomer）。蛋白质各个亚基相互聚合所需的信息仍储存在肽链的氨基酸序列之中，而且这种聚合过程往往有一定顺序，前一步骤常可促进后一步骤的进行。如血红蛋白分子 $\alpha_2\beta_2$ 亚基的聚合。质膜镶嵌蛋白、跨膜蛋白也多为寡聚体，虽各亚基自有独立功能，但又必须互相依存，才能够发挥作用。

（二）辅基连接

对于结合蛋白来讲，如糖蛋白、脂蛋白、色蛋白、金属蛋白及各种带辅基的酶类等，其非蛋白部分（辅基）都是合成后连接上去的。这类蛋白只有结合了相应辅基，才能成为天然有活性的蛋白质。辅基（辅酶）与肽链的结合过程十分复杂，很多细节尚在研究中。如蛋白质添加糖链又称糖基化（glycosylatiion），是一种更为复杂的化学修饰过程。这类修饰主要发生在真核细胞的质膜蛋白或分泌蛋白上，由多种糖基转移酶催化，在细胞内质网及高尔基体中完成。对糖蛋白来说，用基因工程方法表达出肽链后，还不具备活性，因此如何使该蛋白质实现糖基化是目前正期待解决的关键问题之一。

（三）脂酰化

某些长链脂酸可与蛋白质共价连接，如蛋白质从内质网向高尔基体移行过程中，酰基转移酶可催化脂酸与肽链中 Ser 或 Thr 的羟基以酯键连接，而使新生蛋白质棕榈酰化。有趣的是，被棕榈酰基修饰过的蛋白质分子大多定位到细胞质膜上。除长链脂酸外，异戊二烯亦可与蛋白质共价结合，以增强蛋白质的疏水性。

四、蛋白质的靶向输送

在生物体内，蛋白质的合成位点与功能位点常常被一层或多层生物膜所隔开，这样就产生了蛋白质转运的问题。蛋白质合成后经过复杂机制，定向输送到最终发挥生物功能的目标地点，称为蛋白质的靶向输送（protein targeting）。真核生物蛋白在胞质核糖体上合成后，不外有三种去向：保留在胞液；进入细胞核、线粒体或其他细胞器；分泌到体液。上述后两种情况，蛋白质都必须先通过膜性结构才能到达。那么蛋白质是怎样从合成部位运送到功能部位的？它们又是如何跨膜运输的？跨膜之后又是依靠什么信息到达各自“岗位”的？这些有趣的问题正是生物膜研究中非常活跃的领域。

研究表明，细胞内蛋白质的合成有两个不同的位点：游离核糖体与膜结合核糖体，因而也就决定了蛋白质的去向和转运机制不同。①翻译运转同步机制：指在内质网膜结合核糖体上合成的蛋白，其合成与运转同时发生，包括细胞分泌蛋白、膜整合蛋白、滞留在内膜系统（内质网、高尔基复合体、内体、溶酶体和小泡等）的可溶性蛋白；②翻译后运转机制：指在细胞质游离核糖体上合成的蛋白，其蛋白从核糖体释放后才发生运转，包括预定滞留在细胞质基质中的蛋白、质膜内表面的外周蛋白、核蛋白以及参入到其他细胞器（线粒体、过氧化物酶体、叶绿体）的蛋白等。

上述所有靶向输送的蛋白质结构中均存在分选信号，主要为 N 末端特异氨基酸序列，可引导蛋白质转移到细胞的适当靶部位，这类序列称为信号序列（signal sequence），是决定蛋白靶向输送特性的最重要元件。20 世纪 70 年代，美国科学家 Blobel 发现当很多分泌性蛋白跨过有关细胞膜性结构时，需切除 N 末端的短肽，由此提出著名的“信号假说”——蛋白质分子被运送到细胞不同部位的“信号”存在于它的一级结构中，因此 Blobel 荣获了 1999 年度的诺贝尔生理/医学奖。靶向不同的蛋白质各有特异的信号序列或成分（表 14-6）。下面重点讨论分泌蛋白、线粒体蛋白及核蛋白的靶向输送过程。

表 14-6 靶向输送蛋白的信号序列或成分

靶向输送蛋白	信号序列或成分
分泌蛋白	N 端信号肽,13~36 个氨基酸残基
内质网腔驻留蛋白	N 端信号肽,C 端-Lys-Asp-Glu-Leu-COO^-(KDEL 序列)
内质网膜蛋白	N 端信号肽,C 端 KKXX 序列(X 为任意氨基酸)
线粒体蛋白	N 端信号序列,两性螺旋,12~30 个残基,富含 Arg、Lys
核蛋白	核定位序列(-Pro-Pro-Lys-Lys-Lys-Arg-Lys-Val-,SV40T 抗原)
过氧化物酶体蛋白	C 端-Ser-Lys-Leu-(SKL 序列)
溶酶体蛋白	Man-6-P(甘露糖-6-磷酸)

(一)分泌蛋白的靶向输送

如前所述细胞分泌蛋白、膜整合蛋白、滞留在内质网、高尔基体、溶酶体的可溶性蛋白均在内质网膜结合核糖体上合成,并且边翻译边进入内质网(endoplasmic reticulum,ER),使翻译与运转同步进行。这些蛋白质首先被其 N 末端的特异信号序列引导进入内质网,然后再由内质网包装转移到高尔基体,并在此分选投送,或分泌出细胞,或被送到其他细胞器。

1. 信号肽(signal peptide) 各种新生分泌蛋白的 N 端都有保守的氨基酸序列称为信号肽,长度一般在 13~36 个氨基酸残基之间。有如下三个特点:①N 端常常有 1 个或几个带正电荷的碱性氨基酸残基,如赖氨酸、精氨酸;②中间为 10~15 个残基构成的疏水核心区,主要含疏水中性氨基酸,如亮氨酸、异亮氨酸等;③C 端多以侧链较短的甘氨酸、丙氨酸结尾,紧接着是被信号肽酶(signal peptidase)裂解的位点。

2. 分泌蛋白的运输机制 为翻译运转同步进行。分泌蛋白靶向进入内质网,需要多种蛋白成分的协同作用。

(1)信号肽识别颗粒(signal recognition particles,SRP):是 6 个多肽亚基和 1 个 7S RNA 组成的 11S 复合体。SRP 至少有三个结构域:信号肽结合域、SRP 受体结合域和翻译停止域。当核蛋白体上刚露出肽链 N 端信号肽段时,SRP 便与之结合并暂时终止翻译,从而保证翻译起始复合物有足够的时间找到内质网膜。SRP 还可结合 GTP,有 GTP 酶活性。

(2)SRP 受体:内质网膜上存在着一种能识别 SRP 的受体蛋白,称 SRP 受体,又称 SRP 锚定蛋白(docking protein,DP)。DP 由 α(69kDa)和 β(30kDa)两个亚基构成,其中 α 亚基可结合 GTP,有 GTP 酶活性。当 SRP 受体与 SRP 结合后,即可解除 SRP 对翻译的抑制作用,使翻译同步分泌得以继续进行。

(3)核糖体受体:也为内质网膜蛋白,可结合核糖体大亚基使其与内质网膜稳定结合。

(4)肽转位复合物(peptide translocation complex):为多亚基跨 ER 膜蛋白,可形成新生肽链跨 ER 膜的蛋白通道。

分泌蛋白翻译同步运转的主要过程:①胞液游离核糖体组装,翻译起始,合成出 N 端包括信号肽在内的约 70 个氨基酸残基。②SRP 与信号肽、GTP 及核糖体结合,暂时终止肽链延伸。③SRP引导核糖体-多肽-SRP 复合物,识别结合 ER 膜上的 SRP 受体,并通过水解 GTP 使 SRP 解离再循环利用,多肽链开始继续延长。④与此同时,核糖体大亚基与核糖体受体结合,锚定 ER 膜上,水解 GTP 供能,诱导肽转位复合物开放形成跨 ER 膜通道,新生肽链 N 端信号肽即插入此孔道,肽链边合成边进入内质网腔。⑤内质网膜的内侧面存在信号肽酶,通常在多肽链合成约 80% 以上时,将信号肽段切下,肽链本身继续增长,直至合成终止。⑥多肽链合成完毕,全部进入内质网腔中。内质网腔 Hsp70 消耗 ATP,促进肽链折叠成功能构象,然后输送到高尔基体,并在此继续加工后储于分泌小泡,最后将分泌蛋白排出胞外。⑦蛋白质合成结束,核糖体等各种成分解聚并恢复到翻译起始前的状态,再循环利用(图 14-11)。

笔记栏

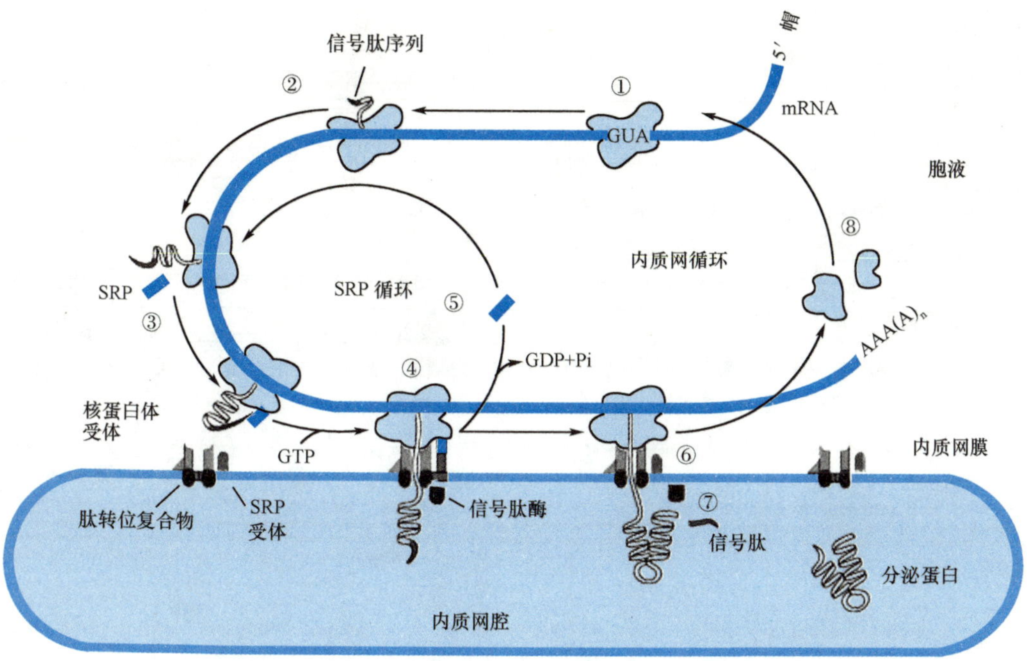

图 14-11　信号肽引导分泌性蛋白质进入内质网过程

（二）线粒体蛋白的跨膜转运

线粒体蛋白的输送属于翻译后运转。90%以上的线粒体蛋白前体在胞液游离核糖体合成后输入线粒体，其中大部分定位基质，其他定位内、外膜或膜间隙。线粒体蛋白 N 端都有相应信号序列，如线粒体基质蛋白前体的 N 端含有保守的 12~30 个氨基酸残基构成的信号序列，称为前导肽。前导肽一般具有如下特性：富含带正电荷的碱性氨基酸（主要是 Arg 和 Lys）；经常含有丝氨酸和苏氨酸；不含酸性氨基酸；有形成两性（亲水和疏水）α-螺旋的能力。

线粒体基质蛋白翻译后运转过程：①前体蛋白在胞液游离核糖体上合成，并释放到细胞液中；②细胞液中的分子伴侣 Hsp70 或线粒体输入刺激因子（mitochondrial import stimulating factor，MSF）与前体蛋白结合，以维持这种非天然构象，并阻止它们之间的聚集；③前体蛋白通过信号序列识别、结合线粒体外膜的受体复合物；④再转运、穿过由线粒体外膜转运体（Tom）和内膜转运体（Tim）共同组成的跨内、外膜蛋白通道，以未折叠形式进入线粒体基质；⑤前体蛋白的信号序列被线粒体基质中的特异蛋白水解酶切除，然后蛋白质分子自发地或在上述分子伴侣帮助下折叠形成有天然构象的功能蛋白（图 14-12）。

（三）核定位蛋白的运转机制

细胞核蛋白的输送也属于翻译后运转。所有细胞核中的蛋白，包括组蛋白及复制、转录、基因表达调控相关的酶和蛋白因子等都是在胞液游离核糖体上合成之后转运到细胞核的，而且都是通过体积巨大的核孔复合体进入细胞核的。

研究表明，所有被输送到细胞核的蛋白质多肽链都含有一个核定位序列（nuclear localization sequence，NLS）。与其他信号序列不同，NLS 可位于核蛋白的任何部位，不一定在 N 末端，而且 NLS 在蛋白质进核后不被切除。因此，在真核细胞有丝分裂结束核膜重建时，胞液中具有 NLS 的细胞核蛋白可被重新导入核内。最初的 NLS 是在猿病毒 40（SV40）的 T 抗原上发现的，为 4~8 个氨基酸残基的短序列，富含带正电荷的赖氨酸、精氨酸及脯氨酸。不同 NLS 间未发现共有序列。

蛋白质向核内输送过程需要几种循环于核质和胞质的蛋白质因子，包括 α、β 核输入因子（nuclear importin）和一种相对分子质量较小的 GTP 酶（Ran 蛋白）。三种蛋白质组成的复合物停靠在核孔处，α、β 核输入因子组成的异二聚体可作为胞核蛋白受体，与 NLS 结合的是 α 亚基。核蛋白转运过程如下：①核蛋白在胞液游离核糖体上合成，并释放到细胞液中；②蛋白质通过 NLS 识别结合 α、β 输入因子二聚体形成复合物，并被导向核孔复合体；③依靠 Ran GTP 酶水解 GTP 释能，将核蛋白-输入因子复合物跨核孔转运入核基质；④转位中，β 和 α 输入因子先后从复合物中解离，胞核蛋白定位于细胞核内。α、β 输入因子移出核孔再循环利用（图 14-13）。

笔记栏

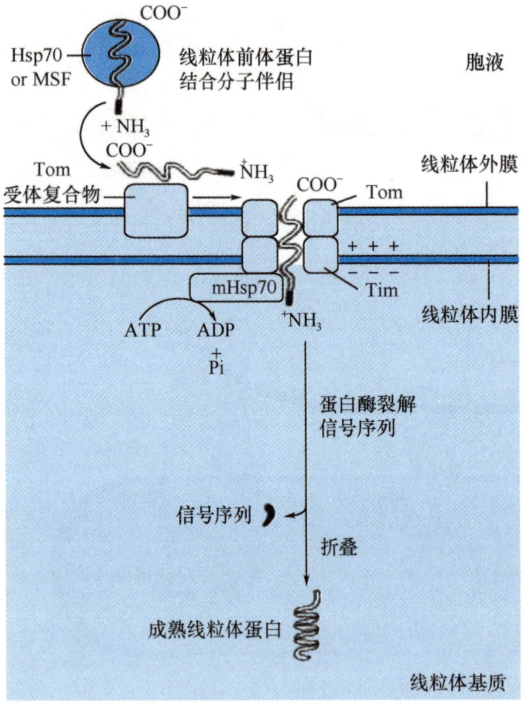

图 14-12 真核线粒体蛋白的靶向输送

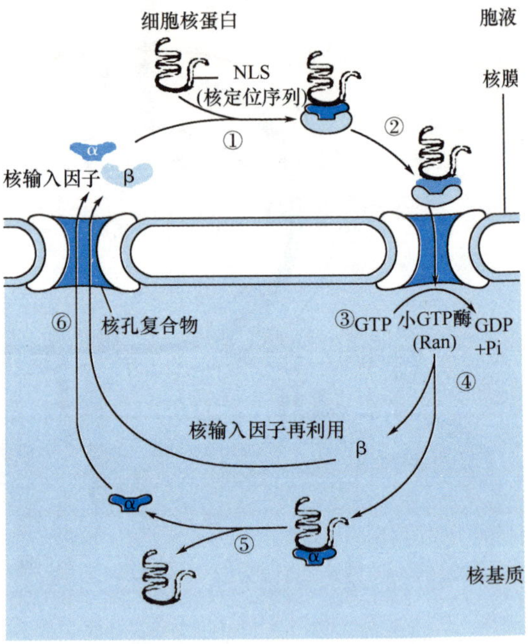

图 14-13 细胞核蛋白的靶向输送

第 4 节 蛋白质生物合成的干扰和抑制

蛋白质生物合成的阻断剂很多,其作用部位也各有不同,或作用于翻译过程,直接影响蛋白质的生物合成(如多数抗生素),或作用于转录过程,对蛋白质的生物合成间接产生影响。此外也有作用于复制过程的(如多数抗肿瘤药物),它们由于能影响细胞分裂而间接影响蛋白质的生物合成。其次,各种阻断剂的作用对象亦有所不同,如链霉素(streptomycin)、氯霉素(chloramphenicol)等阻断剂主要作用于细菌,故可用作抗菌药物;环己酰亚胺又名放线菌酮(cycloheximide)作用于哺乳类动物,故对人体是一种毒物,仅用于医学研究;多种细菌毒素与植物毒素也是通过抑制人体蛋白质合成而致病的。下面重点讨论某些干扰和抑制翻译过程的毒素、抗生素和某些其他生物活性物质的作用。

一、毒素类蛋白质合成阻断剂

抑制人体蛋白质合成的毒素,常见者为细菌毒素与植物毒素。细菌毒素有多种,如白喉毒素、铜绿假单胞毒素、志贺毒素等。它们多在肽链延长阶段抑制蛋白质的合成,其中以白喉毒素的毒性最大。

案例 14-1

患者,女性,15 岁,学生。因发热、咽剧痛、咽部有白色分泌物、抗炎治疗 5 天不见好转来诊。入院后从咽部脱落下一块灰白色假膜,约 5 mm×7 mm。体格检查:体温 37.2℃,脉搏 104 次/分,呼吸 26 次/分,血压 13.8/11.2 kPa;发育营养中等,神志清,嗜睡,呼吸均匀,声音稍有嘶哑;右侧鼻腔内有较多血性浆液性分泌物,通气不畅,唇干,张口呼吸,口中流出带血涎液;软腭、扁桃体、腭垂、咽后壁高度充血、水肿,腭垂有新鲜出血创面;咽后壁、软腭及双侧扁桃体有灰白色假膜附着,颈部淋巴结肿大,周围软组织高度水肿,呈"牛颈"状,触痛明显;心界不大,心律齐,无杂音,肺可闻干性啰音,腹平软,肝脾未及。

实验室检查:WBC (15.4~19.8)×10^9/L,NEU 0.82~0.9,Hb 136~175g/L,PLT (30~87)×10^9/L。尿蛋白(++++),可见白细胞及颗粒管形。咽分泌物纳萨染色找到白喉杆菌样的细菌,白喉杆菌豚鼠毒力试验阳性。痰培养生长白喉杆菌样的细菌。心电图:窦性心率,部分导联 ST 段下移,T 波低平、双向。

初步诊断为咽白喉。立即给白喉抗毒

笔记栏

素13万单位肌内注射及青霉素、氯霉素等治疗，病情一度平稳。入院第7天，病情突然恶化，心率减慢，心电图出现Ⅲ°房室传导阻滞、室性心动过速，心室颤动，经抢救无效死亡。

问题讨论

1. 如何从生物化学的角度分析白喉的病因与发病机制？

2. 白喉毒素的作用机制如何？

(一) 白喉毒素

白喉毒素(diphtheria toxin)是白喉杆菌产生的毒蛋白，它对人体及其他哺乳动物的毒性极强，其主要作用就是抑制蛋白质的生物合成。

1. 白喉杆菌与白喉毒素的致病作用 一般白喉杆菌侵袭力较弱，但其产生的外毒素毒性非常强烈，是白喉杆菌致病的主要因素。白喉杆菌侵入呼吸道黏膜或皮肤表层，迅速生长繁殖，引起局部组织轻度的炎症反应，而病菌所释放的外毒素则能抑制细胞蛋白质的生物合成，引起上皮细胞坏死，纤维蛋白渗出及白细胞浸润，这种渗出物凝固在溃疡坏死组织表面，形成本病特有的灰白色假膜，假膜下及周围组织有明显充血、水肿，强行剥离假膜时可见出血。

白喉毒素进入血循环后，引起全身症状，与细胞结合引起病变，其中以心肌、外周神经最敏感。若毒素仅吸附于细胞表面，尚可被抗毒素所中和；若已进入细胞，则不能被抗毒素所中和。外毒素吸收量与假膜的部位和广泛程度有关。咽部吸收毒素量最大，扁桃体次之，喉及气管较少。假膜越广泛，吸收的毒素越多，病情也越重。中毒性心肌炎多见于白喉的第2~3周，约50%~60%的病例死亡。

案例14-1 分析讨论

患者咽分泌物找到白喉杆菌，白喉杆菌豚鼠毒力试验阳性，痰培养生长白喉杆菌。软腭、扁桃体、腭垂、咽后壁高度充血、水肿；咽后壁、软腭及双侧扁桃体有灰白色假膜附着，颈部淋巴结肿大，周围软组织高度水肿，呈“牛颈”状。这些症状主要是白喉毒素抑制细胞蛋白质的生物合成，引起上皮细胞坏死，纤维蛋白渗出及白细胞浸润所致。本患者为咽白喉，因误诊5天没有用白喉抗毒素治疗，导致大量毒素进入细胞，合并中毒性心肌炎。入院第7天(即发病第12天)，病情突然变化，心率减慢，心电图出现Ⅲ°房室传导阻滞、室性心动过速，心室颤动，经抢救无效死亡。

2. 白喉毒素的结构与作用机制 白喉毒素相对分子质量为6.1×10^4，由A、B两个亚基组成。A亚基起催化作用，B亚基帮助A亚基进入细胞。B亚基可与细胞表面的特异受体结合，结合后使毒素A、B两链之间的二硫键还原，A链即释出进入细胞。进入胞质的A链可使辅酶Ⅰ(NAD^+)与真核生物延长因子eEF-2产生反应，造成eEF-2失活，抑制蛋白质的合成。

如图14-14反应中eEF-2通过其分子中组氨酸衍生物咪唑基上的N与NAD^+中核糖的1′C相互作用生成eEF-2-核糖-ADP，此组氨酸衍生物称为白喉酰胺(diphthamide)。结合后的eEF-2-核糖-ADP，仍可附着于核糖体，并与GTP结合，但不能促进转位，因而抑制了蛋白质的合成。白喉毒素在eEF-2与NAD^+的反应中起着催化剂的作用，所以只需极少量，即可终止细胞所有蛋白质的合成。蛋白质合成被抑制后，影响细胞的其他代谢过程，继而引起坏死。因此白喉毒素的毒性甚大，有实验证明一只豚鼠注入0.05μg，即足以致命。

除白喉毒素外，现知铜绿假单胞杆菌的外毒素A也与白喉毒素一样，以相似机制起作用。

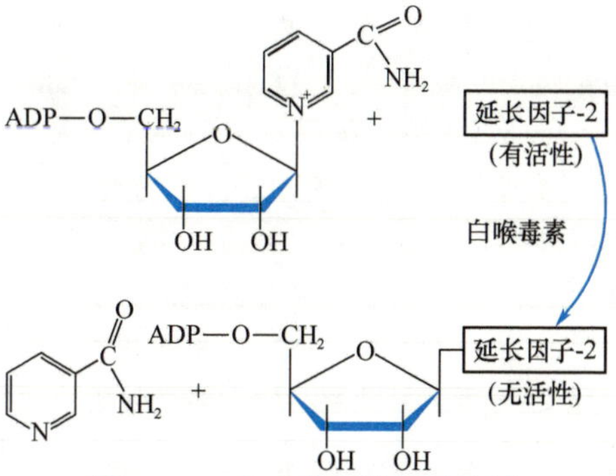

图14-14 白喉毒素的作用机制

(二) 植物毒素

某些植物毒蛋白(foxoprotein)也是肽链合成的阻断剂。例如，南方红豆所含的红豆碱(abrin)与蓖麻籽所含的蓖麻蛋白(ricin)都可与真核生物核糖体60S大亚基结合，抑制肽链延长。

笔记栏

蓖麻蛋白毒力很强,对某些动物每千克体重仅0.1μg,即足以致死。蓖麻蛋白的毒力为同等重量氰化钾毒力的6000倍,曾被用做生化武器。该蛋白质亦由A、B两链组成,两链借1个二硫键相连。B链是凝集素,通过与细胞膜上含半乳糖苷的糖蛋白(或糖脂)结合附着于动物细胞的表面。附着后,二硫键还原,A链即释下进入细胞与60S大亚基结合,切除28S rRNA的4 324位腺苷酸,间接抑制eEF-2的作用,使肽链延长受阻。另外,A链在蛋白质合成的无细胞体系中可直接作用,但对完整细胞必须有B链帮助才能进入细胞,抑制蛋白质的合成。

二、抗生素类阻断剂

抗生素为一类微生物来源的药物,可杀灭或抑制细菌。抗生素可以通过直接阻断细菌蛋白质生物合成而起抑菌作用。某些抗生素抑制蛋白质生物合成机制见表14-7。

1.四环素(tetracyclin)族 包括土霉素、金霉素和新霉素,能与原核生物核糖体小亚基A位结合,妨碍氨基酰-tRNA的进位,抑制细菌蛋白质生物合成。

2.氯霉素 能与原核生物核糖体大亚基结合阻断翻译延长过程。高浓度时,可对真核生物线粒体蛋白质合成有抑制作用,造成对人的毒性。

3.链霉素(streptomycin) 和卡那霉素(kar- amycin)能与原核生物核糖体小亚基结合,改变其构象,引起读码错误,使毒素类细菌蛋白失活。高浓度时可抑制起始过程。结核杆菌对这两种抗生素敏感。

表14-7 抗生素抑制蛋白质生物合成的原理

抗生素	作用点	作用原理	应用
四环素族	原核核糖体小亚基	抑制氨基酰-tRNA与小亚基结合	抗菌药
链霉素、卡那霉素	原核核糖体小亚基	改变构象引起读码错误、抑制起始	抗菌药
氯霉素、林可霉素	原核核糖体大亚基	抑制肽基转移酶、阻断肽链延长	抗菌药
红霉素	原核核糖体大亚基	抑制转位酶(EF-G)、妨碍转位	抗菌药
夫西地酸	原核核糖体大亚基	与EFG-GTP结合,抑制肽链延长	抗菌药
放线菌酮	真核核糖体大亚基	抑制肽基转移酶、阻断肽链延长	实验研究
嘌呤霉素	真核、原核核糖体	氨基酰-tRNA类似物,进位后引起未成熟肽链脱落	抗肿瘤药

链霉素的发现

美国科学家艾伯特·沙茨(Albert Schatz)和塞尔曼·瓦克斯曼(Selman Waksman)在鸡组织样本中发现了链霉素,并发表文章,申请了专利。瓦克斯曼想把链霉素专利的大部分版税据为己有,当沙茨发现瓦克斯曼的这一做法后,他把瓦克斯曼告上了法庭。法官承认沙茨是该药物的合法发现者之一,并判给他应得的那部分版税。当瓦克斯曼作为唯一获奖者荣获1952年诺贝尔生理学/医学奖时,沙茨和他的支持者上诉诺贝尔委员会,要求他们承认沙茨在此项发现中所作的贡献。为此,2010年新诺贝尔生理/医学奖授予美国科学家艾伯特·沙茨。

4.红霉素(erythromycin) 能与原核生物核糖体50S大亚基结合,抑制转位酶EF-G活性,阻止肽酰-tRNA从A位转到P位,翻译中断。

5.嘌呤霉素(puromycin) 其结构与酪氨酰-tRNA(Tyr-$tRNA^{Tyr}$)相似,在翻译中可取代一些氨基酰-tRNA进入核糖体A位,但延长中的肽酰-嘌呤霉素容易从核糖体脱落,中断肽链合成。嘌呤霉素对原核、真核生物翻译过程均有干扰作用,难用作抗菌药物,可试用于治疗肿瘤。

三、其他蛋白质合成阻断剂

(一)干扰素

干扰素(interferon,IFN)是真核细胞感染病毒后分泌的一类具有抗病毒作用的蛋白质,它可抑制病毒繁殖,保护宿主细胞。干扰素分为α-(白细胞)型、β-(成纤维细胞)型和γ-(淋巴细胞)型三大族类,每族类各有亚型,分别有各自的特异作用。干扰素抗病毒的作用机制有如下两点:

1.激活一种蛋白激酶 干扰素在某些病毒等双链RNA存在时,能诱导eIF-2蛋白激酶活化。该活化的激酶使真核生物eIF-2磷酸化失活,从而抑制病毒蛋白质合成。

笔记栏

2.间接活化核酸内切酶使 mRNA 降解 干扰素先与双链 RNA 共同作用活化 2′-5′寡聚腺苷酸合成酶,使 ATP 以 2′-5′磷酸二酯键连接,聚合为 2′-5′寡聚腺苷酸(2′-5′A)。2′-5′A 再活化一种核酸内切酶 RNase L,后者使病毒 mRNA 发生降解,阻断病毒蛋白质合成。干扰素作用机制见图 14-15。

干扰素除了抑制病毒蛋白质的合成外,几乎对病毒感染的所有过程均有抑制作用,如吸附、穿入、脱壳、复制、表达、颗粒包装和释放等。此外,干扰素还有调节细胞生长分化、激活免疫系统等作用,因此有十分广泛的临床应用。

(二) eIF-2 蛋白激酶

eIF-2 是真核细胞翻译起始的重要因子,其活性形式为 eIF-2-GTP。翻译起始复合物形成后,eIF-2 以无活性的 eIF-2-GDP 形式解离,然后再与鸟苷酸交换因子(guanyl nucleotide exchange factor,GEF,又称 eIF-2B)作用将 GTP 取代 GDP,重新生成 eIF-2-GTP,循环利用。

哺乳类动物细胞有两种 eIF-2 蛋白激酶,一种依赖于双链 RNA 的激活(如上述干扰素的作用);另一种受血红素的控制。后者平时无活性,缺铁时,血红素合成减少,使 eIF-2 蛋白激酶活化,进而磷酸化 eIF-2-GDP。磷酸化的 eIF-2-GDP 与 GEF 的亲和力大为增强,两者黏着,互不分离,妨碍 GEF 作用,使 eIF-2-GDP 难以转变成 eIF-2-GTP,eIF-2 处于 eIF-2-GDP-P-GEF 无活性状态,GEF 也不能再生,肽链翻译停止(图 14-16)。网织红细胞所含 GEF 很少,eIF-2-GDP 只要 30%被磷酸化,GEF 就全部失活,使包括血红蛋白在内的所有蛋白质合成完全停止。

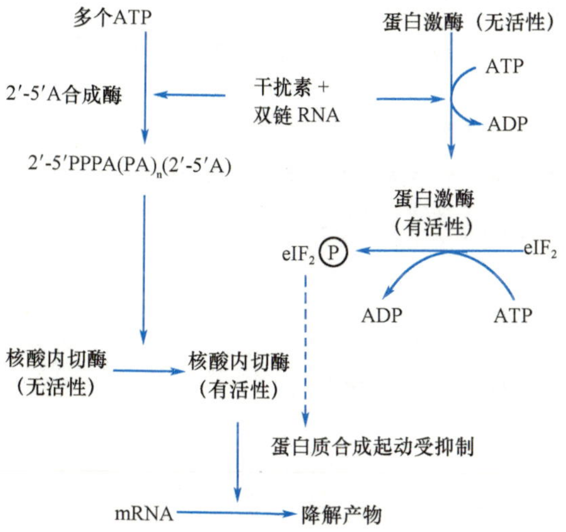

图 14-15 干扰素抗病毒作用的分子机制

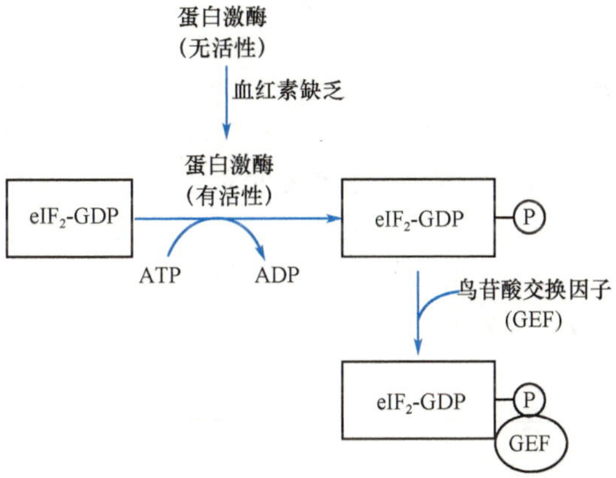

图 14-16 血红素对 eIF-2 蛋白激酶活性的调节

小 结

蛋白质的生物合成也称为翻译,其合成原料是 20 种氨基酸。mRNA 是指导多肽链合成的模板,在 mRNA 阅读框架内,每相邻 3 个核苷酸组成 1 个三联体的遗传密码,编码一种氨基酸。遗传密码的特性为方向性、连续性、简并性、摆动性和通用性。tRNA 是蛋白质合成过程中的结合体分子。tRNA 分子中有两个关键部位是氨基酸的结合位点和密码子的结合位点,这两点表明 tRNA 是既可携带特异的氨基酸、又可特异地识别 mRNA 遗传密码的双重功能分子。通过 tRNA 的接合作用使氨基酸能够按 mRNA 信息的指导"对号入座",保证核酸到蛋白质遗传信息传递的准确性。tRNA 与氨基酸的结合由氨基酰-tRNA 合成酶催化,此过程称为氨基酸的活化。rRNA 和多种蛋白质构成的核糖体是合成多肽链的场所。原核生物核糖体上的 P 位、A 位分别结合肽酰-tRNA、氨基酰-tRNA,卸载-tRNA 从 E 位排出。除上述 RNA 外,还包括参与氨基酸活化及肽链合成起始、延长和终止阶段的多种蛋白质因子、其他蛋白质、酶类以及 ATP、GTP 等供能物质与必要的无机离子等。

在翻译过程中,核糖体从开放阅读框架的 5′-AUG 开始向 3′端阅读 mRNA 上 的三联体遗传密码,而多肽链的合成是从 N 端向 C 端,直至终止密码出现。整个翻译过程分为起始、延长和终止三个阶段。翻译的起始阶段是指 mRNA、起始氨基酰-tRNA 分别与核蛋白体结合而形成翻译起始复合物的过程。在原核生物中,mRNA 和甲酰甲硫氨酰-tRNA先后与核糖体结合，组装形成翻译起始复合物。起始因子IF-1、IF-2、IF-3参与这一过程。起始复合物形成后由fMet-$tRNAi^{fMet}$占据P位，而A位空留，准备第二个氨基酰-tRNA的进入。真核生物起始过程与原核生物相似，但核糖体小亚基是先结合甲硫氨酰-tRNA，再结合mRNA。肽链延长的过程是在核糖体上连续循环进行的，故称为核糖体循环。每次循环分三个阶段：进位、成肽和转位。循环一次，肽链增加一个氨基酸残基，直至肽链合成终止。真核生物肽链延长过程和原核基本相似，只是反应体系和因子组成不同。翻译的终止涉及两个阶段：首先，终止反应本身需要识别终止密码子（UAA、UAG、UGA），并从最后一个肽酰-tRNA中释放肽链；其次，终止后反应需要释放tRNA和mRNA，核糖体大、小亚基解离。终止过程需要的蛋白质因子称为释放因子（RF）。原核生物有三种RF，即RF-1、RF-2和RF-3。真核生物的释放因子称为eRF。

翻译后加工是指新合成的无生物活性多肽链转变为有天然构象和生物功能蛋白质的过程。主要包括多肽链折叠为天然的三维构象、肽链一级结构的修饰、肽链空间结构的修饰等。几类蛋白质参与多肽链折叠为天然的三维构象过程：①分子伴侣是细胞中一类保守蛋白质，可识别肽链的非天然构象，促进各种功能域和整体蛋白质的正确折叠。分子伴侣至少包括两大家族，热激蛋白70家族和热激蛋白60家族。②蛋白二硫键异构酶（PDI）催化蛋白质形成正确二硫键连接。③肽-脯氨酰顺反异构酶（PPI）促进多肽链在各脯氨酸折弯处形成正确折叠。肽链一级结构的加工包括去除N端的甲硫氨酸，个别氨基酸的共价修饰，二硫键的形成，多蛋白的加工，以及蛋白质前体中不必要肽段的切除等。空间结构的加工包括亚基聚合、辅基连接和共价连接疏水脂链等。蛋白质的靶向输送是将合成的蛋白质前体跨过膜性结构，定向输送到特定细胞部位发挥功能的复杂过程。真核细胞胞液合成的分泌蛋白、线粒体蛋白、核蛋白，前体肽链中都有特异信号序列，它们引导蛋白质各自通过不同过程进行靶向输送。分泌蛋白的输送需先进入内质网。

某些药物和生物活性物质能抑制或干扰蛋白质的生物合成。多种抗生素通过抑制蛋白质生物合成发挥杀菌、抑菌作用。白喉毒素、干扰素等作用的实质，也是通过特异的靶点干扰或抑制蛋白质的生物合成。

（肖建英　张　蕾）

笔记栏

第15章 基因表达调控

在生命体系中，基因的表达是被严格调节控制的，既与基因自身的内在结构有关，同时还会受到外在环境因素的影响。探究基因表达调控的规律，特别是某些重要疾病相关基因，为何在恶性肿瘤、糖尿病和老年性痴呆等诸多疾病的病理过程中出现异常表达，即探究疾病相关基因的表达调控分子机制，是当今分子医学领域中的前沿课题。

第1节 概 述

一、基因表达及其调控的概念

（一）基因与基因组

基因(gene)是遗传的基本单位，是负载着特定遗传信息的DNA片段，编码具有生物学功能的多肽链或RNA。cDNA(complementory DNA)是与mRNA互补的DNA。在分子生物学实验研究中，人们习惯上也将cDNA称为“基因”。

一个生命个体、细胞或病毒所携带的全部遗传信息被称为基因组(genome)。原核生物的基因组是细胞中单个环状DNA所包含的全部基因的总和。真核生物的基因组则包括核基因组和线粒体基因组两部分，而对植物来讲，还包括叶绿体基因组。核基因组是细胞核中，所有染色质/体上全部基因的总和。而线粒体基因组和叶绿体基因组，顾名思义，则分别是细胞线粒体DNA或叶绿体DNA上的全部基因的总和。线粒体基因组和叶绿体基因组所携带的是核外遗传信息，来源于单一亲本。

（二）基因表达与基因表达调控

基因表达(gene expression)是指基因的转录(单纯的RNA编码基因)，或基因的转录与翻译(多肽链编码基因)的过程。而对于上述过程的调节与控制就是基因表达调控(control of gene expression)。

最初的经典遗传学理论认为，只有生殖细胞才能够繁衍后代。而随着现代生物科学技术的不断发展，越来越多的实验事实表明，像生殖细胞一样，体细胞也含有个体发育所需要的全部遗传信息。只不过，这些遗传信息的表达，通常是受到严格调控的，各组织细胞只表达合成其自身所需要的蛋白质。不同组织细胞不仅表达的基因的种类不相同，而且相同基因在不同组织细胞中表达的强度也各不相同。细胞的基因表达谱，决定了该细胞特有的形态与功能。如果基因的表达调控发生变化，细胞的功能，甚至形态也会随之改变。伴随着正常组织细胞转化为肿瘤细胞，许多相关基因的表达会发生明显改变。例如，①人正常肝细胞只是在胚胎时期合成甲胎蛋白(alpha fetal protein，AFP)，成年后该基因关闭。然而，当肝细胞转化变成肝癌细胞时，编码AFP的基因会重新开放，使肝癌细胞中AFP蛋白的量显著升高，成为肝癌早期诊断的一个重要指标。②人正常肺组织细胞不合成降血钙素，但当肺组织细胞癌变时，编码降血钙素的基因开放，合成并分泌降血钙素，导致患者的血钙降低。

二、基因表达的时空特异性

生物体内，基因的表达有严格的时间特异性和空间特异性，简称时空特异性。物种愈高级，基因表达的时空特异性愈明显；而且，基因表达时空特异性的异常往往还与某种疾病的发生发展相关联。

在漫长的进化演变中，生物体基因表达时空特异性调控的分子机制已发展得十分精密完善，以此实现对自身诸多基因间协调表达的控制。伴随着个体发育与细胞周期的不同，基因表达的时空特异性十分严格，而绝非全部基因同步表达。这从一个基因组，通常表达的有限的基因的数量或比例上就可以清晰看出。例如，大肠埃希菌基因组含有约3500个基因，但通常只有5%～10%的基因处于较高水平表达状态，而其他基因或表达水平较低，或暂时不表达；人类基因组约3万个基因，在不同的人体组织细胞中，通常只是少部分基因表达，大部分基因处在沉静状态；尽管病毒基因组十分简单，但其基因表达也表现出非常明显的时空特异性。

笔记栏

(一) 基因表达的时间特异性

在生物个体的生长发育过程中，根据功能的需要，某些特定基因的表达严格按一定的时间顺序开启或关闭，这就是基因表达的时间特异性（temporal specificity）。

多细胞生物从受精卵开始，需经历不同的发育阶段，才能最终发育成个体。在每一阶段，都会有不同的基因严格按特定的时间顺序开启或关闭，决定着细胞向特定的方向分化，表现为与发育阶段一致的时间性。因此，多细胞生物基因表达的时间特异性又被称为阶段特异性（stage specificity）。

人血红蛋白中珠蛋白基因的表达就表现为严格的阶段特异性。成人血红蛋白是由两条α链和两条β链聚合而成的四聚体（$\alpha_2\beta_2$）。人的一生中，血红蛋白的多肽链组成要经历多次变化，其中至少涉及6种明显不同，相互类似的多肽链包括α、β、γ、δ、ε和ζ。这6种多肽链的编码基因分别位于两个不同基因簇。多肽链α和ζ编码基因位于同一基因簇，而多肽链β、γ、δ和ε编码基因位于另一个基因簇。人类胚胎早期，多肽链ζ和ε编码基因表达，故Hb组成型为$\zeta_2\varepsilon_2$。在人类1~3个月的胎儿期，多肽链ζ编码基因逐渐关闭，多肽链α编码基因逐渐开启，同时，多肽链ε编码基因依然表达，故Hb组成型为$\alpha_2\varepsilon_2$。人类4~6个月的胎儿期，多肽链α编码基因依然表达，而同时，多肽链ε编码基因逐渐关闭，代之以多肽链γ编码基因开启表达，故Hb组成型为$\alpha_2\gamma_2$。从人类胎儿后期到出生，多肽链γ编码基因活性逐渐下降，但并未完全关闭，而多肽链β编码基因表达活性急剧上升，同时多肽链δ编码基因也开始表达，这样在多肽链α依然表达的情况下，多肽链γ合成减少，代之以多肽链β和δ，故Hb主要组成型为$\alpha_2\beta_2$，次要组成型为$\alpha_2\gamma_2$和$\alpha_2\delta_2$。在人类婴儿出生后约12周，多肽链γ编码基因关闭，而多肽链α、β和δ编码基因依然表达，故婴儿出生后12周到成人期，Hb主要类型为$\alpha_2\beta_2$，次要类型为$\alpha_2\delta_2$。

(二) 基因表达的空间特异性

对多细胞生物而言，在个体生长发育的某一阶段，同一基因在不同的组织细胞中的表达是不一样的，如葡萄糖-6-磷酸酶，通常在肝细胞中表达，在肌细胞中不表达。这种在多细胞生物个体生长发育过程中，某种基因在个体中按不同组织细胞空间顺序表达的特性称为基因表达的空间特异性（spatial specificity），也被称为组织特异性（tissue specificity）或细胞特异性（cell specificity）。上述人类珠蛋白基因的表达不但具有典型的阶段特异性，同时也表现为红系组织特异性，即血红蛋白在骨髓的红系细胞中表达，在肌细胞中不表达，肌细胞中表达肌红蛋白。

三、基因表达的方式

同一基因组内的不同基因对外环境刺激信号的反应，即基因表达的方式往往有很大差别，主要包括组成性表达、诱导性表达、阻遏性表达和协调性表达等。

(一) 基因的组成性表达

生物体基因组中的某些基因，在生物体一生几乎所有的细胞中，以相对恒定的速率表达，较少受外环境因素的影响，这种基因表达的方式被称之为基因的组成性表达（constitutive gene expression）。而采取组成性方式表达的基因，通常被称之为持家基因或管家基因（house-keeping gene）。例如，微管蛋白编码基因、糖酵解酶系蛋白编码基因、三羧酸循环酶系蛋白编码基因以及核糖体蛋白编码基因等。这些管家基因的蛋白表达产物对生命全过程都是必不可少的，所以在几乎全部组织细胞中持续表达。组成性表达一般只与基因的启动子的活性有关。

(二) 基因的诱导性表达和阻遏性表达

与管家基因不同，另有一些基因，其表达很容易受外环境因素的影响。在特定外环境刺激信号下，相应基因的表达被激活，基因的表达产物明显增加，这种基因表达方式被称为基因的诱导性表达（induced expression）。采取诱导方式表达的基因，通常被称为可诱导基因。例如，长期处于只含有葡萄糖的培养基中的大肠埃希菌，不能合成利用乳糖的酶系。然而，当把这种大肠

笔记栏

埃希菌转移到只含有乳糖的培养基中，在外环境乳糖因素刺激下，该大肠埃希菌会被诱导，逐渐表达利用乳糖的酶系，使之可以利用乳糖作为能源物质，助其生长增殖。

与上述情况相反，如果某基因对外环境信号的应答效应是表达抑制，即该基因表达关闭，由表达变为不表达，那么，这种基因表达的方式被称之为基因的阻遏性表达（repressed expression）。采取阻遏方式表达的基因，通常被称为可阻遏基因。例如，当培养基中色氨酸供应充足时，细菌体内色氨酸合成酶系蛋白编码基因的表达就会被阻遏。诱导和阻遏是同一事物的两种表现形式，在生物界普遍存在，也是生物体适应环境的最基本机制。

（三）基因的协调性表达

生物体内，一个代谢途径通常是由一系列酶促生物化学反应组成的，需要多种酶参与；此外，还需要其他蛋白质，负责诸如底物或代谢产物的转运等。这些酶及转运蛋白等的编码基因被统一调节，使参与同一代谢途径的不同蛋白质分子之间的比例适当，以确保代谢途径有条不紊地进行。在某种机制调控下，功能上相关的一组基因，无论采取何种表达方式，均需协调一致、这就是所谓的协调性表达（coordinate expression）。而这种调节方式被称之为协调调节（coordinate regulation）。

四、基因表达调控的生物学意义

（一）适应环境、维持生长和增殖的需要

生物体通过调控自身基因的表达，以适应环境变化是一种普遍存在的机制。原核生物中，环境营养因素对基因表达的影响很大。原核生物基因表达调控的生物学意义主要在于满足适应环境变化、维持细胞生长与细胞分裂的需要。对高等真核生物而言，上述情形也随处可见，例如，经常饮酒者体内醇脱氢酶活性较高，这与相应基因的表达水平被调节升高有密切关系。总之，生物体所处的内、外环境是在不断变化的，所有生物的所有活细胞都必须对内、外环境的变化做出适当反应，以使生物体能更好地适应变化着的环境。而生物体这种适应环境的能力总是与某种或某些蛋白质分子的功能有关。细胞内某种功能蛋白质分子的有或无、多或少的变化则由编码这些蛋白质的基因是否表达，以及表达水平的高低决定。因此，通过调控基因表达，可使生物体生产出合适的蛋白质，以便更好地适应环境，维持其生长与增殖。

（二）维持个体发育与分化的需要

多细胞生物体由各种不同类型的细胞组成。这些细胞来源于一受精卵，有共同的基因组构成。细胞分化是多细胞生物体发育的基础，关键在于特异性蛋白编码基因的选择性表达。在多细胞生物体生长、发育的不同阶段，细胞中蛋白质分子的种类与含量的变化是很大的；而即使在同一生长发育阶段，不同器官组织细胞内蛋白质分子分布也存在很大差异，是这些特化细胞形态结构与功能的分子基础。例如，鸡的输卵管细胞合成卵清蛋白、成红细胞合成β-珠蛋白，胰岛细胞合成胰岛素等，而这些细胞都是在个体发育过程中逐渐产生的。高等哺乳类动物各种器官、组织的发育与分化均由一组特定基因控制，当其中的某种基因缺陷或异常表达时，则会出现相应组织或器官的异常发育与分化。

第2节　基因表达调控的基本原理

一、基因表达调控的复杂性

基因表达调控是多级水平上的复杂生物分子事件。DNA水平上的基因结构的活化，RNA水平上的RNA转录、RNA转录后加工、转录产物的运输与降解，以及蛋白水平上的蛋白翻译、蛋白翻译后修饰加工以及蛋白的运输与降解等环节，均是基因表达调控的控制点。其中，下述四个调控点尤其重要。①DNA水平上的调控：即基因结构的活化，主要表现为组蛋白的乙酰化和DNA的去甲基化等，活化的DNA对核酸酶十分敏感。有研究表明，DNA链只有碱基暴露后才能与RNA聚合酶有效结合，启动转录。另外，基因组DNA的部分片段的扩增、基因重排或丢失等也可影响基因表达。②转录水平上的调控：是基因表达调控的最有效的环节。转录水平上的调控通常涉及特异的转录调节蛋白与转录调控区DNA之间的相互作用，对转录行为产生正或负的调控效果。③转录后加工及转运水平上的调控：在真核细胞，初始转录产物需经过转录后加工修饰才能成为成熟的功能性RNA，并由细胞核转运至细胞质，对这些转

笔记栏

录后诸环节的控制也是基因表达调控的重要机制。④翻译及翻译后加工水平上的调控：翻译是蛋白编码基因表达的重要一环，影响蛋白质翻译的诸因素同样也是基因表达调控的重要影响因素。另外，翻译后加工修饰可直接、快速地改变蛋白质的结构与功能，对此过程的调控是细胞对外环境变化或某些特异性刺激所做出的快速反应机制。

总之，基因表达调控可发生在遗传信息传递过程的各级水平上，但转录水平、尤其是转录起始水平是基因表达调控的基本控制点。下面将重点介绍基因转录起始的调控机制。

二、基因转录起始调控的基本要素

基因转录起始调控的基本要素包括，特异DNA序列、转录调节蛋白和RNA聚合酶。详见下述。不过，需要预先指出的是，由于研究历史背景的不同，原核基因与真核基因，在特异DNA序列和转录调节蛋白上，许多基本概念的定义是不一样的，在实际应用中应当给予适当的区别，以免引起混淆。

（一）特异DNA序列

参与原核基因转录起始的特异DNA序列，主要包括启动序列（promotor）、阻遏蛋白结合位点、激活蛋白结合位点等。原核基因的表达调控符合操纵子机制学说。操纵子机制学说首先由法国学者Jacob和Monod提出。因此，Jacob和Monod二人获得了1965年诺贝尔生理学/医学奖。该学说认为，一个操纵子（operon）通常由2个以上的功能相关蛋白编码基因与启动序列、操纵序列（operator）以及其他调节序列在基因组中串联成簇排列构成。操纵子的启动序列是RNA聚合酶特异性识别与结合的部位，通常位于操纵子转录起始点上游，有严格的方向性。在启动序列区段内，通常在转录起始点上游-10区域和-35区域，存在着共有序列（consensus sequence），与操纵子的转录活性关系密切（图15-1）。大肠埃希菌乳糖操纵子，启动序列区段内-10区域和-35区域的共有序列分别是TATGTT和TTTACA。这些共有序列中的任一碱基的变异都会影响RNA聚合酶与启动序列的结合，从而影响转录起始。操纵序列是阻遏蛋白的结合位点，与启动序列或毗邻，或重叠，或交错。当阻遏蛋白结合操纵序列时，RNA聚合酶与启动序列的结合会受到妨碍，使RNA聚合酶不能沿DNA链向前移动，抑制转录，介导负性调节。另外，有些操纵子启动序列中有转录激活蛋白结合位点，当该位点与转录激活蛋白结合时，RNA聚合酶的活性增强，加快转录，介导正性调节。

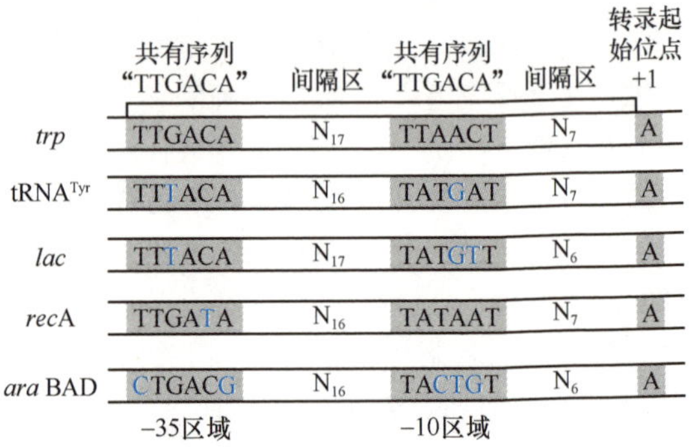

图15-1　五种大肠埃希菌操纵子启动序列中的共有序列
用蓝色字体标示的是共有序列中的不一致序列位点

真核基因组结构庞大，参与真核基因转录调控的DNA序列比原核的更加复杂。根据功能特性，将参与真核基因转录起始的特异DNA序列分别称之为启动子（promoter）、增强子（enhancer）和沉默子（silencer）等。由于启动子、增强子和沉默子中的特异DNA序列功能元件所调控的是自身基因的转录表达，因此这些元件也常被称为顺式作用元件（cis-acting element）（图15-2）。

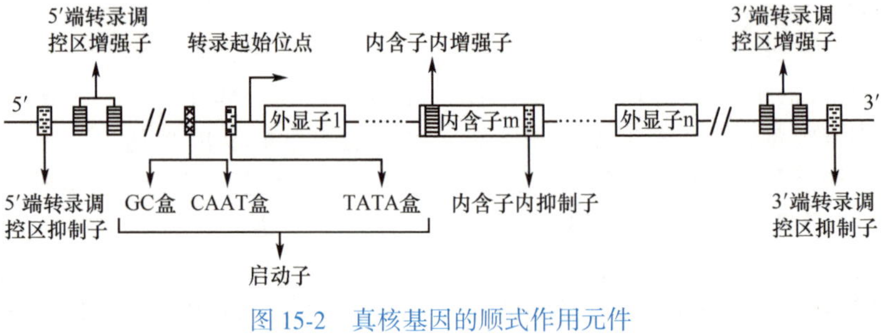

图15-2　真核基因的顺式作用元件

真核基因的启动子与原核基因的启动序列类似，均是RNA聚合酶的结合位点。所不同的是，真核基因启动子的结构更加复杂，其常见的共有序列元件，除TATA盒外，还有CAAT盒、GC盒以及其他功能组件等，构成了启动子的核心序列。而增强子和沉默子通常远离转录起始点，分别与转录激活蛋白和转录抑制蛋白结合，增强或抑制基因转录。

（二）转录调节蛋白

原核基因的转录调节蛋白包括三类：特异因子、阻遏蛋白和激活蛋白。特异因子是原核RNA聚合酶全酶的成分之一，决定着RNA聚合酶对操纵子启动序列中-35区域共有序列的特异性识别与结合。如σ^{70}识别TTGACA序列，控制着相应操纵子基因的转录表达。阻遏蛋白可以识别、结合操纵序列，通过抑制转录起始复合物的形成抑制基因转录，介导负性调节，是原核基因转录表达调控的主要机制。激活蛋白识别、结合的序列与启动序列邻近，能够增强RNA聚合酶的转录活性。分解代谢物基因激活蛋白（catabolite gene activator protein，CAP）是一种典型的激活蛋白，对乳糖操纵子的表达至关重要。因为乳糖操纵子如果没有CAP的作用，RNA聚合酶的活性很弱，转录几乎不能进行。

真核基因的转录调节蛋白也被称为转录因子（transcription factors，TF）。根据转录因子所调节基因与自身编码基因之间关系，调节自身编码基因的转录因子又称为顺式作用蛋白（cis-acting protein），而调节非自身编码基因的转录因子则称为反式作用因子（trans-acting factor）。

转录因子与DNA之间的相互作用，通常是指与顺式作用元件之间的特异性识别与结合，是一种非共价键相互作用。例如，转录因子DNA结合域中特定氨基酸侧链基团可与DNA大沟中特定碱基上的基团相互作用形成氢键。暴露于DNA大沟侧缘的胸腺嘧啶的甲基是疏水性的，可与Ala、Val、Leu和Ile等疏水性氨基酸残基建立疏水性相互作用。转录因子与DNA序列之间的特异性结合由如下两方面因素决定。①转录因子多肽链中的碱性氨基酸残基与戊糖-磷酸骨架之间的正负电荷引力。②转录因子氨基酸残基与DNA分子碱基之间的相互作用。这除了与转录因子、DNA上的特殊化学基团有关外，同时还与转录因子、DNA的空间结构有关。

通常情况下，转录调节蛋白与特异性DNA序列之间的结合，需要转录调节蛋白预先通过蛋白质-蛋白质间的相互作用形成转录调节蛋白二聚体（dimer）或多聚体（polymer）。其中，二聚体更常见，包括同二聚体（homodimer）和异二聚体（heterodimer）两种形式。同二聚体由两个相同亚基聚合而成，而异二聚体则是由两个不同的亚基聚合而成。一般来说，转录调节蛋白的异二聚体比同二聚体具有更强的DNA结合能力。而有时，由于转录调节蛋白结构的不同，二聚化后也可能丧失结合DNA的能力。转录调节蛋白的二聚化或多聚化在原核、真核生物中都存在。除二聚化或多聚化外，还有一些转录调节蛋白不能直接结合DNA，而是通过蛋白质-蛋白质之间的相互作用间接结合在DNA上，或直接与RNA聚合酶相互作用，调节基因转录，这在真核生物中十分常见。

（三）RNA聚合酶

上述特异DNA序列和转录调节蛋白对基因转录起始的调控作用，最终都必须通过RNA聚合酶才能体现出来，或影响以RNA聚合酶为核心的转录起始复合物组装的频率，或直接影响RNA聚合酶的活性。

实验结果表明，原核基因的启动序列与RNA聚合酶之间可以直接结合，二者之间亲和力的大小，直接影响以RNA聚合酶为核心的转录起始复合物组装的频率。启动序列与RNA聚合酶之间的亲和力大，有利于以RNA聚合酶为核心的转录起始复合物的组装，促进基因转录的起始。如果把*E. coli*某操纵子启动序列区中的共有序列TATAAT或TTGACA，用非共有序列取代；或反过来用共有序列取代非共有序列，发现基因的转录水平会相应地出现显著降低或显著增加两种截然不同的实验结果。然而，对真核基因而言，由于单独的RNA聚合酶与启动子之间的亲和力极低或无亲和力，RNA聚合酶与启动子之间的结合需要TFⅡD等基本转录因子从中介导。因此，用启动子与基本转录因子TFⅡD等之间的亲和力，衡量真核基因特异DNA序列对基因转录起始的影响可能更贴切。

原核基因的特异转录调节蛋白σ，决定着RNA聚合酶识别启动序列的特异性，这是转录调节蛋白通过RNA聚合酶影响基因转录起始的典型实例。当细菌发生热应激时，RNA聚合酶全酶中的转录调节蛋白σ^{70}被σ^{32}取代。这时的RNA聚合酶就会改变其对常规启动序列的识

笔记栏

别，而结合另一套启动序列，表达热应激蛋白，增强细菌抗热应激的能力。

前已述及，可诱导基因或可阻遏基因的表达随环境刺激信号的不同而发生变化。那么，这些基因为何能够对环境刺激信号做出应答呢？原来，这些基因都有一个由启动序列或启动子决定的基因基础转录频率，而一些基因转录调节蛋白在适当的环境刺激信号作用下，可预先在细胞内大量表达。随后，这些蛋白通过DNA-蛋白质或蛋白质-蛋白质相互作用的方式，或影响RNA聚合酶与启动序列/启动子特异DNA序列之间的结合，或直接影响RNA聚合酶的活性，使可诱导基因或可阻遏基因的转录频率发生变化，进而改变基因的表达水平。

第3节　原核基因表达调控

原核基因表达调控的主要环节同样在转录起始水平。本节主要以大肠埃希菌为例介绍原核基因表达调控的特点与机制。

一、原核基因转录调控的特点

（一）不同的σ因子决定着RNA聚合酶特异性识别不同的操纵子

大肠埃希菌仅含有一种RNA聚合酶，其全酶由四种、五个亚基组成，包括两个α亚基、一个β亚基、一个β′亚基和一个σ亚基，即$\alpha 2\beta\beta'\sigma$；而不包含σ亚基的RNA聚合酶被称为核心酶，负责新合成RNA链的延伸。σ亚基也被称为σ因子，含有识别相应操纵子启动序列的结构域，可确保RNA聚合酶全酶与启动序列中-35区域的共有序列位点，而不是其他位点稳定结合，使RNA聚合酶全酶准确到位。然而，十分有趣的是，σ因子独立存在时，并不能结合DNA，只有当σ因子与RNA聚合酶的核心酶组成全酶时，其空间构象才适于结合操纵子启动序列中的-35区域的共有序列位点。由于σ因子的参与，RNA聚合酶全酶与相应操纵子启动序列中的-35区域的共有序列位点的结合能力大大增强，是与非特异性位点结合能力的10^7倍。不同的σ因子决定着RNA聚合酶全酶特异性识别不同的操纵子，介导操纵子基因转录起始。

（二）操纵子学说的普遍性

多个功能相关的原核基因总是串联在一起，依赖同一转录调控区对基因的转录进行调节，构成一个转录单位，以确保功能相关基因之间表达的协调性，这就是前述的操纵子学说。大量实验事实证明，操纵子学说在原核基因的表达调控中具有普遍意义。通常，操纵子由编码区和调控区两部分构成。编码区一般含有2～6个结构基因，而有些操纵子的编码区最多可包含20个以上的结构基因。调控区往往位于转录起始点上游，包括与RNA聚合酶结合的启动序列、与阻遏蛋白结合的操纵序列，有时还包括与某激活蛋白结合的特异性位点等。

（三）操纵子基因转录阻遏机制的普遍性

在原核操纵子系统中，特异的阻遏蛋白对操纵子基因转录起始的阻遏机制是十分普遍的。当阻遏蛋白与操纵序列结合时，转录起始复合物不能形成，基因的转录被阻遏（repression）；相反，当某种特异的信号分子与阻遏蛋白结合，使阻遏蛋白变构失活，从操纵序列上解离下来，则操纵子基因去阻遏（derepression），转录又被重新开启。

二、原核基因转录的起始调控

与真核基因一样，转录起始阶段的调控同样是原核基因表达调控的最关键环节。下面以乳糖操纵子（lac operon）为例，介绍原核基因的转录起始调控机制。

（一）乳糖操纵子的结构

大肠埃希菌乳糖操纵子含有Z、Y、A三个结构基因，分别编码β-半乳糖苷酶（β-galactosidase）、通透酶（permease）和乙酰基转移酶（transacetylase）；此外，在结构基因上游还含有一个操纵序列（O，operator）、一个启动序列P（P，promoter）、一个分解代谢物基因激活蛋白（catabolite gene activator protein，CAP）结合位点，以及一个调节基因I（inhibitor gene）等。操纵序列O、启动序列P和CAP结合位点构成了lac操纵子的调控区。调节基因I在调控区上游，编码一种阻遏蛋白，与操纵序列O结合，使lac操纵子处于关闭状态（见图15-3）。

笔记栏

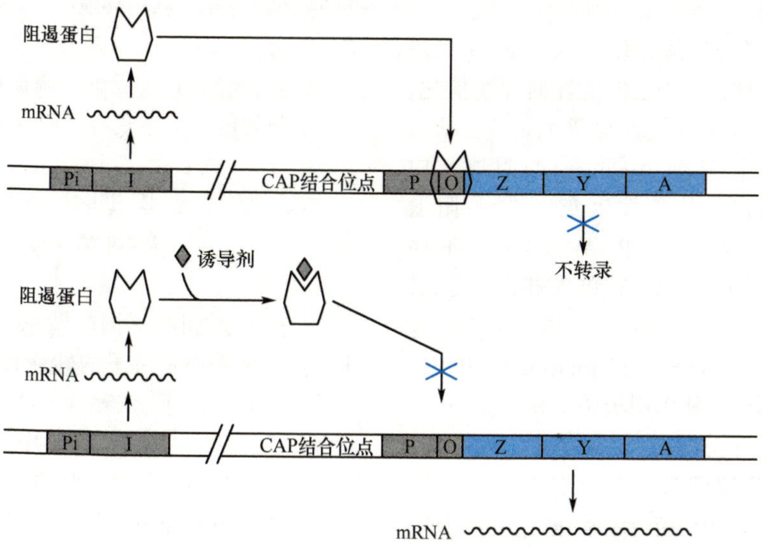

图 15-3　乳糖操纵子的结构与阻遏蛋白的负性调节

(二) 乳糖操纵子的转录调控机制

大肠埃希菌乳糖操纵子的转录调控机制中,既有阻遏蛋白的负性调节,又有 CAP 的正性调节(图 15-4)。

1.阻遏蛋白的负性调节　在葡萄糖存在,乳糖不存在时,lac 操纵子处于阻遏状态。此时,I 基因在 Pi 启动序列作用下表达阻遏蛋白,与 *lac* 操纵子的 O 序列结合,阻碍 RNA 聚合酶与 P 序列结合,阻碍转录启动。但是阻遏蛋白的阻碍作用不是绝对的,偶有阻遏蛋白与 O 序列解聚,其发生概率是每个细胞周期 1~2 次。因此每个细胞在没有诱导剂存在的情况下也会有少量的 β-半乳糖苷酶、通透酶和乙酰基转移酶表达,这被称为本底水平的组成性表达(background level constitutive expression)。当有乳糖存在时,*lac*

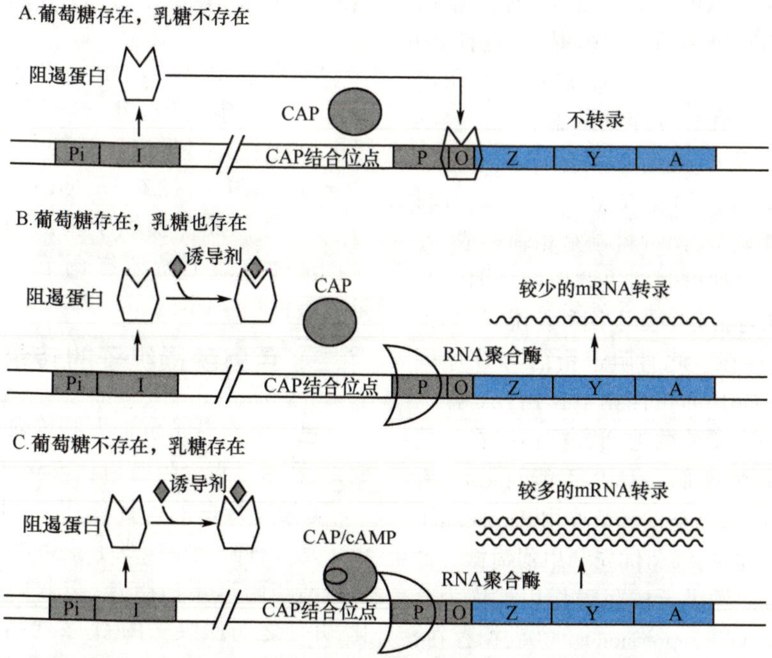

图 15-4　阻遏蛋白、cAMP、诱导剂和 CAP 对乳糖操纵子的调节

A. 当葡萄糖存在,乳糖不存在时,阻遏蛋白封闭转录,CAP 不能发挥作用。B. 因乳糖存在,阻遏蛋白被诱导变构,不能发挥作用,转录去阻遏,然而,因葡萄糖存在,CAP 依然不能发挥作用。C. 当葡萄糖不存在,乳糖存在时,阻遏蛋白被诱导变构,不能发挥作用,转录去阻遏,与此同时,CAP 发挥作用,转录进一步增强

操纵子被诱导开放，但真正的诱导剂并非乳糖本身。此时，乳糖经通透酶作用进入细胞，再经原先存在于细胞中的少量的β-半乳糖苷酶催化，转变为别乳糖（allolactose，葡萄糖-1,6-半乳糖）。别乳糖作为一种诱导剂（inducer）与阻遏蛋白结合，使阻遏蛋白的构象发生变化，导致阻遏蛋白与O序列解离，继而RNA聚合酶与P序列结合，引起结构基因Z、Y和A相继表达，使β-半乳糖苷酶的量增加1000倍。异丙基硫代-β-o-半乳糖苷（isopropyl-β-o-thiogalactoside，IPTG）是别乳糖类似物，一种作用极强的诱导剂，因其不被细菌代谢而十分稳定，故实验室广泛应用。

2.CAP的正性调节 CAP是一种同二聚体，具有DNA和cAMP结合结构域，CAP与DNA结合的前提是先与cAMP结合。在大肠埃希菌中，cAMP的浓度受葡萄糖代谢的调节。当环境没有葡萄糖时，细胞内cAMP浓度增高，cAMP结合CAP，而结合了cAMP的CAP再辨认结合在lac操纵子P序列上游的CAP位点，增强RNA聚合酶的活性，使转录的效率提高约50倍。当有葡萄糖存在时，cAMP的浓度降低，cAMP与CAP的结合受阻，未结合cAMP的CAP不能与DNA结合，发挥正性调节作用，因此lac操纵子的转录效率下降。

3.协调调节 CAP的正性调节与阻遏蛋白的负性调节是相互协调的。当阻遏蛋白封闭O序列时，CAP对lac操纵子系统是不发挥作用的；但是，当阻遏蛋白与O序列解聚时，lac操纵子依然转录活性很低，此时必须有CAP的正性调节，才能有效转录。可见，CAP的正性调节与阻遏蛋白的负性调节，两种机制是相辅相成、互相协调的关系。两种机制的协调作用可因葡萄糖和乳糖的存在与否分为如下四种情况：①葡萄糖存在，乳糖不存在。此时阻遏蛋白与O序列结合，并且没有CAP的正性调节作用，lac操纵子处于关闭状态。②葡萄糖和乳糖均存在。葡萄糖存在，cAMP浓度低，cAMP不能与CAP有效结合，CAP不能发挥正性调节作用，lac操纵子转录水平很低。此时，细菌优先利用葡萄糖。而这种葡萄糖对lac操纵子的阻遏作用被称为分解代谢阻遏（catabolic repression）。③乳糖存在，葡萄糖不存在。此时，阻遏蛋白与O序列解聚，且有CAP的正调控作用，lac操纵子被快速开启，lac操纵子的转录活性最强。④葡萄糖和乳糖均不存在。此时，阻遏蛋白封闭O序列，CAP的正性调节也难以发挥作用，lac操纵子处于关闭状态，而此时的大肠埃希菌则可能通过表达另外的操纵子，寻求利用环境中存在的其他能源物质的能力。

总之，无论如何，操纵子调控模式在原核基因转录起始的调节中具有普遍意义。

三、原核基因拥有不同的转录终止调节机制

原核基因拥有不同的转录终止调节机制。其中，①依赖Rho因子的转录终止调节机制；②不依赖Rho因子、依赖mRNA分子3′末端转录终止子的转录终止调节机制；③衰减子介导的转录终止调节机制是最主要的。

原核基因依赖Rho因子的转录终止调节机制常见于噬菌体基因的转录调控中，但详细机制尚不十分清楚。不依赖Rho因子、依赖mRNA分子3′末端转录终止子的转录终止调节机制的特征，主要在于mRNA分子3′末端含有两段富含GC的反向重复序列，中间间隔若干核苷酸，可形成分子内互补的发夹式二级结构，同时还在下游紧接着一个多聚尿嘧啶核苷酸串。衰减子介导的原核基因转录终止调节机制主要见于色氨酸操纵子。

（一）色氨酸操纵子的结构

trp操纵子包含trpE、trpD、trpC、trpB和trpA五个结构基因，分别编码色氨酸合成通路中所需要的酶蛋白。结构基因上游依次是前导基因（L）、操纵序列（O）和启动序列（P），三者构成了操纵子基因的转录调控区。而转录调控区上游还有调节基因（R），编码阻遏蛋白（图15-5）。

（二）色氨酸操纵子的转录调控机制

色氨酸操纵子负责大肠埃希菌色氨酸的合成，其转录过程受阻遏和衰减双重机制的调控。

1.阻遏蛋白的调控作用 如图15-5，trp操纵子是一种阻遏型操纵子。当色氨酸浓度高时，色氨酸与阻遏蛋白结合，引起阻遏蛋白构象变化，并使之与操纵子的O序列结合，阻遏转录。而当色氨酸浓度低或较低时，色氨酸不能与阻遏蛋白结合，阻遏蛋白也不能与操纵子的O序列结合，转录进行；但根据色氨酸浓度是否处于临界状态，操纵子的转录，因衰减子的作用，又有两种截然不同的情况。

笔记栏

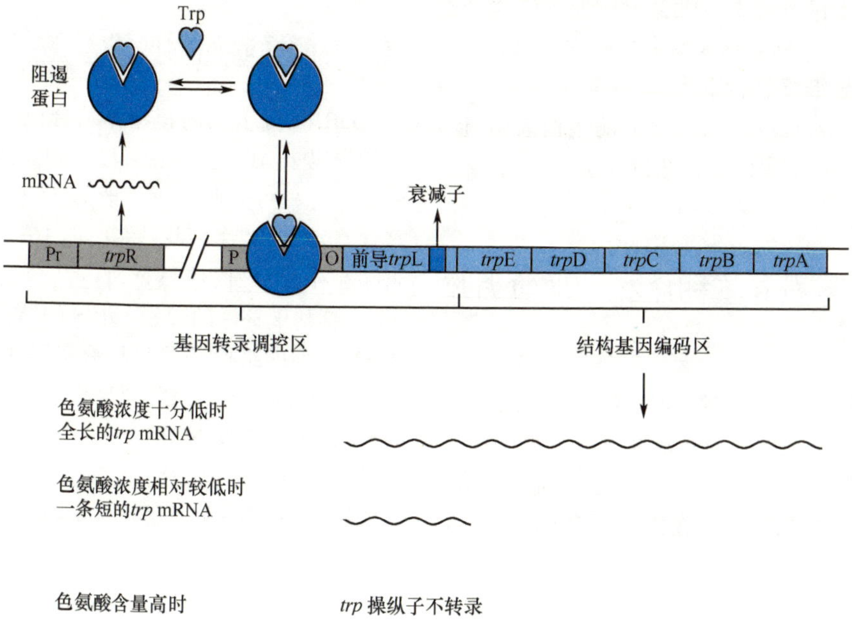

图 15-5　色氨酸操纵子的结构与阻遏蛋白的调节

2.色氨酸操纵子转录的衰减调节　色氨酸操纵子转录的衰减调节与前导基因 trpL 有关。前导基因 trpL 位于结构基因 trpE 与 O 序列之间，长度 162bp，其中第 27～79 碱基编码由 14 个氨基酸组成的前导肽，并且第 10、11 位的两个密码子均编码色氨酸。前导基因 trpL 的 mRNA 分成 4 段，14 个氨基酸的编码区位于序列 1，而序列 3 既可与序列 2 配对、也可与序列 4 配对，形成茎环结构，但只有序列 3 与序列 4 形成茎环结构时，才能终止转录，是衰减子的核心部分(图 15-6)。

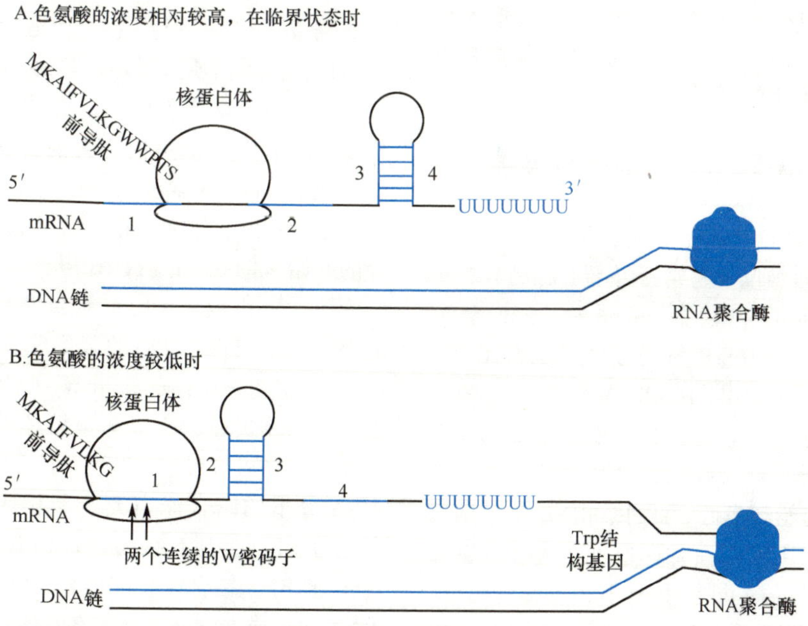

图 15-6　色氨酸操纵子的衰减调节机制
两条 DNA 链中，深蓝色线条所示的是模板链

色氨酸操纵子的衰减调节与前导基因的转录过程与前导肽的翻译过程相互偶联密切相关。当色氨酸的浓度较低，但还处于临界状态以上时，色氨酸的供应尚及时，在前导肽的翻译过程中，核蛋白体会很快覆盖序列 1 与序列 2，则序列 3 与序列 4 有机会互补，形成衰减子(attenuator)，对前方的转录复合物的稳定性造成不利影响，一条短的不成熟的 mRNA 链会从转录复合物中被拖扯下来，转录终止。而当色氨酸十分缺乏时，前导肽的翻译因为色氨酸的供应不及时而

笔 记 栏

受阻，序列2和序列3有机会形成发夹结构，阻止了序列3与序列4形成发夹结构，即衰减子不能形成，转录继续进行下去，最终转录出一条完整的mRNA链，促进色氨酸合成酶蛋白表达，促进色氨酸合成，满足细菌代谢的需要。

四、原核基因表达翻译水平上的调控

原核基因表达的调控同样可以在翻译水平上进行。虽然，通常把转录水平上的调控看成是基因表达调控的最主要、最经济、也是最有效的方式，而把包括翻译水平在内，在其他层面上的调控看成是一种基因表达调控的补充方式，但有时翻译水平上的基因表达调控同样也是十分关键的。例如，λ噬菌体的一个长达26kb的操纵子，作为一个转录单位，编码了多种蛋白质。这些蛋白的用量是不一样的，相差可达千倍，需要在蛋白翻译水平上实施差别调控，既能满足功能需要，又不会造成个别蛋白过量，避免浪费。翻译的过程也可分为起始、延伸和终止等三个不同的阶段。现在了解相对较多的翻译水平的调控包括mRNA翻译能力的差异调控、翻译起始的调控、核蛋白体蛋白翻译的阻遏、蛋白质翻译的自我调控、反义RNA的作用等几个方面。

（一）mRNA翻译能力的差异调控

mRNA的翻译能力主要受控于其5′端的SD序列。SD序列是位于起始密码子上游约4~7个核苷酸之前的一段富含嘌呤的短序列AGGAGG，可以与16SrRNA分子3′端的CCUCCU互补结合。SD序列与16SrRNA分子3′端的相应序列配对对于翻译的起始是十分重要的。适宜的SD序列使蛋白翻译的起始频率高，反之则蛋白翻译的起始频率低。此外，mRNA所采用密码的不同也会影响蛋白翻译速度。大多数氨基酸由于密码子的简并性，具有不止一种密码子，它们对应的tRNA的丰度也差别很大，采用常用密码子的mRNA翻译速度快，而稀有密码子比例高的mRNA的翻译速度慢。多顺反子mRNA在进行翻译时，通常核蛋白体完成一个编码区的翻译后即脱落和解离，然后在下一个编码区上游重新形成翻译起始复合物。当各个编码区翻译频率和速度不同时，所合成的蛋白质的量也就不同了。

（二）翻译起始的调控

mRNA分子上的核糖体结合位点（RBS）是起始密码子AUG上游的一段非翻译区序列。在RBS中有SD序列，长度一般为5~6个核苷酸，富含G或A，该序列与核蛋白体16S rRNA的3′末端互补配对，促使核蛋白体结合到mRNA分子上，有利于翻译的起始。RBS的结合强度取决于SD序列的结构及其与起始密码AUG之间的距离。SD序列与AUG之间相距一般以4~10个核苷酸为佳，9个核苷酸为最佳。此外，mRNA分子的二级结构也是翻译起始的重要因素。因为核蛋白体的30S亚基必须与mRNA分子结合，才能开始翻译，所以要求mRNA5′端要有一定的空间结构。SD序列的微小变化，往往就会导致表达效率上百倍甚至上千倍的差异，这是因为核苷酸的变化改变了形成mRNA分子5′端二级结构的自由能，影响了核蛋白体30S亚基与mRNA分子的结合，从而造成了蛋白质合成效率上的差异。

（三）核糖体蛋白翻译的阻遏

组成核糖体的蛋白质共有50多种，它们的合成需要严格保持与rRNA相适应的水平。当游离核糖体蛋白质过量存在时，会引起它自身以及相关蛋白质翻译的阻遏。对核蛋白体蛋白发挥翻译阻遏作用的蛋白均为能直接和rRNA分子相结合的核糖体蛋白。由于它们能和自身mRNA的翻译起始部位相结合，因此可以影响翻译的起始。例如：在L11操纵子中，起调节作用的为第二个蛋白质L1，它能与多顺反子mRNA的第一个编码区（L11）的起始密码子邻近的部位结合，阻止核糖体起始翻译。利用这种机制可以使核糖体蛋白的合成与核糖体的组装直接关联在一起。可以设想，自身调节的核糖体蛋白与rRNA分子的结合能力大于和相应mRNA的结合能力。因此，凡有核糖体蛋白合成出来，必定首先与rRNA结合以装配成核糖体。但是，一旦rRNA的合成变慢或停止，游离的核糖体蛋白便会积累。于是它们就可以与其自身的mRNA结合，从而阻遏进一步的翻译。该机制可维持核糖体蛋白在一定水平上，与rRNA相适应。然而操纵子中另外的蛋白质则可按照其自身需要的速度合成，而不受核糖体蛋白翻译的束缚。这就使同一操纵子中的不同蛋白编码基

笔记栏

因以不同的水平适应于细胞的需要。

（四）RF2 合成的自我调控

RF2 是原核生物中的一种特殊蛋白因子，能够识别终止密码子 UGA 和 UAA，发挥翻译终止功能。RF2 的编码基因，编码 340 个氨基酸。有趣的是，RF2 的密码子不是连续排列的，在第 25 位密码子和 26 位密码子之间多了一个 U，这个 U 可以同第 26 位密码子头两个核苷酸组成终止密码子 UGA，而为 RF2 蛋白所识别。细胞内，在 RF2 充足的条件下，核蛋白体 A 位进入到第 25 位密码子后的 UGA 处，便因为 RF2 发挥作用而终止 RF2 的合成，释放出只有 25 个氨基酸的短肽，不具有 RF2 的终止翻译的活性。如果细胞内 RF2 不足，核糖体就会以+1 的移码机制将第 26 位密码子译成天冬氨酸（Asp），完成整个 RF2 的翻译，最后由 RF-1 终止翻译。可见，RF2 作为一个翻译调节蛋白，可根据自身在细胞内的丰欠程度决定其自身的翻译是连续还是半途而废。

（五）反义 RNA 的作用

通常认为，基因表达调控只能由蛋白质与核酸之间的相互作用介导来完成。然而，近年来，有研究发现，有些 RNA 小分子也能调节基因表达。这些 RNA 是独立合成的 RNA 片段，它们可以通过碱基间的氢键作用与对应的 RNA 互补形成双链复合物，影响 RNA 的正常修饰和翻译等过程，从而发挥基因表达调控作用。因此，所谓反义 RNA 即是指能与所调控的 RNA 序列互补的 RNA 片段。反义 RNA 可以通过互补序列与特定 mRNA 分子相结合，结合位置包括 mRNA 分子结合核蛋白体的 SD 序列或起始密码子 AUG 等，抑制蛋白翻译。

目前对原核细胞的研究结果表明，反义 RNA 的基本作用是通过碱基配对与相应 RNA 分子结合，形成二聚体，阻断后者发挥功能。可能途径包括：①如上所述，反义 RNA 与 mRNA 的 SD 序列或其他编码序列位点互补结合，形成 RNA-RNA 二聚体，使 mRNA 不能与核蛋白体结合，阻止翻译过程；②在复制水平上，反义 RNA 与引物 RNA 互补结合，抑制 DNA 复制，控制 DNA 的复制频率；③在转录水平上，反义 RNA 与 mRNA 分子 5′末端互补结合，阻止完整的 mRNA 分子的转录。

第 4 节　真核基因表达调控

真核生物和原核生物，在基因表达调控上存在着很大差别，这是由两者基本生活方式的不同决定的。真核基因表达调控可分为两大类：一是瞬时调控，或称可逆性调控，相当于原核生物基因对环境变化所做出的反应，例如细胞周期中不同阶段酶活性的调节；二是发育调控，或称不可逆调控，是真核基因调控的特征所在，决定了真核生物生长、分化和发育的全部进程。

一、真核生物基因组的结构特点

（一）真核生物基因组结构庞大

一个单倍体基因组 DNA 的总量称该物种的 C 值（C value）。然而，真核生物中，物种进化的复杂程度与其 C 值并不完全一致，称 C 值矛盾（C value paradox）。比如一些植物和两栖类动物，它们的 DNA 总量可高达 10^{10}～10^{11}bp，而哺乳动物的基因组仅为 3×10^9bp，说明基因组大小与生物复杂性之间缺乏必然联系。另外，真核生物基因组 DNA 的量远远大于编码其蛋白质所需的量。目前已知，人类基因组约有 30 000 个基因，其编码序列仅占全基因组的 1.5%左右，余下 DNA 有何功能？目前尚不甚清楚。

（二）真核生物基因为单顺反子组织形式

与原核生物的基因不同，真核生物基因均为单顺反子（monocistron）组织形式，即一个编码基因转录生成一个 mRNA 分子、翻译生成一条多肽链。但许多真核蛋白质是由几条相同或不同多肽链组成的，因此在真核生物中广泛存在着多个基因协调表达的问题。

（三）真核生物基因组中存在众多重复序列

原核生物基因组和真核生物基因组，都存在重复核苷酸序列，但此现象在真核生物基因组中更普遍。根据重复频率的大小可将重复序列分为高度重复序列、中度重复序列和低度重复序列。高度重复序列的拷贝数在 10^6 以上，重复序列的长度往往较短，也被称为简单重复序列；中

笔 记 栏

度重复序列的拷贝数小于 10^6，多为 $10^3 \sim 10^4$，每个重复序列的长度为数百至几千个碱基对大小，分布于单拷贝序列之间；低度重复序列在整个基因组中只出现很少的几次。还有一种特殊的重复序列是由两个互补序列、在同一DNA 链部位反向排列而成，称反转重复序列（inverted repeat）。重复序列有种属特异性，基因组愈大，重复序列含量愈丰富。重复序列与生物进化有关。

（四）真核基因编码序列的不连续性

在真核生物基因组上，绝大多数结构基因是不连续编码基因。从定义上讲，所谓的不连续基因（interrupted gene）指基因的编码序列在 DNA 分子上是不连续的，被一些不编码的序列间隔开，也被称为断裂基因。换一种说法，即真核生物的结构基因是由若干个编码序列和非编码序列镶嵌排列而成的。编码序列称外显子（exon），非编码序列称内含子（intron）。此外，真核基因两侧还存在着不被转录的非编码序列，分别是基因的 5′和 3′转录调控区。

二、真核基因表达调控的特征

与原核生物基因组相比，真核生物基因组的结构与组织更加复杂。以此为基础，真核基因表达调控在许多方面也相应地呈现出明显不一样的特征。

（一）顺式作用元件是决定真核基因转录活性的关键内在因素

与原核基因一样，真核基因的转录也受转录起始位点附近的转录调控区的控制。研究发现，有些真核基因的转录调控区的结构十分简单，可被单一信号激活；但更多的真核基因的转录调控区的结构非常复杂，很像一台微处理机，对各种不同的相关信号进行解读、分析与整合，决定邻近基因转录的“开与关”。

在真核基因的转录调控区，启动子、增强子和沉默子等顺式作用元件是决定真核基因转录活性的关键内在因素（图 15-2）。

1. 启动子 启动子（promoter）是指 RNA 聚合酶结合位点及其周围的一组转录调控组件，每个组件含 7～20bp 的 DNA 序列。真核基因的启动子往往含有 TATA 盒。TATA 盒是真核基因启动子的核心元件，其共有序列为 TATAAAA，通常位于转录起始点上游 -25～-30bp。TATA 盒是基本转录因子 TFⅡD 的结合位点，控制基因转录起始的准确性与频率。除 TATA 盒外，在真核基因的启动子中，还经常见到 GC 盒（GGGCGG）和 CAAT 盒（GCCAAT），通常位于转录起始点上游-110～-30bp 区域，故又被称上游启动子元件。但 TATA 盒和转录起始点即可构成最简单的启动子。典型的启动子由 TATA 盒以及上游的 GC 盒和 CAAT 盒组成，这类启动子通常含有一个转录起始点及较高的转录活性。不典型的真核基因的启动子有时不含 TATA 盒，这些启动子可分两类：一类为富含 GC 的启动子，常见于管家基因，这类启动子一般含数个分离的转录起始点；另一类启动子既不含 TATA 盒又没有 GC 富含区，这类启动子可有一个或多个转录起始点，大多数转录活性很低或根本没有转录活性，只是在胚胎发育、组织分化或再生中被激活。

2. 增强子 增强子（enhancer）指远离转录起始点（1～30kb），决定基因表达的时空特异性，能够增强启动子转录活性的 DNA 序列。增强子最早发现于 SV40 早期基因的上游，是两个长 72bp 的正向重复序列。后来在病毒、植物、动物和人的基因结构中都发现有增强子的存在。增强子有以下特点：① 增强子增强基因转录的效应十分明显，一般能使基因转录效率增加 10～200 倍，有的可增加上千倍。② 增强子发挥作用的方式通常与其方向，或与其所在部位与转录起始点的距离无关。③ 增强子大多为重复序列。增强子的跨度一般为 100～200bp，但其基本的核心组件常由 8～12bp 组成，可以有完整的或部分的回文结构。④ 增强子增强基因转录的效应有严格的组织细胞特异性。⑤ 增强子没有基因专一性，可以在不同基因的转录中发挥作用。⑥ 增强子的活性与其在 DNA 双螺旋结构中的空间方向性有关。⑦ 许多增强子是否发挥作用受外部信号驱使。这时的增强子又被称为反应元件，如 cAMP 反应元件、激素反应元件、金属反应元件和血清反应元件等。

3. 沉默子 沉默子（silencer）是 20 世纪 80 年代末才被证实的一类负性转录调控元件。与增强子的作用恰恰相反，当沉默子结合特异蛋白因子时，对基因的转录发挥抑制作用。然而，特别需要指出的是，同一 DNA 元件，有时表现增强子的活性，有时又表现沉默子的活性，这取决于该元件与之结合的蛋白质的性质。

笔记栏

（二）反式作用因子与顺式作用蛋白是真核基因的重要的转录调节蛋白

在真核细胞核中，有许多蛋白质能够帮助RNA聚合酶转录RNA。这类蛋白质被统称为转录因子（transcription factors，TF）或转录调节蛋白（transcription regulatory protein）。人类基因组约编码2000种转录因子。除少数转录因子以顺式作用方式调节基因转录外，大多数的转录因子皆以反式作用的方式调节基因转录。以反式作用的方式调节基因转录的转录因子称为反式作用因子（trans-acting factor），而以顺式作用方式调节基因转录的转录因子称为顺式作用蛋白（cis-acting protein）。有关反式作用因子和顺式作用蛋白调节基因转录的作用方式见图15-7。

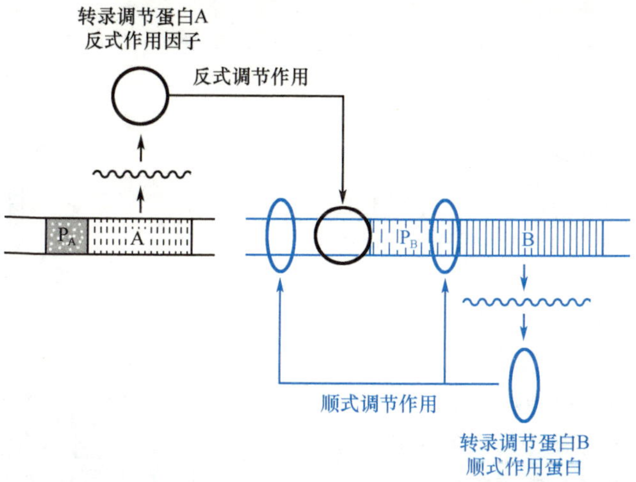

图15-7　反式作用因子和顺式作用蛋白调节基因转录的作用方式

反式作用因子，即转录调节蛋白A表达后，通过与B基因的转录调控区的特异的顺式作用元件识别结合，调节B基因的转录，即所谓的反式调节作用方式。而顺式作用蛋白，即转录调节蛋白B表达后，通过与自身基因转录调控区的特异的顺式作用元件识别结合，调节自身基因的转录，即所谓的顺式调节作用方式

转录因子分为基本转录因子（general transcription factors）与特异转录因子（special transcription factors）。前者为RNA聚合酶结合启动子所必需，为各类真核细胞所通用，决定着3种RNA（mRNA、rRNA和tRNA）转录的类别；而后者则是通过结合相应的增强子或沉默子，激活或抑制某种特异基因的转录，决定着基因的时空特异性表达。特异转录因子大部分起转录激活作用，少部分起转录抑制作用。前者被称之为转录激活因子（transcription activators），后者则被称之为转录抑制因子（transcription inhibitors）。转录激活因子是增强子结合蛋白（enhancer binding protein，EBP），而转录抑制因子则是沉默子结合蛋白，但有些转录抑制因子以不结合DNA的方式发挥作用，是通过蛋白子-蛋白质相互作用“中和”转录激活因子或TFⅡD，降低后者在细胞内的有效浓度，最终抑制基因转录。

转录因子通常包含DNA结合域（DNA-binding domain）和（或）转录激活域（transcription activation domain）。此外，许多转录因子还包含介导蛋白质-蛋白质相互作用的结构域，最常见的是一些二聚化结构域。

1. 转录因子含有不同的DNA结合域

（1）螺旋-回折-螺旋是转录因子中的常见的DNA结合域。尽管螺旋-回折-螺旋（helix-turn-helix，HTH）是原核基因转录调节蛋白中常见的DNA结合域，但在真核基因的转录调节蛋白中也较多被发现。HTH是由两个α螺旋被一个短的伸展的氨基酸链回折连接而成。两个α螺旋通过侧链间的相互作用，维持固定的角度。C-末端的α螺旋是识别螺旋，与DNA大沟（DNA major groove）相匹配，在识别特异DNA序列中发挥作用。而N-末端的α螺旋则是辅助螺旋，主要在识别螺旋与相应DNA序列结合的准确定位中发挥辅助作用（图15-8A）。

含有HTH结构域的各种转录因子在这一结构域外的构造千差万别，提示这类转录因子有着自己独特的作用方式。需要特别强调的是，大多数这类转录因子的螺旋-回折-螺旋结构域外的多肽链的一部分，对于与DNA的接触甚至结合也是十分重要的，有助于精细的蛋白质-DNA间的相互作用。

笔记栏

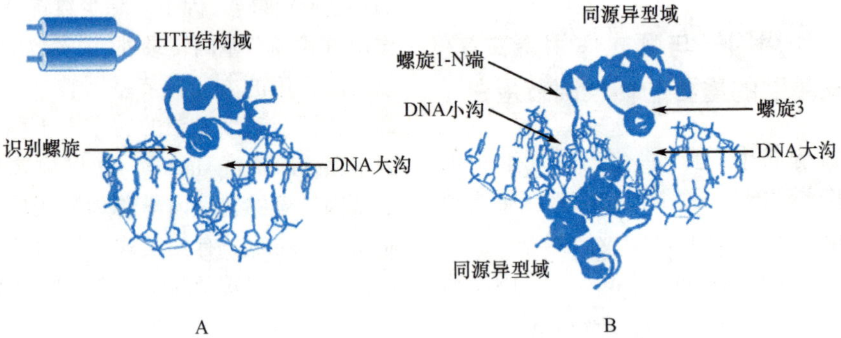

图 15-8　HTH 结构域(A)、同源异型域(B)及其与 DNA 的相互作用

有些转录因子的DNA结合域是一段由大约60个氨基酸组成的保守序列,构成3个α-螺旋,第2和第3个α-螺旋构成HTH结构域,第3个α-螺旋结构起识别作用,与DNA分子的大沟紧密接触。而第1个α-螺旋的N-末端则与DNA分子小沟的特异碱基相互作用(见图15-8B)。上述这种结构被称为同源异型域(homeodomain, HD),是HTH结构域的一种特殊类型。在从酵母、植物到人类等的真核细胞中发现了许多含同源异型域的转录因子,构成同源异型域蛋白(homeodomain protein)家族,在发育过程中发挥关键作用。

(2) 锌指结构是一类含锌离子的转录因子的DNA结合域。顾名思义,由于这类DNA结合域含有一个或多个锌离子,而且二维结构图像形如手指,因此被形象地命名为锌指结构(Zinc finger)。实验研究发现,锌指结构有不同类型,较常见的是C_2H_2与C_4,其中C代表半胱氨酸,H代表组氨酸。C_2H_2是最简单的锌指结构域。转录因子DNA结合域中的合适位点上的2个半胱氨酸(Cys)和2个组氨酸(His)依靠肽链的弯曲螯合一个锌离子,借此把两个反向平行的β-折叠和一个α-螺旋连接在一起,构成从二维结构图像上看类似手指的结构特征。锌离子能够稳固结构域中的α-螺旋结构,使后者能够镶嵌于DNA的大沟中(见图15-9)。含有C_4锌指结构的人类转录因子,目前已发现约50种,其中最具代表性的是存在于细胞核内的固醇类激素受体。

(3) 亮氨酸拉链结构域可同时调节与DNA的结合以及蛋白质的二聚体化。亮氨酸拉链(leucine zipper)是指由两条平行走向的肽链单体中的α-螺旋通过规则位点上的亮氨酸残基相互作用在一起所形成的对称二聚体(dimer)结构。每条肽链单体中靠近C-端的α-螺旋有一约30个氨基酸残基组成的序列,螺旋每旋转两周(约7个氨基酸残基),就在同一侧面有规律地

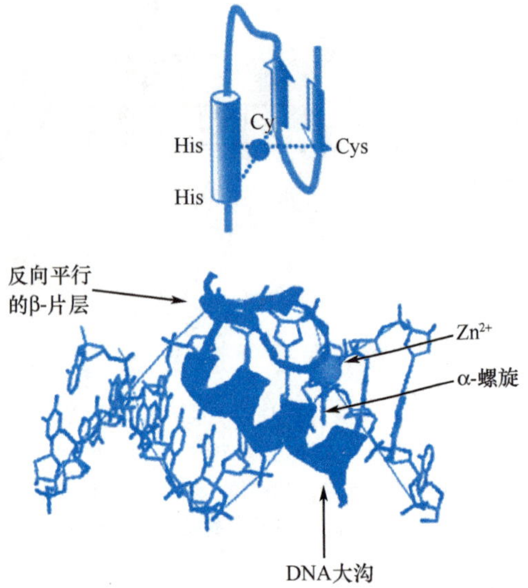

图 15-9　C2H2 型锌指结构域及其与 DNA 的相互作用

出现一个疏水性的亮氨酸残基。而在单体的N-末端,有一段富含碱性氨基酸的亲水区,是DNA结合域所在。

两个结构相同或相似的转录调节蛋白肽链单体平行排列,依赖侧面多个规则位点上的亮氨酸残基分子间的疏水作用在C-末端形成一个短的卷曲螺旋(coiled-coil)结构,形似拉链,即亮氨酸拉链(见图15-10)。N-末端未结合部分相互分开,形成一个倒Y字结构。Y字结构分开的两臂亲水区,骑跨在DNA双螺旋的大沟上。

(4) 碱性螺旋-环-螺旋结构域也可同时调节与DNA的结合以及蛋白质的二聚体化。碱性螺旋-环-螺旋(basic helix-loop-helix, bHLH)是转录因子中常见的另一个重要的结构域,也可以同时调节与DNA的结合以及蛋白质的二聚体化(图15-11)。每一个bHLH单体由3部分构成:一长一短两个α-螺旋,中间由一个非螺旋的环连接;N-末端由碱性氨基酸形成亲水区,与DNA结合,即DNA结合域;C-末端由疏水性氨基酸残

笔 记 栏

基形成疏水区，与另一单体结合，形成二聚体。与亮氨酸拉链相似，bHLH 也骑跨在 DNA 双螺旋的大沟上。非螺旋环有不同的长度，使单体分子易于弯曲折叠。

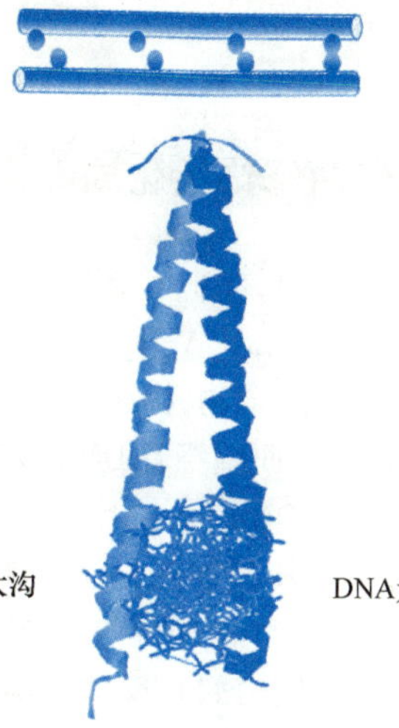

图 15-10　亮氨酸拉链结构域及其与 DNA 的相互作用

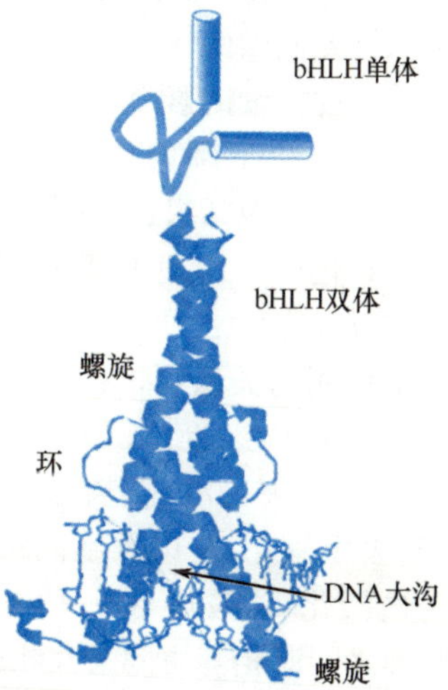

图 15-11　碱性螺旋-环-螺旋结构域及其与 DNA 的相互作用

（5）有些转录因子所含有的 β 片层和环结构域可识别结合 DNA 的特殊序列。在前面所述的转录因子的 DNA 结合域中，至少有一个 α-螺旋被插入到 DNA 双螺旋的大沟中。但一些转录因子所含有的 β-片层和环结构域，由于它们特殊的氨基酸组成，可以识别结合 DNA 双螺旋分子大沟表面的特殊序列。

2. 转录因子含有不同的转录激活域　转录因子中较常见的转录激活域一般由 30～100 个氨基酸残基组成。根据氨基酸组成特点，转录激活域分 4 种如下类型：① 富含谷氨酰胺的结构域；② 富含脯氨酸的结构域；③ 带负电荷的 α 螺旋结构域；④ 含有双性 α 螺旋和酸性氨基酸的结构域。

另外，尽管少见，真核细胞中也存在着抑制基因转录的阻遏蛋白（repressor protein）。从结构上来讲，有些阻遏蛋白既含有 DNA 结合域，同时也含有与其他转录相关蛋白相互作用的所谓的转录抑制结构域。但有些阻遏蛋白缺乏 DNA 结合域，只是通过蛋白质-蛋白质间相互作用，发挥抑制其他转录激活蛋白的功能。

3. 正性调节占主导的真核基因表达调控机制更加复杂　由于有核小体结构组织形式，以及转录与翻译过程分别在细胞核与细胞质等不同部位分隔进行等原因，与原核基因的表达调控相比，真核基因表达调控的环节更多，机制更复杂。主要环节包括染色质的活化、转录起始、转录后加工、翻译起始和翻译后加工等主要过程。但相比较而言，转录起始是其中最关键的调控点。

尽管已发现许多真核基因含有负性顺式作用元件，即沉默子；但真核基因表达调控依然是正性调节占主导，这一点与原核基因情况恰好相反。原核基因表达调控是负性调节占主导。

原核生物，当某基因处于活性状态时，RNA 聚合酶能够直接与相应的启动序列结合，在没有任何的转录激活蛋白参与的情况下，也能够以一定的效率启动基因转录，基本的转录活性状态不受制约。而真核生物的情况与之恰恰相反，当某基因处于活性状态时，不但有相应染色质区域的活化，同时还必须有通用转录因子 TFⅡD 等先期辨认结合相应启动子区的 TATA 盒等顺式作用元件；在此基础上，RNA 聚合酶才再与之结合，而且基因转录的启动最后往往还需要结合了增强子元件的某种或某些转录激活蛋白的参与。

真核基因组广泛采用正性调节机制的原因主要有如下三条：首先，采用负性调节机制不经济。试想，人类基因组约 3 万个基因如果均采用负性调节，那么人体必须合成 3 万个阻遏蛋白才能满足基本需要，而这 3 万个阻遏蛋白的表达又由谁来阻遏调节呢？这显然是十分不经济的，而且也无法实现。其次，采用正性调节机制可以有效保证基因表达调节的特异性。真核基因组往往是十分庞大的，因此某种顺式作用元件在基因组上出现的几率会大大增加，而结合这种顺式作用元件的某种转录因子参与基因组上不同基因转录调节的几率也会大大增加。在这种情形之下，如何确保基因表达调节的特异性就显得尤为重要。很显然，只有采取正性调节机制，通过多

笔记栏

个转录激活因子的不同的组合才能够确保调节的特异性，因为多种不同的顺式作用元件同时出现在不同基因转录调控区的几率是很小的。再次，采用正性调节机制可以充分体现基因表达调节的精确性。通常阻遏蛋白结合一个负性调节元件就足以阻断RNA聚合酶的结合，而不同的阻遏蛋白同时分别结合几个负性调节元件也不会进一步提高调节的效果。相反，采用正性调节机制，通过多个转录激活因子分别结合不同正性调节元件的累加，不但可以确保基因表达的特异性，同时还可以在表达量上实施不同层次上的控制，做到精细调节。在正性调节中，许多基因所在的染色质区域没有被活化，另外，许多基因的转录调控区也没有结合转录激活因子，故无活性；然而，只要细胞表达一组激活蛋白，相关靶基因即可从多个层面依次进入转录激活状态。

三、真核基因表达的染色质水平调控

真核细胞间期核中的染色质按其基因是否有转录活性有常染色质(euchromatin)与异染色质(heterochromatin)之分。常染色质有转录活性，异染色质没有转录活性。很早以前就有人观察到，当真核基因被激活转录时，相应的染色质区域会发生某种明显的结构上的变化。因此这些具有转录活性的所谓的常染色质又被称为活性染色质(active chromatin)。

活性染色质的一个明显特征是对核酸酶Dnase Ⅰ等十分敏感。当用Dnase Ⅰ处理活性染色质DNA时会出现一些超敏感位点(hypersensitive site)，主要位于基因5′或3′侧翼1000bp以内的转录调控区内，甚至是转录区内的转录调节蛋白结合位点及其旁侧。DNase Ⅰ能够将活性染色质DNA切割成100~200bp的长度不等的片段。活性染色质的另一个明显特征是该区域的DNA双链的拓扑结构，伴随着转录中RNA聚合酶的向前行进，会适时发生明显变化。RNA聚合酶前方的转录区DNA的拓扑结构为正性超螺旋构象。这种构象可以促进组蛋白H2A/H2B二聚体从核小体中释放，促进核小体解体，保证RNA聚合酶顺利向前移动，完成转录。而RNA聚合酶后方的DNA的拓扑结构为负性超螺旋构象，这种构象有利于核小体结构的再组织形成。另外，在活性染色质区域还会发生诸如组蛋白修饰和主要针对CpG岛的DNA甲基化修饰等，这些均参与染色质水平上的基因表达的调控，是近年来生命科学研究的热点。

(一)组蛋白修饰活化局部染色质

在真核细胞中，核小体是染色质的主要结构单位。四种组蛋白，H_2A、H_2B、H_3和H_4，各两个分子组成八聚体复合物，构成核小体的核心颗粒(core particle)，外面缠绕着DNA双螺旋链，两个核心颗粒之间的DNA链结合一个组蛋白H_1，形成串珠样高级结构。组蛋白H_1的N端富含疏水性氨基酸，C端富含碱性氨基酸；而其余的4种组蛋白的情况则恰好相反，N端均富含碱性氨基酸，C端富含疏水性氨基酸。组蛋白H_2A、H_2B、H_3和H_4的C端结构域与组蛋白分子间的相互作用以及DNA的缠绕有关；而N端结构域，尤其是富含碱性氨基酸的N端尾部的15~38个氨基酸残基是高度精细的修饰调控区，是翻译后修饰的主要位点，与染色质的活化密切相关。

组蛋白修饰主要包括组蛋白的乙酰化、磷酸化、甲基化、泛素化以及ADP核糖基化等。这些多样化的修饰以及它们之间，在时间与空间上的组合与生物学功能的关系可以作为一种重要的标志或语言，被称为“组蛋白密码”。相同组蛋白残基的乙酰化与去乙酰化、磷酸化与去磷酸化、甲基化与去甲基化等，以及不同组蛋白残基的乙酰化与磷酸化、磷酸化与甲基化、甲基化与泛素化等修饰之间既相互协同又互相拮抗，形成一个复杂的调节网络。

组蛋白修饰调节网络与多种细胞信号转导通路紧密连接，借此细胞外环境中的相关信号就可以间接影响某种/某些特异性位点上的组蛋白的修饰，影响特殊区段上染色质的活化，影响某种/某些相关基因的转录表达。而在此过程中，基因活化蛋白主要通过启动组蛋白的乙酰化修饰和核小体重塑(nucleosome remodeling)等途径活化相关基因转录调控区染色质的结构，促进基因转录启始(图15-12)。

笔记栏

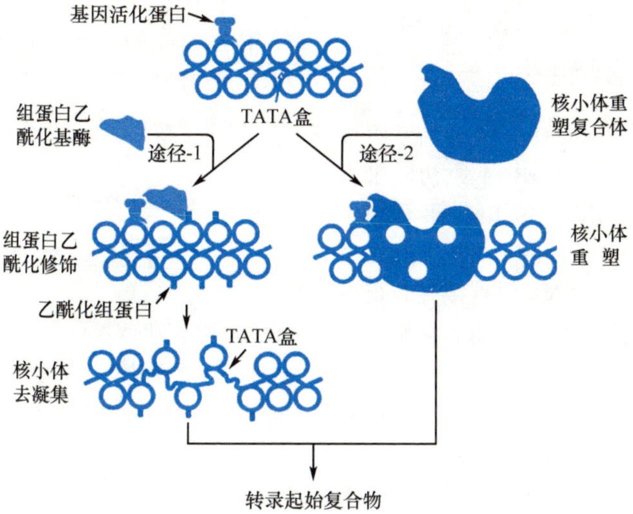

图 15-12 组蛋白的乙酰化修饰与核小体重塑

基因活化蛋白结合在转录调控区后，组蛋白乙酰基转移酶（histone acetyl transferases，HATs），也称组蛋白乙酰化酶（histone acetylase）随即通过与基因活化蛋白间的某种相互作用，最终结合到核小体核心组蛋白N端富含赖氨酸残基的尾部，启动组蛋白的乙酰化修饰。H3与H4等组蛋白N端的诸多赖氨酸残基的乙酰化修饰可降低整个核小体对DNA的亲和力，同时还可能促进与其他转录调控蛋白间的相互作用。而当一个基因的转录不再需要时，作为基因沉默过程一部分，组蛋白脱乙酰化酶（histone deacetylase）随即发挥作用，减少核小体组蛋白乙酰化，使染色质恢复转录非活性状态。

核小体重塑需要ATP依赖性酶蛋白复合体。这一复合体是通过与基因活化蛋白间的某种相互作用结合到转录调控区的，水解ATP，移去或替换核小体。

通过组蛋白特定位点上的修饰和核小体重塑等过程，局部染色质的结构被活化，使得基本转录因子和RNA聚合酶更易于在启动子部位组装，同时也易与其他转录激活蛋白结合到该区域，发挥转录激活作用。

（二）转录活性基因启动子区甲基化程度低

真核DNA分子中的胞嘧啶碱基约有5%被甲基化修饰为5-甲基胞嘧啶（5-methylcytidine）。这种胞嘧啶碱基的甲基化修饰常常发生在基因启动子区的CpG岛位点上。通常，基因启动子区CpG岛甲基化修饰的范围与程度与基因的表达水平呈反比关系。处于活性染色质区，呈现转录活性状态的基因的启动子区的CpG序列一般总是低甲基化的；而不表达或处于低表达水平的基因的启动子区的CpG一般总是高甲基化的。实际上，DNA分子胞嘧啶碱基的甲基化修饰是一个动态的过程。甲基转移酶（methyltransferase）或甲基化酶（methylase）催化甲基与胞嘧啶的共价结合，而去甲基化酶（demethylase）则负责去除5-甲基胞嘧啶上的甲基。DNA胞嘧啶的甲基化与去甲基化在真核基因的表达调控中发挥着重要作用。

基因组印迹（genomic imprinting）是DNA甲基化修饰调控基因表达的一个典型例证。所谓基因组印迹指源于父母双方同一等位基因的选择性差异表达的现象。来自父方和母方的等位基因在通过精子和卵子传递给子代时，原有的源于亲代的甲基化印迹被全部消除，在配子形成过程中重新产生新的甲基化修饰模式，产生新的印迹，使等位基因具有不同表达特性。

除了DNA的甲基化修饰外，组蛋白的乙酰化与甲基化修饰对于基因组印迹的维持同样是十分重要的。通常对印迹基因的甲基化修饰调控就是对父方或母方等位基因印迹控制区（imprinting control region，ICR）的甲基化修饰。

H3和H4组蛋白N端赖氨酸残基的乙酰化修饰、基因启动子区CpG岛序列的甲基化修饰等能够调节染色质的活化以及基因的转录频率，与DNA的序列无关。这种调节通常被称为表观遗传学基因调节（epigenetic gene regulation），可以遗传。

笔 记 栏

四、真核 rRNA 和 tRNA 的转录调控

真核生物有 5S、5.8S、18S 和 28S 等四种 rRNA，其中，后三种由一 45S rRNA 原初转录本剪切加工而来。45S 的 rRNA 由 RNA 聚合酶Ⅰ介导转录，而 5S 的 rRNA 和 tRNA 的转录由 RNA 聚合酶Ⅲ介导。rRNA 和 tRNA 均直接参与蛋白质合成过程，因此它们的转录水平将直接影响蛋白质编码基因的表达。

在真核基因组上，45SrRNA 的编码基因串联重复排列，但物种不同，45S rRNA 编码基因串联重复的次数不一。由 RNA pol Ⅰ 介导的 45SrRNA 转录的调节相对简单，转录起始所需要的调控序列以及转录因子的种类相对较少。

人 45S rRNA 编码基因的启动子有两个元件，一个位于转录起始点附近（-45～+20），被称为核心元件（core element），它的存在足以起始 45SrRNA 的转录；另一个位于转录起始点上游-156～-107，称上游控制元件（upstream control element，UCE），作用是提高转录起始效率。RNA 聚合酶Ⅰ启动 45SrRNA 转录需要两种转录因子辅助。这两种因子是上游结合因子 1（upstream binding factor 1，UBF1）和选择性因子 1（selectivity factor 1，SF1）。UBF1 既能与 UCE 结合，同时也能与核心元件结合。而 SF1 则继 UBF1 之后，再与 UCE 以及核心元件结合，无序列特异性，可能与蛋白质间的相互作用有关。UBF1 和 SF1 的结合完成后，RNA 聚合酶Ⅰ再结合到启动子上，并启动转录。

与其他基因不同，tRNA 和 5SrRNA 编码基因的启动子位于转录起始点下游的转录区内，称内部控制区（internal control region，ICR）。ICR 主要由 A 盒（TGGCNNAGTGG）和 B 盒（GGTTCGANNCC）两个元件组成。RNA 聚合酶Ⅲ催化 tRNA 编码基因转录起始需两种转录因子 TFⅢC 和 TFⅢB，二者均为多亚基结构。TFⅢC 首先结合 A 盒与 B 盒，然后 TFⅢB 结合于 A 盒上游，这一结合主要依赖 TFⅢC 和 TFⅢB 相互作用。一旦 TFⅢB 结合，RNA 聚合酶Ⅲ即可结合于转录起始点附近，转录开始。TFⅢB 结合后，TFⅢC 即脱落，对转录起始不会产生阻碍作用。5SrRNA 转录起始需要三种转录因子，除上述的 TFⅢB 和 TFⅢC 外，尚需 TFⅢA。TFⅢA 首先与 ICR 结合，然后 TFⅢC 结合，其余过程与 tRNA 基因的转录相同。无论是 tRNA，还是 5SrRNA，真正的转录起始因子为 TFⅢB。TFⅢA 和 TFⅢC 的作用在于协助 TFⅢB，使 RNA 聚合酶Ⅲ正确识别结合于转录起始点。

五、真核蛋白编码基因表达的转录起始水平调控

基因表达调控的环节很多。理论上讲，每一个环节上的调控均可能会导致基因表达产物蛋白质或 RNA 在量或质上发生相应的变化。但相比较而言，转录起始同样是真核基因表达调控的最重要的环节。

真核细胞中，RNA 聚合酶Ⅱ没有单独识别、结合 DNA 的能力或能力很弱，不能独自启动编码蛋白基因的转录。RNA 聚合酶Ⅱ启动基因转录，需要一整套基本转录因子，在转录开始前先期在启动子部位按顺序组装，再与 RNA 聚合酶Ⅱ形成复合物。这个组装的每一个步骤都有可能受到外部环境信号的调节，使不同基因转录的启动快慢有别，许多转录调节蛋白主要就是针对这一环节发挥作用的。

在真核蛋白编码基因的转录起始中，首先识别、结合启动子 TATA 盒或起始子（Inr）序列的是基本转录因子 TFⅡD 的核心组成成分 TATA 盒结合蛋白（TATA box binding protein，TBP），同时还须有 TBP 相关因子（TBP associated factor，TAF）参与，形成 TFⅡD-启动子复合物。继而，在其他基本转录因子 TFⅡA、TFⅡB、TFⅡF 和 TFⅡH 等依次帮助下，最终围绕 RNA 聚合酶Ⅱ形成转录前起始复合物（preinitiation complex，PIC）。在几种基本转录因子中，TFⅡD 是唯一具有位点特异性 DNA 结合能力的因子，在转录前起始复合物的组装中发挥关键性指导作用。而 TAF 是有细胞特异性的，与转录激活蛋白一起决定基因的组织特异性转录。

然而，转录前起始复合物尚不稳定，也尚不能有效启动基因的转录。在迂回折叠的 DNA 构象中，结合了增强子的基因活化蛋白通过中介子（一种含有多达 20 个亚单位的蛋白复合体）的作用，与转录前起始复合物结合在一起，最终形成稳定的转录起始复合物（图 15-13）。此时的 RNA 聚合酶Ⅱ才能够真正启动基因的转录。

笔记栏

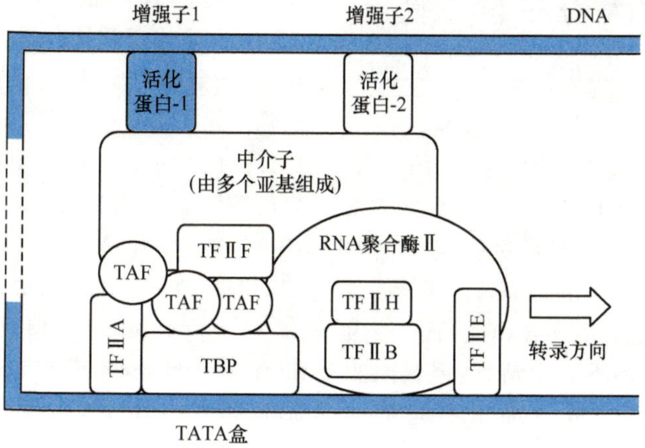

图 15-13　真核基因转录起始复合物的形成

六、真核基因表达的转录后调控

真核基因表达的转录后调控涉及 mRNA 分子的修饰、剪接、编辑、定向转运多个环节。

（一）真核 mRNA 分子 5′端加帽和 3′端加尾修饰

除组蛋白的 mRNA 外，其他的真核 mRNA 分子，转录后都要进行在 5′端加帽子和在 3′端加多聚腺苷酸[Poly(A)]尾等修饰(见第 13 章第 4 节)。真核 mRNA 分子 5′端帽子结构、3′端 Poly(A)尾结构的作用，见第 3 章第 3 节。另外需要特别指出的是，一些原核 mRNA 分子也含有 Poly(A)尾，但是原核 mRNA 分子 Poly(A)尾的功能与真核 mRNA 的情况恰恰相反，不是保护 mRNA，而是促进它的降解。

（二）选择性剪接使真核 mRNA 初始转录本产生不同的成熟 mRNA 分子

许多真核 mRNA 初始转录本可以通过一种以上的选择性剪接(alternative RNA splicing)方式，去除不同的内含子而被加工形成不同的成熟 mRNA 分子。真核 mRNA 的初始转录本中含有选择性剪接加工所需要的信号，而且往往有多种途径可供选择。一种细胞偏好何种选择性剪接加工途径，主要取决于所存在的选择性剪接加工因子——RNA 结合蛋白的特异性。许多高等生物，经由选择性剪接方式，由单一基因有时可以产生数十种之多的不同的成熟的 mRNA 分子，进而翻译合成出相应的具有不同功能的蛋白质。就人类而言，估计有 1/3 以上的基因存在着选择性剪接方式。另外，有研究证明，选择性剪接本身也存在着正负调节机制。

（三）mRNA 分子的编辑丰富了 mRNA 分子信息的内涵

某些真核 mRNAs 在翻译前曾经被编辑(editing)，这可以丰富 mRNA 分子信息的内涵。有研究发现，在原生生物线粒体中，编码细胞色素氧化酶亚基Ⅱ基因的初级转录本的序列，与其蛋白产物羧基端按遗传密码反推的序列并不完全一致。通过转录后的编辑，在靠近该基因 mRNA 分子 3′端的某位点插入了 4 个尿嘧啶核苷酸，从而改变了转录本的读码框。尚未完全研究清楚这种编辑的功能与机制究竟是什么。有研究人员发现，线粒体转录一类长度在 40～80 个碱基的特殊的 RNA 分子，其 3′端有一段 poly(U)。该 RNA 分子的 5′端序列与 mRNAs 被编辑的部分区域互补，被称为引导 RNA(guide RNA)。引导 RNA 可能作为编辑的模板，并将其 3′端的 U 转移给了被编辑的 mRNAs。很多植物细胞的线粒体都有 mRNA 分子的编辑功能，甚至几乎每个 mRNA 分子都受到不同程度的编辑，但这种编辑是 RNA 分子部分碱基由 C 到 U 的变化，而不是碱基的插入与缺失。上述的由 C 到 U 的编辑只能导致个别氨基酸密码的改变，但有时蛋白质的结构与功能会发生很大变化。其他的高等生物 RNA 的编辑比较少见。

笔记栏

(四) 成熟 mRNA 分子核外输出调控

估计有 1/5 的在核内成熟的 mRNAs 分子，通过核膜被输出进入细胞质，而留在核内的 mRNAs 分子约在 1 小时内被降解。mRNA 分子通过核膜输出的过程是一个主动的过程，需要借助核输出受体(nuclear export receptors)才可穿过 9 nm 的核孔通道。目前，调控 mRNA 分子从核内输出至细胞质的机制还不完全清楚；但核内的 mRNA 加工过程没有完成或加工不完全的 mRNA 分子是不能被输出到核外的。

(五) 一些 mRNA 分子被定位于细胞浆的特殊区域

一些 mRNA 分子所携带的信息，可以帮助它在翻译开始前自我导向定位于细胞内的特定位置。推测这样做的好处主要在于，可以使 mRNA 分子靠近其编码蛋白产物发挥功能的部位，充当翻译的模板，免除了蛋白分子的远距离运输。导向信号通常位于 mRNA 分子的 3′端非翻译区(3′-untranslated region，3′-UTR)。一个很好的例证是，发育中的果蝇卵细胞的 bicoid 基因调节蛋白的 mRNA 被发现是固定于细胞的前极顶端的细胞骨架上。受精引发的该调节蛋白的翻译，可产生 bicoid 蛋白的浓度梯度，在引导胚胎前极部分的发育中发挥关键作用。很多体细胞的 mRNA 以同样的方式定位。例如肌动蛋白的 mRNA 依赖其 3′-UTR 定位于哺乳类成纤维细胞质膜下的肌动蛋白丝丰富区。

mRNA 分子的特殊区域定位存在于包括真菌、植物与动物在内的许多真核生物的细胞中。这样就可以在细胞的特殊部位集中快速产生细胞所需要的大量的蛋白质。现已发现至少 3 种不同的 mRNA 定位过程(图 15-14)。

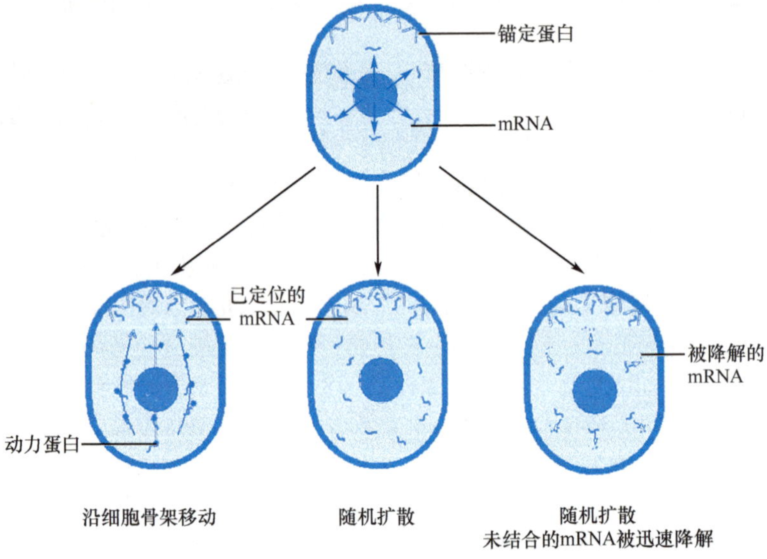

图 15-14　mRNA 分子的三种不同的定位过程

这些过程都需要 mRNA 分子 3′-UTR 上的特殊的定位信号。一种情况是 mRNA 分子被连接在动力蛋白(motor proteins)上，而动力蛋白又附着于细胞骨架上。利用动力蛋白水解 ATP 所提供的能量，mRNA 分子沿着细胞骨架朝目的方向移动，最终在目的地被锚蛋白(anchor proteins)固定；第二种情况是，mRNA 分子通过在细胞质中的随机扩散，在特定区域被锚蛋白捕捉、固定；第三种情况是，mRNA 分子在细胞质中随机扩散并被不断地降解，只有碰上锚蛋白才能够得到保护，同时被固定。

(六) 通过改变 mRNA 分子的稳定性调控基因表达

某种 mRNA 分子在细胞中的浓度是否变化，主要取决于该 mRNA 分子的合成速率与降解速率之比。如果合成速率与降解速率相等，说明处于平衡状态，则该 mRNA 分子在细胞中的浓度保持不变。如果合成速率大于降解速率，将导致该 mRNA 分子在细胞中积累，浓度升高，有可能表达合成更多的编码蛋白。某种基因 mRNA 分子在细胞中的浓度，或稳定性是调控该基因表达的一种重要因素。

笔记栏

不同基因的mRNA分子的降解速率大不相同。对于某种暂时需要的蛋白来讲,其mRNA的半衰期可能仅几十分钟甚至更短。真核mRNA分子的降解途径主要有如下两种:①mRNA分子Poly(A)的逐渐短缩途径;②mRNA分子Poly(A)的特异核酸内切酶切割途径。某种mRNA分子究竟通过哪种途径被降解,主要由该mRNA分子的序列决定。第一种途径是最常见的mRNA降解途径。当某种适宜的mRNA分子一旦进入到细胞质后,核酸外切酶便会从它的Poly(A)末端开始逐一切割,使之Poly(A)尾逐步缩短,当剩下约30个A时,其5′端的帽子结构被脱掉,接下来该mRNA分子会被迅速降解。mRNA的第二种降解途径,主要始于一类特殊的核酸内切酶的作用。这些核酸内切酶可将mRNA的Poly(A)直接从分子中整个切除。当然这有赖于mRNA分子3′-UTR上所存在的特殊序列能够被这些核酸内切酶有效识别。

另外,值得提出的是,一些mRNA分子3′-UTR上所存在的特殊序列可以结合某些特殊蛋白质。这样会增加或降低这些mRNA分子Poly(A)短缩的速度。例如,一些不稳定的mRNA分子的3′-UTR可能含有一段约50bp的富含AU的序列,其中5核苷酸(AUUUA)序列串会重复数次。当细胞内的一种特异蛋白与这段富含AU的序列结合时,mRNA分子Poly(A)的短缩速度会被极大地加快。

研究发现,转铁蛋白受体(transferrin receptor,TfR)mRNA分子3′-UTR存在着由30bp左右的核苷酸折叠而成的柄环结构(stem-loop),称为铁反应元件(iron-response element,IRE)。IRE及其附近有内切酶识别位点。铁反应元件结合蛋白(iron-response element binding protein,IRE-BP)能够与IRE结合,阻断内切酶识别IRE位点而使整个mRNA分子稳定并持续翻译。IRE-BP蛋白的构象受细胞内铁离子浓度的调节,过量的铁离子的存在可以使IRE-BP构象发生变化而脱离IRE,从而使IRE位点暴露。内切酶识别结合IRE位点,导致mRNA分子下游的序列连同Poly(A)被整个切除,而mRNA分子本身也会被迅速降解,TfR的表达受到抑制(图15-15)。

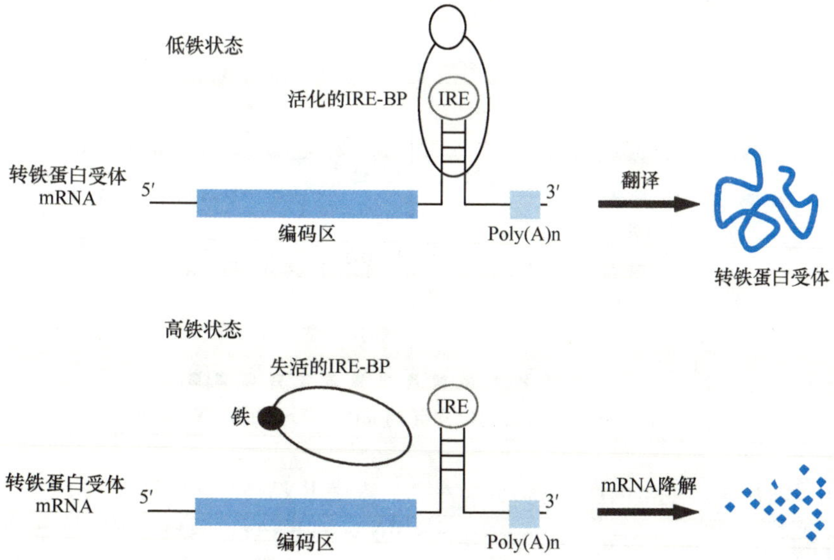

图15-15 IRE-BP对转铁蛋白受体mRNA稳定性的调节

(七)mRNA分子细胞质中添加Poly(A)控制蛋白翻译

在细胞核内添加到mRNA分子3′末端的Poly(A)尾,在胞质中会被逐渐短缩并最终导致该mRNA分子被降解。但在某些特殊情况下,一些基因的mRNA分子Poly(A)尾还能在细胞质中得以延伸,变成有功能的蛋白翻译的模板。该机制提供了某些特殊类型细胞控制蛋白翻译的一种方式。卵母细胞中的某些mRNA分子的行为表现为此提供了最好的例证。

上述所提到的两种mRNA降解途径均不适合于卵母细胞中的mRNA分子。即在其他细胞中不稳定的mRNA分子在卵母细胞中是十分稳定的,因此会在细胞中被大量积累。这些mRNA分子在其3′末端虽然只有10~30个腺苷酸(A),但它们不会被马上降解,而且也不会被马上用做翻译的模板,只是为未来的受精所准备的一种必需的物质条件。当这些卵母细胞成熟受精后,需要那些 mRNA 所编码的蛋白质时,Poly(A)片段会被及时添加到这些特定的 mRNA 分子的 3′末端,促进蛋白翻译的启始,以满足需要。

(八) 无义变化介导的 mRNA 降解是真核 mRNA 的监视系统

真核生物有一种特殊的监督 mRNA 分子质量的系统,称为无义变化介导的 mRNA 降解系统(nonsense-mediated mRNA decay,NMD),能够选择性降解含有提前翻译终止密码子(premature translation termination condon,PTC)的 mRNA 分子,防止对机体有害的截短型蛋白(truncated proteins)的产生(图 15-16)。NMD 在真核生物中是高度保守的,其异常与肿瘤的发生发展有密切关系。

mRNA 分子被 NMD 系统感知的关键是阅读框架内第一个终止密码子与最后两个外显子交界处的空间关系。如果终止密码位于最后两个外显子交界处下游(3′端),则 mRNA 分子的降解不会发生;而如果终止密码提前出现在最后两个外显子交界处上游(5′端),则 mRNA 分子可被 NMD 系统发现,并被降解掉。这提示,核蛋白体可能与 NMD 系统有某种关联。但具体的作用机制尚不清楚。现在提出的一种作用模式是,mRNA 前体经核内剪接后,某种蛋白质结合在 mRNA 外显子交界处,成为标记物。离开核后的 mRNA 分子仍位于核周边,NMD 相关蛋白和核蛋白体等与 mRNA 分子结合,翻译开始。mRNA 分子的第一次翻译仅仅是为了评估该 mRNA 分子是否质量合格,是否适合作为模板,进入正常的翻译过程。如果通过检测,mRNA 分子才能够离开核周边扩散到细胞质中开始真正的翻译;否则会被迅速降解。

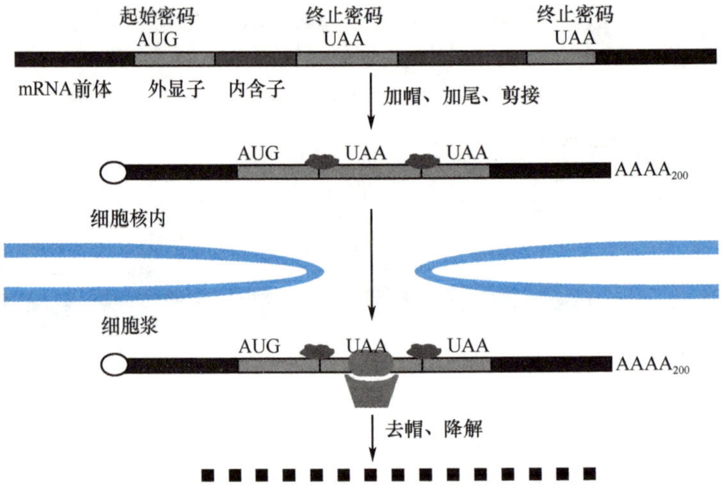

图 15-16 无义变化介导的 mRNA 分子的降解

(九) RNA 干扰是一种基因转录后沉默机制

在线虫、果蝇、植物和哺乳动物等高等生物的基因表达调控中,发现存在着一种由一类特殊的小 RNAs 分子介导的基因转录后沉默机制。这类特殊的小 RNAs 分子与相应的 mRNAs 分子,主要是 mRNAs 分子 3′-UTR 上的某一元件在序列上互补。借此,小 RNAs 分子的一条单链可以与 mRNAs 分子特异结合,启动 mRNA 分子的降解,沉默相应基因的表达。研究证明,这种基因表达的调控方式与许多生物学过程,特别是多细胞生物个体的系统发育密切相关。

小 RNAs 有时也被称为微小 RNAs(micro-RNAs,miRNAs),双链结构,长度 20~25bp。多数小 RNAs 仅在发育中瞬时存在,故有时又被称为小暂时 RNA(small temporal RNAs,stRNAs)。在高等真核生物中已经发现近千个 miRNA,它们是由约 70 个碱基大小、具有内部互补序列、可形成发卡样结构的 RNA 前体(precursor RNAs),被一类特异性的核酸内切酶裂解而成。这类特异性的核酸内切酶被命名为 Dicer,广泛分布于高等生物细胞中。而包含 miRNA 的被 RNA 诱导的沉默复合体(RNA induced silencing complex,RISC),是一种酶蛋白 miRNA 复合体,把双链 miRNA 加工成单链并附着在 RISC 上。

笔记栏

最终 RISC 裂解与单链 miRNA 互补配对的靶 mRNA、病毒 RNA 或者转座子 RNA。

上述基因表达调控方式有很强的实用价值。研究人员将与体内 mRNA 部分序列一致的某种特异性双链 RNA 片段导入到细胞中，Dicer 内切核酸酶会将这些双链 RNA 裂解为 21～23bp 长的双链短片段，称为小干扰 RNA（small interfering RNA，siRNA）。siRNA 以和 miRNA 同样的机制与靶 mRNA 结合并使之沉默。这种人为导入 RNA 片段使靶 mRNA 沉默的过程被称为 RNA 干扰（RNA interference，RNAi）。miRNA 和 siRNA 使靶基因沉默的机制（图 15-17）。

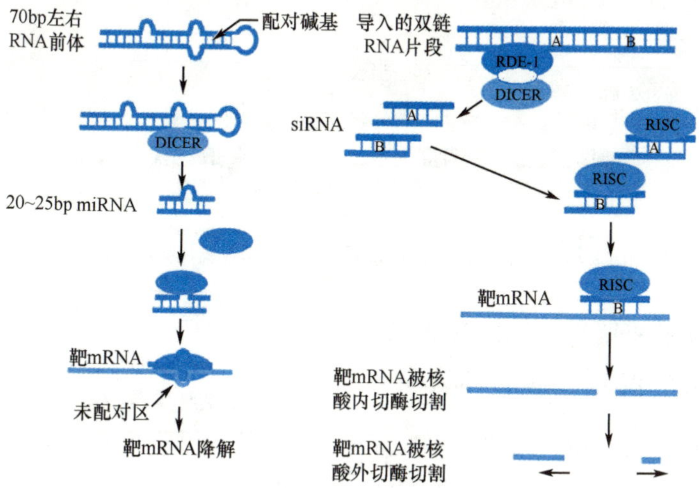

图 15-17　miRNA 和 siRNA 使靶基因 mRNA 沉默的机制

在植物中，任何一种基因都可以通过这种 miRNA 的方式被有效关闭。在线虫类，向食物中加入某种特异性双链 RNA 就能有效抑制目标基因的表达。由于 RNA 干扰能够有效抑制基因的功能，而且又不产生突变的生物体，因此该技术已经快速发展成为研究基因功能的重要工具，Fire 和 Mello 也因此荣获 2006 年度诺贝尔生理/医学奖。实验室合成的 siRNAs 已经被用于封闭 HIV 和脊髓灰质炎病毒，可短期阻止培养的人类细胞被感染。目前 RNAi 技术尚不十分成熟，但是该技术的快速进展已经显现出它在未来医学进步中的巨大潜力。

七、真核基因表达的翻译水平调控

（一）翻译起始因子的磷酸化调节蛋白翻译

翻译起始是真核基因表达翻译调控层面的首要环节。翻译起始的快慢在很大程度上决定着蛋白质翻译的速率。真核细胞内各种条件的变化都可能会影响蛋白质翻译的起始。这些因素包括生长因子或营养成分的缺失、病毒感染和温度的突然增加等。而这通常是由于上述条件的变化激活了细胞内的一种特殊的蛋白激酶，使翻译起始因子 eIF-2（eukaryotic initiation factor，eIF-2）被磷酸化所致。

eIF-2 与 GTP 所形成的复合物介导着蛋氨酰-起始 tRNA（Met-tRNA）与核糖体小亚基之间的结合，后者再与 mRNA 的 5′端结合并逐步向 3′端移动扫描。当起始密码 AUG 被识别时，GTP 被 eIF-2 水解成 GDP，而 eIF-2 自身发生构象变化，连同 GDP 一起从小亚基上被释放出来（图 15-18）。随后大亚基结合上去形成完整的核糖体，肽链翻译开始。

失活的 eIF-2 与 GDP 结合得十分紧密，需要借助一个鸟苷酸交换因子（guanine nucleotide exchange factor，GEF，又称 eIF-2B）与 eIF-2 结合，才能将 GDP 释放出来，使 eIF-2 结合新的 GTP，方可循环利用。而当与 GDP 结合的 eIF-2 被磷酸化时，eIF-2 不但不能释放 GDP，而且 eIF-2 与 GEF 之间的结合也异常紧密，因此使 eIF-2 以及数目有限的 GEF 的循环再利用都受到抑制，蛋白质翻译的速率大为降低。在哺乳类细胞中，eIF-2 的活性调节十分重要。生长期细胞是非生长期细胞（G_0期）蛋白翻译速度的 5 倍。细胞由生长期进入 G_0期的部分机制就是由磷酸化 eIF-2 调节蛋白翻译起始实施的。

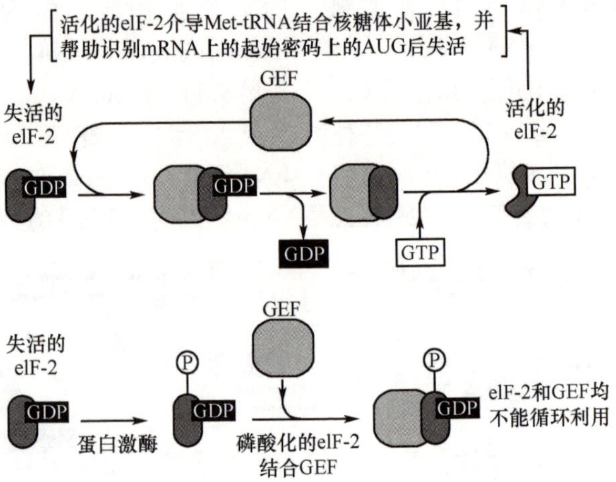

图 15-18　eIF-2 启动蛋白翻译的循环利用及其磷酸化调节

（二）mRNA 分子 5′端或 3′端非翻译区结合蛋白质介导蛋白翻译负调控

真核 mRNA 分子上的 AUG 密码作为翻译起始位点的选择，主要取决于 AUG 密码靠近 5′端帽子结构的距离。核蛋白体小亚基首先结合在 mRNA 分子 5′端帽子结构的下游，开始扫描寻找起始密码 AUG。与原核细胞一样，真核细胞也存在翻译抑制蛋白质。一些翻译抑制蛋白质结合到 mRNA 分子的 5′端抑制翻译的起始，而另一些抑制蛋白质则识别 mRNA 分子 3′-UTR 上的特殊位点，通过干扰 3′端 Poly(A)尾与 5′端帽子结构之间的联系而抑制翻译的起始。

对真核细胞蛋白翻译负调控机制，研究较多的是细胞内用来储存铁的铁蛋白(ferritin)。铁蛋白 mRNA 分子 5′端有铁反应元件(IRE)，当细胞质中可溶性铁离子的水平低时，一种特异性翻译抑制蛋白与该 IRE 结合，阻断铁蛋白的翻译。当细胞质中可溶性铁离子的水平上升超过某一临界值时，与特异性翻译抑制蛋白结合，使该蛋白从 mRNA 分子 5′端的 IRE 上脱落，蛋白翻译抑制解除，铁蛋白的翻译速率显著增加(图 15-19)。

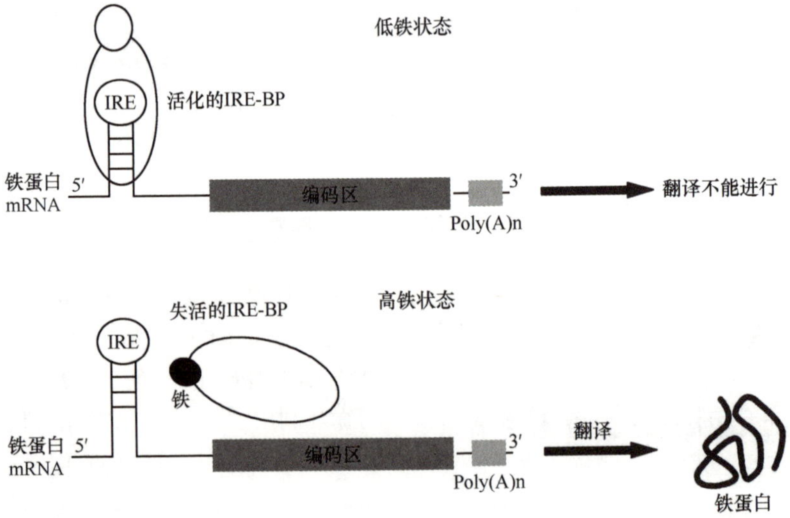

图 15-19　IRE-BP 对铁蛋白翻译的负性调节

（三）真核 mRNA 不同翻译起始点的调控

近 90% 的真核 mRNA 分子是从 5′端帽子结构下游第一个 AUG 密码开始翻译的，因为该密码被核蛋白体小亚基首先扫描到，但紧邻第一个 AUG 前后的临近序列对翻译的起始效率也会有一定的影响。当某种不利于起始密码 AUG 扫描识别的情况出现时，核蛋白体小亚基有时可能无视第一个 AUG 而滑向第二个，甚至第三个 AUG，这种现象被称为遗漏扫描(leaky scanning)。由于遗漏扫描现象的发生，一条 mRNA 分子模板

笔记栏

有时可以产生两个以上的相关的蛋白质。在某些情况下，细胞会通过这种遗漏扫描机制来调节相关蛋白分子的相对丰度。例如：在一些特定情况下，细胞会增加起始因子 eIF-4F，这十分有利于偏爱使用距 5′端帽子结构最近的 AUG。

有些真核 mRNA 分子，在其正常的起始密码 AUG 的上游（5′-UTR）往往有一个或多个 AUG 也有可能作为起始密码，但这些上游开放阅读框架（upstream open reading frames，uORFs）与正常的开放阅读框架多不一致，翻译后会很快遇到终止密码子而释出一个无功能的多肽。uORFs 存在的意义可能在于其调节功能，它们的 AUG 能够与正常起始密码 AUG 竞争，翻译出无功能的多肽而使正常的翻译维持在较低水平。

真核细胞内还存在另一种特殊的 mRNA 分子，以它们为模板所进行的翻译不是以 AUG 作为翻译起始点。翻译起始点是远离 mRNA 分子 5′端的一段特殊的序列，也称为内部核糖体进入位点（internal ribosome entry site，IRES）。在一些极端的情况下，在同一 mRNA 分子上，从 AUG 开始，和从 IRES 开始的翻译可以同时进行。IRES 被偏爱使用的情况主要见于，正常翻译过程受到限制，整体蛋白合成的能力降低，而从 IRES 开始的翻译未受影响，得以高速进行。例如，当真核细胞进入 M 期时，由于翻译起始因子 eIF-4E 的周期性脱磷酸化，致使其与 mRNA 分子 5′端帽子结构的结合能力显著降低，正常的翻译难以顺利进行，整体的蛋白翻译速度下降到仅为间期时的 25%。而此时从 IRES 开始的蛋白翻译，因为不依赖于 5′端帽子结构与 eIF-4E 的结合，因此在 M 期的翻译速度反而相对增加。

小　结

基因表达是指基因的转录，或基因的转录与翻译的过程，而对上述过程的调节与控制就是基因表达调控。许多基因的表达表现为严格的时间特异性和空间特异性。时间特异性是指在生物个体的生长发育过程中，根据功能需要，某一特定基因的表达严格按一定的时间顺序开启或关闭。多细胞生物基因表达的时间特异性也被称为阶段特异性。多细胞生物个体在生长发育过程中，某种基因产物在个体中按不同组织细胞空间顺序表达的特性被称为基因表达的空间特异性，也被称为细胞特异性或组织特异性。基因表达的方式有组成性表达、诱导性表达和阻遏性表达等。如某些基因的表达产物对生物个体生命全过程都是必不可少的，且在生物个体的几乎所有细胞中持续表达，这类基因被称为管家基因。管家基因的表达也被称为基本基因表达或组成性基因表达。另有一些基因表达随外界环境信号变化而变化。在外环境信号刺激时，基因表达被激活，基因表达产物增加，这种基因表达方式称为诱导。相反，有些基因对外环境信号应答时，基因表达被抑制，基因表达产物降低，这种基因表达方式称为阻遏。原核生物、单细胞生物的基因表达调控主要是为了适应营养环境的变化，维持细胞的生长或分裂。而多细胞生物的基因表达调控除为适应环境、维持个体的生长外，还有维持组织器官分化和个体发育的功能。

基因表达调控是在多级水平上进行的复杂分子事件，其中，转录起始是基因表达的最基本控制点。基因转录起始调控的基本要素涉及特异 DNA 序列、转录调节蛋白和 RNA 聚合酶的活性等。

大多数原核基因的表达调控是通过操纵子机制实现的。*E. coli* 的 lac 操纵子含 Z、Y、A 三个结构基因，结构基因上游含有一个阻遏蛋白结合位点，即 O 序列，以及一个启动序列 P、一个分解代谢物基因激活蛋白（CAP）结合位点、一个调节基因 Ⅰ。lac 操纵子的表达既有阻遏蛋白的负性调节，又有 CAP 的正性调节，两者的协调作用控制着 lac 操纵子基因的转录起始。*E. coli* 的 trp 操纵子是转录终止调控的典型例子。trp 操纵子的结构基因区含 trpE、trpD、trpC、trpB、trpA 五个结构基因，结构基因上游是前导基因 L、操纵序列 O 和启动序列 P，后三者构成调控区。调控区上游还有调节基因 R，编码阻遏蛋白。trp 操纵子的转录调控受阻遏机制和衰减机制的双重调节。

与原核基因的表达调控相比，真核基因表达调控的环节更多，机制更复杂。而对转录起始的调控同样是真核基因表达的最关键的控调环节。概括地讲，真核基因的转录起始就是围绕着启动 RNA 生物合成这一分子事件，通过转录因子或转录调节蛋白与顺式作用元件之间的相互作用，最终激活 RNA 聚合酶。真核基因的转录因子包括基本转录因子和特异转录因子，同时也可以被分类为反式作用因子和顺式作用蛋白。而顺式作用元件主要包括启动子、增强子和沉默子等，顺式作用元件发挥作用离不开转录因子或转录调节蛋白的介导。真核基因的基本活性状态受到许多因素的制约。在真核基因的表达调控中，基因的活化或激活是主要方面，即正性调节占主导。转录因子蛋白有 DNA 结合域、转录激活域、

笔记栏

与其他转录因子蛋白相互作用的二聚化结构域等。常见的DNA结合域有HTH、锌指、bHLH和β-片层等。亮氨酸拉链结构域，是转录因子中常见的二聚化结构域。

基因活化蛋白可以通过改变基因转录调控区染色质的结构，即染色质或核小体重塑来促进基因转录的起始。基因活化蛋白通过中介子复合物促进RNA聚合酶与基本转录因子在转录起始位点的组装。真核基因也能够利用阻遏蛋白调节基因转录。

转录后的加工过程包括，mRNA分子的5′端加帽子、3′端加Poly(A)尾和选择性剪接等。某些真核mRNA分子也可见到RNA序列编辑。

真核mRNA分子通过核膜是一个主动运输的过程，通常需要借助于核输出受体才可穿过核孔通道。真核mRNA分子的定位翻译表达存在于许多真核细胞中，在细胞局部特定功能部位集中快速翻译产生大量的蛋白质分子，及时满足功能需要。mRNA分子定位翻译的导向信号存在于该mRNA分子的3′-UTR上。

真核mRNA分子的降解有两种途径，由mRNA分子的序列决定。最常见的mRNA分子的降解途径是Poly(A)尾的逐渐短缩。而另一途径有赖于mRNA分子3′-UTR上的一个特异性位点被某种特殊的核酸内切酶识别，借此可以将Poly(A)直接从mRNA分子上切除。

翻译起始因子eIF-2的磷酸化修饰是调节真核蛋白翻译的关键步骤。某种调控蛋白质能够结合到mRNA分子的5′或3′-UTR而调控蛋白翻译的起始。真核细胞还可以对少数mRNA分子翻译的起始点进行调控。遗漏扫描可以使一个mRNA分子产生两个以上氨基末端不同的相关蛋白多肽。阅读uORFs翻译出无功能的多肽可使正常蛋白多肽翻译维持在较低水平。从IRES处启动翻译对细胞的一些特殊阶段的调节有重要意义。

（李恩民）

笔 记 栏

第16章 细胞信号转导

尽管影响多细胞生物进化的因素极其复杂，且尚不完全清楚，但人们普遍认为生物的进化程度如此缓慢的原因可能与多细胞生物必须具备复杂的信号转导(signal transduction)网络系统有关。通过这一网络系统，多细胞生物能够确定每个细胞在体内的位置及其特殊的功能。较高级动物细胞间信息传递需数百种细胞间信号分子的参与，包括蛋白质、氨基酸、小分子肽、类固醇和核苷酸等。细胞间信号分子的主要特征是它们携带和传递细胞活动的调节信号给靶细胞(target cell)，靶细胞以其特有的信号接受装置(即受体)将信号识别、放大并转换，从而产生细胞的生物学效应。如特定的酶的合成、基因活性的调控等。人体的信号转导主要包括以下几个步骤：特定细胞释放信息物质→信息物质到达靶细胞→与特异受体结合→信号转换→靶细胞产生效应。由于信息物质的种类繁多而复杂，表现出生命活动的复杂性和多样性。

第1节 信息物质

许多化学物质的主要功能就是在细胞间和细胞内传递信息。根据溶解度及其受体在细胞中的分布不同将信息分子分为细胞间信息物质和细胞内信息分子两大类。

一、细胞间信息物质

在细胞间传递分泌细胞对细胞活动调节信号的物质统称为细胞间信息物质，又称为第一信使。根据化学信号的理化性质可分为可溶性和膜结合型两种形式，根据信息分子到达靶细胞的距离及作用方式等又可分为局部化学介质、激素、神经递质和气体信号分子四大类。

(一) 局部化学介质

大多数细胞都能分泌一种或数种局部的信息分子，又称为旁分泌信号(paracrine signal)及自分泌信号。它们的特点是不需要经过血液转运，而是在组织液中通过扩散作用于周围的靶细胞或作用于自身细胞。由交感神经组织细胞分泌的神经生长因子(nerve growth factor，NGF)、肥大细胞分泌的组织胺、胰岛δ细胞分泌的生长抑素、NO、花生四烯酸及其代谢产物(前列腺素等)，都属于此类信息分子。该类分子的作用时间均较短，通常迅速被靶细胞吸收或被细胞外的酶所降解。

(二) 内分泌激素

内分泌激素一般是由特殊分化的内分泌细胞分泌的化学物质，又称为内分泌信号(endocrine signal)。它们需要经过血液循环转运到达靶细胞而传递信息，从而调节靶细胞的代谢活动。根据内分泌激素的化学组成，可将其分为两大类，即含氮化合物激素和固醇类激素。前者如氨基酸的衍生物(肾上腺素、甲状腺素等)、肽类和蛋白质类物质(胰岛素、胰高血糖素、甲状旁腺素、垂体激素等)；后者如肾上腺皮质激素、性激素等。除甲状腺素外，含氮类激素都是水溶性的。

(三) 神经递质

来源于神经细胞，是神经细胞与靶细胞之间进行信息传递的信息分子，由突触前膜释放，又称为突触分泌信号(synaptic signal)。包括神经递质(乙酰胆碱、多巴胺、谷氨酸等)和神经肽(内源性吗啡、P物质等)，其作用时间较短。

(四) 气体信号

NO半寿期短、结构简单，化学性质活泼。体内NO由NO合酶(NO synthase，NOS)通过氧化*L*-精氨酸的胍基而产生的。Furchgott，Ignarro和Murad三位学者因发现NO是心血管系统的信号分子，获得1998年诺贝尔生理/医学奖。

除NO外，具有信息传导作用的气体分子还有一氧化碳(CO)，是由血红素加氧酶催化血红素的氧化过程中产生的，具有类NO样作用。

笔记栏

二、细胞内信息物质

在细胞内传递细胞调控信号的化学物质称为细胞内信息物质。细胞内信息物质的组成呈多样性，从 Ca^{2+} 这样的无机离子到信号蛋白分子都作为细胞内的信息物质参与信号转导。但因为它们本身作用方式不同，作用途径和特点对代谢的影响也存在着很大的差异（表16-1）。

表16-1 细胞内信息物质的组成及对细胞功能的影响

信息物质化学本质	细胞内信使	引起的细胞内变化	在信息转导中的作用
无机离子	Ca^{2+}	PKC、CaM 激活	第二信使
脂类衍生物	二酯酰甘油（DAG）	PKC 激活	第二信使
糖类衍生物	三磷酸肌醇（IP_3）	胞内 Ca^{2+} 升高	第二信使
核苷酸	cAMP、cGMP	PKA、PKG 激活	第二信使
蛋白质（含激酶）	Ras（P21 蛋白）	蛋白激酶活性	受体和蛋白激酶

第2节 受 体

当 Langley（1852～1925年）在药理学实验研究中使用完全变性的交感神经仍然观察到对肾上腺素的反应，而箭毒能明显对抗烟碱对去神经后的肌缩作用时指出，药物可能和细胞中某种特殊成分结合而发挥作用，这一实验结果对受体概念的提出是一个重要的启示。其后，Ehrlich（1854～1915年）在从事免疫学研究时提出了著名的“锁”与“钥”的受体-配体作用假说，即“侧链理论”，用于解释抗体对毒素的中和作用。他认为在细胞上有许多侧链，当某种类型的侧链的亲毒基团一旦与毒素的结合基团结合，如钥匙开锁一样使毒素的作用得以发挥。Clark 于 1933 年在总结和进行实验的基础上，提出药物产生的效应和它与受体的结合量成正比，为受体学说奠定了坚实的基础，并对药理学研究产生了重要的影响。Ehrlich 因对抗体的产生机制及其功能原理的研究和 Mechnikov 分享了 1908 年诺贝尔生理/医学奖。

一、受体的概念与分类

（一）受体的概念

受体（receptor）是位于细胞膜或细胞内的具有对信息分子（包括内分泌激素、神经递质、毒素、药物、抗原和细胞黏附分子等）特异识别和结合功能，而引起生物学效应的一类生物大分子。其化学本质大多数是蛋白质，个别的是糖脂。能与受体结合的信息分子称为配体（ligand），信息分子的浓度在 10^{-15}～10^{-9} mol/L 之间就可以与受体结合。每个细胞的受体数目不同，受体可平均分布于细胞表面，也可集中在细胞的局部区域。

（二）受体的分类

经典的受体分类方法将受体按照配体和功能效应分为神经递质受体、激素受体、摄取血浆蛋白或转运物质的受体、细胞黏附受体、药物受体、化学趋向性物质受体、毒素受体、直接参与免疫功能受体和病原体受体九类。这种分类方法不能看出受体的结构与功能的关系，人们按照研究的需要和受体在细胞中的位置进行了分类，以明确地解释受体的结构和信号转导机制。

1.以受体的效应分类 受体来源于药理学研究的概念，在药理学及临床医学药物作用机制的描述中仍习惯于用激活受体的各受体激动剂的化学特性将受体进行分类。以激动剂为主的分类方法，通常将受体分为乙酰胆碱受体、肾上腺素受体、多巴胺受体、阿片肽受体等。对于新的受体激动剂和拮抗剂的深入研究，使各类受体的亚型研究得到迅速的发展。如肾上腺素受体中 α_1、α_2、β_1 和 β_2 等亚型。

2.以受体的亚细胞定位分类 为膜受体和胞内受体。大多数受体位于细胞膜上，称为膜受体。神经递质和大部分激素的受体都是膜受体，这些受体是镶嵌在胞膜脂质双层结构中的糖蛋白，也有糖脂，都是整合膜蛋白（integral membrane protein），可以区域性分布，也可以散在分布。其主要功能是实现跨膜信息传递。胞内受体又可分成细胞质受体和细胞核受体，它们都是 DNA 结合蛋白，其 DNA 结合部位都形成“锌指”结构，改变这一区域的结构会导致完全丧失生物

笔记栏

活性。胞内受体也可根据二聚化方式或与DNA结合的方式不同分为类固醇激素受体、RXR异源二聚体受体、二聚化孤儿受体和单体孤儿受体。

二、受体的一般结构及功能

（一）膜受体

膜受体接收的是水溶性信息分子的信号，因这些水溶性分子不能进入细胞，需与膜受体作用，再将信息向细胞内传递。随着分子生物学技术的快速发展，膜表面受体分子结构和信号转导机制的研究取得了实质性的进展，人们将膜受体分为：G蛋白偶联受体、配体门控离子通道受体、单个跨膜α螺旋受体和鸟苷酸环化酶活性受体。

1.G蛋白偶联受体（G-protein coupled receptors，GPCRs） 这类受体由单一的多肽链构成，含400~500个氨基酸残基，分细胞外、细胞膜上和细胞内三个区。细胞膜结构域由高度保守的7个α螺旋构成，故该受体又称蛇形受体（serpentine receptor），是目前已经发现的种类最多的受体，在结构上有共同特点。而G蛋白是一类和GTP或GDP相结合、位于细胞膜胞浆面的外周蛋白质、具有信号传导功能蛋白的总称。Gilman和Rodbell发现了G蛋白及其在细胞信号转导中的作用而分享了1994年诺贝尔生理/医学奖。GPCRs多达1000多种，但均由单一肽链形成7个螺旋反复穿透细胞膜形成跨膜区段，疏水一端延伸为带氨基端的外侧，不同受体常常有不同的糖基化模式；另一端向内延伸为带羧基端的内侧链（图16-1）。肽链C端的丝氨酸和苏氨酸残基为磷酸化部位，G蛋白结合区位于胞质侧。

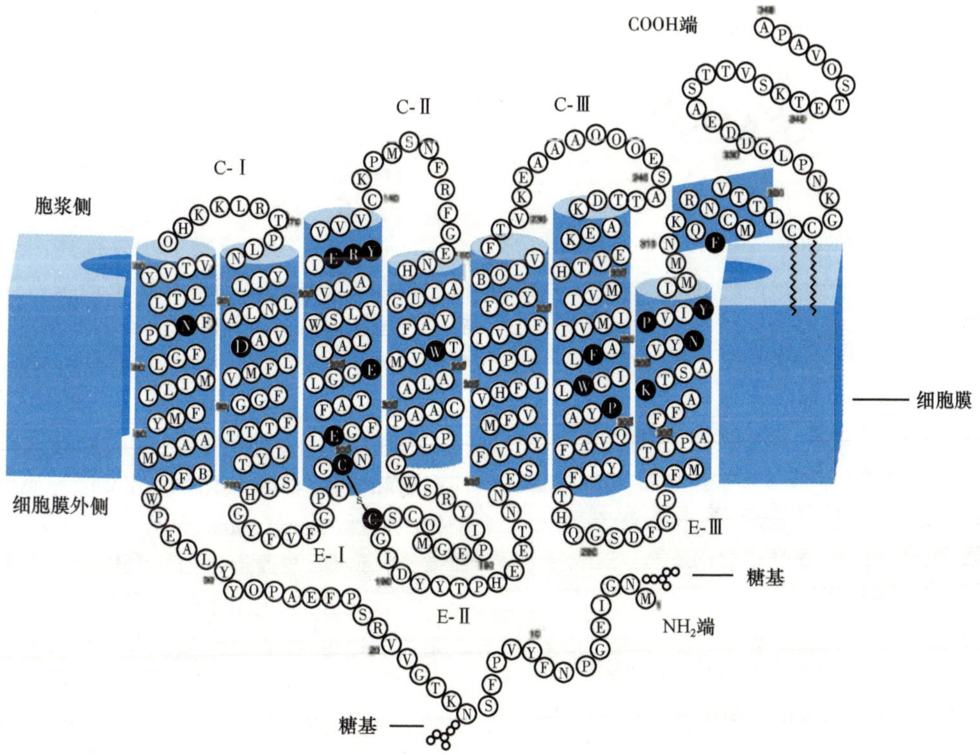

图16-1 G蛋白偶联受体结构示意图

G蛋白有许多种，常见的有激动型G蛋白（stimulatory G protein，Gs）、抑制型G蛋白（inhibitory G protein，Gi）和磷脂酶C型G蛋白（PI-PLC G protein，Gp）。G蛋白作用的重要特点是一个细胞内的G蛋白可以与不同受体和不同的效应器相偶联。各种G蛋白由三个亚基即α亚基（45kDa）、β亚基（35kDa）和γ亚基（7kDa）组成（图16-2），其中α亚基具有多个活化位点，包括可与受体结合并受其活化调节的部位、与β、γ亚基结合的部位、GDP或GTP结合部位等。G蛋白通过γ亚基锚定于细胞膜，有两种不同的构象形式，αβγ三聚体存在并与GDP结合为非活化形式，而α亚基与GTP结合并使βγ二聚体脱落为活化形式（图16-3所示）。G蛋白这种有活性和无活性状态的转换称为G蛋白循环。不同的G蛋白能特异地将受体和效应酶偶联起来。在细胞内活化的G_α可作用于相应的效应分子，从而使细胞内信使分子的浓度发生迅速的改变。

笔记栏

细胞内信使作用的靶分子主要为各种蛋白激酶。

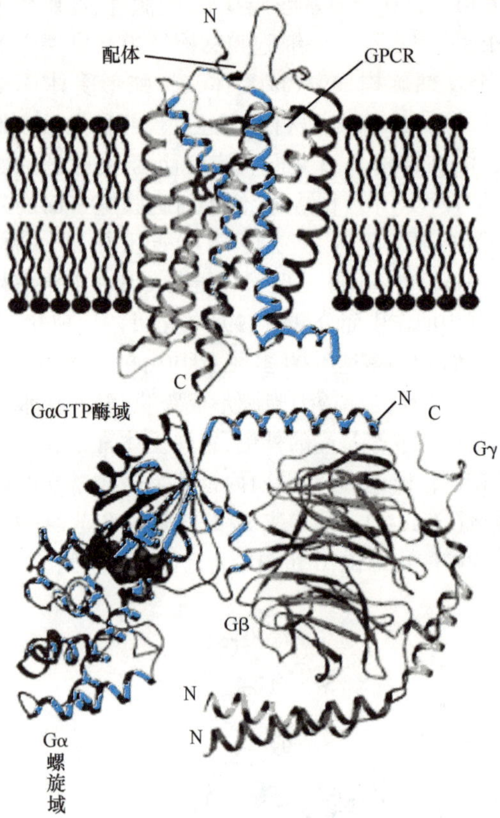

图 16-2　G 蛋白的结构及其受体的结合示意图

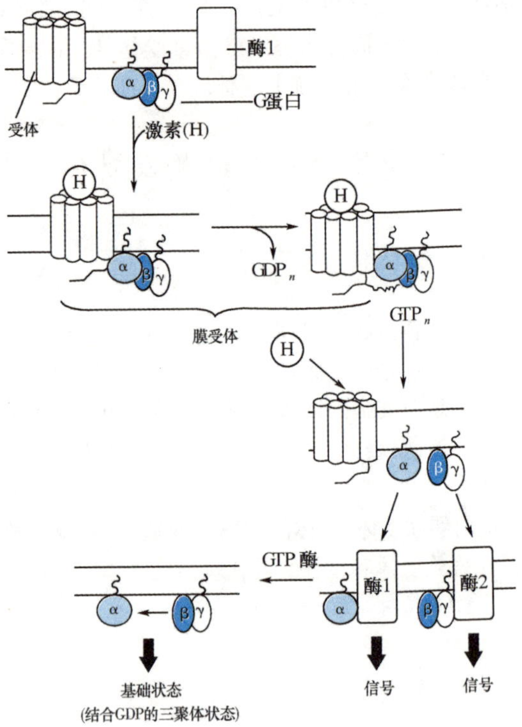

图 16-3　G 蛋白的作用机制示意图

当 G 蛋白释放 GDP 结合 GTP 时，G 蛋白的 α 亚基与 β、γ 亚基解离而使 G 蛋白活化，进一步激活其所作用的酶，后者再催化产生细胞内的信号物质

案例 16-1

患者，女性，一周前外出旅游归来，突然持续腹泻而就诊。主诉：发热、呕吐、腹痛、腹泻频繁、心慌、全身无力。体格检查：体温 39℃，血压为 9. 31/6. 65kPa，心率快，脉搏弱，病人粪便样检查，弯曲弧菌革兰阴性染色，有明显脱水症状。

初步诊断：霍乱。

问题讨论

1. 霍乱导致腹泻的机制是什么？
2. 如何用生物化学知识解释患者出现的血压下降？

当感染霍乱时，霍乱毒素进入细胞内，通过使激活型 G_{α} 亚基（$G_{s\alpha}$）发生 ADP-核糖基化修饰，即催化 NAD^+ 上的 ADP-核糖部分转移到 $G_{s\alpha}$ 上，改变 G 蛋白的功能，使其丧失 GTP 酶活性，使 $G_{s\alpha}$ 维持在活性状态，腺苷酸环化酶持续活化，cAMP 大量积聚，改变细胞膜蛋白构象，导致肠道液体量增加 10~15 倍，引起腹泻，严重的出现循环衰竭。

2. 配体门控离子通道受体　即环状受体。它们受神经递质等信息物质的调节。离子通道（ion channel）是指细胞膜上一类特殊亲水性蛋白质微孔道，是神经、肌肉细胞电活动的物质基础。门控（gating）是指离子通道的开放和关闭，根据门控机制的不同，可将离子通道分为三大类：①电压门控性（voltage gated，也称电压依赖性或电压敏感性）离子通道，会因膜电位的变化而开启和关闭，如 Na^+、K^+、Cl^- 和 Ca^{2+} 等通道。②配体门控性（ligand gated，又称化学门控性）离子通道，通过递质与通道蛋白质受体分子上的特定位点结合而开启和关闭。离子通道型受体可以是阳离子通道，如谷氨酸受体、乙酰胆碱受体、5-羟色胺受体；也可以是阴离子通道，如甘氨酸受体、γ 氨基丁酸受体等。③机械门控性（mechanogated）离子通道，是能够感受细胞膜表面应力变化，实现胞外机械信号向胞内转导的一类通道。此外，还有细胞器离子通道，如广泛分布于哺乳动物线粒体外膜上的 VDAC（电压依赖性阴离子通道，voltage dependent anion channel）、位于肌浆网（sarcoplasmic reticulum，SR）或内质网上的 IP_3 受体通道等。它们受神经递质等信息物质的调节。通过离子通道的打开或关闭，改变膜通透性，引起或切断离子流动。

最典型的环状受体就是在骨骼肌等组织的乙酰胆碱受体（n-ACh 受体）（图 16-4）。这类受

笔记栏

体的共同结构特点是由均一或不均一的亚基在细胞膜上构成一寡聚体，在细胞膜上形成阴离子或阳离子通道。在骨骼肌和电器官的 ACh 受体为 $\alpha_2\beta\gamma\delta$ 组成的五聚体，ACh 受体对突出间隙的 ACh 浓度的增加可以迅速做出反应。在生理条件下 1 分子乙酰胆碱与 ACh 受体的结合出现在不足 100μs，而结合 2 分子 ACh 的 ACh 受体由关闭转换为开放型可在 30μs 内完成。当 ACh 与其受体结合后产生变构效应，使关闭状态时堵塞孔的疏水性较大的非极性氨基酸改变位置，以较小极性的氨基酸或中性氨基酸残基替代，导致离子通道开放。

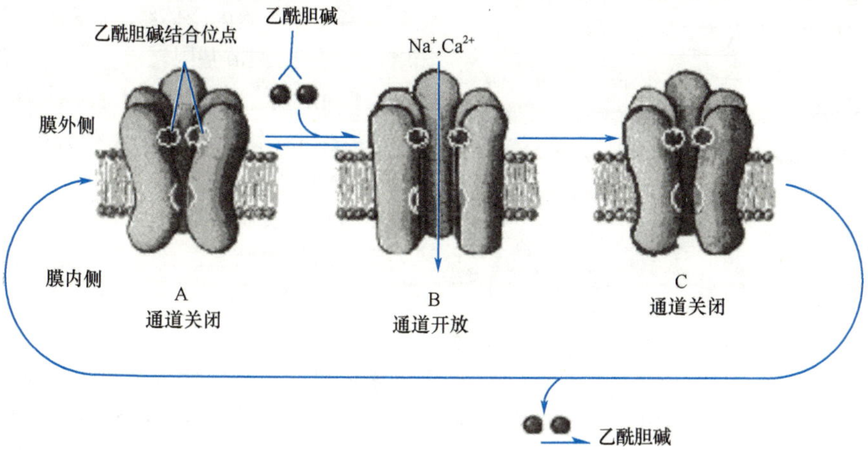

图 16-4　乙酰胆碱受体-通道型受体

3.单跨膜 α 螺旋受体　与 7 次跨膜受体相对应，将许多结构为单次跨膜的生长因子和细胞因子的受体称为单个跨膜受体，也称为酶偶联受体。根据这类受体是否具有催化活性的单体结构，分为催化型受体（catalytic receptor）和非催化型受体。催化型受体与配体结合即具有酪氨酸蛋白激酶活性，可催化自身磷酸化或使其他底物蛋白的酪氨酸残基磷酸化。

催化型受体（如胰岛素受体、表皮生长因子受体）由 3 个部分组成：与配体结合的胞外结构域，一般有 500～850 个氨基酸残基，为配体结合部位（图 16-5A、B），富含半胱氨酸区段（约 51 个氨基酸残基）；中段的跨膜结构域，由 22～26 个氨基酸残基构成一个 α 螺旋；C-末端为近膜区和功能区，构成酪氨酸激酶活性的胞内结构域。此类受体下游分子常含 SH_2 结构域（Src homology 2 domain），SH_3 结构域（Src homology 3 domain）和 PH 结构域（pleckstrin homology domain）。

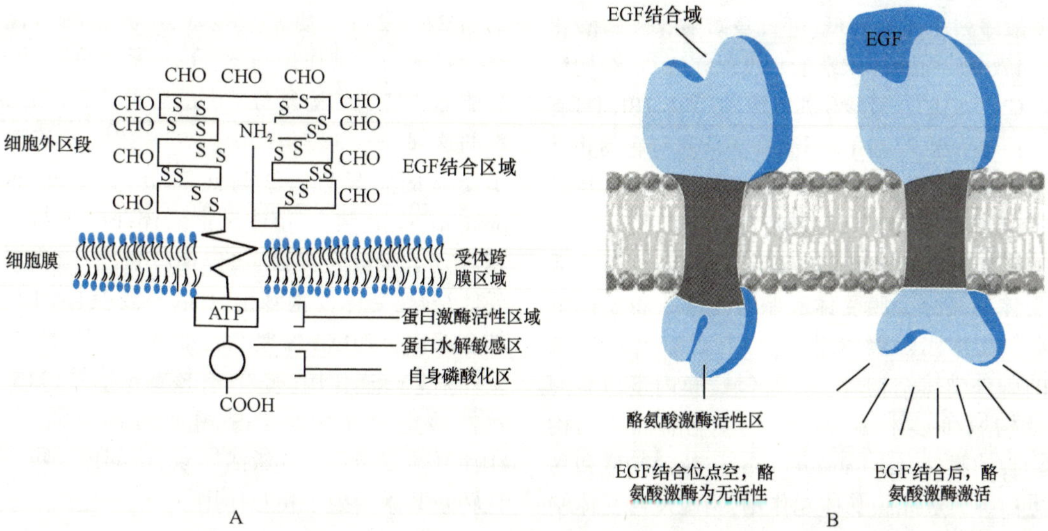

图 16-5　EGF 受体示意图

SH_2结构域与原癌基因 *src* 编码的 2 结构域同源，能与酪氨酸残基磷酸化的多肽链结合，不同的蛋白质分子含有结构相似但并不相同的 SH_2结构域，因此对于含有磷酸化酪氨酸的不同模体具有选择性；SH_3结构域由 50~100 个氨基酸残基组成，一分子蛋白质可含有一个或多个 SH_3结构域，可识别另一信号转导分子中富含脯氨酸的 9~10 个氨基酸残基构成的模体，并与之结合；PH 结构域由 100~120 个氨基酸残基组成，主要与膜磷脂衍生物结合，使分子定位于细胞膜，该型受体与细胞增殖、分化、分裂及癌变有关。

非催化型受体，常位于胞浆中，如生长激素受体、干扰素受体等，大部分为糖蛋白，受体的羧基端在胞浆侧，但不具有催化功能。当配体与非催化型受体结合后，可与酪氨酸蛋白激酶偶联而发挥作用，如底物酶 JAK（just another kinase，另一类激酶）和某些原癌基因编码的 TPK 结合而表现活性。非催化型受体的某些酪氨酸残基被非受体型 TPK 磷酸化。

单个跨膜 α 螺旋受体还包括转化生长因子-β（transforming growth factor β，TGF-β）受体。TGF-β 受体分两个亚家族-Ⅰ型受体（transforming growth factor β receptor-Ⅰ，TβR-Ⅰ）和Ⅱ型受体（transforming growth factor β receptor-Ⅱ，TβR-Ⅱ）。TβR-Ⅰ亚家族其氨基酸序列具有高度相似性，尤其在激酶结构域，而 TβR-Ⅱ亚家族的氨基酸序列相似性较低，可自身磷酸化和磷酸化 TβR-Ⅰ激酶结构域 N-末端的高度保守区 GS 结构域（TTSGSGSG）的丝氨酸和苏氨酸，使受体 TβR-Ⅰ具有信息转导活性，控制 TGF-Ⅰ激酶活性和与底物相互作用的关键区域。TβR-Ⅰ和 TβR-Ⅱ的激酶结构域具有丝/苏蛋白激酶的特征序列。

4.鸟苷酸环化酶（guanylate Cyclase，GC）活性受体 又分为膜受体和胞浆受体。膜受体由同源三聚体或四聚体组成，每个亚基包括 N-末端的胞外受体结构域、跨膜区域、膜内蛋白激酶样结构域和 C-末端的鸟苷酸环化酶催化结构域。心钠肽（atrial natriuretic peptide，ANP）和鸟苷蛋白等通过此膜受体起作用，当配体与受体结合后，磷酸化的 GC 活性大为提高，促进 cGMP 产生，随后 GC 迅速去磷酸化而复原。

胞浆受体存在于胞液，由 α、β 亚基组成的杂二聚体，每个亚基具有一个鸟苷酸环化酶催化结构域和血红素结合结构域。脑、肺、肝及肾等组织大部分为可溶性受体，NO、CO 等配体与胞浆受体结合后引起受体聚合，酶活性被激活，当亚基解聚时酶活性丧失。

（二）胞内受体

当配体与胞内受体结合后能与 DNA 顺式作用元件结合，调节基因转录。这些受体大多数是反式作用因子，通常包括四个区域：高度可变区、DNA 结合区、铰链区和配体结合区。类固醇激素、甲状腺激素、维甲酸等非极性分子配体能透过细胞膜脂质双层结构，从而直接与胞内受体发生反应而传递信息。此类受体常为大分子单体蛋白质，根据其同源性不同分为四个区域。

1. 高度可变区 位于 N 末端，具有一个非激素依赖性的组成性转录激活功能区。即便同一激素的受体其长度及结构都存在很明显的变异，与染色体中其他蛋白的相互作用有关。

2.DNA 结合区 位于受体分子的中部，距离 C 末端大约 300 个氨基酸残基，大约由 70 个氨基酸残基组成，富含 Cys、Lys、Arg 的保守性极为明显区域，可形成锌指结构。改变这一区域（取代或删除某些氨基酸残基）会使之完全失活，说明这部分区域与 DNA 结合发挥调节作用。

3.铰链区 多数核受体主要定位于核内。核受体中有与 SV40 大 T 抗原核定位信号（nuclear localization signal，NLS）相似的氨基酸序列，引导核受体在胞浆合成后定位于细胞核。

4.激素结合区 甾体激素受体靠近 C-末端的约 220~250 个氨基酸残基，与激素的结合特性关系密切。其作用包括：①与配体结合，该部分能形成特定的构象与特定的激素结合，相同激素的这部分差别较小（70%~95%相同），这决定了受体的特异性。②与热激蛋白（heat shock proteins，Hsp）结合，甾体激素受体在核内与一种相对分子质量为 90kDa 的 Hsp 结合。当激素与受体结合，受体变构释出，Hsp 显露受体的 DNA 结合部位，与 DNA 紧密结合而调节基因的表达，发挥信息传递作用。③具有核定位信号，激素依赖性核定位作用与 NIS 相似的氨基酸序列。④使受体二聚化。⑤激活转录，该部位还可与其他转录共激活因子相互作用。

三、受体作用的特点

从受体-配体结合的角度，受体除具备识别

笔记栏

和结合配体、转导信号和产生相应的生物学效应这三个相关联的功能之外，还应具备以下特征：

（一）高度特异性

受体选择性地与特定信息分子结合，这种结合是通过两者的选择性互补，也包括分子的几何形态、反应基团定位与构型等。但这种特异性不是绝对的，如刀豆蛋白A（Con A）可与胰岛素竞争胰岛素受体，而且与该受体结合后表现部分胰岛素的活性。

案例16-2

患者，女性，36岁，昏迷1小时。曾与家人不和，自服药水1小瓶，药瓶已被丢弃，被家人发现后5分钟病人出现腹痛、恶心、呕吐，呕出物有大蒜味，逐渐神志不清，送急诊。患者既往健康，病后有大小便失禁，汗多。查体：脉搏60次/分，呼吸30次/分，神志不清，呼之不应，皮肤湿冷，肌肉颤动，瞳孔针尖样，对光反射弱，口腔流涎，压眶上有反应。余正常，血常规检查未见异常。

初步诊断：有机磷农药中毒。

治疗方案：①洗胃、导泻，清除消化道中的有机磷毒物。②药物治疗：特效解毒剂解磷定等；阿托品。③对症治疗：氧疗等。

问题讨论

1. 应用阿托品救治的分子机制是什么？
2. 阿托品干预了信号转导的哪一环节？

受体阻断剂可特异性阻断信号分子与受体的结合，从而影响信号分子的传导过程。

案例16-2 分析讨论

有机磷农药通过抑制胆碱酯酶导致乙酰胆碱在体内的堆积，导致出现头晕、恶心、呕吐、严重出现针尖样瞳孔。阿托品对M受体有相当高的选择性，为M胆碱受体阻断剂，妨碍乙酰胆碱或胆碱受体激动药与胆碱受体的结合，而不产生拟胆碱作用，使去甲肾上腺素能神经支配的瞳孔扩大的功能占优势，而松弛瞳孔括约肌，同时抑制胃肠道平滑肌的强烈痉挛，降低蠕动的幅度和频率，缓解胃肠绞痛。阻断突触前膜M1受体，从而减少突触中ACh对递质释放的抑制作用。较大剂量（1~2mg）则解除迷走神经抑制，出现腺体分泌减少，瞳孔扩大和调节麻痹，膀胱和胃肠道平滑肌的兴奋性下降，心率加快，对上述症状缓解。

（二）高度亲和力

配体与受体的结合能力称为受体的亲和力。受体（无论是膜受体还是胞内受体）与配体间亲和力都极强，当溶液中只有极低的配体浓度（≤10^{-8}mol/L），就能使受体与配体的结合达到饱和。受体与配体的结合通常用配体-受体复合物的解离常数（K_d）表示，通常为10^{-12}～10^{-8}mol/L，亲和力越大受体越容易被占据。

（三）可饱和性

配体与受体结合达到最大值后，不再随配体浓度的增加而加大。受体-配体结合曲线（Scatchard曲线）为矩形双曲线（图16-6），在配体浓度一定时继续增加配体浓度，激素与受体的结合率不再增加，可使受体饱和。

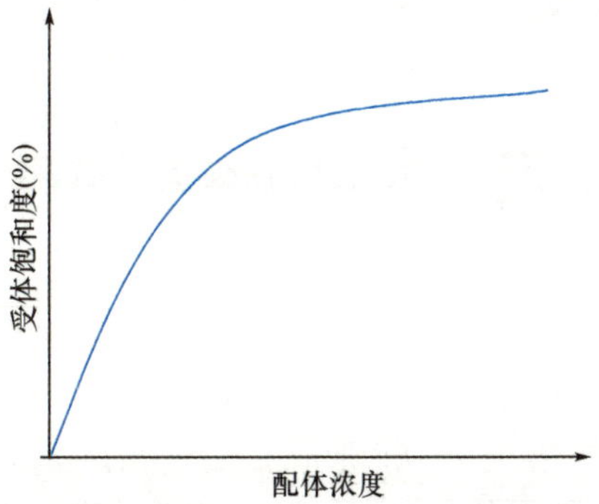

图16-6 配体与受体结合曲线

（四）可逆性

配体与受体非共价键（包括离子键、氢键、范德华力）相结合，其复合物可以解离，也可以被其他特异性配体置换。当生物效应发生以后，复合物即解离，受体恢复到原来状态，而配体被灭活。

（五）特定的作用模式

受体以不同的密度存在于靶细胞的不同区域，其在细胞内从数量到种类上均表现出组织特异性，并出现特定的模式。这种特定的模式可提示某类受体与配体结合后能引起特定的某种生物效应（表16-2）。

笔记栏

表 16-2　不同受体作用的比较

	配体门控离子通道受体	G-蛋白偶联受体	单跨膜 α 螺旋受体	GC 活性受体	胞内受体
别名	离子通道受体	七跨膜受体	酶偶联受体	DNA 结合蛋白	
信息物质	乙酰胆碱、谷氨酸、γ 氨基丁酸	多种肽类激素、趋化因子、神经递质	生长因子、细胞因子	感觉刺激等	类固醇激素、甲状腺素、维甲酸
所属种类	膜受体	膜受体	膜受体	膜受体	胞内受体
细胞应答	去极化与超级化	去极化与超级化、蛋白质功能及表达	细胞分化与增殖	蛋白质的功能	调节基因转录
受体功能	离子通道开闭	激活 G 蛋白	激活蛋白激酶	激活 GC	与 DNA 结合

四、受体活性的调节

受体可以在配体和某些生理病理因素的作用下发生数目和亲和力的变化，称为受体调节(receptor regulation)。若调节使受体的数目减少和(或)对配体的亲和力降低或失敏，称为受体下调(down regulation)，也称为衰减性调节；反之则称为受体上调(up regulation)，又称为上增性调节。根据调节受体的种类又可分为同种调节和异种调节，同种调节时配体作用于特异性受体使其发生变化。异种调节是配体作用于非特异性受体使之作用发生改变。受体活性的调节机制表现在以下几个方面：

(一) 受体磷酸化和脱磷酸化作用

受体磷酸化和脱磷酸化在许多受体的功能和调节中起重要的作用，受体磷酸化包括两种化学本质不同的机制：一种是某些受体与配体结合可使受体构象发生变化，从而形成了某些激酶或磷酸酶作用的底物；另外一种是受体本身具有内在的激酶活性，当与配体结合后即被激活，从而导致自身的磷酸化。受体磷酸化与脱磷酸化改变了受体的功能。如胰岛素及一些生长因子受体分子中酪氨酸残基被磷酸化后，加强了受体与配体的结合，而脱磷酸化则足以使其转变为无激活能力的形式。

(二) 膜磷脂代谢的影响

膜磷脂在维持细胞膜流动性和受体活性中起重要作用。受体激活时包括脑膜磷脂的甲基化作用转变为磷脂酰胆碱后，可明显增强肾上腺素 β 受体激活腺苷酸环化酶的能力。

(三) 修饰受体分子中的巯基和二硫键

巯基和二硫键在维持蛋白质分子的构象中的重要作用已经成为不争之事实，而受体蛋白也不例外地会因为巯基的破坏或二硫键的变化使其空间结构松散及生物活性减弱或丧失。还原剂二硫苏糖醇及烷化剂 *N*-乙基马来亚胺可通过修饰松散蛋白质构象而影响受体活性。

(四) 受体蛋白被水解

许多激素的受体对蛋白水解酶敏感，由于细胞在某些情况下可分泌一些蛋白酶，而且胞浆中的蛋白酶可以被 Ca^{2+} 激活，受体通过内吞方式被溶酶体降解。

(五) G 蛋白的调节

G 蛋白参与多种活化受体与腺苷酸环化酶之间偶联作用，当一个受体系统被激活而使 cAMP 水平升高时，就会降低同一细胞受体对配体的亲和力。

第 3 节　信息的转导途径

一、膜受体介导的信息转导

肽类、儿茶酚胺类以及生长因子等水溶性的信息分子不能透过细胞膜，只能通过膜受体将信息接受、放大并传入细胞内而调节细胞的生理活动，这一过程称为跨膜信息转导(transmembrane signaling)。跨膜信息转导从膜受体与配体的结合开始，多数经过 G 蛋白的介导，在细胞内催化第二信使生成，最终引起功能蛋白质或调节蛋白质的激活或失活。第二信使是激素作用于膜受体后，在胞内传递信息的小信号分子。膜受体介导的信息转导存在有多种途径，本节中介绍六种途径，这些途径之间既相互独立又存在一定的联系。

笔 记 栏

（一）cAMP-蛋白激酶途径

cAMP 是最早发现的第二信使。1959 年，Sutherland 发现把肾上腺素加入肝组织切片时，能加速肝糖原分解，而且糖原磷酸化酶活性显著增高，提示肾上腺素能激活此酶。在后续的研究中于 1960 年发现了能透过细胞膜的低分子物质——cAMP，从而建立了划时代的功勋，为此摘取了 1971 年诺贝尔生理/医学奖。胰高血糖素、肾上腺素、促肾上腺皮质激素等均能通过这一第二信使而发挥调节作用。

1.cAMP 的生成与分解 腺苷酸环化酶（adenylate cyclase，AC）是催化生成 cAMP 的关键酶，在 cAMP 信息传递中自成一系统。这一系统由四部分组成：激素、受体、G 蛋白、AC 催化活性亚单位（C）。当激素与膜受体结合后，改变了受体的带电性，并使受体构象改变，使受体在膜上位移，受体与 G 蛋白结合催化 Gs 的 GDP 与 GTP 交换，释出 Gs-GTP，后者能激活 AC，AC 催化 ATP 转化成 cAMP。

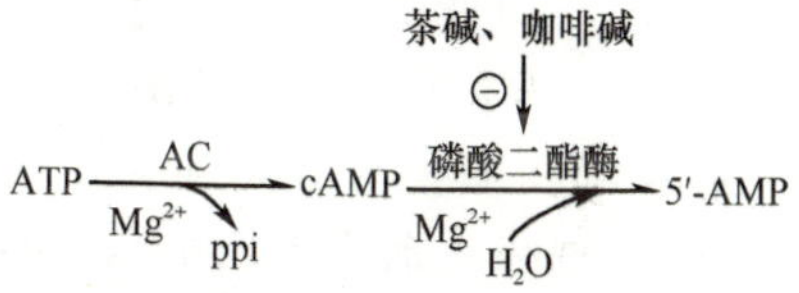

cAMP 在磷酸二酯酶（phosphodiesterase，PDE）的催化下降解为 5′-AMP 而失活。cAMP 的正常细胞浓度为 0.1～1.0μmol/L，但在激素作用下可升高 100 倍以上，但静脉注射 cAMP 时不引起任何效应。

AC 分布广泛，除红细胞外，几乎分布在所有细胞膜上。而 PDE 分布于肝脏、心脏、血管平滑肌、血小板、单核细胞和脂肪细胞均有，而且具有多种亚型，不同组织中 PDE 活性不同，以脑皮层活性最高。某些药物如茶碱，可抑制 PDE 的活性，使细胞内 cAMP 浓度增高。

G 蛋白在 AC 激活中分为参与激活型受体（Rs）活化 AC 的兴奋性 G 蛋白（Gs）和参与抑制型受体（Ri）抑制 AC 的抑制性 G 蛋白（Gi）。GTP 和 Mg^{2+}可以促进 α、β 和 γ 亚基与质膜的结合。

2.cAMP 的作用机制 cAMP 对细胞的调节作用主要是通过激活依赖 cAMP 的蛋白激酶（cAMP dependent protein kinase，PKA）系统实现的，影响蛋白质的磷酸化进而产生多种生物学效应。

PKA 广泛分布在哺乳动物各组织中，2 个调节亚基（R）与 2 个催化亚基（C）组成 PKA 全酶（C_2R_2），在无 cAMP 存在时呈无活性状态，抑制结构域位于 R 亚基，阻碍底物的结合，催化亚基的底物结合区被遮盖（图 16-7A）。在 Mg^{2+}存在时，当 4 分子的 cAMP 结合到特异的 R 亚基上，引起构象改变，无活性全酶解离为含 2 个二聚体，其中含 2 个 C 亚基的二聚体，催化亚基的底物结合区被暴露，使该二聚体具有催化活性（图 16-7B）。

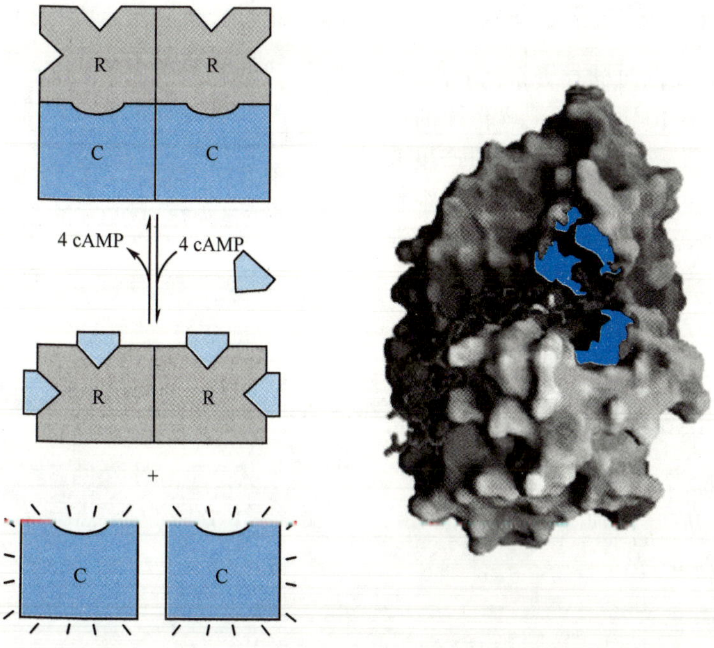

图 16-7 PKA 的活化

3.PKA 的作用 PKA 在 ATP 的存在下，可以催化细胞内多种底物蛋白的特定氨基酸（丝氨酸残基或苏氨酸残基）磷酸化，使多种底物蛋白磷酸化从而调节细胞的物质代谢和基因表达。

知识窗

早在 1962 年 Krebs 等对糖原合成和糖原分解调节的研究中，就发现肾上腺素和胰高血糖素等可使细胞 cAMP 水平增高，激活 PKA，后者使糖原磷酸化酶 b 磷酸化成磷酸化酶 a，而使该酶激活。与此同时，PKA 使糖原合酶 I 磷酸化，转变成无活性的糖原合酶 D，抑制糖原的合成。cAMP 还能阻止 ATP 对磷酸果糖激酶的抑制作用。此外 PKA 还通过激活脂肪酶蛋白激酶，使脂肪酶磷酸化而激活。此外它还可以使膜蛋白磷酸化而改变膜的通透性。

实验研究发现在培养的细胞中加入外源性 cAMP，细胞核中 cAMP 结合蛋白含量增高，核蛋白磷酸化增强，且有基因表达的改变。PKA 可使组蛋白 H1、H2A、H3 磷酸化，使组蛋白与 DNA 结合松弛而分离，解除了组蛋白对基因的抑制；cAMP 磷酸化转录因子（cAMP 应答元件结合蛋白，cAMP response element bound protein，CREB），磷酸化的 CREB 形成同源二聚体，与 DNA 上的 cAMP 应答元件（cAMP response element，CRE）结合，表现激活转录活性。

（二）Ca^{2+}-依赖性蛋白激酶途径

线粒体、滑面内质网可储存大量的 Ca^{2+}，胞浆中 Ca^{2+} 正常浓度 $\leqslant 10^{-7}$ mol/L。Ca^{2+} 传递的信息可使细胞内某些酶活性和功能蛋白质产生多种生物学效应，如肌肉收缩、神经兴奋传导、细胞分泌、细胞分化及增殖等。因而将 Ca^{2+} 也视为细胞内的重要第二信使。

1. Ca^{2+}-磷脂依赖性蛋白激酶途径 体内跨膜信息传递方式中有一种以 IP_3 和 DAG 为第二信使的双信号途径。该系统可以单独发挥作用，也可与 cAMP-PKA 及酪氨酸蛋白激酶等系统相偶联，组成复杂的网络，共同调节细胞代谢和基因表达。促甲状腺素释放激素、去甲肾上腺素、血管紧张肽和抗利尿激素等可通过此种途径起作用。

（1）IP_3 和 DAG 的生物合成和功能：IP_3 和 DAG 是细胞膜上多磷酸肌醇脂代谢的产物，它们与 cAMP 体系有类似之处。激素与受体结合后，激活细胞膜上与受体相偶联的特定 G 蛋白（Gp），引发磷脂酰肌醇特异性磷脂酶 C（PI-PLC）的激活，后者催化膜质上的磷脂酰肌醇 4,5-二磷酸（PIP_2）水解，产生三磷酸肌醇（IP_3）和二酰甘油（DAG）信使物质（图 16-8）。

正常情况下细胞膜几乎不存在游离的 DAG，为脂溶性物质，生成后不进入胞浆，而是留在细胞膜上，在磷脂酰丝氨酸和 Ca^{2+} 的配合下激活蛋白激酶 C（protein kinase C，PKC），引起多种蛋白质磷酸化而引起生物学效应。PLC 存在众多类型的细胞中，有多种功能形式的同工酶，1981 年，自大鼠肝细胞中分离纯化出均一的 PLC，迄今已发现哺乳动物组织中至少有 4 型（9 种）同工酶。大多数含有一 150 或 240 个氨基酸残基组成的保守序列，具有催化活性的结构域，与识别磷酸二酯键和 G 蛋白相互作用密切相关。各种 PLC 都以肌醇磷脂为底物，依赖 Ca^{2+}，而新霉素、庆大霉素对 PLC 具有抑制作用。DAG 有两个重要的来源，一个是 PI-PLC 催化 PIP_2 产生，另一途径是磷脂酶 D 催化其他磷脂释放磷脂酸分解产生。

PKC 为 Nishizuka 于 1979 年发现的一类相对分子质量为78～90kDa 的蛋白质，广泛分布于

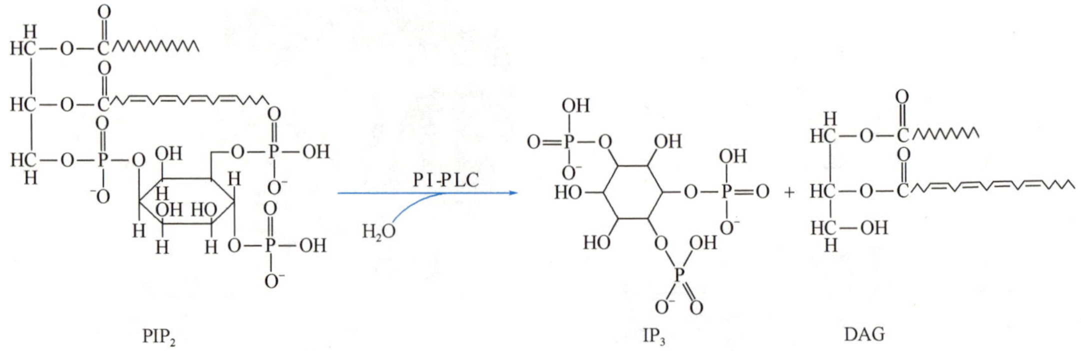

图 16-8 PI-PLC 的作用

笔记栏

各组织，以脑中含量最高。目前已经分离出12种同工酶，PKC为一单链多肽链，C末端的382个氨基酸具有激酶活性，为催化结构域：含ATP结合部位（C_3区）和结合底物并催化进行磷酸转移场所（C_4区）；N末端的290个氨基酸具有调节功能，含有磷脂、Ca^{2+}（C_2区）及DAG的结合位点（C_1区，富含半胱氨酸），为调节结构域。PKC存在于细胞膜和胞浆，胞浆中的PKC呈无活性状态，当胞浆Ca^{2+}浓度升高时可转移到细胞膜上成为“待激活态”，而DAG与PKC结合后，增加了它与磷脂和Ca^{2+}的亲和力而使PKC活化。

IP_3生成后从膜上迅速扩散到胞浆中，通过存在于肌浆网和内质网膜外侧的特异性受体（IP_3受体），迅速打开钙通道，使Ca^{2+}从储存库进入胞浆，Ca^{2+}与胞浆中的PKC结合并聚集于细胞膜，参与PKC的激活。

（2）PKC的生理功能：PKC激活可使大量底物丝/苏氨基酸残基发生磷酸化，包括激素、递质、酶和活性因子等，如胰岛素、表皮生长因子（EGF）、α-肾上腺素、白细胞介素-2（IL-2）、DNA转甲基酶、转铁蛋白等都是PKC作用的底物，使PKC广泛参与DNA与蛋白质的合成、细胞的生长分化、细胞的分泌、肌肉收缩等生理活动的调节作用。①对代谢的调节作用：PKC可催化脂膜上的钙通道促进Ca^{2+}内流；还可使肌浆网上Ca^{2+}-ATP酶磷酸化，使钙进入肌浆网，可通过使代谢的关键酶，如糖原合酶、磷酸化酶激酶、HMGCoA还原酶等磷酸化，对各代谢途径进行调节。②对基因表达的调节：PKC对基因表达的调节分为早期反应和晚期反应两个阶段。PKC使立早基因的反式作用因子磷酸化，加速立早基因的表达。立早基因多数为细胞原癌基因（如*c-fos*、*c-jun*等），其表达产物具有跨越核膜传递信息的功能，因此称为“第三信使”，此为早期反应。如激活因子-1（activitor protein-1，AP-1）是与应激基因表达调控有关的转录因子，属于立早基因家族，也称早期反应基因。由c-fos和c-jun表达产物形成的二聚体，有三个基本功能：DNA结合功能、稳定功能和激活功能。Fos和Jun继Ca^{2+}等第二信使之后，起信号转导的中介作用，也称为第三信使。通常，第三信使是指在细胞核内传递信息的物质，是一类可与靶基因特异序列结合的核蛋白。当立早基因蛋白发生磷酸化后，最终活化晚期反应基因，并导致细胞增生或核型变化。

值得提出的是磷脂酶D催化生成DAG，所激活的PKC较持久，与调控细胞增殖、分化有关。还应强调的是在PKC调控基因中有一段序列TGAGTCA，称为TPA反应元件（TPA response element，TRE）。TPA（佛波酯）是一种诱癌剂，结构类似于DAG，能直接激活PKC，磷酸化核内的磷酸酶，使蛋白质Jun脱磷酸后，与TRE结合促进PKC基因表达。因TPA不能像DAG一样很快破坏，导致PKC的持久激活，对细胞发出了相对长久、不协调的信号，并由此促进肿瘤的形成。

2. Ca^{2+}-钙调蛋白依赖性蛋白激酶途径（Ca^{2+}-CaM途径） 钙调蛋白（calmoldulin，CaM）是结合Ca^{2+}的一种蛋白质，广泛存在与细胞中，其在细胞内以胞浆含量较多，而细胞核、线粒体、微粒体等含量较低，常受Ca^{2+}浓度影响。CaM不具有酶活性，为单一多肽链，分子中不含易使肽链定型成分发生氧化的半胱氨酸和羟脯氨酸，主要含谷氨酸和天冬氨酸（30%），可提供与Ca^{2+}结合的COO^-，CaM有4个Ca^{2+}结合位点（图16-9）。

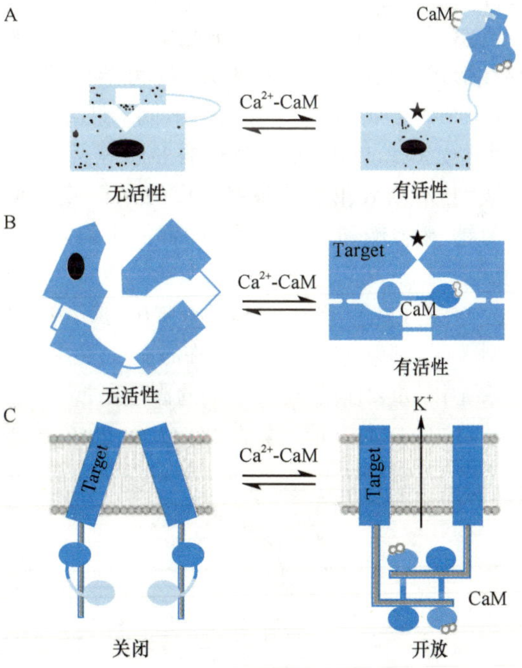

图16-9　Ca^{2+}-CaM靶蛋白激活

A. Ca^{2+}/CaM解除Ca^{2+}/CaM激酶的抑制状态；B. Ca^{2+}/CaM重新形成活性部位（如AC）；C. Ca^{2+}/CaM引起K^+通道开放；●作用位点

在静止期细胞内Ca^{2+}浓度低时CaM不与Ca^{2+}结合，而当细胞内$Ca^{2+} \geq 10^{-2}$ mmol/L时，Ca^{2+}与CaM结合成复合物，发生空间构象的改变，激活Ca^{2+}/CaM依赖的蛋白激酶（Ca^{2+}/calmodulin dependent protein kinase, CaM-PK)。CaM-PK 的底物非常广泛,包括酶、细胞骨架蛋白、离子通道、受体、转录因子、CREB、5-羟色胺和突触素等。胞内 Ca^{2+} 增高后主要依靠 Ca^{2+} 泵将其泵出细胞,CaM-PK 的活性可维持较久。

(三) cGMP-蛋白激酶途径

继 cAMP 发现之后,Goldberg 于 1963 年首先发现了 cGMP。cGMP 与鸟苷酸环化酶(GC)一起构成细胞信息传递中的另一条重要的环核苷酸类第二信使系统,心钠肽(ANP)、脑钠肽(BNP)、血管活性肽和细菌内毒素等分子通过此途径发挥调节作用。cGMP 的产生是由 GC 在二价离子存在下,催化 GTP 环化而成,cGMP 在磷酸二酯酶作用下降解为 5′-GMP。cGMP 能激活 cGMP 依赖性蛋白激酶 G(cGMP-dependent protein kinase, PKG),后者催化相关蛋白质的丝/苏氨酸残基磷酸化。这一系统组成包括配体、G 蛋白、GC、cGMP、PKG。在视觉信号传递及 NO 介导的信号传递中具有重要的特殊作用。

GC 不像 AC 只存在于细胞膜,而是有两种存在形式,即膜结合型和胞浆型(可溶性受体,sGC),它们的特征具有明显的不同。膜结合型 GC 可被 ANP、BNP 和 C 型利钠多肽等激活,而胞浆型 GC 由 α、β 两个亚基组成的异源二聚体,叠氮钠、硝普钠和 NO 等含氮血管扩张剂是 sGC 的激活剂。

NO 是 1988 年首先由 Moncada 提出的新型的、不典型递质和理想的时空信使,它在心血管、免疫和神经系统中的重要作用引起了人们的普遍关注。

体内 NO 由 *L*-精氨酸在 NO 合酶(nitric oxide synthase, NOS)作用下,首先由 NOS 接受 NADPH 提供的电子,使酶分子中的 FAD/FMN 还原,在 Ca^{2+}/CaM 和 O_2 的协助下,使 *L*-精氨酸末端的胍氨基 N 羟化,羟化的 *L*-精氨酸与 NOS 紧密结合,然后进一步氧化生成瓜氨酸和 NO(图 16-10)。NO 通过与血红素的相互作用激活具有 GC 活性的可溶性受体(图 16-11),使 cGMP 增加,cGMP 又激活 PKG,导致多种底物蛋白质磷酸化,最终导致细胞功能的改变,如血管平滑肌松弛。

临床上常用的硝酸甘油等血管扩张剂就是因为其能自发产生 NO。CO 的作用与 NO 相同,内源性 CO 可由脂质过氧化和血红素加氧酶(heme oxygenase, HO)催化血红素代谢产生 CO 和胆绿素(图 16-12)。

PKG 的结构与 PKA 完全不同,为单体酶,N-末端有 cGMP 的结合位点,含有亮/异亮氨酸拉链区、自身磷酸化区和自身抑制区。可发生自身磷酸化,也可以催化酶、通道蛋白等发生磷酸化。

(四) 酪氨酸蛋白激酶途径

胰岛素、生长因子以及一些细胞因子、生长激素等都是通过该途径发挥作用的。酪氨酸蛋白激酶(tyrosine protein kinase, TPK)介导的信息传递在细胞生长、增殖、分化等过程中起重要的调节作用,并且与肿瘤的发生密切相关。根据受体本身是否具有 TPK 活性将其分为通过受体 TPK(受体型 TPK)及胞浆内 TPK(非受体型 TPK)两种不同的方式来传递信息。

1. 受体型 TPK-Ras-MAPK 途径 该途径中受体本身具有酪氨酸蛋白激酶催化活性,胰岛素受体、表皮生长因子受体及某些原癌基因的受

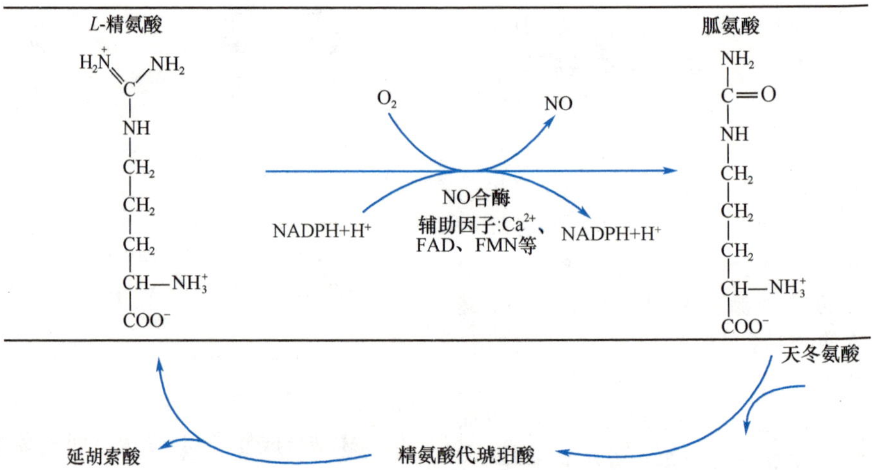

图 16-10 NO 的生成

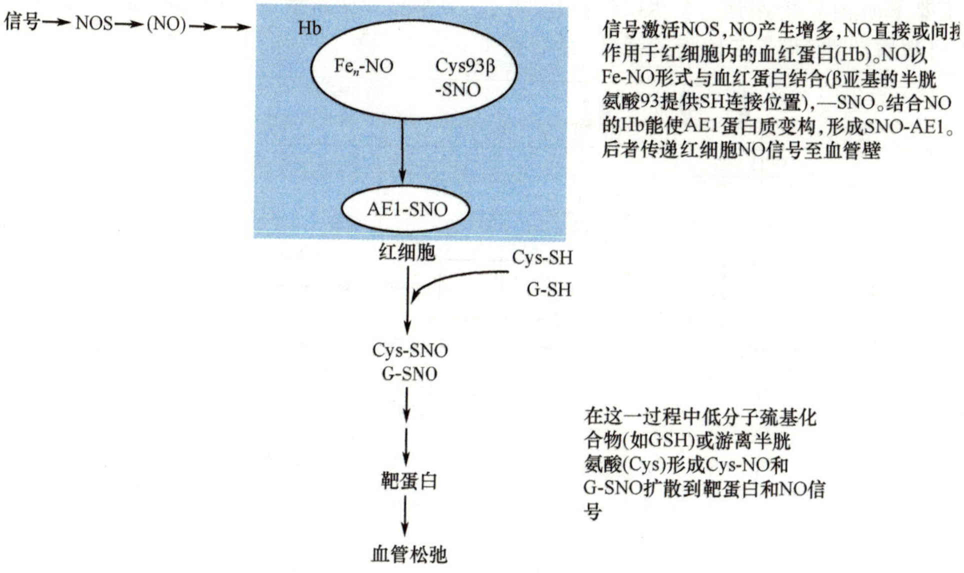

图 16-11　NO 作用概况

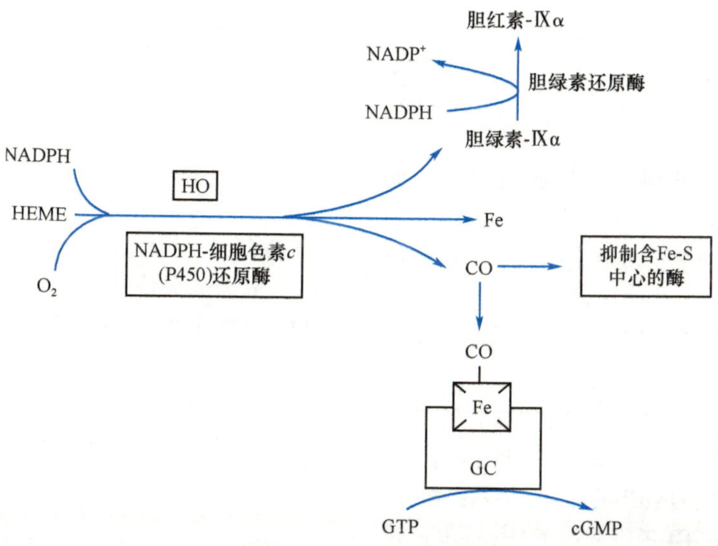

图 16-12　CO 的生成与作用示意图

体均属于此类受体,这类受体具有蛋白激酶催化部位、底物作用部位、ATP 结合部位。当配体与催化型受体结合后,受体发生自身磷酸化并磷酸化生长因子受体结合蛋白 2(growth factor receptor bound protin 2,GRB_2,一种接头蛋白)和 SOS(son of sevenless,一种鸟苷酸释放因子)。它们的 SH_2结构域识别并与磷酸化受体的磷酸酪氨酸残基结合,形成受体-GRB_2-SOS 复合物,激活 Ras 蛋白。

案例 16-3

患者,男性,40 岁,因视力下降,全身无力,易疲倦就诊。检查体温 36.5℃,身高 185cm,体重 108.5kg,超重 35%,空腹血糖 16.8mmol/L,三酰甘油 11.5mmol/L(正常 0.64~1.88mmol/L),眼底检查提示视网膜病变,胰岛素水平正常。

初步诊断:糖尿病合并视网膜病变。

问题讨论

1. 本病应该诊断为哪一类型糖尿病?
2. 患者为何会超重?

胰岛素与受体结合后,受体的酪氨酸蛋白激酶被激活的同时,受体一定部位的酪氨酸自身发生磷酸化,并促使胰岛素受体底物-1(insulin receptor substrate-1,IRS-1)磷酸化,活化的 IRS-1 可激活磷酸肌醇-3 激酶(phosphoinositide 3-kinase,PI-3K)、Ras 等。蛋白激酶 B(PKB,又称 Akt)是

PI-3K 主要下游信息传递途径，PKB 具有丝/苏氨酸蛋白激酶活性，调节多种酶的活性，最后调节细胞骨架重组、蛋白质和糖原合成等细胞反应（图 16-13）。

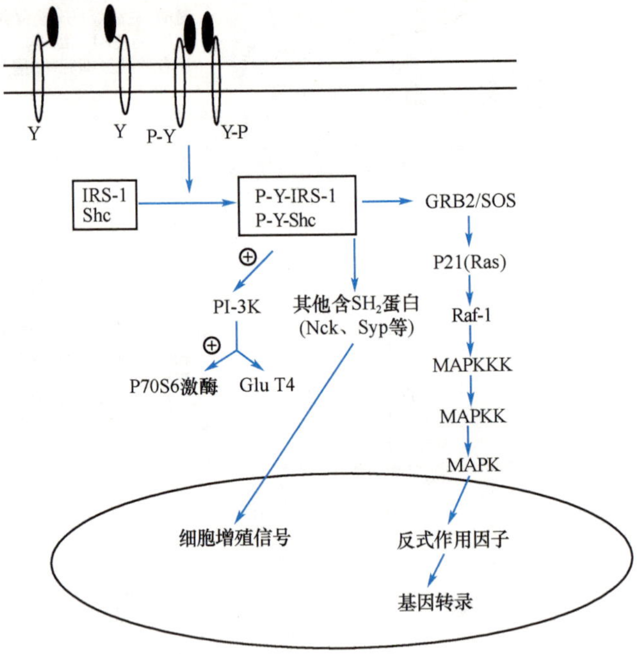

图 16-13　胰岛素的信息传递过程

Ras 是原癌基因编码的蛋白质，是细胞内的小分子单体 GTPase，又称小 G 蛋白。属于膜结合蛋白，其功能是介导信号从细胞表面受体传递到细胞核。其蛋白的某些区域和 G 蛋白相似，Ras 的活性与其结合 GTP 或 GDP 直接有关。GTP 酶活化蛋白（GAP）和鸟苷酸释放蛋白（GNRP）调节细胞中 Ras 蛋白在无活性和有活性状态之间转换。GAP 能增加 Ras 的 GTPase 活性，为负性调节蛋白，而 GNRP 的作用与 GAP 相反，它使 Ras 蛋白释放 GDP 代之以 GTP，将 Ras 蛋白激活。

如图 16-13 所示，胰岛素分泌后，受体二聚化，通过 GRB 和 SOS 的作用激活 Ras 蛋白。GRB 蛋白质（Grb）均具有 SH_2和 SH_3结构域。在静息细胞中 GRB 通过 C 末端的 SH_3与 SOS 结合成复合物游离在胞质中，当胰岛素与受体结合后，受体表现出 TPK 活性并使受体磷酸化，为具备 SH_2的底物提供结合位点，吸引 Grb-SOS 复合物向质膜移动，使质膜区的 SOS 增加并导致 SOS 与 Ras 的靠近，使 Ras 结合 GTP 活化；Ras 进一步活化 Raf 蛋白，Raf 具有丝/苏氨酸蛋白激酶活性，可激活有丝分裂原激活蛋白激酶（mitogen-activated protein kinase，MAPK）系统。该系统包括 MAPK、MAPK 激酶（MAPKK）和 MAPKK 激活因子（MAPKKK）。活化的 MAPK 可进入细胞核内发挥其广泛的催化活性，催化核内诸多的转录因子磷酸化，调节基因转录，而发挥调节作用。

案例 16-3　分析讨论

胰岛素受体是由 2 个 α 和 2 个 β 亚基构成的四聚体，亚基之间通过二硫键连接，α 亚基裸露在细胞膜外，是结合亚基；β 亚基是跨膜蛋白，为效应/调节亚基。胰岛素与受体结合引起 β 亚基酪氨酸残基磷酸化，成为激活的酪氨酸激酶。

当胰岛素分泌减少或其受体活性降低时，影响其相关的代谢调节过程，导致血糖浓度、细胞能量代谢、脂肪代谢等功能紊乱，导致糖尿病。

案例 16-3　分析讨论

如前所述，胰岛素分泌减少或胰岛素不能正常与其受体结合，阻断了胰岛素信号转导途径，导致胰岛素不能发挥调节作用。1 型糖尿病胰岛 β 细胞破坏严重，多于儿童及少年时期发病，不伴肥胖。2 型糖尿病胰岛的 β 细胞可分泌一定的胰岛素，但胰岛素不能维持正常的代谢需要，或由于靶细胞的胰岛素受体或受体后缺陷产生胰岛素抵抗。在轻型 2 型糖尿病病人中，因负载的机制产生了胰岛素抗体或靶细胞膜中胰

笔记栏

岛素受体密度和亲和力降低等，导致细胞能量产生不足，因此善饥而多食，故往往肥胖（肥胖型 2 型糖尿病）。当胰岛素信号传导过程受阻时，血糖升高。因病人表现对胰岛素治疗不敏感，提示具有胰岛素抵抗。进一步进行胰岛素抗体测定、肝脏 B 超检查，结果显示脂肪肝、胰岛素抗体 35%，采用保护胰岛 β 细胞综合治疗后，胰岛素抵抗会逐渐改善，胰岛 β 细胞功能恢复，而进一步维持血糖稳定。

肥胖型 2 型糖尿病的发生主要源于胰外因素、胰岛素受体及受体后缺陷，内生胰岛素明显增加，胰岛细胞功能逐渐衰竭，为多基因遗传与环境共同作用的结果。

上述 Ras-MAPK 途径是 EGFR 的主要信号通路之一，即生长因子→生长因子受体（如 RTK）→接头蛋白→SOS→Ras 蛋白→Raf 蛋白（S/T 激酶）→MEK（T/Y 激酶）→MAPK→蛋白和转录因子。因 EGFR 的胞内段具有多个酪氨酸磷酸化位点，除 Grb2 外还可通过其他 SH_2 结构域信号转导分子形成如 PLC-IP_3/DAG-PKC、PI-3K 通路等。还可以通过激活 AC、多种磷脂酶（如 PI-PLC、磷脂酶 A 和鞘磷脂酶等）发挥调控基因表达的作用。

总之，该途径作用复杂，除调节代谢引起其调节效应外，还在细胞骨架的形成、细胞分化、细胞增殖、细胞生存等方面发挥重要的作用（图 16-14）。

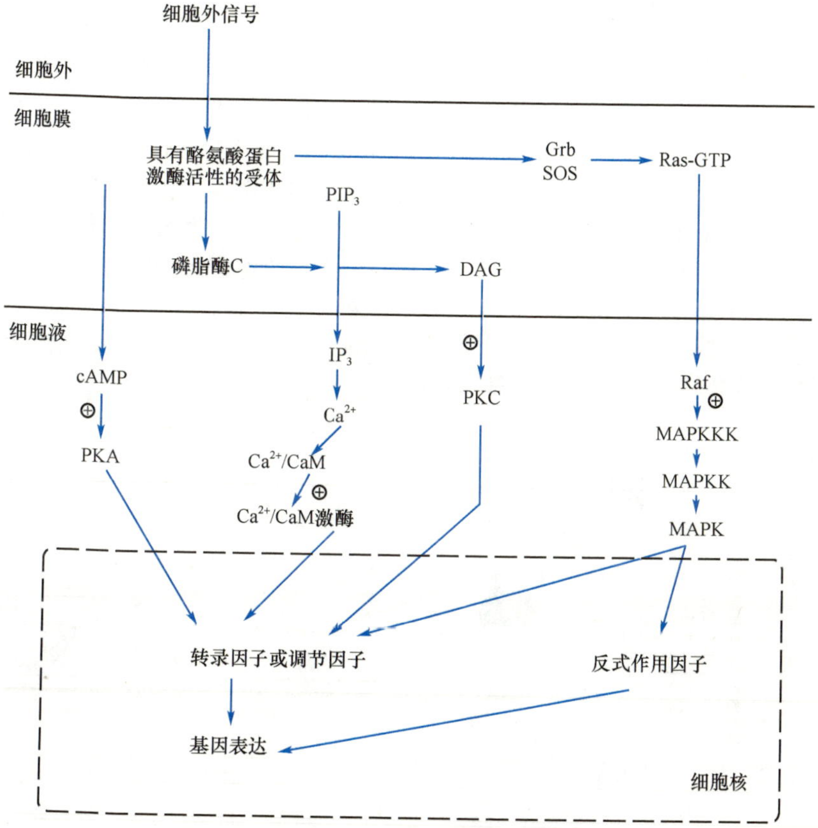

图 16-14 催化型受体 TPK 途径作用模式

2.JAKs-STAT 途径 通常基因表达的诱导是由第二信使经过一连串蛋白激酶系统激活转录因子而引起。而在研究干扰素的 c-fos 的转录调节时发现存在一条可将细胞外信号从膜上的受体直接转入细胞核、激活转录的途径。一些生长因子和大部分细胞因子，如生长激素（growth hormone，GH）、催乳素、干扰素（IFN）、红细胞生成素、粒细胞集落因子（granulocyte colony stimulating factor，G-CSF）和某些白细胞介素，如IL-2，IL -3、IL-6 等。它们的受体不具有酪氨酸蛋白激酶活性，其信号是通过内源性 TPK 参与。

内源性的 TPK 为一类蛋白激酶 JAKs，它们可完成信息在细胞内的转导过程。JAKs 是 1994 年提出的与其他 TPK 不同的蛋白激酶，没有 SH_2、SH_3或 PH 域，而具有 JH_1、JH_2共有结构域，其中 JH_1为激酶催化区，JH_2为激酶相关区。当配体与受体结合后，受体形成二聚体后与 JAK 结合，后者使一类具有 SH_2区的信号转导子和转

笔记栏

录激动子(signal transducer and activator of transcription,STAT)结合于受体上发生酪氨酸磷酸化,并形成二聚体进入胞核。二聚体 STAT 分子(图 16-15)作为活性转录因子影响相关基因的表达。

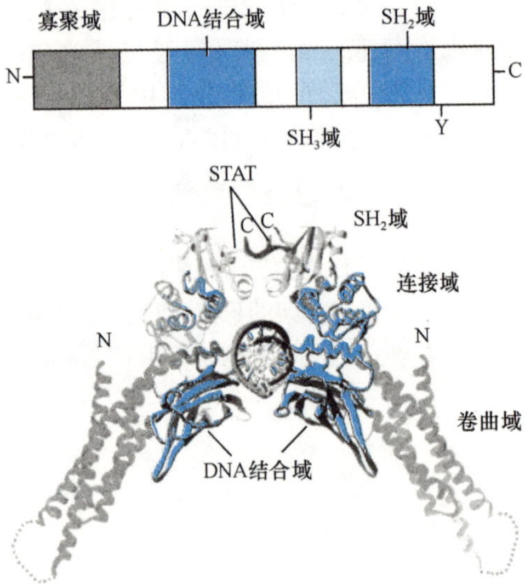

图 16-15 STATs 的域结构

此时 JAK 对 STAT 磷酸化,活化的 STAT 与受体亲和力降低并与之分离,以二聚体形式或与其他蛋白质形成复合物转入胞核,结合于基因 DNA 相关序列,调节基因的转录。该途径最早在干扰素信号传递研究中发现(图 16-16),P48 是 IRF-1 转录因子家族一员。该途径与 Ras 参与的信号转导之间相互联系,胰岛素和生长因子等也可以同样的方式通过具有 SH_2 区的 PI-3K 进一步发挥作用。

(五) 核因子 κB 途径

核因子 κB(nuclear factor-kappa-B,NF-κB)是细胞中一个重要的转录调节因子,首先发现于 β 细胞。是由 Rel 蛋白家族的成员以同源或异源二聚体的形式组成的一组转录因子。Rel 家族的同源结构域(rel-homology domain,RHD)存在于其他 Rel 蛋白、DNA、IκB 结合的区域及核定位序列。静息状态下 NF-κB 与其抑制蛋白 IκB(inhibitor κB)相结合形成复合体,以无活性状态存在于胞浆中。当细胞受到外界因素活化刺激时,NF-κB 暴露出核定位信号(NLS)进入核内,使其具有生物活性。这一信号传递途径主要涉及机体防御反应、组织损伤和应激、细胞分化和凋亡以及肿瘤生长抑制过程的信息传递。全身炎症反应综合征(SIRS)发生、发展的病理生理基础在于过度失控的炎症反应,NF-κB 在 SIRS 的信号传递途径中扮演重要角色。

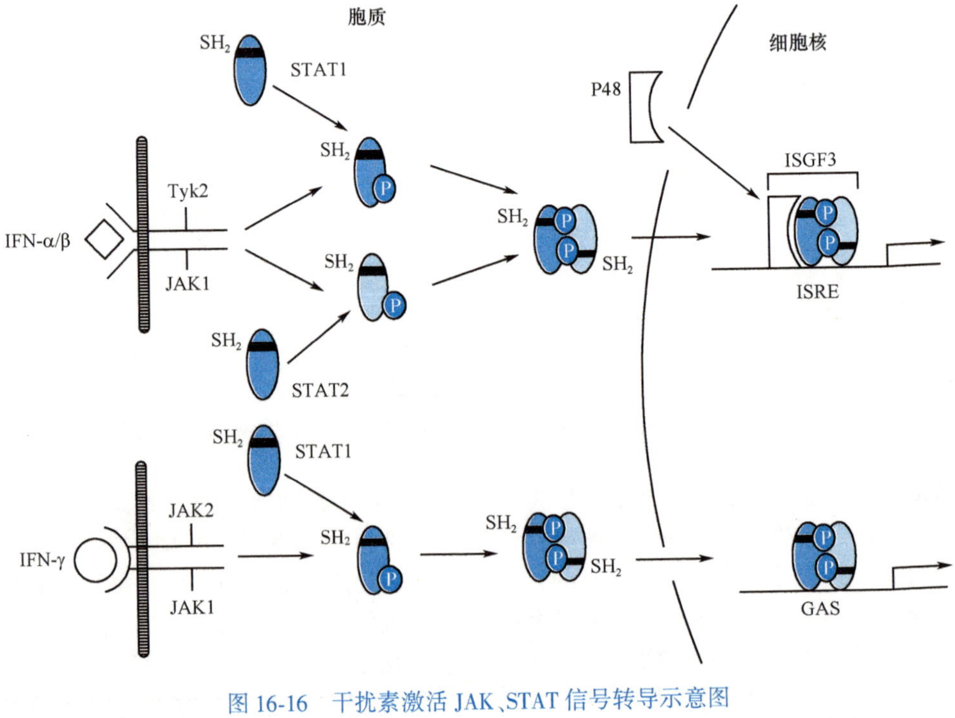

图 16-16 干扰素激活 JAK、STAT 信号转导示意图

ISRE:干扰素刺激调节元件;ISGF3:干扰素刺激生长因子 3;GAS:干扰素 γ 链激活序列

NF-κB 包括 NF-κB$_1$、NF-κB$_2$和某些癌基因蛋白,如 RelA 等。在多数细胞胞浆中 NF-κB 与抑制性蛋白质(包括 IκBα、IκBβ、Bcl-3 等)结合成无活性的复合物。当肿瘤坏死因子(TNF)等作用于相应的受体后,通过第二信使 Cer 等磷酸化 IκB,使其构象改变,从 NF-κB 复合物上脱落下来,NF-κB 激活。

而病毒感染、脂多糖、活性氧中间体、TPA、PKC、PKA 等可直接激活 NF-κB 系统(图 16-17)。NF-κB 进入细胞核与 DNA 接触调节基因的转录。

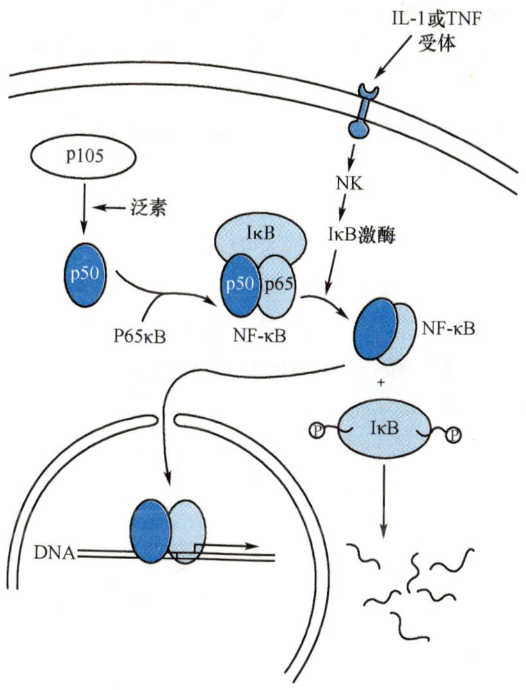

图 16-17　NF-κB 信号转导过程

(六) TGF-β 途径

转化因子家族包括转化生长因子-β(transforming growth factor-β, TGF-β)、骨形态蛋白(bone morphogenetic proteins, BMPs)、活化素(activin)等信息分子,它们的受体属于跨膜丝/苏氨酸蛋白激酶受体。

TGF 受体分为Ⅰ型和Ⅱ型,配体与受体结合后使Ⅰ型和Ⅱ型受体聚合,Ⅱ型受体使Ⅰ型受体胞内区发生磷酸化,进而激活 Smad。Smad 分 Smad 1-8 亚型,Smad 激活可通过不同亚型的相互作用调节基因的表达。图 16-18 所示为 TGF 和 BMP 通过 Smad 的激活将信息向细胞内传递的过程。TGF-β 主要参与调节增殖、分化、迁移和凋亡等多种细胞反应。

二、胞内受体介导的信息转导

目前,已经确定通过细胞内受体发挥调节作用的激素包括甾体激素(糖皮质激素、盐皮质激素、雄激素、孕激素、雌激素)、甲状腺素和 1,25 $(OH)_2$-D_3等非极性分子,后者易透过细胞膜进入细胞内,从而与相应胞内受体结合。细胞内受体又分为胞浆内受体和胞核内受体。糖皮质激素的受体位于胞浆内,与糖皮质激素结合后才转移入细胞核。醛固酮受体则分布在胞浆及胞核。雄激素、雌激素、甲状腺素和孕激素的受体位于胞核内。

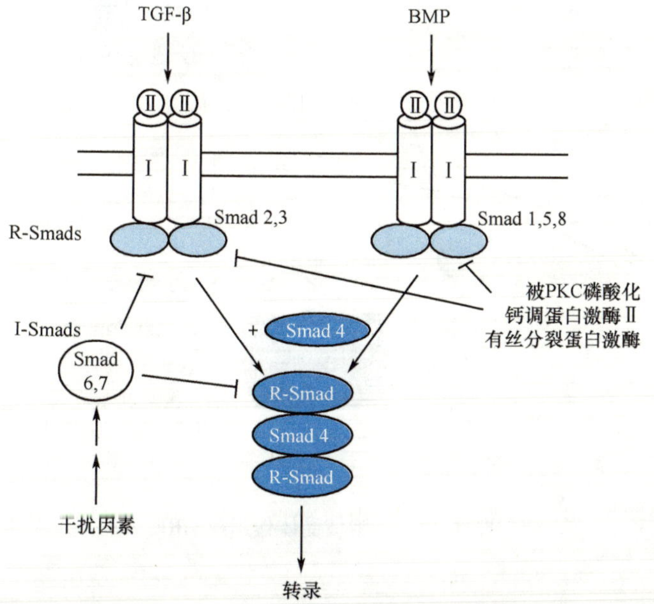

图 16-18　TGF-β 超家族受体信号转导和 BMP 的信号转导

案例 16-4

患者,女性,22 岁。因 2 个月未来月经而就诊。医生检查发现,有双侧卵巢囊肿,询问病史,得知张小姐经常服用紧急避孕药米非司酮(mifepristone, Mifeprex, 或 RU486),最多时一个月曾先后服用过 5 次,曾有月经不规律。

初步诊断:多囊卵巢综合征。

问题分析

1. 米非司酮紧急避孕的作用机制?

2. 为何经常服用米非司酮会引起月经周期紊乱甚至不孕?

已知的核受体不少于百余种,为一超家族,在细胞的生长、发育、分化过程中起重要作用。这些受体有一段保守性极为明显的区段,即使是不同的激素这部分也有 40%~60% 的相似,并且都形成所谓的锌指结构,称为 DNA 结合部位。与许多转录调节因子相似,改变这一区域的结构,会使之丧失生物活性,但还保留 100% 的结合特性,说明受体的此区域与受体识别激素关系不大。靠近 C-末端的大约 250 个氨基酸残基与激素的结合特性密切相关,能形成特定的构象与激素结合,而且不同激素的受体这部分差异亦很明显(仅有 10%~20% 相同)。

甾体激素通过其受体在两种不同的水平上影响基因的表达,即 DNA 转录水平和转录后水平。首先与激素结合的受体通过二聚体形式穿过核孔进入细胞核内,在核内与特定的基因结合,一般称基因的这一部位为激素应答单元(hormone response element, HRE),从而调节基因转录。甾体激素对蛋白质合成的调节也表现在转录后的各种环节,如 mRNA 的稳定作用以及增加翻译的效率等。如图 16-19 所示,有些甾体激素在未与受体结合之前即位于胞核内,并与热休克蛋白结合,处于静止状态。热休克蛋白有助于受体与激素的结合,并遮蔽受体与 DNA 的结合部位使受体只能与 DNA 疏松结合,当激素与受体结合后,受体即释放出热休克蛋白,暴露出 DNA 结合部位,与 DNA 紧密结合并调节基因表达。

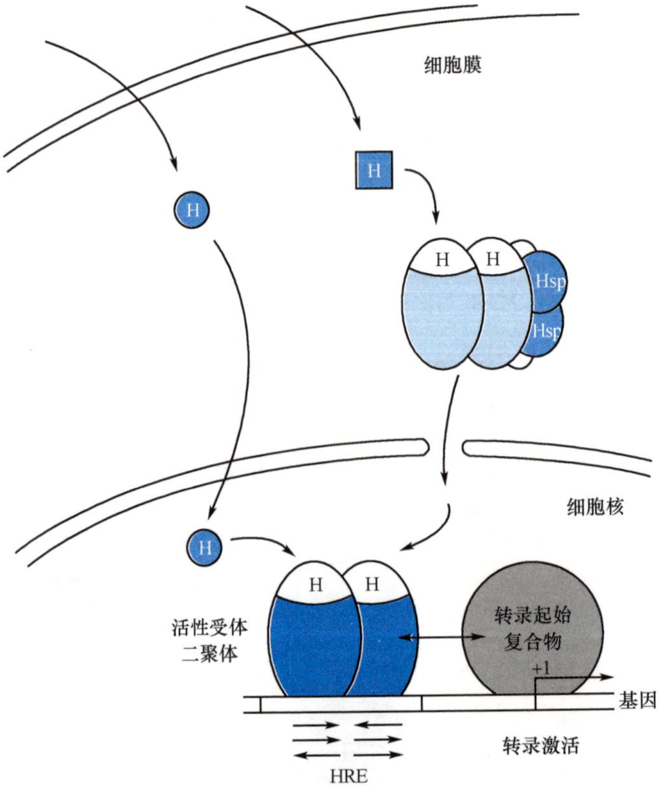

图 16-19　细胞核受体作用及 HRE

案例 16-4 分析讨论

类固醇激素与胞内受体结合除启动上述反应外，还表现在多个方面。如糖皮质激素可诱导糖异生，增加血糖供应，在肝细胞，皮质激素与胞内受体结合，促进酪氨酸氨基转移酶及色氨酸吡咯酶生成，加速酪氨酸及色氨酸转变成糖。在完整的肝组织培养细胞和肝癌细胞培养株中均可以见到这一作用。这种诱导酶合成的速度很快，10 小时内酶浓度即可提高 5~10 倍。

避孕药物米非司酮可竞争性地争夺黄体酮受体的配体结合区，使黄体酮不能与受体结合，黄体酮为受精卵在子宫着床的重要激素(图 16-20)，因而可干扰受精卵着床，成为早期终止妊娠的有效药物。米非司酮可抑制或延迟排卵和抑制子宫内膜的作用，会导致嗜睡、呕吐、头晕、月经紊乱，推迟月经，甚至造成不孕。正常女性紧急避孕药在一个月经周期内只可用一次，一年只可用三次，每次间隔不能小于两个月。

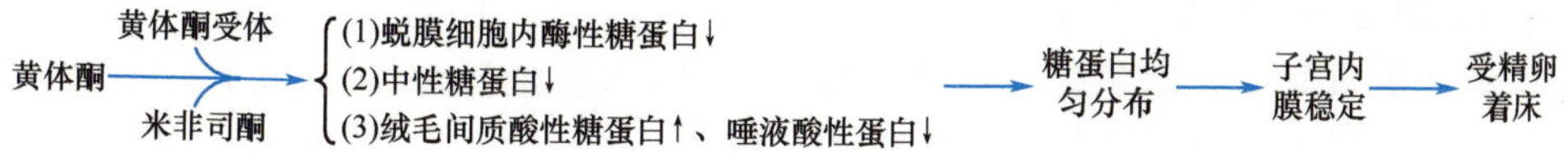

图 16-20 黄体酮对受精卵着床的影响及米非司酮的作用

甲状腺素、维生素 D 和维甲酸，这类激素的受体在与配体结合前，在核内位于 DNA 上的相应反应元件，使转录处于阻抑状态。一旦配体进入靶细胞后，受体活化，与 DNA 上的反应元件结合，作用于启动子的基本转录子及 RNA 聚合酶，促进相应基因的表达。

第 4 节 信息转导途径的交互联系

为了研究的目的，人们把细胞内的信息转导人为地分割成不同的系统或途径。事实上这些系统相互的关系十分密切，某一信号在胞内的传递往往不是局限在某一单独的信息传递系统内，而是涉及其他系统。一定的胞外刺激可能主要通过特定的信号系统起作用，但能够产生的细胞效应往往是细胞内各信息系统相互作用的结果。这种相互调节、相互制约可以解释为何同样的刺激在不同的组织和细胞表现出不同的反应。受体及其内源性配体的种类远远超过已知的效应器体系，细胞外信号物质的种类、数目更是远远超过已知的细胞内信使物质，这样细胞外信号必然共用有限的效应体系和细胞内信使物质发挥作用。因此，多种介质、激素及调节物质作用于同一细胞时就可以部分地归结于有限的几种细胞内信使物质之间的相互作用。

一、信号转导途径的多样性

随着对信号转导研究的深入，新的、独特的信号分子和转导途径被阐明。如整合素家族黏附分子就是典型的例子。黏附分子主要介导细胞与细胞外基质之间的黏附。整合素是细胞外基质组分的受体，可诱导细胞增殖、分化与凋亡。其信号表现为双向性，一方面整合素与配体分子结合，将信号传入胞浆，调节细胞的状态与功能，为内向信号传递；另一方面，某些因素引起的细胞功能状态的变化也通过某种途径影响整合素与其特异性配体的结合，后一种方式为外向信号传递。

二、信号转导途径之间的信息交流

复杂的信号转导通路之间是相互交流的，形成网络。目前尚无明确而全面的模式来解释信号途径间的“串话”(cross-talk)，即使是 G 蛋白偶联受体和蛋白酪氨酸激酶相关的受体所介导的两大信号转导途径也同样存在着相互的调控作用。对各信号系统间的彼此调节、精确有序地调控细胞信号转导所进行的交联对话主要表现为如下几种方式：

1. 一条信息途径的成员可参与激活另外一条信息途径 当激素等细胞外信息作用于同一细胞上的两种不同受体上，可以起系统促进效应，或者某一细胞外信息激活一传递系统，达到时间和空间的分级控制等。如甲状腺释放激素与靶细胞膜的受体特异性结合后，通过 Ca^{2+}-磷脂依赖性蛋白激酶系统可激活 PKC，同时细胞内 Ca^{2+}浓度增高还可通过 Ca^{2+}/CaM 激酶对底物蛋白的磷酸化而调节 AC 和磷酸二酯酶的活性，使 cAMP 生成增多，进而激活 PKA。

笔记栏

2. 两种不同的信息传递途径可共同作用于同一种效应蛋白或同一基因调控区而协同发挥作用 如肌细胞的糖原磷酸化酶b激酶，该酶为多亚基蛋白质$(\alpha\beta\gamma\delta)_4$，其α、β亚基是PKA的底物，PKA通过催化它们的磷酸化而使之失活。而δ亚基属于CaM，Ca^{2+}浓度增加可与之结合，并使其激活，进一步激活Ca^{2+}/CaM激酶。PKA和Ca^{2+}/CaM（δ亚基）在细胞核内均可以使转录因子CREB的133位丝氨酸残基磷酸化而使之激活，活化的CREB作用于DNA上的CRE顺式作用元件，启动多种基因的转录。

3. 一种信息分子可作用于几条信息转导途径 例如，胰岛素与细胞膜受体结合后，可通过胰岛素受体底物激活PI-3K、PLCγ，后者促使PIP_2生成IP_3和DAG，增加胞内Ca^{2+}浓度，进一步激活PKC；PI-3K受到多种胞外刺激时可明显升高其胞内的第二信使PI-3、4-P_2（PIP_2）和PI-3,4,5-P_3（PIP_3）的浓度，激活依赖它们的蛋白激酶（phosphoinositide dependent kinase，PDK），激活的PDK使PKB/Akt蛋白质中的473位丝氨酸残基和308位的酪氨酸残基磷酸化而将其激活。PKB是PI-3K下游的底物，具有丝/苏氨酸蛋白激酶活性。另外，胰岛素还可通过激活Ras参与的信号传递途径进行调节。Smad与MAPK途径之间在细胞质和细胞核中均存在着交流。在胞质中Samd特定的连接区可受MAPK催化发生磷酸化，从而阻止了Smad向核内的聚集，抑制其转录；而细胞核中Smad可与多种转录因子相互作用，包括受MAPK调节的转录因子，调节基因的转录。

第5节　信号转导异常与疾病的关系

机体完整的信息传递通路是保障机体生命活动不可缺少的，当信息传递发生异常时则会导致信息传递的障碍，进而导致某些疾病的发生。

一、信息转导障碍与疾病发生

机体平衡状态是健康的保证，各种疾病的发生和发展都直接或间接地与细胞信号转导的异常有关。除第一信使分子异常，如激素分泌水平的变化，引起疾病外，其他信号转导分子的异常与疾病的发生也有非常重要的联系。

（一）G蛋白偶联受体异常及相关疾病

多种因素可引起G蛋白偶联受体所介导的信号转导异常，甚至引起各种疾病状态。G蛋白偶联受体异常主要是G蛋白结构、活性和表达水平的异常。当效应分子和小分子信使分子异常或G蛋白结构异常时，G蛋白功能出现增强（gain of function）或下降（loss of function），引起G蛋白偶联受体介导的信号转导异常，出现包括心血管疾病、毒品与酒精依赖、遗传性疾病和传染性疾病等。

1. G蛋白偶联受体异常与心血管疾病 在G蛋白偶联受体异常的疾病中，以G蛋白偶联受体与心血管疾病的关系研究最为深入和广泛。心脏的功能依赖GPCR及其下游信号的运行，静止时心率由胆碱能受体偶联$G_{\alpha i}$通过抑制AC活性和$G_{\beta\gamma}$亚基作用，使cAMP降低而共同抑制心率；当运动时，肾上腺能β受体（β-AR）偶联$G_{\alpha s}$控制心率。Gαq的过表达可引起MAPK家族成员ERK的激活，ERK是心肌细胞最重要的生长信号，其激活引起心肌细胞中的扩增，导致心肌肥大；GPCR受体表达减少、受体与下游信号解偶联，使cAMP水平下降，引起心肌收缩功能不足，导致心力衰竭。

2. G蛋白偶联受体异常与肿瘤 目前研究认为，肿瘤的发生和发展涉及GPCR的变化，有些$G_{\beta\gamma}$亚基还具有细胞恶性转化作用。$G_{\beta\gamma}$亚基可以直接作用于MAPK上游的ras和激活JNK，在细胞增殖中起作用。在甲状腺癌、垂体瘤时有$G_{\alpha s}$的突变，在结肠癌、小细胞肺癌存在多种GPCR基因的突变，前列腺癌组织中某些GPCR高表达，这都说明了肿瘤的发生与GPCR有关。最近有人发现，在肿瘤血管形成的过程中可能有GPCR介导的信号调控。

3. G蛋白偶联受体异常与感染 一些细菌感染性疾病的发病机制与GPCR介导的信号转导异常有关，这些细菌通过产生的毒素干扰GPCR介导的信号转导，使受累的细胞出现功能异常。这些疾病包括破伤风、百日咳、霍乱等（图16-21）。细菌、病毒感染后，细菌毒素可催化相应的G_α亚单位发生ADP核苷化。不同的毒素在细胞膜上的受体不同，作用于不同细胞后产生的症状也不同。如百日咳毒素可通过催化$G_{\alpha i}$ADP核苷化，阻断G蛋白介导的效应。1996年，Springer等首先发现了趋化因子受体CXCR4（为GPCR）是HIV进入$CD4^+$细胞的辅受体。之后又发现了纯合子CCR5突变体具有抗HIV感染的作用。

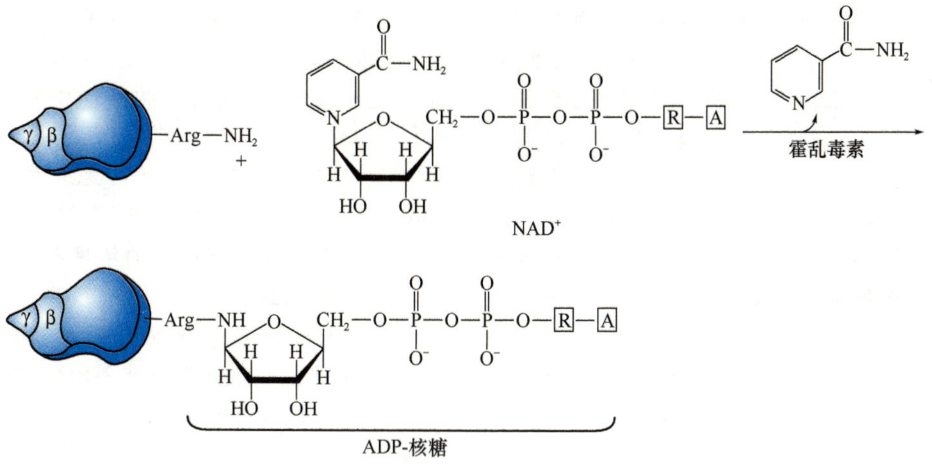

图 16-21 霍乱毒素对 G_α 亚单位 ADP 核苷化的影响

4. G 蛋白偶联受体异常与遗传病 GPCR 异常与遗传疾病的关系首先由 Patten 在 1989 年发现，在研究假性甲状腺素低下家系中发现了 $G_{\alpha s}$ 的异常，即 $G_{\alpha s}$ 的翻译不能正常起始。1993 年，polla 等发现了 G 蛋白基因突变导致家族性尿钙过低性高血钙症、先天性甲状旁腺素过高症等遗传性疾病。

5. G 蛋白偶联受体异常与药物成瘾性疾病 吗啡类药物的镇痛作用和成瘾性是通过 GPCR 介导的信号转导实现的。吗啡的耐受和依赖性机制与细胞内 cAMP 浓度升高密切相关。吗啡通过受体偶联的 $G_{\alpha s}$ 活化，导致 AC 活化，cAMP 浓度升高。细胞中的 G 蛋白长期暴露于吗啡后，原来以 $G_{\alpha i}$ 抑制效应为主的信号转变为以 $G_{\beta\gamma}$ 刺激作用为主导的信号。同时，高吗啡还诱导吗啡受体数目的减少。而大量酒精除可增强 G 蛋白偶联的内向整流性钾通道、影响突触传递外，还降低血小板 AC 活性，诱导 $G_{\alpha i}$ 的高表达。

（二）酪氨酸蛋白激酶受体异常与疾病

酪氨酸蛋白激酶受体异常介导的相关疾病种类非常多，许多癌基因产物都可作为这一过程的重要信号转导分子。如胰岛素受体基因突变可引起的先天性糖尿病，突变以碱基的置换为最常见，可发生在 α 亚基和 β 亚基上。紫外线照射通过损伤 DNA 引起染色体畸变，使一些转录因子活化，引起皮肤癌等。

（三）NO 与相关疾病

在内皮细胞 NO 的合成与释放障碍导致多种心血管疾病的形成。NO 的减少与心肌损伤有关，NO 具有维持血管舒张、调节血压、调整冠状动脉张力及抑制血小板、白细胞的聚积、黏附等作用。哮喘等呼吸系统疾病伴有局部 NO 的增高，NO 正常情况下对维持肺循环低阻力和支气管平滑肌松弛起重要保护作用，而在急性炎症时可促进损伤。此外，神经退行性变疾病、神经损伤、胃肠道疾病等均与 NO 的异常有关。

二、信号转导分子与疾病治疗药物的关系

信号转导研究的不断深入和发展，尤其是在疾病过程中信号转导的异常，促进了新的疾病诊疗手段的发展。特别是信号转导分子结构、功能改变与疾病发生、发展关系的研究为新药的筛选和开发提供了靶点。干预信号转导的药物是否可用于疾病的治疗主要基于两点：一是其所干扰的信号转导途径在体内存在是否广泛，如果广泛存在则会出现其副作用难以得到控制；二是自身的选择性，药物对信号转导的选择性越高，所引起的全身副作用越小。目前，已经发现的慢性粒细胞白血病的治疗药物达沙替尼（dasatinib/sprycel）、伊马替尼（imatinib）就是蛋白酪氨酸激酶的抑制剂。设计药物作用的靶点时，选择在正常细胞和异常细胞中表达水平或活性差别大的信号分子，利用其特异的激动剂或抑制剂作为药物才能在纠正异常细胞信号转导的同时不影响正常细胞，即使药物的副作用较小。

小　结

细胞信号转导是指细胞对外源信息所产生的细胞内生物化学变化及效应的全过程。细胞间信息物质是指由细胞分泌的调节细胞生命活动的化学物质，即第一信使。受体是这些信号的接受者，是细胞表面或细胞内的蛋白质分子，能

笔 记 栏

特异地识别和结合配体分子，同时将配体的信号进行转换和传递。受体与配体的结合特点是：高度特异性、高度亲和力、可饱和性、可逆性和特定的作用方式。受体分为细胞膜受体和细胞内受体两类。当配体与受体结合时，细胞内多种物质分子浓度、活性、位置发生改变，引起细胞应答反应。在细胞内传递信息的小分子化合物被称为第二信使。重要的第二信使包括环核苷酸类（cAMP、cGMP）小分子脂类衍生物（DAG、IP_3等）、Ca^{2+}和NO等。而负责细胞核内外信息传递的物质为第三信使，也称为DNA结合蛋白。其中通过细胞膜受体的信号转导途径是本章的重点内容。

细胞膜受体介导的信号转导途径：cAMP-蛋白激酶途径、Ca^{2+}-依赖性蛋白激酶途径（Ca^{2+}-磷脂依赖性蛋白激酶途径和Ca^{2+}-钙调蛋白依赖性蛋白激酶途径）、cGMP-蛋白激酶途径、酪氨酸蛋白激酶途径、核因子κB途径和TGF-β途径。各途径的第二信使通过PKA、PKC、PKG、Ca^{2+}/CaM激酶、MAPK等靶分子实现信号的转导。NO、CO气体小分子是细胞信号转导中重要的信息分子。蛋白激酶与蛋白磷酸酶催化蛋白质的可逆性磷酸化修饰。

cAMP-PKA途径由G蛋白介导，激活腺苷酸环化酶，以cAMP为第二信使，通过激活PKA使蛋白质发生磷酸化为主要特征，通过影响物质代谢、离子通道和基因表达实现配体信号的传导效果。PKA由2个催化亚基（R）和2个调节亚基（C）组成的四聚体，R与cAMP结合后解除对C的抑制作用，使PKA被激活。PKA可使多种蛋白质的丝氨酸或苏氨酸残基发生磷酸化修饰，使一些代谢酶（糖、脂类代谢酶）、离子通道和某些转录因子等底物分子磷酸化，改变底物分子的活性状态。cGMP作用依赖于cGMP依赖的蛋白激酶（PKG），与PKA不同的是PKG的调节和催化结构域位于同一亚基。Ca^{2+}-磷脂依赖性蛋白激酶途径在作用时也需要G蛋白的介导，激活细胞膜上的PKC，由DAG、IP_3作为第二信使，通过使细胞内Ca^{2+}升高，与DAG共同激活PKC的活性而实现调节。Ca^{2+}/CaM激酶途径以Ca^{2+}作为第二信使，细胞内Ca^{2+}浓度的升高激活细胞内钙受体—CaM，后者作用于Ca^{2+}-CaM激酶使之活化，进而作用于多种底物。酪氨酸蛋白激酶途径没有第二信使参与，但都涉及酪氨酸蛋白激酶（TPK）的激活，包括催化型受体（细胞膜上的受体型TPK，如胰岛素受体、某些原癌基因编码的受体）与非受体型TPK（主要存在于胞质，如底物酶JAK、某些原癌基因编码的受体）。胰岛素、EGF、IL等催化型受体TPK被激活后除通过Ras-MAPK途径进行信息传递外，还可通过活化腺苷酸环化酶、多种磷脂酶等发挥作用。而非受体型TPK因其受体分子没有酪氨酸蛋白激酶活性，可通过借助细胞内的非受体型酪氨酸蛋白激酶连接蛋白，偶联激酶完成信号转导（如JAK-STAT途径）。NF-κB体系主要涉及组织损伤、慢性反应性疾病、细胞凋亡及肿瘤发生等过程中的信息传递。TGF-β能调节增殖、分化、迁移和凋亡等多种细胞反应。胞内受体具有DNA结合区，类固醇激素、甲状腺素、维生素A、维生素D等进入细胞后，形成激素-受体复合物，使受体变构，在核内与DNA特异基因的顺式作用元件（激素反应元件）结合，在转录水平影响基因的表达，完成的信号转导过程。

（欧　芹）

第17章 癌基因与抑癌基因

肿瘤是人类死亡的最主要原因之一。因而,关于肿瘤发生机制及治疗的研究受到高度重视。随着分子生物学的飞速发展,肿瘤研究取得了突破性巨大进展。研究表明,肿瘤是一种基因病,是体细胞后天获得性基因事件导致细胞无节制地增殖所致。由于病毒、化学物质、射线等致癌因素引起基因结构和表达的异常变化,导致细胞生长/增殖失去控制引发肿瘤。基因的突变常常发生在癌基因(oncogene, onc)和抑癌基因(tumor suppressor gene, anti-oncogene)。

第1节 癌 基 因

正常情况下细胞生长与增殖是由两大类基因调控的,一是促进细胞生长和增殖并阻止细胞发生终末分化的正调节信号;另一类为抑制细胞增殖、促进分化、成熟和衰老的负调节信号。这两类基因在细胞内产生的效应相互拮抗,维持平衡,对正常细胞的生长、增殖和衰亡进行精确地调控。当调控失常时表现为肿瘤细胞的恶性生长,已知多数癌基因起正调节作用。自20世纪70年代从逆转录病毒发现癌基因以及80年代初在人膀胱细胞株中证实有癌基因以来,迄今已经发现了一百多种癌基因。

癌基因是指其编码产物与细胞的肿瘤性转化有关的基因,是一类普遍存在于正常细胞内调控细胞增殖和分化的重要管家基因,以显性的方式促进细胞转化。癌基因分为病毒癌基因和细胞癌基因。癌基因常用3个斜体小写字母表示,如*myb*、*sis*、*ras*等。

一、病毒癌基因

肿瘤病毒是一类能使敏感宿主产生肿瘤或使培养细胞转化成癌细胞的动物病毒,根据其核酸组成的不同分为DNA病毒和RNA病毒(即反转录病毒retrovirus)。早在1911年,Rous发现将鸡肉瘤组织匀浆后的无细胞滤液皮下注射于正常鸡可使鸡发生肉瘤,这种无细胞滤液还可以使体外培养的鸡胚成纤维细胞发生转化。可惜当时缺乏对病毒的认识,直到几十年后才发现原来致瘤的因素是病毒,这一病毒后来被命名为Rous肉瘤病毒(Rous sarcoma virus, RSV)。Rous的这一发现在1966年获得诺贝尔生理/医学奖。研究表明,Rous肉瘤病毒核酸中有一个特殊的片段*src*,可使正常细胞转化为肿瘤细胞,早期将这一部分基因命名为转化基因(transforming gene),即后来的癌基因。许多致癌病毒中的癌基因不仅与致癌密切相关,而且与正常细胞的某些DNA顺序是同源的(homolog),从而进一步认识了病毒癌基因(virus oncogne, v-onc)。如1976年,Varmus和Bishop等研究证实RSV中的*v-src*在正常生物DNA(包括人)也有此序列,两人最终发现了细胞癌基因并分享了1989年的诺贝尔生理/医学奖。病毒癌基因是一类存在于肿瘤病毒中的,能使靶细胞发生恶性转化的基因。

(一)逆转录病毒

逆转录病毒其特征是含有编码依赖RNA的DNA聚合酶基因,可使宿主细胞恶性转化而形成肿瘤。按其致病性分为急性和非急性逆转录病毒。

1. 逆转录病毒的基本结构和功能 都含有两套RNA基因组,每一基因组约$(3\sim5)\times10^3$kb。非急性逆转录病毒的每一单链RNA基因组含有3个基本的结构基因,它们排列为5′-*gag*-*pol*-*env*-3′;5′-端有帽子结构,3′-端有*pol*A尾(图17-1)。*Gag*基因(约2kb)编码核心蛋白,*pol*基因(约2.9kb)编码逆转录酶和整合酶,*env*基因(约1.8kb)编码病毒外壳蛋白。这3个结构保证病毒颗粒在宿主细胞中正常复制。病毒进入宿主先以RNA为模板,在反转录酶的作用下将反转录病毒的5′和3′端的独特顺序重复复制成长末端重复序列(long terminal repeats, LTR)。LTR中通常含有启动子、增强子等调控序列。这种整合到细胞DNA中两端带有LTR的DNA中间体称前病毒(provirus)。前病毒可随宿主细胞DNA的转录而表达,合成相应的病毒结构蛋白质,组装新的病毒颗粒。

笔记栏

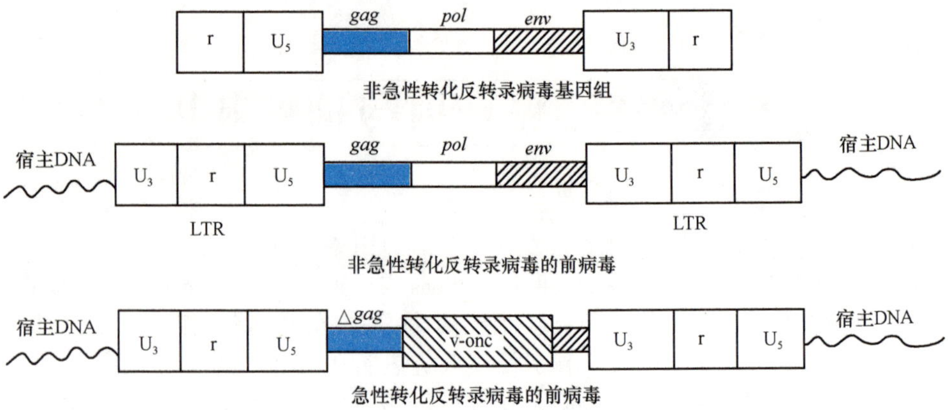

图 17-1　急性和非急性转化反转录病毒的前病毒结构

2. 性转化性反转录病毒　主要特征是在病毒感染宿主后，潜伏期短，只需要几天或数周即可引起易感宿主发生实体瘤或白血病；在基因中都具有在体外恶性转化相应靶细胞的能力。一般来说，病毒基因组中都含有一种癌基因，但也有的含有两种癌基因，如禽增生症病毒含有癌基因 *erb-A* 和 *erb-B*。

3. 非急性转化反转录病毒　在宿主体内可以长期潜伏后诱发肿瘤。这类病毒在体外不能恶性转化培养细胞，不含癌基因，但其前病毒两侧的 LTR 中含有对病毒的整合、复制和表达所需的调控顺序。一般包括启动子、增强子及 Poly(A)添加顺序，这些调控序列插入宿主基因可能致癌。

(二) DNA 病毒

DNA 病毒作为肿瘤发生的原因之一。从正常或恶性体细胞中获得一些能与 DNA 病毒基因组顺序杂交的胞质 RNA，表明这些 DNA 病毒，如 EB 病毒、人巨细胞病毒(HCMV)及腺病毒 2 等基因组内存在着与人基因组某些顺序同源的序列。DNA 病毒引起细胞恶性转化可能是因为：①存在于细胞中整合或整个 DNA 病毒引起细胞癌基因紊乱。②DNA 病毒表达癌基因样蛋白产物。③DNA 肿瘤病毒蛋白产物和特定细胞癌基因蛋白产物之间相互作用。

二、细胞癌基因

前面提到，病毒癌基因在正常生物基因组中也含有，此序列在真核细胞的复本为细胞癌基因(cellular oncogene，*c-onc*)，即正常生物细胞内与病毒癌基因结构相似的基因，也称为原癌基因(proto oncogen，*pro-onc*)。原癌基因编码一类对细胞正常生长、繁殖、发育和分化起调控作用的产物，其基因显示出高度的保守性，可视为管家基因。

(一) 分类

根据基因产物的结构与功能可进行分类，分为生长因子、生长因子受体及其蛋白激酶、G 蛋白和核内蛋白质等。癌基因命名与所确定的逆转录病毒或细胞的名称有关(表 17-1)。

表 17-1　细胞癌基因分类、功能及相关肿瘤

类别	癌基因	同源细胞基因	相关肿瘤
生长因子类	*sis*	PDGF-2	星形细胞瘤、骨肉瘤、乳腺癌等
	int-2	FGF	膀胱癌、乳腺癌、黑色素瘤等
生长因子受体	*erb-B1*	EGFR	肺鳞癌、脑膜瘤、卵巢癌
	erb-B2(nue)	EGFR 相似物	乳腺癌、卵巢癌、肺癌、胃癌
蛋白激酶	*met*、*trk*		胃癌、肝细胞癌、肾乳头状细胞癌等
非蛋白激酶受体	*fms*	Csf-1 受体	白血病
信息传递蛋白	*H-ras*	膜结合 G 蛋白	甲状腺癌、膀胱癌等
	K-ras	膜结合 G 蛋白	肺癌、结肠癌等
	N-ras	膜结合 G 蛋白	甲状腺癌等
核内转录因子	*N-myc*	转录因子	肺小细胞癌、神经母细胞瘤等
	bcl-2	Bcl-2	结节性非霍奇金淋巴瘤
	c-myc	转录因子	Burkitt 淋巴瘤

注：EGF：表皮生长因子；PDGF-2：血小板源生长因子；FGF：成纤维细胞生长因子

笔记栏

（二）常见的原癌基因族类

现根据原癌基因表达蛋白的功能及定位介绍几种常见的族类。

1. *src* 癌基因家族（*c-src*） 是被发现的第一个原癌基因。人的 *c-src* 定位于第 20 号染色体，含有 17 个外显子，转录产物为 3.9～4.0kb。编码具有酪氨酸蛋白激酶活性的 $P60^{c\text{-}src}$，其高度同源结构位于羧基侧，具有特定激酶活性结构域。包括 *src*、*abl*、*fgr*、*fes*、*yes*、*fps*、*lck*、*lyn*、*tkl*、*kek*。

2. *ras* 癌基因家族（c-ras） 包括来自大鼠肉瘤病毒 *H-ras*、*K-ras* 和来自人神经母细胞瘤的 *N-ras*。均含有分布在 30kb 上的 4 个外显子组成，其表达产物是由 188 或 189 个氨基酸残基组成的 21kDa 的蛋白质，称 P21 蛋白，位于细胞质膜内面，因与 G 蛋白作用类似可与 GTP 结合，又称为小 G 蛋白。参与 cAMP 水平的调节，进而影响细胞内信号传递过程。

3. *myc* 癌基因家族（*c-myc*） 包括 *c-myc*、*l-myc*、*r-myc*、*c-fos* 等，它们具有类似的结构和功能，编码核内 DNA 结合蛋白质。*c-myc* 有 3 个外显子，但有 1 个不编码，缺少起始密码，并有多个终止密码。*c-fos* 属于多基因家族，由 5 个外显子组成，成熟转录产物 2.2 kb，表达产物 381 个氨基酸残基，相对分子质量 55kDa，称 $P55^{c\text{-}myc}$，其 C-末端含有较多的碱性氨基酸，对单、双链 DNA 都有很强的亲和力。在胚胎组织、再生肝及肿瘤中表达水平高。*c-jun* 的表达产物 Jun 可以形成同源二聚体，也可与 *c-fos* 的表达产物 $P55^{c\text{-}myc}$ 形成异源二聚体。转录因子 AP-1（activitor protein-1，AP-1）是一个 Fos 成员与一个 Jun 成员形成的二聚体，通过亮氨酸拉链与 DNA 结合，结合点为 TRE。目前发现，启动子中存在 AP-1 结合位点的基因有成骨素、胶原酶、神经生长因子及珠蛋白等。Jun 还能与 cAMP 激活的转录因子家族成员形成异源二聚体。通过多种途径调节其他基因的转录。

4. *sis* 癌基因家族（*c-sis*） 只有一个基因成员，由 5 个外显子组成，分布在 12kb 的 DNA 序列中，编码 241 个氨基酸残基的 P28，其中其99～207 位氨基酸序列与血小板生长因子（PDGF）B 链同源，能刺激间叶组织的细胞分裂繁殖。但 *v-sis* 的蛋白表达产物由 258 个氨基酸残基组成，第 1～38 位氨基酸是猴肉瘤病毒的 *env* 残留基因产物。

5. *myb* 癌基因家族（*c-myb*） 包括 *c-myb*、*c-myb-ets* 两个成员。编码能与 DNA 结合的核蛋白，为核内转录因子。当受到细胞外生长或分化因子刺激时能快速被诱导转录，或者说它们多属于“立早基因”的成员，这类基因首先受信号刺激迅速表达，其产物进一步调控其他基因的转录。同其他原癌基因表达产物普遍表达相反，*c-myb*表达只限于造血组织中的不成熟细胞，表明 C-myb 蛋白在正常血液成熟过程中有一定的作用。在原癌基因的作用中，有些原癌基因（野生型）只有经过突变（突变型）才具有使细胞恶性转化的活性，如 *c-ras*。因此，原癌基因表达的蛋白质不一定都是具有致癌活性的。

三、癌基因活化的机制

原癌基因是细胞的正常基因，通常在出生后处于低表达或不表达的状态，对维持细胞正常生长、分化和凋亡起重要的调节作用，没有致癌性。但如受到致癌因素刺激则可转变成为具有转化细胞活力的癌基因，导致细胞增殖、分化异常，变为“真正”的癌基因。细胞癌基因可通过多种机制被激活。

（一）点突变

点突变可激活原癌基因，*c-onc* 序列与相应的 *v-onc* 序列仅有微小的差异。这就是说在某些致癌因素的作用下，发生微小的变化就可使 c-onc 成为有致癌作用的癌基因。正常人的膀胱上皮 *H-ras* 基因与人膀胱癌细胞的 *H-ras* 序列差别只是第一外显子的第 12 位密码子 GGC（甘氨酸）内一个碱基发生突变为 GTC（缬氨酸）的序列改变。这种点突变还可见于结肠癌、神经母细胞瘤等的癌基因。

（二）调节序列的插入

有些逆转录病毒在体外没有恶性转化培养细胞的能力，只有当感染宿主细胞后经过一个较长的潜伏期才可诱发肿瘤。在所有发生恶性转化的细胞中都发现了 LTR 序列，其含有较强的启动子和增强子，插入到宿主细胞原癌基因附近或内部，可启动或影响下游邻近基因的转录，使原癌基因过度表达或不表达变表达，从而导致细胞癌变。Leder 在体外将小鼠乳腺肿瘤病毒（MMTV）的 LTR 和具有不同长度 5′-末端序列的小鼠 *c-myc* 癌基因连接起来，产生四种杂交基因，然后将这些基因分别注射到小鼠受精卵的原

笔记栏

核,再移植到假母输卵管,经胚胎发育最后得到13只转基因小鼠。其中12只的唾液腺组织测到MMTV-myc的表达产物,3只雌鼠的乳腺组织也检测到表达产物,2只雌鼠发育到妊娠泌乳期时长出乳腺癌,而它们的数代雌鼠当妊娠时也长出乳腺癌。这个实验充分显示"增强子的插入"的确可以激活 *c-onc*,诱导动物细胞恶性转化。

(三) 基因易位(gene translocation)

原癌基因遭受各种致癌因子的攻击后,常会从其在染色体上的正常位置易位到另一染色体的某个位置,发生基因重排,使其调控环境改变而激活。如在多数人 Burkitt 淋巴瘤中,位于第8号染色体 q24 带的 *c-myc* 移位到14号染色体 q32 带的免疫球蛋白重链基因调节区旁,与该区的高活性启动子连接而被激活。免疫球蛋白的重链区有一个很强的增强子,位于 V-D-J 序列和 C 序列之间的内含子,可促进上游的 C-D-J 序列转录。在人慢性粒细胞性白血病可出现 9q34 与 22q11 之间的平衡易位,形成费城染色体(Philadelphia chromosome, Ph)(图17-2)。

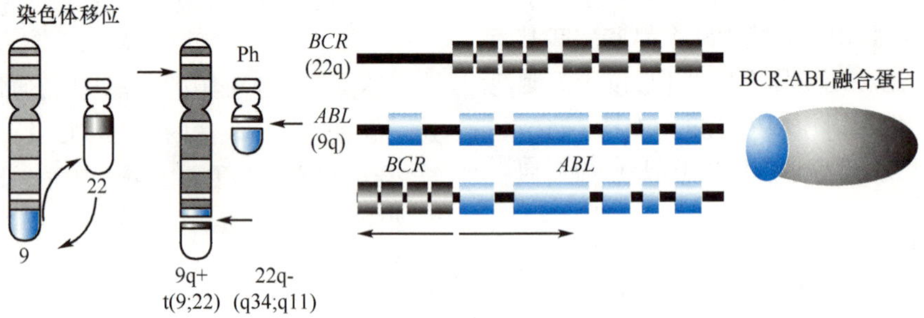

图 17-2　费城染色体

位于第9号染色体上发生易位的是一个反转录病毒癌基因 *c-abl*,而且总是连接在第22号染色体上的基因 *bcr* 上,这个融合的基因表达为杂合体 mRNA,产生 BCR-ABL 融合蛋白质,该融合蛋白具有较强的酪氨酸激酶活性。这个 bcr-abl 融合蛋白质的产生无疑对白血病的发展是重要的,因为动物中输入外源性融合 bcr-abl 可引起相同的疾病。

(四) 基因扩增(gene amplification)

基因扩增即基因拷贝数的增加,也能激活癌基因。正常状态下,细胞经过一个细胞周期,DNA 只复制一次,有时却可复制数次甚至更多即为基因扩增。一些肿瘤中发现了癌基因的扩增,如在人急性粒细胞白血病细胞株 HL-60 中有 *c-myc* 大量扩增。肿瘤细胞常出现染色体特定部位均拷贝区(homogenous staining region, HSR)或双微体(double minute chromosomes ,DMS)。在某些成神经瘤细胞遗传学异常区域含有与 *c-myc* 有密切关系的多拷贝基因,名为 *n-myc* 基因,使细胞功能紊乱,例如结肠癌、肺小细胞癌等均可找到 *c-myb* 扩增。

四、原癌基因的产物与功能

原癌基因具有真核细胞基因结构的一般特性,即有外显子和内含子。在正常细胞表达水平低,不具有使靶细胞恶性转化的功能。其所编码的蛋白与细胞生长调控的许多因子有关,按癌基因表达产物在细胞信号传递系统中的作用分四类:

(一) 细胞外的生长因子

某些癌基因可直接表达生长因子样活性物质,*sis* 基因首次发现于猴肉瘤病毒。1983年研究表明,*sis* 基因表达产物与血小板源生长因子(platelet-derived growth factor, PDGF)B 链同源,这是对间质细胞、例如成纤维细胞的一种强力的促细胞分裂原。用携带 *sis* 癌基因的病毒感染的细胞,通过自身分泌刺激方式变为转化细胞。这种方式通过作用于细胞膜上的受体系统或直接被传递至细胞内,再通过多种蛋白激酶活化,对转录因子进行磷酸化修饰,引发一系列基因的转录激活。

（二）跨膜的生长因子受体

原癌基因另一类的产物为跨膜受体，它能接受细胞外的生长信号并将其传入胞内。跨膜生长因子受体有胞质结构区域，并具有酪氨酸特异的蛋白激酶活性。例如 *c-src*、*c-abl* 等另一些癌基因所编码的激酶不是在酪氨酸上磷酸化，而是使丝氨酸和苏氨酸残基磷酸化。通过这种磷酸化作用，使其结构发生改变，增加激酶对底物的活性，加速生长信号在胞内的传递。

动物包括人类都是由单细胞胚胎发育而成的，胚胎发育又是一个异常复杂的过程，各种组织和器官的形成涉及细胞增殖、分化和运动等，而这些过程必须受到精密的调控，其中任何一个环节出现了错误，都会产生胚胎畸形甚至死亡，或引起多种先天性疾病。调控细胞增殖、分化和运动的因素包括生长因子、细胞因子、生长抑制因子和细胞外间质来源信号等，其中生长因子是通过与细胞生长因子受体的特定结合而发挥作用的。有些生长因子作用于多种类型的细胞，有些则只对特定的细胞起作用。调节细胞生长与增殖的多肽类物质称为生长因子（growth factor，GF）。

根据生长因子产生细胞与接受生长因子作用的细胞相互之间的关系，可概括为以下三种模式：①内分泌（endocrine），从细胞分泌出来的生长因子，通过血液运输作用于远隔的靶细胞，如 PDGF 源于血小板，作用于结缔组织细胞。②旁分泌（paracrine），细胞分泌的生长因子作用于邻近的其他类型细胞，因自身细胞缺乏相应受体而不发生作用。③自分泌（autocrine），生长因子作用于合成及分泌该生长因子的细胞本身。生长因子的作用方式以后两种为主。

生长因子是一类能促进细胞增殖的肽类，通过与质膜上的特异受体发挥作用。这些受体有的位于细胞膜，有的位于细胞内部。膜表面受体属胞内有酪氨酶激酶活性结构域跨膜受体蛋白。当 GF 与这类受体结合后，一些可通过激活酪氨酸激酶使相关蛋白磷酸化。另一些则通过胞内第二信使使蛋白激酶活化，活化的蛋白激酶同样可使胞内相关蛋白质磷酸化，然后再活化核内的转录因子，引发基因转录，而调节生长与分化（表 17-2）。

表 17-2　常见的生长因子及功能

生长因子	来源	功能
表皮生长因子（EGF）	颌下腺	促进表皮与上皮细胞生长
促红细胞生成素（EPO）	肾、尿	调节红细胞的发育
类胰岛素生长因子（IGF）	血清	促进软骨细胞分裂，对多细胞发挥胰岛素样作用
神经生长因子（NGF）	颌下腺	营养交感及某些感觉神经元
血小板源因子（PDGF）	血小板	促进间质及胶质细胞生长
转化生长因子-α（TGF-α）	肿瘤细胞	类似 EGF
转化生长因子-β（TGF-β）	肾、血小板	双向调节

而另一类生长因子受体定位于胞液。当生长因子与胞内相应的受体结合后，形成生长因子-受体复合物，后者亦可进入细胞核活化相关基因促进细胞生长（图 17-3、17-4）。生长因子能对靶细胞产生促有丝分裂的作用。

某些癌基因产物与生长因子有关，如 *erb-B* 的产物为 EGF 的受体，这些癌基因的作用与生长因子密不可分，包括受体、小分子 G 蛋白、蛋白激酶和转录因子等。癌基因、生长因子对细胞增殖、分化等的影响都是通过信号转导途径实现。与癌基因及生长因子相关的信号途径可概括为：①酪氨酸蛋白激酶受体途径；②Ras-MAPK 途径；③PI3K 途径；④磷脂酶 C 途径；⑤Wnt 途径；⑥Hedgehog 途径；⑦TGF-J3 途径。如 PDGF 与受体（PDGFR）结合后，PDGFR 的受体酪氨酸蛋白激酶（RTK）活性被激活，PI3KR 含有能结合 SH2 结构域蛋白的结合位点，c7、PI3K 的 p85 调节亚基、连接物蛋白（Grb2）、Shc、ras-GTP 酶活化蛋白（GAP）及 STAT 家族中的转录因子。当 PDGFR-q p85 结合后，促使与 p110 聚集并激活 PI3K。被激活的 PI3K 可活化 PKB、P70 核糖体蛋白 S6 激酶（P70S6K）、磷脂酰肌醇依赖性蛋白激酶 D1（PDKl）。PDKl 还能结合并磷酸化 PKC 的激酶结构域而使 PKC 活化。PI3K 所引起的一系列效应最终导致 mRNA 及蛋白质的生物合成。

笔 记 栏

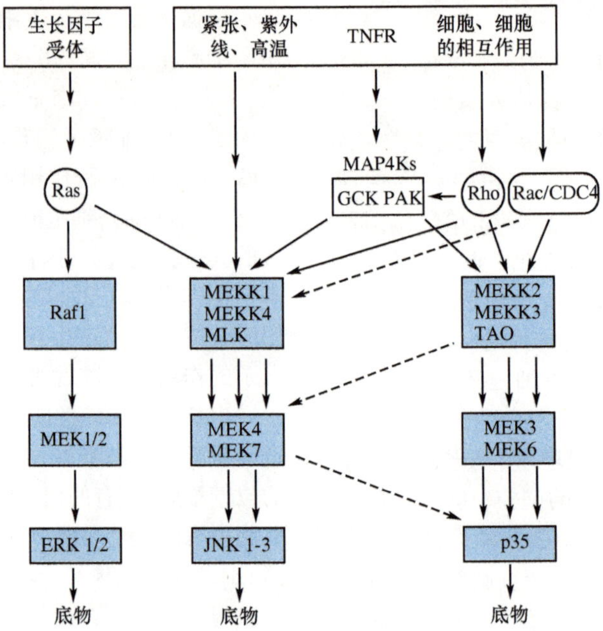

图 17-3　生长因子作用示意图

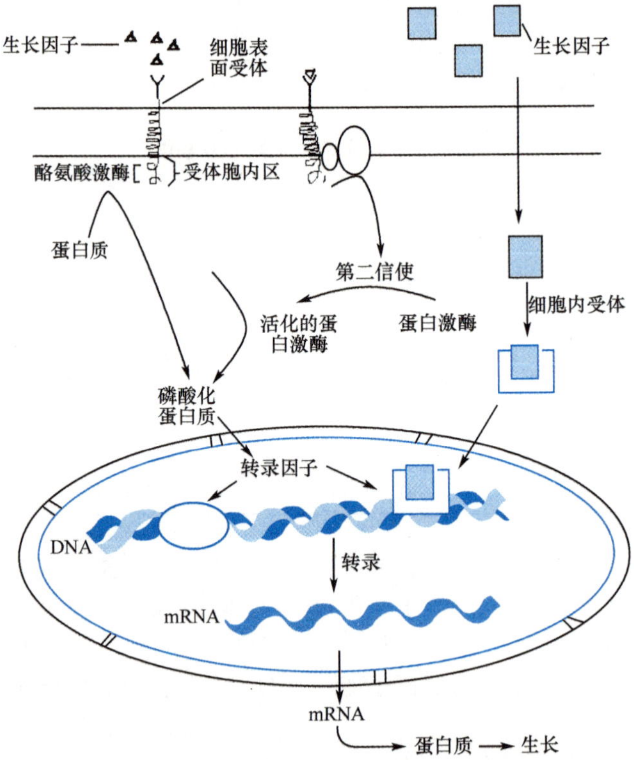

图 17-4　生长因子作用机制示意图

在肿瘤细胞中常表现为促进增殖的信号增强，主要表现为癌细胞能分泌更多的生长因子，如肺癌和卵巢癌细胞 TGF-α 分泌量增加；在腺癌、鳞状上皮癌中 ERB-B、EGF 受体存在过表达，使生长因子受体数量增多；在肿瘤组织中 *ras* 的高突变率使小分子 G 蛋白易处于与 GTP 结合的活化形式，进而促进细胞增殖。此外，Src、Yes、Fgr 及 Abl 等都具有 TPK 活性，在癌组织中常处于活化状态，成为促增殖的信号。

笔记栏

（三）细胞内信号传导体

生长信号到达细胞后，借助一系列胞内信息传递体系，将接受的生长信号由胞内传至核内，促进细胞生长。胞内信号传递体系成员多是原癌基因的成员，或通过这些基因产物的作用影响第二信使。例如，非受体酪氨酸激酶（*c-crl*、*c-bal* 等），丝/苏氨酸激酶（*c-ras*、*c-mas*），ras 蛋白（*H-ras*、*K-ras* 和 *N-ras* 等）及磷脂酶（crk 产物）。如 *c-erbB2* 基因，又称为 *neu* 基因，编码一种与上皮生长因子受体（EGFR）非常相似的磷酸化蛋白质，相对分子质量 185kDa，又称为 P185。与正常的 *c-erbB2* 基因比较，从肿瘤细胞中分离出的 *c-erbB2* 基因，由于跨膜区的氨基酸序列变异而具有转化活性。但在乳腺癌、卵巢癌和胃癌等多种肿瘤中，采用抗肿瘤治疗时*c-erbB2*基因扩增或过表达阳性的患者表现对抗肿瘤治疗的敏感性低，预后差，而采用人源化抗 C-erbB2 蛋白抗体可抑制这种依赖于 *c-erbB2* 过度表达的肿瘤细胞的恶性生长，获得比较满意的治疗效果。在哺乳动物基因组中，一个激活了的 *ras* 基因就是导致人类膀胱癌的癌基因。某些癌基因的表达产物为生长因子受体。

（四）核内转录因子

为了改变细胞的生长状态，细胞的基因表达方式必会发生改变。事实上有某些癌基因表达蛋白（如 *myc*、*fas* 等）定位于细胞核内，它们直接与靶基因的调控元件结合调节转录活性发挥转录因子作用。这些蛋白通常在细胞受到生长因子刺激时迅速表达，促进细胞的生长与分裂过程。例如 *c-ras*、*c-myc*、*c-rel*，在静止细胞中表达水平很低，但在促细胞分裂信号刺激下很快被激活。*c-fos* 是一种即刻早期反应（立早）基因，在生长因子、佛波酯、神经递质等作用下，*c-fos* 能即刻、短暂表达，作为传递信息的第三信使。由此可见，原癌基因具有广泛的生物学作用。它们不仅与肿瘤的发生有关，而且是以调节细胞生长、分化为主要功能的正常基因组成成分。

第2节 抑癌基因

一、抑癌基因的概念

所有癌基因都有一个共同的特点，就是由于病毒的整合作用或其他原因引起癌基因发生突变时，会引起其编码的癌基因过度表达或其活性发生改变，成为致癌性。这说明癌基因对细胞的作用只要在癌基因的一个等位基因发生突变，就是致癌性。然而，有些致癌作用却是另外一种机制引起的，在一个基因座位上，两个等位基因都发生突变或缺失，才致癌。这说明在正常情况下，这种基因的产物对于细胞是必需的，若失去这种基因的产物则可引起肿瘤。判定抑癌基因的基本标准是：①恶性肿瘤的相应正常组织中该基因正常表达；②恶性肿瘤中该基因应有功能失活或结构改变或表达缺陷；③将该基因的野生型导入基因异常的肿瘤细胞内可部分或全部改变其恶性表型。属于这一类型的两个典型基因的蛋白是 Rb 蛋白和 P53 蛋白。它们是肿瘤抑制基因编码的产物，这种基因称为抑癌基因。抑癌基因是一类抑制细胞过度生长、增殖从而遏制肿瘤形成的基因。抑癌基因的丢失或失活可能导致肿瘤发生。

二、常见的抑癌基因

抑癌基因及其产物对细胞增殖起负性调节作用，通常认为是两个等位基因都丢失或失活后才显示出抑癌功能缺陷，故抑癌基因的发现和分离都很困难。从 1971 年 Knudson 提出两次突变论，1978 年 Francke 发现 13 号染色体特定部位的缺失，到 1989 年 Rb 基因全部克隆，克服了抑癌基因研究中的障碍，抑癌基因的分离和鉴定工作获得了快速的进展。目前已被克隆的抑癌基因（表 17-3）和未被克隆的候选抑癌基因已达 20 余种，且新的抑癌基因还在不断被鉴定分离。

表 17-3 常见的某些抑癌基因

基因名称	染色体定位	常见主要相关肿瘤	作用
p53	19p13	多种肿瘤	编码 P53 蛋白
rb	13q14	视网膜母细胞瘤	编码 P105Rb1 蛋白
p16	9p21	黑色素瘤、结肠癌等肿瘤	编码 CDK4 的抑制蛋白（P16 蛋白）

续表

基因名称	染色体定位	常见主要相关肿瘤	作用
p15	9p21	神经胶质瘤、白血病、非小细胞肺癌等	CDK4/CDK6 抑制蛋白(P15 蛋白)
p27	12p13	消化道肿瘤、乳腺癌、肺癌、宫颈癌等	编码 cyclinE-CDK2 抑制蛋白(P27 蛋白)
APC	5q21	结肠癌、胃癌、肝癌等	可能编码 G 蛋白
DCC	18q21	结肠癌、前列腺癌、食管癌等	编码表面糖蛋白
WT1	11p13	肾母细胞瘤、横纹肌肉瘤等	编码含锌指的转录因子
NF1	17q11.2	神经纤维瘤等	编码 GTP 酶激活蛋白
NF2	22q12	Shwann 细胞瘤、脑膜瘤	编码与细胞膜和骨架连接蛋白
nm23(转移抑制基因)	17q22	多种肿瘤转移	产物与核苷二磷酸激酶(NDPK)高度同源
VHL	3p25	肾癌、宫颈癌等	编码转录调节蛋白
BRCA	17q21	乳腺癌、卵巢癌	编码核内磷酸化蛋白
PTEN	10q23.3	胶质母细胞瘤、前列腺癌、子宫内膜癌、淋巴瘤等	编码 PTEN 蛋白
DPC4	18q21.1	胰腺癌、胆管癌	编码 *DPC4* 蛋白

抑癌基因在特定位置发生一个核苷酸的突变,使编码的相应蛋白质的一个氨基酸发生改变,从而改变蛋白质的空间构型和生物学功能。

三、抑癌基因的作用机制

(一) *Rb* 基因——控制细胞周期的抑癌基因

1987 年,Dryja 等克隆出第一个抑癌基因 *rb*,该基因失活可导致肿瘤发生,采用 *rb* 转基因治疗可使其失活的人肿瘤细胞,恢复正常。

rb 基因是最早发现的肿瘤抑制基因。最早发现于儿童的视网膜母细胞瘤,因此称为视网膜母细胞瘤基因(retinoblastoma gene, *rb*)。1986 年,美国 3 个实验室分别独立克隆了 *rb* 基因,全长约 200kb,含有 27 个外显子,26 个内含子。其外显子大小不同,短的仅 31bp,长的可达 19kb,转录产物为 4.7kb 的 mRNA,编码由 928 个氨基酸组成的 105~110kD_a 的核内磷酸化 Rb 蛋白。Rb 蛋白有磷酸化和非磷酸化两种形式,非磷酸化形式称活性型,能促进细胞分化,抑制细胞增殖。调节 Rb 蛋白磷酸化状态重要的过程是发生 G_1/S 期交界处,磷酸化可使 Rb 蛋白与细胞内蛋白质形成复合物的能力丧失。

在正常情况下,机体携带两个拷贝具有功能的 *rb* 基因,即两个 *rb* 等位基因,一个发生突变并不导致肿瘤,而一个细胞发生两次突变的机会很少见。

视网膜母细胞瘤受累的家族成员发生的肿瘤是从遗传而来的。*Rb* 基因的异常常常表现为等位基因纯合子缺失、杂合子丢失和基因突变。在遗传型 RB,儿童生下来已经有一个来自父母的、遗传获得的 *Rb* 基因破坏,现在只需要再发生一次突变,损伤残留的另一个正常基因就可以导致肿瘤的发生。在视网膜母细胞瘤中,多数病例 *rb* 基因表现为完全或部分缺失。缺乏正常结构的 Rb 蛋白使其不能充分与 E2F 结合而使后者强烈激活靶基因,使细胞进入 S 期。已经证实,某些 DNA 肿瘤病毒的抗原(癌基因产物)可与非磷酸化的 Rb 蛋白发生特异性结合,如 SV40 的 T 抗原、腺病毒的 E1A 和 HPV 的 E7 等,发挥这些病毒转化细胞的能力。

Rb 基因对肿瘤的抑制作用与转录因子(E2F)有关。E2F 是一类激活转录作用的活性蛋白。非磷酸化型的 Rb 蛋白可与 E2F 结合成复合物,使 E2F 处于非活化状态并抑制其活化基因表达。而 Rb 蛋白被磷酸化时可与 E2F 解离,E2F 蛋白与一种 DP1 蛋白形成二聚体,具有活化一系列在细胞由 G_1 进入 S 期转换过程中关键作用的基因表达,细胞立即进入增殖阶段。在 G_1 期,Rb 为去磷酸化状态;当细胞进入 S 期时,磷酸化状态急剧增加,并持续到 G_2 和 M 期,细胞 G_1/S 期 Rb 磷酸化受周期调节激酶 CDK_2 调节。在病毒转化的宿主细胞中,腺病毒 EIA、SV40 大 T 抗原和 HPVE7 蛋白可与 Rb 蛋白结合使其失活。当 *Rb* 基因发生缺失或突变,丧失结合、抑制 E2F 的能力,于是细胞增殖活跃,导致肿瘤发生。

笔记栏

案例 17-1

患者，男性，29 个月，因父母发现患儿晚上右眼发蓝而就诊。检查患者外眼无炎症，右眼视力明显下降，仅可辨光。右眼瞳孔开大，经瞳孔可见黄光反射（黑矇猫眼），眼底检查见右眼底后方偏下椭圆形、边界清楚的黄色隆起结节，表面不平，有新生血管。结节大小不一。

初步诊断：右眼视网膜母细胞瘤。

问题

1. 视网膜母细胞瘤发病机制如何？
2. 患儿预后如何？

案例 17-1 分析讨论

视网膜母细胞瘤是婴幼儿时期最常见的眼部恶性肿瘤，占 15 岁以下儿童恶性肿瘤的 3%。无种族、地域及性别的差异。视网膜母细胞瘤的发病率随年龄的增长而迅速降低，89% 的视网膜母细胞瘤发生在 3 岁以前。在无家族史的患者中，单眼患者平均诊断年龄为生后 25 个月。在有家族史的患者中，诊断年龄明显提前，于生后 3~9 个月出现两个高峰。也有出生后即被发现及成年后才发现的患者，但很少见。

当 *rb* 基因一旦丧失功能或先天性缺乏，视网膜母细胞则出现异常增殖，形成视网膜母细胞瘤。在肿瘤的发展过程中根据生长的部位和细胞分化的程度不同，临床表现也极不一致。临床上分为四期，眼内生长期、眼内压增高期、眼外扩展期和全身转移期。多发生在眼底后极偏下方位置。在眼内生长期肿瘤起源于内、外核质层，分别向玻璃体或脉络膜生长，使视网膜表面不规则隆起或发生扁平脱离，视力减退。眼内肿瘤的生长导致眼压增高，引起明显的眼痛等继发性青光眼症状。肿瘤通过穿通角膜或穿透巩膜向眼外蔓延，经视神经进入颅内。晚期经血管或淋巴管转移到脑、骨骼、肝等，导致死亡。故患者预后不佳。早期应尽早将眼球摘除，一侧 50% 存活 5 年。

Rb 基因失活还见于多种肿瘤，具有一定的广泛性。在其他肿瘤中也存在 *rb* 基因的异常，其 *Rb* 基因的序列是完整的，显示一个常发生在剪切点上的突变，导致 RbmRNA 在组装时外显子漏掉，产生异常的 Rb 蛋白。

（二）*p53* 基因

P53 是第一个被发现的核内蛋白质，它和 SV40 的 T 抗原结合，并被 T 抗原所稳定。P53 是根据它的相对分子质量（53kDa）而命名的。在 DNA 肿瘤病毒引起的肿瘤中，常可见 P53 的变化，而非致癌的病毒突变感染的细胞中，并不发生 P53 的改变。人类肿瘤中约 50% 以上与 *p53* 基因变化有关，*p53* 基因也被 Science 杂志评为 1993 年明星分子。

野生型 *p53* 基因全长 20kb，由 11 个外显子组成，编码由 393 个氨基酸组成的 53kDa 的核内磷酸化蛋白，在体内以四聚体形式存在，具有蛋白质-DNA 和蛋白质-蛋白质结合的功能。P53 蛋白有 5 个高度保守区，分别位于氨基酸残基的 13~19、117~142、171~181、234~258 和 270~286。P53 是细胞生长周期中负调节因子，与细胞周期的调控、DNA 修复、细胞分化及细胞凋亡等生物学功能有关。

p53 基因分为野生型和突变型两种。野生型 P53 蛋白极不稳定，半寿期仅 20~30 分钟，并具有反式激活功能和广谱的肿瘤抑制作用。按照氨基酸序列将 *p53* 基因表达产物分为三个区：

1. 核心区 位于 P53 蛋白分子中心，由 102~290 位氨基酸残基构成的高度保守区，含有 DNA 特异结合氨基酸序列（图 17-5）。

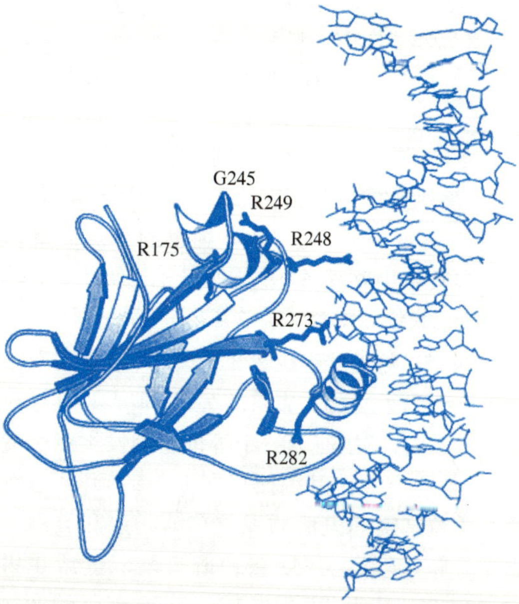

图 17-5 肿瘤抑制蛋白 P53 与 DNA 形成复合体的结合域

笔记栏

2. 酸性区 由N末端1~80位氨基酸残基组成，易被蛋白酶水解，含有一个特殊的磷酸化位点。

3. 碱性区 位于C末端，由319~393位氨基酸残基组成，通过这一片段P53蛋白形成四聚体。C末端可单独具备转化活性发挥癌基因作用，具有多个磷酸化位点，被多种蛋白激酶所识别。

*p53*基因时刻监控着基因的完整性，一旦细胞DNA遭到损害，P53蛋白其核心区域与相应基因的DNA部位特异结合。其氨基末端序列有转录活性作用。一方面活化*p21*基因转录，调节CDK活性，使细胞停滞于G_1期；另一方面，可调节DNA损伤修复蛋白的*GADD45*基因，决定细胞是否启动DNA合成。在DNA受到损伤时，野生型P53可使细胞停滞于G_1期，并与复制因子A相互作用参与DNA的复制与修复；如果修复失败，P53蛋白即启动程序性死亡过程诱导细胞自杀，阻止有癌变倾向突变细胞的生成，从而防止细胞恶变（如图17-6）。

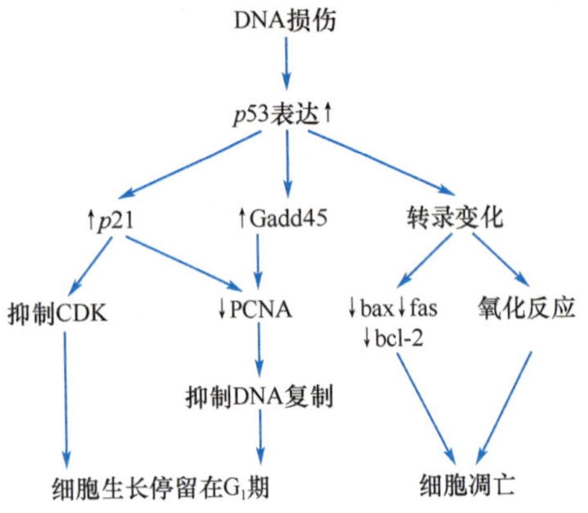

图17-6 *p53*启动的DNA损伤修复机制

*p53*基因的突变是许多肿瘤发生的原因之一。其突变的形式可以表现为点突变、缺失突变、插入突变、移码突变和基因重组等。突变位点大多数集中在第5~8个外显子，称为突变热点（hotspots）。86%的突变发生于进化保守区，如肺癌*p53*突变发生在273密码子，结肠癌发生在175密码子。*p53*基因的另一种突变为等位基因的丢失，特别是当一个等位基因发生点突变时，另外一个等位基因便存在丢失的倾向，这种两个等位基因都失活的现象在结肠癌和乳腺癌中发生频率较高。P53蛋白既有与双链或单链DNA结合的能力，还有与DNA病毒编码的产物结合的能力。当*p53*发生突变后，由于空间构象改变影响到转录活化功能及P53蛋白的磷酸化过程，并且使半寿期延长至6~12小时，这不单失去野生型*p53*抑制肿瘤增殖的作用，而且突变本身又使该基因具备癌基因功能。突变P53蛋白可与野生P53蛋白相结合，形成寡二聚体，而不能结合DNA，使一些细胞癌基因转录失控，促进细胞恶性转化，减少细胞凋亡。

多种人类肿瘤，如白血病、结肠癌、食管癌、乳腺癌、肺癌、肝癌等几乎都有*p53*基因的缺失或点突变。Li-Fraumeni综合征是以乳腺癌为主的家族性肿瘤综合征，有明显的肿瘤家族史，患者*p53*基因突变变位于248~258密码子，不仅存在于肿瘤细胞，而且也见于正常细胞中。

（三）*p16*基因

1994年，Kamb和Beach分别观察到黑色素瘤细胞中出现一种等位基因的丢失或突变，称之为*p16*基因。后被人类基因组命名为周期素依赖激酶抑制物2（cyclin dependent kinase inhibitor 2，CDKI2）。

*p16*基因由2个内含子和3个外显子组成，编码一种相对分子质量为15.8kDa的CDK抑制蛋白，简称P16。P16蛋白既是细胞周期有效调控者，又是抑制肿瘤细胞生长的关键因子。可通过与cyclin竞争CDK4/6结合而特异性抑制其活性，抑制细胞的增殖，阻止细胞的生长。当cyclinD与CDK4/6结合时刺激细胞生长分裂，正常两者处于平衡状态。当*p16*基因异常，不能正常表达时，cyclinD则与CDK4/6优势结合，使细胞生长失去控制，细胞表型发生变化。

在视网膜母细胞瘤，非磷酸化的Rb可阻止细胞进入S期，而CDK4/6与cyclinD结合后促使Rb磷酸化，发挥Rb对转录因子的抑制作用。在晚期胶质瘤中，*p16*基因缺失达71%，当*p16*基因异常而不能正常表达时，CDK抑制Rb的磷酸化而失活，而使细胞分裂增强。

在实体瘤组织中平均*p16*基因缺失可达70%左右，因*p16*基因片段小，而且有明确的作用靶点，是基因治疗研究中较为理想的研究对象。

（四）*p27*基因

P27是细胞周期素依赖性激酶抑制因子（cyclin dependent kinase inhibitor，CKI）的两大家族（KIP家族和INK4家族）中KIP家族的重要成员之一，具有广泛抑制各种细胞周期蛋白和激

笔记栏

酶活性的作用，是细胞周期的负调控因子。*p27* 是 1994 年 Polyak 等在转化生长因子-α（TGF-α）和细胞接触抑制导致的静息细胞 Mvilu 提取物中发现的一种抑癌基因。它定位于 12 号染色体短臂 1 区 3 带（12p13），编码蛋白是相对相对分子质量为 27 000 的热稳定蛋白，能作用于整个细胞周期，主要与 cyclinE-cdk2、cyclinD-cdk4 及 cyclinD-cdk6 结合，抑制 CDK-cyclin 复合物的活性，发挥其激酶抑制作用。具有负调控细胞周期进程、参与细胞分化的调控、诱导细胞凋亡等作用。正常情况下 *p27* 基因在 G_0/G_1 期表达增高，当细胞进入 S 期表达下降。CyclinE-CDK2 是细胞通过 G_1/S 限制点的关键，P27 通过抑制 cyclinE-CDK2 复合物的活性使细胞阻滞在 G_0 期或 G_1 期，控制细胞由 G_1 期进入 S 期的位点，从而抑制细胞的增殖。除此之外 P27 还可调节实体瘤的耐药性，防止炎症对机体的损伤。P27 被广泛应用于各种肿瘤如消化道肿瘤、乳腺癌、肺癌、宫颈癌等治疗的试验研究。研究发现在人类几乎所有的上皮性肿瘤都有 P27 蛋白的表达下降或缺失，*p27* 在正常组织、癌前病变、良性肿瘤、肿瘤的早晚期表达有逐渐减低趋势。*p27* 基因敲除的小鼠出现多种组织器官增生综合征，表现为体态肥大、多器官肥大、组织增生、视网膜变性、雌性不育等。*p27* 表达水平的变化对于判断肿瘤的预后有重要的意义，在某些肿瘤中其判断肿瘤的预后强于用组织学分级或其他抑癌基因如 *p53*。分析浸润、转移情况不同的结肠癌患者癌组织 *p27* 表达水平变化，发现 *p27* 表达水平在出现淋巴结转移的患者中显著降低；在具有高转移潜力的Ⅲ、Ⅳ期结直肠癌患者中，P27 蛋白高表达者比弱或无表达者生存期平均长 23 个月，P27 是乳腺癌、结直肠癌患者良好的独立预后指标；胃癌手术切除标本中 *p27* 低水平表达与肿瘤分化差、浸润程度深及淋巴结转移明显相关；低分化和有肝内转移的肝癌组织中 P27 蛋白含量明显降低。对 *p21*、*p27*、*p53* 单独及联合应用在胃癌预后判断中的作用研究，发现 *p21*、*p27* 阳性表达患者预后好于 *p53* 阳性表达者。P27 的降解主要由泛素介导的 187 位苏氨酸磷酸化引起，半寿期较短（约 2 小时），在体内不稳定，因此 P27kip1 被称为“短寿蛋白”。Kudo 等研究发现将 187 位的苏氨酸置换成丙氨酸，P27 蛋白将不被泛素激活，蛋白降解明显降低。Jean 等将 P27 转染 HeyC2 细胞，发现细胞生长明显抑制。

总之，细胞原癌基因与抑癌基因协调表达以维持细胞正常生长、增殖与分化。抑癌基因的缺失或突变失活不仅使其丧失抑癌作用，反而变成具备促癌效应的癌基因。肿瘤的发生与发展往往涉及多种癌基因在不同的癌变时期的相继激活，以及几种抑癌基因的突变或缺失。

小　结

癌基因是指其编码产物与细胞的肿瘤性转化有关的基因，是一类普遍存在于正常细胞内调控细胞增殖和分化的重要看家基因，以显性的方式促进细胞转化。可分为病毒癌基因和细胞癌基因。病毒癌基因能使宿主细胞发生恶性转化，形成肿瘤。细胞癌基因又称为原癌基因，因对细胞的正常生长与分化的调节作用而为生命活动所必需。原癌基因可通过点突变、基因扩增、获得启动子或增强子及基因移位的方式而被激活，当激活时基因的结构发生异常或表达失控而导致细胞恶性肿瘤的形成。抑癌基因是一类抑制细胞增殖的基因。正常的抑癌基因在特定位置发生一个核苷酸的突变，使相应的蛋白质的一个氨基酸发生改变，从而改变蛋白质的空间构型和生物学功能。当抑癌基因失活时可引起细胞转化。抑癌基因的失活常因基因的突变、缺失引起。生长因子是一类能促进细胞增殖的肽类，通过与质膜上的特异受体发挥作用。这些受体有的位于细胞膜，有的位于细胞内部。膜表面受体属胞内有酪氨酶激酶活性结构域跨膜受体蛋白。当生长因子与这类受体结合后，一些可通过激活酪氨酸激酶使相关蛋白磷酸化。另一些则通过胞内第二信使使蛋白激酶活化，活化的蛋白激酶同样可使胞内相关蛋白质磷酸化，然后再活化核内的转录因子，引发基因转录，而调节生长与分化。恶性肿瘤的基本生物学特征是细胞增殖失控、分化异常、凋亡抑制，细胞具有侵袭性及转移性。

（严世荣）

第18章 血液生物化学

血液(blood)是体液的重要部分,由血浆和血细胞组成。正常成人血液约占体重的8%。血浆(plasma)是血液的液体部分,约占全血容积的55%~60%。血浆主要成分是水,达90%以上,另外还有可溶性固体成分,包括蛋白质、非蛋白含氮化合物(尿素、肌酸、肌酐、尿酸、胆红素、氨等)、不含氮的有机化合物(葡萄糖、乳酸、酮体、脂类等)及无机盐(Na^+、K^+、Ca^{2+}、Mg^{2+}、Cl^-、HCO_3^-、HPO_4^{2-}等)等。非蛋白含氮化合物所含的氮称为非蛋白氮(non-protein nitrogen,NPN),其中尿素氮(blood urea nitrogen,BUN)约占NPN的一半。血细胞是血液有形部分,包括红细胞、白细胞和血小板。血液在心血管系统中循环流动,成为沟通内外环境及机体各部分进行物质交换的场所,对于维持机体内环境稳定具有重要作用。血液中某些代谢物浓度变化,可反映体内代谢状况,故血液与临床医学有密切关系。临床上对血液进行分析常以血清为样本,血清(serum)是血液凝固后析出的淡黄色透明液体,血清与血浆的区别在于血清中无纤维蛋白原,但含有一些在凝血过程中生成的分解产物。

第1节 血浆蛋白

血浆蛋白是血浆中多种蛋白质的总称,是血浆中主要的固体成分,其含量约为60~80g/L。血浆蛋白的种类繁多,功能各异。

一、血浆蛋白的分类

按分离方法、来源或功能的不同,可将血浆蛋白分为不同种类。

最初采用盐析法,将血浆蛋白分为清蛋白(又称白蛋白,albumin)、球蛋白(globulin)和纤维蛋白原(fibrinogen)。正常人清蛋白(A)含量为38~48g/L,球蛋白(G)为15~30g/L,清蛋白与球蛋白的比值(A/G ratio)为1.5~2.5。临床上一般采用简便快速的醋酸纤维薄膜电泳,将血清蛋白分为清蛋白、α_1球蛋白、α_2球蛋白、β球蛋白和γ球蛋白(图18-1)。如采用分辨力较高的聚丙烯酰胺凝胶电泳,可将血浆蛋白分出30多条区带。采用分辨力更高的等电聚焦与聚丙烯酰胺凝胶组合的双向电泳,可将血浆蛋白分出更多条区带。

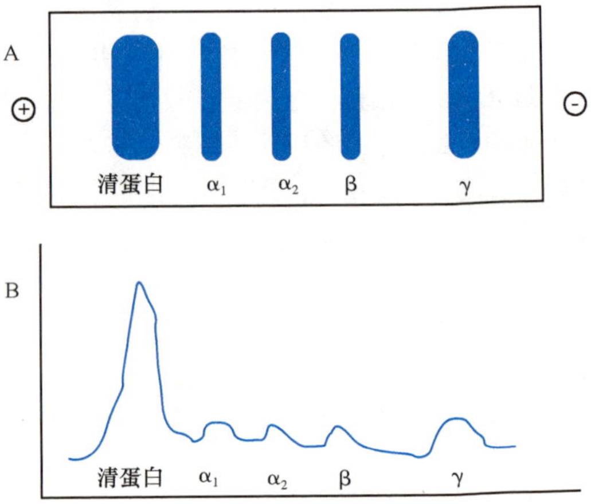

图18-1 血清蛋白醋酸纤维薄膜电泳图谱(A)及电泳峰(B)

血浆蛋白按来源不同分为两类:一类是由各种组织细胞合成后分泌入血,在血浆中发挥作用的血浆功能性蛋白质,如抗体、补体、凝血酶原、生长调节因子、转运蛋白等,这类蛋白质的质量变化可以反映机体的代谢状况;另一类是细胞更新或破坏时溢入血浆的蛋白质,如血红蛋白、淀粉酶、转氨酶等,这类蛋白质在血浆中出现或含量升高可以反映有关组织的更新、破坏或细胞通透性改变。

血浆蛋白按功能不同分为8类:①凝血和纤溶系统蛋白质,包括各种凝血因子(除Ⅲ外)、纤溶酶等;②免疫防疫系统蛋白质,包括各种抗体和补体;③载体蛋白,包括清蛋白、脂蛋白、运铁蛋白、铜蓝蛋白等;④酶,包括血浆功能酶和非功能酶;⑤蛋白酶抑制剂,包括酶原激活抑制剂、血液凝固抑制剂、纤溶酶抑制剂、激肽释放抑制剂、内源性蛋白酶及其他蛋白酶抑制剂;⑥激素,包括促红细胞生成素、胰岛素等;⑦参与炎症应答蛋白,包括C-反应蛋白、α_2酸性糖蛋白等;⑧未知功能的血浆蛋白质。目前已知的血浆蛋白有200多种,有些蛋白质的功能尚未阐明(表18-1)。

笔记栏

表 18-1　主要的血浆蛋白的含量及功能

	名称	符号	正常血浆中浓度（mg/100ml）	主要功能
清蛋白	前清蛋白	PA/Pre-Al	28～35	结合甲状腺素
	清蛋白	Alb	4200±700	维持血浆胶渗压，运输，营养
	α_1脂蛋白（HDL）	α_1LP	217～270	运输脂类及脂溶性维生素
	α_1酸性糖蛋白（乳清类黏蛋白）	α_1AGP	75～100	感染初期活性物质，抑制黄体酮
α_1-球蛋白	α_1-抗胰蛋白酶	α_1AT	210～500	抗胰蛋白酶和糜蛋白酶
	运钴胺素蛋白Ⅰ			结合维生素 B_{12}
	运皮质醇蛋白	TSC	5～7	运输皮质醇
	甲胎蛋白	AFP	$0.5\sim2.0\times10^{-3}$	
	α_2-神经氨酸糖蛋白		24±10	抑制补体第一成分 C_1s
	C_1s 酯酶抑制物	C_1s Ⅰ		酯酶的抑制物
	甲状腺素结合球蛋白	TBG	1～2	结合甲状腺素（T_4）
	α_2HS 糖蛋白	α_2HS		炎症时被激活
	铜蓝蛋白	Cp	27～63	有氧化酶活性，与铜结合，参与铜的代谢，急性时相反应物
α_2-球蛋白	凝血酶原		5～10	参加凝血作用
	α_2-巨球蛋白	α_2M	200±60	抑制纤溶酶和胰蛋白酶，活化生长激素和胰岛素，可和其他低分子物质结合，急性时相反应物
	胆碱酯酶	ChE	1±0.2	水解乙酰胆碱
	缚珠蛋白（结合珠蛋白）	Hp	100（30～190）	结合 Hb
	血管紧张素原			收缩血管，升高血压；促进醛固酮分泌，促进 RBC 生成
	红细胞生成素			
	α_2-脂蛋白（VLDL）	α_2LP	28～71（随年龄性别而异）	运输脂类（主要是三酰甘油）、脂溶性维生素和激素
	β-脂蛋白（LDL）	βLP	219～340（随年龄性别而异）	运输脂类（胆固醇、磷脂等）脂溶性维生素、激素
	运铁蛋白	Tf	250±40	运输铁，抗菌、抗病素
	运血红素蛋白	Hpx	80～100	与血红素结合
β-球蛋白	C-反应蛋白	CRP	<1.2	与肺炎球菌的 C 多糖起反应
	运钴铵素蛋白Ⅱ			与维生素 B_{12} 结合
	纤溶酶原	Pm	30±2	有纤溶酶活性
	纤维蛋白原	Fib	350	凝血因子Ⅰ，急性时相反应物
	免疫球蛋白 A	IgA	247±87	分泌型抗体
	免疫球蛋白 D	IgD	3（0.3～40）	抗体活性
γ-球蛋白	免疫球蛋白 E	IgE	0.033	反应素活性
	免疫球蛋白 M	IgM	146±56	抗体活性
	免疫球蛋白 G	IgG	1280±260	抗体活性

二、血浆蛋白的特点

血浆蛋白具有以下共同特点：

（1）大多数血浆蛋白由肝细胞合成，少数由内皮细胞合成，γ-球蛋白由浆细胞合成。

（2）血浆蛋白在粗面内质网结合的多核糖体上合成，为分泌型蛋白质，分泌入血前经过剪切信号肽、糖基化、磷酸化等翻译后加工修饰过程变为成熟蛋白质。血浆蛋白自肝脏合成后分泌入血的时间为 30 分钟到数小时。

（3）血浆蛋白几乎都是糖蛋白，含有 N 或 O

笔记栏

连接的寡糖链，只有清蛋白、视黄醇结合蛋白和C-反应蛋白等不含糖。糖链参与血浆蛋白分子的三级结构的形成，具有多种功能，如血浆蛋白合成后的定向转移，细胞间的相互识别等。根据含糖量多少，血浆蛋白分为糖蛋白(glycoprotein)和蛋白多糖(proteoglycan)，糖蛋白含糖量小于40%，蛋白多糖含糖量达90%~95%。

(4) 各种血浆蛋白都具有特征性的半寿期，如正常成人的清蛋白的半寿期为20天。糖链可使血浆蛋白的半寿期延长。

(5) 许多血浆蛋白具有多态性(polymorphism)。多态性是指在同种人群中，有两种以上且发生频率不低于1%的表现型。最典型的多态性是ABO血型物质，此外，α_1-抗胰蛋白酶、结合珠蛋白、运铁蛋白、铜蓝蛋白等都具有多态性。研究血浆蛋白多态性对遗传学及临床医学均有重要意义。

(6) 当急性炎症或组织损伤时，某些血浆蛋白水平会增高，少则增加50%，多则增加1000倍，包括C-反应蛋白、α_1-抗胰蛋白酶、结合珠蛋白、α_1-酸性蛋白和纤维蛋白原等，这些血浆蛋白称为急性时相蛋白(acute phase protein, APP)。急性时相蛋白在人体炎症反应中发挥一定作用，如α_1-抗胰蛋白酶能使急性炎症反应释放的某些蛋白酶失活。白细胞介素-1是单核/巨噬细胞释放的一种多肽，它能刺激肝细胞合成许多急性时相蛋白。有些蛋白质(如清蛋白、运铁蛋白等)在急性炎症时含量下降。

三、血浆蛋白的功能

(一) 稳定作用

血浆胶体渗透压和血液pH的稳定对于机体内环境的稳定具有重要意义。

血浆蛋白的含量和分子大小决定血浆胶体渗透压的大小。清蛋白是血浆中含量最多的蛋白质，占血浆总蛋白的60%；多数血浆蛋白的相对分子质量在160~180kDa之间，而清蛋白相对分子质量仅为69kDa。由于清蛋白含量多而分子小，因此在维持血浆胶体渗透压方面起主要作用，血浆胶体渗透压的75%左右由清蛋白产生。清蛋白由肝合成，成人每日每千克体重合成约120~200mg，占肝脏合成分泌蛋白质总量的50%。清蛋白含量下降会导致血浆胶体渗透压下降，使水分向组织间隙渗出而产生水肿。临床上血浆清蛋白含量降低的主要原因是：①合成原料不足(如营养不良等)；②合成能力降低(如严重肝病等)；③丢失过多(如肾脏疾病、大面积烧伤等)；④分解过多(如甲状腺功能亢进、发热等)。

人血浆清蛋白基因位于4号染色体上，其初级翻译产物为前清蛋白原(preproalbumin)，在分泌过程中切除信号肽生成清蛋白原(proalbumin)，继而在高尔基复合体由组织蛋白酶B切除N-末端的6肽片段(精-甘-缬-苯丙-精-精)，成为成熟的清蛋白。清蛋白由585个氨基酸组成一条多肽链，有17个二硫键，分子呈椭圆形，较球蛋白和纤维蛋白原分子对称，故清蛋白黏性较低。清蛋白等电点(pI)为4.7，低于其他血浆蛋白，所以在常用的弱碱性电泳缓冲液中带负电荷多，加之相对分子质量小，故电泳迁移速度快。

正常人血液pH为7.35~7.45，大多数血浆蛋白的等电点在4.0~7.3。血浆蛋白为弱酸，其中一部分与Na^+结合成弱酸盐，弱酸与弱酸盐组成缓冲对，参与维持血浆正常pH。

(二) 运输作用

某些血浆蛋白可与血浆中的难溶于水、易从尿丢失、易被酶破坏、易被细胞摄取的小分子物质专一性结合而运输，例如清蛋白能与许多物质结合(如游离脂酸、胆红素、性激素、甲状腺素、肾上腺素、金属离子、磺胺药、青霉素G、双香豆素、阿司匹林等)，使其水溶性增加而便于运输；金属结合蛋白(如结合珠蛋白、运铁蛋白、铜蓝蛋白)与金属离子(如铁、铜)结合运输，可以防止这些金属离子的丢失。

1. 结合珠蛋白(haptoglobin, Hp) Hp相对分子质量约为90kDa，能与红细胞外血红蛋白(hemoglobin, Hb)结合形成紧密的非共价复合物Hb-Hp，每100ml血浆中的Hp能结合40~80mg血红蛋白。每天降解的Hb约有10%释放入血，成为红细胞外游离的Hb，Hb与Hp结合成复合物后相对分子质量可达155kDa，不能透过肾小球，从而防止游离Hb及所含铁从肾脏丢失，保证铁再用于合成代谢。溶血时大量的Hb释出，Hp与游离Hb结合成复合物后被肝摄取、清除。Hp是一种急性时相蛋白，炎症时其血浆中含量升高，但溶血性贫血患者血浆中Hp呈现下降。

2. 运铁蛋白(transferrin, Tf) Tf相对分子质量约80kDa，具高度多态性，目前已发现20多种不同类型的Tf。每天血红蛋白分解释出25mg左右的铁，游离铁有毒性，它与Tf结合后不仅毒性降低而且还将铁运到需铁部位，每分子Tf可

笔记栏

结合 2 个 Fe^{3+}。铁是许多含铁蛋白质(如血红蛋白、肌红蛋白、细胞色素、过氧化物酶等)生物活性所不可缺少的,任何生长、增殖细胞的膜上都有运铁蛋白的受体,携带 Fe^{3+} 的 Tf 与受体结合后经内吞作用进入细胞,供细胞利用。

3. 铜蓝蛋白(ceruloplasmin,Cp) Cp 相对分子质量为 160kDa,由 8 个相对分子质量 18kDa 的亚基组成。Cp 是铜的载体,因携铜而呈蓝色,每分子 Cp 可结合 6 个铜离子。血浆中的铜 90% 由 Cp 转运,10% 与清蛋白结合而运输。Cp 还具有氧化酶活性,可将 Fe^{2+} 氧化成 Fe^{3+},有利于铁掺入运铁蛋白,促进铁的运输。

铜蓝蛋白是肝脏合成的一种糖蛋白,肝病时 Cp 合成减少,血浆 Cp 含量降低。肝豆状核变性(Wilso 病)是一种遗传病,可能因为肝细胞溶酶体不能将来自铜蓝蛋白的铜排入胆汁,导致铜在肝、肾、脑及红细胞中聚积,发生铜中毒,出现溶血性贫血、慢性肝病以及神经系统症状。由于角膜内铜的沉积导致角膜周围出现绿色或金黄色的色素环,称为 Kayse-Fleischer 环,这是肝豆状核变性的一种特征性改变,具有诊断价值。临床上采取减少铜摄入,服用 D-青霉胺螯合铜离子,对肝豆状核变性进行治疗。

归纳起来结合运输具有以下作用:①防止血液中小分子物质由肾流失;②增加难溶物质的水溶性,使其能够运输;③解除某些药物的毒性并促进排泄;④调节组织细胞摄取被运输物质。

(三) 催化作用

血浆蛋白中包括一些具有酶活性的蛋白质,按其来源与作用不同分为两类:血浆功能酶和血浆非功能酶。

1. 血浆功能酶 这类酶绝大多数由肝脏合成后分泌入血,主要在血浆中发挥催化功能,如凝血及纤溶系统的蛋白水解酶、假胆碱酯酶、卵磷脂:胆固醇酰基转移酶和脂蛋白脂肪酶等。

2. 血浆非功能酶 这类酶在细胞内合成并在细胞中发挥作用,在正常人血浆中含量极低,基本无生理作用,但有临床诊断价值。

(1) 细胞酶:在细胞中发挥作用,正常时血浆中含量甚微,病理情况下因细胞膜的通透性改变或细胞损伤而逸入血浆,一些组织特有的酶在血浆中的含量变化有助于诊断该组织的病变。

(2) 外分泌酶:由外分泌腺分泌的酶,如胰淀粉酶、胰脂肪酶、胰蛋白酶、碱性磷酸酶和胃蛋白酶等,正常时仅少量逸入血浆,当脏器受损时,血浆中相应的酶含量增加、活性增高,如急性胰腺炎时血浆中淀粉酶含量明显增多。

(四) 免疫作用

血浆中具有抗体作用的蛋白质称为免疫球蛋白(immunoglobulin,Ig),由浆细胞产生,电泳时主要出现在 γ-球蛋白区域。Ig 能识别并结合特异性抗原形成抗原-抗体复合物,激活补体系统从而消除抗原对机体的损伤。Ig 分为五大类:IgG、IgA、IgM、IgD 及 IgE,它们的分子结构具有共同特点,都是四链单位构成单体,每个四链单位由两条相同的长链或重链(heavy chain,H 链)和两条相同的短链或轻链(1ight chain,L 链)组成。其中 IgG、lgD、IgE 为单体,IgA 为二聚体,IgM 为五聚体。H 链由 450 个氨基酸残基组成,L 链由 210~230 个氨基酸残基组成,链与链之间以二硫键相连。

补体(complement)是血浆中参与免疫反应的蛋白酶体系,共有 11 种成分。抗原抗体复合物可激活补体系统,使之成为具有酶活性的补体或数个补体构成的活性复合物,从而杀伤靶细胞、病原体或感染细胞。

(五) 凝血与抗凝血

多数凝血因子和抗凝血因子属于血浆蛋白质,通常以酶原形式存在,在一定条件下被激活后发挥生理功能。凝血因子可促使纤维蛋白原转变为纤维蛋白,后者可网罗血细胞形成凝块以阻止出血。纤溶酶原在纤溶激活剂的作用下转变为纤溶酶,使纤维蛋白溶解,以保证血流通畅。

(六) 营养作用

正常成人 3L 左右的血浆中约含 200g 蛋白质,它们起着营养储备作用。体内某些细胞,特别是单核-巨噬细胞系统,吞饮完整的血浆蛋白,然后由细胞内的酶将其分解为氨基酸并扩散入血,随时可供其他细胞合成新蛋白质使用。

血浆蛋白质组

血浆蛋白多种多样,各种血浆蛋白又有独特的功能。人体器官的病理变化可导致血浆蛋白在结构和数量上的改变,这种特征性的变化对疾病诊断和疗效监测具有重要意义。然而,迄今为止人类对血浆蛋白的了解还十分有限,只有很少一部分血浆

笔记栏

蛋白被用于常规的临床诊断。显然，全面而系统地认识健康和疾病状态下血浆蛋白，会加速对具有疾病诊断和治疗监测作用的血浆标志蛋白的研发。因此，国际人类蛋白质组组织于2002年首先选择了血浆蛋白质组作为人类蛋白质组首期执行计划之一，其初期目标是：①比较各种蛋白质组分析技术平台的优点和局限性；②用这些技术平台分析人类血浆和血清的参考样本；③建立人类血浆蛋白质组数据库。

第2节 血液凝固

血液凝固（blood coagulation）是指血液由流动的液体状态变成不流动的凝胶状态的过程。

一、凝血因子与抗凝血成分

（一）凝血因子

血浆与组织中直接参与血液凝固的物质称为凝血因子（coagulation factor）。已知的凝血因子共有14种，其中12种依发现的先后顺序用罗马数字统一编号，因子Ⅵ是血清中活化的因子Ⅴ，不再视为独立的凝血因子（表18-2）。

表18-2 凝血因子的编号及名称

编号	中文名称	英文名称
Ⅰ	纤维蛋白原	fibrinogen
Ⅱ	凝血酶原	prothrombin
Ⅲ	组织凝血激酶	tissue thromboplastin
Ⅳ	钙离子	Ca^{2+}
Ⅴ	前加速素	proaccelerin
Ⅶ	前转变素	proconvertin
Ⅷ	抗血友病因子	antihemophilic factor，AHF
Ⅸ	血浆凝血激酶	plasma thromboplastin component，PTC
Ⅹ	斯多特-普劳尔因子	Stuart-Prower factor
Ⅺ	血浆凝血激酶前质	plasma thromboplastin antecedent，PTA
Ⅻ	接触因子	contact factor
ⅩⅢ	纤维蛋白稳定因子	fibrin-stabilizing factor，FSF
	前激肽释放酶	prekallidrein，PK
	高相对分子质量激肽原	high molecular weight kininogen，HMWK

笔记栏

除因子Ⅳ是Ca^{2+}外，其余凝血因子均为蛋白质，并以酶原形式存在，通过其他酶的水解而暴露或形成活性中心后，才具有酶的活性，这一过程称为凝血因子的激活。习惯上在凝血因子右下角加“a”（activated）表示其“活化型”，如Ⅱ被激活为Ⅱa。除Ⅲ外，其他凝血因子均存在于新鲜血浆中，且多数在肝内合成。因子Ⅱ、Ⅶ、Ⅸ、Ⅹ的合成需要维生素K参与，故它们又称依赖维生素K的凝血因子，这些凝血因子含有谷氨酸，与Ca^{2+}结合后可发生变构，暴露出与磷脂结合的部位而参与凝血。当肝严重病变时，可出现凝血功能障碍。

血 友 病

血友病（hemophilia）是一种凝血功能障碍性疾病，患者难以靠自身机能止血。病情严重的患者只要皮肤受到轻微创伤就会流血不止，病情较轻的患者通过压迫止血等措施可以止血，但出血时间会比一般人长。不过，这种看得见的出血并不是最可怕的，看不见的内出血才是威胁血友病患者的“不定时炸弹”。几乎所有未得到有效治疗的血友病患者都会因关节和肌肉出血而导致剧烈疼痛，反复的关节出血还会导致关节变形，最终造成残疾。是什么原因导致血友病患者无法正常止血呢？研究发现，血友病患者血液中缺乏凝血因子Ⅷ或Ⅸ。最常见的是凝血因子Ⅷ缺乏所导致的甲型血友病。

目前其治疗主要采用凝血因子疗法，给患者注射凝血因子Ⅷ或Ⅸ，此法可迅速有效止血，还可预防出血。20世纪90年代基因重组凝血因子Ⅷ的出现，为该病患者带来了更安全的治疗选择。基因重组凝血因子Ⅷ在生产过程中不采用人血浆，故将感染疾病的风险降至最小。目前正在尝试用基因疗法治疗血友病，已经取得一定进展。通过有效治疗和护理，血友病患者完全能像正常人一样生活、学习和工作。

（二）抗凝血成分

血浆及血管内皮等处存在多种抗凝成分和纤溶系统，与凝血系统处于动态平衡。体内主要的抗凝成分有三个：抗凝血酶-Ⅲ、蛋白C系统和组织因子途径抑制物。

抗凝血酶-Ⅲ（antithrombin-Ⅲ，AT-Ⅲ）是主

要由肝合成的一种糖蛋白，是血浆中最重要的生理性抗凝成分。它能持久灭活凝血酶，还能抑制凝血因子Ⅸa、Ⅹa、Ⅺa、Ⅻa以及激肽释放酶等。

肝　素

肝素（heparin）是细胞产生的一种酸性黏多糖，主要通过增强AT-Ⅲ的活性而间接发挥抗凝作用，它能使抗凝血酶的活性提高数百倍。天然肝素是相对分子质量为3～57kDa的混合物，除能与AT-Ⅲ结合外，还能与血小板结合，不仅可抑制血小板表面凝血酶的形成，而且能抑制血小板的聚集与释放。因此，天然肝素的作用较复杂且能产生明显的出血倾向等副作用。低相对分子质量肝素（相对分子质量<7kDa）只能与AT-Ⅲ结合，不仅有较强的抗凝效果，引起出血倾向等副作用少，更适用于临床。

蛋白C系统包括蛋白C（PC）、蛋白S（PS）和蛋白C抑制物。PC是肝合成的一种酶原，可被凝血酶、胰蛋白酶以及高浓度的因子Ⅴa激活，激活后的PC（APC）又可使因子Ⅴa及Ⅷa水解灭活，从而阻止因子Ⅹa与血小板结合，大大降低其凝血活性，同时，APC还能促进纤维蛋白溶解。

组织因子途径抑制物（TFPI）是一种单链糖蛋白，通过抑制因子Ⅹa而抑制凝血。

二、凝血途径

凝血因子Ⅹ被激活是使凝血酶原活化的关键步骤。激活Ⅹ有两条途径：

（一）内源性途径

来自血液的凝血因子参与的凝血过程称内源性凝血途径（intrinsic coagulation pathway）。通常因血液与带负电荷的异物表面（如玻璃、白陶土、硫酸酯、胶原等）接触而启动凝血。首先是因子Ⅻ结合到异物表面，被激活为Ⅻa。Ⅻa又使因子Ⅺ激活为Ⅺa，从而启动内源性凝血途径。Ⅻa还能使前激肽释放酶激活为激肽释放酶，后者又可激活Ⅻ，形成表面激活的正反馈效应。从Ⅻ结合于异物表面到Ⅺa形成的过程称为表面激活。表面激活还需要高相对分子质量激肽原参与。高相对分子质量激肽原既能与异物表面结合，又能与Ⅺ及前激肽释放酶结合，从而将前激肽释放酶和Ⅺ带到异物表面，作为辅因子加速激肽释放酶对Ⅻ的激活及Ⅻa对前激肽释放酶和Ⅺ的激活。表面激活所生成的Ⅺa在Ca^{2+}存在的情况下可激活Ⅸ生成Ⅸa。在Ca^{2+}的作用下，Ⅸa与Ⅷa在活化的血小板的膜磷脂表面结合成复合物，可进一步激活Ⅹ，生成Ⅹa。在此过程中，Ⅷa作为辅因子，使Ⅸa对Ⅹ的激活速度提高20万倍。正常情况下，血浆中Ⅷ与血管内皮细胞产生的von Wilebrand因子（vWF）以非共价结合成复合物，Ⅷ从该复合物释出后才能活化成Ⅷa。

（二）外源性途径

来自血液之外的组织因子（tissue factor，TF）暴露于血液而启动的凝血过程称外源性凝血途径（extrinsic coagulation pathway），又称组织因子途径。组织因子即因子Ⅲ，是一种跨膜糖蛋白，存在于大多数组织细胞。在生理情况下，直接与血液接触的血细胞和内皮细胞不表达组织因子。当血管损伤时，暴露出组织因子，后者与Ⅶ结合，使其迅速转变为Ⅶa，形成Ⅶa-组织因子复合物，后者在磷脂和Ca^{2+}存在的情况下迅速激活Ⅹ，生成Ⅹa。在此过程中，组织因子是辅因子，它能使Ⅶa激活Ⅹ的效力增加1000倍。Ⅹa反过来又激活Ⅶ，进而使更多Ⅹ激活，形成外源性凝血途径的正反馈效应。此外，Ⅶa-组织因子复合物在Ca^{2+}的参与下还能激活Ⅸ，生成Ⅸa。后者除能与Ⅷa结合而激活Ⅹ外，也能激活Ⅶ。因此，通过Ⅶa-组织因子复合物的形成，使内源性凝血途径和外源性凝血途径相互联系，相互促进，共同完成凝血过程。在病理状态下，细菌内毒素、补体C5a、免疫复合物、肿瘤坏死因子等均可刺激血管内皮细胞和单核细胞表达组织因子，引起弥散性血管内凝血。

血凝过程需要多种凝血因子的参与(图18-2)。

三、血凝块的形成和溶解

血液凝固是一系列复杂的酶促反应过程，血浆中的可溶性纤维蛋白原转变成不溶性的纤维蛋白，纤维蛋白交织成网，把血细胞及血液的其他成分网罗在内，形成血凝块，即血栓。

纤维蛋白原由两条α链、两条β链、两条γ链组成，每三条肽链（α、β、γ链）绞合成索状，两条索状肽链的N端再通过二硫键相连成纤维状。α、β链的N端各有一段16和14个氨基酸残基组成的短肽，称为纤维肽A和纤维肽B。凝血酶可切除这两个短肽，使纤维蛋白原转变为纤

笔记栏

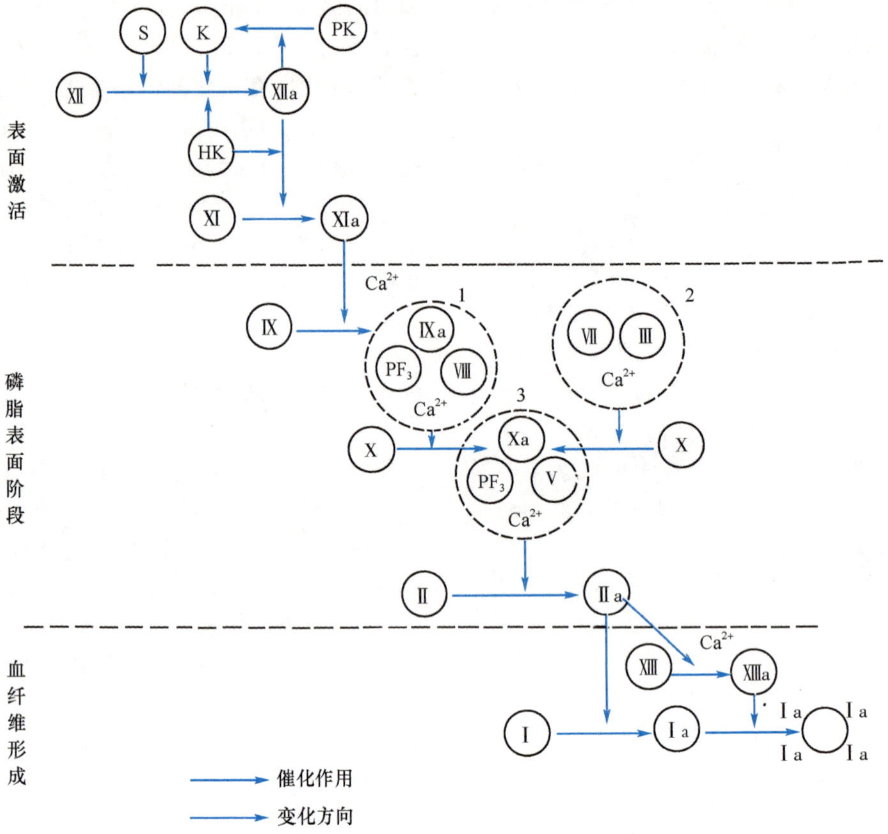

图 18-2　血液凝固过程

S. 带负电荷的异物表面；K. 激肽释放酶；PF_3. 血小板因子 3；HK. 高相对分子质量激肽原；PK. 前激肽释放酶

维蛋白。刚形成的血凝块不牢固，在因子ⅩⅢa 催化下 γ 链 C 端的谷氨酰胺残基与邻近 γ 肽链的赖氨酸残基的 ε-氨基共价结合，α 链之间也同样发生共价交联，使纤维蛋白网非常牢固。

纤维蛋白原或纤维蛋白被纤维蛋白溶解系统分解液化的过程称为纤维蛋白溶解，简称纤溶。纤溶系统包括四种成分：纤溶酶原、纤溶酶、纤溶酶原激活物和纤溶抑制物。

纤溶过程分为两个阶段：①在纤溶酶原激活物的作用下，纤溶酶原激活成为纤溶酶。②在纤溶酶的作用下，纤维蛋白原或纤维蛋白发生降解（图 18-3）。

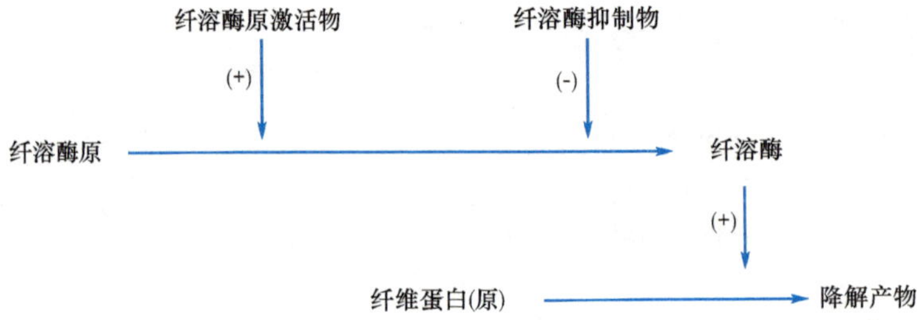

图 18-3　纤维蛋白溶解系统示意图

（一）纤溶酶原激活物

纤溶酶原激活物主要有三类：

1.血管激活物　血管激活物是一种丝氨酸蛋白酶，由小血管内皮细胞合成后释放入血，对纤维蛋白具有特异性的结合作用。当血管内出现纤维蛋白沉着、各种应激刺激、血流停滞、肌肉运动、儿茶酚胺等均可刺激血管内皮细胞分泌血管激活物，内皮细胞释放的内皮素可抑制其分泌。

2.组织激活物　组织激活物存在于很多组织，其中子宫、肾上腺、甲状腺、前列腺、淋巴结含量较多。肾合成和分泌的尿激酶就属于组织激活物，它的活性很强，能够防止肾小管中纤维蛋

笔 记 栏

白沉着，临床上用尿激酶治疗脑血栓。

3.Ⅻa、PKa、Ⅱa 这些活化的蛋白酶均可激活纤溶酶原，促进纤维蛋白溶解。

（二）纤维蛋白降解

纤溶酶可将纤维蛋白或纤维蛋白原分割成许多可溶性小肽，称为纤维蛋白降解产物，它们一般不再凝固，其中一部分还有抗凝血作用。

（三）纤溶抑制物

纤溶抑制物广泛分布于组织和体液中，有的能抑制纤溶酶原转变成纤溶酶，有的能抑制纤溶酶对纤维蛋白的分解（后者称为抗纤溶酶）。肝脏合成分泌的α_2-抗纤溶酶能与纤溶酶高亲和力结合，使纤溶酶失去活性，是主要的纤溶抑制物。α_2-巨球蛋白、α_1-抗胰蛋白酶等也有抑制纤溶酶的作用。人工合成的抗纤溶药物，如6-氨基己酸、凝血酸、对羧苄胺等则有抑制纤溶酶原激活的作用，已广泛用于临床。

在血液中存在促进和抑制纤维蛋白溶解的相互制约的平衡系统，对于保持血液处于液体状态起重要作用。在正常生理状态下，血液凝固系统和纤维蛋白溶解系统保持动态平衡，使血液既能在血管内流动，也能在血管损伤流出血管时及时发生凝固。但在病理情况下，这两个系统之间的动态平衡发生改变，就会导致纤维蛋白形成不足或过多，从而引起出血性疾病或血栓症。

第3节　血细胞代谢

一、红细胞代谢

红细胞产生于红骨髓，由造血干细胞依次分化为原始红细胞、幼红细胞、网织红细胞，最后成为成熟红细胞进入血循环。红细胞在成熟过程中要经历一系列形态和代谢的改变（表18-3），早幼红细胞与一般体细胞一样，有细胞核、内质网、线粒体等细胞器，具有合成核酸和蛋白质的能力，可进行有氧氧化获得能量，而且有分裂繁殖的能力；网织红细胞无细胞核，含少量线粒体和RNA，不能合成核酸，但可合成蛋白质；成熟红细胞除细胞膜、胞浆外，无其他细胞器，不能合成核酸和蛋白质，只能进行糖酵解获得能量，用以维持红细胞膜和血红蛋白的完整性及正常功能，使红细胞在冲击、挤压等机械力和氧化物的影响下仍能保持活性；糖酵解还可产生高浓度的2,3二磷酸甘油酸，这种小分子有机磷酸酯能调节血红蛋白的携氧功能。

表18-3　红细胞成熟过程中的代谢变化

代谢能力	有核红细胞	网织红细胞	成熟红细胞
分裂增殖能力	+	-	-
DNA合成	+*	-	-
RNA合成	+	-	-
RNA存在	+	+	-
蛋白质合成	+	+	-
血红素合成	+	+	-
脂类合成	+	+	-
三羧酸循环	+	+	-
氧化磷酸化	+	+	-
糖酵解	+	+	+
磷酸戊糖途径	+	+	+

注："+"、"-"分别表示该途径有或无；*晚幼红细胞为"-"。

（一）血红蛋白的生物合成

血红蛋白是红细胞中的主要成分，占红细胞内蛋白质总量的95%，主要功能是运输氧气和二氧化碳。血红蛋白是在红细胞成熟之前合成的，先合成血红素（heme）和珠蛋白（globin），然后两者再缔合成血红蛋白。

1. ALA生成　在线粒体内，由ALA合酶（ALA synthetase）催化，琥珀酰辅酶A与甘氨酸缩合成δ-氨基-γ-酮基戊酸（δ-amino-γ-levulinic acid，ALA）（图18-4）。ALA合酶是血红素合成的限速酶，由两个亚基组成，每个亚基相对分子质量为60kDa，其辅酶是磷酸吡哆醛。

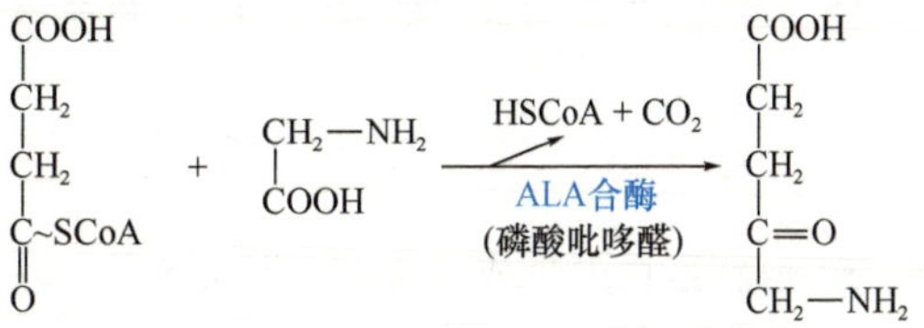

图18-4　ALA的生成

2. 胆色素原的生成　在胞液中，由ALA脱水酶（ALA dehydrase）催化，2分子ALA脱水缩合成1分子胆色素原（又称卟胆原，prophobilinogen，PBG）（图18-5）。ALA脱水酶由8个亚基组成，相对分子质量260kDa，其巯基对铅等重金属的抑制作用很敏感。

3. 尿卟啉原Ⅲ及粪卟啉原Ⅲ的生成　在胞液内，由尿卟啉原Ⅰ同合酶（uroporphyrinogen

笔记栏

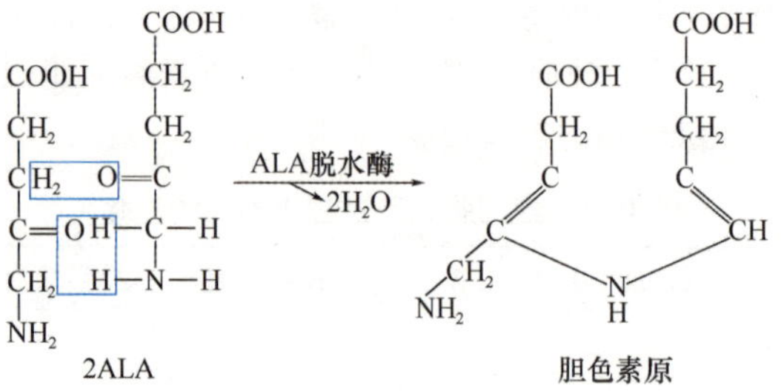

图 18-5　胆色素原的生成

synthetase，又称卟胆原脱氨酶，PBG deaminase）、尿卟啉原Ⅲ同合酶（uroporphyrinogen Ⅲ cosynthase）、尿卟啉原Ⅲ脱羧酶依次催化，4 分子胆色素原经线状四吡咯、尿卟啉原Ⅲ（uroporphyrinogen Ⅲ，UPG Ⅲ），生成粪卟啉原Ⅲ（coproporphyrinogen Ⅲ，CPG Ⅲ）。

4. 血红素的生成　在线粒体内，由粪卟啉原Ⅲ氧化脱羧酶催化，粪卟啉原Ⅲ的 2、4 位两个丙酸基氧化脱羧变成乙烯基，生成原卟啉原Ⅸ；再由原卟啉原Ⅸ氧化酶催化，使连接 4 个吡咯环的甲烯基氧化为甲炔基，变为原卟啉Ⅸ（protoporphyrin Ⅸ）；再由亚铁螯合酶（又称血红素合成酶，ferrochelatase）催化，原卟啉Ⅸ与 Fe^{2+} 结合生成血红素（图 18-6）。

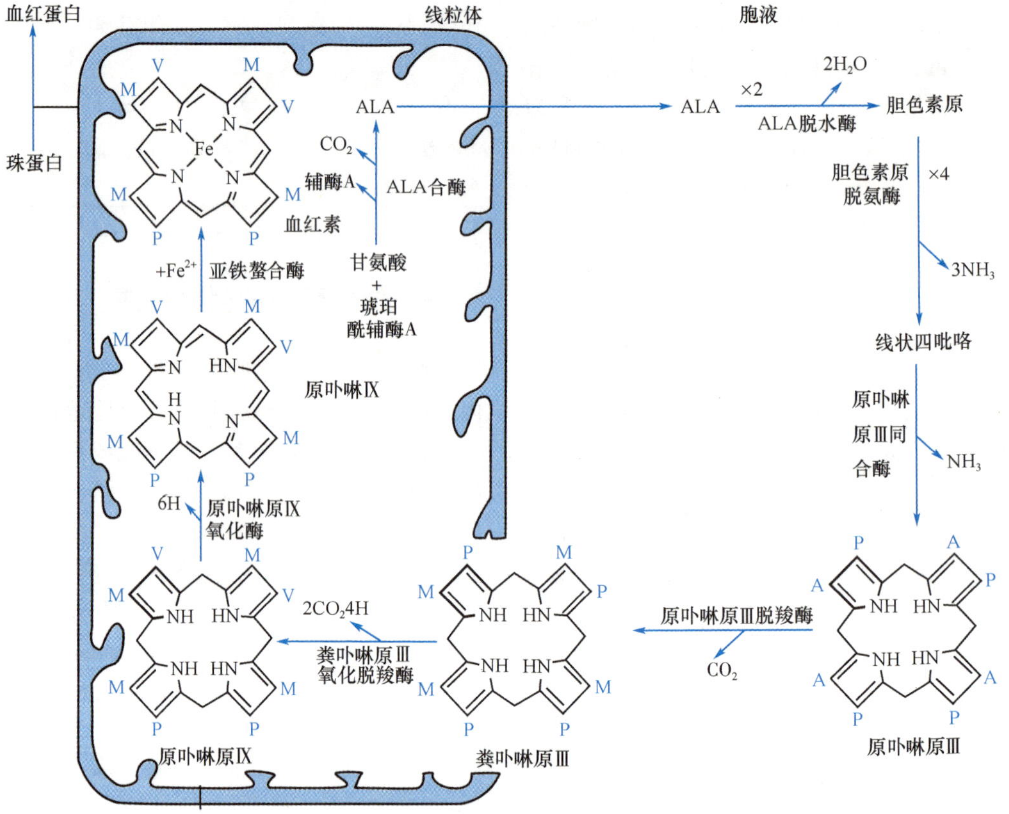

图 18-6　血红素的生物合成

A. —CH_2COOH；P. —CH_2CH_2COOH；M. —CH_3；V. —$CHCH_2$

5. 血红蛋白的生成　血红素生成后从线粒体转运到胞液，与珠蛋白结合成为血红蛋白。正常人每天约合成 6g 血红蛋白，相当于 210mg 血红素。成人的血红蛋白由两条 α 链、两条 β 链组成，每条多肽链各结合一分子血红素（图 18-7），编码人珠蛋白的基因有 α 族和 β 族两组，分别位于 16 和 11 号染色体上。

珠蛋白的合成与一般蛋白质相同，在珠蛋白合成后，一旦容纳血红素的空穴形成，立刻有血红素与之结合，并使珠蛋白折叠成最终的立体结构，再形成稳定的 αβ 二聚体，最后由两个二聚体

图 18-7　血红蛋白的结构

笔 记 栏

构成有功能的 $\alpha_2\beta_2$ 四聚体的血红蛋白。珠蛋白的合成受血红素调节,血红素的氧化产物高铁血红素能抑制 cAMP 激活蛋白激酶 A 的作用,使翻译起始因子-2(eIF-2)保持去磷酸化的活性状态,有利于珠蛋白合成(图 18-8)。

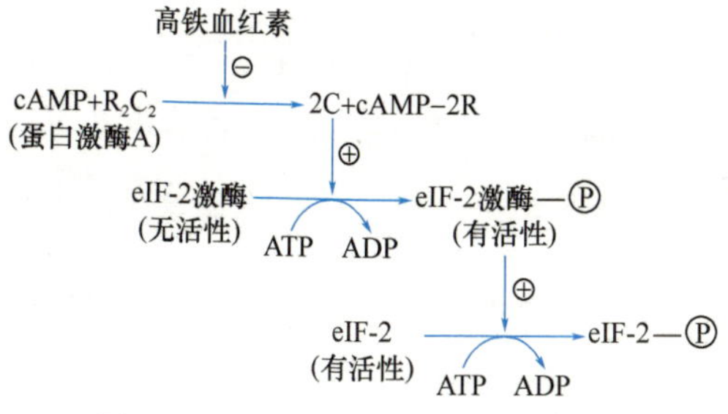

图 18-8　高铁血红素对 eIF-2 的调节

(二)血红素合成的特点及调节

血红素是含铁的卟啉化合物,卟啉由四个吡咯环组成,铁位于其中。由于血红素具有共轭结构,因此性质较稳定。血红素不仅是血红蛋白的辅基,也是肌红蛋白(myoglobin)、细胞色素(cytochrome)、过氧化氢酶(catalase),过氧化物酶(peroxidase)的辅基,具有重要的生理功能(图 18-9)。

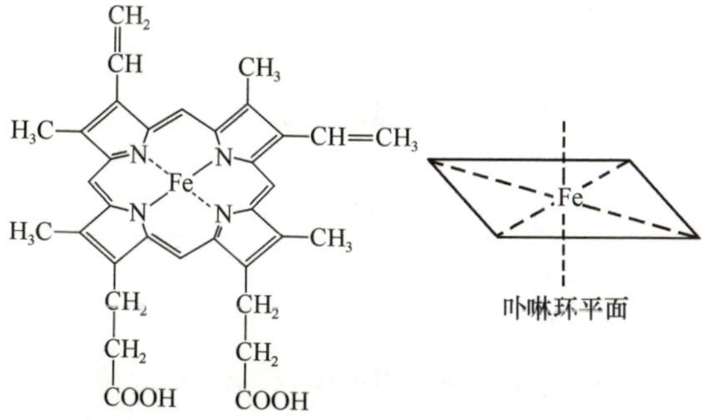

图 18-9　血红素结构

1. 血红素合成的特点

(1) 体内大多数组织具有合成血红素的能力,但合成主要部位是骨髓和肝。红细胞血红素从早幼红细胞开始合成,到网织红细胞阶段仍可合成,成熟红细胞不含线粒体,故不能合成血红素。

(2) 血红素合成的原料是琥珀酰辅酶 A、甘氨酸及 Fe^{2+} 等,中间产物的转变主要是吡咯环侧链的脱羧和脱氢反应。

(3) 血红素合成起始和终末阶段均在线粒体中进行,中间过程则在胞液中进行,这种定位对终产物血红素反馈调节作用具有重要意义。

2. 血红素合成的调节　血红素合成有关的酶受多种因素影响,其中 ALA 合酶是血红素合成的限速酶,也是血红素合成调节的关键点。

(1) 血红素合成的负向调节:血红素对 ALA 合酶具有负向调节作用。一方面血红素在体内可与一种阻遏蛋白结合,使其转变为具有活性的阻遏蛋白,该蛋白可抑制 ALA 合酶的合成;另一方面血红素能反馈抑制 ALA 合酶的活性,实验表明,血红素浓度为 5×10^{-6}mol/L 时便可抑制 ALA 合酶的合成,浓度为 $10^{-5}\sim10^{-4}$mol/L 时则可抑制酶的活性。一般情况下,血红素合成后迅速与珠蛋白结合成血红蛋白,不会堆积,当血红素合成速度大于珠蛋白合成速度时,过量的血红素会被氧化成高铁血红素(hematin),后者是 ALA 合酶的强烈抑制剂,而且还能阻遏 ALA 合酶的合成。由于 ALA 合酶的半寿期仅 1 小时,较易受到酶合成抑制的影响,因此目前认为,血红素与阻遏蛋白结合抑制 ALA 合酶的合成,在调节中发挥主要作用。此外,磷酸吡哆醛是 ALA 合酶的辅酶,因此,缺乏维生素 B_6 将减少血红素生成。

铁卟啉合成代谢异常而导致卟啉或其他中间代谢物排出增多,称为卟啉症(porphyria)。先天性卟啉症是由于某种血红素合成酶遗传性缺陷,后天性卟啉症主要是由于铅或某些药物中毒引起的铁卟啉合成障碍。铅等重金属能抑制 ALA 脱水酶、亚铁螯合酶及尿卟啉合成酶,从而抑制血红素的合成。由于 ALA 脱水酶和亚铁螯合酶对重金属的抑制作用极为敏感,因此血红素合成的抑制也是铅中毒的重要标志。此外亚铁螯合酶还需谷胱甘肽等还原剂的协同作用,如还原剂减少也会抑制血红素的合成。

(2) 血红素合成的正向调节:目前已发现多种造血生长因子,如促红细胞生成素(erythropoietin,Epo)、多系-集落刺激因子、中性粒细胞-巨噬细胞集落刺激因子(GM-CSF)、白细胞介素-3(IL-3)等,其中 Epo 在红细胞生长、分化中发挥关键作用。人 Epo 基因位于 7 号染色体长臂 2 区 1 带,由 4 个内含子和 5 个外显子组成,编码 193 个氨基酸残基的多肽,在分泌过程中经水解去除信号肽,成为 166 个氨基酸残基的成熟肽。Epo 为糖蛋白,总相对分子质量为 34kDa,其中糖基占 30%,糖基在 Epo 合成后分泌及生物活性方面均有重要作用。成人血浆 Epo 主要由肾脏合成,胎儿和新生儿主要由肝合成。当血液红细胞容积减低或机体缺氧时,肾分泌 Epo 增加,它释放入血并到达骨髓,作用于骨髓成红细胞上的受体,可诱导 ALA 合酶的合成,从而促进血红素及血红蛋白的生物合成。Epo 是红细胞生成的主要调节剂,能促使原始红细胞繁殖和分化,加速

笔记栏

有核红细胞的成熟。目前临床上采用基因工程方法制造的 Epo 治疗肾脏疾病所引起的贫血。

雄激素睾酮在肝内 5β-还原酶催化下还原生成的 5β-氢睾酮，能诱导 ALA 合酶的合成，从而促进血红素和血红蛋白的生成。许多在肝中进行生物转化的物质(如致癌剂、药物、杀虫剂等)均可导致肝 ALA 合酶显著增加。因为这些物质的生物转化作用需要细胞色素 P 450，后者的辅基是铁卟啉化合物，通过肝 ALA 合酶的增加，以适应生物转化的需要。细胞色素 P 450的生成要消耗血红素，使红细胞中血红素下降，故它们对 ALA 合酶的合成具有去阻抑作用。

(三) 叶酸、维生素 B_{12} 对红细胞成熟的影响

细胞分裂增殖的基本条件是 DNA 合成，叶酸、维生素 B_{12} 对 DNA 合成有重要影响。叶酸在体内转变为四氢叶酸后作为一碳单位的载体，以 N^{10}-甲酰四氢叶酸、N^5，N^{10}-甲炔四氢叶酸、N^5，N^{10}-甲烯四氢叶酸等形式，参与嘌呤核苷酸和胸腺嘧啶核苷酸的合成。叶酸缺乏时，核苷酸特别是胸腺嘧啶核苷酸合成减少，红细胞中 DNA 合成受阻，细胞分裂增殖速度下降，细胞体积增大，核内染色质疏松，导致巨幼红细胞性贫血。

体内叶酸多以 N^5-甲基四氢叶酸形式存在，发挥作用时，N^5-甲基四氢叶酸与同型半胱氨酸反应生成四氢叶酸与甲硫氨酸(见甲硫氨酸循环)。此反应需 N^5-甲基四氢叶酸转甲基酶催化，而维生素 B_{12} 是该酶的辅酶，当维生素 B_{12} 缺乏时，转甲基反应受阻，影响四氢叶酸的周转利用，间接影响胸腺嘧啶脱氧核苷酸的生成，同样导致巨幼红细胞性贫血。

(四) 成熟红细胞的代谢特点

1. 能量代谢 成熟红细胞除质膜和胞浆外，无其他细胞器，也不含糖原，主要能源是血糖，其代谢比一般细胞单纯。成熟红细胞须不断从血浆中摄取葡萄糖，葡萄糖为亲水性物质，不能通过疏水的脂双层，需通过协助扩散方式被吸收到红细胞内。成熟红细胞每天约消耗 25~30g 葡萄糖，其中 90%~95% 进入糖酵解途径，5%~10% 进入磷酸戊糖途径。成熟红细胞因为没有线粒体，所以虽携带氧但自身并不消耗之，糖酵解是其产生 ATP 的唯一途径。红细胞中存在催化糖酵解所需要的全部酶，通过糖酵解可使红细胞内 ATP 的浓度维持在 1.85×10^3 mol/L 水平，这些 ATP 对于维持红细胞的正常形态和功能具有重要意义。

(1) 维持红细胞膜上钠泵(Na^+，K^+-ATPase)的正常运转：钠泵在 ATP 的驱动下，不断将 Na^+ 泵出、将 K^+ 泵入，使红细胞内钾多、钠少。如果糖酵解过程中的某些酶活性下降或缺陷，都会引起糖酵解紊乱，ATP 产量减少，从而使红细胞内外离子平衡失调，Na^+ 进入红细胞多于 K^+ 排出，导致细胞膨大甚至破裂。

(2) 维持红细胞膜上钙泵(Ca^{2+}-ATPase)的正常运转：正常情况下，红细胞内的 Ca^{2+} 浓度(20μmol/L)低于血浆的 Ca^{2+} 浓度(2~3mmol/L)，血浆钙离子会被动扩散进入红细胞，钙泵又将红细胞内的 Ca^{2+} 泵入血浆以维持红细胞内的低钙状态。缺乏 ATP 时，钙泵不能正常运行，钙将聚集并沉积于红细胞膜，使膜失去柔韧性而趋于僵硬，红细胞流经狭窄的脾窦时易被破坏。

(3) 维持红细胞膜上脂质与血浆脂蛋白中的脂质进行交换：红细胞膜的脂质处于不断更新中，此过程需消耗 ATP。缺乏 ATP 时，脂质更新受阻，红细胞的可塑性降低，易于破坏。

(4) 用于葡萄糖的活化，启动糖酵解过程。少量 ATP 用于谷胱甘肽和 NAD^+ 的生物合成。

2. 2,3-二磷酸甘油酸支路(2,3-DPG bypass)

在糖酵解过程中生成的 1,3-二磷酸甘油酸(1,3-DPG)有 15%~50% 可转变为 2,3-DPG，后者再脱磷酸变成 3-磷酸甘油酸，进一步分解生成乳酸(图 18-10)。这一糖酵解的侧支循环为红细胞所特有，产生原因是红细胞中存在的 DPG 变位酶和 2,3-DPG 磷酸酶，两种酶催化的反应

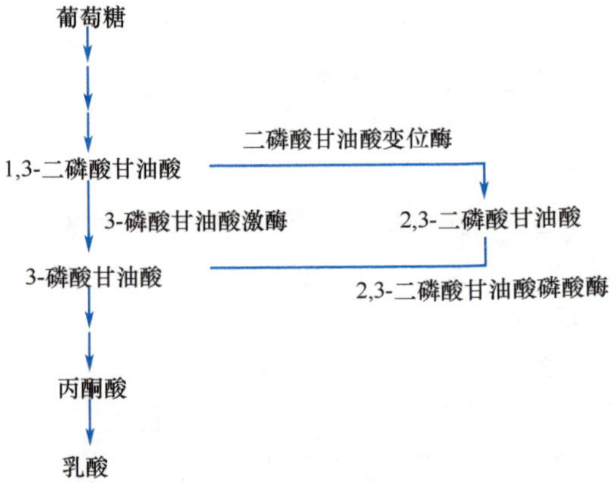

图 18-10 2,3-二磷酸甘油酸支路

是不可逆的放能反应，可放出58.52kJ(14kcal)的能量。在正常情况下，2,3-DPG对DPG变位酶的负反馈作用大于对3-磷酸甘油酸激酶的抑制作用，所以红细胞中葡萄糖主要经糖酵解生成乳酸。由于2,3-DPG磷酸酶活性较低，结果2,3-DPG的生成大于分解。在红细胞中2,3-DPG的浓度远远高于糖酵解其他中间产物（表18-4）。

表18-4 红细胞中糖酵解中间产物的浓度(mol/L)

糖酵解中间产物	动脉血	静脉血
6-磷酸葡萄糖	30.0	24.8
6-磷酸果糖	9.3	3.3
1,6-二磷酸果糖	0.8	1.3
磷酸丙糖	4.5	5.0
3-磷酸甘油酸	19.2	16.5
2-磷酸甘油酸	5.0	1.0
磷酸烯醇式丙酮酸	10.8	6.6
丙酮酸	87.5	143.2
2,3-DPG	3400	4940

红细胞内2,3-DPG的主要功能是调节血红蛋白的运氧功能。2,3-DPG是一个负电性很高的分子，可与血红蛋白结合，结合部位在Hb分子4个亚基的对称中心孔穴内。2,3-DPG的负电基团与孔穴侧壁的2个β亚基的正电基团形成盐键，使两个β亚基保持分开状态（图18-11），促使血红蛋白由紧密态变成松弛态，从而减低血红蛋白对氧的亲和力。在PO_2相同条件下，随2,3-DPG浓度增大，HbO_2释放的O_2增多。红细胞内2,3-DPG浓度升高时有利于HbO_2放氧，下降则有利于Hb与氧结合。DPG变位酶及2,3-DPG磷酸酶受血液pH调节，在肺泡毛细血管血液pH高，DPG变位酶受抑制而2,3-DPG磷酸酶活性强，结果红细胞内2,3-DPG的浓度降低，有利于Hb与O_2结合；在外周组织毛细血管中，血液pH下降，2,3-DPG的浓度升高，有利于HbO_2放氧，借此调节氧的运输和利用。人在短时间内由海平面上升至高海拔处或高空时，可通过红细胞中2,3-DPG浓度的改变来调节组织的供氧状况。

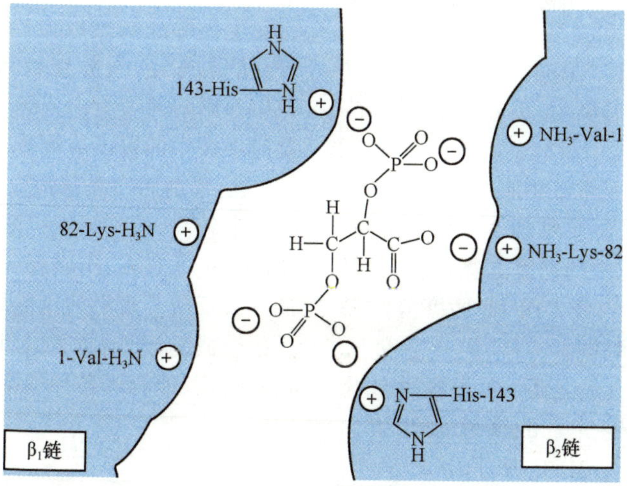

图18-11 2,3-DPG与血红蛋白的结合

红细胞中无葡萄糖储存，但含有较多的2,3-DPG，它氧化时可生成ATP，因此2,3-DPG也是红细胞中能量的储存形式。

3. 氧化还原系统 红细胞内存在以下氧化还原系统：GSSG/GSH来自谷胱甘肽代谢；NAD^+/NADH来自糖酵解和糖醛酸循环；$NADP^+$/NADPH来自磷酸戊糖旁路；此外还有抗坏血酸等。一般称GSH和维生素C是非酶促还原系统，NADH和NADPH为酶促还原系统，通过这些氧化还原系统使红细胞保持自身结构的完整性和正常功能（表18-5）。

表18-5 红细胞中氧化还原系统

还原系统	占总还原能力的百分比(%)
NADH脱氢酶Ⅰ	61
NADH脱氢酶Ⅱ	5
NADPH脱氢酶	6
维生素C	16
谷胱甘肽	12

（1）谷胱甘肽代谢：红细胞内谷胱甘肽(glutathione，GSH)含量很高(2×10^{-3}mol/L)，几

笔记栏

乎全是还原型(GSH)。谷胱甘肽可以在红细胞内合成,其合成过程为:谷氨酸与半胱氨酸在ATP和γ-谷氨酰半胱氨酸合成酶的参与下缩合成二肽(γ-谷氨酰半胱氨酸),后者再与甘氨酸在ATP和谷胱甘肽合成酶的参与下缩合成谷胱甘肽。

谷胱甘肽的生理作用主要是防止氧化剂(如H_2O_2等)对巯基的破坏,保护细胞膜中含巯基(—SH)的蛋白质和酶不被氧化,维持其生物活性。当细胞内产生少量的H_2O_2时,GSH在谷胱甘肽过氧化酶的作用下将其还原成水,而自身被氧化成氧化型谷胱甘肽(GSSG),后者又在谷胱甘肽还原酶的作用下,从NADPH接受氢而被还原成GSH(图18-12)。反应中的NADPH来源于葡萄糖的磷酸戊糖途径,催化NADPH生成的关键酶为葡萄糖-6-磷酸脱氢酶。此酶缺陷的病人一般情况下无症状,但有外界因素影响,如进食蚕豆等即引起溶血,故这种病又称蚕豆病。

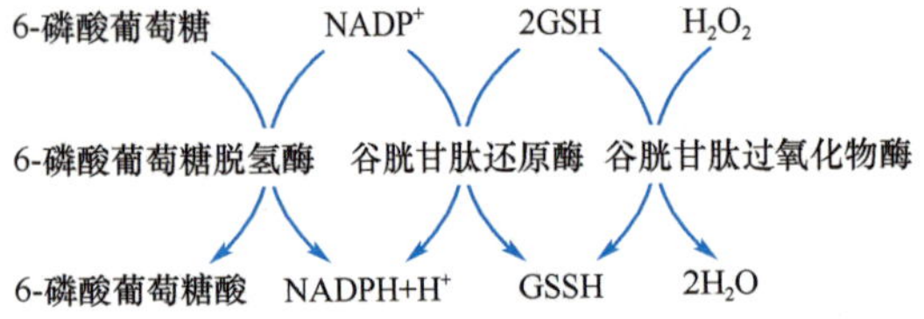

图18-12 谷胱甘肽的氧化与还原

(2)糖醛酸循环:正常红细胞中糖酵解产生的NADH,主要用于还原丙酮酸生成乳酸。NADH主要来自红细胞中的糖醛酸循环,该途径由G-6-P或G-1-P开始,经UDP-葡萄糖醛酸脱掉UDP后形成葡萄糖醛酸。

(3)高铁血红蛋白的还原:由于各种氧化作用,红细胞内会产生少量的高铁血红蛋白(methemoglobin,MHb),MHb分子中含Fe^{3+},失去携氧能力,如血中MHb生成过多而又不能及时还原,则出现发绀等症状。由于正常红细胞内存在NADH-MHb还原酶、NADPH-MHb还原酶、GSH和维生素C等,能使MHb还原成Hb,所以红细胞内MHb只占Hb总量的1%左右。其中NADH-MHb还原酶最为重要。

4. 脂代谢 成熟红细胞缺乏完整的亚细胞结构,所以不能从头合成脂酸。成熟红细胞中的脂类几乎都位于细胞膜。红细胞通过主动摄取和被动交换不断与血浆进行脂质交换,以满足其膜脂不断更新,维持其正常的脂类组成、结构和功能。

笔记栏

二、白细胞代谢

人体白细胞包括粒细胞、淋巴细胞和单核/巨噬细胞三大系统,主要功能是抵抗外来病原微生物的入侵。白细胞代谢与白细胞的功能密切相关,这里只扼要介绍粒细胞和单核/巨噬细胞的代谢。

1. 糖代谢 粒细胞中的线粒体很少,主要的糖代谢途径是糖酵解。中性粒细胞能利用外源性的糖和内源性的糖原进行糖酵解,为细胞的吞噬作用提供能量。在中性粒细胞中,约有10%的葡萄糖通过磷酸戊糖途径进行代谢。单核/巨噬细胞虽能进行有氧氧化和糖酵解,但糖酵解仍占很大比重。中性粒细胞和单核/巨噬细胞被趋化因子激活后,可启动细胞内磷酸戊糖途径,产生大量的NADPH,经NADPH氧化酶递电子体系可使氧接受单电子还原,产生大量的超氧阴离子,超氧阴离子再进一步转变成H_2O_2、OH·等,发挥杀菌作用。

2. 脂代谢 中性粒细胞不能从头合成脂酸。单核/巨噬细胞受多种刺激因子激活后,可将花生四烯酸转变成血栓素和前列腺素。在脂氧化酶的作用下,粒细胞和单核/巨噬细胞可将花生四烯酸转变为白三烯,白三烯是速发型过敏反应中产生的慢反应物质。

3. 蛋白质和氨基酸代谢 粒细胞中的氨基酸浓度较高,特别是组氨酸脱羧后的代谢产物组胺的含量尤其多,组胺释放后参与白细胞激活后的变态反应。成熟粒细胞缺乏内质网,因此蛋白质的合成量极少;单核/巨噬细胞具有活跃的蛋白质代谢,能合成各种细胞因子、酶和补体。

小 结

血浆蛋白是血浆中多种蛋白质的总称。血浆蛋白的种类繁多,功能各异。临床上一般采用简便快速的醋酸纤维薄膜电泳,将血清蛋白分为清蛋白、α_1-球蛋白、α_2-球蛋白、β-球蛋白和γ-球蛋白。大多数血浆蛋白在肝细胞粗面内质网结合的多核糖体上合成,并且几乎都是糖蛋白。各种血浆蛋白都具有特征性的半寿期,许多血浆蛋白还具有多态性。当急性炎症或组织损伤时,某些血浆蛋白水平会增高,称为急性时相蛋白。血浆蛋白对于血浆胶体渗透压的产生和血液pH的稳定,进而稳定机体内环境具有重要作用。血浆蛋白的浓度和分子大小决定血浆胶体渗透压的大小,其中清蛋白含量多且分子小,在维持血浆胶体渗透压方面起主要作用。某些血浆蛋白可与血浆中的难溶于水、易从尿中丢失、易被酶破坏、易被细胞摄取的小分子物质专一性结合而运输。血浆蛋白中包括一些酶、免疫球蛋白、凝血因子和抗凝血因子等,因而具有相应功能。

血液凝固是一系列复杂的酶促反应过程,血浆中的可溶性纤维蛋白原转变成不溶性的纤维蛋白,纤维蛋白交织成网,把血细胞及血液的其他成分网罗在内,形成血凝块。血浆与组织中直接参与血液凝固的物质统称为凝血因子,已知的凝血因子共有14种。血浆及血管内皮等处存在多种抗凝成分和纤溶系统,与凝血系统处于动态平衡。体内主要的抗凝成分有三个:抗凝血酶-Ⅲ、蛋白C系统和组织因子途径抑制物。凝血因子Ⅹ被激活是使凝血酶原活化的关键步骤。激活Ⅹ有内源性和外源性两条凝血途径。纤维蛋白原或纤维蛋白被纤维蛋白溶解系统分解液化的过程称为纤维蛋白溶解,简称纤溶。纤溶系统包括四种成分:纤溶酶原、纤溶酶、纤溶酶原激活物和纤溶抑制物。

血红蛋白是在红细胞成熟之前合成的,先合成血红素和珠蛋白,然后两者再缔合成血红蛋白。血红素是含铁的卟啉化合物,是血红蛋白、肌红蛋白、细胞色素、过氧化物酶的辅基。血红素合成的主要部位是骨髓和肝,合成的原料是琥珀酰辅酶A、甘氨酸及Fe^{2+}等,合成的起始和终末阶段均在线粒体中进行,中间过程则在胞液中进行。血红素合成有关的酶受多种因素影响,其中ALA合酶是血红素合成的限速酶。

成熟红细胞除质膜和胞浆外,无其他细胞器,也不含糖原,主要能源是血糖,糖酵解是其产生ATP的唯一途径。2,3-二磷酸甘油酸支路为红细胞所特有,这一糖酵解的侧支循环所产生的2,3-DPG主要功能是调节血红蛋白的运氧功能。

白细胞包括粒细胞、淋巴细胞和单核/巨噬细胞三大系统。粒细胞中的线粒体很少,主要的糖代谢途径是糖酵解。单核/巨噬细胞能进行有氧氧化和糖酵解,但糖酵解仍占很大比重。中性粒细胞不能从头合成脂酸。单核/巨噬细胞受多种刺激因子激活后,可将花生四烯酸转变成血栓素和前列腺素。成熟粒细胞缺乏内质网,因此蛋白质的合成量极少;单核/巨噬细胞具有活跃的蛋白质代谢,能合成各种细胞因子、酶和补体。

(王玉明)

笔记栏

第19章 肝的生物化学

肝是人体内最大的腺体，也是最大的实质性脏器。我国成年男性的肝重量约为 1200～1500g，女性约为 1100～1300g，占体重的 1/50～1/40。人肝约含 2.5×10^{11} 个肝细胞，组成50 万～100 万个肝小叶。肝小叶是肝的结构和功能的基本单位，具有肝的全部功能。肝的血液供应非常丰富，具有肝动脉和门静脉双重血液供应，肝细胞之间又有丰富的血窦。肝还有肝静脉和胆道系统两条输出通道。这些结构为肝与人体其他部分之间的物质交换和分泌排泄等提供了良好的条件。肝细胞有丰富的线粒体，为活跃的代谢活动提供足够的能量。肝细胞还有丰富的内质网、高尔基体和大量的核糖体，是合成蛋白质及参与物质代谢的重要场所。此外，肝细胞中还含有各种活性较高和完备的酶体系，在全身物质代谢及生物转化中起着重要作用。因此，肝的代谢极为活跃，不仅在糖、脂、蛋白质、维生素、激素等代谢中起重要作用，而且还具有分泌、排泄、生物转化等重要功能。

第1节 肝在代谢中的作用

一、肝在糖代谢中的作用

肝是调节血糖浓度的主要器官，通过糖原的合成与分解、糖异生作用维持血糖浓度的相对恒定。饱食状态下，葡萄糖经门静脉进入肝后，肝细胞迅速摄取葡萄糖，并将其合成为肝糖原储存起来，肝糖原约占肝重的 5%～6%。空腹状态下，血糖浓度下降，肝糖原迅速分解为葡萄糖，补充血糖。饥饿时，肝糖原绝大部分被消耗，糖异生作用成为肝供应血糖的主要途径。一些非糖物质如生糖氨基酸、乳酸及甘油等在肝内转变成葡萄糖或糖原。当肝功能受到严重损害时，肝糖原的合成与分解及糖异生作用降低，维持血糖浓度恒定的能力下降，引起肝源性低血糖症，甚至出现低血糖昏迷。

二、肝在脂代谢中的作用

肝在脂类的消化、吸收、转运、分解和合成代谢中起着重要作用。肝在脂肪储存和代谢中起关键作用。饮食中的脂肪经胃肠道消化及胆汁的作用最终分解成脂酸及甘油，被肠道吸收后通过门静脉进入肝。

肝是合成和储存胆固醇的重要器官，其合成量占全身总合成量的 3/4 以上。胆固醇是合成肾上腺皮质激素、性激素及维生素 D 等生理活性物质的原料，也是构成细胞膜的成分之一。肝可将胆固醇转化为胆汁酸并分泌胆汁，胆汁中的胆汁酸盐有促进脂类消化吸收、抑制胆固醇析出的作用。当肝受损和胆道阻塞时，分泌胆汁能力下降或胆汁排出受阻，可影响脂类的消化吸收，产生厌油腻和脂肪泻等症状。肝具有促进胆固醇酯化的作用。肝合成的卵磷脂-胆固醇酰基转移酶(lecithin cholesterol acyl transferase，LCAT)可催化血浆中大部分胆固醇转化为胆固醇酯，以利运输。肝功能障碍时，往往有血浆胆固醇酯/胆固醇比值下降及脂蛋白电泳谱的异常。

肝是合成三酰甘油和磷脂的主要器官。肝合成的三酰甘油和磷脂以 VLDL 与 HDL 的形式分泌入血，供其他组织器官摄取利用。磷脂是脂蛋白的重要组成成分。肝合成磷脂非常活跃，特别是卵磷脂。如果肝合成三酰甘油的量超过其合成与分泌 VLDL 的能力，或者磷脂合成发生障碍，使 VLDL 的合成减少、脂肪运输障碍，将导致三酰甘油在肝细胞中堆积，引起脂肪肝。在原发性胆汁性肝硬变时，可发生血清游离胆固醇和 LDL 升高、HDL 降低。

肝细胞中含有酮体生成酶系，是体内酮体生成的唯一器官。肝内脂酸代谢有两条途径：内质网中的酯化作用和线粒体内的氧化作用。通过这两条途径，肝和脂肪组织不断进行脂酸的交换。饱食后，肝合成脂酸，并以三酰甘油的形式储存于脂库。饥饿时，脂库脂肪动员增加，释放出的脂酸在肝内经 β-氧化，产生酮体供肝外组织(如脑、心肌、骨骼肌等)利用。当酮体生成超过肝外组织的利用能力时，可出现酮症酸中毒，甚至酮尿。

三、肝在蛋白质代谢中的作用

肝是合成和分泌血浆蛋白的重要器官，约

笔记栏

占人体每天合成蛋白质总量的40%以上。除γ-球蛋白外，几乎所有的血浆蛋白均由肝细胞合成，如清蛋白、纤维蛋白原、凝血酶原、载脂蛋白以及部分球蛋白。其中合成量最多的是清蛋白，成人每日合成量约12g，几乎占肝合成蛋白质总量的1/4。血浆清蛋白是许多物质（如游离脂酸、胆红素等）的载体，在维持血浆胶体渗透压方面起重要作用。清蛋白在血浆中含量高且相对分子质量小，每克清蛋白可使18ml水保持在血液循环中。当血浆清蛋白含量低于30g/L时，约有半数病人出现水肿或腹水。正常人血浆清蛋白（A）与球蛋白（G）的比值为1.5~2.5。肝功能严重受损时，清蛋白合成能力下降，而球蛋白含量相对增加，可导致血浆中A/G比值下降，甚至倒置。这种比值的变化可作为某些肝病的辅助诊断指标。此外，大部分凝血因子由肝细胞合成，肝功能严重障碍时，血浆中许多凝血因子含量降低，常导致凝血功能障碍。

肝是清除血浆蛋白质的重要器官（清蛋白除外）。很多血浆蛋白是糖蛋白，它们在肝细胞膜唾液酸酶的作用下脱去糖链末端的唾液酸后，被肝细胞膜上特异受体（肝糖结合蛋白）所识别，并经胞吞作用进入肝细胞而被溶酶体降解。

甲胎蛋白（alpha-fetoprotein，AFP）由胚胎肝细胞合成，与血浆清蛋白结构相似。胎儿出生后AFP合成受到抑制，因而正常人血浆中几乎没有这种蛋白质。原发性肝癌患者癌细胞中编码甲胎蛋白的基因表达增强，血浆中可检测出这种蛋白质，对原发性肝癌的诊断有一定的意义。

由于肝内有关氨基酸代谢的酶类十分丰富，故氨基酸的分解代谢也十分活跃。氨基酸在肝经转氨基、脱氨基、脱羧基、脱硫、转甲基等反应，转变为酮酸或其他化合物，进一步经糖异生作用转变为糖，或氧化分解供能。除亮氨酸、异亮氨酸及缬氨酸这三种支链氨基酸主要在肝外组织分解外，其余氨基酸，尤其是酪氨酸、色氨酸、苯丙氨酸这三种芳香族氨基酸主要在肝内分解。故肝功能严重障碍时，会引起血中氨基酸含量增高及支链氨基酸/芳香族氨基酸比值变化。

氨是氨基酸代谢的主要产物，肠道氨是血氨的主要来源。肝是清除血氨的主要器官。氨在肝中通过鸟氨酸循环合成尿素。其次，氨在肝中可与谷氨酸反应生成谷氨酰胺。当肝功能严重损害时，肝合成尿素的能力降低，可使血氨增高，导致神经系统症状（肝性脑病），出现肝昏迷。临床上应用谷氨酸、精氨酸降血氨，可以治疗肝昏迷。另外，肝也是胺类物质解毒的重要器官。胺类主要来自肠道细菌对氨基酸（特别是芳香族氨基酸）的脱羧基作用，如酪氨酸脱羧产生酪胺后被羟生成β-多巴胺等。它们的结构类似于儿茶酚胺类神经递质，故又称假性神经递质，可以取代或干扰大脑正常神经递质的作用。肝具有清除假性神经递质的作用，当肝功能严重减退时，假性神经递质含量升高，这可能是肝性脑病产生的另一机制。

四、肝在维生素代谢中的作用

肝在维生素的吸收、储存、转化等方面均起重要作用。肝所分泌的胆汁酸可促进脂溶性维生素A、D、E、K的吸收。所以，肝胆系统疾病时容易引起脂溶性维生素的吸收障碍。例如，维生素K及维生素A的吸收障碍可引起出血倾向及夜盲症。

肝是体内含维生素（如维生素A、K、B_1、B_2、B_6、B_{12}、叶酸及泛酸等）较多的器官，也是维生素A、E、K和B_{12}的储存场所。

多种维生素在肝内经过转变成为辅酶。如维生素B_1转变成硫胺素焦磷酸酯（TPP），维生素B_6转变成磷酸吡哆醛，维生素PP转变为辅酶Ⅰ（NAD^+）和辅酶Ⅱ（$NADP^+$），泛酸转变为辅酶A等。此外，肝还将维生素A原（β-胡萝卜素）转变成维生素A，将维生素D_3羟化为25-OH-D_3。

五、肝在激素代谢中的作用

许多激素发挥调节作用之后，主要在肝内被分解转化，从而降低或失去活性，这称之为激素的灭活作用。激素灭活过程是体内调节激素作用时间长短和强度的重要方式之一。肝是体内类固醇激素、蛋白质激素、儿茶酚胺类激素灭活的主要场所。例如类固醇激素可在肝内与葡萄糖醛酸或活性硫酸根结合而被灭活。肝功能障碍，激素灭活功能降低。临床上男性乳房发育、蜘蛛痣、肝掌、面部色素沉着及水钠潴留等现象，就是由于雌激素、醛固酮和抗利尿激素在体内蓄积的结果。

第2节 肝的生物转化作用

一、生物转化的概念

人体内经常存在一些非营养物质，这些物

笔记栏

质既不能作为构成组织细胞的成分，又不能氧化供能，而且其中许多对人体有一定的生物学效应或毒性作用，需及时清除以保证各种生理活动正常进行。机体在排除这些非营养性物质之前，将这些物质进行各种代谢转变的过程称为生物转化(biotransformation)。肝是生物转化作用的主要器官，肝细胞的微粒体、胞浆、线粒体等部位都存在进行生物转化的酶类。根据非营养物质来源不同可分为内源性物质和外源性物质两大类。内源性物质包括代谢中所产生的各种生物活性物质如激素、神经递质及胺类等，以及对机体有毒的代谢产物如氨、胆红素等。外源性物质包括药物、毒物、食物防腐剂、色素及经肠道细菌作用产生的腐败产物(如胺、酚、吲哚和硫化氢等)等。

生物转化的生理意义在于使非营养性物质改变其生物活性，溶解度增加，易于从胆汁或尿液排出体外。一般而言，生物转化使非营养物质的生物活性降低或消失，使有毒物质的毒性降低或失去其毒性，对机体是一种保护作用。但是，有些物质经过生物转化后，其生物活性或毒性反而增加(如形成假神经递质)，其溶解度降低，反而不易排出体外(如某些磺胺类药)。生物转化具有解毒与致毒双重作用，因此，不能将肝的生物转化作用简单地看做是“解毒作用”。

二、生物转化的反应类型

一般水溶性物质，常以原形从尿和胆汁排出；脂溶性物质易在体内积聚，并影响细胞代谢，必须将其灭活，或转化为水溶性物质，再予排出。生物转化作用包括两相反应：第一相包括氧化、还原、水解反应，可使非营养物质中某些非极性基团转变为极性基团，增加亲水性。第二相为结合反应，可使非营养物质与某些极性更强的物质(如葡萄糖醛酸、硫酸、氨基酸等)结合，增加溶解度。有些物质经第一相反应后即可迅速排出体外，但也有许多物质经第一相反应后极性改变仍不大，必须经第二相反应后才能最终排出体外。

(一) 氧化反应

氧化反应由肝细胞的微粒体、线粒体及胞液中多种氧化酶系催化，是最常见的生物转化方式。

1.微粒体加单氧酶系 外源性非营养物质约一半以上经此酶系氧化。其中最重要的是依赖细胞色素 P 450的加单氧酶系，该酶催化烷烃、芳烃、类固醇等脂溶性物质从分子氧中接受一个氧原子，生成羟基化合物或环氧化合物，另一个氧原子则与氢结合生成水，故又称羟化酶、混合功能氧化酶。加单氧酶系催化的基本反应如下：

$$RH + NADPH + H^{+} + O_2 \longrightarrow ROH + NADP^{+} + H_2O$$

例如苯胺在加单氧酶系的催化下生成对氨基苯酚。

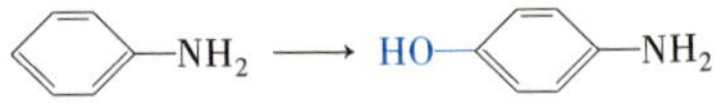

加单氧酶系是最重要的代谢药物与毒物的酶系，其羟化作用不仅增加药物或毒物的水溶性，有利于排泄，而且是许多物质代谢不可少的步骤。如类固醇激素和胆汁酸的合成需经过羟化作用，维生素 D_3转变成活性维生素 D_3也需要羟化反应。有些致癌物质经氧化后丧失其活性，有些本来无活性的物质经氧化反应后生成有毒或致癌物质。例如，黄曲霉素 B_1在加单氧酶的催化下生成具有致癌作用的黄曲霉素 B_1-2,3-环氧化合物(图 19-1)。

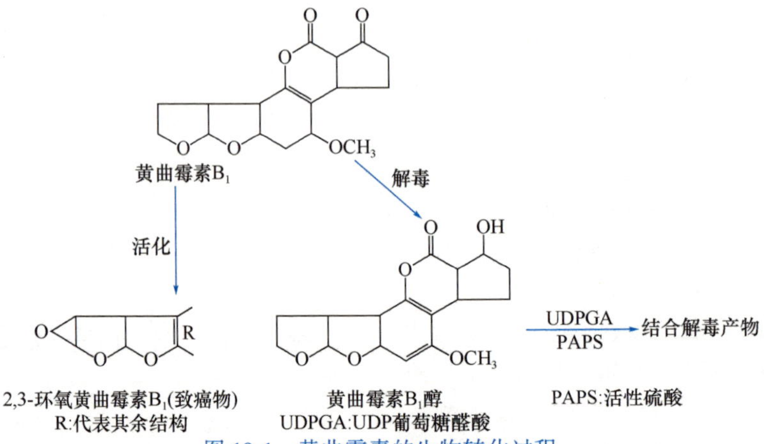

图 19-1 黄曲霉素的生物转化过程

笔记栏

2.线粒体单胺氧化酶系统 线粒体内的单胺氧化酶系统是另一类参与生物转化的氧化酶类。它是一种黄素蛋白,可催化胺类物质氧化脱氨基生成相应的醛,后者进一步在胞液中醛脱氢酶催化下生成酸。从肠道吸收来的蛋白质腐败产物如组胺、酪胺、色胺、尸胺和腐胺等及体内许多生理活性物质如5-羟色胺、儿茶酚胺在肠壁细胞和肝细胞内均经此氧化方式处理,使之丧失生物活性。反应通式如下:

$$RCH_2NH_2+O_2+H_2O \xrightarrow{\text{单胺氧化酶}} RCHO+NH_3+H_2O_2$$

$$RCHO+NAD^++H_2O \xrightarrow{\text{醛脱氢酶}} RCOOH+NADH+H^+$$

3. 醇脱氢酶和醛脱氢酶 肝细胞液和微粒体内含有非常活跃的醇脱氢酶(alcohol dehydrogenase, ADH)和醛脱氢酶(aldehyde dehydrogenase, ALDH),两者均以 NAD^+ 为辅酶。ADH 可催化醇类氧化成醛,后者再经醛脱氢酶催化生成酸。

例如,苯甲醇经醇脱氢酶和醛脱氢酶催化后生成苯甲酸,但是苯甲酸的溶解度低,需进一步与甘氨酸结合生成马尿酸才能随尿排出。

人摄入乙醇的 30% 由胃吸收、70% 经小肠上段迅速吸收。吸收后的乙醇 90% ~ 98% 在肝中代谢,2% ~ 10% 通过肾和肺排出体外。人血中乙醇的清除率约为 100 ~ 200mg/(h · kg 体重)。大量饮酒后,乙醇除经 ADH 氧化外,还可诱导微粒体乙醇氧化系统(microsomal ethanol oxidizing system, MEOS)。MEOS 是乙醇-P 450加单氧酶,其产物是乙醛。只有血中乙醇浓度很高时,该系统才发挥作用。持续摄入乙醇或慢性乙醇中毒时,可诱导 MEOS 活性增加 50% ~ 100%,乙醇总量的 50% 可由此系统代谢。但是,乙醇诱导 MEOS 活性不但不能使乙醇氧化产生 ATP,反而增加对氧和 NADPH 的消耗,造成肝细胞能量的耗竭,引起肝细胞的损害。

(二)还原反应

肝细胞微粒体内存在由 NADPH 供氢的还原酶类,主要包括硝基还原酶类和偶氮还原酶类,分别催化硝基化合物和偶氮化合物从 NADPH 接受氢,还原成相应的胺类。

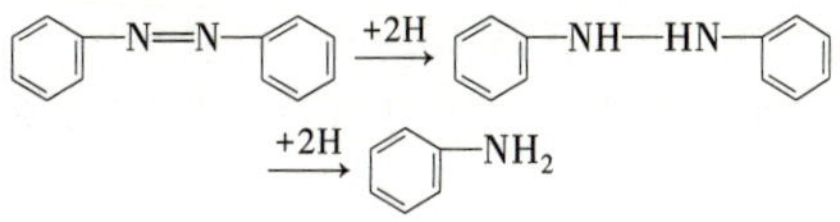

(三)水解反应

肝细胞液和微粒体中含有多种水解酶类,如酯酶、酰胺酶、糖苷酶等,可水解脂类、酰胺类和糖苷类化合物。多数物质经此反应后可以减低或消除活性,也有少数反而呈现出活性。例如:局部麻醉药普鲁卡因在肝中水解反应而失去药理作用,而乙酰水杨酸则需经酯酶水解生成水杨酸后才能起到解热镇痛作用。

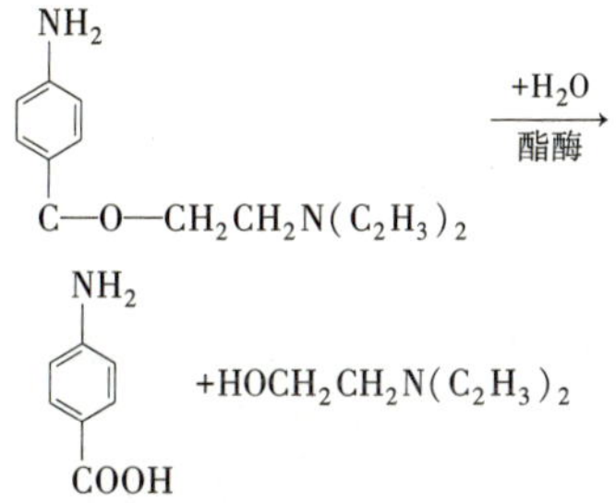

(四)结合反应

结合反应是体内最重要的生物转化方式,属于第二相反应。含有羟基、羧基或氨基等功能团的非营养物质(如药物、毒物或激素等)可直接或经上述的第一相反应后再与某种极性基团结合,从而遮蔽分子中的某些功能基团,改变原有生物活性,增加溶解度,易于随尿排出体外。可供结合的极性物质有葡萄糖醛酸、硫酸、乙酰辅酶 A、谷胱甘肽、甘氨酸等。其中,葡萄糖醛酸、硫酸和酰基的结合反应最为重要,尤其是葡萄糖醛酸的结合反应最为普遍。

1. 葡萄糖醛酸结合反应 肝细胞微粒体中含有非常活跃的葡萄糖醛酸基转移酶,它以尿苷二磷酸-α-葡萄糖醛酸(uridine diphosphate glucuronic acid, UDPGA)为葡萄糖醛酸的供体,催化葡萄糖醛酸基转移到含醇、酚、胺、羧基等极性基团的化合物分子上,生成 β-葡萄糖醛酸苷衍生物。例如,苯酚与 UDPGA 反应生成苯-β-葡萄糖醛酸苷。

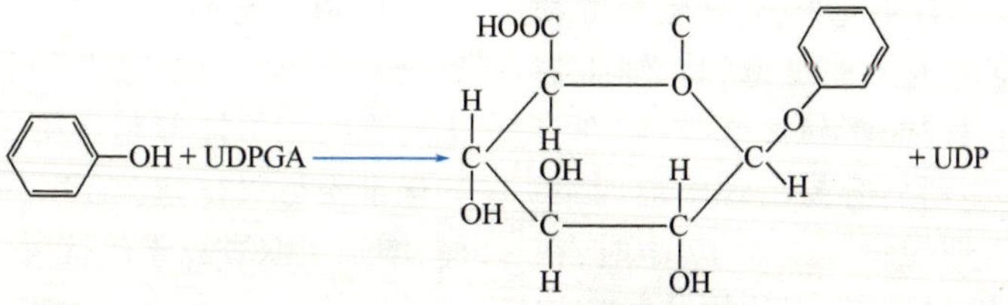

苯酚 苯-β-葡萄糖醛酸苷

2. 硫酸结合反应 3′-磷酸腺苷5′-磷酸硫酸(PAPS)是硫酸的供体,又称“活性硫酸”。在肝细胞内硫酸转移酶催化下,将硫酸基转移到醇、酚、芳香族胺类分子以及内源性固醇类等物质上,生成硫酸酯化合物。结合产物水溶性增加,易于排出,生物学活性一般都降低或灭活。如雌酮就是通过此反应而灭活的。

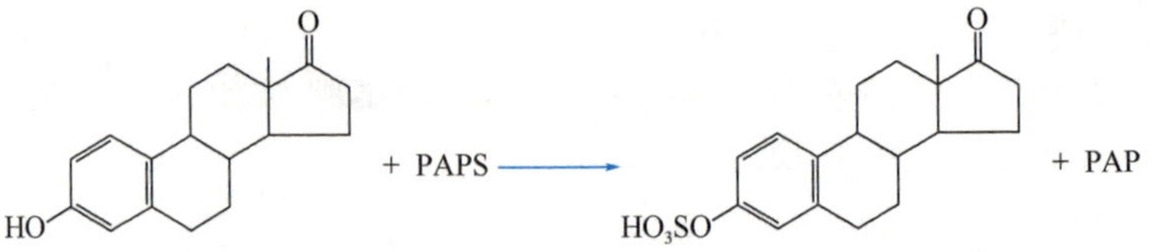

雌酮　　雌酮硫酸酯

3. 酰基化反应 肝细胞液中含有乙酰基转移酶,能将乙酰基转移到芳香族胺化合物上,生成乙酰化衍生物。乙酰CoA是乙酰基的供体。例如,大部分磺胺类药物和异烟肼在肝内通过这种形式灭活。但是,磺胺类药物经乙酰化后,其溶解度反而降低,在酸性尿中容易析出。因此,在服用磺胺类药物时应服用适量的碳酸氢钠,以提高其溶解度,利于随尿排出。

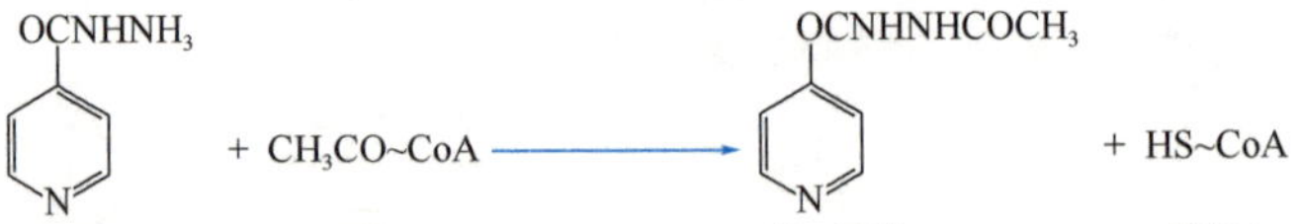

异烟肼　　乙酰辅酶A　　乙酰异烟肼　　辅酶A

4. 谷胱甘肽结合反应 肝细胞含丰富的谷胱甘肽*S*-转移酶,能使谷胱甘肽与许多卤代化合物和环氧化合物结合,生成含GSH的结合物,主要随胆汁排出体外,不能从尿排出。GSH结合物可在肝、肾进一步分解代谢,最后形成硫醚氨酸,随尿排出体外。例如环氧萘与谷胱甘肽结合,生成*S*-二萘醇谷胱甘肽。

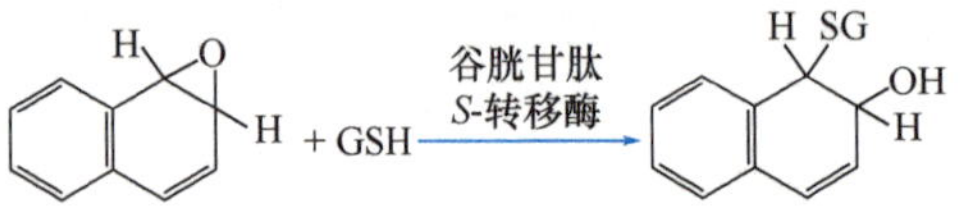

环氧萘　　*S*-二萘醇谷胱甘肽

5. 甘氨酸结合反应 在肝细胞线粒体酰基转移酶催化下,甘氨酸可与含羧基的外源物质结合。首先羧基被激活成酰基辅酶A,酰基再与甘氨酸的氨基连接。例如,胆酸和脱氧胆酸可与甘氨酸结合,生成结合胆汁酸。

6.甲基化反应 在肝细胞液和微粒体中甲基转移酶的催化下,由*S*-腺苷甲硫氨酸(SAM)提供甲基,一些胺类生物活性物质和药物可通过甲基化灭活。

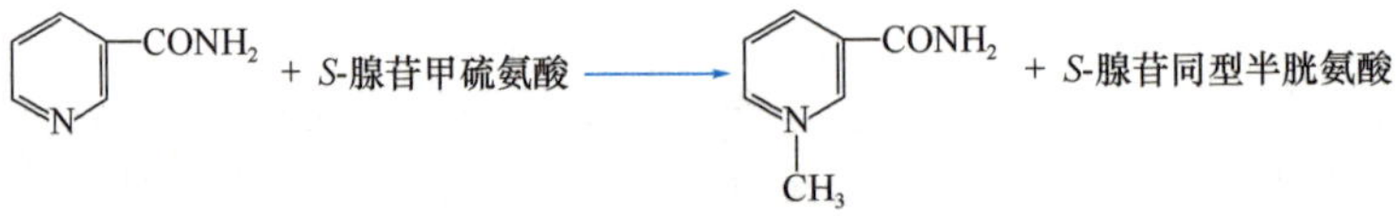

尼克酰胺　　*N*-甲基尼克酰胺

三、影响生物转化作用的因素

肝的生物转化作用受年龄、性别、疾病、诱导物、抑制物等因素的影响。

1. 年龄影响生物转化 新生儿特别是早产儿肝中生物转化酶系发育不完善,对药物及毒物的转化能力较差。老年人肝的重量和总细胞数明显减少,肝代谢药物的酶不易被诱导,对许多药物的耐受性降低,服药后容易出现中毒现象。例如安替匹林的半寿期在青年人为12小时,在老年人为17小时。因此,老年人的用药量应比青年人低。

2. 病理因素 肝炎、肝硬化等疾病导致肝功能低下,肝血流量减少,使药物或毒物的灭活速度下降,药物的治疗剂量与毒性剂量之间的差距缩小。因此,肝病病人应谨慎用药,避免使用对肝有损害的药物,以免加重肝的负担。

3. 诱导与抑制 由于许多药物的生物转化反应常受同一酶系的催化,因此联合用药时可发生药物间竞争性抑制作用,影响生物转化作用。如保泰松与双香豆素合用,前者抑制了后者的代谢,增强了双香豆素的抗凝作用,甚至引起出血。

此外,一些药物或毒物本身可诱导生物转化

相关酶的合成，长期服用某种药物可以出现耐药现象。例如，苯巴比妥能诱导葡萄糖醛酸转移酶的合成，可加速药物或毒物的生物转化。长期服用苯巴比妥的病人除了对该药的转化能力增强外，对氯霉素、非那西丁、氢化可的松的转化能力也大大增强。苯巴比妥还可促进胆红素与葡萄糖醛酸的结合，用于治疗新生儿黄疸。

第3节　胆汁和胆汁酸盐

一、胆　　汁

肝细胞分泌的胆汁（bile）称肝胆汁，清澈透明，呈金黄色或橘黄色。正常人平均每天分泌300～700ml肝胆汁，进入胆囊后，经浓缩为原体积的10%～20%，并掺入黏液等物后成为胆囊胆汁，呈黄褐色或棕绿色，随后经胆总管流入十二指肠。胆汁中除水外，溶于其中的固体物质有蛋白质、胆汁酸盐、脂酸、胆固醇、磷脂、胆红素、磷酸酶、无机盐等，其中胆汁酸盐（简称胆盐）的含量最高。胆囊胆汁中，胆汁酸盐含量占总固体物质的50%～70%，主要是胆汁酸钠盐与钾盐，它们在脂类消化吸收及调节胆固醇代谢方面起重要作用。胆汁中还有多种酶类及其他排泄物，进入机体的药物、毒物、染料及重金属盐等物质均可随胆汁排出。因此，胆汁既是一种消化液，又可作为排泄液，将体内某些代谢产物及外源物质运输至肠，随粪排出。

二、胆汁酸的代谢与功能

（一）胆汁酸的种类

胆汁酸（bile acids）的结构式见图19-2。

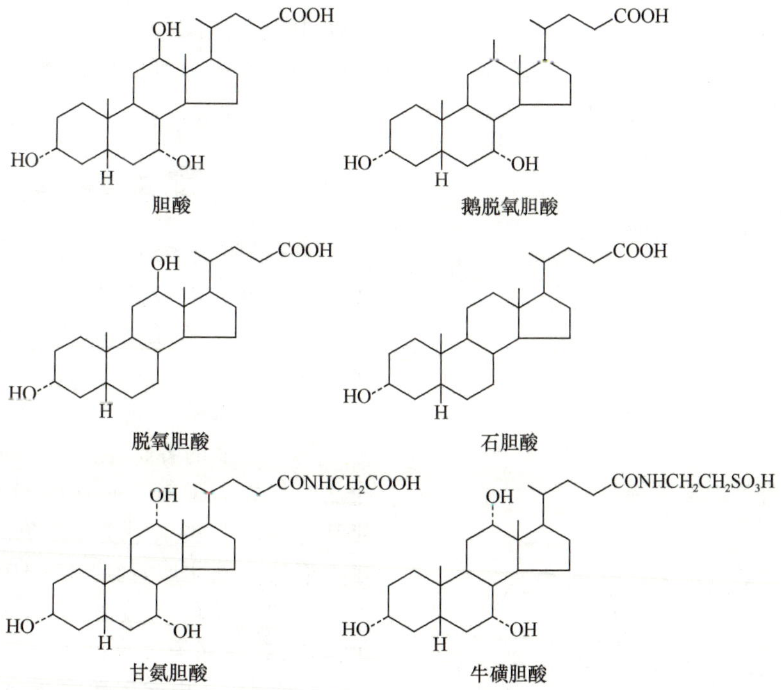

图19-2　六种胆汁酸的结构式

按其生成部位可分为初级胆汁酸和次级胆汁酸两大类。胆固醇在肝细胞内转化生成的胆汁酸为初级胆汁酸（primary bile acid），包括胆酸和鹅脱氧胆酸及其与甘氨酸或牛磺酸结合后生成的甘氨胆酸、牛磺胆酸、甘氨鹅脱氧胆酸和牛磺鹅脱氧胆酸。初级胆汁酸分泌到肠道后受肠道细菌作用生成次级胆汁酸（secondary bile acids），包括脱氧胆酸和石胆酸及其在肝中生成的结合产物。

按其结构也分为两类，一类是游离胆汁酸，包括胆酸、脱氧胆酸、鹅脱氧胆酸和少量石胆酸；另一类是结合胆汁酸，是游离胆汁酸与甘氨酸或牛磺酸的结合产物，主要包括甘氨胆酸、牛磺胆酸、甘氨鹅脱氧胆酸和牛磺鹅脱氧胆酸。胆汁中的胆汁酸以结合型为主。

（二）胆汁酸的生成

1.初级胆汁酸的生成　正常人每日合成约1～1.5g胆固醇，其中约2/5在肝中转变为胆汁

笔记栏

酸，随胆汁排入肠腔。胆汁酸的合成过程非常复杂，需经多步酶促反应才能完成，这些酶主要分布在肝的微粒体和细胞液。胆固醇首先在胆固醇7α-羟化酶的催化下生成7α-羟胆固醇，后经过还原、羟化、侧链氧化断裂和加辅酶A等多步反应，生成具有24碳的初级胆汁酸，再与甘氨酸或牛磺酸结合生成相应初级结合胆汁酸。7α-羟化酶是胆汁酸生成的限速酶，受多因素调节。

2. 次级胆汁酸的生成 进入肠道的初级胆汁酸在协助脂类物质消化吸收后，在小肠下段及大肠经肠道细菌作用，结合型初级胆汁酸水解脱去甘氨酸或牛磺酸而成为游离胆汁酸，后者在肠菌细菌的作用下发生7α-位脱羟基，转变成次级胆汁酸。其中胆酸转变成脱氧胆酸，鹅脱氧胆酸转变成为石胆酸，这两种胆汁酸重吸收入肝后可再与甘氨酸或牛磺酸结合生成次级结合胆汁酸。

3. 胆汁酸的肠肝循环及其意义 排入肠道的胆汁酸（包括初级、次级、结合型和游离型），95%可由肠道重吸收入血，其中以回肠部对结合型胆汁酸的主动重吸收为主，其余在肠道各部被动重吸收。重吸收的胆汁酸经门静脉入肝，在肝细胞内重吸收的游离胆汁酸被重新合成为结合胆汁酸，并与肝细胞新合成的初级结合胆汁酸一同再随胆汁排入小肠，形成胆汁酸的“肠肝循环”（图19-3）。未被重吸收的胆汁酸（主要为石胆酸）随粪便排出，每天0.4~0.6g。

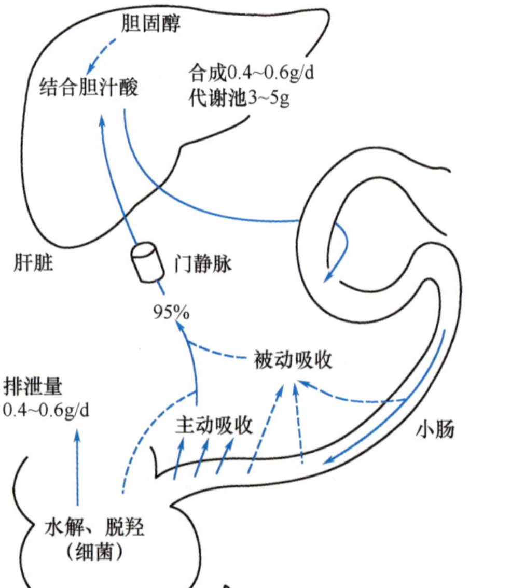

图19-3 胆汁酸的肠肝循环

肝每天合成胆汁酸的量仅0.4~0.6g，难以满足脂类乳化的需求。人体每天约进行6~12次肠肝循环，从肠道吸收的胆汁酸总量可达12~32g。其生理意义在于弥补肝合成胆汁酸的不足，使有限的胆汁酸反复利用，满足人体对胆汁酸的生理需要，最大限度发挥它的生理功能。

4.胆汁酸生成的调节 胆汁酸生成主要受以下两方面因素的调节，其一是7α-羟化酶受胆汁酸本身的负反馈调节，使胆汁酸生成受到限制。如果能使肠道胆汁酸含量降低，减少胆汁酸的重吸收，可促进肝内胆固醇转化成胆汁酸而降低血胆固醇。临床上应用口服阴离子交换树脂（消胆胺）以减少胆汁酸的重吸收，降低血胆固醇。7α-羟化酶也是一种加单氧酶，维生素C对其羟化反应有促进作用。其二是甲状腺素的调节作用。甲状腺素可促进7α-羟化酶及侧链氧化酶的mRNA合成迅速增加，从而加速胆固醇转化为胆汁酸，降低血浆胆固醇。所以，甲亢患者血胆固醇含量降低，甲低患者血胆固醇含量升高。此外，胆固醇可以提高7α-羟化酶活性，促进胆汁酸的合成。

（三）胆汁酸的生理功能

1.促进脂类的消化吸收 胆汁酸分子表面既含有亲水的羟基和羧基或磺酸基，又含有疏水的甲基和烃核，而且羟基和羧基的空间位置均属α型。因此胆汁酸的立体构象具有亲水和疏水两个侧面（图19-4），使胆汁酸分子具有较强的界面活性，能够降低油、水两相之间的界面张力。胆汁酸的这种结构特征使其成为较强的乳化剂，使疏水的脂类物质在水溶液中乳化成直径为3~10μm的微团，扩大脂类和消化酶的接触面，既有利于酶的消化作用，又有利于吸收。

2.抑制胆汁中胆固醇的析出 胆汁中含有胆固醇。由于胆固醇难溶于水，胆汁在胆囊中浓缩后胆固醇容易沉淀析出。胆汁中的胆汁酸盐和卵磷脂可使难溶于水的胆固醇分散成为可溶性微团，使之不易在胆囊中结晶沉淀。如果肝合成胆汁酸的能力下降，消化道丢失胆汁酸过多或肠肝循环中摄取胆汁酸过少，以及排入胆汁中的胆固醇过多，均可造成胆汁中胆汁酸、卵磷脂和胆固醇的比值下降（小于10∶1），易引起胆固醇析出沉淀，形成胆石。

3. 调控胆固醇的代谢 胆汁酸能反馈性抑制7α-羟化酶和胆固醇合成的限速酶的活性。

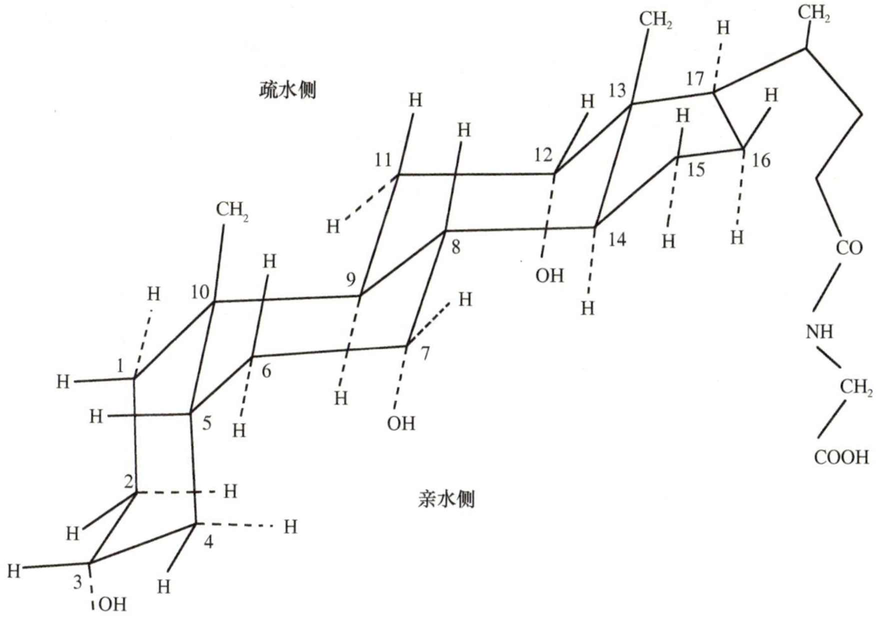

图 19-4　甘氨胆酸的结构

第 4 节　胆色素代谢与黄疸

胆色素（bile pigment）是铁卟啉化合物在体内分解代谢时所产生的各种物质的总称，包括胆红素（bilirubin）、胆绿素（biliverdin）、胆素原（bilinogens）和胆素（bilin）。除胆素原族化合物无色外，其余均有一定颜色，故统称胆色素。正常时主要随胆汁排泄。胆红素是人胆汁的主要色素，呈橙黄色，具有毒性，可引起大脑不可逆的损害。肝是胆红素代谢的主要器官。胆红素随胆汁排入肠道后，在肠道细菌的作用下转变为胆素原族化合物，最后氧化成胆素族化合物，随粪便和尿液排出体外。胆色素代谢异常时可导致高胆红素血症（黄疸）。

一、胆红素的生成

（一）胆红素的来源

体内含铁卟啉的化合物有血红蛋白、肌红蛋白、细胞色素、过氧化氢酶及过氧化物酶等。正常成人每天约产生 250～350mg 胆红素，其中 80% 左右来自衰老红细胞中血红蛋白的分解，其他来自造血过程中某些红细胞的过早破坏（无效造血）及非血红蛋白含铁卟啉化合物的分解。

（二）胆红素的生成过程

红细胞的寿命平均为 120 天。衰老的红细胞由于细胞膜的变化，在肝、脾、骨髓的单核-吞噬细胞系统被网状内皮细胞识别、吞噬，释放出血红蛋白。正常成人每天约有 2×10^{11} 个红细胞被破坏，约释放出 6g 血红蛋白。血红蛋白随后分解为珠蛋白和血红素（每一个血红蛋白分子含 4 个血红素分子）。珠蛋白被分解为氨基酸，再利用。血红素则在单核-吞噬细胞系统微粒体中的血红素加氧酶（heme oxygenase）催化及 O_2 和 NADPH 的参与下，其分子中的 α 次甲基桥（═CH—）的碳原子两侧断裂，使原卟啉Ⅸ环打开，释出 CO、Fe^{3+} 和胆绿素。Fe^{3+} 进入体内铁代谢池，可供机体再利用或以铁蛋白形式储存；CO 可排出体外；胆绿素进一步在胞液胆绿素还原酶（辅酶为 NADPH）的催化下，从 NADPH 获得两个氢原子，还原生成胆红素。由于该酶活性较高，反应迅速，故正常人无胆绿素堆积。X 线衍射技术分析结果表明，胆红素的分子结构中Ⅲ、Ⅳ两个吡咯环之间是单键连接，Ⅲ环与Ⅳ环能自由旋转。在一定的空间位置，4 个环之间能形成 6 个氢键，使胆红素分子卷曲成稳定构象，亲水基团隐藏于内部，疏水基团暴露在表面，成为难溶于水的脂溶性物质。胆红素的生成过程及其空间结构见图 19-5。

二、胆红素在血液中的转运

胆红素极易穿过细胞膜。由单核-吞噬细胞系统生成的胆红素进入血液后，主要与血浆清蛋白结合成胆红素-清蛋白复合物进行运输。清蛋

笔记栏

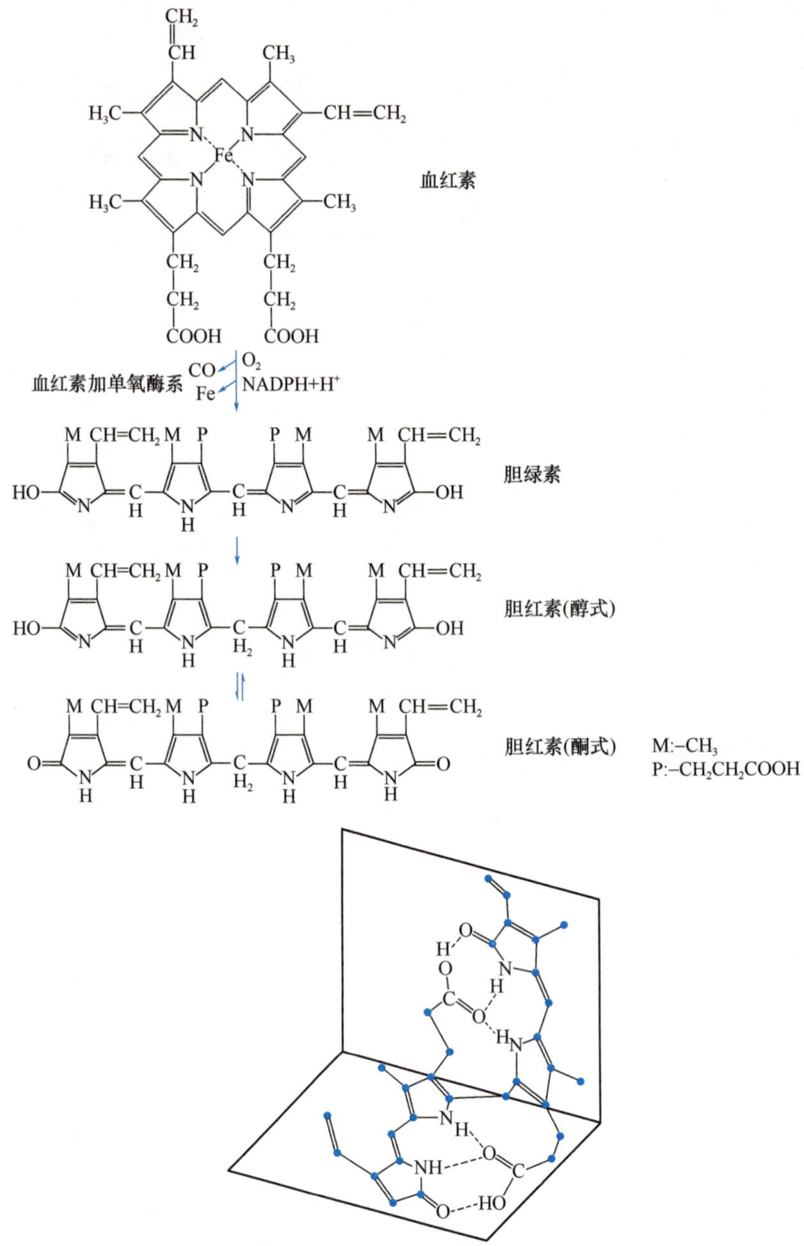

图 19-5 胆红素的生成及其空间结构

白分子对血红素有极高的亲和力，血红素与清蛋白的结合增加了胆红素在血浆中的溶解度，有利于运输，同时又限制了胆红素自由透过各种生物膜，使其不致对细胞发生毒性作用。

每分子清蛋白可结合两分子胆红素。正常人血浆中胆红素浓度为 1.7~17.1μmol/L，而正常人每升血浆能结合 342~428μmol 胆红素。因此，正常情况下，血浆中的清蛋白足以结合全部胆红素，不与清蛋白结合的胆红素甚微。当清蛋白含量明显降低，结合部位被其他物质占据，与胆红素的亲和力降低，或胆红素浓度升高时，均可促使胆红素从血浆向组织转移。某些有机阴离子(如磺胺药、脂酸、水杨酸、胆汁酸等)也可与清蛋白结合，干扰胆红素与清蛋白结合或改变清蛋白构象，从而使胆红素游离出来。过多的游离胆红素可与脑部基底核的脂类结合，干扰脑的正常功能，引起胆红素脑病或核黄疸。故对有黄疸倾向的病人或新生儿必须慎用上述药物。

近年发现，胆绿素和胆红素是一种内源性的抗氧化剂，能清除自由基，抑制过氧化脂质的产生，具有比维生素 E 更强的抗氧化作用。

三、胆红素在肝细胞内的代谢

胆红素的进一步代谢主要在肝进行，肝细胞对胆红素有摄取、结合、排泄等重要作用。

笔记栏

血中胆红素主要以胆红素-清蛋白复合物的形式运输，尚未与葡萄糖醛酸结合，故称为游离胆红素或未结合胆红素（unconjugated bilirubin）。血浆清蛋白运输的胆红素并不直接进入肝细胞，而是在肝血窦中先与清蛋白分离。肝细胞膜表面具有结合胆红素的特异性受体，对胆红素有较强的亲和力。当胆红素随血液运输到肝后，与肝细胞膜表面的特异性受体结合，迅速被肝细胞摄取。研究表明，肝细胞有很强的摄取血中胆红素的能力，注射具有放射性的胆红素后，仅需18分钟就可从血浆中清除50%。

肝细胞质中存在两种胆红素结合蛋白（Y蛋白和Z蛋白），也称为配体蛋白（ligandin），是肝细胞内主要的胆红素载体蛋白。胆红素进入肝细胞后，与Y蛋白和Z蛋白结合。

Y蛋白是一种碱性蛋白，由相对分子质量为22 000和27 000的两个亚基组成，在肝细胞内含量丰富，约占人肝细胞质蛋白总量的5%，对胆红素的亲和力较强，是转运胆红素的主要蛋白质。现已证明，Y蛋白是肝细胞内与生物转化有关的谷胱甘肽转移酶，能催化谷胱甘肽结合物的生成。Z蛋白是一种酸性蛋白质，相对分子质量为12 000，它与胆红素结合力较差，在胆红素代谢中的重要性次于Y蛋白。当胆红素浓度较低时，胆红素优先与Y蛋白结合，在胆红素的浓度高到使Y蛋白结合量接近饱和时，Z蛋白与胆红素的结合量增加。此外，脂溶性物质如甲状腺素、磺溴酚酞、某些染料及一些有机阴离子等与Y蛋白都具有很强的结合力，可竞争结合Y蛋白，影响胆红素的转运。婴儿在出生7周后，体内Y蛋白的水平才能达到成年人水平，故此时期可发生生理性新生儿非溶血性黄疸。许多药物如苯巴比妥等可诱导肝细胞合成Y蛋白，加强胆红素的运输。因此，临床上用苯巴比妥治疗新生儿黄疸。

胆红素以胆红素-Y蛋白或胆红素-Z蛋白形式运输至滑面内质网。在UDP-葡萄糖醛酸转移酶（bilirutin-UDP glucuronyl transferase，BR-UDPGA-T）的催化下，胆红素与葡萄糖醛酸基以酯键结合，生成水溶性的胆红素葡萄糖醛酸酯（bilirubin glucuroride）。由于胆红素有两个自由羧基，故可与2分子葡萄糖醛酸结合，形成两种结合物，即胆红素葡萄糖醛酸一酯和胆红素葡萄糖醛酸二酯（图19-6）。胆红素葡萄糖醛酸二酯是主要的结合产物，约占70%～80%。多数胆红素与葡萄糖醛酸结合，少量的还可与硫酸根、甲基、乙酰基、甘氨酸等结合。胆红素经上述转化后称为结合胆红素（conjugated bilirubin）。结合胆红素较未结合胆红素脂溶性弱而水溶性强，与血浆清蛋白亲和力减小，故易作为胆汁的组成成分随胆汁排入小肠，也可通过肾随尿排出，但不易透过细胞膜和血脑屏障，所以其毒性明显降低，是胆红素重要的解毒方式。糖皮质激素、苯巴比妥具有诱导葡萄糖醛酸转移酶的生成，促进胆红素与葡萄糖醛酸结合的作用，糖皮质激素还具有促进结合胆红素排出的作用。因此，临床上用糖皮质激素、苯巴比妥治疗高胆红素血症。

胆红素+UDPGA $\xrightarrow{\text{UDP-葡萄糖醛酸基转移酶}}$ 胆红素葡萄糖醛酸一酯+UDP

胆红素葡萄糖醛酸一酯+UDPGA $\xrightarrow{\text{UDP-葡萄糖醛酸基转移酶}}$ 胆红素葡萄糖醛酸二酯+UDP

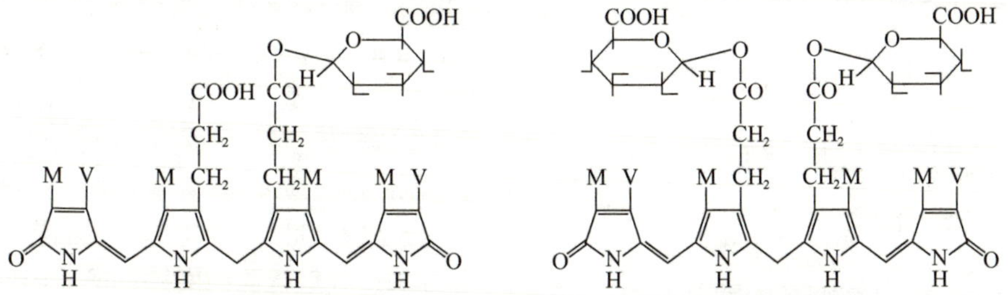

胆红素葡萄糖醛酸一酯　　　　胆红素葡萄糖醛酸二酯

图19-6　葡萄糖醛酸胆红素的生成及其结构

M：$-CH_3$；V：$-CH=CH_2$

血浆中的胆红素通过细胞膜特异受体、肝细胞质内载体蛋白和内质网的葡萄糖醛酸转移酶的联合作用，不断被肝细胞摄取、结合、转化与排泄，从而不断被清除。

四、胆红素在肠中的转变

结合胆红素随胆汁排入肠道后，在肠菌作用

笔记栏

下，由β-葡萄糖醛酸酶催化水解脱去葡萄糖醛酸基，生成未结合胆红素。后者再逐步还原成为多种无色的胆素原族化合物，包括中胆素原(meso-bilirutinogen)、粪胆素原(stercobilinogen)及尿胆素原(urobilinogen)，总称胆素原(图19-7)。肠中生成的胆素原大部分(80%～90%)随粪便排出。在结肠下段或随粪便排出后，无色的粪胆素原经空气氧化成黄褐色的粪胆素，是正常粪便中的主要色素。成人一般每天排出胆素原40～280mg。当胆道完全梗阻时，结合胆红素不能排入肠道中转变为粪胆素原及粪胆素，粪便呈灰白色，临床上称之为白陶土样便。新生儿肠道中的细菌较少，粪便中的胆红素未被细菌作用而使粪便呈橘黄色。

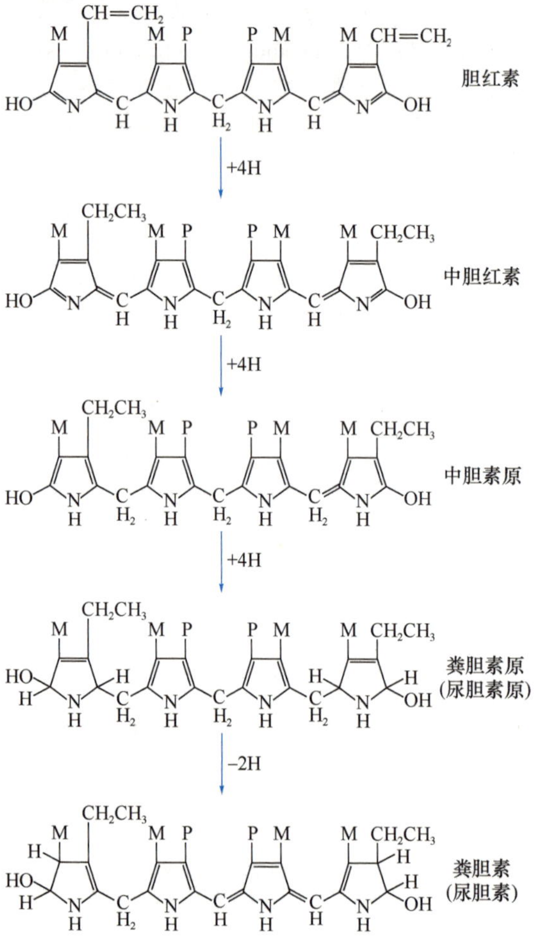

图19-7 胆红素在肠道中的代谢

在生理状态下，肠道中生成的胆素原约有10%～20%被肠道重吸收入血，经门静脉入肝，其中大部分(约90%)被肝摄取，又以原形随胆汁排入肠道，此过程称为胆色素的肠肝循环(enterohepatic circulation)。重吸收的胆素原有少部分(约10%)进入体循环，经肾随尿排出，称为尿胆素原，再经空气氧化成尿胆素(图19-8)，是尿的主要色素。正常人每天从尿中排出的尿胆素原约0.5～4.0mg。

临床上将尿胆红素、尿胆素原、尿胆素称为尿三胆。尿胆素原的排出量与尿液的pH、胆红素的生成量、肝细胞的功能及胆道的通畅状态等因素有关。在酸性尿中，尿胆素原可生成不解离的脂溶性分子，易被肾小管重吸收，从而尿中排出量减少；反之，碱性尿可促进尿胆素原的排泄。当胆红素来源增加时，如溶血过多，随胆汁排入肠腔的胆红素增加，在肠道形成的胆素原族增加，重吸收并进入体循环，故自尿排出的尿胆素原量也增多；反之，当胆红素形成减少，如再生障碍性贫血时，尿胆素原的含量减少。当肝细胞功能损伤时，从肠道重吸收的胆素原不能有效地随胆汁再排出，血及尿中胆素原浓度也会增加。当胆道发生阻塞时，由于结合胆红素不能顺利排入肠道，胆素原的形成发生障碍，尿胆素原的量可明显降低，甚至完全消失。同时，由于胆道阻塞可使结合胆红素反流入血，从而使尿胆红素排出量增加。

五、血清胆红素与黄疸

正常血清中存在的胆红素主要以两种形式存在。一种是来自单核-吞噬细胞系统中红细胞破坏产生的胆红素，在血浆中主要与清蛋白结合而运输，这类胆红素未与葡萄糖醛酸结合，称为未结合胆红素。另一种是经过生物转化作用，与葡萄糖醛酸或其他物质结合的胆红素，称为结合胆红素。

由于结构和性质不同，血清中的未结合胆红素和结合胆红素对重氮试剂的反应(Van den Bergh test，范登堡试验)不一样。未结合胆红素因其侧链丙酸基上的羧基和其他极性基团在分子内形成氢键，使分子卷曲而封闭其作用部位，与重氮试剂反应缓慢，必须先加入乙醇或尿素等破坏分子内氢键，才能与重氮试剂产生紫红色反应，称为范登堡试验的间接反应。因此未结合胆红素也称为间接反应胆红素或间接胆红素(indirect reacting bilirubin)。而结合胆红素因侧链丙酸基与葡萄糖醛酸结合，不存在氢键，分子处于比较伸展的状态，不需加乙醇等试剂，能迅速直接与重氮试剂产生紫红色反应，故结合胆红素也称为直接胆红素(direct reacting bilirubin)。结合胆红素与未结合胆红素的主要区别见表19-1。

笔记栏

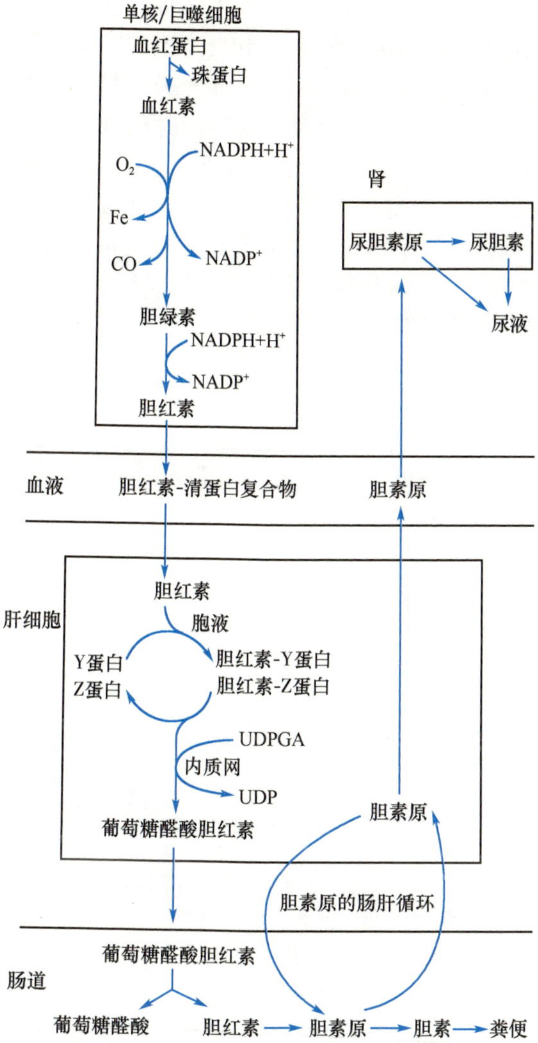

图 19-8　胆红素的生成与胆素原的肠肝循环

表 19-1　未结合胆红素与结合胆红素的区别

	未结合胆红素	结合胆红素
别名	间接胆红素	直接胆红素
与葡萄糖醛酸结合	未结合	结合
与重氮试剂反应	缓慢、间接反应	迅速、直接反应
水中溶解度	小	大
经肾随尿排除	不能	能
透过细胞膜对大脑的毒性作用	有	无

除上述两种胆红素外，人血清中还发现另外一种胆红素，称为 δ-胆红素，其本质是与清蛋白紧密结合的结合胆红素，约占正常血清总胆红素含量的 20%～30%。肝功能损伤时，δ-胆红素与血清中其他两种胆红素一起升高。肝功能好转时，其下降速度与其他两种相比较为缓慢，从而使其所占比例升高，可达 60% 以上。因此，可以推断，δ-胆红素的出现与肝功能有着密切关系。

正常人由于胆色素代谢正常，血清中胆红素含量甚微，其总量不超过 1.71～17.1μmol/L，其中未结合胆红素约占 4/5，其余为结合胆红素。未结合胆红素是脂溶性物质，极易穿过细胞膜对细胞造成危害，尤其是对富含脂类的神经细胞，能严重影响神经系统的功能。因此，肝通过摄取、生物转化及排泄等作用将胆红素与葡萄糖醛酸结合，变成极易排泄的水溶性结合胆红素，对机体具有保护作用。凡能引起胆红素生成过多或肝细胞对胆红素摄取、生物转化、排泄过程发生障碍的因素都可使血中胆红素浓度升高，造成高胆红素血症。

胆红素是金黄色物质，血清中含量过高，大量的胆红素扩散入组织，造成组织黄染，称为黄疸（jaundice）。由于巩膜或皮肤含有大量弹性蛋白，与胆红素有较强亲和力，故容易出现黄染。另外，黏膜中含有能与胆红素结合的血浆清蛋白，因此也能被黄染。黄疸的程度与血清胆红素的浓度密切有关。血清中胆红素浓度超过 34.2μmol/L 时，皮肤、巩膜、黏膜等组织明显黄染，称为显性黄疸。有时血清中胆红素浓度虽超过正常，但不超过 34.2μmol/L 时，肉眼观察不到巩膜或皮肤黄染，称为隐性黄疸。根据黄疸产生的原因，可分为溶血性黄疸、肝细胞性黄疸和阻塞性黄疸三类。

（一）溶血性黄疸

溶血性黄疸（hemolytic jaundicc）也称为肝前性黄疸，是由于某些疾病（如恶性疟疾、过敏等）、药物和输血不当引起红细胞大量破坏，释放的大量血红素在单核-吞噬细胞系统中生成的胆红素过多，超过肝细胞的摄取、转化和排泄能力，造成血清游离胆红素浓度异常增高。此时，血中结合胆红素的浓度改变不大，尿胆红素阴性。由于肝对胆红素的摄取、转化和排泄增多，从肠道吸收的胆素原增多，造成尿胆素原增多。各种引起大量溶血的原因都可造成溶血性黄疸。

（二）肝细胞性黄疸

肝细胞性黄疸（hepatocellular jaundice），是由于肝细胞破坏（如各种肝炎、肝肿瘤等），使其摄取、转化和排泄胆红素的能力降低所致。肝细胞性黄疸时，不仅由于肝细胞摄取胆红素障碍会造成血中游离胆红素升高，而且由于肝细胞的肿胀，毛细胆管阻塞或毛细胆管与肝血窦直接相

笔 记 栏

通，使部分结合胆红素反流入血循环，造成血清结合胆红素浓度增高。另外，通过肠肝循环到达肝的胆素原也可经损伤的肝进入体循环，并从尿中排出。因此，临床检验可以发现血清结合胆红素和未结合胆红素均升高，尿胆红素阳性，尿胆素原增高。

（三）阻塞性黄疸

阻塞性黄疸(obstructive jaundice)也称为肝后性黄疸，是由于各种原因引起胆汁排泄通道受阻(如胆管炎症、肿瘤、结石或先天性胆管闭锁等疾病)，使胆小管和毛细胆管内压力增大破裂，结合胆红素反流入血，造成血清胆红素升高所致。实验室检查可发现血清结合胆红素浓度升高，血清未结合胆红素无明显改变；由于结合胆红素可以从肾排出体外，所以尿胆红素检查阳性；胆管阻塞使肠道生成胆素原减少，尿胆素原降低。三种黄疸时血、尿、粪的改变见表 19-2。

表 19-2　三种黄疸血、尿、粪的改变

指标	参考范围	溶血性黄疸	肝细胞性黄疸	阻塞性黄疸
血清胆红素总量	<17. 1μmol/L	>17. 1μmol/L	>17. 1μmol/L	>17. 1μmol/L
结合胆红素			↑	↑↑
未结合胆红素		↑↑	↑	
尿三胆				
尿胆红素	-	+	++	++
尿胆素原	少量	↑	不一定	↓
尿胆素	少量	↑	不一定	↓
粪便				
粪胆素原	40~280mg/24h	↑↑	↓	-或微量
粪便颜色	正常	深	变浅或正常	变浅完全阻塞时呈陶土色

案例 19-1

患者，男性，69 岁，因“腹痛、腹胀 5 个月，皮肤、巩膜黄染 1 个月”入院，小便黄如浓茶，大便呈陶土色。查体：全身皮肤、巩膜重度黄染。B 超检查提示：肝胆大小正常，肝内胆管、胆总管、主胰管扩张，胰头后方实性包块，考虑壶腹周围占位病变。实验室检验：血清总胆红素 406. 0μmol/L，结合胆红素 397. 4μmol/L，未结合胆红素 8. 6μmol/L，尿胆红素+++，粪胆原、尿胆原阴性。初步诊断为阻塞性黄疸，胰腺癌？

问题讨论

1. 哪些原因可以导致阻塞性黄疸？还需要做哪些辅助检查帮助确诊阻塞的原因？

2. 阻塞性黄疸导致全身皮肤、巩膜出现黄染的原因是什么？

3. 为什么血清总胆红素和结合胆红素明显增高而未结合胆红素没有增高？

4. 为什么小便黄如浓茶，大便呈陶土色，而尿胆红素+++，粪胆原、尿胆原阴性？

案例 19-1　分析讨论

(1) 胆内胆管经多级汇合成左、右肝管，左、右肝管在肝门处汇合成肝总管，长约 3~5cm，直径约为 0. 4~0. 6cm。肝总管与胆囊管汇合成胆总管，长约 7~9cm，直径约为 0. 6~0. 8cm。胆总管与胰管汇合成膨大的壶腹(Vater 壶腹)，共同开口于十二指肠乳头，口径约 0.9cm，此汇合处有括约肌围绕(称 Oddi 括约肌)可控制胆汁、胰液的排出。胆总管结石、胆总管炎症、胆总管息肉、胆总管肿瘤、胰腺肿瘤、胰腺炎症、肝肿瘤、先天性胆管闭锁等原因均可以引起胆总管阻塞、阻塞性黄疸。B 超、CT 及磁共振(MRI)等影像学诊断方法有助于诊断。本病例 B 超检查显示肝内胆管、胆总管、主胰管扩张，胰头后方实性包块，因此考虑是壶腹周围占位病变导致阻塞性黄疸，胰腺癌可能性大，可进一步进行 CT 及磁共振(MRI)检查确诊。

(2) 胆红素是金黄色物质，血清中含量过高，大量的胆红素扩散入组织，造成组织黄染，称为黄疸(jaundice)。由于巩膜或皮肤含有大量弹性蛋白，与胆红素有较强亲和力，故易容易出现组织黄染。黄疸的程度与血清胆红素的浓度密切有关。血清中胆红素浓度超过 34.2μmol/L 时，皮肤、巩膜、黏膜等组织明显黄染，称之为显性黄疸。有时血清中胆红素浓度虽超过正常，但不超过 34.2μmol/L 时，肉眼观察不到巩膜或皮肤黄染，这称为隐性黄疸。本病例全身皮肤、巩膜出现重度黄染，血清总胆红素、结合胆红素浓度远远超过 34.2μmol/L，故可以考虑是由于壶腹周围占位病变导致的显性黄疸。

(3) 由于胆总管阻塞还没有影响肝细胞的功能，未结合胆红素可以在肝细胞内进行生物转化生成结合胆红素(直接胆红素)，再排入胆汁中。因此，胆总管阻塞后，胆汁的排泄障碍，造成胆汁中的结合胆红素反流入血液中，从而导致血清总胆红素和结合胆红素明显增高而未结合胆红素不增高。

(4) 由于胆总管阻塞，胆汁不能被排泄入肠道，肠道中缺乏胆红素，不能生成粪胆素原和粪胆素，也没有胆素原被吸收回肝脏和血液，故粪便呈陶土色，粪胆素原和尿胆素原均阴性。结合胆红素水溶性大，血液中的结合胆红素浓度增高后，结合胆红素也可以从尿排出，故尿液呈深黄色。

小　结

肝是人体内最大的腺体，在物质代谢中起非常重要的作用。肝通过肝糖原的合成与分解、糖异生作用来维持血糖浓度的相对恒定。肝脏在脂类的消化、吸收、分解、合成和运输中起着重要的作用。肝将胆固醇转化为胆汁酸，并将胆汁酸随胆汁分泌入肠道，促进脂类的消化吸收。肝是体内合成三酰甘油、胆固醇及其酯和磷脂的主要器官，并以 VLDL、HDL 的形式运输到肝外组织。肝具有合成酮体的酶系，是产生酮体的器官。肝是合成和分泌血浆蛋白的重要器官。除 γ-球蛋白外，几乎所有的血浆蛋白均由肝细胞合成。肝也是清除血浆蛋白质(除清蛋白外)的重要器官。肝是氨基酸分解代谢的重要器官，除亮氨酸、异亮氨酸及缬氨酸三种支链氨基酸外，其余氨基酸均在肝内分解。肝是清除血氨的主要器官，氨在肝中通过鸟氨酸循环合成尿素。肝在维生素的吸收、储存、转化等方面起重要作用。肝是许多激素灭活的场所。

肝是对内源性和外源性非营养物质进行生物转化的主要器官。非营养物质经过生物转化作用后，水溶性增加，易于排出体外。大部分非营养物质经生物转化作用后，其毒性降低或失去毒性。但是，有些物质经过生物转化后，其生物活性或毒性反而增加。生物转化作用所包括的许多化学反应归纳为两相，第一相反应包括氧化、还原、水解反应，第二相反应为结合反应，包括与葡萄糖醛酸、硫酸和酰基等结合。

胆汁是肝细胞分泌的液体。胆汁中含有胆汁酸盐、多种酶类及其他排泄物。胆汁既是一种消化液，具有促脂类消化吸收的作用，又可作为排泄液。胆汁酸在肝内由胆固醇转变而来，胆固醇 7α-羟化酶是胆汁酸生成的限速酶，受胆汁酸和胆固醇的调节。胆汁酸按其生成部位可分为初级胆汁酸和次级胆汁酸，按其结构可分为游离胆汁酸和结合胆汁酸。排入肠道的初级胆汁酸(游离的和结合的)和次级胆汁酸，大部分经肠肝循环重吸收而被再利用，以弥补肝合成胆汁酸能力的不足，使有限的胆汁酸发挥最大限度的作用。

胆色素是铁卟啉化合物在体内分解代谢所产生的各种物质的总称，包括胆红素、胆绿素、胆素原和胆素，大部分来自单核-吞噬细胞系统对衰老红细胞中血红蛋白的分解。胆红素是难溶于水的脂溶性物质，能自由透过各种生物膜，对神经细胞具有毒性作用。胆红素在血液中主要与清蛋白结合而运输，使胆红素不能自由透过各种生物膜，从而限制了其对细胞的毒性作用。在肝细胞内，胆红素与配体蛋白(Y 蛋白和 Z 蛋白)结合并被转运到内质网，在 UDP-葡萄糖醛酸转移酶的催化下生成葡萄糖醛酸胆红素，后者经胆管排入肠道。在肠道内，胆红素被还原为胆素原。少部分胆素原被肠道重吸收到肝，又以原形随胆汁排入肠道，形成胆色素的肠肝循环；小部分进入体循环，并运至肾脏随尿排出。随粪便(或尿液)排出的胆素原被空气氧化为黄褐色的粪胆素(或尿胆素)。

血清中的胆红素含量升高，扩散入组织，造成组织黄染，称为黄疸。根据血清胆红素的来源，将黄疸分为溶血性黄疸、肝细胞性黄疸和阻塞性黄疸。

(王　杰)

笔记栏

第20章 重组DNA技术

20世纪60年代末，随着限制性核酸内切酶、DNA连接酶、反转录酶的相继发现以及琼脂糖凝胶电泳和核酸杂交技术的建立，为重组DNA技术的诞生奠定了基础。1972年，Berg等成功完成了世界上第一次DNA体外重组实验，并因此与Gilbert和Sanger分享了1980年度的诺贝尔化学奖。1973年，Cohen等成功进行了基因工程史上第一个基因克隆实验，由此建立了基因克隆的基本模式。

第1节 重组DNA技术的基本过程

重组DNA技术(recombinant DNA technology)是在体外将不同来源的特异基因或DNA片段插入载体分子，构建重组DNA分子，并将重组DNA导入合适的受体细胞，使其在细胞中扩增和繁殖(称之为“克隆”)，筛选出含有目的基因的转化子细胞，再进行扩增，获取大量同一DNA分子，即DNA克隆(DNA cloning)。由于早期研究是从较大的染色体分离特异基因或DNA片段，因此重组DNA技术又称为基因克隆(gene cloning)。

克隆(clone)是指从一个共同祖先无性繁殖下来的一群遗传上同一的DNA分子、细胞或个体所组成的群体；克隆化(cloning)则是获取这类同一的DNA分子群体、细胞群体或个体群体的过程。采用克隆技术，把来自不同生物的外源DNA插入载体分子所形成的杂合DNA分子，即为重组DNA(recombinant DNA)或嵌合DNA(chimera DNA)。

重组DNA技术主要包括以下步骤(图20-1)：①分离带有目的基因的DNA片段；②选择或改造载体DNA分子；③在体外将带有目的基因的外源DNA片段连接到能够自我复制并具有选择标记的载体分子上，形成重组DNA分子；④将重组DNA分子导入受体细胞(即宿主细胞)，并与之一起增殖；⑤从细胞繁殖群体中，筛选出含重组DNA分子的受体细胞克隆并扩增，进一步提取、纯化重组DNA。

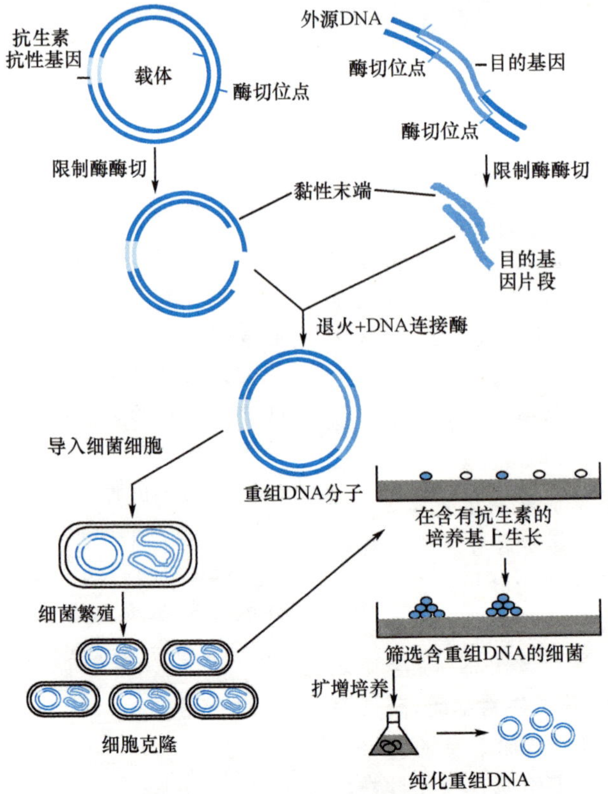

图20-1 重组DNA技术的基本步骤

笔记栏

第2节 重组 DNA 技术中常用工具酶

基因的重组与分离包含一系列相互关联的酶促反应。已知有多种重要的酶,例如,对外源 DNA 和载体分子进行特异性识别和切割的限制性核酸内切酶、将 DNA 片段与载体分子连接形成重组 DNA 分子的 DNA 连接酶、以 mRNA 为模板合成 cDNA 的反转录酶等,都在重组 DNA 技术中有着广泛的用途。

一、限制性核酸内切酶

限制性核酸内切酶(restriction endonuclease)是一类能识别双链 DNA 分子中的某些特定核苷酸序列,并由此切割 DNA 双链的核酸内切酶,又称为限制酶(restriction enzyme),主要是从原核生物中分离纯化而来。限制酶和甲基化酶共同构成细菌的限制修饰系统,内切酶可切割侵入的外源 DNA 使之迅速降解,甲基化酶可修饰自身 DNA,防止被核酸内切酶降解。

Arber、Nathans 和 Smith 的研究工作奠定了限制酶作为重组 DNA 技术关键酶的基础,三人在 1978 年分享了诺贝尔生理/医学奖。

(一)限制酶的命名

限制酶的命名是根据其来源的微生物种属而确定,通常用缩略字母表示,其中第一个字母来自产生该酶的细菌"属"名,用斜体大写;第二、三个字母是该细菌的"种"名,用斜体小写;第四个字母(有时无)代表该细菌的"菌株",用正体;如果同一微生物中有几种限制酶,则根据其发现和分离的先后顺序用罗马数字表示。例如,从流感嗜血杆菌(*Haemophilus influenzae*)Rd 株中分离的第三种酶用 *Hind*Ⅲ表示。

(二)限制酶的类型

目前已鉴定出三种不同类型的限制酶,即Ⅰ型酶、Ⅱ型酶和Ⅲ型酶,它们各自具有不同的特性。

Ⅰ型和Ⅲ型酶通常是相对分子质量较大、多亚基蛋白质复合物,同时具有内切酶和甲基化酶活性。Ⅰ型限制酶从距离识别序列数千碱基处随机切割 DNA,Ⅲ型限制酶在距离识别序列约 25bp 处切割 DNA,二者在反应过程中沿着 DNA 移动,并需 Mg^{2+}、ATP 参与。与Ⅰ型、Ⅲ型限制酶不同,Ⅱ型限制酶只有一种多肽,通常以同源二聚体形式存在,核酸内切酶活性和甲基化作用活性是分开的。此类酶作用不需 ATP 供能,仅需 Mg^{2+}参与。由于Ⅱ型酶只具有核酸内切酶活性,而且核酸内切作用又具有序列特异性,可对靶 DNA 进行精确切割,故在重组 DNA 技术中有特别广泛的用途,被誉为基因工程的"手术刀"。目前已在不同种属的细菌中发现数千种限制酶,在重组 DNA 技术中所说的限制酶,通常指Ⅱ型限制酶。

(三)Ⅱ型限制酶的作用特点

1. 基本特性 大部分Ⅱ型限制酶能够识别由 4~8 个核苷酸组成的特定序列,表 20-1 列出部分限制酶的识别序列。Ⅱ型酶识别的核苷酸序列具有回文结构(palindrome),DNA 序列中的回文结构是指具有双重旋转对称结构的两条 DNA 链的碱基序列的反向重复(图 20-2)。

表 20-1 部分限制酶的特性

名称	识别序列及切割位点	名称	识别序列及切割位点
*Bam*HⅠ	(5′) G↓GATC*C(3′) CC*TAG↑G	*Hind*Ⅲ	(5′) A↓AGCTT(3′) TTCGA↑A
*Cla*Ⅰ	(5′) AT↓CGA*T(3′) TA*GC↑TA	*Not*Ⅰ	(5′) GC↓GGCCGC(3′) CGCCGG↑CG
*Eco*RⅠ	(5′) G↓A*A*TTC(3′) CTTAA↑G	*Pst*Ⅰ	(5′) CTGC*A↓G(3′) G↑ACG*TC
*Eco*RⅤ	(5′) GAT↓A*TC(3′) CTA↑TAG	*Pvu*Ⅱ	(5′) CAG↓CTG(3′) GTC↑GAC
*Hae*Ⅲ	(5′) GG↓C*C(3′) C*C↑GG	*Tth*111Ⅰ	(5′) GACN↓NNGTC(3′) CTGNN↑NCAG

注:↓所指为限制酶的切割位点,*表示能被相应的甲基化酶所修饰的碱基,N 代表任意一种碱基

笔 记 栏

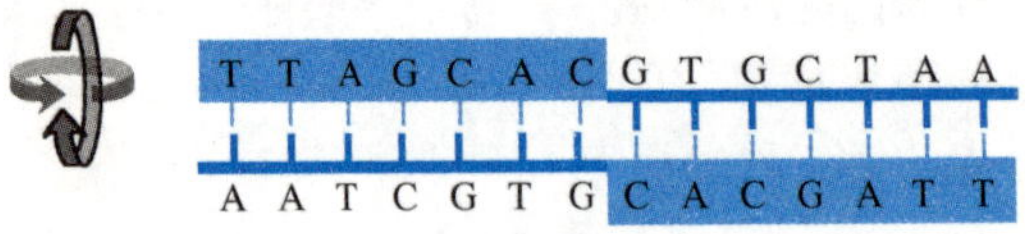

图 20-2　回文结构

图示序列反向重复，在水平轴线和垂直轴线上（箭头所示）旋转对称

Ⅱ型限制酶从其识别序列内切割 DNA 分子中的磷酸二酯键，产生含 5′-P 和 3′-OH 的 DNA 片段。识别序列又称为限制酶的靶序列，不同的限制酶切割 DNA 后产生的片段末端不同。限制酶可以在两条 DNA 链上交错切割，形成带有 2~4 个未配对核苷酸的单链突出末端，称为黏性末端（sticky end 或 cohesive end）。两个不同的 DNA 分子，经同一限制酶切割所形成的黏末端是相同的，经互补的碱基配对在 DNA 连接酶的作用下即可形成新的重组 DNA 分子（图 20-3）。有些限制酶，如 *Pst* Ⅰ，切割 DNA 分子后产生具有 3′-OH 单链突出的黏性末端（图 20-4A）；而有些限制酶，如 *EcoR* Ⅰ，切割 DNA 分子后则形成具有 5′-P 单链突出的黏性末端（图 20-4B）。另外还有一些酶，如 *EcoR* Ⅴ，切割 DNA 分子形成的是没有单链突出的末端，称为平末端或钝末端（blunt end）（图 20-4C）。

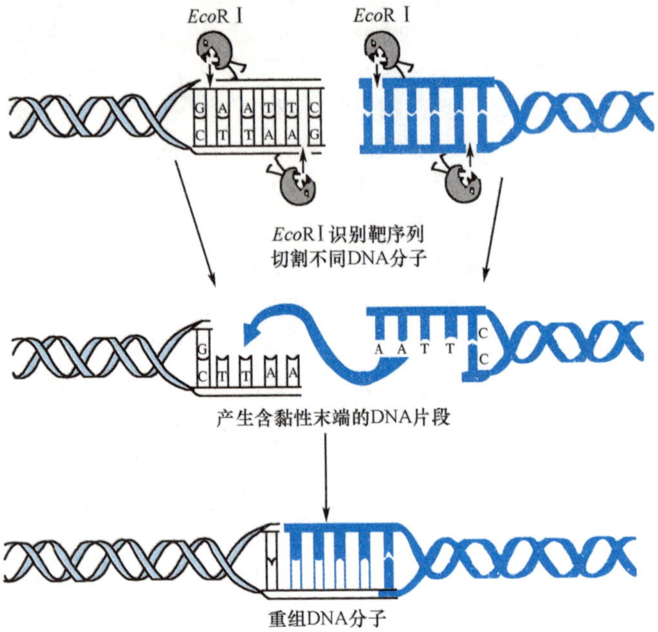

图 20-3　限制酶 *EcoR* Ⅰ 对双链 DNA 分子的切割作用

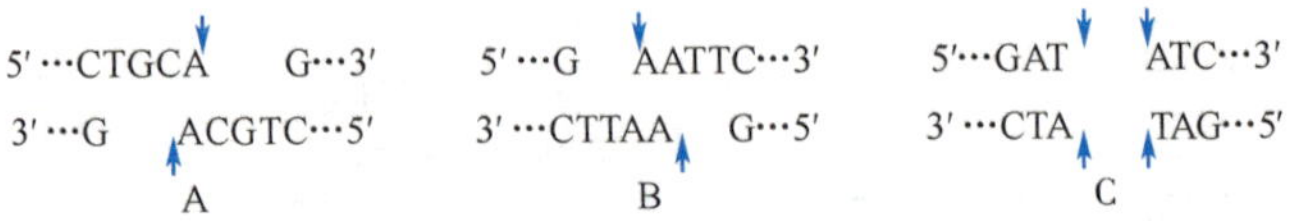

图 20-4　不同限制酶切割 DNA 分子产生的末端结构

A. *Pst* Ⅰ 切割 DNA 分子形成 3′-OH 黏性末端；B. *EcoR* Ⅰ 切割 DNA 分子形成 5′-P 黏性末端；C. *EcoR* Ⅴ 切割 DNA 分子形成平末端；↑所指为切割后产生的末端位点

限制酶切割 DNA 链后所产生的 DNA 片段大小，取决于限制酶特异性切割位点在 DNA 链中出现的频率，即依赖于限制酶所识别的靶序列大小。如果 DNA 的碱基组成是均一的，限制酶位点在 DNA 链上的分布是随机的，那么限制酶（如 *Bam*H Ⅰ、*Hind* Ⅲ 等）识别的六核苷酸序列将每隔 4^6（4096）bp 出现一次，而限制酶（如 *Hae* Ⅲ、*Mbo* Ⅰ 等）所识别的四核苷酸序列将每隔 4^4（256）bp 出现一次，这样切割 DNA 链后就会产生较小的 DNA 片段。

2. 同裂酶（isoschizomer）　又称同工异源酶，指来源不同识别序列相同的酶。该类酶切割 DNA 的位点或方式可以相同，也可以不同。例如 *Sau*3AⅠ（↓GATC）与 *Mbo*Ⅰ（↓GATC），二者的识别序列和酶切位点均相同；而 *Sma*Ⅰ（CCC↓GGG）与 *Xma*Ⅰ（C↓CCGGG），二者的识别序列相同，但酶切位点不同。

3. 同尾酶（isocaudarmer）　指来源及识别序列各不相同，但作用后可以产生出相同黏性末端的酶。常用的限制酶 *Bam*H Ⅰ、*Bcl* Ⅰ、*Bgl* Ⅱ、*Mbo* Ⅰ 就是一组同尾酶，它们切割 DNA 后均形成由 GATC 组成的黏性末端。

笔 记 栏

BamH Ⅰ　G↓GATCC　　*Bcl* Ⅰ　T↓GATCA

Bgl Ⅱ　A↓GATCT　　*Mbo* Ⅰ　↓GATC

由同尾酶所产生的DNA片段，由于具有相同的黏性末端，即可通过其黏末端之间的互补作用而彼此连接起来，因此在DNA重组实验中很有用处。有时同尾酶产生的末端，重组后形成的序列不能再被原来的同尾酶所识别。例如，上面的一组同尾酶中，只有*Mbo* Ⅰ能识别并切割黏性末端重新连接后形成的DNA片段，而其他三个酶却不能再识别重组后的DNA片段。

4. 可变酶　此类酶是Ⅱ型限制酶的特例，识别序列中的一个或几个碱基是可变的，并且识别序列往往超过6个核苷酸。例如，*Bstp* Ⅰ识别序列为G↓GTNACC，有1个可变碱基；*Bgl* Ⅰ识别序列为$GCC(N)_4N$↓GGC，有5个可变碱基。

（四）限制酶的应用及影响限制酶作用的因素

1. 限制酶的应用　限制酶除作为重组DNA技术的关键工具酶外，还广泛应用于分子生物学研究的各个领域，包括绘制基因组DNA物理图谱、研究基因组DNA同源性、切割基因组DNA（或cDNA）构建基因组文库（或cDNA文库）、筛选鉴定重组质粒、测定基因的核苷酸序列以及研究基因突变与诊断遗传性疾病等。

2. 影响限制酶作用的因素　不同的限制酶需要不同的反应条件以获得最佳切割靶DNA分子的效率。影响限制酶反应的主要因素包括DNA的纯度、DNA的甲基化程度、DNA分子的结构、酶切反应的温度、酶切反应的时间以及酶切反应的缓冲体系等。

二、DNA连接酶

DNA连接酶（DNA ligase）是一种能够催化在两条DNA链之间形成磷酸二酯键的酶。连接酶要发挥催化作用，需要在一条DNA链的3′-末端具有游离的羟基、另一条DNA链的5′-末端具有磷酸基团，而且催化过程需要消耗能量。DNA连接酶只能封闭DNA链上的缺口（nick），而不能封闭裂口（gap）。前者指DNA某一条链上两个相邻核苷酸之间的磷酸二酯键破坏所形成的单链断裂（图20-5A）；后者指DNA某一条链上失去一个或数个核苷酸所形成的单链断裂（图20-5B）。连接酶可以将不同来源的DNA片段组成新的重组DNA分子，是重组DNA技术中不可缺少的基本工具酶之一，被誉为基因工程的“缝纫针”。

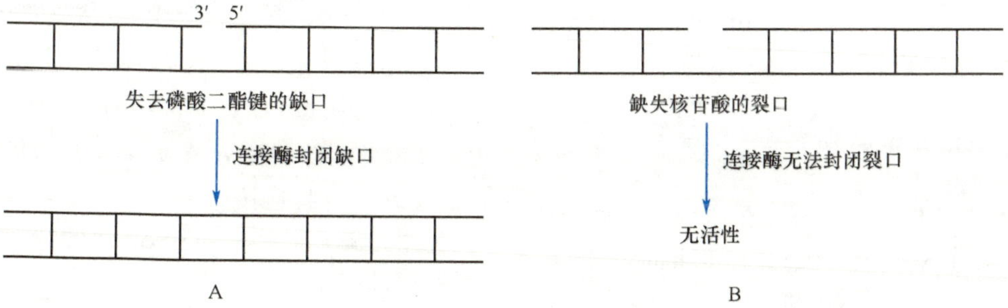

图20-5　DNA连接酶的活性

（一）DNA连接酶的类型

1. T4 DNA连接酶　该酶最早从T4噬菌体感染的大肠埃希菌中发现并分离出来，由T4噬菌体基因30编码，相对分子质量为68 kDa，能催化一个DNA片段5′-P与另一DNA片段3′-OH之间形成磷酸二酯键，反应需Mg^{2+}作为辅助因子并由ATP提供能量（DNA连接酶的作用方式参见第12章第2节）。T4 DNA连接酶连接的底物可以是两个双链DNA分子的互补黏性末端或平末端，而且该酶比较容易制备，因此在重组DNA技术及分子生物学研究中有广泛的用途。

2. 大肠埃希菌DNA连接酶　此酶由大肠埃希菌基因*lig* A编码，相对分子质量为74 kDa，不能催化平末端DNA分子的连接。其底物只能是带缺口的双链DNA分子或具有互补黏性末端的DNA分子，需要NAD^+作为辅助因子。

（二）DNA连接酶的应用及影响连接酶作用的因素

1. DNA连接酶的应用　①催化两个具有黏性末端或平末端的DNA片段形成磷酸二酯键，组成新的重组DNA。②在DNA复制中发挥接合缺口的作用，这种单链缺口是由复制叉上的不连

笔记栏

续复制所产生。③在 DNA 损伤修复、遗传重组及 DNA 链的剪接中起缝合缺口的作用。

2. 影响 DNA 连接酶作用的因素 ①DNA 连接酶对黏性末端的连接效率远高于平末端的连接效率。②温度是影响连接产物转化效率的重要参数之一，连接黏性末端的温度一般在 4～15℃。③连接酶的用量也影响连接产物的转化效率，在平末端连接反应中所需的酶量高于黏末端所需的酶量。④ATP 的浓度一般为 0.01～1 mmol/L。⑤构建重组载体时，为提高重组效率，载体分子与外源插入片段的摩尔数比值以 1：10～1：3 为宜。

三、DNA 聚合酶

DNA 聚合酶催化以 DNA 或 RNA 为模板合成 DNA 的反应，此类酶的作用特点是能够把脱氧核苷酸连续地添加到双链 DNA 分子引物链的 3′-OH 末端，催化核苷酸的聚合作用。

（一）大肠埃希菌 DNA 聚合酶 Ⅰ

DNA 聚合酶Ⅰ（DNA-pol Ⅰ）是由大肠埃希菌 *pol* A 基因编码的一种单链多肽，具有三种活性，即 5′→3′聚合酶活性、5′→3′及 3′→5′核酸外切酶活性。DNA-pol Ⅰ的 5′→3′聚合酶活性和 5′→3′核酸外切酶活性协同作用，可催化 DNA 链发生缺口平移反应，制备 DNA 探针。

（二）Klenow 片段

DNA-pol Ⅰ 经枯草杆菌蛋白酶水解后产生的大片段称 Klenow 片段，又称 Klenow 聚合酶，具有 5′→3′聚合酶活性和 3′→5′核酸外切酶活性。该酶的主要用途有：①填补 DNA 双链的 3′隐蔽末端；②合成 cDNA 第二链；③DNA 序列分析；④随机引物标记 DNA 链的 3′-末端，制备探针。

（三）*Taq* DNA 聚合酶

Taq DNA 聚合酶是第一个被发现的耐热的依赖于 DNA 的 DNA 聚合酶，相对分子质量为 65 kDa，最佳反应温度 70～75℃。Taq DNA 聚合酶具有 5′→3′聚合酶活性和 5′→3′核酸外切酶活性，酶活性的发挥对 Mg^{2+}浓度非常敏感，主要用于 PCR 和 DNA 测序反应（参见第 21 章第 2 节）。

（四）反转录酶

全称是依赖 RNA 的 DNA 聚合酶，已从多种 RNA 肿瘤病毒中分离到这种酶，但普遍使用的是源于 AMV 及 M-MLV 的反转录酶，具有 5′→3′聚合酶活性和 3′→5′RNA 外切酶活性（RNase H 活性）或 5′→3′外切酶活性。反转录酶的最主要用途是以 mRNA 为模板合成cDNA。此外，还可补齐和标记 DNA 双链的 3′隐蔽末端、以单链 DNA 或 RNA 为模板制备探针。

四、其他修饰酶

（一）末端脱氧核苷酸转移酶（terminal deoxynucleotidyl transferase）

简称末端转移酶，催化脱氧核苷酸逐个参入到 DNA 的 3′-OH 末端。底物可以是具有3′-OH 末端的单链 DNA，或是具有 3′-OH 突出末端的双链 DNA，在某些条件下也可以是具有 3′平端或 3′隐蔽端的双链 DNA。该酶的主要作用是在外源 DNA 片段及载体分子的 3′-OH 加上互补的同聚物尾巴，形成人工黏性末端，便于 DNA 重组。也可用于 DNA 片段 3′-末端标记。

（二）碱性磷酸酶（alkaline phosphatase）

碱性磷酸酶能特异地切除 DNA、RNA 和 dNTP 上 5′-磷酸基团。在重组 DNA 技术中，用碱性磷酸酶去除载体分子或 DNA 片段的 5′-P，以防止发生自身连接。DNA 片段 5′-末端标记时，先用此酶去除 5′-P，再用多核苷酸激酶对 5′-末端进行标记。

（三）多核苷酸激酶（polynucleotide kinase）

多核苷酸激酶又称 T4 多核苷酸激酶，催化 ATP 的 γ-磷酸转移到 DNA 或 RNA 的 5′-OH 末端。在重组 DNA 技术中，多核苷酸激酶可用于标记 DNA 的 5′-末端，也可使缺失 5′-P 末端的 DNA 发生磷酸化作用。

第 3 节　重组 DNA 技术中常用载体

载体（vector）是指能携带外源 DNA 分子进入

笔记栏

受体细胞进行扩增和表达的运载工具。作为重组DNA技术的载体应具备以下条件:①具有自主复制能力,以保证携带的外源DNA可以在受体细胞内扩增。②有多个单一限制酶的酶切位点,即多克隆位点(multiple cloning sites,MCS),以利于外源DNA与载体重组。③具有一个以上的选择性遗传标记(如对抗生素的抗性、营养缺陷型、显色表型反应等),以便于重组体的筛选和鉴定。④分子质量相对较小,以容纳较大的外源DNA。⑤拷贝数较多,易与受体细胞的染色体DNA分开,便于分离提纯。⑥具有较高的遗传稳定性。

目前可满足上述要求的多种载体均为人工所构建,主要有质粒载体、噬菌体载体、人工染色体载体和病毒载体等多种类型。根据用途不同可分为克隆载体(cloning vector)和表达载体(expression vector)两类,前者主要用于扩增或保存插入的外源DNA片段,后者是为了转录插入的外源DNA序列、进而翻译成多肽链。表达载体是在克隆载体的基础上衍生而来的,主要增添了与宿主细胞相适应的强启动子,以及有利于表达产物分泌、分离或纯化的元件。根据所对应的受体细胞不同可将载体分为原核细胞载体和真核细胞载体。

一、质 粒 载 体

质粒(plasmid)是存在于细菌染色体之外的、具有自主复制能力的双链环状DNA,相对分子质量小的为2~3kb,大的可达数百kb。质粒自身含有复制起始点(ori),能利用细菌的酶系统独立进行复制,并在细胞分裂时恒定地传给子代细胞。根据细菌染色体对质粒复制的控制程度,可将质粒分为严紧型质粒(stringent plasmid)和松弛型质粒(relaxed plasmid)。严紧型质粒多为大型质粒,拷贝数少(1~2个/细胞),具自身传递能力,其DNA复制与宿主细胞染色体DNA的复制相耦联,故复制受宿主细胞的严格控制。松弛型质粒多为小型质粒,拷贝数多(10~200个/细胞),其DNA复制是在宿主细胞松弛控制下进行的,与染色体复制不同步,适用于DNA重组中作为质粒载体。

由于质粒带有某些特殊的不同于宿主细胞的遗传信息,所以质粒在细菌内的存在会赋予细胞一些新的遗传性状,如对某些抗生素的抗性、显色表型反应等。根据宿主菌的表型即可识别质粒的存在,这一性质被用于筛选和鉴定重组质粒。

质粒载体大多是在天然松弛型质粒的基础上经人工改造构建而成,一般只能接受15kb以下的外源DNA分子插入,可用于细菌、酵母、哺乳动物细胞和昆虫细胞等。质粒载体可用于对外源目的基因进行克隆或表达,常用的质粒克隆载体有pBR322和pUC系列等多种。

(一) pBR322质粒载体

pBR322质粒载体由三种天然质粒pSC101、ColE1和pSF2124构建而成,全长4 361bp。pBR322质粒是按照标准的质粒载体命名法则命名的,“p”表示它是一种质粒;“BR”分别取自该质粒的两位主要构建者Bolivar和Rodriguez姓氏的第一个字母;“322”系指实验编号。pBR322质粒具有以下的结构(图20-6)与功能:①带有一个复制起始点ori,保证质粒在大肠埃希菌中高拷贝自我复制。②含有Amp^r(氨苄西林抗性)和Tet^r(四环素抗性)抗性基因标记,便于筛选阳性克隆。缺失抗药性基因的大肠埃希菌是不能在含有这些抗生素的培养基中生长的,而一旦被pBR322质粒所转化,即从中获得了对抗生素的抗性。③有数个单一限制性酶切位点,可用于插入外源DNA片段。如酶切位点*Bam*HⅠ、*Sal*Ⅰ位于Tet^r基因内,*Pst*Ⅰ位于Amp^r基因内。当外源DNA片段插入这些抗性位点时,则导致Amp敏感(Amp^s)或Tet敏感(Tet^s),即插入失活。质粒DNA编码的抗生素抗性基因的插入失活,是非常有用的检测重组质粒的方法。④具有较小的分子质量,不仅易于自身DNA纯化,而且能有效克隆6kb大小的外源DNA片段。⑤具有较高的拷贝数,这为重组DNA的制备提供了极大的方便。

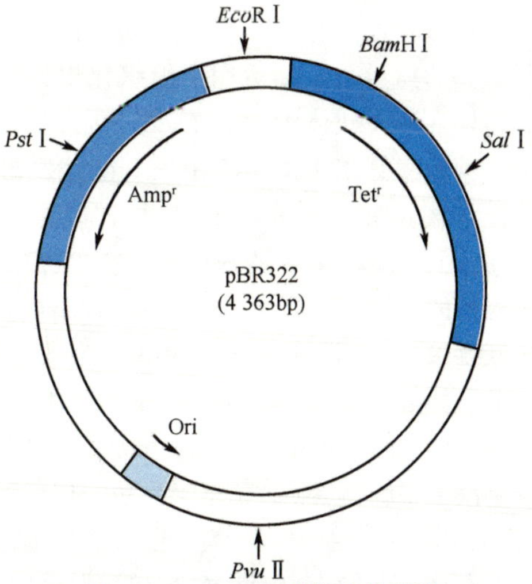

图20-6 pBR322质粒载体图谱

(二) pUC质粒载体系列

pUC系列载体是在pBR322质粒载体的基础上,插入了一个来自M13噬菌体并带有一段

笔记栏

MCS 的 LacZ′基因，形成具有双重检测特性的质粒载体。以 pUC19 质粒载体为例（图 20-7），典型的 pUC 系列载体包含如下组分：①复制起始点 ori，来自 pBR322 质粒。②Amp^r 基因，来自 pBR322 质粒，但其 DNA 序列已不再含有原来的限制性酶切位点。③LacZ′基因，来自大肠埃希菌 β-半乳糖苷酶基因（LacZ）的启动子及其编码 α-肽链的 DNA 序列。④MCS 区段，来自 M13 噬菌体，位于 LacZ′基因中靠近 5′-末端，但并不破坏该基因的功能。

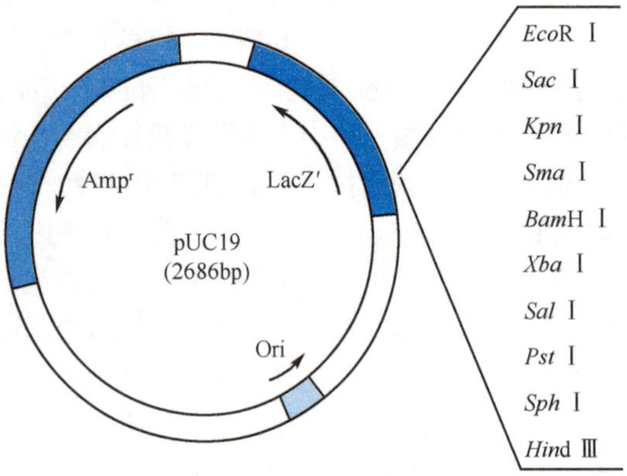

图 20-7　pUC19 质粒载体图谱

pUC 载体系列大多是成对的，如 pUC8/9、pUC12/13、pUC18/19 等。成对载体的其他特性完全相同，只是 MCS 的排列方向相反，这就提供了更多的克隆策略选择机会。pUC 载体系列已成为 pBR322 的替代载体，是基因重组中应用较普遍的质粒载体。

pUC 质粒载体的优点：①具有更小的分子质量和更高的拷贝数。②适用于组织化学方法检测重组体。pUC 载体中含有 LacZ′基因，可编码 β-半乳糖苷酶氨基端的 146 个氨基酸残基形成 α-肽链。该 α-肽链与宿主细胞中 F′因子上的 LacZ′△M15 基因（α-肽链缺陷型）的产物互补，产生完整的、有活性的 β-半乳糖苷酶，此酶可分解生色底物 X-gal（5-溴-4 氯-3-吲哚-β-*D*-半乳糖苷）形成蓝色菌落。当外源基因插入 MCS 后，LacZ′α-肽链基因的读码框被破坏，不能合成完整的 β-半乳糖苷酶分解底物 X-gal，菌落呈白色。用这种方法可筛选阳性重组体，称为“蓝白斑”筛选。③pUC 载体系列的 MCS 与 M13mp 系列对应，因此克隆的外源 DNA 片段可以在两类载体系列之间来回“穿梭”，使得克隆序列的测序极为方便。

（三）其他质粒载体

1. 能在体外转录克隆基因的质粒载体　此类载体由 pUC 系列质粒载体派生而来，携带有噬菌体 T7、SP6 的启动子。这些启动子为 RNA 聚合酶的附着提供了特异性识别位点，使载体能在体外转录插入的外源 DNA。如 pGEM-3Z/4Z 是由 pUC18/19 改造而来，大小为 2.74kb，序列结构几乎与 pUC18/19 完全一样，其不同之处是 pGEM-3Z/4Z 在 MCS 的两端添加了 SP6 和 T7 噬菌体的启动子。而 pGEM-3Z/4Z 之间的差别仅在于 SP6 和 T7 两个启动子的位置互换、取向相反而已。

2. 穿梭质粒载体（shuttle plasmid vector）是一类人工构建的具有两种不同复制起点和选择标记，可在两种不同的寄主细胞中存活和复制的质粒载体。这类质粒载体可携带外源 DNA 序列在不同物种的细胞之间，特别是在原核和真核细胞之间往返穿梭，因此在基因工程研究中非常有用。

（四）TA 克隆载体

此类载体是专为克隆 PCR 产物而设计的，它们的共同点是在其 MCS 两侧的 3′-末端携带有未配对的 T 碱基。许多耐热的 DNA 聚合酶（如 *Taq*、Tth 等）扩增时都在 PCR 产物 3′-末端加上 A 碱基，因此在连接酶的作用下可直接将 PCR 产物插入到 TA 载体中。TA 克隆载体的突出优点是能直接克隆 PCR 产物，获取、连接外源 DNA 不受酶切位点的限制，近年来得到非常广泛的应用，已有不同公司推出具有各自特点的 TA 克隆载体系列。

二、噬菌体载体

噬菌体（bacteriophage，phage）是一类细菌病毒，可用于克隆和扩增特定的 DNA 片段，是广泛使用的基因克隆载体。

（一）λ 噬菌体载体

野生型 λ 噬菌体的基因组为线状双链 DNA，全长 48 502bp，共含有 66 个基因，线性 DNA 的两端为 12bp 组成的彼此完全互补的 5′-单链突出黏性末端，称为 cos 位点。进入寄主细胞的线性 DNA 会借助 cos 位点互补连接形成环状双链结构，按 θ 方式及滚环方式进行复制。λ 噬菌体感染细菌后，可进入溶菌生命周期及溶源生命周期。

笔记栏

λ 噬菌体在大肠埃希菌中繁殖所必需的序列位于左右两臂，基因组中间约 1/3 的序列不是病毒生活所必需的成分，可以被切除而被大小相当的外源 DNA 片段取代。重组后的 λDNA 其大小应在原来长度的 75%～105% 之间，才能在体外包装成有感染性的噬菌体颗粒，感染细菌后在细菌体内繁殖(图 20-8)。

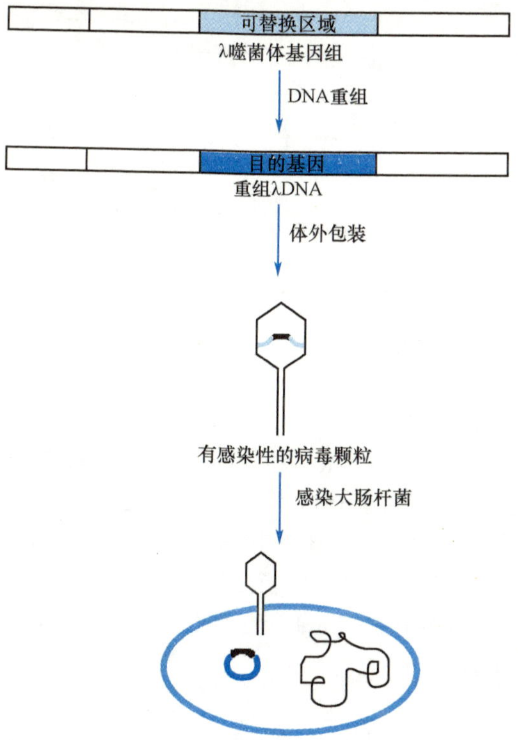

图 20-8　λ 噬菌体作为载体用于基因克隆的示意图

λ 噬菌体是最早发展和使用的基因工程载体，以溶菌方式生长。与质粒载体相比，其突出优点是可插入较大外源 DNA 片段，并且其感染效率远高于质粒载体的转化效率。在野生型 λDNA 基础上构建的载体可分为两类：一类具有两个或两组内切酶位点，经酶切除去基因组中噬菌体正常生长非必需的序列，由外源基因片段取代之，这种载体称为置换型载体(replacement vector 或 substitution vector)，如 Charon 系列、EMBL 系列等。另一类为具有供外源基因片段插入的单一内切酶位点，这种载体称为插入型载体(insertion vector)，如 λgt10/11、λZAP 等。

EMBL3/4λ 克隆载体中非必需序列两端各有一个含多个单一限制酶位点的接头，但方向相反。若用两种不同的限制酶切割 EMBL 载体后，即可直接与具有相同切口的外源 DNA 片段连接，重组效率很高，可容纳 9～23kb 的外源片段，常用于构建基因组 DNA 文库。

λgt10/11 载体能克隆 7kb 以下的外源 DNA，适用于构建 cDNA 文库。外源 DNA 的插入位点处于 λgt10 的阻遏剂(repressor) λCI 基因上，DNA 插入后使 CI 基因失活，重组噬菌体可使大肠埃希菌形成透明斑点，而未重组的 λgt10 CI^+ 形成浑浊斑点，很易区分。λgt11 载体含有 LacZ′ 基因，外源 DNA 插入位点在其编码的羧基端。当插入的 cDNA 阅读框架与 LacZ′ 基因相一致时，能产生融合蛋白，可用免疫学方法进行检测。此外，重组的 λgt11 因 LacZ′ 基因失活，故在含 X-gal 培养基中形成白斑，而未重组的 λgt11 则形成蓝斑，便于区分筛选。

(二) 黏粒载体

虽然用 λ 噬菌体作为载体可插入 23kb 的外源 DNA 片段，但有些基因可达 35～40kb 或更大。同时在分析基因组结构时，还需要了解相连锁的基因及基因的排列顺序，这就要求克隆更大的 DNA 片段。黏粒可作为克隆大片段 DNA 的一种载体，如图 20-9 所示。

黏粒又称柯斯质粒(cos site-carrying plasmid，cosmid)，是由 λ 噬菌体的 cos 黏性末端和质粒构建而成。目前已发展出许多不同类型的黏粒载体，具有以下结构(图 20-9A)与特点：①含有 λDNA 的 cos 黏性末端及与噬菌体包装有关的短序列。通过 cos 位点的突出单链相互补，可将多个 λDNA 串联在一起，若两个 cos 位点相距 35～45kb，则能被包装酶系识别并切断而包装成病毒颗粒。②含有质粒的自主复制成分和耐药性标记(如 Amp^r 基因)。当体外重组的黏粒分子包装成病毒颗粒感染细菌后，可按质粒方式在细菌中进行复制、扩增。黏粒载体所携带的抗药性基因，可作为重组体分子的筛选标记。③含有一段带有一个或多个单一限制酶位点的多聚物接头(polylinker)。④黏粒分子小，如 pJB8 为 5400bp，可插入大片段的外源 DNA(可达 45kb)。⑤某些黏粒若接上能在真核细胞生活的元件(如 SV40 复制区及启动子)及选择标记，便可作为穿梭载体在真核细胞中生存及表达。

(三) M13 噬菌体载体

M13 是一种丝状噬菌体，基因组全长 6407bp，为闭环单链 DNA。M13 只感染雄性大肠埃希菌，在细菌内复制时形成双链 DNA，这种复制型(replication form，RF) M13 相当于质粒，可用做基因克隆载体。当 RF 的 M13 在细菌内达到

笔 记 栏

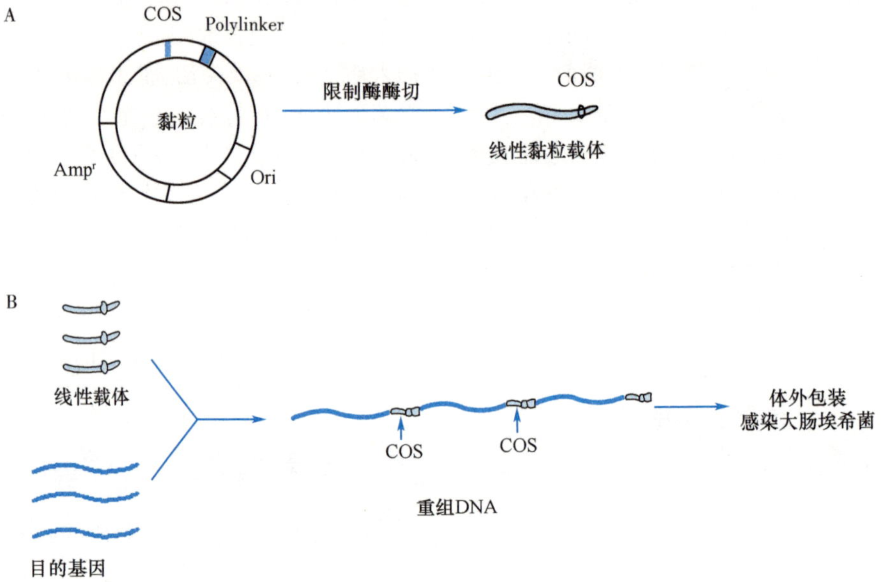

图 20-9　黏粒作为载体进行基因克隆的一般过程

100~200 个拷贝后，M13 只合成单链 DNA，经包装成噬菌体颗粒而分泌至细胞外。因此可利用 RF 的 M13 作为载体插入外源 DNA，使其在细菌内产生单链 DNA，以进行 DNA 序列分析、体外定点突变和核酸杂交等。通过对 M13 噬菌体进行改造，已成功构建了 M13mp 系列载体，这些载体大多是成对的，如 M13mp8/9、M13mp10/11 及 M13mp18/19 等，它们都含有携带 MCS 序列的 *LacZ'* 基因。

M13 噬菌体载体克隆的外源 DNA 不宜大于 1500 bp，这就限制了其在基因克隆中的应用。为解决这一问题，已发展出一类由质粒和单链噬菌体组合而成的新型载体系列，称为噬菌粒（phagemid），如 pUC118/119 噬菌粒载体。

三、人工染色体载体

人工染色体载体是为了克隆更大的 DNA 片段以及建立真核生物染色体物理图和进行序列分析等而发展起来的一类新型载体。

酵母人工染色体（yeast artificial chromosome vector，YAC）载体是第一个成功构建的人工染色体载体，用于在酵母细胞中克隆大片段外源 DNA。YAC 载体由酵母染色体、酵母 2μm DNA 质粒的复制起始序列等元件衍生而成，可插入 100~2000 kb 的外源 DNA 片段，是人类基因组计划中物理图谱绘制采用的主要载体。

细菌人工染色体（bacterial artificial chromosome vector，BAC）载体是继 YAC 载体之后的又一人工染色体载体，是以细菌的 F 因子（一种特殊质粒）为基础构建而成，可插入 100~300kb 的外源 DNA 片段。与 YAC 载体相比，BAC 载体具有克隆稳定、易与宿主 DNA 分离等优点，是人类基因组计划中基因序列分析所用的主要载体。

此外，噬菌体 P1 衍生的人工染色体（PAC）载体和哺乳动物人工染色体（MAC）载体也在不断发展中。

四、病毒载体

前述的质粒载体、噬菌体载体都是以原核细胞（如大肠埃希菌）作为宿主细胞。近年来，为适应真核细胞重组 DNA 技术的需要，特别是为实现真核基因表达或基因治疗的需要，已发展出用动物病毒（如 SV40、牛乳头瘤病毒、腺病毒及反转录病毒等）改造的病毒载体及用于昆虫细胞表达的杆状病毒载体等。

目前常用的病毒载体有整合型和游离型两类。整合型载体可整合到宿主细胞的染色体上，随染色体一起复制，可持续表达外源基因，但存在插入诱变的危险。游离型载体并不整合到宿主染色体 DNA 上，而是游离于染色体外瞬时表达外源基因，有较好的安全性。反转录病毒载体和腺病毒载体是两种最常用于哺乳动物细胞的病毒载体，其主要特点见第 22 章第 2 节。

第 4 节　目的基因的获得和体外重组

DNA 体外重组技术的第一步是获得目的基因

笔记栏

并将其插入合适的载体中。目的基因(target DNA或 interest DNA)是指待研究或应用的特定基因,亦即待克隆或表达的基因,又称为外源基因(foreign DNA)。获得目的基因后必须将其插入合适的载体中才能够在宿主细胞内扩增或表达。将目的基因插入载体的过程,即为 DNA 重组。

一、目的基因的获得

根据研究目的和基因来源的不同,可选用不同的方法获取目的基因。

(一) 化学合成法

若已知目的基因的核苷酸序列,或根据基因产物的氨基酸序列能推导出其核苷酸序列,则可利用全自动 DNA 合成仪化学合成该目的基因。化学合成对于短片段的合成效率极高,对于较长的基因,可以先将其划分为较短的片段进行分段合成,然后再拼接成一个完整基因。化学合成法可以改变原始的基因序列,甚至可以合成自然界不存在的基因序列。在合成过程中可根据需要改变核苷酸密码子,如将真核基因序列中不易在大肠埃希菌中利用的稀有密码子改变为大肠埃希菌偏爱的密码子,以实现真核基因在原核细胞中的高效表达。

化学合成基因具有快速、有效、不需收集基因来源的优点,特别对于获取小片段目的基因、设置某种生物偏爱密码子、消除基因内部的特定酶切位点以及获取天然基因的衍生物等具有其他方法不可比拟的优点。采用化学合成方法已得到百余种基因,如抑生长素基因、胰岛素基因、生长激素基因和干扰素基因等。

(二) PCR 或 RT-PCR 法

若已知目的基因的全序列或目的基因片段两侧的 DNA 序列,可采用 PCR 或 RT-PCR 方法从组织或细胞中获取目的基因。对与已知基因序列相似的未知基因,也可利用此法进行扩增。PCR 或 RT-PCR 的原理详见第 21 章第 2 节。

PCR 或 RT-PCR 方法是目前实验室最常用的获取目的基因的方法,它具有简便、快速、特异等优点。此法能在很短时间内,用特异性的引物将仅有几个拷贝的基因扩增合成有数百万拷贝的特异 DNA 序列;而且还可以根据实验需要在引物序列上设计适当的酶切位点、起始密码子或终止密码子等,或通过错配改变某些碱基序列,对基因片段进行有限的修饰。

(三) 从基因文库中筛选

基因文库是指包含了某一生物体全部 DNA 序列的克隆群体。根据 DNA 的来源不同可分为基因组 DNA 文库(genomic DNA library)和 cDNA 文库(cDNA library)。

基因组 DNA 文库是指包含某一生物体全部基因组 DNA 序列的克隆群体,其储存着一个细胞或生物体的全部基因组 DNA 的编码区和非编码区的 DNA 片段,含有基因组的全部遗传信息。其构建过程是分离纯化细胞基因组 DNA,用适当的限制性内切酶将纯化的细胞基因组 DNA 切割成一定大小的片段,再将这些片段与适当的克隆载体(如 λ 噬菌体、黏粒、酵母人工染色体等)连接,获得一群含有不同 DNA 片段的重组体,继而将重组体转入受体菌中,使每个受体菌内携带一种重组体。在一群受体菌中,每个细菌所包含的重组体内可能存在不同的基因组 DNA 片段,这些细菌中所携带的各种大小不同的 DNA 片段就代表了一个细胞或生物体的基因组。

cDNA 文库是指某一组织在一定条件下所表达的全部 mRNA 经反转录而合成的全部 cDNA 的克隆群体,它将细胞的基因表达信息以 cDNA 的形式储存于的受体菌中。其构建过程除了反转录外,其他步骤基本上与基因组 DNA 文库的构建相同。

大部分未知基因的获得,需要先构建基因组 DNA 文库或 cDNA 文库。基因文库构建成功后,可采用适当的方法(如特异性探针杂交筛选法、PCR 法等)从中筛选出含有目的基因的克隆,再进行扩增、分离、回收,最后获取目的基因。

除通过构建文库的方法筛选未知的目的基因外,近年来 mRNA 差异显示技术和差异蛋白质谱表达技术也被用来筛选差异表达基因和功能基因。

二、目的基因的体外重组

DNA 体外重组本质上是一个酶促反应过程,在 DNA 连接酶的催化下,将外源 DNA 分子(目的基因)与载体分子连接成一个重组 DNA 分子的过程。不同性质、来源的外源 DNA 片段与载体分子之间的连接方式各不相同。

笔记栏

(一) 黏性末端连接

目的基因与载体分子经同一限制性核酸内切酶切割成具有相同黏性末端的 DNA 片段后,在 DNA 连接酶的作用下形成重组 DNA 分子,这是 DNA 体外重组最普遍最方便的一种连接方式。例如,外源 DNA 和载体分子被 *Eco*R Ⅰ 酶切后,产生带有相同单链突出的黏性末端 AATT (图 20-10A)。二者在退火时碱基配对相互连接,仅在双链 DNA 上留下缺口,DNA 连接酶可催化缺口上游离的 5′-P 与相邻的 3′-OH 之间生成磷酸二酯键而封闭缺口。

如果用同一种限制酶切割载体分子或目的基因,由于 DNA 分子两端带有相同的黏性末端,那么载体分子可通过黏性末端的互补自身连接环化,目的基因则可借助黏末端的互补连接形成多聚体,而且可能以两个方向插入载体中。为解决这些问题,可选用两种不同的限制酶切割 DNA,在目的基因和载体分子两端形成不同的黏性末端或一端是黏性末端、另一端是平末端。如图 20-10 所示,用 *Eco*R Ⅰ 和 *Pvu* Ⅱ 酶切目的基因和载体,产生的 DNA 分子末端是不相互补的,这样外源目的基因只能以一个方向插入到载体分子中,这种克隆方案即为定向克隆。

具有不同黏性末端的载体与目的基因,连接形成重组体的几率很高。需注意的是,不同的限制酶如同尾酶,虽然识别的序列不同,但切割后所产生的 DNA 片段具有相同的黏性末端,因此可通过其末端之间的互补作用而彼此连接起来。

(二) 平末端连接

某些限制酶对 DNA 分子切出平齐的末端,可利用 DNA 连接酶将其连接,这就是平末端连接法。例如,外源 DNA 和载体分子被限制酶 *Pvu*Ⅱ切割后产生平末端(图 20-10B),在 DNA 连接酶的催化作用下二者连接形成重组 DNA 分子。

如果目的基因和载体没有相同的限制酶位点,那么用不同的限制酶切割后产生的黏性末端不能互补结合,此时可选用适当的酶将 DNA 突出的黏性末端消化平齐(如 S1 核酸酶)或补齐(如 Klenow 酶),再用 DNA 连接酶连接。

平末端连接要求 DNA 的浓度较高,而且连接酶的用量也比黏性末端连接大 20~100 倍,因此其连接效率比黏性末端连接低很多。平末端连接时,载体自连的几率较高,而且往往在重组体中有目的基因的多聚体及双向插入等。

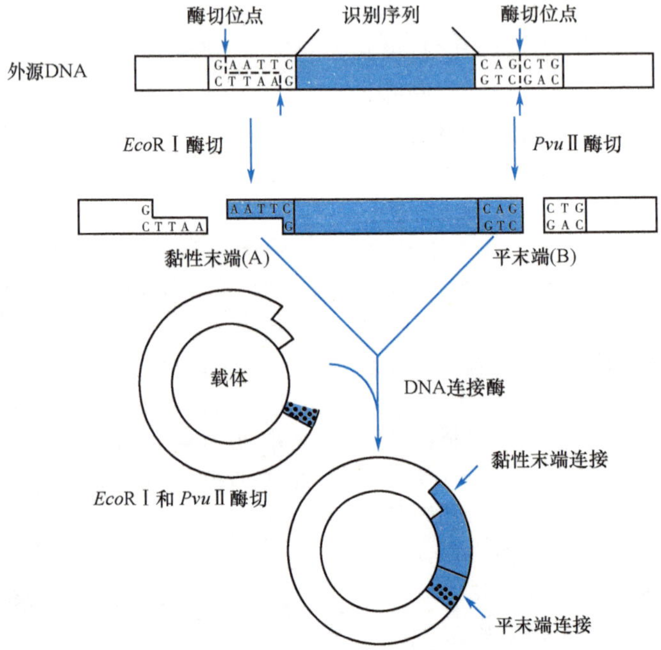

图 20-10 利用黏性末端和平端连接重组 DNA 分子

(三) 人工接头连接

人工接头连接法是在待连接的载体分子或外源基因两端,接上一段人工合成的含有限制酶识别序列的 DNA 片段,称为多聚物接头(polylinker)。借此可用限制酶将其切开,产生黏性末端,将外源基因与载体 DNA 连接。如图20-11所示,先合成一段含有几种限制酶位点的接头,然后在 DNA 连接

笔 记 栏

酶催化下，将人工合成的多聚物接头插入经*Eco*RⅠ酶切的载体中，产生新的DNA序列。最后用合适的限制酶切割载体，产生黏性末端，再与具有相同黏性末端的目的基因退火连接，形成重组DNA分子。

（四）同聚物加尾连接

如果待连接的两个DNA片段均为平末端，或两个DNA片段的连接端不是互补的黏性末端，则可通过同聚物加尾法在其末端引入互补黏性末端，即利用末端转移酶把互补的多聚核苷酸（Poly A与Poly T或Poly G与Poly C）接到两个DNA片段的末端，然后用DNA连接酶将其连接。如图20-12所示，在末端转移酶催化下，在外源DNA分子的3′-OH端接上Poly A，载体DNA分子的3′-OH端接上Poly T。这样就在目的基因和载体两端产生可以互补的多聚物黏性末端，二者退火后由DNA连接酶封闭缺口形成重组分子。

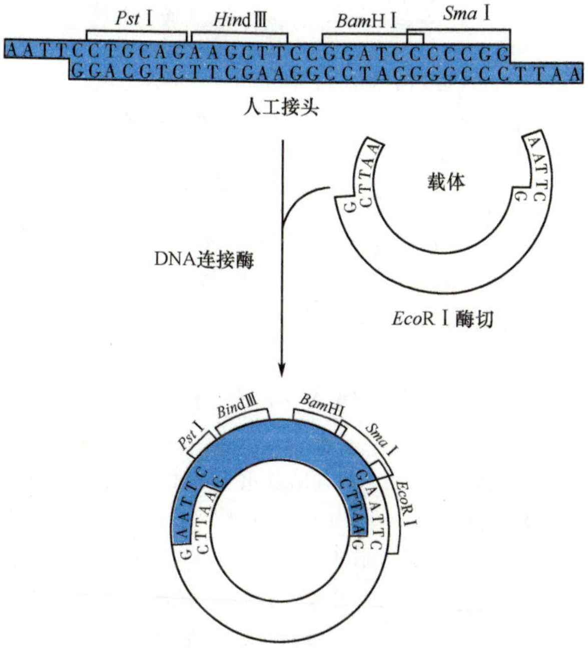

图20-11 利用人工合成的接头连接重组DNA分子

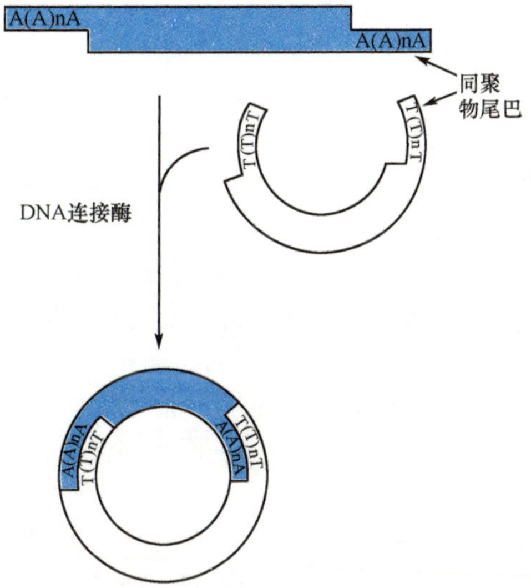

图20-12 利用同聚物加尾法连接重组DNA分子

（五）T-A克隆

T-A克隆策略是一种直接将PCR产物插入到载体中的方法。前已述及TA克隆载体两侧的3′-末端带有突出的T碱基，而PCR扩增后产物两侧的3′-末端会加上突出的A碱基。这样载体与产物之间通过T-A互补配对，再在DNA连接酶的作用下封闭缺口形成重组分子。

第5节 重组DNA分子的导入和筛选与鉴定

一、重组DNA分子的导入

体外构建的重组DNA分子需要导入合适的受体细胞才能进行复制、扩增和表达。由此可知，选定的受体细胞应具备以下特性：易于接纳重组DNA分子的导入；对载体的复制、扩增和表达无严格限制；不存在特异性降解外源DNA的酶系统；不对外源DNA进行修饰；能表达由导入的重组体分子所提供的某种表型特征。受体细胞包括原核细胞和真核细胞，不同的重组DNA分子需要在适当的受体细胞中扩增、表达，因此应选择不同的导入方法。

（一）转化

转化（transformation）是指将质粒DNA或以质粒为载体构建的重组DNA分子导入细菌（原核细胞）的过程。最常用的细菌是大肠埃希菌K12突变体菌株。该菌株在人的肠道几乎不存活或存活率极低，而且由于丧失了限制体系，故不会使导入细胞内未经修饰的外源DNA发生降解。

利用一定的方法处理细菌细胞，使之处于容易

笔记栏

接受外源 DNA 分子的状态，此时的细胞称为感受态细胞(competent cell)。最常用的转化方法是用低渗 $CaCl_2$溶液在 0℃条件下处理快速生长期的细菌，使细菌细胞壁和膜的通透性增加，处于感受态，然后加入重组 DNA 或质粒 DNA，通过 42℃短时间热激作用促使 DNA 分子进入细胞内。大肠埃希菌的转化关键是感受态细菌的制备，用冰预冷的 $CaCl_2$处理制备的感受态细菌，其转化效率可达 10^6～10^7个转化子/μg DNA，是重组 DNA 实验中最常用的简便而重复性好的方法。

此外，还可采用电穿孔法(electroporation)进行转化。除需特殊仪器外，该法比 $CaCl_2$法操作简单，无需制备感受态细胞，适用于任何菌株，转化效率较高，可达 10^9～10^{10}个转化子/μg DNA。

(二) 转染

转染(transfection)是指将噬菌体、病毒或以此为载体构建的重组 DNA 分子导入真核细胞的过程。已接受外源 DNA 分子的细胞称为转染细胞(transfectant)。导入细胞内的 DNA 分子可以被整合至真核细胞染色体，经筛选而获得稳定转染(stable transfection)；也可以游离在宿主细胞染色体外短暂地复制表达，不加选择压力而进行瞬时转染(transient transfection)。常用的转染方法有以下几种：

1. 磷酸钙转染法 将被转染的 DNA 和磷酸钙混合形成磷酸钙-DNA 共沉淀物后，使其附着在培养细胞的表面，外源 DNA 通过内吞作用被细胞捕获。该法不需要昂贵的仪器和试剂，是将外源 DNA 导入哺乳动物细胞中进行瞬时或稳定转染的常规方法，也是 20 世纪 90 年代以前广泛使用的方法。

2. 二乙氨乙基(DEAE)-葡聚糖介导转染法 DEAE-葡聚糖是一种高分子阳离子多聚物，能促进哺乳动物细胞捕获外源 DNA，其机制可能是 DEAE-葡聚糖与 DNA 结合成复合物，可保护 DNA 免受核酸酶的降解，或 DEAE-葡聚糖与细胞膜发生作用，促进细胞对 DNA 的内吞作用。此法比磷酸钙转染法重复性好，但最适宜于瞬时转染。

3. 电穿孔转染法 对于磷酸钙转染法等不能导入的受体细胞，可利用很短促的高压电脉冲，在受体细胞的质膜上形成暂时性微孔，外源 DNA 可通过这些微孔进入细胞。该方法由于操作简单且转染效率高而被广泛应用，几乎可转染任何细胞用于瞬时或稳定表达。但是该法需要专门仪器，而且导入前必须进行预实验，以确定最佳实验条件。

笔记栏

4. 脂质体(liposomes)转染法 用阳离子脂质体包裹 DNA，通过与细胞膜融合将外源 DNA 导入细胞。脂质体转染法可用于瞬时或稳定表达，操作简单，转染效率高，重复性好，且毒性低、包装容量大，近年来使用日益广泛，但试剂相对昂贵。

5. 显微注射法 通过显微注射装置将外源 DNA 直接注入细胞核中并进行表达。该法虽然转染效率高，但需要一定的仪器和操作技巧，主要用于进行稳定表达的细胞转染。

(三) 感染

感染(infection)是指以人工改造的噬菌体或病毒为载体构建的重组 DNA，经体外包装成具有感染性的噬菌体颗粒或病毒颗粒后，借助噬菌体或病毒的外壳蛋白将重组 DNA 注入细菌或真核细胞，使目的基因得以复制的过程。感染的效率很高，但重组 DNA 需经过较为复杂的体外包装过程。

二、重组 DNA 分子的筛选与鉴定

将目的基因与载体的重组产物转化、转染或感染受体细胞，经适当培养得到大量转化菌落或转染噬菌斑后，需采用特殊的方法从中筛选出含目的基因的重组体克隆，并鉴定从这些克隆中提取的质粒或噬菌体 DNA 确实带有外源目的基因。根据不同的载体系统、相应的宿主细胞特性及外源 DNA 的性质，选用不同的筛选和鉴定方法。

(一) 根据重组载体的遗传表型进行筛选

1. 根据载体的耐药性标记筛选 大多数克隆载体都带有抗生素抗性基因，如 Amp^r、Tet^r 等。当带有完整耐药性基因的载体转化无耐药性细胞后，理论上讲，凡转入载体的细胞都获得了耐药性，能在含相应抗生素的培养板上生长成菌落，而未被转化的细胞不能生长。但是在培养板上生长的菌落，除含有重组体分子外，可能也含有自身环化的载体、未酶切完全的载体以及非目的基因插入的载体等，因此还需要进一步筛选鉴定。

2. 根据载体的耐药性标记插入失活选择 在含有两个耐药性基因载体中，外源目的片段插入其中一个基因，并导致其失活，可用两个含不同抗生素的平板互相对照筛选含重组体的阳性

菌落。如携带完整 pBR322 质粒的细胞，能够在含 Amp 和 Tet 的培养基中生长，若质粒的 Tet^r 基因被外源基因插入后失活，细胞则失去对 Tet 的抗性。这样只能在含 Amp 的培养基中生长，而不能在含 Tet 的培养基中生长的菌落即为含重组质粒的阳性菌落。

3. 根据β-半乳糖苷酶显色反应筛选 pUC 系列载体及其他一些载体中含有 LacZ′基因，可通过"蓝白斑"标记进行筛选。含重组 DNA 分子的菌落在 IPTG/X-gal（IPTG 是 β-半乳糖苷酶产生的诱导剂）培养基上呈白色，而没有外源片段插入的载体转化的细菌则将呈现蓝色。

4. 根据插入的外源基因性状进行筛选 如果克隆的外源基因能够在宿主菌表达，且表达产物与宿主菌的营养缺陷性状互补，则可以利用营养突变菌株进行筛选。如把酵母基因组 DNA 随机切割后插入质粒载体中，将重组质粒转化到组氨酸缺陷型大肠埃希菌细胞，并在无组氨酸的培养基中培养。这样只有含酵母组氨酸基因并获得表达的转化菌才能在无组氨酸的培养基中生长。

（二）限制酶酶切鉴定

对于初步筛选确定含有重组体的菌落，扩增培养后提取重组 DNA 分子，用插入位点的限制酶切，琼脂糖凝胶电泳分析，即可判断目的基因是否存在。若目的基因已成功插入到载体分子中，那么电泳结果应显示出预期大小的插入片段，这是简便而常用的鉴定方法。

（三）核酸分子杂交法

为进一步确定插入片段的正确性，在限制酶消化重组 DNA 分子并进行电泳分析后，利用标记的核酸探针进行分子杂交（如 Southern blotting），对重组体中插入的片段进行鉴定。

菌落或噬菌斑原位杂交也是常用的筛选方法，先将转化菌直接铺在硝酸纤维素膜或琼脂板上，再转移到另一硝酸纤维素膜上，碱裂解后从菌落释放的 DNA 原位吸附在膜上，然后用标记的特异性探针进行分子杂交，挑选阳性菌落。该法适用于大规模操作，是从基因文库中挑选含目的基因的阳性克隆的常用方法。

（四）PCR 法

某些载体的 MCS 两侧存在保守序列，如 pGEM 系列载体的 MCS 两侧是 T7 及 SP6 启动子序列。可根据此序列设计引物，对提取的重组载体进行 PCR 扩增，不但可快速扩增插入的目的片段，而且可以直接进行 DNA 序列分析。

如果已知目的基因的全序列或其两端的序列与全长，可设计合成一对引物，以转化菌中提取的重组载体为模板进行 PCR 扩增。若 PCR 产物与目的基因的预期长度一致，即可初步筛选出含重组体的阳性菌落。

（五）免疫化学检测法

此法不是直接筛选目的基因，而是利用标记的特异性抗体与目的基因的表达产物相互作用来筛选含重组 DNA 分子的转化菌，因而要求进入细胞的目的基因能表达蛋白质产物。通过放射免疫、化学发光或显色反应进行筛选。

第 6 节　外源基因的表达

将外源目的基因连接到表达载体上，导入受体细胞，实现外源基因的表达也是重组 DNA 技术操作的重要内容。外源基因的表达涉及目的基因的克隆、复制、转录、翻译、蛋白质产物的加工及分离纯化等，这些过程需要在合适的表达系统中完成。表达体系的建立包括表达载体的构建、受体细胞的建立以及表达产物的分离、纯化等技术和策略。根据受体细胞的不同，表达体系可分为原核表达系统和真核表达系统。

一、外源基因在原核系统中的表达

原核表达系统就是将外源基因导入原核细胞，使其在细胞内快速、高效地表达，主要有大肠埃希菌、芽孢杆菌及链霉菌系统等，其中大肠埃希菌是采用最多的原核表达系统。人胰岛素、生长激素、干扰素等基因已在大肠埃希菌系统中实现成功表达，其优点是培养方法简单、迅速、经济而又适合大规模生产。要实现外源基因在原核细胞中的高效表达，需考虑外源基因的性质、表达载体的特点以及原核细胞的启动子和 SD 序列、阅读框架、宿主菌调控系统等诸多因素。

（一）对外源目的基因的要求

克隆基因要在原核细胞中获得有效表达，需满足以下基本条件：①外源真核基因不能带有 5′端非编码区和内含子结构，因此必须用 cDNA 或化学合

笔 记 栏

成基因。②外源基因必须置于原核细胞的强启动子和SD序列等元件控制下，以调控其基因表达。③外源基因与表达载体重组后，必须形成正确的开放阅读框架，利于外源基因正确表达。④外源基因转录生成的mRNA必须相对稳定并能被有效翻译，所表达的蛋白质产物不能对宿主菌有毒害作用，且不易被宿主的蛋白酶水解。

（二）原核表达载体

要利用大肠埃希菌系统表达外源基因，必须使用合适的表达载体。目前已构建出多种原核表达载体，具有以下的调控元件与功能：①具有强启动子及其两侧的调控序列，能调控基因的转录，产生大量mRNA。②含有SD序列。SD序列提供核糖体16S rRNA 3′端的识别与结合位点，并与起始密码子之间有合适的距离，以启动正确、高效的翻译过程。③带有转录终止序列。一般在外源基因下游加入不依赖ρ因子的转录终止区，避免RNA过度转录。④含多克隆位点，确保外源基因按正确方向插入载体，且阅读框架保持不变。另外，还带有原核的复制起始点ori、大肠埃希菌适宜的筛选标记等。

（三）外源基因在原核细胞中的表达

当选用适当的方法通过原核表达载体的介导，将外源基因导入宿主细胞后，在细胞调节元件控制下即可产生出融合型、非融合型或分泌型表达蛋白质。在实际工作中，可根据目的蛋白的性质与用途及所用载体的特点，选择不同的表达方式。

融合型表达是指将外源目的基因与另一基因（可以是原核DNA或其他DNA序列）相拼接构建成融合基因进行表达，这种由外源目的蛋白与原核生物多肽或具有其他功能的多肽结合在一起的蛋白，即为融合蛋白（fusion protein）。可通过酶解法或化学降解法切除融合蛋白中的其他多肽成分而获得外源目的蛋白。采用融合型方式表达时，需选用融合表达载体。目前已构建出多种融合表达载体，如pET系列载体、pGEX系列载体等。融合型表达的特点是：融合蛋白表达效率高；融合蛋白较稳定，可抵御细菌蛋白酶的水解；融合蛋白能形成良好的构象，且大多具有水溶性；融合蛋白常带有特殊标记，易于进行亲和纯化。

非融合型表达是指外源目的基因不与其他基因融合，直接从起始密码AUG开始在原核调控元件控制下表达蛋白质。非融合型表达载体也应包含强启动子及其调控序列、SD序列、转录终止序列以及筛选标记等元件。非融合型表达的蛋白质具有类似天然蛋白质的结构，其生物学功能与天然蛋白更为接近，但其缺点是容易被细菌蛋白酶水解。

笔记栏

分泌型表达是利用分泌型表达载体将表达的蛋白质由细胞质跨膜分泌到细胞周质中，需要在信号肽的帮助下进行。分泌型表达载体除含有强启动子及其调控序列、SD序列等元件外，必须在SD序列下游携带有一段信号肽序列。分泌型蛋白可以是融合蛋白或非融合蛋白。分泌型表达可防止宿主蛋白酶对外源蛋白的水解，减轻大肠埃希菌代谢负荷，便于蛋白质在细胞外正确折叠和提纯。但分泌型蛋白的表达量往往较低，且有时信号肽不能被切除或在错误的位置上被切除。

当大肠埃希菌高效表达外源基因时，所表达的蛋白质致密地集聚在细胞内，或被膜包裹或形成无膜裸露结构，这种水不溶性的结构称为包涵体（inclusion body）。包涵体的形成有利于表达产物的分离纯化，可在一定程度上保持表达产物的稳定，也能使宿主细胞表达对其有毒或有致死效应的目的蛋白，但以包涵体形式表达的重组蛋白丧失了原有的生物学活性，因此必须通过有效的变性复性操作以恢复其生物活性。

（四）原核表达系统的不足

原核表达系统主要存在以下不足：由于缺乏转录后加工机制，原核系统只适合表达克隆的cDNA，不宜表达真核基因组DNA；由于缺乏适当的翻译后加工机制，原核系统表达的真核蛋白不能形成正确的折叠和进行糖基化、磷酸化、乙酰化等修饰；原核系统难以大量表达分泌性蛋白；原核系统表达的真核蛋白常以包涵体形式存在，且表达的真核蛋白易受细菌蛋白酶水解；原核细胞周质中常含有多种内毒素，易污染表达产物，影响产品纯度。

二、外源基因在真核系统中的表达

真核表达系统是指在真核细胞中表达外源基因的体系，主要有酵母、哺乳动物、昆虫细胞（杆状病毒）系统和高等植物系统等。这些表达系统在重组DNA药物、疫苗生产及其他生物制剂生产上都获得了一些成功。另外，真核表达系统在研究蛋白质分子功能、了解真核基因表达调控机制等方面也有广泛应用。

（一）真核表达系统的优点

相对于原核表达系统，真核表达系统具有更多的优越性：具有转录后加工系统，因而真核系统可表达克隆的 cDNA 或真核基因组 DNA；具有翻译后加工系统，故可进行糖基化、磷酸化、乙酰化等修饰；某些真核细胞可将外源基因表达产物直接分泌至细胞培养基中，简化了分离纯化的操作。

（二）真核表达载体

真核表达载体大多是穿梭载体，既含有原核克隆载体的复制子、抗性筛选基因和 MCS 等序列，利于在原核细胞中进行目的基因重组和载体扩增；又含有真核细胞的启动子、增强子、剪接信号、转录终止信号和 PolyA 化信号及遗传选择标记等组件，便于在真核细胞中高效、正确表达目的基因。

哺乳动物细胞表达载体通常包括以下元件：①启动子：位于基因上游，决定转录的起始及速度，启动子的转录效率因细胞而异。②增强子：能提高基因转录效率的短 DNA 序列，发挥作用时与所处的位置或方向无关，应根据宿主细胞来选择增强子。③剪接信号：真核基因的初级转录产物通常需要剪接去除内含子，一般选择在哺乳动物基因转录单位中带有剪接信号的载体。④终止信号和 Poly(A)化信号：真核表达载体中必须含有转录终止信号和 Poly(A)信号，以使生成的 mRNA 能有效进行切割和 Poly(A)化。⑤遗传选择标记，为筛选出含重组体的转染细胞，表达载体需带有可供筛选的遗传标记。常用的标记基因有：胸苷激酶基因(*tk*)、二氢叶酸还原酶基因(*dhfr*)、氯霉素乙酰转移酶基因(*cat*)和新霉素抗性基因(neo^r)等。

（三）外源基因的导入和转染细胞的筛选

将外源基因导入真核细胞的方法有两大类：病毒感染和载体转染。病毒感染是一种将外源基因导入细胞的天然方法，而转染则是利用化学或物理等方法将外源基因导入真核细胞的方法。

可利用表达载体中带有的标记基因对转染细胞进行筛选，常用的筛选系统有胸苷激酶基因-HAT 选择系统、二氢叶酸还原酶基因选择系统及新霉素抗性选择系统等。

（四）外源基因在真核细胞中的表达

采用真核系统表达外源蛋白时，由于所用载体、转染方法以及选用宿主细胞的不同，其表达方式也不同，主要有瞬时表达和稳定表达两大类。在实际工作中，应根据实验的目的选用不同的表达方式。

瞬时转染的外源基因在宿主细胞中瞬时表达，基因表达和对细胞的影响只能维持较短的时间。瞬时转染方法相对简单，无需筛选，耗时短，各种转染方法都可使用。常用的瞬时表达宿主是源自非洲绿猴细胞株 CV-1 的 COS 细胞。

稳定转染是为获得持续表达外源目的基因的转染细胞，为此需选用药物来进行筛选。稳定转染耗费时间长，而且有些外源基因表达产物对宿主细胞有毒性，因此不易获得成功。常用的稳定表达宿主细胞是中国仓鼠卵巢(CHO)细胞。

第 7 节　重组 DNA 技术的应用

重组 DNA 技术不仅使整个生命科学研究发生了前所未有的深刻变化，而且也给医药卫生、工农业生产开拓了新的研究途径。在生命科学研究领域，重组 DNA 技术的主要应用包括：克隆目的基因表达具有生物学活性的蛋白质；利用定点突变技术研究蛋白质功能或对蛋白质进行结构改造；开发基因工程药物与疫苗用于疾病治疗；利用转基因技术和基因剔除技术研究基因功能；建立基因诊断与基因治疗技术为疾病的预防、治疗提供新方法。

利用重组 DNA 技术生产有药用价值的蛋白质、多肽产品已成为当今世界一项重大产业。重组 DNA 技术在生产重要的如治疗糖尿病、贫血、病毒性肝炎及粒细胞减少等药物方面取得了很多成果，预计在生产治疗心血管病、癌症、镇痛和清除血栓等药物方面将会发挥更大作用。

鉴于胰岛素的重要临床价值和重组 DNA 技术应用研究的逐渐深入，国际上开始有不同的公司进行基因工程胰岛素的研究与开发。1978 年，美国 Genentech 公司首次实现了利用大肠埃希菌生产由人工合成基因表达的人胰岛素。1982 年，美国 Eli Lilly 公司将由基因工程菌生产的胰岛素投放市场，重组人胰岛素的开发生产标志着世界上第一个基因工程药物的诞生。1987 年，丹麦 Novo Nordisk 公司又推出了利用重组酵母菌生产人胰岛素的新工艺。Novo Nordisk 公司的诺和灵(Insulin)、Eli Lilly 公司的优泌林(Humulin)和优泌乐(Humalog)是销售额最大的三个基因工程胰岛素产品。

笔记栏

制备重组人胰岛素主要有以下几种方法:①α链和β链分别表达法。化学合成胰岛素α链和β链编码序列,分别将其插入载体,并与β-半乳糖苷酶(β-Gal)基因融合,构建融合表达载体。将两个融合表达载体转入大肠埃希菌细胞,培养增殖后,分离纯化融合蛋白β-Gal-α和β-Gal-β。之后,在体外用溴化氰(CNBr)裂解融合蛋白,分离纯化α链和β链。最后,将纯化的α链和β链融合,经半胱氨酸体外氧化和重折叠,形成有活性的胰岛素。②人胰岛素原表达法。采用RT-PCR方法,获取人胰岛素原cDNA序列。将获得的cDNA序列插入融合表达载体,并转化大肠埃希菌细胞,扩增培养后分离纯化含重组人胰岛素原的融合蛋白。由于在胰岛素原分子中存在C肽,可使融合蛋白适当折叠。之后,在体外用CNBr裂解,使胰岛素原从融合蛋白上解离下来。最后,用胰蛋白酶和羧基肽酶B处理,形成有活性的胰岛素。③α链和β链同时表达法。该法与α链和β链分别表达法基本相似,主要区别是将化学合成的α链、β链的编码序列克隆至表达载体,表达融合蛋白β-Gal-β-α。以上三种方法所产生的融合型重组蛋白表达率高、稳定性强,但不能分泌。④将胰岛素或胰岛素原编码序列与β-内酰胺酶基因拼接,β-内酰胺酶通常能被大肠埃希菌分泌到胞外。由此可获得稳定、高效表达的分泌型融合蛋白,为胰岛素的后续分离纯化工序减轻了负担。

小　结

重组DNA技术的基本过程包括:目的基因的获得、载体分子的选择与改造、目的基因与载体的连接、重组DNA分子的导入和筛选与鉴定。重组DNA操作中涉及一些重要的工具酶,如限制性核酸内切酶、DNA连接酶及反转录酶等。外源目的基因要在宿主细胞中扩增、表达,必须选择适当的载体,常用的有质粒载体、噬菌体载体、人工染色体载体和病毒载体等,每种载体具有不同的特点和应用。化学合成法、PCR或RT-PCR法及通过基因文库筛选法等被用来获取外源目的基因。目的基因与载体的连接方法主要有黏性末端连接、平末端连接、人工接头连接、同聚物加尾连接和T-A克隆等。将重组DNA分子导入原核细胞的过程称为转化,导入真核细胞的过程称为转染。常用的转染方法有磷酸钙转染法、二乙氨乙基(DEAE)-葡萄糖介导转染法、电穿孔转染法、脂质体转染法及显微注射法等。重组DNA分子导入受体细胞经适当培养后,必须进行筛选,载体的遗传表型及限制性酶切、核酸分子杂交、PCR、免疫化学检测等可作为筛选、鉴定重组体的依据。重组DNA技术的另一目标是进行目的基因的表达,获取外源蛋白质产物。表达体系有原核表达系统和真核表达系统。要实现原核表达需选择原核表达载体,表达蛋白产物可以融合型、非融合型或分泌型形式存在,有时也会以包涵体形式存在。借助真核表达载体,通过选择适当的转染方法可进行外源基因的瞬时表达或稳定表达。重组DNA技术首次成功应用于蛋白质、多肽药物生产的实例是重组人胰岛素的开发生产。

(张志珍)

笔记栏

第21章 分子生物学常用技术

自从1975年Southern建立DNA印迹杂交技术以来，分子生物学技术已经取得了巨大发展，已经成为医学领域不可缺少的研究工具。分子生物学技术的发展不仅可以使人们从分子水平了解疾病发生的机制，而且也为开发新的诊断、治疗方法以及新药提供了技术平台。因此，了解分子生物学技术的原理及其应用，将有助于认识疾病发生和发展的分子机制，为寻找和开发新的诊断技术与治疗方法奠定基础。本章主要介绍一些常用的分子生物学技术。

第1节 分子印迹与杂交技术

分子印迹与杂交技术是利用核酸的变性与复性、抗原与抗体特异性结合的特点进行DNA、RNA或蛋白质的定性或定量分析的一项分子生物学技术。根据检测的对象不同可分为核酸分子印迹与杂交技术和蛋白质分子印迹技术。

一、核酸分子印迹与杂交技术

核酸分子杂交(hybridization)是指具有一定互补序列的不同来源的核苷酸单链在一定条件下按照碱基配对的原则形成双链的过程。核酸分子杂交可以在DNA-DNA之间，也可在DNA-RNA或RNA-RNA之间进行，只要它们之间存在同源序列，就可以进行碱基配对形成杂交双链分子。在杂交之前，通常用琼脂糖凝胶分离待测的DNA分子，再将分离的DNA片段转移到特定的支持物上。由于转移后各个DNA片段在膜上的相对位置与在凝胶中的相对位置一样，故称为印迹(blotting)。

核酸分子印迹与杂交技术是目前生命科学领域中应用最广泛的技术之一，是定性或定量检测DNA或RNA序列片段的有效手段。在基因工程技术中，用标记的寡核苷酸或cDNA探针与菌落杂交，可以从cDNA文库或基因组文库中选出特定的菌落，获得某一重组体；用克隆的DNA片段作为探针与基因组DNA进行杂交，可以确定基因组DNA上特定区域的核苷酸同源序列；对已知基因或某一已知DNA序列可以通过原位核酸杂交技术进行染色体定位。另外，核酸杂交技术可用于遗传病的基因诊断、疾病基因的连锁分析、多态性与疾病的相关分析、法医鉴定、个体识别等。

根据检测的靶分子不同，核酸分子印迹杂交可分为两种类型：鉴别DNA的印迹杂交称为Southern印迹杂交，待测的靶分子是DNA片段，可用DNA或RNA片段作为探针；鉴别RNA的印迹杂交称为Northern印迹杂交，待测的靶分子是RNA片段，可用DNA或RNA片段作为探针。

(一) Southern印迹杂交

Southern印迹杂交(Southern blotting)是指DNA与DNA分子之间的杂交。其基本过程是将琼脂糖凝胶电泳分离的待测DNA片段变性后，将凝胶中的DNA分子转移到一定的固相支持物上，然后用标记的探针检测待测的DNA。1975年Southern首次建立该方法，故将其命名为Southern印迹杂交。基本步骤如下：

1. 待测DNA样品的限制性内切酶消化 基因组DNA很长，需用限制性内切酶将其切成大小不同的片段之后才能用于杂交。一般选择一种限制性内切酶来消化DNA。但是，有时为了某种特殊的目的，可分别选用不同的内切酶消化基因组DNA。

2. 酶切DNA样品的电泳分离 限制性内切酶消化DNA完毕后，样品中含有不同大小的DNA片段。将样品加在琼脂糖凝胶上电泳，按片段长短分离DNA片段。DNA片段的移动速度取决于DNA分子量大小，分子量越小，移动速度越快。琼脂糖凝胶的浓度主要取决于DNA片段的大小，分离大片段DNA需要浓度较低的凝胶，分离小片段DNA需要浓度较高的凝胶。一般情况下用0.8%~1.0%的琼脂糖凝胶进行电泳分离。

3. 凝胶中DNA的变性和Southern转移 在杂交前必须将DNA变性并转移到特定的固相支持物上，才能进行杂交。将电泳分离后的琼脂糖凝胶置于碱性溶液中，使凝胶中的双链DNA变性，形成单链DNA，再用中性缓冲液中和。用于Southern转移的固相支持物对DNA分子有非常强的结合能力，有多种类型，包括硝酸纤维素(nitrocellulose，NC)膜、尼龙膜、化学活化膜等，

笔记栏

其中常用的是 NC 膜和尼龙膜。

DNA 转移的方法主要有毛细管虹吸法、电转移法和真空转移法。其中毛细管虹吸法是经典的转移方法，转移方式见图 21-1。其基本过程是将一张固相支持物放在凝胶上，上面再压上一定厚度的吸水纸，通过虹吸作用使缓冲液向上运动，同时也带动凝胶中的 DNA 片段向上移动，转移到固相支持物上。

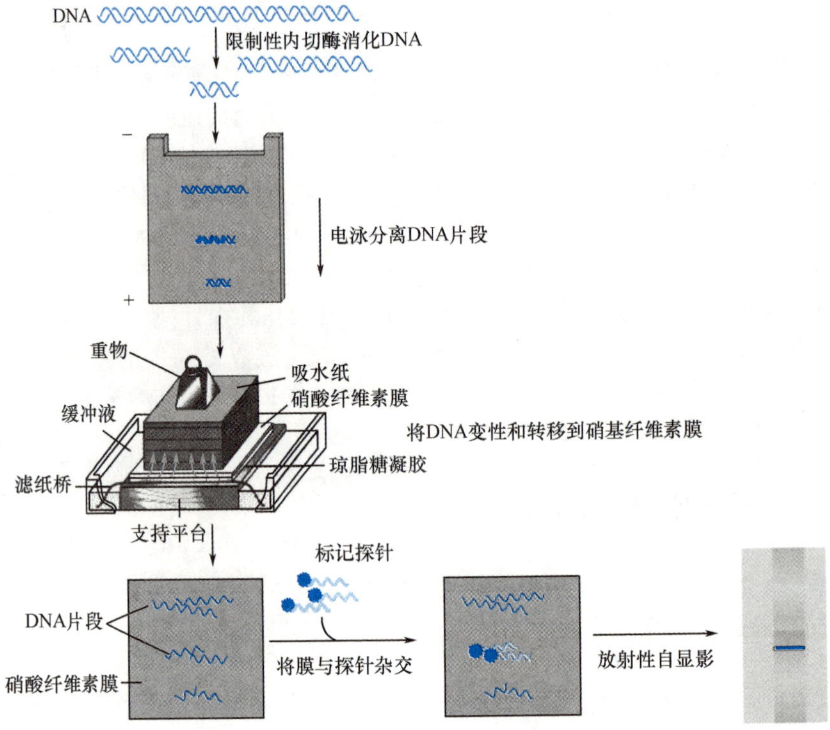

图 21-1　Southern 印迹杂交的基本过程

4. 探针的制备　探针（probe）是指经过特殊标记的已知序列核苷酸片段，可以用来检测某一特定核苷酸序列或基因序列的 DNA 或 RNA 片段。用于 Southern 杂交的探针可以是人工合成的寡核苷酸片段，也可以是克隆的基因组 DNA、cDNA 全长或部分片段。为了使杂交后能观察探针与其同源核苷酸发生杂交的位置、被测 DNA 片段的大小、杂交信号的强弱，必须使探针分子带上可识别的信号标志。常用的标记物为放射性核素、生物素或荧光染料。

5. Southern 杂交　将固定于膜上的 DNA 片段与探针杂交之前，必须先进行预杂交。因为能够结合 DNA 片段的膜也能够结合探针 DNA，在杂交之前必须将膜上所有能与 DNA 结合的部位封闭。预杂交用的是不含探针的杂交液，其中含鲑鱼精子 DNA、聚蔗糖 400、聚乙烯吡咯烷酮和牛血清清蛋白等，这些分子可以封闭膜上所有非特异性结合位点。预杂交后，可加入标记的探针 DNA，在适当的离子强度和温度下进行杂交反应。

6. 杂交结果的检测　采用同位素或发光剂标记的探针进行杂交时，在杂交后将膜与 X 线胶片装入暗盒，使 X 线胶片感光，显影后，在 X 线胶片上可显示出杂交区带的位置。用非放射性核素标记的探针进行杂交时，可直接在膜上显色，显示出杂交区带。

（二）Northern 印迹杂交

利用类似于 Southern 印迹杂交的技术来检测 RNA 称为 Northern 印迹杂交（Northern blotting）。其基本原理和过程与 Southern 印迹基本相同，只是检测的分子是 RNA，可用来对组织或细胞中的 mRNA 进行定性或定量分析。其基本过程见图 21-2。

RNA 的琼脂糖凝胶电泳分离与 Southern 杂交印迹具有一定的差别，需要在变性剂（甲醛、乙二醛等）存在的情况下进行。变性剂的作用是防止 RNA 分子形成二级结构，维持其单链线性状态。Northern 印迹杂交的待测样品可以是总 RNA，也可以是 mRNA。RNA 相对分子质量小，在电泳前无需进行限制性内切酶切割。RNA 分子极易被环境中存在的 RNA 酶降解，因此，在提取 RNA 的过程中，需要特别注意防止 RNA 酶污染。

笔 记 栏

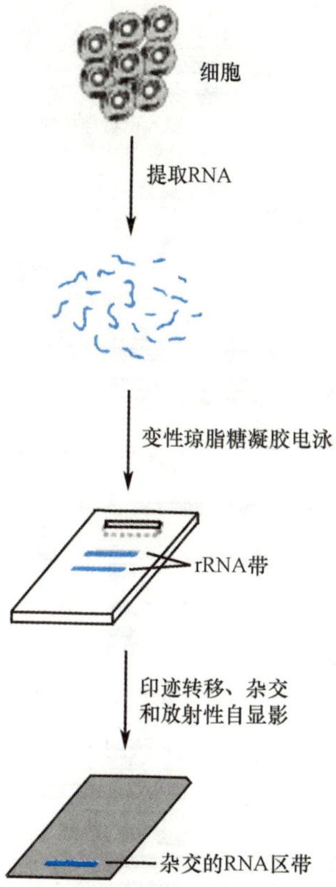

图 21-2　Northern 印迹杂交的基本过程

(三) 其他核酸杂交方法

1. 斑点印迹杂交　斑点印迹杂交(dot blotting)是由 Southern 印迹衍生而来的检测 DNA 或 RNA 的技术。其与 Southern 印迹和 Northern 印迹的主要区别是将变性的 DNA 或 RNA 直接点样于 NC 膜或尼龙膜上,故称为斑点印迹。与 Southern 印迹和 Northern 印迹法相比,其优点是简便、快速,可以在同一张膜上进行多个样品的检测。但此法不能鉴定所检测核酸的相对分子质量。

2. 原位杂交　原位杂交(*in situ* hybridization)是直接用组织切片或细胞涂片进行杂交的方法,可用于检测组织切片或细胞内某些特异性核苷酸或核酸片段。其特点是不需要从组织细胞中提取 DNA 或 RNA,能在成分复杂的组织中对某些细胞的 DNA 或 RNA 进行分析,并可保持组织与细胞形态的完整性,而且灵敏度高,特别适用于组织细胞中低丰度核酸的检测。

二、蛋白质印迹技术

蛋白质印迹技术是根据蛋白质分子之间存在相互作用的特点,将蛋白质电泳分离,然后将其转移和固定于固体支持物(NC 膜或其他膜)上,再用相应的蛋白质分子对其进行检测。最常用的蛋白质是抗体,因此被称为免疫印迹(immunoblotting)技术。对应于 Southern 印迹和 Northern 印迹技术,蛋白质印迹技术也被称为 Western 印迹技术。其基本过程见图 21-3。

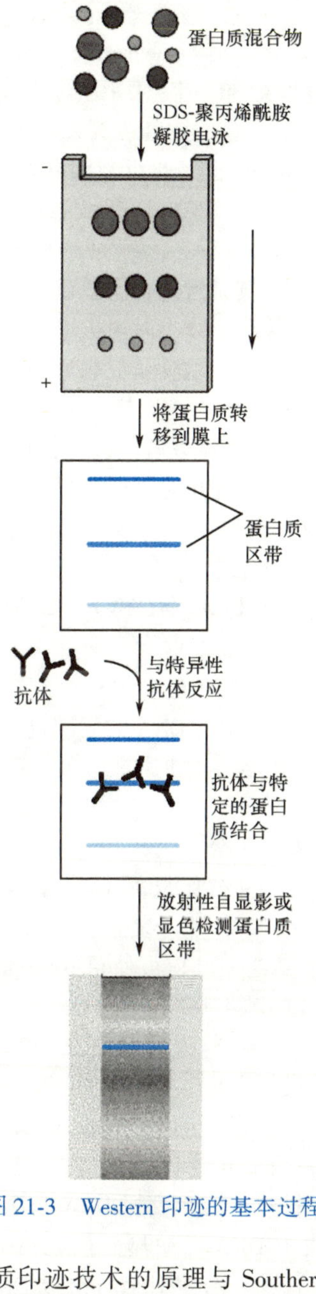

图 21-3　Western 印迹的基本过程

蛋白质印迹技术的原理与 Southern 印迹和 Northern 印迹类似,首先用聚丙烯酰胺凝胶电泳将蛋白质按分子量大小分开,再将蛋白质转移到 NC 膜或其他膜上,但其转移的方式只有靠电泳才能完成。蛋白质的检测主要靠抗体来进行。通常要用两种抗体,第一种抗体是特异性抗体(称为第一抗体),与膜上相应的蛋白质结合,第二种抗体是能与第一种抗体结合的抗体,用碱性磷酸酶、辣根过氧化物酶或放射性核素标记。反应之后用底物显色、化学发光剂或放射性自显影

笔 记 栏

检测蛋白质区带的信号。

Western 印迹技术主要用于检测样品中特异蛋白质的存在和表达情况。

第 2 节　PCR 技术

聚合酶链反应(polymerase chain reaction, PCR)是 20 世纪 80 年代中期由美国 PE-Cetus 公司人类遗传研究室的 Mullis 等发明的体外核酸扩增技术。Mullis 也因此贡献而获得了 1993 年度诺贝尔化学奖。PCR 具有敏感度高、特异性强、产率高、简便快速、重复性好、易自动化等优点,使人们在一支试管内将所要研究的目的基因或某一 DNA 片段于数小时内扩增至十万乃至百万倍,已成为分子生物学研究领域中应用最广泛的方法。PCR 技术的建立使很多以往难于解决的分子生物学问题得以解决,极大地推动了生命科学研究的发展,是生命科学领域中的一项革命性创举和里程碑。

一、PCR 技术的基本原理

PCR 是在试管内进行 DNA 合成的反应,基本原理类似于细胞内 DNA 的复制过程。但反应体系相对简单,包括拟扩增的 DNA 模板、特异性引物、dNTP 以及合适的缓冲液。其反应过程是以拟扩增的 DNA 分子为模板,以一对分别与目的 DNA 互补的寡核苷酸为引物,在 DNA 聚合酶的催化下,按照半保留复制的机制合成新的 DNA 链,重复这一过程可使目的基因得到大量扩增。PCR 的基本原理见图 21-4。

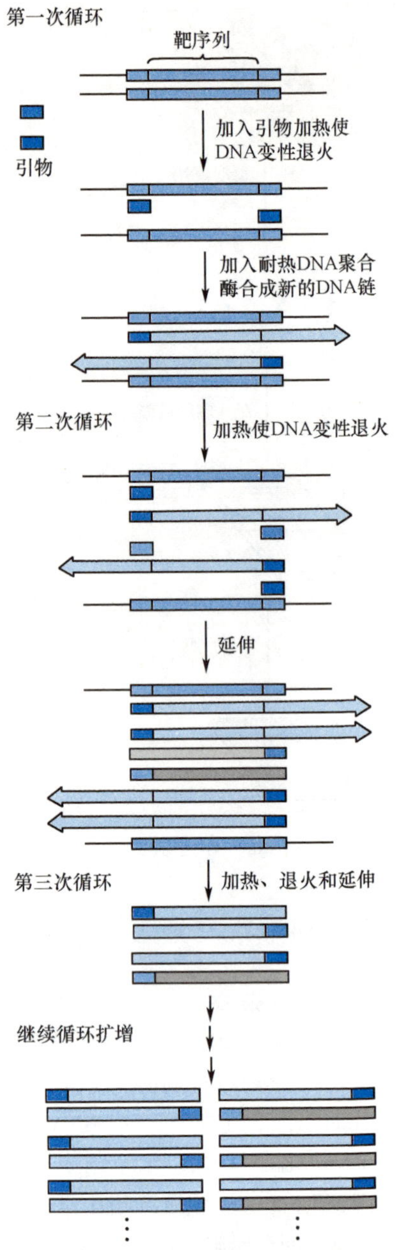

图 21-4　PCR 的基本原理

PCR 由变性、退火和延伸三个基本反应步骤构成:①模板 DNA 的变性:模板 DNA 经加热至 95℃ 左右一定时间后,模板 DNA 双链或经 PCR 扩增形成的双链 DNA 解离,使之成为单链,以便它与引物结合;②模板 DNA 与引物的退火(复性):模板 DNA 经加热变性成单链后,将温度降至合适的温度,使引物与模板 DNA 单链互补序列配对结合;③引物的延伸:将温度升至 72℃,DNA 模板-引物结合物在 *Taq* DNA 聚合酶的作用下,以 dNTP 为反应原料,靶序列为模板,按碱基配对和半保留复制原理,合成新的 DNA 分子。上述三个步骤称为一个循环,新合成的 DNA 分子可作为下一轮反应的模板,经多次循环,使 DNA 扩增量呈指数上升,在短时间内可获得大量的目的 DNA 分子。

笔记栏

二、PCR 技术的主要特点

1. 特异性强　PCR 反应特异性的决定因素包括引物的特异性、退火温度、*Taq* DNA 聚合酶合成反应的忠实性等。其中,引物与模板 DNA 特异正确地结合是决定 PCR 反应特异性的关键因素。PCR 反应时的退火温度对特异性也有影响。一般情况下,退火温度越高,引物的非特异性结合越少,扩增的特异性越好。因此,只要引物设计合理,退火温度适宜,PCR 扩增的特异性是相当高的。其他因素如聚合酶催化的合成反应的忠实性和耐高温性、反应的 pH、Mg^{2+} 等对 PCR 反应的特异性也有一定的影响。耐热性 *Taq* DNA 聚合酶的应用，使反应中模板与引物的退火可以在较高的温度下进行，大大增加了反应的特异性。

2. 灵敏度高 灵敏度高是 PCR 技术的主要特点。PCR 产物的生成量是以指数方式增加的，能将皮克（pg = 10^{-12}g）量级的起始待扩增模板扩增到微克（μg = 10^{-6}g）水平，可对单拷贝基因、单个细胞、单根头发等微量标本进行分析。

3. 简便快速 目前的 PCR 反应一般均用耐高温的 *Taq* DNA 聚合酶，一次性地将反应液加好后，置于 PCR 扩增仪中，反应可以自动进行，一般在 2~4 小时可完成扩增反应。

4. 对标本的纯度要求低 PCR 技术对标本的要求并不高，DNA 样品可以是纯化的，也可以是粗提样品，甚至是细胞或体液。在临床上可直接用临床标本如血液、体腔液、洗漱液、毛发、细胞、活组织等粗制的 DNA 扩增检测。

三、PCR 技术的主要用途

（一）目的基因的扩增与克隆

与以往获得目的基因片段的方法比较，PCR 技术具有简便快速的特点。该技术可以通过以下方式获得目的基因片段：①与反转录反应相结合，从细胞的 mRNA 获得目的 cDNA 片段；②以基因组 DNA 或 cDNA 为模板，通过特异性引物扩增获得目的基因片段；③利用随机引物从基因组文库或 cDNA 文库中扩增目的基因；④利用简并引物从基因组文库或 cDNA 文库中扩增目的基因。PCR 扩增获得的目的基因可直接克隆。

（二）基因的体外定点突变

PCR 技术为基因的体外改造提供了简便快速的方法。通过设计特定的引物和 PCR 技术，可以在体外对目的基因进行点突变、缺失、嵌合等改造。

（三）基因突变分析

基因突变与许多疾病（如遗传病、肿瘤等）密切相关。因此，分析基因突变的状态可为这些疾病的诊断、治疗和预防提供重要的科学依据。传统的分析方法是核酸杂交和限制性片段长度多态性（restriction fragment length polymorphism，RFLP）分析等。这些方法费时、复杂，需要的样品较多。利用 PCR 技术和一些相关的技术结合，可以大大简化基因突变分析的过程，提高检测的速度和灵敏度。例如，PCR-单链构象多态性分析（PCR-SSCP）、PCR-RFLP 分析、PCR-等位基因特异的寡核苷酸探针杂交、基因芯片等。

（四）DNA 和 RNA 的检测

PCR 技术灵敏度高，可用于检测被测样品中 DNA、RNA。对于病原体（细菌、病毒、寄生虫等），可通过 PCR 技术检测病原体的 DNA 或 RNA 进行诊断。细胞中 RNA 的水平可以反映基因表达状态，在反转录成为 cDNA 后，可用 PCR 技术进行检测。

（五）DNA 序列测定

目前常用的 DNA 序列测定方法是双脱氧末端终止法。其原理是在 DNA 合成反应体系中，除含有正常脱氧核苷三磷酸（dNTP）底物外，还加入少量的双脱氧核苷三磷酸（ddNTPs）底物。在反应过程中，ddNTP 的 5′-磷酸基团能够与引物延伸链的 3′-羟基连接，进入部分新合成 DNA 链。但是，由于 ddNTP 不存在 3′-羟基末端，故不能与下一个核苷酸底物的 5′-磷酸基团形成 3′,5′-磷酸二酯键，导致 DNA 新链的延伸提前终止，而掺入的 ddNTP 则位于 DNA 延伸链的最末端，最终形成以四种碱基为末端的 DNA 片段。通过电泳可以将不同长度的 DNA 片段分离，从而获得模板 DNA 的核苷酸序列。将 PCR 技术与双脱氧链终止法结合是自动化测序的重要基础。在 PCR 反应中加入少量的 ddNTPs，在反应过程中直接对 PCR 扩增的 DNA 进行测序，使 DNA 的核苷酸序列测定更加简便快速，大大缩短了测序的时间。待测样品既可直接用于序列测定，也可克隆后再进行序列测定。

四、几种重要的 PCR 衍生技术

PCR 技术建立以来，在生命科学的各个领域广泛应用。PCR 技术的发展以及与其他分子生物学技术的结合形成了适用于不同目的的 PCR 衍生技术。本节主要介绍几种与医学研究、临床应用密切相关的 PCR 衍生技术。

（一）反转录 PCR 技术

反转录 PCR（reverse transcription PCR，RT-PCR）是将反转录反应与 PCR 反应联合应用的

笔记栏

一种技术。其原理是以 RNA 为模板，以一个与 RNA 3′端互补的寡核苷酸为引物，在反转录酶的催化下合成 cDNA，再以 cDNA 为模板进行 PCR 扩增，从而获得大量的双链 DNA。RT-PCR 具有灵敏度高、特异性强和省时等优点，是目前获得目的基因 cDNA 和构建 cDNA 文库的有效方法之一，可以用少量的 RNA 构建 cDNA 文库。RT-PCR 也可用于对已知序列基因进行定性定量分析，只要在反应体系中同时加入内参照基因的引物，使已知基因和内参照基因在同一反应体系中扩增，以内参照基因的 PCR 产物为对照，可以估算已知基因的表达水平。

（二）原位 PCR 技术

原位 PCR（*in situ* PCR）是以细胞内的 DNA 或 RNA 为靶序列，在细胞内进行的 PCR 反应。实验用的标本可以是新鲜组织、石蜡包埋组织、脱落细胞、血细胞等。其原理是将 PCR 与原位杂交相结合，先在细胞内进行 PCR 反应，然后用特定的探针与细胞内的 PCR 产物进行原位杂交，检测细胞或组织内是否存在待测的 DNA 或 RNA。原位 PCR 结合了高度特异敏感的 PCR 技术和具有细胞定位能力的原位杂交的优点，既能分辨鉴定带有靶序列的细胞，又能标出靶序列在细胞内的位置，已成为靶基因序列的细胞定位、组织分布和靶基因表达检测的重要手段，在肿瘤学、组织胚胎学等方面得到广泛应用。

（三）实时 PCR 技术

实时 PCR（real time PCR）技术是近年发展起来的一种对 PCR 产物进行定量的分析技术。其原理是在 PCR 反应中引入荧光标记分子，PCR 反应中产生的荧光信号与产物的生成量成正比，利用荧光信号积累实时监测整个 PCR 进程。根据动态变化的数据，通过标准曲线对未知模板进行定量分析，可以精确计算样品中原有模板的含量。根据其荧光化学原理不同可分为 *Taq*Man 探针法、双链 DNA 结合染料法、分子灯塔（molecular beacon，MB）法、杂交探针法等。

下面以 *Taq*Man 探针法为例介绍实时 PCR，其原理如图 21-5 所示。*Taq*Man 反应系统中除了两条 PCR 引物外，还增加了与上游和下游引物之间的序列特异性杂交的探针。探针的 5′端标记荧光报告基团，3′端标记荧光淬灭基团。没有 PCR 扩增反应时，探针保持完整，由于淬灭基团的作用，报告基团不能产生荧光；PCR 扩增时，*Taq*DNA 聚合酶随着引物的延伸而沿着 DNA 模板移动，当到达探针结合的位置时，利用其 5′→3′的外切酶活性将探针 5′端报告基团切下，使荧光基团和淬灭荧光基团分离，从而发出荧光，切下的荧光分子数与 PCR 产物的数量呈正比，通过荧光光谱仪检测荧光强度。

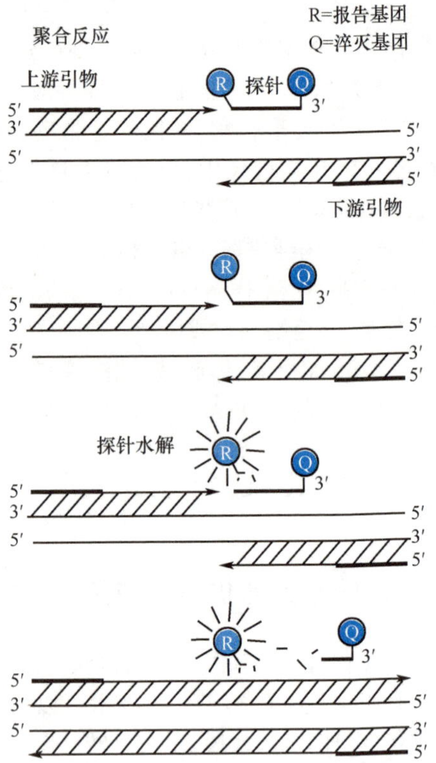

图 21-5　实时 PCR 的基本原理

第 3 节　转基因技术与基因剔除技术

一、转基因技术

转基因技术是指将外源基因整合到动物细胞或植物细胞的基因组中并使外源基因在动物细胞或植物细胞中稳定遗传和表达的技术，是在细胞水平和整体水平研究目的基因的生物技术。自 20 世纪 80 年代初发展以来，转基因技术在生命科学的各个领域得到了广泛的应用，先后培育出各种转基因动物，如转基因鼠、转基因牛、转基因羊和转基因玉米等。人们可以通过分析转基因动植物表型与基因之间的关系，揭示外源基因的功能，也可以通过转入外源基因培育优良的动植物品种。在此主要介绍动物转基因技术。

转基因的基本原理是将目的基因（或基因组片段）用显微注射等方法转移到实验动物的受精卵或着床前的胚胎细胞，使目的基因整合到基因组中，然后将此受精卵或着床前的胚胎细胞再植入受体

笔记栏

动物的输卵管(或子宫)中,使其发育成携带有外源基因的转基因动物。目的基因是由顺式作用元件和结构基因组成,构成一个完整的转录单位。目的基因中的结构基因可来自基因组片段或 cDNA 序列。顺式作用元件的作用主要是启动结构基因的转录,构建目的基因时应选用有较高表达活性的强启动子,或者直接选用目的基因的天然启动子序列,也可选择组织特异性启动子,使结构基因在动物体内特定的组织或器官中表达。

基因的导入方式主要有显微注射法(microinjection)、胚胎干细胞法、反转录病毒感染法,三种方法均可产生转基因动物。其中最常用的方法是显微注射法,其基本原理是用显微注射针将外源基因直接注入实验动物受精卵的细胞核内。此法的优点是导入基因的速度快且操作简单,不需要载体,对 DNA 大小无限制。线性 DNA 片段注射入受精卵后,卵细胞内的酶就会将外源性 DNA 片段首尾相连,并整合到染色体的一个随机位点中。经显微注射后,将存活的受精卵移入假孕的母体子宫中,由此发育成带有外源基因的胚胎,从而得到转基因动物。

二、核转移技术

核转移技术(nuclear transfer)也称为体细胞克隆技术,是用显微操作、电融合等方法将动物体细胞的细胞核全部导入另一个体的去除细胞核的卵细胞内,使之发育成为个体。1997 年,英国罗斯林研究所的 Wilmut 等人,利用绵羊乳腺细胞进行核转移试验,并成功地获得了世界上第一只体细胞克隆绵羊——多莉(Dolly),成为生命科学发展中的重要事件。其基本过程如图 21-6 所示。核转移技术可以使一个细胞变成一个个体,这样产生的个体所携带的遗传物质与细胞核供体的遗传物质完全一样,是一种无性繁殖

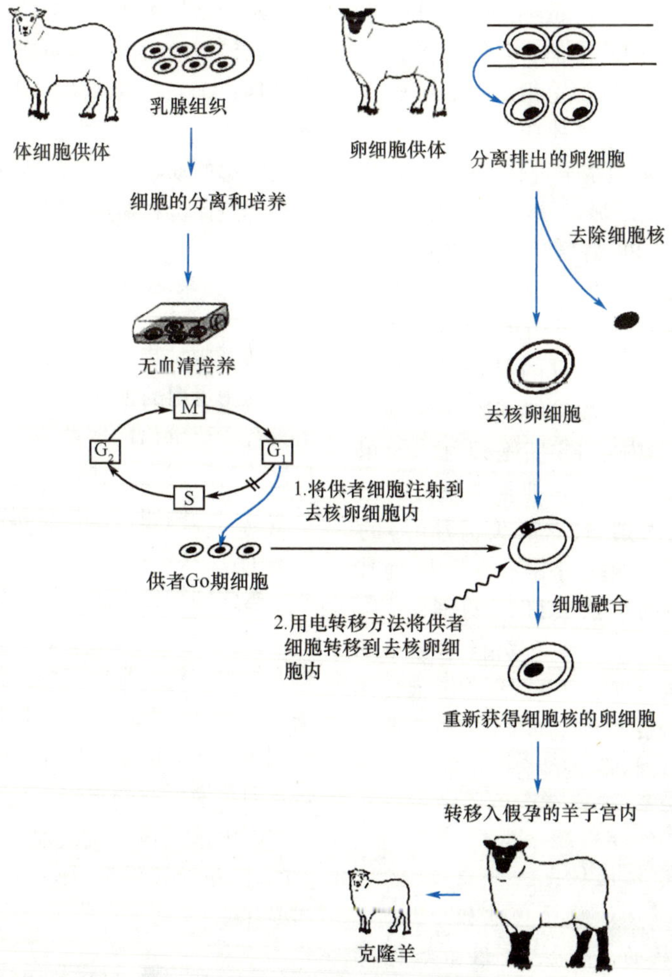

图 21-6 核转移技术的基本原理

笔 记 栏

的过程,故称为克隆(clone)。通过核转移技术可以产生很多个遗传相同的个体。

案例 21-1

从图 21-8 可以看出克隆羊的细胞核来自供体的乳腺细胞,其基因组与供体的基因组完全一样。因此,应用核转移技术(体细胞克隆技术)可以产生很多个遗传相同的个体。

问题讨论

乳腺细胞是高度分化的细胞,很多基因已经沉默,为什么将其细胞核转移到去核的成熟卵细胞后,能使受体细胞发育成为胚胎细胞?

三、基因剔除技术

通过分子生物学的方法定向地敲除动物体细胞内的某个基因的技术称为基因剔除(gene knockout)或基因打靶(gene targeting)。目前主要在小鼠胚胎干细胞(ES 细胞)中进行。其基本原理是通过 DNA 定点同源重组,使 ES 细胞特定的内源基因被破坏而造成其功能丧失。这种基因剔除技术可以在细胞水平进行,从而建立基因剔除细胞系,也可以用显微注射的方法将 ES 细胞移入小鼠囊胚中,再移植到假孕母鼠内使其发育成为嵌合体小鼠,经过适当的交配,获得基因剔除小鼠。其基本过程包括:①应用同源基因 DNA 片段构建含有失活的目的基因的载体;②用显微注射法将含有失活目的基因的载体导入 ES 细胞,在细胞核内与 ES 细胞染色体的相应基因发生同源重组,替代 ES 细胞中原有的正常基因,从而得到基因剔除(含有失活基因)的 ES 细胞;③将 ES 细胞注射入小鼠的囊胚中,使其与囊胚中的细胞共同组成囊胚内的细胞团;④将含有基因剔除 ES 细胞的囊胚移植到假孕小鼠的子宫中,使之发育成一种既含基因剔除细胞又含正常细胞的嵌合体小鼠;⑤将嵌合体小鼠与正常小鼠交配,最终筛选出基因剔除的纯合子小鼠。

案例 21-1 分析讨论

细胞的高度分化使核失去全能性,很多基因已经沉默。在细胞转移过程中,必须恢复供体细胞核的全能性,使供体细胞核的全部遗传信息按特定的时空性表达,发育成为胚胎细胞,这一过程也称为细胞核的再程序化。在核转移前可以采用"血清饥饿法"恢复细胞核的全能性,再将该细胞核移植到合适的去核受体细胞内,从而使供体的细胞核在受体细胞内获得全能性。

笔记栏

四、基因转移和基因剔除在医学中的应用

基因转移技术和基因剔除技术是研究基因功能的生物技术,在医学领域已得到广泛应用。它们的主要用途是:

(一)建立疾病动物模型

人类的遗传病及许多复杂性状疾病(糖尿病、心血管疾病、肿瘤、神经系统疾病等)与体内遗传物质的结构发生改变密切相关。通过转基因技术和基因剔除技术建立人类疾病的各种动物模型,可以在整体水平研究基因在动物中的表达调控规律及其产物与疾病发生的关系。目前已建立的动物疾病模型包括地中海贫血、动脉硬化症、阿尔茨海默病(AD)、帕金森病(PD)、糖尿病(DM)等。此外,转基因或基因剔除动物还可作为药效评价、药物筛选的动物模型,为寻找新的治疗药物提供一种有效评价和筛选手段。

(二)生物制药

转基因动物的一个非常重要的用途是作为医用或食用蛋白的生物反应器,用于生物制药,生产出具有医药价值的多肽或蛋白质、抗体、疫苗等。通过使目的蛋白在特定的组织中表达,可以获得目的蛋白。例如,将组织特异性启动子引入目的基因中,使其在乳腺细胞或膀胱细胞中表达,可以从转基因动物分泌的乳汁或排出的尿液中获得目的蛋白或多肽。1987 年,世界上出现了第一例表达人组织型纤维蛋白溶酶原激活因子(tPA)的转基因小鼠,从转基因小鼠乳汁中可以提取得到人组织型纤溶酶原激活因子(tPA)。目前已有多种转基因技术生产的重组蛋白用于临床试验,如从转基因山羊获得的抗凝血酶Ⅲ,从转基因绵羊得到的 α_1-抗胰蛋白酶,还有来自转基因兔的 α-葡萄糖苷酶。

(三)治疗性克隆和生产可用于人体器官移植的动物器官

用细胞核移植技术可获得具有增殖分化潜能

干细胞，诱导分化为特定的细胞、组织或器官后，再移植到病人体内治疗疾病，称为治疗性克隆。例如分化为可分泌胰岛素的胰腺细胞可用于治疗糖尿病。通过转基因动物还可以改造异种来源器官的遗传性状，使之能适用于人体器官的移植，生产人体器官移植时所需的器官。但目前还存在伦理、法律、安全性等问题。

第4节　生物芯片技术

生物芯片（biochip）技术是20世纪90年代中期发展起来的一项规模化的生物信息分析技术，是融微电子学、生物学、物理学、化学、计算机科学为一体的高度交叉的新技术。在基因突变检测、基因诊断、基因表达检测、功能基因组学、药物筛选、个体化治疗、杂交测序及新基因发现等方面得到广泛应用，已成为生命科学领域的一种非常重要的研究手段。根据检测的分子不同可分为基因芯片、蛋白质芯片、糖芯片、细胞和组织芯片。本节主要介绍基因芯片和蛋白质芯片。

一、基因芯片

基因芯片（gene chip）也称DNA芯片（DNA chip）、DNA阵列（DNA array）、寡核苷酸微芯片（oligonucleotide microchip）等，包括DNA芯片和cDNA芯片。该技术是利用核酸杂交的特性，将大量特定的DNA片段或cDNA片段按一定顺序排列并固定于某种固相载体表面，如玻片、尼龙膜等，形成致密、有序的DNA分子点阵，然后与荧光标记的待测样品分子进行杂交，通过由激光共聚焦显微镜和电脑组成的检测器及处理器检测杂交的荧光信号和强度，从而获取样品分子的数量和序列信息等。标本标记主要利用荧光素（fluorescein）、丽丝胺（lissamine）、Cy3、Cy5等。

基因芯片技术的基本特点是检测通量大和敏感度高，可以在同一时间内对大量样品进行快速的定性和定量分析，特别适用于大规模筛查由基因突变引起的疾病、分析不同组织细胞或同一细胞不同状态下的基因差异表达以及大规模筛查基因组单核苷酸多态性（single nucleotide polymorphism，SNP）。例如，利用cDNA芯片检测肿瘤细胞的发生、发展过程中基因的表达状态，可以获取肿瘤细胞生长各个时期与肿瘤生长相关基因的表达模式。将正常细胞和肿瘤细胞的mRNA反转录成cDNA时，分别用红色荧光（红色）和绿色荧光（绿色）进行标记，将两种标记的cDNA等量混合后与特定的基因芯片进行杂交，在不同的激发光下检测杂交的荧光信号及其强度，呈红色荧光的位点代表该基因只在正常细胞中表达，呈绿色荧光的位点代表该基因只在肿瘤细胞中表达，呈黄色荧光代表该基因在正常细胞和肿瘤细胞中均表达，而且从荧光信号的强弱可以判断基因表达的水平。图21-7为基因芯片检测基因表达的基本过程。

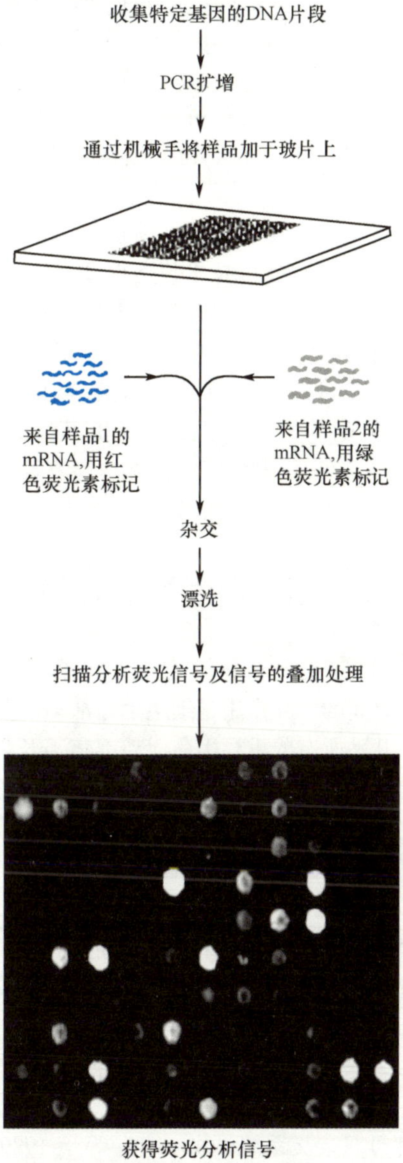

图21-7　用基因芯片检测基因表达的过程

二、蛋白质芯片

蛋白质芯片（protein chip）是将作为探针的蛋白质以高密度的方式固定于固相载体上，然后与待测蛋白质样品进行反应，捕获待测样品中的靶蛋白，再经过检测系统对靶蛋白进行定性和定量分析的一种技术。蛋白质芯片又称为蛋白质

笔记栏

阵列(protein array)或蛋白质微阵列。其基本原理是蛋白质与蛋白质分子之间在空间构象上能特异性的相互识别和相互结合,如抗体与抗原或受体与配体之间的特异性结合。最常用的探针是抗体,因为抗体与抗原结合的特异性最强。

蛋白质芯片的检测方法有多种,目前常用的蛋白质芯片检测方法有标记检测法和直接检测法。标记检测法是将样品中的蛋白质标记上荧光分子、化学发光分子或放射性核素,与蛋白质芯片反应后,再通过特定的检测仪对反应信号进行分析,可以获得蛋白质表达的信息。直接检测法包括表面加强激光解析离子化飞行时间质谱(SELDI-TOF-MS)、表面等离子体共振检测技术等检测方法。

蛋白质芯片技术是一种高通量、高灵敏度、自动化的蛋白质分析技术。蛋白质芯片能在一次实验中全面、准确地提供蛋白表达谱,可以检测出蛋白样品中微量蛋白质的存在,检测水平可达纳克级。目前在蛋白质表达谱、蛋白质的功能、蛋白质间的相互作用、疾病诊断及疗效判定、药物筛选、肿瘤相关抗原的筛查与检测等方面已得到广泛应用。

第 5 节　蛋白质相互作用研究技术

蛋白质是各种生物学功能执行者,蛋白质与蛋白质之间的相互作用是细胞生命活动的基础和特征。几乎所有的重要生命活动都离不开蛋白质分子之间的相互作用。研究细胞内蛋白质分子之间相互作用的机制及蛋白质相互作用网络,将有助于理解生命活动的分子机制。目前常用的研究蛋白质相互作用的技术包括酵母双杂交系统、各种亲和分析(亲和色谱、免疫共沉淀等)、噬菌体展示、生物传感芯片质谱、定点诱变等。

一、酵母双杂交系统

酵母双杂交系统是由 Fields 等于 1989 年提出,是在酿酒酵母(*saccharomyces cerevisiae*)中研究蛋白质间相互作用的一种非常有效的手段之一。其原理主要是基于对酵母转录因子 GAL4 分子的结构和功能特点。GAL4 包括两个彼此分离但功能相互必需的结构域,一个是位于 N 端 1~174 位氨基酸残基区段的 DNA 结合域(DNA binding domain,DNA-BD),另一个是位于 C 端 768~881 位氨基酸残基区段的转录激活域(activation domain,AD)。DNA-BD 能够识别位于 GAL4 效应基因的上游激活序列(upstream activating sequence,UAS)并与之结合。而 AD 则是通过与转录机构(transcription machinery)中的其他成分之间的结合作用,以启动 UAS 下游的基因进行转录。如果 DNA-BD 和 AD 分开,两者均不能激活下游基因的转录反应,但是当二者在空间上充分接近时,就可以呈现完整的 GAL4 转录因子活性并可激活 UAS 下游启动子,使启动子下游基因得到转录。因此,将 DNA-BD 与已知的诱饵蛋白质 X(Bait)融合,构建 BD-X 质粒载体;将 AD 基因与 cDNA 文库、基因片段或基因突变体(以 Y 表示)融合,形成猎物 (prey) 或靶蛋白(target protein)基因,构建 AD-Y 质粒载体。在 GAL4 上游启动激活序列的下游融合有特定的报告基因,报告基因的产物可以是一些特殊的酶(如 β-半乳糖苷酶,LacZ)或报告基因的产物(如 His、Leu、Trp 等)。当两种融合基因的质粒载体同时转化酵母细胞时,如果表达的蛋白质 X 和蛋白质 Y 发生相互作用,则导致了 BD 与 AD 在空间上的接近,从而激活 UAS 下游启动子调节的报告基因的表达。通过观察报告基因的表达可以筛选出与诱饵蛋白 X 相互作用的阳性菌落,从而判断蛋白质 X 与蛋白质 Y 之间是否存在相互作用。

酵母双杂交系统建立以来,已广泛应用于蛋白质之间的相互作用、筛选和发现新的蛋白质、筛选药物的作用位点以及绘制蛋白质相互作用网络图谱等方面的研究。

二、噬菌体展示技术

噬菌体展示技术是将外源蛋白或多肽与噬菌体外壳蛋白融合并呈现于噬菌体表面的技术。将编码外源肽或蛋白的 DNA 片段与噬菌体表面蛋白的编码基因融合后,以融合蛋白的形式出现在噬菌体的表面,被展示的多肽或蛋白可保持相对的空间结构和生物活性,而不影响重组噬菌体对宿主菌的感染能力。通过与特定的靶标反应(如抗体、受体、配基、核酸,以及某些碳水化合物等)可以使展示特定蛋白的噬菌体从表达有各种外源性蛋白的噬菌体肽库中筛选出来,再通过感染大肠埃希菌使选择出来的噬菌体扩增,然后进行序列测定,可获得相应的结构和功能信息。该技术的特点是实现了表型与基因型的统一,是一种高通量筛选功能性多肽或蛋白质的分子生物学技术。因此,噬菌体展示技术在抗原表位分析、分子间相互识别、新型疫苗及药物的开

笔记栏

发研究等方面有广泛的应用前景。

三、蛋白质工程中的定点诱变技术

基因定点诱变是一种蛋白质工程技术。其基本原理是在编码蛋白质基因的特定位置引入碱基替代、产生小的碱基缺失或插入，使其编码的蛋白质的一级结构发生改变。目前常用的定点诱变的方法是 PCR 诱变。其基本过程是：在合成 PCR 引物时，除了在定点诱变的位置引入相应的突变（点突变、小片段插入或缺失）外，其余序列与模板完全配对，PCR 扩增后，在 PCR 产物中引入特定的突变，将 PCR 产物克隆并表达，可获得定点突变的蛋白质。通过定点诱变，可以比较正常蛋白质和突变蛋白质的功能，鉴定蛋白质分子中特定位置的氨基酸残基在维持蛋白质结构与功能中的作用，也可以发现改善蛋白质功能的突变。因此，定点诱变技术可用于蛋白质的相互作用研究、蛋白质药物及疫苗的筛选等。

第 6 节　蛋白质-核酸相互作用研究技术

基因表达的调控是细胞对外部或内部的刺激发生应答的方式，其涉及基因组 DNA 和一系列结合蛋白的相互作用。不同生理条件下特异性的基因转录调控常常依赖于不同的反式作用因子与顺式作用元件的特异性结合。研究蛋白质与 DNA 的相互作用将有助于阐明基因表达调控的机制。研究蛋白质与 DNA 之间相互作用的主要方法包括电泳迁移率变动分析、酵母单杂交技术、染色质免疫沉淀技术、DNase Ⅰ 足迹试验等。

一、电泳迁移率变动分析

电泳迁移率变动分析（electrophoretic mobility shift assay，EMSA），也称为凝胶阻滞分析（gel retardation assay），是一种在体外研究核酸序列和蛋白质相互作用的技术。这一技术最初用于研究 DNA 序列与蛋白质之间的相互作用，目前已用于研究 RNA 序列和蛋白质的相互作用。其原理是将纯化的蛋白或细胞粗提液与^{32}P 放射性核素标记的 DNA 或 RNA 探针一起保温，然后在非变性的聚丙烯酰胺凝胶上电泳分离，如果探针与目的蛋白结合，则 DNA-蛋白质复合物或 RNA-蛋白质复合物的移动比非结合的探针移动慢。探针与目的蛋白结合反应的特异性可以通过过量的冷探针竞争性结合反应来确定，从而在体外证实靶 DNA 能与相应的目的蛋白结合。EMSA 通常用于研究和寻找具有调控作用的顺式作用元件以及与顺式作用元件相结合的蛋白质氨基酸序列或结构域。

二、酵母单杂交技术

酵母单杂交（yeast one hybrid）技术是体外分析 DNA 与细胞内蛋白质相互作用的一种方法，从酵母双杂交技术发展而来。真核生物基因的转录起始需转录因子参与，转录因子通常含有一个 DNA 结合结构域（DNA-binding domain，BD）和一个或多个其他调控蛋白相互作用的转录激活结构域（activationdomain，AD）。酵母转录因子 GAL4 蛋白的羧基端含有一个 DNA 结合结构域和一个转录激活结构域。前者可激活酵母半乳糖苷酶的上游激活位点（UAS），后者可与 RNA 聚合酶或转录因子相互作用，提高 RNA 聚合酶的活性。GAL4 蛋白的 DNA 结合结构域和转录激活结构域可完全独立地发挥作用。因此，可将 GAL4 的 DNA 结合结构域置换为转录因子编码基因，构建 cDNA 文库与酵母 GAL4 转录激活结构域融合表达的 cDNA 文库。同时构建含有目的基因和下游报告基因的报告质粒。在实验中，首先将报告质粒整合入酵母基因组，产生带有目的基因的酵母报告株，再将文库质粒转化入酵母报告株中。如果表达的文库蛋白与目的基因的相互作用，可使报告基因的表达，从而将文库蛋白的基因筛选出来。

酵母单杂交技术主要用于筛选与 DNA 结合的蛋白质，分析 DNA 结合结构域，鉴别 DNA 结合位点以及发现潜在的结合蛋白基因。

三、染色质免疫沉淀技术

染色质免疫沉淀技术（chromotin immunoprecipitation assay，ChiP）是一种研究体内 DNA 和蛋白质相互作用的方法。其原理是在活细胞状态下把细胞内的 DNA 与蛋白质交联在一起，并将其随机切断为一定长度范围内的染色质小片段，然后利用目的蛋白质的特异抗体通过抗原-抗体反应形成 DNA-蛋白质-抗体复合体，使与目的蛋白结合的 DNA 片段被沉淀下来，特异性地富集目的蛋白结合的 DNA 片段，最后将蛋白质与 DNA 解偶联，通过对目的 DNA 片段的纯化与检

笔记栏

测，获得蛋白质与DNA相互作用的信息。ChiP能准确、完整地反映结合在DNA序列上的转录调控蛋白，主要用于鉴定与体内转录调控因子结合的特异性核苷酸序列或鉴定与特异性核苷酸序列结合的蛋白质，已成为研究染色质水平基因表达调控的一种有效的方法。

小　结

核酸分子印迹杂交技术是将DNA片段转移到特定的支持物上，再根据碱基配对的原则用标记的已知序列探针对其进行检测的技术。根据检测的核酸分子不同，可分为检测DNA的Southern印迹杂交技术(Southern blotting)和检测RNA的Northern印迹杂交技术(Northern blotting)。Southern印迹与杂交的基本过程包括待测DNA样品的限制性内切酶消化、酶切DNA样品的电泳分离、凝胶中DNA的变性和Southern转移、探针的制备、Southern杂交和杂交结果的检测。除在含变性剂的缓冲液中电泳分离和不需要酶切外，Northern印迹杂交的基本原理和过程与Southern印迹基本相同。Southern印迹杂交和Northern印迹杂交可以分别用来对组织或细胞中的DNA和mRNA进行定性或定量分析。蛋白质印迹技术是根据蛋白质分子之间存在相互作用的特点，将蛋白质电泳分离，然后将其转移和固定于固体支持物(NC膜或其他膜)上，再用相应的蛋白质分子对其进行检测的技术。Western印迹技术主要用于检测样品中特异蛋白质的存在和表达情况。

PCR是在体外进行DNA合成的技术，其基本原理是以拟扩增的DNA分子为模板，以一对分别与目的DNA互补的寡核苷酸为引物，在DNA聚合酶的催化下，按照半保留复制的机制合成新的DNA链。PCR由变性、退火和延伸三个基本反应步骤构成，上述三个步骤称为一个循环，新合成的DNA分子可作为下一轮反应的模板，经多次循环，可在短时间内获得大量的目的DNA分子。PCR具有敏感度高、特异强、简便快速、重复性好、易自动化和对标本要求不高等优点，可用于目的基因的扩增与克隆、基因的体外定点突变、基因突变分析、DNA和RNA的检测和DNA序列测定。

转基因技术、核转移技术、基因剔除技术是研究基因功能的生物技术，可用于建立疾病动物模型、生物制药、药物的筛选和治疗性克隆。

生物芯片技术主要包括基因芯片和蛋白质芯片。基因芯片可用于基因表达检测、基因突变检测、功能基因组研究、新药筛选等。蛋白质芯片技术是一种高通量、高灵敏度、自动化的蛋白质分析技术，在蛋白质表达谱、蛋白质的功能、蛋白质间的相互作用、药物筛选、肿瘤相关抗原的筛查与检测等方面已得到了广泛的应用。

蛋白质与蛋白质之间的相互作用是细胞生命活动的基础和特征。研究蛋白质相互作用的常用技术包括酵母双杂交系统、噬菌体展示、定点诱变、生物传感芯片质谱等。酵母双杂交系统是最常用的技术之一。

基因表达调控涉及基因组DNA和一系列结合蛋白的相互作用。研究DNA与蛋白质之间相互作用的主要方法包括电泳迁移率变动分析、酵母单杂交技术、染色质免疫沉淀技术等。

(蔡望伟)

笔记栏

第22章 基因诊断与基因治疗

临床上疾病诊断方法多为“表型诊断”，以临床表现或病原体的表型为依据，而表型的改变多数情况下是非特异的，是在疾病发生的一定时间后才出现，常因不能及时做出明确的诊断，而错过治疗的最佳时期。随着现代生物化学与分子生物学的发展尤其是分子生物学研究技术水平的不断提高，人们认识到疾病的各种表型改变是由基因异常造成的，也就是说基因的改变是引起疾病的根本原因。因此，从基因水平分析病因与发病机制，并采用针对性的措施进行疾病的诊断和治疗是近年来医学发展的方向。从基因水平进行疾病的诊断和治疗，不仅可以在基因表型改变之前进行早期诊断和早期治疗，而且是针对疾病进行本质上的诊断和根源上的治疗，即针对异常基因本身，因此是一种对因治疗的方法。20世纪70年代末世界上首次应用基因诊断(gene diagnosis)，随后于1990年美国国立卫生研究院(NIH)和其下属重组DNA顾问委员会(RAC)批准实施了第一例基因治疗(gene therapy)的临床试验方案。可见，基因诊断和基因治疗是现代分子生物学理论及技术方法与医学相结合的典范。目前，基因诊断不但用于产前诊断，也用于症状前诊断；不但用于单基因病(由一个基因位点上突变引起)诊断，还用于多基因病(如高血压、动脉粥样硬化和肿瘤等)和获得性基因病(即由病原学微生物感染引起的感染性疾病如HIV、SARS等)诊断。

第1节 基因诊断

案例22-1

一对夫妻第一胎生了一个男孩，经诊断患有α-地中海贫血，即为Hb Bart水肿。现妻子又怀孕了，想知道腹中的胎儿是否正常，要求对该孕妇腹中胎儿进行产前诊断。专家通过用限制性核酸内切酶*Bam*HⅠ和*Bgl*Ⅱ分别酶切孕妇外周血和胎儿绒毛组织DNA，经琼脂糖凝胶电泳分离后，进行Southern转移，再用^{32}P标记的α-珠蛋白基因探针进行杂交，分析所得酶谱。

检测结果：该孕妇腹中胎儿为α^0-地中海贫血($\alpha\alpha/^{--}$)。

问题讨论

1. 基因诊断与其他诊断方法相比，有何优势？
2. 常用的基因诊断技术方法有哪些？

随着现代分子生物学理论和技术方法，特别是重组DNA技术的迅速发展，人们可以在实验室里构建各种载体，克隆及分析各种目标基因，使得人类对疾病的认识已深入到分子水平研究。越来越多的证据表明，人类的绝大多数疾病都与基因密切相关。基因变异致病的病因可分为内源基因的变异和外源基因的入侵两大类。前者是由于先天遗传和后天内、外环境因素的影响，使内源基因结构突变或表达异常。如点突变、缺失或插入突变、染色体易位、基因重排、基因扩增等突变发生在生殖细胞，可能引起分子病；如发生在体细胞，内源基因表达异常则可能导致细胞增殖失控而产生肿瘤等疾病。另外，外源基因的入侵，如各种病原体——病毒、细菌或寄生虫等感染人体后，其特异的基因进入人体或整合到宿主染色体中，并在体内增殖，可引起各种疾病。因此利用基因诊断技术，不仅可以在DNA水平上检测与疾病相关的内源基因和外源基因的存在、结构变异及基因多态性，也可以在RNA水平上检测致病基因的表达是否异常，以此对相应疾病进行诊断。

被誉为“基因诊断之父”的美籍华裔科学家简悦威(Y. W. Kan)于1978年首次应用DNA技术诊断α-地中海贫血，开创分子生物学技术用于临床诊断的新领域。此后，基因诊断被广泛应用于包括地中海贫血在内的许多遗传病。

一、基因诊断的概念和特点

利用现代分子生物学和分子遗传学的技术方法，直接检测基因的存在，分析基因的类型和缺陷及其表达功能是否正常，从而达到诊断疾病的方法称为基因诊断(gene diagnosis)，又称为DNA诊断或

笔记栏

分子诊断。基因诊断既是病因诊断,特异而灵敏,也可揭示尚未出现临床症状时与疾病相关的基因状态,而对表型正常的携带者及某种疾病的易感者做出诊断和预测,尤其对确定有遗传病家族史的个体或产前的胎儿是否携带有疾病基因的检测具有临床指导意义。与其他诊断学方法相比,基因诊断具有如下特点:①以基因作为探测目标,属于"病因诊断",针对性强。②应用特定基因序列作为探针,特异性高。③分子杂交和聚合酶链反应具放大效应,故标本用量少,灵敏度高。④诊断取材极为方便,适应性强,诊断范围广,检测目标为内源性基因或外源性基因。鉴于以上优点,基因诊断从发展开始就受到人们的高度重视和普遍欢迎,现已应用于临床的许多疾病的诊断。

基因诊断至少应有三大原则:①基因诊断要有严格的实验室标准,保证基因不被污染。②诊断的敏感性和准确性需要设立标准线。③基因诊断必须有严格的伦理学要求,其中包括隐私保密、知情同意等。

二、基因诊断常用的技术方法

基因诊断是以核酸分子杂交、聚合酶链反应(PCR)和DNA序列分析技术为核心发展起来的多种技术联合应用,新近发展起来的基因芯片技术可能会成为很有用的基因诊断方法。常用的基因诊断技术方法有以下几种。

(一)核酸分子杂交技术

目前用于基因诊断的核酸分子杂交技术主要包括:Southern印迹杂交、Northern印迹杂交、斑点杂交、菌落杂交、原位杂交和DNA芯片技术等。

1. 斑点杂交(dot blotting) 根据待测DNA样本与标记的DNA探针杂交的图谱,可以判断目标基因或相关的DNA片段是否存在,根据杂交点的强度了解待测基因的数量。

2. 限制性核酸内切酶酶谱(restriction map)分析 此法是利用限制性核酸内切酶和特异性DNA探针来检测是否存在致病基因。常用于检测结构基因突变(包括点突变、缺失和插入等)。如果待测DNA序列中的突变导致某一限制酶识别位点改变,其特异的限制酶酶切片段大小和数量也随之改变。通过Southern印迹杂交和限制性内切酶酶谱分析,可以诊断出是否存在致病基因。如血红蛋白A由两条α链与两条β链组成($\alpha_2\beta_2$)。如果β-珠蛋白基因第6个密码子发生点突变GAG→GTG,导致β-珠蛋白链的第6个氨基酸残基由正常的谷氨酸→缬氨酸,引起镰状红细胞贫血,同时这一突变使该基因内部丢失一个*Mst* Ⅱ限制酶酶切位点,使酶切片段数量减少,长度增加。将正常人与带有突变基因个体的基因组DNA用*Mst* Ⅱ分别消化后,作限制性酶切分析,可诊断出携带者或患者(图22-1)。

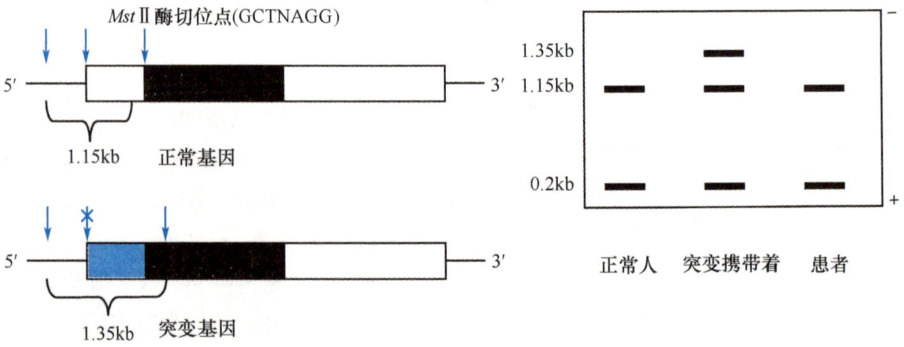

图22-1 镰状红细胞贫血患者基因组的限制性酶切分析

3. 限制性片段长度多态性(restriction fragment length polymorphism,RFLP)遗传连锁分析 用于分析人群中个体间DNA的序列存在的差异。临床上一些遗传疾病的致病基因尚不清楚,很难用基因突变的检测诊断,常用基因多态性连锁分析诊断遗传病。

在人类基因组中,平均约200个碱基对可发生一对变异,但不引起生理功能的改变,称为中性突变。中性突变导致个体间基因的核苷酸序列存在差异的现象称为DNA多态性。不少DNA序列的多态性发生在限制性内切酶识别位点上,用该限制酶水解DNA就会产生长度不同的片段,称为限制性片段长度多态性RFLP按照孟德尔方式遗传规律,在某一特定家族中,如果某一种致病基因与特异的多态性片段紧密连锁,就可用这一多态性片段作为一种"遗传标记"来判断

笔记栏

家族成员或胎儿的基因组中是否携带致病基因。此法可用于诊断甲型血友病,苯丙酮尿症、亨廷顿舞蹈症等。图 22-2 为甲型血友病(hemophilia A)家系 DNA 产物,再经 *Bcl* Ⅰ 酶解后的电泳示意图。从该图可见,正常父亲具有 *Bcl* Ⅰ 酶识别位点,只有 99bp 一条带(43bp 由于分子量小,常泳出胶外,故常见不到);先证者因突变而缺失 *Bcl* Ⅰ 酶识别位点,只有 142bp 一条带(142bp 与甲型血友病基因连锁);其母与胎儿绒毛样品均有 142bp/99bp 两条区带,用 Y 探针证实胎儿为女性,产前诊断说明该胎儿仅是基因携带者,不发病,可以继续妊娠至分娩。

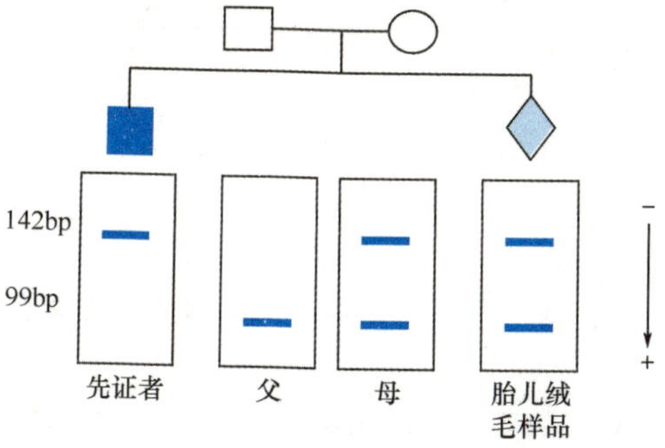

图 22-2 DNA 多态性连锁分析诊断甲型血友病及其基因携带者

□代表男性,○代表女性,■先证者,◇为胎儿绒毛样品。142bp 与甲型血友病基因连锁,99bp 为正常片段

地中海贫血(thalassemia)是最常见的一种单基因遗传病,是由珠蛋白基因缺失或突变引起 α 链和 β 链合成失平衡,引起溶血性疾病。它分为 α-地中海贫血和 β-地中海贫血。由不同缺陷类型的 α-地中海贫血基因组合,产生临床上有 Hb Bart 水肿、HbH 病、α^0-地中海贫血和 α^+-地中海贫血 4 种不同的 α-地中海贫血。α-地中海贫血的基因诊断方法有多种,如限制性核酸内切酶酶谱分析既可诊断基因缺失型 α-地中海贫血,也可诊断基因非缺失型 α-地中海贫血;PCR 方法可用于 Bart 水肿及 α^+-地中海贫血纯合子的基因诊断,而 RFLPs 可诊断缺失型 α-地中海贫血。有人于 1987 年应用 RFLPs 对 HbH 孕妇腹中胎儿进行了产前诊断。取孕妇夫妇两人的外周血和胎儿绒毛组织,分别提取 DNA,用限制性内切酶 *Bam*H Ⅰ和 *Bgl* Ⅱ酶切 DNA,经琼脂糖凝胶电泳分离后,进行 Southern 转移,再用 ^{32}P 标记的 α-珠蛋白基因探针进行杂交,分析所得 RFLPs 酶谱。

案例 22-1 分析讨论

本案例的限制性核酸内切酶酶谱分析结果显示:孕妇为 HbH 患者,基因型为 $\alpha^{-/--}$(右侧缺失),其丈夫为 α^0-地中海贫血($\alpha\alpha^{/--}$)。在 *Bam*HⅠ/*Bgl*Ⅱ组合酶解下,正常样品产生一个 14kb 片段,而 $\alpha^{-/--}$ 者产生异常 10kb 片段;胎儿为 α^0-地中海贫血($\alpha\alpha^{/--}$)。

	正常样品	父	母	第一胎 Bart's	胎儿
	($\alpha\alpha/\alpha\alpha$)	($\alpha\alpha/^{--}$)	($\alpha^-/^{--}$)	($^{--}/^{--}$)	($\alpha\alpha/^{--}$)
14kb 片段	—	—			—
10kb 片段			—	—	

4. 等位基因特异性寡核苷酸(allele specific oligonucleotide, ASO)探针杂交法 是一种检测基因点突变的方法。如果某种遗传病的病因是已知的,正常与突变基因序列已经清楚,则可用 DNA 合成仪分别合成一段与被测正常基因型(NN)或突变基因互补的约 20~30bp 的序列,纯化后标记分别得到可与被测正常或突变基因互补的两种寡核苷酸探针 N 和 M。用它们分别与受检者 DNA 进行分子杂交。若受检者 DNA 只能与 M 杂交,说明受检者是这种突变的纯合子(MM);若受检者 DNA 既能与 M 结合,又能与 N 结合,说明受检者是这种突变的杂合子(MN);若受检者 DNA 只能与 N 杂交,说明受检者不存在这种突变基因,为正常人;DNA 和 M、N 均不结合,提示其缺陷基因可能是一种新的突变。故 ASO 探针杂交法对一些已知突变类型的遗传病如地中海贫血、苯丙酮尿症的纯合子和杂合子的诊断很方便;也可分析癌基因如 H-*ras* 和抑癌基因如 *p*53 的点突变;不仅可以确定已知突变,还为发现新的突变基因提供了有效的途径。

5. 单链构象多态性诊断法(single strand conformation polymorphism, SSCP) 分析相同长度的单链 DNA 由于碱基序列的不同,甚至是单个碱基不同所引起的构象差异。这种差异将造成相同或相近长度的单链 DNA 电泳迁移率不同,从而可用于 DNA 中单个碱基的替代、微小的缺失的检测。用 SSCP 法检查基因突变时,通常在疑有突变的 DNA 片段附近设计一对引物进行 PCR 扩增,然后将扩增物用甲酰胺等变性,并在聚丙烯酰胺凝胶中电泳,突变所引起的 DNA 构象差异将表现为电泳带位置的差异,从而做出诊断。

PCR/SSCP 法具有能快速、灵敏地检测有无点突变或多态性的特点,但要阐明突变的碱基性质,需做序列分析。此法可用于检测点突变的遗传病,如苯丙酮尿症、血友病等,以及点突变的癌基因和抑癌基因。

6. 单核苷酸多态性(single nucleotide polymorphism SNP)分析 是指在基因组水平上由单个核苷酸的变异所引起的DNA序列多态性。它是人类最常见可遗传的基因变异,在人群中的发生率大于1%。SNP是人类进化、种族和个体差异的重要遗传标志物。SNP有单碱基的转换、颠换、插入、缺失等形式,但主要是单个碱基的置换。现在,人们认为基因组中的多态性有助于解释生物个体间的表型差异,不同群体和个体对疾病,尤其是对复杂疾病的易感性的差异,以及对药物的耐药性和对环境因素反应不同。

(二) 聚合酶链式反应(PCR)

PCR技术在基因诊断中被广泛应用。由于每对引物扩增区位于模板DNA的不同部位,由此检测多点突变或缺失的一个缺陷基因。

在基因诊断中,PCR与其他方法联合应用,在电泳的凝胶上可直接读出结果。如PCR/ASO探针法、PCR/RFLP法、PCR/限制性内切酶酶谱分析法、PCR/单链构象多态性(SSCP)分析等的联合应用也日益广泛。相同长度的单链DNA因其碱基序列不同,甚至仅仅由于某一个碱基不同,都可能形成不同的空间构象,因而在电泳时使其泳动速率不同。PCR产物变性后,经聚丙烯酰胺凝胶电泳,正常和变异基因的迁移位置不同,借此可分析确定致病基因的存在,此称为PCR/SSCP。

(三) DNA序列测定

分离出患者致病相关基因的DNA片段进行序列测定,是找出基因突变所在的最直接、最准确的方法。不仅可确定突变的部位,而且可确定突变的性质。此法主要用于基因突变类型已经明确的遗传病的诊断及产前诊断。

(四) 基因芯片技术

基因芯片(gene chip)技术由于其快速、敏感、高效、平行化、自动化等特点,成为新一代基因诊断技术。样品DNA/RNA通过PCR扩增、体外转录等技术掺入荧光标记分子,同DNA微阵列杂交后通过荧光扫描仪扫描和计算机分析,从而获得样品中大量基因序列及表达的信息。在临床疾病诊断中主要应用于核酸序列分析、基因表达分析、基因扫描、突变体分析、基因多态性检测及寻找新基因等。它还可广泛用于药物筛选、毒理学研究和环境化学毒物的筛选等许多领域。应用最多的是肿瘤发生机制研究。如以Lander和Gloub为首的研究小组研究急性髓性白血病(AML)、急性淋巴母细胞白血病(ALL)的基因表达谱,从38例患者骨髓细胞中提取了mRNA,并标以生物素,与点有6800个人类基因的芯片进行杂交,发现有50个表达差异明显的基因,根据这些差异可以确定病人患的是AML还是ALL。

(五) RNA诊断

基因表达异常也可引起疾病。RNA诊断通过对待测基因的转录产物(mRNA)进行定量分析,检测其转录和加工的缺陷。常用的方法有RNA印迹(Northern blot)、RT-PCR及荧光定量PCR等。

三、常见的基因异常及其检测

对多数非感染性疾病而言,引起疾病的根本原因是基因结构异常或者表达异常。基因结构异常包括点突变、插入、缺失和易位等。感染性疾病则是由于病原体侵入体内,表达外源性基因所致。目前对这些基因异常都有相应的检测方法,现简述如下。

(一) 点突变的检测

对于突变位点已被阐明的一些遗传病,可以采用PCR/ASO法,即等位基因特异性寡核苷酸杂交法进行检测。根据突变点上下游的序列设计引物,PCR扩增出突变区的DNA片断,然后直接点在膜上与相应的寡核苷酸探针杂交,即可检测出DNA样品是否有突变,以及是突变纯合子还是杂合子。对未知点突变的检测,先采用PCR/SSCP分析法鉴定是否存在突变,在确定突变存在的基础上,DNA测序来确定突变的确切位置。也常采用RFLP和SNP方法分析点突变。

(二) 缺失和插入的检测

针对DNA缺失或插入区域的旁侧序列设计引物,或者其中一个引物直接针对缺失或插入区的序列,对该区域进行PCR扩增。通过凝胶电泳观察扩增的DNA片断是否出现以及片断的大小,就可诊断出中等长度的DNA片断(0.5~1.5 kb)缺失或插入。在被测基因较长和可能存在多个位置缺失的情况下，采用多重PCR的方法较合适，如杜氏肌营养不良症（Duchene muscular dystrophy，DMD）诊断。

（三）STR序列的诊断

短串联重复序列（short tandem repeat，STR）是近年发现的广泛存在于人类基因组的一类具有长度多态性的DNA序列。它们一般由2~6对碱基构成一个核心序列，核心序列在长度上呈串联重复排列，重复次数通常在15~30次，主要由核心序列拷贝数目的变化产生长度多态性，也称微卫星DNA（microsatellite DNA）。STR不仅是一种连锁分析的遗传标志，而且它的拷贝数的增加也是一种导致某些疾病的原因。STR的高度多态性并遵循孟德尔共显性遗传，具有操作简便、分型准确和丰富的多态信息量等特点。可以利用相同的限制性内切酶将不同拷贝数的STR从不同个体的基因组DNA中切割下来，得到不同长度的DNA片断，现已成为继RFLP之后的第二代DNA分析技术的核心。

（四）基因重排的检测

在已知重排基因和重排位点序列的情况下，用PCR方法就可以检测基因重排。荧光原位杂交技术可用于检测基因的染色体定位，该方法具有探针稳定、快速、不同探针多色显示等优点。

（五）病原体基因的检测

病原体基因的检测具有快速、灵敏、特异等优点。20世纪80年代建立的PCR技术已广泛应用于对病原体的检测。根据病原体特异和保守的序列设计引物，有的还合成ASO探针，对病原体的DNA可用PCR技术直接检查，而对RNA病毒，则采用RT-PCR技术。

四、基因诊断的应用

基因诊断方法与传统的诊断方法相比，有着显著的优势。它以基因的结构异常或表达异常为切入点，而不是从疾病的表型开始，因此在疾病出现之前即可做出诊断，现已广泛应用于心血管疾病、遗传病、肿瘤、感染性疾病等多种疾病的诊断。由于遗传病基因变异在全身各细胞中均能一致体现，诊断取材极为方便，血液细胞及羊水脱落细胞等均可作为诊断材料，而无需对某一特殊的组织或器官进行检测。除在早期诊断、鉴别诊断、分期分型、疗效观察及预后判断中均发挥重要作用外，在预测个体对某种疾病易感性、器官移植的配型和法医学等方面也有重要作用。用基因诊断方法分析同血清型中不同时间、不同地区分离株的同源性和变异性，有助于研究某些传染性流行病病原体遗传变异趋势，有利于流行病暴发的预测和大规模的病原流行病学现场筛查工作。

（一）遗传病的基因诊断

目前临床上，基因诊断可用于许多单基因缺陷引起的遗传病，包括显性遗传、隐性遗传、X-染色体连锁遗传病等。许多遗传标志也用于基因连锁分析。对有患遗传病危险的胎儿可进行产前诊断或检测其有关亲属是否为基因携带者，这对遗传病的防治和优生优育有重要意义（表22-1）。

表22-1 几种单基因遗传病及其缺陷基因

遗传病	病变基因
常染色体显性遗传病	
家族性高胆固醇血症	低密度脂蛋白受体（LDLR）突变
亨廷顿舞蹈症	huntington基因发生变异（注：已有诊断用探针）
马尔芬综合征	赖氨酰氧化酶缺陷
肝豆状核变性（威尔逊综合征）	P型铜转运ATP酶缺陷
结肠息肉	APC基因突变
遗传性球形细胞增多症	红细胞膜蛋白光天缺陷
软骨发育不全症	纤维芽细胞生长因子受体-3基因突变
成年型多囊肾病	PKD基因突变
常染色体隐性遗传病	
重症联合型免疫缺陷病（SCID）	腺苷脱氨酶缺陷（ADA）

续表

遗传病	病变基因
囊性纤维化病(CF)	囊性纤维化跨膜调节蛋白(CFTR)突变
苯丙酮尿症(PKU)	苯丙氨酸羟化酶(PHA)突变
镰状红细胞贫血	血红蛋白β链第六位 Glu→Val
β-地中海贫血	β-珠蛋白链突变
白化病	酪氨酸酶基因突变
着色性干皮症	DNA 损伤修复基因缺陷
黑尿症	尿黑酸氧化酶基因缺陷
肝糖原储积症	酸性麦芽糖酶缺陷
戈谢病(Gaucher's disease)	葡萄糖神经酰胺酶基因缺陷
染色体 X-连锁(X 伴性显性遗传病)	
遗传性肾炎(AS)	胶原Ⅳα链亚单位 α_3、α_4(COL4A3 及 COL4A4)
杜氏肌营养不良症(DMD)	抗肌萎缩蛋白基因
色盲症	红或绿色素基因缺陷
染色体 X-连锁(X 伴性隐性遗传病)	
血友病甲/乙型	凝血因子Ⅷ/Ⅸ
葡萄糖 6-磷酸脱氢酶(G-6-PD)缺乏症	葡萄糖 6-磷酸脱氢酶缺失
无汗性外胚叶发育不良症(EDA)	EDA 致病基因突变

(二)感染性与传染性疾病的基因诊断

过去对感染性疾病(infectious diseases)的临床诊断,多采用直接分离检查病原体,或者对患者血清学或生物化学的分析。这些方法都有其不足之处,如存在灵敏度和特异性低及速度慢等缺点。免疫学的方法能检测出血清中的抗体,但不能判断现行还是既往感染,对潜伏病原体的检查也有困难。采用分子杂交技术和 PCR 技术对感染性疾病进行基因诊断方法具有灵敏度高、特异性强、快速简便特点;不仅可检出正在生长的病原体,也能检出潜伏的病原体;既能确定既往感染,也能确定现行感染;病原体抗药性的快速敏感试验测定;对那些不易体外培养和不能在实验室安全培养的病原体也可检测。

1. 病毒性疾病的基因诊断 由于基因诊断方法无需病毒培养,具有安全、快速和灵敏度高的优点。多种病毒性感染都可采用基因诊断检测相应的病原体。甲型肝炎病毒(HAV)、乙型肝炎病毒(HBV)、丙型肝炎病毒(HCV)、丁型肝炎病毒(HDV)和戊型肝炎病毒(HEV),艾滋病病毒(HIV)、人巨细胞病毒(HCMV)、人乳头状瘤病毒(HPV)和 EB 病毒……检测患者血清中内源性的各型病毒 DNA,可以直接反映病毒在体内的活动与复制,为临床治疗提供依据。近年发现的 SARS 冠状病毒,在基因组(RNA)序列确定后,也建立了 RT-PCR 的基因诊断法。

2. 细菌性疾病的基因诊断 应用基因诊断可检测多种致病性的细菌,如细菌性痢疾、肺炎支原体、铜绿假单胞菌、沙门菌、志贺菌和结核杆菌等。应用 PCR 技术仅需要微量(5~10 个细菌)的 DNA 作为模板,对样品处理要求简单,故此技术为临床许多细菌性疾病的防治和预后评价提供了有效的手段。

3. 寄生虫感染性疾病的基因诊断 目前恶性疟原虫、克鲁斯锥虫、利什曼原虫、血吸虫、弓形虫等寄生虫所致疾病都有基因诊断的方法。可用于判断现行还是既往感染;鉴别疟原虫种、株的基因分型;判别是否存在混合感染。

(三)恶性肿瘤的基因诊断

人类恶性肿瘤的发生、发展非常复杂,公认是多因素、多基因、多阶段参与的癌变过程。因此,肿瘤基因诊断的策略可分为三部分。

1. 检测肿瘤相关基因 如原癌基因、抑癌基因等基因的突变、丢失或表达异常。

2. 检测肿瘤相关病毒的基因 如与鼻咽癌有关的 EB 病毒、与宫颈癌有关的人类乳头状瘤病毒及与肝癌有关的乙肝病毒等。

3. 检测肿瘤标志物基因 mRNA 现以人大

笔记栏

肠癌为例说明癌变的分子机制，进而提供基因诊断的依据。正常肠上皮细胞经过腺瘤Ⅰ、Ⅱ、Ⅲ级，最终发展为恶性的大肠癌，并依其解剖部位分为结肠癌和直肠癌。在肠癌的癌变过程中，存在抑癌基因——家族性多发性腺瘤(familial adenomatous polyposis, FAP)基因、结肠癌缺失(deleted in colorectal cancer, DCC)基因、*p*53基因的丢失；原癌基因 *K-ras* 的点突变、*c-myc* 的过量表达和 *p*53基因的突变(如图22-3)。

癌基因、抑癌基因及其产物(*ras* 家族、*c-myc*、*c-erb*B2、EGF、TGF-α、*p*53、MTS1等)作为肿瘤标志物在肿瘤诊断，检测肿瘤复发与转移，判断疗效和预后以及人群普查等方面都有临床实用价值，而且在肿瘤发生和发展机理研究中也具有重要作用。同时也为临床肿瘤治疗提供依据及以其进行肿瘤的靶向治疗及免疫治疗。如表22-2列举了一些我国开展的常见恶性肿瘤的基因诊断。

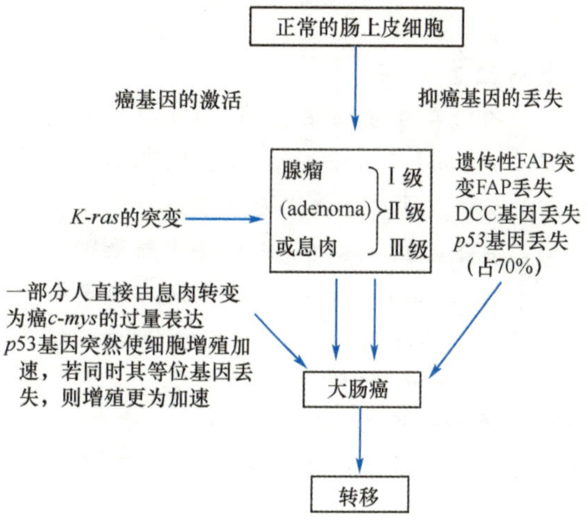

图22-3　人大肠癌癌变的分子机制

表22-2　我国部分常见恶性肿瘤的基因诊断

疾病	致病基因	诊断方法
肝癌	*K-ras*、*SAMS*	ASO杂交、RT-PCR、Northern杂交
小细胞肺癌	*K-ras*、*H-ras*、*p*53	ASO杂交、SSCP
乳腺癌	*BRCA*1、*BRCA*2	SSCP、直接测序
结肠癌	*apc*、*K-ras*	SSCP、PCR
前列腺癌	*KAI*1等	RT-PCR
胰腺癌	*K-ras*、CCK-A	PCR-酶切分析

(四) 法医学中的应用

传统的对生物个体识别和亲子鉴定的方法有血型、血清蛋白型、红细胞酶型和白细胞膜抗原(HLA)等，但都存在着一些不确定的因素。近年来对人基因结构的深入研究发现，有些具有个体特征的遗传标记可用于个体识别和亲子鉴定。DNA指纹分析(DNA fingerprinting)，STR-PCR技术在法医学中的应用已占主导地位。

(五) 临床药学的应用

随着人类基因组计划(HGP)的完成，药物基因组学(pharmacogenomics)作为新兴学科在临床药学实践中发挥着越来越重要的作用。目前，利用基因诊断技术可以分析出某一药物主要代谢酶的基因是否异常，从而客观、准确地了解个体在药物反应方面的特异性。

(六) 其他应用

人体的多样性和个性取决于基因组DNA核苷酸序列的差异，即DNA的多态性。第三代遗传标记——单核苷酸多态性的发现，使得人类的遗传变异研究更加精细。人的体型、长相约与500多个基因相关，应用基因诊断技术理论上可以揭示人的外貌特征、脸型、长相等。基因诊断在判断个体对某一重大疾病的易感性、在临床的器官移植组织配型等应用中日益受到关注。

基因诊断作为一种诊断手段具有划时代意义，把对疾病的研究引入到分子水平，极大地推动了医学的发展。但基因诊断并非完美无缺。首先，基因检查存在技术上的假阳性和假阴性，而且，基因异常与临床疾病并非一一对应。其次，基因诊断尚存在一些伦理学问题，如对身患绝症的患者做基因诊断是否符合医学伦理学要求；被诊断为基因缺陷患者如何得到法律保障，避免受社会歧视等问题。

笔记栏

第2节 基因治疗

案例 22-2

1990 年 9 月 14 日，美国国立卫生研究院（National Institute of Health，NIH）的 Blease 和 Anderson 合作进行了第一例人类基因治疗。患者是一位由于体内缺乏腺苷脱氨酶（adenosine deaminase，ADA）而患有重度联合免疫缺陷症（severe combined immunodeficience，SCID）的 4 岁女孩。采用梯度分离得到患儿血细胞中的单个核细胞，在含有 CD3 抗体和 IL-2 存在情况下培养这些细胞以刺激 T 淋巴细胞增殖，以携带 ADA 基因和 *neo* 基因反转录病毒转染增殖的细胞，数日后将细胞输回患者体内。该患者在随后的 10 个半月中，共接受了 7 次上述的自体细胞输回体内，患者免疫功能明显增强，临床症状改善。用 PCR 分析表明，患者血液中约有相当于正常人的 25% 的 ADA 基因转染细胞。治疗结果令人满意，极大推动了临床基因治疗的发展。

问题讨论

1. 基因治疗的基本程序有哪些？
2. 将外源基因导入细胞内的常用方法有哪些？
3. 为何要采用基因疗法治疗重症联合免疫缺陷症？

基因治疗是 20 世纪 80 年代发展起来的人类医学分子生物学的新领域。发展非常迅速。基因治疗和常规治疗的区别在于：一般常规治疗方法针对基因异常而表现出的各种症状，而基因治疗针对的是疾病的根源异常的基因。因此，基因治疗能从根本上治愈一些现有的常规治疗无法解决的疾病。起初基因治疗仅用于单基因遗传病的治疗性研究。目前基因治疗重点集中在严重威胁人类健康的疾病，如遗传性疾病、恶性肿瘤、心血管疾病、艾滋病和感染性疾病等。

一、基因治疗的概念

基因治疗（gene therapy）是将人的正常基因或有治疗作用的基因通过一定方式导入人体靶细胞以纠正基因的缺陷或者发挥治疗作用，从而达到治疗疾病目的的生物医学高技术。在早期，基因治疗是指用正常的基因原位整合入细胞基因组，以校正和置换致病基因的一种治疗方法。广义基因治疗的概念是将外源基因导入患者靶细胞，并有效地表达该细胞本来不表达的基因，或采用特定方式关闭、抑制异常表达基因，从而达到治疗疾病目的的治疗方法。

笔记栏

二、基因治疗的策略

近年基因研究不断深入，基因治疗的概念也有所发展，不仅可以导入正常基因以纠正遗传性疾病的基因缺陷，也可导入特定的 DNA、RNA 片段以封闭或抑制特定的基因表达。因此凡是采用分子生物学的方法和原理，在核酸水平上开展的疾病治疗方法都可称为基因治疗。根据所采用的方法不同，基因治疗的策略大致分为以下几种：

（一）基因置换或矫正

基因置换（gene replacement）是用正常的基因通过体内基因同源重组，原位替换病变细胞内的致病基因，使细胞内的 DNA 完全恢复正常状态。基因矫正（gene correction）也属于此范畴，它是将致病基因的异常碱基进行纠正，而保留正常部分，这种治疗方法最为理想，但目前由于技术原因尚难达到。

（二）基因增补

基因增补（gene augmentation）又称为基因修饰，是将目的基因导入病变细胞或其他细胞，目的基因的表达产物能修饰缺陷细胞的功能或使原有的某些功能得以加强。在这种治疗方法中，缺陷基因仍然存在于细胞内，目前基因治疗多采用这种方式。如将组织型纤溶酶原激活剂的基因导入血管内皮细胞并得以表达后，防止经皮冠状动脉成形术诱发的血栓形成。

该患者在随后的 10 个半月中，共接受了 7 次上述的自体细胞输回体内，临床症状改善。用 PCR 分析表明，患者血液中约有相当于正常人的 25% 的 ADA 基因转染细胞。此种治疗就是采用基因增补法。

（三）基因失活

基因失活（gene inactivation）是利用反义核酸技术能特异地封闭基因异常过度表达特性，抑制一些有害基因的表达，以达到治疗疾病的目的。如利用反义 RNA、核酶、肽核酸、基因敲除和 RNA 干扰技术等抑制一些癌基因的表达，抑制肿瘤细胞的增殖，诱导肿瘤细胞的分化。

（四）自杀基因疗法

自杀基因疗法（suicide gene therapy）向肿瘤细胞中导入一种基因，其表达产物为一种酶，它可将无细胞毒或者低毒的药物前体转化为细胞毒性产物，从而导致携带该基因的受体肿瘤细胞被杀死。此种基因也称为“自杀基因”，例单纯疱疹病毒胸苷激酶基因（HSV-tk）。HSV-tk 表达产物为单纯疱疹病毒胸苷激酶（HSV-TK），此酶可使鸟苷类似物 GCV 磷酸化。单磷酸化的 GCV 在细胞中转换成三磷酸形式（GCVTP）后不仅可抑制 DNA 聚合酶活性，而且还可与 dTTP 竞争掺入分裂细胞的 DNA 中，抑制 DNA 的合成，从而杀死肿瘤细胞。

（五）免疫基因治疗

免疫基因治疗（immunogene therapy）将抗体、抗原或细胞因子的基因导入患者体内，改变患者免疫状态，达到预防和治疗疾病的目的。如将白细胞介素-2（IL-2）导入肿瘤病人体内，提高病人 IL-2 的水平，激活体内免疫系统的抗肿瘤活性，达到防治肿瘤复发的目的。此策略已应用于多种恶性肿瘤的临床试验。

三、基因治疗的基本程序

（一）治疗性基因的选择

选择对疾病有治疗作用的特定目的基因是基因治疗的首要问题。目的基因应是能弥补、替代缺损基因的外源性正常基因，将目的基因引入靶细胞内，进行基因重组，取代突变基因，新的基因组即可执行正常的功能，从而达到治病的目的。对于单基因缺陷的分子病，其野生型基因即可被用于基因治疗，如选用腺苷脱氨酶（ADA）基因治疗 ADA 缺陷导致的重症联合免疫缺陷综合征（SCID）；对于血管栓塞性疾病，可选用血管内皮生长因子（VEGF）基因，刺激侧支循环的建立，以改善栓塞部位的血液供应；对于肿瘤，则选用反义核酸干预活化的原癌基因（如 $erbB_2$）过度表达，从而发挥抑癌作用。

（二）基因载体的选择

要有效将治疗基因导入人体细胞内需要靠合适的运送基因的工具，即载体（vector）。载体有两类：病毒载体、非病毒载体。临床基因治疗过程中，一般多选用病毒载体。如反转录病毒（RV）载体、腺病毒（AV）载体和腺相关病毒（AAV）载体。几种常用病毒载体的特点见表 22-3。

表 22-3　几种常用病毒载体的主要特点比较

	反转录病毒载体	腺病毒载体	腺相关病毒载体
基因组大小	8.5kb	36kb	5kb
核酸类型	RNA	DNA	DNA
外源基因容量	<9kb	2kb～7kb	<3.5kb
重组病毒滴度	中	高	较低
靶细胞状态	分裂细胞表面有特异受体	分裂细胞或非分裂细胞	分裂细胞或非分裂细胞
基因整合	随机整合	不整合	优先整合于染色体 19q 位点
外源基因表达情况	短暂表达/稳定表达	短暂表达	稳定表达
基因转移效率	高	高	不明
生物学特性	清楚	清楚	尚未研究清楚
安全性	不明	病毒蛋白可引起炎症及免疫反应	无病原性

笔记栏

（三）靶细胞的选择

根据受体细胞种类不同，基因治疗有两种形式，一种是改变体细胞的基因表达，将目的基因转移到体细胞中进行基因治疗，即体细胞基因治疗（somatic gene therapy）；另一种是改变生殖细胞的基因表达，即种系基因治疗（germline gene therapy）。从理论上讲，若对缺陷的生殖细胞进行矫正，不但当代可以得到根治，而且可以将正常的基因传给子代。但生殖的生物学极其复杂，且尚未清楚。这种治疗有可能改变生殖细胞的遗传性状，一旦发生差错将给人类带来不可想象的后果，还涉及一系列伦理学的问题，故要慎重对待，目前还不能用于人类。在现有的技术条件下，基因治疗仅限于体细胞，基因型的改变只限于某一类体细胞，其影响只限于某个体的当代。

人体细胞是现今基因治疗的合适靶细胞，对靶细胞的选择标准是：①容易取出和移植。②容易体外培养。③外源目的基因能高效导入靶细胞。④具有较长寿命。目前研究和应用最多的是人体骨髓干细胞、淋巴细胞、血管内皮细胞和成纤维细胞等，由于骨髓细胞不仅符合以上条件，且许多疾病的发生与之有关，是较理想的靶细胞。

（四）基因转移（gene transfer）方法的选择

基因治疗的实施，有赖于将外源治疗基因准确、高效地转入靶细胞，并使之安全、高效和可控地表达。在体外研究中，将基因导入哺乳动物细胞的方法有两类，即非病毒介导的基因转移和病毒介导的基因转移。但在基因治疗的临床实施中，以病毒载体为主，特别是反转录病毒载体。

在人类基因治疗实施中，导入基因的方式有两种：一种是间接体内疗法（*ex vivo*），目前研究和应用较多，即在体外将外源基因导入载体细胞内，再将这种基因修饰过的细胞回输病人体内，使带有外源基因的细胞在体内表达相应产物，以达到治疗的目的。其基本过程类似于自体组织细胞移植。另一种直接体内疗法（*in vivo*），即将外源基因导入受体体内有关的器官组织和细胞内，以达到治疗目的，这种方法简便易行。如肌内注射、静脉注射、器官内灌输、皮下包埋等，但其缺点是基因转染率较低。

（五）外源基因及其表达产物的筛检

利用载体中的标记基因对转染细胞进行筛选，只有稳定表达外源基因的细胞在病人体内才能发挥治疗效应。常采用遗传学方法、酶切鉴定、PCR 扩增、核酸分子杂交法、免疫学方法及 DNA 序列测定等方法筛选。

（六）将遗传修饰细胞回输体内

将治疗性基因修饰的细胞以不同的方式回输体内，以发挥治疗效果。如淋巴细胞可经静脉回输入血；造血干细胞可采用自体骨髓移植法；皮肤成纤维细胞可经胶原包裹后埋入皮下组织中等。

四、基因治疗的应用与展望

自 1990 年 9 月 14 日全世界第一例用腺苷脱氨酶（ADA）基因治疗腺苷脱氨酶缺陷导致的重症联合免疫缺陷综合征（ADA-SCID）获得成功后。现在基因治疗在遗传性疾病、心血管疾病、肿瘤、感染性疾病和神经系统疾病等多种病种中都取得了突破性进展。在我国，采用血管内皮生长因子（VEGF）、血友病因子基因治疗外周梗死性下肢血管病、血友病基因治疗方案也已获准进入临床试验。

虽然基因治疗部分应用于临床并获得成功，但基因治疗大多还处在理论研究和动物试验阶段，依然存在缺少高效的传递系统、缺少持续稳定的表达和宿主产生免疫反应等问题。特别是外来基因导入引起的伦理讨论尚无定论。今后基因治疗研究将向两个方向发展：一方面是应用基础研究以解决基因导入系统和基因表达的可控性研究为主要研究内容，结合人类基因组研究，寻找更有效的“目的基因”。另一方面是临床试验项目增多，使得实施方案更加优化，判断标准更加客观，评价效果更加精确。我们相信随着人类基因组计划顺利实施和完成，新的人类疾病基因的发现和克隆，基因治疗研究和应用将不断取得突破性进展。

小　结

人类许多疾病都与基因密切相关，基因诊断已成为临床实验诊断的重要组成部分。疾病的发生不仅与 DNA 结构变异有关，而且与基因表达

笔记栏

异常有关。基因变异致病的病因可分为内源性基因的变异和外源性基因的入侵两大类。在基因水平诊断和治疗疾病是现代医学发展的趋势。

利用现代分子生物学和分子遗传学的技术方法，直接检测基因的存在，分析基因的类型和缺陷及其表达功能是否正常，从而达到诊断疾病的方法称为基因诊断。基因诊断的特点是属于病因诊断、针对性强、特异性高、灵敏度高、适用性强及诊断范围广等。基因诊断常用技术方法有聚合酶链式反应、核酸分子杂交及序列测定等。PCR和核酸分子杂交是基因诊断的最常用方法。基因诊断的基本操作流程为：样本抽提、样本扩增、分子杂交和信号检测。基因诊断已广泛用于遗传病、肿瘤、心血管疾病及感染性疾病等多种疾病的诊断。

基因治疗是将人的正常基因或有治疗作用的基因通过一定方式导入人体靶细胞以纠正基因的缺陷或者发挥治疗作用，从而达到治疗疾病目的的生物医学技术。目前常用的基因治疗方法主要有基因置换、基因增补、基因失活、自杀基因、免疫基因治疗等，其中RNA干扰作为一种新兴的基因阻断技术，在基因治疗等方面开辟一条新思路并具广阔的应用前景。基因治疗中选择什么样的细胞作为基因治疗的靶细胞是基因治疗成功与否的重要因素。目前常用的靶细胞主要有骨髓干细胞、淋巴细胞、皮肤成纤维细胞、血管内皮细胞等。如何将外源基因导入受体细胞是基因治疗的重要步骤之一。将外源基因导入哺乳动物细胞的方法有非病毒介导的基因转移和病毒介导的基因转移两类。目前常用的基因转移的病毒载体有反转录病毒、腺病毒、腺相关病毒等。

基因治疗在少数患者身上获得成功，但还有许多理论和技术方法以及伦理学方面问题有待进一步研究，基因治疗目前还仅处于理论研究和动物实验初期。

（陈　瑜）

第23章 基因组学与蛋白质组学

基因组学是研究生物体基因组的结构、结构与功能的关系以及基因之间相互作用的科学。基因组学包括结构基因组学（structural genomics）和功能基因组学（functional genomics）两大部分。结构基因组学以全基因组测序为目标，功能基因组学以基因功能鉴定为目标，又称为后基因组学（postgenomics）。随着人类基因组计划（human genome project，HGP）的实施与提前完成，基因组研究进入了以破译、解读、开发基因组功能信息为主要研究内容的后基因组时代。但功能基因组学研究还不能真正揭示基因的功能与生命的活动规律，因此诞生了转录组学（transcriptomics）、蛋白质组学（proteomics）、代谢组学（metabonomics/metabolomics）、生物信息学（bioinformatics）等新兴学科。转录组学是一门在整体上从RNA水平研究基因表达及其调控规律的学科。蛋白质组学是从整体水平研究生物体或组织细胞内蛋白质的组成、结构及其活动规律的科学。代谢组学是效仿基因组学和蛋白质组学的研究思想，则是对某一生物或细胞在一特定生理时期内所有低分子量代谢产物同时进行定性和定量分析的一门新学科。是系统生物学的组成部分。生物信息学是在生命科学的研究中，以计算机为工具对生物信息进行储存、检索和分析的科学。其研究重点主要体现在基因组学和蛋白学两方面，具体说就是从核酸和蛋白质序列出发，分析序列中表达的结构功能的生物信息。随着基因组学、转录组学、蛋白质组学、代谢组学、生物信息学相继兴起，在此基础上，系统生物学应运而生。系统生物学系统地研究一个生物系统中所有组成成分（基因、mRNA、蛋白质等）的构成以及在特定条件下这些组分间的相互关系，并分析生物系统在一定时间内的动力学过程。本章主要介绍基因组学和蛋白质组学。

第1节 基因组学

一、结构基因组学

结构基因组学就是研究生物基因组结构的科学，通过基因作图、核苷酸序列分析确定基因组成、基因定位。它是基因组学研究的第一阶段，是建立功能基因组学的基础，其主要目标是绘制生物体的遗传图谱、物理图谱、序列图谱和转录图谱。

1. 遗传图谱（genetic map） 通过遗传重组所得到的基因或DNA标记在染色体上的线性排列图谱称为遗传图谱，或称连锁图谱（linkage map）。它是通过计算连锁的遗传标志之间的重组频率，来确定它们之间的相对距离，图距单位为cM（厘摩，即每次减数分裂的重组频率为1%），约相当于1000kb。人类基因组遗传大小已确定为3600cM。

建立精细遗传图的关键是获得足够的、高度多态性的遗传标记。早期被用做第一代DNA遗传标记的有限制性片段长度多态性（Restriction Fragment Length Polymorphism RFLP）、随机扩增多态性DNA（random amplified polymorphism DNA，RAPD）、扩增片段长度多态性（amplified fragment length polymorphism，AFLP）；1989年，短串联重复序列（short tandem repeat，STR）又称微卫星，被作为第二代DNA遗传多态性标记；1996年，Lander等又提出了第三代DNA遗传标志——单核苷酸多态性（single nucleotide polymorphism，SNP）。

2. 物理图谱（physical map） 物理图谱是以序列标志位点（sequence tags site，STS，指染色体定位明确且可用PCR扩增的单拷贝序列）为作图标志，图距以物理长度bp、kb、Mb为单位的基因组图谱。它是进行DNA序列分析和基因组结构研究的基础。最通常的物理图谱的构建方法是利用限制性核酸内切酶将染色体DNA切成片段，将其按次序排列连接起来作图。

3. 序列图谱（sequence map） 随着遗传图谱和物理图谱绘制的完成，基因组测序就成为结构基因组学重要的研究工作。只有完成了物种基因组的DNA序列测定，才有可能在碱基水平上破译生物体的遗传信息。序列图谱是物理图谱的延伸，是最详细、最准确的物理图谱。

遗传图谱和物理图谱只是HGP的阶段性目标，而序列图谱才是HGP的终极目标。自1990

笔记栏

年开始实施 HGP 以来，已完成了 100 多个物种的基因组 DNA 序列测定，其中包括流感嗜血杆菌、大肠埃希菌、酵母、秀丽线虫及人类等基因组的测序（表 23-1）。

表 23-1　已经完成基因组测序的部分物种

物种	基因组大小（bp）	基因数（个）	未知功能的基因数（个）
流感嗜血杆菌	1 830 137	1743	736
生殖道支原体	580 070	470	141
肺炎支原体	816 394	677	290
詹氏甲烷球菌	1 664 976	1682	1178
集胞蓝细菌	3 573 407	3168	1736
大肠埃希菌	4 629 221	4288	1632
枯草芽孢杆菌	4 214 810	4100	1721
幽门螺旋杆菌	1 667 867	1590	684
包柔螺旋体	910 725	853	713
酿酒酵母	12 068 000	5885	1099
产液菌	1 551 335	1512	663
结核分枝杆菌	4 411 529	3924	1518
梅毒螺旋体	1 138 006	1041	464
立克次体	1 111 523	834	394
秀丽线虫	97 000 000	19 099	
沙眼衣原体	1 042 519	894	290
人	3.2×10^9	30 000～35 000	

目前构建序列图谱的策略是首先将庞大的基因组 DNA 分区克隆，并赋予遗传图谱和物理图谱中的标志，然后逐段进行序列测定，最后根据遗传标志将序列拼接起来，从而获得一个完整基因组 DNA 分子的全部核苷酸排列顺序。

4. 转录图谱（transcription map）　转录图谱即为基因图谱，是在识别基因组所包含的蛋白质编码序列的基础上绘制的结合有关基因序列、位置及表达模式等信息的图谱，亦称 cDNA 图谱或表达序列标签（expressed sequence tags，EST）图谱。

所有生物性状包括疾病都是由蛋白质决定的，而已知的所有蛋白质都是由 mRNA 编码的。因此绘制转录图谱时，首先需要将全部 mRNA 通过逆转录酶催化合成 cDNA 或 EST 部分的 cDNA 片段后进行序列测定，然后确定这一序列在基因组中的位置。采用这种方法，已经在人类基因组中鉴别出占 2%～5% 长度的全部基因的位置、结构与功能。

转录图谱不仅可为我们提供生物体基因或基因家族的数目、每一基因的序列及其在基因组中的位置，而且还能有效地提供正常或特殊环境条件下基因表达的时间和空间关系。

二、功能基因组学

功能基因组学是建立在结构基因组学研究基础上的基因组分析，它利用结构基因组学所提供的生物信息和材料，采用高通量和大规模的实验手段，结合计算机科学和统计学进行基因组功能注释（genome annotation），在整体水平上全面了解基因功能及基因之间相互作用的信息，认识基因与疾病的关系，掌握基因的产物及其在生命活动中的作用。这就使得生物学研究从对单一基因或蛋白质的研究转向多个基因或蛋白质同时进行系统的研究。

功能基因组学的研究主要包括：

1. 识别和鉴定基因信息　要了解基因功能信息，需进一步鉴定基因序列，识别基因转录调控信息，分析遗传语言。基因识别需采用生物信息学、计算生物学技术和生物学实验手段，并将理论方法和实验结合起来。基于理论的方法主要从已经掌握的大量核酸序列数据入手，发展序列比较、基因组比较及基因预测理论方法。采用的生物学手段主要包括消减杂交、差示筛选、代表性 cDNA 差异分析、mRNA 差异显示及 DNA

笔记栏

芯片、cDNA 微阵列、全基因组扫描等。

2. 注释基因产物的功能 基因功能主要包括生物学功能、细胞学功能及发育学功能等。序列同源性分析、生物信息关联分析、生物数据挖掘是进行功能注释的主要生物信息学手段。

3. 疾病相关基因的结构与功能研究 主要包括人类基因突变体的系统鉴定、全基因组表达谱的绘制、基因功能关系的鉴定、基因相互作用网络图的绘制、与疾病防治相关的基因功能研究等。

4. 基因的表达调控及多样性研究 在整体水平识别所有基因组表达产物 mRNA 和蛋白质,以及两者之间的相互作用,绘制基因组表达在细胞发育的不同阶段和不同环境状态下基因调控网络图,有助于阐述细胞发育、分化的分子机制。开展基因组多样性研究,无论对于了解人类的起源、进化和迁徙,还是对于生物医学均会有重大影响。

5. 比较基因组学(comparative genomics)研究 是基于基因组图谱和测序基础上,对已知的基因和基因组结构进行比较,来了解基因的功能和物种进化的学科。在基因组水平对不同生物体进行对照比较,将进一步加深对人类基因组结构和功能的了解,同时也可以揭示生命的起源和进化。

第2节 蛋白质组学

基因组的结构是相对稳定的,结构基因的数量是有限的,因此基因组学研究还不能说明生命现象的复杂性和多变性。要研究生命现象,阐述生命活动的规律,对于生命活动的直接执行者——蛋白质的数量、结构、性质、相互关系和生物学功能进行全面和深入的研究。生命现象的发生往往涉及多个蛋白质,多个蛋白质间有相互作用,而且蛋白质在执行生理功能时的表现是多样的、动态的,因此传统的针对单个蛋白质进行研究不能满足后基因组时代的要求,需要进行蛋白质组学研究。

一、蛋白质组学的研究内容

蛋白质组(proteome)是指一个细胞或一个组织基因组所表达的全部蛋白质。它是对应于一个基因组的所有蛋白质构成的整体。由于基因的表达有时间和空间特异性,因此,蛋白质组是一个在空间和时间上动态变化着的整体。蛋白质组学(proteomics)是在人类基因组计划研究发展的基础上形成的交叉学科,是从一个机体或一个细胞的蛋白质整体活动的角度研究在不同时间和空间发挥功能的特定蛋白质群体的组成、表达水平、结构及其活动规律来揭示和阐明生命活动基本规律的学科。目前,蛋白质组学的研究大致可分为组成蛋白质组学(compositional proteomics)研究和比较蛋白质组学(comparative proteomics)研究两大方向。组成蛋白质组学是采用高通量的蛋白质组研究技术从大规模、系统性的角度分析生物体内尽可能多乃至接近所有的蛋白质,建立蛋白质表达谱,从而获得对生命活动的全景式认识的蛋白组学研究。比较蛋白质组学研究以生命活动或疾病为研究对象,选取生命活动或疾病发生、发展过程中的几个相继的重要阶段,分别进行蛋白质作图,系统地进行蛋白质种类和数量的比较,筛选有差异表达的关键蛋白和导致疾病发生的标志性蛋白后,进一步研究蛋白质组成员间的相互作用、相互协调的关系,并深入了解蛋白质的结构与功能的相互关系,以及基因结构与蛋白质结构、功能的关系,从而确定生命活动或疾病发生、发展的蛋白质基础。比较蛋白质组学研究是蛋白质功能模式的研究,是蛋白质组学研究的最终目标。蛋白质组学研究的核心内容包括两个方面:蛋白质组研究体系的建立、完善和重要的生物学问题相关的功能蛋白质组研究。

蛋白质组学的研究内容大致包括以下几个方面:①蛋白质鉴定:包括数据库构建、新型蛋白质的发现、同源蛋白质比较等。②蛋白质加工和修饰分析。细胞内许多蛋白质要经历磷酸化、糖基化、酶原激活等翻译后修饰。蛋白质的翻译后修饰与其活性及功能状态有关,也与蛋白质所在的细胞种类和生命周期相关。③蛋白质功能研究:对基因功能、基因表达调控机制、细胞因子、配体、受体的研究,蛋白质表达后在细胞内的定位,酶活性分析和酶底物的确定都是蛋白质功能研究的重要内容。④重要生命活动的分子机制研究。如细胞周期、细胞分化与发育、蛋白质在不同环境下的差异表达、表达调节及蛋白质间的相互作用等。⑤对人类而言,蛋白质组学的研究最终要服务于人类健康。如医药靶分子的寻找和分析包括新药靶分子、肿瘤分子标记和人体病理介导分子等。

二、蛋白质组学研究技术体系

由于蛋白质在数量、氨基酸组成上均比基因

笔记栏

复杂,使得蛋白质组的研究远比基因组研究复杂。1975年,Farrell等建立的蛋白质高分辨双向凝胶电泳(2-DE),拉开了蛋白质组研究的序幕。蛋白质组研究的迅速发展,主要归功于以下三大技术的突破:①20世纪80年代固相化pH梯度凝胶的发明和完善,改善了双向凝胶电泳的重复性和上样量。②80年代后期电喷雾电离飞行时间质谱(ESI-MS)和基质辅助激光解吸飞行时间质谱(MALDI-TOF-MS)技术出现,并在蛋白质分析中成功应用。③以计算机技术为基础的多种图像分析与大规模数据处理软件问世,不少物种的双向凝胶电泳和蛋白质数据库相继建立与完善。双向凝胶电泳技术、质谱技术、计算机图像分析与数据处理技术是蛋白质组学研究的三大基本支撑技术。蛋白质组学研究包括三个主要步骤:蛋白质分离;蛋白质鉴定;鉴定结果的存储、处理、对比和分析。目前国际上已建立的关于蛋白质组学研究的技术平台主要包括以下几个方面:①蛋白质样品的制备。②蛋白质的分离和纯化。③蛋白质的鉴定。④蛋白质的定量和差异表达及相互作用的研究。⑤蛋白质生物信息学。

(一)样品制备

通常可采用组织、细胞中的全部混合蛋白质组分或根据蛋白质的溶解性和在细胞中不同细胞器定位进行分级的蛋白质组分(细胞核、线粒体或高尔基体等细胞器的蛋白质)进行蛋白质组分析。采用激光捕获微解剖(laser capture microdissection,LCM)方法可以精确地从组织切片中取出研究者感兴趣的细胞类型,取出的细胞用于蛋白质样品的制备。

(二)蛋白质分离技术

蛋白质分离技术主要包括双向凝胶电泳、双向高效柱层析、二维差异凝胶电泳、毛细管电泳技术、蛋白质芯片技术等。

1. 双向凝胶电泳 其原理是根据蛋白质的等电点和相对分子质量的特性来分离蛋白质混合物。第一向是基于蛋白质的等电点不同,采用等电聚焦的方法分离,第二向则按相对分子质量大小不同,采用SDS-PAGE分离,使混合物中的蛋白质在二维平面上分开。近年来经过不断改进,双向凝胶电泳已成为目前蛋白质组研究中最有使用价值的核心方法。

2. 双向高效柱层析 是先将蛋白质混合样品进行凝胶过滤(分子筛)层析,再利用蛋白质表面疏水性质进行反向柱层析分离。该法的优点是可以适当放大,分离得到较多的蛋白质以供鉴定。层析柱流出的蛋白峰可直接连通进入质谱进行测定(一维色谱与质谱联用技术,多维色谱与质谱联用技术),这在分析复杂混合物时很有优势。

3. 二维差异凝胶电泳 是二维电泳技术的基础上发展起来的定量分析凝胶上蛋白质点的新方法。该技术应用不同的荧光染料Cy2、Cy3或Cy5,分别标记不同的蛋白质样品后将两种样品等量混合,在同一2-DE中分离。通过加入内标(Cy2、Cy3或Cy5标记的已知量的某种蛋白质)可保证定量结果的可靠性和操作的可重复性。可比较两种状态下特定蛋白质丰度变化、也可发现缺失或新出现的蛋白质。

(三)蛋白质鉴定技术

蛋白质鉴定技术主要包括Edman降解法、质谱技术、氨基酸组成分析、蛋白质和多肽的N端、C端氨基酸序列分析等。

1. Edman降解法测定N末端序列 尽管Edman降解法测序速度较慢,费用偏高,灵敏度也不如快速发展的质谱技术,但它测定的肽序列非常准确,成为蛋白质可靠鉴定的重要依据。类似Edman降解法的C末端化学降解法已研究多年并有自动化仪器问世,但它的反应效率低。

2. 质谱技术 是蛋白质组学分析中的三大核心技术之一。是将样品分子离子化后,根据不同离子间质荷比(m/z)的差异来进行成分和结构分析的方法。在质谱技术发展早期,由于电离技术的制约,质谱法只能分析小分子挥发物质。20世纪80年代末诞生的两种新的软电离技术——电喷雾电离和基质辅助激光解吸电离技术可以使核酸或蛋白质、多肽等生物大分子产生带单电荷或多电荷的分子离子,从而能测定其相对分子质量,同时它们所具有的高灵敏度和高质量检测范围使生物大分子的微量分析成为可能。再结合串联质谱分析,还可以得到结构信息。

3. 氨基酸组成分析 其由于耗资低而常用于蛋白质鉴定,但往往需配合其他鉴定手段才能得到可靠的结果。氨基酸组成分析对杂质污染较敏感,如果样品含有杂蛋白,会严重影响鉴定的可信度。

目前质谱技术已成为蛋白质鉴定的核心技

笔记栏

术,从质谱技术测得的完整蛋白质相对分子质量、蛋白质的肽质量指纹谱以及部分肽序列等数据通过相应的数据库的搜寻来鉴定蛋白质。蛋白质的可靠鉴定往往需要多种方法和数据的结合,还需要对蛋白质翻译后修饰的类型和程度进行分析。

(四) 蛋白质的定量和差异表达及相互作用的研究技术

比较蛋白质组学的主要研究内容之一是对蛋白质量的差异表达进行准确的定量分析,尤其是比较不同状态下细胞内一些低拷贝蛋白质的差异表达。目前对疾病的研究,通过比较正常与异常细胞或组织中蛋白质表达水平的差异,进而找到与人类疾病密切相关的差异蛋白,确定靶分子,为临床诊断、病理研究、新陈代谢研究、药物筛选、新药开发等提供理论依据。

目前定量蛋白质组学的研究技术包括:放射性核素稀释技术、荧光染色差异显示双向电泳和氨基酸化学标记技术等。放射性核素稀释技术(isotope dilution technique)包括代谢标记方法、提取后标记方法、反标记方法。氨基酸化学标记法包括:放射性核素亲和标记技术、赖氨酸标记技术、色氨酸标记技术及肽质图谱差异比较等。

蛋白质间相互作用的研究技术包括蛋白质亲和层析、免疫印迹、免疫共沉淀、蛋白质交联、酵母双杂交技术、噬菌体展示技术和表面等离子体共振技术等。其中酵母双杂交技术(又称蛋白质捕获系统)是利用融合基因激活报告基因的表达,来探测蛋白质-蛋白质的相互作用。该技术能够敏感地检测到蛋白质之间微弱的、瞬间的作用。因此,它在许多的研究领域中有着广泛的应用。噬菌体展示技术是一种噬菌体表面表达筛选技术,也是一种用于筛选和改造功能性多肽的生物技术。表面等离子体共振技术已成为一种全新的研究蛋白质间相互作用的手段。

(五) 生物信息学

生物信息学常由数据库、计算机网络和应用软件三大部分组成,已在基因组学研究中发挥了巨大作用,在蛋白质组学研究中也占有十分重要的地位,已成为独立的蛋白质组信息学。

基因组和蛋白质组研究提供了非同一般的大量数据,这就要求必须进行高度自动化的处理,包括数据的输入、储存、加工、索取以及数据库之间的联系。数据的输入和输出要非常迅速并有质量控制,数据处理需要设计各种特殊软件,对各种不同分析方法得到的数据进行综合分析。不同数据库之间要有高效自动的应答,数据库要有严密的管理,包括定期检查以保证提供最新和最准确的数据。而且蛋白质组比基因组具有更大的复杂性,因而蛋白质组信息学更具有挑战性。

目前生物信息学已不仅仅是高效地进行基因组、蛋白质组数据分析,而且还可以对已知或新的基因产物进行全面的功能分析。例如,用生物信息学对质谱得到的肽指纹图谱分析出了一个新的在进化上保守的 motif,它对蛋白质的结构和功能具有重要意义。

第 3 节　基因组学与蛋白质组学研究在医学中的应用

人类基因组计划(HGP)的实施与完成极大促进了基因组学、蛋白质组学的发展。随着基因组学、蛋白质组学研究的不断深入,必将给医学、生物学和人类社会带来巨大冲击。我们所面临的挑战就是有效地利用基因组学、蛋白质组学的巨大潜力去改善人类的健康状况并使人类更好地生存。

一、基因组学研究在医学中的应用

人类基因组测序及基因组学最近和预期的研究成果,有助于在以下方面取得成绩:鉴定基因在健康和疾病中的角色,测定它们与环境因素之间的关系;发展、评价以及应用以基因组为基础的诊断方法来预测对疾病的易感性,预测药物反应等。

(一) 用于人类疾病相关基因鉴定

人类所有疾病或健康状态都与基因直接或间接相关,每种疾病都有其相应的致病基因或易感基因存在。人类疾病相关基因是人类基因组中结构与功能完整性至关重要的信息,疾病的发生过程是相关基因与内外环境相互作用的结果。人类基因组研究的一个主要目标是寻找人类疾病相关基因。科学家认为,至少有 4000 多种基因与人类疾病的发生有直接关系。因此,以人类基因组为大背景研究疾病发生、发展过程中基因型的变化规律,将是揭示基因组功能奥秘的最佳

笔记栏

途径，由此建立了疾病基因组学。

采用“定位克隆”和“定位候选基因”的策略，已发现了包括囊性纤维化、遗传性结肠癌和乳腺癌等一大批单基因遗传病致病基因，为这些疾病的基因诊断和基因治疗奠定了基础。1998年，我国夏家辉教授课题组在《Nature Genetics》发表了人类神经性高频耳聋的致病基因（GJB3的突变体），实现了我国在单基因遗传病致病基因研究“零的突破”。2001年，我国科学家发现遗传性乳光牙本质的致病基因，从而在国际上首先鉴定出遗传性牙本质发育不全的致病基因为DSPP。2003年，我国科学家在《Science》发表文章，发现了引起家族性心房颤动（房颤）的致病基因，这是迄今为止发现的第一个引起家族性房颤的致病基因。

有些疾病的发生涉及多个基因的变异和环境的影响，常称之为“多基因病”。由于基因组研究成果的不断出现和统计分析方法的进展，心血管疾病、肿瘤、糖尿病、老年性痴呆、精神分裂症、自身免疫性疾病等多基因疾病成为目前疾病基因研究的重点。在疾病相关基因的研究中，由单基因病向多基因病的重点转移已成为必然趋势。已知多基因疾病是由多个基因的累加作用和某些环境因子作用所致，这些基因的SNP及其特定组合可能是造成疾病易感性的重要原因。因此，对疾病相关候选基因进行SNP的关联研究，可能是多基因疾病研究取得突破的希望所在。

（二）用于基因与环境相互作用研究

由于基因具有多态性，不同个体对环境致病因素的易感性也存在差异。鉴定DNA修复基因、有毒物质代谢和解毒基因、代谢基因等与环境因素发生相互作用蛋白的编码基因的等位片段多态性（allelic polymorphism），并确定它们在环境暴露引起疾病的危险度方面的差异，同时在疾病流行病学中，研究基因与环境的相互作用。这将有助于发现特定环境因子致病的风险人群，并制定相应的预防措施和环境保护策略。

（三）用于了解遗传因素在人类健康和疾病中作用的研究

传统上大部分人类遗传的研究倾向于找出致病基因，但很少研究遗传因素在维护良好健康中所起的作用。人类基因组学将鉴定出那些在维护健康方面十分重要的遗传变异，尤其是那些在抵抗已知外部环境危险因素时产生的某些等位基因变异。这些等位基因变异可能使健康人群避免患上糖尿病、癌症、心脏病等。我们对这些等位基因变异和某种特定疾病具有高发病率风险但却并不染上该疾病的人进行严格的遗传变异检测、寻找差异，有可能提高人类的健康水平。如肥胖但却没有心脏病的吸烟者，或者是具有HNPCC突变但却没有结肠癌的人。

（四）用于传染性疾病研究

科学家们正在进行的重要传染病病原体感染相关基因的研究，有助于搞清与传染病感染相关的人类易感基因的组成及其特点，从而决定个体是否对某种病原体易感。在此基础上研制出特异性预防和治疗疫苗，因人施药。搞清楚病人的基因组成，不但能阐明各种药物对个体不同基因的作用方式，突破传统的药物治疗模式，而且对于针对基因特异性筛选药物、对传染病进行有效的个体化治疗（individualized therapy）以及对传染病的临床合理用药、发展基于中国人群特点的生物制药产业都有促进作用。

（五）用于个体化治疗和新药开发研究

不同的病人对同一种药物有不同的反应，这说明药物疗效和毒副作用存在个体间的差异。许多疾病都有共同的临床症状，但可能有不同病因及发病机制，因此对治疗和药物的反应也是不同的。HGP的完成为研究基因变异提供了理论基础，而药物研究则获得了不同人群对药物反应的信息，两者的结合使药物基因组学的研究成为可能。

药物基因组学与药物遗传学类似，其目的是研究药物疗效和安全性变化的分子遗传基础，但是药物基因组学拓宽了药物遗传学“某一时刻单基因”的研究方式，它涵盖了人类基因组内的所有基因。基因多态性是药物基因组学的基础和重要研究内容，主要包括药物代谢酶的多态性、药物转运蛋白的多态性和药物作用靶点的多态性等。基因多态性决定了病人对药物的不同反应，随着对疾病以及药物作用与DNA多态性之间关系认识的深入，特别是对药物代谢相关基因的SNP研究，将可能阐明不同病人间药物代谢及药效差别的遗传基础，指导和优化临床用药，并可根据不同病人的基因组特征优化治疗方

笔记栏

案,实现个体化治疗和最佳治疗效果。

目前药物基因组学的发展趋势,就是侧重了解有重要功能意义和控制药物代谢与处理的基因多态性,以探明药理学作用的分子机制以及各种疾病发生、发展的遗传学机制,从而最终达到精确指导个性化药物开发的目的。

二、蛋白质组学研究在医学中的应用

可以预期,随着功能基因组学研究的进一步拓展,蛋白质研究数据的不断积累。新方法、新技术的突破和生物信息学工具的完善,蛋白质组学的研究一定能在生命科学、医学等各个领域发挥越来越重要的作用,并为人类疾病的研究、防治带来新的思维方式和新的研究领域。

(一)用于疾病诊断研究

人类重大疾病的蛋白质组研究通常采用比较蛋白质组分析方法。多数疾病在表现出可察觉的症状之前,就已经在蛋白质的种类和数量上发生了一些变化,如有的蛋白质表达呈明显上调、有的表达则明显下调、有的蛋白质出现缺失等,这些疾病相关蛋白质常被作为疾病的生物标志物(biomarker)。如果能及时检测到这些变化,对正常人群和疾病人群的蛋白质组进行表达模式差异分析,寻找疾病的特异性标志蛋白质,就可以为疾病的诊断提供新的依据。定量蛋白质组学(quantitative proteomics)的出现,为发现特异的生物标志物提供了新的技术平台。

由于微生物个体蛋白质种类少,已成为蛋白质组学研究的突破口,并取得了很大进展。目前蛋白质组学已在癌症、心血管疾病、糖尿病、白血病、老年性痴呆、脑卒中及皮肤病等人类疾病中广泛开展应用,研究主要集中在寻找与疾病相关的单个蛋白质、整体研究某种疾病引起的蛋白表达和修饰变化、利用蛋白质组寻找一些致病微生物引起疾病的诊断标记和疫苗等。

通过对肿瘤组织与正常组织之间蛋白质谱差异的研究,已找到一些肿瘤特异性的蛋白分子,为肿瘤的诊断或治疗提供了新的指标,并对揭示肿瘤的发生机制提供科学依据。人们已经在对卵巢癌、鼻咽癌、食管癌、结肠癌、肝癌、膀胱癌、前列腺癌、乳腺癌等研究中,鉴定出一批肿瘤相关标志物。应用蛋白质组学研究的策略筛选和鉴定肿瘤标志物的优势在于:能够对肿瘤进行分子分期,有利于肿瘤患者的个体化治疗;联合多种肿瘤标志物,根据蛋白质谱和基因表达谱的改变进行多变量分析,能够更客观地分析和判断病情;寻找无创或微创的方法进行肿瘤的早期诊断和风险人群的筛查。

笔记栏

(二)用于发病机制研究

大多数疾病的发生机制都非常复杂,要研究疾病发生的分子机制,则需要运用蛋白质组的研究手段,探讨正常和病理状态下的细胞或组织中蛋白质在表达数量、表达位置和修饰状态上的差异。同时对蛋白质之间相互作用网络的研究以及蛋白质在细胞内信号转导途径中作用的研究也有助于解释疾病的发病机制。

肿瘤的基因研究已取得令人瞩目的进展,目前已经发现了许多肿瘤相关基因,并有一些基因表达的研究。已知肿瘤的发生是多基因、多因素作用的结果,与一系列癌基因的激活与抑癌基因的失活有关。往往是由于在致癌因素作用下,异常的癌基因与抑癌基因表达的蛋白质发生改变导致整个信号通路出现异常而最终导致肿瘤的发生。因此利用蛋白质组学研究具有高通量、全面和动态的特点,认识肿瘤发生时信号转导网络中蛋白质之间的相互作用及分析肿瘤发生的不同阶段蛋白质的变化,将有助于揭示肿瘤的发生机制。

肿瘤细胞的转移是肿瘤患者致死的主要原因。尽管有关肿瘤发生及转移的机制已经在形态学等方面有了大量的研究与探讨,但是肿瘤形成及转移的分子基础和机制尚不清楚。目前研究肿瘤转移分子机制的思路主要是比较高、低(或无)转移潜能细胞系或者是比较原发灶与转移灶的差异,寻找与转移相关的正性或者是负性的调控因素。

(三)用于药物开发研究

蛋白质表达水平的改变是与疾病、药物作用或毒素作用直接相关的,许多药物的开发均从分子的角度考虑以攻克疾病。蛋白质组学被应用在药物效应及诊疗靶点的研究上,促使药物蛋白质组学的诞生,从而加速了药物研究的发展。药物蛋白质组学研究的逐渐深入,更能反映个体的差异并实现个体化治疗。

蛋白质组学将成为寻找疾病分子标记和药物靶标最有效的方法之一。通过比较健康和疾病状态的细胞或组织的蛋白质图谱，可以发现新的疾病标志蛋白，这种蛋白也可作为药物作用的靶点，帮助筛选新的药物；通过药物治疗前后的正常或疾病状态下蛋白质图谱的对比分析，可以检测新药的药理和毒理作用；通过对耐药与对药物敏感的致病菌的蛋白质组比较分析，可以鉴定致病菌毒力因子，揭示致病菌耐药机制以及设计新的抗菌药物和开发新的疫苗。

鉴于蛋白质组学在药物开发上的诱人前景，目前国内外许多大型药物公司正投入大量的人力和物力进行蛋白质组学方面的应用性研究。随着更多的分子靶被发现，将会为新药的临床开发及实现个体化治疗带来福音。

小　结

基因组学是研究生物体基因组的结构、结构与功能的关系以及基因之间相互作用的科学。基因组学包括结构基因组学和功能基因组学两大部分。结构基因组学就是研究生物基因组结构的科学，通过基因作图、核苷酸序列分析确定基因组成、基因定位。它是基因组学研究的第一阶段，是建立功能基因组学的基础，其主要目标是绘制生物体的遗传图谱、物理图谱、序列图谱和转录图谱。功能基因组学是建立在结构基因组学研究基础上的基因组分析，它利用结构基因组学所提供的生物信息和材料，采用高通量和大规模的实验手段，结合计算机科学和统计学进行基因组功能注释，在整体水平上全面了解基因功能及基因之间相互作用的信息，认识基因与疾病的关系，掌握基因的产物及其在生命活动中的作用。这就使得生物学研究从对单一基因或蛋白质的研究转向多个基因或蛋白质同时进行系统的研究。功能基因组学的研究主要包括：①识别和鉴定基因信息；②注释基因产物的功能；③疾病相关基因的结构与功能研究；④基因的表达调控及多样性研究；⑤比较基因组学研究。

蛋白质组学是在人类基因组计划研究发展的基础上形成的交叉学科，是从一个机体或一个细胞的蛋白质整体活动的角度研究在不同时间和空间发挥功能的特定蛋白质群体的组成、表达水平、结构及其活动规律来揭示和阐明生命活动基本规律的学科。蛋白质组学的研究大致可分为组成蛋白质组学研究和比较蛋白质组学研究两大方向。蛋白质组学的研究内容大致包括以下几个方面：①蛋白质鉴定；②蛋白质加工和修饰分析；③蛋白质功能研究；④重要生命活动的分子机制研究；⑤对人类而言，蛋白质组学的研究最终要服务于人类健康。蛋白质组学研究包括蛋白质分离、蛋白质鉴定，鉴定结果的存储、处理、对比和分析三个主要步骤。建立的蛋白质组学研究的技术平台主要包括：①蛋白质样品的制备；②蛋白质的分离和纯化；③蛋白质的鉴定；④蛋白质的定量和差异表达及相互作用的研究；⑤蛋白质生物信息学。

基因组学和蛋白质组学的发展也促进了一些交叉学科的诞生，如生物信息学。基因组学研究可用于人类疾病相关基因的鉴定、癌症研究、基因与环境相互作用的研究、了解遗传因素在人类健康和疾病中作用的研究、传染性疾病的研究以及个体化治疗和新药开发研究等方面。蛋白质组学在疾病诊断研究、发病机制研究及药物开发研究等方面也具有诱人前景。

（库热西 · 玉努斯）

笔记栏

主要参考资料

布朗 TA 著．袁建刚译．2002．基因组．北京：科学出版社

德伟，欧芹．2008．医学分子生物学．北京：科学出版社

芬克尔，古特金著．孙超，刘景生译．2006．信号转导与人类疾病．北京：化学工业出版社

冯作化．2005．医学分子生物学．北京：人民卫生出版社

顾建人，曹雪涛．2002．基因治疗．北京：科学出版社

黄诒森，张光毅．2003．生物化学与分子生物学．北京：科学出版社

贾弘提．2005．生物化学．北京：人民卫生出版社

李玉林．2002．分子病理学．北京：人民卫生出版社

刘德培．2003．医学分子生物学．北京：人民卫生出版社

屈伸，冯友梅．2009．医学生物化学与分子生物学．第2版．北京：科学出版社

沈珝琲，方福德．1997．真核基因表达调控．第2版．北京：高等教育出版社

孙汶生，曹英林，马春红．2004．基因工程学．北京：科学出版社

童坦君，李刚．2009．生物化学．第2版．北京：北京大学医学出版社

万福生．2003．生物化学．北京：高等教育出版社

王琳芳，杨克恭．2001．医学分子生物学原理．北京：高等教育出版社

王镜岩，朱圣庚，徐长法．2002．生物化学(上、下册)．第3版．北京：高等教育出版社

温进坤，韩梅．2002．医学分子生物学理论与研究技术．第2版．北京：科学出版社

吴乃虎．1998．基因工程原理．第2版．北京：科学出版社

吴梧桐．2005．生物化学．第5版．北京：人民卫生出版社

伍欣星，聂广，胡继鹰．2000．医学分子生物学原理与方法．北京：科学出版社

姚泰．2003．生理学．第6版．北京：人民卫生出版社

于秉治．图表生物化学．2007．北京：中国协和医科大学出版社

查锡良．2002．医学分子生物学．北京：人民卫生出版社

查锡良．2008．生物化学．北京：人民卫生出版社

张迺蘅．2000．医学分子生物学．北京：北京医科大学出版社

赵宝昌．2009．生物化学．第2版．北京：高等教育出版社

周爱儒．2003．生物化学．第6版．北京：人民卫生出版社

朱玉贤，李毅．2002．现代分子生物学．第2版．北京：高等教育出版社

Berg JM，Tymoczko JL，Stryer L，et al. 2002. Biochemistry. 5th ed. New York：W. H. Freeman & Company

Coleman WB，Tsongalis GJ. 2006. Molecular Diagnostics. 2nd ed. New York：Humana Press Inc

David LN，Michael MC. 2008. Lehninger Principles of Biochemistry，5th ed. New York：W. H. Freeman & Company

Garrett RH，Grisham CM. 2002. Biochemistry. 2nd ed. 北京：高等教育出版社

Gerhard M，William H Simmons. 2006. Principles of Medical Biochemistry，2th ed. Philadelphia：Mosby Inc

Harvey L，Arnold B，Lawrence ZS，et al. 1999. Molecular Cell Biology. New York：W. H. freeman & Company

Horton HR，Moran LA，Ochs RS，et al. 2002. Principles of Biochemistry. 3rd ed. New York：Science Press & Pearson Education North Asia Limited

Hubert Rehm. 2007《蛋白质生物化学与蛋白质组学》．北京：科学出版社

Karp G. 2002. Cell and Molecular Biology. 3rd ed. New York：John Wiley & Sons，Inc

Lewin B. 2004. Gene Ⅷ. New Jersey：Pearson Prentice Hall

Murry RK，Granner DK，Rodwell VW. 2006. Harper's Illustrated Biochemistry. 27th ed. New York：McGraw Hill

Pennington SR，Dunn MJ. 钱小红，贺福初译．2002．蛋白质组学：从序列到功能．北京：科学出版社

Watson JD，Baker TA，Bell SP，et al. 2004. Molecular Biology of Gene. 5th ed. San Francisco：Benjamin Cummings

Weaver RF. 2002. Molecular Biology. New York：McGraw Hill

笔记栏

附录　与生物化学知识有关的诺贝尔奖一览表

获奖内容出现的章名	获奖者	获奖年份	获奖成果	获奖种类(生理/医学奖或化学奖)
蛋白质结构与功能	Frederick G. Banting and John Macleod	1923	发现胰岛素	生理/医学奖
	Arme Tiselius	1948	研究电泳和吸附分析，发现血清蛋白的组分	化学奖
	Arcger Martin and Richard Synge	1952	发明分配色谱法	化学奖
	Linus Pauling	1954	研究化学键的本质以解释复杂分子结构	化学奖
	Vincent Du Vigneaud	1955	研究生物化学中的重要含硫化合物，合成多肽和激素	化学奖
	Frederick Sanger	1958	测定胰岛素的氨基酸序列	化学奖
	John Cowdery kendrew and Max Ferdinand Perutz	1962	测定血红蛋白的结构	化学奖
	Christian B. Anfinsen	1972	研究核酸核酸酶的氨基酸序列与生物活性构象之间的关系	化学奖
	Stanford Moore and William H. Stein		阐明核糖核酸酶化学结构与酶活性中心催化活性之间的关系	
	Stanley B. Prusiner	1997	发现了蛋白感染素(朊蛋白)，解释感染的一种新的生物学理论	生理/医学奖
核酸的结构与功能	Albrecht Kossel	1910	研究细胞化学蛋白质及核质	生理/医学奖
	Lord Todd	1957	研究核苷酸和核苷酸辅酶	化学奖
	Francis Crick and James Watson and Maurice Wilkins	1962	发现核酸结构及其对信息传递的重要性	生理/医学奖
酶	Eduard Buchner	1907	发现无细胞发酵	化学奖
	Gerhard Domagk	1939	发现磺胺类药物 Prontosil 的抗菌作用	生理/医学奖
	James B. Sumner	1946	分离和提纯结晶蛋白酶	化学奖
	John H. Northrop and Wendell M. Stanley		制备了纯的酶和病毒蛋白质	
	Hugo Theorell	1955	发现氧化酶的性质及其作用机制	生理/医学奖
	John Cornforth and Vladimir Prelog	1975	酶催化反应的立体化学	化学奖
	Sidney Altman and Thomas R. Cech	1989	发现核糖核酸具有酶的催化功能	化学奖
维生素与微量元素	Adolf Windaus	1928	研究胆固醇的组成及其与维生素的关系	化学奖
	Christiaan Eijkman	1929	发现可防治脚气病的维生素 B1	生理/医学奖
	Sir Frederick Hopkins		发现促进生命生长的维生素	
	Norman Haworth	1937	研究碳水化合物和维生素 C	化学奖

笔记栏

笔记栏

续表

获奖内容出现的章名	获奖者	获奖年份	获奖成果	获奖种类(生理/医学奖或化学奖)
	Paul Karrer	1937	研究类胡萝卜素、黄素和维生素 A 和 B_2	化学奖
	Richard Kuhn	1938	研究类胡萝卜素和维生素	化学奖
	Henrik Dam	1943	发现维生素 K	生理/医学奖
	Edward A. Doisy		发现维生素 K 的化学性质	
	Dorothy Crowfoot Hodekin	1964	使用 X 射线衍射技术测定复杂晶体和大分子的空间结构	化学奖
	Ragnar Granit, Haldan K. Hartline and George Wald	1967	发现了视觉的主要生理和化学过程	生理/医学奖
生物氧化	Otto Warburg	1931	发现呼吸酶的性质和作用方式	生理/医学奖
	Peter Mitchell	1978	提出化学渗透学说，阐明氧化磷酸化的偶联机制	生理/医学奖
	Paul D. Boyer and John E. walker	1997	阐明 ATP 合成的酶学机制	化学奖
	Jens C. Skou		首次发现离子转运酶即 Na^+，K^+-ATP 酶	
糖代谢	Arthur Hardern	1929	研究糖的发酵作用及其与酶的关系	化学奖
	Hans von Euler-Chelpin		研究辅酶	
	Carl Cori, Gerty Cori and Bernardo Houssay	1947	发现糖代谢中的酶促反应	生理/医学奖
	Hans Krebs	1953	发现三羧酸循环	生理/医学奖
	Fritz Lipmann		发现辅酶 A 及其在中间代谢作用	
	Luis Leloir	1970	发现糖核苷酸(UDPG)及其在糖合成中的作用	化学奖
脂类代谢	Adolf Windaus	1928	研究胆固醇的组成及其与维生素的关系	化学奖
	Konard Bloch and Feoder Lynen	1964	发现胆固醇和脂肪酸代谢的机制和调节	生理/医学奖
	Michael S. Brown and Joseph L. Goldstein	1985	发现胆固醇代谢的调控机制	生理/医学奖
氨基酸代谢	Aaron Ciechanover, Avram Hershko and Irwin Rose	2004	发现泛素介导的蛋白质降解机制	化学奖
核苷酸代谢	Emil Fischer	1902	研究糖和嘌呤的合成	化学奖
物质代谢联系与调节	Edmond H. Fischer and Edwin G. Krebs	1992	发现可逆磷酸化是一种重要的物质代谢调节机制	生理/医学奖

续表

获奖内容出现的章名	获奖者	获奖年份	获奖成果	获奖种类(生理/医学奖或化学奖)
DNA 生物合成	Hermann J. Muller	1946	发现 X 射线诱导突变	生理/医学奖
	Max Delbrück, Alfred D. Hershey and Salvador E. Luria	1969	发现病毒的复制机制及基因结构	生理/医学奖
	David Baltimore, Renato Dulbecco and Howard M. Temin	1975	研究肿瘤病毒与细胞遗传物质间的相互作用	生理/医学奖
	Elizabeth H. Blackburn, Carol W. Greider and Jack W. Szostak	2009	发现端粒和端粒酶是如何保护染色体的	生理/医学奖
RNA 的生物合成	Severo Ochoa and Arthur Kornberg	1959	发现 RNA 和 DNA 生物合成机制	生理/医学奖
	Richard J. Roberts and Phillip A. Sharp	1993	发现断裂基因	生理/医学奖
	Roger D. Kornberg	2006	真核转录的分子基础	化学奖
蛋白质的生物合成	Selman A. Waksman	1952	发现链霉素，第一种有效的结核病菌抗生素	生理/医学奖
	Robert W. Holley, H. Gobind Khorana and Marshall W. Nirenberg	1968	阐明遗传密码及其在蛋白质合成中的作用	生理/医学奖
	Albert Claude	1974	研究细胞的结构和功能	生理/医学奖
	Christian de Duve		发现溶酶体	
	George E. Palade		发现核糖核蛋白质	
	Günter Blobel	1999	提出信号肽假说	生理/医学奖
	Venkatraman Ramakrishnan, Thomas A. Steitz and Ada E. Yonath	2009	研究核糖体结构和功能	化学奖
基因表达调控	Francois Jacob, Andre Lwoff and Jacques Monod	1965	发现有关酶和病毒合成的遗传调节	生理/医学奖
	Andrew Z. Fire and Craig C. Mello	2006	核糖核酸(RNA)的干扰机制	生理/医学奖
细胞信号转导	Sir Bernard Katz, Ulf von Euler and Julius Axelrod	1970	发现神经末梢的体液传递物质及其贮藏、释放、失活机制	生理/医学奖
	Earl W. Sutherland, Jr.	1971	发现激素的作用机制	生理/医学奖
	Ilya Ilich Metchnikov and Paul Ehrlich	1908	有关免疫力方面的研究	生理/医学奖
	Erwin Neher and Bert Sakmann	1991	发现细胞膜上单离子通道的功能	生理/医学奖
	Alfred G. Gilman and Martin Rodbell	1994	发现 G 蛋白及其在细胞信号转导中的作用	生理/医学奖

笔记栏

笔记栏

续表

获奖内容出现的章名	获奖者	获奖年份	获奖成果	获奖种类(生理/医学奖或化学奖)
	Robert F. Furchgott, Louis J. Ignarro and Ferid Murad	1998	发现了 NO 在心脏血管中的信号传递功能	生理/医学奖
	Arvid Carlsson, Paul Greengard and Eric R. Kandel	2000	发现神经系统中的信号转导	生理/医学奖
	Richard Axel and Linda B. Buck	2004	气味受体和嗅觉系统的信号转导	生理/医学奖
癌基因与抑癌基因	Peyton Rous and Charles B. Huggins	1966	发现诱导肿瘤的病毒	生理/医学奖
	Stanley Cohen and Rita Levi-Montalcini	1986	发现神经生长因子和上皮细胞生长因子	生理/医学奖
	J. Michael Bishop and Harold E. Varmus	1989	发现了反转录病毒原癌基因在细胞中的产生	生理/医学奖
	Leland H. Hartwell, Tim Hunt and Sir Paul and Nurse	2001	发现细胞周期的关键调节因子	生理/医学奖
	Sydney Brenner, H. Robert Horvitz and John E. Sulston	2002	研究器官发育和程序性细胞死亡过程中的基因调节作用	生理/医学奖
血液生物化学	Hans Fische	1930	研究血红素和叶绿素,特别是研究合成血红素	化学奖
	Karl Landsteiner	1930	研究人体血型分类、并发现四种主要血型	生理/医学奖
肝的生物化学	Heinrich. O. Wieland	1927	研究胆酸的组成和相关物资	化学奖
重组 DNA 技术	Werner Arber, Daniel Nathans and Hamilton O. Smith	1978	发现限制性内切酶及其在分子遗传学方面的应用	生理/医学奖
	Barbara McClintock	1983	发现可移动的基因元件	生理/医学奖
	George Beadle and Edward Tatum	1958	研究化学过程的遗传调节	生理/医学奖
	Joshua Lederberg		发现细菌遗传物质及基因重组现象	
	Paul Berg	1980	有关核酸特别是重组 DNA 分子的基础研究	化学奖
	Walter Gilbert and Frederick Sanger		分别建立了测定 DNA 碱基序列的化学裂解法与双脱氧测序法	
	Osamu Shimomura, Martin Chalfie and Roger Y. Tsien	2008	发现并发展了绿色荧光蛋白	化学奖
常用分子生物学技术	Kary B. Mullis	1993	发明多聚酶链式反应技术	化学奖
	Michael Smith		建立以寡核苷酸为基础的定向突变技术以及在蛋白质研究方面的应用	
	Mario R. Capecchi, Sir Martin J. Evans and Oliver Smithies	2007	涉及使用胚胎干细胞进行小鼠特定基因修饰方面的一系列突破性发现	生理/医学奖

索 引

A

癌基因(oncogene,onc) 317
氨(ammonia) 166
氨蝶呤(aminopterine,APT) 192
氨基甲酰磷酸合成酶Ⅰ(carbamoyl phosphate synthetase Ⅰ, CPS-Ⅰ) 174
氨基甲酰磷酸合成酶Ⅱ(carbamoyl phosphate synthetase Ⅱ,CPSⅡ) 192
氨基末端(amino terminal) 9
氨基酸(amino acid) 5
氨基酸臂(amino acid arm) 38
氨基肽酶(aminopeptidase) 165
氨基酰-tRNA合成酶(aminoacyl-tRNA synthetase) 250
氨基酰位(aminoacyl site,A位) 249
氨基转移酶(aminotransferase) 168
胺类(amines) 166
ALA合酶(ALA synthetase) 335
ALA脱水酶(ALA dehydrase) 335
ATP合酶(ATP synthase) 90

B

巴斯德效应(Pasteur effect) 108
靶蛋白(target protein) 382
靶细胞(target cell) 295
靶向核酶(targeting ribozyme) 62
白喉毒素(diphtheria toxin) 265
白喉酰胺(diphthamide) 265
白化病(albinism) 183
白三烯(leukotrienes,LT) 140
摆动(wobble) 248
斑点印迹杂交(dot blotting) 375
斑点杂交(dot blotting) 386
半保留复制(semi-conservative replication) 210
半不连续复制(semi-discontinuous replication) 210
半寿期(half-life, $t_{1/2}$) 167
包涵体(inclusion body) 370
胞嘧啶(cytosine,C) 29
胞嘧啶脱氨酶(cytosine deaminase) 64
报告酶(reporter enzyme) 65
被锚蛋白(anchor proteins) 288
苯丙氨酸羟化酶(phenylalanine hydroxylase,PHA) 182
苯丙酮尿症(phenyl ketonuria, PKU) 182
比活力(specific activity) 58
比较蛋白质组学(comparative proteomics) 398
比较基因组学(comparative genomics) 398
吡啶核苷酸转氢酶(pyridine nucleotide transhydrogenase) 84
必需基团(essential group) 47
必需激活剂(essential activator) 58
必需脂酸(essential fatty acids) 124
闭合启动子复合物(closed promoter complex) 233
蓖麻蛋白(ricin) 265
编辑活性(editing activity) 250
变构调节(allosteric regulation) 59
变构调节或别位调节(allosteric regulation) 205
变构酶(allosteric enzyme) 59
变构酶或别构酶(allosteric enzyme) 205
变构效应剂(allosteric effector) 59
变性(denaturation) 22,40
表达序列标签(expressed sequence tags,EST) 397
表达载体(expression vector) 361
表观遗传学基因调节(epigenetic gene regulation) 285
表面效应(surface effect) 50
别构效应(allosteric effect) 20
别嘌呤醇(allopurinol) 191
丙氨酸-葡萄糖循环(alanine-glucose cycle) 172
丙氨酸氨基转移酶(alanine transaminase) 46
丙酮(acetone) 130
丙酮酸激酶(pyruvate kinase,PK) 101
丙酮酸羧化酶(pyruvate carboxylase) 112
丙酮酸羧化支路(pyruvate carboxylation shunt) 111
丙酮酸脱氢酶复合体(pyruvate dehydrogenase complex) 103
丙酰CoA羧化酶(propionyl-CoA carboxylase) 128
卟啉症(porphyria) 337
补救途径(salvage pathway) 186
补体(complement) 331
不对称转录(asymmetric transcription) 230
不可逆性抑制作用(irreversible inhibition) 54

C

残基(residue) 9
操纵子(operon) 232,272
侧链(side chain) 8
插入(insertion) 225
插入型载体(insertion vector) 363
产物(product) 45
长末端重复顺序(long terminal repeat,LTR) 222
肠肝循环(enterohepatic circulation) 352
肠激酶(enterokinase) 165
常染色质(euchromatin) 284
超二级结构(supersecondary structure) 13
超螺旋(supercoil) 34
超速离心(ultracentrifugation) 24
超氧物歧化酶(superoxide dismutase,SOD) 96
沉默子(silencer) 272,280
成熟酶(maturase) 240
成肽(peptide bond formation) 254
初级胆汁酸(primary bile acid) 347
初级转录产物(primary transcript) 239
穿梭系统(shuttle system) 112
穿梭质粒载体(shuttle plasmid vector) 362
串联酶(tandem enzyme) 46
醇脱氢酶(alcohol dehydrogenase,ADH) 345
雌二醇(estradiol) 153
次黄嘌呤(inosine,Ⅰ) 248
次黄嘌呤核苷酸(inosine monophosphate,IMP) 187
次黄腺嘌呤-鸟嘌呤磷酸核糖转移酶(hypoxanthine-guanine phosphoribosyl transferase,HGPRT) 190
次级胆汁酸(secondary bile acids) 347
从头合成途径(*de novo* synthesis) 186
促红细胞生成素(erythropoietin,Epo) 337
催化常数(catalytic constant,kcat) 52
催化基团(catalytic group) 47
催化型受体(catalytic receptor) 299
催化性RNA(catalytic RNA) 62
催化性抗体(catalytic antibody) 66
催化性小RNA(small catalytic RNA) 40
错配(mismatch) 225
Ca^{2+}/CaM依赖的蛋白激酶(Ca^{2+}/calmodulin dependent protein kinase, CaM-PK) 305
cAMP应答元件(cAMP response element,CRE) 304

cAMP 应答元件结合蛋白,cAMP response element bound protein,CREB) 304
cDNA 223
cDNA 文库(cDNA library) 365
cGMP 依赖性蛋白激酶 G(cGMP-dependent protein kinase,PKG) 306
C 值矛盾(C value paradox) 279

D

代谢库(metabolic pool) 167
代谢组学(metabonomics/metabolomics) 396
单纯蛋白质(simple protein) 16
单纯酶(simple enzyme) 46
单核苷酸多态(single nucleotide polymorphism,SNP) 396
单链 DNA 结合蛋白(single strand binding protein,SSB) 216
单链构象多态性(single strand conformation polymorphism,SSCP) 387
单顺反子(monocistron) 36,247
单体(monomer) 16
单体酶(monomeric enzyme) 46
胆固醇(cholesterol) 122,149
胆固醇的逆向转运(cholesterol reverse transport) 159
胆固醇酯(cholesteryl ester,CE) 149
胆固醇酯转移蛋白(cholesteryl ester transfer protein,CETP) 157
胆红素(bilirubin) 349
胆碱(bilineurine) 143
胆碱酯酶(choline esterase) 54
胆绿素(biliverdin) 349
胆色素(bile pigment) 349
胆色素原(又称卟胆原,prophobilinogen,PBG) 335
胆素(bilin) 349
胆素原(bilinogens) 349
胆汁(bile) 347
胆汁酸(bile acid) 153
弹性蛋白酶(elastase) 164
蛋白多糖(proteoglycan) 330
蛋白激酶(protein kinase) 206
蛋白激酶 C(protein kinase C,PKC) 304
蛋白酶(protease) 167
蛋白酶体(proteasome) 168
蛋白质(protein) 5
蛋白质的靶向输送(protein targeting) 261
蛋白质二硫键异构酶(protein disulfide isomerase,PDI) 259
蛋白质构象病(protein conformational diseases) 21
蛋白质生物合成(protein biosynthesis) 247
蛋白质芯片(protein chip) 381
蛋白质阵列(protein array) 382
蛋白质组(proteome) 398
蛋白质组学(proteomics) 396
氮平衡(nitrogen balance) 163
氮杂丝氨酸(azaserine) 192
等电点(isoelectric point, pI) 8
等电聚焦电泳(isoelectric focusing electrophoresis, IFE) 26
等位基因特异性寡核苷酸(allele specific oligonucleotide,ASO) 387
低密度脂蛋白(low density lipoprotein,LDL) 154
低血糖(hypoglycemia) 120
底物(substrate) 45
底物循环(substrate cycle) 111
地中海贫血(thalassemia) 387
颠换(transversion) 225
点突变(point mutation) 225
电泳(electrophoresis) 25
电子传递链(electron transfer chain) 83
淀粉(starch) 99
调节酶(regulatory enzyme) 204
定量蛋白质组学(quantitative proteomics) 402
定向排列(orientation arrange) 50
动力蛋白(motor proteins) 288
端粒(telomere) 220
端粒酶(telomerase) 221
短串联重复序列(short tandem repeat,STR) 389,396
断裂基因(split gene) 239
对氨基苯甲酸(para-aminobenzoic acid,PABA) 56
多胺(polyamines) 178
多巴胺(dopamine) 183
多不饱和脂酸(polyunsaturated fatty acid) 124
多蛋白(polyprotein) 260
多功能酶(multifunctional enzyme) 46
多核苷酸激酶(polynucleotide kinase) 360
多聚核苷酸(polynucleotide) 29
多聚核糖体(polyribosome 或 polysome) 257
多聚体(polymer) 16,273
多聚物接头(polylinker) 366
多聚腺苷酸聚合酶(poly A polymerase) 243
多克隆位点(multiple cloning sites) 361
多酶体系(multienzyme system) 46
多顺反子(polycistron) 36,247
多态性(polymorphism) 330
多肽(polypeptide) 8
多肽链(polypeptide chain) 8
多元催化(multielement catalysis) 50
DNA 阵列(DNA array) 381
DNA 互补链(complementary DNA,cDNA) 222
DNA 结合域(DNA binding domain,DNA-BD) 281,382
DNA 连接酶(DNA ligase) 217,359
DNA 损伤(DNA damage) 224
DNA 拓扑异构酶(DNA topoisomerase) 217
DNA 芯片(DNA chip) 381
DNA 修复(DNA repairing) 225
D-环或取代环式(displacement loop) 224

E

额外环(extra loop) 38
儿茶酚胺(catecholamine) 183
二级结构(secondary structure) 11
二聚体(dimer) 273
二磷脂酰甘油(diphosphatidyl glycerol) 145
二氢尿嘧啶环(dihydrouracil loop,DHU) 38
二氢鞘氨醇(dihydrosphingosine) 148
二氢叶酸合成酶(dihydrofolic acid synthetase) 56
二巯基丙醇(British anti-Lewisite,BAL) 55,91
二肽(dipeptide) 8
二肽酶(dipeptidase) 165
二酰甘油途径(diacylglycerol pathway) 138
二硝基苯酚(dinitrophenol,DNP) 92

F

发夹(hairpin) 234
翻译(translation) 247
翻译后加工(post-translation processing) 257
翻译起始复合物(translational initiation complex) 251
反竞争性抑制作用(uncompetitive inhibition) 57
反密码环(anticodon loop) 38
反式(trans) 9
反式作用因子(trans-acting factor) 236,273
反义链(antisense strand) 231
反转录(reverse transcription) 210
反转录 PCR(reverse transcription PCR,RT-PCR) 377
反转录病毒(retrovirus) 317

反转录或逆转录(reverse transcription) 222
反转录酶(reverse transcriptase) 222
反转重复序列(inverted repeat) 280
泛醌(ubiquinone,UQ 或 Q) 85
泛素化(ubiquitination) 168
泛素介导的蛋白质降解(ubiquitin-mediated protein degradation) 168
泛酸(pantothenic acid) 75
方向性(directionality) 247
放线菌酮(cycloheximide) 264
非 mRNA 小 RNA(small non-messenger RNA,snmRNAs) 39
非必需氨基酸(non-essential amino acid) 164
非必需激活剂(non-essential activator) 58
非蛋白氮(non-protein nitrogen,NPN) 328
非竞争性抑制作用(non-competitive inhibition) 56
非血红素铁原子(nonheme iron atoms) 84
非酯化脂酸(non-esterified fatty acid) 153
费城染色体(Philadelphia chromosome,Ph) 320
分解代谢(catabolism) 197
分解代谢物基因激活蛋白(catabolite gene activator protein,CAP) 273
分解代谢阻遏(catabolic repression) 276
分支酶(branching enzyme) 115
分子伴侣(molecular chaperone) 17,258
分子伴素(chaperonins) 258
分子灯塔(molecular beacon,MB) 378
粉蝶霉素 A(piericidin A) 91
粪卟啉原Ⅲ(coproporphyrinogen Ⅲ,CPG Ⅲ) 336
粪胆素原(stercobilinogen) 352
丰富基因(redundant gene) 238
氟尿嘧啶(fluorouracil,FU) 64
辅基(prosthetic group) 16,47
辅酶(coenzyme) 47
辅脂酶(colipase) 123
辅助因子(cofactor) 46
辅阻遏剂(corepressor) 60
腐败作用(putrefaction) 166
负超螺旋(negative superhelix) 34
复性(renaturation) 23,41
复制(replication) 210
复制叉(replication fork) 211
复制酶(replicase) 213
复制起点识别复合物(origin recognition complex,ORC) 219
复制因子(replication factor,RF) 220
复制子(replicon) 211

G

钙调蛋白(calmoldulin,CaM) 305
干扰素(interferon,IFN) 266
甘氨酰胺核苷酸(glycinamide ribonucleotide,GAR) 187
甘氨酰胺核苷酸合成酶(GAR synthetase) 187
甘油激酶(glycerol kinase) 139
甘油磷酸脱氢酶(glycerol phosphate dehydrogenase) 84
甘油磷脂(glycerophospholipids) 143
甘油三酯(triglyceride) 122
肝素(heparin) 333
肝细胞性黄疸(hepatocellular jaundice) 353
感染(infection) 368
感染性疾病(infectious diseases) 390
冈崎片段(Okazaki fragments) 212
高密度脂蛋白(high density lipoprotein,HDL) 154
高铁血红蛋白(methemoglobin,MHb) 340
高铁血红素(hematin) 337
高血氨症(hyperammonemia) 176
高血糖(hyperglycemia) 120
高脂蛋白血症(hyperlipoproteinemia) 160
高脂血症(hyperlipoidemia) 160
睾酮(testosterone) 153
功能基因组学(functional genomics) 396
共价催化(covalent catalysis) 50
共价修饰(covalent modification) 60
共有序列(consensus sequence) 232
构象(conformation) 11
谷氨酰胺-PRPP-酰胺转移酶(glutamine-PRPP amidotransferase) 187
谷氨酰胺合成酶(glutamine synthetase) 173
谷氨酰胺酶(glutaminase) 173
谷胱甘肽(glutathione,GSH) 9
谷胱甘肽过氧化物酶(glutathione peroxidase) 96
骨形态蛋白(bone morphogenetic proteins,BMPs) 311
固醇载体蛋白(sterol carrier protein,SCP) 150
固定化酶(immobilized enzyme) 65
寡聚酶(oligomeric enzyme) 46
寡聚体(oligomer) 16,261
寡霉素(oligomycin) 92
寡肽酶(oligopeptidase) 165
关键酶(key enzyme) 204
光修复(light repairing) 226
光修复酶(photolyase) 226
滚环复制(rolling circle replication) 223
果糖 1,6-二磷酸酶(fructose 1,6-bisphosphatase) 111
果糖二磷酸酶-1 (fructose bisphosphatase-1) 111
过渡态(transition state) 49
过氧化物酶(petoxidase) 96
过氧化物酶体(peroxisome) 96
GAR 甲酰转移酶(GAR transformylase) 187
G 蛋白偶联受体(G-protein coupled receptors,GPCRs) 297

H

合成代谢(anabolism) 197
合成酶(synthetase) 46
合成酶类(synthetases) 46
合酶(synthase) 46
羧基末端(carboxyl terminal) 9
核定位信号(nuclear localization signal,NLS) 300
核定位序列(nuclear localization sequence,NLS) 263
核苷(nucleoside) 30
核苷酸(nucleotide) 29,186
核苷酸微芯片(oligonucleotide microchip) 381
核酶(ribozyme) 2,45,62
核仁小 RNA(small nucleolar RNA,snoRNA) 40
核输出受体(nuclear export receptors) 288
核输入因子(nuclear importin) 263
核酸(nucleic acid) 29
核糖核蛋白(ribonucleoprotein,RNP) 221
核糖核酸(ribonucleic acid,RNA) 29
核糖体(ribosome) 39
核糖体 RNA(ribosomal RNA,rRNA) 38
核糖体蛋白(ribosomal protein) 39,249
核糖体蛋白大亚基(ribosomal proteins in large subunit) 249
核糖体结合位点(ribosomal binding site,RBS) 251
核糖体循环(ribosomal cycle) 254
核小体(nucleosome) 34
核小体重塑(nucleosome remodeling) 284
核心酶(core enzyme) 231
核心元件(core element) 286
核因子 κB(nuclear factor-kappa-B,NF-κB) 310
核转移技术(nuclear transfer) 379
黑色素(melanin) 183

红豆碱(abrin) 265
红霉素(erythromycin) 266
后基因组时代(post genome era) 2
后基因组学(postgenomics) 396
琥珀酸脱氢酶(succinate dehydrogenase) 84,105
琥珀酰 CoA 合成酶(succinyl CoA synthetase) 105
琥珀酰 CoA 转硫酶(succinyl CoA thiophorase) 131
花生四烯酸(arachidonate) 138
化学渗透假说(chemiosmotic hypothesis) 90
化学修饰(chemical modification) 60,206
环化酶(cyclase) 150
环加氧酶途径(cycloxygenase pathway) 140
黄疸(jaundice) 353
黄嘌呤核苷酸(xanthosine monophosphate,XMP) 188
黄嘌呤氧化酶(xanthine oxidase) 190
黄素蛋白(flavoproteins,FP) 84
黄素腺嘌呤二核苷酸(flavin adenine dinucleotide,FAD) 74
黄素单核苷酸(flavin mononucleotide,FMN) 74
混合功能氧化酶(mixed-function oxidase,MFO) 97,129
混合微团(mixed micelles) 124
活化能(activation energy) 48
活性部位(active site) 47
活性染色质(active chromatin) 284
活性中心(active center) 47
获得性免疫缺陷综合征(acquired immuno-deficiency syndrome,AIDS) 223
HMG-CoA 还原酶(HMG-CoA reductase) 150
HMG-CoA 裂解酶(HMG-CoA catenase) 131

J

肌红蛋白(myoglobin, Mb) 14
肌酸(creatine) 181
肌酸酐(creatinine) 181
肌酸激酶(creatine kinase,CK) 61,93,181
基本转录因子(general transcription factors) 281
基团特异性(group specificity) 49
基因(gene) 36,269
基因表达(gene expression) 269
基因打靶(gene targeting) 380
基因克隆(gene cloning) 122
基因扩增(gene amplification) 320
基因失活(gene inactivation) 392
基因剔除(gene knockout) 1,389
基因芯片(gene chip) 381
基因易位(gene translocation) 320
基因印迹控制区(imprinting control region,ICR) 285
基因增补(gene augmentation) 392
基因诊断(gene diagnosis) 42,385
基因治疗(gene therapy) 385,392
基因置换(gene replacement) 392
基因组(genome) 36,269
基因组 DNA 文库(genomic DNA library) 365
基因组功能注释(genome annotation) 397
基因组印迹(genomic imprinting) 285
激动型 G 蛋白(stimulatory G protein,Gs) 297
激活剂(activator) 58
激素(hormone) 207
激素敏感性脂肪酶(hormone sensitive lipase,HSL) 125
激素应答单元(hormone response element,HRE) 312
极低密度脂蛋白(very low density lipoprotein,VLDL) 138,154
即时校读(proofread) 214,216
急性时相蛋白(acute phase protein,APP) 330
己糖单磷酸旁路(hexose monophosphate shunt,HMS) 108
己糖激酶(hexokinase,HK) 100
继发性高脂蛋白血症(secondary hyperlipoproteinaemia) 161
加单氧酶(monooxygenase) 97,129
加工(processing) 239
加帽酶(capping enzyme) 242
加双氧酶(dioxygenase) 97
家族性高胆固醇血症(familial hypercholesterolemia) 161
甲氨蝶呤(methotrexate,MTX) 192
甲基丙二酸尿症(methylmalonic aciduria) 129
甲基丙二酸血症(methylmalonic acidemia) 129
甲基丙二酰 CoA 变位酶(methylmalonyl-CoA mutase) 128
甲基化(methylation) 180
甲基转移酶(methyl transferase) 180,242
甲基化酶(methylase) 285
甲硫氨酸循环(methionine cycle) 180
甲羟戊酸(mevalonic acid,MVA) 150
甲胎蛋白(alpha-fetoprotein,AFP) 343
甲酰甘氨咪核苷酸(formylglycinamidine ribonucleotide,FGAM) 187
甲酰甘氨酰胺核苷酸(formylglycinamide ribonucleotide,FGAR) 187
间接胆红素(indirect reacting bilirubin) 352
间接体内疗法(*ex vivo*) 394
剪接(splicing) 239
剪接体(splicesome) 241
简并性(degeneracy) 248
碱性磷酸酶(alkaline phosphatase) 360
碱性螺旋-环-螺旋(basic helix-loop-helix,bHLH) 282
键特异性(bond specificity) 49
降解(degradation) 186
焦磷酸硫胺素(thiamine pyrophosphate,TPP) 73
焦磷酸酶(pyrophosphatase) 126
酵母人工染色体(yeast artificial chromosome vector,YAC) 364
阶段特异性(stage specificity) 270
接合体(adaptor) 249
结构基因(structural gene) 230
结构基因组学(structural genomics) 396
结构域(domain) 14
结合胆红素(conjugated bilirubin) 351
结合蛋白质(conjugated protein) 16
结合基团(binding group) 47
结合酶(conjugated enzyme) 46
结合珠蛋白(haptoglobin,Hp) 330
结絮作用(flocculation) 23
截短型蛋白(truncated proteins) 290
解磷定(pyridine didoxime methyliodide,PAM) 54
解螺旋酶(helicase) 216,234
解偶联蛋白(uncoupling protein) 92
解偶联剂(uncoupler) 92
金属激活酶(metal-activated enzyme) 47
金属酶(metalloenzyme) 47
进位(entrance) 254
茎-环(stem loop) 234
精胺(spermine) 178
精脒(spermidine) 178
竞争性抑制作用(competitive inhibition) 55
矩形双曲线(rectangular hyperbola) 50
聚丙烯酰胺凝胶电泳(polyacrylamide gel electrophoresis, PAGE) 25
聚合酶链式反应(polymerase chain reaction, PCR) 2
聚合体(polymer) 16
卷曲螺旋(coiled-coil) 282
绝对特异性(absolute specificity) 49

K

卡那霉素(karamycin) 266
开放启动子复合物(open promoter complex) 233

开放阅读框架区(open reading frame,ORF) 247
抗霉素 A (antimycin A) 91
抗凝血酶-Ⅲ(antithrombin-Ⅲ,AT-Ⅲ) 332
抗体酶(abzyme) 66
抗脂解激素(antilipolytic hormone) 125
可逆性抑制作用(reversible inhibition) 55
克隆(clone) 122,380
克隆载体(cloning vector) 361
空腹血糖(fasting plasma glucose, FPG) 118
空腹血糖调节受损(impaired fasting plasma glucose,IFG) 118
空间特异性(spatial specificity) 270
口服葡萄糖耐量试验(oral glucose tolerance test,OGTT) 118
跨膜信息转导(transmembrane signaling) 302
框移突变(frameshift mutation) 225
醌类(quinones) 192
扩增片段长度多态性(amplified fragment length polymorphism,AFLP) 396
Klenow 片段(Klenow fragment) 214

L

酪氨酸蛋白激酶(tyrosine protein kinase,TPK) 306
类脂(adipoid) 122
离心(centrifugation) 24
离子交换层析(ion exchange chromatography) 25
立体异构特异性(stereospecificity) 49
丽丝胺(lissamine) 381
利福平(rifampicin) 231
粒细胞集落因子(granulocyte colony stimulating factor,G-CSF) 309
连锁图谱(linkage map) 396
连续基因(interrupted gene) 280
连续性(commalessness) 248
链霉素(streptomycin) 266
两性电解质(ampholytes) 26
亮氨酸拉链(leucine zipper) 282
猎物 (prey) 382
裂解酶类(lyases) 46
裂口(gap) 359
邻近效应(proximity effect) 50
磷蛋白磷酸酶(phosphoprotein phosphatase) 206
磷酸丙糖异构酶(phosphotriose isomerase) 101
磷酸二酯酶(phosphodiesterase,PDE) 303
磷酸甘油酸变位酶(phosphoglycerate mutase) 101
磷酸核糖焦磷酸激酶(phosphoribosyl pyrophosphokinase) 187
磷酸化酶(phosphorylase) 116
磷酸肌醇-3 激酶(phosphoinositide 3-kinase,PI-3K) 307
磷酸肌醇依赖性激酶(phosphoinositide dependent kinase,PDK) 314
磷酸肌酸(creatine phosphate) 181
磷酸已糖异构酶(phosphohexose isomerase) 100
磷酸葡萄糖变位酶(phosphoglucose mutase) 100
磷酸戊糖差向异构酶(phosphopentose epimerase) 109
磷酸戊糖途径(phosphopentose pathway) 108
磷酸戊糖异构酶(phosphopentose isomerase) 109
磷酸烯醇式丙酮酸(phosphoenolpyruvate,PEP) 101
磷酸烯醇式丙酮酸羧激酸(phosphoenolpyruvate carboxykinase,PEPCK) 112
磷脂(phospholipids) 122,142
磷脂交换蛋白(phospholipid exchange proteins,PEP) 147
磷脂酶(phospholipase) 147
磷脂酶 C 型 G 蛋白(PI-PLC G protein,Gp) 297
磷脂酸(phosphatidic acid,PA) 139,143
磷脂酸磷酸酶(phosphatidic acid phosphatase) 139
磷脂酸途径(phosphatidic acid pathway) 139
磷脂酰肌醇(phosphatidyl inositol,PI) 145
磷脂酰丝氨酸(phosphatidyl serine,PS) 145
磷脂转运蛋白(phospholipid transport protein,PTP) 159
领头链(leading strand) 212
流动电子载体(mobile electron carriers) 85
硫胺素(thiamine) 73
卵磷脂(lecithin) 143
卵磷脂胆固醇脂酰转移酶(lecithin cholesterol acyl transferase,LCAT) 151
螺旋-回折-螺旋(helix-turn-helix 281
L-谷氨酸脱氢酶(*L*-glutamate dehydrogenase) 169

M

慢反应物质(slow reacting substance of anaphylaxis,SRS-A) 141
锚定蛋白(docking protein,DP) 262
帽结合蛋白(cap binding proteins,CBPs) 37
酶(enzyme) 45
酶促反应(enzymatic reaction) 45
酶促反应动力学(kinetics of enzyme-catalyzed reaction) 50
酶蛋白(apoenzyme) 46
酶联免疫测定法(enzyme-linked immunosorbent assay,ELISA) 65
酶偶联测定法(enzyme coupled assays) 64
酶原(zymogen 或 proenzyme) 59
糜蛋白酶(chymotrypsin) 164
糜微粒(chylomicron,CM) 154
米氏常数(Michaelis constant) 51
米氏方程式(Michaelis equation) 51
密码子(codon) 37
嘧啶(pyrimidine) 29
免疫基因治疗(immunogene theray) 393
免疫球蛋白(immunoglobulin,Ig) 331
免疫印迹(immunoblotting) 375
模板(template) 210
模拟酶(mimic enzyme) 66
模体(motif) 14
末端脱氧核苷酸转移酶(terminal deoxynucleotidyl transferase) 360
目的基因(target DNA) 365

N

耐热 DNA 聚合酶(*Taq* DNA polymerase) 53
脑磷脂(cephalin) 143
内部核糖体进入位点(internal ribosome entry site,IRES) 293
内蛋白子(intein) 260
内分泌信号(endocrine signal) 295
内含子(intron) 239
内启动子(internal promoter) 239
内肽酶(endopeptidase) 164
内源性凝血途径(intrinsic coagulation pathway) 333
内酯酶(lactonase) 109
尼克酸(又称烟酸,nicotinic acid) 74
尼克酰胺(又称烟酰胺,nicotinamide) 74
尼克酰胺腺嘌呤二核苷酸(nicotinamide adenine dinucleotide,NAD^+) 74
尼克酰胺腺嘌呤二核苷酸磷酸(nicotinamide adenine dinucleotide phosphate,$NADP^+$) 74
拟核(nucleoid) 34
黏粒又称柯斯质粒(cos site-carrying plasmid,cosmid) 363
黏性末端(sticky end 或 cohesive end) 358
酿酒酵母(*saccharomyces cerevisiae*) 382
鸟氨酸氨基甲酰转移酶(ornithine carbamoyl transferase, OCT) 174
鸟氨酸脱羧酶(orinithine decarboxylase,ODC) 178
鸟氨酸循环(ornithine cycle) 173
鸟苷酸交换因子(guanyl nucleotide exchange factor,GEF) 267
鸟嘌呤(guanine,G) 29
鸟嘌呤核苷酸(guanosine monophosphate,GMP) 187
尿卟啉原Ⅰ同合酶(uroporphyrinogen synthetase,又称卟胆原脱氨酶,PBG deaminase) 336
尿卟啉原Ⅲ(uroporphyrinogen Ⅲ,UPG Ⅲ) 336
尿卟啉原Ⅲ同合酶(uroporphyrinogen Ⅲ cosynthase) 336

尿胆素原(urobilinogen) 352
尿苷二磷酸-α-葡萄糖醛酸(uridine diphosphate glucuronic acid,UDPGA) 345
尿苷酸(uridine monophosphate,UMP) 193
尿嘧啶(uracil,U) 29
尿素氮(blood urea nitrogen,BUN) 328
尿素循环(urea cycle) 173
柠檬酸-丙酮酸循环(citrate-pyruvate cycle) 133,150
柠檬酸合酶(citrate synthase) 104
凝固作用(protein coagulation) 23
凝胶过滤层析(gel filtration chromatography) 24
凝血因子(coagulation factor) 332
能障(energy barrier) 111
NADH 脱氢酶(NADH dehydiogenase) 84
Northern 印迹杂交(Northern blotting) 374
NO 合酶(nitric oxide synthase,NOS) 306
N-甲酰甲硫氨酸(*N*-formyl methionine,fMet) 250
N-乙酰谷氨酸(*N*-acetylglutamate,AGA) 174

P

帕金森病(Parkinson disease) 183
排出位(exit site,E 位) 249
旁分泌信号(paracrine signal) 295
配体(ligand) 296
皮质醇(corticosteroid) 119,153
皮质酮(corticosterone) 153
嘌呤(purine) 29
嘌呤核苷磷酸化酶(purine nucleotide phosphorylase,PNP) 190
嘌呤核苷酸循环(purine nucleotide cycle) 170
嘌呤霉素(puromycin) 266
拼板理论(piecing theory) 237
平末端或钝末端(blunt end) 358
苹果酸-天冬氨酸穿梭(malate-asparate shuttle) 94
苹果酸脱氢酶(L-malate dehydrogenase) 106
葡萄糖(glucose) 99
葡萄糖-6-磷酸酶(glucose-6-phosphatase) 111
葡萄糖激酶(glucokinase,GK) 100
葡萄糖耐量因子(glucose tolerance facter,GTF) 82
葡萄糖转运体(glucose transporter, GLUT) 100
PH 结构域(pleckstrin homology domain) 299
polyA 结合蛋白(polyA binding protein,PABP) 253

Q

栖热水生菌(thermus aquaticus) 53
启动子(promoter) 232,272
起始(initiation) 250
起始 tRNA(initiator-tRNA) 250
起始密码子(initiation codon) 247
起始因子(initiation factor,IF) 251
起始元件(initiator element) 236
前复制复合物(pre-replicative complex,pre-RC) 219
前列腺素(prostaglandin,PG) 140
前列腺烷酸(prostanoic acid,PA) 140
前清蛋白原(preproalbumin) 330
嵌合 DNA(chimera DNA) 122
羟化酶(hydroxylase) 97
鞘氨醇(sphingosine) 148
鞘磷脂(sphingomyelin) 143
鞘磷脂合成酶(phosphosphingolipid synthetase) 148
鞘磷脂酶(sphingomyelinase) 149
鞘糖脂(sphingoglycolipids) 148
鞘脂(sphingolipid,SL) 148
切除修复(excision repairing) 226
亲核催化(nucleophilic catalysis) 50
轻链(light chain,L 链) 331
清蛋白(albumin) 328
清蛋白原(proalbumin) 330
琼脂糖电泳(agarose electrophoresis) 25
球蛋白(globulin) 328
球状蛋白质 (globular protein) 16
趋化因子(chemotatic factor) 141
去饱和酶(desaturase) 138
去甲基化酶(demethylase) 285
去甲肾上腺素(norepinephrine) 183
去折叠/重折叠(unfolding/refolding) 258
去阻遏(derepression) 274
全酶(holoenzyme) 47,231
醛固酮(aldosterone) 153
醛缩酶(aldolase) 101
醛脱氢酶(aldehyde dehydrogenase,ALDH) 345
缺口(nick) 359
缺失(deletion) 225

R

染色单体(chromatid) 35
染色体(chromosome) 34
染色质(chromatin) 34
染色质纤丝(chromatin fiber) 35
热激蛋白(heat shock protein,HSP) 17,231
热激蛋白 70(heat shock protein,Hsp70) 258
人类获得性免疫缺陷病毒(human immunodeficience virus,HIV) 223
人类基因组计划(human genome project,HGP) 2
溶血磷脂(lysophospholipids) 143
溶血性黄疸(hemolytic jaundice) 353
熔解温度(melting temperature) 40
融合蛋白(fusion protein) 370
肉毒碱(carnitine) 127
肉碱-脂酰肉碱转位酶(carnitine-fatty acyl carnitine transposase) 127
肉碱脂酰转移酶Ⅰ(carnitine acyl transferase-Ⅰ,CAT-Ⅰ) 127
乳化微团(micelles) 123
乳糜微粒(chylomicrons,CM) 124
乳清酸(orotic acid) 192
乳清酸尿症(orotic aciduria) 195
乳酸脱氢酶(lactate dehydrogenase,LD) 61
乳酸循环(lactate cycle) 114
乳糖操纵子(lac operon) 274
软脂酸(palmitic acid) 133
朊病毒(prion) 5
朊病毒蛋白(prion protein,PrP) 21
朊蛋白(prion protein) 5
RNA 编辑(RNA editing) 241
RNA 干扰(RNA interference,RNAi) 291
RNA 聚合酶(RNA polymerase) 231
RNA 诱导的沉默复合体(RNA induced silencing complex,RISC) 290
RNA 指导的 DNA 聚合酶(RNA directed DNA polymerase,RDDP) 222
RNA 组学(RNomics) 39
Rous 肉瘤病毒,Rous sarcoma virus,RSV) 222

S

三级结构(tertiary structure) 14
三聚氰胺(melamine) 5
三联体密码(triplet code) 37
三羧酸循环(tricarboxylic acid cycle, TAC) 104
三维结构(three dimensional structure) 10
三酰甘油(triacylglycerol,TG) 122,125
三叶草形(cloverleaf pattern) 38
鲨烯(squalene) 150
鲨烯单加氧酶(squalene monooxygenase) 150

鲨烯合酶(squalene synthase) 150
上调(up regulation) 302
上游激活序列(upstream activating sequence,UAS) 382
上游结合因子(upstream binding factor,UBF) 238
上游因子(upstream factor) 236
上游元件(upstream element) 236
蛇形受体(serpentine receptor) 297
神经鞘磷脂(sphingomyelin) 148
神经生长因子(nerve growth factor,NGF) 295
神经酰胺(ceramide) 148
肾上腺素(epinephrine) 119,183
生长激素(growth hormone,GH) 309
生长因子(growth factor,GF) 321
生长因子受体结合蛋白2(growth factor receptor bound protin 2,GRB_2,一种接头蛋白) 307
生糖氨基酸(glucogenic amino acid) 171
生糖兼生酮氨基酸(glucogenic and ketogenic amino acid) 171
生酮氨基酸(ketogenic amino acid) 171
生物标志物(biomarker) 402
生物催化剂(biocatalyst) 45
生物化学(biochemistry) 1
生物膜(biological membrane) 122
生物素(biotin) 76
生物芯片(biochip) 381
生物信息学(bioinformatics) 396
生物氧化(biological oxidation) 83
生物转化(biotransformation) 344
时间特异性(temporal specificity) 270
实时 PCR(real time PCR) 378
食物蛋白质的互补作用(complementation of diet protein) 164
视黄醇结合蛋白(retinol binding protein,RBP) 69
视网膜母细胞瘤基因(retinoblastoma gene,Rb) 324
释放因子(release factor,RF) 256
噬菌粒(phagemid) 364
噬菌体(bacteriophage,phage) 362
受体(receptor) 208
受体调节(receptor regulation) 302
受体下调(down regulation) 302
衰减子(attenuator) 277
双倒数作图法(double reciprocal plot) 52
双缩脲反应(biuret test) 23
双向电泳(two dimensional electrophoresis, 2-DE) 26
双向复制(bidirectional replication) 210
双性 α-螺旋结构(amphipathic α-helix) 156
水解酶类(hydrolases) 45
顺反异构酶(cis-trans isomerase) 129
顺反子(cistron) 212
顺式(cis) 9
顺式作用蛋白(cis-acting protein) 273
顺式作用元件(cis-acting element) 235,272
顺乌头酸酶(cis-aconitase) 104
瞬时转染(transient transfection) 368
四环素(totracyclin) 266
四级结构(quarternary structure) 15
松弛态 DNA(relaxed DNA) 34
松弛型质粒(relaxed plasmid) 361
酸碱催化(acid-base catalysis) 50
随从链(lagging strand) 212
随机扩增多态性 DNA(random amplified polymorphism DNA,RAPD) 396
羧基末端结构域(carboxyl terminal domain,CTD) 232
羧基肽酶 A(carboxypeptidase A) 165
羧基肽酶 B(carboxypeptidase B) 165
缩醛磷脂(plasmalogen) 143
SH_2结构域(Src homology 2 domain) 299
SH_3结构域(Src homology 3 domain) 299
SOS 修复(SOS repairing) 228
Southern 印迹杂交(Southern blotting) 373

T

肽(peptide) 8
肽-脯氨酰顺反异构酶(peptide prolyl cis-trans isomerase,PPI) 259
肽单元(peptide unit) 9
肽基转移酶(peptidyl transferase) 254
肽键(peptide bond) 8
肽酶(peptidase) 167
肽酰位(peptidyl site,P 位) 249
肽转位复合物(peptide translocation complex) 262
探针(probe) 374
糖蛋白(glycoprotein) 99
糖苷键(glycosidic bond) 30
糖基化(glycosylatiion) 261
糖酵解(glycolysis) 100
糖耐量减低(impaired glucose tolerance, IGT) 118
糖尿病(diabetes mellitus,DM) 200
糖异生(gluconeogenesis) 111
糖原(glycogen) 99,114
糖原分解(glycogenolysis) 116
糖原合成(glycogenesis) 115
糖原合酶(glycogen synthase) 115
糖原累积症(glycogen storage disease) 117
糖脂(glycolipid) 99,122
套索 RNA(lariat RNA) 240
特异转录因子(special transcription factors) 281
提前翻译终止密码子(premature translation termination condon,PTC) 290
体细胞基因治疗(somatic gene therapy) 394
天冬氨酸氨基甲酰转移酶(aspartate transcarbamoylase,ATCase) 192
天然构象(native conformation) 258
铁蛋白(ferritin) 292
铁反应元件(iron-response element,IRE) 289
铁反应元件结合蛋白(iron-response element binding protein,IRE-BP) 289
铁硫簇(iron-sulfur cluster) 84
铁硫蛋白(iron-sulfur protein) 85
通用性(universality) 249
通用转录因子(general transcription factor) 236
同二聚体(homodimer) 273
同工接受体(isoacceptor) 250
同工酶(isoenzyme) 60
同化作用(assimilation) 197
同裂酶(isoschizomer) 358
同尾酶(isocaudarner) 358
同型半胱氨酸(homocysteine) 180
同义突变(synonymous mutation) 248
同源异型域(homeodomain,HD) 282
同源异型域蛋白(homeodomain protein) 282
铜蓝蛋白(ceruloplasmin,Cp) 331
酮尿症(ketonuria) 132
酮体(acetone bodies) 130
痛风症(gout) 191
透析(dialysis) 24
突变(mutation) 224
突触分泌信号(synaptic signal) 295
推荐名称(recommended name) 46
退火(annealing) 41
脱氢酶(dehydrogenase) 46
脱溶剂化(desolvation) 50

脱羧基作用(decarboxylation) 177
脱羧酶(decarboxyase) 177
脱氧核苷(deoxynucleoside) 30
脱氧核苷酸(deoxynucleotide) 29
脱氧核酶(deoxyribozyme) 45,62
脱氧核糖核酸(deoxyribonucleic acid,DNA) 29
脱支酶(debranching enzyme) 116
TAF:TBP associated factor(TBP 相关因子) 236
TBP:TATA binding protein(TATA 结合蛋白) 236
TPA 反应元件(TPA response element,TRE) 305

U

UDP-葡萄糖醛酸转移酶(bilirutin-UDP glucuronyl transferase, BR-UDPGA-T) 351

W

外肽酶(exopeptidase) 164
外显子(exon) 239
外源基因(foreign DNA) 365
外源性凝血途径(extrinsic coagulation pathway) 333
微粒体乙醇氧化系统(microsomal ethanol oxidizing system,MEOS) 345
微卫星 DNA(microsatellite DNA) 389
微小 RNAs(micro-RNAs,miRNAs) 290
维生素(vitamin) 68
维生素 D_3(vitamin D_3, Vit-D_3) 153
未结合胆红素(unconjugated bilirubin) 351
胃蛋白酶(pepsin) 164
胃蛋白酶原(pepsinogen) 164
稳定转染(stable transfection) 368
无规卷曲(random coil) 13
无氧分解(anaerobic degradation) 100
无义变化介导的 mRNA 降解系统(nonsense-mediated mRNA decay, NMD) 290
无意义密码子(nonsense codon) 247
物理图谱(physical map) 396

X

烯醇化酶(enolase) 101
稀有碱基(rare base) 29
系统名称(systematic name) 46
细胞癌基因(cellular oncogene,c-onc) 318
细胞色素(cytochrome) 17,337
细胞色素 P 450(Cytochrome P 450,CytP 450) 97
细胞色素类(cytochromes,Cyt) 85
细胞色素氧化酶(cytochrome oxidase) 86
细胞特异性(cell specificity) 270
细胞周期(cell cycle) 219
细胞周期蛋白依赖性激酶(cyclin-dependent kinase,CDK) 220
细胞周期素依赖性激酶抑制因子(cyclin dependent kinase inhibitor, CKI) 326
细菌人工染色体(bacterial artificial chromosome vector,BAC) 364
纤维蛋白原(fibrinogen) 328
纤维状蛋白质 (fibrous protein) 16
酰基载体蛋白(acyl carrier protein,ACP) 75,134
显微注射法(microinjection) 379
限速酶(limting velocity enzyme) 45,204
限制酶(restriction enzyme) 123
限制性核酸内切酶(restriction endonuclease) 123
限制性核酸内切酶酶谱(restriction map) 386
限制性片段长度多态性(restriction fragment length polymorphism, RFLP) 386
线粒体孔蛋白(mitochondrial porin) 93
线粒体输入刺激因子(mitochondrial import stimulating factor,MSF) 263
线性脂加氧酶途径(linear lipoxygenase pathway) 141
腺苷酸代琥珀酸(adenylosuccinate) 188
腺苷酸环化酶(adenylate cyclase,AC) 303
腺苷酸激酶(adenylate kinase) 93
腺苷酸脱氨酸(AMP deaminase) 190
腺苷酸载体(adenine nucleotide transporter) 95
腺苷脱氨酶(adenosine deaminase,ADA) 190
腺嘌呤(adenine,A) 29
腺嘌呤核苷酸(adenosine monophosphate,AMP) 187
腺嘌呤磷酸核糖转移酶(adenine phosphoribosyl transferase,APRT) 190
相对特异性(relative specificity) 49
硝酸纤维素(nitrocellulose,NC) 373
小分子核内 RNA(small nuclear RNA,snRNA) 39
小干扰 RNA(small interfering RNA,siRNA) 40,291
小核 RNA(small nuclear RNA,snRNA) 232
小核核蛋白(small nuclear ribonucleoprotein,snRNP) 240
小暂时 RNA(small temporal RNAs,stRNAs) 290
校正活性(proofreading activity) 250
协调调节(coordinate regulation) 271
协调性表达(coordinate expression) 271
协同效应(cooperative effect) 20
心磷脂(cardiolipin) 143
心钠肽(atrial natriuretic peptide,ANP) 300
锌指结构(zinc finger) 14,282
新陈代谢(metabolism) 197
信号肽(signal peptide) 262
信号肽酶(signal peptidase) 262
信号肽识别颗粒(signal recognition particles,SRP) 262
信号序列(signal sequence) 261
信号转导(signal transduction) 295
信号转导子和转录激动子(signal transducer and activator of transcription, STAT) 310
信使 RNA(messenger RNA,mRNA) 36
胸苷激酶(thymidine kinase,TK) 194
胸腺嘧啶(thymine, T) 29
序列标志位点(sequence tags site,STS) 396
序列图谱(sequence map) 396
血红蛋白(hemoglobin, Hb) 19
血红素(heme) 85
血红素加氧酶(heme oxygenase,HO) 306
血浆(plasma) 328
血清(serum) 328
血栓素(thromboxane,TX) 140
血糖(blood sugar) 118
血小板活化因子(platelet activating factor,PAF) 143
血液(blood) 328
血液凝固(blood coagulation) 332
血友病(hemophilia) 332

Y

鸦片促黑皮质素原(proopio- melano-cortin,POMC) 260
亚基(subunit) 15
亚麻酸(linolenate) 138
亚铁螯合酶(ferrochelatase) 336
亚油酸(linoleate) 138
延长(elongation) 250
延长 tRNA(elongation-tRNA) 250
延长因子(elongation factor,EF) 253
延胡索酸酶(fumarase) 105
严紧型质粒(stringent plasmid) 361
盐析(salting out) 24
羊毛固醇(lanosterol) 150
氧化呼吸链(oxidative respiratory chain) 83
氧化还原酶类(oxidoreductases) 45
氧化磷酸化(oxidative phosphorylation) 89

氧化脱氨基作用(oxidative deamination) 169
叶酸(folic acid) 76
一级结构 (primary structure) 10
一碳单位(one carbon unit) 178
依赖 cAMP 的蛋白激酶(cAMP dependent protein kinase,PKA) 303
依赖 DNA 的 DNA 聚合酶(DNA dependent DNA polymerase,DDDP,DNA-pol) 213
胰蛋白酶(trypsin) 164
胰岛素(insulin) 16,119
胰岛素受体底物-1(insulin receptor substrate-1,IRS-1) 307
胰高血糖素(glucagon) 119
胰脂酶(pancreatic lipase) 123
遗传密码(genetic code) 247
遗传图谱(genetic map) 396
遗漏扫描(leaky scanning) 292
乙醇胺(cholamine) 143
乙酰 CoA 羧化酶(acetyl CoA carboxylase) 134
乙酰基转移酶(histone acetyl transferases,HATs) 285
乙酰乙酸(acetoacetic acid) 130
乙酰乙酸硫激酶(acetoacetic acid thiokinase) 131
乙酰乙酸硫解酶(acetoacetic acid thiolase) 131
异二聚体(heterodimer) 273
异构酶类(isomerase) 46
异化作用(dissimilation) 197
异柠檬酸脱氢酶(isocitrate dehydrogenase) 105
异染色质(heterochromatin) 284
异戊巴比妥(amobarbital) 91
抑癌基因(tumor suppressor gene, anti-oncogene) 317
抑制剂(inhibitor,I) 54
抑制型 G 蛋白(inhibitory G protein,Gi) 297
引导 RNA(guide RNA) 287
引物(primer) 115,213
引物酶(primase) 216
印迹(blotting) 373
应激(stress) 209
荧光素(fluorescein) 381
营养必需氨基酸(nutritionally essential amino acid) 164
游离胆固醇(free cholesterol,FC) 149
游离脂酸(free fatty acid,FFA) 153
有丝分裂原激活蛋白激酶(mitogen-activated protein kinase,MAPK) 308
有序非重复结构(ordered, nonrepetitive structures) 13
有氧氧化(aerobic oxidation) 103
有义链(sense strand) 231
有意义密码子(sense codon) 247
诱导剂(inducer) 60,207,276
诱导契合假说(induced-fit hypothesis) 49
诱导性表达(induced expression) 270
诱导作用(induction) 60,207
鱼藤酮(rotenone) 91
原癌基因(proto oncogen,pro-onc) 318
原卟啉Ⅸ(protoporphyrin Ⅸ) 336
原发性高脂血症(essential hyperlipidemia) 161
原位 PCR(*in situ* PCR) 378
原位杂交(in situ hybridization) 375
孕酮(progesterone) 153
运甲腺蛋白(transthyretin,TTR) 69
运铁蛋白(transferrin,Tf) 330

Z

杂交(hybridization) 42
杂交双螺旋(hybrid duplex) 234
载体(vector) 360
载体蛋白(carrier protein) 165
载脂蛋白(apolipoprotein,apo) 124,155
再利用(salvage) 186
增强子(enhancer) 236,280
增色效应(hyperchromic effect) 40
增殖细胞核抗原(proliferation cell nuclear antigen,PCNA) 215,220
折叠(folding) 258
蔗糖酶(sucrase) 46
真核起始因子(eukaryotic initiation factor,eIF) 251
真核生物的释放因子(eukaryotic release factor,eRF) 256
真核生物的延长因子(eukaryotic elongation factor,eEF) 253
整合膜蛋白(integral membrane protein) 296
正超螺旋(superhelix) 34
脂蛋白(lipoprotein) 154
脂蛋白脂肪酶(lipoprotein lipase,LPL) 156
脂肪(fat) 122
脂肪动员(fat mobilization) 125
脂肪肝(hepar adiposum) 138
脂肪酶(lipase) 46
脂解激素(lipolytic hormone) 125
脂类(lipids) 122
脂双层(lipid bilayer) 122
脂酸(fatty acid,FA) 122
脂酰 CoA 胆固醇脂酰转移酶(acylcoenzyme A cholesterol acyltransferase, ACAT) 151
脂酰 CoA 合成酶(acyl-CoA synthetase) 124,139
直接胆红素(direct reacting bilirubin) 352
直接体内疗法(*in vivo*) 394
植烷酸(phytanic acid) 130
植物毒蛋白(foxoprotein) 265
酯酶(esterase) 49
质粒(plasmid) 361
置换型载体(replacement vector 或 substitution vector) 363
中胆素原(meso-bilirutinogen) 352
中间密度脂蛋白(intermediate density lipoprotein,IDL) 154
终止(termination) 250
终止密码子(termination codon) 247
终止因子(termination factor) 256
肿瘤坏死因子-α(tumor necrosis factor-α,TNF-α) 141
种系基因治疗(germline gene therapy) 394
重链(heavy chain,H 链) 331
重排(rearrangement) 225
重组 DNA(recombinant DNA) 122
重组修复(recombination repairing) 227
珠蛋白(globin) 335
注册(registration) 254
专一性(specificity) 49
转氨酶(transaminase) 46,168
转氨脱氨作用(transdeamination) 170
转化(transformation) 368
转化生长因子 β 受体Ⅰ(transforming growth factor β receptor-Ⅰ,Treceptor-Ⅰ, TβR-I) 300,311
转换(transition) 225
转换数(turnover number) 52
转录(transcription) 230
转录调节蛋白(transcription regulatory protein) 281
转录激活因子(transcription activators) 281
转录激活域(transcription activation domain) 281
转录空泡(transcription bubble) 233
转录酶(transcriptase) 231
转录前起始复合物(pre-initiation complex,PIC) 236
转录图谱(transcription map) 397
转录抑制因子(transcription inhibitors) 281

转录因子β受体(transforming growth factor β receptor-Ⅱ,TβR-Ⅱ) 300
转录组学(transcriptomics) 396
转醛醇酶(transaldolase) 109
转染(transfection) 368
转酮醇酶(transketolase) 109
转位(translocation) 254
转位酶(translocase) 255
转移酶类(transferases) 45
转运 RNA(transfer RNA,tRNA) 37
转运蛋白(transporter) 93,165
自杀基因疗法(suicide gene therapy) 393
自身激活作用(autocatalysis) 164
自身剪接(self splicing) 240
自我组装(self-assembly) 258
自主复制序列(autonomously replication sequence,ARS) 219
阻遏(repression) 274
阻遏剂(repressor) 207
阻遏性表达(repressed expression) 271
阻遏作用(repression) 60
阻塞性黄疸(obstructive jaundice) 354
组胺(histamine) 177
组成蛋白质组学(compositional proteomics) 398
组成性表达(constitutive gene expression) 270
组蛋白脱乙酰化酶(histone deacetylase) 285
组蛋白乙酰化酶(histone acetylase) 285
组织特异性(tissue specificity) 270
组织因子(tissue factor,TF) 333
最大反应速率(maximum velocity) 51
最适 pH(optimum pH) 53
最适温度(optimum temperature) 53

其他

α-鹅膏蕈碱(α-amanitin) 232
α-磷酸甘油穿梭(α-glycerophosphate shuttle) 94
α-螺旋(α-helix) 11
α-内啡肽(α-endorphin) 260
α-酮戊二酸脱氢酶复合体(α-ketoglutarate dehydrogenase complex) 105
β-5-磷酸核糖胺(β-5-phosphoribosylamine,PRA) 187
β-氨基异丁酸(β-aminosiobutyrate) 195
β-丙氨酸(β-alanine) 195
β-内啡肽(β-endorphin) 260
β-片层(β-sheet) 12
β-羟-β-甲基戊二酰 CoA 合酶(β-hydroxy-β-methyl glutaryl-CoA synthase, HMG-CoA synthase) 131
β-羟丁酸(β-hydroxybutyric acid) 130
β-羟丁酸脱氢酶(β-hydroxybutyrate dehydrogenase) 131
β-氧化(β-oxidation) 126
β-折叠(β-pleated sheet) 12
β-脂酸释放激素(β-lipotropin,β-LT) 260
β-转角(β-turn) 13
γ-氨基丁酸(γ-aminobutyric acid, GABA) 177
γ-谷氨酰基循环(γ-glutamyl cycle) 166
γ-内啡肽(γ-endophin) 260
γ-脂酸释放激素(γ-lipotropin,γ-LT) 260
δ-氨基-γ-酮基戊酸(δ-amino-γ-levulinic acid,ALA) 335
1,6-二磷酸果糖(fructose-1,6-diphosphate,F-1,6-DP 或 FDP) 101
2,3-二磷酸甘油酸支路(2,3-DPG bypass) 338
3′-非翻译区(3′-untranslated region,3′-UTR) 37
3′-腺苷-5′-磷酸硫酸(3′-phospho-adenosine-5′-phospho-sulfate,PAPS) 182
3-磷酸甘油醛脱氢酶(glyceraldehydes-3-phosphate dehydrogenase) 101
3-磷酸甘油酸激酶(3-phosphoglycerate kinase) 101
4′-磷酸泛酰氨基乙硫醇(4′-phosphopantetheine) 135
5′-非翻译区(5′-untranslated region,5′-UTR) 37
5-氟尿嘧啶(5-fluorouracil,5-FU) 195
5-氨基咪唑核苷酸(5-aminoimidazole ribonucleotide,AIR) 187
5-磷酸核糖-α-焦磷酸(5-phosphorlbosyl-α-pyrophosphate,PRPP) 187
5-羟色胺(5-hydroxytryptamine, 5-HT) 178
6-磷酸果糖(fructose-6-phosphate,F-6-P) 100
6-磷酸果糖激酶-1(6-phosphofructokinase-1,PFK-1) 101
6-磷酸葡萄糖(glucose-6-phosphate,G-6-P) 100
6-磷酸葡萄糖酸脱氢酶(6-phosphogluconate dehydrogenase) 109
6-磷酸葡萄糖脱氢酶(glucose-6-phosphate dehydrogenase,G6PD) 109
6-重氮-5-氧正亮氨酸(6-diazo-5-oxonorleucine) 192